知识产权法热点问题研究
（第5卷）

ZHISHI CHANQUANFA REDIAN
WENTI YANJIU

冯晓青◎主编

刘　溪　杨克非◎副主编

中国政法大学出版社

2019·北京

图书在版编目（ＣＩＰ）数据

知识产权法热点问题研究. 第5卷/冯晓青主编. —北京：中国政法大学出版社，2018.8
ISBN 978-7-5620-8460-0

Ⅰ.①知… Ⅱ.①冯… Ⅲ.①知识产权法－研究－中国 Ⅳ.①D923.404

中国版本图书馆CIP数据核字(2018)第181357号

出　版　者　中国政法大学出版社

地　　　址　北京市海淀区西土城路 25 号

邮寄地址　北京 100088 信箱 8034 分箱　邮编 100088

网　　　址　http://www.cuplpress.com (网络实名：中国政法大学出版社)

电　　　话　010-58908437(第四编辑室)　58908334(邮购部)

承　　　印　北京朝阳印刷厂有限责任公司

开　　　本　720mm×960mm　1/16

印　　　张　51.75

字　　　数　850 千字

版　　　次　2019 年 4 月第 1 版

印　　　次　2019 年 4 月第 1 次印刷

定　　　价　175.00 元

主编简介

冯晓青，男，湖南长沙人。中国政法大学知识产权法研究所所长、教授、博士生导师，知识产权法国家重点学科负责人及学术带头人，中国政法大学无形资产管理研究中心主任、中国政法大学国际知识产权研究中心执行主任，北京大学法学博士、中国人民大学法学博士后。兼任中国知识产权法学研究会副会长、中国知识产权研究会学术顾问委员会委员兼常务理事、中国科技法学会常务理事、最高人民法院案例指导工作专家委员会委员、最高人民法院知识产权司法保护研究中心研究员、最高人民法院知识产权案例指导工作（北京）研究基地专家咨询委员会委员、中国审判研究会知识产权审判理论专业委员会委员、中国律协知识产权专业委员会委员，北京恒都律师事务所律师、高级法律顾问，北京环世知识产权诉讼研究院院长，Chinese-European Arbitration Center 仲裁员，南京仲裁委员会仲裁员。

著有《知识产权法利益平衡理论》《知识产权法哲学》《企业知识产权战略》（"十一五"和"十二五"国家级规划教材）《企业知识产权管理》《技术创新与企业知识产权战略》等个人专著 14 部，在《法学研究》《中国法学》等 CSSCI 刊物发表论文 90 篇。科研成果获得 4 项省部级二等奖。主持 2 个国家社科基金重大项目、1 个一般项目，主持 2 个教育部项目，参加十余个国家社科基金重大项目、重点项目和一般项目，国家自然科学基金重点项目、一般项目，国家重点研发计划重点专项，以及教育部重大课题攻关项目等国家级重要项目。先后获得第二届全国十大杰出中青年法学家提名奖（1999）、教育部新世纪优秀人才支持计划（2010）、首批国家知识产权专家库专家（2012）、首批全国知识产权领军人才（2012）、首届北京知识产权十位有影响力人物（2013）、中国政法大学首批优秀中青年教师培养支持计划学者（2013）、国家百千万人才工程有突出贡献中青年专家（2014）、国务院享受政府特殊津贴专家（2016）、中国政法大学优秀教师（2016）、北京市优秀教师（2017）、文化名家暨四个一批人才（2017）以及国家高层次人才特殊支持计划（"万人计划"）哲学社会科学领军人才（2017）等荣誉。创办有个人学术网站"冯晓青知识产权网"（www.fengxiaoqingip.com），以及公益性学术网站"中国知识产权文献与信息资料库"（试验版）（www.ipknow.cn）。

副主编简介

刘溪，云南楚雄人。本科就读于云南大学国际经济法专业，于 2001 年获得法学学士学位；研究生就读于中国政法大学民商法学专业，于 2007 年获得法学硕士学位。2009 年 9 月至 2010 年 7 月在中国政法大学民商经济法学院作访问学者（教育部高等学校青年骨干教师国内访问学者项目），2010 年 12 月至 2012 年 1 月在美国加州大学伯克利分校 Haas 商学院作访问学者（国家留学基金管理委员会公派留学项目）。现任昆明冶金高等专科学校商学院讲师。多年来从事知识产权研究与教学工作，参与编写相关教材、论文集 6 部，发表代表性论文十余篇，多次主持或参与国家社会科学基金青年项目、北京市教委教学改革研究项目、云南省教育厅科学基金项目等相关课题。

杨克非，辽宁黑山人，1988 年毕业于西安交通大学，获能源与动力专业工学学士学位，1991 年毕业于东北电力学院发电厂工程专业，获工学硕士学位，2008 年获中国人民大学民商法专业法学硕士学位，2011 年 10 月获美国天普大学 LLM。1996 年入中国专利局机械发明审查部，从事机械领域发明专利申请的实质审查工作，2001 年调入专利复审委员会机械申诉处工作，从事机械领域的专利申请的复审和专利权的无效案件的审查工作。2008 年调入专利局审查业务管理部，任审查指南处处长，负责专利审查标准修改制订工作。现任专利复审委员会机械申诉一处处长。主持审理过多起国内外具有重大影响的案件，作为执笔人和统稿人参与了 2006 版及 2010 版《专利审查指南》的修订和审查指南修订导读的编撰工作，参与多项国家知识产权局学术委员会及专利复审委员会课题的研究，为首批国家知识产权局领军人才、知识产权专家库专家、国家知识产权局审查业务指导组成员。

前　言

　　本书是继《知识产权法热点问题研究》（第 4 卷）而推出的第 5 卷。党的十九大报告明确中国特色社会主义进入新时代，提出"加快建设创新型国家"，"强化知识产权创造、保护、运用"。知识产权作为现代产权制度的重要构成、创新驱动发展的重要保障，在国家经济社会发展中的地位和作用日益凸显。深入学习贯彻习近平新时代中国特色社会主义思想和党的十九大会议精神，落实党中央、国务院关于知识产权工作的决策部署，扎实推进知识产权强国建设，提升适应新时代中国特色社会主义发展要求的能力，为实施创新驱动发展战略和推进供给侧结构性改革提供更加有力的支撑，完成新时代知识产权人要担当的使命与任务。本书基于新时代赋予知识产权的新任务、新使命，提出的新要求、新挑战，立足当前知识产权领域的理论前沿、热点问题和实践中出现的新问题，从理论前沿、立法探讨、新技术发展与知识产权保护、司法保护、专题聚焦五个专题，借鉴哲学、经济学、社会学等学科理论和研究方法，多角度、全方位对知识产权法前沿问题进行透视、作出评述，以期为知识产权支撑经济社会发展作用的增强提供理论参考和实务借鉴。

　　理论前沿专题关注国际、国内政策环境变化对我国知识产权制度的影响，讨论争议较集中的专利权权利边界、著作权权利边界、商标法中的公共利益等相关问题。其中，《专利权权利边界研究》立足于专利法的基础理论，以发明专利权和实用新型专利权的范围为主对专利权进行讨论，对专利权权利边界问题做了系统解释。《著作权权利边界研究》对影响著作权权利边界的各项制度进行了系统研究后认为，在界定著作权权利边界时，应坚持多方利益平衡的需要，根据实际情况的发展变化进行不断调整，维护一种动态平衡；在确定著作权权利边界时，要合理认识现实中知识产权保护不力的情形，重点从增强执法力度和提高效率入手，通过对著作权人进行倾斜保护，抵消保护不力带来的失衡。《商标法中的公共利益研究》试图弄清历来不断被讨论的商标法中的公共利益问题，对商标法中的公共利益进行了概述，对其正当性作了解读，对我国商标法中公共利益的具体制度性安排进行了研究，并提出了完善我国商标法公共利益保护制度的意见、建议。

立法探讨专题主要研究我国立法实践中的相关问题，对知识产权法入典、保护作品完整权、发明专利创造性判断标准、基因专利授权标准、权利要求书以说明书为依据审查标准、说明书充分公开判断、发明专利申请临时保护制度等相关问题进行了深入研究。其中，《知识产权法的入典问题研究》结合民法典的内在逻辑、物权制度背后的财产权逻辑、知识产权及知识产权法自身的性质，探讨了我国民法典中知识产权安排的基本思路，探寻了知识产权进入民法典的理论基础和现实可能性。《保护作品完整权研究》分析研究了著作权法中保护作品完整权相关理论，国内外著作权法律制度及实践，以及我国保护作品完整权侵权纠纷的司法判决等，对我国《著作权法》及《著作权法实施条例》相关内容提出了具体的修改建议。《保护作品完整权探析》围绕理论基础、历史发展、功能与价值、司法实践等方面对保护作品完整权制度进行了全面研究，分析论证了我国《著作权法》第三次修订中保护作品完整权相关内容调整的问题，并提出了完善保护作品完整权相关规定的意见、建议。《论发明专利创造性判断标准》将创造性判断普适标准应用于发明专利实践案例中，分析了发明专利创造性判断存在的相关问题，提出了完善建议，推动了该领域研究的深入。《基因专利授权标准研究》在借鉴美国等国家关于基因专利授权经验的基础上，深入分析了影响基因专利授权审查标准的因素，进而提出了完善我国基因专利授权制度的意见、建议。《权利要求书应当以说明书为依据审查标准研究》通过对《专利审查指南》中"支持条款"进行理论与实证研究，认为应以《专利审查指南》中的"支持条款"审查标准为基础，建立具有普遍约束力的"支持条款"审查标准，使"支持条款"平衡专利权人和社会公众利益的制度价值得以实现。《说明书充分公开判断之研究》围绕专利说明书充分公开制度在立法、司法适用层面的设计和应用存在的问题，对该制度适用标准进行了深入探讨，提出应构建以本领域技术人员为核心的综合判断体系，强调权利要求书在说明书充分公开判断中的作用等具有实践价值的意见、建议。《发明专利申请临时保护制度研究》认为现行法律下，发明专利申请临时保护制度过于原则的规定给司法实践带来了很多困难，在对相关问题进行实证分析的基础上，其提出了完善我国发明专利申请临时保护制度的有针对性的建议。

　　新技术发展与知识产权保护专题主要围绕新技术发展过程中知识产权保护的相关问题展开，对电商平台中知识产权侵权避风港规则、信息网络传播行为认定标准、网络链接行为著作权侵权、应用程序编程接口（API）著作权保护、聚合类 APP 版权侵权与法律规制、网盘著作权侵权认定及规制、网盘服务提供者间接侵权责任、IPTV 视频内容著作权侵权等问题进行了研讨。其中，《电商平台中知识产权侵权避风港规则研究》立足于避风港规则的基本概念、理论依据等，以电商平台为主要考察对象，深入分析避风港规则引入电子商务知识产权保护领域的必要性和可行性，探讨电子商务知识产权侵权避风港规则在适用主体与对象、权利范围等方面的特殊性，尝试构建我国电子商务知识产权保护过程中避风港规则适用的系列配套机制，以便为网络知识产权侵权体系化的非诉纠纷解决机制的建立提供理论借鉴。《信息网络传播行为的认定标准研究》结合案例分析信息网络传播行为认定标准的由来、含义，以实质呈现标准为基础，厘清认定标准内涵，分析其合理性，界定其适用范围，使其成为认定信息网络传播行为的一般标准。《网络链接行为著作权侵权研究》运用案例分析法与理论研究法，归纳分析典型案例和司法判例，总结裁判规律，梳理相关研究成果，分析了网络链接行为，探讨了著作权侵权的界定及其在司法实践中的规律。《应用程序编程接口（API）著作权保护问题研究》从著作权法目的的角度对应用程序编程接口（API）著作权保护问题进行研究，提出了 API 的 SSO 不应当具有著作权的观点，也为今后计算机软件以及其他非传统类型作品的著作权保护提供了理论和思路借鉴。《聚合类 APP 版权侵权与法律规制研究》围绕聚合类APP，按照四要件理论，论证了其在互联网络时代能否为我国著作权法律法规所规制这一问题，剖析并定性了其违法行为，明确了其构成侵权、行使抗辩权、承担间接责任而非直接责任的相关条件。《网盘著作权侵权认定及规制研究》通过对我国法律规定和司法实践中的案例进行分析，对网盘著作权涉及的网络用户、著作权人、网盘服务商主体在网络著作权中可能承担的不同侵权责任及侵权形式进行讨论，以期为立法和司法实践提供启示和参考。《网盘服务提供者的间接侵权责任研究》认为，网盘服务提供者的间接侵权责任是基于网盘服务提供者与著作权人之间的冲突关系设置的，立法者与执法者在规制网盘服务提者的间接责任时，为应对变革，应进行必要的法律完善与创新，进行更为适当的设置，以更好地维护网络服务提供者、著作权人以及公众之间的利益平衡。《IPTV 视频内容著作权侵权问题研究》结合 IPTV 技术背景，根据 IPTV 在视频传播中的不同功能形态，对 IPTV 著作权侵权的分歧进行分析以及对其定性进行描述与研究，提出了应对该类问题的司法建议以及实务中的实际操作和构建著作权集体管理组织的建设性意见。

司法保护专题主要围绕司法实践过程中引起广泛争议的知识产权停止侵害限制、专利侵权诉讼不判决停止使用问题、商标反向混淆法律问题、商业秘密侵权纠纷案件中的审理思路与侵权认定、商业秘密侵权诉讼中的审理程序、商业秘密民事侵权与刑事案件的协调、商业秘密中民事保护与刑事保护的协调等相关问题展开。其中，《知识产权停止侵害限制研究》通过研究停止侵害和限制停止侵害的正当性，重新阐释了限制停止侵害的条件和特征，分析了现有的有关限制知识产权的制度与限制停止侵害的交叉和衔接，并提出了各领域适用停止侵害的具体建议。《专利侵权诉讼不判决停止使用问题研究——以双方当事人的利益平衡为视角》指出，我国专利法从公共利益、国家利益的角度对停止侵权的适用做出了原则性规定，但没有考虑如何平衡当事人间的利益，文章通过对我国专利停止侵权的适用现状以及专利侵权诉讼中不判决停止使用必要性的分析，并借鉴域外经验，从考虑双方当事人利益平衡、确定替代性补偿措施等方面提出了完善我国专利侵权诉讼不判决停止使用的针对性建议。《商标反向混淆法律问题研究——以司法实践为主要考察对象》对司法实践中的商标反向混淆问题进行了深入探讨，提出了完善我国商标适用反向混淆制度的意见、建议。《商业秘密侵权纠纷案件的审理思路与侵权认定探析——以（2017）京 73 民终 110 号民事判决为研究对象》对商业秘密侵权纠纷案件的审理思路和侵权认定进行了深入探讨，提出了独到见解。《商业秘密侵权纠纷案件审理程序问题研究——以（2017）京 73 民终 110 号民事判决为研究对象》以青岛某公司诉北京某公司商业秘密侵权案为例，探究了法官在商业秘密侵权诉讼中易出现的程序性错误，厘清了商业秘密侵权诉讼案中法院审理的程序问题。《商业秘密民事侵权案件与刑事案件的协调》以商业秘密保护和刑事法律原理为基础，结合典型个案分析，探讨了商业秘密民事侵权案件与刑事案件的协调问题。《商业秘密中民事保护与刑事保护的协调研究——以（2017）京 73 民终 110 号民事判决为研究对象》立足于商业秘密案件民刑交织的司法审判实践，分析了现有商业秘密保护的民事手段和刑事手段适用的条件及各自存在的问题，探讨了如何协调运用民事与刑事两种手段保护商业秘密，以便在商业秘密侵权纠纷中使民事和刑事两种保护手段达到无缝衔接与恰当结合的程度，最终达到合理保护商业秘密的同时又不对市场正常竞争和人才自由流动产生不利影响的目的。

专题聚焦共选取了5篇文章。其中，《标准必要专利许可制度研究》结合典型案例，分析了如何确定符合 FRAND 原则的专利许可使用费以及适用禁令救济的条件等，探讨了处理标准必要专利许可纠纷的相关问题，提出了完善我国标准必要专利许可制度的建议。《外观设计专利功能性设计特征的认定标准研究》基于解决功能性设计特征认定标准的争议，对我国司法实践中与功能性设计特征相关的判决书进行了整理、归纳，分析了我国司法实践中对于功能性设计特征的认定所存在的问题，研究了功能性设计特征相关理论，进而尝试结合已存在的认定标准的各自优点构建新的认定标准。《作品名称及其著作权保护研究》立足于我国著作权立法、司法保护现状，就作品名称是否应予以著作权保护，其可著作权性和著作权法应如何对作品名称进行保护等问题展开论述。《建筑作品复制权保护研究》针对建筑作品的范围界定、建筑作品复制权侵权判定标准、侵权方式等，讨论对建筑作品复制权保护而言十分重要但《著作权法》规定尚有不足的问题，从立法、司法层面提出了完善的建议。《侵权演绎作品的著作权保护研究——以案例类型化研究为视角》采用例证分析、比较分析等方法，归纳了我国司法实践中的一般做法和法条适用情况，检视了法院对同一法条的理解，对比了国际立法与我国立法情况，并提出了指导我国关于侵权演绎作品立法完善的对策建议。《电视节目服务商标侵权行为研究》结合当前我国关于电视节目服务商标保护和侵权纠纷的实际问题，探讨了立法及司法实践中的改进和完善方法，提出了判断电视节目服务商标侵权行为成立的思路，以及增加判断电视节目服务商标侵权行为成立的考量因素，以使该类侵权纠纷的判断方式更为全面，并尽可能降低纠纷发生的概率，进而节省司法成本。

囿于篇幅，本书仅选取知识产权领域最受关注的部分主题予以研究，抛砖引玉，以期对学界、实务界有所裨益，促进相关理论研究、立法和司法实践取得更为丰硕的成果。

本书得以出版，得到了中国政法大学出版社的大力支持。中国政法大学知识产权法专业博士后研究人员柴国生副教授（中原工学院法学院副院长）为本书前期编撰和稿件审校做了大量工作。中国政法大学知识产权法专业

2019 级保送生朱新、刘瑞琪、张君蔓同学协助参与了清样校对。本书副主编刘溪和李克非女士为本书出版给予了积极支持。本书主编最后进行了仔细的校改。由于研究水平有限，加之时间紧迫，本书难免存在各种错漏，希望读者不吝指正。

主　编
2018 年 12 月

目　录

理论前沿

立法探讨

新技术发展与知识产权保护

司法保护

专题聚焦

理论前沿

专利权权利边界研究

王　丽

　　"财产制度的首要价值目标是界定交易主体的权利界限，从而形成属于主体的财产。"[1]这说明包括专利权在内的任何财产权利在理论上都应当具有清晰的边界，权利人得在此边界范围内自由行使权利、享有利益，超出权利边界即构成权利的滥用，义务人一旦未经权利人许可，跨入权利边界以内，即构成侵权。然而，以上看似完美简洁的理论假设和逻辑推理在面对具体权利制度时，特别是在面对专利权这样的无形财产权利时，显得寸步难行。与有体物相比，由于专利权不具有物质形态，不占有特定的空间，客观上无法为人所占有，这一无形性特征使得人们无法像对待有体物（物的物理边界）那样，借助或依赖无体物的本身来对其权利和权利的边界加以确定。因此，保护发明创造的首要前提是寻找权利表达工具，并通过专利法规范进行表达，同时通过多种制度设计来清晰地界定权利边界。

　　纵观专利制度的历史发展，我们可以发现专利权保护范围有不断扩张之势。从保护的客体来看，专利权的保护对象从一开始的产品发明，扩展到了方法发明和材料发明，如今还将商业方法和计算机程序等纳入了保护范围。美国联邦最高法院在 1981 年 Diamond v. Chakrabarty 案的判决书中有一句名言："普天之下，但凡是人创造出来的东西都可以获得专利保护。"[2]此后该名言经常被引用，对美国扩大可获得专利保护客体的范围起到了重要作用。随着科学技术的发展，我们可以预测，未来还会有更多的发明创造被纳入专利权保护范围。专利

---

　　〔1〕　马俊驹、梅夏英："财产权制度的历史评析和现实思考"，载《中国社会科学》1999 年第 1 期，第 94 页。

　　〔2〕　尹新天：《专利权的保护》（第 2 版），知识产权出版社 2005 年版，第 547 页。

权保护范围扩张的同时，引发了广泛的质疑，医药专利引发了公众对不发达地区的公共健康问题的讨论，专利丛林的出现使得权利人垄断过多的利益而损害了社会公共利益、抑制了创新……

本文立足于专利法的基础理论而对专利权权利边界问题做一个系统解释。特别要说明的是，本文将专利权的讨论范围局限于发明专利和实用新型专利，而排除了外观设计专利。外观设计专利在本质上不属于技术方案，其在授予条件、侵权认定标准等问题上与发明专利和实用新型专利多有不同，考虑到文章逻辑清晰、论述便利和篇幅，本文所称的专利指的是发明专利和实用新型专利。

一、专利权权利边界的基础理论

专利从本质上而言是技术方案，若要追溯人类技术发展的起源，大概要从人类学会制造并使用工具开始了，然而"专利"是在这之后很久才出现的事物，特权意义上的"专利"发展为现代专利法中私权意义上的"专利权"以及产生与之相关的配套制度则是更久之后的事情了。专利是在什么样的背景下从普通技术中脱胎出来成为特权？又是基于什么原因演变为一种私人财产权利？不断变化的专利制度有何发展规律及发展动因？上述这些问题的答案构成了专利权权利边界问题的前提，专利法律制度的发展变迁史中蕴含着专利权本质和权利边界的演变历程。

（一）专利权的本质与专利权权利边界

技术具有价值性，技术成为商品是专利制度起源、发展的动因。技术自人类能够创造和使用工具时就有了，但技术要发展成为专利，首先要有思想上的认识和现实中的需要。传统社会中，资金、劳动力、原材料等占据生产资料的主要部分。进入现代社会，特别是工业革命之后，技术在多种生产要素中的地位越来越重要，技术所能带来的高额价值使得发明人意识到保护技术价值的重要性。

笔者认为，专利权的本质可以概括为技术属性和财产属性两个方面：技术属性是专利权的基点，是研究专利权权利边界的逻辑起点；财产属性是专利权不断扩张的动因，同时也为限缩权利边界提供了理由。

1. 专利权的技术属性是专利权权利边界的起点

从中世纪的君王恩赐特权中脱胎、不断发展到如今作为独立财产权利的专利权，尽管在性质、地位、内容、程序等多个方面发生了变化，但其始终具有的一个目标就是激励技术创新，从而增强竞争优势。然而，并非所有的技术都可以得到专利权的保护，专利权也并非保护技术和推动技术创新的唯一有效形式。在普遍认可"垄断非法"的情况之下，如果要将发明作为垄断的例外，授予专利并认可其合理性，就要求此种"技术信息或者技术方案"是新的、进步的、有价值的。技术要符合一定的条件才能成为专利，最初只要求"实用性"，对"新颖性"的要求极低。后来在与自由竞争理论、反垄断法等的博弈中，授予专利的条件发展为新颖性、创造性、实用性。

将专利划分等级进行保护强度上的区分同样体现了专利权的技术属性。绝大多数国家的专利都因新颖性、创造性的高低不同而进行了发明专利和实用新型专利（或称为"小发明"）的区分，并规定了不同的专利保护期，体现了二者在权利边界上的不同。

专利权的技术属性是贯穿整个专利制度和专利发展历史的线索，是专利权的基石。专利权的内容、保护客体、授予专利的条件、审查程序以及纠纷解决等都与其技术属性有关。因此，专利权的技术属性是我们研究专利权权利边界的逻辑起点。

2. 专利权的财产属性是扩张和限缩专利权权利边界的动因

经济学通常根据产品使用和消费性质的不同将它们分为两大类：私人物品和公共物品。知识产品既具有私人物品属性，又具有公共物品属性。专利权在这方面的表现尤为突出：

一方面，专利权的客体是技术信息或者技术方案，从其利用方式上来说，信息就应该被分享、传播、复制，技术信息一旦公开，从本质上来说，是不可能被权利人真实、有效控制住的，而随着技术进步，社会公众获取、利用这些技术信息的机会更加多、成本更加低，技术信息在根本上就有了公共物品的属性。从人类知识财富延续的进程来看，无论是突破性的还是改进性的技术创新，都以前人的研究成果为基础，都是站在巨人肩膀上进行的发明和创新。无论多么具有进步性的技术方案，都会成为未来人类技术大厦中的一块砖瓦。从宏观的角度和历史的角度来看，专利权应当是公共利益，而非私人利益。

另一方面，现代专利制度已经确立了专利权属于私权的基本理念。专利权作为一种私人所有的财产权利，具有私人财产（物品）属性。如上文所述，这是经历了长期的历史沿革确立下来的，背后有着复杂的政治经济背景，同时也有法理上的理论支持。例如根据财产权劳动理论，智力财产的创造者有权对其智力创造物主张所有权，因此发明人对其发明成果具有所有权。此外，用于解释专利权正当性基础的理论还有财产权人格理论、社会契约理论、激励理论等，笔者将在下文探讨。

私人财产属性是专利权权利边界扩张的动因。根据经济学中理性经济人的假说，一个理性经济人会选择对自己最有利的方式，追求自己经济利益的最大化。正是基于私人财产属性的特征，专利权权利边界具有天然的扩张倾向。专利权人为了维护自己的专有权利和市场利益，会积极拓展权利边界，若不对这种拓展加以限制，专利权人就会滥用专利权。私人财产属性推动了专利权权利边界的扩张，主要体现为专利权权能有不断扩张的趋势，以及专利权人在权利要求的撰写和解释中扩张其专利权所能涵盖的技术方案的范围。专利权在诞生之初仅具有实施权能中的一项，此后专利权实施权能的内涵得到了扩展，从实施技术方案制造专利产品的行为和使用专利方法的行为扩展到了使用专利产品的行为、许诺销售和销售专利产品的行为、进口专利产品的行为。这种权能扩展的根本目的在于保护权利人的经济利益，从而将专利权权能的"触手"伸向了产品流通领域。专利权权能与权利边界的关系问题将在下文第四部分详述。另外，权利要求对于确定专利权的保护范围具有重要意义，同时也是侵权判断的依据。权利要求书的出现，提高了专利权权利边界的确定性，也在起点上为专利权人提供了扩大保护范围的契机。此外，当发生专利侵权时，在判断被控侵权产品是否落入专利权保护范围的时候，权利要求的解释给权利人提供了另一次拓展保护范围的机会。抽象的技术方案被撰写为具象的权利要求，再由权利要求解释为技术方案，这两次转化过程蕴含着权利边界扩张的风险，其背后的动因皆是专利权的私人财产属性。更多关于专利权利要求、专利侵权判断的问题将在下文具体分析。

公共财产属性则为专利权权利边界的限缩提供了理由：其一，专利权时间上的有限性使得专利权人不能一劳永逸，不能永久性地占有技术创新带来的垄断利益，因为从宏观和历史的角度来看，专利权是一种"公共权"，不论世界各国给予不同类型的专利权多长时间的专利权有效期，享有专利权的技术信息或者技术方案迟早要成为公共财产。其二，专利权的限制也是基于专利的公共财产属性对专利权权利边界的压缩。专利权的限制在我国专利法中主要体现为"不视为侵犯专利权的行为"和强制许可，这些限制私权的制度安排要么是出于对社会公共利益、公平、效率的考虑，要么是为了规制专利权人的权利滥用行为，一个总的理由就是专利的公共财产属性。关于专利权利限制与专利权权利边界具体关系的论述将在本文第五部分进行。其三，专利的登记制度体现了专利制度中的公共管理和控制。虽然在所有权中也能看到登记制度，比如不动产必须经过登记才会发生物权变动的效力，但所有权中的登记制度主要是为了起到公示公信、保障交易安全的作用。专利权的登记是授权和确权的必经过程，是每一项具体的专利权在诞生之时必须履行的程序。无论是在专利制度萌芽之初国王恩赐特权，还是现代专利制度中专门的专利行政部门审查后授予专利权，都体现出了专利制度中公共管理和控制的目标。专利权是将垄断合法化的权利形式，不仅影响到权利人的经济利益，还影响到社会公众的利益，同时关系到国家激励创新、促进科技发展的制度价值能否实现。因此，专利权的审查和授予必须符合法定的条件，在国家公权力的把控下进行。

私人财产属性和公共财产属性实质上体现出了专利权背后财产利益的冲突，包括主体维度上个人利益和公共利益的冲突，以及时间维度上短期利益与长远利益的冲突。专利权权利边界就是随着这些利益冲突的变化而扩张或者限缩的。同时，专利权权利边界的划定有助于解决上述权利和利益的冲突。

（二）专利权正当性基础与权利边界

专利制度发展史上，人们对专利制度的批判一天也没有停止过，19世纪中叶就有专利制度存废之争。专利权的正当性基础理论主要有财产权劳动理论、财产权人格理论、社会契约理论和经济激励理论，研究这些正当性基础理论不仅有助于理解专利权本质，更为下文研究专利权权利边界中的具体问题提供了理论支持。下面予以详细探讨。

1. 洛克的财产权劳动理论

（1）主要内容。该理论的主要内容可以概括为以下几点：①每个人对其自身享有所有权；②个人通过将自己的劳动与共有物混合在一起而享有该物的所有权，也就是说，享有所有权是通过劳动使共有物摆脱自然状态，在这个过程中该共有物的价值有所增加；③一个人在取得财产所有权时应该留下足够好、同样多的东西给他人，也就是说，取得所有权不会影响到其他人的需求；④一个人取得财产所有权以不造成浪费为限。[1]

财产权劳动学说主要是用来论证有形财产的合理性问题的，毕竟在洛克的时代，还不存在知识产权的概念。"财产权劳动理论被用于解释知识产权的合理性是人类对'劳动'的认识不断深化的结果。"[2]在人类社会的早期，先占都可以被视为"劳动"；但随着生产的发展，劳动的内涵也在发生变化，逐渐演变为创造新产品；再后来，创作活动和发明也被视为劳动，财产权劳动学说得以被用来解释知识产权的正当性。

（2）财产权劳动理论与专利权权利边界。财产权劳动理论已经成为解释专利权正当性的最重要的理论之一，即智力财产的创造者有权对其智力创造物主张专有权。这是一种自然权利，而非通过立法创制的权利。因此，在专利垄断权这一问题上，无论法律是否规定垄断权，发明人都对其发明拥有所有权。

理论上对财产权劳动理论有多种不同角度的解释[3]，其中与专利权权利边界的界定最相关的是价值增加理论。

一项新的发明专利是发明人个人的劳动成果，同时也是社会性的产品，其上包含了以往其他许多人的劳动。也就是说，新发明上的价值并不都归功于该发明人，所以他不能就该智力产品的所有价值主张权利，而仅能就其价值增加部分主张权利。技术方案中与现有技术相区别、体现新颖性的部分即价值增加部分。这一理论影响了专利权权利边界的划定，例如专利权权利要求是确定专利权保护范围和侵权判断的根据，因此权利要求既要尽可能宽地保护申请人的权利，又要避免把已知的技术和不能实施的技术都包括在内；又如，各国专利法

---

[1] 冯晓青：《知识产权法哲学》，中国人民公安大学出版社2003年版，第22~23页。

[2] 彭学龙："知识产权：自然权利亦或法定之权"，载《电子知识产权》2007年第8期，第15页。

[3] 对财产权劳动理论可以从不同角度加以解释，主要观点有：因劳动而值得拥有财产权的"值得理论"；基于对劳动果实的自然权利论；价值增加理论；不以损害为前提的财产理论。"值得理论"的主要观点是个人对其付出了劳动的东西，值得被赋予财产权；基于对劳动果实的自然权利论认为，人们对财产拥有的权利来自于自己的劳动，这是人类社会一直以来的观念，是自然法则；价值增加理论认为，当劳动对其他人产生了某种有价值的东西时，劳动者对于该物值得拥有某种利益；不以损害为前提的财产理论认为，所有的人都有不妨碍他人已经占有的或者是通过自己的劳动从公有中获得的资源的义务，他人通过占有或者劳动获得了财产权。参见冯晓青：《知识产权法哲学》，中国人民公安大学出版社2003年版，第24~66页。

普遍要求专利申请文件中要清楚、完整地公开发明或者实用新型，记载全部必要技术特征，达到所属技术领域的技术人员能够理解和实施该发明或者实用新型的程度。

专利法中对专利新颖性、创造性和实用性的要求是价值增加理论的典型表现。根据洛克的理论，发明人通过个人智力创造性活动创造出了新产品或者新的方法，他就应该对该智力成果享有权利。因此，智力成果越重要，说明其付出的劳动越多，其应当享有的权利也就越大。也就是说，专利权的界限应当根据其重要程度和创造性价值来划定，权利边界的范围大小应该与其付出的创造性劳动相适应，专利越重要、价值越大，其权利边界就应该越大。在专利法上，产生了以下做法：第一，根据发明客体的不同，将发明创造区分为发明和实用新型。两者的主要差别在于创造性不同：发明专利要求与现有技术相比该发明具有突出的实质性特点和显著的进步；实用新型专利要求与现有技术相比该实用新型具有实质性特点和进步。基于此，两者有不同的保护期限，其中发明专利的保护期为20年，实用新型专利的保护期为10年。第二，将发明创造进一步区分为开拓性发明和改进性发明，开拓性发明应该受到较强的保护，改进性发明应该受到较弱的保护。[1]

财产权劳动理论及其解释对于界定专利权权利边界具有重要意义，专利权人因付出劳动而享有专利权，这是专利权的合理性基础。同时应当看到，劳动的数量、质量、难度、价值等因素影响了专利权利不同大小的边界范围，但不是决定性因素，这是因为专利权需要根据当事人的申请，并经过专利行政部门审查后批准授予。就专利申请而言，其权利范围的大小取决于专利申请文件中记载的权利要求；就专利审查而言，其权利范围的大小取决于专利行政部门批准的权利要求。

2. 黑格尔的财产权人格理论

（1）主要内容。财产权人格理论的代表人物是黑格尔。黑格尔的哲学体系十分强调意志、自由、人格等概念。他认为意志是个人存在的核心，而自由是意志的根本规定，实现绝对自由是意志的任务，是纷繁复杂的历史运动背后的伟大理想。其进一步提出，个人自由的首要体现形式是财产权，私人财产的所有

---

〔1〕 闫文军：《专利权的保护范围：权利要求解释和等同原则适用》，法律出版社2007年版，第2~6页。

权体现了人的自由意志。[1]财产是意志的表达，是人格的一部分。

在对"劳动"的态度上，黑格尔与洛克有很大的不同，黑格尔没有特别重视劳动在形成个人意志方面的作用，特别是在财产权形成方面的作用。此外，黑格尔还对作品特别是艺术作品等知识产品的权利加以关注。他认为，人类的思想转化为精神产品向外界披露，并且成为别人学习和创作的基础，这是知识产权的全部目的，即在于为他人所承认和利用。[2]

而为了有足够的精神产品成为他人学习和创作的基础，黑格尔强调知识公有物的重要性，而对于如何界定知识产权的财产权范围和知识公有物的边界，黑格尔并未给出普遍的原则和答案。[3]

（2）财产权人格理论与专利权权利边界。黑格尔的财产权人格理论对于论证知识产权的正当性，特别是知识产权中的精神权利，例如著作权中作者人格权的解释，十分有价值，但是对于知识产权权利边界，特别是专利权权利边界意义不大。这主要是因为专利权的权利边界问题主要涉及财产权，但我们在黑格尔的财产权人格理论中找不到确定财产范围的答案。该理论主要解决的问题是发明人或者创作者的脑力劳动与其人格紧密相连，作品或者发明是其人格精神的体现，因而应当得到承认和保护。专利财产权中有限的发明人人格的体现当属权利要求书、说明书等专利申请文件。权利要求由发明人撰写并体现其权利主张，是经过发明人主观加工和筛选过的，我们应当认为权利要求是发明人的自由意志的体现而对其加以尊重。因此，在解释权利要求的环节，扩大或者限缩其保护范围都必须有充分的理由，禁止反悔原则得到认可而多余指定原则逐渐被司法实践抛弃的趋势体现出了这一点。然而，权利要求中体现出的自由意志受到多方面的限制：一方面，权利要求有标准的撰写规则，申请人不能自由发挥；另一方面，申请人要想获得专利授权，其撰写的技术特征必须是符合专利实质条件的，而经过专利审查机关审查、驳回、认定部分无效、申请人修改后的权利要求与最初的"自由意志"相比会有很大的不同。除此之外，在研究专利权权利边界问题时，几乎不需要关注财产权人格理论。

---

　　[1]　G. W. F. H. , *Philosophy of Right*, 1921, T. M. Knox tr. , Clarendon Press, 1967, p. 45. 转引自冯晓青：《知识产权法哲学》，中国人民公安大学出版社 2003 年版，第 149 页。

　　[2]　Peter Drahos, *A Philosophy of Intellectual Property*, Dartmouth Publishing Company, 1996, p. 82.

　　[3]　Peter Drahos, *A Philosophy of Intellectual Property*, Dartmouth Publishing Company, 1996, p. 81.

3. 卢梭、康德的财产权社会契约理论

（1）主要内容。与劳动产生所有权的自然法思想不同，社会契约理论认为，劳动所产生的占有只是一个事实问题，这种事实占有必须得到法律的认可，才能成为财产权利。[1]财产的本质是人与物的关系引起的人与人的关系，因此财产权要解决的问题就不单纯是劳动与物的关系，而是人与人之间的契约关系。"在证明财产权合理性的时候，劳动既不是一个决定性标准，也不是一个充分性标准。"[2]

（2）财产权社会契约理论与专利权权利边界。财产权社会契约理论为知识产权的合法性提供了理论支持。从专利权的发展历史来看，专利权在本质上是一种垄断，发明人"以公开来换权利"，就是在发明人和社会公众之间达成契约，发明人公开其技术方案，成为全人类"知识大厦"的一部分，从而换取国家和法律授予的在一定时间、一定地域范围内的专有权利。

社会契约理论对界定专利权权利边界也有理论意义，特别是对理解专利权的限制理论。从狭义的角度来看，专利权的限制是对专利权权能即专利权的权利行使方式施加的限制。这种限制之所以是合理和必要的，主要原因是专利从非法的"垄断"变为合法的"专利权"，是法律给予专利权人的利益；作为对价，专利作为对社会公众有益的技术方案，必须付诸实施才能实现该项"契约"的功能，因此强制许可制度、国家指定许可制度作为对专利权的限制，具有合理性。

4. 经济激励理论

（1）主要内容。在众多论证知识产权合理性的理论中，产生于 19 世纪的建立在功利主义和实用主义基础之上的激励理论"被认为是最有力和最广泛适用的理论"[3]。以经济学的角度来看，根据理性经济人的假说，追求经济利益的最大化是包括智力创造性活动在内的一切行动的动机。从制度发生史的角度来看，知识产权本身就是国家为了实现政策目标而设立的一种工具。专利制度在诞生之初与其说是为了激励创新，不如说是以引进国外先进技术为目的的。

经济激励理论认为，知识产权制度的终极目的在于为增加知识产品的供给提供激励，以确保公众有更充分的获取权。专利制度只是实现该种经济目标的

---

〔1〕 李扬："知识产权法定主义及其适用——兼与梁慧星、易继明教授商榷"，载《法学研究》2006 年第 2 期，第 6 页。

〔2〕 Peter Drahos, *A Philosophy of Intellectual Property*, Dartmouth Publishing Company, 1996, p. 48.

〔3〕 冯晓青：《知识产权法哲学》，中国人民公安大学出版社 2003 年版，第 183 页。

公共工具，"其作用主要表现在两个方面：第一，激励更多的发明创造被生产出来，以促进社会福利的增长；第二，促进技术信息的传播，使公众在科学的发展中获益。"[1]

（2）经济激励理论与专利权权利边界。根据经济激励理论，专利制度存在的合理性在于通过刺激发明创造活动、推动发明创造的市场化和商业化，最终实现科技进步的社会价值。这与自然法学派的"报偿理论"有相似性，两者的区别在于，经济激励理论更加侧重社会价值目标的实现。经济激励理论对于划定专利权权利边界的作用在于考察专利权权利边界的适当性。

但是，我们能够明显地发现，经济激励理论在手段与目的、直接目的与间接目的上存在矛盾，换言之，就是发明人个人的经济利益与追求总的社会公平、进步的价值之间的矛盾。这会导致如下问题：对于革命性的专利、收益成本比较高的专利，其权利边界应该较广，以达到激励发明活动、投资活动、专利转化的目的；然而立足于社会公平的实现和全人类共享科技进步成果，其权利边界应该较窄。这说明经济激励理论不具有直接划定权利边界的"工具价值"，但这一理论对于专利权权利边界的研究仍具有参考价值和指导意义。

（三）小结

专利权权利边界问题是一个千头万绪、纷繁复杂的问题，它首先是一个权利和利益分配的法律问题，还因为与技术息息相关、互相影响而是一个重要的技术问题，而伴随着知识产权国际化和地区一体化的发展，专利权权利边界问题还受到国家的政治地位、经济实力、政策导向的影响。为了不在庞杂的理论问题中迷失方向，抓住专利权权利边界问题的核心，有必要首先对与之密切相关的理论问题进行梳理。

科学技术是处于日新月异的发展变化之中的，因此必须用发展的眼光、动态的视角去看待专利制度和专利权的权利边界问题。本部分从专利制度的历史发展进程着手，将整个发展过程划分为开端、萌芽、确立、完善、发展这几个阶段，并总结出专利制度的发展规律。专利自诞生之初就与垄断相关，可谓是通过法律设置的合法的"垄断"。对于这样一个"亦正亦邪"的事物，公平合理地划定权利边界是关系到专利制度"是"与"非"的重大问题。在具体制度

---

〔1〕　彭学龙："知识产权：自然权利亦或法定之权"，载《电子知识产权》2007 年第 8 期，第 16 页。

中或者某一历史阶段，专利权的权利边界是扩张的或者缩小的，隐藏在这些变动的表象之下的是专利权的本质属性，也是本章的核心问题。专利权的正当性理论虽然无法直接界定权利边界，没有工具价值，但具有深刻的理论价值，对深入理解专利的具体制度，如下文的专利权利要求、侵权判断和权利限制，分析其合理性和不足，具有重要价值。

二、专利权利要求与权利边界

权利要求是贯穿一项具体专利权利始终的重要概念，其法律性质和作用在不同的阶段有所不同。在初始阶段，权利要求体现在专利申请人提交的权利要求书中，是申请人主观意志的体现，即申请人主张、认为、请求的保护客体的范围，此时权利要求的作用体现为"求权"；然而申请人的主观意志必然要受到客观条件，也就是可专利性的实质条件的制约，经过客观、中立、权威的专利审查机关"剪裁"过的权利要求，可以推定是符合专利实质条件的、公众应当尊重的权利范围，此时权利要求的作用体现为"授权与确权"。一旦发生专利纠纷，以权利要求为基础，审判机关会划定一个合理的专利禁止权的范围，以保护专利权不受侵犯，此时权利要求被"转化"（即解释权利要求）为专利权的保护范围，这个范围会因解释方法和比较标准的不同而对经专利审查机关确认的范围进行扩张、限缩或与经专利审查机关确认的范围完全一致，此时权利要求的作用表现为"维权"。由此可见，权利要求是研究专利权权利边界的重要概念。

（一）专利权利要求概述

1. 界定工具：从说明书到权利要求书

现代意义上的专利制度在 17 世纪到 18 世纪就开始了，该制度所面临的首要问题就是通过什么样的手段来将无形的技术方案外化而被公众感知，使用什么样的工具才能尽量准确界定权利并使权利边界稳定。在对专利的保护过程中，曾经采取过各种不同的方法界定专利，例如将专利权界定为具体的装置，并通过规定禁止模仿拥有专利权的装置来保护专利权；又如通过功能性语言描述发明，禁止他人从事具有相同功能或者后果的行为。[1]在权利要求诞生之前，界

---

[1] Robert C. Kahrl, *Patent Claim Construction*, Aspen Publishers, 2003, pp. 2~3.

定专利的普遍方式是通过说明书来界定专利权。说明书是对整个技术方案的描述，要想在个案中抽离出具有新颖性、创造性、实用性的部分予以保护，使用说明书一方面工作量大，十分不经济；另一方面，权利边界十分不稳定性。

从 19 世纪到 20 世纪，各国出于依靠说明书难以界定专利权范围的实践需要，先后在专利法中规定了权利要求。[1]我国《专利法》制定于 1984 年，该法对发明和实用新型专利提出了撰写权利要求书的要求。

权利要求制度产生和实施之后，就成为界定专利权保护范围的工具，而说明书则是用来披露发明创造的实质性内容，解释权利要求书的。

2. 权利要求的含义及作用

权利要求是指专利权人自己主张的其发明或者实用新型应当包括的范围。专利权人通过一个个技术特征将此发明的疆界划定，并区别于彼发明。权利要求中的技术特征越多，对发明的限制越多，专利权保护范围就越小。

权利要求有以下作用：第一，界定专利权保护范围并请求保护。如果说专利权是看不见、摸不着的，权利要求就是专利权保护范围的有形表达，专利权的保护范围是根据权利要求确定的。第二，侵权判断的依据。在专利侵权案件中，法院通过比对被控侵权物与权利要求中记载的技术特征，判断被控侵权物是否落入专利权的保护范围。关于专利侵权判断与专利权权利边界的有关问题将在下文具体展开，这里暂不详述。

3. 权利要求、保护范围、权利边界三者之间的关系

关于专利权利要求、专利权保护范围和专利权权利边界三者之间的关系问题，现有研究和司法机关的观点普遍认为：专利权保护范围以权利要求的内容为准，专利权保护范围是专利权的权利边界。[2]然而，本文对专利权权利边界的认识角度与此不同，认为专利权保护范围与专利权权利边界在内涵上虽有重合，但并不是同义词。

从微观的角度来看，也就是从某一具体专利权的角度来看，专利权的权利边界就是权利人能自由行使权利、获取利益并排除他人妨碍的范围，这体现为专利权保护范围。此时，专利权权利边界等同于专利权的保护范围，由专利

---

〔1〕 美国 1836 年专利法第一次提到了权利要求（claim），英国 1883 年专利法第一次提出了撰写权利要求书的要求，德国 1891 年专利法提出了撰写权利要求书的要求，日本 1921 年专利法的实施条例对专利权利要求作出了规定。

〔2〕 冯晓青、刘友华：《专利法》，法律出版社 2010 年版，第 255 页。

权利要求书中所记载的技术特征决定。在这个层面上，笔者的观点与主流认识一致。

从宏观的角度来看，也就是从整个专利制度体系的角度来看，专利权权利边界涵盖的内容比专利权保护范围大得多，其不仅涉及具体专利权的申请、授权、保护，还关系到专利权与其他权利的冲突、专利权与公共利益的平衡等问题。不可否认的是，权利要求以及专利权保护范围为解决专利权权利边界问题提供了最直接、最重要的观察视角，但绝不意味着权利边界问题仅局限于保护范围，更不能认为两者等同。

（二）权利要求的撰写：权利要求和权利边界的确定性和扩张倾向

专利的权利表达和界定是借助书面的权利要求书来实现的，而权利要求书又是发明人自己撰写的，一旦通过专利审查部门的审查，其就成为确定专利保护范围的依据。为寻求专利权权利边界的确定性，专利法规定了权利要求的特殊表达结构。但是，申请人借助自己撰写权利要求的机会，利用文字的不精确性以及将发明创造转化为权利要求书文字形式过程中的空间，在专利界定的起点上专利权进行了扩张。[1]

1. 尽可能提高权利要求的确定性

世界各国普遍采用了以权利要求来界定专利权保护范围的做法，使无形的权利范围通过语言表达出来。为保证边界的清晰和确定，法律对权利要求的撰写提出了明确的要求，即简洁、清晰，同时还要求采取统一的格式和措辞方式，这种特殊的表达结构的目的就是提高专利权权利边界的确定性。

国际上，独立权利要求的撰写通常采用"两段式"写法，也叫"杰普森权利要求"。其结构是：前序部分（主题+与现有技术共有的必要技术特征）+特征部分（"其特征是"+区别于现有技术的必要技术特征）。

前序部分的作用在于披露与要求保护的发明或者实用新型主题最接近的现有技术。特征部分的作用在于写明发明或者实用新型区别于最接近的现有技术的技术特征。区别特征与现有技术特征结合在一起，限定了发明或者实用新型要求保护的范围。

统一了表达形式和撰写结构的权利要求既便于审查员进行审查，也方便公

---

[1] 徐棣枫：《专利权的扩张与限制》，知识产权出版社 2007 年版，第 126 页。

众阅读和理解专利，当发生专利侵权纠纷时，还有助于解释权利要求，便于确定专利的权利边界，这样就为尽可能获得较为稳定的权利边界提供了帮助。[1]

2. 权利要求具有天然的扩张倾向

客观上，权利要求是通过书面文字符号记载的，而人类的语言必然会有表达上的不精确和多意；主观上，权利要求是专利申请人或其代理人撰写的，出于追求利益最大化的目标，他们会尽可能撰写宽保护范围的权利要求，例如撰写功能限定型权利要求、省略必要技术特征、使用过当的上位概念概括等。因此，权利要求具有天然的扩张倾向，这与追求权利要求和权利边界确定性的目标相悖。

（三）权利要求的解释

有关权利要求的一个十分重要的问题是权利要求的解释，特别是在发生专利纠纷的时候。由于权利要求的解释与下文中的专利侵权判断有十分紧密的联系，这里只对权利要求解释中的相关理论问题进行探讨。

权利要求的解释与上文提到的权利要求的撰写是两个逆向的过程。权利要求的解释是在理解、使用某一技术方案和争议解决过程中，将书面的语言具体化为一个技术方案。正如德菲（Durfee）法官在 Autogiro Company of America v. United States 案[2]中指出的，就权利要求的表面来看，是不可能清楚和准确的，模糊必然存在。权利要求的确切含义是由它想要传达的思想（ideas）内容决定的。只有当人们了解该思想时，才能够真正确定受保护的权利范围。依靠词汇自身的特征就使权利要求清楚、确定是十分罕见的。

实践中产生了以下三种权利要求的解释方法，使用不同的方法会得到不同大小的专利权排他性范围。

1. 周边限定原则

周边限定原则是对权利要求书的文字作严格、忠实的解释，将专利权保护范围限制在权利要求书的字面表达范围内，专利权人行使权利受该范围的限制，不得越雷池一步。[3]这种解释方式十分严苛，专利权保护范围仅是权利要求书

---

[1]　徐棣枫：《专利权的扩张与限制》，知识产权出版社 2007 年版，第 103 页。

[2]　381 F. 2d 394，155 USPQ 697（Ct. Cl. 1967）. 转引自徐棣枫：《专利权的扩张与限制》，知识产权出版社 2007 年版，第 309 页。

[3]　国家知识产权局条法司：《新专利法详解》，知识产权出版社 2001 年版，第 308 页。

字面所表达的范围，法院在审理案件的过程中仅需要使权利要求书中含糊不清、表意不明的文字部分清晰化，即可确定出要求保护的专利权范围，从而判断侵权与否。笔者认为这种解释方式操作性较强，并且能够限制法官的自由裁量权。但是，侵权人往往不会"照搬照抄"他人享有专利权的技术方案，只要对技术方案稍加变动就能达到规避侵权的目的。因此，在采用这种解释方式的背景下，就要求专利申请人在撰写权利要求时尽可能拓宽权利要求所能包含的技术特征范围，使专利权利要求完全反映发明的内容，这样即使使用周边限定原则，也能给权利人提供适当的保护。

2. 中心限定原则

中心限定原则是将权利要求书所记载的技术方案作为中心，全面考虑说明书、附图、发明的目的和性质，将中心周围的技术方案也包括在保护范围之内。[1]根据这种解释方式，专利权保护范围包括三部分内容："一是由权利要求书的文字记载所确定的技术内容；二是与权利要求书文字记载的技术内容相等同的技术内容；三是总的发明构思，即体现发明构思的部分技术。"[2]

与周边限定原则相比，中心限定原则给予了权利人更广的权利范围，将在周边限定原则下划定的权利范围拓展到了本领域技术人员在仔细阅读说明书和附图后认为可以包括的范围，因此对社会公众而言，权利边界非常不清晰和不稳定，违背了权利要求界定权利范围的根本目的。

3. 折中原则

由于周边限定原则所确定的保护范围过窄，会纵容专利侵权，而中心限定原则所确定的保护范围又过宽，会滋生权利滥用的行为，各国实践更倾向于采取这两种方式的折中方式，也就是折中原则，也叫主题内容限定原则：发明或者实用新型专利权的保护范围以其权利要求的内容为准，说明书及附图可以用于解释权利要求的内容。[3]在这种解释方法之下，专利权保护范围被划定为两个部分：权利要求书的文字记载所确定的技术内容、与该内容相等同的技术内容。理论上来说，根据折中原则确定的权利边界是兼顾了边界确定性要求和合理保护专利权人利益需求的，问题在于如何判断"相等同的技术内容"，这关系到专利侵权判断中"等同原则"的相关问题。对于这些问题，笔者将一并在本

---

〔1〕 汤宗舜：《专利法解说》（修订版），知识产权出版社2002年版，第326页。

〔2〕 沈关生主编：《经济审判专题研究》（第2卷），中国政法大学出版社1994年版，第165页。

〔3〕 《专利法》（2008年修正）第59条第1款。

文的第三部分论述。

解释权利要求的实质就是在既保证专利权具有一定的确定性，又考虑到文字表达存在缺陷的前提下，通过合理解释，平衡公众与专利权人的利益，在公众可以自由使用的技术范围与专利权人获得排他性权利的技术范围之间合理地划清界限。[1]

（四）小结：权利要求对于界定专利权权利边界具有工具价值

权利要求对于专利权权利边界划定意义十分重大，诚如里奇（Rich）法官所言："专利法是一场名为权利要求的游戏"（The name of the game is claim）。[2]权利要求书以文字的方式将无形的技术方案以"有形的"形式固定下来，对外公示了该发明或者实用新型具体包含了哪些技术要素。可以说，权利要求对于界定专利权权利边界具有工具意义。当然，在实际操作中，由于使用这个"工具"的方式不同，仍然会造成权利边界的不同，这就是用权利要求来解释问题的意义。笔者认为，这是无形的知识产权与有形财产权的不同所导致的必然结果，"权利要求"这个工具必然不可能像确定房屋所有权时使用的尺子和篱笆那样精确，因而这种工具的不确定性是可以容忍的，但我们可以通过完善专利权利要求撰写、审查、解释的相关规则和理论使这个工具无限趋近于精确。

三、专利侵权判断标准与专利权权利边界

尹新天先生曾经用一个公式来概括一项专利权所能实际获得的保护：实际保护力度=权利要求的形成×权利要求的解释。[3]该公式形象地说明了影响专利权保护范围界定的重要环节：权利要求的撰写、审查和解释。权利要求解释的重要性突出体现于专利侵权判断中。判断专利侵权的基本方法是比较，具体而言，是将被控侵权物（产品或方法）的技术特征与请求保护的专利权权利要求书记载的技术特征相比较。

---

〔1〕　徐棣枫：《专利权的扩张与限制》，知识产权出版社 2007 年版，第 314 页。

〔2〕　Giles S. Rich, "Extent of Protection and Interpretation of Claims—American Perspectives", 21 *INT'L REV INDUS. OROP. & COPYRIGHT L.* 497, 499（1990）. 转引自徐棣枫：《专利权的扩张与限制》，知识产权出版社 2007 年版，第 307 页。

〔3〕　尹新天："构成专利侵权的条件"，载《中国工业产权研究会通讯》1987 年第 5 期，第 17 页。

（一）相同侵权原则

相同侵权原则，也叫全面覆盖原则、文字含义上的侵权（literal infringement），是指通过比较的方法，若被控侵权物的技术特征被专利权利要求的内容覆盖，则构成专利侵权。相同侵权的判断在权利要求书表述无歧义的情况下，通常是一种客观的判断，因此比较简单，当事人对是否构成相同侵权产生的争议比较小。

相同侵权是多种专利侵权判断标准中最基本的形式，也是最严苛的对比方法，多余指定原则、等同侵权原则、禁止反悔原则、公知技术抗辩原则都是在相同侵权原则的基础上对专利权权利边界进行的扩展或者限缩。

然而，相同侵权原则在适用上有机械性和局限性。一方面，从专利权人的角度来看，其撰写的专利申请文件有时会因为疏忽，或者撰写者撰写水平不高，或者专利申请人对专利申请理解有误等而将明显属于非必要技术特征记载到独立权利要求中，继而实际上缩小了权利保护范围。另一方面，从侵权人的角度来看，"狡猾的"侵权人往往会通过多种方式规避相同侵权，尽量让被控侵权物（产品或者方法）与专利的技术特征看起来不那么相同，这种情况下，若一味局限于相同侵权原则，恐对权利人不公平。基于上述第一种情况，我国司法实践中发展出了多余指定原则；基于上述第二种情况，我国司法实践则发展出了等同侵权原则。下文将详述这两种规则对权利边界的影响。

（二）多余指定原则——扩展权利要求的保护范围

在过去，我国专利法律、法规和司法解释中找不到关于多余指定原则的专门规定，该原则是在司法实践中确立下来的，并且体现在 2001 年由北京市高级人民法院发布、现已失效的《专利侵权判定若干问题的意见（试行）》中。该文件将多余指定原则定义为："在专利侵权判定中，在解释专利独立权利要求和确定专利权保护范围时，将记载在专利独立权利要求中的明显附加技术特征（即多余特征）略去，仅以专利独立权利要求中的必要技术特征来确定专利权保护范围，判定被控侵权物（产品或方法）是否覆盖专利权保护范围的原则。"[1]

---

〔1〕 2001 年北京市高级人民法院《专利侵权判定若干问题的意见（试行）》第 47 条。

如果对司法判例和规范性文件进行研究会发现，我国对多余指定原则的态度是随着时代的发展而变化的。

1. 我国司法实践对多余指定原则态度的转变

在 20 世纪 90 年代的判例中，法院的观点大多支持多余指定原则的适用，[1] 即将权利要求中的技术特征区分为"必要的"和"非必要的"，法律依据是 2001 年《最高人民法院关于审理专利纠纷案件适用法律问题的若干规定》：专利权的保护范围应当以权利要求书中明确记载的必要技术特征所确定的范围为准。[2] 学界普遍认为，专利权的保护范围是由独立权利要求中的必要技术特征确定的，因此权利要求中的附加技术特征应当被认定为非必要技术特征，应当在进行侵权比对的时候被排除。例如，在周林频谱仪专利侵权纠纷案件中，一、二审法院均认为"立体声发音系统和音乐电流穴位刺激器及其控制电路不产生实质性的必不可少的功能和作用，显系申请人理解上的错误及撰写申请文件缺少经验所致，应视为附加技术特征"[3]，在侵权比对时可以予以忽略。

进入 21 世纪以后，法院的态度发生了转变，在多余指定原则的适用上从严从紧。2005 年，最高人民法院在仁达建材厂诉新益公司专利侵权纠纷案中，明确指出："凡是专利权人写入独立权利要求的技术特征，都是必要技术特征，都不应当被忽略，而均应纳入技术特征对比之列"，"本院不赞成轻率地借鉴适用所谓的'多余指定原则'"。[4] 与此观点相同，2008 年，时任最高人民法院副院长曹建明在全国法院知识产权审判工作会议发表的讲话中指出："凡写入独立权利要求的技术特征，都是必要技术特征，均应纳入技术特征对比之列，不轻率适用'多余指定'。"[5] 2015 年修改的《最高人民法院关于审理专利纠

---

〔1〕　例如，"一种建筑装饰粘合剂"发明专利侵权纠纷案，参见叶川："从一起专利侵权案看'禁止反悔'和'多余指定'原则的运用"，载《法律适用》2001 年第 4 期，第 57 页。又如，"一种新型电发热体及技术"专利侵权纠纷案，参见刘继祥："此案应当适用多余指定原则"，载《中国司法》1999 年第 7 期，第 58 页。

〔2〕　2001 年《最高人民法院关于审理专利纠纷案件适用法律问题的若干规定》第 17 条，该规定现已被修改。

〔3〕　北京市中级人民法院（1993）中经知初字第 704 号民事判决书，北京市高级人民法院（1995）高知终字第 22 号民事判决书。

〔4〕　最高人民法院（2005）民三提字第 1 号民事判决书。

〔5〕　曹建明："求真务实、锐意进取、努力建设公正高效权威的知识产权审判制度"，在第二次全国法院知识产权审判工作会议上的讲话，2008 年 2 月 19 日。

纷案件适用法律问题的若干规定》第 17 条第 1 款规定"专利权的保护范围应当以权利要求记载的全部技术特征所确定的范围为准"，而不再将技术特征区分为"必要"和"非必要"，并加以区别对待，实际上排除了多余指定原则的适用。

2. 多余指定原则不利于保持权利边界的稳定性

承认"多余指定"，就是宽恕专利权人在撰写权利要求书时的疏忽大意，在进行侵权比对时，忽略那些明显属于非必要技术特征的附加技术特征，从而在具体案件中扩大专利的保护范围。在这种情况下，若能够全面覆盖被控侵权物的技术特征，则认定侵权行为成立。可以说，多余指定原则是对全面覆盖原则的突破，扩展了通过权利要求划定的专利权权利边界。

多余指定原则产生并得到适用是有独特的历史原因的，正如周林频谱仪专利侵权纠纷案判决书中提到的那样，明显的附加技术特征被写入独立权利要求，显然是"申请人理解上的错误及撰写申请文件缺少经验所致"。

多余指定原则有其合理性。其在专利申请环节存在明显不足的同时，提供了一种衡平权利人和社会公共利益的方式，在具体的专利侵权案件中突破了权利要求所界定的"权利边界"（一个过小的边界），而将保护范围扩大到该专利应当获得的"权利边界"（一个合理的边界）上，避免了侵权人"钻空子"，也弥补了权利人的疏忽大意。从这个角度来看，多余指定原则有其合理性和正当性。

然而，多余指定原则在诞生之初就饱受争议，被质疑的最主要原因是其挑战了权利要求书的公示作用，冲击了专利权权利边界的稳定性，有过分偏袒专利权人的嫌疑。在专利代理制度日趋专业和高水平的今天，多余指定原则将不合理地扩展权利要求的保护范围，而不免显得有些"多余"。司法实践的观点也因此转变为"不轻率适用多余指定原则"。

（三）等同原则——扩展权利要求的保护范围

1. 等同原则的合理性基础

在实质相同的情况下，如果仅仅因为被控侵权物的技术特征与权利要求的技术特征在文字内容上有细微的不同，就认定不构成专利侵权，是不符合公平原则和利益平衡原则的。于是，出现了在专利侵权判断上更加灵活、公平的判断方法——等同原则。

等同原则是指通过比较的方法，发现尽管被控侵权物的技术特征与专利权利要求的技术特征有所不同，但这种不同是侵权人以等同的技术特征替换属于专利保护的部分或者全部必要技术特征造成的，最终实现实质上相同的作用、发挥实质上相同的功能、产生实质上相同的效果，我们仍然应该认为其落入了专利权利要求的保护范围，构成专利侵权。值得注意的是，等同原则并未扩展权利要求的范围，而是在个案中扩大了专利权的保护范围，该专利权的权利要求并未因等同原则的适用而发生改变。

2. 等同原则的构成要件

等同原则具有的上述合理性是它得到世界各国普遍承认的原因，但不可否认，等同原则扩大了专利权保护范围，使权利要求书的公示作用受损，从而使得专利权权利边界变得模糊和不稳定。为了将等同原则对权利要求公示作用的损害减少到最小，有必要从维护权利要求的公示作用的角度出发，完善有关规则。因此，从平衡专利权人的利益和社会公众利益的角度考虑，应当承认等同原则。在适用等同原则时，我们可以通过认定等同的标准和对认定等同的限制等规则，进一步平衡专利权人和社会公众的利益。[1]具体而言，适用该原则应符合以下条件：

（1）功能、效果实质相同。将专利权保护范围扩大至权利要求的字面含义之外，主要原因是被控侵权物与专利权利要求所载技术方案在功能和效果上实质相同，这种实质相同会损害专利权人的竞争优势和市场利益，无法实现授予专利权人专利排他权的目的。

（2）手段实质相同。在功能、效果实质相同的前提下，还要继续考查达到相同的功能和效果是否使用了实质上相同的手段。如果使用截然不同的手段和方式解决同样一个技术问题，最后达到了同样的效果，应该属于不同的技术方案，因为针对某一技术问题，往往存在多种多样的解决办法，只有当手段在实质上相同的时候，才能认为构成等同的技术特征。

（3）替换的非创造性。侵权人规避侵权的主要方式就是将专利技术方案中的某些技术特征进行简单的替换，企图达到使用技术方案的同时还能规避侵权风险的目的。"替换的非创造性"在我国专利法相关司法解释中具体表现为"本

---

〔1〕 闫文军：《专利权的保护范围：权利要求解释和等同原则适用》，法律出版社 2007 年版，第 460 页。

领域的普通技术人员无需经过创造性劳动就能够联想到的特征"。[1]替换的非创造性的判断主体是"本领域的普通技术人员",而非专家;比较的对象是替换技术特征与专利权利要求中的相应技术特征;替换难易程度的判断可以参考专利审查中的"创造性"标准,具有创造性的替换应当认定为不同的技术方案,排除在等同侵权的范围之外。[2]

(四) 禁止反悔原则——对等同原则扩展权利边界的限制

从权利要求的角度出发,其有两方面目标:一是保护专利权人的利益,这就需要合理扩大权利要求字面解释的范围,由此产生了"等同侵权原则";二是通过权利要求的公示作用,保护社会公共利益,这就需要权利要求的范围尽可能确定和稳定。这是两个相互矛盾的价值目标,基于后者的价值追求,产生了一个对等同原则予以限制的原则——禁止反悔原则。

禁止反悔原则,又称为专利档案禁止反悔原则和不允许自相矛盾原则,是指专利权人在专利申请、复审、无效等行政程序中明确放弃的内容不得再纳入该专利权利要求所解释的权利保护范围中。在专利侵权诉讼过程中,对权利要求的解释受到权利人之前的意见的约束。

应当注意的是,禁止反悔原则适用的条件是专利权人在审查程序中做了意见陈述,这种陈述限制了原来的权利要求的范围,并且这种限制与专利权获得授权或者维持专利有效有关。禁止反悔是对等同原则的一种限制,其作用正好与等同原则相反。两者相辅相成,共同确保对专利权人提供既充分又适度的法律保护。[3]

我国专利法并没有对禁止反悔原则进行明确规定,但相关判例中出现了对禁止反悔原则的应用,[4]至于其具体适用条件、适用方法,则需进一步通过立法来明确。

---

〔1〕　2001 年《最高人民法院关于审理专利纠纷案件适用法律问题的若干规定》第 17 条第 2 款。

〔2〕　闫文军:《专利权的保护范围:权利要求解释和等同原则适用》,法律出版社 2007 年版,第 467 页。

〔3〕　Renold S. Chisum, *Chisum on Patents*, Vol. 5A, 18.05. 转引自尹新天:《专利权的保护》(第 2 版),知识产权出版社 2005 年版,第 450 页。

〔4〕　程永顺、罗李华:《专利侵权判定——中美法条与案例比较分析》,专利文献出版社 1998 年版,第 209~236 页。

（五）公知技术抗辩——对等同原则扩展权利边界的限制

公知技术抗辩，在我国《专利法》中被称为"现有技术抗辩"，是指"在专利侵权纠纷中，被控侵权人有证据证明其实施的技术或者设计属于现有技术或者现有设计的，不构成侵犯专利权"[1]。

1. 公知技术抗辩的适用情形

关于公知技术抗辩适用的情形，即其是否限于在用等同原则判断侵权时适用，各国家有所不同。美国法院认为，在不构成字面侵权而通过等同原则进行判断的时候，需要将公知技术排除在等同原则所能扩张的范围之外，因此公知技术是在判断等同侵权的时候需要考虑的因素，是对等同原则的限制。这里的主要原因是美国法院可以直接审查专利有效性，在审理专利侵权纠纷案件过程中，被控侵权人可以提起专利无效的抗辩。德国法院同样认为，在相同侵权判断时不应考虑公知技术抗辩，其仅适用于等同侵权的情形，如果被控侵权物与公知技术相同或者是从公知技术中得到的，则不能认定被控侵权物属于专利等同的范围。可见，美国和德国法院都倾向于将公知技术抗辩适用于等同侵权判断，而在相同侵权判断中不允许适用现有技术抗辩。与此不同的是，日本法院认为，对权利要求进行字面解释时，应当将公知技术考虑在内，同时适用权利滥用原则；在适用等同原则时，"非公知技术"是认定等同的条件。

我国司法实践中对公知技术抗辩可以适用的情形有认识上的变化。早期司法实践认为，现有技术抗辩仅适用于等同侵权判断。然而，随着对公知技术抗辩认识的深入，考虑到诉讼经济和诉讼效率，目前公知技术抗辩既可以在权利要求解释和等同侵权认定的时候适用，也可以作为独立的过程适用。而且，现在多数学者以及最高人民法院的意见都认为在相同侵权的情况下可以适用公知技术抗辩。[2]

笔者认为，上述各国法律的规定和司法实践虽然略有不同，但在本质上，各国法律对待公知技术的态度是相同的：在相同侵权的判断中，即使不考虑公知技术的国家，也通过专门的专利无效宣告程序、无效宣告诉讼对专利权进行救济；在等同侵权的判断中，学界普遍认可公知技术抗辩对于限制等同原则扩

---

〔1〕《专利法》第 62 条。

〔2〕 闫文军：《专利权的保护范围：权利要求解释和等同原则适用》，法律出版社 2007 年版，第 2~6 页，第 491 页。

大保护范围的意义。

2. 公有领域与专利权专有领域的界限

公知技术抗辩制度的理论根基在于知识产权法中的公有领域理论。从专利法的公有领域理论，我们可以透彻理解公知技术抗辩制度的合理性。作为专有权、垄断权意义上的知识产权，其中包含的公有领域资源，应当永远留存于公有领域，而不能被权利人垄断。公有领域理论在专利法上体现为专利权授予要符合"新颖性""创造性"的要求，专利权作为一种垄断权，不能将已经公知、公用的技术划入其权利要求的保护范围。专利权利要求中记载的全部技术特征决定了专利权的保护范围，但并非每个技术特征都能实际上得到专利法的保护。如果在已经授予的专利中，其技术特征包含了已经公知、公用的技术，在专利无效程序中，其会因为不符合新颖性、创造性而被宣告无效或者部分无效。这在专利侵权纠纷中则体现为，因被控侵权产品与现有技术相同或者等同而认定侵权不成立，专利权不能获得专利法的保护。

公知技术抗辩制度在限制等同原则、不合理扩大专利权权利边界的同时，还体现出了公有领域与专利权专有领域之间的界限。当下具有新颖性、创造性而能够获得专利权的技术成果，不是从零直接被创造出来的，而是建立在大量现有技术、公共知识或者说是"知识公有物"的基础之上的，随着技术进步，其终将变成未来的"现有技术"而进入公有领域。从这个角度看，专利权权利边界问题不是一个单纯强调专利权保护范围的问题，而是更关涉专有领域和公有领域利益划分、当下利益和长远利益以及科技文化的历史延续性的问题。

（六）小结

权利要求对于划定专利权保护范围，从而确定权利边界具有工具价值，总的原则是，专利权的保护范围以权利要求书为依据，说明书和附图可以用于解释权利要求。在专利侵权判断中，相同侵权原则所形成的保护范围是严格按照权利要求书划定的，而多余指定原则和等同侵权原则则是为了弥补相同侵权原则的机械性的不足而产生的，同时使得专利权的权利边界突破了根据权利要求的保护范围而向外进行了一定程度的扩张。为保护专利权人的利益，其禁止权的范围不仅及于权利要求所明示的技术方案，而且及于相等同的技术方案。同时，为了避免权利人滥用等同原则，保护公众对于权利要求书的信赖利益，"等同"的范围不宜过大；在等同原则的内部，其受到等同原则适用条件和构成要件的限制；在等同原则的外部，其受到禁止反悔原则与公知技术抗辩原则的限制。

四、专利权权能与权利边界

对于权利人而言，权利边界问题的重要性体现在确权的需要，因为只有权利被清晰地界定，权利人才能明了自身权利范围的大小、知道自己可以从事哪些行为、获取何种利益。权利人根据法律的规定能够为何种行为，也即权利的行使方式问题，在法学理论上被称为权能。因此，专利权的权能是研究权利边界问题的又一个重要角度。

（一）权能、所有权权能、专利权权能

1. 权能的概念

关于权能的概念，学术界的观点主要划分为两类：第一，权能是权利的内容。第二，权能是实现利益的手段；还有学者认为"权能指权利的作用或实现的方式，是权利人为实现其权利所体现的目的依法所能采取的手段"。[1]

立法普遍对所有权的权能进行了规定。例如，《德国民法典》第 903 条规定："在不违反法律和第三人利益的范围内，物的所有权人可以随意处分其物，并排除他人的任何干涉。"《法国民法典》第 544 条规定："所有权是对物有绝对无限制地使用、收益及处分的权利，但法令所禁止的使用不在此限。"我国《民法通则》第 71 条规定："财产所有权是指所有人依法对自己的财产享有占有、使用、收益和处分的权利。"《物权法》第 39 条规定："所有权人对自己的不动产或者动产，依法享有占有、使用、收益和处分的权利。"

笔者认为，权能是对权利主体为实现其权利功能所能采取的手段或方式的总结和概括。从字面含义上来看，权能二字可以解释为该项权利的能力、该项权利使得权利人能够做什么。不同的法律制度具有不同的制度功能，实现其制度功能的途径就是对权利人的手段和方式进行法律规制，这种手段和方式经过总结和概括体现为具体的权能，而权能在法律上的外壳体现为具体的权利。

---

[1] 王坤：《知识产权法学方法论》，华中科技大学出版社 2016 年版，第 91 页。

因此，权能在本质上是权利功能的实现方式。

2. 知识产权的权能和专利权的权能

关于知识产权的权能这一问题，蒋志培先生认为可以直接套用所有权权能来分析，也就是说，知识产权的权能也包括积极和消极两个层面，其中积极权能包括对知识产权的占有、使用、收益和处分。

有学者基于知识产权有别于所有权的特殊性，反对这种直接套用的方式，而将知识产权的权能总结为五项积极权能：标示权能、控制权能、复制权能、收益权能、处分权能。[1]

基于上文对权能概念的总结，笔者认为专利权的权能是指专利权人为了实现专利的功能所能采取的手段或者方式。从理论上来说，专利制度的根本功能就是通过新技术的实施来推动技术进步，从而赢得竞争优势。为达到技术实施这一功能，专利权的权能应当仅包含实施权能一项，因为只要专利得到实施和应用，转化为现实生产力，专利权的功能就能达成。然而，实际情况并非如此，各国专利法普遍囊括了制造权、销售权、进口权等具体权利，这体现出专利权权能内涵的拓展与权利边界的扩张。下面将对这一问题进行深入分析。

（二）专利权的权能扩张与权利边界

实际上，在专利制度诞生之初，法律对专利权权能的规定仅包含实施权能一项。威尼斯在 1474 年颁布的赋予新技术所有者市场专营权的法律中规定："本城其他任何人在 10 年内没有得到发明人的许可，不得制造与该装置相同或相似的产品。"英国 1623 年《垄断法案》第 6 条规定："前述宣言不得延及今后任何授予新产品的第一个真正的发明人的、在本国独占性地运用或实施该新产品的方法的、为期不超过 14 年的专利和特权，在此期限内，任何他人不得使用该发明。"

然而，现行立法并非如此。以我国《专利法》为例，其规定："发明和实用新型专利权被授予后，除本法另有规定的以外，任何单位或者个人未经专利权人许可，都不得实施其专利，即不得为生产经营目的制造、使用、许诺销售、销售、进口其专利产品，或者使用其专利方法以及使用、许诺销售、销售、进口依照该专利方法直接获得的产品。"[2]从该条文中我们可以看出，我国《专

---

〔1〕　徐兴祥："知识产权权能结构法律分析"，载《法治研究》2014 年第 7 期，第 115 页。

〔2〕　《专利法》第 11 条第 1 款。

利法》不是正面直接规定专利权的权能的，而是通过反面，也就是规定义务人禁止为何种行为来规定的。专利权的实施权能，除了制造专利产品的行为和使用专利方法的行为之外，还囊括了使用专利产品的行为、许诺销售和销售专利产品（依照专利方法直接获得的产品）的行为、进口专利产品（依照专利方法直接获得的产品）的行为。

从上述规定可以看出，专利权权能的作用对象，不仅局限于技术方案，还扩展到了专利产品上。实际上，专利权与专利产品上的权利是存在区别的。使用、销售、许诺销售以及进口行为的对象是专利产品，而非专利本身。专利权是基于技术方案而诞生的，技术方案实施的结果是专利产品。因此，使用、销售、许诺销售、进口专利产品的行为，本质上不是专利权实施行为，使用和销售是物权人对自己的产品行使物权的行为，许诺销售和进口属于合同行为，其本质关系到产品流通问题。

冯晓青教授认为："知识产权私权的发展史，也就是知识产权的扩张史。"[1]专利权发展演变的一个重要特点是权能的扩张，例如我国《专利法》在 1992 年的修改中增设了进口权，增加了方法专利的产品使用和销售权能。关于专利权权能扩张的原因，笔者认为主要有以下两点：

第一，专利具有无形性的特点。专利法的客体与民商法中客体"物"的显著区别就在于专利具有无形性，专利权通常需要依附于一定的载体，才能为外界感知，这个载体就是专利产品。专利方法也需要通过一定的步骤、流程在技术方案实施中予以体现。专利权的权能是指专利权人为了实现专利的功能所能采取的手段或者方式。如果只从理论上将专利权的权能限定在实施技术方案之中，对于专利权人而言没有实质意义。对于专利方法，还有必要从使用专利方法延伸到用专利方法直接获得的产品上。笔者认为，这是专利权的权能随着专利产品拓展到了物权和合同领域，从而法律明确规定为"使用、销售、许诺销售以及进口行为"的原因。

第二，诚实信用原则。诚实信用原则也能为专利权权能扩张提供解释。有学者提出专利产品的制造、使用、销售、许诺销售、进口是相互独立、可以分离的，而笔者认为，这是不符合诚实信用的基本原则的。如果专利权人仅仅将制造权许可出去，而据此限制专利产品的销售和使用，就构成了权利的滥用；

---

[1]　冯晓青："试论知识产权扩张与利益平衡"，载《湖南文理学院学报（社会科学版）》2004年第 2 期，第 33 页。

对于被许可人而言，如果仅能制造而无权销售、使用专利产品并获得经济利益，制造权就变得毫无意义了。

（三）小结

在研究有关权能与权利边界的问题时，笔者并没有过多着眼于专利权权能的具体分类，而是从专利权权能扩张进而导致权利边界扩张的角度展开论述。笔者首先从专利制度的功能入手，明确了专利制度的基本功能在于"实施"，因此实现"实施功能"的手段和途径就应该是制造专利产品或者使用专利方法。接着，笔者从各国专利法的条文入手，发现现代专利权的权能内涵并非局限于实施，而是扩展到了销售、进口等方面。从实证主义的角度来看，我国《专利法》也确实通过修改增加了对进口权的规定。

专利权权能扩展这一问题反映出了专利权和物权、债权在边界上的冲突，为了实现制度功能，立法在实现方式上延伸了专利权的权能，扩大了实施权能的内涵，将理论上属于物权权能的使用和销售行为以及属于合同行为的销售、许诺销售和进口行为划归到专利权能之下，体现了专利权权利边界的扩展。同时也应当注意到，权能扩张应当在合理的限度内进行，专利权的权能不可以无法理基础地、无边际地拓展，否则就是专利霸权的表现，这对于分析和解决实践中平行进口的问题具有重要意义。

五、专利权的限制与权利边界

对于无形的专利权和无形的权利边界来说，我们只有进行多角度研究，才能保证逻辑严谨、结论准确，达到力求权利边界清晰的研究目标。本文的前四部分都是从专利权利的内部来讨论权利边界的，专利权的限制则是从专利权的外部来看待权利边界问题。专利权的限制制度的存在，使得专利权不能肆意扩展，而是必然受到其他价值、权益的制约，这体现在权利边界问题上就是权利边界受到压缩和消解。因此，专利权的限制视角是权利边界必不可少的研究角度。

（一）权利限制与权利边界的关系

关于权利限制与权利边界的关系问题，舒国滢教授认为："法律对权利的限制，严格地说，就是法律为人们行使权利确定技术上、程序上的活动方式及界限。"[1]有学者认为，权利边界是法律所保护的权利主体利益和行为自由的最大限度，"权利边界是权利限制的原因，权利限制是划定权利边界的手段和方法"。[2]还有学者将权利限制进行了广义和狭义上的区分，并据此认为：从广义上讲，权利限制是指对于权利的法律限制，表明权利在法律层面上的有限性。法律限制有规则和原则的不同，规则的限制形成一种固化的边界范围，是谓权利边界，因此权利边界可以划入广义的权利限制中。从狭义上讲，真正意义上的权利限制是一种原则性限制，是对权利边界的压缩。[3]还有学者认为："权利边界是权利应当固有的本质属性的体现，有权利必有边界；权利限制则是对于权利固有边界的压缩，权利限制并非权利之必然，而为临时性的手段，是针对特定情形采用的衡平措施。权利边界是较为固定的事物，是对权利内涵的保障；权利限制则是可变的、不确定的事物，是对权利外延的削减。"[4]

在坚持权利限制的外在理论的前提下，笔者认为应当将权利边界理解为：权利边界是通过法律划定的边界，权利限制是在权利边界之外对权利边界的压缩和消解。在权利边界的内部，权利主体享有法律规定的行为的自由和某种利益；跨越了这道边界就是义务，是主体不可为某些行为、不享有某些利益的范围。理解权利限制对于划定权利边界具有重要意义，它给予我们一条从外而内的分析路径，如果从权利内部来确定边界有困难，或者仅根据权利内部划定的边界模糊、可操作性差，就可以从外部来确定权利边界。

（二）专利权利限制

理论上，对知识产权的权利限制有广义和狭义之分：广义上的权利限制是基于权利本身的"静"的限制，主要是知识产权的权利保护范围及排除范围（客体）的划定；狭义上的权利限制是基于权利的行使和利用的限制，是限制

---

[1]　舒国滢："权利的法哲学思考"，载《政法论坛（中国政法大学学报）》1995 年第 3 期，第 6 页。

[2]　丁文："权利限制论之疏解"，载《法商研究》2007 年第 2 期，第 139 页。

[3]　周占生：《权利的限制与抗辩》，科学技术文献出版社 2015 年版，第 65~66 页。

[4]　张平华："私法视野里的权利限制"，载《烟台大学学报（哲学社会科学版）》2006 年第 3 期，第 275 页。

"动"的表现。[1]

有些学者采用狭义上的权利限制概念，例如郑成思教授认为："权利限制，就其本质讲，指的是有的行为本来应属侵犯他人的权利，但由于法律把这部分行为作为侵权的例外，从而不再属于侵权。"[2]采用广义上的权利限制概念的有刘春田教授，其在论及专利权的限制时采用了广义的权利限制概念，包括专利的时间限制和专利权实施中的限制。[3]陶鑫良教授和袁真富博士也采广义的权利限制概念，认为"知识产权的权利限制是指基于公共政策的考虑，对知识产权的权利内容及其权利行使所给予的合理的适当的约束"，具体而言，包括时间上的限制（保护期）、地域上的限制（地域性）、权能上的限制。[4]冯晓青教授则认为："知识产权的限制主要涉及知识产权在时间、效力和范围方面的限制，具体体现为有限的保护期、对权利本身行使的限制和思想、原理本身不受保护等。"[5]

尽管有广义和狭义的区分，权利行使上的限制是知识产权权利限制的主要方面，为了逻辑的清晰和论述的便利，笔者在这里探讨的专利权限制主要是狭义上的限制，即专利权人在行使和利用专利权时所受的限制。现有研究一般认为，我国专利法上专利权的限制主要包括几个方面：侵权例外、强制许可和指定许可。

1. 侵权例外

侵权例外在我国专利法中被称为"不视为侵犯专利权的行为"，出于对社会公共利益、公平、效率等考虑而对专利权人的某些权能进行限制，一般包括专利权用尽后的使用或销售、先用权人的实施行为、运输工具临时过境的使用、专为科学研究和实验的使用。

2. 强制许可

强制许可是对专利权人滥用专利权，特别是专利许可权的限制，从利益平衡的角度来讲，强制许可是平衡专利权人对专利技术的垄断权和促进技术推广

---

[1] 徐棣枫："专利权限制的法律体系重构"，载《湖南师范大学社会科学学报》2008年第1期，第35页。

[2] 郑成思："私权、知识产权与物权的权利限制"，载《法学》2004年第9期，第74页。

[3] 刘春田主编：《知识产权法》（第2版），高等教育出版社、北京大学出版社2003年版，第220页。

[4] 陶鑫良、袁真富：《知识产权法总论》，知识产权出版社2005年版，第222~223页。

[5] 冯晓青："论知识产权的若干限制"，载《中国人民大学学报》2004年第1期，第87页。

与应用的制度设计。强制许可的制度功能主要体现在以下几个方面：第一，防止专利权人滥用专利权造成市场垄断；第二，推动技术实施；第三，保护社会公共利益，进行利益平衡。

从权利位阶的角度来看，当专利权与人类的生存权、发展权、知识信息共享、公共秩序等基本自然权利和权益产生冲突的时候，前者必然要受到后者的限制，基于公共利益的强制许可和关于药品的强制许可的合理性正在于此。在现代专利法中，实施专利虽然不是法律施加给专利权人的义务，但是专利闲置不用就无法起到促进技术进步的目的，专利权的授予需要符合新颖性、创造性、实用性的要求。其中，实用性的要求表明专利授权、确权并不是根本的目的，将有新颖性、创造性的技术方案投入到社会生产中才是根本目的。强制许可类型中的不实施专利或不充分实施专利的强制许可、专利权构成垄断的强制许可、从属专利的强制许可的出发点都是促进专利实施和转化。

3. 国家指定许可

世界贸易组织制定的《与贸易有关的知识产权协议》（下称"TRIPS 协议"）授权成员通过其国内法对专利权进行例外和限制性规定。因此，除了上述普遍存在于各国的侵权例外和强制许可以外，其他国家还存在当然许可、国家征用、贸易惯例等限制，我国对专利权的特有限制体现为国家指定许可。

对我国专利法进行历史考察，不难发现，我国国家指定许可范围有缩小的趋势，体现了弱化公权力干预而强化专利权私权保护的趋势。我国 2000 年《专利法》第 14 条第 1 款规定："国有企业事业单位的发明专利，对国家利益或者公共利益具有重大意义的，国务院有关主管部门和省、自治区、直辖市人民政府报经国务院批准，可以决定在批准的范围内推广应用，允许指定的单位实施，由实施单位按照国家规定向专利权人支付使用费。"第 2 款规定："中国集体所有制单位和个人的发明专利，对国家利益或者公共利益具有重大意义，需要推广应用的，参照前款规定办理。"可见，2000 年《专利法》中国家指定许可可以调整的对象范围涵盖了国有企事业单位、集体所有的单位和个人的发明专利，现行《专利法》第 14 条则删除了上述第 2 款的规定，仅仅调整国有企事业单位的发明专利。

我国《专利法》对国家指定许可做出的上述规定，充分体现了我国的社会主义性质。理论上说，国有企事业单位的一切财产所有权归属于国家，国家自然有权利对专利权的使用、许可进行安排，但是，国有企事业单位在法律上毕竟属于独立的主体，国家指定许可制度赋予了国家行政机关干预私权的权力，有不合理损害专利权人利益之虞。因此，需要在范围和条件上从严把握国家指定许可，并在不同的经济发展状况和科技水平下灵活寻找利益平衡点。

（三）专利权利限制与权利边界

1. 专利权权利边界的扩张是权利限制的原因

专利权的限制与物权的限制是存在区别的。基于物权客体的有形性，物权的客体一旦特定化，其权利边界也是明晰和确定的。在对专利权进行权利确认之时，是通过权利要求中的文字来描述的。根据上文对专利权权能的分析，我们可以发现，专利权权能的主要方面就是实施权能。一方面，通过文字对无形的专利方案进行界定具有局限性，权利人可以利用文字表达的多义性扩大技术方案所涵盖的范围；另一方面，专利权的实施权能的内涵也有扩展的趋势，从制造专利产品和使用专利方案扩展到了许诺销售、销售、进口专利产品。专利权并不是绝对的权利，其垄断属性是相对的。法律规定的专利权内容，需要通过法律来加以限制和制约，若非如此，专利权人的"手"就会不断伸长。因此，专利权权利边界的扩张趋势是权利限制的原因。

2. 反限制：专利权利限制的界限

对专利权的限制是有边界和限度的，超出了限度就会损害专利权人的合法利益，正如 TRIPS 协议第 30 条的规定："成员可以对所授予的专利权规定有限的例外，只要在顾及第三方合法利益的前提下，该例外并未与专利的正常利用不合理地冲突，也并未不合理地损害专利所有人的合法利益。"由此可见，专利权利限制的根本原则是：专利权限制不得不合理地影响专利权的利用和专利权人的合法利益。

专利制度是处在发展变化中的制度，其体现的是保护专利权与限制专利权的利益平衡的机制。在某些发展阶段，保护专利权的呼声更高，法律和制度则给予专利权人较强的保护；而在某些发展阶段，强保护阻碍了技术的应用和发展，损害了人类健康等公共价值，则要对专利权进行更多的限制，但这种限制是有条件、有限度的，不能与上文提到的根本原则相悖，否则就进入了专利权人的权利领地而造成对专利权的侵害。这种对"权利的限制"的限制被称为"反限制"。权利的限制是对权利边界的压缩和消解，反限制则是对权利边界的扩展和强化。

3. 专利权利限制与权利边界的动态平衡

不仅专利权权利边界具有扩张倾向，权利限制同样如此。以强制许可制度为例，强制许可的扩张倾向，在专利制度方面主要体现在药品专利的强制许可上。世界贸易组织自 2001 年开始就有关实施专利药品强制许可制度、解决发展中成员公共健康危机问题进行谈判，经过 20 个月的艰苦谈判，于 2003 年通过了关于实施专利药品强制许可制度的最后文件。根据这份文件的规定，发展中成员和最不发达成员因艾滋病、疟疾、肺结核及其他流行疾病而发生公共健康危机时，可在未经专利权人许可的情况下，在其内部通过实施专利强制许可制度，生产、使用和销售有关治疗导致公共健康危机疾病的专利药品。[1]可见，强制许可在专利药品上的扩张已在世界贸易组织框架内得到支持。

在上文"权利限制与权利边界的关系"中，笔者提到，权利限制为我们解决权利边界问题提供了由外而内的分析路径，对于理解看不见、摸不着的专利权权利边界提供了另一个观察角度。专利制度就是在划界——扩张——限制——反限制的循环往复、动态调整中不断发展和完善，满足经济发展和公共政策的需要的。

（四）小结

专利法上的权利限制通常表现为不视为侵犯专利权的行为和强制许可，前者是公平、效率等价值对专利权部分权能的压制，后者是为了达到实施专利的基本功能，即对专利权人垄断权的限制。除此之外，我国专利法中还有国家指定许可，但其在适用范围上有缩小的趋势。通过对具体的专利权利限制类型进行研究，我们不难发现：专利权权利边界扩张的趋势是权利限制的原因，专利权利限制制度是划定权利边界的另一种工具，其有别于专利权利要求制度和专利权能，提供了一种由外而内的界定边界的方向和方法。

---

〔1〕 丁喜刚："WTO 文件：危机时发展中成员可未经许可生产专利药"，载 http://www.bioon.com/industry/internation/127264.shtml，最后访问日期：2018 年 12 月 13 日。

结　论

专利权是以专利技术为核心的权利，专利技术在本质上是技术方案或者技术信息，专利技术的技术属性是整个专利权的制度起源、存在和发展的根基，是研究专利权权利边界的起点。然而，什么样的技术方案可以成为专利技术，进而获得垄断权利和经济利益，这不仅是一个法律问题，而且是一个价值判断的选择。因而，专利还具有财产属性，其中私人物品属性是专利权权利边界扩张的动力，而公共物品属性则是边界限缩的动力。研究专利权权利边界应当立足于专利的本质属性。在这两个方向的力的作用下，专利权权利边界可以在抽象意义上被划定出来。

从私人物品属性的角度出发，为了将无形的权利范围固定下来，划定权利人的利益范围，专利权利要求制度应运而生。该制度对于划定专利权保护范围，从而在一定程度上标示专利权的边界具有工具价值。权利要求用文字的方式将无形的技术方案以有形的形式固定下来，增强了权利边界的确定性。私人物品属性在专利制度中的另一个表现是专利权权能的扩张倾向。权能在本质上是权利功能的实现方式，为了实现专利法的制度功能，法律扩展了专利实施权能的内涵，同时也体现了专利权和物权、债权在权利边界上的冲突。

从公共物品属性的角度出发，在判断是否构成专利侵权时，虽然侵权判断中围绕的主要问题还是权利要求，但从另外一个角度，也即解释权利要求和比对权利要求与被控侵权产品的角度，通过不同的权利要求解释方法和侵权判断标准，某一个具体的专利权权利边界在个案中通过确定——扩张——限制之后可以达到明确和清晰的程度。从更加宏观的角度来讲，权利的扩张必然是有限制的，专利权权利边界受到公共利益的制约，专利权的权利限制制度是设在权利边界之外的制度，起到了压缩和消解权利边界的作用。

总的来说，专利权权利边界一方面始终无法在物理意义上像篱笆一样明确直观，只能在理论上通过多种制度设计无限趋近于精确；另一方面，专利权权利边界需要建立在基本范畴之上，用整体的、宏观的视角对其进行研究和观察，立足于专利权本质属性，综合考虑多个方面作用力带来的权利边界的变动，矫正专利权无限扩张带来的恶果，避免公共利益对权利人合理行使权利带来的不必要的限制，在此基础上建立起逻辑自洽的专利权保护体系。

专利权权利边界是专利法中一个十分重要的概念和研究理论，其涉及专利权的本质、正当性基础、权利要求与侵权判断、权能与权利限制等多个方面的问题，甚至可以以专利权权利边界为基础构建整个专利法理论体系和专利权保护体系。从这个角度看，专利权权利边界的研究既具有重要的理论意义，又具有很强的实践意义。

著作权权利边界研究

徐相昆

著作权作为一种非物质形态的财产权利，本身极具特殊性——其客体并非一个看得见、摸得着的实体，在划定其权利边界时缺乏实物参照。加之大多有关著作权的制度设计与一般人的生活经验差别较大，使得著作权等知识产权权利始终难以得到广泛尊重。著作权人在司法实践中既无法像有形财产权利人那样凭借占有制度，通过对财产本身的控制获得有效的私力救济，在遭受侵权后也无法像有形财产权利人那样获得法律和道德上的双重同情。

著作权自身无形性、法定性的特征决定了其在保护范围上很容易出现模糊不清甚至各位阶法律不统一的情况。权利边界清晰、范围明确是法律发挥定分止争作用的大前提。上述问题的症结在于，除了著作权正当性本身难以为大多数普通公民所认同之外，著作权权利边界本身不清晰，而这在很大程度上限制了对著作权进行有效的保护、利用与传播。因此，如何厘定著作权权利边界，进而在此基础上明晰权利范围、降低权利人的维权成本和善意使用人的注意义务，便具有重要的现实意义。

一、著作权正当性理论与著作权权利边界

著作权有广义与狭义之分，广义的著作权包括狭义著作权和邻接权。狭义的著作权即"法律赋予作品的作者以任何方式或手段将它作为本人的创作来发表，将它复制并公开发行或传播，以及授权他人以特定方法使用该作品的专有权"[1]。

---

〔1〕 世界知识产权组织编：《著作权与邻接权法律术语汇编》，刘波林译，北京大学出版社2007年版，第58页。

狭义的著作权实际上是一种作者权利。如无特殊说明，本文所讲的著作权均仅指狭义的著作权。著作权权利边界，亦可称为著作权权利保护范围，是指各类受著作权人专有权控制的作品利用行为的总称。对于其中纯粹的禁止权，例如依法禁止出版作品的权利人享有的禁止他人出版该作品的权利，本文不做详细探讨。

在所有对知识产权问题的研究中，客体的无形性都是永远无法绕开的问题，研究者在此基础上形成了自己特有的知识产权正当性理论，而著作权权利边界的研究绕不开这个话题。目前，比较有影响力的基础理论学说主要有财产人格理论、劳动价值理论和激励理论。本文将对上述理论做一个简单的介绍，解释这些理论与著作权权利边界的关系。

笔者认为，正当性理论在为著作权制度提供合理性依据的同时，也在事实上划定了各自不同的著作权保护范围，根据不同的理论，我们得出的著作权权利边界将存在明显的差别。从这个意义上讲，著作权权利边界的确定与界定者所采纳的理论密不可分，著作权权利范围的不断扩大，固然是科学技术导致作品使用、传播手段不断推陈出新的必然结果，但著作权正当性理论的推动作用在客体范围、权利内容等的扩张方面亦扮演了不可忽视的角色。因此，对著作权权利边界的研究将不可避免地涉及对这一制度的多种不同正当性理论的探讨，这也是本文探讨著作权正当性理论的主要原因。

（一）财产人格理论

1. 财产人格理论概述

财产人格理论发端于欧洲的思想家、哲学家，"该理论是建立在为发展人格而有必要确立财产和财产权的基础之上的"[1]。该理论最主要的特点是，通过将人格与财产有机结合在一起的方式来证明著作权等知识产权的正当性。

财产人格理论作为一种批判继承古典自然法学而发展起来的法学理论，它以人的自由作为出发点，以人的意志作为核心，并以此来构造整个社会的法律政治体系。当财产人格理论被运用到著作权领域时，作品顺理成章地被视为作者独创性人格的表达，作品体现了作者的人格利益。相较于劳动价值理论和激励理论，人格理论可以说是作者精神权利的起源，它很好地解释了著作权法中

---

[1]　冯晓青："知识产权的人格理论研究"，载《河南省政法管理干部学院学报》2003 年第 1 期，第 29 页。

的精神权利，"财产人格理论在解释艺术作品，特别是艺术家对其艺术作品的不可转让的人格权方面具有天然的优势"[1]。同时，需要强调的是，人格理论并不排除对经济权利的考量，只是两者处于不同的位置，即经济利益服从人格利益。

财产人格理论在解释著作权时也面临一些自身无法解答的问题。首先，该理论无法为那些从创造者方面很少反映或者基本没有体现人格性的智力产品提供正当性，例如创作过程中受外部限制较多的计算机软件[2]。其次，财产人格理论也无法解释著作权存在的时间性。最后，财产人格理论也未能明确赋予其他著作权所有者应有的法律地位。

2. 财产人格理论对著作权权利边界界定的影响

依据财产人格理论构建的著作权权利边界有以下特征：第一，在权利主体方面，一般只承认自然人作者为著作权人，不承认职务作品、法人作品的创作者为著作权人，自然人作者之外的其他作品创作参与者处于边缘地带。第二，在权利内容方面，以财产人格理论"一元说"构建的著作权法，不承认人身权利与财产权利的划分，如德国认为著作权本身是一种复合型权利；以财产人格理论"二元说"构建的著作权法虽将著作权分为人身权与财产权，但重点保护作者的人身权利，经济权利必须服从于精神权利，法国便是这种立法例。第三，在权利行使方面，主张"一元说"的国家，认为财产权与人身权无法分离，在立法上否认财产权的可让与性。

（二）劳动价值理论

1. 劳动价值理论概述

劳动价值理论与财产人格理论具有很大的相似性，它将劳动本身与自然之物结合在一起。该理论认为，一个人的劳动和劳动的产品是不可分开的，"如果一个人拥有他的身体，以及他的身体的劳动，他也必须拥有他的劳动所添加的东西——他的劳动产品"[3]。

---

[1]　冯晓青：《知识产权法哲学》，中国人民公安大学出版社2003年版，第143页。

[2]　参见［美］杰奎琳·利普顿："该不该赋予版权？数字化字体产业中的版权与创新"，汤盼盼、何谢晨译，载张伟君、张韬略主编：《知识产权与竞争法研究》，法律出版社2012年版。

[3]　冯晓青：《知识产权法哲学》，中国人民公安大学出版社2003年版，第4页。

劳动价值理论被引入知识产权领域之后，为很多著作权制度提供了理论支撑。但是，劳动理论并非完美无缺：首先，洛克劳动理论指向的物品只能由一人独占，具有绝对的排他性，而知识产权基于其非物质性的特征，即使不对他人的利用主张排除权，自己也能够加以利用，此时再允许个人通过添加自身劳动的方式，将本属于共有物的"自然"转变为私人专有权，显然与劳动理论的本意相悖。其次，"劳动理论中人们对自身享有所有权指的是，他人不得对'自身'主张权利，并没有限制他人的含义，而知识产权恰恰是一种直接或间接制约他人身体活动自由的权利"〔1〕。最后，在实践中运用劳动理论考察知识产权的具体制度时，仍然能发现很多难以自圆其说之处。例如，劳动理论无法解释著作权精神权利，更无法解答著作权领域中的思想表达二分法。

2. 劳动价值理论对著作权权利边界界定之影响

通过劳动价值理论构建的著作权权利边界最突出的特点在于：第一，肯定"额头流汗"原则。获得著作权法保护的关键并不在于作品本身符合了最低限度的独创性要求，而在于创作行为本身付出了劳动。诸如数据库、通讯录等均可获得著作权法保护，著作权权利客体的范围得到扩张。第二，著作权在内容上一般仅限于财产性权利，至少财产性权利居于核心地位。第三，在立法宗旨上，著作权以保护个人利益为中心，在个人利益与经济利益发生冲突时，个人利益居于优势地位。

（三）激励理论

1. 激励理论概述

激励理论被认为是最有力和适用最广泛的知识产权正当性理论。该理论认为，知识产权之所以产生，是因为人们希望通过法律打击搭便车的行为，促进创造活动，如果没有知识产权制度，就会出现创造不足的情况，就像波斯纳所讲的那样："如果他不能收获，他就不会播种。"〔2〕知识产权的无形性特征决定了在知识产品的利用过程中，不可避免地会出现搭便车行为，给著作权人带来损害，挫伤其继续创作的积极性。此时，便需要对搭便车行为进行必要的限制，

---

〔1〕　［日］田春善之编：《日本现代知识产权法理论》，李扬等译，法律出版社 2010 年版，第 4 页。

〔2〕　［美］理查德·A. 波斯纳：《法律的经济分析》（上），蒋兆康译，中国大百科全书出版社 1997 年版，第 47 页。

激励理论正是这一需求的产物。

在当今各国著作权立法中,激励理论的影子随处可见,但其本身仍存在一些不足。首先,"创造需要用财产利益进行刺激"这一论断本身并不十分可靠,且直至目前,人们也很难去真正证明欠缺知识产权制度就会导致创造动力的不足。创造是人的天性,"创造是一种精神本能,因为人类天性极其爱好创造,或者说,对于人类,创造最具魅力"[1]。另外,如果在某一领域,没有著作权制度更能激发创新,则很难解释著作权法对这些领域的保护。例如,有学者认为,数字化字体产业中,在缺少保全保护的情况下,创造力反而更加旺盛,这也正是近来频繁提到的"知识产权盲区"。[2]

2. 激励理论对著作权权利边界界定的影响

通过激励理论构建的著作权权利边界最突出的特点在于:第一,允许资金提供方等成为作者。这体现出激励理论更加关注对著作权投资人的保护,保障投资人在其成本的基础之上收回自己的投入。第二,在相关制度设计上,更加突出体现个人利益与公共利益的平衡,当平衡难以维持时,重点保护个人利益。第三,著作权财产权利是法律保护的重点,立法者对其的重视程度高于人身权利。

(四) 著作权正当性的本质——促进公共利益

无论是财产人格理论、劳动价值理论还是激励理论,都只能在某些方面为著作权制度提供正当性依据,而无法对所有著作权制度设计给出完美解释。在立法者眼中,著作权获得正当性的根本原因在于其促进了公共利益的发展。

1. 分析著作权保护核心利益对界定著作权权利边界的意义

论证著作权正当性的理论与确定著作权保护的核心利益直接相关,同时也决定着著作权权利边界的大小。例如,受财产人格理论影响较深的德国学者认为,"在保护作者权利与促进社会进步之间,作者的创作利益是第一位的,具有

---

〔1〕 赵汀阳:《论可能生活:一种关于幸福和公正的理论》(修订版),中国人民大学出版社 2004年版,第 159 页。

〔2〕 〔美〕杰奎琳·利普顿:"该不该赋予版权?数字化字体产业中的版权与创新",汤盼盼、何谢晨译,载张伟君、张韬略主编:《知识产权与竞争法研究》,法律出版社 2012 年版,第 143~191页。

决定性意义"[1]。同样，更多采用激励理论的美国学者则认为，在保护作者权利与促进社会进步之间，促进社会进步是第一位的。

如果说有一种理论能够解释所有的知识产权法问题的话，利益平衡理论应是当之无愧的，甚至可以说，几乎所有法律问题的解决都很难绕开这一理论。但利益平衡理论的缺点在于它过于抽象，每个人都认为自己的解决策略最符合利益平衡的要求。在某些特殊场合，一旦无法维持平衡，必然要倾向于维持核心利益，这种倾向直接影响到著作权权利边界的界定，此时便有必要探究著作权法正当性的本质及其保护的核心利益。这正是本文以大部分篇幅探讨著作权正当性理论，进而分析著作权保护核心利益的根本原因。

2. 著作权法保护的核心利益——公共利益

本文认为，我国著作权法对作品予以保护的最根本原因在于公共利益。对什么类型的作品进行保护，保护的程度高低，只是一国根据自身文化产业发展利益的需要而进行的一种人为制度安排，这也是法律通过国家权力授予某些独创性表达以著作权的正当性基础。这一理论至少将带来以下两个结果：第一，在任何时候，司法裁判对著作权予以保护所产生的效应都应当比对作品创作不予保护或对抄袭放任自流乃至打压作品权利人设置的私人保护措施更能使社会获利，也更有利于社会公共福利事业的发展；第二，无论理论研究还是司法争讼，在处理具体问题时，若面临保护作者抑或保护作品使用者这一选择难题，均应当倾向于保护代表社会公共利益的使用者，即将这种著作权权利边界界定的模糊部分赋予使用者。本文采用这种对现行作者中心主义造成较大冲击的理论构建著作权权利边界，主要与著作权本身的性质有关。

（1）著作权的非基本权利性质。著作权究竟是不是一种非基本权利，学界一直存在不同看法。笔者认为，仅就目前的立法和司法实践而言，著作权并非一种基本权利，至少不是一种优于作品利用之公共利益的权利。首先，在国内立法层面，宪法以及相关法律从未将知识产权规定在基本权利范畴之内，司法实践中亦没有将其视为基本权利的相关案例。其次，在学术界，知识产权的基本权利性质亦不是一种主流观点。最后，虽然《世界人权宣言》赋予知识产权人权意义，但与此同时，其也明确把社会公众分享智力创造成果之利益的权利视为基本人权，并没有正面回答著作权法究竟应该以保护作者为中心还是以保

---

[1]　[德] M. 雷炳德：《著作权法》（第 13 版），张恩民译，法律出版社 2005 年版，第 7 页。

护公众利益为中心。

可见，著作权并不是一种关乎自然人生存和个体尊严的基本权利，这是其与物权等财产权最大的区别。因此，相较于即使公共利益将遭受损害，亦应给予物权等财产权保护而言，著作权很难获得这种待遇。这主要是考虑到：一方面，物权等权利直接关系到人的生命、健康以及尊严，且物权客体有体性的特征也决定了这一权利本身即使被滥用，对社会的影响也十分有限，至少相比著作权等知识产权而言，其滥用所造成的危害相对小得多。另一方面，著作权本身的社会认同度相对较低。

著作权的非基本权利性质也可以从其产生的历史过程来解释。一般认为，经过长期发展后，权利作为独立的法学术语从正义中分离出来，但有些权利是早就存在的，"在古典自然法学派那里，人们在进入人类社会之前，受自然法支配，享有自然权利"〔1〕。根据上述理论，著作权显然属于一种由立法者意志决定的后天性权利，因为著作权制度仅有 300 余年的发展历史。同时，只有对著作权等后天性的权利才有必要论证其合理性，生命权、自由权这些先天性权利是伴随着人的出生而产生的，因此不需要经过立法者授权，也无须对其合理性进行长久论证。正所谓"智力创造是权利产生的源泉，而法律则是权利取得的依据"〔2〕。

（2）著作权的非物质性。著作权本身的无形性特征决定了这一点，如果将非物质性的表达方式作为一种法律上的财产权，也许人们尚能接受，但若将其解释为以保护作者为第一价值取向的权利，则势必难以获得社会一般观念的认同。一方面，无形性特征的财产权对人们的一般观念造成了巨大冲击；另一方面，无论是劳动理论还是财产人格理论，都不能产生广泛的制约他人的依据。例如，就财产人格理论而言，既然存在外界，自由意志就不能以在精神世界中那样的方式得到彻底的贯彻，因为外界存在很多人的自由意志，作者本人的自由意志势必会与他人同样以自由意志表现的财产权相冲突，这是与精神世界最本质的区别。

因此，本文认为，著作权制度的正当性在于，其本身会产生对公共利益的正外部效果，其核心是保护代表公共利益的作品使用者的权利，而非保护作者

---

〔1〕　杨春福：《权利法哲学研究导论》，南京大学出版社 2000 年版，第 31 页。

〔2〕　L. Ray Patterson, Stanley W. Lindberg, *The Nature of Copyright: A Law of User's Right*, The University of Georgia Press, 1991.

权利。确立这一原则的意义在于，对于那些理论和实践中存在巨大争议（如后面提到的精确临摹），且在运用利益平衡来确定著作权权利边界之后，依旧无法得出令人信服的结论的情况，笔者倾向于选择对社会公共福利最有利的方案，将著作权权利边界界定的这类模糊部分划归公有领域，而非优先照顾作品权利人。

二、著作权权利取得与著作权权利边界

鉴于著作权权利范围本身的复杂性、多样性，各国一般不在著作权法中直接详细规定著作权的权利边界，而是界定著作权的客体——作品。因此，本文在划定著作权权利范围时，也将采取这一思路，从对作品的界定开始展开讨论。我国关于作品的定义首次出现在《著作权法实施条例》第 2 条："著作权法所称作品，是指文学、艺术和科学领域内具有独创性并能以某种有形形式复制的智力成果。"根据上述定义可知，获得著作权法保护的标准在于相关智力成果具备独创性且能够以有形形式复制。

（一）独创性标准

独创性作为著作权制度的核心概念之一，是判定某项文学、艺术和科学领域的表达方式能否受到著作权法保护的实质要件，也是著作权侵权诉讼中法官裁判的前提和基础，对认定表达方式的可版权性具有重要意义，这也是各国著作权法研究的重点方向。实践中，各国对独创性的理解并不相同，在一些特殊情况下，甚至会形成两种截然相反的结论。此外，独创性对著作权权利边界的研究意义并不局限于此，除了界定某种智力表达方式能否构成受一国著作权法保护的作品之外，独创性还对已构成作品表达方式的权利范围有一定的影响。

1. 独创性对表达方式可版权性的影响

独创性是认定表达方式可版权性的实质性要件，然而，各国对独创性的理解并不同。因此，有必要对独创性的含义进行解释，明确独创性的程度要求，并在司法实践中努力消除个人认知差异带来的认定结果的不统一性和不稳定性，以便保证著作权权利边界的清晰。

（1）独创性对智力表达取得著作权的影响。独创性是判断智力表达能否构成新作品以及是否构成对在先作品的抄袭、剽窃或者篡改的主要标准，直接决定了该智力表达能否享有著作权。同时，独创性对著作权取得的影响还体现为智力表达最终获得著作权保护的概率。基于个人经验认识的差异，不同法官在对智力表达是否属于作品的认定方面难免会出现一些差异，但一个很明显的事例是：在不考虑其他因素的前提下，独创性标准越低，智力表达越可能被认定为构成作品而获得著作权法保护；反之，独创性本身的标准越高，智力表达也就越可能被排除在著作权法保护范围之外。

在对独创性程度的认定上，我国司法实践普遍以"最低限度标准"这一表述来判断某种表达方式能否成为受著作权法保护的作品。然而，这一标准并不够清晰，甚至根本不能称之为标准。曾有学者将世界上的独创性标准按照从严格到宽松的序列大致分为四种："欧盟的个人智力创造标准；美国 Feist 案中的微小创造性标准；加拿大的非机械以及非微小的技能和判断标准；英国的技能与劳动标准。"[1]我国学者则根据对这一问题的回答将其分为大陆法系标准和英美法系标准。这两大法系最主要的区别在于对下列问题的认识不同：第一，劳动成果是否必须含有智力创造成分，技巧、知识等能否弥补缺乏脑力劳动的不足；第二，对智力活动高与低的判断。

本文认为，在根据独创性标准判定某种智力表达能否获得著作权法保护，进而界定其著作权权利边界的有无时，除了上述标准外，更重要的是判定者个人经验的积累。另外，即使在实践中，独创性程度形成了较为统一的标准，也应当是一类标准，即独创性是可变的，因为不同表达方式构成作品独创性的程度存在天然的差异，且体现独创性的地方亦不尽相同。例如，"汇编作品的独创性只能体现在对既有信息的选择或编排方面，而不能体现在该信息的产生或来源方面"[2]。摄影作品的独创性在于拍摄时对拍摄对象的选择、拍摄时机与角度的把握、拍摄技能的运用以及后期的编辑处理等。[3]这种标准的选择和变动影响着著作权的有无及其权利边界的大小。

（2）独创性标准对作品可版权性的影响——以临摹为例。即使立法对独创

---

〔1〕　转引自吴伟光：《著作权法研究：国际条约、中国立法与司法实践》，清华大学出版社 2013年版，第 58~59 页。

〔2〕　王迁："论汇编作品的著作权保护"，载《法学》2015 年第 2 期，第 43 页。

〔3〕　北京高院研究室："参照他人摄影作品绘制油画的行为构成侵犯他人作品的改编权"，载 ht-tp://bjgy. chinacourt. org/article/detail/2013/05/id/957740. shtml，最后访问日期：2018 年 12 月 20 日。

性进行了唯一界定，作品是否具有可版权性及其权利边界的范围依然会受到个体对独创性认知不同的影响。其中，最典型的案例便是对临摹作品的不同认知。例如，刘春田教授认为："对现有的美术作品进行临摹，则不可能获得著作权，因为临摹者所依据的是原美术作品作者的技艺，不是自己的设计和安排。"[1]作品的意义在于体现作者的个性特征，这是作者对文明的贡献，也是获得著作权的依据，否则社会给予其著作权法保护便没有任何意义，甚至只会带来负面效应。郑成思教授认为："临摹原已存在的、享有版权的绘画作品，必须具备一定的技巧，而且要在自己的'再现品'中增加自己的创作性劳动，所以，这种临摹的结果，实际上是'再创作'出新的美术作品。"[2]王迁教授认为："对临摹而言重要的是视觉价值，精确临摹因为只有很小的视觉差异，没有产生可以被客观识别的、'源自于临摹者'的成果，因此不符合独创性；反之，如果临摹艺术作品的结果与原作品在视觉上差异明显，而且差异部分达到了独创性的要求，那么临摹的结果就是作品（演绎作品）。"[3]

2. 独创性对作品权利范围的影响

独创性对著作权权利边界的另一个影响表现为独创性程度的高低与著作权权利保护范围的大小有关。虽然在认定独创性、辨别适当参考与著作权抄袭等侵权行为之间的界线十分模糊，尤其是在现有思想表达二分法的体系下，两者的认定界线更加虚幻、模糊，但有一点已形成共识：独创性越高的作品类型，越容易获得著作权法保护，且对其的保护力度也会更高。根据这一原则，首先，在著作权侵权诉讼中，同样是涉嫌抄袭，如果作品的实质部分相同，法院一般会认定被告构成抄袭，否则判定为适当引用。其次，独创性越高的作品在诉讼中将处于越有利的地位，独创性越高，被起诉侵权的风险就越低，在后作品对这类作品的参考也越易被法院认定为侵权。这恰恰反映了独创性对作品权利保护范围的影响。

（二）固定性标准

我国《著作权法实施条例》将可有形复制作为界定独创性表达是否属于著

---

〔1〕　参见刘春田主编：《知识产权法》（第 4 版），高等教育出版社、北京大学出版社 2010 年版，第 56 页。

〔2〕　郑成思：《版权法》，中国人民大学出版社 1997 年版，第 161 页。

〔3〕　王迁：《著作权法学》，北京大学出版社 2007 年版，第 10~11 页。

作权法所称作品的一项标准。然而，在《著作权法》第三次修改并引入作品定义时，第一草案稿直至目前的送审稿均将有形形式复制修改为固定性，提出了对作品进行固定的要求。例如，《著作权法（修订草案送审稿）》第 5 条规定："本法所称的作品，是指文学、艺术和科学领域内具有独创性并能以某种形式固定的智力表达。"这种修改究竟意义何在，对著作权权利边界又将会产生何种影响？本文将尝试在对复制性和固定性的对比分析中，对这一问题进行阐释。

1. 有形形式复制与固定性的区别

现行《著作权法实施条例》中的"能以某种有形形式复制"包含两层含义："一是要求作品具有固定性——有形形式是固定的典型表述——而且是永久性的固定，明确排除诸如'昙花一现'等短暂呈现的智力表达；二是要求作品能够进行有形复制，只有能够复制的作品才能进行传播，并产生市场利益。"[1]根据上述定义，在认定某种智力表达是否受著作权法保护时，有形形式复制标准要比固定性标准严格得多。

2. 固定性标准的进步与不足

通过对比有形形式复制与固定性可知，后者将作品保护的权利客体扩大到了无形形式的固定。随着技术的不断发展进步，诸如互联网等新媒体不利用有形载体同样能够实现作品的传播和经济利益，在实践中，这些作品毫无疑问是受到著作权法保护的。鉴于此，对固定性要求采取更为宽松的模式，以保证短暂固定和无形载体作品权利人权利的做法，显然是值得肯定的。

在作品定义中用固定性代替有形形式的复制是基于立法渐进性的考虑，这应当没有什么可以过多苛求的地方，但在理论研究层面，固定性标准远未达到这一问题的终点。郑成思教授认为："用固定性代替可复制性主要是将口头作品排除在外，此外还排除了把表演活动视为作品的所谓演绎作品。"[2]如果这一论断成立的话，固定性标准显然还没有解决著作权法的内部矛盾，因为无论是现行法还是《著作权法（修订草案送审稿）》，都在条文中明确要求保护口述作品和表演活动。可见，固定性标准并不是理论上界定著作权权利边界的最理想选择。

3. 国际条约及域外立法对作品固定性的观点

《伯尔尼公约》第 2 条规定："本同盟各成员国得通过国内立法规定所有作

〔1〕　参见杨利华、冯晓青编著：《中国著作权法研究与立法实践》，中国政法大学出版社 2014 年版，第 69~70 页。

〔2〕　郑成思：《版权法》，中国人民大学出版社 1997 年版，第 82 页。

品或任何特定种类的作品如果未以某种物质形式固定下来便不受保护。"也就是说，公约并未将固定性作为一项作品得到著作权法保护的强制性要求。需要特别指出的是，固定性标准只是判定独创性的智力表达是否受著作权法保护的标准，而非构成作品的标准，这也可以从《伯尔尼公约》第 1 条中表明的"文学和艺术作品"一词包括文学、科学和艺术领域内的一切成果，不论其表现形式或方式如何[1]得到印证。域外各国对固定性与作品取得著作权法保护之间的关系亦存在一定的不同观点。例如，1976 年《美国版权法》在第 102 条明确界定了构成受版权法保护作品的三条标准："第一，作品固定性的要求；第二，作品原创性的要求；第三，版权法只保护表达而不保护思想。"[2]在欧盟，固定被视为证明创造的一种方式，它作为一种证据形式，可以保证版权的有效性。例如，瑞士明确规定，一个创造不必为了得到保护，而必须以有形的方式加以固定。[3]在日本，构成著作权法保护的作品，并不要求固定在什么样的媒体上，只要是"表达"就够了，作品是独创性表达的同时也就构成了著作权的保护对象。[4]通过上述分析可知，在世界主要国家，除了美国之外，无论是国际公约还是域内立法，均未将固定性作为作品受著作权法保护的强制性规定。

通过上述立法例可知，无论是我国、美国的固定性要求，还是欧盟、日本的非固定性要求，都不违背国际公约。但无论是有形复制、固定性还是无此限定，标准的选择对著作权权利边界将产生极大影响，直接关系到某些独创性智力表达在权利取得环节能否受到著作权法保护。例如，在飞机拉烟排字表演中，假设排字本身是具有独创性的，此时根据我国法律，其将无法获得著作权保护，因为烟幕排出来的字很快随风飘散，无法固定；依据欧盟法和日本法，烟幕排出来的字应当受到著作权法保护。

我国立法存在的不足在于，在确定著作权保护范围的过程中，肯定固定性标准的同时又对诸如口述作品等进行了保护，难以解决著作权法体系本身的内

---

[1]　参见刘春田主编：《知识产权法》（第 4 版），高等教育出版社、北京大学出版社 2010 年版，第 54 页。

[2]　李响：《美国版权法：原则、案例及材料》，中国政法大学出版社 2004 年版，第 23 页。

[3]　[英] 埃斯特尔·德克雷主编：《欧盟版权法之未来》，徐红菊译，知识产权出版社 2016 年版，第 104 页。

[4]　[日] 田村善之：《日本知识产权法》，周超、李雨峰、李希同译，知识产权出版社 2010 年版，第 411~412 页。

部矛盾。因此，有必要理顺这一逻辑。本文在界定著作权权利边界时，不赞同将固定性作为著作权法保护的一个标准，而倾向于将其作为一种证据形式。根据这一原则，即兴讲话、沙滩作画等便顺理成章地成为著作权保护的客体。

三、著作权权利限制与著作权权利边界

如果说独创性等标准划定了著作权权利的初步范围的话，著作权权利限制的相关制度则是对这一范围的一次精加工。因此，著作权权利限制相关制度在著作权权利边界的确定中亦扮演着极其重要的角色。甚至可以说，著作权权利边界正是在这种取得、限制以及反限制的不断循环往复中才逐渐清晰起来的。一般而言，各国法律对著作权权利的限制主要体现在合理使用、法定许可、强制许可等方面。下文将从上述著作权限制的角度探讨著作权权利边界问题。

（一）合理使用与著作权权利边界

合理使用，是指他人可以不经著作权人许可，不向其支付报酬而对作品的使用。[1]这一制度的设计初衷是为了促进自由表达和思想交流。合理使用对著作权权利边界产生了较大影响，它直接决定了使用行为是否构成侵权，是司法实践中被告最常见的抗辩方式。其对著作权权利边界的影响主要体现在对合理使用性质的界定、合理使用的具体类型以及对合理性本身的认定这三个方面。

1. 合理使用性质对著作权权利边界的影响

合理使用性质的认定对界定著作权权利边界的意义主要在于，使用人是否享有主动提起诉讼等进攻性权利。目前，关于合理使用的性质主要有两种观点：一种观点认为，合理使用是使用人的权利，即作者以外的其他人对版权作品，不经作者同意而以合理的方式加以使用的特殊权利[2]，在这种模式下，著作权的权利范围受到实质性限制，使用人不仅可以在诉讼中以合理使用进行不侵权抗辩，甚至在著作权人对自身作品采取不适当技术保护性措施从而妨害合理使用行为时有权起诉，使用人可谓处于一种进可攻退可守的地位；另一种观点则认为，合理使用是一种对著作权权利的限制，在这种模式下，合理使用制度的

---

〔1〕　冯晓青主编：《知识产权法》（第 3 版），中国政法大学出版社 2015 年版，第 140 页。

〔2〕　转引自吴汉东："论合理使用"，载《法学研究》1995 年第 4 期，第 46 页。

意义仅限于免除使用人的侵权责任（抗辩事由）。针对第二种情形，有学者将其进一步细分为"权利限制说"与"权利阻却说"，两者的区别在于后者首先假定合理使用即侵权行为。两者对著作权人的权利范围的界定亦存在一定差异。目前，第二种观点得到大多数学者的认同，为主流观点。

笔者不赞成仅将合理使用视为一种对著作权权利的限制。目前，《著作权法》对合理使用采取的是封闭式列举的方式，不承认在现行法第 22 条规定的 12 类情形之外还存在其他类型的合理使用，但法律规定的著作权权利是开放式的，这意味着著作权权利存在无限可能。著作权法奉行利益平衡理论，以调节作品创作者、传播者和使用者之间的利益冲突，但现实情况是，创作者和传播者的权利都已经由著作权法明确地权利化，创作者的权利甚至开放化了，而使用者此时仍旧只有防御性武器，而鲜有进攻性武器。正如学者所言：我国合理使用制度封闭式的列举方式缺乏本土法律文化的支撑，无法以罗列的方式避免实践中的分歧，也无法解决新技术带来的新问题。[1] 此时，如果依旧仅仅将合理使用视为一种著作权权利限制制度，使用者便有被逐渐边缘化的风险。另外，在作品日益电子化的今天，权利限制说存在的最大问题在于，其对作品权利人恶意设置技术限制措施的行为无能为力。因此，有必要在合理使用的定性问题上对作品使用人做合理倾斜。

笔者也不赞成将合理使用视为一种使用者的权利。虽然将合理使用上升为一种权利，更有利于保护作品使用人的利益，也更符合著作权法的立法宗旨，但可能会将作品权利人带入困境。因为如果将合理使用视为一种使用者权利的话，它显然属于财产性权利，也必然具有可处分性。此时，如果他人通过购买或无偿转让的方式，将自己及众多使用者的合理使用权集中起来行使，进行整本图书的复制、发行，这种整本图书的复制、发行行为从理论上便只能被认定为权利的滥用而非侵权。权利滥用和侵犯著作权对作品权利人和使用者的法律后果明显不一样，著作权法努力构造的平衡将有被打破的风险。如果法律明文规定使用者的合理使用权不得转让，整个制度设计就会显得极为冗长麻烦，且缺乏逻辑性。鉴于此，笔者不建议将合理使用视为一种使用者权。

综上，目前不宜直接将合理使用视为一种使用者权，仅仅将其视为抗辩事由则更不可取。本文认为，可以将合理使用视为一种使用者的利益，即承认在

---

〔1〕 吴汉东："著作权法第三次修改草案的立法方案和内容安排"，载《知识产权》2012 年第 5 期，第 16 页。

著作权法中存在一种表现为作品使用者利益的法益。这种法益虽不具有可转让性，当其被侵犯时，权利人却可以依据《侵权责任法》第2条进行起诉。同样，当作品权利人出现诸如对超过保护期限的作品设置技术保护措施等不合理地扩大著作权权利边界的行为时，普通使用者既可以自行破开上述技术措施，亦有权向相关行政机关申请行政救济或者直接向法院提起诉讼。根据这一界定，在使用者利益说下，著作权权利范围将有所缩小，它赋予了使用人一定的进攻能力。

2. 合理使用立法例对著作权权利边界的影响

在不同的立法例中，合理使用的可能类型不同。目前，关于合理使用主要有三种立法例：封闭式列举、一般性规定加特殊列举、一般性规定。在封闭式立法例下，合理使用的类型固定、弹性小、作者享有的著作权权利边界最大；在一般性规定立法例下，合理使用的类型最为宽泛，随着社会的发展需要，会不断涌现出新的合理使用类型，被告的合理使用抗辩获得支持的概率最大，作者的著作权权利边界最窄。

我国现行《著作权法》采取了封闭式立法例，仅规定了12种合理使用类型，除上述情况之外，不承认任何其他类型的合理使用。同时，对比1991年《著作权法》及之后的两次修订条文可知，立法并没有对合理使用类型进行实质性变更，却对部分构成合理使用的情形新增了一些限制条件，合理使用范围总体呈现萎缩趋势，与之对应的则是著作权权利边界的不断扩张。正在进行的《著作权法》第三次修改采用一般性规定加特殊列举的立法例，扩大了合理使用可能的适用空间，这一趋势已经成为学界共识，可以预见，这必然会导致著作权权利边界的潜在缩小。同时，为了合理划定著作权的保护边界，实现作者与使用者之间的利益平衡，应当严格规定一般性条款的适用空间：这一条款的意义更多地在于为行政法规、司法解释新增合理使用类型提供法律支撑，而非作为地方法院在案件审理过程中扩大合理使用类型的依据。原则上，地方法院在未经最高人民法院批复同意的前提下，严禁擅自缩小著作权权利保护范围，严禁将相关作品使用行为解释为新的合理使用类型。

3. 合理性认定对著作权权利边界的影响

法律规定某种作品使用类型为合理使用，并不意味着作品权利人就完全丧失了对该使用行为的控制。要判断他人的使用行为是否落入著作权专有权控制的权利边界之内，还需考察使用行为本身是否具有合理性。如果使用人的使用行为本身不当，依然可能被认定为侵权。目前，在合理性的认定方面，与著作权权利边界界定有关的争议主要集中于以下几点：

（1）合理使用是否仅限于非营利性质的使用。合理使用是否仅限于商业目的，这直接决定了使用作品的目的，影响着著作权权利受限的场合。例如，《美国版权法》将"具有商业性质或是为了非营利的教育目的"作为合理使用的排除事由，国内许多学者也对这一标准采取支持抑或至少不明确反对的态度。此时，各种营利性教育机构一旦涉及诉讼，即使其是基于教学目的少量复制他人作品，依然构成侵权。反之，如果法律认可合理使用并不局限于非营利性质的使用，合理使用对著作权权利边界的限制便有所加强，前述营利性教育机构的少量复制行为便被排除在著作权专有权权利边界之外，不构成对他人著作权的侵犯。

笔者认为，不应将非营利性使用作为构成合理使用的前置条件。立法确立合理使用制度的目的在于促进资源的高效利用，保障自由表达和思想交流，这与使用行为是否具有营利性无关。例如，在《日本著作权法》中，"不只是单纯地复制，而是在利用之际产生了某种价值时，在符合所定条件的情况下，设置了承认在报道、评论、研究及其他引用目的上，在正当的范围内可以对作品加以利用的规定"[1]，并未将合理使用与非商业性挂钩。同时，硬性地将合理使用与非营利性行为挂钩可能会带来一些实践困惑。例如，"一家电视机专卖店为了向消费者展示其电视机的质量，在营业时间将电视打开，接收并播放电视台正在播放的一部电影"[2]，如果合理使用仅限于非营利性使用，其便不属于合理使用，这显然与我们的一般认知相悖。

（2）合理性的认定标准。合理性的具体标准是影响合理使用制度对著作权权利边界限制的另一因素。例如，我国《著作权法》第 22 条第 1 款规定，"为个人学习、研究或者欣赏，使用他人已经发表的作品"属于合理使用行为，但为了个人学习而复印他人作品时，究竟复印多大比例才算合理？《著作权法》及相关法律法规并没有给出明确答案。2002 年颁布的《著作权法实施条例》第 21 条引入了"三步检验法"来解决这一问题。但是，三步检验法仍是一个非常主观的标准，它对著作权权利边界的界定并不足够清晰，实践中可能还要考虑其他

---

〔1〕 ［日］田村善之：《日本知识产权法》，周超、李雨峰、李希同译，知识产权出版社 2010 年版，第 461 页。

〔2〕 王迁：《知识产权法教程》，中国人民大学出版社 2007 版，第 264 页。

因素。例如，在北影录音录像公司诉北京电影学院侵害著作权纠纷案中，审理法院在判定课堂教学使用是否构成合理使用时，采用了使用行为是否属于课堂教学必不可少活动的标准。[1]根据这种思路，合理性标准还与作品的收费方式有关，例如在网络环境下，作品如果一页一页地收费，合理使用很难存在生存空间，如果作品按本收费，浏览、复印其中的某几页则可能构成合理使用。因此，在认定某类合理使用行为是否具有合理性，进而确定使用人是否侵犯著作权专有权时，应当根据案件的具体情况作出判断。

（二）法定许可与著作权权利边界

法定许可，是指根据著作权法的直接规定，可以不经著作权人的许可而以一定的方式使用享有著作权的作品，但应向著作权人支付报酬。相对于合理使用，法定许可制度保障了著作权人取得报酬的权利，对著作权人的影响相对较低。一般认为，我国《著作权法》一共规定了五种法定许可类型：第一，为实施九年制义务教育和国家教育规划而编写教材的编创者的法定许可使用；第二，报刊社转载、摘编其他报刊作为文摘、资料刊登的法定许可使用；第三，录音制作者使用他人已经合法录制为录音制品的音乐作品制作录音制品的法定许可；第四，广播电台、电视台播放他人已经发表的作品的法定许可使用；第五，广播电台、电视台播放已经出版的录音制品的法定许可使用。[2]我国现行的法定许可制度对著作权权利边界的影响主要体现在以下几个方面：

1. 权利人声明

我国著作权法定许可制度以权利人未声明不得使用为前提，在上述五种法定许可中，除了广播电台、电视台播放他人录音制品这一情形外，均认可著作权人以声明方式，排除他人通过法定许可使用自己的作品。这种做法使著作权人获得了极不合理的处分权限，不适当地扩大了著作权保护的权利边界，限制了他人通过法定许可使用作品的能力。同时，法定许可以著作权人未声明排除适用为前提的做法也与一般国际惯例存在较大差别，不利于著作权保护的国际交流。例如，吴汉东教授在总结各国法定许可的一般性规定之后指出：我国的法定许可制度规定的一个前提条件——作者声明保留权利者除外，与国际通行

〔1〕 参见北京市第一中级人民法院（1995）一中知终字第19号民事判决。
〔2〕 吴汉东主编：《知识产权法通识教材》，知识产权出版社2007年版，第56页。

的法定许可使用有较大的区别。[1]

笔者认为，在讨论法定许可以著作权人未声明不得使用为前提的存废时，有必要综合考证这一制度的设计初衷和本国的现实需要。法律设置法定许可制度的目的，一方面在于降低交易成本，避免出版单位或者使用人因找不到著作权人而不得不放弃对作品利用的情况出现，以便更好地促进作品的传播；另一方面也是为了合理界定著作权权利边界，防止著作权人和邻接权人滥用专有权，不适当阻碍社会公众使用现有文化成果的利益。其中，最典型的当属录音制品对法定许可的引入。录音制品引入法定许可最初的目的就是防止实力雄厚的唱片公司凭借独占许可垄断市场，恶意提高唱片价格。[2]法定许可并不否认著作权人获得经济利益的权利，甚至可能因此促进对作品的利用，进而提高著作权人的经济利益，对权利人造成的伤害十分有限，且在客观上赋予著作权人通过声明排除法定许可适用的权利，将使得法定许可很难真正落到实处，与著作权法保障作品传播、利用的立法目的背道而驰。因此，在确定著作权权利边界时，应当取消以权利人未声明不得使用为前提的规定。同时，应该寻求有效途径规制使用人不履行付酬义务的行为，真正确保著作权人获得报酬的权利得到尊重。

2. 使用程度

法定许可中的使用程度是影响著作权权利边界的另一因素，它规定了使用人在支付报酬的同时，可以在多大程度上不经许可而利用著作权人的作品。例如，在教科书的使用程度上，有学者认为，编写者只限于使用作品"片段"，"短小"的文字作品、音乐作品或"单幅"的美术作品、摄影作品。[3]此时，未经许可超出这一范围的使用行为，便会落入著作权人专有权的控制范围，构成著作权侵权。其实，因为法律对法定许可类型的规定较为严格，法定许可类型是一个相对封闭的区间，这种制度本身并不会对权利人的经济利益产生重大不利，反倒是实践中利用法定许可逃避支付作品使用费的情况较多，此时做好保障权利人报酬取得权的工作，使其真正落到实处，远远比对使用程度进行详细规范更有意义。

---

〔1〕 吴汉东等：《知识产权基本问题研究》，中国人民大学出版社 2005 年版，第 315~317 页。

〔2〕 参见王迁："论'制作录音制品法定许可'及在我国《著作权法》中的重构"，载《东方法学》2011 年第 6 期，第 51 页。

〔3〕 王迁：《知识产权法教程》（第 2 版），中国人民大学出版社 2009 年版，第 251 页。

3. 各类法定许可情形对相应著作权权利边界的影响

除上述共通之处外，不同的法定许可类型对著作权权利边界也产生了一些特殊影响。本文将通过教科书使用的法定许可、报刊转载的法定许可、制作录音制品的法定许可以及广播电台、电视台播放已出版录音制品的法定许可这四种法定许可类型的特殊性，探讨这一制度对著作权权利边界的影响。

（1）教科书的界定。对教科书的界定将直接影响在权利边界上受教科书使用法定许可限制的作品类型。究竟什么样的教学用书才能成为此处所讲的教科书？原国家教育委员会在《全国中小学教学教材审定委员会章程》中规定，教科书的编写必须经中央或省级教育行政部门批准，经学科审查委员会通过，并报送审定委员会批准后，由国家教育委员会列入全国普通中小学教学用书目录。这一规定应当是清晰明确的，判断作品是否属于教科书只需将其与全国普通中小学教学用书目录进行比对即可。但上述规定仅适用于中小学教学，对于大学教学用书的认定应当采取什么样的标准，上述规定并没有说明。本文认为，鉴于大学教育中各学校独立选用自身的教学用书的特殊性，显然无法对大学教科书的认定列出一个清单。同时，法定许可受到使用程度等因素的限制，且已经保障了著作权人获得报酬的经济权利，对教科书的认定可以进行较为宽泛的模糊化处理。在界定教科书著作权权利边界时，可以根据其使用目的等进行解释，适当扩大教科书作品的范围。甚至对诸如高考试卷等相关作品的使用，亦可以享受法定许可待遇。

（2）报刊转载法定许可。报刊转载法定许可对著作权权利边界的影响集中体现在这种转载是否适用于网络空间。对于这一问题，最高人民法院《关于审理涉及计算机网络著作权纠纷案件适用法律若干问题的解释》（现已失效）认为：已在报刊上刊登或者网络上传播的作品，除著作权人声明或者上载该作品的网络服务提供者受著作权人的委托声明不得转载、摘编的以外，网站予以转载、摘编并按有关规定支付报酬、注明出处的，不构成侵权。可见，最高人民法院曾认为报刊转载法定许可可以适用于网络空间，诸如网页、微信公众号等，在保证权利人报酬取得权、注明作者及其出处的前提下，不经事先许可转载其他报刊或网络媒体刊登的作品并不构成侵权。但在最高人民法院于2006年对这一解释进行修改时，唯一进行的变动就是删除了第3条关于在互联网上进行报刊转载的法定许可的规定，扩大了著作权人的权利范围，加强了对互联网中著作权人的权利保护。同年出台的《信息网络传播权保护条例》也没有规定报刊转载适用于网络空间。可见，在界定报刊转载法定许可对著作权权利边界的影响时，应当明确这种转载不适用于网络空间。

（3）制作录音制品法定许可。制作录音制品法定许可对著作权权利边界的影响还体现在对制作录音制品的不同理解上：制作录音制品究竟是指利用音乐作品重新录制录音制品的行为，还是指通过复制翻录他人合法的录音制品制作自己的录音制品的行为？对它的解释直接关系到录音制品表演者和制作者的权利范围。立法适用此类法定许可的目的是打破版权垄断，防止唱片公司通过垄断版权的方式垄断制作和销售录音制品的业务，进而提高价格，不合理地侵犯消费者的公平交易权。[1] 从这个角度理解，这种制作录音制品的法定许可应当仅限于利用音乐作品的词曲本身，自聘演唱者、制作室进行演唱录制的行为。在界定录音制品法定许可的范围时，应当明确这种法定许可只是一种对机械复制权的许可，而非对著作权法赋予的原表演者和录音制品制作者发行权和复制权的许可。

（4）播放作品。笔者认为，播放作品中的作品不包括录像制品：一方面，《著作权法》只规定了播放录音制品的法定许可，并未提及电影制品；另一方面，《著作权法》第46条也明确规定，电视台播放他人的录像制品，应当取得著作权人许可，并支付报酬，且广播电台不具备播放录像制品的可能性。因此，在理解此处的受法定许可限制的作品权利边界时，应当排除录像制品。

（三）强制许可对著作权权利边界的限制

著作权领域的强制许可，是指作品使用人在著作权人没有正当理由拒绝授权其使用作品的情况下，为了教学、科学研究需要，可向政府主管部门申请颁发强制许可证，以强制使用其作品，但应按规定向著作权人支付报酬，并且不得损害著作权人的其他权利。[2] 强制许可与合理使用和法定许可不同，其是国际公约给予发展中国家在作品翻译、复制方面的特殊优惠，使用对象多为国外作品。强制许可作为一项对著作权人许可权进行限制的制度设计，在一定程度上缩小了著作权人的权利范围，但各国对这种限制应当达到的程度并没有统一的标准。总的来讲，强制许可制度限制著作权权利边界的程度主要体现在对强

---

[1] 参见王迁："论'制作录音制品法定许可'及在我国《著作权法》中的重构"，载《东方法学》2011年第6期，第51页。

[2] 冯晓青主编：《知识产权法》（第3版），中国政法大学出版社2015年版，第148页。

制许可性质的定位、适用频率以及许可证能否转让等方面。

1. 强制许可的定位

在对强制许可制度进行定位时，曾有学者将强制许可分为三种类型：通过履行通知和备案等法定程序获得的强制许可、通过向主管机关申请获得的强制许可以及通过司法程序获得的强制许可。[1]一国采用什么类型的强制许可以及对强制许可性质的认定，将直接影响申请者获得强制许可的门槛的高低，进而对著作权权利边界产生影响。

笔者认为，我国在界定强制许可对著作权权利边界的影响时，应当将其限定为一种通过向主管机关申请获得的强制许可。理由有三点：首先，这样做比较符合我国的司法现状。在知识产权取得、保护以及打击侵权等方面，行政机关始终扮演着重要角色，采取向行政机关申请获得强制许可的方式与我国的知识产权保护现状更为契合。其次，行政机关资源充足、办事周期短，由行政机关负责强制许可的实施，不至于引发著作权人与使用者利益的失衡，也更易掌握强制许可的实施力度。最后，自1909年《美国版权法》引入版权强制许可制度以来，世界各主要国家先后构建起自身的强制许可制度，虽然这些国家在对具体问题的规定上存在很大的差异，但均将其视为一种行政许可。[2]我国采取由行政机关负责强制许可的做法，能够与国际惯常做法保持一致，更易于版权贸易谈判和国际交流。根据这一规定，著作权权利边界仅受到行政主管机关实施的强制许可限制，法院不得通过判决赋予申请人实施强制许可的权利。

2. 强制许可的国内立法状况

对于是否将强制许可引入国内立法，学者看法不一。有的学者认为，鉴于我国没有防止著作权滥用的法律制度，立法者有必要引入强制许可制度，以保障我国作为发展中国家的教育事业。[3]也有学者认为，强制许可的本质还是一种法定许可，不应因是否需要履行法定的程序和手续而将著作权非自愿许可划分为法定许可和强制许可，强制许可所要达到的预期目的完全可以由法定许可

---

〔1〕 杨红军："版权强制许可制度论"，载《知识产权》2008年第4期，第30页。

〔2〕 参见高兰英："国际视野下的著作权强制许可制度探析"，载《知识产权》2012年第3期，第87页。

〔3〕 参见吴汉东主编：《中国知识产权制度评价与立法建议》，知识产权出版社2008年版，第60页。

进行覆盖，正因如此，世界各国普遍采用法定许可而无强制许可。[1]立法层面上，国际公约中关于强制许可的规定主要有《伯尔尼公约》《世界版权公约》、TRIPS 协议。曾有学者指出，我国公民可以依据上述国际公约享有申请强制许可的权利。姑且不论这种观点是否正确，仅就实践中要求行政机关依据国际条约作出行政行为本身可能就不具有可操作性。鉴于上述国际公约中规定的强制许可制度尚未转化为国内立法，且《著作权法（修订草案送审稿）》中也没有提到要增加强制许可制度，仅就目前的情况而言，现实中很难要求著作权行政机关仅仅以国际公约为根据作出行政行为，中国裁判文书网亦没有一篇关于著作权强制许可的判决。没有国内立法的现实在实质上堵死了本国使用人获得强制许可的路径。

由此可知，是否将强制许可转化为国内立法，将直接在司法实践层面影响著作权权利边界。同时，即便真正在国内立法中引入了强制许可制度，也未必能起到限制著作权权利边界的作用。郑成思教授认为，《伯尔尼公约》中的强制许可的目的在于给予科学文化处于落后状态的发展中国家一定的优惠，使其也可能接触、使用本国发展所急需的科学文化知识。从强制许可发挥的功能来看，由于颁发强制许可的条件过于苛刻，发展中国家援用强制许可以使用外国作品的实例非常少，作用十分有限。[2]强制许可这种长期休眠的现状，显然与著作权法打击著作权滥用、保障公共利益的根本目的相悖。

笔者认为，鉴于强制许可在保障作品权利人获酬权的同时，将使用主体严格限制在申请人本人之上，且对使用数量亦有限制，相较于合理使用和法定许可，其对作品权利人的限制最小。虽然在一些未实行法定许可的国家（如美国、日本等），强制许可正起着法定许可的替代功能，但仍不可否认，三者各自的功能不同，可以在不同情况下发挥各自的作用，有必要在立法中引入强制许可制度。为了更好地保障本国公民使用外国作品的权益，我国应当在立法中尽早引入强制许可制度，并使其真正具有可操作性，通过强制许可制度适当限制著作权权利边界。

3. 强制许可证可否转让

强制许可的适用范围以及获得的强制许可证能否转让也是影响著作权权利边界的一个因素。根据学界通说，强制许可的被许可人获得的是非专有的和不

---

[1]　参见王清：《著作权限制制度比较研究》，人民出版社 2007 年版，第 258~265 页。
[2]　郑成思：《知识产权论》，法律出版社 2001 年版，第 533~534 页。

可转让的许可证。关于强制许可的使用类型和方式，大部分学者认为，强制许可一般仅限于文字作品、视听作品等少数几类作品的复制权、翻译权、广播权、表演权等；也有部分学者认为，著作权强制许可在适用方式上仅限于对文字作品的翻译。[1]

本文认为，强制许可的适用对象和能否转让直接影响着著作权人与使用者之间的利益划分，对这一问题的回答与第一章中谈到的著作权正当性及立法目的息息相关。鉴于著作权法最根本的目的是保障公共利益，促进文化传播，且申请人在获得强制许可之前已经向著作权人及其邻接权人支付了相应报酬，此时申请人若因为在申请之初未能预料到的事项而无法或者不必再使用获得的强制许可利益，将其转让并不会对原权利人造成不利影响，因此，法律应当允许强制许可证的转让。这样既保证了资源的高效利用，也更加符合公平原则。需要强调的是，转让许可证的行为必须满足严格的条件限制：第一，转让必须基于情势变更、不可抗力等特殊原因。第二，为防止申请人通过出让许可证进行牟利，转让费用原则上不得超过申请强制许可证时申请人支付的许可费用。如果转让费高于许可费，著作权人有权分享高出的这部分收益。第三，转让以申请人获得的且尚未实施的许可为限，以免给权利人带来不必要的损失。这三点也恰恰是强制许可证对著作权权利边界发生影响的关键所在。

四、权利冲突与著作权权利边界

权利冲突，是指不同的主体依据不同的法律对同一客体分别享有不同类型的权利，由此在权利人之间产生相抵触的法律状态。权利冲突问题由来已久，但基于知识产品本身非物质性的特征，在知识产权法领域，产生权利冲突的可能性更高，问题也更为复杂。著作权与其他类型的权利发生冲突时，无论是给予双重保护，还是仅对其中一种权利类型予以保护，法律规则的选择都将直接影响著作权的权利边界。同时，探求著作权与相关权利的冲突，对正确界定著作权权利边界，化解公法与私法的冲突表象，维护著作权人、作品使用者以及其他知识产品权利人之间的合作共赢具有更为特殊的意义。实践中，最常见的影响著作权权利边界的冲突主要表现为未经许可将他人作品作为外观设计、商

---

〔1〕　参见吴汉东主编：《知识产权法》（第2版），北京大学出版社2009年版，第92页。

标以及涉及著作权的不正当竞争等情形。

（一）著作权与外观设计的权利边界

实践中，著作权与外观设计的冲突涉及很多形式的作品，其中以实用艺术作品的保护最为典型。因此，本文将重点以实用艺术作品为例阐释这类冲突对著作权权利边界的影响。

实用艺术作品，是指适合作为实用物品的艺术作品。不论是按手工艺还是按工业规模制作的作品，著作权法都可以确定其本身在多大范围内适用于这类作品。[1]我国现行《著作权法》并未明确对实用艺术作品予以保护，但国务院 1992 年颁布的《实施国际著作权条约的规定》对外国实用艺术作品给予为期 25 年的保护。在司法实践上，北京市高级人民法院于 2002 年 12 月 18 日作出的（2002）高民终字第 279 号判决，是地方法院首次适用著作权法对外商公司实用艺术作品进行保护。[2]上述情形并不意味着我国法律对本国公民的实用艺术作品就不予保护，因为根据著作权法一般理论以及平等原则，任何文学、艺术、科学领域具备独创性的智力成果，除非法律明确予以排除，否则都将获得著作权法的保护。

艺术成分与实用功能是艺术与实用性的结合，也是著作权与外观设计专利权在实用艺术作品保护上发生冲突的根本原因。这种冲突对著作权权利边界的影响表现为：给予某些实用艺术作品外观设计专利权保护的同时，立法基于避免权利冲突或重叠保护的考虑，很可能放弃给予此类作品著作权法保护。郑成思教授认为，实用艺术作品可以是手工制品或被手工制品用作装潢，也可以是工业批量生产的制品所采用的设计；只有属于后一种情况时，才能称之为工业品外观设计。[3]根据这一论断，实用艺术作品中存在的著作权与外观设计专利权保护的冲突实质上仅限于手工制品。美国正是采用这种处理方法，对实用艺术品的手工部分或被手工制品使用的部分给予版权法保护，对工业批量生产制品则给予外观设计专利权保护，通过人为制度设计的方法将实用艺术品与外观

---

〔1〕　世界知识产权组织编：《著作权与邻接权法律术语汇编》，刘波林译，北京大学出版社 2007 年版，第 9 页。

〔2〕　冯晓青主编：《知识产权权利冲突专题判解与学理研究》，中国大百科全书出版社 2010 年版，第 194 页。

〔3〕　郑成思：《版权法》（修订本），中国人民大学出版社 1997 年版，第 104 页。

设计"一分为二",从而避免实用艺术作品与外观设计专利权保护冲突这一话题。其实质上放弃了对工业批量生产的实用艺术作品进行著作权保护。王迁教授则采用可分离标准,即只要实用艺术作品中的美感能够与实用功能在物理上或观念上分离,从而可以独立存在,就可以作为美术作品受到《著作权法》的保护。[1]根据这种标准,如果改动实用艺术品在艺术部分的设计,影响了实用功能的实现(如汽车的流线型设计),则视为艺术成分与实用功能无法在观念上分离;如果改动了实用艺术品在艺术部分的设计,不会影响实用功能的实现,则视为艺术成分与实用功能可以在观念上分离。[2]这实质上放弃了对不可分离实用艺术品的著作权法保护。

著作权与外观设计专利权的权利冲突对著作权权利边界的影响还体现在,即使采用实用性和艺术性的可分离标准,学界对作品类型的认定仍存在争议。例如,对可分离实用艺术作品,王迁教授认为可以作为美术作品予以保护,郑成思教授则基本赞成实用艺术品不归入美术品。世界知识产权组织颁布的《著作权与邻接权法律术语汇编》也认为美术作品与实用艺术品有明显区别:美术作品仅仅是某种艺术品;实用艺术品除了必须是艺术品外,还必须是为实际使用而创作的作品(即不能仅为观赏目的而创作)。

总之,著作权与外观设计专利权的冲突,带来了著作权权利客体的变化。实践中,立法者为解决这些冲突,实质上都或多或少地将部分实用艺术品剥离出了著作权法的保护范围,对著作权权利边界在保护客体上进行了一定程度的限制。

(二) 著作权与商标权的权利边界

司法实践中,著作权与商标权的冲突多产生于具有显著性的简短文字作品和具有显著性的美术作品、摄影作品、建筑作品两大类作品之中,2013年《商标法》修改并增加声音商标之后,还可能出现音乐作品与商标权的冲突。

1. 司法实践对著作权与商标权冲突的态度

著作权保护的基础在于其独创性,商标权保护的基础在于其显著性,两者本应毫无瓜葛,但实际并非泾渭分明。某些商标的设计本身也是一种创造性的智力创造过程,一旦这种创造达到法律规定的高度,符合独创性标准时,便成

---

〔1〕 王迁:《知识产权法教程》(第3版),中国人民大学出版社2011年版,第75页。
〔2〕 王迁:《知识产权法教程》(第3版),中国人民大学出版社2011年版,第76页。

为作品，自动获得著作权法保护。当两者分属不同主体时，便具备了产生权利冲突的基本条件。目前，立法尚缺乏明确细致的规范对这一问题作出正面回答。实践中，法院解决著作权与商标权冲突时主要依据《商标法》第9条、第41条，根据著作权人的申请依法撤销在后注册商标。这种做法可能对商标权人要求过高，甚至也与著作权人的利益诉求相悖。因此，笔者认为，著作权的权利边界并不当然及于撤销在后注册商标的专用权。

如果完全按照在先著作权撤销在后商标权的做法，很难说商标权的存在真正对著作权权利边界界定产生了实质性影响。但实践中的这种做法并不值得推崇，它固然给了著作权人充分、全面、有效的保护，却是以损害商标权人和社会公众利益为代价的，欠缺合理性。首先，著作权采取自动取得制度，在申请商标之前很难对拟采用设计的版权问题进行全面、系统的检索，商标权人可能在无意之间将他人已取得著作权的作品作为商标予以注册。其次，商标本身含有多重设计要素，一个商标可能涉及多部作品元素，如果要求商标权人对其中的每一部分都进行检索对比以避免侵权，则成本过高，实践上也不具备可操作性。最后，著作权人参与诉讼可能更多地还是为了经济利益，单纯撤销注册商标的做法既不利于著作权人经济利益的实现，也对在后商标权人略显不公，甚至会妨害社会公共利益。因此，笔者认为，法律应当赋予以善意方式取得商标权的注册申请人继续保有注册商标的权利。

2. 著作权与商标权冲突对著作权权利边界的影响

在著作权与商标权发生冲突的时候，商标权对著作权的影响主要表现为对著作权专有权的限制以及变相延长著作权保护期限这两个方面：

（1）商标权对著作权专有权的限制。现行冲突解决办法中，单纯依据接触加实质性相似原则而撤销在后注册商标的做法，可能造成严重不良后果。在著作权与商标权发生冲突时，在一些特殊情况下，应当认可商标权人有权对著作权权利边界进行必要限制。例如，至少在商标注册异议和注册商标侵权纠纷中应当对著作权权利边界进行限制，允许商标权人给予著作权人充分的经济补偿，进而由法院认定注册商标不予撤销。注册商标侵权纠纷与商标确权案件不同，前者中，商标权人已经取得了注册商标，在前期的申请过程中也进行了充分公示，著作权人完全有充足的时间通过异议程序来撤销注册申请。此时，如果著作权人怠于行使权利或者商标局履行审查责任不到位，在申请人取得注册商标后，再依据著作权人的申请，撤销注册商标，由商标权人承担全部责任，显然不符合法律的基本精神。因此，对于经过充分公示的注册商标，如商标申请人无其他违反法律、不诚信等行为，且商标权人同意对著作权人进行合理补偿，法院则应认定注册商标有效。此处需要明确，如果著作权已家喻户晓，商标申请人履行一般注意义务即可避免侵权行为的出现，但仍申请商标注册的，则应当推定商标申请人具有恶意，即使著作权人怠于行使权利，依旧有权要求撤销该注册商标。[1]

商标权人根据自己设计的作品申请商标，该作品却与他人作品相近，无论是在申请环节还是注册商标侵权诉讼中，均应当认定该注册商标有效。例如，日本法认为，若争议商标并未侵害他人著作权，而是独自创作的商业标记时，商标权人毫无疑问地可以使用该注册商标，此时甚至著作权人利用该商标的行为也逃避不了侵害商标之责任。[2]

（2）商标权对著作权保护期限的延长。商标权对著作权权利边界的影响可能还表现为对著作权保护期限的延长。例如，在著作权人与商标权人同属一人的情况下，商标无限延展的特征可能会导致部分作品保护期实质上变成无期限。上述情形虽已超出了此处所讲的权利冲突范围，但仍在商标权对著作权权利边界的影响范围之内。日本针对此类问题的立场极为明显：所有的类似申请均被特许厅驳回，即使侥幸成功注册，在之后的侵权诉讼中法院亦不认定为侵权。[3]我国目前对此问题的处理尚没有明确结论，但无论结果如何，其对相关作品权利边界的影响是毋庸置疑的。

（三）著作权与不正当竞争法的权利边界

著作权保护与不正当竞争法保护的冲突主要体现在对《著作权法》第 10 条兜底条款的理解上，对这一问题的处理直接决定著作权的权利类型。例如，在北京阿里巴巴信息技术有限公司与北京三际无限网络科技有限公司侵犯计算机软件著作权及不正当竞争纠纷上诉案[4]中，被告开发的奇虎安全卫士软件故意

---

〔1〕 例如，冯雏音等诉江苏三毛集团公司侵犯著作权案中，鉴于三毛形象家喻户晓，上海市高级人民法院判决商标权人败诉。

〔2〕 参见［日］田村善之：《日本知识产权法》，周超、李雨峰、李希同译，知识产权出版社2010 年版，第 173 页。

〔3〕 ［日］田村善之：《日本知识产权法》，周超、李雨峰、李希同译，知识产权出版社 2010 年版，第 168~169 页。

〔4〕 参见北京市高级人民法院（2007）高民终字 469 号民事判决书。

将原告的雅虎助手软件列为恶意软件，描述为"软件类别：有潜在风险的；恶意表现：强制安装、干扰其他软件运行、浏览器劫持；危险级别：中"，并将其默认选中予以清除。虽然被告的上述涉案行为将导致用户对该产品产生误解并丧失信心，对原告的软件著作权经济利益造成巨大侵害，但依据现有的著作权法，并不能找出相应的权利类型为其提供著作权保护。最后，法院仅以被告侵犯原告的商誉为由，认定被告构成不正当竞争。[1]此时，著作权法与不正当竞争法的冲突限制了著作权新权能的出现：如果不存在不正当竞争法，或许法院对上述行为可能仍会依据兜底条款判定著作权人胜诉，立法也可能为著作权设置一种新的权能，以保证著作权经济利益的实现。

另外，这种权利冲突也可能在事实上扩大著作权权利边界。例如，在南京国资绿地金融中心有限公司诉江苏紫峰绿洲酒店管理有限公司侵害著作权、商标权、不正当竞争纠纷案[2]中，法院认为，原告的紫峰大厦建筑作品和被告的紫峰绿洲国际会所的建筑外观及装饰仅有局部的设计元素或风格近似，整体建筑外观并不相同，不构成对原告著作权的侵犯，但被告的行为属于攀附紫峰大厦的知名度，构成不正当竞争。由此可知，在确定著作权权利边界时，法律对权利人的保护并不仅限于《著作权法》第 10 条规定的 17 种类型，反不正当竞争法在对著作权的权利边界进行限制的同时，也提供了其他途径的保护。

除了权利冲突，对权利本身的认知，即究竟是使用兜底条款还是使用不正当竞争条款，也会影响著作权的权利边界。例如，体育赛事节目是一种作品形式，针对体育赛事节目的网络实时转播则可能同时涉及侵犯著作权与不正当竞争两种情形。王迁教授认为，网络实时转播行为具有以下特征：首先，它是一种非交互式传播，即用户只能在规定的时间和地点浏览作品，而不能个人选定。其次，这种转播分为两种表现形式：一种是初始采取无线方式，即将广播组织的信号转化成画面并在网站上播放；一种是初始采取有线方式，即实时转播其他网站正在播放的节目。[3]实时转播其他网站正在播放的节目的行为，既不属于信息网络传播权，也不属于广播权的范畴，此时与《著作权法》第 10 条第 1

---

〔1〕 类似的案件还有浏览器屏蔽广告相关问题。

〔2〕 参见（2012）宁知民终字第 24 号民事判决。

〔3〕 参见王迁、施云雯："电视媒体与网络有关的版权侵权问题研究"，载《电视研究》2014 年第 2 期，第 21 页。

款第 17 项的认定相符。一旦认定为其他情形，则意味着著作权权利边界的缩小。北京市高级人民法院认为："网络服务提供者通过信息网络按照事先安排的时间表向公众提供作品的在先播放的，不构成信息网络传播行为，应适用《著作权法》第 10 条第 1 款第 17 项进行调整。"〔1〕法律对这一行为的界定将影响著作权人的权利边界，如果适用兜底条款认定为著作权侵权，则原告的停止侵权诉求便可以得到法院的支持；如果认定为不正当竞争，原告停止侵权的诉讼请求必然得不到满足。

结　论

在著作权权利边界的研究中，客体的无形性始终是一个无法绕开的难题，这一特征引发了人们对著作权制度的争论。本文通过对著作权正当性理论、著作权产生的历史背景、权利性质界定的方法等进行分析之后认为，财产人格理论、劳动价值理论以及激励理论等虽然证明了著作权制度存在的必要性以及合理性，但在用这些理论来验证具体的著作权制度设计时，都或多或少存在瑕疵。著作权虽是私权，但与物权等财产权具备良好的道德舆论基础不同，其权利的取得本身具有很强的公法性安排，甚至可以说，这种无形财产权之所以能被称为财产权，最根本的原因就在于国家权力本身对其进行的认可。这也注定了著作权立法的根本宗旨只能是为了促进以文化产业兴盛和作品广泛利用为基础的公共事业。衡量一项作品能否受到著作权法保护、保护的力度是强还是弱，固然应当经受利益平衡理论的检验，但在利用该理论之后仍难以作出决断的特殊情形下，应当选择对使用者较为有利的处理方式。这正是本文界定著作权权利边界范围的总原则。

在上述理论的指引下，本文重点对影响著作权权利边界的各项制度进行了系统考量，同时鉴于著作权权利边界是一个极其复杂且无法精确描述，随着社会发展需要不断变化的概念，文章在确定著作权权利边界时，将这一问题分解为三步进行：第二部分重点研究著作权授权与权利边界之间的关系，探讨独创性标准的高低、固定性标准的存废，并以精确临摹为例做了说明；第三部分重点研究著作权限制制度对著作权权利边界的影响，探讨了合理使用、法定许可

────────

〔1〕　参见北京市高级人民法院《关于审理涉及网络环境下著作权纠纷案件若干问题的指导意见（一）（试行）》。

等的性质、使用程度、相关利益能否转让；第四部分重点研究权利冲突对著作权权利边界的影响。

本文认为，在界定著作权权利边界时，应坚持多方利益平衡的需要，并根据实际情况的发展变化不断进行调整，维护一种动态平衡，同时还应兼顾著作权法保护公共利益的最根本原则，在出现利用利益平衡理论后仍难以得出令人信服结论的特殊情况时，果断选择对使用者较为有利的方案，缩小著作权权利边界。最后，在确定著作权权利边界时，要合理认识现实中知识产权保护不力的情形，重点从增强执法力度和提高效率入手，而非通过扩大著作权的保护范围，通过对著作权人进行倾斜保护以抵消保护不力带来的失衡。

商标法中的公共利益研究

蒙向东

2014 年，"微信"商标案引起了社会各界的广泛关注，同时也将社会公众的视野重新聚焦到公共利益的研究上来。公共利益是一个宽泛且难以清晰界定的概念，判断某一法益是否属于法律上所规定的公共利益，通常是从公平正义的朴素价值观出发，以符合社会绝大多数人的道德观念和价值判断为尺度，进而衡量某一法益是否落入公共利益的权利范畴。商标法中的公共利益被普遍认为体现于消费者利益和市场竞争秩序之中。由于我国现行法律缺乏与公共利益有关的一般性条款的规定，故需回归到散落于各个章节中的具体条款以寻求救济，如何理解并正确适用相关条款从而定分止争，将成为解决问题的关键。

当前，对商标法的公共利益的界定，尚未有一个较为清晰、可供执行的标准，相关的研究成果尚停留在学理阶段，而未内化到法律规定中。对于现有法律条款的适用标准，国家机关之间还未达成共识，因此现实中相关条款随时有被滥用的风险。考虑到此类问题长期悬而未决和现实生活中商标案件频发的情况，2017 年最高人民法院出台的《关于审理商标授权确权行政案件若干问题的规定》（以下简称《授权确权规定》）重申了公共利益保护问题。趁着立法的余热尚未褪去，有必要对商标法中的公共利益展开研究，在总结与反思的基础上，提出相关建议，不断完善我国商标法中的公共利益保护制度。

本文试图弄清历来不断被讨论的商标法中的公共利益问题。从现行的司法案例分析来看，立法的缺位导致了实践中对一些法律条款的误用和滥用，加之国家机关就公共利益保护的相关条款的适用尚未形成一致意见，使得对相关纠纷的有效解决变得困难重重。适逢最高人民法院通过司法解释对公共利益保护条款在适用过程中的难点加以明晰，在学界就公共利益的保护众说纷纭的当下，这一举动无疑具有重要的理论和现实意义。

一、商标法中的公共利益概述

（一）公共利益的概念

1. 公共利益的内涵

为了对公共利益的内涵进行阐释，首先需要对构成公共利益语意的"公共"和"利益"二者的内涵予以剖析。"公共"，顾名思义，即公有领域中社会全体成员可共同享有的。以受益范围和人数多寡作为界定公共性的标准是目前的通说，即只要涉及不特定大多数人的利益，都可视为存在公共利益。因其符合多数人民主的原则，故而被广为接受。"利益"，则是"一个涉及主、客体的价值判断概念，它是主体根据某一标准对客体评估时，对该客体所获得的特定价值"〔1〕。从上述的界定中可知，公共利益主要与不特定大多数人的需求与价值相关，体现着社会成员对共同福利的欲求。它独立于某个个体或群体的利益偏好，着眼于社会全体成员的利益，而最终又使每一个个体能够从中受益。目前学界仍未就公共利益的定义与解释达成共识。

笔者认为，公共利益不是个人利益的简单相加，而是社会个体合作所产生的社会价值总和，其以社会共同体成员的普遍利益为最终诉求。公共利益的最终受益者是个人，个人利益的充分实现有赖于对公共利益提供持续、稳定的保障。公共利益虽独立于个体利益，却不能脱离个体利益而单独存在。公共利益对社会个体在追求个人利益的时候提出了要求，即在追求、享有、行使权利的过程中要注意把握限度，不能以牺牲公共利益的方式来实现个人利益，避免伤害到代表社会绝大多数成员共同福利的公共利益。

2. 公共利益的特征

公共利益代表了社会全体成员对共同福利的追求。具体来说，公共利益主要具有以下五个方面的特征：一是主体的数量具有不确定性。公共利益代表了社会绝大部分成员的利益，而非特定的某些成员或某个集团的利益，受益主体的领域是开放的，数量是难以恒定的。虽然在一定情况下，受益主体可能会呈现出一定的地域性，或者受益人数存在着一定的数量上限，但不能因此否认公

---

〔1〕　城仲模主编：《行政法之一般法律原则（二）》，台北三民书局 1997 年版，第 159 页。

共利益的开放性特点。二是具有社会共享性。公共利益面向社会整体成员开放，社会中任何不特定的个人都可以同时享有此利益，这种共享权利不会因为某一个个体或群体的独占而受到影响。三是具有可还原性。公共利益融于个人利益之中，是个人利益的有机总和，并通过社会个体的具体表现来呈现其样态，最终公共利益可落实到每一个具体个体上。四是具有层级性。层级性主要强调的是权利的位阶顺序。采用不同的标准来评价公共利益，可能会导致不同公共利益之间的冲突，这时就需要对不同公共利益的位阶进行排序。五是内容的多面性和不确定性。凡是能为不特定大多数人所享有的，并且与社会生活相关的领域，都可能存在公共利益。此外，公共利益是一个不断演绎的概念，随着社会政治、经济、文化等方面的变化，其权利范围边界被不断地调整。其在不同的社会背景下有着不同的标准，强调的重点和蕴含的价值精神各异。

（二）商标权属性及其与公共利益的关系

1. 商标权的产生及其属性

商标起源于古罗马帝国，起初是为了便利区分商品的来源与获知商品的质量，而后在13世纪的欧洲商业行会中盛行。行会标记主要被视为一种财产权利，其并非为了保护消费者利益和促进有效竞争，而是一种用以维护生产者利益的特权，即通过独占市场来获取垄断性经营利益，这个时期的商标主要是行会实现垄断利益的工具。1266年，英国政府颁布了一部关于商标标记的法律，即强制面包师在其产品上标明相关商标信息，从而保证商品质量和畅通追责途径，同时也达到保护垄断利益的目的。为了使其利益诉求合理化与正当化，说服政府为其垄断利益追求提供政策性保护，争取公众对其经营形式的认可和寻求道德上的辩护，商业行会开始从公共利益的角度出发，论证商标保护的正当性，以期获得社会大众对其以商标标示和扩大市场份额的经营手段的认可与支持，欧洲各国甚至不惜科以刑责来维护这一垄断利益。商标最初萌芽于封建特权土壤，构筑起了垄断利益的城墙。到了工业革命时期，生产力得到极大解放，机械化生产取代人力，市场需求开始过剩。权利人要求扩大市场的欲望不断膨胀，他们已经不再满足于将商标使用于某一国家的特定地区，而是要求不断向海外输出带有身份特征的标记，商标成为推动自由竞争的重要因素。在区分商品来源、保证商品品质的功能之外，这个时期的商标还衍生出了广告宣传功能，权利人凭借品牌广告占领国内外市场。借由商标掀起的商品扩张热潮，触动了既有地区商业行会的垄断利益，他们不断向国家施压，要求保护其在某一特定地区的特权，保护消费者不受混淆的商标侵权标准逐渐被确立下来。可以说，早期的商标法闪烁着消费者利益保护的思想，通过确立消费者不受混淆的标准，确保了消费者的自由选择权，使其免受相同或者近似商标造成的混淆、误导、欺骗，保证产品责任追究有路可循。随着自由竞争市场的不断完善，商标法对消费者利益和市场秩序的关注与日俱增，商标权不仅带有私人属性，还带有一定程度的社会属性。

2. 商标权与公共利益的冲突

首先，某一标志若想成为法律意义上的商标，必须具备法律所要求的一系列条件。以实行注册制的国家为例，一些通用词汇、描述性词汇并不能成为商标权的客体，例如以商品或服务自身特点的描述性词汇作为商标的命名。如果将这些词汇作为商标的命名，消费者不仅不能有效地迅速意识到商品或服务的提供者，而且也容易造成申请人对处于公有领域内相关词汇的垄断，引发信息霸权危机。为了绕过商标权利区域，其他生产者不得不用较长的文字迂回地表达其欲向消费者传达的信息，这对于他们来说既损害了效率，又有悖于公平。这种情况实质上属于商标权范围不合理的扩大，会引起私人利益与公共利益的失衡。

其次，商标侵权标准的确立也关系到私人利益和公共利益的权利边界，以"消费者受到混淆"作为界定商标侵权的标准成为大多数国家的普遍做法。我国早期商标侵权判定并不以混淆可能性为衡量尺度，而是采取相似性判断标准，事实上这是很不公平的，有肆意扩大商标权人利益之嫌。经过《商标法》的几次修改，我国在侵权判定上引入了混淆可能性标准，以相似性为前置条件，以混淆可能性作为结果要件，商标侵权标准初成，较之先前的相似性原则有了很大的进步。

最后，商标使用也牵涉权利人的独占利益与社会公众的自由利益的界定。商标使用是商标的灵魂，是商标得以存续的支撑。某一标志被注册为商标后，若长期搁置不用，将会造成社会资源的浪费，国家有权在一定时期后撤销该"睡眠标志"，以督促权利人进行商标使用。

3. 商标权与公共利益的相互促进

商标法演化至今，无论是商标的注册、使用还是对商标的管理、权利救济，公共利益保护思想始终贯穿其中。从公共利益的角度来说，法律赋予商标权人独占权，一方面保护了消费者基于品牌认知建立起的对商品、服务质量的信赖关系，使得商标与其欲使用的商品、服务之间建立起的一一对应联系不受侵害，消费者可购得心属之物；另一方面也制止了他人在看到利好后进行"搭便车""恶意抢注""滥用不良影响词汇博人眼球"等扰乱社会风气和市场秩序的行为，遏制市场投机的不良风气，确保市场竞争公平有序。反过来，商标权利人也可以从对消费者的利益和市场竞争秩序的保护中受益。商标是企业营销战中的利器。通过发挥商标的指引作用，商标权利人可以建立起品牌忠诚度，使其商品或服务畅销于市，形成显著的回头客效应。商标权人借由消费者因商标形成的对商品和服务的品牌认知情结，不仅将原有受众群体固定下来，还会通过消费者口耳相传日渐形成粉丝效应，不断拓宽商品和服务市场，提升商业信誉。同时，也只有当市场秩序公平和正当化，商标中凝结的商誉不受他人非法剥夺或破坏后，商标权人才能产生动力进行产品和服务的优化升级，实现其最大化营利的目标。在商标法中，私人利益与公共利益是相互促进、相辅相成的。

概言之，商标权虽脱胎于封建特权，但不妨碍其为私权的本质属性。在商标法中，私人利益与公共利益是既冲突又彼此促进的关系：一方面，对私人利益的过度保护会错将一些本不属于法律保护范围的权利纳入其中，使社会大众丧失合法使用的自由权利，从而有害于公共利益。另一方面，私人利益与公共利益相辅相成，和谐共生。对私人利益提供适度的保护，能为实现更大意义上的公共利益创造更为优良的市场环境，而对公共利益予以适当关注，则能更好地激发市场主体公平竞争的驱动力，实现私人利益的最大化。

（三）商标法中公共利益的体现

1. 保护消费者利益

商标法中的消费者利益保护思想主要体现在以下三个方面：第一，防止消费者发生混淆。商标总是与特定的商品、服务存在对应联系，这种联系是在长期的商标使用过程中得以形成并逐渐强化的。消费者循此联系可以购买到心属之物，自然会产生联系的真实性、准确性不受破坏的诉求。让消费者能够在信息高效流动的市场环境下做出自由选择，使生产者与消费者能够跨过经销商实现无缝对接，解决市场信息不对称的难题，保证商标与其指示商品之间联系的真实性，让消费者在毫无顾虑的情况下进行采购，这正是商标权的正当性所在。

第二，确保消费者购买或接受到的商品、服务的质量恒定。商标在长期的发展过程中衍生出质量保证功能，这一功能意味着，只要商品或服务上贴附的商标相同，即便产于不同批次，也可推定商品和服务的质量至少一如既往。倘若商品或服务的质量出现了偏差，受骗上当的消费者的回购概率大打折扣，生产者基于以往经验可以判断出消费者进行回购的市场预期将会落空，缺失了商誉价值成就主体之一的消费者，商标增值的速度和规模将会大受影响。生产者维持商品或服务的质量恒定，不仅能够使消费者对自身品牌的信赖与日俱增，还能通过商标识别来源功能的正常发挥汇聚愈加广泛的受众群体。第三，减少消费者的搜寻成本。商标为消费者提供了一种"认标购物"的捷径，即消费者不需要再基于货比三家、以身试用或者对比他人使用经验来判断某一商品或服务于自身的必要性和适合度。他可以在琳琅满目的商品、服务中根据其所贴附的商标轻而易举地找到以往用后感觉还不错的心属之物，甚至可以凭借商标快速知晓对应的厂家、产地、质量口碑等一系列内容，而不需要逐一地核对包装上注明的相关信息。尤其是对于一些难以通过观察发现细微差异的产品来说，商标可以高效地将这类信息传送到消费者身边，确保消费者能够在知悉产品特征的基础上做出理性的购买选择。

2. 促进有效竞争

商标法对有效竞争的维护主要体现在以下三个方面：一是维护了竞争市场的秩序和效率。商标法通过明晰并严厉打击"假冒""反向假冒"和"驰名商标淡化"等行为，通过规范他人对权利人的商标使用和有效遏制商标"抢注"，从而保证市场交易的井然有序。此外，商标有利于解决市场信息不对称的问题。在现实生活中，市场交易双方占有信息处于一种不均衡的状态，占有信息较多的一方倾向于利用自己掌握的较为丰富和可靠的信息剥削和损害信息占有弱势方。并且，信息在消费上无排他性且生产成本较高，私人对其无力或不愿投资，不能通过市场机制有效解决信息不对称，以致容易出现市场失灵，从而影响市场交易效率。在这样的市场环境下，商标通过发挥其识别来源和质量保证等功能，向处于弱势地位的消费者传递着市场交易的真实信号，当商标与特定商品、服务之间的联系真实、可靠和恒定时，消费者信息弱势的地位得以扭转，市场交易效率也将会得到大幅提升。二是营造了公平竞争的市场氛围。商标法遵循先来后到的自然法则，尊重在先申请者的权利请求，同时对无使用意图的大规模恶意抢注行为予以取缔，有利于培养诚实、公平的市场竞争风气。三是激发了商品、服务提供者对商品、服务质量的改良动力。在有序、公平、高效的市场竞争环境里，生产者很难通过搭便车、偷工减料等投机行为来促进营利的增加。为了吸引尽可能多的忠实顾客，生产者会倾向于将精力和重点转移到质量的改良等有效吸引消费者的竞争手段上来。自由竞争将是一场品牌与质量的博弈，整个社会将在这场竞争中受益。

二、商标法中公共利益的正当性解读

（一）商标法的价值目标

商标权人对商标的专有权利具有明显的排他性和竞争性，他人未经许可不得擅自在相同或类似的商品服务类别上使用与权利人的注册商标相同或近似的标识。商标具有强烈的私人产品属性。同时，商标作为直接联系生产者和消费者的桥梁，又使社会大众能够同时地、无限次地、重复性地将其作为交易行为的指引。这种使用行为不但没有增加商标权人的成本，反而促进了其商业信誉的累积，因此商标权人是受到鼓励的。从这个意义上来说，社会公众对商标的使用具有非竞争性特点。从不同的主体角度审视，商标具有不完全相同的特征，因其并不完全同时具备非排他性和非竞争性，所以商标只能算是一种准公共产品。这个定性为分析商标法对公共利益的价值追求奠定了理论基础。

商标属于准公共产品这一定位决定了商标法不仅以保护商标权利人为价值追求，保护公共利益也是其不可偏废的价值目标。商标法的初始追求是保护权利人凝结在商标中的商誉不受损害，而终极目的则是通过鼓励和规范商标的使用来实现市场经济的竞争有序。此外，作为一种准公共产品，商标具有较为突出的外部性。商标的外部性使得他人可以自由享有商标利益，而不需要付出成本。这一特点使得其他竞争厂商"搭便车"的行为大量增加，主要表现为仿制或假冒他人商标的行为。这些行为的产生将严重危害竞争市场的公平高效。有鉴于此，为避免他人掠夺商标权益，可赋予商标财产权性质，来弥补这一外部性特征的不足。商标权保护是商标法的基本目标，而通过这一基本目标的实现来保障消费者利益、助益有效竞争、促进社会经济发展才是商标法意欲追求的终极目标。

（二）从法哲学视角解读商标法中公共利益的正当性

1. 洛克的劳动理论

洛克认为，财产权是一种与生俱来的天赋人权，源于人自身的劳动。[1]人的劳动使自然物实现了价值增值，增值的部分是由人的劳动来成就的，故其天然地具备脱离共有状态的正当性，任何人都有权独占自己劳动创造的成果而不受他人干涉和剥夺。根据洛克的观点，我们可得出以下推论：人通过劳动延伸了自己的外在形态，这也属于人自身的一部分。根据天赋人权理论，人对其自身当然享有所有权。人们通过劳动创造了知识产品，故人理所应当地对属于自己外在延伸的产物享有财产权。

如果将洛克的劳动理论放到商标法中来看，商标至少在设计或使用阶段涉及智力性劳动，需要权利人付出精力、时间与巨资。但需注意的是，付出了创造性劳动并不必然产生财产权，而应当根据劳动是否产生了价值增值来决定是否赋予劳动者财产权。此外，有些商标取材于公有领域，在设计过程中并未掺杂任何创造性活动，但不能因此否认此类商标保护的正当性。实际上，要完成商标从形式到实质的转变，除却完成商标外部表现的创意，更为重要的是将其投入市场使用，发挥区分商品或服务来源的功能。就洛克提出的劳动取得财产这一观点，普通法上"通过使用获取商标权利"的理论更加符合洛克理论中体现的公平、正义精神。因为就商标权来说，"所谓的劳动就是商标所有人在商业活动中对商标的使用。在这里，劳动不仅促成了商标权的产生，而且决定着商标权的强度和范围"。[2]

适用洛克的劳动理论应当注意满足"足够多、同样好"和"不浪费"这两个先决条件。"足够多、同样好"这个先决条件直接涉及公共利益，这意味着不能因自己独占劳动成果而剥夺他人在同等条件下独占享有的平等机会，从而保证了共有社区的存在。共有领域内可用作商标的符号应当具有不耗尽性。臆造性商标、任意性商标和暗示性商标因与商品并不存在直接关联，共有领域内难以耗尽，具有较高程度的可替代性。而描述性商标因直接表述了商品的质量、主要原料、功能、用途等特点，在共有领域内有被穷尽的可能，妨害了其他竞

---

〔1〕　卿越："对知识产权法的哲学反思——以人权为视角"，载《云南大学学报（法学版）》2012年第 2 期，第 148 页。

〔2〕　彭学龙："试论商标权的产生机理"，载《电子知识产权》2006 年第 6 期，第 23 页。

争者对此类符号的自由使用，因此不能简单予以法律保护，只有当其产生了不同于原有含义的"第二含义"之时，才能在其使用具有较高程度替代性的"第二含义"的基础上对其提供法律保护。"不浪费"条件，是指商标必须通过使用来获得和维持法律保护，防止社会资源的浪费和人为制造他人使用商标的障碍。如大多数国家普遍在各自商标立法中规定，在取得商标权后，若一定时期内未予以使用，相关权利将被撤销。毕竟获取权利后不进行使用的行为既阻碍了他人对此标识的自由使用，又会有变相鼓励商标囤积，滋生投机主义，破坏市场秩序之嫌，且未对商标进行使用，也不符合劳动取得财产的理论，此时，若对其进行专用权保护，则不再具备哲理和道德上的正当性。易言之，洛克理论中先决条件的提出，解决了赋予商标产权时可能会附带的不道德、不公正的系列问题，有助于合理解释私人利益和公共利益的协调平衡关系，也为商标权中公共利益的正当性提供了哲学注解。

2. 卢梭的社会公意理论

卢梭是 18 世纪法国著名的启蒙思想家，他在继承洛克思想的基础上，提出了社会契约理论，强调"人们在平等的基础上通过社会契约建立国家，制定法律以保护自身的生命、自由和财产不受侵犯"[1]。其中，"社会公意"是其思想的基础和财产观的核心。卢梭的财产观透露着正义的气息。卢梭认为，所有权以私人财产受到尊重和社会秩序得到保护为出发点和落脚点，为使这种公正的状态不被打破，制定法律必须遵从社会全体成员的意愿，并以其共同利益为起源和归宿。可以认为，财产权制度的建立主要是基于公意，其以实现全体成员的公共利益为最终价值目标。

从卢梭的"社会公意"理论中，我们不难发现知识产权的合理性。具体到商标法中，作为一部关涉市场交易的法律，商标法牵涉着权利人、消费者、其他生产者等市场主体的利益。商标财产制度的确立必须充分考虑以上主体的利益，接受社会正义理论的考验，即是否以全体成员的共同利益为依归，是否意在促进市场经济更快更好地发展，以便使权利人、消费者、其他生产者等市场主体能够从中受益。

商标法在制度设计上采取了权利保护与限制并行的模式。一方面，商标法对商标权进行保护，鼓励权利人强化其商标在指示来源方面的功能，专注于品

---

[1] 吴汉东："法哲学家对知识产权法的哲学解读"，载《法商研究》2003 年第 5 期，第 77 页。

牌增值和维持质量，便利消费者的自由选择，为其购买商品或服务提供保障，同时也有利于其他生产者明晰权利界限，开展正当经营，确保不受扭曲的自由市场的公平运作，促进诚实经营的市场风气的形成，从而实现有效分配社会资源的公共利益效果；另一方面，商标法对商标权进行限制，意在防范私有权利过分扩张导致的信息霸权主义，当可供描述或体现商品品质的可能性符号或者文字的范围太过狭窄而被垄断时，会不公平、不合理地剥夺其他竞争者的竞争机会，于社会公意不利。此外，商标通过续展而获得的永久保护将使上述词汇进入垄断范畴。市场竞争建立在机会平等的基础上，机会平等意味着垄断不被允许。对其他竞争者自由使用资源权利的过分侵犯，会剥夺他人公平开展市场竞争的机会，有悖于在社会公意的基础上发展自由竞争经济的本意。商标法不应偏离社会公意为其设定的目标，允许私权过分扩张而致自由竞争走向消亡。商标法对权利既提供保护，又予以限制，正是从正义的角度出发，意欲在各方利益平衡的基础上实现最广泛意义上的公共利益。

3. 边沁的功利主义理论

功利主义盛行于 19 世纪自由资本主义经济迅速发展时期，由英国边沁首先提出，主张法律以最大多数人的最大幸福为目的，强调法律实施的社会效果，以其为某一行为是否正当的评判标准。"在功利主义的框架下，对发明人或者作者的报酬是次要的，其主要目的是为了造福于大多数人。"[1]"立法者的职责就是在公共利益与私人利益之间造成调和。"[2]将功利主义适用于知识产权法，便是以激励理论的形式为其正当性提供辩护，即让人们在回报预期的刺激下进一步挖掘创造潜力，生产出更多可为社会享用的物质和精神产品，最大限度地实现公共政策目标。它既要求授予知识产权人排他性权利以便激励创造，又赋予了公众接近和自由使用知识产品的权利，并力图在两者之间建立起精妙的平衡。这在专利和著作权法中表现得尤为明显。然而，商标法的目的并非激励某种经济活动，它的初衷就是保护消费者免受混淆之苦，禁止假冒、伪造商标等投机行为的出现。

用功利主义的目光来审视商标法，我们不难看到其主要体现为均衡市场信

---

〔1〕 转引自谭华霖："知识产权权利冲突协调之法理与制度因素"，载《比较法研究》2011 年第 3 期，第 76 页。

〔2〕 陈勇、张建文："公共利益界定程序机制的几点思考——以民族非物质文化遗产为例"，载《经济研究导刊》2014 年第 11 期，第 222 页。

息和维持产品质量的恒定。一方面，商标准公共产品的定性和信誉良好的商标带来的巨大利润市场为商标带来了权利边界不清晰、外部性及"搭便车"等市场问题。竞争厂商从"以最小成本换取最大利润"的逐利天性出发，以小成本代价仿制或假冒他人已获准注册并具有一定声誉的商标，不正当地利用商标上累积的商业信誉为自己招徕利益，长此以往，商标投机行为将会滋生蔓延，这会严重阻碍商标指示来源的基本功能的发挥，产生交易信息虚假的市场问题。此时，不仅消费者因受到混淆，其权利无法得到保障，竞争秩序的公平和稳定也会受到破坏。从这个角度来看，商标功能的正常发挥为消费者通过使用商标降低成本、竞争厂商通过合理手段投资商标提供了激励。另一方面，公共利益的存在能激励生产者维持商品、服务质量的统一。商标向消费者传递着商品和服务来源、质量等方面的相关信息，消费者可以借此了解每个商标所指代商品、服务的质量，那么其在初次购买后就会使生产者对其重复购买形成预期，生产者倾向于相信，只要商标在信息指示上是准确、真实、可靠的，其所指代的商品、服务质量恒定，消费者将出于信赖和省心二次回购。相反，若商品、服务的质量不比往常，消费者将转向其他生产者的市场，通过缩减消费群体，削减商标中蕴含的商誉价值，以示不满。生产者为收回成本，可能会投向低劣商品市场，此时受损的将是整个行业而非个人。"商标价值在一定意义上是消费者的'抵押品'；如果消费者对卖主不满，他们会通过降低商标价值来作出反应。这种'抵押品'的存在为卖主向消费者提供其偏爱和期望的质量一致的商品提供了激励。"[1]实际上，商标的质量保证功能只是消费者对商标所指示商品、服务质量恒定的一种主观信赖，若生产者主动破坏了这种信赖关系，消费者虽无法通过法律措施进行救济，却可通过消费行为的改变来减损商标蕴含的商誉价值。从这个意义上来说，对消费者的这种信赖利益予以保护，是企业生产优质产品的驱动力。

（三）从法理学——利益平衡理论进行解读

"利益平衡也称为利益均衡，是在一定的利益格局和体系下出现的利益体系相对和平共处、相对均势的状态。"[2]自知识信息产生以来，创造者和使用者

---

〔1〕 转引自冯晓青："商标法与保护消费者利益"，载《中华商标》2007年第3期，第24页。

〔2〕 冯晓青："论利益平衡原理及其在知识产权法中的适用"，载《江海学刊》2007年第1期，第141页。

的冲突从未停歇，并随着经济和科技的发展愈演愈烈。两者之间的利益至少在表面上看来是相互对立的，知识产权的私权性质抑制了人们对共同福利的追求，此时需要构建一种机制来消除两者利益的对立，实现知识产权法保护私人利益和公共利益的双重目的。丧失了对私人利益的保护，无从形成基于私人利益的公共利益，遑论公共利益的保障问题。但需注意，对私人财产的保护必须控制在合理、适度的范围内，以防因垄断权的授予而对公众的自由使用权利造成不当侵害。在激励创造和权利限制之间，需要建立起一种协调平衡的利益机制，以防对其中一方有失偏颇而有悖于公平正义的法律价值理念。

商标法律制度意在通过平衡商标权人、消费者利益和竞争厂商的利益来实现社会利益的最大化。对商标权人的权利予以保护是商标法的立足点和出发点，任何背离这一观念的行为，都将与商标法的宗旨渐行渐远。商标法所欲实现的基本目标是确保商标在市场竞争中不被其他竞争厂商混淆。通过对假冒、仿冒等商标侵权行为的严厉禁止，商标识别来源的基本功能得以保障，消费者也可免受欺蒙、误认和混淆之苦。尽管在对商标权人提供法律保护时，会产生一定程度的反竞争的社会效果，但长远来看，商标法正是通过保护商标与特定商品、服务之间的联系，不断促使厂商累积商誉和信誉，进而有效地激发厂商在降低成本、改善质量方面的动力，以使厂商在市场中占有更大的份额，争取更多的消费群体，赢得市场竞争优势。

商标权人的利益和竞争性厂商的利益似乎是颇为矛盾的，两者之所以能够在商标法中共存，是因为在更高的程度上都统一于促进公平竞争的目的之中。商标法促进有效竞争是以一定的反竞争损失为代价的，以促使未来的竞争者能够为改良产品和服务做出更大的努力。但若给予商标过于强势的保护，容易导致一家独大的垄断局面的出现，当自由竞争市场的入口完全关闭时，消费者所需承担的高昂价格和此价格之下可能不如以往的质量将是这种强势保护所带来的负面效果。这种负面效果将是产品相关的信息优势所不能抵消的，此时意味着消费者实际需要的效益远远小于商标强势保护所带来的反竞争效果。这时商标权人、其他竞争性厂商和消费者利益的协调平衡状态将会被打破，三方利益将严重失衡。欲避免上述情况的出现，关键在于寻找利益平衡点，将商标保护引起的反竞争性损失控制在其带来的信息优势及其本身促进竞争的效能范围内，防止商标经济性垄断行为的产生。概言之，要在确保商标区分来源功能能够有效实现的基础上，使市场中的混淆尽可能最小化，同时要求不得妨碍合法竞争的市场进入，致力于促使上述两者并行不悖地发展。

三、我国商标法中公共利益的具体制度性安排

（一）商标注册阶段

1. 法律制度安排

一是现行《商标法》第 10 条对不得作为商标使用的情形进行了列举，主要是对一些具有特殊意义和价值的公共资源进行预留，以及对一些带来负面效应的标志进行排除。该条第 1 款第 1 项至第 5 项列举了数种禁止作为商标使用的标志的情形，主要是为了防止造成相关公众的误认。因上述情形多涉及国家、国际组织和一些有影响力的官方机构，辐射范围广，力度强，相关公众多已建立起特定主体与标志一一对应的稳定认知，此时形成的公共利益理应受到法律保护，不得随意动摇。若未经许可擅自将上述情形所涉标志用于相关商品或服务之上，会使公众误认为此类商品或服务与特定主体存在关联关系或取得了特定主体的认可。若准许此类标志用于商品上，不仅会伤害相关公众背后所代表的公共利益，而且也与商标权保护的基本原理不符。但需要注意的是，该条款第 2 项至第 4 项所涉情形都附加了例外条件，这意味着只有在经过相关权利人同意，特定使用者的行为不致混淆公众，或权利人通过授权形式同意使用者与自己建立联系的情况下〔1〕，此类原则上被禁止使用的标志才可作为例外情形准予使用。对于该条第 1 款第 6 项规定的"带有民族歧视性的"情形，因涉及广泛的群体性利益或者公共秩序，若准予使用，可能会在短期内产生难以消除的负面影响，伤害特定群体的尊严和感情，甚至会威胁社会的安定、团结和稳定。故不能允许将此类标志当作商标使用。至于第 7 项规定的带有欺骗性的标志，因易使相关公众在影响其购买行为的实质性因素考量上陷入误区，从而导致选择偏差，伤害相关公众的自由选择权，故应禁止将其作为商标使用。

此外，因法律不能对现实生活中的情形予以穷尽规定，该条中的第 8 项类似于一个兜底条款，明确规定"有害于社会主义道德风尚或者有其他不良影响的不得作为商标使用"，以防上述七种情形之外的其他违背社会主流价值观、道

---

〔1〕　参见邓宏光："商标授权确权程序中的公共利益与不良影响：以'微信'案为例"，载《知识产权》2015 年第 4 期，第 59 页。

德观的标志被准予商标使用。但"其他不良影响"并非一个定义清晰的概念，容易将仅涉及损害特定民事权益的标志牵涉其中，在具体适用过程中有被滥用的危险，因此必须审慎为之。最高人民法院《授权确权规定》对"不良影响"条款中包含的情形进行了注解。其第3条和第5条针对含有国家名称和可能会产生消极、负面影响的标记进行明晰，明确表示了保护公共利益的坚定决心。

除《商标法》第10条第1款涉及公共利益保护，明确对相关标识不予商标使用外，该条第2款关于所涉地名被禁止用作商标的规定，则充分考虑到公众对公有领域内词汇的自由使用权，且因其使用在商品或服务上的显著性不足，故不应被作为商标使用。但若地名具有其他含义或用于表明使用者在某一组织中的成员资格、证明使用者的产品或服务达到一定标准时，可准许上述地名用作商标。最高人民法院《授权确权规定》第6条明确了"整体上具有区别于地名的含义"的地名标识可作为商标使用。此外，若使用地名的商标已获准注册，为了保护已经形成稳定认知的相关公众的利益，《商标法》允许此类商标继续有效，以此维持稳定运行的市场秩序，达到商标权人与公共利益保护之间精妙的利益平衡。

二是现行《商标法》第11条规定通用名称、描述标志等缺乏显著性的标志不得作为商标注册。如果对这些标志予以注册，会导致原本属于公有领域范围内的一些信息、标志成为知识产权独占垄断的对象，不仅限制了竞争厂商进行有效竞争的表达自由，增加了他们在设计、使用一些替代性标志方面的搜索和经济成本，使商标促进有效竞争的功能无法实现，而且由于这些标志与特定的商品、服务之间的联系较为微弱，并不能给消费者提供清晰的来源指示，消费者从此类商标中获得的减少搜寻成本的利益和其他商标利益将大打折扣，有悖于商标应有的基本识别功能，因此这些标志不能纳入商标权利范畴。同时，根据《商标法》第11条第2款的规定，此并非绝对不可取得商标注册的事由，而是存有"经过使用取得显著特性"这一例外。

三是现行《商标法》第12条对三维标志功能性的排除。探寻这一规定的立法用意之后，我们不难发现，"仅由商品自身的性质产生的形状"既不符合发挥商标识别来源基本功能的要求，又会伤害消费者的自由选择权和其他竞争者的自由使用权。因其欠缺商标注册所需具备的显著性要件，故不能予以核准注册。最高人民法院《授权确权规定》第9条对此予以了确认，进而指出当其经过使用而使相关公众能够识别来源时，可以取得商标注册所需的显著特征。而对于为获得技术效果或者赋予产品实质性价值的形状来说，因其触碰技术垄断，有损害公共利益之嫌而不能注册成商标，若允许将其注册为商标，定为世界上绝大多数知识产权立法所不容。

2. 经典案例分析

2010 年 11 月 12 日，创博亚太提出将"微信"商标注册于信息传送、电话业务等服务上的申请。2011 年 8 月 27 日，该申请获准通过。2011 年 1 月 24 日，腾讯公司也提出相同申请。在法定异议期内，自然人张某以创博亚太的商标申请违反《商标法》第 10 条第 1 款第 8 项的规定为由提出异议，认为社会公众在长期的使用中，已经形成了"微信"商标与腾讯公司提供的通讯服务存在联系的稳固认知，创博亚太的注册申请会产生社会不良影响，不应获得商标注册。2013 年 3 月 26 日，国家工商行政管理总局商标局以"微信"商标具有"不良影响"为由不予核准注册。而后商标评审委员会维持了这一裁定。创博亚太遂诉至法院，要求撤销上述裁定。2015 年 3 月 11 日，北京知识产权法院以该商标的注册会产生社会不良影响判决创博亚太败诉。创博亚太提起上诉。北京市高级人民法院经审理认为，该商标虽不属于"不良影响"的规制范围，但因"微信"申请商标缺乏注册所需的显著性特征，故作出不予核准注册的终审判决。[1]

该案的争议焦点主要集中在准予创博亚太进行"微信"商标注册是否会对公共利益产生负面、消极的影响。笔者认同"微信"商标上形成的稳定社会认知属于公共利益。由于公共利益具有可还原性，"微信"商标承载着公共利益目标，其代表已然形成的市场格局和秩序。因此，"微信"商标与腾讯公司提供的服务之间的联系不应该被随意扭曲和更改，否则社会认知的改变将会以社会成本的大量耗费为代价。同时，对创博亚太的商标申请核准注册，有掠夺"微信"商标中蕴含的信息资本之嫌，会伤害腾讯公司凭借"微信"商标累积起来的商业信誉，使其巨大的付出得不到回报，也给其他主体培育有价值商标的积极性带来沉重的打击。由此，即便创博亚太的商标申请在先，仅涉及特定主体权益的先申请原则也应让位于基于社会稳定认知存在的公共利益。

但是，笔者并不认同在该案中适用"不良影响"和"商标显著性"条款。"不良影响"条款属于禁止商标注册的绝对理由，实践中应当谨慎使用。它是对违背社会主流价值观、道德观，引起公众厌恶、反感情绪的标识的兜底规制，

---

[1] 韩依民："微信商标案终审：原告注册申请不符合显著性要求"，载腾讯科技网 http://tech.qq.com/a/20160420/039701.htm，最后访问日期：2018 年 12 月 4 日。

是指因标志本身而非因使用产生的不良影响。而"微信"商标从标志本身或构成要素来看，显然还未造成上述严重后果，以此作为判案依据实属不妥。同时，若以"不良影响"条款作为该案的法律依据，就无法解释腾讯公司申请注册的"微信"商标被准予注册的问题。"不良影响"条款属于禁止商标注册的绝对事由，任何具有不良影响的标志都不能获准注册。腾讯公司获准注册"微信"商标，至少说明行政机关和司法机关对"不良影响"的认定标准存在差异。此外，"微信"商标获准注册的事实也构成对北京市高级人民法院终审判决的冲击。在显著性问题的判断上，行政机关和司法机关显然还未达成共识。以"微信"商标不具有显著性为由拒绝核准注册，虽能合理反驳先申请原则在该案中的适用，却有法律适用上的投机取巧之嫌，恰恰暴露了立法与司法的衔接不畅。笔者认为，之所以禁止创博亚太注册"微信"商标，是考虑到社会公众已经形成的稳定的社会认知这一公共利益，而非指"微信"商标具有不良影响。因此笔者建议，在《商标法》中增加"公共利益保护"的一般性条款，来解决类似法律适用的困境。关于一般性条款的增设，笔者将在下文详细展开论述。

（二）商标权行使阶段

1. 法律制度安排

一是规定商标权利限制制度。我国《商标法》第 49 条第 2 款规定，任何单位和个人都享有撤销已沦为通用名称的注册商标的权利。第 59 条第 1 款规定，任何人都可正当使用注册商标中含有的通用名称、描述性词汇和地名等属于公有领域内的资源。该条第 2 款则明确规定，任何人都可正当使用功能性立体商标。上述法条集中规定了沦为通用名称商标的撤销、商标叙述性合理使用和功能性商标使用原则，这些规定构成了我国商标权利限制制度。

该项制度被认为具有高度的公共利益色彩，它是在商标法合理界定商标权的范围之后，为与商标权人有竞争关系或不具备竞争关系的第三人自由享有该标识的利益留下了空间。在商标注册阶段，具有上述特点的标识就被禁止予以核准注册，因此这类标识不应该成为特定个人或群体垄断的对象。它们存在于公有领域之中，任何人都得对其进行正当使用。对此类标识进行独占使用缺乏正当性基础，会危害公众自由使用文字语言和自由表达思想、进行思想交流的权利。此外，北京市高级人民法院《关于审理商标民事纠纷案件若干问题的解答》第27条〔1〕明确了指示性合理使用的地位。倘若不允许商品或服务提供者善意地使用他人商标进行相关说明，就无法准确、简洁地向公众传达有关服务对象、内容和性质的信息。这不但将不合理地扩大商标权人的垄断权利，剥夺其他竞争者公平开展竞争的机会，也给消费者便捷地获取信息带来了困难。

二是规范商标转让和许可使用制度。我国《商标法》第42条第3款规定，"对容易导致混淆或者有其他不良影响的转让，商标局不予核准"，确保消费者不因商标权利变更而受误导、欺蒙和混淆。一般来说，已经注册的商标基本不会使消费者产生混淆或带来社会不良影响。但由于时代发展迅速，商品或服务的种类迭代更新，流行语言不断发展变化，一些商标成为一类商品的通用名称，或是在原有含义的基础上衍生出一些带有不良影响的含义。为了维护消费者利益、培养社会良好风气和秩序，商标局不准许此类商标的转让。而关于注册商标的许可使用，我国《商标法》第43条第1款规定，"许可人应当监督被许可人使用其注册商标的商品质量"。和商标转让不同，商标许可并未让渡所有权给他人，这在一定程度上成就了商标许可人监督被许可人商品质量的强烈欲望。因为一旦商品的质量得不到保证，不仅会造成被许可人的利润损失，也会破坏消费者对许可人所有品牌的信任，从而影响许可人商业信誉的累积和其期望获得的社会回报。这样的制度设计带来的是对消费者利益的保护，确保商品质量不因生产者身份差异而参差不齐。商标许可制度所欲实现的公共利益，是保证消费者认标购物的消费模式不受伤害。

2. 相关案例分析

（1）叙述性合理使用。叙述性合理使用的实质是对他人的商标进行"第一含义"上的使用，而并非商标法意义上的商标使用行为。如在"功夫熊猫"商标争议案件中，茂志公司于2010年6月取得"功夫熊猫及图"文字图形组合在"教育、图书馆服务、驯兽、组织教育或娱乐竞赛、图书出版、电影制作、经营彩票"服务上的注册商标专用权。而后，由美国梦工厂制作、派拉蒙影业公司发行的动画电影 KUNG FU PANDA（中文名称为《功夫熊猫》）和 KUNG FU PANDA 2（中文名称为《功夫熊猫2》）先后于2008年6月和2011年5月在中国首映。茂志公司遂以"易使相关公众造成反向混淆，构成对其注册商标的侵

---

〔1〕 北京市高级人民法院《关于审理商标民事纠纷案件若干问题的解答》第27条："……属于正当使用商标标识的行为：……（3）在销售商品时，为说明来源、指示用途等在必要范围内使用他人注册商标标识的……"

犯"为由提起诉讼。北京市第二中级人民法院以"功夫熊猫构成商标叙述性合理使用"为由判决驳回茂志公司的全部诉讼请求，后北京市高级人民法院经过终审，维持了一审判决。[1]在该案中，梦工厂将功夫熊猫作为电影角色和主旨的高度凝缩，意在突出电影内容的主题，说明主角是一只会功夫的熊猫。无论是"功夫"还是"熊猫"，都是具有"第一含义"的非臆造词，固有显著性不强，本身就具有原始意义上的"第一含义"。梦工厂在主观上没有将"功夫熊猫"作为区分来源意义上的商标进行使用的意图，客观上也不足以使相关公众产生混淆，故其将"功夫熊猫"作为描述性词汇，对自己电影的主题和内容进行说明，这一行为不应受到阻碍。如上文所述，笔者认为，将梦工厂的行为归入"非商标意义上的使用"较之"叙述性合理使用"更为直接和妥当些。

（2）指示性合理使用。指示性合理使用应满足下述条件：一是为表明自己产品或服务的信息所必需；二是使用方式和范围要恰当、合理；三是主观状态为善意，不能使社会公众误认为使用人与权利人之间存在赞助或许可关系。下述两个例子形象地说明了非授权经销商指示性合理使用边界。在维多利亚的秘密诉锦天公司一案中，法院认为，锦天公司为说明自己所售商品的品牌，在商品包装和宣传等为销售所需的环节中使用涉案商标的行为，属于正常经营活动中的一环，既没有超过必要限度，也没有不合理地暗示其与原告存在的联系，不会引起相关公众的误认和混淆。在维多利亚的秘密诉麦司公司一案中，法院则认为，麦司公司的行为超出了正常经营活动所需限度，其在商品销售场所及员工衣饰上突出使用原告的注册商标，且对外宣传其与原告存在授权经销关系，易使相关公众陷入二者存在许可联系的认知误区，属于侵犯注册商标专用权和构成虚假宣传的不正当竞争行为。[2]对比上述两个例子可知，使用他人的注册商标需为表明自身产品或服务信息所必需，而并非出于攀附他人商誉或知名度，导致相关公众对商品、服务来源产生混淆或者误认为使用人与权利人之间存在关联关系。只要在合理的限度内，使用人有权使用他人注册商标善意地对自己的商品或服务进行说明。

（3）说明性合理使用。说明性合理使用常见于对地名商标的使用中。地名

---

〔1〕周多："商标侵权判定的叙述性使用抗辩"，载天津滨海商标网 http://www.binhai-tm.com/news/24474853.html，最后访问日期：2018 年 12 月 4 日。

〔2〕黄璞琳："非授权经销商促销真品的指示性合理使用边界"，载《中国工商报》2015 年 10 月 20 日第 7 版。

作为一种公共资源和信息，将其注册为商标具有天然的弱显著性，因此不应阻却他人在非商标意义上对其进行合理使用，否则会妨害相关公众对公共领域词汇的自由使用权利，造成个人利益与公共利益的失衡。如在"百家湖"商标案中，原告利源公司拥有"百家湖"商标专用权。2001年9月，原告以行书体"百家湖花园"在《现代快报》上刊登多种售房广告。被告金兰湾公司同月将其在江宁区百家湖区域开发的小区命名为"枫情家园"，并将其中新开盘的高级住宅命名为"百家湖·枫情国度"，于各大媒体和场合进行广泛宣传。原告以被告侵犯注册商标专用权为由诉至法院。最终，江苏省高级人民法院于再审中作出如下认定："原告对'百家湖'地名商标享有专用权。但因'百家湖'同时作为地名，为房屋销售者在销售房产时向购买者披露该地产所处位置所必需。原告有权禁止他人将'百家湖'作为区分来源意义上的商标使用，但无权禁止他人用此地名商标来表示商品、服务与某一产地、地理位置间存在的联系，只要这种使用方式是出于善意的，而非存在不正当利用他人商誉的意图。"[1]该案给我们的启发是，对于一些存在弱显著性的商标来说，应当允许相关公众在更大范围内对其进行合理使用，只要这种使用是出于善意和不超出合理限度即可。

（三）商标保护阶段

1. 法律制度安排

一是商标侵权标准的确立。我国《商标法》第57条引入"容易导致混淆"这一商标侵权构成要件。据此，以消费者利益为中心的混淆可能性得到立法肯定，消费者的利益保护得以进一步被强调和说明。2017年最高人民法院《授权确权规定》第12条第1款对驰名商标的复制、摹仿或者翻译是否容易导致混淆的判断方法进行了明确规定，指出标志的近似程度、商品的类似程度、商标显著性和知名程度、相关公众的注意程度等皆可作为判断混淆可能性的因素，且这些因素之间可以相互影响。而第2款则补充说明了申请人的主观意图和实际混淆的证据可以作为参考因素。至此，混淆可能性的判断标准进一步具体化。笔者认为，除要考虑商标和商品、服务本身的情况外，还可从消费者的角度出发，将消费者的受教育水平、消费者的经济收入、消费者所具备的认知专业性

---

〔1〕　姚兵兵："从'百家湖'案看地名商标的侵权判定"，载《电子知识产权》2004年第7期，第47~48页。

等因素作为混淆可能性的判定标准，[1]从而使这一抽象的术语得以明晰。况且在判断驰名商标混淆可能性方面，《授权确权规定》也仅以其第 12 条第 1 款第 5 项 "其他相关因素" 进行兜底性规定，而未再进一步明晰，国家机关在适用的过程中难免会掺杂过多的主观因素。因此，如何准确界定一般商标使用中 "容易导致混淆" 这一因素，还有待立法进一步明确。

二是关于撤销和无效制度的规定。我国《商标法》区分了禁止商标注册的绝对理由和相对理由，前者由于多涉及不特定大多数人的利益而被列为任何情况下都不能准予注册的情形，不允许存在特定个人将之注册为商标的情形。而后者多涉及特定个人或群体之间的利益纠纷，待相关不法原因消失后，仍可通过商标申请获准注册取得专有权利。我国《商标法》第 44 条规定，已经注册的商标，如果涉及禁止注册的绝对理由，如不准予商标使用和注册的标志、不具有显著性特征的标志和功能性立体商标标志，或者是以欺骗手段或者其他不正当手段取得注册的标志，任何单位或个人都可申请宣告无效。由于这类商标关涉的群体范围宽广，超越了私人利益界限而进入公共利益规制的范围。即使当时由于各种原因予以商标注册，因其不正当性自其诞生至今未得消除，实属自始无效情形，若任其继续留存，将会对公共利益造成不可弥补的巨大伤害。有鉴于此，国家公权力可主动介入，宣告此类注册商标无效。组成公共利益的任何个体也可出于对公共利益的维护，请求国家公权力机关宣告此类商标无效。而当涉及禁止注册的相对事由时，仅可由在先权利人或者利害关系人提出请求，避免其他人打着公共利益保护的名号肆意侵犯他人合法权益，造成公共利益和私人利益严重不平衡的局面，同时也会冲击稳定的商标注册秩序，还会对消费者牢记于心的固定认知造成损害，因此法律必须严格划清绝对事由和相对事由下宣告无效的不同申请主体。此外，《商标法》第 49 条第 2 款明确规定，任何单位或个人都可以向商标局申请撤销已成为核定使用商品通用名称的注册商标。公共利益是社会全体人员对共同福利的希冀，因此每一个个体都有权利去捍卫公共利益，使之不受伤害，确保共同福利的实现。我国《商标法》通过撤销和无效宣告制度，赋予每一个个体保护公共利益不受侵害的正当权利。

三是侵权不停止原则的规定。基于对侵权行为所涉利益的衡量，而允许商标 "侵权不停止"，是在商标权利扩张背景下所做的制度上的必要调整。在某些

---

〔1〕　参见蔡国庆："商标侵权的判定标准——以《商标法》新增混淆规定为视角"，载《黑龙江省政法管理干部学院学报》2015 年第 6 期，第 78~79 页。

情况下，若停止相关行为会给公共利益带来不可弥补的损害，虽然允许行为的存在会损害权利人的利益，但进行利益衡量后发现，公共利益具有优先实现的现实需要，加之其权利位阶高于个人利益，侵权不停止使用原则于是在法理上具有合理性与正当性。这也是合理平衡私人利益和公共利益的必要举措。根据2009年最高人民法院发布的《关于当前经济形势下知识产权审判服务大局若干问题的意见》，当停止侵权行为可能会造成违背公共利益的时候，可以在商标侵权案件中适用侵权不停止原则，防止因过度保护商标权利人而对公共利益造成侵害，这也是对公共利益高于个人利益这一原理的回应。尽管这一规范性文件不足以成为判案依据，却也可为各地司法实践提供些许判案思路。

2. 经典案例分析

宏富公司持有第36类（商品房销售服务）和第37类（商品房建造）服务上的以"星河湾"及字母"Star River"为标志的组合商标。2008年，该商标转让给星河湾公司，经受让人许可，宏富公司仍有使用指定用于第36类商品房销售服务的组合商标的权利。2006年至2010年期间，宏富公司及其关联企业对"星河湾"地产项目进行广泛宣传，并在相关广告及报道中使用上述组合商标或以"星河湾"作为地产项目的名称，"星河湾"地产项目和上述两家公司先后获得多项荣誉。2004年5月，炜赋公司经南通市民政局批准使用"星河湾花园"这一地名，2006年即推出"星河湾花园"地产项目，在其开发的住宅小区都标注有以"星河湾"及字母"Star River"为标志的组合商标及"炜赋房产"文字。宏富公司和星河湾公司遂提起诉讼。一审和二审法院均判定炜赋公司不构成商标侵权和不正当竞争行为。后最高人民法院提审该案，认定炜赋公司构成侵权，在其将出售和拟开发的楼盘上禁止使用涉案商标，但对于已售出的楼盘，这一商标可在原有范围内维持使用。[1]

该案经过两级法院审理并最终经由最高人民法院提审改判，这一漫长且曲折的过程说明了该案涉及的难点问题尚未在司法实践中达成共识。关于公共利益的保护，最高人民法院适用"侵权不停止"原则，在认定商标侵权成立的同时，未完全支持星河湾公司、宏富公司要求炜赋公司停止使用"星河湾花园"的诉请。笔者认为，最高人民法院在"侵权不停止"原则的适用上具备相当程度的合理性。炜赋公司在其开发的楼盘上使用"星河湾"商标，小区内的群众

---

〔1〕 李恒欣："再议广州星河湾实业发展有限公司楼盘名称商标侵权案"，载新浪博客 http://blog. sina. com. cn/s/blog_ 621690770102wbql. html，最后访问日期：2018年12月24日。

经过多年居住已对此标志所指代的楼盘位置形成稳定认知，虽然小区人数有限，但"星河湾"作为地名的承载，其波及的受众范围要远远大于小区内的消费者群体，因此在"星河湾花园"与他人注册商标产生冲突时，就不得不考虑这些实际和潜在的受众群体所代表的公共利益，进行个人利益和公共利益的价值衡量后作出判断。最高人民法院在该案中明确了商标侵权和责任承担所需考量的不同因素。由于商标权属于绝对性质的专有权利，在判断是否构成侵权时不需要考虑当事人的主观因素，主观恶意通常只影响责任承担方式的轻重。最高人民法院并未将主观恶意列为商标侵权的考量因素，而是在充分考虑公共利益因素的基础上，对侵权方的责任进行缩减。无论是对侵权不停止原则的适用，还是区分商标侵权认定和侵权责任承担方式的认定思路方面，这一案件均具有启发意义。

四、完善我国《商标法》公共利益保护制度的思考

（一）在《商标法》总则中增加"不得损害公共利益"的一般条款

在知识产权法律体系中，公共利益保护一直是贯穿其中的一条主线，其不仅细化于各个规则性条款，也体现于开篇的原则性条款之中，统领着公共利益保护的大体方向。我国《著作权法》第 4 条旗帜鲜明地指出，"著作权人行使著作权，不得违反宪法和法律，不得损害公共利益"，并在第 48 条有关侵权行为的处理中规定了损害公共利益的法律责任。再如我国《专利法》第 5 条明确指出，"对违反法律、社会公德或者妨害公共利益的发明创造，不授予专利权"，同时在第 14 条专利强制实施许可中规定了公共利益。相比之下，我国《商标法》在总则部分缺少对公共利益保护的原则性条款，除了在第 1 条立法目的中提到保障消费者和生产、经营者的利益外，《商标法》对公共利益只字未提，实可谓立法上的一大缺憾。笔者认为，虽然在商标法律的具体规则设计中体现着公共利益保护思想，但宣示和表述力度远远不够，对于一些新形势、新情况和新问题，具体的规则性条款并不能派上用场，此时需要公共利益保护的一般规定作为具体规则无法适用时的兜底条款，避免公共利益保护体系出现漏洞。因此，笔者建议在《商标法》的总则部分增设"商标的注册、使用、管理与保护不得违反宪法和法律，也不得损害公共利益"的一般条款，统摄商标权从产生到消亡的整个阶段，从行为准则角度规范市场竞争秩序和加强对公共利益的保护力度。

在《商标法》总则中增设一般性保护条款时，应当注意以下两个问题：一是概念名称的统一问题。知识产权法属于民法中的分支，同一利益的概念名称应该保持一致。公共利益的概念名称在各部具体法律中的形式不一。《民法通则》第 7 条和第 58 条使用了"社会公共利益"一词，而《著作权法》和《专利法》的相关条款却表述为"公共利益"，到了《著作权法实施条例》第 36 条和第 37 条又转向"社会公共利益"这一表述，《计算机软件保护条例》第 24 条也采"社会公共利益"概念。至此，在同一套法律体系中针对同一法益有各种不同的概念名称，很是让人感到混乱和困惑。笔者建议，应对上述法律规定进行梳理，以期对同一法益冠以同一概念名称。二是概念内涵的一致性问题。《著作权法》和《专利法》在各自的原则性条款中都将"公共利益"与"违反法律"作为并列情形，但《专利法》中则多出了"社会公德"这一并列表述，明确表示"社会公德"与"公共利益"是并列而非包含与被包含的关系。如此一来，《著作权法》与《专利法》关于公共利益的概念内涵存在偏差，未免使人感到迷惑。笔者认为，公共利益代表社会全体人员的利益，它体现了社会主旋律和社会主流价值观。社会公德存在于社会群体中，是社会生活中的个体约定俗成的道德和行为规范。社会公德包含于公共利益之中，笔者建议，知识产权法律规范中的公共利益内涵应保持统一，明确其包含社会公德等内容。

（二）正确理解和适用商标法中的"不良影响"条款

1. 对"不良影响"条款的正确理解

我国《商标法》第 10 条第 1 款第 8 项对"不良影响"条款作出了明确规定，若要正确理解此条款的适用范围，关键在于对"不良影响"进行注解。对于"不良影响"的理解，学术界主要存在以下四种观点：一是认为因并列规定于同一款项中，"不良影响"仅是对"社会主义道德风尚"的兜底性规定，两者的行为性质大体相似。[1] 二是认为"不良影响"条款是对第 1 款中所有行为的兜底性规定，凡是和该款中的行为类似的，都可归入"不良影响"范畴中。三是认为"不良影响"是对所有禁止商标使用并注册的绝对事由的兜底规制，当然也包括公序良俗和公共利益等无法与现行规定对号入座的法益，只要法律

---

〔1〕 参见王太平："论商标注册申请及其拒绝——兼评'微信'商标纠纷案"，载《知识产权》2015 年第 4 期，第 26 页。

规定的绝对事由无法找到对应依据，都可适用"不良影响"条款加以调整。四是认为该条款是对商标中所有不得注册和使用事由的兜底性规定，既包含禁止注册的绝对事由，也包含仅涉及特定私益的相对事由。

上述四种观点中"不良影响"条款的适用范围逐次进行扩大。综上观之，笔者倾向于第三种观点，即认为"不良影响"条款中包含了对公共利益的保护，但仅限于对绝对事由的规制。首先，若不能作为商标使用并注册的事由仅发生于私人之间，如抢注他人驰名商标，代理人、代表人抢注商标等行为，由于《商标法》已另行规范，不宜舍弃特别规定而转向"不良影响"的原则性条款。当然，若某一行为既损害了特定民事权益，又对公共利益造成了威胁，则可适用"不良影响"条款加以调整，如不具有使用意图的大规模恶意抢注他人商标的行为。其次，从商标法的产生历史及权利的双重属性来看，商标法具有重要的公共政策目标，同时也受到公共政策的诸多限制，这在商标注册阶段体现得尤为明显。因无纲领性条文的规范，作为兜底条款的"不良影响"的适用范围不宜压缩得过于狭窄。此外，结合上文对大陆和英美法系国家公共利益保护的梳理，"不良影响"条款的扩张解释也符合国际立法潮流，加之其为法律适用预留了弹性空间，实属立法制度设计上的精巧安排。

2. 防止"不良影响"条款的滥用

"不良影响"条款的制度构建为法律条文的灵活适用提供了很大的自由空间，但同时也面临着时刻被滥用的危险，将现有条款尚未涉及的相对和绝对事由一概揽入其中。2010 年最高人民法院颁布的《关于审理商标授权确权行政案件若干问题的意见》（以下简称《授权确权意见》）第 3 条明确将一些仅涉及特定私人间的相对事由排除出"不良影响"条款的适用范围。但需注意，《授权确权意见》毕竟只属于规范性文件，可援引其作为说理依据，但不宜直接作为裁判依据。有鉴于此，2017 年最高人民法院颁布的《授权确权规定》在充分借鉴《授权确权意见》重要条文的基础上，以司法解释的形式对"不良影响"条款的适用问题进行了阐明。

首先，《授权确权规定》第 3 条对以中华人民共和国的国家名称作为商标注册是否属于"不良影响"予以明晰。该条款充分总结了司法实践中具体案例的特点，如在最高人民法院提审的"中国劲酒"一案[1]中，法院认为，虽然申

---

〔1〕　最高人民法院（2010）行提字第 4 号行政判决书。

请商标并未与中华人民共和国国家名称相同或近似，但将国家名称进行商标注册在商业活动中使用，既可能导致国家名称被不合理地滥用，从而损害国家尊严，又有损于公共利益和秩序。"不良影响"条款所规制的绝对事由之广泛由此可见一斑。

其次，《授权确权规定》第5条第1款明确规定，可运用"不良影响"条款对公共利益和公共秩序加以保护，第2款则明确规定，将特定领域内公众人物的姓名注册为商标的行为属于"不良影响"条款的规制范围，此时应注意区分仅涉及特定民事权益纠纷的将知名人物的姓名注册为商标的行为和本款规定的将公众人物的姓名注册为商标的行为，不仅要视公众人物所处的领域，也要考量商标注册行为是否会损害公共利益。如在"乔丹"商标系列案中，将"乔丹"二字注册在相关商品上，因仅涉及特定人物的姓名权纠纷，而并未对公共利益和社会风气造成损害，不宜运用"不良影响"条款加以救济，否则会有名人姓名优先于普通人姓名得到保护，个人因身份差异受到不平等待遇之嫌。在"莫言"商标驳回复审行政诉讼案中，法院则认为，莫言是我国首位获得诺贝尔文学奖的作家，"莫言"二字与诺贝尔文学奖具有不可分割的密切联系。诺贝尔文学奖是文学领域的殊荣，莫言获奖代表着我国在世界文学领域取得的巨大成就和无上荣耀。未经莫言许可，将其姓名注册为商标进行商业使用，必会对我国文化领域产生负面、消极的重大影响，损害社会公共利益。此外，允许此类商标注册不仅会对不良社会风气的滋生形成变相激励，而且还会严重冲击我国商标注册秩序，违背社会公序良俗，故应以"不良影响"条款加以规范。

再次，《授权确权规定》第24条对"其他不正当手段"的含义进行了明确，指出其包括"以欺骗手段以外的其他方式扰乱商标注册秩序、损害公共利益、不正当占用公共资源或者谋取不正当利益的"行为，重申对公共利益的重视与保护。此类行为的典型表现为无使用意图的大规模恶意抢注他人注册商标。在最高人民法院审理的"海棠湾"案件中，法院就明确指出，不正当利用他人行为产生的社会影响力、无合理利用和真实使用意图大规模抢注囤积他人注册商标的行为属于该条所述的"其他不正当手段"。[1]因其在侵犯私人利益之外，还会严重危及商标注册管理秩序和市场公平竞争秩序，从而造成对公共利益的侵害，故《商标法》对此行为另行规制，即适用《商标法》第44条无效宣告条

---

〔1〕　最高人民法院（2013）知行字第41号行政裁定书。

款，对权利人和公共利益予以救济。此时虽涉及公共利益保护，但因《商标法》另行规定了具体救济措施，不宜弃特殊条款而转向"不良影响"这一原则性规定。此外，需要注意的是，《商标法》第 44 条针对的是已注册商标，对于尚处申请或审查阶段的未注册商标，笔者认为可以《商标法》第 30 条予以救济，在综合考量已注册和欲申请商标及其使用商品或服务类别的整体近似程度的基础上决定是否予以商标注册，而非一律套用"不良影响"条款。[1]

最后，《授权确权规定》基于原《授权确权意见》的规定，明确了仅针对标志本身或其构成要素进行"不良影响"的考量，而非指向使用行为所引发的社会不良效应，[2]回应了"微信"案中"不良影响"条款的适用问题，对其指向的究竟是标志本身抑或标志使用方式给出了一个定论。笔者认为，标志本身或其构成要素是适用"不良影响"条款所需考量的核心要素，至于标志的使用方式，则不在考量范围之内，以防公共利益保护范围过于扩张，引起私人利益和公共利益的失衡。除需考虑标志本身要素外，还要结合标志欲使用的商品或服务类别，从标志的整体构成和突出使用的部分出发，进而考量在由特定商品或服务构成的相关市场内是否有产生"不良影响"的可能性，引起道德观念上的冲突抑或违反相关法律政策。因标志本身多为中立状态，有些甚至还具有积极正面的影响，因此需要结合标志所欲使用的商品或服务的具体类别及其面向的主要受众人群，进行产生不良影响可能性的判定。

"不良影响"条款担负着公共利益保护的使命，但因其概念内涵和具体指向不甚清晰，在具体适用过程中难免掺入较多的主观因素，往往见仁见智。故应在正确理解法律条文的基础上，将相关规定串联为一个法律适用体系，在此体系内正确发挥"不良影响"条款的规制功能。既要避免对该条款进行过于缩小的解释而造成对公共利益的侵犯，也要防止因其使用方式的过度扩张而造成对私人利益的不当侵害。

结　论

对商标私权的保护在历史长河中未曾停止，随着私权范围的不断膨胀，公

---

〔1〕 参见林戈："论商标法中的'不良影响'条款及其适用"，华东政法大学 2016 年硕士学位论文，第 47 页。

〔2〕 参见章凯业："商标法中的'不良影响条款'研究"，载《行政与法》2016 年第 6 期，第 115 页。

共利益保护经常被提及并引起高度关注。目前，世界上绝大多数国家都极其重视对公共利益进行保护，以防私人利益过分扩张而造成事实上的经济垄断，阻碍社会共同福利的实现。无论是国际公约还是各国国内立法，都有公共利益保护的相关法律条款。我国紧随国际潮流，在商标法律制度中逐步建立起一套较为完备的公共利益保护体系。从商标权利注册到权利行使，再到权利保护阶段，公共利益保护的立法理念始终贯穿其中，为司法实践中的众多纠纷提供了强有力的法律支撑。遗憾的是，尽管公共利益保护的相关条款散见于各章节中，但纲领性的原则条款始终处于缺位状态。这样的情况既未有效突出公共利益保护的权威性和重要性，也与著作权法、专利法等知识产权法律体系中的条款设置不相匹配，还有可能导致相关条款在适用上的混乱，法院只能在现有条款中挑选与现实情况最为匹配的法律规定进行扩张适用。但不受拘束的扩张解释既会扭曲原有法条的用意，又会引发社会大众对司法严肃性的质疑，此时判决结果是否公平正义也是颇值考究的。因此，增设公共利益保护的一般性条款实有必要。此外，举着公共利益保护的大旗而大行权利滥用之实，也是司法实践中暴露出的重要问题。2017 年最高人民法院颁布的《授权确权规定》虽对公共利益保护着墨颇多，尤其是对"不良影响"条款的适用说明和"其他不正当手段"的注解，使公共利益的保护途径更为清晰和易于操作，但其仅就公共利益保护的冰山一角予以了回应，尚未覆盖公共利益保护的方方面面，需要我们在具体的司法纠纷案件中不断反思和总结，最终以立法的形式为公共利益提供稳定、持久的保护。

立法探讨

知识产权法的入典问题研究

方　彬

在我国当今如火如荼的民法典编纂过程中，与诸多宏观或微观问题相随的是，民法典如何对待和处理迅速发展的知识产权问题。

我国曾经有四次民法典起草活动，但当时的经济基础与法制建设情况都不足以支撑起一部完备的民法典。如今，我国已具备民法典编纂的条件，中国共产党十八届四中全会更是将"编纂民法典"摆上议程。2017 年 3 月 15 日，第十二届全国人民代表大会第五次会议以 2782 票赞成、30 票反对通过了《中华人民共和国民法总则》（以下简称《民法总则》），标志着我国民法典开启了新的历史篇章。

从过往的研究看，民法学者不重视甚至忽视知识产权法在民法典中的地位。在与民法典制定有关的论战中，虽然知识产权法学者时有发声，民法学者却鲜有回应。民法学者之所以不愿在民法典中过多地谈论知识产权法，主要是因为传统范式民法典的物债二分结构对知识产权法的拒绝。

《德国民法典》自出现以降，就以其严谨的逻辑美与形式美备受此后民法学者的推崇。无论是《德国民法典》中的具体民法制度、其所蕴含的民法哲学还是民法典结构，都成了后世大陆法系民法学者研究瞻仰的对象。

但是，固守《德国民法典》传统的民法学者，以《德国民法典》的结构中并容不下知识产权法为由，拒绝知识产权法进入民法典。《德国民法典》以物债二分的结构著称，在这个结构下，物的观念即财产的观念，物的支配即静态财产的支配。知识产权制度作为一种于 21 世纪兴盛的制度，天然地与物债二分的结构不和，因此民法典中并没有能容纳知识产权法的位置。

民法学者的这种坚持忽视了一个问题，即传统范式民法典"潘德克吞体系"

的物债二分结构已经不符合我国现有的社会基础，无法完全涵盖现代市民社会的所有内容。从历史上来看，在罗马法时期，人类囿于自己的认知水平，无法理解也不可能理解"无体物"的重要性，因此认为"物"是静态财产关系的全部。从逻辑上来看，物债之分源于支配权、请求权之分，而实际上，物权并不能使支配权周延，从无形财产之中也能产生支配权。坚持物债二分结构的民法典将天然地使民法典中人的支配能力缺失。从现实来看，我国民法典的制定必须立足于社会现实、秉承时代品格。我们必须看到，在现今信息时代，知识、技术、信息、服务等无形的生产要素对生产力的发展愈发重要。在这种现实之下，没有知识产权内容的民法典将是陈旧而不符合社会现实的。由此可见，无论从外部证成还是内部证成的角度，物债二分的民法典体例结构都已经无法适应当今信息社会的发展。就我国民法典的编纂而言，不能再只拘泥于德式五编或法式三编之争，而应当采用开放的眼光，创新民法典体系，设立以知识产权法为核心的知识产权编，将其置于物权编之后，由此展现有形财产与无形财产构成的共同静态财产支配结构的逻辑。

　　传统民法典结构下的物权制度确实与知识产权制度有巨大的差异，但是这种差异不应当成为拒绝寻找二者背后逻辑共性的理由。寻找一个新生事物与既有体系的关系，并革新既有体系，使之能接纳新生事物，应当是所有科学学科努力的方向。

　　知识产权编以知识产权法为核心内容。我们仍需进一步研究以知识产权法为代表的知识产权编如何进入民法典。民法典具有高度的形式理性美，对物债二分体系的反对并不是对潘德克吞体系的反对。潘德克吞体系的本质在于"总—分"的逻辑结构，这种结构也为我们构建知识产权编提供了一个思路。

　　为构建知识产权编，首先应当寻找知识产权编与民法典的逻辑衔接点。这个逻辑衔接点就在于财产权。虽然在我国民法体系中，财产权的概念一直缺失，但物权一直被认为是一个典型的财产权，甚至演变出财产即物的观念。通过对物权进行实证的分析，可以发现物权作为一项财产权是如何运行的。从物权的结构，我们可以发现财产权的作用规则。我国物权法背后的此种财产权逻辑，为知识产权法的入典留下了可能性。同样，知识产权也应当具有类似的财产权结构。物权与知识产权的这种同质性使得知识产权在逻辑上可以与物权一并统一在财产法下。

　　本文结合了民法典的内在逻辑、我国物权制度背后的财产权逻辑、知识产权及知识产权法自身的性质，探讨将知识产权法安排进我国民法典的基本思路，为我国民法典编纂提出一个自己的见解，并为知识产权法进入民法典寻找理论基础和现实可能性。本文旨在抛砖引玉，希望能引起更多的民法学者及知识产权法学者对知识产权法进入民法典的问题投以关注。

一、民法典编纂的现实背景

（一）当下《民法总则》立法进程中的知识产权法

自 1949 年新中国成立，至今已有 70 年。在这 70 年间，我国经历了五次民法典编纂活动。囿于特定的历史背景以及法学学科的发展水平，知识产权法一直是被忽视的对象，但是我国的民法典有必要将知识产权法的内容纳入进来。

2016 年 6 月，第十二届全国人大常委会第二十一次会议初次审议了《中华人民共和国民法总则（草案）》（以下简称《民法总则（草案）》），其在"第五章民事权利"中的第 108 条规定了知识产权："民事主体依法享有知识产权。知识产权是指权利人依法就下列客体所享有的权利：（一）作品；（二）专利；（三）商标；（四）地理标记；（五）商业秘密；（六）集成电路布图设计；（七）植物新品种；（八）数据信息；（九）法律、行政法规规定的其他内容。"[1]

2017 年 3 月 15 日，第十二届全国人民代表大会第五次会议通过了《民法总则》[2]，其中第 123 条规定："民事主体依法享有知识产权。知识产权是权利人依法就下列客体享有的专有的权利：（一）作品；（二）发明、实用新型、外观设计；（三）商标；（四）地理标志；（五）商业秘密；（六）集成电路布图设计；（七）植物新品种；（八）法律规定的其他客体。"

值得肯定的地方在于，正式公布的《民法总则》明确了知识产权在民法典中的地位，宣誓性地提出"民事主体依法享有知识产权"，并对公认的知识产权客体进行了列举。此外，《民法总则》中有关知识产权的条文将知识产权定义为"享有的专有的权利"。这个定义充分考虑了知识产权的专有性、排他性，指出

---

〔1〕《民法总则（草案）》，载 http://www.npc.gov.cn/npc/flcazqyj/2016-07/05/content_ 1993342. htm，最后访问日期：2018 年 10 月 25 日。

〔2〕 载全国人大网 http://www.npc.gov.cn/npc/xinwen/2017-03/15/content_ 2018907. htm，最后访问日期：2018 年 12 月 15 日。

了知识产权是一种对世权。《民法总则》的这个做法，是值得肯定的。关于知识产权的本质，学界有许多争论，但是对于知识产权的私权性和对世性并没有争议。《民法总则》指明了知识产权的私权性和对世性，表明了知识产权与其他静态财产（主要为物权）有共同性。

在列举的客体上，相比《民法总则（草案）》，《民法总则》也做了一些改进。

首先，草案将"专利"作为知识产权的客体，而在学理上，"专利"是"专利权"的通用简称。在我国《专利法》中，"专利（权）"的客体是"发明、实用新型、外观设计"，通常也称为"发明创造"。《民法总则》则对此做出了修改。

其次，"数据信息"作为知识产权的客体，无论是按国际标准，还是国内理论和实践界的认知，这一规定的依据都有所不足，因此《民法总则》没有继续将其规定为知识产权的客体。

除了上述改进外，《民法总则》其余部分与《民法总则（草案）》大致相同。

《民法总则》对知识产权的上述安排虽有可圈可点之处，但是总体上仍是不足居多。主要问题如：

第一，在条文数量的安排上，有关知识产权的内容仅仅使用了一条的篇幅。相比 4 条物权内容（第 114 条至第 117 条）、5 条债权内容（第 118 条至第 122 条），这个篇幅显然过小，无法体现知识产权在现今我国民事权利中的地位。有关物权的制度，物权法定、征收补偿都被纳入了总则。同样，知识产权法定、利益平衡等属于知识产权一般性规定的内容也应该纳入总则。

第二，在条文的位置上，知识产权被置于债权之后。在定义上，《民法总则》已经宣示了知识产权对世性的权利地位。在这一点上，知识产权和物权一样都属于支配权范畴，属于静态的财产关系。因此，应当将其安排在债权之前。

第三，在具体内容上，在列举了商标、地理标志等知识产权保护的商业标志后，考虑到商号（厂商名称）在既有立法和实践中得到公认并为我国参加的《巴黎公约》等国际条约所确认，《民法总则》应当对其进行明确规定，而不是纳入概括性的"其他"中，如规定为"商标、商号、地理标志及其他商业标记"。

第四，《民法总则》将知识产权中的商业秘密列在集成电路布图设计、植物新品种之前，考虑到其公开性、保护期限、保护方式等方面的特殊性，建议置于两者之后。

第五，在《民法总则》列举的客体中，缺少了域名权、商品化权。域名权和商品化权目前已经成为重要的知识产权对象，其中牵扯的经济利益、现实纠纷值得立法者在民法典中给予足够的关注。

第六，考虑到制止不正当竞争在当今知识产权保护体系中的重要地位，以及《巴黎公约》等的明确规定，我国民法典在规范知识产权事务时，不宜忽视这一点。

从目前《民法总则》中的知识产权内容来看，知识产权法的地位略显不足。在我国民法典编纂中，知识产权法学者对知识产权法入典问题进行了热火朝天的讨论和呼吁[1]，知识产权法入典俨然成了知识产权法学界闭门造车、自娱自乐的话题。在传统民法学者眼中，知识产权法入典仅仅是一个不值一提的问题。这既与我国主导的民法典的传统有关，也与知识产权法在我国30多年的发展状况相连。

（二）知识产权法入典障碍的根本原因：范式民法典的排斥

在我国当下的民法编纂的过程中，主流的传统民法学者对知识产权法入典的排斥根源上来自于范式民法典的历史传统与知识产权法时代性的冲突。

所谓范式民法典，也即模范民法典、典型民法典、模型民法典，是大陆法系法学家在法典化运动中抽象化、系统化、理性化的结晶。范式民法典的起源可以追溯至罗马法，之后又有法学阶梯—德国式和国法大全—法国式两条发展逻辑。因而，罗马法中"物即财产"的理念一直延续至《法国民法典》与《德国民法典》。在这两部民法典中，"物"之观念一直没有突破罗马法的束缚——《法国民法典》设计了以物之所有权为中心、无体物依附于所有权、将债权作为取得所有权的方式这样的一元化模式；而《德国民法典》则把"无体物"概念从"物"中刬除，用一种新的物权制度将地上权、抵押权等用益物权与所有权囊括进来，进而使得债权脱离所有权，成为与物权相区分的独立的权利类型。权利客体的不同带来了权利行使方式的不同，这是物债区分的基础。萨维尼对

---

[1] 通过中国知网检索、全国相关学术会议的召开情况等途径可以发现，我国知识产权法学领域的学者，包括郑成思、刘春田、吴汉东、张玉敏、冯晓青、曹新明、王迁、朱谢群等，都对这一问题进行了系统研究。在相关立法活动中，知识产权法学者的呼吁也一直没有停歇，近年来中国知识产权法学会、中国法学会等就接二连三地组织知识产权法入典问题的研讨会议。

此如此理解："物权支配的是物，债权支配的是他人行为，而这些行为的目标在于为我们取得物上的权利或对物的享用。"[1]《德国民法典》此种物债二分的创举，在形式上完成了对支配权和请求权的分离，是法律科学自身理性化、抽象化发展的结果，在世界范围内影响巨大。物债二分结构自此成为其他国家制定民法典的一个范式结构。我国的民法体系，尤其是在目前的民法典编纂过程中，很大程度上正在借鉴学习这种物债二分结构，并以此为基础构建我国未来的整体民法典结构。

回顾《德国民法典》的制定过程可以发现，《德国民法典》的不朽离不开以萨维尼为代表的历史法学派对当时日耳曼法律传统的深入研究。"《德国民法典》所采行的二元财产模式，是一种韦伯所述的逻辑形式理性的表现。……在这种逻辑的指导下，财产权制度的设计必然要在一种严格的形式结构下进行，其形式结构的选取，绝不是立法者任意决断的行为，而必须以学者长期研究的成果为基础。"[2]《德国民法典》的体例选择，离不开彼时德国的现实基础。而在彼时，整个人类社会都还处在以有体物为主要的支配对象的环境中。传统范式民法典下的物之概念以物之占有这一现实的控制为基础，并以之构建起静态的支配权体系；再通过债权构建财产的动态流通秩序，如此一来，物债二分的结构已经足以满足彼时的社会需要。

众所周知，《法国民法典》作为资本主义初期公认的典型的法典，其确立的民事权利人人平等、私有财产神圣不可侵犯（所有权绝对）、契约自由及过失责任等民法原则，体现了"个人最大限度的自由、法律最小限度的干预"的立法精神，适应了当时的自由资本主义的经济条件与社会需要。近百年后出现的《德国民法典》尽管与《法国民法典》在篇章结构、法律原则与精神乃至具体制度上都有很大不同，但仍被视为继《法国民法典》之后大陆法系民法典的又一座丰碑，根源在于它的社会适应性。诞生于 20 世纪初期垄断资本主义初步确立时期的《德国民法典》，没有简单地借鉴既有的民法经典，而是继承罗马法的传统，结合民族的、本土的日耳曼法的习惯，根据 19 世纪资本主义后期以来社会经济发展的新情况、新特点，立法者经过审慎研究、反复论证而制定。例如，《德国民法典》对民法三大原则（所有权绝对、契约自由、过失责任）的限制，

---

〔1〕　金可可："私法体系中的债权物权区分说——萨维尼的理论贡献"，载《中国社会科学》2006 年第 2 期，第 139~151 页。

〔2〕　王卫国："现代财产法的理论建构"，载《中国社会科学》2012 年第 1 期，第 141~162 页。

即适应了当时新出现的垄断资本主义经济的需要。

编纂民法典被视为"实现国家治理体系和治理能力现代化的重大举措"，民法典作为"社会生活的百科全书"，要求体现"民族精神、时代精神"。[1]在具有德国民法传统渊源的中国，制定民法典时借鉴吸收德国民法的经验，无疑是最为现实而可行的路径。不过，《德国民法典》的制定源于20世纪初期德国特定的社会、经济环境，这与我国民法典制定时的社会、经济、文化环境完全不同，其制定进程中对既有法典模式的评判与选择，对历史的、民族的、时代的需求的尊重，诸如此类的立法经验，似乎比它五篇制结构等模式更加具有借鉴作用。

二、知识产权法入典的必要性分析

民法学者恪守的物债二分结构热衷于深究历史的词源，指出范式民法典中的"财产"就是指"物"。并且因为物之概念的一脉相承，我们的民法典也必须严格采纳财产即物的结构。持上述观点的民法学者忽视了一点，即范式民法典的内在逻辑固然美丽，但是一个世纪前的认知结构是否适用于新世纪的民事法律关系？诚然，物权与知识产权之间确实有巨大的鸿沟，但类型化的尝试正是民法学者应当努力的方向。

"作为形式理性表现之一的民法典，表达了如下观念：人们应在一部唯一的系统划分的法典中对公民的权利清楚而明白地加以规定，以便每个人可以知道他的权利，并且独立地对权利加以适用。"[2]民法典不应当是一个封闭的体系，应当适应社会现实和法律关系的变革。没有知识产权法的民法典在逻辑上是陈旧的。并不是知识产权法必须进入民法典，而是具有中国时代特色的民法典必须反映知识产权法。

（一）范式民法典的财产观应当革新

1. 财产及财产权概念在我国的情况

财产是民法学的一个基础研究对象。按我国现行民法制度，我国民法调整

---

〔1〕　"关于《中华人民共和国民法总则（草案）》的说明"，载中国人大网 http://www.npc.gov.cn/npc/lfzt/rlyw/2016-07/05/content_1993422.htm，最后访问日期：2018年10月25日。

〔2〕　[德]诺佰特·霍恩著，申卫星译："百年民法典"，载《中外法学》2001年第1期，第15页。

平等主体之间的人身关系及财产关系这两大基本法律关系，[1]其中财产关系的客体就是财产。[2]同时，私有财产神圣不可侵犯原则也是民法的基本原则之一。[3]学者对人身关系的理解，自《民法通则》制定以来便时有争论。但对于财产关系或者说财产的概念鲜有不同意见，在民法学者的观念里，财产乃至财产权就如同正义之于自然法学派、福祉之于功利法学派一样，是一个不言自明的概念。

"所谓财产，是指对人具有经济价值的一切事物。作为财产必须具备如下要件。第一，须具有经济价值……第二，须不属于自然人的人格……第三，须人力能够支配。"[4]上述对财产的定义反映了我国民法学者对财产的普遍认识，将具有经济价值的一切事物都认定为财产。但是，上述定义的三个财产要件有值得讨论的空间。

要件一，须具有经济价值。经济价值，也即"能满足人们的某种需要且能用金钱来衡量"[5]。在这个要件中，财产须能用金钱衡量，但是根据这个要件，衡量主体不同，财产权的内容也会不同。若以一般化的人进行衡量，对个人有价值而对所有人无价值的纪念物就不是财产。若尊重每个个人的衡量结果，那么世间万物没有不是财产的。实际上，要件一"能用金钱来衡量"的表述，其更多地是为了表明财产与人身的分野，盖在民法里"不能以金钱衡量"的便只有人身。如此一来，要件一便等同于"财产须不是人身权"，且不论是否是循环定义，至少要件一没有使得财产的内涵更加明晰。

要件二，须不属于自然人的人格。这个要件将人格延伸出来的财产利益如代言权、形象权排除在财产的范围之外。但我们不得不面对的一个现实是，随着社会整体的发展，人格的成分已经不再单纯，从人格中不断延伸出的触手正在跨越传统人身/财产的二分界限。面对这些源自人格的新兴的权益，不应该否定它们的财产属性。

要件三，须人力能够支配。对于有形事物而言，只有人力能支配的才能是财产，这种观点并无不妥当之处。但是，当论及无形财产时，我们可以发现，

---

[1] 参见《民法通则》第 2 条：中华人民共和国民法调整平等主体的公民之间、法人之间、公民和法人之间的财产关系和人身关系。

[2] 参见张俊浩主编：《民法学原理》（上册），中国政法大学出版社 2000 年版，第 10~12 页。

[3] 参见江平主编：《民法学》（第 2 版），中国政法大学出版社 2011 年版，第 24 页。

[4] 马俊驹、余延满：《民法原论》（第 4 版），法律出版社 2010 年版，第 5 页。

[5] 马俊驹、余延满：《民法原论》（第 4 版），法律出版社 2010 年版，第 5 页。

人对无形财产的支配力实际上来源于法律所设定的强制。在此，要件三便产生了循环定义，如我们认为商标权是财产，这是因为它符合支配力要件，但是商标权的支配力又源于法律认为它是一项应当被保护的财产。因此要件三也没有反映财产的特点。

因此，可以说虽然马俊驹教授对于财产权制度及构筑财产权体系有着极为深刻且精彩的论述，但是对于财产概念本身，至少上述普遍被接受的定义不足以清晰地反映其内涵。

中文语境下的财产权的概念是暧昧的。一方面，它是足够明白的，因为它有一个看似足以周延一切的定义。但经过仔细推敲，我们会发现，其内部缺乏细节。如此一来，尽管判断某一权利是否属于财产权是简单的，但关于该权利在财产权内部处于什么位置、应该适用什么财产权规则又是模糊不清的。知识产权法入典的一个障碍正是来自于此。

这一财产观，来源于罗马法中物即财产的观念。物的观念，在罗马法发展的历史中经历了从最广义的 res 到狭义的 bona 的变化。[1]

罗马人对物之概念的认知的变化，直观地反映了人类认知能力的成长。将人之外的对象称为物，是人类主体意识的萌芽，体现了罗马人意识到主体及客体的区别。尽管现在看来，人法与物法的划分过于粗糙，但表明了罗马人已认识到人因其自由意识而与非人之物有所区别。随后，从将对人无用之物、不可支配之物排除在物之概念之外至成熟的罗马法物之概念，罗马人的抽象能力一步步增强。当然，囿于生产力及认知水平，罗马人的抽象能力还不至于区分有体物与权利，物之概念仍是以有体物为主的、混杂着所有财富的大杂烩。同时，也必须认识到，有体物是罗马人财富中的主要对象，也是罗马人认知的主要对象，罗马人以物指财产是符合其社会发展现实的。

但是，也需要注意到，在罗马法中，物之概念也已经不限于有体物而延及罗马人可认知到的无体物。这说明，虽然在罗马人看来，物即财产，但财产并非即物。同时这也说明，早至古罗马，法学家就意识到实体物和抽象的权利有共同之处。

罗马法的财产观念可给现今的民法典编纂活动带来的启示是，在早期的法律科学的实践中，法律概念就不是一成不变的，而是随着人类的认知水平不断

---

[1] 周枏：《罗马法原论》（上册），商务印书馆 2014 年版，第 315 页。

变化的。同时，罗马法的财产观，为后世的大陆法系带来了以下深远的影响：

第一，有关人法、物法的划分，体现了人的主体性和物对人的依附性，经过《法国民法典》的吸收发展，此种财产观成为我国民法中人身关系与财产关系二分的理论源头。

第二，逻辑严密的物权设计成为现代大陆法系物权理论的雏形和基石，其后在《德国民法典》和潘德克吞法学派的吸收发展下造就了牢不可破的物债二分体系。

第三，物即财产。上文已经提到，物即财产是罗马人社会现实的反映，这一观念经过《德国民法典》的发展，演变成财产即物。

2. 他山之石——英美法视野下的权利束财产观

相比大陆法系森严的结构，英美法系在面对财产及财产权时，采取了一种截然不同的路径。

洛克在《政府论》中关于私人财产权的合法性基础有过一段极其精彩的论述："每个人对他自己的身体享有所有权，除了他本人以外，其他任何人都没有这种权利。……人的身体所从事的劳动和人的双手所做的工作，应该属于他自己。所以，只要他使什么东西摆脱了其自然的存在状态，他就把他的劳动渗入其中，就在它上面注入他自己的某种东西，因此也就使它成为自己的财产。"[1]洛克认为，正是劳动，也唯有劳动才能将处于自然状态的事物（在洛克看来，尤其指土地）带入到人的利用范围中，劳动赋予其价值，使其成为财产，因此其应当归于劳动者所有。劳动的过程，就是劳动者占有人外之物并使其转变成财产的过程。

洛克的劳动财产论影响巨大，成为后世论证财产权正当性的基本学说之一。但是洛克更多地是以一种自然法的视角探讨现代朴素观念下被称为财产的事物的排他性权利缘何正当，并没有回应财产权具有哪些属性的问题。英美法系中关于财产权性质的论述，早期的代表可以追溯到布莱克斯通。他认为："一个人对世间万物主张和行使的唯一和专制的支配，完全地排除世上任何其他人的权利。"[2]上述观点对财产权的理解重点有两个：首先，它强调财产权是一种支

---

〔1〕 ［英］约翰·洛克：《政府论》，杨思派译，九州出版社 2007 年版，第 333 页。

〔2〕 Blackstone, *Blackstone's Commentaries: Abridged* (1899), USA: Kessinger Publishing, 2010, p. 37. 转引自冉昊："法经济学中的'财产权'怎么了？——一个民法学人的困惑"，载《华东政法大学学报》2015 年第 2 期，第 64 页。

配性的权利，"唯一""专制"都意味着财产权人对财产权客体有强大的控制力；其次，财产权能彻底排除其他人的干预，因此行使财产权完全不需要其他人的介入。布莱克斯通式的财产权观念，产生于即将面对第一次工业革命的冲击的18世纪中叶的欧洲。18世纪是欧洲剧烈变革的一百年，蒸汽机、民主浪潮、美国独立、法国大革命等事件都标志着封建的欧洲正处于转型期。而社会越是处于变革，就越需要法律维持秩序。因此，布莱克斯通式的财产观重在强调个人对物的控制以及免除他人参与的独断。只有这样，财产权制度才能"赋予财产的所有人以法律制裁力去排除不确定的潜在掠夺者、强人和贼"[1]，才能保护私有财产的归属秩序。

布莱克斯通式的财产观是建立在对财产权客体的支配上的，并且在布莱克斯通之后的英美法学者，如边沁、科恩等，也大多从财产权的对物性出发认识财产权。

这样的认识，直至霍菲尔德提出了一种全然不同的私权分析方法才有所变化。霍菲尔德从所有的法律关系里面抽象出了四对八种基本法律概念，并认为所有的法律关系都是这四对八种基本法律概念的组合。这四对八种基本法律概念成了世间所有法律关系的基本原子。霍菲尔德利用他抽象归纳出的基本概念，分析了所谓的对人权和对物权的划分，认为对人权是针对具体某些人的权利，而对物权则是针对世上所有人的权利。霍菲尔德进一步得出结论，对人权和对物权实际上都是人与人的关系，只是参与的人数多少有区别。从我国现有的民法理论通说来看，所有法律关系都是人与人之间的关系，这一点是毋庸置疑的。但是，在英美法系下，在霍菲尔德于20世纪初提出这个主张前，财产权的对物性已在英美法学界主导了一百多年。对此，霍菲尔德的权利分析理论无疑是对后世影响深远的：[2]第一，他开创了一种逻辑严谨、体系自洽的权利分析方法，并为美国法学奠定了方法论的基础；第二，在财产法思想的基础上，霍菲尔德打破了财产权对物的依赖，物自此不再是财产权的逻辑起点，不管人与人之间的关系是不是指向有形物，财产权都可以存在；第三，财产权自此之后被称为一种权利束，因为财产关系是由一系列类型多样、数量无穷的法律关系聚合而成的。

---

〔1〕 冉昊："法经济学中的'财产权'怎么了？——一个民法学人的困惑"，《华东政法大学学报》2015年第2期，第64页。

〔2〕 参见王涌："私权的分析与建构"，中国政法大学1999年博士学位论文，第61页。

在 20 世纪后半叶，法经济学派进一步对权利束式的财产权进行了发展，在他们的解构下，财产权成为各种资源使用许可以及如何进行社会配置的集合。"产权说明的是一种与资源或任何行动路线有关的人与人之间的关系。……权利是一种手段，社会依此控制和协调人类的相互依赖性，解决人们的利益分配问题。"[1]

在 18 世纪，财产权观念还保留着对物权的痕迹，但随着英美分析法学派、实证法学派及法经济学派的兴起，实证主义思潮、实用主义哲学思想的兴起，财产权进一步被审视，财产权的固定结构被拆散，财产权逐渐成为一束由无数特定权利组成的权利束。

3. 对我国现行财产观的反思

我国民法理论对财产及财产权的理解来源于罗马法及德国民法典传统。虽然在观念上，我国民法理论从来不排斥财产范围的开放性，但是在法律体系及法律制度的建设上，一直未曾打破物之概念对财产概念的桎梏。

对于英美法视野中的上述财产权，可借鉴之处就在于权利束的解构方式，通过这种解构，财产权在微观层面的运行方式得以被揭露。批评它的学者会认为："霍菲尔德的八大要素的构成理论复杂……与我国现有财产权体系难以对应，很难引入适用。……权利束理论用大口袋囊括各类杂乱的财产权，导致财产权客体范围无限扩大，财产权内容和客体的不确定性，从而削弱了私有财产物化的概念，可能会导致私人财产边界的最终崩塌。"[2]上述批评忽视了以下几个问题：首先，法律科学自身的发展得益于法律职业人员逻辑能力、抽象思维能力的提升，反过来，法律职业人员也通过法律科学的自我发展而提升自身的法律逻辑能力。从逻辑自洽的角度而言，霍菲尔德的权利分析理论展现了对法律关系类型进行高度抽象从而类型化的逻辑之美。如前文所述，我国的财产权体系是混乱而模糊的。一直以来，我国的民法体系在承认财产权范围多样的同时又坚持物债二分体系，这就导致目前的财产权在理论上不具统领性，制度上各个财产制度散落在各部门法之中。因此，借由霍菲尔德的分析方法，我们可以对我国现在不成体系的财产权体系进行一番梳理，并不存在不适应我国财

---

〔1〕 ［美］爱伦·斯密德：《财产、权力和公共选择——对法和经济学的进一步思考》，黄祖辉等译，上海人民出版社 1999 年版，第 6 页。

〔2〕 喜佳："英美财产权理论对我国财产权重构的启示"，载《西安交通大学学报（社会科学版）》2009 年第 4 期，第 78 页。

产权体系一说。其次，从民法调整的基本法律关系来看，属于人身关系的权利是固定的，或者说变化不大，盖因人的主体性及人格的尊严即便在飞速发展的当下也不会有太多变化，而财产关系的范围则总在扩大。因此，财产权内容的扩大并非由权利束理论造成，毋宁说权利束理论正是为了应对财产权内容不断增长、不断变化的情况而出现的。

如前文所述，在人类支配的客体范围的扩张下，"财产＝有体物"这一古老的概念不再可靠。[1]既然物债二分的结构来自于支配权与请求权的分离，当物之支配不再是支配权的全部时，扩张的支配权则需要新的概念予以表征。要明确这一新的概念，不妨回归财产权之中。对于财产权的本质，王涌教授有过非常精彩的表述："按霍菲尔德的术语，对世权是针对全部其他人的 claim（－），即要求他人不侵占某特定利益的权利。对世权是财产权最本质的特征，一旦法律在一特定利益上赋予对世排他性的权利，财产权就产生了。"[2]从王涌教授的这一表述可以看出，财产权的本质来源于支配权的对世性。无论是不是有体，这些被称为财产的事物都具有以下特征：能带来经济利益；稀缺并且需要确定归属；需要主张第三人对他承担不作为义务才能保障该事物为其带来效用。

物无疑是财产，但现实情况下的财产已经完全无法用物进行统一规定。而在无体物也具有对世排他性时，其自然就构成了一项无形财产。因此，在民法典结构下，物和无形财产因为有同样的财产属性，是有逻辑衔接的可能的。以知识产权为代表的无形财产构成现今财产的半壁江山，如果不革新陈旧的财产观，仍在民法典中坚持物债二分，在民法典中拒绝知识产权法，我国民法典将无法调整现代社会的财产关系，无法适应社会现实。

（二）革新物债二分结构是民法典现代化的必然形式要求

现代知识产权制度的诞生和发展使得物债二分结构不再适应现代社会的现实需求。在现代文明的爆炸性增长中，人类认知能力和支配能力飞速发展。在

---

〔1〕 德国学者科拉于 1875 年率先提出了无形财产权的观点，认为以往的学说将无形物品的权利说成是所有权之一的观点是错误的，应把它看作另外一种权利，即无形财产权。参见胡开忠："论无形财产权的体系及其在民法典中的地位和归属"，载《法商研究》2001 年第 1 期，第 44 页。

〔2〕 王涌："财产权谱系、财产权法定主义与民法典《财产法总则》"，载《政法论坛》2016年第 1 期，第 104 页。

认知上，人类的抽象能力已经发展到足以使他们认知到"知识""信息"等无体物也是一种实体存在的程度。认知能力的扩张带来了支配能力的扩张。对无体物，人类不仅能有意识地将其作用于社会生产，同时还设计了相应的制度，将其抽象为更直观的"权利"。

随着人类认知能力的不断提高，新的支配对象不断涌现并类型化，如知识产权（对应知识财产）、有价证券（信用财产）等制度不断成熟。自此之后，支配权的对象就不再仅仅局限于有体物。有体物的支配结构在不断变化，与之迥异的无体物控制、利用规则开始出现，新的社会关系得以产生并且不断发展。

无体物的控制和利用规则完全不同于有体物，因此，传统的物债二分结构便不再能完全地穷尽现实生活中的所有需求。"众多具财产实质而逸于所有权调控范围之外的事物正不断增多。对信息及可流转的经济权利，所有权已无能为力。"〔1〕

现今需要制定的民法典，断然不是对《德国民法典》中看似神圣而美好的"伊甸园"的复述。《德国民法典》构建的形式缜密、充满法律理想光辉的民法"伊甸园"如今已经无法完全适应信息化的现代社会。在信息化社会中，知识经济已经同实物经济一样占据了巨大体量，如果我国的民法典无法回应知识经济下的社会关系，就无法应对现实生活中大量新兴的法律关系。如果立法工作只是在重述百年前德国民法业已建立的制度，是否还有制定民法典的必要？

所谓民法典的时代性，应当是指开拓性、创新性和包容性，以知识产权法为代表的新财产结构进入民法典则是制定新时代民法典的必然要求。

（三）扩张支配权体系是民法典内在逻辑自我周延的现实需要

在以往的论述途径中，我们对知识产权法入典必要性的探讨往往缺少了对民法典逻辑结构的思考。传统范式民法典是特定社会文化背景下法律抽象思维的伟大产物，无论是《德国民法典》还是《法国民法典》，都是它们自身时代面貌的最真实反映。这些传统范式民法典的核心精神，并不在于采取几编制的形式，而是其"提取公因式"的抽象逻辑方法。

从这一角度看，知识产权乃至无形财产的缺失体现了传统范式民法典在当

---

〔1〕 沈新艺、李政辉："论无形财产的法律定位——以财产法变迁为背景"，载《石油大学学报（社会科学版）》2002 年第 3 期，第 81 页。

今语境下内在逻辑的不周延，是范式民法典体例中物债二分结构的内在缺失。

如上文所述，在传统范式民法典制定的背景下，范式民法典的结构是逻辑周延的。传统范式民法典物债二分结构蕴含着支配权和请求权区分的逻辑结构。支配权是一种静态的法律关系，是一种绝对的对世权结构；而请求权则是动态的法律关系，是相对的"对人权"结构。物权债权二分是支配权和请求权在财产性法律关系上区分的表征。囿于人类的认知水平和支配能力，在传统民法典制定的特定时代，人类只有对有体物支配和利用的能力。彼时，财产性社会关系都只能围绕着有体物展开，财产的确认、利用、流转都只是"物"的确认、利用和流转，作为主体的人能支配的对象主要还停留在实在物上，尽管某些知识产权已经萌芽，但是此种权威机关下发的"特许令"还未发展成市民社会中的私权。在这样的认知能力和支配能力下，对物权的支配就是主体对客体支配的全部。

此时，传统范式民法典的静态财产性法律关系的支配结构在逻辑上就不再周延。因为新时代背景下的人类社会对非人身性客体的支配结构既包括了对有体物的支配结构，也包括了对无形物的支配结构，而传统物权的支配结构显然已经不足以概括后一种情况。

因此，以传统范式民法典的自我发展来看，由单一的有体物之支配结构向多元的支配结构进化，是传统范式民法典内在逻辑自我扬弃、自我周延的必然结果。

（四）知识产权法入民法典是社会现实、经济发展的必然要求

知识经济是当今时代的主题。知识产权作为一种基于创造性智力成果和工商业标志而为权利人依法享有的专有权，随着知识产权保护体系的全面确立，已经渗透到社会生活中的方方面面，有学者甚至称其为"第一财产权"。[1]

知识产权作为当代一种十分重要的私权，如果在中国 21 世纪知识经济下的民法典中缺位，无论对我国科技经济文化的创新发展、对作为私权的知识产权制度完善与文化培育，还是对 TRIPS 协议等国际条约义务的履行，都有不利影响。

制定民法典与本国国内市民社会、市场经济的发展息息相关。从国际视角来看，对民法学科的创新也是对民事法律科学本身的贡献。此外，如吴汉东教

---

〔1〕 刘春田："知识产权作为第一财产权利是民法学上的一个发现"，载《知识产权》2015 年第10 期，第 8 页。

授所说：对于具有创新能力和产业基础的国家而言，知识产权制度必须保持其时代先进性，知识产权制度发展与变革的各种态势是相互联系、相互作用在国际大势与中国大局之中的。……就知识产权制度建设而言，中国进入了一个战略主动期，应"统筹国内国际两个大局"，将知识产权法律作为建设创新型国家的制度支撑。[1]因此，对于民法典中的知识产权问题，学者应当以大无畏的精神去探索我国民法典未来的前进方向。

传统范式民法典中知识产权的缺失是根植于社会现实的。在 18、19 世纪，工业时代的支配观认为，人们不需要知识产权也足够认识和支配世界，传统范式民法典的内容足够应对现实生活。而在当今，对无形财产的支配构成了 21 世纪支配观必不可少的一部分。

面对现代科学技术与商品经济的发展带来的社会财富形态的巨大变化，有学者就提出，在不同的历史时期，财产法的重心及其制度安排具有不同的特点。现代的财产权体系，应是一个开放的制度体系、多元的权利范畴。[2]既然无形财产在现实中发展已久，如今在民法典中回应财产法结构的变化也是一件自然而然的事。

我国立法者将正在编纂的民法典定位为"一部既符合我国改革开放和社会主义市场经济发展需要、又符合世界法治发展潮流并能与国际社会相沟通的新时代民法典"[3]，将知识产权这一深入我国四十年改革开放和社会主义市场经济建设的每一个角落并为国际公认的私人财产权纳入其规范范围，无疑是必要的。

法律的滞后性使得制定出的法律条文总是不可避免地要落后于实际的社会关系，但是这并不意味着应当拒绝接受新事物进入民法典。无论从外在形式还是内在逻辑来看，一部符合现今时代的民法典必须对无形财产做出回应。以知识产权为代表的无形财产是新时代民法典的天然组成部分。也即，缺少知识产权的民法典必然是不完整的。即使考虑到民法典的稳定性问题，从现实来看，

---

〔1〕 吴汉东："国际变革大势与中国发展大局中的知识产权制度"，载《法学研究》2009 年第 2 期，第 17 页。

〔2〕 吴汉东："论财产权体系——兼论民法典中的'财产权总则'"，载《中国法学》2005 年第 2 期，第 81 页。

〔3〕 梁慧星："学科走向：时代呼唤科学完备的民法典"，载《人民日报》2016 年 8 月 15 日第 20 版。

现代知识产权制度经过几十年的发展，已经形成相对稳定的体系，如一些基本原则、相类似的支配规则、利用规则等。将现今成熟稳定的知识产权制度纳入民法典，在立法技术上并非无法实现。

三、知识产权法入典的可能性依据

知识产权法入典的可能，在于现今物权结构背后的财产权逻辑。现今范式民法典的物债二分结构所隐含的一个假设是，物权制度足够对现实中的财产关系做出规定。上一部分的论述已经表明，这个前提实际上已经无法成立。但这并不意味着应该全面否定范式民法典的结构。范式民法典物债二分结构背后的逻辑是支配性财产和请求性财产的区分，因此，物权背后有着支配权逻辑的统治。从我国现有的物权体系中可以总结出有关财产权的逻辑，而同样作为一种财产的知识产权，自然也应成为我国民法典规制的一部分。我国民法体系背后所蕴含的财产权逻辑是知识产权法入典的可能性所在。

英美法财产权权利束理论[1]至少提供了一种不同于以往的看待权利结构的方式，以这种方式审视我国现行的物权制度、知识产权制度及财产权制度，将有助于寻找它们的共性。

（一）物权的支配权结构

物权背后的逻辑是财产权，但我国民法对财产权概念是缺乏研究的。为对物权背后的财产权观念做一个阐明，需要厘清物权概念，并通过不断追问物权本质，挖掘其背后的运行逻辑。这个过程需要利用手术刀——霍菲尔德的权利分析理论——对物权本质进行剖析，寻找物权的最小结构，进而通过归纳将物权的最小结构一般化为权利的最小结构。

1. 物权概念

现代语义下的物权并非完全等同于罗马法中的 jus in re。虽然有关所有权、用益物权、地役权等概念由罗马法发展而来，但如前文介绍的，罗马法的物不仅包括有体物，还包括其他财产。在《法国民法典》和《德国民法典》的影响

---

[1]　在接下来的分析中，会采取类似霍菲尔德的分析方法展开，但囿于篇幅，本文不对霍菲尔德的理论展开介绍。对霍菲尔德详细的研究见王涌："私权的分析与建构"，中国政法大学 1999 年博士学位论文。

下，罗马法中的物即财产转变为财产即物，jus in re 最终被固定下来，成为有体物支配结构的通行做法。

无论是首次建立物权制度的《德国民法典》还是后世的其他国家民法典[1]，"均未就物权的定义在法典中予以明示"[2]。在诠释法学派最早根据 jus in re 提出物权概念时，物权的重心在于对物的支配。物权的"对物关系说"认为物权的本质在于对物的支配。而在萨维尼提出所有法律关系均为人与人之间的关系后，大陆法系学者得以意识到在物权支配力的后面隐藏着对人（世）性，因此"对人关系说"开始逐渐占据主流。

但"对物关系说"并不是一个彻底失败的理论。尽管"对人关系说"深刻地揭露了物权背后人与人的关系，但如果所有的法律关系都是人与人的关系，指出物权也是对人关系，实际上并无助于将物权与其他权利区分开。在对概念的内涵进行研究时，学者通常采用种加属差方式进行定义。而"对人关系说"概括和抽象过度，实则只揭露了物之概念的"属"。其过于强调权利的共性，在隐去了"对物"的因素后，物权便失去了自身的个性。因此，"对人关系说"无法准确地反映物权的内涵。"由此，物权如同其他一切权利，实质上表现了特定的人与抽象的'其他任何人'之间的关系。'对人关系说'无疑揭示了物权作为权利之一种而当然具备的权利的特质，但它比较'宏观'，离物权的现实表征（一个具体的人对一件具体的物品的占有）比较遥远，它根本无法说明或者代替物权之'对物支配'的本质特征。"[3]

出于各自的瑕疵，关于物权是对物还是对人这个问题，学者一直有争论而未达一致。实际上，无论是对物支配性还是对人排他性，都是一个问题的两种表述，是两个角度的统一。所谓物权对物的支配性，外在表现为"独断""专横"，权利人仅凭其单方的自由意识即可对物作出决定。此时世界上的所有其他人，他们的自由意识无法影响权利人对物的决定，并且在他们意图干涉时，权利人可以反抗此种干涉。因此，物权就好像圈，在"圈内"，物权体现为支配性，而到了领域外，则表现为排除所有其他人的对世性。因此，只有"圈内"对物支配性及"圈外"对世排他性加在一起，物权的范围才是完整和周延的，否则

---

[1]　《奥地利普通民法典》第 307 条规定："属于个人财产之权利，得对抗任何人者，为物之物权。"参见马俊驹、余延满：《民法原论》（第 4 版），法律出版社 2010 年版，第 283 页。

[2]　尹田："论物权的定义与本质"，载《中外法学》2003 年第 2 期，第 281 页。

[3]　尹田："论物权的定义与本质"，载《中外法学》2003 年第 2 期，第 281 页。

便只是盲人摸象、管中窥豹。

　　基于上述原因，在"对物关系说"和"对人关系说"之间产生了一种折中说。折中说认为，物权是指"权利人直接支配特定物并具有排他性的权利。简而言之，物权就是对特定物的排他支配权"〔1〕。折中说同时考虑到针对特定物的支配与针对不特定人的排他，吸收"对物关系说"和"对人关系说"的各自精华，因而为各方学者所接受，成为有关物权概念的通说。我国现行《物权法》便采用了上述通说："本法所称物权，是指权利人依法对特定的物享有直接支配和排他的权利，包括所有权、用益物权和担保物权。"〔2〕在折中说的综合下，支配性不仅仅指对物的支配，其天然地也包括了对世的排斥。

　　另外，需要强调的是，论及物权本质的支配性时，必要时需加上直接支配性，以与知识产权的间接支配性相区分。知识产权也是一种支配性、排他性的权利，出于其客体无形的原因，知识产权人无法对知识产权对象进行直接的支配，知识产权中的支配来自于法律拟制的间接支配。〔3〕

　　上述有关物权概念的学说，提供了有关物权的一个全景式的说明。

　　2. 物权反映的财产权支配权结构

　　物权效力是物权本质展开实现的过程。关于物权效力，向来有二效力说、三效力说、四效力说。〔4〕无论以哪种学说入手，我们都可以发现，所有被认为是物权效力的权能，其背后逻辑都是支配权的逻辑。

　　第一，是物权人对物的直接控制，这种控制来自于物在物理上的唯一性。但在担保物权的情况下，其支配的交换价值也是唯一的，盖因物变卖后交换所得的货币量是固定的。当对这部分货币行使担保物权后，这部分货币就不能满足其他债权人的需要，因此，担保物权的支配对象——货币，在物理上也是唯一的。

　　第二，是由于世界上所有其他人对物权制度的认可和遵守。如果不是出于

---

　　〔1〕　江平主编：《民法学》（第2版），中国政法大学出版社2011年版，第221页。

　　〔2〕　《物权法》第2条第3款。

　　〔3〕　如无特殊说明，下文中"物权的直接支配力"及"直接支配性"中的"直接"，是为了强调物之支配与知识产权之支配的不同，其他语境的"直接"则按正常语境理解。后文将进一步探讨知识产权支配性的问题。

　　〔4〕　二效力说指优先效力、物权请求权效力；三效力说也分排他效力、优先效力和物权请求权效力，或排他效力、优先效力和追及效力，或支配力、优先力和排除妨碍力；四效力说指排他效力、优先效力、追及效力和物权请求权效力。

这种集体遵守的合意，物权人便只能依靠暴力来防止其他人涉足他的物。

第三，对物权的支配性而言，公示公信制度是必不可少的。公示公信制度使得所有其他人清楚物权的范围在何处。在认可和遵守物权制度的内心约束下，所有其他人便会自觉停留在物权的界限之外，而不会误闯入物权的领域之内。

第四，支配权优先于请求权。物权优先于债权是支配权优先于请求权的一个缩影，安排支配权与请求权之间的顺位，更多的是出于稳定秩序和交易安全的考虑。因此，基于同样的考虑，如果在特定场合，请求权优先更加有利于交易秩序，此时法律就会安排请求权优先于支配权，典型的就是买卖不破租赁。因此，在没有法律特别规定的场合，支配权都优于请求权。

上述几点支配结构都根源于物权对世性、支配性的权利性质。因此，物权的支配结构反映了财产权的内在逻辑。

至此，我们可以对支配性的财产权做如下定义：

支配性的财产权（和债权相区分），是指对某类对人有效用并且法律允许对其进行处分行为的对象享有的排他的支配性权利。财产权必须经过公示。

关于上述的财产权定义，要点有四：

第一，财产权的对象须对人有效用。之所以使用有效用而不是有经济利益的定义，是因为对人而言，除了经济需求，还有情感等需求。因此，使用效用而非经济利益的定义更加准确。

第二，财产权的对象需法律允许权利人为处分行为。法律是否允许处分的主要考量在于社会道德风俗。在我国，性不属于交易对象，因此性不能成为财产。基于同样的原因，违禁物也不属于财产。

第三，支配性财产权是一种支配性、排他性的财产。

第四，财产权的对世性来自于公示。因为公示公信制度，一项权利才能获得对抗世上所有人的正当性和可能性。

物权背后的财产权逻辑，说明了在物权制度之上还有着静态财产权制度。物权制度并非静态财产权制度的全部，物权制度和债权制度并不是在同一位阶上的分类。正是因为财产权逻辑这种隐而不现的状态，传统民法典体系留下了一个空间，新的制度的加入就不需要破坏传统民法典体系，而仅仅是对它缺漏部分的补足。因此可以说，知识产权法入典有了可能性。

（二）知识产权背后的支配权逻辑

知识产权也是一种支配权。根据前文的相关论述，支配权实质上自然地包含了对世性的结构。知识产权的支配权特征也自然要求对世界上其他所有人产生法律关系。除了这一点基本共性外，知识产权的支配与物权的支配应当还存在其他共性。

从知识产权属于支配权结构这一民事权利分类的角度来看，知识产权制度的运行，是知识产权人对知识产权权利对象展开支配的过程，是知识产权人对知识产权权利对象的支配如何实现的问题。

1. 著作权的支配结构

著作权是对作品享有的支配性权利。如笔者在上小节论述的认知路径，相比作品是什么，我们更应该关心在作品上设定了什么样的支配结构。

从我国现行《著作权法》第10条、第47条及第48条来看，权利人可以支配有关作品的如下内容：①是否发表；②对作者身份的标示；③作品的完整；④作品的复制；⑤作品的传播；⑥作品的演绎。

上述支配内容的前三种，表明了作者对作品与作者之间联系的支配。作品的特殊之处在于，它是作者思想的表达。思想意味着自由意志，作品则可以看作人类自由意识运动遗留下来的痕迹，是作者人格的外放。作品与作者的联系由此便具有不可破坏性，如果不赋予作者对作品独断的支配，会造成作者的人格与其他人的人格混同的危险。

后三种支配的内容，表明了著作权人对作品价值的支配。作品的价值属性是毋庸置疑的。当一个人接触到作品，他就接触到了作品中包含的作者的自由意志。所有的自由意志都是独一无二的，因此，接触者必然能从作品中观察到不同于他自己自由意志的思想。由此，通过接触，作品总会使一个人掌握的信息总量得到增长，这正是作品的价值所在。不同于物的使用、收益，专利的实施，商标的区别识别，在一个人接触到作品的时候，作品的价值就实现了。因此，为了实现对作品价值的支配，需要控制对作品的接触。对作品的接触包括直接接触和间接接触，对直接接触的控制表现为对作品传播行为的控制。在演绎场合，对作品的接触则是间接接触。虽然作品被附着了演绎作者的思想，但二者时间上先后的区别使得原作品成为演绎作品的基础，因此演绎作品的价值不可避免地包含了原作品的价值。

　　我国《著作权法》将作品的复制也纳入著作权人支配的范围内，原因在于，虽然单纯的复制并没有破坏著作权人对作品传播的控制，但现实中作品的传播往往离不开复制，基于这个原因，控制复制行为的原意在于避免复制之后的传播。在复制实际上不会带来额外传播的情况下，复制行为并不受著作权人控制，典型情况就是图书档案馆等在保存版本需要下的复制以及作品数字技术下的缓存。

　　著作权人支配作品价值的实现，控制作品的传播是这种支配的一个表现形式。传播是一种结果，而不是手段。传播的重点在于结果上使其他人接触到了作品，从而得到了作品中的价值，至于如何实现该传播，则并不重要。基于这个原因，信息网络传播行为的界定应当按照用户感知标准，而非服务器标准。

　　赋予著作权人对作品价值的独断排他的支配权，其正当性基础多种多样。但无论何种正当性理论，都不能使著作权人对作品价值的支配不受约束。出于这个原因，著作权人对作品价值的支配包括对传播行为的控制，而不禁止单个个人对作品的接触。除此之外，还存在着其他合理使用、法定许可等情况，以避免著作权人对作品价值的过度支配造成整体社会福祉的受损。

　　著作权人支配作品的价值，但仅仅使所有其他人不能接触作品，这并不是支配作品价值的目的。支配意味着著作权人可以决定让谁传播和接触，也可以自行决定是采用转让还是许可的方式。转让意味着受让方继受了原著作权人在著作权关系网中的地位，因此受让方就其继受的内容具有与原权利人同样的对世性。在许可的情况下，被许可人在得到许可后，可以做许可事项，而在许可之前，被许可人负有不得做许可事项的义务。因此，许可的实质是免除被许可人的某种义务，许可关系是隐匿的、相对的，不具有对世性。

　　2. 专利权的支配结构

　　相比著作权的支配结构，专利权的支配结构要简单得多。

　　根据我国《专利法》第 59 条、第 61 条，专利权的保护范围严格限定于权利要求的范围内。从这两条来看，专利权支配的是专利的再现。也就是说，专利权能阻止与产品专利记载一致的产品的出现（包括生产、流通、使用行为）；或阻止与方法专利所记载的方法相一致的步骤的实施以及使用、许诺销售、销售、进口依照该方法直接获得的产品。

　　不同于作品价值的内敛，专利的价值只在于专利中记载的技术能直接带来的经济效益。专利权的对象是有经济价值的技术方案，该种技术方案必然不同于现有技术，并且是对现有技术的改进。基于这种改进，专利技术方案一旦实施，便可以带来经济效益。专利权就是对这种技术方案的支配性权利。

但是，如果专利权只是对技术方案的支配的话，我们无法解释为什么不参与生产的销售者也不能未经许可销售专利产品。因为单纯的销售者并没有实施专利技术方案。从专利价值的实现过程来看，专利产品的生产是特定专利产品所能产生的经济效益被生产的过程。在未被投入使用时，该部分经济效益还潜藏在专利产品中。随着专利产品的流通，该部分经济效益转化成交换价值。最后，当专利产品被使用时，该经济效益从产品中流露出来。从这个过程看，销售者通过销售专利产品，参与到了该专利技术经济效益的分成中。专利权能对该行为产生支配力，说明专利权支配的是专利技术所带来的经济效益。专利权人对专利技术所带来的经济效益享有独占的支配权，因此该专利技术所产生的一切经济效益都属于专利权的控制范围。

专利权的支配是对专利技术产生的经济效益的支配。因此，专利权人无法控制不能产生经济效益的行为，即《专利法》第 69 条所规定的三种情况：临时过境、科学研究及 Bolar 例外。此外，在权利用尽的情况下，专利权人已经通过销售实现了该专利产品中的经济利益，因此对于该专利产品的后续流转，专利权人就不再具有支配力了。

在《专利法》第 69 条第 2 项规定的情形中，在先实施人之所以可以在原先范围内继续实施，是公平和利益平衡综合作用的结果。专利权支配性的正当性基础在于，专利权人以公开其专利技术，增加所有其他人的知识水平为对价，换取所有人对其独断支配的许可。在《专利法》第 69 条第 2 项规定的情况下，在先实施人并没有从专利技术的公开中获得知识的增长，其并未参与到允许专利权人垄断支配专利技术的合意当中。但同时，专利权人毕竟仍有独断的支配权，基于秩序稳定的目的，法律不允许在先实施人扩大其原有的使用范围。此外，要求在先实施人不得扩大原来的使用范围，也隐含着对在先实施人不愿公开技术的惩罚，以此鼓励技术的公开。

专利权只及于经济效益。因此，专利权并不能控制专利中记载的技术的传播，所有人可以自由获取、传播、研究专利所记载的技术。

专利权的对世性主要体现在，其可以阻止世上所有其他人获取专利记载技术所带来的经济效益。

3. 商标权的支配结构

商标的功能在于，在标有商标的产品与商标权人之间建立唯一对应且稳定的联系，也即商标的区别和识别功能。

根据我国现行《商标法》，商标权人能阻止他人实施的行为可以归纳为有造成混淆可能性的行为。商标权人通过排除他人实施上述行为，使特定商标只能与商标权人联系在一起。因此，商标权支配的对象是商标与商标权人的联系。商标的价值就在于此种识别和区别功能，商标权支配的对象也可以被认为是商标的价值。

（三）知识产权的财产权性质：支配权结构

从前文对各个主要类型的知识产权的分析中，我们可以总结出知识产权权利的支配权结构。

第一，对知识产权权利对象的间接支配性。知识产权的权利对象是无形的，因此无法像物权那样直接实现对物的控制。"作为有体财产权的物权的客体（除法律拟制物外）是以有形物质形式出现的，它具有……立体空间特征，即使没有这种空间特征，通过感官也可以直接感受到它的存在（比如电），而知识产权的客体是以无形的知识形式出现的……"[1]

知识产权人对知识产权权利对象只能采取间接的支配方式。世界是运动和有联系的，任何事物都通过与世界的相互影响来体现它的客观实在性。不存在的事物不会对世界产生影响，而客观存在的事物必定会在这个世界留下痕迹。基于这个信念，即便是无形的事物，只要它是一个客观存在，就会对世界产生影响。对人类有益的客观存在也会对世界产生有益的影响。知识产权权利对象是客观存在的，其对世界的影响就在于它所带来的价值。因此，当权利人通过某种制度安排控制了这种价值，也就可以说间接支配了知识产权的权利对象。

第二，知识产权的垄断性，也可称为排他性、独占性。知识产权的垄断性保证了在同一时间，只有一个自由意志支配着某一知识产权权利对象。各个类型的知识产权都有其自身的垄断正当性基础。但如果从支配权自身来看，支配权结构一定是垄断的，因为如果在一个对象上存在两个自由意志，这两个自由

---

〔1〕 李扬：《知识产权法基本原理（I）——基础理论》（修订版），中国社会科学出版社 2013 年版，第 12 页。

意志必然会产生冲突。（共有关系实际上只有一个自由意志，因为所有共有人最终将统一他们关于共有物的意思。）在两个自由意志产生冲突的情况下，无论哪一方，都将无法实现对对象的支配。

第三，知识产权排除妨害的能力，也即知识产权请求权。知识产权作为一项支配性的权利，为实现其独断的支配，必然需要世上所有人的配合，即世上所有人必须尊重知识产权人对知识产权权利对象的控制。当有人侵害这种独断的控制时，造成了知识产权人支配力的不饱满，知识产权人自然可以要求侵害人恢复这种饱满。

知识产权人有两种排除妨害的方法，一种是要求停止侵权，另一种是要求赔偿损失。区分这两种知识产权请求权的原因在于，权利人并不是对所有的侵害知识产权饱满支配的行为都可以主张赔偿。无论基于什么原因，只要造成了知识产权人对知识产权权利对象支配的贬损，知识产权人就可以要求消除此种贬损。停止侵权的产生只要求有对知识产权权利对象支配的完整性的贬损就可。但是，对于要求赔偿损失的主张，知识产权人只能向因过错侵犯知识产权人饱满支配的侵权人提出。

为什么会做出这种区分？民事责任的一般承担原则是"填平原则"。在知识产权的支配受损的情况下，无论是否有过错，闯入知识产权人支配领域的"外来客"都应该退出该领域。在"外来客"并不知道自己闯入了知识产权人独有支配领域的情况下（即不具有过错的情况），知识产权人支配力的受损仅仅体现为"外来客"占有了其支配的领域。在侵权人不知道知识产权人于此享有独断支配力的情况下，如果要求侵权人再支付一笔费用，将是不公平的。但是，在侵权人具有过失的场合，侵权人实际上还表现了对知识产权人支配力的不尊重，因为他知道知识产权人具有此种支配力，却仍然选择闯入。侵权人因此免去了他本应支付的费用。基于这个原因，为了让知识产权支配权的范围扩大，知识产权人只能向过错侵权人提出赔偿的主张。

实际上，在物权结构中，也存在这种区分物上请求权和侵权请求权的竞合。长久以来，知识产权法学者存在认知误区，认为知识产权侵权是一种特殊的侵权，因为即使在不存在故意的情况下，权利人也可以要求停止侵权。从知识产权请求权和物权请求权的一致效果来看，知识产权侵权的特殊之处在于其属于对支配权的侵权。对于物权而言，知识产权请求权在面对侵权时并没有特殊之处。

第四，知识产权的有权处分性。在知识产权关系网确定后，除了法律的强制外，只有知识产权人自己才可以决定这个关系网该如何变化。

知识产权的转让和物权的转让具有一致性，都是由继受人占据自己原本所处的法律关系网的位置。

知识产权的许可是一种特殊的处分方式。在许可的情况下，知识产权人相当于将被许可人不得做某事的义务转变成了可以做某事的特权。但知识产权人与被许可人的其他法律关系仍然存在。因此，被许可人只能在许可的范围内做某些行为。通常情况下，许可具有时间期限，在期限届满时，特权又自动变成义务。而在赋予被许可人转许可权利的情况下，被许可人相当于获得对特权的处分权，可以自由转让该特权。但无论是许可还是转许可，许可都是一项隐匿的相对权，不具有对世性。

此外，如同笔者在物权结构中所分析的，一种支配权必定伴随着对应的公示公信制度。因为在知识产权中，无法通过直接观察确定支配人，为了不让人处于法律关系不稳定的状态，更加需要公示公信制度。著作权的公示是通过创作、署名完成的，而专利及商标则通过公告完成公示。

知识产权的地域性实质是一种公示公信制度。公示公信制度的保障力在于国家的背书。国家保障经过公示的知识产权支配主体及支配范围。物权不具有地域性的原因在于，支配结构经过漫长发展，已在各个国家趋同。但是，知识产权支配结构各自相异。一个国家仅能对国家主权意识下的知识产权支配结构背书，无能力对他国知识产权支配结构背书。

同时，优先性是支配权结构对请求权结构的一般规则，知识产权也应当具有。知识产权优先性同样可以体现在一项知识产权的两次处分情况中。在知识产权二卖的情况下，先经过公示的买受人实际上已经取得了该知识产权，因此后来的买受人并不能要求前一买受人再交付知识产权。

（四）知识产权对财产权的回归

物权结构和知识产权结构都以支配权的结构展现了出来。当将这两者进行同一结构的对比时，可以发现以下直观的结果：

物权 是一种对物的支配性权利	知识产权 是对知识产权对象的支配性权利

物权和知识产权在宏观层面结构对比

物权的效力包括:	知识产权的效力包括:
直接支配力	间接支配力
独占力	垄断性
独立处分性	可处分性
不可侵害性	对侵害的排除
公示公信	公示公信

物权和知识产权最小结构对比

因此，尽管在具体权利的类型上，物权与知识产权的支配方式可能存在差异，但是在支配权这一层次上，物权和知识产权是具有同样的逻辑的，这个逻辑就是如何安排支配权。为了安排支配权，物权和知识产权大致被设定为类似的结构。

知识产权与物权有着同样的支配结构，背后是同样的财产权逻辑，如果将知识产权法纳入民法典中，在逻辑上自然不存在与现有民法典结构不协调的地方。并且因为知识产权与物权具有同样的支配结构，在物权编后规定知识产权编也是可行的，并不需要对民法典的范式结构做出过多改变。

四、我国民法典分则中知识产权编的设计

知识产权制度进入民法典对民法典自身来说是必要、可能且可行的。重要的问题已不是知识产权法是否应该入典，而是知识产权法应当如何入典。知识产权法入典的一个巨大的阻碍在于如何调和知识产权法的特殊性与民法的一般性的矛盾。对此，上文已经进行了有益的尝试，寻找到了现今物权法与知识产权法背后的财产权逻辑，从而可以在不破坏潘德克吞体系的前提下将知识产权法纳入民法典之中。余下的问题则是，知识产权法入典应当采取什么模式？

随着 2017 年 3 月 15 日《民法总则》的出台，我国民法典的编纂开启了一个新的历史篇章。在总则制定完成之后，我国民法典编纂的下一个任务是民法典各分则的确立。从《民法总则》中安排的条文来看，有关知识产权制度的条文只有第 123 条一条。仅仅一个条文，既无法体现知识产权的重要性，也无法使得民法典足以调整知识产权法律关系，因此《民法总则》中规定的知识产权制度是远远不能满足民法典的需求的。

关于知识产权法如何纳入民法典，学术界存在三种不同的建议：纳入式、糅合式和链接式。但是，上述三种建议都存在较大的缺点。

　　纳入式的问题在于，知识产权法自身过强的个性破坏了民法典的体系性与协调性。如果无视知识产权确认、支配、利用规则与传统物权规则的不同，不寻找这二者之间的共性，那么直接在传统民法典后附加知识产权法的做法"如同一个四不像，既不是传统民法典逻辑的衍生，也不是新民法典逻辑的再建"。[1]

　　而与纳入式相比，糅合式则走向了另一个极端：为了将知识产权法融入民法典而试图掩盖知识产权法的特性。将知识产权法整体糅合进民法典，容易使知识产权法自身的内在逻辑被淹没。无体物与有体物之间现实的鸿沟使得糅合式的处理方法显得太粗暴——在无体物和有体物之间，有着极为不同的认知规则，如果不加以区别，将会破坏知识产权特有的个性，使得其实际上也无法回应现实的需求。

　　链接式主张，在民法典中规定知识产权的共同规则，以之作为链接点，同时又能通过这些链接点，在民法典外的知识产权特别法上寻找具体制度。相比纳入式和糅合式在民法典共性与知识产权法个性取舍上的极端，链接式既肯定了知识产权法是民事法律规范的一个组成部分，又保持了民法典私法的纯洁性和法典的形式美，同时可以较好地解决民法典的稳定性与知识产权法的多变性的矛盾。[2]理想状态下的链接式，既不影响民法典应有的稳定性，又不妨碍知识产权法固有的多变性，被大部分学者认为是知识产权法入典的最佳选择。[3]然而，从现实的情况来看，所谓知识产权法与民法典链接点的选择，在现今主流的民法典草案中，仅仅是选择了"权利客体"这样一个点而已。仅仅是在"权利客体"中进行权利宣示性的做法，显然分量不够，并且无法满足现实对民法典逻辑周延的需求。之所以出现这个问题，是因为链接式的链接也有链接多少之分。我国《民法总则》采用的就是链接式的做法，但是仅采取几个链接点，不足以体现知识产权的重要现实地位，也不足以反映现实财产体系的扩张。

---

　　〔1〕　曹新明：《中国知识产权法典化研究》，中国政法大学出版社 2005 年版，第 46 页。

　　〔2〕　张玉敏、王智斌："论我国民法典设置知识产权编的理由及基本构想——以概括式立法为目标模式"，载《甘肃社会科学》2005 年第 5 期，第 54~60 页。

　　〔3〕　吴汉东："知识产权'入典'与民法典'财产权总则'"，载《法制与社会发展》2015 年第 4 期，第 59~66 页；王家福、费宗祎、郑成思："物权法、知识产权法与中国民法典"，载王卫国主编：《中国民法典论坛》，中国政法大学出版社 2006 年版，第 55~80 页；韦贵红："论知识产权立法体例与民法典的制定"，载《法律适用》2004 年第 5 期，第 46 页。

（一）我国民法典分则知识产权法独立成编的必要性

我国欲编纂的民法典一定是一部继往开来，承载中华民族之品格、时代之精神的民法典。因此，我国的民法典必然不能满足于对范式民法典的复述，而需要做出大胆的创新。范式民法典所处的社会现实不需要它对知识产权法做出任何回应，而我国的民法典却不能不回应知识产权法。这种回应，不仅仅是宣示性的回应，而是将知识产权法真正地纳入到民法典体系当中。

如前文所述，我国的民法典必须回应知识产权法，纳入知识产权法律制度。这来自于如下几个需求：

首先是来自民法典自身逻辑周延的需求。范式民法典体系及内容中知识产权乃至无形财产的缺失实质上是人类支配能力认知上的缺失。范式民法典物债二分的体系来自于对世权与对人权、支配权与请求权的区分，物权代表了静态的财产支配关系，债权则代表了动态的财产流转关系。但是对物的支配已经不再是人类支配能力的全部。通过知识产权法律制度的拟制，人类已经能以控制某一无形事物经济利益的方式达到对某一无形事物的间接控制。对无形事物的控制方式和对物的控制方式都是人类支配世界的方式，二者合一才是一个完整的财产支配关系。在范式民法典的物债二分结构下，物权和债权并非同一位阶下的概念，物权仅仅是一部分的静态财产关系，而债权则是全部的动态财产关系。基于这个原因，在我国民法典保持支配权、请求权二分结构的情况下，只有对物的控制加上对无形财产的控制，才能构成完整的支配权。出于民法典此种自我周延的需求，我国民法典需要在体系上补足静态财产支配所缺失的有关知识产权支配规则的内容。

第二个需求来自于我国现实社会关系的需求。无论哪个时代的民法典，必定是其所处的现实社会关系的真实反映。处于工业革命时代的范式民法典无法认识到知识产权法律关系，也无需对此作出规定。但在 21 世纪的今天，无形财产给人类带来的价值已经完全不亚于有体的动产及不动产。无论是服装产品还是电子产品，有体物构成的物料成本对产品最终的价格贡献远远低于品牌、技术的贡献。我国长期以来低附加值的产业结构就很清楚地说明了这个问题。从我国目前的经济发展状况看，越来越需要技术和创新发挥其对经济的领导作用。在 2017 年 3 月 5 日的第十二届全国人民代表大会第五次会议上，《关于 2016 年国民经济和社会发展计划执行情况与 2017 年国民经济和社会发展计划草案的报告》就指出，要"坚持创新驱动发展，以提高质量和核心竞争力为中心，坚持品牌引领升级，全面提高创新供给能力，促进新动能更快发展、新产业更快成长、传统产业更快改造提升、新旧动能加快接续转换"。在有关无形财产获取、支配、利用的法律关系已经成为我国现今极其重要的社会关系的情况下，我国编纂的民法典一定要反映这种社会关系，并且知识产权制度在民法典中的地位要与其在现实社会中的地位大致相同。如此一来，我国的民法典才能算得上是对现实社会关系的真实反映。

第三是我国民法典所肩负历史使命的需求。从世界范围来看，各个国家的民法典的制定都是一个继承和发展的过程。一个国家的民法典，一方面要根植于自己国家的法律制度土壤，另一方面也要对整个抽象的民法科学进行发展。我国民法典的制定，正处于信息社会步入高速发展的时代，其所代表的是完全不同于工业时代的新时代民法典。传统范式民法典中工业时代的精神已经不再适应信息社会，因此就民法学科而言，它亟须自我扬弃和进化。在这种时代背景下，我国民法典的制定就应当肩负起革新民法典体系的历史重任，使之真正成为信息时代市民社会的大百科全书，成为信息时代的范式民法典。

《民法总则》对知识产权制度的安排仅用了一个条文。《民法总则》第 123 条对知识产权的私权性及对世性做了一个规定，并列举了知识产权的客体。《民法总则》的此种条文安排远远无法满足前文所述的三个需求：其一，《民法总则》将知识产权的条文安排在有关债权的一般规定之后，这样的条文顺序割裂了物权与知识产权之间静态财产的共性。从物权到债权，体现的是支配权和请求权的顺序，但再从债权到知识产权则毫无逻辑可言。并且如前文所述，知识产权代表的无形财产的支配关系和物权对有体物的支配关系共同构成了静态的财产结构。而《民法总则》的条文安排无法使民法典在支配权上自我周延。其二，《民法总则》仅仅使用一个条文安排知识产权制度，这完全不足以对现实中的知识产权法律关系做出一个有效回应。另外，对客体进行枚举完全无助于市民社会确定知识产权法律制度的规则。民法典必然不是一部只具有形式意义的法典，而应当成为指导民事活动的依据，在司法实践上必须可以直接成为法官断案的依据。《民法总则》的这一条文，既没有关于知识产权权利行使的一般规定，也没有知识产权法的基本原则，显然无法反映现实的知识产权法律关系。因此，《民法总则》无法完全反映我国的社会现实。其三，《民法总则》在结构上与我国《民法通则》不具有实质上的区别。将知识产权与物权、债权并列的做法，在我国可以追溯到1987年开始实施的《民法通则》。《民法通则》在第五章分别用三节规定了财产所有权和与财产所有权有关的财产权、债权及知识产权。其中，财产所有权和与财产所有权有关的财产权也即物权，《民法总则》只是将《民法通则》中对应条文的财产权替换成物权，在整体结构上并无创新之处。就《民法总则》所反映的内容来看，其创新精神不足，无法担任革新民法学科的历史重任。

因为《民法总则》中的知识产权制度不足以满足民法典自身及知识产权法进入民法典的各项需求，民法典分则就必须要以足够的篇幅体现知识产权法的内容。为此，有必要在民法典分则以知识产权编的形式独立安排知识产权法。

（二）知识产权编的条文设计及立法说明

基于前文对知识产权支配性的回归以及我国未来民法典分则知识产权编构建必要性的论证，笔者试图对我国未来民法典分则中知识产权编做出如下安排：

【篇名】知识产权编

立法说明：在物权编之后设立无形财产支配权的规定。物权可以延及对所有有形物的支配。如本文前几部分所述，为了使支配权的逻辑能覆盖现实中所有人类得以支配的对象，需要在物权编之后设立无形财产的支配规则。

在顺序上，将有关无形财产的支配规则规定在物权规则之后，原因在于：

（1）从权利出现的历史来看，物权的发展历史远远早于无形财产权的发展，物权是民法的元老，而无形财产权则是"新兴阶层"。因此，出于对民法学科历史发展的尊重，建议将知识产权编放在物权编之后。

（2）从人类认知观念的发展来看，无论是作为个体的单个人，还是人类全体，总是先认识物这一物理的客观存在。只有当认知水平发展到一定程度时，才能观察、感受到无形财产的存在。因此，将物权安排在知识产权编之前符合人类认知水平的发展过程。

（3）从支配权体系来看，物权的支配是直接性的，而无形财产权的支配是间接性的。支配权体系是物权体系进一步抽象的结果。因此在支配权的逻辑上，物权编先于知识产权编。

将篇名定为"知识产权编"的原因在于，知识产权是无形财产权中最重要、最成熟的组成部分。而除了知识产权外，确实也存在其他的无形财产权，但是其他类型的无形财产权在权利的类型化上发展得还不够成熟，影响和地位远不及知识产权。而且如此可以突出知识产权在民法典中的存在感，强化人们对知识产权价值和地位的认识，改变我国近几十年知识产权法治领域行政权力过于扩展，从而使其偏离公认的知识产权法轨道的局面。

但同时财产权的对象并非封闭的，知识产权与物权之外的其他无形财产权也需要表明其民事权利的地位。本编需要为其他财产权能在民法典展开留下空间，避免民法典成为一个封闭的空间。

第一章　知识产权法基本原则

立法说明：设"知识产权法基本原则"，以之作为本编的总则。知识产权法是本编的主要内容。知识产权的支配规则可以为无形财产权的支配规则提供借鉴。因此，有关知识产权的规定在本章中应当处于统领地位。为与民法典整体潘德克吞总分逻辑达成一致，将知识产权法的原则性规定置于本编之初。基于知识产权无形财产权特点涉及多方面公共利益，应明确知识产权法确权、行使和利用中的基本原则，如尊重在先权利、禁止权利滥用、知识产权类型法定、利益平衡等。

第一条　知识产权是私权，是民事主体对特定的具有垄断必要和垄断价值的信息享有的排他性、支配性的权利。

国家依法保护民事主体所享有的知识产权。

立法说明：这一章应明确知识产权是民事权利，民事主体的知识产权受法律保护；同时，可以用列举和概括两种方式对知识产权做出一个强调支配性和排他性的定义，并且因为《民法总则》已经对知识产权类型进行了列举，此处便不再对知识产权权利对象进行重复列举。

第二条　知识产权法定

知识产权权利类型、权利范围严格按照法律明文规定。

立法说明：知识产权法定，是源于以下财产权对世性的要求，即若允许自由创制对世权，无疑将使得世上所有人都处于密不透风的法律关系网中。无论基于社会成本的考量还是公平公正的考虑，这都是无法接受的。因此知识产权得以法定。

第三条　知识产权在获取、行使、收益等过程中应尊重在先权利，不得损害在先的合法权利。

第四条　禁止知识产权滥用原则

知识产权的行使，不能破坏正当的竞争秩序，或者挤压社会福祉。

第五条　利益平衡原则

知识产权行使的各个环节，都应该综合考虑所涉各方的利益。

立法说明：上述三条是对知识产权的限制。虽然知识产权具有垄断性，但是知识产权的垄断不应当是无限的。给予知识产权垄断正当性的包括激励理论、劳动理论、生产力再生理论，但是无论哪种理论，都承认在给予知识产权垄断的同时不能让这种垄断阻碍整个社会的发展。因此知识产权制度的设计必须考虑多方因素。知识产权利益平衡因此成了知识产权有限性的核心理论。无论是知识产权人与社会福祉的博弈，还是在先权利人与在后权利人的利益取舍，都是知识产权利益平衡的结构。尊重在先权利和禁止知识产权滥用原则是知识产权利益平衡的两个具体表述，是现实中经常发生的两种冲突，因此需要特别规定。

第二章　知识产权主体

立法说明：此章就知识产权制度中的特殊主体制度做出规定。知识产权制度在主体方面的特殊之处主要在于外国人以及法人的情况。

第六条　外国人的主体资格

需要经过申请获得的知识产权，外国人必须委托我国相应的代理机构办理申请；满足一定条件自动获得的知识产权，根据我国缔结的国际条约，外国人也可以自动获得。

立法说明：是否保护外国人的知识产权是我国整体的对外政策决定的。从目前的形势看，我国的发展不可能离开世界，因此需要对外国人的适格地位做出规定。基于公示公信制度的考虑以及我国行政机关不可能对世上所有人所有事了如指掌，我国只保护在我国取得申请的知识产权。

第七条　法人作为知识产权主体的情况

体现法人意志，由法人主导并主要利用法人的物质资源完成的知识产权，归属于法人。

立法说明：法人是民法拟制的人，具有拟制的人格。法人制度是现今市场经济社会必不可少的制度。由于知识产权是一种市场经济利益，大部分情况下，知识产权是由法人主导创造的，因此法律应该规定属于法人知识产权的情况。

第三章　知识产权的设立、消灭

立法说明：不同知识产权的获取标准、获取方式和权利范围都不一样，此处不宜进行详细的规定，因为知识产权制度十分敏感，制度随时会随着社会现实的变化而产生变化，如著作权的客体范围总在扩大。此章主要规定知识产权的一般行使方式。

第八条　不同类型知识产权的设立方式

对于依法需经相关机构注册确认设立的知识产权，其设立、变更、转让和消灭经过相关公示程序后发生效力（强公示公信力）；无需经相关机构注册确认设立的知识产权，其设立自创作完成发生效力，变更、转让自法律行为生效时发生效力（弱公示公信力）。

立法说明：任何一种权利，想要获得对世性、绝对性，公示程序是不可缺少的。而我国的知识产权制度实际上已经存在类似于物权制度中的公示公信制度。此处规定公示公信的类型，是为了方便在新的知识产权类型已经出现，而制定法还未来得及做出调整时，确定其公示公信方式。

第九条　知识产权行政管理机关的性质

知识产权行政管理机关仅仅是知识产权的确权机关，负责对相关知识产权公示公信制度的管理。

立法说明：知识产权是一项私权。知识产权行政管理机关的职能在于对知识产权的权利范围大小做出背书。我国目前的行政体制导致知识产权行政机关的管理活动对作为私权的知识产权干涉过度。因此需要明确知识产权行政管理机关的性质，遏制现行制度中知识产权行政管理机关过度干涉私权的行为。

第十条　知识产权的消灭制度

知识产权可以被放弃。

知识产权若失去实质授权的要件，可以请求相应公示公信机关对其宣告无效。

知识产权专用期限届满后，知识产权也归于消灭。

立法说明：知识产权是一项法律拟制的支配权，会发生消灭的情况。当一项权利不满足知识产权的实质条件时，其也应该失去知识产权的权利属性，因此需要规定知识产权的失效情况。

第四章　知识产权的行使方式

第十一条　知识产权的行使方式包括：自身垄断性使用、许可使用等。

立法说明：知识产权的行使不同于物权的使用，自身的使用只是一种实现价值的方式。许可虽然不是知识产权特有的制度，但也是知识产权主要的行使方式之一。

第十二条　知识产权可以设定质权，知识产权的抵押按照物权的担保规则进行。

立法说明：知识产权是可抵押的对象，因为抵押针对的是抵押物的交换价值。知识产权的转让可以产生价值，因此知识产权属于可以抵押的对象。

第十三条　独立处分

知识产权人可以独立处分其知识产权。

涉及知识产权转让的处分，经过公示公信完成转让。

立法说明：能独立处分是知识产权支配性的根本属性，但因为知识产权对象的无形性，基于交易安全的考虑，知识产权的转让合同应当是要式合同，需要经过登记或者其他公示方能生效。

第十四条　分别处分

知识产权载体与知识产权客体相分离。对知识产权客体的处分不影响对知识产权载体的处分。反之亦然。

第十五条　权利穷竭

知识产权载体一经合法售出，知识产权人即丧失对该载体的控制权。

立法说明：知识产权人对知识产权享有当然的独立处分权，但是只能处分一次。无论是知识产权的载体，还是知识产权的客体，合法转让后，知识产权人就不能再主张权利。

第五章　知识产权保护

第十六条　知识产权请求权

侵犯、妨碍知识产权人享有的专有权，应当停止这种侵权、妨碍。在有过错的情况下，还应承担赔偿责任。

立法说明：知识产权具有支配性，当知识产权的支配出现残缺时，知识产权人可以行使知识产权请求权，使得其对知识产权的支配回复完满状态。知识产权请求权源于知识产权的支配性和对世性，只要知识产权处于不完满状态，权利人就可以要求造成不完美的一方恢复权利人完美的支配力。因此知识产权请求权的行使不以另一方过失为要件。在对方有过失的情况下，知识产权请求权出现侵权责任请求权竞合，此时可以要求对方赔偿损失。

第十七条　间接侵权

知识产权间接侵权指为知识产权侵权提供协助、教唆、方便等。

在无法追究知识产权直接侵权人的责任时，可以直接要求间接侵权人承担责任。

立法说明：知识产权间接侵权是知识产权侵权的一个特殊情况，因为知识产权完整地实现价值可能在时间上涉及多个步骤，因此帮助侵权、共同侵权在知识产权侵权领域十分常见。间接侵权的特殊之处在于，直接侵权通常发生在有一般消费者的场合，对一般消费者很难追究其责任。实际上，间接侵权人才是这种情况下主导侵权行为的主体，因此需要直接追究间接侵权人的责任。

第十八条　侵权不停止使用的例外

如果停止某一知识产权侵权行为将对社会利益造成明显损害，则可以不停止该行为，但是侵权人需要持续支付知识产权人许可费。

立法说明：侵权不停止的例外是知识产权与公共利益平衡的结果，体现了对知识产权的权利限制。因为知识产权的无形性，在知识产权的侵权行为得到遏制之前，其就已经大规模地应用于各个场合，社会已经对其形成了习惯与依赖。若机械性地认为所有侵权行为都要被停止，肯定会对某一地区或者某一行业的正常秩序造成极大的影响，此时和被侵权人因侵权而遭受的损失相比，停止侵权带来的社会负面作用将更加难以被接受。因此在对多方利益进行考虑和平衡后，允许相关行为不停止。但是，侵权行为毕竟造成了权利人的损失，不能因为社会集体而牺牲个人的合法权益，此时需要通过支付许可费的方式弥补权利人的损失。

第六章　其他财产权

第十九条　规定除知识产权外的其他无形财产

民事主体就其他无形财产享有的合法权益受法律保护。

立法说明：此处为无形财产留下空间，使得民法典成为一个不拒绝新型权利的体系。

第七章　其他

第二十条　与民事特别法的关系

其他的知识产权规范由特别法规定。

立法说明：出于民法典稳定性和知识产权法灵活性的考虑，不适合将知识产权法整体纳入民法典中。知识产权编应该只规定知识产权的一般规则，而知识产权具有自身特色的内容，需要在各单行法中另行规定。

结论：展望民法语境下的新财产权概念的重构

《德国民法典》给世界范围内的民法制度及民法典的制定都留下了宝贵的财富。和《德国民法典》自身同样意义重大的是其制定的过程。萨维尼认为，彼时德国民法还缺乏严密的概念体系，不足以支撑起《德国民法典》的建立，因此萨维尼坚持对日耳曼法进行系统的梳理、对罗马法中的观念进行改造，由此造就了《德国民法典》对彼时德国民事法律关系的深刻反映。这也是《德国民法典》影响深远的原因之一。

在 21 世纪，我国需要制定的民法典必然不是对德国人的复述。我国民法典的建立，不应当拒绝知识产权法。需要正视的社会现实是，有关知识产权的支配已经成了当今中国社会发展的主要动力。无论是创新驱动还是产业升级，其背后的要求都是加大对知识、技术、信息的利用。在这样的现实背景下，如果我国民法典不回应知识产权，那么这样的民法典是否有制定的必要？问题应当是，民法典需要知识产权法，而不是知识产权法需要进入民法典。只有接纳了知识产权法，我国民法典才是新时代的民法典，才是一部信息时代的民法典。

知识产权法进入民法典，应当也要遵循民法典整体的逻辑。知识产权法整体进入民法典是不可行的，但使其已经成熟的一般规则独立成编，则是一个可行的方法。

知识产权法独立成编的可行性来自于两个方面：

首先，物权与知识产权可以统一在一致的支配权结构下。这意味着一直以来被我国民法忽视的财产权概念实际上一直控制着物权与知识产权。现今，我国民法制度中物权结构和知识产权结构安排背后的逻辑都是财产支配何以可能。以一种权利束的观点看待财产权，支配的对象是什么其实并不重要，重要的是可以对世上所有其他人提出什么要求、为他们安排什么样的法律关系。因此，物权和知识产权之间的鸿沟并没有传统观念想象的那么大。统一的支配权结构使得将有关知识产权支配的内容安排在物权编之后在逻辑上也不显得那么突兀和矛盾。

其次，现今被称为知识产权法的几部单行法并不是"各自为政"、毫无联系的。知识产权法的一般规则是存在的，而知识产权法的一般规则使得知识产权编的具体条文安排成为可能。

进一步需要考虑的是，既然物权与知识产权具有同质的支配结构，那么是否存在一种制度安排，可以一劳永逸地解决所有新兴财产问题？囿于笔者有限的学识及精力，本文未能构建一个细节饱满的财产权。同时，本文花了大量的笔墨探讨知识产权的支配权本质，但是对知识产权制度自身的一般规则仍欠缺雕琢。希望借此文，为民法典中新的财产结构构建提出一点不同于前人的见解。

保护作品完整权研究

蒋　燕

按照目前我国《著作权法》的定义，保护作品完整权即保护作品不受歪曲、篡改的权利。[1]然而，法律的这一规定过于模糊，导致理论界和司法界对这一问题都没有统一的结论。其中争议最大的两个问题集中在保护作品完整权与修改权的关系以及侵犯保护作品完整权是否需要损害作者声誉之上。

理论界对保护作品完整权与修改权关系的争论由来已久。有学者认为，保护作品完整权与修改权是一个权利的两个方面，[2]我国应当删除修改权或者对修改权进行重构；[3]另外一些学者认为，既然我国《著作权法》分别规定这两种权利，就应当对两种权利区别看待，因此建议在法律中保留修改权，[4]或者按照其他国家相似的收回权对其进行重构。[5]立法方面，《著作权法》第三次修改正如火如荼，《著作权法（修订草案送审稿）》（以下简称《修订草案送审稿》）将保护作品完整权与修改权"合二为一"，规定保护作品完整权"即允许他人修改作品以及禁止歪曲、篡改作品的权利"[6]。这一改动也引起了很大的争议，再一次引发了保护作品完整权与修改权是否为同一权利的两个方面的

---

[1]　参见《著作权法》第10条第1款第4项。

[2]　参见郑成思：《版权法》（上），中国人民大学出版社2009年版，第168页。根据《著作权法》第10条第1款第3项的规定，修改权是指修改或者授权他人修改作品的权利。

[3]　参见李扬：《知识产权法基本原理（Ⅱ）——著作权法》（修订版），中国社会科学出版社2013年版，179页。

[4]　参见胡康生主编：《中华人民共和国著作权法释义》，法律出版社2002年版，第45页；张雪松："论编辑出版中的侵犯修改权与保护作品完整权"，载《知识产权》2003年第2期，第25~27页。

[5]　参见王迁："我国著作权法中修改权的重构"，载《法学》2007年第11期，第41~42页。

[6]　《修订草案送审稿》第13条第1款第3项。

讨论。但根据《著作权法》第三次修改的各版本草案，立法倾向于认可修改权可以被保护作品完整权涵盖，因此，法律删除了修改权，并将其部分内容一并规定在保护作品完整权当中。

2016年影响颇大的"九层妖塔"案则从一个侧面反映出我国司法实践对损害作者声誉要件的思考。电影《九层妖塔》合法取得了小说《鬼吹灯之精绝古城》的影视改编权许可，但因电影情节与原著内容差别较大，小说原作者张牧野将电影的出品方、编剧及导演告上法庭，主张被告侵犯了其保护作品完整权。一审法院认为，判定是否侵犯了这一权利，应当重点考虑是否损害了原著作者的声誉。但是，因为原告提供的证据不足以证明《九层妖塔》电影对原作品的改编损害了原告的声誉，故法院没有支持其保护作品完整权侵权的主张。[1]虽然在这一案例中，一审法院持损害作者声誉要件的观点，但实际上，我国法律并未对这一问题作出明确规定。司法实践中很多法院也并不认可损害作者声誉的判断标准。"现行法律对保护作品完整权并没有规定'有损作者声誉'要件，且是否包含'有损作者声誉'的限制，涉及作者与使用者的重大利益，应当以法律明确规定为宜。"[2]从国外立法例来看，美国、英国、加拿大、澳大利亚等许多国家，都对保护作品完整权侵权规定了损害作者声誉的要件。不采用损害作者声誉作为保护作品完整权侵权要件的国家，如日本，则赋予作者"禁止违反其意志对其作品标题进行的修改、删除或者其他改变"[3]的权利。另外，德国将损害保护作品完整权的行为定性为"危及其作品上合法之精神或者人格利益的行为"[4]，采用比较灵活的方式对保护作品完整权侵权进行判定。至于我国对这一问题究竟采取何种立法模式，理论和实践都未达成统一的意见，十分值得深入分析和研究。

司法实践中，作者请求保护作品完整权的诉求也十分普遍。笔者在2012年至2017年期间，在北大法宝数据库检索了案由为著作权权属、侵权纠纷的判决书114 736份，[5]增加了"保护作品完整权"作为全文检索的条件之后，检索出的判决书有2 226份，占前一数据的19.40%，可见，与保护作品完整权侵权

---

〔1〕 参见北京市西城区人民法院（2016）京0102民初83号民事判决书。

〔2〕 北京知识产权法院（2015）京知民终字第811号民事判决书。

〔3〕 李扬译：《日本著作权法》，知识产权出版社2011年版，第18页。

〔4〕 ［德］雷炳德：《著作权法》，张恩民译，法律出版社2004年版，第276页。

〔5〕 最终检索时间为2017年3月11日。

相关的著作权侵权纠纷案件不在少数。在这 2 226 份判决书中，笔者筛选了 258 份与保护作品完整权侵权密切相关的判决书，将其作为实证研究的主要资料，致力于发现我国保护作品完整权法律制度中存在的问题以及进行相关的论证。

国外对保护作品完整权的保护则因国家的不同而有很大的差别。法国、德国等大陆法系国家对于精神权利的认可度非常高，保护程度也比较高。虽然相对来讲，英美法系国家不承认精神权利，但因加入了《伯尔尼公约》，这些国家被动地接受了作者精神权利。美国于 1990 年通过了《视觉艺术家权利法案》，有限地承认了保护作品完整权；英国于 1988 年制定的《版权、设计与专利法案》精神权利一章中，也规定了保护作品完整权。

虽然在本文写作之前，已有数篇硕士学位论文对相关问题进行了研究，但这些论文的写作年份已经是数年以前，不可能包含对《著作权法》第三次修改最新动态的讨论，也不可能包含对最新司法案例的总结思考。期刊文章则主要是选取某个角度对保护作品完整权进行研究，有从编辑修改权与保护作品完整权的冲突的角度来讨论的，有从将文学作品改编成影视作品的过程的角度来讨论的，也有从修改权和保护作品完整权关系的角度来讨论的，也有从某个案例切入的。总体来讲，这些文章对保护作品完整权的研究均有一定的启发和价值，不过其研究的视角、内容、理论深度以及对研究资料的运用均有待完善。在研究的内容方面，这些论文均未涵盖对设置保护作品完整权的正当性研究，从这一角度来说，该选题还有一定的深入空间。在研究方法方面，上述论文多以传统的文献分析和规范分析为主，虽涉及对司法案例的介绍与分析，但都局限于几个案例，存在分析过程不完善、论证说服力度不强等问题。正如前文提到的，本文在常见的文献分析、规范分析、对比分析的基础上，引入了实证研究的方法，或采用实证研究的结论引出需要讨论的问题，或运用数据、案例支持论证过程，力求文章得出的结论更加具有说服力。

如前所述，当前我国《著作权法》第三次修改正在紧锣密鼓地进行之中，有关保护作品完整权制度的重构成为本次修改的重要内容之一。在我国目前对保护作品完整权理论认识和司法实践具有较大分歧的背景下，加强对这一问题的深入研究，无疑对完善我国《著作权法》中的保护作品完整权法律制度有所帮助。

一、保护作品完整权之基础理论分析

（一）保护作品完整权的概念

保护作品完整权，法国称之为"作品受尊重权"（le droit au respect de l'œuvre），[1] 德国称之为"保护作品完整权"（Recht auf Wahrung der Werkinteg-ritaet），[2] 日本称之为"同一性保持权"（同一性保持権）[3]。美国和英国对作者精神权利的保护虽然与大陆法系国家存在较大的区别，但其法律中也分别规定了与保护作品完整权对应的权利，美国称之为"保护作品完整权"（right of integrity），[4] 英国称之为"反对对作品贬损处理的权利"（right to object to derogatory treatment of work）[5]。实际上，世界上大多数国家都在其法律中规定了保护作品完整权或与之类似的权利，[6] 世界上绝大多数国家参加的国际公约——《伯尔尼公约》也确立了保护作品完整权，它是一项重要的作者精神权利[7]。

我国保护作品完整权的概念规定在《著作权法》第 10 条第 1 款第 4 项之中："保护作品完整权，即保护作品不受歪曲、篡改的权利。"值得注意的是，保护作品完整权概念的界定方式与其他权利概念不同：多数权利从正面进行规定，而保护作品完整权则是从保护权利不受侵害的角度对权利加以界定的。例

---

〔1〕　See "Droit moral", Wikipedia, in https://fr. wikipedia. org/wiki/Droit_ moral, March 15th, 2017; "Le droit au respect de l'oeuvre", *La Maison des Auteurs*: *Nous vous ourvrons des perspectives*, available at ht-tp://www. sacd-scam. be/Le-droit-au-respect-de-l-oeuvre? lang=fr. , March 15th, 2017.

〔2〕　［德］雷炳德：《著作权法》，张恩民译，法律出版社 2004 年版，第 276 页。

〔3〕　《著作权法》（昭和 45 年 5 月 6 日法律第 48 号，最终改正平成 26 年 14 月 5 日法律第 72 号），载 http://www. wipo. int/wipolex/en/text. jsp? file_ id=406848。

〔4〕　U. S. Copyright Act of 1976, 17. U. S. C. § § 101 et seq. , World Intellectual Property Organization, in http://www. wipo. int/wipolex/en/details. jsp? id=15060, March 15th, 2017.

〔5〕　Copyright, Designs and Patents Act 1988 （Chapter 48）, World Intellectual Property Organization, available at http://www. wipo. int/wipolex/en/text. jsp? file_ id=309032, March 15th, 2017. 《十二国著作权法》，《十二国著作权法》翻译组译，清华大学出版社 2011 年版，第 612 页。

〔6〕　参见周晓冰：《著作人格权的保护》，知识产权出版社 2015 年版，第 12 页。

〔7〕　本文运用"著作人格权"时，特指我国法律上的四类著作人格权的集合，而运用"作者精神权利"时，是在抽象意义上的使用，泛指各个国家这一类型的权利。

如，"署名权，即表明作者身份，在作品上署名的权利"[1]，这是从正面表明作者具有在作品上署名的权利，而保护作品完整权概念中所规定的"歪曲、篡改"，正是这项权利要禁止的行为。正是基于此，学者们认为："保护作品完整权实际上是一种禁止权。"[2]因此，要厘清保护作品完整权的概念，实际上需要界定保护作品完整权禁止的行为之范围。

从我国《著作权法》中保护作品完整权的概念来看，该权利禁止的行为之范围即"歪曲、篡改"作品的行为，但我国《著作权法》及相关规定并未具体解释"歪曲、篡改"的含义，也未规定该权利禁止的"歪曲、篡改"需要造成何种后果，这导致我国各界对保护作品完整权的确切含义产生了很大的分歧，需要深入探讨相关问题，才能得出答案。

（二）保护作品完整权的起源与发展

1. 保护作品完整权在作者权体系国家的诞生

保护作品完整权的诞生与整个作者精神权利的诞生息息相关。"作者精神权利起源于法国，之后逐渐为大陆法系其他国家所接受。"[3]1978 年法国大革命后，在以"天赋人权"为哲学指导思想的自然法思潮的影响下，[4]基于对作品是作者人格延伸的认识，[5]作者被认为对作品享有天然的权利。这种观念在相关哲学思想的带动下，影响了许多国家的著作权立法。在将这种思想作为著作权保护的理论基础的国家（以法国、德国、意大利等国家为代表），著作权立法以保护作者利益为中心，因此这些国家被称为作者权体系国家。[6]

法国对著作财产权的保护起源于法国大革命以来的一系列的制定法，作者

---

〔1〕　《著作权法》第 10 条第 1 款第 2 项。

〔2〕　冯晓青主编：《知识产权法》（第 3 版），中国政法大学出版社 2015 年版，第 109 页。

〔3〕　杨延超：《作品精神权利论》，法律出版社 2007 年版，第 33 页。

〔4〕　See Paul Goldstein, *Copyright, Trademark and Related State Doctrines*, The Foundation Press Inc., 1981, p. 855. 转引自杨延超：《作品精神权利论》，法律出版社 2007 年版，第 37 页。

〔5〕　See Ann M. Garfinkle, Janet Fries, Daniel Lopez and Laura-Possessky, "Art Conservation and the Legal Obligation to Preserve Artistic Intent", *Journal of the American Institute for Conservation*, Vol. 36, No. 2 (Summer, 1997), p. 166.

〔6〕　参见张今：《著作权法》，北京大学出版社 2015 年版，第 6 页。

精神权利则是从 19 世纪中叶起，法国法院通过判例逐步建立起来的。[1]比较早的一个案例是有关 Auguste Comte 的著名作品《实证哲学课程》。Comte 的一位助手 Bachelier 反对书中第六卷的前言部分的一段，因为他认为这一段可能涉及诽谤（Comte 在这段里批评了另外一位学者的观点）。Comte 拒绝删除这一段，但允许 Bachelier 在书中附上一段声明，表示自己与这部分内容无关。然而，除此之外，Bachelier 还对 Comte 附加了一段负面的评价。Comte 起诉至法院，最终胜诉。法院判决的理由是：出版商在未获得作者正式授权的情况下，不得对作品作出任何增添或删改。[2]由此可见，法国法院在这一案例中即确立了未经作者许可，不得对作品作出修改的原则，形成了作品受尊重权的雏形。

1957 年，法国修改了立法，正式在成文法上确认对包括作品受尊重权在内的作者精神权利的保护，这些条款都收录在 1992 年颁布的《法国知识产权法典》中。《法国知识产权法典》在"作者的精神权利"一章中规定了"作者对自己的作品享有受尊重的权利，且这种权利系于作者人身，永远存在、不可剥夺且不因时效而丧失；权利可以继承，还可由第三人依遗嘱行使"。[3]

与法国类似，德国对作者精神权利的保护也是由案例开始的。1912 年，德国历史上出现了一个具有历史意义的判决，确认了德国法中保护作品完整权的存在。在这一案例中，被告定作了一幅壁画，后来又不喜欢其中的裸体形象，因此对壁画进行了遮挡。在这一案件中，原告原本是以侵犯一般人格权起诉的，但法院根据著作权法中有关精神权利的规定，判令被告移除遮挡。这意味着法院确认了作者对作品享有保护作品完整权这一权利，且这项权利的法律基础不是普通法，而是著作权制定法。[4]1965 年，德国将作者精神权利的内容纳入了

---

〔1〕 参见刘金萍："论著作人身权的产生"，载《政法论丛》2016 年第 4 期；See Raymond Sarraute，"Current Theory on the Moral Right of Authors and Artists under French Law"，*The American Journal of Comparative Law*，Vol. 16，No. 4（Autumn，1968），p. 465.

〔2〕 See Trib. Com. Paris，Dec 29，1842，reported by ETIENNE BLANC，TRAITE DE LA CONTREFA-CON 110 n. 1. （4th ed. 1855）. As cited in Cyrill P. Rigamonti，"The Conceptual Transformation of Moral Rights"，*The American Journal of Comparative Law*，Vol. 55，No. 1（Winter，2007），p. 86.

〔3〕 "L. 121-1 条：作者对自己的姓名、作者身份及作品享有受尊重的权利。该权利系于作者人身。该权利永远存在、不可剥夺且不因时效而丧失。该权利因作者死亡可转移至其继承人。第三人可依遗嘱的规定行使该权利。"《法国知识产权法典（法律部分）》，黄晖译，郑成思审校，商务印书馆 1999 年版，第 9 页。

〔4〕 See RGZ 79，397. As cited in Cyrill P. Rigamonti，"The conceptual transformation of Moral Rights"，*The American Journal of Comparative Law*，Vol. 55，No. 1（Winter，2007），pp. 110~111.

制定法〔1〕《德国著作权与邻接权法》中。在该法中，著作人格权一节中第 14
条明确规定了保护作品完整权的内容："对作品的歪曲或其他损害，足以危及作
者在作品的智力或人格方面的合法利益的，作者有权予以禁止。"〔2〕至于保护作
品完整权的期限，与著作财产权一样，在作者死亡之后 70 年消灭，同时，和其他
著作权一样，保护作品完整权不可转让，但可以继承。〔3〕第 39、62、93 条则对
保护作品完整权规定了一些限制。〔4〕

2. 保护作品完整权在国际公约中的确立

1928 年的《伯尔尼公约》罗马文本，增加了保护作者精神权利的内容，也
确立了保护作品完整权。该公约第 6 条之 2 规定："不受作者经济权利的影响，
甚至在上述经济权利转让之后，作者仍保有要求其作品作者身份的权利，并有
权反对对其作品的任何有损其声誉的歪曲、割裂或其他更改，或其他损害行
为。"〔5〕该公约在作者精神权利的保护方面具有十分重要的地位。至于另一知
识产权领域重要的国际公约《与贸易有关的知识产权协议》（以下简称"TRIPS
协议"），对缔约国著作权的保护也遵从《伯尔尼公约》的相关规定。根据
TRIPS 协议第 9 条，对于《伯尔尼公约》有关精神权利的内容，各成员不享有
权利或义务，但此条仅适用于未加入《伯尔尼公约》的 WTO 成员。〔6〕因此，
对于《伯尔尼公约》的成员而言，TRIPS 协议对作者精神权利的保护与《伯尔
尼公约》是一致的。

3. 保护作品完整权在版权体系国家的被动接受

与作者权体系的保护理念相对，以美国和英国为代表的英美法系国家并未
受到自然法权利理念的影响，而是在传统上将著作权视为财产性质的权利，因

---

〔1〕　参见雷云："作者精神权利的保护应有期限限制"，载《法学》2008 年第 1 期，第 99 页。

〔2〕　《德国著作权法》，范长军译，知识产权出版社 2013 年版，第 14 页。

〔3〕　参见《德国著作权法》，范长军译，知识产权出版社 2013 年版，第 58 页。

〔4〕　第 39 条规定了一般情况下，经授权许可使用作品的人不得对作品或者作品的标题进行修
改，但在依据诚实信用原则作者不得拒绝允许修改的情况下，使用人可以对作品及其标题进行修改。
同时，第 62 条规定了修改的一些例外情况。例如，以使用的必需及必要为限，对作品进行节录或者翻
译，不侵犯著作权。第 93 条规定了电影作品的情况下，被用于电影作品拍摄的原作品的作者只有在作
品受到严重歪曲或其他损害的情况下，才可以主张保护作品完整权。参见《德国著作权法》，范长军
译，知识产权出版社 2013 年版，第 100~101、128 页。

〔5〕　《伯尔尼公约》（1979 年更改）第 6 条之 2。

〔6〕　刘波林："关于按 TRIPS 协议的要求改进我国著作权制度的建议"，载《知识产权》2001 年
第 3 期，第 19 页。

此起初并不对作者精神权利进行保护。"在美国，对著作权进行保护以财产性为基础：对作品赋予所有权一般的权利，以促进创作和创新。"[1]这种版权保护的理论基础并不认可作者与作品之间的精神联系，而是将版权视为一种财产性权利，以此理论作为著作权保护基础的国家被称为版权体系国家。[2]

对于版权体系国家来说，《伯尔尼公约》的签订是精神权利保护的一个分水岭。《伯尔尼公约》要求成员国保护精神权利，包括署名权和保护作品完整权。大约 100 年的时间内，美国都是拒绝签订《伯尔尼公约》的，主要原因就是对精神权利条款的反对。但 1979 年，由加利福尼亚州带头，11 个州都颁布了与视觉艺术精神权利保护相关的法令。[3]1988 年，美国反转立场批准了该公约，[4]并声称美国法律已经建立起了公约要求的对艺术家精神保护的最低标准，其他国家也未表示反对。[5]

在签订《伯尔尼公约》之后，美国直到 1990 年通过《视觉艺术家权利法案》，才正式在版权法中引入作者精神权利，其中包含保护作品完整权的内容。之后，《美国版权法》将这一法案有关精神权利的规定纳入了第 101 条和第 106条之 2 等条款的规定当中。根据《美国版权法》的相关规定，视觉艺术作品的作者有权禁止故意歪曲（distortion）、割裂（mutilation）或对作品做可能有损于作者声誉的更改（other modification），[6]但同时这种保护是非常有限的：此法案

---

〔1〕　Ann M. Garfinkle et al. , "Art Conservation and the Legal Obligation to Preserve Artistic Intent", *Journal of the American Institute for Conservation*, Vol. 36, No. 2 (Summer, 1997), p. 166.

〔2〕　参见张今：《著作权法》，北京大学出版社 2015 年版，第 6 页。

〔3〕　See Amy M. Adler, "Against Moral Rights", *California Law Review*, Vol. 97, No. 1 (February, 2009), p. 266.

〔4〕　See "The signing of the treaty followed congressional passage of the Berne Convention Implementation Act of 1988", *Pub. L.* 100~568, 102 Stat. 2853 (1988). As cited in Henry Hansmann and Marina Santilli, "Authors' and Artists' Moral Rights: A comparative Legal and Economic Analysis", *The Journal of Legal Studies*, Vol. 26, No. 1 (January, 1997), p. 97.

〔5〕　Ralph S. Brown, "Adherence to the Berne Copyright Convention: The Moral Right Issue", 35 *J. Copyright Soc'y* 196, 205 (1987~1988). As cited in Henry Hansmann and Marina Santilli, "Authors' and Artists' Moral Rights: A omparative Legal and Economic Analysis", *The Journal of Legal Studies*, Vol. 26, No. 1 (January, 1997), p. 97.

〔6〕　See U. S. Copyright Act of 1976, 17. U. S. C. § § 101 et seq. (consolidated version of December 2011), World Intellectual Property Organization, in http://www. wipo. int/wipolex/zh/text. jsp? file_ id = 338108, March 15th, 2017.

将保护的客体限于视觉艺术作品（Work of Visual Art）[1]，且作者享有的保护作品完整权虽然不得转让，但可以放弃。权利的存续期限仅及于作者终身，比属于作者权体系国家的法国和德国规定的时间都要短。接下来的第 107 条还对保护作品完整权规定了合理使用制度，对其进行限制。对于这些规定，对美国精神权利保护持支持态度的人则为之惋惜，因为即使是在《视觉艺术家权利法案》有限的保护范围内，法院也倾向于对该成文法的保守解读。[2]

与美国法律有着莫大渊源的英国法律，也一直没有确立对作品精神权利的保护。1988 年英国《版权、设计与专利法案》专设一章规定精神权利制度，其中反对贬损作品的权利（Right to object to derogatory treatment of work）是与保护作品完整权相对应的权利。英国《版权、设计与专利法案》第 80 条规定："受著作权保护的文字（literary）、戏剧（dramatic）、音乐（musical）或艺术作品（artistic work）的作者，以及受著作权保护的电影作品（film）的导演享有在本条规定的情况下反对贬损作品的权利。"[3]接下来，这一条还规定，损害的具体形式是对作品进行增添、删除、修改或者改编，且贬损作品的行为需要达到对作品构成歪曲（distortion）、割裂（mutilation）的程度或者对作者/导演的荣誉（honour）或声誉（reputation）造成损害。接下来的第 81 条则为权利设置了一些例外规定，包括不适用于计算机程序、时事报道等。反对贬损作品的权利存续的期限也不像法国法律规定的那样是无限的，而是和财产权的存续期限相同。[4]

总的来说，虽然美国和英国对保护作品完整权进行了被动接受，也在各自的成文法中确立了相关的保护制度，但提供的保护力度仍然有限，与作者权体

〔1〕 视觉艺术作品包括："（1）以孤本存在的油画、图纸、印刷字体或雕塑作品，或者其限版为 200 件或者更少的经作者署名并按序号编号的复制品；涉及雕塑作品时，指成批铸造、雕刻或者制作的 200 件或更少的经作者按序号编号并载有作者署名或其他标识的雕塑制品；（2）以作者署名的孤本存在的仅为展出之目的而制作的静止图像，或其限版为 200 件或更少的经作者署名并按序号编号的复制品。"《十二国著作权法》，清华大学出版社 2011 年版，第 722 页。

〔2〕 See Amy M. Adler, "Against Moral Rights", *California Law Review*, Vol. 97, No. 1 (February, 2009), p. 268.

〔3〕 See Article 80 of Copyright, Designs and Patents Act 1988 (Chapter 48), World Intellectual Property Organization, in http://www.wipo.int/wipolex/en/text.jsp? file_ id=309032, March 15th, 2017.

〔4〕 See Article 81 and Article 12 of Copyright, Designs and Patents Act 1988 (Chapter 48), available at http://www.wipo.int/wipolex/en/text.jsp? file_ id=309032, March 15th, 2017.

系国家的保护仍存在差别。

（三）保护作品完整权的正当性

对一种知识产权的理论研究离不开对设置这种权利的正当性的论证。学界对著作权正当化的研究已经成果颇丰，这些成果往往从探讨相关权利的哲学基础入手。本文将从哲学基础的角度探究设置保护作品完整权的正当性，除了能巩固权利存在的合理性，还能帮助理解与保护作品完整权相关的实践问题。除此之外，本文还将引入法律经济学分析工具，试图结合成本收益原理，揭示保护作品完整权设置之经济学理性。

自然权论和激励论是论证知识产权正当化的两种哲学学说。"前者认为，人们对于自己创作的物品当然地享有权利；后者认为，如果过度地容许免费使用，利益的天平将偏向后来的模仿者，从而可能引起打算对知识产权进行投资的先行者的数量减少，为了防止这种现象，应当考虑在一定程度上禁止免费使用。"〔1〕在自然权论中，知识产权法学者又多以洛克的劳动理论和黑格尔的人格理论来分析知识产权的哲学基础，但洛克的劳动理论"基本上没有覆盖到智力产品的人格性的一面"〔2〕，因此在自然权论方面，本文将主要从黑格尔的人格理论的角度对保护作品完整权进行分析。

1. 人格理论

"人格理论来自于欧洲的哲学家和思想家（如康德、黑格尔等）的不断探索，特别以黑格尔的财产人格学说最为著名。"〔3〕康德在《关于图书盗版的正当性》中的阐述，体现了他关于艺术作品是作者人格的表达的观念。而黑格尔人格理论认为："财产是意志的表达，是人格的组成部分，为进一步自由行为创造了条件。"〔4〕后来者将康德和黑格尔的人格理论运用到著作权的领域，作品被视为作者人格的体现。这一理念成为法国和德国等作者权国家作者精神权利

---

〔1〕　［日］田村善之："知识产权法政策学初探"，李扬、许清译，载李扬：《知识产权法基本原理（I）——基础理论》（修订版），中国社会科学出版社 2013 年版，附录。

〔2〕　冯晓青：《知识产权法哲学》，中国人民公安大学出版社 2003 年版，第 137 页。

〔3〕　Tom G. Palmer, "Justifying Intellectual Property: The Philosophy of Property and Ideal Objects", 13 *Harvard Journal of Law and Public Affairs* (1990). 转引自冯晓青：《知识产权法哲学》，中国人民公安大学出版社 2003 年版，第 143 页。

〔4〕　Hughes J., "The Philosophy of Intellectual Property", 77 *Georgetown Law Journal* 287 (1988), 77. 转引自李雨峰：《枪口下的法律：中国版权史研究》，知识产权出版社 2006 年版，第 210 页。

保护的哲学基础。[1]

运用这一理念，可以对设置保护作品完整权的正当性进行解释。由于作品映射出作者的人格，对作品的歪曲、篡改，极有可能"破坏"作品中反映出的作者之人格，损害作者的精神利益。对于作者来说，作品就如同自己的孩子，作者在作品中注入自己的人格和特点，如果见到自己的作品受到割裂、歪曲，作者会感受到精神上的痛苦。[2]具体来说，"作品反映着作者本人的情感、气质、品格和识度等人格要素"[3]。与一般的人格权，如荣誉权、名誉权、姓名权一样，保护作品完整权也体现了作者的人格利益，不同之处在于，保护作品完整权中体现的人格利益与作品有关。[4]因此，法律需要赋予作者保护作品完整权，从而禁止对作品的歪曲、篡改，保护作者因创作作品而享有的人格利益，一旦权利被侵害，作者有权请求法律予以适当的救济。基于著作人格理论，现代理论还将作者精神权利上升到了人权的高度。[5]

值得一提的是，虽然人格理论被奉为作者权体系国家著作权立法的哲学基础，但后现代哲学思潮的出现还是对其提出了挑战。一些后现代主义哲学家认为，作品的根本意义不在于作者的创作，而在于受众的解读，[6]那么作品中体现作者人格这一著作权人格理论的原点也无从提起，在人格理论基础上建立起来的著作人格权制度也将失去落脚点。但是，笔者认为，后现代主义哲学并不足以撼动人格理论在作者权体系国家著作权法中的地位。虽然作品传播的最后一个环节是受众自身的理解，但这种理解还是基于作品的理解，并不能绕过作品本身。因此，人格理论仍是能够解释包括保护作品完整权在内的著作人格权正当性的经典哲学理论。

---

〔1〕 参见冯晓青：《知识产权法哲学》，中国人民公安大学出版社 2003 年版，第 163~167 页。

〔2〕 See Marci Hamilton，"Art Speech"，49 *Vand. L. Rev.* 73（1996）. As cited in Henry Hansmann and Marina Santilli，"Authors' and Artists' Moral Rights：A comparative Legal and Economic Analysis"，*The Journal of Legal Studies*，Vol. 26，No. 1（January，1997），p. 102.

〔3〕 郑培、王坤："从'抽象人格'到'人格要素'——对著作人格说的反思与重构"，载《商丘师范学院学报》2015 年第 10 期，第 97 页。

〔4〕 参见张今：《著作权法》，北京大学出版社 2015 年版，第 75 页。

〔5〕 "保护作者精神权利也就意味着肯定作者对其作品的完成所做的贡献，是衡量社会文明程度的重要标志。"郑欣："论知识产权人身权与人权"，载《牡丹江大学学报》2009 年第 8 期，第 52 页。

〔6〕 "在作者创作完成作品后，作者便自我消融了……文本的意义并不来自于作者的赋予，而恰恰来自于读者自身的解读。"李雨峰："版权制度的困境"，载《比较法研究》2006 年第 3 期，第 100 页。

2. 激励论

激励论是以英国和美国为代表的版权体系国家保护著作权的哲学基础。激励论建立在这样一种确信之上："法律通过对个人的智力创造性成果创设专门保护的制度，能够激发这些智力创造者们进行更多的创造，从而使整个社会从中受益。"[1]用激励论来论证著作权制度的正当性，则可以从"赋予智力创作者对其创作的作品享有专有的著作权，能够鼓励智力作品的创作"的角度来进行解释。

虽然激励论是不注重作者的人格利益保护的英美法系版权法的哲学基础，但并不妨碍其被用来解释设置保护作品完整权的正当性。当作品受到歪曲、篡改时，作者对未经自己许可的修改行为很可能产生不满情绪，如果法律不进行有效的救济，作者的创作积极性很可能受到打击，从而不利于整个社会的文化发展。这时，著作权法通过设置保护作品完整权，使作者有得到救济的可能（例如，侵权者的赔礼道歉或者给付的精神损害赔偿），这无疑会打消作者的顾虑，从而达到激励作者创作、促进文化繁荣的目的，使整个社会从中受益。

另一个角度则可以从"保护作者的观点完整地传达到公众"来理解。作者创作作品的动机除了获得经济利益外，还有精神利益的追求。在著作权制度尚未成形的古代，作家著书立说的目的就是为了自己的观点能够传播开来和流传下去，[2]也正是因为这种信念的存在，我国才能拥有许多宝贵的传统文化。但是，在作品的传播过程中，很有可能面临他人对作品的改动，这有可能妨碍作者的观点完整地被读者或者观众接收，使得作者对自己的观点被公众肯定失去信心。针对这一情况引入保护作品完整权，能够防止对作品思想产生损害的歪曲、篡改行为，从而激励作者创作更多的作品，促进社会文化的繁荣。

现有成果对保护作品完整权价值、功能或正当性的论证，无非是人格理论或激励论的另外一种阐述。[3]人格理论和激励论不仅能解释法律为何要设置保

---

〔1〕 冯晓青：《知识产权法哲学》，中国人民公安大学出版社 2003 年版，第 192 页。

〔2〕 参见冯晓青："知识产权法的价值构造：知识产权法利益平衡机制研究"，载《中国法学》2007 年第 1 期，第 46 页。

〔3〕 例如，有文章论述道："保护作品完整权一是保护作者的观点、思想及意图的个性表达，二是保证作者的精神、思想、感情不受歪曲，三是保障不同风格观点作品的创作与繁荣。" 显然第一、二点是从人格理论的角度来总结的，第三点是从激励论的角度来总结的。参见陈一痕："保护作品完整权研究"，华东政法大学 2012 年硕士学位论文，第 12~15 页。

护作品完整权的问题，还能够帮助解决保护作品完整权在实践中遭遇的诸多问题。

3. 经济学成本收益理论

成本收益理论是经济学上的基本理论，收益的最大化也是法律学者从经济学角度考察法律问题的基本方法。同样地，这一理论也可以用于分析著作权法设置保护作品完整权的正当性问题。具体而言，考量权利的设置是否符合效率的方法就是从成本和收益的角度对权利进行衡量。[1]

从作者的角度来说，创作一部作品必然要付出相应的成本，因此，为了保障作者的经济收益，著作权法应运而生。类似地，对于著作人格权，也可以将精神利益进行抽象，再运用成本收益原理进行分析。一个人的思想的形成过程需要花费很多的时间和精力，而将这种思想投入到作品中，笔者将其视为对作品付出的"精神成本"，而将作者从作品中得到的回报定义为"精神收益"，例如，自身的思想能够得到传播，自身的作品能够得到公众的正面评价。然而，如果作品在传播过程当中受到了歪曲、篡改，作者的思想观点则可能被歪曲，无法顺利传播，思想价值及社会评价也可能会降低，这无疑会阻碍"精神成本"的收回。在这些前提下，如果设置保护作品完整权，作者能够防止自己的作品受到歪曲、篡改，防止作品的思想受到损害，这本身就能够给作者带来一种精神上的满足感，即"精神收益"，从这个角度来说，保护作品完整权的设置能够促进作者"精神成本"的收回，符合经济学的成本收益理论。

从社会的角度来说，"著作权法在给作者带来收益的同时，也会带来社会成本"[2]。因此，法律在设置保护作品完整权时，要考量设置这种权利对社会带来的收益与社会付出的成本之间的差值。设置保护作品完整权的社会成本无疑是牺牲了作品利用者的自由，特别是得到合法授权的利用者的自由。这种牺牲可能表现为作品利用者产生顾虑，阻碍作品的流转利用，同时也给思想的交流碰撞带来了障碍，这对于社会来讲属于成本。但授予作者保护作品完整权的好处也是显而易见的。正如前段的论述，设置这种权利能够帮助作者收回"精神成本"，也能帮助作者在作品转让和许可中增加谈判的筹码，无形中也促进了作

---

〔1〕　参见［美］威廉·M. 兰德斯、理查德·A. 波斯纳：《知识产权法的经济结构》，金海军译，北京大学出版社 2005 年版，第 11~31 页。

〔2〕　冯晓青："著作权法之激励理论研究——以经济学、社会福利理论与后现代主义为视角"，载《法律科学（西北政法学院学报）》2006 年第 6 期，第 47 页。

者经济成本的收回，这能够激发作者创作出更多的作品，也就是激励论所讲的，能够促进思想和文化的繁荣。这对于社会来讲，无疑是属于收益的一方面。从目前的状况来分析，设置保护作品完整权的社会收益是大于社会为了设置保护作品完整权支付的成本的。毕竟，对于合法的授权者来说，其目的是利用作者的作品为其带来收益，歪曲、篡改作品并不是其利用作品的主要目的。再者，既然作品利用者已经和作者商谈了著作权许可事宜，就应当对修改的边界、使用的方式进行详细的约定，这不仅是保护作品完整权的要求，也是保护自身法律权益的基本要求。可见，设置保护作品完整权对作品流通带来的阻碍是微乎其微的，而其收益却是显而易见的。

　　因此，用经济学的成本收益理论对设置保护作品完整权进行分析，无论是从作者的角度还是从社会的角度，都是符合经济利益的要求的，设置保护作品完整权的正当性也能得到法律经济学理论的支持。

二、保护作品完整权之实证分析

（一）法院判定保护作品完整权侵权的情况

　　为了使本文对保护作品完整权的研究与实务的联系更加紧密，增加论证的说服力，笔者对我国 2012 年 1 月 1 日至 2016 年 12 月 31 日 5 年间有关保护作品完整权的案例进行了检索、筛选、分析和总结，得到了相关的研究成果，本文将从这些成果中引出研究问题或将一些判决书的观点作为后文论述的例证。[1]

---

〔1〕　保护作品完整权实证研究的检索步骤为：

a）打开北大法宝数据库司法案例版块；

b）进入高级搜索模式；

c）在全文处输入"保护作品完整权"，在案由处选择"著作权权属、侵权纠纷"，在审结日期处输入 2012 年 1 月 1 日至 2016 年 12 月 31 日；

d）点击搜索。最终检索时间为 2016 年 3 月 11 日。

按照上述方法，笔者一共得到 2 226 条案例记录，但这其中有相当一部分案例都与保护作品完整权侵权联系不大，因此，笔者对这 2 226 条记录进行了人工筛选，最终得到 258 份判决书作为研究对象，筛选的具体标准为：

a）因裁定书多关于程序性事项而调解书无法体现司法机关的观点，为排除干扰，文书类型仅限于判决书；

在筛选出的 258 个案件中，法院判定被告侵犯保护作品完整权的有 78 件，法院判定被告没有侵犯保护作品完整权的有 159 件，法院笼统判定被告侵犯著作权而无法判断是否侵犯保护作品完整权的有 21 件，具体分布比例如下图：

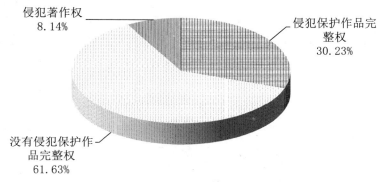

图 1　法院判定保护作品完整权侵权情况分布

从上图可以看出，实证研究的判决书中（均与保护作品完整权侵权相关），法院判定被告没有侵犯保护作品完整权的占多数，达 61.63%，但并未达到绝对比例的优势，笔者认为这个比例是比较适中的。因此，我国对保护作品完整权没有过度保护，也没有出现因为保护力度微弱而形同虚设的情况。

（二）司法实践对保护作品完整权相关问题的态度

通过对 258 份判决书的阅读与分析，笔者发现，法院对与保护作品完整权相

（接上页）b）对于判定被告不侵权且未论证与保护作品完整权相关内容的判决，为排除干扰，不纳入统计范围；

c）同一原告因多部作品分别起诉的，由同一法院进行裁判，判决书内容基本一致且判决时间相近的，为避免重复，仅算作一份判决；

d）计算机软件虽然由著作权予以保护，但我国并未规定保护作品完整权，且计算机软件本身与一般意义上的文学艺术作品存在很大的区别，因此，排除与计算机软件著作权侵权相关的案例。

计算机软件是通过运算实现一定功能的文档，而通过著作权法来保护计算机软件，也并非基于人格理论等经典哲学理论，而是通过实践，认为运用著作权来保护比较合适。因此，计算机软件虽然是运用著作权进行保护的，其在具体制度的制定方面，有着自身的特点。我国《计算机软件保护条例》并未规定计算机软件著作权人享有保护作品完整权，而只规定了修改权，且此修改权并不等同于《著作权法》中的修改权，而是被定性为财产权。因此，我国未赋予计算机软件以保护作品完整权，没有必要赋予计算机软件此权利。因此，本文所指的与保护作品完整权有关的作品，均不包括计算机软件，而是指一般意义上的文学艺术作品。

关的某些问题有较大争议，笔者也总结出一些在理论上具有争议但在实践中看法比较一致的情况。

1. 法院对保护作品完整权与修改权关系的态度

修改权与保护作品完整权是否实质上为同一内容的权利是理论上争议较大的一个问题，根据实证研究的结果，司法实践在这一问题上的观点，存在对保护作品完整权与修改权不加以区分、区分两种权利以及因种种原因无法判断法院对此问题的观点这三种情况。具体分布比例如下图：

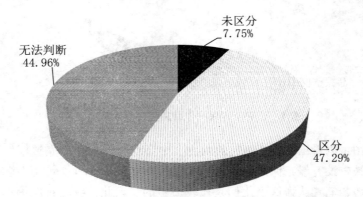

图 2　法院对保护作品完整权与修改权区分情况分布

（1）认为保护作品完整权与修改权没有区别。在筛选出的 258 份判决书中，有 20 份（占 7.75%）判决书认为保护作品完整权与修改权没有区别，比例不大。具体而言，又分为以下两种情况：

第一种情况，法院将保护作品完整权中的歪曲、篡改简单地理解为修改，从而与修改权发生混淆。例如，在原告张砚钧诉被告陕西日报社、耿淑丽侵害著作权纠纷案中，审理法院认为："陕西日报社在其主办的《非常关注·报刊荟萃》2010 年 7 月号使用涉案美术作品时存在删除作品中的文字内容的行为，侵犯了张砚钧的保护作品完整权。"[1]在洪尊贵诉北京京东叁佰陆拾度电子商务有限公司等侵犯著作权纠纷案中，审理法院认为："怡莲嘉美公司使用洪尊贵的涉案作品，未经许可，未予署名，亦未支付报酬，且对洪尊贵的涉案作品进行了截取、拼接和改动，故侵犯了洪尊贵享有的保护作品完整权、署名权、复制

---

〔1〕　河南省郑州市中级人民法院（2013）郑知民初字第 717 号民事判决书。

权、获得报酬权和修改权。"〔1〕在这两份判决书中，法院都只凭借被告对作品进行了改动的事实，就认定其侵犯了作者的保护作品完整权或者侵犯了修改权和保护作品完整权两种权利，这种理解显然是不正确的。实际上，按照现行《著作权法》的规定，也不应当简单地理解为只要对作品进行改动就构成侵权，上述法院对两种权利的理解含混不清，对保护作品完整权与修改权也并未加以区分。

第二种情况，法院则认为侵犯修改权与保护作品完整权都需要损害作品的思想或损害作者的声誉。例如，在林立斌诉上海众源网络有限公司著作权侵权纠纷案中，审理法院认为："修改权与保护作品完整权两种著作权权能创设的直接目的在于保护作品的主旨思想及感情表达不受曲解、改变，即他人不得以对作品的修改、删除来损害作者声誉。"〔2〕在林立斌诉中通快递股份有限公司著作权侵权纠纷案中，审理法院也持相同的观点。这显然是将保护作品完整权的侵权判定标准也附加到了修改权身上。虽然目前《著作权法》未明确规定侵犯修改权的损害后果，但是，由于修改权和保护作品完整权是两项不同的权利，修改权侵权的判定标准不应该与保护作品完整权相同。因此，上述法院对保护作品完整权与修改权关系的认识也是不妥当的。

（2）认为保护作品完整权与修改权存在区别。在筛选出的258份判决书中，有122份（占47.29%）判决书的作出法院都认为保护作品完整权与修改权存在一定的区别。例如，有些判决书提到了歪曲、篡改的字眼，这说明法院认为只有被认定为歪曲、篡改的行为，才侵犯保护作品完整权；有些判决书认为修改并未达到损害作者声誉的地步，这代表法院在侵犯保护作品完整权的侵权损害认定标准方面持损害作者声誉说，能够清晰地认识到保护作品完整权的特点；还有一些法院，虽然没有指出侵犯保护作品完整权具体的损害结果的认定标准，但以修改程度作为考量的依据，并未因存在修改的行为即认定侵犯保护作品完整权，这些法院也认可保护作品完整权与修改权之间存在区别。

（3）无法判断是否区分保护作品完整权与修改权。在筛选出的258份判决书中，因116份（占7.75%）判决书没有对相关问题作出直接的分析，笔者无法判断法院对这一问题的观点。例如，一些法院并未对为何不侵犯保护作品完整权进行分析，而是直接得出了侵权或不侵权的结论。另外一些法院基于其他

---

〔1〕　北京市朝阳区人民法院（2014）朝民初字第00449号民事判决书。

〔2〕　上海市徐汇区人民法院（2013）徐民三（知）初字第1143号民事判决书。

理由，如被告基于转让取得著作权，因此并不享有著作人格权，已经能够得出侵犯保护作品完整权或者不侵犯保护作品完整权的结论，我们没有论证其他具体问题，因此也不能看出法院是否区分两种权利。

虽然对保护作品完整权与修改权不进行区分的法院所占比例并不大，但法院对如此重要的问题在理解上存在偏差。这与法律对两种权利的不合理规定是分不开的，因此，有必要对上述两种权利进行深入研究，并对立法进行相应的修改。

2. 法院对保护作品完整权侵权判定标准的态度

（1）保护作品完整权侵权是否需要对作品作出改动。在笔者筛选出的 258 份与保护作品完整权侵权有关的判决书中，共有 36 份判决书判定被告并未对作品进行修改。在这 36 份判决书中，有 6 份（占 36 份判决书的 16.67%）判决书的审理法院因被告没有对作品进行改动，而判定被告未侵犯原告的保护作品完整权。也就是说，这些法院认为，歪曲、篡改行为必须要对作品进行改动。例如，在戴某某等诉北京某原创网络科技有限公司网络传播权纠纷案"中，审理法院认为："因为涉嫌抄袭的作品与原告创作的作品内容一致，其行为并未涉及作品具体内容的改动，故不支持两原告侵害作品修改权和保护作品完整权的主张。"〔1〕

而在剩下的 30 份（占 36 份判决书的 83.33%）判决书中，虽然被告并未对涉案作品进行修改，但法院并未仅仅据此认定被告不侵权，而是对被告对涉案作品的使用是否符合作品本身的主题思想等方面进行了分析。可以推断，作出这些判决的法院认为，歪曲、篡改行为并不一定要对作品进行修改，对作品进行不恰当的使用同样可能侵犯原告的保护作品完整权。例如，在夏大川诉北京市东区邮电局水碓子邮电支局等侵犯著作权纠纷案中，陕西日报社将原告的漫画作品作为文章配图使用，审理法院认为文章反映的主题与漫画主题不一致，使得该漫画失去了作者原本想要表达的内涵，因此构成了对原漫画的歪曲、篡改，故侵犯了原告的保护作品完整权。〔2〕

---

〔1〕 上海市徐汇区人民法院（2012）徐民三（知）初字第 59 号民事判决书。

〔2〕 参见北京市朝阳区人民法院（2013）朝民初字第 13387 号民事判决书。实际上，未修改漫画、图片等作品却将其作为其他文字或产品的配图而被诉侵犯保护作品完整权是一种典型的未修改作品而侵犯保护作品完整权的情况，在这 30 份判决书中，有 16 份判决书（占 30 份判决书的 53.33%）的案情都与此类似，且审理法院都分析了这种使用是否损害原作品思想的问题。

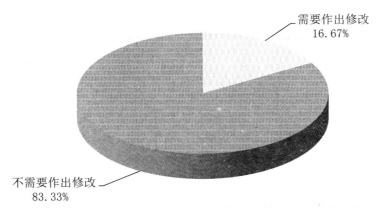

图3　保护作品完整权侵权是否需要对作品作出修改法院观点分布

由此可见，在司法实践中，大部分法院都没有将对作品的修改作为侵犯保护作品完整权的必要条件，我国《著作权法》的修改也应当对保护作品完整权的这一问题进行关注。

（2）保护作品完整权侵权需要达到何种损害后果。基于对258份判决书的分析，笔者发现，司法实践中对侵犯保护作品完整权究竟要达到何种损害后果的理解差异较大，在确立标准时，使用的词语也很不一致。具体来讲，笔者通过类型化处理，对实证研究所涉及的法院对保护作品完整权损害后果的判定标准总结如下：

第一类体现损害作品思想的判定标准，这一类判决较多，共有61份。这类判决的分析中不乏内涵、含义、主题、意境、价值取向、目的、表达等词语，但笔者认为这些都可以纳入作品思想的范畴。其中，有3份判决书不仅分析了被告的行为是否会损害作品思想，还提到是否会造成公众对作品思想观点的误读。特别是持损害创作初衷意见的判决书（5份），笔者认为这类观点也应归为有损作品思想的判定标准。毕竟法官在判断作者创作初衷的时候，是根据作品表达出的思想来判断的。

第二类体现损害作者声誉的判定标准，共有15份判决书，具体而言，有2份判决书只分析了相关修改是否会对作者声誉造成损害，而另外12份判决书对是否损害作品思想和损害作者声誉都进行了分析。还有1份判决书并未提及作者声誉，而是使用了"作者社会评价降低"的表达。

第三类判定标准既不涉及对损害作品思想的分析，也不涉及对侵害作者声誉的分析，这类判决书共51份，具体包括以下几种理由：有无修改（23份），作品价值降低（3份），对作品贬损（1份），未损害完整性（1份），修改产生错误（2份），[1]程度不足（16份），[2]删去重要信息（1份），是否改变实质内容（1份），著作权法不保护思想（1份），[3]特征一致（1份），未展示全貌（1份）。此类分析只抓住了表面现象，例如，是否对作品做出了大幅度的修改，是否对重要信息进行了修改，是否对主要特征进行了修改，但是没有对关键性的损害后果做出分析。从如此多样的表达也可以看出，由于我国法律对保护作品完整权侵权损害后果未做出明确规定，司法实践在处理这一问题时形成了混乱的局面。

第四类是判决书中并未提及判定侵害保护作品完整权标准的，共131份判决书，主要包括以下几种情况：不享有著作人格权（8份），证据不足或未举证（5份），被告认可（1份），原告主张侵犯保护作品完整权不符合法律规定（2份），未对是否侵害保护作品完整权作出详细分析（109份），因改动合理而不侵权（6份）。

上述各类观点的分布比例如下图：

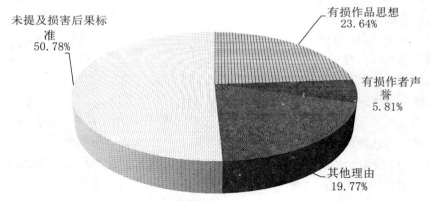

图4 保护作品完整权侵权损害后果法院观点类型分布

---

〔1〕 例如，在山东省淄博市中级人民法院（2015）淄民三初字第198号中，被告在使用原告作品时掺加了不符合历史事实的图片；山东省高级人民法院（2012）鲁民三终字第33号中，被告对被控雕塑错误命名，割裂了有孔虫模型与其名称之间的对应关系。

〔2〕 这类判决书多用语句笼统概括：尚未达到对作品歪曲、篡改的程度。

〔3〕 江苏省苏州市工业园区人民法院（2013）园知民初字第0076号民事判决书："原告所称的塑造'义利兼顾、大德、大富的沈万三新形象'均属思想范畴，而著作权法只保护对思想的表达，不保护思想。因此，原告关于被告侵犯其保护作品完整权的主张没有法律依据，本院不予认定。"

由以上的介绍及图可知，在司法实践中，大部分法院以损害作品思想作为保护作品完整权侵权的判定标准，即使在分析中涉及对作者声誉损害的，也通常会将其与损害作品思想一并分析。另外，还存在大量判决对是否损害保护作品完整权的判定标准进行随意的界定，例如，是否对作品作出重要修改的标准，修改是否使得作品价值降低等，这类分析对保护作品完整权的分析流于表面，缺乏规范性。当然，这与我国法律并未对相关问题作出明确规定也是分不开的。与此同时，有大量的判决书直接作出是否对作品进行了歪曲篡改的结论，而对标准问题避而不谈，这也是一种不值得提倡的做法。最后，值得注意的是，在几份判决书中，法院已经意识到一些修改属于合理范围内的修改，这可以看作是对保护作品完整权的一种限制。

（3）司法实践对保护作品完整权限制的态度。在上文对有关保护作品完整权侵权损害后果的司法判决书中的观点进行类型化分析的过程中，提到了有 6 份判决书均以对作品的改动属于合理范围而判定被告的行为不构成对保护作品完整权的侵犯。具体来讲，这些改动又可以分为以下几种类型（每种类型均为 1 份判决书）：版面的限制以及排版的需要[1]，出版社在作品封面添加宣传、推介词汇[2]，为宣传而加上产品名称[3]，视频网站为视频加上标志和广告[4]。可以看出，一些法院已经意识到合理范围内的改动应当被认定为侵权的例外，这与《著作权法》中的合理使用制度对应。但是，我国并未对包括保护作品完整权在内的著作人格权设置合理使用制度，这使得上述判决并无《著作权法》的依据。同样地，我国《著作权法》也应当对这一问题进行关注。

三、我国保护作品完整权法律制度之完善

（一）明确保护作品完整权与修改权的关系

1. 理论界对保护作品完整权与修改权关系的争议

根据我国《著作权法》对修改权的定义，从积极的方面看，修改权是指作者

---

〔1〕　参见北京市朝阳区人民法院（2012）朝民初字第 26333 号民事判决书。

〔2〕　参见北京市东城区人民法院（2013）东民初字第 12602 号民事判决书。

〔3〕　参见广西壮族自治区南宁市中级人民法院（2014）南市民三初字第 197 号民事判决书。

〔4〕　参见重庆市第五中级人民法院（2016）渝 01 民终 3475 号民事判决书。

有权修改自己的作品或者授权他人修改自己的作品的权利；从消极的方面看，修改权包括作者禁止他人擅自修改作品的权利，但法律并未对禁止擅自修改的程度作出规定，同样地，法律也未就保护作品完整权规定歪曲、篡改的具体含义，这也是不少观点认为修改权的消极权能与保护作品完整权重合的起因。[1]

概括起来，理论界对保护作品完整权与修改权关系的观点主要有同一说、区分说和收回权说。同一说认为："修改权与保护作品完整权是一个权利的两个方面，从正面讲，作者有权修改自己的作品，从反面讲，作者有权禁止他人修改、增删或歪曲自己的作品。"[2]"实际上，大多数国家并未规定修改权，仅规定了保护作品完整权"[3]，著作权方面重要的国际公约——《伯尔尼公约》也没有规定修改权。因此，有学者认为我国《著作权法》应当删除修改权。[4]区分说认为，依照我国现行法律的规定，应当对两种权利加以区分，但区分的标准有所不同。第一类标准按照权利控制的行为是否损及声誉区分，[5]第二类标准按照权利控制的行为是对外在形式的损害还是对内在思想的改变区分。[6]收

---

〔1〕　有学者指出："我国《著作权法》和伯尔尼公约相比，缺少'有损作者声誉'目的性限定，这一要件的缺乏使得我国的保护作品完整权和修改权相互重叠。"张今：《著作权法》，北京大学出版社 2015 年版，第 78~79 页。

〔2〕　郑成思：《版权法》（上），中国人民大学出版社 2009 年版，第 168 页。持相同看法的文章或著作还有尹西明："反思与重构：著作人身权制度探讨——以法律本体秩序为视野"，载《河南省政法管理干部学院学报》2007 年第 1 期，第 177 页；赵海燕："关于我国著作人身权若干法律问题的探讨"，载《陇东学院学报》2014 年第 2 期，第 97 页；任燕："论我国著作人身权制度的完善"，载《河南财经政法大学学报》2012 年第 5 期，第 94~95 页；胡康生主编：《中华人民共和国著作权法释义》，法律出版社 2002 年版，第 44 页。

〔3〕　参见胡开忠编著：《知识产权法比较研究》，中国人民公安大学出版社 2004 年版，第 93 页。

〔4〕　参见李扬：《知识产权法基本原理（Ⅱ）——著作权法》（修订版），中国社会科学出版社 2013 年版，第 166 页；任燕："论我国著作人身权制度的完善"，载《河南财经政法大学学报》2012 年第 5 期，第 95 页。

〔5〕　乔剑："论经典文学作品完整权的保护"，首都经济贸易大学 2005 年硕士学位论文；胡康生主编：《中华人民共和国著作权法释义》，法律出版社 2002 年版，第 45 页；骆电："侵犯著作权人修改权与保护作品完整权的司法判断"，载《法律适用》2011 年第 12 期，第 104 页。

〔6〕　参见钟显庭："保护作品完整权侵权研究"，华东政法大学 2012 年硕士学位论文，第 33~34 页；李祎恒："浅析保护作品完整权"，载《江苏科技信息》2009 年第 1 期，第 33 页；张雪松："论编辑出版中的侵犯修改权与保护作品完整权"，载《知识产权》2003 年第 2 期，第 25~27 页；夏明："保护作品完整权研究"，西南政法大学 2009 年硕士学位论文，第 15~17 页；陈丹："论修改权与保护作品完整权的不冲突"，载《知识经济》2014 年第 11 期，第 16 页。

回权说认为，我国《著作权法》应当对修改权进行重构，使其变更为保障作者修改自由的内容，进而与保护作品完整权彻底区分开来，[1]这与某些国家的收回权制度相对应。"收回权是指权利人在一定条件下，因作品的内容存在错误或其他正当理由，收回已经公开发行的作品的权利。"[2]收回权属于一种比较极端的著作人格权，一般只有在注重保护作者权利的作者权体系国家才给予规定。收回权的行使具有严格的条件，作者在行使收回权时应当赔偿对方的经济损失。[3]

2.《著作权法》第三次修改对保护作品完整权的重构

2012 年 3 月 31 日，国家版权局发布了《著作权法（修改草案）》（以下简称《修改草案》），这一版本对保护作品完整权及修改权的一部分进行了融合，回应了一直以来理论界和实务界对保护作品完整权与修改权关系的争论。自此，2012 年 7 月 6 日国家版权局发布的《著作权法（修改草案第二稿）》（以下简称《修改草案二稿》）以及 2014 年 6 月 6 日国务院法制办公室发布的《修订草案送审稿》对保护作品完整权的规定在《修改草案》的基础上虽有调整，但均坚持将保护作品完整权与修改权二者合并为一项权利。三个版本的草案都坚持将保护作品完整权与修改权合二为一，使保护作品完整权涵盖原有的修改权规定的部分内容。较之《修改草案》，《修改草案二稿》将"修改作品"变更为"授权他人修改作品"，从"保留作者自己修改作品的权利"改为"保留作者授权他人修改作品的权利"。《修订草案送审稿》又将"授权他人修改作品"的表述改为"允许他人修改作品"，虽然表达上有一定的改变，但笔者认为实质上还是对修改权中原来的"授权他人修改作品"的权能进行了保留并将其纳入了保护作品完整权。

3.《著作权法》应当彻底删除修改权

首先，现行《著作权法》对修改权中有关作者自己修改作品的权利并无规定的必要。在作品发表之前，他人并不知道作品的存在，也没有第三者会来阻碍作者对作品进行修改，作者可以对作品进行任意的修改，因此没有必要赋予

---

[1] 参见张今：《著作权法》，北京大学出版社 2015 年版，第 79 页。类似的观点还可以参见李琛："被误读的修改权"，载《中国专利与商标》2004 年第 3 期，第 70 页；周晓冰：《著作人格权的保护》，知识产权出版社 2015 年版，第 66 页；刘有东："论作品修改权"，载《现代法学》2010 年第 3 期，第 176~183 页；王迁："我国著作权法中修改权的重构"，载《法学》2007 年第 11 期，第 41~42 页。

[2] 冯晓青主编：《知识产权法》（第 3 版），中国政法大学出版社 2015 年版，第 108 页。

[3] 参见王迁：《著作权法》，中国人民大学出版社 2015 年版，第 159~160 页。

作者一种权利以对其进行保护。在作品发表之后，如果作者仍想对作品进行修改，则涉及出版者的利益，如果在这种情况下赋予作者修改权，实际上对应的是某些国家著作权法中收回权的内容。[1]但如果按照收回权来理解我国《著作权法》的修改权，现行法律的规定则又显得太过模糊。且我国对修改权并未设定任何限制，而收回权赋予作者在作品发表后收回或者修改作品的权利，给予作者比较强的保护，规定了收回权的国家均对收回权的行使规定了严格的条件。因此，除非对修改权按照收回权进行全面的重构，否则将修改权理解为收回权并在我国《著作权法》中进行保留，也是存在很大问题的。同时，学者对收回权在我国法律中存在的必要性也有很大的争议，[2]收回权是否符合我国著作权保护的实际情况，是否能够在我国发挥保护作者的实际效用，还是一个需要深入探讨的问题，因此，将修改权中有关作者修改自己作品的权利直接重构为收回权是欠妥当的，不如先将修改权的内容删除，而将收回权看作另一个问题，日后再进行探讨。因此，无论是从作者自己修改的角度还是从将修改权理解为收回权的角度来看，现行《著作权法》修改权中有关作者自己修改作品的权利都无规定的必要。

　　而对于修改权中"授权他人修改作品的权利"，从字面上理解可知，控制的侵权行为是他人未经许可对作品进行修改的行为，但这种修改究竟是何种程度的修改，我国法律没有作出明确的界定。从理论上来说，首先，这种修改不应当是针对个别字句的修改，因为这种情况的修改程度过于轻微，判定其侵犯修改权似乎没有必要。例如，对作品的文字进行个别的修改但修改后的内容仍符合作品的原意，这种行为虽然属于对作品进行修改，但显然不应当被判定为侵权。但如果是大幅度的修改，达到了损害作品思想的程度或者损害作者声誉的程度，则有可能构成侵犯保护作品完整权的行为。如果按照这种理解，修改权与保护作品完整权的权利边界就变得十分模糊，以至于在司法实践中，部分法院认为这两种权利没有区别，实证研究的结果也印证了这一点。因此，对于修改权中"授权他人修改作品的权利"，从控制的侵权行为的程度来讲，过于轻微则没

　　〔1〕　参见张今：《著作权法》，北京大学出版社 2015 年版，第 79 页；王迁："我国著作权法中修改权的重构"，载《法学》2007 年第 11 期，第 36 页。
　　〔2〕　正如一些学者对收回权提出的质疑：作品出版后，要想"收回"这种作品所传达的思想几乎是不可能的；而如果仅仅是想对一些问题作出修正，可发表修正声明；针对油画等原件十分重要的作品，如果赋予作者在作品转让后的强制"回购权"，则不应当属于精神权利的范畴。参见李明德、管育鹰、唐广良：《〈著作权法〉专家建议稿说明》，法律出版社 2012 年版，第 381 页。

有必要规定为侵权，程度过重又与保护作品完整权类似，因此也没有规定的必要。

对于《修订草案送审稿》删除修改权但将"允许他人修改作品"的内容并入保护作品完整权当中的做法，一类观点表示不赞同，认为应当保留修改权，对二者加以区分；[1]另外一类观点认为这是两种权利的简单叠加，只会造成更大的困惑[2]。笔者也认为，《修订草案送审稿》的修改方式并不妥当。《修订草案送审稿》相较于《修改草案二稿》，将"授权他人修改作品"改为"允许他人修改作品"，将带有权利许可意味的"授权"变更为叙述性质的"允许"。笔者根据这一点推断，立法者希望将"允许他人修改作品"作为一种单纯的积极性权利，而不包含"未经允许修改作品则被判定为侵权"的内容。然而，即使按照这种理解，将修改权中"允许他人修改作品"的内容纳入保护作品完整权的做法也是不恰当的。知识产权的一个显著特点就是控制一定的行为的范围，如果超过了这个范围，则有可能构成侵权。而从权利的意义的角度来看，对一项权利如果没有相应的救济措施，则没有规定这项权利的必要。基于以上认识，如果需要赋予"允许他人修改作品"一定的意义，必然得出"未经允许修改他人作品"的行为是侵犯保护作品完整权的行为的结论。如前所述，"授权他人修改作品"对于"修改"的程度无法作出妥善的安排，而从文字表达的实际意义来讲，"授权"和"允许"没有区别。因此，无论是在保护作品完整权当中，还是在修改权当中，保留"允许他人修改作品"的内容都不恰当，《修订草案送审稿》将这一部分修改权的权能移入保护作品完整权，无疑是多此一举。所以，笔者建议我国《著作权法》在第三次修改中将这一修改权的残余彻底删去。具体而言，就是删除现行《著作权法》第10条第1款第3项的内容，也不将其规定在保护作品完整权当中。至于我国《著作权法》是否要增加收回权，可以留待理论界和司法实践进行详细的考察。

（二）明确保护作品完整权的侵权判定标准

如前所述，侵权判定标准是保护作品完整权的另一个重要的争议焦点，本文将对如何界定歪曲、篡改以及应当采用损害作者思想说抑或损害作者声誉说

---

〔1〕 参见胡彦涛："修改权权利类属分析及其留存的必要性——以著作权法第三次修改为背景"，载《安阳师范学院学报》2013年第4期，第33~35页。

〔2〕 参见徐炎："《著作权法》第三次修改草案第二稿评析"，载《知识产权》2013年第7期，第68页。

这两个问题进行讨论。

1. 如何界定歪曲、篡改

（1）歪曲、篡改是否需要对作品作出改动。根据我国《著作权法》对保护作品完整权的定义，该权利控制的侵权行为即对作品歪曲、篡改的行为，对作品进行改动从而构成歪曲、篡改的，肯定属于侵犯保护作品完整权的行为。但如果并未对作品进行改动，而是对其进行了不恰当的利用，损害了作品的完整性，这种行为是否会侵犯保护作品完整权，在我国《著作权法》中找不到直接的判断依据。

从比较法的角度来看，《伯尔尼公约》第 6 条之 2 除了赋予作者"反对对其作品的任何有损其声誉的歪曲、割裂或其他更改"的权利，还赋予了作者反对"其他损害行为"的权利。[1]《德国著作权与邻接权法》对保护作品完整权的定义也包括作者禁止他人进行其他的损害行为的内容。[2]《巴西著作权法》《法国知识产权法典》著作权部分、《日本著作权法》《俄罗斯联邦民法典》著作权部分以及《南非著作权法》中与保护作品完整权对应的权利均没有将作者的权利局限于控制他人对自己的作品进行修改从而导致对作品构成歪曲、篡改。[3]

对作品本身进行分析，即使作品使用人不对作品作任何修改，也有可能产生与作品的主题背离、损害作品的思想或作者的声誉等后果，从而构成对作品的歪曲、篡改。对比《伯尔尼公约》以及其他国家的著作权法，我国《著作权法》未明确未对作品进行修改也可以被认定为侵犯保护作品完整权的情况，实在是立法的疏漏。

（2）歪曲、篡改是否需要对作品构成贬损。通常情况下，对保护作品完整权的讨论似乎都建立在认为歪曲、篡改行为对作品而言是一种改劣行为的基础上。然而，德国著作权法通说认为，保护作品完整权禁止的不仅是对作品正面的更改行为，而且包括对作品负面的更改行为，理由是保护作品完整权具有公益性质，除了保护作者的利益外，还要让社会公众知晓作品的创造者是

---

〔1〕《保护文学艺术作品伯尔尼公约（1979 年更改）》第 6 条之 2："不受作者经济权利的影响，甚至在上述经济权利转让之后，作者仍保有要求其作品作者身份的权利，并有权反对对其作品的任何有损其声誉的歪曲、割裂或其他更改，或其他损害行为。"

〔2〕参见《德国著作权与邻接权法》第 14 条。《德国著作权法》，范长军译，知识产权出版社 2013 年版。

〔3〕参见《十二国著作权法》，清华大学出版社 2011 年版。

谁。[1]

笔者认为，我国《著作权法》应当采用与《德国著作权与邻接权法》相同的观点，歪曲、篡改不应当仅仅指对作品改劣的情况，即使从第三人的角度来看，对作品的改动与原作相比水平有所提高，也可以被认定为侵犯保护作品完整权，具体来讲，"是指以作者所创造的作品为标准，其整体印象被变更的状况"[2]。从保护作品完整权保护的价值来讲，无论是采用损害作者声誉说还是采用损害作品思想说，是否构成歪曲、篡改只与是否对作者的声誉造成负面影响或者改变了作品本来传达的思想有关，而与作品本身的水平无关。再者，判断作品的优劣是一项极具主观性的工作，如果法律规定歪曲、篡改只能是改劣的行为，那么法律还需要去规定什么样的修改是改劣的，什么样的修改是改善的，这将使问题变得更加复杂，也给法院带来了负担，因此规定侵犯保护作品完整权仅指改劣的做法并不可取。

2. 损害作者声誉说与损害作品思想说

根据实证研究的结果，关于保护作品完整权侵权判定需要达到何种损害结果，最为突出的两种观点就是损害作者声誉判断标准与损害作品思想判断标准[3]。在理论界，争议也主要集中在我国《著作权法》在判定保护作品完整权侵权时，是否应当承认来自于《伯尔尼公约》的损害作者声誉要件。

（1）理论界对损害作者声誉要件的争议。损害作者声誉说认为，保护作品完整权禁止的侵权行为应当达到损害作者名誉、声望的程度。[4]损害作品思想说认为，侵害保护作品完整权的行为不需要达到损害作者的名誉、声望的程度，仅需要损害作品的思想。[5]

---

〔1〕　参见［德］雷炳德：《著作权法》，张恩民译，法律出版社2004年版，第277页。

〔2〕　李雨峰、王玫黎："保护作品完整权的重构——对我国著作权法相关条款的质疑"，载《法学论坛》2003年第2期，第65页。

〔3〕　损害作者声誉判断标准，后文也将其表述为损害作者声誉要件，主张这一要件的学说为损害作者声誉说；损害作品思想判断标准，后文也将其表述为损害作品思想要件，主张这一要件的学说为损害作品思想说。

〔4〕　参见张今：《著作权法》，北京大学出版社2015年版，第78页；李扬、许清："侵害保护作品完整权的判断标准——兼评我国《著作权法修订草案（送审稿）》第13条第2款第3项"，载《法律科学（西北政法大学学报）》2015年第1期，第135~136页。

〔5〕　参见钟显庭："保护作品完整权侵权研究"，华东政法大学2012年硕士学位论文；刘有东："著作人格权制度研究"，西南政法大学2010年博士学位论文。

从立法例的角度来看，当今各个国家和地区对此问题的规定分为三种情况。第一种情况是，当他人改变作品的行为足以损害作者名誉或声望时，才构成侵害保护作品完整权，如美国、英国、加拿大、瑞士、意大利、澳大利亚、我国台湾地区的规定，《伯尔尼公约》也采用此标准。第二种情况是，不需要损害作者声誉即可构成侵权，例如《日本著作权法》对同一性保持权的规定。但《日本著作权法》同时也规定了侵害同一性保持权的四项除外规定，对其进行限制。并且在"视为侵害作品的行为"一条中规定，在不对作品进行改动的情况下，判定侵权需要以损害作者的名誉或声望作为要件。[1]第三种情况是，不以声誉作为考量标准，而是将损害保护作品完整权的行为定性为"足以危及作者在作品的智力或人格方面的合法利益的"[2]，这个表述显然比损害作者声誉要宽泛得多。这种方式是《德国著作权与邻接权法》规定保护作品完整权的特色。这样一来，不能简单地以行为是否损害作者的声誉作为判断的标准，"法律所要求的危及构成要件需要在个案中进行具体的分析"[3]。

（2）我国应采损害作品思想说。笔者的观点与司法实践中大部分法院所持的观点相同。笔者认为，在我国著作权侵权纠纷中，判定侵害保护作品完整权的损害事实要件应为是否损害作品思想，而非损害作者声誉，主要可以从以下几个角度对这一问题进行分析：

第一，从满足作者现实的利益诉求来讲，损害作品思想说能提供较为适当的保护力度。通过对实证研究案例的阅读，笔者发现，很多原告之所以会主张被告侵犯自身的保护作品完整权、修改权等著作人格权，主要是因为法院认为：只有侵犯人身性质的权利，才需要承担赔礼道歉、消除影响等法律责任。[4]正

---

〔1〕《日本著作权法》第 113 条第 6 款："以损害作者名誉或声望的方法利用作品的行为，视为侵害该作者著作人格权的行为。"《日本著作权法》，李扬译，知识产权出版社 2011 年版，第 81 页。

〔2〕《德国著作权与邻接权法》第 14 条。《德国著作权法》，范长军译，知识产权出版社 2013 年版，第 14 页。

〔3〕［德］雷炳德：《著作权法》，张恩民译，法律出版社 2004 年版，第 277 页。

〔4〕根据对判决书的阅读，笔者发现许多法院在驳回原告赔礼道歉、消除影响的请求时，理由为：法院已经判定被告未侵犯保护作品完整权、署名权等权利，因赔礼道歉、消除影响仅适用于人身性质的权利，因此不承担赔礼道歉、消除影响的责任；反之，如果之前已经判定了被告侵犯保护作品完整权或署名权，则一般会支持原告赔礼道歉、消除影响的请求。"赔礼道歉、消除影响、恢复名誉侵权责任方式属于具有人格性质的侵权责任方式，主要适用于人格权受到侵害的情况。"张新宝：《侵权责任法》，中国人民大学出版社 2016 年版，第 127 页。

如实证研究的结果所示，原告对侵犯保护作品完整权请求精神损害赔偿救济的判决书占 258 份判决书的比例不足 20%，而几乎在每一份判决书中，原告都会主张被告承担赔礼道歉、消除影响的责任。由此可见，赔礼道歉、消除影响是目前对侵犯保护作品完整权最主要的救济方式。虽然在目前修改权存在的情况下，即使不认定被告侵犯保护作品完整权，由于被告往往会对作品进行改动，法院也会因被告侵犯了修改权而判决其承担赔礼道歉、消除影响的责任，但鉴于修改权存在的不合理性以及取消修改权的趋势，一旦将来的《著作权法》删除了修改权，如果法律规定侵犯保护作品完整权需要达到损害作者声誉的程度，使得证明标准被不合理地提高，原告赔礼道歉、消除影响的诉求将无法得到满足，这显然不利于对作者权益的保护。同时，如果采用损害作者声誉说，原告证明被告侵犯保护作品完整权的难度将会大大增加。这主要是因为对于原告来讲，很难举证证明声誉受损。[1] 相比之下，如果采用损害作品思想说，这个过程将由法官进行自由裁量，原告不会像采用损害作者声誉说那样需要承担沉重的证明负担。

客观来讲，因歪曲、篡改作品而导致作者声誉受损的情况也是很有局限性的。一种情况是，侵权人在未获得著作权人许可的情况下，对作品进行了修改，并构成了歪曲、篡改，在这种情况下，侵权人一般不会给作者署名，大众也一般不会将歪曲、篡改后的作品同原作者联系到一起，因此不会造成对原作者声誉的损害。根据实证研究的结果，在 258 件研究案例中，有 220 件都是未经许可使用的情况，占 258 件案例的 85.27%。在这种情况下，绝大多数被告都不会给作者署名，尽管被告对作品进行了歪曲、篡改，但公众不清楚这是谁的作品，因此根本不可能对原告的声誉产生损害。另外一种未经许可修改的情况（31 份判决书）是抄袭、剽窃，这种情况是将他人的作品复制或者作少量改动，并据为己有。在这种情况下，公众会将剽窃后产生的新作与侵权人联系起来，而非原作者，因此，即使剽窃出来的作品水平低下，也谈不上对原作者声誉产生损害。[2] 只有未经许可对原作进行了大幅度修改，造成后来的作品水平低下，且

---

〔1〕 例如，"九层妖塔"案中，原告方提供了许多网友对电影的评论，但法院认为：这些评论指向的是《九层妖塔》电影，而非指向原著作者，因此并不认可原告方提供的证据能够证明被告的电影社会评价过低会造成对原作者声誉的损害。参见北京市西城区人民法院（2016）京 0102 民初 83 号民事判决书。

〔2〕 例如，"《宫锁连城》抄袭案"中，公众均认可琼瑶的原作，而声讨被告的抄袭行为，即使观众不认可《宫锁连城》作品，也只会将矛头指向抄袭者，而不会对原作者的声誉产生影响。

署名为原作者的情况，才有可能对作者的声誉产生损害。但是，这就不属于抄袭、剽窃行为了，实证研究中也未发现一起与此情况类似的案例，可见这种情况在实践中很难发生。另外一种情况是，侵权人取得了合法的演绎权，但因改动超过了必要的限度，演绎作品对原作构成了歪曲、篡改。这种情形也很难损害原作者的声誉；因为在这种情况下，作者与演绎者的关系比较清晰，公众基本都能区分原作和演绎作品是两个不同的作品，因演绎作品的负面评价而损害原作者的声誉，不是没有可能，但可能性比较小。[1]可见，在现实中因歪曲、篡改导致作者声誉受损的情况并不多，如果真的采用损害作者声誉说，要判定被告侵犯保护作品完整权相当不易，这种保护力度显然过于薄弱，可能会使得保护作品完整权形同虚设。

第二，从作者权体系国家设置保护作品完整权的哲学基础的角度来看，作品中体现的是作者的人格，这种人格显然不能等同于作者的声誉。这也是著作权同物权及专利权等其他知识产权的一个重要区别。这是因为作者投入到作品上的感情，与所有者投入到物上的感情和专利发明者投入到发明中的感情都是不同的。作者可以为创作一件作品，"批阅十载，增删五次"，其中融入的个人创造和情感非物权所有者和发明人可比，这也是在作者权体系国家著作权法中的保护作者精神权利始终抱有的价值取向。虽然随着社会的发展，版权制度因著作人格权与著作权的经济利用方面之间产生的矛盾，对二者进行了诸多平衡和取舍，但这种保护作者人格利益的宗旨不应当被舍弃。因此，也不能简单地将对作品歪曲、篡改所损害的人格利益和作者的声誉等同。将损害作品表达的思想感情和主旨作为侵犯保护作品完整权的损害要件，能够将侵权的要件同作者倾注在作品中的思想感情联系起来，因为作品体现出来的思想感情和主旨，就是作者人格的具体体现。因此，对作品进行歪曲、篡改是否达到损害作品思想的程度，是判断对作品的修改或不当使用是否损害作者对作品倾注的情感的一项可靠的标准，相较于损害作者声誉说，损害作品思想说更为合理。

第三，从法律体系自洽的角度来看，如果采用损害作者声誉说，保护作品完整权的权能会和名誉权重合。在采用损害作者声誉说的情况下，如果作者能够举证证明被告对作品的修改已经达到了损害作者声誉的地步，作者可以主张

---

[1] 仍以"九层妖塔"案为例，法院在判决书中认为公众的负面评价都是针对电影改编作品的，而非针对原作，更不是针对原作者张牧野，因此没有损害原作者的声誉。参见北京市西城区人民法院（2016）京 0102 民初 83 号民事判决书。

被告侵犯其名誉权，而不需要通过主张侵犯保护作品完整权来获得救济，这样一来，就会使得《著作权法》中的保护作品完整权显得多余。

第四，从损害作者声誉要件来源的角度来看，其发端于版权法体系，而非作者权体系原生的事物。[1]《伯尔尼公约》采保护水平较低的侵犯作者声誉的标准，"是大陆法系国家为了吸引英美法系国家签署该公约1928年罗马修订文本而妥协之产物"[2]，却因为赶上了科技进步对作品内容利用的需要大大增加，为更多的国家和地区所采纳。[3]虽然如此，因为损害作者声誉标准来自于哲学基础完全不同的版权法体系，难免会发生不能适应作者权体系整体环境的情况。另外，采用损害作者声誉说的作者权体系国家，很有可能是因为意识到有必要对保护作品完整权进行限制，[4]才采用损害作者声誉标准来提高判定保护作品完整权的侵权难度。但实际上，采用损害作者声誉标准并非理想的限制手段，我国《著作权法》可以参照《日本著作权法》，以例外规定的方式构建保护作品完整权的限制制度。

另外，有学者担心，如果保护作品完整权损害后果要件采取损害作品思想的标准，将会违背著作权不保护思想原则。实际上，如果采用损害作品思想的标准，保护作品完整权所要保护的也并不是作品的思想，而是作品体现的作者的人格利益，因此，不用担心采用损害作品思想标准会受到思想、表达二分法

---

〔1〕　在历史上，在欧洲国家纷纷确立保护作者精神权利的同时，英国虽然也开始重视保护作者的权益，保护创作者的声誉，但这和承认作者精神权利并无关系。例如在1735年通过的《雕工法》(The Engravings Act)中，部分条款涉及保护作者声誉。该法案的序言即明确指出损害行为包括"未经许可复制、雕刻、出版作者作品，对作者的声誉造成严重影响"。英国立法也逐步出现禁止虚假署名的规定。英国于1862年通过了《美术作品版权法》(The Fine Arts Copyright Act)，该法规定对于一些欺诈行为将予以刑事处罚，尤其是虚假陈述美术作品的作者，或者将故意修改后的作品假冒为作者未经修改的原作。参见刘鹏："英美法系作者精神权利研究"，华东政法大学2013年博士学位论文，第32~33页。

〔2〕　叶茂林："评著作权法第十七条'同一性保持权'修正草案内容"，载《月旦法学》1997年第7期。转引自李扬：《知识产权法基本原理（Ⅱ）——著作权法》（修订版），中国社会科学出版社2013年版，第168页。

〔3〕　例如，我国台湾地区在1999年修改"著作权法"时，在同一性保持权中加入了损害作者声誉的内容。参见李扬：《知识产权法基本原理（Ⅱ）——著作权法》（修订版），中国社会科学出版社2013年版，第168页。

〔4〕　参见李扬：《知识产权法基本原理（Ⅱ）——著作权法》（修订版），中国社会科学出版社2013年版，第168~169页。

的挑战。

　　同时，值得注意的是，有观点将损害作者声誉称为"客观标准"，而"主观标准"，则是将任何一种作者不欲的行为都视为可能侵犯作者的保护作品完整权。[1]上述"主观标准"显然不能作为侵犯保护作品完整权的损害后果标准，损害作品思想的判定标准也不是主观标准，因为要判断侵权行为是否对作品的思想造成损害，应当结合证据，根据侵权行为的具体情况，由法官进行客观判断，而非根据作者主观是否希望这种行为发生进行判断。

　　总之，如果采用损害作者声誉说，会使得保护作品完整权的保护水平大大降低，届时可能鲜有满足此条件的案例。另外，这一标准还会使得保护作品完整权与名誉权产生混淆，造成司法实践的困惑。相比之下，采用损害作品思想标准作为侵犯保护作品完整权的损害要件，既能为作者提供恰当的保护，也符合作者权体系国家认为作品是作者人格体现的哲学原理，我国采用损害作品思想说更为合理。我国应当在《著作权法》第三次修改对保护作品完整权的重构中体现这一选择。

　　3.《著作权法》应当明确保护作品完整权侵权判定标准

　　根据前文的论述，我国《著作权法》应当对保护作品完整权重新进行定义。首先，《著作权法》应当在定义中体现损害作品思想的要件，以平息目前司法实践和理论界对损害作品思想说和损害作者声誉说的争论，并对损害作品思想说加以解释，明确其需要达到使公众误读的标准。其次，歪曲、篡改的行为除了包括对作品作出修改的情形，还应当包括没有对作品作出修改但对作品进行了不恰当的利用而构成歪曲、篡改的情况；同时，侵犯保护作品完整权的行为也不应当仅仅指对作品改劣，导致作品的社会评价降低的行为，也应当包括对作品进行了歪曲、篡改但导致作品的社会评价上升的情况。由于后两项内容太过具体，如果都在《著作权法》对保护作品完整权的定义中体现出来可能太过复杂，因此，笔者建议在《著作权法实施条例》中对其进行规定。

　　因此，可以对《著作权法》作出如下修改：①将《著作权法》第 10 条第 1 款第 3 项修改为：保护作品完整权，即保护作品不受歪曲、篡改或其他侵害导致作品思想受到损害的权利。同时删除第 4 项。②将《著作权法》第 47 条第 1 款第 4 项修改为：歪曲、篡改他人作品，损害作品思想的。

------

　　〔1〕　参见梁志文："著作人格权保护的比较分析与中国经验"，载《法治研究》2013 年第 3 期，第 52 页。

可以在《著作权法实施条例》中增加相应规定：①《著作权法》第10条第1款第3项关于保护作品完整权的规定中，其他侵害是指，作品本身未遭受改动但进行了不恰当的利用，损害作品思想的情形。②《著作权法》第10条第1款第3项关于保护作品完整权的规定中，歪曲、篡改或其他侵害不仅包括导致作品的社会评价降低的情况，也包括对作品实施了歪曲、篡改或其他侵害但导致作品的社会评价提高的情况。

（三）建立保护作品完整权的限制制度

前文的论述针对的均是保护作品完整权的保护问题，但对于保护作品完整权这种知识产权，除了关注其保护，还应当关注其限制，以实现利益平衡的目标。[1]如果缺乏对权利的合理限制，必然导致权利的失衡，引起权利滥用，引发各方利益的冲突。我国《著作权法》仅对著作财产权设置了合理使用、法定许可等限制制度，而没有针对保护作品完整权设置限制制度，[2]这显然是不符合利益平衡原则的，因此，应当对这一部分法律进行适当的修改。

1. 演绎权许可对保护作品完整权的限制

如果将演绎类权利（包括翻译权、改编权、摄制权、汇编权）授予或转让给他人，应当默认保护作品完整权受到一定的限制。例如，在将小说改编为影视作品的情况下，由于篇幅限制和表现手法的不同，电影剧本难免会对原作进行一定程度的修改，这是符合作品的使用目的和使用情况的。[3]作者已经将改编权和摄制权许可给了他人且他人为此支付了一定的对价，因此，为了兼顾被许可方的利益，对作者的保护作品完整权需要进行适当的限制。同理，在作者将翻译权、汇编权许可给他人的情况下，也应当对作者的保护作品完整权进行

---

〔1〕 参见冯晓青："知识产权法的价值构造：知识产权法利益平衡机制研究"，载《中国法学》2007年第1期，第68页。

〔2〕《著作权法》第34条规定了报社、期刊社在未经作者许可的情况下对作品进行文字性修改、删节的权利，这种权利被称为编辑修改权。但这种修改仅限于文字修改，对内容的修改还需要征得作者的同意，如果修改造成了歪曲、篡改，仍然应当被认定为侵犯保护作品完整权。因此，虽然编辑修改权一直被认定为是对修改权的限制制度，但是如果我国《著作权法》删除了修改权，这一权利也不能当然地成为对保护作品完整权的限制。

〔3〕 "在实践中，一些影视公司购买小说的版权，可能只是中意小说的开头、人物设置或者某些情节，在这些元素的基础上再进行创作。"马晓明："论影视作品中改编权与保护作品完整权的冲突和平衡"，载《中国版权》2016年第1期，第46页。

适当的限制。

我国《著作权法实施条例》第 10 条规定:"著作权人许可他人将其作品摄制成电影作品和以类似摄制电影的方法创作的作品的,视为已同意对其作品进行必要的改动,但是这种改动不得歪曲篡改原作品。"这一条通常被视为对作品修改权的限制,但未涉及将摄制权许可给他人后,对保护作品完整权的限制,如果改动构成对原作品的歪曲、篡改,仍然有可能被判定为侵犯保护作品完整权。从国外立法例来看,许多国家也在作者将演绎类权利许可给第三者后,对作者的保护作品完整权进行了一定的限制。《德国著作权与邻接权法》第 93 条规定:"原作者在其作品许可给他人拍摄电影后,仅可就对其作品造成严重歪曲或其他损害主张侵犯保护作品完整权。"[1]这一规定在保护作品完整权侵权方面设置了更严格的条件,即只有严重的歪曲、篡改,才构成侵犯保护作品完整权。而《意大利著作权法》第 47 条也规定:"制片人有权对电影作品使用的作品进行必要的修改以适应电影的需要。如果作者与制片人之间就修改的限度没有约定,有关这种修改是否必要的问题由内阁总理提名的专家委员会依实施条例的有关规则进行裁决。"[2]这一条首先给予了制片人对作品进行合理修改的权利,对于是否侵权的问题,还引入了专家小组进行裁决。我国可以参考这些立法的模式对这一问题作出规定。

2. 合理使用对保护作品完整权的限制

"合理使用是指原本属于侵犯版权人专有领域的行为,但由于法律特殊规定,排除了对该行为侵权的认定。"[3]我国《著作权法》第 22 条规定的合理使用仅针对财产性权利,而不针对著作人格权,而许多国家都不同程度地运用合理使用制度对保护作品完整权进行限制。英美等版权法体系国家在承认作品精

---

[1]　《德国著作权与邻接权法》第 93 条。参见王迁:《著作权法》,中国人民大学出版社 2015 年版,第 156 页;《德国著作权法》,范长军译,知识产权出版社 2013 年版,第 128 页。

[2]　《意大利著作权法》第 73 条。参见王迁:《著作权法》,中国人民大学出版社 2015 年版,第 156 页;《十二国著作权法》,清华大学出版社 2011 年版,第 291 页。

[3]　郑成思:《版权法》(上),中国人民大学出版社 2009 年版,第 286 页。"'合理使用'是美国版权法特有的术语,除美国以外,欧洲国家一般不采用这一术语,而直接使用'著作权的限制'或'著作权的例外'来指称这些侵权行为的例外。我国《著作权法》与欧洲国家的做法类似,也是以例外的方式来规定这一问题的。"因国内学术界流行将这一制度称为合理使用制度,本文仍以"合理使用"指称英美法中的"合理使用"以及欧洲国家的"著作权的例外"概念。张今:《著作权法》,北京大学出版社 2015 年版,第 148 页。

神权利后，认为其保护范围过于宽泛，又将经济权利中的合理使用制度延伸到精神权利领域。《美国版权法》对精神权利合理使用的规定就与著作权合理使用的规定完全相同，且针对保护作品完整权规定了一些例外情况，[1]英国《版权、设计与专利法案》也针对"反对对作品贬损处理"规定了权利的例外。[2]而作者权体系国家也规定了精神权利的限制制度，如《日本著作权法》[3]以例外规定的方式对保护作品完整权进行了限制。而《德国著作权与邻接权法》规定著作权人根据诚实信用原则无法拒绝允许的情况下，允许改动著作及标题，[4]并且也规定了一些例外情况。[5]根据实证研究的相关结果，已经有部分法院意识到一些合理的修改不应当被认定为侵犯保护作品完整权，但遗憾的是，这种根据一般认识能够得出的结论，在法律中却找不到支撑的理由。因此，我国还需要对这种合理范围内的修改属于侵犯保护作品完整权例外的问题作出明确的规定。

合理使用的一种典型情况就是戏仿作品。戏仿作品，又称滑稽模仿作品、

---

〔1〕　参见《美国版权法》第106条之二（c）例外及第107条专有权的限制：合理使用。

〔2〕　参见英国《版权、设计与专利法案》第81条。

〔3〕　《日本著作权法》第20条第2款："具备下列情形之一的改变，前款的规定不适用：（一）按照第三十三条第一款（包括准用于该条款第四款的情形）、第三十三条之二第一款或者第三十四条第一款的规定，出于学校教育目的，在使用作品时对作品中的字、词不得不进行的改变和其他改变；（二）由于建筑物的增建、改建、修缮或者图案更换而进行的改变；（三）为了将特定的电子计算机不能适用的计算机程序在该计算机中得到使用，或者为了使计算机程序在电子计算机中能够发挥更好的效果，而对计算机程序进行的必要改变。（四）除上述三项所列情形外，其他按照作品的性质以及使用目的和使用方法不得不进行的改变。"《日本著作权法》，李扬译，知识产权出版社2011年版，第18~19页。

〔4〕　《德国著作权与邻接权法》第39条第2款。

〔5〕　《德国著作权与邻接权法》第62条：

禁止改动

1. 根据本节规定得利用著作的，不得对著作进行改动。第39条准用。

2. 根据利用目的的要求，本法允许将著作翻译和进行节选或者转变成其他声调或者音区的改动。

3. 对于美术著作和摄影著作，本法允许改变著作的尺寸和使用复制手段带来的改动。

4. 对于为教堂、学校或者教学使用（第46条）的汇编物，除允许第1款至第3款规定的改动外，本法还允许

5. 对语言著作根据教堂、学校或者教学使用的需要加以改动。然而这种改动应当取得著作权人许可，在其死后应当取得著作权人家属（第60条第2款）作为权利继承人（第30条）的许可，或者取得根据著作权人遗嘱取得著作权者的许可。自通知有意改动并指明法律效果起一个月内著作权人或者权利继承人没有提出异议的，视为已许可。

模仿讽刺作品，源自于英文词语 parody。在美国法中，戏仿作品有两个重要的特征，一个是对原作品的使用，另一个则是对原作品的评论。[1]戏仿作品对原作品的使用往往是未获得作者许可的，并且会对原作品进行一定程度的改动。例如，在曾经引起轩然大波的"馒头血案"中，恶搞视频的作者就将陈凯歌的电影进行重新剪辑、配音，进行了大幅度的修改。从这个意义上来说，戏仿作品似乎侵犯了原作品的保护作品完整权。然而，在美国著作权法上，戏仿行为并不属于侵权行为，而是属于合理使用，因为其对原作品的使用构成了"转换性使用（transformative use）"[2]，并且，"使用越是具有'转换性'，越有可能构成'合理使用'"[3]。在法国、瑞士、巴西等国家的著作权法中，也有针对戏仿作品的规定。

除了转换性使用的理论，还可以从言论自由的角度来解释戏仿作品属于合理使用。正如前文提到的，戏仿作品实质上是对原作品的一种评论，无论这种评论是正面的还是负面的，都不应当被阻止，因为每个人都享有言论自由，每个人都可以对作品进行自由的评价。如果作者利用保护作品完整权来达到阻止作品受到负面评价的目的，不仅阻碍了言论自由，也不利于文化的交流与思想的创新，违背了《著作权法》的立法宗旨，属于权利的滥用。除此之外，还有学者认为，戏仿作品之所以不会侵犯保护作品完整权，是因为戏仿作品本质上属于评论性质，不会造成公众对作者思想观点的误认。[4]

因此，我国法律有必要规定戏仿作品等合理使用的情况，建立保护作品完整权的限制制度。

---

〔1〕 参见王迁："论认定'模仿讽刺作品'构成'合理使用'的法律规则——兼评《一个馒头引发的血案》涉及的著作权问题"，载《知识产权》2006 年第 1 期，第 19 页。

〔2〕 "所谓'转换性使用'，是指对原作的使用并非为了单纯地再现原作本身的文学艺术价值或实现其内在功能或目的，而是通过增加新的美学内容、新的视角、新的理念或通过其他方式，使原作在被使用过程中具有了新的价值、功能或性质。"王迁："论认定'模仿讽刺作品'构成'合理使用'的法律规则——兼评《一个馒头引发的血案》涉及的著作权问题"，载《科技与法律》2006 年第 1 期，第 21 页。

〔3〕 王迁："论认定'模仿讽刺作品'构成'合理使用'的法律规则——兼评《一个馒头引发的血案》涉及的著作权问题"，载《科技与法律》2006 年第 1 期，第 21 页。

〔4〕 参见刘有东："著作人格权制度研究"，西南政法大学 2010 年博士学位论文，第 138 页；陈一痕："保护作品完整权研究"，华东政法大学 2012 年硕士学位论文，第 25 页。

3. 《著作权法》应当增加限制保护作品完整权的相关规定

前文已经明确了，在作品已经进行了演绎许可以及设置戏仿作品等情况下，有必要对保护作品完整权进行限制，在规定的具体方式上，可以参考德国与日本例外规定的相关条文。第一种值得借鉴的例外规定应当是为教学目的的需要而对作品作出改动[1]的情况。为教学目的的合理使用，也是我国《著作权法》对著作财产权规定的合理使用的情况之一。第二种值得借鉴的例外规定是建筑作品的情况。[2]建筑作品具有一定的实用性，其最终目的是供人居住或举办活动等，而且建筑作品常年所处的环境是室外，其载体——建筑物具有一定的损耗性，因此，建筑物经常需要修缮，出于更好地使用的目的，很有可能还要对建筑物进行扩建，这样一来就很容易改变作品的原貌。如果要求建筑物所有者按照建筑作品的原貌进行修缮或扩建，对于所有者来说不免有些苛刻，因此，应当规定对建筑作品的修缮、扩建等行为不侵犯建筑作品的保护作品完整权。第三个值得借鉴的规定是"其他按照作品的性质及使用目的和方法不得不进行的改变"[3]。正如实证研究反映的情况那样，合理修改的类型是多种多样的，法院需要享有一定的自由裁量权，对是否属于对作品合理的改动进行具体的分析、判断。而"作品的性质"和"使用目的"属于比较灵活的考量标准，具有一定的合理性。[4]

至于"对计算机软件所作的必要改动"，[5]因为我国本身就未对计算机软件规定保护作品完整权，所以我国《著作权法》也无规定这一款内容的必要。因此，《日本著作权法》中的这种例外情况，不适宜规定在我国《著作权法》保护作品完整权的限制条款中。

基于戏仿作品的特殊性，也应当将其纳入对保护作品完整权的限制条款中。

---

[1]　参见《德国著作权与邻接权法》第62条第4款；《日本著作权法》第20条第2款第1项。

[2]　参见《日本著作权法》第20条第2款第2项。

[3]　《日本著作权法》第20条第4款。

[4]　例如，出版社在图书封面添加宣传、推介词汇就是符合作品性质的改动，因为图书封面的使用性质之一就是吸引消费者购买图书，因而在图书封面添加宣传、推介词汇属于合理的改动范围。而视频网站为视频加上广告可以归为因使用的目的而对作品进行改动的类型，因为广告是视频网站的主要盈利方式，而视频本身的使用目的是吸引观众前来观看的同时也接收到广告。

[5]　《日本著作权法》第20条第2款第3项。

在规定时，可以借鉴法国〔1〕、巴西〔2〕及美国〔3〕等其他国家的规定，而对于作者已经将演绎类的著作财产权许可给他人的情况给保护作品完整权带来的限制，因为这个问题比较抽象，可以纳入依"作品的性质"和"使用目的"由法官进行自由裁量的范围，而不作为具体情况进行列举。与电影作品有关的保护作品完整权的限制则可以参照《德国著作权与邻接权法》中的将作品拍摄权许可给他人后对该权利的限制进行规定。因此，可以对我国《著作权法》作出如下修改：

在《著作权法》"权利的限制"一章中，增加一条"保护作品完整权的限制"，具体内容包括：

（1）因下列情形对作品作出改变，不侵犯保护作品完整权：

1）为教学目的不得已对作品作出的改动；

2）因建筑物的扩建、改建、修缮或者图案更换而进行的改变；

3）因不违反有关规定的滑稽模仿、讽刺模仿及漫画而进行的改变；

4）其他依照作品性质以及其使用目的不得不进行的改变。

（2）原作者在将其作品许可给他人拍摄电影后，仅可就对其作品造成严重歪曲或其他损害主张侵犯保护作品完整权。他们相互间和与电影人之间应当互相适当考虑对方利益。

结　论

保护作品完整权是著作人格权中的一项核心权利，探讨有关这项权利的理论和实践问题，寻求合理的制度设计，无疑对保护作者利益、鼓励创作、繁荣我国文化有着重要的推动作用。

保护作品完整权起源于以法国和德国为代表的作者权体系国家，并在对世

---

〔1〕《法国知识产权法典》第 L. 122-5 条第 1 款第（4）项："作品发表后，作者不得禁止不违反有关规定的滑稽模仿、讽刺模仿及漫画。"《十二国著作权法》，清华大学出版社 2011 年版，第 70 页。

〔2〕《巴西著作权法》第 47 条："拼凑模仿和讽刺模仿并非对原作的实际复制，也未以任何方式对其造成损害的，则应允许自由进行。"

〔3〕《美国版权法》对戏仿作品主要是运用"转换性使用"的理论进行解释的，但是否要在我国引入转换性理论，还是一个值得讨论的问题，因此，本文没有在对《著作权法》的修改建议中提出"转换性使用"的概念。

界各国著作权法都有着深远影响的《伯尔尼公约》中得以确立。最终，以英国和美国为代表，将著作权视为财产性权利的版权体系国家也被动接受了这项权利，在各自的版权法中确立了相关的制度。保护作品完整权作为著作人格权的一种，其正当性可以从作者权体系国家推崇的黑格尔人格理论、版权体系国家认可的激励理论以及经济学上的成本收益理论进行分析。

由于我国《著作权法》对保护作品完整权的规定具有模糊性，司法实践中对这项权利的保护存在许多问题和争议，主要可以从以下几个方面进行思考：第一，有关保护作品完整权与修改权关系的争议。最新的《修订草案送审稿》对理论界与实务界对这一问题的争议进行了回应，删除了修改权，并将修改权的部分内容并入了保护作品完整权当中。鉴于我国《著作权法》目前对修改权的规定并不能将两种权利进行有效的区分，导致实践中法院对两种权利的区别究竟为何十分困惑，还出现了一些法院认为两种权利并无区别的现象。《修订草案送审稿》对修改权的删除是值得肯定的，但其又将修改权中"允许他人修改作品"的内容并入了保护作品完整权，使得对作品进行文字性修改是否构成侵犯保护作品完整权的问题仍然存在，在司法实践中可能引起新的混乱，因此，这种保留并不可取，我国《著作权法》应当彻底删除修改权的内容。第二，鉴于采用损害作品思想标准能够为作者提供恰当的保护，也符合作者权体系国家认为作品是作者人格体现的哲学原理，保护作品完整权的侵权判定标准不需要达到损害作者声誉的后果，而是应当采用目前司法实践中普遍采用的损害作品思想说。歪曲、篡改除了应当包括对作品作出修改的情况，还应当包括未对作品作出修改但进行了不恰当的使用从而构成歪曲、篡改的情况；歪曲、篡改也不仅指对作品改劣的行为，即使作品的社会评价与原作相比有所提升，只要改动或不恰当的利用损害了作品的思想，也应当被认定为歪曲、篡改。另外，侵犯保护作品完整权与侵权主观状态的关系以及精神损害赔偿救济也值得关注。我国《著作权法》和《著作权法实施条例》应当对上述问题加以明确。最后，为了维持各方利益的平衡，防止保护作品完整权被滥用，法律还应当确立对保护作品完整权的限制制度，应当特别注意在作者将作品的演绎类著作权许可给他人的情况下对保护作品完整权的限制以及增加戏仿作品作为保护作品完整权限制的情况。我国《著作权法》可以借鉴日本与德国对这一问题的规定，采用列举特殊的合理改动情况加上以作品性质和使用方法作为灵活考量因素的方式对保护作品完整权的限制问题进行规定。

保护作品完整权探析

刘　洋

　　自保护作品完整权写入我国 1990 年 9 月 7 日通过、1991 年 6 月 1 日实施的《著作权法》开始，对该权利的讨论在我国学术界及实务界即连绵不断，而且随着社会的发展越发成为讨论焦点。从理论方面讲，有关该权利的研究多集中于对国外及国际制度内容的介绍，而对保护作品完整权的基础理论以及价值分析着墨甚少，而该内容正是保护作品完整权的核心和精髓。从实务角度看，该权利的讨论热点多集中于侵权标准的认定。另外，修改权与保护作品完整权的区分是学者们偏爱的研究课题，但大多数研究局限于简单罗列区别点，而缺乏系统全面的对比分析。

　　在我国司法实务界，侵犯保护作品完整权案件在著作权案件中的比重并不低。但目前较为严重的问题不是同法院审理同类案件的结果千差万别，而是有判决结果截然相反的情况发生。不可否认，个案的审理需要考虑个案的特殊性，但该制度本身亦存在问题的事实同样不容忽视。对于保护作品完整权的侵权判断标准问题，北京市西城区人民法院曾就"九层妖塔"案进行过一次学术交流会，专门对侵权判断标准问题咨询专家学者的意见。可见，提出符合我国国情的侵权判断标准是解决目前我国司法实践操作难题的当务之急，该问题的解决对指导我国司法实务操作尤为重要。

　　本文将对保护作品完整权制度进行较为全面的研究，包括其理论基础、历史发展、功能与价值，以及该制度在实践中存在的几大问题。此外，鉴于目前我国《著作权法》第三次修订对保护作品完整权的相关内容进行了调整，本文将针对具体问题进行分析论证，为完善保护作品完整权的相关规定提出建议。

一、保护作品完整权的基础理论

（一）保护作品完整权概述

1. 概念及立法理念

《伯尔尼公约》规定，对作者作品的任何有损其声誉的歪曲、割裂或其他更改、损害行为，作者有权反对。1990 年，我国颁布了新中国第一部《著作权法》，该法第 10 条第 1 款第 4 项规定了保护作品完整权，赋予作者保护作品不受歪曲、篡改的权利。比较上述两种规定，我国《著作权法》规定的内容相对较为简单。对《伯尔尼公约》的规定，学界有不同观点：一种观点认为歪曲、篡改作品与损害作者声誉是选择关系，即两个条件之间为"或"的关系，满足其中之一则视为侵权；另一种观点认为，两条件之间是"且"的关系，只有同时满足两个条件才可能发生侵权。两种观点的区别在于有损作者声誉是否为侵犯保护作品完整权的必备要件，由此导致了实务操作的困难。

作为保护作者精神权利的重要依据，各国对保护作品完整权均有所规定。法、德对保护作品完整权的规定侧重于对作者权利给予充分保护。如法国将保护作品完整权称为尊重作品权。《法国知识产权法典》第 121 条第 1 款对此即有规定。[1] 德国除规定禁止对作品进行歪曲或其他损害外，还在判例中具体列举了歪曲行为，如添加颜色、断章取义、对语言作品进行缩略等。[2]《日本著作权法》则将作品标题特别规定在保护作品完整权中，见于《日本著作权法》第 20 条。[3] 英美等国家则将有损作者声誉作为侵权构成要件。英国《版权、设计与专利法案》第 80 条[4] 规定，对作品的破坏行为损害作者或导演名誉为贬损处理。而美国对保护作品完整权的规定仅体现在《视觉艺术家权利法案》中，因此该权利仅限于视觉艺术作品，而且要求行为需损害作者声誉。

---

〔1〕《法国知识产权法典》第 121 条第 1 款规定："作者对自己的姓名、作者身份及作品享有受尊重的权利。"

〔2〕刘鹏："英美法系作者精神权利研究"，华东政法大学 2013 年博士学位论文，第 82 页。

〔3〕《日本著作权法》第 20 条规定："作者享有保持其作品和作品标题完整性的权利、有权禁止违反其意志对其作品或标题进行的修改、删除或者其他改变。"

〔4〕英国《版权、设计与专利法案》第 80 条规定："对作品的处理扭曲、割裂作品或破坏作品完整性或在其他方面有损作者或导演名誉或声望则为贬损处理。"

根据以上法律规定，可以大体将保护作品完整权的立法理念分为两大类，即作者权利主义和版权主义。

2. 两种立法理念的区别

对侵权标准的认定，作者权利主义只需满足对作品进行不当更改要件，而版权主义还需满足损害作者声誉要件。此种差异，是由各国不同的经济、政治、文化和历史因素造成的。

作者权利主义国家把作者权利放在首位，因此保护作品完整权所规定的保护水平相对版权主义国家较高。在法、德等大陆法系国家，作品被视为作者的"儿子"，作者与作品之间形成的这种亲密的"父子"关系颇受重视，如果作品被歪曲或篡改，就好比作者的"儿子"受到伤害，虽然这种伤害仅是"皮肉伤"，却足以牵动"父亲"的"怜爱之心"。同样地，当作品被他人歪曲、篡改时，作者即可以提出侵犯保护作品完整权的主张，不需要提供证据证明自己名誉受到损害。大陆法系国家的规定正体现了以作者权利为立足点与出发点的立法理念。

版权主义国家更偏重于以作品为中心，作者创作的作品要面向社会，促进文化传播与发展，如果对作者权利保护过高，必定会对作品的传播造成影响。另外，版权主义国家对作者权利的保护基于对其创作给予经济回报，换句话说，版权主义国家更注重作品产生的经济价值。因此，当作品被歪曲或篡改时，只有对作者声誉造成损害，导致作品社会评价降低，并影响经济价值，侵权主张才可能得到支持。比如，美国曾有判例认为，判断作者声誉是否受到损害，要将作者创作时产生的声誉与作品被改动后受到的社会评价相结合，综合考虑改动行为是否达到损害作者声誉的程度。[1]

（二）保护作品完整权的发展进程

1. 理论起源

保护作品完整权的概念并非直接来源于立法，其起源于法国理论界有关著作权本质的大讨论。受"天赋人权"思想的影响，作品被认为是作者人格的延伸，而人格又是一种精神权利，因此，作者与作品之间存在着紧密的精神联系。随着 18 世纪末法国开始著作权立法，以及《表演权法》和《复制权法》的相继

---

〔1〕　Carter v. Helmsley-Spear, Inc. 861 F Supp 303 (1994).

颁布，法国学者对著作权的本质展开了大讨论，主要形成两派观点：一派以加斯塔姆波德为主导，认为著作权是一种财产权；另一派以受康德影响较深的雷诺为主导，认为著作权是一种抽象的人格权派生出来的权利。[1]随后，法国学者安德烈·莫里洛首次提出著作人身权概念。他认为著作权既具备财产权又具备人身权的性质，并进一步解释了该双重性：人身权为完全的人身自主权，该权利禁止违背作者意愿、以他人名义发表其作品以及恶意复制作品的行为；财产权即专有使用权，它是一种纯粹的经济权利。[2]保护作品完整权的雏形与发表权、署名权一同体现在人身权中。至19世纪80年代，该论述受到法国学术界的普遍认可。

2. 制度确立与发展

法国1791年和1793年颁布的《表演权法》和《复制权法》对作者精神权利的规定只是一个雏形，尚未形成比较完整的精神权利概念。[3]直至1957年，保护作品完整权才真正在著作权法中得以确立，这些条款被收录在1992年颁布的《法国知识产权法典》中。[4]

保护作品完整权在法国产生后，逐渐传入英美两国，由于英美法系历来将作品视为作者的普通财产，因此对精神权利的概念十分排斥。促使英国规定保护作品完整权的事由是参与修订《伯尔尼公约》布鲁塞尔文本，英国因此不得不考虑修订本国版权，并于1988年将保护作品完整权纳入《版权、设计与专利法案》。该法规定，对作品的使用只有达到"贬损处理"的程度，才被视为侵犯保护作品完整权，而此处的"贬损处理"可以解释为对作品的歪曲、割裂或者在其他方面损害作者或导演声誉。美国对保护作品完整权的接受则更为被动。为了加入《伯尔尼公约》，符合公约规定的最低保护标准，美国将保护作品完整权引入立法，并于1990年《视觉艺术家权利法案》中首次规定保护作品完整权概念。然而该法律中保护作品完整权的对象仅限于视觉艺术作品，如绘画、雕塑等一小部分视觉艺术作品，而且权利的保护期限仅限于作者终生。可见，美国对保护作品完整权的限制较多，要求对作品的修改有损作者声誉，而且损害的艺术作品需要达到"公认"的程度。

---

〔1〕 杨延超：《作品精神权利论》，法律出版社2007年版，第33页。

〔2〕 孙新强："论著作权的起源、演变与发展"，载《学术界》2000年第3期，第73页。

〔3〕 钟显庭："保护作品完整权侵权研究"，华东政法大学2012年硕士学位论文，第3页。

〔4〕 《法国知识产权法典（法律部分）》，黄晖译，商务印书馆1999年版，第4页。

20 世纪 70 年代末，我国开启著作权立法进程。1990 年《著作权法》、2001 年和 2010 年的两次修订中都将其表述为"保护作品完整权"。[1]

随着经济全球化的发展，两大法系也逐渐呈现出相互融合的趋势，这也意味着两大法系的法律传统可能会有调整，以达到互相接受和融合的目的。此外，随着信息时代的到来，数字技术迅速发展，数字平台让社会公众更容易接触作品，这一方面增加了文化传播的速度与广度，另一方面也导致对作品的滥用，包括任意改动及不当利用作品等。针对这种情况，世界各国对著作权更为重视，尤其是对保护作品完整权的保护。

3. 保护作品完整权的功能与价值分析

（1）保护作者独创性表达。我国《著作权法实施条例》第 2 条对"作品"的概念进行了规定。[2] 作品是作者思想、观念及感情表达于外部的载体，是作者独创性的表达。每一部作品都体现出创作者独具特色的个人风格，是作者辛勤与汗水的劳动成果。因此，作品与作者有着不可分割的紧密联系，是作者精神印记的体现，比如具有"人民艺术家"称号的老舍，他善于描写城市贫苦人民的生活，挖掘民族精神，在轻快诙谐的笔调中体现生活的严峻。虽然后来其作品主题转变为反帝爱国主义，但是这些作品都带有明显的个人风格。

作者通过将自己的思想、情感、观点表达于作品之中，用语言、动作、色彩、线条、符号等形式展现给社会大众，从而使文学、艺术作品得以广泛流传，促进文化的传播与发展，推动人类社会的发展。著作权法的宗旨正是通过保护文学、艺术和科学作品，鼓励对物质文明、精神文明有益的作品在社会传播，促进文化和科学事业的繁荣发展。因此，世界各国通过赋予作品创作者著作权，鼓励创作者创作作品，满足社会公众的物质及精神需求。

保护作品完整权保护作者在其作品中表达个性特点、个人风格，一旦作者的个性表达被改动而转变其原有的风格，也即意味着作品的完整性被破坏或受到影响。从该角度来讲，保护作品完整权给予作者充分的受尊重权。

（2）保护作者思想、观点和感情。在创作作品的过程中，作者往往通过语言表达或艺术创作，将自己的思想、感情注入其中，透过作品来表达自己的心

---

〔1〕 钟显庭："保护作品完整权侵权研究"，华东政法大学 2012 年硕士学位论文，第 8 页。

〔2〕《著作权法实施条例》第 2 条规定："著作权法所称作品，是指文学、艺术和科学领域内具有独创性并能以某种有形形式复制的智力成果。"

情或对某种现象的观点、评价等。总之，作者的思想、观点和情感是作品的精神核心，是一部作品灵魂的体现。因此对作者来说，作品就像其生命的一部分，如同悉心呵护的孩子一般，倾注了创作者的爱与心血。作者将自己的精神寄托在作品之上，希望与他人达到情感上的共鸣。从这个意义上来说，保护作品完整权并不是简单保护作者的表达，其功能不只局限于保护作品所表述的概念、情节、原则、方法等表面文字，更重要的是保护作品所表达的精神内涵。在美术作品中，画家通过不同的色调表达内心的思想感情，如著名画家凡·高，其早期的作品以深色、暗色为主色调，画面昏暗、沉闷、压抑，表现贫苦工人们艰难的生活，但随着其晚期精神世界发生变化，作品色调明显加重且笔调夸张，表现心中的苦闷。这种情感上的表达正是创作者通过创作作品来体现的，具有独特而强烈的个人风格。[1]再如电影作品，思想与情感表达则更为明显。每一部面向观众的电影作品，无论其语言、动作、画面或音效如何独特，最终总要表达某个主题，甚至可以说整个影片的所有安排都是为了衬托某种主题，而该主题往往体现电影制作者的价值观与世界观等内心世界。

保护作品完整权赋予作者保护内心情感与思想的权利，作者有权保护作品与思想、感情表达的一致性，这反映了法律对作者的尊重。

（3）保护作品完整权的正义价值。正义是法的评价标准之一，也是实施法律的重要目标，正如罗尔斯对正义的表述。[2]作为统治国家的工具，任何一部法律都必须体现正义价值，通过对社会中各项权利的衡量，划分利益，实现利益平衡，使社会在良好的秩序状态下运行。如果法律不正义，就无法实现其价值，因此必须加以改造或废除。著作权法为了寻求作者与社会大众之间的利益平衡，赋予作者财产权利和精神权利，在充分保护作者对其作品享有的权利的同时，也对作者权利加以限制，从而使作品与社会公众广泛接触，促进文化传播与发展，这充分体现了著作权法的正义价值。作为一项重要的精神权利，保护作品完整权是作者手中的有力武器。康德曾在其著作《法的形而上学原理：权利的科学》中做过有力阐述："书是用一种特殊的形式向公众讲的话；也可以

---

〔1〕　陈一痕："保护作品完整权研究"，华东政法大学2012年硕士学位论文，第13页。

〔2〕　"正义是社会制度的首要价值，正像真理是思想体系的首要价值一样，一种理论，无论多么精致和简洁，只要它不真实，就必须加以拒绝或修正；同样，法律和制度，不管它们如何有效率和有条理，只要它们不正义，就必须加以改造或废除，……作为人类活动的首要价值，真理和正义是决不妥协的。"［美］约翰·罗尔斯：《正义论》，何怀宏等译，中国社会科学出版社2001年版，第1页。

说是作者通过他的出版人公开的做演说。"〔1〕

著作权法赋予作者将作品授权他人出版的权利，作者有权禁止他人对作品进行随意的歪曲、篡改。公众对作品的解读，也是对作者思想、观点的解读，在此过程中，公众形成自己的评判。而作品一旦被歪曲、篡改，与作品所传达的思想产生偏离，作者在公众眼中的形象就会受到影响，导致作者利益和公共利益的双重损害，因此保护作品完整权是基于正当的利益诉求。保护作品完整权的价值也就在于维护作者利益和公共利益，更好地实现社会公平正义。

（4）保护作品完整权的文化价值。文化是一个十分广泛的概念，学术界对它的定义数不胜数，始终没有形成一个统一的概念标准，但大体可以从广义与狭义上理解：就广义而言，人类在社会历史中创造的所有物质和精神财富均可视为文化；就狭义而言，文化可理解为社会意识形态以及与之相匹配的制度和组织机构。〔2〕其中的社会意识形态包含一个国家或民族的历史、地理、思维方式、价值观念等。

作品是作者思想感情的表达形式，也是文化记录的载体，往往体现着作者所表现的社会文化，如衣食住行、思维方式、生活习惯等。不同时代、不同地域的作者创作的作品所体现出的文化各具差异，也正是作品所体现的不同文化帮助不同时期、不同地域的人群进行沟通交流，从而促进文化的传播发展。

保护作品完整权体现了法律对作者和作品的尊重，也体现出对文化多样性的保护。不同的作品体现不同作者的价值观念，读者有选择作品的自由，无论一部作品的受众有多少，作者都有出版作品的权利，法律保护作者的言论自由，作者有权利为其读者写作。保护作品完整权赋予作者保护作品完整性的权利，作者有权禁止他人随意歪曲、篡改作品，有权让读者体验原汁原味的思想、观点的表达，这有利于充分体现作者独特的个人风格。因此，从该角度来讲，保护作品完整权有利于保护文化的多样性。

每一部作品都是对一个时代的记载，随着时间的推移，终将成为后人翻阅的历史，成为后人了解一个时代、一种文化的重要参考。如果一部作品受到了歪曲、篡改，作品所传达的思想、文化产生偏差，对后世了解文化与历史会产

---

〔1〕 ［德］康德：《法的形而上学原理：权利的科学》，沈叔平译，商务印书馆 1991 年版，第 112 页。

〔2〕 郭军、李霞："中国传统文化精神中对科技创新的制约因素"，载《天府新论》2014 年第 4 期，第 125 页。

生不利影响。因此，对文化的保护是保护作品完整权的重要价值。

二、侵犯保护作品完整权行为的判断标准

（一）国外的判断标准

1. 大陆法系国家的判断标准

以法国和德国为代表的大陆法系国家规定的保护作品完整权的判断标准属于典型的主观标准，即违背作者意愿，而不要求损害作者声誉。这种主观判断标准与两国作者权利主义的立法理念相一致。《法国知识产权法典》规定作者的作品受到尊重。[1]《德国著作权与邻接权法》规定著作权人有禁止他人篡改、损害作品的权利。从条文规定中可以看出，两国对保护作品完整权的保护水平较高，只要作品遭受损害，破坏了作品完整性即视为侵权。此外，其他损害也包括对作品的不当利用行为。德国法院还对何为"歪曲"和"损害"进行区分。如在《永不完结的故事》侵权案中，法院将"歪曲"解释为对作品实质特征的扭曲或篡改，[2]如将小说中的人物性格进行改动。而损害的范围较广，一般达不到"歪曲"的程度时即考虑是否属于"损害"的范畴，如作品本身的实质特征没变，而将作品以不适当的方式利用的行为可能属于"损害"，如将赞美自然的风景画作为讽刺性文章的配图。《日本著作权法》则分别规定了"歪曲"和"损害"行为，即违反作者意志更改作品或标题为"歪曲"行为，[3]不当利用作品是"损害"行为。相较而言，法国对保护作品完整权的相关规定较为简单，对究竟什么行为是对作品的"不尊重"，法律并未具体规定。但是，在司法判例中，对作品的不当利用也被认为是对作者权利的侵害，如 Pontoreau，ADAGP v. Association Front National 一案，为了在竞选活动中批评公款滥用行为，一个右翼团体制作了用公款购买的美术作品的复制品。法院审理认为，复制美术作品批判公款滥用行为贬损了艺术本身的价值，侵犯了尊重作品权。

从上文的介绍中可知，大陆法系国家对保护作品完整权的判断标准属于主观标准，不以损害作者声誉为侵权构成要件。此外，不当利用作品的行为也被

---

〔1〕《法国知识产权法典》第 121 条第 1 款。

〔2〕陈一痕："保护作品完整权研究"，华东政法大学 2012 年硕士学位论文，第 38 页。

〔3〕《日本著作权法》第 20 条第 1 款。

涵盖在权利保护范围内。

2. 普通法系国家的判断标准

以英美为代表的普通法系国家对保护作品完整权的判断标准属于客观标准，即对作品的改动要达到有损作者声誉的程度，才可构成侵犯保护作品完整权。作为版权主义国家，作品获得的经济利益是著作权保护的核心，在此立法理念的指导下，作者权利的保护标准则相对较高。如果著作权人的作品遭到歪曲或割裂，那么著作权人需要举证证明该行为使其声誉受到损害。相对于大陆法系国家的主观判断标准，普通法系国家的客观判断标准对作者维权造成诸多不利。根据英国法对贬损处理的规定，作者有权禁止对其作品进行贬损的行为，且该行为必须损害作者声誉[1]。但是损害作者声誉的判断标准为何，法律没有明文规定。根据司法实践，不能仅根据作者本人主观感受其名誉受到损害就认为侵权成立，而需要根据个案具体分析。同样，美国《视觉艺术家权利法案》规定，作者主张侵权，必须证明他人对其视觉艺术作品进行的歪曲、篡改和修改行为有损作者声誉或名望。然而无论英国还是美国，有损作者声誉的判断问题始终处于法律的空白地带，需结合具体个案分析判断。

因此，普通法系国家对保护作品完整权的判断标准属于客观标准，要求以损害作者声誉为侵权构成要件，而损害作者声誉的判断标准需要根据个案具体情况并考虑不同因素综合认定。

（二）我国的判断标准

1. "歪曲""篡改"含义的理解

我国保护作品完整权规定于《著作权法》第 10 条第 1 款第 4 项。该条规定来自于《伯尔尼公约》第 6 条之 2，与其不同的是，我国没有规定有损作者声誉及其他损害行为。然而，在我国的司法实践中，侵犯保护作品完整权的案例始终无法绕开有损作者声誉这一条件。即使我国《著作权法》明确规定歪曲、篡改行为属于侵犯保护作品完整权的行为，法院在判断该行为的过程中仍会牵涉到是否考虑有损作者声誉这一问题。

根据《新华字典》的解释，"歪曲"指故意曲解事实；"篡改"指用作伪手段改动或曲解。但是司法实践中对"歪曲"和"篡改"行为的认定并不十分明

---

〔1〕　陈一痕："保护作品完整权研究"，华东政法大学 2012 年硕士学位论文，第 28 页。

确。如在沈家和诉北京出版社出版合同及侵犯保护作品完整权、修改权纠纷案中，被告未经原告同意，将原告小说《正阳门外》系列作品中的三本书进行了大量修改和删减，并且书中有大量的错字、漏字。原告认为被告的修改、删减行为导致小说丧失京味风格，而且使书中存在大量错字、漏字，其行为严重侵犯了保护作品完整权和修改权，毁坏了作者声誉，因此提起诉讼。

北京市中级人民法院审理认为，小说的风格应该体现在小说的实质内容上，如历史文化背景以及写作方式上，并将上述因素综合起来整体判断，部分文字改变并不导致风格改变。被告以《现代汉语词典》为依据，对三本书的部分文字进行修改并且出现大量文字错误的情况，均不足以改变京味小说的风格，故沈家和的主张不能成立。[1]

沈家和不服一审判决，上诉到北京市高级人民法院。就保护作品完整权问题，北京市高级人民法院以《图书质量管理规定》为依据，认为书中文字差错超出规定范围，构成对保护作品完整权的侵害。

一审判决认为对作品的更改没有改变作品风格，即没有对作品造成实质性损害，不属于"歪曲"或"篡改"的范围。该判决也从侧面反映了法院将损害作者原意作为侵犯保护作品完整权的判断标准。二审法院并没有阐明被告侵犯保护作品完整权的理由，只是认为对作品的更改超出允许范围，造成质量问题的同时侵犯保护作品完整权。仔细分析，该判决也是经不起推敲的。该院并没有正面回答被告侵犯保护作品完整权的法律依据，而仅仅以图书行业的管理规定为依据，即被告印刷的书中存在大量错字，违反《图书质量管理规定》，因此认定被告侵犯了原告的保护作品完整权。从两个法院的判决可知，我国司法实务对保护作品完整权的内涵界定存在一定问题，法院在无法确定该权利内涵的情况下选择以其他途径为判断依据，从而对是否侵犯保护作品完整权进行认定。

2. 有损作者声誉要件的分歧

《伯尔尼公约》中规定的侵犯保护作品完整权，要求行为损害作者声誉，而我国《著作权法》并没有明文规定侵犯保护作品完整权以有损作者声誉为要件。这是否意味着我国对保护作品完整权的保护标准高于《伯尔尼公约》规定的标准？对有损作者声誉是否应为侵犯保护作品完整权的判断标准，实践操作中分歧较大。

---

〔1〕 北京市中级人民法院（2000）中知初字第 196 号民事判决。

在 2013 年赵铁军诉团结出版社著作权权属、侵权纠纷案中，被告团结出版社出版原告赵铁军的作品《破碎的大旗》，但其在图书封面下方印有一行封面语，对该书的内容进行概括性介绍。原告认为，该封面语与小说的主题严重不符，侵害了原告依法享有的保护作品完整权。

北京市东城区人民法院认为，添加封面语不构成对原告保护作品完整权的侵犯。该院给出的理由是：一方面，原告诉称的封面语不是作品的一部分，不符合保护作品完整权的保护对象要件，且该封面语的字数所占版面字数的比例极小，达不到歪曲、篡改涉案作品的程度。另一方面，出版社为吸引读者，在作品封面添加宣传、推介语符合行业习惯。另外，对歪曲、损害行为的判断应当以一般民众的认识作为标准，而且结合本书内容，该封面语并未达到歪曲、篡改涉案作品的程度。[1]

从该案的判决中可知，法院并没有将有损作者声誉作为侵犯保护作品完整权的判断标准，而是将审判重点放在歪曲、篡改的判断上。但对于该问题的判断，法院则以添加封面语行为是否符合行业习惯为标准。虽然封面语与小说的主题严重不符，但法院并没考虑封面语的实质内容对小说和作者造成的影响，而是从出版社的角度认定添加封面语属于行业习惯。而且，对歪曲、篡改的判断应以一般民众的认识为标准。然而，一般民众的认识标准如何界定，法院并没有给出回应，而是巧妙地绕开了这一关键问题。

再如"九层妖塔"案。《九层妖塔》改编自天下霸唱（原名张牧野）的小说《鬼吹灯之精绝古城》。由于电影在故事情节、人物设置及背景设置上与原作小说相去甚远，作者天下霸唱状告导演陆川及中国电影股份有限公司侵犯其保护作品完整权。北京市西城区人民法院于 2016 年 6 月 28 日作出一审判决。该院认为，原告没有证据证明电影导致小说的社会评价降低，进而影响作者声誉，因此对原告主张侵犯保护作品完整权不予支持。

在上述案件中，北京市西城区人民法院将改动后的作品导致原著社会评价降低和损害作者声誉作为侵犯保护作品完整权的要件，认为在判断是否构成侵权问题上，不能仅以违背作者原意及对作品改编多少为判断标准。与前述法院判决相比，北京市西城区人民法院的判决理由明显更为充分。该院对歪曲、篡改含义进行解释，围绕有损作者声誉和违背作者原意两个方面展开讨论，而且

---

[1] 北京市东城区人民法院（2013）东民初字第 12602 号民事判决。

在如何认定导致社会评价降低这一问题上有所突破。另外，该院的判决也反映了其充分考虑电影行业悠久的改编历史及创作发展方向、保护合法创作者的创作自由及电影作品的发展规律。此判决结果体现出判断保护作品完整权是否受侵害需考虑不同行业的行业习惯与发展规律，如在本案中，观众预期以及对电影作品的投资等是电影行业必须考虑的要素。

三、完善我国保护作品完整权制度的建议

（一）明确保护作品完整权的侵权认定标准

1. 以有损作者声誉为侵权构成要件

通过前文对保护作品完整权判断标准的探讨可知，目前客观标准是学术界以及司法实务界的主流观点，即是否以有损作者声誉为侵权构成要件。

有学者归纳总结了有损作者声誉这一侵权要件存在的原因：第一，为了区别我国《著作权法》规定的修改权和保护作品完整权的适用范围，即未经作者允许修改作品的行为侵犯了修改权，而该修改损害了作者声誉，侵犯了保护作品完整权；第二，为了防止作者权利滥用，即对作者权利加以必要限制，并且给作品使用者更大的使用空间。总而言之，该学者的观点为有损作者声誉是区分修改权与保护作品完整权的条件。然而除我国《著作权法》分别规定了修改权和保护作品完整权外，世界大部分国家并没有单独对修改权进行规定。

世界各国著作权法与国际公约中，单独设置修改权的情况为数甚少。德国等大部分国家的著作权法以及《伯尔尼公约》等主要国际公约，仅规定了保护作品完整权，而没有规定修改权。我国《著作权法》则同时规定了两种权利。我国对修改权的规定见于《著作权法》第10条第1款第3项。从字面理解，修改权和保护作品完整权都针对对作品进行改动的行为，但对作品的改动包括表达形式和思想内涵两个方面，而对两者权利进行区分，需要引入有关作者名誉的内容，以达到对改动作品外在形式与内在精神加以界定的目的。从区分修改权与保护作品完整权的角度来讲，有损作者声誉这一要件的存在不无道理。

另外，《著作权法》的基本原则是利益衡量原则，即作者私人利益与社会公共利益的平衡：在保护作者对作品享有的财产权利和精神权利的同时，也要保证作品在社会上的广泛传播，以促进文化发展和社会繁荣。保护作品完整权的设立必然要遵循利益平衡原则，在给作者一定的创作自由和权利保障的同时，

也需对作者权利加以必要限制，保证文化广泛交流与传播。从该层面上讲，有损作者声誉要件起到了权利限制的作用，不仅防止作者滥用权利，而且在某种程度上扩大了作品使用者的创作空间，有利于鼓励作者创作作品。

也有学者认为有损作者声誉不应成为侵权构成要件：首先，该要件降低法律对作者权利的保护强度，不利于作者权利保护，而且可能导致保护作品完整权与名誉权在功能上的重合；其次，歪曲、篡改行为可能在某种程度上有利于作者声誉；最后，给当事人证明侵权造成困难。[1]

针对上述学者观点，笔者提出几点看法。

首先，我国《著作权法》对作者权利的保护以利益平衡理论为基础，无论对作品创作者一方还是作品使用者一方，都要寻求一个度，既不能保护过度，也不能保护不力。有损作者声誉正起到了限定的作用。一旦作者的表达受到歪曲或篡改，被改动的作品发表，社会大众接触作品之后就会形成自己的评价。虽然一千个读者眼中有一千个哈姆雷特，无法达成一个统一的评判标准，但是可以将作者的个人声誉、公众的评价以及文字或电影行业对声誉的判断标准综合起来考虑，如果这种损害上升到精神层次，导致作者声誉受损，即可认为侵犯了作者的保护作品完整权。另外，保护作品完整权在本质上属于著作人格权，而名誉权属于人格权的范畴，二者都可以归属到精神权利的范围，所以即使二者重合也不矛盾，著作权人完全可以通过著作权主张保护作品完整权受到侵害，也可以同时主张著作权和名誉权受到侵害。

其次，关于对作品的歪曲、篡改可能提高作者声誉的说法，笔者不以为然。对任何事物的评价都要客观全面，如果只站在某一角度看问题，难免会产生偏颇。例如某一作者的小说被改编成剧本后拍成电影，该小说原本的主题反映严峻的社会现实，感情深沉压抑，而拍成的电影则完全改变了小说的基调，将消极的风格变成积极向上的风格。从作者的角度来讲，其希望自己的作品能原汁原味地呈现给观众，无论其作品表达的内容是消极的还是积极的，都是作者真实思想的表达，但改动后的作品完全颠覆了作者的思想感情，导致作者内心无法接受，那么作者可主张声誉受损。若从观众的角度来看，接触过原作的大部分观众希望通过电影生动再现书中的情景，若作品的感情基调完全改变，很可能导致与预期差距过大而大失所望。另外一部分未接触过原作的观众可能会有

---

〔1〕 刘有东："论侵犯保护作品完整权之行为"，载《西南民族大学学报（人文社科版）》2010年第 4 期。

各种不同的评价。作者的声誉是提高还是降低，当然还涉及评价主体和评价标准问题。

最后，笔者认为，对声誉的判断应从多角度进行全面分析。不仅要考虑作者的个人声誉是否受到影响，还要考虑是否违背社会公共利益、是否超出社会公众的接受范围、是否违反行业规范和惯例等因素。

关于侵权认定，还需要关注举证问题。笔者认为，《著作权法》授予著作权人权利，给权利受侵害的作者以救济，同样，著作权人对其主张应该负有举证的义务或责任，因为既然其选择以诉讼途径维权，就有责任对侵权行为进行举证，这是权利义务对等的体现。举证困难与否，不能一概而论，更不能以牺牲完善的法律制度为代价而取消举证困难的侵权要件。从举证难易角度看，根据有损作者声誉这一标准更容易认定侵权行为。而改变作者思想或意愿依赖于作者的主观态度，偏向于作者的一家之言，反而造成举证困难，无疑导致法律上判决不统一的问题。进而言之，有损作者声誉的判断可以综合考虑外在的客观因素，排除主观性的不确定因素。客观因素包括一般公众的评价、行业特点与作品销售情况等。

具体来讲，笔者认为，有损作者声誉的判断可以综合以下三个因素：

首先，社会公共利益因素。根据著作权法促进文化交流传播，实现社会发展与繁荣的目的，违背社会公共利益的作品是无法或不被允许存在于世的。虽然从字面上看，有损作者声誉这一条件将作者放在核心位置，但社会公共利益实则是隐含在内的根本要件，也是判断是否有损作者声誉的底线。

其次，一般社会公众的认识与评价标准对有损作者声誉要件的判断具有指南针的作用。作品创作并发表的直接目的在于面向社会公众。公众对作品的认识与评价对作者至关重要。公众对作品的喜爱程度直接决定作品的销量，更进一步讲，销量的好坏不仅影响作者的财产权利，而且关系到作者对自身价值的认定，即上升到更为深刻的精神层面，对作者的精神权利产生影响。然而，对社会公众的认识评价难以得出统一的结论。在这一问题上，笔者认为可以引入文学史中的接受美学理论。

接受美学理论产生于20世纪60年代的联邦德国，由沃夫尔冈·伊瑟尔和汉斯·罗伯特·姚斯提出。该理论强调在作者、作品与读者的关系之中，读者处于核心位置，且读者在这一关系中起到了创造性作用。作者在创作作品的过程中需要考虑读者的审美期待，创作出符合读者审美期待的作品，从而得到读者的认可，所以，读者对作品的审美期待对作者具有十分重要的意义。[1]

从某种意义上说，接受美学中的相关理论也可用于判断一般公众的认识与评价。将该理论放在著作权领域，可以理解为，公众在接受被改动作品之前由于对原创作品已经形成了预期审美视野，因此对被改动作品自然就会抱着某种审美期待。如果公众接触被改动作品之后产生了审美愉悦，则该作品在公众的接受范围内。因此，判断一般公众对作品的认识与评价取决于公众接触原作后对被改动的作品抱有何种期待。如果公众接受被改动作品之后认为该作品符合其对原作的审美期待，则可认为该作品在公众接受范围内。反之，若公众认为该作品与原作差距较大而未达到其审美期待，并且形成较大的心理落差，影响其对原作的看法和评价，导致原作的社会评价降低，从而对作者声誉产生不利影响，则可将该因素视为判断有损作者声誉的条件之一。

最后，在判断是否损害作者声誉问题上，改动行为是否符合行业惯例也是必要的考虑条件。除文学作品外，影视作品、摄影作品、美术作品等多个领域都可能产生侵犯保护作品完整权的问题。如何改编文学作品以达到该目的是该行业的特殊性所在。除此之外，不同行业具有相应的行业规范，如《电影产业促进法》的制定对规范电影市场秩序起着重要作用。经改编后的影视作品内容若违反该法第 16 条的规定，在侵权判断标准问题上可考虑将该因素作为一项判断条件。由于行业惯例的形成具有长期性和相对稳定性，因此其作为判断有损作者声誉的条件具有客观性和易操作性。

综合以上分析，以有损作者声誉为侵权判断标准，不论在理论上还是司法实践中，都具有可行性。因此，笔者认为，我国《著作权法》第三次修订不妨考虑增列有损作者声誉这一侵权构成要件。

2. 明确对作品的不当使用构成侵权

《伯尔尼公约》不仅规定歪曲、篡改作品属侵权行为，还规定不当利用作品也属于侵权行为。另外，有些大陆法系国家通过司法判例将对作品不当利用的行为纳入到侵犯保护作品完整权的范围，如德国，前文对此已作阐述。但是，我国《著作权法》除了规定对作品进行歪曲、篡改的行为之外，没有其他任何规定。从文义解释来看，歪曲、篡改的对象都是作品本身，无法将对作品的不当利用行为涵盖在内，除非对该条规定进行扩大解释。有学者认为，作品

---

[1]　罗旭：“接受美学的主要理论观点”，载《大家》2010 年第 7 期，第 32 页。

完整性不仅包括表现形式的完整性，还包括作品内容、情节和主题思想的完整性。[1] 即使未对作品进行改动，如果对作品的利用有违作品思想与内涵，也可能构成侵权。

另外，日本也有相关司法判例。原告拍摄的一幅意境优美的摄影作品被用来制作轮胎广告，原告认为对其作品的使用方式不当而侵害了其同一性保持权，因此状告被告。可以看出，日本也将不当使用作品视为侵犯保护作品完整权的一种情形，而且日本专门赋予作者禁止其作品被不当使用的权利，即同一性保持权。[2]

对不当使用作品的行为，总结我国司法判例，可大体分为以下两大类：第一，擅自给作品添加元素，如给严肃作品搭配低俗的封面背景或封面语；第二，将作品应用于不当场合，如将赞美自然的画作用于讽刺时政等。换言之，用《日本著作权法》的相关规定可以将其概括为违背同一性，即作品的使用与作品的创作目的或风格不具有同一性甚至有所违背，凡符合该特征的不当使用行为，即可视为侵犯保护作品完整权。

不当利用作品的行为是否应为侵权情形之一，学术界和司法实践中越来越对此持肯定态度，无论是从保护作品完整权设立的意义还是功能上分析，对作品不当利用的行为都是对作者或作品的不尊重。一部作品的完整性不仅体现在作品的内容和表现形式上，还体现为作品与作者表达的思想的同一性，即外在表达与内在精神的一致性，而不当利用作品将这种同一性割裂开来，不论是随意增添元素还是违背作者意愿在不当场合使用，都是对作品完整性的破坏，使公众对作品的理解和作者所表达的思想、原意产生偏差，在一定程度上对作者的财产权利甚至是精神权利造成损害。因此从这个角度来讲，有必要将不当利用作品的情形归入保护作品完整权的范围。

通过上述对侵权构成要件的分析，笔者建议在《著作权法》第三次修订中将保护作品完整权表述为："作者有禁止作品不受歪曲、篡改及其他有损作者声誉的损害行为的权利"。

[1] 韦之：《著作权法原理》，北京大学出版社1998年版，第62页。
[2] ［日］半田正文、纹谷畅男编：《著作权法50讲》，魏启学译，法律出版社1990年版，第76页。

（二）完善修改权条款以区别保护作品完整权

1. 修改权的立法理念及类型化处理

任何一项作品的完成都经过了创作者的反复推敲、琢磨，即使作品已经完成，作者的思想、观点等也不是一成不变的。随着社会进步和人们认识的不断深化，作者需要对作品进行删节、补充或改动以提高作品质量。正如德利娅·利普希克所言，作品在面向公众之后，作者仍享有修改作品的权利，因此在作品再版或重印之前，作者有权利修改其认为需要修改之处。[1] C. 穆谢和 S. 拉达埃利认为，一部作品没有完全创作完毕之时。他们还援引了 J. L. 博尔赫斯的论述：只有迷信或厌倦才会产生最后文本的概念。[2]

我国《著作权法》规定了修改权，但学界对修改权中"修改"的含义如何界定存在分歧。《现代汉语词典》（第 6 版）将"修改"解释为：改正文章、计划等里面的错误、缺点。由此可知，"修改"的含义侧重于对作品质量的改善与提高，也即《著作权法》将修改限定在合理修改的限度内。论及如何合理把握修改作品的尺度，可以对修改进行类型化，并针对不同类型进行不同的处理。根据《著作权法》第 34 条对修改权的限制性规定，作品修改可以分为文字性修改与内容性修改。另外，根据《著作权法》第 10 条第 1 款第 3 项的规定，修改又可以分为经授权的修改和未经授权的修改。将两种分类标准交叉，我们可以得出四种类型的修改：经授权的文字性修改，可表现为经作者授权对错字、漏字、多字、词语增删、同义和近义词替换等的修改；未经授权的文字性修改，即未经授权进行上述修改；经授权的内容性修改，比如经作者授权对作品人物、情节、对话等内容的修改；未经授权的内容性修改，即未经授权对作品进行上述修改。从下面的表格中可知，必要的文字性修改，无论是否授权，均属于合理修改的范围，不构成对修改权的侵犯；而对作品的内容性修改，只要未经作者授权，即侵犯了修改权。

---

〔1〕 刘有东："论作品修改权"，载《现代法学》2010 年第 3 期，第 178 页。

〔2〕 ［西班牙］德利娅·利普希克：《著作权与邻接权》，联合国教科文组织译，中国对外翻译出版公司 2000 年版，第 128 页。

表 1 修改权的类型化处理

修改方式	是否属于合理修改
授权的文字性修改	是
未授权的文字性修改	是
授权的内容性修改	是
未授权的内容性修改	否

需要注意的是，此处的合理修改是有限度的修改。即使对作品进行文字性修改，也必须最大限度地尊重作品完整性，遵循相关的质量管理规定，恪守合理原则，如不能对作品字数增添或删减过多，若对作品完整性造成影响，将无法实现修改权设立的目的。

2. 修改权与保护作品完整权的区别

修改权与保护作品完整权的内涵界定问题一直是学界讨论的重点。此次《著作权法》第三次修订也围绕两种权利的界定展开。

《著作权法（修改草案）》中对保护作品完整权作了全新的定义，将作品修改权与保护作品完整权合并，并把修改权中授权他人修改的内容删除。《著作权法（修改草案第二稿）》中，修改权中作者本人的修改被删除。《著作权法（修改草案第三稿）》对保护作品完整权的规定与第二稿相同。2013 年1 月《著作权法（修订草案送审稿）》将"授权"二字替换为"允许"。笔者认为，此次改动对保护作品完整权的内涵影响较大。"允许"可以被理解为作者可以对修改行为进行事前授权和事后追认。

综合几次草案的规定可知，无论作品完整权内容有何变化，不单独设立修改权是此次《著作权法》修订的理念。

对于修改权是否有独立存在的价值，学者们各抒己见。有学者认为，修改权没有独立存在的价值，并阐述了如下理由：第一，修改权的设立目的在于判断作者对其转让后的作品是否仍然享有修改的权利。在作品发表以前，著作权人修改其作品是理所当然的，没有必要通过《著作权法》加以确认。而作品发表以后，经修改成为一个新作品，则是改编权调整的范围。[1]第二，修改未扭曲、篡改原作或未对作者声誉造成损害的规定主要是针对出版者对作品的改动。而我国

---

〔1〕 陈力维："论作品修改权"，华南理工大学 2014 年硕士学位论文，第 22 页。

《著作权法》第 34 条〔1〕有编辑修改权的规定，该种情形属于编辑修改权的调整范围。因此，这种情况也没有使用修改权来规制的必要。第三，也可根据是否对作品进行扭曲来判断未经许可修改作品是否侵犯改编权或保护作品完整权。

在此，笔者对以上学者的观点提出几点看法。首先，著作权人在作品发表以前有修改作品的自由，在这一点上不需要修改权加以调整，但在作品被交付给出版社之后到作品发行前，作者欲修改其作品且没有形成新的作品，但遭到出版社拒绝时，此种情形既不属于保护作品完整权调整的范围，也无关改编权的适用，如果将修改权删除，那么作者权利将得不到保障。另外，作品出版后，作者对其作品进行修改但给第三人利益造成损害的情况如何认定，就涉及对作者修改权进行限制性规定的问题，倘若没有修改权，则须通过侵权法寻求救济，这与特殊法优先于一般法的原则相悖。

其次，如果不规定修改权，出版者未经授权对作品的内容进行修改又没有达到歪曲、篡改作品的程度，若此种情形也一概被认定为侵犯保护作品完整权，将会导致法律规定有违公平正义原则。

最后，可根据是否对作品进行扭曲来判断未经许可修改作品是否侵犯改编权或保护作品完整权，暂且不说该观点需要充分的论证，改编权的引入本身就有将简单问题复杂化之嫌，同样导致改编权与保护作品完整权之间产生混乱，不仅无法解决实质性问题，反而弄巧成拙。

笔者认为，修改权与保护作品完整权各自均有存在的价值，我们可以通过表格对修改权与保护作品完整权进行区分。

表 2　修改权与保护作品完整权区分

修改方式	是否侵犯修改权	是否侵犯保护作品完整权	
		歪曲、篡改	未歪曲、篡改
授权的文字性修改	否	是	否
未授权的文字性修改	否	是	否
授权的内容性修改	否	是	否
未授权的内容性修改	是	是	否

〔1〕《著作权法》第 34 条规定："图书出版者经作者许可，可以对作品修改、删节。报社、期刊社可以对作品作文字性修改、删节。对内容的修改，应当经作者许可。"

　　从上述表格可以看出，对作品进行内容性修改，未经授权则侵犯修改权，但若未对作品造成歪曲、篡改，则不侵犯保护作品完整权；只有未经授权对作品进行内容性修改一种情况侵犯修改权，当然，文字性修改需要在合理范围内；无论授权与否以及对作品作何改动，只要达到歪曲、篡改的程度，就侵犯保护作品完整权。

　　因此，对未经许可进行必要的文字性修改不应认定为侵犯修改权，更不应认定为侵犯保护作品完整权。通过以上分析论述，笔者认为可将修改权表述为："允许他人对作品进行内容性修改的权利，必要的文字性修改不属于侵犯修改权"。此处的"允许"包括事前授权及事后追认。

　　此外，作者的修改权还应包括作者本人对作品进行修改的权利。若作品出版后，作者希望对作品进行修改以保证作品与本人思想、观点的一致性，但出版社拒绝其修改要求，这种情况下出版社是否侵犯作者修改权？对此，有些国家规定了收回权和补偿机制。如《意大利著作权法》规定了补偿机制。[1]若作者行使修改权时给出版社造成经济损失，那么作者应支付费用以补偿因修改作品造成的经济损失。再如《法国知识产权法典》同时规定了收回权和补偿机制。[2]设置补偿机制及收回权的目的在于对作者行使修改权进行限制，虽然作品出版后作者仍可行使修改权，但这种权利需要控制在一定范围内，不能对出版者或使用者造成不利影响。但是在作者给予合理补偿之后，出版者或使用者仍然拒绝发表作品，则侵犯了作者的修改权。对此，《日本著作权法》第82条作出规定[3]，意大利、瑞士等国家也有类似规定。

　　笔者认为，有必要在《著作权法》第三次修订中规定作者收回权或补偿机制，以对作者行使作品再版后的修改权进行限制。

---

　　〔1〕《意大利著作权法》第129条规定："作品在出版前，作者可作他认为适当的修改，但是不得改变作品的性质和用途，也要承担因修改而造成的费用的支出。"

　　〔2〕《法国知识产权法典》第121条第1款规定："尽管使用权已转让，甚至转让作品已经出版，作者对受让人仍享有追悔或收回的权利。作者必须在事先赔偿因追悔或收回给受让人造成的损失后，才能行使该权利。在行使追悔或收回权利后，作者决定发表其作品的，必须优先将作品的使用权向最初选定的受让人以最初确定的条件报价。"

　　〔3〕《日本著作权法》第82条规定："出版者再次出版作品时，作者在正当范围内可对该作品进行修改或者增删。出版者再次出版该作品时，每次均必须预先通知作者。"

（三）完善保护作品完整权的限制性规定

1. 利益平衡原则

耶林认为，法律的目的在于寻求个人利益与社会利益的一种平衡。[1]该原则即为利益平衡原则，我国《著作权法》也采用了该原则，通过赋予作者一定的财产权利和精神权利保证作品的传播，从而为社会大众提供精神食粮。作者对其作品享有的权利是一种私人权利，而社会公众对作品的使用则属于社会公共利益。既然存在不同的利益主体，就难免产生利益冲突，此时，著作权法应发挥法律的功能，在不同利益主体之间寻求一种平衡。保护作品完整权作为著作权法中重要的权利内容，对其的保护需要考虑作者与作品、作者与作品使用者之间的利益关系，在充分保护作者权利的同时，保证社会大众与作品的广泛接触，为社会大众接触作品提供便利。因此，在赋予作者权利的同时，也应对作者行使其权利给予一定限制。

在德国，利益平衡原则是一项重要的法律原则，在保护作品完整权中体现为，即使作品受到歪曲、篡改，著作权人和作品使用人也应互相考虑对方利益。根据《德国著作权与邻接权法》第 93 条第 2 款的规定，著作权人与作品使用人之间和与电影制作人之间应当互相适当考虑对方利益。

我国通过规定合理使用制度和法定许可制度限制作者权利。我国《著作权法》第 22 条第 1 款虽然规定了 12 种合理使用的情形，但其中与保护作品完整权联系较为紧密的情形只有"适当引用"一种情形。笔者认为，我国《著作权法》对保护作品完整权的限制规定存在较大不足，可以参考《德国著作权与邻接权法》，将利益平衡原则规定在《著作权法》中，用以完善权利限制性规定。当出现作品被改动，可能侵犯保护作品完整权的情形时，法院应该考虑作者与作品使用者双方的利益，并考虑将作品性质、传播方式、目的与程度、公众评价等作为衡量要素。

2. 明确讽刺模仿作品的合法性

讽刺模仿指一种不协调的模仿，亦即模仿某严肃的文学作品（或文学体式）的内容或风格，通过其形式、风格与其荒谬的题材、主题彼此不协调而产生的一种喜剧效果。[2]讽刺模仿作品的特点是借严肃题材作品中的人物、对话、场

---

〔1〕 苏力：《法治及其本土资源》，中国政法大学出版社 1996 年版，第 181 页。

〔2〕 佘江涛、张瑞德、罗红编译：《西方文学术语辞典》，郑州黄河文艺出版社 1989 年版，第118 页。

景、情节等创作一个新的作品，以讽刺或幽默的形式来表达对原作品的一种评价，通常含有批判意味。

我国有关讽刺模仿作品的代表性案例是根据电影《无极》创作的短片——《一个馒头引发的血案》，该短片的创作者通过截取某些电影片段并进行后期剪辑、配音创作出一部具有喜剧效果的作品。关于该作品是否侵犯《无极》的著作权，我国学术界展开了一场大讨论。有学者认为该视频侵犯了修改权、保护作品完整权和改编权；也有人认为只侵犯了保护作品完整权；还有学者认为不构成侵权。对于讽刺模仿作品的性质，德利娅·利普希克认为，讽刺模仿本身就对原作带有一定程度的嘲讽，这种性质决定其难免对原作品作者的感情造成伤害。若所有模仿作品都需经过作者允许，则将导致一种文学种类的消失，也在一定程度上否认了批评自由的权利。[1]

正如德利娅·利普希克所言，讽刺模仿作品具有对原作批判的性质，这也是言论自由的体现。作品一旦面向社会大众，读者就会形成自己的评价，任何作品都不可能获得读者或观众的一致好评。作品既然面世，就应接受市场这块试金石的检验。作者判断其创作是否成功，主要依赖读者对作品的评价。讽刺模仿作品虽然具有讽刺性，可能在一定程度上歪曲了原作并对作者造成伤害，但讽刺模仿作品是文艺批评的一种形式，创作者并不具有故意歪曲、篡改作品并损害作者声誉的目的。另外，讽刺模仿作品是具有独创性的新作品，并不使人们对新作与原作产生混淆。

随着数字与网络技术的发展，人们对作品的接触更为便利，表达个性、追求言论自由已成为时代发展的趋势。法律必须跟随时代的脚步，才能更好地发挥功能，如果将讽刺模仿这种文艺批评一律抹杀，将不利于保护公众言论自由的权利，也有违于社会公共利益。因此，为了实现我国《著作权法》的制定宗旨，促进文化传播与发展，同时与当今社会迅速发展的步调保持一致，应当认定讽刺模仿作品具有相当的生存空间和价值。在不与社会公共利益相悖的前提下，著作权法应适当鼓励作品的多元化创作与发展。

---

〔1〕 〔西〕德利娅·利普希克：《著作权与邻接权》，联合国教科文组织译，中国对外翻译出版公司2000年版，第126页。

结　论

保护作品完整权作为一项十分重要的精神权利，对作者保护其作品的完整性起着重要作用。不同国家对保护作品完整权的不同规定增加了该制度的复杂性，从而导致该权利制度在司法实践中的操作困难。尤其在保护作品完整权的侵权判断标准以及与相关权利区分问题上，司法实践操作不一。笔者在文章中探讨了保护作品完整权的理论基础，在全面深入理解该制度的理论根源基础之上，运用理论研究与案例分析相结合的方式探讨了保护作品完整权的侵权判断标准问题、保护作品完整权与相关权利区分问题以及权利限制问题，同时在我国《著作权法》第三次修订之际，提出相关立法建议。

就侵权判断标准而言，笔者对其他国家的相关规定进行分析比较，结合我国司法实践，并引入接受美学理论，将该理论下的读者审美期待与一般公众对作品的评价类比分析。另外，笔者分析认为行业标准与行业惯例因素对判断有损作者声誉条件具有重要参考价值。最终，总结得出有损作者声誉作为侵权要件符合我国实际的结论。此外，通过与日本等国家对不当使用作品行为的规定进行比较，笔者对不当使用作品的标准进行分析，建议在我国《著作权法》第三次修订中将不当使用作品行为纳入侵犯保护作品完整权的范围内。

鉴于我国《著作权法》分别规定了修改权与保护作品完整权，而且学术界和司法实务界对两种权利的界定存在分歧，笔者认为修改权有其独立存在的价值。我国可以参考德国等国家规定的收回权和补偿机制，以对修改权进行必要限制。最后，笔者希望以上建议对《著作权法》第三次修订有所帮助。

根据利益平衡原则，并考虑言论自由权利，作者在行使保护作品完整权的同时也应该受到一定的限制，例如，对于讽刺模仿行为这样的文艺批判形式，需要在法律上明确规定其合法性。

法律的制定是为追求社会公平正义服务的，运行良好的法律制度不仅能有效地规范社会秩序，而且能得到社会公众的认可和拥护。如果法律规定模糊、粗糙，导致司法操作混乱，社会秩序无法正常良好地运行，则需要对法律制度加以完善，从而为司法实践指明方向，实现社会公平正义。

论发明专利创造性判断标准

洪晓明

在市场化经济体制下，专利制度在保护发明创造和激发创造性方面的价值愈发凸显。为了保障专利授权质量，各国对发明专利无不要求其具备新颖性、创造性、实用性要件，而在判断发明专利申请是否授予专利权的实质性要件中，最难以掌握的是创造性的判断。近些年来，社会各界对于发明专利的重视程度与日俱增，发明专利创造性的判断也是专利授权实质性要件判断中最重要的环节。创造性最能体现发明技术方案的创新程度和质量水平，对创造性判断标准的完善可以防止专利权的泛滥，同时也使得发明者的智力成果得到最大程度的保护。

在现有研究中，大部分研究是在宏观层面研究专利创造性判断标准，针对特定的发明专利创造性判断的研究则明显不足。同时，针对实践中新兴技术领域发明专利创造性判断的实务研究更是少之又少。故本文将创造性判断的普适标准应用于发明专利实践具体案例中，尝试找出发明专利创造性判断存在的一些问题，并在自己有限的知识水平下提出完善建议，期望弥补此领域的研究不足。

在新的社会时期，知识产权的创新能力已经成为国家和企业竞争力的核心。而创造性最能体现一个发明是否具有创新能力的性质，加强对于创造性的判断标准的完善能够激发全社会对于发明的热情，有利于科技的进步，更加有利于人类文明的发展。创造性制度的存在是为了调节特定的社会关系，在社会实践中的案例更能体现出制度的合理性，因此研究不能仅仅停留在理论方面，更应当结合具体案例进行分析，这样才有利于制度的完善。笔者在论述发明专利创造性的制度之后，还将分析案例背后的共性问题，以期达到对于发明专利创造性制度的完善目的。

一、发明专利创造性概述

（一）发明专利创造性的内涵

对于能否授予发明专利权来说，发明专利的创造性是一项重要的检验标准，同时也是最难以确定的标准。在实践中，不同的国家对发明专利的创造性的定义不同。我国《专利法》明确了发明专利的创造性概念，即"指与现有技术相比，该发明具有突出的实质性特点和显著的进步"。[1]我国的专利制度起步较晚，主要吸取发达国家的专利法实施中的经验。对比各个国家的法律可知，美国、德国、欧盟和日本等对发明专利创造性的概念都有各自不同的规定。[2]

《美国专利法》把发明专利的创造性定义为"非显而易见性"。[3]德国、英国等西欧国家大多称之为创造性，《欧洲专利公约》规定，如果一项发明技术相对于现有技术来说，对于这个领域内部的普通技术人员来说是非显而易见的，就可以被授予专利权。[4]《日本专利法》规定，如果在申请专利提交前，这项发明技术领域的普通技术人员根据已有的发明或者多项发明技术能够想到或者轻松推理得到这个发明，不应当授予这项发明专利权。[5]《专利合作条约》第33 条规定："在国际初步审查中，如果和细则中要求的现有技术相比较，申请保护的发明对于所属领域的技术人员在规定的日期内不是显而易见的，就被认定具有创造性。"[6]

由此可见，虽然各个国家对发明专利的创造性的表述不同，但是实质性要求是一致的，即"非显而易见性"。能够被授予专利权的发明，必须要和现有技术有实质性的区别，如此才可体现出专利制度保护创造性的精髓。

---

〔1〕 来小鹏：《知识产权法学》（第 3 版），中国政法大学出版社 2015 年版，第 233 页。

〔2〕 来小鹏：《知识产权法学》（第 3 版），中国政法大学出版社 2015 年版，第 233 页。

〔3〕 Manual of Patent Examining Procedure（MPEP），http://www.uspto.gov/web/offices/pac/mpep/index.html，最后访问日期：2018 年 10 月 28 日。

〔4〕 Guidelines for Examination in the European Patent Office，http://www.epo.org/patents/law/legal-texts/guidelines.html，最后访问日期：2018 年 11 月 2 日。

〔5〕 管荣齐：《发明专利的创造性》，知识产权出版社 2012 年版，第 17~20 页。

〔6〕 http://www.sipo.gov.cn/zcfg/gjty/201509/t20150902_1169638.html，最后访问日期：2018 年 3 月 1 日。

（二）发明专利创造性的价值

专利制度给予发明创造最有力的保护，创造性被列为专利的实质性判断要件之一，其价值体现在：

其一，创造性保障了专利的质量。在现代社会，对专利权的保护越来越得到广泛的关注。对于发明专利来说，其只有具备创造性才能得到专利法律的保护，这对于保证发明专利的质量十分重要。对于一些发明来说，如果其仅仅只是在已有的发明基础上进行细微的改进，并没有取得实质性的改变，这些发明创造就不能受到专利法的保护。如果专利法对于所有的改进发明都进行授权保护，势必会造成专利权的泛滥，如此这样，既增加了专利审查的工作强度，又违反了专利法保护智力成果促进科学技术进步以及社会发展的初衷。因此，各国对于授予专利权的实质性要件都明确了创造性的判断标准，通过对发明专利创造性的判断，来决定是否授予该发明以专利权。在不断的社会实践中，创造性的判断标准逐渐客观化，这对于判断创造性来说极为重要。

其二，创造性反映了发明的创新程度。专利制度的产生就是为了保护发明创造者的智力成果，促进更多的人参与到科技创新中。随着科技的高速发展，开拓新领域的技术已很难再现，现时代出现的发明创造大多是对现有技术的改善和性能的提升。和现有技术进行对比时，新颖性只能说明发明是否创新，而创造性则能判断创新程度的高低。因此将创造性纳入授予专利权的实质性要件中，能够保护技术创新、推动科技的进步。

其三，创造性反映了发明的价值。发明创造的产生是为了得到更好的技术效果或者解决技术问题，创造性恰恰反映了这一特质。在进行创造性的判断时，可以对申请发明专利的技术方案进行整体评价。具有创造性的发明创造能够为现代技术的发展带来有益的技术效果，为科学技术的进步带来正面积极的作用，这说明该申请具有极大的价值。反之，如果申请发明被认为不具有有益的技术效果，即不具有创造性，则此申请的技术方案不具有价值，不能给技术领域带来进步。

创造性制度的存在是为了保护实质创新，防止专利权的泛滥，在社会实践中的案例更能体现出这一点。创造性是最能体现一个发明是否具有创新能力的性质，对创造性的判断标准的完善能够激发全社会对于发明的热情，有利于科技进步，更加有利于人类文明的发展。

（三）发明专利创造性的判断

创造性是一个抽象的概念，必须通过一定的判断标准来量化，才可以用其对发明专利申请进行评价。虽然发明专利的创造性是客观存在的，但在评价创造性的时候需要引入评价者的主观判断，因此对创造性的判断具有一定的主观性。[1]对判断方法的研究是研究理论的基础，发明专利的创造性判断标准在各个国家也是不同的。

1. 发明专利创造性判断域外经验

美国是典型的判例国家，其发明专利的创造性判断标准不断得到完善，早期创立的标准是"发明"，经过完善成为"创造性天赋""创造天赋的火花"，在 Graham 案和 KSR 案后演变成为"非显而易见性标准"。[2]《美国专利法》第103 条也把"非显而易见性标准"写入法律之中。由此可以看出，在长期的实践过程中，发明专利的创造性判断标准不断得到完善，使得发明专利创造性的判断标准不断地统一和确定，因此避免专利权的泛滥和专利创造性判断的主观化。

在欧洲，其专利创造性的审查标准和美国的审查标准大体相同。在《欧洲专利公约》第 56 条中可以看到，对于本专业领域内的技术人员来说，如果考虑到这项技术对于现有技术来说不是显而易见的，就应当认定其具有创造性[3]。欧洲专利局在判断专利的创造性时所要考虑的实质性要件有：和现有的技术方案不同、特定技术领域、非显而易见性、可以适用于工业生产。

考察日本的专利制度，发明专利创造性的判断标准在法律中体现为，在申请发明专利提交之前，本领域技术人员容易想到发明结果，这个申请发明是不能被授予专利权的[4]。美国和欧盟的专利法都规定申请授予专利权的发明专利的创造性达到非显而易见性就可以，而对于日本来说，需要考虑发明专利的目的和其达到的效果，发明专利的创造性判定是依据想到这个发明的难易程度来确立的，要求该发明相对于现有技术来说具有显著的进步特征。

---

〔1〕　来小鹏：《知识产权法学》（第 3 版），中国政法大学出版社 2015 年，第 233 页。

〔2〕　来小鹏：《知识产权法学》（第 3 版），中国政法大学出版社 2015 年，第 233 页。

〔3〕　http://www.sipo.gov.cn/zcfg/gjty/201509/t20150902_1169634.html，最后访问日期：2017 年3 月 1 日。

〔4〕　《日本专利法》第 29 条第 2 项。

2. 我国发明专利创造性判断原则

在《专利审查指南》中，创造性的判断是通过权利要求书的对比完成的，创造性判断的对比是将最接近现有技术的权利要求内容的组合作为整体进行对比。[1]实践中，在审查专利的创造性时，应当把发明专利作为整体来看，而不是单独看某个部分。之所以设计这样的制度，是因为新颖性判断是创造性判断的基础，如果在进行新颖性的单独对比判断时就被认定为不具有新颖性，从而被认定不被授予专利权，就不必进一步判断创造性。在单独对比每一项技术方案的新颖性之后，可以保证所有的权利要求都不同于现有技术，已说明了权利要求的"新"，这样在考虑创造性的判断时只需要考虑整体是否达到了创造性判断标准。对于整体要求其具有创造性，能够全面考量发明专利的存在价值，更有利于专利制度的价值体现。如果只看技术方案的创造性，不考虑其他相关因素，则不利于合理评价发明创造，不利于专利权的授予，不利于技术的公开和科技的进步。因此，我国在实践中对于创造性是整体判断的。

3. 我国发明专利创造性判断标准

通过以上论述可知，目前在其他国家，对于发明专利的创造性判定，大多是"非显而易见性标准"。在我国，判断标准被写入《专利法》第22条，发明专利的创造性判断标准由突出的实质性特点和显著的进步这两个方面组成。[2]

发明专利的创造性判断是专利授权的基础，创造性区分了微不足道的技术改良和带来进步意义的创新活动，防止了专利权的泛滥。因此，只有明确这一标准才能更好地进行专利授权工作，才能更好地发挥专利制度的作用。

二、发明专利创造性判断之主体：本领域普通技术人员

在探讨发明专利创造性判断标准之前，首先需要明确进行判断的主体。发明专利在授权时需要判断主体发挥主观作用，我国的《专利审查指南》对于发明专利的创造性判断主体做了明确规定，通过法律制度的规定，最大限度地消除判断主体的主观差异对判断过程的影响，以此来统一判断结果。本章详细分析了发明专利创造性判断主体的确定和其所应具备的能力。

---

〔1〕 参见国家知识产权局：《专利审查指南2010》，知识产权出版社2010年版，第171页。

〔2〕 吴观乐主编：《专利代理实务》（上册），知识产权出版社2006年版，第156页。

（一）本领域普通技术人员界定

世界各国对发明专利的创造性判断主体，一般都确定为本领域普通技术人员。不管是美国、欧洲各国还是日本，对本领域普通技术人员的规定基本相似，都是在一个领域内具有一定技术水平的法律拟制人员。[1]

为了在实践中使得创造性的判断标准具有一致性，我国在《专利审查指南》中对创造性判断的主体进行了详细的规定。[2]这一概念在我国的法律条文中的表述得到不断的发展，目前来说，我国法律称之为"所属技术领域技术人员"，其在我国的定义十分接近于《欧洲专利审查指南》中的"本领域技术人员"概念，其在实践中也可被称为本领域普通技术人员。[3]

在我国发明专利的创造性判断中，实际的创造性判断主体主要是专利审查员和审判专利案件的法官。发明专利申请经过专利审查员的审查，方能被决定是否应当授予专利权，当发明专利的权属或者是否应被授予专利权出现争议时，就需要专利案件审判法官运用法律知识进行判断来解决纠纷。

（二）本领域普通技术人员能力

本领域普通技术人员并不仅仅是指某个特定人。对于一个领域内的教授来说，其所接触的技术可能是国内乃至国际的尖端技术，如果以其作为判断主体，会提高创造性判断标准。对于相同领域的初学者来说，其接触这个领域时间过短，研究较少，知识水平偏低，如果以其作为创造性判断主体，势必造成创造性判断标准的降低。因此，需要对本领域普通技术人员的能力进行界定。

1. 理论知识储备能力

《专利审查指南》不仅明确了专利创造性的判断主体，[4]还同时规定了本

---

〔1〕 参见石必胜：《专利创造性判断研究》，知识产权出版社 2012 年版，第 137 页。

〔2〕 我国现有《专利审理指南》指出，所属技术领域技术人员"知晓申请日或者优先权日之前发明所属技术领域所有的普通技术知识，能够获知该领域中所有的现有技术，并且具有应用该日期之前常规实验手段的能力，但他不具有创造能力"。

〔3〕 European Patent Office, Guidelines for Examination in the European Patent Office（Revised edition, September 2013）, Part G-Chapter VII 5.

〔4〕 也称为本领域的技术人员，是指一种假设的"人"，假定他知晓申请日或者优先权日之前发明所属技术领域所有的普通技术知识，能够获知该领域中所有的现有技术，并且具有应用该日期之前常规实验手段的能力，但他不具有创造能力。《专利审查指南》第二部分，第四章，第 2.4 节。

领域普通技术人员所具有的知识和能力。当面对实践中的具体案例的时候，就要求普通技术人员具有一定的判断能力，而这个判断能力是基于对本领域内的技术方案和现有知识得来的。

2. 逻辑推理和实验能力

在我国《专利审查指南》的规定中，我们可以看到，"如果只是通过一定的、有限次数的实验或者合理的技术推导就可以得到的技术方案，不具有非显而易见性，不能被授予专利权"[1]。这也就说明了，对于普通技术人员的能力还要求其具有一定的动手实验和逻辑推理能力[2]。

3. 跨领域知识能力

由于发明专利领域的多元化，判断主体在进行创造性判断时需要运用到不同领域的知识。技术领域的交叉使得专利创造性的判断主体需要在相关领域内进行创造性的判断。但我们往往可以看到，在实践中，对于专利审查员或者法院法官来说，同一位人员可能要承办不同领域的案件，这时我们不能要求他们熟知每个领域的现有技术和技术发展现状。

通过上述论证可以发现，发明专利创造性的判断是依靠法律拟制人员进行评价。发明专利创造性判断主体不仅要求具有一定的知识储备和动手实践能力，同时也要求对该领域的常见相关领域具有一定程度的了解。现实中创造性判断主体的水平和法律拟制认为的水平越接近，创造性判断的结果越具有合理性。

三、发明专利创造性判断之基准：现有技术

在进行发明专利创造性判断时，需要选取参照物进行判断，这个参照物就是现有技术。现有技术被规定在《专利审查指南》的专利实质审查新颖性判断中，在创造性判断时同样会需要用到现有技术。

（一）现有技术的内容和范围

现有技术体现在《专利法》第22条第5款中[3]。从这个定义中可以看到，

---

〔1〕 国家知识产权局：《专利审查指南2010》，知识产权出版社2010年版，第171页。

〔2〕 王迁：《知识产权法教程》（第2版），中国人民大学出版社2011年版，第340页。

〔3〕 根据《专利法》第22条第5款的规定，现有技术是指申请日以前在国内外为公众所知的技术。现有技术包括在申请日（有优先权的，指优先权日）以前在国内外出版物上公开发表、在国内外公开使用或者以其他方式为公众所知的技术。

现有技术和技术所在的国家并无关系，也就是说现有技术并没有地域的限制，同时也和使用技术的人员无关。这项技术并不需要被广泛大众使用，只要按照法律规定的方式出现即可被认为存在现有技术，这些都可以影响发明专利创造性的判断。例如，在"一种模壳构件"专利复审案中，专利复审委员会将申请的技术方案和现有技术进行对比之后，认为发明的露筋、连接部件、撑拉件在申请的技术方案里面所起的作用是在已知的技术手段中可以选择的，因而申请的技术方案是显而易见的，不具有创造性，最终没有支持请求人的主张。

1. 公开范围

从公开范围上看，"现有技术的公开方式"[1]规定在《专利审查指南》中。[2]如果在发明申请之时，审查员可以通过法律规定公开的方式检索到相类似的技术方案，可以认定该技术方案"为公众所知"[3]，这个被检索出的技术方案就可以作为可供对比的现有技术。无论是哪种公开方式，对现有技术最重要的要求是"为公众所知"，若公众可以通过一定的手段进行信息的获取，便是"为公众所知"。

专利权人需要公开其申请专利的说明书，以获得垄断经济利益。设计说明书公开制度是为了防止技术方案信息的闭塞，方便研究人员在先前的技术研究基础之上进行完善和改进，避免做毫无价值的重复性研究，推动科学事业的发展。

2. 时间范围

从时间范围上看，发明的专利创造性需要和现有技术进行对比，在确定所要对比的现有技术时，对于发明专利的创造性判断应当以申请日以前的现有技术作为对比，不是与在审查判断时的现有技术作为对比，也不是与发明之时的现有技术相比。《专利法》同时也规定了存在优先权日的情形下[4]，现有技术确定的时间标准。之所以以申请日作为创造性审查的时间节点，是因为以申请日作为时间节点有利于鼓励发明创造者及时对发明进行专利申请，而且申请日的时间容易确定，有利于专利纠纷的解决。

---

〔1〕　现有技术的主要公开方式有三种，即出版物公开、使用公开和以其他方式公开。

〔2〕　国家知识产权局：《专利审查指南 2010》，知识产权出版社 2010 年版，第 154 页。

〔3〕　"为公众所知"中的"公众"是不受特定条件限制的人群。

〔4〕　享有优先权的，则指优先权日。广义上说，申请日以前公开的技术内容都属于现有技术，但申请日当天公开的技术内容不包括在现有技术范围内。

（二）最接近的现有技术

1. 最接近的现有技术内涵

由于现在技术发展较快，发明申请往往不仅仅涉及一个单独领域，它会将几个领域的技术进行综合，这就带来相关现有技术繁杂的问题，所以需要在这些相关技术中选择最为接近的技术。根据我国《专利审查指南》，最接近的现有技术"是指现有技术中与要求保护的发明最密切相关的一个技术方案，它是判断发明是否具有突出的实质性特点的基础"。[1]

最开始我国的《专利审查指南》并没有最接近的现有技术一词，随着其规定的完善，发明专利创造性判断的"三步走"方法的确立使得最接近的现有技术一词出现在大众视野中。

2. 最接近的现有技术认定

最接近的现有技术随着创造性判断步骤的产生而产生，其是在和申请发明专利相关的现有技术中，按照相关性进行比较，选出的相关性最大的最接近的现有技术。

其一，确定所属技术领域。在科技不断创新的现代社会中，技术领域之间相互交叉，很难在一个单独的领域之内进行技术启示的判断。常见的是将申请专利的这个发明整体确定为一个领域，而将这个申请专利的发明可能会涉及的其他领域作为相关技术领域。区分相同区域和相关领域十分必要，在技术领域内部，很少会有一个发明全部的技术特征均在同一领域，在技术方案里面有可能会涉及电学、通信、机械等领域，电学、通信、机械领域就被称为相关领域。申请的发明专利跟每个领域的相关性不同，其技术方案涉及的领域也有主次之分，通常以发明所要解决的技术问题或者发明所带来的技术效果所属作为区分标准。这些领域的确定能够方便审查员迅速找到与申请发明专利最接近的现有技术，从而判断是否具有创造性。[2]

其二，确定最接近的参数范围。在本领域中，技术方案通常会涉及一定范围的参数变化。在现有技术中，某些最新被授予专利权的发明创造是将以前的技术参数范围再次进行限定，最新的技术参数范围代表了此领域内技术发展的现状水平。此时就需要创造性的判断主体选择最新的技术参数，而不能按照以

---

〔1〕 国家知识产权局：《专利审查指南 2010》，知识产权出版社 2010 年版，第 172 页。

〔2〕 管荣齐：《发明专利的创造性》，知识产权出版社 2012 年版，第 185 页。

往老旧的参数进行对比。

四、我国发明专利创造性之实质内涵

发明专利创造性判断最重要的环节是对其实质内涵的运用。根据我国《专利法》第 22 条第 3 款的规定可知，对于发明专利来说，创造性具有突出的实质性特点和显著的进步两大特性。本部分详细论述发明专利创造性的实质内涵和判断方法。

（一）突出的实质性特点

在《专利审查指南》中，突出的实质性特点是指："要判断对本领域的技术人员来说，要求保护的发明相对于现有技术是否显而易见。"[1]突出的实质性特点核心在于"非显而易见性"的判断。

在判断突出的实质性特点的时候，我国最常用的是"三步法"判断。具体来说：

步骤一：确定最接近的现有技术。[2]如前所述，最接近的现有技术和申请保护的技术方案处于相同或者相近的技术领域。《专利法实施细则》第 17 条第 1 款[3]规定的说明书内容说明了专利权人有义务将授权专利的技术信息写入说明书中，以便公开后他人的检索。国家知识产权局具有完备的专利数据库检索系统，审查员通过详细的检索，便可获得最接近的现有技术方案。

步骤二：确定发明的区别特征和发明实际解决的技术问题。[4]在步骤二中，

---

〔1〕 国家知识产权局：《专利审查指南 2010》，知识产权出版社 2010 年版，第 172 页。

〔2〕 国家知识产权局：《专利审查指南 2010》，知识产权出版社 2010 年版，第 172 页。

〔3〕 《专利法实施细则》第 17 条第 1 款："发明或者实用新型专利申请的说明书应当写明发明或者实用新型的名称，该名称应当与请求书中的名称一致。说明书应当包括下列内容：（一）技术领域：写明要求保护的技术方案所属的技术领域；（二）背景技术：写明对发明或者实用新型的理解、检索、审查有用的背景技术；有可能的，并引证反映这些背景技术的文件；（三）发明内容：写明发明或者实用新型所要解决的技术问题以及解决其技术问题采用的技术方案，并对照现有技术写明发明或者实用新型的有益效果；（四）附图说明：说明书有附图的，对各幅附图作简略说明；（五）具体实施方式：详细写明申请人认为实现发明或者实用新型的优选方式；必要时，举例说明；有附图的，对照附图。"

〔4〕 国家知识产权局：《专利审查指南 2010》，知识产权出版社 2010 年版，第 172 页。

需要先找到区别特征。区别特征是申请的发明和现有技术对比存在的不同之处，确定区别特征是基础步骤。最接近的技术方案的选择不同，势必会造成区别特征的不同，最后影响认定区别特征所解决的实际问题。因此，在此步骤中，需要审查员对发明专利的技术方案进行详细的检索和认真的对比，才能保证判断结果的正确性。

在实践中，常常会发现，审查人员在面对纷繁复杂的技术方案时，很难很快就找到和申请发明专利最接近的现有技术，审查人员需要借助分析区别特征和申请技术所要解决的技术问题，确定最接近的现有技术，由此就会产生创造性判断步骤的混乱。笔者认为，前两项创造性判断的步骤是交叉进行的，在确定最接近现有技术时，对于步骤二已经有了一定程度的判断，审视步骤二时又会对步骤一选择的现有技术接近程度进行判断，两者相辅相成，互相成就。

步骤三：判断要求保护的发明对本领域的技术人员来说是否具有"显而易见性"[1]。这是进行判断的最后一个步骤，也是最难的步骤[2]，最容易存在判断偏差。这一步骤体现了发明专利创造性的灵魂，即"非显而易见性"。

（二）显著的进步

被授予专利权的发明需要具有显著的进步："申请的发明相对于现有技术，存在着突出的进步，并且能够产生有益的技术后果。"[3]

《专利审查指南》指出："在判断发明是否具有显著性进步的时候，主要应当考虑发明是否具有有益的技术效果。"[4]我国将有益的技术效果[5]规定在

---

〔1〕　国家知识产权局：《专利审查指南2010》，知识产权出版社2010年版，第173页。

〔2〕　《专利审查指南》第二部分第四章3.2.1.1规定："在该步骤中，要从最为接近的现有技术和发明实际解决的技术问题出发，判断所要保护的发明对本领域的技术人员来说是否显而易见。判断过程中要确定的是现有技术整体上是否存在某种技术启示，即现有技术是否给出将上述区别特征应用到该最接近的现有技术以解决其存在的技术问题（即发明实际解决的技术问题）的启示，这种启示会使本领域的技术人员在面对所述技术问题时，有动机改进该最接近的现有技术并获得要求保护的发明。如果现有技术存在这种技术启示，则发明是显而易见的，不具有突出的实质性特点。"

〔3〕　国家知识产权局：《专利审查指南2010》，知识产权出版社2010年版，第173页。

〔4〕　国家知识产权局：《专利审查指南2010》，知识产权出版社2010年版，第173页。

〔5〕　有益的技术效果是指：发明与现有技术相比具有更好的技术效果；发明提供一种技术构思不同的技术方案，其技术效果能够基本上达到现有技术的水平；发明代表某种新技术的发展趋势；尽管发明在某些方面具有负面效果，但在其他方面具有明显积极的技术效果。

《专利审查指南》中，有益的技术效果的内涵具有地域性，不同国家和地区对于有益的技术效果的认定方式不同。

在我国的专利法律规定中，有益的技术效果表现为发明具有突出的进步的实质性特点。在技术领域中，一项发明专利能够推动本领域的发展，并且和现有技术相比具有实质性的进步，克服了现有技术中的一些缺点和不足之处，或者取得了比现有技术更好的效果，或者简化了生产工艺，让技术方案在本领域中能够更加方便地实施，这些都表明这项发明专利具有有益的技术效果。

申请的发明专利为本领域带来了一种"可行的、不同的技术构思的技术方案"[1]，而且这个技术方案能够和现有技术所能达到的效果近似或者比现有技术方案能够达到的效果更好，也可以认为这项申请的发明专利具有有益的技术效果。和最接近现有技术的发明的技术方案的不同有时候会体现为两者的技术方案构思不同，这种不同显示了这两者在本领域内的技术上没有关联，没有相同或者相类似的特定技术特征。技术构思的不同也可以认定为该发明具有有益的技术效果。

有益的技术效果也会被用来对具有数值范围的发明创造性进行判断。本领域技术人员具有一定的实验能力和逻辑推理能力，所属技术人员在经过有限次的实验和逻辑推理之后可以对具有数值限定的发明进行数值范围优化。如果在数值范围优化之后，可以取得与现有技术相比性质相同但品质更优或者性质不同的技术效果，应当认定具有创造性。[2]

五、我国发明专利创造性判断存在的问题和完善措施

（一）我国发明专利创造性判断存在的问题

1. 现有技术确定问题

在确定现有技术时总会出现一些困难，出现这些困难的原因主要有以下几个方面：

第一，领域范围过广带来的工作困难。随着科技的发展，现有技术的类型越来越多，对于审查员来说，在面对申请文件时很难找到合适的对比文件，同时在专利申请时，由于专利代理人在撰写说明时所使用的技术语言越来越模糊，

---

〔1〕　参见管荣齐：《发明专利的创造性》，知识产权出版社 2012 年版，第 132 页。
〔2〕　参见管荣齐：《发明专利的创造性》，知识产权出版社 2012 年版，第 132 页。

使得审查人员的工作难度提升。审查人员不可能穷尽所有的技术知识来对申请专利进行判断。

第二，申请文件的语言不规范。文字具有模糊性，对于同一个词语的描述可能因为文字的不同而产生了很多不同的意思，专业技术语言表达的不同也给现有技术的确定制造了困难。同时文字具有歧义性，不同人对同一个词语的理解是不同的，譬如遇到多重含义的词语时，不同主体对词语的主观解释不同。

第三，说明书公开不充分。专利制度是垄断利益和公开技术的矛盾综合体，对于发明专利申请人来说，申请专利固然意味着在行业中垄断地位的建立和巨大的经济利益回报，但同时申请专利也会带来技术方案的公开。技术方案是发明专利的核心内容，技术方案公布于众意味着风险性增高。竞争对手可能依据技术方案带来的启发对申请专利技术进行研发改造，重新取得性能更优的专利技术，因此专利申请者常常会在专利的垄断价值和公开风险中寻求平衡点，即在申请专利时对技术的公开不充分。这样做虽然兼顾经济利益和降低同业竞争风险，但是不利于科技的进步，对于专利审查工作确定现有技术的内容和范围也是无益的，违背了专利制度公开技术促进科技发展的目的。

2. 创造性判断主体的主观影响

发明专利的创造性判断的主体主要有知识产权局的审查员和涉案法院的法官。在法律中，本领域技术人员是现实中不存在的拟制人员，而审查员和法官则是现实需要进行主观判断的人员。

创造性的判断者以法律拟制的具有一定的专业技术知识的本领域技术人员为前提。在现实中，面对不同领域的专利授权和确权案件，审查员和法官不可能对所有的技术领域都做到熟知，这样必然会造成创造性判断主体对于申请或者涉案专利的技术存在盲点。因此，如何对这些创造性判断者不熟悉的技术领域发明专利的创造性进行审查成为实务工作中的难点。

3. 显著的进步标准问题

从本文第一章可知，世界上大部分国家对于发明专利的创造性判断只需要达到"非显而易见性"这一个标准，即可被授予专利权。在考虑"非显而易见性"时，许多国家将技术方案同现有技术的区别程度和发明所带来的技术效果放在一起评判。

我国发明专利需要同时具备突出的实质性特点和显著的进步，才可被认为具有创造性。《专利法》第22条第3款的突出的实质性特点既规定了发明和现有技术相比要达到"突出"的区别程度，也规定了其要满足"实质"的变化；在显著的进步含义中注重强调"显著"的程度和具有"进步"意义的技术效果。由此可以看出，突出的实质性特点和显著的进步同时包含区别特征的区别程度以及该发明相比于现有技术实质性的变化两方面内容，这两个概念所要表达的实质内容是相似的。[1] 两者的区别在于，突出的实质性特点表达了在判断发明专利的创造性时考虑技术启示的影响，显著的进步更侧重考虑技术效果的影响。结合专利授权的三个实质性要件中的实用性和创造性看，实用性的内涵包含显著的进步内涵里的技术效果要素。因此，显著的进步和实用性、突出的实质性特点表述重合，容易造成判断主体在进行专利实质性判断时的混乱。

（二）我国发明专利创造性判断的完善措施

1. 推动创造性判断标准的客观化进程

在实践中可以看到，对于发明专利创造性的判断是很难把握的。[2] 创造性判断标准的抽象性和创造性判断主体的主观性共同造成了在创造性判断的时候存在的缺陷和不足，因此创造性判断标准的客观化是十分必要的。通过对创造性判断标准的客观化，在面对不同案例、不同判断主体的时候得到的结果相对确定和可预期。虽然发明专利的创造性判断是客观抽象的，但在实际问题解决的过程中，不可避免地加入了判断主体的主观推断。为了使创造性的判断尽可能客观化，笔者建议：

第一，从立法角度来看，弱化显著的进步标准。我国对创造性判断的要求是，同时符合突出的实质性特点和显著的进步双重标准。突出的实质性特点的实质是"非显而易见性"，其他国家大多以"非显而易见性"作为创造性的判断标准，而没有显著的进步这一标准。显然显著的进步这一标准写入法律中，提高了我国的专利创造性判断标准，不利于智力成果的保护，有悖于《专利法》的立法理念。因此，笔者建议在日后法律修改中，使发明专利的创造性判断标准和国际常见标准相一致，弱化对显著的进步这一标准的判断要求，把审查重点放在突出的实质性特点这一标准的判断上。符合突出的实质性特点的申请专利可认定为具有创造性，这样可以更好地实现专利法律制度的价值。

第二，促进创造性判断标准规则的领域化建设。目前发明创造涉及的领域

---

〔1〕 参见尹新天：《中国专利法详解》，知识产权出版社 2011 年版，第 263 页。

〔2〕 石必胜：《专利创造性判断研究》，知识产权出版社 2012 年版，第 125 页。

越来越广，有必要总结以往的实践经验，对常用技术领域的发明创造性判断标准进行统一和完善。在同一领域运用同样的原则有利于保证判断主体在判断这一领域时结果的统一，这样对于专利申请者来说具有更强的预见性。但是这个统一的标准并不是一成不变的，它需要在不同情形下进行完善和发展，通过自身的完善来达到标准适用的科学性。

（1）普通技术人员标准。发明专利遍布于社会生活的各个领域，在这些领域中对于知识程度的要求不同，这时需要细分普通技术人员的标准。笔者以为可以通过以下两种方法进行划分：其一，技术领域的新兴程度，比如机械领域、电学领域和化学领域属于传统的技术领域，这些领域的知识研究已经比较深入透彻，普通技术人员的知识水平普遍较高，因此法律拟制的创造性判断主体的水平较高。对于相对比较新兴的领域，比如核能、计算机领域等在人类科技革命中起步较晚的行业，这些领域的研究水平整体会稍落后于传统行业，因此在判断专利的创造性时可以认定这些领域的普通技术人员水平较低一些。其二，技术领域的复杂程度。在不同学科的学习过程中可以发现，由于学科知识不同，学习人员会产生学习知识难易程度的差异感，就此可以区分在不同领域内的普通技术人员的水平。例如，在生物医药和计算机领域对技术人员的专业水平有很高的要求，而在一些较为简单的机械领域并不需要技术人员具有很高的知识水平。通过对不同领域内技术人员的水平划分，可以在创造性判断时更加接近行业内部的真实水平，保证创造性判断结果的客观性，以此凸显专利制度的价值。

（2）统一专利审查内部标准。专利审查工作作为专利权授权的重要环节应当受到相当程度的重视。在专利审查工作中，为了避免不同的审查人员主观的差异造成专利创造性审查最后结果的不同，笔者认为有必要在专利审查行业建立标准。将实践中常见的问题汇编成册，总结在面对典型案件时的判断基准，供审查人员在进行创造性审查时参考，通过建立统一的标准来降低创造性判断过程中的主观程度，促进专利创造性判断的客观化进程。

（3）专利行政、司法文书的公开。法律制度从来不是一成不变的，它需要在实践中不断发现问题、解决问题，进行自我完善。像以美国为首的判例国家，其通过实践中案件遇到的情况和法律适用的状况对法律进行完善和发展。事实也证明，美国专利创造性判断的典型案例也为美国的法律进步做出了突出的贡献。对于我国来说，笔者建议学习判决公开的方式，将专利复审委员会的复审决定书、无效决定书在知识产权专门网站进行公开，方便大众对专利复审委员会决定书的查阅。专利申请人在申请专利时可根据专利复审委员会之前类似的决定对自己申请行为进行预期。专利审查员在面对复杂的问题判断时，可参照专利复审委员会的先前决定来作出判断，以此达到类似情况专利创造性判断结果的统一。专利案件审判法官通过阅读专利的行政文书，可了解专利复审委员会在面对相同问题时的判断思路。专利审查员通过对专利司法文书的研读也可了解司法实践侧重解决的重点难点，以此规范自己的行政行为。通过专利行政、司法文书的公开，可以减弱判断主体差异对专利创造性判断结果的影响。

2. 提高创造性判断者的专业水平

我国目前的专利创造性判断主体主要是审查员和法官。专利审查员一般是来自各个专业技术领域的优秀高校毕业生，这些审查员对某些领域的技术知识十分擅长，但是缺乏专利相关法律的知识。受理专利行政案件的法官大多是具有深厚法律知识积累的法学人才，但在面对技术知识时常出现不熟悉的现象。

为了减少审查员和法官专业背景不同造成的创造性判断差异，笔者建议：

（1）加强审查员的专业知识学习。目前常见的审查员都是在各大高校毕业生中招聘而来的，这些毕业生缺乏专利审查实务经验，如此便容易导致在判断专利授权的实质性要件时存在困难。笔者认为，吸纳更多在校学生进入专利审查领域实习对于在校学生熟悉专利审查是十分必要的。同时，专利审查部门应当加强建设优秀审查员的经验分享平台，以供本部门内其他审查人员学习，达到专利审查工作水平的统一提升。

（2）对专利案件审判法官进行分类，加强法官之间的交流。任何法律制度都是通过具体的人实现的，专利法及相关法律具有很强的抽象性和专业性，这就对专利案件审判法官提出了更高的要求。为了使专利的创造性判断更加合理，笔者认为，在机械、电学、化学等常见技术领域的专利纠纷，可以对专利案件审判法官进行分类，以此来实现专业领域的专利案件由专业领域法官审判，减少法官技术领域知识水平对专利案件审理的影响，达到发明专利创造性判断的科学化。与此同时，还需要加强法官之间的沟通交流，在面对典型案例时，集中讨论，充分考虑，注重对案件审判工作的经验总结。

（3）加快知识产权专门法院建设步伐。目前来说，我国在北京、上海、广州设立了三个知识产权专门法院作为全国知识产权专门法院建设的试点。这三地知识产权专门法院设立以来，取得了良好的效果。知识产权专门法院的设立加强了法官队伍的专业化建设，吸引了一大批致力于知识产权法发展的人才。专业化人才的加入减少了专利案件审判法官在面对专利所涉及的专业领域知识时的技术盲点，同时有利于专利案件审判法官在面对类似案件时判断标准的统一。最近，武汉知识产权法院已经挂牌设立，可以看出知识产权法院专门化的趋势越来越明显。因此，知识产权专门法院的建设对于专利创造性的判断来说是具有里程碑意义的进步。

（4）设立跨学科教育模式。美国等国家把法学学科作为精英学科，没有出现在大学教育中，致力于学习法律理论的同学必须先在大学期间学习其他领域的专业知识，为自己的法律理论研究做铺垫。这样的教育机制不仅仅使得美国的法律人才在硕士期间学习了大量的法律判例，还保证了法律人才在其他领域的知识储备。笔者认为我国也可以在培养专利领域人才时，设立在技术领域学习经验的前提，如此便可提高专利领域人才对科学技术的认知，有助于专利的创造性判断结果的合理化。

结　论

发明专利创造性的判断标准在不同国家、不同时期不同，发明专利创造性判断标准在各国经历了一个不断发展的过程，在现代，大多是"非显而易见性"标准。对于我国来说，专利制度吸取了国外经验，发明专利的创造性判断标准包括突出的实质性特点和显著的进步两个方面。

在我国专利制度研究中，可以看到，发明专利创造性的判断主体是本领域内的普通技术人员，通过本领域的普通技术人员所掌握的知识和技能对发明专利的创造性进行判断。本领域的普通技术人员的定义具有抽象性，但在具体案件中，审查员和法官又要把它具体化才能进行判断活动。但在实践中发现，在具体化过程中，常会掺杂主观判断，这容易造成判断结果的不一致。在本领域普通技术人员判断的过程中，需要依赖与本领域的现有技术进行对比判断。这时现有技术的确定显得尤为重要，通常在时间上和范围上对现有技术进行限定。确定最接近现有技术为发明专利创造性判断选取了判断基准。但实践中，现有技术的确定往往存在说明书公开不充分、语言不规范带来的检索困难。显著的进步标准所要侧重表达的有益的技术效果因素，已被专利实质授权的实用性涵盖，显著的进步标准放在发明专利创造性判断中，造成了法律语言的重复。

为了解决实践中发明专利创造性判断标准出现的问题，需要推动创造性判断标准的客观化进程。这就需要在立法中弱化显著的进步标准，增强法律条文的逻辑性，同时促进创造性判断规则的领域化建设和加强专利数据库的公开工作。

对于发明专利创造性判断主体来说，需要提升其专业水平，加强专业知识的学习交流以及优化人才选拔模式。

新兴领域常常具有复杂的技术知识背景，通过对新兴领域案例的研究，笔者认为部件的连接、主要参数的改变、跨领域知识的复合以及状态的不同，在判断发明专利创造性时需要被着重考虑。每个领域都有其自身的特点，研究这些领域的特点有助于发明专利创造性判断更加合理化。

专利技术的水平体现着一国科技的水平，创造性制度体现了发明专利的质量。只有拥有更多数量和更高质量的发明专利，才会让国家科技水平得到质的提升。通过对我国的发明专利创造性判断不断研究和完善，相信专利制度会更好地发挥其促进科技进步、激励创新的作用。

基因专利授权标准研究

陈从心

一、基因专利及其授权标准概述

（一）基因、基因专利的概念与特征

基因是判断何为基因专利的关键。在不同的领域，对于不同的研究人员而言，基因都会有不同的含义。从基因专利的角度看来，许多被习惯称为基因专利的专利中所涉及的基因实际上并非天然存在的分子构成，而是从自然基因中提取的一段或数段基因片段。基因专利由于其分类依然面临许多不确定的因素，各国无论是在学理上还是实践上，都没有一个固定的模式或者概念。从现实情况来看，各国的基因专利申请主要集中在医疗医药领域，而该领域的特殊性正是导致基因专利特殊性的原因之一。因此，下文将主要以此为前提分析相关的基因、基因专利的概念与分类。

1. 基因

孟德尔在其发表的《植物杂交实验》论文中指出，遗传因子作为独立的遗传单位，其主要功能是传递生物的性状。孟德尔以此论证可观察的遗传性状是外在表现；而控制遗传性状表达的内在的遗传因子才是其内在的原因，遗传因子作为基因的雏形名词诞生了。[1]1909 年，丹麦遗传学家约翰逊提出了基因的概念。从此，基因代替遗传因子，成为指代遗传信息的名词。[2]

---

〔1〕　参见 http://blog. sina. com。
〔2〕　高汝勇："基因概念的发展历程"，载《科技风》2009 年第 11 期，第 128 页。

进入现代生物分子学的时代之后，科学研究表明，脱氧核糖核酸（DNA）和蛋白质是构成染色体的主要物质。基因是线性排列在染色体上的由一个个碱基组成的一段 DNA 序列。生命科学研究表明，生物的全部遗传信息都储存于 DNA 分子中，但 DNA 分子中并不是所有序列蕴含的遗传信息都可以编码，编码的序列只占其中一部分。[1]在生物体中能进行编码表达的一段 DNA 序列被称为基因，是 DNA 或 RNA 分子上具有遗传信息的特定核苷酸序列，是遗传的物质基础。

根据基因分离定律，DNA 是可分的。从结构的角度来看，它是由许多单独发生突变、重组的核苷酸碱基对组成的；从功能的角度来看，它既有指定某种蛋白质的结构基因，又有同环境因素协调、调控遗传信息转化为具体性状的调节基因，还有并不决定蛋白质而在功能上却又必不可少的操纵基因和启动基因。[2]基因不仅能够独立运载遗传信息，也能形成相互制约的统一体，每个基因都是这个统一体的组成部分。

如前所述，染色体是由 DNA 分子组成的。在每一个染色体中，DNA 分子堆积在蛋白周围，形成染色质结构，染色质则将进一步堆积成染色体结构。与 DNA 分子的大分子结构不同，已经分离的 DNA 分子仅仅是大分子结构中的一小部分，或人工合成以构成天然 DNA 分子的一小部分。[3]

除了分离 DNA 之外，技术人员还可以通过核苷酸的自然配对特性制造出互补 DNA（complementary DNA，简称 cDNA）。与 RNA 链互补的单链 DNA，以其 RNA 为模板，在适当引物的存在下，由 RNA 与 DNA 在一定条件下合成的，就是 cDNA。DNA 通过转录，形成各种 RNA，其中 mRNA（Messenger RNA，即信使 RNA）经过翻译生成蛋白质，参与生命活动，所以转录是基因表达的重要一步。cDNA 不同于基因，其在转录产生 mRNA 的时候，一些不编码的序列即内含子被删除了，因此这类基因只包含外显子，而不包含基因的非编码序列内含子。正是由于 cDNA 这样的特性，目前世界上的基因专利研究在相当程度上都是围绕着 cDNA 展开的。

---

〔1〕 曹丽荣："论我国基因专利保护范围的界定"，载《南京理工大学学报（社会科学版）》2015年第2期，第39页。

〔2〕 刘元、陈国梁、梁凯："基因概念的演变"，载《延安大学学报（自然科学版）》2005年第12期，第82页。

〔3〕 肇旭："Myriad 案与基因专利的未来"，载《河北法学》2014年第1期，第146页。

2. 基因专利

从战略性角度来看，人类基因是一种非常重要的"自然资源"。无论是基因诊断技术还是基因治疗技术，无一不建立在对基因序列的研究之上。因此，众多的医药公司、生命科学技术公司为了一本万利，都在激烈地争夺着基因资源。将基因资源私有化的最为常见的方式就是通过专利法与专利权对基因技术进行保护，这就将基因专利的问题引入了人们的视野之中。如前文所述，与人类生命健康发展紧密关联的基因专利的申请主要集中在医学医药领域，这些基因专利也可以分为不同的类型。

美国宾夕法尼亚州立大学医学院的乔莫兹教授认为，基因专利可以分为诊断性基因专利、蛋白物质专利与基因功能专利三类。[1]但仅从专利申请所需满足的条件与标准看，笔者认为，与医学有关的基因专利可以分为两大类，即生物科技类与临床诊断类，尽管在申请的过程中，各国一般不对此进行区分，但在使用收益方面两者仍有不同。生物科技专利的主要价值在于其编码的蛋白质，是目前为止最有价值的基因专利。全球医药50强之一的安进公司是受益的生物科技公司的代表。1989年安进公司获批的基因专利——促红细胞生成素（erythropoietin，简称EPO），就是安进公司全球商业化最为成功的生物技术药物之一。这项专利不仅帮助了大量患者，还为安进公司谋取了巨大的利益。安进公司每年的销售额超过了25亿美元，公司也迅速壮大，从一个小公司跻身世界财富500强。

如此巨大的利益必然带来激烈的利益冲突，针对基因专利的诉讼也层出不穷。生物科技类的专利与临床诊断类的专利的内容差异一定程度上会导致权利冲突内容的差异。就生物科技类基因专利而言，与之有关的主要争议一般都是针对整个基因产品的可专利性。尽管临床诊断类的基因专利的相关受益方有时也会就整个基因的可专利性提出诉请，但是一般都是针对在基因序列上进行诊断的方法。因此，对于不同的基因技术情形也需要进行不同的区分。同时，除了公司之间产生的与基因专利技术有关的争议与诉讼之外，申请基因专利也同样面临着越来越高的门槛。基因专利对人类医药与临床治疗的发展有着至关重要的作用，关系到人类的生命健康利益。目前的现实情况是，由于基因专利具有研发周期长、风险高、市场门槛高等特性，生物技术行业如果失去了专利保

---

〔1〕 Bryan Nese, "Bilski on Biotech: The potential for limiting the negative impact of gene patents", 46 *Cal. W. L. Rev.* 137.

护，没有后期回报的保证，便难以获得前期研究所必需的金钱。而过宽的专利保护，可能会妨碍科学的创新发展，同时对普及医药技术与惠及人类的生命健康利益也有着不可小觑的影响。如何权衡把握此中关系，是一个两难的问题。

由此可见，基因专利之所以如此受到重视，其原因主要有三：一是生物科技领域急切需要通过公开技术来发展，若没有知识产权的保护，公开技术是低效率的；二是生物科技领域主要由许多小公司组成，如果没有专利权作为最后的保护，这些小公司的发展将极为困难，因为他们的公司资金本就不充裕；三是在完成发明后初期试验新技术的市场可能性时，没有强大的专利保护是不可能的，现有的生物科技产业的存在很大程度上依赖专利。基因泰克公司（Genentech）的总裁阿特·莱文森曾表示："专利是生物科技的生命，对于鼓励创新有至关重要的作用。"由于市场中不可避免的交易的本质，专利权对于激励生物产业的创新是必要的。但权利的垄断并非没有代价，对专利权进行限制的要求本身就是为了保证代价与利益的平衡。

（二）我国基因专利授权的相关规定

1. 基因专利授权的核心问题：界定基因发明与基因发现

在国外伊卢米纳（illumina）等公司占据全球大部分的基因测序仪器市场的大背景下，我国第一代基因测序发源于 1975 年，但这些技术存在成本高等缺点，在一定程度上影响技术的商业化应用。随着基因检测产品成本的不断降低，国内的华大基因、达安基因等生命科学企业也纷纷开始进行基因检测产品的申报，许多疾病基因检测技术均获得了国家知识产权局的授权。我国拥有巨大的基因测序市场，但由于管理规范的不成熟，尽管许多测序技术能够得到专利权的保护，市场上始终存在着涉及伦理、生命健康安全甚至价格、质量监管等一系列问题。2014 年 2 月，原卫计委、食药监总局联合叫停了所有基因测序临床应用。[1]由此可见，我国保护的许多基因专利其实并不能够经受临床应用的考验，作为专利所必须具备的实用性实际上大打折扣。尽管扩大基因专利授予的范围对于鼓励我国基因技术产业的发展有着辅助作用，也能够增强我国民族基因产业在国际上的话语权，但也不得不考虑随之而来的一系列社会伦理、医疗规范问题。为了解决这样的矛盾，如何界定基因发明与发现，成为未来我国基因专利制度

---

〔1〕 张玉："基因检测与临床药物治疗"，载《中华医学信息导报》2014 年第 11 期，第 15 页。

实施与完善过程中需要考虑的核心问题。

区分发明与发现的经典案例有浙江省金华市中级人民法院审理的张根芳诉上海海洋大学等发现权纠纷案。在该案中，法院认为，发现权保护的客体是科学发现，即对客观存在的尚未揭示出来的自然现象、自然规律、事物性质迄今为止的一种新认识。[1]法院认定该案争议的纯紫色珍珠品种"紫皇后"不属于发现权的客体的主要理由则是，"紫皇后"并非最开始就在自然界存在，而是通过人工多代选育出来的，付出了人类的劳动。该判决区分了自然发现的客体划分的标准，但遗憾的是，在判决书中法院未能对付出人类劳动的具体内容、程度等进行具体的描述，确立一个初步的标准。事实上，这也是案件的性质决定的。在我国，可以通过《植物新品种保护条例》对植物新品种进行保护，但对动物新品种没有专门保护，更不能够通过专利进行保护。该案仅作为国内首例动物新品种发现权纠纷案，法院也未在判决中多加区分。由此可见，就划分可获得专利法保护的基因产品与属于自然发现不能获得专利法保护的基因产品的标准，我国的制度还十分不成熟。

2. 与基因专利授权相关的规定

从我国法律规定的角度看来，根据我国《专利法》第25条的规定，对科学发现、智力活动的规则和方法、疾病的诊断和治疗方法、动物和植物品种以及用原子核变换方法获得的物质不得授予专利权，但是对动物和植物品种的生产方法可以依照专利法的规定授予专利权，且基因专利的具体形式以及其是否属于科学发现则决定了能否授予其专利权。[2]根据我国《专利审查指南》的规定，[3]尽管基因属于天然形态存在的物质，且并不被包括在我国专利法保护的范围内，但如果申请的基因类型并不是天然存在的DNA大分子形式，而是首次从自然界分离或提取的DNA片段，且满足专利新颖性、实用性、创造性的要求，该片段本身及其获取方法均可以获得专利法的保护。由此可见，我国对于

---

〔1〕　张根芳诉上海海洋大学等发现权纠纷案，浙江省金华市中级人民法院（2016）浙07民初407号。

〔2〕　《专利法》（2008年修正）。

〔3〕　《专利审查指南》第二部分第十章第2.1节规定："人们从自然界找到以天然形态存在的物质，仅仅是一种发现，属于专利法第二十五条第一款第（一）项规定的'科学发现'，不能被授予专利权。但是，如果是首次从自然界分离或提取出来的物质，其结构、形态或者其他物理化学参数是现有技术中不曾认识的，并能被确切地表征，且在产业上有利用价值，则该物质本身以及取得该物质的方法均可依法被授予专利权。"

分离基因专利是较为宽松的，除了提取 DNA 片段的方法外，该片段本身也可以获得专利法的保护。保护范围之宽泛对于将来可能的对该 DNA 片段的开发无疑造成了一定的阻碍。我国的基因科技近些年来发展迅速，但与许多国家相比仍然处于劣势地位，且发达国家已经在很大程度上垄断了某些领域的基因技术，如果能够对基因技术采取严格的实用性的审查标准，[1]对于控制外国基因专利技术在我国的申请也有极大的益处。

由此可见，在对一项基因技术申请进行审查时，首先应当对该基因技术是发明创造还是科学发现进行审查，然后对该基因技术是否符合专利法要求的新颖性、实用性与创造性进行审查。但由于基因技术本身以及研究应用方面的特殊性，在适用上述标准时，也需要进行一定程度的区分。设定有效的专利保护水平是实现国家生物科技创新的关键因素，就我国目前生物科技发展水平而言，怎样科学地界定基因专利保护范围、如何合理地对基因专利的授权条件进行限制，才能促进我国基因产业的创新，激发生物医药企业的技术创新动力，实现研究者、产业界和社会公众利益的合理平衡，促进我国基因产业长期科学地发展，是亟待解决的问题。

二、域外关于基因专利授权的经验借鉴：以美国为例

域外有关基因专利授权制度的实践也为世界基因专利的研究与发展提供了丰富的经验。美国作为生命科学技术的发源地，在基因专利的实践方面也居于领先的地位。据统计，截至 2007 年，美国医药界的 20 个领军公司约 40% 的收入建立在专利许可之上。到了 2010 年，美国专利商标局已经通过了与人类的2000 多个基因（共占了已知人类基因的 20%）相关的 4 万多条专利。故本部分结合美国近年来的基因专利相关经典案例以及相关政府规定，探讨近 30 年来以美国为代表的基因专利授权制度的发展历程，为我国基因专利制度的完善提供经验借鉴。

（一）美国关于基因专利的规定

《美国专利法》第 101 条对专利的授权条件作出如下规定：任何人发明或者

---

[1]　李永明、潘灿君："论基因技术的专利保护"，载《浙江大学学报》2003 年第 1 期，第 142 页。

发现了任何新颖且实用的方法、机器、制造品或组合物，或者任何其他新颖且实用的改进，均可依照本法的规定与要求获得专利。[1]这条规定看似十分简单，但因为美国作为判例法国家，其法院在很长一段时间内的判例均将抽象观点、自然现象、自然法则排除在专利法保护的范围外，一直到 20 世纪 80 年代，美国最高法院与美国专利商标局作出的一系列判决与决定才打开了基因专利申请的大门。根据 2015 年最新的《美国专利审查指南》第 2104 条，[2]《美国专利法》第 101 条应当解释为四项基本要求：一是一项发明只允许申请一项专利；二是申请人必须在 2012 年 9 月 6 日之前就向专利商标局提出专利申请；三是专利申请需符合第 101 条对可专利客体的要求；四是申请的专利必须具有具体、实际、真实的实用性。《美国专利审查指南》都以列举具体法院判例的形式对其进行了解释。通过对比该指南从修订以来的九个版本之间的更新与变化，我们可以看到不同的判例对政府在可专利的客体与专利实用性审查标准方面的变化。

与 1995 年的《美国专利审查指南》相比，新的审查指南改用三步判断法（three-prong test）来评定发明的实用性：第一，发明是否具有具体的实用性（specific utility）；第二，发明是否具备实质的实用性（substantial utility）；第三，专利申请中申请人描述的实用性是否是可信的，即是否能够高概率地重复实施（credible utility）。[3]同时，为了进一步确认遗传诊断疗法的现实可行性，美国专利商标局向相关审查部门下发了新的指导意见，并在更新的指导意见中列举出了决定诉请是否符合专利客体的两个步骤。首先，专利审查人员需要审查这项专利是否属于法律规定的四个可专利事项之一：方法、机器、制造品或者组合物。其次，专利审查人员需要参照适用 Alice 案中的两步标准：①待审查专利是否属于专利法规定的可专利客体的"例外"（自然法则、自然现象或者抽象概念）；②如果待审查专利通过了前一条标准的检验，审查人员将进一步审查"专利要求中是否有其他因素能够进一步证明其不属于专利法中规定的'例外'"。最后，本着判例法国家的一贯做法，《美国专利审查指南》与指导文件主要通过

---

〔1〕《美国专利法》第 101 条原文："Whoever invents or discovers any new and useful process, machine, manufacture, or composition of matter, or any new and useful improvement thereof, may obtain a patent therefor, subject to the conditions and requirements of this title." 35 U. S. Code § 101-Inventions patentable.

〔2〕美国专利商标局网站 https://www.uspto. gov/web/offices/pac/mpep/s2104. html UPSTO，最后访问日期：2018 年 12 月 20 日。

〔3〕张炳生、陈丹丹："生物技术专利的利益平衡"，载《政法论坛》2010 年第 4 期，第 50 页。

列举相关的法院判例的形式，对一项专利申请是否满足与自然法则或抽象概念具有"显著不同"的判断标准进行举例。

若仅参照《美国专利法》的具体规定，在其六十多年来的历史中，最大的修改应属于 2013 年 3 月 16 日起正式生效的《美国专利法案》（AIA）。但 2013 年法案的修改与补充内容的重点是，美国专利商标局授予专利的原则由之前的最先发明（First-to-invent）变更为最先申请（First-to-file）原则，而对于专利授权条件本身的标准或者审查的要求，则并没有作出实质性的改变。[1]尽管仅参考法律法规的字面意义，美国法对专利客体的规定相较于许多国家也是比较宽泛的，但是从美国法院近年来的一系列相关判例可以看出，这样的宽泛并不等于没有限制，随着生命技术的发展与社会情况的不断变化，美国最高法院的态度也经历了不同的发展阶段。笔者在下文将结合四个案例，具体分析在美国法律对专利授权条件的宏观规定未进行变更的情况下，美国最高法院如何进行不同的把握与权衡。

（二）美国关于基因专利的判例

1. Diamond v. Chakrabarty 案（简称"Chakrabarty 案"）：专利授权范围的扩大

1980 年，美国最高法院作出了一个对有机生物的可专利性标准进行定义的经典判决，即 Chakrabarty 案判决。由于美国早年的判例一般认为自然的事物并非人为产生，不能视为发明，天然产物被授予专利权的可能性微乎其微。一些涉及生物产品的大型制药公司也基本不对这类新药本身进行专利申请，[2]他们大都会把专利申请的范围限定在生产这些药品的方法上。但最高法院在这个案件中提出了一个著名的原则，即"太阳下的任何人造物均为可专利的"[3]。在该案中，通用电气的研究人员 Chakrabarty 为了清理油污，制造出了一种基因改造过的细菌。其就这项技术进行的第一次专利申请被美国专利商标局驳回，理由是，法律不支持用任何自然存在的东西申请专利权。[4]Chakrabarty 不服上诉，他的律

〔1〕 "美国专利法修订：专利将授予最先申请之人"，载美国法律联营网 http://scholar. google. com/schhp? hl=zh-CN&as_ sdt=75。

〔2〕 祁志："打开基因技术专利之门的案例——对 Diamond v. Chakrabarty 案的剖析"，载《医学与哲学（人文社会医学版）》2006 年第 6 期，第 51 页。

〔3〕 Diamond v. Chakrabarty, 447 U. S. 303 (1980).

〔4〕 "美最高法院裁定人类基因不能申请专利 万基遗传专利失效"，载观察者网 http://www. guancha. cn/Science/2013_ 06_ 15_ 151312. shtml，最后访问日期：2018 年 11 月 25 日。

师在上诉中提出，研究者 Chakrabarty 在细菌中添加了质粒，将细菌中的一部分成分降解，故由此得到的细菌产物是人的智慧改造过的产物，并非自然现象，而是人工产物，理应获得专利权的保护。最高法院最终采纳了他的观点，Chakrabarty 赢得了官司。在这个案件中，降解细菌的方法并非争议专利诉求，最终得到的产品即细菌产物才是专利诉求。最后得到的细菌作为产品本身是满足非显而易见性与实用性的标准的，具有"显著不同的名称、性质以及用途"，因此，在 Chakrabarty 案中，两种自然产物发生自然反应后得到的产物符合专利的标准。这个案件的判决对当时美国扩大可获得专利保护的客体的范围起到了重要的推动作用。自此，美国逐步拓宽对包括生命科技领域在内的高新技术领域的专利保护的范围，旨在为其新技术成果获得专利权扫清障碍。此后，与基因相关的生物公司与相关的基因专利申请的数量都迅速增长，各大生物医药公司纷纷通过申请专利对生物技术领域跑马圈地。[1]

2. Mayo v. Prometheus 案（简称"Mayo 案"）：自然法则与可专利方法的区分

如果说 Chakrabarty 案将体现人类劳动的有机物引进了专利的大门，Mayo 案[2]则在方法专利申请的领域引起了新的震荡。在该案中，根据该专利的权利要求书，原告 Prometheus 为 No. 6355623 医疗方法专利（即 623 专利）的排他许可权人。该专利主要涉及让患有肠胃疾病的患者服下能够提供某种嘌呤物质的药物，之后再通过检验患者体内的嘌呤物质含量来判断是否需要调整患者服用该药物的剂量。Mayo 则使用了与其类似的医疗方法进行诊断。地区法院在对该案进行审理的过程中认为，该专利的权利要求实质上是嘌呤物质在人体内的含量与药效之间的关系，因此属于自然法则或自然现象，不属于专利法保护的范围。

3. Myriad 案：基因专利实用性审查标准的重新确立

Myriad 案的整体案件进程则为 DNA 的可专利性重新提供了框架。BRCA1 与 BRCA2 是对遭到恶性肿瘤侵蚀的乳腺细胞进行修复的 DNA。在 Myriad 案中，Myriad 公司持有的两项与基因检测有关的方法专利权利请求是关于将 BRCA 基因从染色体中进行分离，并对其进行诊断测试的。该案的上诉人之一 Ambry 诊断公司认为，根据 Mayo 案的判例，该方法专利应当被认定为无效，因为 Myriad

---

〔1〕　祁志："打开基因技术专利之门的案例——对 Diamond v. Chakrabarty 案的剖析"，载《医学与哲学（人文社会医学版）》2006 年第 6 期，第 52 页。

〔2〕　Mayo v. Prometheus, 132 S. Ct. 1289 (2012).

公司试图利用自然现象、自然法则获得专利。因此，地方法院在其判决的分析中援引了最高法院在 Alice v. CLS 案中的两步分析法，来分析抽象概念能否申请专利。第一步，法院认为该申请属于一类非专利客体，即"通过比较 BRCA 的序列并且找出不同之处进行分析"的自然法则；第二步，法院对申请是否具有其他的创造性概念能够满足"将该申请的性质转换成可专利的申请"进行了更加深入的审查。在使用两步分析法时，法院的判决思路与 Mayo 案中的思路非常相似。法官在判决中指出，Myriad 公司在自然法则上所添加的人为劳动，不过是重复行业领域内技术人员熟知的过程，即如何比较基因序列、常用的检测放大技术等，这些技术在业内没有实施方面的难度，并且是传统的技术。[1]

在联邦巡回法院重新对案件进行审理之后，判决在一定程度上留有余地，主要内容是比较 DNA 序列的方法专利申请不再是可专利的客体，但如果该专利申请的权利要求内容不仅仅是简单的基因序列之间的比较，而是包含了其他的"创造性"因素的话，仍然可能成为专利权的客体。[2]以上观点均有一定的缺陷，但同时也提出了一些重要的问题。申请人为了防止不被包含在《美国专利法》第 101 条所保护的对象中，申请基本都集中在分离出来的 DNA 上。法官在判决中还引用了在 Parke-Davis & Co. v. H. K. Mulford Co. 案[3]中的规则：法官并不直接在判决中明确定义"基因专利"，而是概括性地提出与天然基因分离的基因可能可以成为专利权的客体。同样地，在美国最高法院于 2013 年 6 月 13 日对 Myriad 案作出的判决中，法官并没有完全否定人类基因专利作为专利权客体的适格性，而是认为依据《美国专利法》第 101 条的规定，应当区别对待基因组 DNA（即 gDNA）与互补 DNA（即 cDNA）。gDNA 是典型的自然产物，自然不能获得专利法的保护，而单纯从 gDNA 中分离出的 DNA 序列也不能作为专利法保护的客体；但对于经过重组、转殖等"人为改造"而具有特定功能之基因序列，如非人体能够自然生成的 cDNA，作为一种可以复制的人造品，仍然可以申请专利。

〔1〕　Christopher M. Holman，"Mayo, Myriad, The Future of Innovation in Molecular Diagnostics and Personalized Medicine"，15 *N. C. J. L. & Tech.* 639（2013~2014）.

〔2〕　Alex Boguniewicz， "Discovering the Undiscoverable: Patent Eligibility of DNA and the Future of Biotechnical Patent Claims Post-Myriad"，10 *Wash. J. L. Tech. & Arts* 35（2014）.

〔3〕　Parke-Davis & Co. v. H. K. Mulford Co.，189 F. 95，103（S. D. N. Y. 1911）.

4. Ariosa Diagnostics, Inc. v. Sequenom, Inc. 案（简称"Ariosa 案"）[1]：基因专利授权的进一步限制

在 Myriad 案之后的 Ariosa 案中，"产前诊断法"（美国专利 No. 6258540，即 540 专利）是由牛津大学研究人员发现的一项基因检测技术，即通过检测怀孕妇女体内的 cffDNA（cell-free fetal DNA）的数量，可以在产前检测婴儿的性别、遗传异常情况以及妇女是否感染妊娠毒血症。这种无创产检技术不但方便快捷，而且可以最大限度地降低对胎儿与母亲身体的伤害，当时美国仅有四家公司提供此种类型的服务。获得此项技术的 Sequenom 公司首先对其他三家掌握此种母体血液基因检测技术的公司提起了专利侵权诉讼，要求 Ariosa 公司停止它的 Harmony 产前检测业务，但该禁止动议被法院驳回。之后 Ariosa 公司等几家公司共同起诉 Sequenom 公司，认为其所有的非侵入型产前检测技术并不侵犯 540 专利。在简易判决审理过程中，地区法院及联邦法院均认为 Sequenom 公司的专利中的一系列诉请并非专利法保护的客体，因此判定此项专利无效。法院在判决中指出，孕妇血浆或血清中的 cffDNA 是一种自然现象，并不满足最高法院在 Mayo 案中阐述的审查基因专利的创造性标准与先占标准。就创造性而言，地区法院认为，cffDNA 这一自然现象属于前案，并认为"如果该专利的唯一创新点是对新发现自然现象的使用，则该诉求不受专利法保护"。联邦法院以 Myriad 案判决原则进行说明，认为 540 专利将 cffDNA 用于检测胎儿性别与遗传病虽然属于重大贡献，但仍然无法满足《美国专利法》第 101 条确定的标准与条件。同时，540 专利使用的 PCR 等基因放大与侦测技术在行业中早已属于已知技术，不具有新颖性。判决 540 专利无效的结果发布后，在当时的体外检测市场引起了一场不小的轰动。

尽管美国法院就基因专利的态度一直在发生变化，但其精神主旨均离不开发明的定义与发明的外延。发明与发现的共同之处在于，两者都是将一众新的事物作为知识或智慧介绍或运用于人类社会。[2]按照德国学者科拉的观点，发明是"通过技术表现出来的人的精神创造，是征服自然，利用自然且产生一定效果者"。例如，许多科学发现对于人类的进步都有着重大的意义，同时，这些发现本身也需要付出巨大的成本。但各国专利法的普遍共识是不保护发现者的专利权，主要是为了保护科技创新。不将科学发现纳入专利保护范畴内与其他

---

〔1〕　Ariosa Diagnostics, Inc. v. Sequenom, Inc. （Fed. Cir. 2015）.

〔2〕　贾小龙："关于专利法中发明与发现区分的思考——以基因专利保护问题为视角"，载《陕西理工学院学报（社会科学版）》2006 年第 3 期，第 77 页。

的专利授权条件对可专利性的限制是一样的，除了取得专利所付出的成本这个因素外，还存在一个鉴定、识别的问题。[1]思想不像土地一样有一个稳定的有形实体。随着时间的推移，对某一特定自然法则的鉴别就变得越来越困难。对同一自然法则具有许多不同的运用，所以对体现某种特定自然法则的产品进行鉴别也是很困难的。

三、影响基因专利授权审查标准的因素

美国最高法院 9 位大法官得出的最终的判决除了对《美国专利法》的规定作出进一步的分析与阐释之外，还对案件涉及的基因专利的特殊性以及 Myriad 公司在实施专利权中的行为本身进行了个体性的分析。Myriad 公司被质疑对科学研究性质的使用也进行限制，并且拒绝授权潜在的竞争者使用该专利。这种情况不仅在生物领域非常罕见，同时还有不正当竞争的嫌疑。斯威特法官将其理论建立在一个典型的结果论的理论观点的基础上，这种结果论的观点认为，如果向此类基因专利发放专利许可证，对处于整个基因专利链条下游的后续科学研究与患者是有害的。为了深入了解这种结果论观点的具体分析内容，下文将对影响基因专利授权审查标准的因素进行进一步的分析。

（一）先占标准对实用性审查标准的影响

关于基因实用性审查标准的矛盾主要存在于两个方面：一方面，是自然发现的难度问题。尽管美国最高法院没有就易发现的与需要通过精细手段得到的自然产品、现象、抽象的概念与发现进行区分，但是从字面意义看，《美国专利法》第 101 条是不允许这种区分的。在 Myriad 案判决前的 Mayo 案判决中，法院认为，医学发现应该是在基本观察基础之上的发现，即"在野外发现的新植物不属于专利法的保护客体"。另一方面，不同于对具有医疗功能的植物的发现，基因研究更加复杂，也更加昂贵。研究者需要先进的装备以及资金资助才能专注地研究。同样是不满足创造性的条件，若不进行细化区分，而将基因研究与发现普通的新品种动植物一概而论似乎不妥。

基因专利的审查要求标准与其他类型的专利相同，均需要满足新颖性、创

---

〔1〕 张晓芳："基因序列与相关生物技术发明的专利反垄断机制设置"，厦门大学 2002 年硕士学位论文。

造性和实用性"三性"的要求。新颖性和实用性均体现在基因专利的先占中，而创造性则直接与基因专利可否作为专利客体密切相关。美国将自然法则、自然现象或抽象概念列为不可申请专利的客体。尽管自然现象不能获得专利，但事实上，所有发明都是从自然现象与自然法则中产生的，那么，将自然现象改造到何种程度才足以使其成为一项专利，这是一个值得探讨的问题。以下将结合前文中介绍分析的案例，以先占标准为考察对象，探讨其对基因专利实用性审查标准的影响。

就先占标准而言，在 Ariosa 案中，地区法院认为，专利持有人无法提出足够证据证明该专利是一种商业实用的、无害的侦测母体 cffDNA 的方法。法院在判决中表示，为了符合专利理论，专利所有人应该证明"在发明的时候或提出专利申请的时候"就已经存在了，此处法院对实用性的要求似乎比联邦巡回法院的要求更严格。例如，在 Alice v. CLS 案中，法官认为，先占仅仅在"专利诉请包含了所有对基本规则的实际使用"的情况下才可能发生。Sequenom 虽然证明了可以以无损的方式侦测 cffDNA，但是法院由于 Sequenom 未能就商业实用性提供证据而未采纳其观点。[1]

根据先占标准，给予申请者过于宽泛的基因专利权很容易导致垄断。早先申请者完全可以依靠当时并不确定的仅仅是由技术人员认为具有实用性标准而获得的专利来获取大量的后期利益，这会消减研究者研究的积极性，因为只要有人在先申请了专利，即使研究者实际研究出让该专利获得工业利益的方法，也不能获得其产生的巨大效益，反而要支付大额的专利费用。[2]在此种情况下，专利的内在激励制度将不复存在，这不仅阻碍了后期的创新，也与专利制度促进科学发展与创新的本意相悖。

（二）对未来生物科技行业发展的影响

专利法的基本原则是促进与鼓励发明，以及让发明人的研究尽快公开，以促进创新。在基因行业迅速发展的情况下，法院仍然需要考虑这些原则。在基因专利难以得到保护的情况下，对基因研究的资金资助自然不足，难以促进基因行业的进一步发展。在 Ariosa 案中，法院对 Mayo 案判决的适用恰恰说明了这个问题，Mayo 案的过分广义适用，可能会严重影响将来在分子诊断测试和个体

---

〔1〕 Holman, Christopher M., "Mayo, Myriad, The Future of Innovation in Molecular Diagnostics and Personal Medicine", 15 *N. C. J. L. & Tech.* 639（2013—2014）.

〔2〕 花洁："基因专利实用性研究"，华东政法大学 2012 年硕士学位论文，第 14 页。

化治疗方面创新的专利保护。

　　基因专利申请还涉及技术转移的问题。生命科技企业申请人体基因组序列之专利，其目的在于确保私人企业投入与基因有关的技术发展，倘人体基因组序列得以获准专利，利用该序列所发展的技术、产品等，在符合专利要件的前提下，亦能够获准专利，取得排他性权利；反之，人体基因组序列无法获得专利法的保护，将成为公众均得使用的资讯，任何利用该资讯完成之技术、产品等，都难以取得专利权。后者对于鼓励业者从事基因研究，有极大的负面影响。生物科技企业发现部分人体基因组序列后，决定申请专利以保护其研究成果。其所引发的争议，不在于其以人类的部分细胞或组织为专利保护客体，亦不在于将来衍生的以人类为专利保护客体的疑虑，而在于其他科学研究成果应归属全体人类所有，而非少数科学家、企业或组织。遗憾的是，在此类案件中，法院从未就前述争议给出明确的结论，而单纯以申请不符合专利要件为由，驳回其申请，致使无法通过行政暨司法程序，了解人体基因组序列可否为专利保护客体。

　　除此之外，由于基因专利与传统专利的专利对象不同，基因专利的对象是生物体内的遗传物质，决定着生物体的特征和性状，是有生命特征的有机体，而非无生命特征的无机物。然而在专利审查指南中，我国却将基因片段本身及其得到方法均作为专利客体，将其与无机物等同视之，忽略了对其继续进行开发研究可以揭示其他使用方法的可能，不利于鼓励基因专利的后续研究。

　　除了对专利进行新颖性、实用性、创造性的审查之外，本章阐释的以上三点因素也应当作为授予基因专利时需要考虑的要素。我国在完善基因专利审查制度时也应当借鉴相关的经验。

四、我国基因专利授权制度的完善

　　专利保护起源于发达国家，发达国家在专利法的制定和专利权的获取、保护方面存在显著的优势。另外，发达国家在生物技术领域也具有强大的实力与地位，优势相当明显。[1]较之发达国家，发展中国家无论是在专利法还是生物技术研发方面，都存在明显的不足。发展中国家拥有丰富的动植物品种、独特完整的人类基因图谱，这些基因资源的价值是无法估量的，但由于发展中国家

---

〔1〕　孙林丽："医学领域生物技术的专利法保护研究"，山东大学 2012 年硕士学位论文，第 11 页。

的科学技术与立法状况都比较落后，无法对遗传资源进行充分的开发利用，也无法有效地保护已有的专利成果。[1]我国基因专利的相关立法目前并不成熟，尽管在一定程度上可以起到保护基因专利的作用，但是受立法条件的限制，对许多问题都未能进行进一步的分析与论证。[2]因此，借鉴美国基因专利相关保护制度与实施策略，对我国现阶段基因专利授权的标准进行完善，在实践操作中从严掌握，进行限制，具有很强的现实意义和价值。

（一）控制我国基因专利授权标准

关于控制我国基因的组成物的专利申请与方法专利申请授权标准的问题，从具体实施的层面看来，主要可以从以下三个方面进行讨论：

第一个方面是对与 DNA 有关的相关产品与方法提出的专利申请作出具体的限制。这又可以分为三类不同的情况：首先，需要认定无论耗费了多少精力财力对自然法则进行研究，都不能够满足对客体可专利性的要求；其次，大部分分离开的 DNA 不足以满足专利要求，因为它们主要是自然产物。而 cDNA 在转录为 mRNA 的过程中，其内含子（非编码区）被剥离了之后重新转录回了原先的 DNA，因此仍然属于专利法保护的范畴。在这种情况下，一般不认为 cDNA 是一种自然产物，因为 cDNA 基本上不会自然产生；最后，根据具体情况进行判断，即使是 cDNA，如果仅仅是一小段没有内含子的基因片段，仍然不能成为专利客体，因为它与自然状态下的 DNA 没有显著的不同。

第二个方面则是从专利的实用性角度对相关的专利申请进行标准审核上的限制。如前文所述，在 Myriad 案的判决中，美国最高法院特别针对方法专利申请问题指出，该案中并没有关于专利方法的诉讼。因此，美国最高法院原先在 Mayo 案中对方法专利作出的决定仍然是有效的。在 Mayo 案中，美国最高法院认为，这种天然的现象是"科学与技术工作的基本武器"，并且"通过专利权垄断这类技术可能更多地会阻碍创新"，因此，为了使一项专利适格，还需要证明其实际应用的情况。如果无法从专利申请中判断或者申请人无法证明该基因专利具有现实的实用性，则无法将其纳入专利保护的范围内。

第三个方面则是，在对基因进行专利授权时，还需要对 DNA 片段的其他未

〔1〕 张炳生、陈丹丹："论生物技术专利保护中的利益平衡原则"，载《浙江社会科学》2008 年第 6 期，第 52 页。

〔2〕 张小罗：《基因权利法律保障研究》，知识产权出版社 2013 年版，第 38 页。

知功能进行着重介绍。在权利要求中，如果申请人进行的是用途专利的申请且申请明确要求了 DNA 序列的其中一个功能并最终获得了专利，那么对该项技术的保护不应当及于整个基因本身。如果对基因专利整体进行保护，则权利范围可能包括该基因的所有功能。若未来针对该 DNA 序列发现了新的应用方法，之前授予的专利会阻碍新的用途专利获得专利保护。

（二）利用专利强制许可制度对基因专利的实施进行限制

在美国，只需要给予专利权人适当的补偿，不需要专利权人的事先允许，联邦政府的任何部门都可以通过专利强制许可的形式实施专利或者授权其他政府使用任何专利，并且无论是政府还是被许可人，都不会被起诉侵权。在美国最高法院关于 Myriad 案的观点中，Myriad 公司败诉除了其申请的专利不符合当时法院认定的基因专利获得授权的标准之外，更深层次的原因是其不仅限制其他研究机构或者大学对其成果进行任何研究性质的使用，同时在收取高额补偿费的情况下也拒绝授权该专利给潜在的竞争者使用。这种情况在生物领域非常罕见，同时还有不正当竞争的嫌疑。在专利使用的必要性与专利权人收益相矛盾的情况下，美国最高法院的法官在一定程度上选择了一种相对极端的方式，宣告了其专利的无效。但事实上，如果美国的专利实施制度设定的强制许可也可以适用于专利权人的同业竞争者，那么会为基因专利的授权限制制度制造更为弹性的空间。

如前文所述，专利法既要保护专利所有权人的合法利益，又要在各方主体之间保持公正。通过平衡各个相对人之间的矛盾冲突，使各方利益在相容共存的基础上达到合理优化的状态。[1]因此，除了通过专利授权条件限制的方式以外，还可以通过灵活应用专利强制许可制度与反垄断法达到社会利益统一的效果。

我国《专利法》规定了可以实施专利强制许可的五种情形。这五种情形规定的内容包括在出现垄断情形、国家紧急状态、非常情况或为公共健康目的的情况下可以对专利进行强制许可。因此，在产生紧急的大面积传染病的情况下，为了防止投机者乘机垄断治疗技术，谋取不义之财，我国完全可以利用专利强制许可的制度来防止专利垄断。基因专利作为一项重要的生物技术，在医学领域应用广泛。进入 21 世纪之后，"非典"、禽流感等传染病严重危害到公共卫生

---

[1] 陶鑫良、袁真富：《知识产权法总论》，北京知识产权出版社 2005 年版，第 17~18 页。

与健康，此时更需要平衡专利与公共健康之间的关系。我国国家知识产权局2005 年颁布了《涉及公共健康问题的专利实施强制许可办法》。尽管之后我国重新修订了《专利实施强制许可办法》，并废止了之前的《涉及公共健康问题的专利实施强制许可办法》，但其对于我国的专利强制许可制度的实施仍然有着重大意义。

结合《专利法》第 48 条第 2 项之规定，我国《反垄断法》也可作为实施专利强制许可的理由，如可以依据"没有正当理由，对条件相同的交易相对人在交易价格等交易条件上实行差别待遇"或者通过兜底条款"国务院反垄断执法机构认定的其他滥用市场支配地位的行为"[1] 来防止某些公司对基因专利进行技术垄断，对正常的市场秩序造成不良的影响。

结　论

基因技术的迅速发展，使得与基因技术密切相关的基因专利问题也得到了人们越来越多的关注。基因作为人体遗传功能的重要组成部分，其本身以及与其相关的基因技术能否获得专利法的保护就成了一个有争议的问题。一部分观点认为，基因专利的研究耗时耗资，如果没有专利法的保护，将不利于基因技术的发展；另一部分观点则认为，基因是人类共同享有的宝贵资源，不应当被划入带有垄断性质的专利领域。本文认为，基因相关的专利应当得到保护，但在授权条件与审查标准上应当予以控制。

基因专利要获得授权，需要满足专利新颖性、实用性、创造性的要求。从最具有代表性、基因专利制度发展最为成熟的美国的专利授权条件来看，基因专利创造性要件在 Chakrabarty 案后变得宽松和容易满足。但是随着生物技术产业的迅猛发展以及 Myriad 案、Mayo 案件等案件的判决作出，基因专利的授予要

---

〔1〕《反垄断法》第 17 条："禁止具有市场支配地位的经营者从事下列滥用市场支配地位的行为：（一）以不公平的高价销售商品或者以不公平的低价购买商品；（二）没有正当理由，以低于成本的价格销售商品；（三）没有正当理由，拒绝与交易相对人进行交易；（四）没有正当理由，限定交易相对人只能与其进行交易或者只能与其指定的经营者进行交易；（五）没有正当理由搭售商品，或者在交易时附加其他不合理的交易条件；（六）没有正当理由，对条件相同的交易相对人在交易价格等交易条件上实行差别待遇；（七）国务院反垄断执法机构认定的其他滥用市场支配地位的行为。本法所称市场支配地位，是指经营者在相关市场内具有能够控制商品价格、数量或者其他交易条件，或者能够阻碍、影响其他经营者进入相关市场能力的市场地位。"

求更高的实用性与创造性标准。立法者、制定政策者与申请专利人都需要特别注意这种变化。

根据我国 2010 年的《专利审查指南》，基因专利技术必须具有实质的实用性才可能被授权。实质性的实用性是指，在目前的研究条件下，可以重复地、稳定地行使权利要求中所述的对现实世界或社会公众有益的功能。如果某种基因专利技术的实用性不是现实可行的，是不稳定的，且还需要进行进一步研究才能实现，则难以将其划入专利法保护的范围内。因为基因的研究成本高，且本身在很大程度上属于科学发现的自然产物，将专利保护范围扩大至整个基因，则可能发生先占的后果，阻碍基因技术的进一步发展。所以，基于我国的科技发展水平和产业状况，进行详细深入的调查研究，采用有限保护与专利强制许可制度相结合的方式，实现垄断权利与小企业竞争者之间的平衡、专利权人和社会大众的利益平衡，实现激励科技创新的最终目标，才是更加符合我国利益的选择。

权利要求书以说明书为依据审查标准研究

胡　俊

自 1984 年 3 月我国《专利法》通过，到 1992 年 9 月第一次修正，再到 2000 年 8 月、2008 年 12 月的第二次、第三次修正，"权利要求书应当以说明书为依据"（以下简称"支持条款"）始终被规定在我国《专利法》第 26 条第 4 款中。理论上，该制度是我国《专利法》"公开换保护"机制的制度保障，是平衡社会公众利益和专利权人利益的具体手段。在实务中，关于不符合"支持条款"的规定是《专利审查指南》第二部分第八章第 6.1.2 节"驳回的种类"中第（5）项明确列出的驳回发明专利申请的情形，也是《专利法实施细则》第 65 条第 2 款明确列出的无效宣告请求的理由。因此，无论是在理论上还是实务中，"支持条款"在我国《专利法》上都具有重要地位。

"支持条款"在发明专利申请授权程序和发明或者实用新型专利确权程序中有较多运用，但在运用过程中，出现了不同发明或者实用新型之间、同一发明或者实用新型在不同审查阶段被审查是否符合"支持条款"的审查标准的问题。该问题的出现与我国《专利法》《专利法实施细则》以及相关司法解释没有对"支持条款"的具体含义和适用规则作出规定，即没有明确给出对发明专利申请、发明或者实用新型专利进行的审查是否符合"支持条款"的审查标准有关。《专利审查指南》虽然对该制度进行了解释，并给出了用上位概念概括或者并列选择方式概括的权利要求、使用功能或者效果特征限定的发明和包含功能性限定的特征的权利要求是否能够得到说明书支持的判断标准，[1]但是，这依然无法解决我国专利实务中"支持条款"适用过程中审查标准不一致的问题，主要

---

[1]　参见《专利审查指南》第二部分第二章第 3.2.1 节。

原因如下：

第一，《专利审查指南》由作为国务院专利行政管理部门的国家知识产权局制定，属于部门规章，其效力等级低于《专利法》和《专利法实施细则》，不具有强制性的法律效力，法院在审理案件时可以参考该指南，但其不属于"以法律为依据"中的法律。因此，在专利确权程序中，法院可以参考《专利审查指南》中规定的审查标准，也可以不参考。

第二，《专利审查指南》对"支持条款"审查标准的规定还存在模糊之处，需要进一步完善。比如，《专利审查指南》中对用上位概括或用并列选择方式概括的权利要求是否符合"支持条款"的审查标准是，"如果权利要求的概括使得所属技术领域的技术人员有理由怀疑该上位概括或并列概括所包含的一种或多种下位概念或选择方式不能解决发明或者实用新型所要解决的技术问题，并达到相应的技术效果，则应当认为该权利要求没有得到说明书的支持"[1]。该审查标准中的"有理由怀疑"含义不清，标准不明，使审查标准的适用存在不确定性。

因此，明确"支持条款"的含义和审查标准，对于"支持条款"在实务中的有效适用、平衡专利权人和社会公共利益有重要意义。

一、"支持条款"概述

（一）"支持条款"的内涵

1. 以完整说明书为依据

《专利法实施细则》第 17 条规定，说明书应当包括技术领域、背景技术、发明内容、附图说明和具体实施方式这五部分，其中，发明内容和具体实施方式这两部分都涉及对技术方案的记载。具体而言，发明内容部分需要写明发明或者实用新型所要解决的技术问题、解决技术问题所采用的技术方案以及相对于现有技术所能取得的技术效果。具体实施方式部分需要详细写明申请人认为实现发明或者实用新型的优选方式。[2]说明书的前述结构导致在专利授权确权实务中存在这样一种观点："真正能够支持权利要求的内容应体现在'实施例

---

〔1〕 《专利审查指南》第二部分第二章第 3.2.1 节。

〔2〕 参见《专利法实施细则》第 17 条。

中'。"〔1〕该观点将"支持条款"中的说明书解释为说明书中的具体实施例部分，认为权利要求书要求保护的技术范围只有得到说明书具体实施方式中记载的具体实施例的支持，包括从说明书具体实施方式中的具体实施例中得到或者概括得出，才符合"支持条款"制度的规定。但是，该观点的法理基础并不牢固，笔者的具体分析如下：

首先，上述观点是从《专利审查指南》的相关规定中得出的，而《专利审查指南》是由作为国务院专利行政管理部门的国家知识产权局制定的，是"为了客观、公正、准确、及时地依法处理有关专利的申请和请求"〔2〕，其出发点很简单，是为了指导专利授权程序的工作。"支持条款"的法律渊源是《专利法》，由全国人民代表大会制定，其立法目的是"保护专利权人的合法利益，鼓励发明创造，推动发明创造的应用，提高创新能力，促进科学技术进步和经济社会发展"〔3〕。《专利法》旨在平衡专利权人利益和社会公共利益，其中规定的"支持条款"正是该宗旨的具体体现。《专利审查指南》与《专利法》的立法目的不同，实现的功能也不同，因此，《专利审查指南》无法兼顾《专利法》的所有立法目的，《专利审查指南》对"支持条款"的解读也就偏于片面。

其次，分析《专利审查指南》的其他规定时，又会得出不同理解。例如，《专利审查指南》规定："在发明或者实用新型技术方案比较简单的情况下，如果说明书涉及技术方案的部分已经就发明或者实用新型专利申请所要求保护的主题作出了清楚、完整的说明，说明书就不必在涉及具体实施方式部分再作重复说明。"〔4〕这条规定表明，在发明或者实用新型技术方案很简单的情况下，说明书可以不给出具体实施例，只要技术方案部分对技术方案的说明清楚、完整即可。如果"真正能够支持权利要求的内容应体现在'实施例中'"〔5〕的观点成立，说明书不记载具体实施例就会导致权利要求书要求保护的技术方案在说明书中没有依据，就不能得到说明书的支持，这与前述规定矛盾。

实际上，我国《专利法》中的"支持条款"是指，以说明书各部分公开内容的总和为依据，从中找到的属于发明人对现有技术做出贡献而得到的技术内

---

〔1〕 专利复审委员会第 15243 号无效宣告请求审查决定。

〔2〕 《专利审查指南》前言。

〔3〕 《专利法》第 1 条。

〔4〕 《专利审查指南》第二部分第二章第 2.2.6 节。

〔5〕 专利复审委员会第 15243 号无效宣告请求审查决定。

容都可以包含在权利要求的保护范围内。也就是说，权利要求只要能够得到说明书中任一部分内容的支持，就符合该制度的要求。

"支持条款"的含义是权利要求书以完整说明书为依据。该含义在著名专利法学者尹新天的《中国专利法详解》中有较为明确的表述："由于附图是说明书的组成部分之一，因此附图中可以辨认的技术特征是说明书内容的一部分，可以作为支持权利要求的依据。"[1]该表述能够表明：①附图作为说明书的一部分，包含支持权利要求的内容；②附图中关于技术特征的内容可用来支持权利要求；③《专利审查指南》明确规定，"附图的作用在于用图形补充说明书文字部分的描述"[2]。可以看出，说明书文字部分是说明书支持权利要求的内容。从专利权的信息成本方面进行考虑，也能得出用说明书中的完整内容支持权利要求的结论。"专利权生产的成本包括撰写说明书充分公开发明内容的成本。"[3]撰写说明书充分公开发明内容的成本可以通过减少说明书中与公开技术方案无关的内容得到削减。《专利法实施细则》第 17 条第 1 款规定，说明书应当包括技术领域、背景技术、发明内容、附图说明和具体实施方式五部分。这可以说明，前述各部分内容均可以起到充分公开技术方案的作用，因此，可以得出"支持条款"的含义是权利要求书以完整说明书为依据的结论。

根据以上分析，我们可以得出"支持条款"中的说明书是作为整体的说明书的结论，其既包括分布在说明书的技术领域、技术背景等五部分中的所有文字内容，也包括作为说明书组成部分的附图。而将"支持条款"中的说明书解释为说明书具体实施方式部分公开的内容，既排除了说明书其他部分作为支持权利要求书中要求保护的技术方案的材料的可能性，对说明书具体实施方式部分内容的撰写要求过高，使强加给专利申请人通过说明书充分公开发明或者实用新型专利的义务过于严苛，又与《专利法实施细则》第 17 条规定的说明书具体实施方式部分用于撰写申请人认为实现发明或者实用新型的优选方式的功能不一致。《专利审查指南》第二部分第二章第 3.2.3 节规定："在权利要求书中，允许有合理数量的限定发明或者实用新型优选技术方案的从属权利要求。"从该规定可以看出，优选技术方案实际上就是从属权利要求所要求保护的技术方案，

---

[1]　尹新天：《中国专利法详解》，知识产权出版社 2011 年版，第 367 页。

[2]　《专利审查指南》第二部分第二章第 2.3 节。

[3]　陈文煊：《专利权的边界：权利要求的文义解释与保护范围的政策调整》，知识产权出版社 2014 年版，第 43 页。

而在权利要求书中，可以存在并列的从属权利要求，具有并列关系的从属权利要求是从不同的角度对其所引用的权利要求进行限定，而两者之间并无引用与被引用的关系。《专利法实施细则》仅要求在说明书具体实施方式部分写明申请人认为实现发明或者实用新型的优选方式，"申请人认为"使得申请人对实现发明或者实用新型的优选方式的选择存在一定的主观性，而申请人一般不会在说明书具体实施例中穷尽所有附加权利要求中要求保护的技术方案。因此，将"支持条款"中的说明书解释为说明书具体实施方式是不对的。

2. 非指权利要求书与说明书存在一致性表述

《专利审查指南》明确规定，"权利要求的技术方案在说明书中存在一致性的表述，并不意味着权利要求必然得到说明书的支持"[1]。其理由在于，第一，《专利审查指南》中明确要求说明书的技术方案部分应具有与权利要求书中的独立权利要求相同或相应的内容[2]。为符合前述要求，在专利实务界，申请人或专利代理人通常直接将权利要求书中的内容复制到说明书的技术方案部分，甚至复制到具体实施方案部分。因此，权利要求书中的文字内容与说明书中的文字内容具有一致性只是满足了形式上的要求，与说明书是否能够支持权利要求不是同一个层面的问题。第二，对于缺乏必要技术特征的权利要求，即使权利要求书与说明书在语言上完全一样，由于权利要求中技术方案的本身缺陷导致了无法实现的后果，这样的权利要求也不可能得到说明书的支持。第三，如果申请人在说明书中只公开了关于发明或者实用新型实施的一部分内容，将另一部分内容进行高度保密，在这种情况下，即使其充分利用了说明书中的内容，所属技术领域的技术人员也是没有办法实施发明或者实用新型的。而依据公开不符合充分要求的说明书撰写的权利要求书，其中的技术方案也是无法实施的，当然也不能得到说明书的支持，即使权利要求书要求保护的技术方案在说明书中有完全相同的记载，也不符合"支持条款"的规定。

根据上述分析可知，虽然权利要求书要求保护的技术方案在说明书中具有一致性记载，但并不能证明发明或者实用新型专利符合"支持条款"的规定。

3. "得到或者概括得出"是本质要求

《专利审查指南》第二部分第二章第3.2.1节明确规定，"得到支持"就是

---

〔1〕《专利审查指南》第二部分第二章第3.1.2节。

〔2〕《专利审查指南》第二部分第二章第2.2.4节。

"得到或概括得出"，也就是说，"得到或概括得出"才是"支持"的本质含义，权利要求书是专利权人向社会公众宣示其独占权范围的法律文件，是专利权的载体。说明书是专利权人向社会公众履行公开发明或者实用新型义务的载体。说明书中的公开使得权利要求书中要求保护的各项技术方案都能从说明书中找到依据，而所属技术领域的技术人员也可以通过这些依据充分理解发明或者实用新型，以满足其接近先进技术的需求。只要在说明书充分公开的内容中无法找到权利要求书中任一项技术方案的依据，就会导致权利要求没有得到说明书支持的法律后果。

"得到或概括得出"是权利要求得到说明书支持的两种具体方式，"得到"和"概括得出"用"或"进行连接，表明"得到"和"概括得出"都是权利要求得到说明书支持的表现。有学者认为，《专利审查指南》中只给出了"概括得出"的判断方式，没有给出"得到"的判断方式。[1]《专利审查指南》规定表明，"概括"是在说明书给出的实施方式的基础上进行等同替代或者明显变型，经过等同替代或者明显变型后得到的技术方案中与说明书给出的实施方式具备相应的性能或者用途的技术方案可以概括到权利要求中。[2]该规定还表明，只要是符合该规定的发明或者实用新型，可以纳入保护范围内的技术方案均是通过说明书充分公开的内容"得到"或者"概括得出"的，不是"得到"就是"概括得出"。"概括得出"的技术方案是对说明书给出的实施方式进行等同替代或者明显变型得到的技术方案，没有进行等同替代或者明显变型的技术方案就不是"概括得出"，而是"得到"。因此，《专利审查指南》实际上给出了"得到"的判断方式：由说明书给出具体实施例，不经过等同替代或者明显变型，而直接得到。

根据上述分析，我们可以总结"支持条款"的具体含义，即权利要求书中要求的每项技术方案都能够得到由文字内容和附图内容构成的说明书整体充分公开的内容的支持，此处的支持不是指权利要求书和说明书的记载相同，而是指技术方案要想成为权利要求书的保护对象，其本身需要被充分公开。也就是说，说明书给出了相关依据，这些技术方案可以是从说明书给出的具体实施方式中得到的，也可以是对说明书给出的具体实施方式进行等同替代或

---

〔1〕 参见沈嘉琦、唐晓君："权利要求'得到'说明书支持的含义浅析"，载《中国发明与专利》2013 年第 5 期。

〔2〕 参见《专利审查指南》第二部分第二章第 3.1.2 节。

者明显变型后得到的，与说明书给出的技术方案具有相同性能或用途的技术方案。

（二）"支持条款"的制度价值——"以公开换垄断"

"以公开换垄断"将"公开"作为"垄断"的对价，要求发明或者实用新型说明书对权利要求书中要求保护的所有技术方案进行充分公开，并达到所属技术领域的技术人员能够实现的程度。

在我国《专利法》中，说明书和权利要求书分别起到"公开"和"垄断"的功能。说明书和权利要求书是重要的专利申请文件，我国《专利法》对说明书提出"清楚"和"完整"的要求，并用"能够实现"作为标准。[1]"能够实现"是指，"所属技术领域的技术人员按照说明书记载的内容，就能够实现该发明或者实用新型的技术方案，解决其技术问题，并且产生预期的技术效果"[2]。这也就是《专利审查指南》要求的"凡是所属技术领域的技术人员不能从现有技术中直接、唯一地得出的有关内容，均应当在说明书中描述"[3]。

从北京市高级人民法院《专利侵权判定指南》第 30 条和第 31 条的规定可以看出，"垄断"的范围由权利要求书决定，权利要求书"圈出"的范围大，"垄断"覆盖的范围就大；权利要求书"划定"的范围小，"垄断"的"面积"就小。权利要求书是专利权人享受专利权的载体，向社会公众宣示专利权的保护范围，起到"垄断"的作用。

说明书对发明创造进行充分公开，权利要求书向社会公众宣示要求保护的范围，并要求权利要求书划定的保护范围不大于说明书充分公开的范围，我国《专利法》实现这种平衡关系的制度为"支持条款"。[4]

"支持条款"强调的重点是：要求专利保护的所有技术方案的总和不超出说明书公开的范围。我国法律对此从两方面进行了规定：一是明文规定，即权利要求书的保护范围不得超出说明书公开的范围。[5]二是规定所有要求专利保护的技术方案都必须是所属技术领域的技术人员可以从说明书充分公开的内容中

---

〔1〕 参见《专利法》第 26 条第 3 款。

〔2〕 《专利审查指南》第二部分第二章第 2.1.3 节。

〔3〕 《专利审查指南》第二部分第二章第 2.1.2 节。

〔4〕 参见尹新天：《中国专利法详解》，知识产权出版社 2011 年版，第 367 页。

〔5〕 《专利审查指南》第二部分第二章第 3.2.1 节。

得到或者概括得出的，能够从说明书中得到或者概括得出的技术方案属于说明书充分公开的技术方案。也就是说，权利要求书中要求保护的各项技术方案都在说明书充分公开的范围内。如图 1 所示，每项技术方案都在说明书公开的范围内，所有技术方案的总和也在说明书公开的范围内，即要求保护的技术方案的总范围小于或者等于说明书公开的范围，这保证了专利权人要求保护的技术方案不大于其在说明书中充分公开的内容，避免专利权人获得明显大于其履行公开技术方案义务的专利权保护范围。

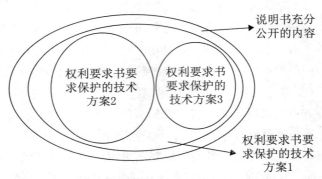

图 1　权利要求书保护范围与说明书充分公开内容关系图

　　根据以上分析可知，"支持条款"使"垄断"的范围不大于"公开"的范围，保障"以公开换垄断"机制的实现，从而平衡专利权人和社会公众的利益，使我国《专利法》的立法目的得以实现。因此，我们可以看出，"支持条款"的价值是平衡专利权人利益和社会公众利益。

二、"支持条款"审查标准现状

（一）"支持条款"审查标准的法律规定

　　我国《专利法》和《专利法实施细则》没有对"支持条款"的审查标准进行规定。《专利审查指南》规定了"支持条款"审查标准，包括《专利审查指南》第二部分第二章第 3.2.1 节中第 1~2、12 段中比较原则的审查标准，第 3 段中用上位概念概括或用并列选择方式概括的权利要求的审查标准，及第 8 段中含有功能性限定的特征的权利要求的审查标准。

　　但是，《专利审查指南》中规定的"支持条款"的审查标准并不能使我国的"支持条款"审查标准达到明确、统一的要求。其原因在于：第一，《专利审查指南》由国家知识产权局制定，其在法律渊源上属于部门规章，只能要求专利局和专利复审委员会遵守，对法院只具有参考价值。第二，《专利审查指南》中规定的"支持条款"审查标准本身不够完善，还存在需要进一步释明的地方。比如，《专利审查指南》第二部分第二章第3.2.1节第3段中用上位概念概括或用并列选择方式概括的权利要求的审查标准中的"有理由怀疑"不够明确、具体。

（二）"支持条款"审查标准的运行现状

1. "支持条款"审查标准缺乏统一性

河南全新液化启动设备有限公司对申请号为03112809.2、名称为"无刷自控电机软启动器"的发明专利（以下简称"本专利"）提起专利无效宣告请求案，[1] 争议点是本专利权利要求1是否符合"支持条款"的规定。[2] 该案件经历了专利复审委员会阶段、两级专利行政诉讼和申请再审阶段共四级审判程序。具体情况为，专利复审委员会认为，权利要求与说明书具体实施例中记载的技术方案一致时，权利要求能够得到说明书支持，[3] 故本专利权利要求1没有得到说明书支持。北京市第一中级人民法院认为，本专利权利要求1清楚记载了弹性阻力装置的作用，本专利说明书具体实施例一、二中采用弹簧、杠杆作为弹性阻力装置，实现的目的与权利要求1中弹性阻力装置实现的目的相同，因此所属技术领域的技术人员可以了解本专利的技术方案，[4] 权利要求1能够得到说明书支持。北京市高级人民法院认为，如果权利要求与说明书发明内容部分的文字记载一致，但仅凭借权利要求的内容难以实施权利要求所保护的技术方案，此时，应当认为权利要求不能从说明书充分公开的内容中得到；如果权利要求中记载的技术方案与说明书具体实施方式及其实施例不一致，且所属技术领域的技术人员无法从说明书具体实施方式及其实施例概括得出权利要求中要求保护的技术方案，此时权利要求无法从说明书充分公开的内容中概括得出。

---

〔1〕 参见专利复审委员会第15423号无效宣告请求审查决定书，北京市第一中级人民法院（2011）一中知行初字第5号行政判决书，最高人民法院（2014）行提字第32号行政判决书。

〔2〕 专利复审委员会第15423号无效宣告请求审查决定书。

〔3〕 参见最高人民法院（2014）行提字第32号行政判决书。

〔4〕 参见最高人民法院（2014）行提字第32号行政判决书。

当权利要求既不能从说明书充分公开的内容中得到，又不能概括得出时，应当认定权利要求未得到说明书支持，[1]故本专利权利要求 1 没有得到说明书的支持。最高人民法院认为，如果权利要求中要求保护的技术方案与说明书具体实施方式中公开的技术方案不同，权利要求中要求保护的技术方案在实施时又存在需要付出创造性劳动才能克服的技术难题，而说明书中缺少对克服该技术难题的方式的记载或者教导时，所属技术领域的技术人员根据说明书充分公开的内容无法实现权利要求中要求保护的技术方案，因此，权利要求中要求保护的技术方案不能得到说明书支持，本专利权利要求 1 不能得到说明书支持。[2]

可以看出，该案所经历的专利确权程序的四个阶段的审查机构所采用的"支持条款"审查标准均不相同，这使得各阶段的审查结果不同，对于该专利无效案件的各方当事人来说，下一阶段的审查结果具有极大的不可预测性。因此，各方当事人均有动机启动专利确权程序的下一阶段，而这种动机导致专利无效案件的各方当事人不愿息诉，导致专利权的效力一直处在不稳定状态。

2. 《专利审查指南》中"支持条款"审查标准具有可操作性

在该案中，涉案专利权利要求 1 的技术特征"动电极（2）与静电极（1）之间设有阻止动电极（2）向静电极（1）移动的弹性阻力装置"中的"弹性阻力装置"是"拉簧"和"压簧"的上位概念，因此，本专利权利要求 1 属于用上位概念概括的权利要求。在判断涉案专利权利要求 1 能否得到说明书支持时，专利复审委员会应当适用《专利审查指南》第二部分第二章第 3.2.1 节第 3 段的规定。按照该条规定，判断本专利权利要求书 1 能否得到说明书支持，就是判断所属技术领域的技术人员是否有理由怀疑采用权利要求 1 中包含的压簧的技术方案不能解决技术问题，从而无法达到预期的技术效果。

最高人民法院查明，"作为动电极与静电极'之中'设置的压簧的技术方案，在说明书文字及附图中均没有记载，且由于压簧的自身长度不能压缩为零，而根据本专利说明书的记载，本专利在实现过程中要使动电极与静电极相贴，动电极与静电极之间的阻值为零，才完成启动过程。当设置压簧的技术方案需要克服一定困难或缺陷时，说明书没有给出相关教导或指引的情况下，本领域

---

〔1〕　参见最高人民法院（2014）行提字第 32 号行政判决书。
〔2〕　参见最高人民法院（2014）行提字第 32 号行政判决书。

技术人员并不明确其具体的实现方式。"[1]根据查明的情况，所属技术领域的技术人员有理由怀疑采用压簧作为弹性阻力装置时不能解决发明或者实用新型所要解决的技术问题，并达到相同的技术效果，也就是说，因所属技术领域的技术人员有理由怀疑"弹性阻力装置"中包含的"压簧"的技术方案不能实现发明或者实用新型的目的，导致本专利权利要求1未能得到说明书的支持，应当被宣告无效。

最终，最高人民法院根据《专利审查指南》中的规定进行裁判，宣告涉案专利权利要求1无效。

3. 司法经验对"支持条款"审查标准的完善

在该案中，最高人民法院采用"当设置压簧的技术方案需要克服一定困难或缺陷时，说明书没有给出相关教导或指引的情况下，本领域技术人员并不明确其具体的实现方式"[2]作为"有理由怀疑"的标准。也就是说，如果上位概念所包含的所有下位概念都能够实现发明或者实用新型的目的，则认定采用上位概念概括的权利要求能得到说明书支持。如果上位概念所包含的所有下位概念中的一项下位概念在实施过程中出现了现有技术不能解决的技术问题，如果在说明书中给出了相关教导或指引，使得所属技术领域的技术人员能够继续实施该技术方案，并实现发明或者实用新型目的，则认为说明书对该下位概念进行了充分公开，应认定该上位概念概括的权利要求能够得到说明书的支持；如果在说明书中缺少相关教导或指引，使得所属技术领域的技术人员无法继续实施该技术方案，或者实施该技术方案不能达到预期效果，则认为说明书没有充分公开该下位概念，应认定该技术方案没有得到说明书的支持。最高人民法院将"有理由怀疑"的裁判标准认定为"当设置压簧的技术方案需要克服一定困难或缺陷时，说明书没有给出相关教导或指引的情况下，本领域技术人员并不明确其具体的实现方式"[3]。其对用上位概念概括的权利要求能否得到说明书支持的分析，可简化成图2。

---

[1] 最高人民法院（2014）行提字第32号行政判决书。
[2] 最高人民法院（2014）行提字第32号行政判决书。
[3] 最高人民法院（2014）行提字第32号行政判决书。

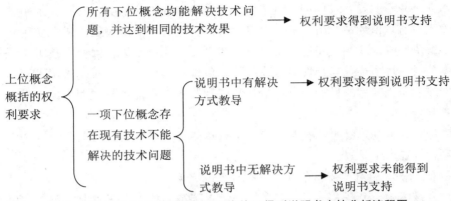

图 2　采用上位概念概括的权利要求能否得到说明书支持分析流程图

如上图 2 所示，采用上位概念概括的权利要求能否得到说明书支持的判断相对于《专利审查指南》中的相关规定更明确、更有操作性。而最高人民法院采用说明书中是否给出了解决实施下位概念过程中出现所属技术领域的技术人员无法解决的技术难题的教导，以确定所属技术领域的技术人员是否"有理由怀疑"，实际上就是《专利法》中对说明书提出的"清楚"和"完整"要求[1]，具有合理性。

4. "支持条款"审查标准平衡专利权人和社会公众利益的价值

该案中，最高人民法院认定权利要求 1 没有得到说明书支持的同时，认定权利要求 3 的附加技术特征并非对权利要求 1 的进一步限定，而是替换了权利要求 1 的必要技术特征，因此，权利要求 3 实际上是与权利要求 1 并列的独立权利要求。最高人民法院认为，"对于这种形式上从属于某权利要求，但实质上替换了特定技术特征的权利要求，应当按照其限定的技术方案的实质内容来确定其保护范围，并在此基础上判断是否得到说明书的支持"。[2]在此理论的基础上，最高人民法院认为权利要求 3 得到了说明书支持。

最高人民法院的裁判思路体现了"支持条款"平衡社会公共利益和专利权人利益的制度价值。平衡社会公共利益和专利权人利益的基本思路是"公开换垄断"，也就是说，在说明书中公开的符合我国《专利法》对发明或者实用新型专利提出的其他实质性条件的技术方案就可纳入权利要求的保护范围。在将技

---

〔1〕　参见《专利法》第 26 条第 3 款。

〔2〕　最高人民法院（2014）行提字第 32 号行政判决书。

术方案用技术特征进行概括，撰写成权利要求书的过程中，因撰写者对技术方案的理解或者撰写水平的限制，权利要求书无法对技术方案进行准确概括的情况常有发生。我国《专利法》要求专利权保护范围清楚。[1]按照该要求，保护范围不清的发明专利申请不能获得授权、发明或者实用新型专利应当被宣告无效。因撰写水平导致权利要求保护范围不清的发明专利申请被驳回，或者发明或实用新型专利被宣告无效，似乎给申请人或者专利权人施加了较高的责任，特别是在我国专利撰写水平有待提高的现阶段，如果仅因撰写水平而导致真正具有创造性的发明或者实用新型不能获得保护，对专利权人来说，后果过于严重。如果放低对权利要求保护范围清楚的审查标准，也会给申请人或者专利权人通过模糊的语言撰写权利要求书并通过解释而谋取超出其对现有技术做出贡献的保护范围留下空间，从而损害社会公共利益。因此，审查权利要求能否得到说明书支持时，平衡社会公共利益和专利权人利益的考虑很有必要。

三、"支持条款"审查标准之完善

（一）完善"支持条款"审查标准的基本思路

专利无效案件可分为两个阶段，第一个阶段是请求宣告专利权无效阶段，该阶段由专利无效宣告请求人启动，专利复审委员会负责审理。第二阶段是专利无效行政诉讼纠纷，包括一审、可能会发生的二审和再审，由不服专利复审委员会做出的专利无效请求审查决定的一方当事人启动。在第一个阶段，专利复审委员会依据《专利法》《专利法实施细则》和《专利审查指南》的规定对请求宣告专利无效案件进行审理。在第二个阶段，审理专利无效行政诉讼的法院依据《专利法》和《专利法实施细则》，参考《专利审查指南》对专利无效行政诉讼进行审理。但是，《专利法》和《专利法实施细则》均没有规定"支持条款"的适用规则，《专利审查指南》对"支持条款"的适用规则有简要的规定。

也就是说，我国专利法律法规还没有较为明确、统一的"支持条款"审查标准。在这种背景下，专利无效案件的第一阶段和第二阶段，以及第二阶段中的不同审级法院之间对"支持条款"的适用规则不同，且无法找到一种能使专

---

[1] 参见《专利法》第 26 条第 4 款。

利复审委员会，特别是审理专利无效行政纠纷案件的各级法院都能直接适用的规则，导致在专利无效实务中，专利复审委员会，特别是审理专利无效行政纠纷案件的各级法院在适用"支持条款"的时候，需要各自摸索适用规则。

因此，完善我国"支持条款"审查标准的基本思路就是明确和统一"支持条款"审查标准。

（二）完善"支持条款"审查标准的具体措施

1. 完善《专利审查指南》中的"支持条款"审查标准

《专利审查指南》中规定的"支持条款"审查标准还不够明确，其适用过程还不能完全达到稳定的要求，而导致不稳定的主要原因在于《专利审查指南》适用了模糊的语言，如"有理由怀疑"。《专利审查指南》给出的"支持条款"审查标准虽存在不够明确的问题，但整体上是能够适用的，只要对其中的模糊语言作出明确、客观定义。《专利审查指南》中给出的"支持条款"审查标准可能被专利授权确权程序的各阶段审查组织接受，进而成为我国专利授权确权程序中统一适用的审查标准。

完善《专利审查指南》中的审查标准具有可行性。专利授权确权程序中的审判实践为完善《专利审查指南》中的审查标准积累了大量的经验。对专利复审委员会来说，《专利审查指南》是国家知识产权局制定的部门规章，专利复审委员会审理专利授权确权案件时必须适用该部门规章。对法院来说，由于我国《专利法》《专利法实施细则》以及相关司法解释均没有给出"支持条款"审查标准，而《专利审查指南》属于部门规章，对法院没有强制拘束力，但其中规定的"支持条款"审查标准确是我国现阶段存在的少数明确规定之一，法院在审查发明或者实用新型是否符合"支持条款"规定时，更倾向于参考《专利审查指南》中给出的"支持条款"审查标准。由于在专利授权确权程序中，专利复审委员会和审理专利确权行政诉讼的法院在审查发明或者实用新型能否得到说明书的支持时都采用了《专利审查指南》中给出的审查标准，适用该审查标准遇到审查标准不明确的问题时，为了对案件进行正确裁决，专利复审委员会和法院会尽可能摸索解决审查标准不明确问题的方案，而这些解决审查标准不明确问题的方案能够通过对相关案件的研究获得。也就是说，涉及"支持条款"的大量案件材料为完善《专利审查指南》中"支持条款"审查标准提供了丰富的素材，这使得找到完善方式具有可行性。

　　同时，根据前文的分析可知，"支持条款"是我国《专利法》"公开换垄断"机制的具体体现，其宗旨是实现社会公共利益和专利权人利益的平衡。因此，"支持条款"审查标准的确定也是为了实现社会公共利益和专利权人利益的平衡。以平衡专利权人利益和社会公共利益为完善我国"支持条款"审查标准的出发点，具有法理正当性。

　　以平衡专利权人利益和社会公共利益为完善我国"支持条款"审查标准的出发点也具有可行性。平衡专利权人利益和社会公共利益的理论基础是使专利权人和社会公众之间的权利义务相适应，体现的是公平原则。我国理论界对公平原则有较多的可供参考的研究成果，实务界也有不少结合具体案件对公平原则进行阐述的案例资料。因此，以平衡专利权人利益和社会公共利益，即公平原则，作为完善我国"支持条款"审查标准的理论指导具有可行性。

　　2. 将完善后的审查标准规定在司法解释中

　　完善《专利审查指南》中的"支持条款"审查标准可以使我国专利授权确权程序中普遍适用的审查标准更明确、具有稳定性。但是，无法使"支持条款"审查标准统一，也就无法使专利授权确权程序各阶段的审理组织普遍接受。主要原因在于，《专利审查指南》是部门规则，仅对专利复审委员会和专利局有强制力，对法院只有参考价值。专利复审委员会对专利确权案件的审查只是专利确权程序的第一阶段，即使专利复审委员会严格按照《专利审查指南》给出的"支持条款"审查标准对发明或者实用新型专利进行审查，其作出的无效宣告请求审查决定书在专利权人或者无效宣告请求人提起行政诉讼时，还要受到法院的审查，如果法院没有采用《专利审查指南》中的"支持条款"审查标准，且法院采用的"支持条款"审查标准与《专利审查指南》中的审查标准差异很大，法院对发明或者实用新型专利是否符合"支持条款"规定的审查结果与专利复审委员会的审查结果很可能有较大差异，法院可能撤销专利复审委员会的相关决定内容，从而使发明或者实用新型专利长期处于不稳定的状态。

　　既能使专利复审委员会适用，也能要求法院适用同一种明确、稳定的"支持条款"审查标准，才能解决上述问题。而解决方法是使该"支持条款"审查标准具有普遍适用的效力。在我国法律体系中，《专利法》《专利法实施细则》以及相关司法解释具有普遍约束力，在这些法律中明确规定《专利审查指南》中的审查标准，或者明确规定采用《专利审查指南》中的审查标准对权利要求能否得到说明书支持进行审查，就可使《专利审查指南》中的审查标准具有普遍约束力，保证在对同一发明或者实用新型进行是否符合"支持条款"审查时不同阶段的审理机关采用相同的审查标准。

相对于《专利法》和《专利法实施细则》，将"支持条款"审查标准规定在司法解释中更具可行性，其理由在于：第一，《专利法》和《专利法实施细则》规定的是具体的权利和义务，即《专利法》和《专利法实施细则》属于实体法，而"支持条款"审查标准是适用"支持条款"的具体规则，属于程序性规定，将程序性规定纳入实体法中不符合我国法律分类规则，而司法解释中的规定多是为了保障实体法具体条款的适用，属于程序性规定，因此，将"支持条款"审查标准规定在司法解释中更为合适。第二，将"支持条款"审查标准规定在司法解释中能够更好地维持我国法律的稳定性。《专利法》和《专利法实施细则》作为法律和法规，具有稳定性的要求，不适合频繁修订，司法解释则是为了弥补法律和法规的稳定性要求带来的滞后性而对新出现的问题进行规定。从这一方面分析，将"支持条款"审查标准规定在司法解释中更为合适。第三，在程序上，将"支持条款"审查标准规定在司法解释中更为简便。《专利法》由全国人民代表大会制定，全国人民代表大会常务委员会修订，《专利法实施细则》由国务院制定，而司法解释由最高人民法院制定，与《专利法》和《专利法实施细则》相比，将"支持条款"审查标准规定在司法解释中的立法程序更为简单，立法成本更低。

根据前面的分析可知，专利复审委员会和大多数审理专利确权案件的法院适用的"支持条款"审查标准来自于《专利审查指南》，专利实务界对《专利审查指南》中的"支持条款"审查标准有较高的认可度。以《专利审查指南》中的"支持条款"审查标准为基础建立具有普遍约束力的"支持条款"审查标准，即将"支持条款"审查标准规定在司法解释中，能够为专利实务界所接受，使我国建立统一、明确的审查标准具有可能。

结　论

本文通过对"支持条款"进行理论和实证研究，认为：

1. "支持条款"的含义为，权利要求书中的每项技术方案都能够得到由文字内容和附图内容构成的说明书整体充分公开的内容的支持。此处的"支持"不是指在说明书中有与权利要求书的内容一致的描述，而是指权利要求书中要求保护的所有技术方案都能够从说明书给出的具体实施方式中得到，或者是对说明书给出的具体实施方式进行等同替代或者明显变型后得到的与说明书给出的技术方案具有相同性能或用途的技术方案。

2. "支持条款"体现的是公平原则，通过要求申请人或者专利权人将权利要求书中要求保护的技术方案在说明书中充分公开，实现专利权人获得专利权与社会公众获得的接近发明或者实用新型的权利在"量"上的对等，从而起到平衡专利权人和社会公众利益的制度价值。

3. 明确、统一的"支持条款"审查标准保证"支持条款"的有序运行，使"支持条款"平衡专利权人和社会公众利益的制度价值得以实现。

4. 虽然我国暂时没有明确、统一的"支持条款"审查标准，但我国具有构建明确、统一的"支持条款"审查标准的条件，在适用时存在适用规则不明确、不统一的问题，还存在宣告专利无效案件结果影响专利侵权案件审理的问题。可以以《专利审查指南》中的"支持条款"审查标准为基础建立具有普遍约束力的"支持条款"审查标准。

说明书充分公开判断之研究

汪　舟

引　言

（一）研究背景

从广义的角度来看，可对专利制度做如下解读：经官方确认，专利权人可垄断性地享有专利技术带来的经济利益。从历史角度来看，专利制度与工商业、市场经济的发展息息相关，并对生产力的提高起到了至关重要的作用，其关键是专利制度"以公开换保护"的利益平衡理念。说明书充分公开制度，作为专利制度最主要和最根本的内容之一，正体现了这一理念。

说明书充分公开制度的重要性毋庸置疑，而 2015 年度北京法院知识产权十大典型案例——"一种聊天机器人系统"发明专利权无效行政案，更进一步引发了业内关于说明书充分公开制度的讨论。

表面上看，本案的争议焦点是说明书是否充分公开了通过游戏服务器实现游戏功能这一技术方案。但通过对比一审与二审判决中法院的观点可以看出，本案争议的关键在于对本领域技术人员[1]的认定。北京市第一中级人民法院认为，本领域技术人员依据本专利说明书中的内容，可以获得寻找现有技术以完成技术方案的启示，从而能够实现权利要求 1 中的游戏功能。但是北京市高级人民法院弱化了本领域技术人员的知识水平和创造能力，将判断的客体限定于

---

[1]　本文中的"本领域技术人员"即"所属技术领域的技术人员"，为与现行法律规定相吻合，不采用最高人民法院在司法解释中使用的"本领域普通技术人员"这一表述。

说明书中的内容。如果内容不够充分，不能为本领域技术人员提供足够的信息指引，就不能认为该说明书公开充分。[1]

由此可见，在说明书充分公开判断中，本领域技术人员的认定是十分重要的，是后续判断的基准。从目前的审查实践和司法实践来看，说明书充分公开判断的标准并不统一，相关重要概念解释不清，这就导致各方主体对说明书充分公开的认定结果有较大差异。

（二）研究现状

通过梳理相关文献对说明书充分公开制度的研究，笔者发现学者们认为该制度充分体现了利益平衡原理，对实现《专利法》的立法目的至关重要。但是，对该制度的具体适用方法，即说明书充分公开的判断标准，学者存在不同的意见。目前的相关研究要么只是列举了几个案例，试图加深对判断标准的理解，要么只是结合《专利法》第 26 条第 3 款中的几个法定条件对《专利审查指南》做出分析，但由于需要深入分析相关重要概念本身，需要明确判断的核心问题，所以对说明书充分公开的判断应当做更为细致的研究。

在目前审查与司法工作中，对该制度的理解与适用主要存在的问题，首先是核心的判断主体的标准含糊不清，从而导致无法判断其他法定条件；其次是在认定是否充分公开时，仅单独考虑说明书，而忽视了权利要求书的作用，人为割裂说明书与权利要求书之间的内在联系，可能对申请人过于苛刻；最后，如判断主体标准含糊不清的问题，也导致说明书充分公开判断所需纳入考虑的客体范围不清，例如，引证文件、实验数据、一般技术资料等文件该如何应用，以及在司法实践中，证据规则如何使用，这些问题都与判断主体的认定关系密切。

（三）创新之处与研究展望

从立法层面和司法适用层面来看，说明书充分公开制度的设计和应用都存在一定的问题。本文对该制度适用标准的讨论，主要有以下三点创新之处：

第一，明确利益平衡理论在说明书充分公开判断中的指导思想地位，以我国目前的社会发展状况为讨论的现实依据。

第二，明确本领域技术人员在说明书充分公开判断中的主体地位，结合利

---

[1] 北京市高级人民法院（2014）高行（知）终字第 2935 号。

益平衡理论及《专利法》立法目的，指出本领域技术人员的应有之义。

第三，构建以本领域技术人员为核心的综合判断体系，强调权利要求书在说明书充分公开判断中的作用，为判断标准的一致化提供具有实践价值的建议。

一个在本领域技术人员视角下具有一致性的判断标准对于说明书充分公开的判断具有十分重要的意义，在这样的语境中，无论是审查员还是法官，都需要采用相同的标准来判断申请的有效性，这不仅对司法的公正性、终局性有重要作用，也对提高专利代理人撰写专利申请文件水平有重要的益处。

一、说明书充分公开制度概述

从广义上看，专利制度可以被视为一种特权制度，拥有这种特权的人可以在一定时间内独占享有技术带来的利益。欧洲中世纪君主的特许令是专利制度的起源。[1]现代专利制度萌芽于英国的垄断专利特权制度，这种特权制度对英国商品经济发展起到了重要作用，但不可避免地与王权结合形成垄断。随着王权与资产阶级矛盾的不断深化，作为新兴资产阶级的代表的国会在与国王斗争的过程中，颁布了《垄断法》。[2]1624 年颁布的这部《垄断法》被一些学者视作现代专利法的起源，虽然对这一观点有争议，但是该法对现代专利制度确实有深远影响。其重要性在于引入了利益平衡的概念，在保护发明创造人权利的同时兼顾对社会公众利益的保护，一方面激发了民众的创造热情，另一方面鼓励民众将发明创造积极转化，投入市场，获得更大的社会财富。[3]这样一种个人与社会利益平衡的思路，对后世的知识产权制度产生了重要影响。

（一）说明书充分公开制度的内涵

1. 专利制度的利益平衡

我国《专利法》第 1 条规定："为了保护专利权人的合法权益，鼓励发明创

---

〔1〕　参见杨利华："从'特权'到'财产权'：专利权之起源探微"，载《湘潭大学学报》（哲学社会科学版）2009 年第 1 期，第 40 页。

〔2〕　参见杨利华："英国《垄断法》与现代专利法的关系探析"，载《知识产权》2010 年第 4 期，第 78~79 页。

〔3〕　参见赵方捷："从英国专利保护制度的历史变迁看其对英国经济增长的持续作用"，载《理论月刊》2013 年第 5 期，第 182 页。

造，推动发明创造的应用，提高创新能力，促进科学技术进步和经济社会发展，制定本法。"由此可见，专利法的立法目的至少包含以下两个层次：

第一个层次是保护专利权人的合法权益，专利法通过对专利权人的保护，达到鼓励发明创造的目的，这也是第二个保护层次的前提；第二个层次是保护社会公众利益，这一目的是通过应用发明创造、技术公开、科技进步等方面实现的。

现实情况是，这两个层次存在矛盾：专利权具有一定的垄断性，它使专利权人可以在专利权的有效期内阻止他人使用自己的专利，并对自己的专利享有专有性收益，但在今天的市场环境中，部分专利权人不对专利权进行商业转化，而是利用专利权作为打压其竞争对手的工具。[1]专利权人希望自己的专有权得到扩张，并且倾向于通过垄断达到利益的最大化。我们可以发现，专利制度从产生之初，便需要面对专利专有权人与社会公众之间利益分配的矛盾。

从法律本质上看，专利法作为阶级意志的产物，就必然要为本阶级服务，具体到我国，就是要尽量保护社会公众利益，并在利益分配出现矛盾时，做出合理的平衡。"任何成功的专利制度的关键都是在赋予专利权人的专有权和拥有一个开放与竞争性市场的公共利益之间达成精确的平衡。"[2]当然，这样一种利益平衡是动态的平衡，在不同国家、不同经济发展阶段，利益分配的侧重点不同，我们要考虑的平衡是在我国当前经济发展水平下所能达到的最有利于国家和人民发展的平衡。这样一种平衡，体现在专利制度设计上就是一种动态平衡，通过制度架构上的不断调整以应对社会发展与技术创新所带来的新的利益失衡问题，保证具有一定垄断性质的专利制度的合法正当性基础不被破坏。[3]

2. 利益平衡原理在说明书充分公开制度中的体现

充分公开制度的核心理念是专利权人在一段时间内对其专利所享有的专有权与公众对该专利内容享有的知情权这两种利益的交换。这种交换要求双方在

---

[1] 这样的策略在如今的企业战略中占据很重要的地位，尤其当一些大型跨国公司手中掌握着大量专利，甚至存在"潜水艇"专利时，这种策略的威力相当大，从而导致新兴企业的发展举步维艰；同样，关于高智模式的利弊之争，至今仍然没有定论，但是这样一种模式，从目前来看，无疑会对中小企业的发展产生一定的不利影响。

[2] 冯晓青：《知识产权法利益平衡理论》，中国政法大学出版社2006年版，第420页。

[3] 参见董宏伟："专利制度中的伦理问题初探"，载《培训与研究》2003年第1期，第40页。

利益上是可平衡的，专利权所能产生的技术贡献与给予的保护程度相匹配。[1]从专利权人的视角看，是以公开换取保护；从社会公众的视角看，是以垄断换取公开。通过公开发明创造，专利制度所具有的垄断性不至于失去限制而阻碍技术的发展，社会公众从理论上拥有了平等获取新的技术方案的权利。[2]于是，新技术的应用更加广泛，站在前人肩膀上的改进发明得以更快出现，先进的科技信息在社会公众之间得到迅速传播，只有这样，专利法立法目的的第二个层面——促进技术革新和社会发展，提高创新能力——才能真正得以实现。

（二）说明书充分公开制度现状

1. 各国说明书充分公开制度的规定

（1）我国相关条款规定。我国关于说明书充分公开的相关规定主要见于《专利法》《专利审查指南》[3]。其中，《专利法》第 26 条第 3 款及第 4 款是本文研究的基础："说明书应当对发明或者实用新型作出清楚、完整的说明，以所属技术领域的技术人员能够实现为准；必要的时候，应当有附图。摘要应当简要说明发明或者实用新型的技术要点。权利要求书应当以说明书为依据，清楚、简要地限定要求专利保护的范围。"

对于本条中出现的术语——清楚、完整、能够实现等，《专利审查指南》第二部分第二章以及第四章有具体的解释。

（2）欧洲相关条款规定。在《欧洲专利公约》第 83 条和第 84 条中，有与我国《专利法》第 26 条第 3、4 款规定模式相近似的，关于发明专利应在说明书中充分公开且权利要求书能得到支持的法律条款。其第 83 条规定："欧洲专利申请应对发明作出充分、清楚和完整的说明，以熟练的技术人员能够实现为准。"其第 84 条规定："权利要求书应确定请求保护的内容。权利要求书应清楚、简明，并以说明书为基础。"

---

〔1〕 北京市高级人民法院《关于专利侵权判定若干问题的意见（试行）》指出："解释专利权利要求应当遵循公平原则，既要充分考虑专利权人对现有技术所做的贡献，合理确定专利保护范围，保护专利权人的利益，又不得侵害公众利益。不应将公知技术'解释'为专利权的保护范围，也不应将专利技术'解释'为公知技术。"

〔2〕 冯晓青："专利法利益平衡机制之探讨"，载《郑州大学学报（哲学社会科学版）》2005年第 3 期，第 59 页。

〔3〕 指《专利审查指南》（2010），且包含国家知识产权局令第 67 号、第 68 号决定修改内容，下同。

对比我国的规定可知,《欧洲专利公约》对说明书充分公开的要求也是从两个方面进行考虑的:说明书与权利要求书。但是,与我国不同的是,对这两个方面的实际适用,欧洲专利局采用了更加灵活的方式。关于在异议程序中如何选择这两项判断理由,《欧洲专利局专利审查指南》规定只要能够"选择合适的理由"〔1〕即可,给予审查人员较大的自由裁量权。

(3)美国相关规定。美国关于充分公开判断的相关规定见于《美国法典》第35篇第112节:"说明书应当包含本发明的书面描述,制造使用的步骤方法应采用完整、清楚、准确的术语予以描述,使本领域或者与本领域密切相关的其他领域的任何技术人员,可以相同地制造与使用本专利,并且说明书还应当记载发明人或专利申请人认为的最好的实施方法。"〔2〕

通过观察美国的立法模式,我们可以发现,上述第112节的规定"并没有采取多数国家的'充分公开'和'支持'的分类方式,而是规定了三项基本要求:能够实现(Enablement Requirement)、书面描述(Written Description Requirement)和最优实施例(Best Mode Requirement)"〔3〕。

最优实施例要求属于极具美国特色的法定条件,而这种条件在我国《专利审查指南》中也有所体现。〔4〕优选的具体实施方式不仅有助于审查员在进行实质审查时做出准确判断,在诉讼阶段也有助于法官更加充分地理解技术方案。进一步看,提供优选的实施例为利用本项专利提供了便利,有助于保护社会公众利益。

2. 说明书公开不充分的常见情况及其后果

在本部分中,笔者试图通过部分相关的具体案例,引出在司法实践中常出现的说明书公开不充分的几种情况,并为下文的法定条件分析提供指引。同时,笔者将指出说明书公开不充分带来的法律后果。

(1)仅提出设计理念,忽视技术手段的具体操作。在引言中提到的"一种聊天机器人系统"发明专利权无效行政案中,要实现权利要求书中的游戏功能,需提供具体的操作方式,但专利权人仅在说明书中提出了一种设想,这种设想

---

〔1〕《欧洲专利局专利审查指南》,C部分,第Ⅲ章,第6.4节。

〔2〕 35 U. S. C. A §112.

〔3〕 李越、温丽萍:"中美欧与专利公开有关的法定要求的比较与借鉴",载《中国发明与专利》2013年第2期,第83页。

〔4〕《专利审查指南》第二部分第二章第2.2.6节。

如何实现，并不能从说明书现有的内容中得到答案，导致游戏功能无法实现。因此，这样的说明书是公开不充分的。

（2）说明书未记载实验数据。在涉及化学或生物学的案件中，由于专业技术性极强，对数据的精确性及结论的严谨性提出了十分高的要求，大多数实验结果都需要专门的实验数据予以支撑，从而打消本领域技术人员的合理怀疑，证明要求保护的技术方案一旦实现就能够解决问题，达到预期的结果。由此可见，当一项专利所涉及的技术领域对实验数据提出了较高要求，而该专利的说明书没有记载不同实验环境下的数据时，此种说明书很可能未充分公开。[1]

在阿雷生物药品公司与中华人民共和国国家知识产权局专利复审委员会因发明专利申请驳回复审行政纠纷上诉案中，由于申请保护的化合物的药效没有清楚可验证的药效实验数据作为依据，同时对于要求保护的具体化合物是如何得到的，说明书中并没有提供相应的实验过程和数据，北京市高级人民法院认为：从本专利说明书所披露的实验数据分析，本领域技术人员不能确定要求保护的化合物经过所述实验过程可产生激酶抑制活性，这种不确定性令本领域技术人员有合理的理由怀疑实验数据的真实性，也就意味着本领域技术人员无法实现要求保护的技术方案，因此该说明书公开不充分。[2]

（3）未公开实现该技术方案所必需的内容。在一种热稳定的葡萄糖淀粉酶发明专利权无效决定行政纠纷上诉案中，北京市第一中级人民院在评价专利复审委员会第 17956 号决定时认为：DNA 由四种碱基对组合而成，而蛋白质由氨基酸组成，DNA 序列经由信使 RNA 可将氨基酸进行组合形成特定的蛋白质，但这种转录翻译过程十分复杂，必须予以充分公开。本专利要求保护的一种淀粉酶实际就是一种蛋白质，而本专利的权利要求 12 只出现了 DNA 序列且说明书中未记载转录翻译为蛋白质的具体过程。因此，依据本专利说明书所公开的内容无法实现本专利限定的 DNA 序列，故本专利公开不充分，二审中北京市高级人民法院对此观点予以认可。[3]

（4）说明书存在较多错误，需要进行大量纠错行为。在一种旋转式多臂机构及装有该多臂机构的织布机发明专利权无效行政纠纷案中，常熟纺织机械厂

---

〔1〕　参见聂秀娜："浅谈说明书公开不充分"，载《中国发明与专利》2015 年第 11 期，第 91~92 页。

〔2〕　北京市高级人民法院（2013）高行终字第 2171 号。

〔3〕　北京市高级人民法院（2013）高行终字第 3524 号。

有限公司请求宣告涉案专利无效，专利复审委员会做出 17561 号决定认定有效，北京市高级人民法院认为：在 17561 号决定中，虽然通过纠正解释之后，说明书所描述的工作机理（指本专利说明书第 5 页第 7 行所载明"弹簧 10 持续地作用于棘爪 8a，使之从掣子 8 向轴 1 放松"中"放松"的具体含义）可以被正确理解，但这种正确解释与说明书中所呈现的实际情况是有出入的。同时说明书中记载的连接方式在说明书附图 1、2 中未得到证实。相反，根据附图 2 中所表现的连接方式，本领域技术人员难以理解如何得到说明书中所叙述的摆动动作。

本专利说明书实施例部分多处存在严重的错误，这说明本专利说明书撰写质量堪忧，所描述的技术方案不清楚，也不完整，本领域技术人员需要过度劳动或需要进行大量纠错行为才能再现该专利的技术方案，因此认为该专利说明书公开不充分。[1]

（5）权利要求书无法得到说明书的支持。《专利法》第 26 条第 4 款规定："权利要求书应当以说明书为依据，清楚、简要地限定要求专利保护的范围。"

在一种通过发酵生产 L-赖氨酸的方法发明专利权无效行政纠纷案中，权利要求 1 所限定的 DNA 来自埃希氏杆菌，而埃希氏杆菌包含多种各异菌种，不同菌种之间的特性也不同，采用这种过于宽泛的上位概念，实际上超出了说明书公开的范围。同时，北京市高级人民法院认为：《专利法》第 26 条第 4 款的规定在适用过程中不能仅仅关注权利要求书与说明书，还应当充分考虑现有技术以及本领域技术人员的知识水平和认知能力。涉案专利权利要求 1 中的技术方案，仅仅记载了在两位组氨酸残基分别存在情况下的突变，却未验证二者同时存在时的突变情况，因而权利要求 1 请求保护的技术方案超出了说明书公开的内容，违背了法定要求，说明书公开不充分。[2]

综合来看，造成说明书未充分公开的部分原因是较低的说明书撰写水平，也有说明书充分公开判断标准不统一的原因。较低的撰写水平与不统一的判断标准相结合，会给专利权人带来更大的法律和经济风险。说明书是否充分公开不仅影响到专利申请能否通过实质审查获得授权，也影响后续权利的稳定性。在专利行政诉讼中，一旦某项技术方案被认定为未在说明书中得到充分公开，专利权会被认定为部分甚至全部无效，因此，说明书必须满足《专利法》的规

---

〔1〕 北京市高级人民法院（2013）高行终字 991 号。
〔2〕 北京市高级人民法院（2012）高行终字第 1790 号。

定，做到充分公开。

二、说明书充分公开法定条件研究

针对《专利法》第 26 条第 3 款规定的内容，《专利审查指南》将其概括为四项法定条件：清楚、完整、能够实现以及所属技术领域的技术人员。同时依据第 26 条第 4 款的规定，说明书公开充分的判断还需要权利要求书能够得到支持来验证。

（一）客观条件

1. 清楚[1]

说明书的内容应当清楚，具体要满足以下要求：[2]

主题明确，概括来说就是要立足于现有技术，明确本发明创造要解决的技术问题和要达到的技术效果。说明书所记载的技术方案、技术问题、技术目标应当互相匹配，保持前后技术内容的一致。

表述准确，要求说明书撰写人具备一定水平的语文功底，语句通顺、准确，表意确定，不能含糊不清而使人误解。必须要说明的是，语言表达客观上存在"言不尽意"的特征，为了突破语言表达固有的局限性，《专利法》第 26 条第 3 款也规定"必要的时候，应当有附图"。

2. 完整

"完整的说明书应当包括有关理解、实现发明或者实用新型所需的全部技术内容。"[3]具体而言，应当包含以下几点：①理解技术方案的必要内容；②认定申请满足实质要件的必要内容；③实现发明或者实用新型所需的内容，实现方式往往通过提供具体实施例来说明；④声称克服了技术偏见的专利申请，首先必须证明此技术领域存在技术偏见，其次应证明本专利申请中的技术方案能够克服此种技术偏见。说明书中应当体现这种逻辑层次，并记载克服技术偏见

---

[1] 由于具体的解释内容在《专利审查指南》第二部分第二章第 2 节中有详细描述，为节省篇幅，本文在本部分仅对原文内容进行摘要式分析。

[2] 《专利审查指南》第二部分第二章第 2.1.1 节。

[3] 《专利审查指南》第二部分第二章第 2.1.2 节。

的技术手段。[1]

3. 能够实现

在几项法定条件中，能够实现是诸多客观条件最终的指向，也是评价一份说明书是否充分公开最常用的标准。

从利益平衡的角度看，如果一项发明或者实用新型申请提交以后，本领域技术人员依据提交的说明书文件无法实现权利要求书所提出的技术方案，无法解决该申请宣称所能解决的技术问题，而这样的申请却能够得到保护，这就意味着即使在专利权人并未完全公开其发明创造，相关公众的利益并未得到补偿的情况下，政府依然对这项发明创造予以保护，这显然与《专利法》的立法宗旨相悖，也与利益平衡理论相左。

通过以上分析，从实质上看，能够实现是清楚、完整的指向，是充分公开判断标准的客观方面。

4. 对权利要求书的支持

《专利法》第 26 条第 4 款规定，权利要求书与说明书并不是割裂的两个部分，而是相辅相成的，在说明书的撰写过程中，要时刻注意其要说明的对象究竟是什么，要公开的目的是什么。权利要求书的内容确定了一项专利的保护范围，所提供的"界限"与社会公众直接接触，无论是在审查还是诉讼中，其位置都是首要的，而要保证权利要求的稳定性，说明书的支持必不可少。

在一种基于聚乙烯醇的薄膜包衣和薄膜包衣组合物发明专利无效行政纠纷案中，权利要求 1 要求保护一种"干薄膜包衣组合物"，这种组合物包括 5-30wt% 的选自聚乙二醇的滑石粉，但是未限定聚乙二醇的选择，据此可认为在当作增塑剂使用的聚乙二醇中能做任意选择。根据本技术领域的公知常识，在聚乙二醇中加入聚乙烯醇将导致涂料体系的黏度增加，本专利的说明书提供了一个结果与此常识相反的实施例，造成此结果的原因是采用了一种特殊分子结构的聚乙二醇。对此，法院认为：说明书中公开的内容应当能够使权利要求书中的技术方案被确定地实现，权利要求书使用的上位概念，如果不能从说明书中必然地被推导出，则可以认为权利要求书未得到说明书的支持。[2]

---

〔1〕　参见《专利审查指南》第二部分第二章第 2.1.2 节。
〔2〕　北京市第一中级人民法院（2011）一中知行初字第 2688 号。

（二）所属技术领域的技术人员

《专利法》第 26 条第 3 款规定，说明书公开充分应当"以所属技术领域的技术人员能够实现为准"，前文讨论了"能够实现"这项要求的判断，并且重点说明这一标准在不同技术领域的适用性，这种情况也反映了在不同的技术领域，充分公开的程度并不是相同的要求水准。"所属技术领域的技术人员"这个概念的出现，为说明书公开的内容能否被实现提供了主体标准。依据《专利审查指南》的规定，本概念的解释位于"发明创造性的概念"部分中，从文本上的内容看，本领域技术人员要达到以下几个要求：

（1）普通知识水平，知晓的内容限于申请日或优先权日之前的现有技术及本领域的公知常识；

（2）无创造能力，但可以进行常规的实验；

（3）初步的综合分析能力，假如某个技术问题能够促使本领域技术人员跨领域寻求解决方法，则本领域技术人员应当具备这种跨领域分析的基本能力。[1]

从性质上看，本领域技术人员是说明书充分公开判断的主体，对能否实现这项要求也要从主体的角度来判断，因此具有十分重要的意义。

综上，本文确定了以"本领域技术人员"为主体，以"能够实现"为客观方面的判断标准，并深入分析此标准中的构成要件，以期对说明书公开充分判断的标准化、客观化提供有益的思路。

三、说明书充分公开的司法判断

在专利制度框架中，涉及两个重要的部门，即国家知识产权局（包括专利复审委员会）以及人民法院，相应地，在说明书充分公开的判断中也就出现了两个部门针对同一项客体做出认定的情形。从制度设计的初衷来说，要达到的目的是二者判断标准的统一，但在实际情况中，人民法院与国家知识产权局的认定标准有一定程度的差异，而这种差异甚至会出现在部门内部。这种差异性在"一种聊天机器人系统"发明专利权无效行政案中有明显的体现。

---

[1]《专利审查指南》第二部分第四章第 2.4 节。

正如笔者在引言中提出的，审查中可能出现的问题最终会反映在司法实践中，因此对实践中出现的争议，本文从说明书充分公开判断的司法判断层面入手，并以司法判断标准为参照，统一审查标准，以期实现说明书充分公开判断标准的统一。

（一）说明书充分公开的司法判断原则

1. 整体性原则

说明书充分公开制度设计的目的并非仅仅关注一项发明或实用新型的说明书内容是否足够公开，而是要达到专利权人和包括其竞争对手在内的社会公众的利益平衡。为了实现这一点，就需要专利权人体现在本项发明创造中的技术贡献是可被实现的，社会公众[1]能够从说明书公开的内容中得到足够的信息，从而解决该技术问题。这就要求说明书充分公开判断要遵循整体性原则，请求《专利法》予以保护的技术方案能够被实现是第一步，接下来还需要考虑实现这一技术方案后能否解决预期的问题，能否达成预期的效果。

2. 支持性原则

权利要求书与说明书的内容，在判断说明书充分公开时都需要受到关注。在不同的专利申请中，由于权利要求书的技术方案是不同的，在判断同样一份说明书是否公开充分时得到的结论并非全然相同。因此，所谓的支持性原则，就是指依据《专利法》第26条第4款的规定，本领域技术人员要结合权利要求书的保护范围判断说明书是否充分公开，要求从说明书中能够获得充分支持该技术方案的内容。在判断说明书是否充分公开时，仅仅依据说明书判断得到的结论是不充分的，必须结合权利要求书才能准确判断。[2]

在专利审查实践中，有的审查员在进行说明书充分公开判断时，仅仅考虑说明书的内容，对权利要求书中不涉及但出现于说明书中的内容，也予以审查。例如，在一项发明专利申请中，说明书充分公开了权利要求书提出的技术方

---

〔1〕 在判断"能够实现"时所说的社会公众实际上是指本领域技术人员，而在利益平衡理论中，社会公众作为专利权人的相对概念，属于固定的术语，在此不做刻意区分。要指出的是，二者存在密切联系，虽然本领域技术人员是拟制的，但是其具有深刻的群体性基础，是在本领域大量技术人员平均水平的基础上虚拟出的"人"，而所有的社会公众要享受一项专利所带来的贡献，往往直接或者间接地依赖于本领域技术人员对该专利的应用转化。

〔2〕 参见石必胜："专利说明书充分公开的司法判断"，载《人民司法》2015年5期，第41~42页。

案，并且另外提出了一个改进的设想而未给出具体实施方式，这样的说明书便被认定为公开不充分。[1]笔者认为，需要结合上述两项原则对这样的观点进行认识。

判断说明书是否充分公开，只专注于说明书本身的内容，认为这样就可以得出结论，这种观点与充分公开制度的目的本身就是相悖的。从判断的整体性原则来看，无论说明书公开的内容有多丰富，如果本领域技术人员根据这些内容无法取得相应的技术效果，这份说明书也应当被认为公开不充分。反之，如果依据说明书中部分内容已经可以实现技术方案，达到技术效果，虽然说明书中其他的内容不能实现，但已经超出了要判断的范围。如果依照前述的观点，实质上对说明书公开充分的判断标准将非常严苛。由于对说明书的实质性要求只有充分公开，而一旦说明书公开不充分，申请人、专利权人能够抗辩的余地十分有限，几乎只能争辩该部分内容能够从现有技术中直接而唯一确定，但能否直接确定有很强的主观性，尤其在说明书已经被认为不公开后，先入为主的观念可能令判断者更难接受申请人、专利权人的抗辩理由。因此，说明书充分公开的判断标准不应当过于严苛。同时，根据支持性原则，何为"相应的技术效果"？这种技术效果应当是体现在权利要求中的，如果权利要求并未要求保护说明书中所提到的技术方案或者设想，并且去除这部分内容后，说明书已经足够支持权利要求书中的全部技术方案，该说明书就应当被认定为充分公开。从利益平衡的角度看，这种结论并不会使专利申请人或者专利权人获得不正当的利益，甚至从某种角度看，有些设想对促进技术发展起到了积极的作用。

（二）说明书充分公开的司法判断主体

"本领域技术人员"是司法判断主体，需要对此概念进行深入的分析。

此概念出现在我国《专利法》第 26 条第 3 款中，但是此概念并不仅仅适用于判断说明书充分公开，而是广泛应用于专利制度中。"这一概念贯穿于专利申请、专利审查、专利权无效、专利权保护的各个环节，是整个专利制度最为基本的概念之一。"[2]

这个概念的具体解释，也并非规定于《专利审查指南》第二部分第二章第

---

[1] 参见李小芳、亓云、周敏："浅议'说明书充分公开'"，载《2013 年中华全国专利代理人协会年会暨第四届知识产权论坛论文汇编第二部分》（2013 年 8 月），第 6 页。

[2] 王静："论发明专利申请的'充分公开'"，中国政法大学 2011 年硕士学位论文，第 9 页。

2 节中，而是出现在了第二部分第四章第 2.4 节，用于判断发明是否具备创造性。这种安排也印证了本文对本领域技术人员在适用的广泛性上的判断。

事实上，正如《专利审查指南》中所说，设定这种抽象的技术人员概念的目的，就在于统一审查标准，避免主观臆断。[1] 根据这样的理念，我们可以合理地认为，这个概念不仅适用于审查中，在司法实践中也是必须予以考虑的标准，因此该概念的统一有利于审查标准与司法判断标准统一。事实上，在专利授权确权案件中，这样的概念不仅被反复运用，而且其运用得当对整个案件的正确审理有着至关重要的作用。

根据《专利审查指南》的相关规定，我们可以从三个方面对本领域技术人员这一概念进行解读：

1. 本领域技术人员存在上的虚拟性

为了理解本领域技术人员这个抽象概念的虚拟性，我们可以从民法中拟制的"理性人"入手。

法官在进行裁判时必须坚持客观主义，不能将自己带入诉讼双方的角度去理解案情，而应当依据客观存在的事实，以第三人的视角分析双方的行为，而这种第三人就是虚拟出的"一般理性人"。由此可见，民法领域中的理性人属于在各个特定案件中抽象出来的虚拟人物，其抽象的基础是一般社会公众，理性人不需要具有超然的能力与洞见，但他的裁判结论却是普通公众的共识。[2]

具体到专利领域，由于专利技术性强，并且技术方案的直接实施者是本领域的广大技术人员，故而专利制度中的"一般理性人"是从本领域广大的技术人员中抽象出来的，形成了"本领域技术人员"这样的概念，因此为了强调其"一般性"，也有学者将之称为"本领域普通技术人员"。

2. 本领域技术人员知识水平的普通性

从《专利审查指南》中拟制的本领域技术人员应具备的知识来看，其特点在于"普通性"，即并不要求本领域技术人员是本领域中的天才、"尖子"，但一位刚刚进入本领域的"学徒"也不能认为达到了本领域普通的知识水平。

关于对本领域技术人员知识水平的认定，美国专利商标局和欧洲专利局在各自的审查指南中都提出了较为具体的认定方法，并且在判例中也对新的问题

〔1〕《专利审查指南》第二部分第四章第 2.4 节。

〔2〕参见梅伟："民法适用的理性人标准"，载《广州大学学报（社会科学版）》2006 年第 1 期，第 52 页。

进行了十分有益的探索，例如，能否依据学历来认定本领域技术人员的知识水平。审查员在一件具体的发明申请中认为本领域技术人员为"具有博士水平和工程师或每周在半导体研发领域工作至少 40 个小时的科学家"。对此，美国法院认为，假设的本领域技术人员并不能通过学位证书来界定，请求人的证据也不能证明这一点。[1]主要可以从两点来解读做出如此认定的理由：

首先，这种依据学历定义知识水平的做法本身就是以偏概全的，尤其在应用型技术领域，例如机械、电学等领域中，技术水准与学历水平并非一一对应。笔者曾进行过土木工程的学习，深知在工程一线中要用到的知识技能实践性十分强，很难通过课本完全掌握。实际施工中，也需要向一线的老员工学习很多内容，即使是在研究院学习的专业人员，他们在将研究成果应用于市场前，也需要根据一线的实践效果不断调整，而一线的不少老员工并不具备很高的学历。可见，这种通过学历来认定本领域技术人员的"一刀切"做法是不可取的。

其次，一旦确定这种"学历标准"，针对不同的领域甚至某一领域下的不同分支都需要制定特别的认定标准，如果不作单独规定，这种"学历标准"本身就是难以立足的；如果作单独规定，且不论其工程量浩大，单从目前技术飞速发展的现状看，这些标准在制定完成的同时便意味着它的落后甚至无效。

通过上述例证我们可以看出，针对不同领域的本领域技术人员制定具体、特别的认定标准不仅难度高、工作量大，而且也是不实用的。

3. 本领域技术人员创造能力的有限性

我国《专利审查指南》明确规定"但他不具有创造能力"，这是否意味着本领域技术人员毫无创造能力可言？有学者认为，如果在本领域技术人员所拥有的能力基础上增加创造能力，并以这种新创设出来的"人"进行申请文件的撰写，就可能导致申请文件公开不充分。[2]

从《专利审查指南》前后叙述整体和审查实践、司法实践来看，这种观点是有失偏颇的。

《专利法》第 22 条第 3 款规定："创造性，是指与现有技术相比，该发明有突出的实质性特点和显著的进步……"对于突出的实质性特点，《专利审查指

---

〔1〕　Ex parte Hiyamizu，10 USPQ2d 1393，1394（Bd. Pat. App. & Inter. 1988）. 转引自石必胜："专利创造性判断比较研究"，中国政法大学 2011 年博士学位论文，第 92 页。

〔2〕　参见张凡："浅论'本领域技术人员'与说明书公开充分"，载《中国科技信息》2013 年第 16 期，第 152 页。

南》规定不能是本领域技术人员"仅仅通过合乎逻辑的分析、推理或者有限的试验"[1]就可以得到的。可以发现,《专利审查指南》使用了"仅仅"来限定本领域技术人员的推理、分析程度,这并非否认本领域技术人员具有创造能力,而是否认本领域技术人员达到《专利法》第22条第3款要求的创造能力。实际上,承认本领域技术人员的创造能力,与知识水平的普通性并不矛盾,本质上是认为创造性的认定存在着一定层次的要求,尤其体现在发明与实用新型之间创造性高度的区别上。只有高于本领域技术人员所能达到的创造能力,才能认为符合《专利法》的创造性要求。[2]

在一种塑料薄膜层的热密封装置发明专利无效行政诉讼申请再审案中,专利复审委员会认为,附件7中公开的内容,可以明确地启示本领域技术人员做如下尝试:可以不等速地控制密封时间以外期间的旋转驱动部件的驱动速度来实现延长或缩短可动密封杆总共离开固定密封杆的时间。这就说明,实际上,专利复审委员会认为本领域技术人员是有一定创造能力的机构,并非仅仅是能够做逻辑运算的机器。最高人民法院对本案的观点是:本案争议焦点正是在于权利要求1与附件7相比是否具备创造性,而关键点在于,在相同技术领域,附件7公开的技术方案所提供的启示,能否让本领域技术人员在面对所述技术问题时,产生改进现有技术的动机,并且实现该动机。从最后结果来看,最高人民法院对本领域技术人员赋予了一定的创造能力。[3]

最高人民法院对《专利法》第56条第1款所称"发明或者实用新型专利权的保护范围以其权利要求的内容为准,说明书及附图可以用于解释权利要求"中保护范围的解释是:"专利权的保护范围应当以权利要求书记载的全部技术特征所确定的范围为准,也包括与该技术特征相等同的特征所确定的范围。等同特征,是指与所记载的技术特征以基本相同的手段,实现基本相同的功能,达到基本相同的效果,并且本领域普通技术人员在被诉侵权行为发生时无需经过创造性劳动就能够联想到的特征。"[4]

这一条是等同侵权判断的依据。从字面含义上来看,"无需经过创造性劳动"固然是指对于所属技术领域的普通技术人员而言,被控侵权技术方案的替

---

〔1〕 《专利审查指南》第二部分第四章第2.2节。

〔2〕 参见石必胜:"专利创造性判断比较研究",中国政法大学2011年博士学位论文,第95页。

〔3〕 最高人民法院(2011)知行字第25号。

〔4〕 最高人民法院《关于审理专利纠纷案件适用法律问题的若干规定》第17条。

换手段是显而易见的，但是，正是由于本领域技术人员已经具备了一定水平的创造能力，才有可能显而易见地想到这种替换手段。如果认为不具有创造能力是否认了本领域技术人员的创造能力，本领域技术人员也就无法判断出哪种替换手段是显而易见的，于是等同侵权将无法被认定。

承认本领域技术人员有限的创造能力，为判断说明书公开充分提供了更灵活的标准，这种灵活的标准与我国专利保护水平、科技发展水平密切相关。目前，我国专利保护水平、科研水平日益提高，但总体而言仍然处于相对较低的状态。从现实环境来看，本领域技术人员就应当具备很低的创造能力甚至不具备；对于在不同领域中的发明和实用新型，创造性的评价与社会实际紧密联系而呈现动态的水准，即使在相同领域中，对发明与实用新型也不能采取一致的认定标准。因此，虽然就理论而言我们明确了本领域技术人员具备有限的创造能力，但是在实践中，则需要根据个案判断这种创造能力的程度。

（三）说明书充分公开司法判断的客体

简单来说，司法判断的客体集中在说明书上，结合《专利法》第 26 条第 4 款，权利要求书也应当是判断的客体。

前文对说明书公开充分判断的方式即"能够实现"标准进行了叙述，但是考虑到司法实践中案件的复杂性，仅仅利用该方法对说明书和权利要求书进行判断是不充分的，这尤其体现在医药、化学等社会公众直接接触较少的领域，而要解决这些问题，综合分析各项提交文件便尤为重要。

1. 引证文件的应用

《专利审查指南》在第二部分第二章第 2.2.3 节规定了说明书中背景技术的撰写要求，尤其应该强调对现有技术文件的引证。本章第 2.2.6 节规定了引证文件的撰写不能违背《专利法》第 26 条第 3 款。由于引证的内容通常是现有技术，而根据第 2.2.6 节的要求，如果这项现有技术对充分公开而言是必不可少的，一旦采用引证方式将其引入，就会导致说明书公开不充分。从逻辑上看，得出这样的结论是不正确的。

第一，从理论上看，《专利审查指南》第二部分第二章第 2.2.6 节的规定似乎并没有问题。充分公开制度就是要求本领域技术人员在说明书的指引下，无需提供额外的技术贡献即可实现专利要达到的技术效果，因此，对满足这项制度必不可少的内容，无需参考其他文件就应当可以理解。

　　第二，不能简单得出引证现有技术会导致说明书公开不充分的结论。在陈剑与浙江省慈溪市博生塑料制品有限公司专利权侵权纠纷再审申请案中，争议焦点之一便是引证公开的技术内容的认定。[1]所谓引证公开，是指 A 专利说明书中引证 B 专利或其他文献，从而导致 A 专利说明书同时公开了自身及 B 专利或其他文献中的技术内容。[2]对于何种情况会导致引证公开，最高人民法院在本案中认为，如果引证文件本身属于 A 专利的现有技术，且经引证后相关内容构成了 A 专利技术方案的组成部分，则 B 专利视为被引证公开。如果承认本领域技术人员具备一定程度的创造能力，其对被引证公开的 B 专利内容也就应当是熟知的，只要 A 专利说明书对引证内容描述清楚、完整，本领域技术人员可以将引证内容与 A 专利中的技术内容相结合，并实施 A 专利，就不会产生理解 A 专利的技术方案的障碍。

　　第三，有些人之所以会产生前述认为说明书公开不充分的观点，是因为其对引证公开的概念以及本领域技术人员的认识不清。如前所述，在最高人民法院认定引证公开时，一个前提条件是引证文件属于本专利的现有技术，这意味着在判断进行了引证的说明书是否公开时，遵循的步骤首先应当是判断被引证文件的内容是否属于现有技术，如果属于现有技术，实际上本领域的技术人员能够将该引证内容与说明书中的技术内容相结合，达到本专利的技术效果，不会产生公开不充分的问题。当然，说明书中的引证文件不一定都属于现有技术，如果因为各种原因，引证的内容在申请日未被公开，由于本领域技术人员无法知晓申请日被引证文件的内容，本专利的说明书就可能被认定为公开不充分。

　　2. 修改文件的限制

　　《专利法》第 33 条规定，申请人可以对其专利申请文件进行修改，但是，对发明和实用新型专利申请文件的修改不得超出原说明书和权利要求书记载的范围。《专利审查指南》规定记载的范围为："包括原说明书和权利要求书文字记载的内容和根据原说明书和权利要求书文字记载的内容以及说明书附图能直接地、毫无疑义地确定的内容。"[3]《专利审查指南》的这一规定在司法实践中

---

〔1〕　最高人民法院（2015）民申字第 188 号。

〔2〕　为叙述方便，按照例子中的代号，将作出引证的专利称为 A 专利，被引证的专利称为 B 专利。

〔3〕　《专利审查指南》第二部分第八章第 5.2.1.1 节。

被称为"直接确定标准"。

《专利法实施细则》规定，发明或者实用新型专利的专利权人不得修改专利说明书和附图。[1]由于说明书的修改仅发生于申请阶段，因此，说明书的修改应当遵循直接确定标准。在一种既可外用又可内服的矿物类中药发明专利申请驳回复审行政纠纷案中，曾关生针对国家知识产权局的审查意见通知书，提出将"两"按照"一两＝30 克（g）"的换算比例换算成"克"的观点，但国家知识产权局认为这种换算不具有唯一性，可能导致实际应用中超出原权利要求书的保护范围，因而驳回了涉案专利申请。专利复审委员会作出第 20574 号决定维持知识产权局的驳回决定，一审、二审都作出了维持第 20574 号决定的判决。最高人民法院认为：直接确定原则的适用不能与本领域技术人员割裂，修改是否超出原说明书范围的判断主体依然是本领域技术人员。涉案专利申请涉及的领域是中药配方领域，本领域技术人员结合背景技术、发明内容和本领域公知常识，均能够直接确定涉案申请的换算关系，并且在旧制情形下抹去多少位尾数，本领域技术人员能够做出相应判断，这种看似不确定的判断恰恰是本领域的特点，不会影响技术方案的实现。因此，曾关生对申请文件的修改并未超出原文件的范围，也不影响说明书的公开。[2]

四、说明书充分公开判断制度的完善

通过前述分析，笔者认为，我国关于说明书充分公开判断的现有规定确实存在一定的缺陷，但是许多争议出现的原因不在于立法技术存在问题，而在于专利制度本身的特殊性。一方面，专利制度要规制的内容变化迅速，其规定既不能过于严苛以致阻碍科技进步，又不能过于宽松以致妨害社会公共利益，这对利益平衡的精确性提出了相当高的要求；另一方面，专利制度主要由法律、行政法规、司法解释和政府规章等来确定，专利制度的判断者主要是作为行政机关的国家知识产权局和司法机关，这就导致不同的判断者对同一个概念，在审查阶段与审判阶段可能出现不同的理解。因此，统一相关概念十分必要，笔者认为需要从立法及司法两个层面完善说明书充分公开判断标准。

---

〔1〕《专利法实施细则》第 69 条第 2 款。

〔2〕最高人民法院（2011）知行字第 54 号

（一）立法层面的完善

1. 关于支持性原则的明确

前文明确了说明书充分公开判断要坚持整体性和支持性原则，其中支持性原则要求判断者同时考虑说明书与权利要求书，其法律依据是《专利法》第 26 条第 3 款和第 4 款。《专利审查指南》规定："权利要求书应当以说明书为依据，是指权利要求应当得到说明书的支持。"[1]为了保证判断标准的一致性，笔者建议在《专利审查指南》第二部分第二章中对《专利法》第 26 条第 3 款和第 4 款的适用做出明确规定，保证支持性原则在说明书充分公开判断中得到充分体现。

2. 关于判断主体概念的统一

在《专利法》中，关于判断主体的说法是所属技术领域的技术人员，这一说法同样出现在《专利法实施细则》《专利审查指南》中，但是最高人民法院在司法解释中使用的名词为本领域普通技术人员，例如《关于审理侵犯专利权纠纷案件应用法律若干问题的解释（二）》在认定等同侵权时，采用的判断主体为本领域普通技术人员，[2]同样的说法也出现于许多判决书中。

对同一个判断主体采用不同的术语，这对判断标准的统一并无实益。相比较而言，所属技术领域的技术人员并未突出判断主体的特征，甚至从字面上看，这种判断主体可以包括本领域的所有技术人员，而本领域普通技术人员的表述则突出了判断主体的"普通性"。因此笔者更加认可本领域普通技术人员这一表述，实际上这种表述的内在含义无论在审查实践还是在司法实践中都已经得到了认可。

前文中，笔者认为在我国目前的专利制度中，承认本领域普通技术人员具有一定程度的创造能力是必要的，审查实践和司法实践实际上也认可这种假定。虽然有无创造能力不影响采用排除合理怀疑证明标准的合理性，但是直接影响了在案证据的数量，而在案证据越多，审查人员或者司法人员就越接近本领域普通技术人员，所得出的结论就越准确。

否认本领域普通技术人员具备创造能力，仅通过现有文献中的客观内容进

---

〔1〕《专利审查指南》第二部分第二章第 3.2.1 节。

〔2〕 最高人民法院《关于审理侵犯专利权纠纷案件应用法律若干问题的解释（二）》第 8 条第 2 款。

行判断，看似避免了实际判断中的主观臆测，但实际上具体的判断不可能脱离审查人员和司法人员的主观认识，否认真正判断主体本领域普通技术人员的创造能力，审查人员和司法人员势必要重新引入自身的主观认识，从而导致更严重的任意性。[1]

再者，否认本领域普通技术人员的创造能力本质上降低了创造性的门槛。根据国家知识产权局公布的数据，2016 年其共受理发明专利申请 133.9 万件，连续 6 年居世界首位，截至 2016 年底，我国国内发明专利拥有量达 110.3 万件，成为世界上第三个国内发明专利拥有量超百万件的国家。[2]在此环境下，仍旧沿用较低水平的创造性标准不利于保证专利权的质量，不利于对社会公众利益的保护。

因此，笔者认为，肯定本领域普通技术人员的创造能力是必要的，这一点应当在立法中予以体现。

（二）司法层面的完善

专利行政纠纷依赖司法终局裁判，这保证了审查标准与司法标准的统一，最重要的是保证了司法判断标准的统一。因此，司法层面的完善对说明书充分公开判断标准的统一化十分重要。

最高人民法院于 2017 年 1 月初印发了《关于同意南京市、苏州市、武汉市、成都市中级人民法院内设专门审判机构并跨区域管辖部分知识产权案件的批复》。结合现有三处专业知识产权法院的工作可以看出，知识产权案件的审判者逐渐集中，而实际意义上的司法判断主体——法官的集中和同质化，对成为真正意义上的本领域普通技术人员是有积极意义的。具体到说明书充分公开判断上，即使有意识地促进从判断主体、判断依据到证据规则的标准化，在做出每一项判断时仍无可避免地会带有审判者的主观色彩，而这种主观色彩所带来的差异性虽不应被过多苛责，但至少需要克服。审判者有组织性的集中，可以在本组织内形成一套行之有效且可以预见的判断路径。

上述情形下形成的判断标准可能仅仅作用于有限的区域，即使承认专利保

---

[1]　参见张小林："论专利法中的'本领域普通技术人员'"，载《科技与法律》2011 年第 6 期，第 28 页。

[2]　http://www.sipo.gov.cn/twzb/2016ngjzscqjzygztjsjjygqkxwfbh/，最后访问日期：2018 年 3 月 10 日。

护水平在不同地区有很大差别，也不能因此放弃更具有普遍适用意义的判断标准。虽然在前文中，笔者对现行的法律规定提出了完善意见，但在专利制度中，仅仅依靠立法层面的完善，不能有效解决判断标准不统一的问题：专利制度具有专业性强、变化迅速的特点，仅仅通过修订法律，无法及时跟上技术发展的脚步，无法解决技术进步带来的层出不穷的问题。同时专利制度要涵盖所有技术领域的共性问题，而面对具体的技术问题、事实争议时，即使是上百页的《专利审查指南》也显得捉襟见肘。

在司法实践中，判决书承载了法官对案件事实的判断，对法律适用的解释，而优秀判决书的汇编更可以实现司法资源的高效利用。笔者认为，建立在较高汇编程度之上的指导性案例制度，可以有效统一说明书充分公开判断的标准。

第一，目前人们对指导性案例制度的担忧，一方面在于概念上的争执，[1]另一方面是担忧案例被赋予指导性后会产生拘束力而带来消极后果。[2]但是法律界的共识是，指导性案例制度在统一司法、统一司法解释从而渐进地发展法律方面有着特殊价值。[3]

第二，指导性案例制度可以有效应对专利案件涉及领域广、内容更新快带来的审理上的困难。笔者通过检索发现，北大法宝网共计收录专利行政诉讼判决书3965份，最高人民法院再审、提审的案件共有138件，由高级人民法院审理的案件共计1994件，涉及领域广泛，审理层级较高，并且说理部分大多严谨充分。[4]可见，高质高量的专利行政案例，为在本诉讼领域建立指导性案例制度提供了良好的土壤。而指导性案例说理充分，可操作性强，对新问题的应对较为及时，可以有效地满足专利行政案件的审理需求。

第三，指导性案例制度已经发挥重要作用。2017年3月9日上午，最高人民法院发布了第16批共10件指导性案例，全部涉及知识产权。截至2017年3月9日，最高人民法院一共发布的87件指导性案例中，涉及知识产权的案例共

---

〔1〕 参见朱芒："行政诉讼中判例的客观作用——以两个案件的判决为例的分析"，载《华东政法大学学报》2009年第1期，第106页。

〔2〕 参见沈宗灵："当代中国的判例——一个比较法研究"，载《中国法学》1992年第3期，第33页。

〔3〕 参见傅郁林："建立判例制度的两个基础性问题——以民事司法的技术为视角"，载《华东政法大学学报》2009年第1期，第98~99页。

〔4〕 http://www.pkulaw.cn/case/adv，最后访问日期：2018年12月9日。

计 20 个，占总数的 22.99%。指导性案例的发布，产生了良好的法律效果和社会效果，对统一裁判尺度，实现法治统一产生重要影响。[1]

可见，无论从应然还是实然的角度，指导性案例都有助于对法律适用、案件事实的分析，可以为法官提供有效的帮助，对推进专利行政诉讼案件审判标准的统一非常重要，而得益于法官的集中和指导性案例的引导，说明书充分公开判断的统一标准可能真正得到实现。

结　论

通过前文的论述，我们可以发现说明书充分公开判断在实际操作中存在着许多需要注意的问题，无论是审判工作者在审查工作中对相关概念的不同理解，还是不同领域涉及内容的复杂性，都值得深入研究。

从说明书充分公开判断的主体来看，本领域技术人员的认定是整个判断体系的重中之重，不仅是一个事实问题，也是一个法律问题，不仅应考虑专利权人或申请人与社会公众的利益平衡，还要考虑我国应用科学研究水平与专利保护水平的平衡。主体资格认定的宽松与严格背后涉及利益的博弈与政策的考量。从司法实践看，不同领域的技术人员的要求也不尽相同，需要达到的知识水平有层次区分，因此综合来看，对于说明书充分公开判断框架中最需要予以明确的主体认定标准，需要结合具体案件，充分考虑各个领域中技术人员的总体认知水平，依靠案件提供的证据尽可能达到本领域普通技术人员的水准，按照技术方案可能提供的技术贡献调整主体应当具备的创造能力的高低，得出符合利益平衡要求的结论。

就说明书充分公开判断的客观方面而言，需要紧紧抓住"能够实现"这一法定条件，结合上述主体的认识水平和创造能力综合判定。考虑到《专利法》第 26 条第 4 款的规定，审查的客体不能局限于说明书，而应当结合权利要求书乃至现有技术全面分析。在依据现有证据仍无法判断诉争双方谁的观点能够成立的情况下，就需要法官运用证据规则，采用排除合理怀疑的证明标准，最终由负有举证责任的一方当事人承担举证不能的不利后果。

综合上述内容，笔者认为：在说明书充分公开判断中，首先需要明确具体

---

[1] https://mp.weixin.qq.com/s/I0vh3j3nx8UZEFU2dCfE1w，最后访问日期：2018 年 12 月 9 日。

案件中本领域技术人员的知识水平的高低和创造能力的有无，接着应以本领域技术人员的立场看待《专利法》第 26 条第 3 款和第 4 款的要求，通过判断能否依据说明书公开的内容和现有技术实现权利要求中的技术方案，达到所宣称的技术效果，最终确定说明书公开是否充分。

发明专利申请临时保护制度研究

——以《专利侵权司法解释二》为背景

杜小峰

　　保护专利权人利益和推动社会科技进步是专利法的立法宗旨和目的，只有为创造之火添上利益的柴薪，才能更大程度上刺激社会大众的创新，进而更好地推动科技进步和社会发展。在专利权人对社会做出技术贡献的情况下，国家授予其在一定时间内的垄断性权利，这样就能在社会公众与专利权人之间维持利益平衡。在我国，一项发明专利从提出申请到被授权，须经形式审查、申请案的公布、实质审查、授权这几个环节。从申请文件被公开到被授予专利权之间会经历一段较长的时间，若在此期间不给予申请人一定程度的保护，就容易导致处于申请期间的专利技术被剽窃。对此，我国《专利法》第 13 条规定："发明专利申请公布后，申请人可以要求实施其发明的单位或者个人支付适当的费用。"这也就是发明专利申请临时保护制度。尽管此后最高人民法院发布了《关于审理专利纠纷案件适用法律问题的若干规定》及《关于审理侵犯专利权纠纷案件应用法律若干问题的解释》（下称《专利侵权司法解释一》），但都没有对发明专利申请临时保护制度作出更加详细的规定。这就给涉及专利临时保护的案件的审判工作带来了许多障碍。在此背景下，最高人民法院审判委员会审议通过《关于审理侵犯专利权纠纷案件应用法律若干问题的解释（二）》（以下简称《专利侵权司法解释二》）。此次涉及发明专利临时保护制度中合理使用费的确定、发明专利临时保护范围的确定及对后续使用行为性质及责任的认定这三个方面。发明专利临时保护范围的确定是判定技术使用人支付合理使用费的前提。在此之前，《专利法》对专利临时保护期的保护范围并无确切的规定，《专利侵权司法解释二》对此做出了细化规定：只有同时落入申请公开的保护范围及授权的保护范围，才能被认定为使用专利技术。同时，《专利侵权司法解释二》并没有完全免去后续使用人的侵权责任，而是规定只有在该技术使用者已经支付或承诺支付合理使用费后才不承担相关责任。这样无疑更加有力地保护了专利权人的利益。《专利侵权司法解释二》对相关规定的细化及修改无疑改善了我国《专利法》对发明专利申请临时保护的规定过于概括、司法实践性不强的局面。但是，对如何确定发明专利临时保护期内合理使用费的问题，对抢夺市场等恶意行为是否需考虑主观因素予以区别对待等问题，在《专利侵权司法解释二》的基础上，仍值得探讨。

一、发明专利申请临时保护制度概述

发明专利申请临时保护制度作为专利制度框架下的一部分，保证了专利制度的整体性和全局性。专利权人以公开换取保护，申请公开是专利申请人向社会作出"技术贡献"的第一步，法律则给予专利申请人期待性的权益保护，以平衡专利申请人与社会公众之间的利益。本部分主要从发明专利临时保护制度的设立渊源和目的出发，在对比域内外法律的基础上，剖析专利临时保护制度的正当性。

（一）发明专利申请临时保护制度溯源

发明专利申请临时保护制度源于专利申请过程中专利审查制度的变迁。专利申请就是技术所有人向政府机关提交其技术资料及申请，后向社会大众公开，以此作为此项技术被法律保护的对价。18 世纪初，资产阶级革命后的英国着手改善它的专利制度，其专利法开始要求发明人必须充分地陈述其发明的内容并予以公布，以此作为获得专利的"对价"。[1]此处需要公布的内容主要是指体现专利申请人技术的相关材料。

专利申请的第一步是技术所有人向专利申请审批机关提出申请，此后就会进入审查阶段。总的来说，世界上的专利审查制度可分为三大类：形式审查制、实质审查制、延迟审查。[2]形式审查制也被称为登记制，即专利申请审批部门仅审查专利申请文件是否符合法定形式要件，主要包括"申请文件是否齐备，

---

〔1〕　郑成思：《知识产权论》（第 3 版），法律出版社 2003 年版，第 5 页。

〔2〕　马治国：《知识产权法学》，人民法院出版社 2003 年版，第 33 页。

所提交的文件是否符合规定的格式要求，申请费是否缴纳等”[1]，在这种审查形式下，只要提交的文件符合法定形式上的要求，该技术就会被授予专利权。这种方式的审查迅捷、简单、所占用的社会资源少，所需要的费用低。但是，被授权的专利的质量无法得到保证，易产生各种专利纠纷。实质审查制又被称为完全审查制，即不仅需要对专利申请文件的形式进行审查，还要对专利技术本身的“三性”[2]进行实质性审查。这种审查形式由美国于 1836 年最先使用于其专利审查制度中。[3]这种审查能够保证所审批的专利的质量，可以减少后期因专利本身带来的纠纷。但是，这种审查形式需耗费大量的人力、物力资源，整个专利审批程序进程缓慢，易造成申请案的大量积压。考虑以上两种审查形式的优缺点后，便产生了延迟审查制。延迟审查制又称先公开、后审查制，即申请人先提交申请文件，专利主管部门（如我国的国家知识产权局）先对申请文件进行形式审查，并在通过形式审查后的一定时间内将申请案的内容公开（在我国通常为申请之日起满 18 个月），[4]申请人需在一定时间内申请专利审批部门对专利申请进行实质审查，实质审查过后再授予专利权。逾期未申请将被视为撤回。这种审查制解决了实质审查造成的申请案大量积压的问题，又在一定程度上保证了被授权专利的质量，故而成为当今社会最主流的专利审查形式。我国发明专利申请审批制度属于典型的延迟审查制。

不同的审查制度对专利申请人利益的保护不一样。实质审查更有利于保护申请人的权益，申请案不通过宣查就不会被公开，即使技术的创造性达不到授予专利权的程度，也不会出现技术被公开的风险，仍然可以当作技术秘密来保护。延迟审查制虽然很好地解决了专利申请中专利申请流程快和质量高之间的矛盾，但是也催生了另外一个问题，就是在授权之前，专利申请人的申请案会在申请后一段时间内被公开，使社会公众获得接近其技术的机会，而此时技术并没有被授予专利权。这样专利申请人在早期公开后的临时保护期内，其权利无法得到充分的保障。[5]在申请人的专利技术被详尽公开之后直至通过实质审查被授予专利权的这段时间内，如何对专利申请人的权利进行保护，给予多大

---

〔1〕　冯晓青主编：《知识产权法》（第 2 版），武汉大学出版社 2014 年版，第 78~79 页。

〔2〕　一项技术能否被授予专利权要判断其是否具备新颖性、创造性、实用性。

〔3〕　参见 1836 年美国《促进实用技术法》。

〔4〕　刘春田主编：《知识产权法》（第 5 版），中国人民大学出版社 2014 年版，第 194 页。

〔5〕　吴汉东主编：《知识产权法》（第 3 版），中国政法大学出版社 2004 年版，第 176 页。

程度和范围的保护，就成了需要切实解决的问题。

（二）国内外发明专利申请临时保护制度对比

在"早期公开、延迟审查"的专利审查制度下，专利申请人的权利会有一段真空时期，故而各国法律必然要采取一定的措施来保护申请人在此期间的权利。下文将对国内外发明专利临时保护制度进行剖析。

1. 中国立法规定

在《专利侵权司法解释二》出台前，我国发明专利临时保护制度及相关规定主要体现在《专利法》第13条、第68条第2款及《专利法实施细则》第79条第4款中。除了《专利法》第13条的原则性规定外，相关法律法规只对诉讼时效、诉权的行使时间做出了相关规定，同时，《专利法实施细则》给予专利管理部门对临时保护期内的费用纠纷进行调解的权利。

2. 域外立法例

在2000年3月之前，美国的专利申请采用的是实质审查原则，也就没有对此作出相关规定的必要。2003年修改后的《美国专利法》采用了延迟审查制度。在这种情况下，其第154（d）（1）款规定："除了本条所规定的其他权利外，一专利应包含任何人士获得一合理权利金之权利，只要其自此等权利依第122（b）条之申请案之公告日，或对一依第351条所界定而提出申请并依此条约第21（2）（a）条指定美国申请案的公告日开始，至此专利颁发之日。"

《欧洲专利公约》是由欧洲各国签订的。由于对专利等知识产权的保护水平与国家的发展水平、立法现状相关，各国对发明专利的立法有自己的进程规划，立法现状处于不同时期，所以对专利权的保护力度不同。但《欧洲专利公约》规定各缔约国对欧洲专利申请的保护，不能低于本国对所公开的专利申请给予的保护，这就有利于欧洲专利申请在所有公约成员国被保护，也有利于各成员国之间的专利保护合作。《欧洲专利公约》第67条第2款规定："自欧洲专利申请公布之日起，在使用他人的发明的人按照其本国法应对侵犯本国专利负责的情况，申请人可以向该国使用其发明的任何人按照情况要求合理的赔偿。"[1]其第69条第2款规定："在直到授予欧洲专利的期限内为止，欧洲专利申请给

---

[1] 费云舒："《专利法》临时保护期的问题与建议：基于朗科U盘专利案例分析"，载《计算机光盘软件与应用》2013年第2期，第24页。

予的保护范围决定于按照第 96 条的规定公布的申请中所包含的最后提出的权项内容。但是，授予的欧洲专利或在异议程序中修改过的欧洲专利，如果保护的范围没有扩大，应溯及既往地决定欧洲专利申请所给予的保护。"可见，欧洲专利对专利临时保护范围的确定以申请案中所能确定的范围为准。在申请期间因异议或者主动修改导致范围变化的，只要授权文件的范围没有变大，就以授权文件的范围来定。

《德国专利法》第 33 条第 1 款规定："申请人可以要求得知或应当得知所使用的发明是申请的客体而使用该申请的客体者给予与情况相适应的补偿，不应有进一步的主张。"[1]可见，《德国专利法》虽然给予发明专利申请人在申请期间请求补偿的权利，但仅限于此。依其法律规定，若在法院程序中主张该权利，则需要等到专利授权之后。

《日本专利法》对发明专利临时保护制度的规定十分详尽。其除了对发明专利申请临时保护期作出原则性规定外，还对救济条件、程序、行使条件、补偿金数额等作出了详细规定。这具体规定在其第 65 条："专利申请公开后，如果专利申请人以陈述专利申请中主张的发明的内容的文件提出警告，申请人可针对在警告后和确定专利权的注册作为营业实施发明的人主张补偿，补偿数额应等同于申请人在发明得到专利的情况下有权就实施该发明收取的数额。即使未发出警告，在确立专利权的注册之前，此规定适用于在知情的情况下商业性实施一项公开的专利申请中主张的发明的人。"可见，《日本专利法》针对专利申请人的请求补偿权利的规定与《德国专利法》类似，但其规定专利申请人在得知其处于专利申请期间已经公开的技术被第三人使用后，可以以相关的申请案发出警告，这样专利权人在获得专利授权后就警告到授权之间的这段时间内可以请求等同获得实施该权利的数额的补偿，这种做法在司法实践中更具可操作性。

（三）发明专利申请临时保护制度的正当性——利益平衡原则

"在法的创制过程中，认识各种社会利益是法的创制活动的起点……对各种利益作出取舍和协调，是法的创制的关键。"[2]现代专利法的立法基础之一正是利益平衡原则。专利法是国家以促进技术进步为目的，在技术发明人和社会

---

〔1〕 《十二国专利法》，清华大学出版社 2013 年版，第 138 页。

〔2〕 孙国华、朱景文：《法理学》，北京大学出版社 1995 年版，第 67 页。

公众之间建立的"对价"或者衡平机制。[1]专利权人以公开技术的方式来换取法律上的保护，这正是专利法在专利权人的垄断利益与社会公共利益之间进行利益衡量、选择和整合以实现一种动态平衡的制度安排。显然，这是十分典型的利益平衡机制。[2]发明专利申请临时保护制度作为专利制度不可分割的一部分，必然要求将利益平衡原则贯穿于发明专利临时保护制度从无到有，从基础到完备的整个构建过程中。

专利法的主旨在于促进技术的发展，推动社会的进步，它的手段就是刺激社会的创新，从而达到发展技术的目的。刺激社会创新就是通过技术创新者公开技术以换取一定时间内的垄断地位来实现的，使其能够收回自身对技术投入付出的成本，并实现一定的利益，以此激励更多的人进行更多的技术创造。一种新的技术的公开会在很大程度上避免整个社会进行不必要的重复的科研投入，同时可以让相关产业在现有技术的基础上进行更加深入的研发，加快整个社会技术的进步。发明人以公开换保护来实现自身的利益，社会整体则以给予发明者一定时间内的垄断地位来获得整体技术的发展。这在宏观层面上实现了一种利益平衡。有人将其归为一种"社会契约"行为：政府作为公共利益的代表与专利权人达成一种协议，专利权人将自己符合专利审查"三性"的新技术公知于大众，而政府则给予专利权人一定时间的垄断性保护；期满后，这项新技术则会成为一种公共资源，为社会共同享有。从这一层面来看，这是符合专利权人与社会公众之间的利益平衡关系的。

保障公众对专利技术的适当接近是专利法利益平衡的关键。[3]专利权虽然给予了专利权人以垄断性的权利，但是这种垄断是不以对技术发展构成阻碍为前提的。这也就要求专利权人在以"公开换保护"的时候对自身专利申请的技术方案进行充分的公开，让包括同行竞争者在内的社会大众能够充分地接近、理解专利。这样才能让社会大众获取足够的技术信息，进行更深层次的创造。这也是专利制度的内在要求之一。显然，发明专利申请案的充分公开正是专利制度架构中利益平衡原则的具体体现之一。

---

〔1〕 冯晓青：《知识产权法利益平衡理论》，中国政法大学出版社 2006 版，第 127 页。

〔2〕 冯晓青："专利法利益平衡机制之探讨"，载《郑州大学学报（哲学社会科学版）》2005 年第 3 期，第 58 页。

〔3〕 冯晓青："专利法利益平衡机制之探讨"，载《郑州大学学报（哲学社会科学版）》2005 年第 3 期，第 58 页。

专利法明文要求，发明专利申请案要对技术方案进行充分公开，在我国这种延迟审查的制度之下，申请案公开后并不能立即获得授权。在此期间，不对申请人的私权进行保护，明显不符合专利法之利益平衡原则及权利救济原则，这也是发明专利申请临时保护制度存在的法理基础之一。

在发明专利申请临时保护制度中，应给予申请人多大范围的保护、多大力度的保护，也是构建发明专利临时保护制度所需要解决的关键问题，同时也是一种利益平衡的结果。显然，申请期的专利处于不稳定的状态，在申请过程中对申请案进行修改是十分正常的事。而一项专利的保护范围是由申请案中的权利要求决定的。在这种情况下，专利权的权利范围是不确定的，发明专利申请能否被授权也是不确定的。由于申请人并不一定能转换为专利权人，也就无法给予其与专利权人同等的保护。但是，申请人的技术方案会被公之于众，如果其在被授权之前无任何保护，社会大众可以任意实施其专利，后被授权的专利就可能被他人随意盗用，权利人不仅无法取得自己预想的利益，甚至其利益会受到损失，这样会大大打击技术创新者申请专利的积极性，从而阻碍社会技术的发展。显然，在这期间给予申请人多大程度的保护是一种利益平衡的结果，这种平衡避免了对申请人的过度保护和保护不足这两个极端。

同时，这个问题也是动态的，需要考虑到，在制度构建过程中的不同阶段，社会发展程度、技术对经济及社会的影响都会对专利保护的力度及广度产生极为重要的影响。一般来说，社会越发达，越会向个人利益方倾斜，保护水平会提高，专利保护客体会出现扩张。例如，我国现在对专利保护的力度和范围就比新中国成立之初的保护力度要大。这也是在不同时期对公众利益与个人利益进行平衡考量的结果。

二、实证分析

在司法实践中，每一个案件的判决都是法官经过深思熟虑，反复推敲的成果。任何一份判决书都是十分宝贵的司法资源，如何对这种司法资源进行最大化的使用是值得研究的问题。我国虽然不是判例法国家，司法判决没有等同于法律的效力，但从最高人民法院每年发布指导性案例可以看出，最高人民法院也致力于在众多基层实践中探索建立具有中国特色的判例制度。2015 年，最高人民法院更是在北京知识产权法院建立案例研究基地，旨在推进知识产权司法制度改革，探索建立以"遵循先例"为核心的中国特色知识产权案例指导制度。需要厘清的是，"尽管某些大陆法系国家（如德国）最高法院的判例说服效力已接近于拘束力，但在法律的意义上仍不能视同于普通法系国家的判例法。我国判例既然作为一种'制度'，其对后案的效力仅止于'说服'"〔1〕。

从普通法系的发展来看，司法判例制度形成的必要条件之一就是案例汇编程度达到高水准。在司法实践中，同一案由的个案相似性必然导致某类案件存在共同之处。因此，若按照一定标准对案件群进行筛选、分类、在比较分析的基础上归纳总结，实现案件类型化研究，也必将对司法实践产生十分积极的作用，有利于建立我国相应的司法案例库，对我国的司法判例制度的建立产生深远的影响。

《专利法》第13条规定："发明专利申请公布后，申请人可以要求实施其发明的单位或者个人支付适当的费用。"这是申请人在使用者不愿给予相应费用时提出诉求的基础所在。在实际案件争议中，这属于《民事案件案由规定（2011）》规定的发明专利临时保护期使用费纠纷，在涉及发明专利临时保护的案件中，当事人应该以此作为案由。笔者在查询、筛选相关案例并对其分类后发现，目前发生在此案由下的纠纷类型的争议焦点主要可以分为三大类：①关于如何确定保护范围；②关于如何确定赔偿数额；③关于获得发明专利授权后针对发明专利临时保护期内实施发明所得产品的后续使用行为的性质及责任的认定。这三类是到目前为止关于发明专利临时保护期间发生争议最多的点，也是司法实践中暴露现行发明专利临时保护制度上存在的不足之处以及此次司法解释的重点所在。

（一） 发明专利临时保护期保护范围的确定

在宁国市明光机电设备制造有限公司与佘某发明专利临时保护期使用费纠纷上诉案中，〔2〕佘某在专利文件被公开到被授权的这段时间内，被动地依据国家知识产权局的要求对专利申请文件中的权利要求书进行了部分修改。对此，二审法院认为，尽管佘某在专利文件被公开到被授权这段时间内，被动地依据

---

〔1〕 傅郁林："建立判例制度的两个基础性问题——以民事司法的技术为视角"，载《华东政法大学学报》2009年第1期，第98页。

〔2〕 浙江省金华市中级人民法院（2009）浙金知初字第46号：佘根生诉宁国市明光机电设备制造有限公司等侵犯发明专利权纠纷案。

国家知识产权局的要求对专利申请文件中的权利要求书进行了部分修改,但是这种修改被严格限定在了原来申请书已经披露的技术方案中,[1] 符合《专利审查指南》关于专利申请文件修改的规定。所以,以国家知识产权局的授权文件中记载的专利技术及权利要求作为保护范围和侵权对比的依据是没有问题的。

《专利法》关于被诉侵权产品是否落入专利的保护范围的判断标准采取的是全面覆盖原则,依据的是《专利法》第 59 条 "发明或者实用新型专利权的保护范围以其权利要求的内容为准,说明书及附图可以用于解释权利要求的内容"。在本案中,法官对权利要求中的专利技术与侵权技术相同与否进行了充分论证。

但是,本案值得关注的一点是:法院查明,佘某修改了原始的申请案,从而导致授权文本中的权利要求与申请案不一致,在这种情况下,保护范围应以哪个为准? 这也是发明专利临时保护期使用费纠纷中,在技术特征比对之前需明确的问题,即技术对比文件应以该专利的授权文件还是申请文件为准? 若授权文件与申请文件一致,则直接进入对比阶段。若申请文件修改后,权利范围发生了变化,需先明确以哪个作为保护范围的标准。只有在确定了保护范围的基础上才能进行后续的技术对比。在本案中,佘某对申请文件的修改属依据国家知识产权局的要求的被动修改,修改不会超过原技术方案,符合《专利审查指南》的要求。但是,佘某的这种修改行为是否会导致专利保护范围的变化,在保护范围发生变化时是否仍以授权文本作为比对标准等问题,判决书并没有进行充分说明。

依《专利法》第 33 条的规定,专利申请人在申请期间可以主动或者被动地去修改专利申请文件中的权利要求,这样会导致权利要求的改变,出现扩大或者缩小专利的保护范围的情况。若保护范围增大,则授权文件的某一技术特征可能并不被申请文件涵盖,以授权后的权利要求作为判断标准显然不利于技术实施人。本案中,仅以佘某是依要求被动修改,未超过已公开申请案的技术方案来确定发明专利的临时保护期、保护范围,就以授权的权利要求书为准的说理过程来说并不严密,值得商榷。

依照《专利法》第 13 条的规定,申请人在临时保护期内可以请求使用者支付使用费,但是该项权利只有授权之后才能得到诉权之保障。隐藏的条件是临时

---

〔1〕 浙江省高级人民法院 (2009) 浙知终字第 188 号:宁国市明光机电设备制造有限公司与佘某发明专利临时保护期使用费纠纷上诉案。

保护期间第三人使用的技术能被涵盖在此后授权的专利文件中，[1]但专利申请文件中的权利要求处于不稳定状态：权利要求可能被修改，从而与授权文件中的保护范围不一致，这样就需要明确，是应该以修改后还是修改前的权利要求为判断标准，明确的标准才有利于维护申请人与社会公众之间的利益。但法律对于在临时保护期内申请人主动或者被动地对申请案进行修改，导致保护范围发生变化，应如何确定保护范围并无具体规定，也就导致法官在本案中对此问题的评定没有相应的法律依据。

（二）赔偿数额的确定

该类型的案件，具有代表性的是蒋某诉李某等专利申请公布后、专利权授予前使用费支付和专利侵权案。[2]本案中，法院经过技术比对后，确认金桐公司产品所使用的技术完全落入蒋某专利的保护范围。显然，金某与李某需要向蒋某支付在临时保护期内使用其专利的适当费用。法院据此判决，金某、李某向蒋某支付临时保护期使用费 54 万元。该案比较值得关注的是法官对发明专利临时保护期合理使用费的确定。该案中法官是以专利侵权责任作为一个对比的标准，考虑到临时保护的保护力度，采用低于填平原则的标准，在实际销售成本及利润之下为技术使用者保留一定的利益空间来确定使用费，具有一定的合理性，但一定程度上忽略了使用人的主观意识。

我国《专利法》对如何确定临时保护期合理使用费一直没有细化。在临时保护期间，申请人的专利申请能否得到授权是处于不确定状态的。故而《专利法》规定，只有在专利被授权后才能向法院请求使用者支付合理使用费。专利侵权损害赔偿的前提是专利申请获得授权，临时保护期间发明专利申请还没有得到授权，没有专利权基础，显然就不能将合理使用费的确定等同于专利侵权赔偿。侵权法就损害赔偿采用的是填平原则，即"损失多少赔多少"。在现实中，专利权人的损失不易计算，但是可以考虑以侵权者的获利为标准。显然，临时保护期费用的确定可以参考这种获利标准，但临时期内权利的保护一般达不到这种程度，故而临时保护期的补偿费达不到这种标准。在这种行为并非专利侵权行为且赔偿达不到"获利多少，赔偿多少"的情况下，适度考虑实施行

---

〔1〕　能够被授权文件覆盖并不是简单地以授权文件为标准，若是保护范围变大，则会出现被授权文件涵盖，而不被申请文件完全涵盖的情况。

〔2〕　蒋某诉李某等专利申请公布后、专利权授予前使用费支付和专利侵权案。

为人付出的劳动成果,进而在考虑产品的成本、销售利润情况后,也给技术使用者留下一定利润空间的做法有一定的合理性。这也是本案判决的创新点。在本案中,法官赞同为技术使用者留下一定的利润空间,且不说技术使用者的主观性,这种做法比较公平合理。客观上,以低于侵权赔偿的标准确定合理的使用费体现法律架构的层次性,但仅从客观方面认定责任,不免过于片面。《专利法》在认定侵权行为人责任的时候,对其主观因素进行考量。相比之下,在临时保护期使用费的确定是否考虑主观因素上,我国立法仍然存在空白。

(三) 后续使用人行为性质及责任认定

最高人民法院审判委员会讨论通过并于 2013 年 11 月 8 日发布了 20 号指导案例,[1]此案例对于发明专利申请临时保护制度有深远的意义。在本案中,最高人民法院认为:本案的焦点在于,申请再审人对于其在专利临时保护期内购得的产品的适用行为是否侵犯涉案专利权,原案被告在被申请人专利被授权后继续提供相应售后服务,是否侵权。该案判决认为,尽管专利申请人在发明专利临时保护期内可以要求技术使用人支付适当费用,但此时,发明并没有被授予专利权,故而没有请求停止侵权的权利基础。因此,在专利临时保护期内实施相关发明行为并不为专利法所禁止。专利法注重从源头上遏制侵权的行为,而在制造行为并不为专利法所禁止的情况下,判决判定,"后续的使用、许诺销售、销售该产品的行为,即使未经专利权人许可,也应当得到允许"[2]。

得出该判决的主要依据就是:①"专利临时保护期内申请人对于实施其专利的第三者并不能请求停止实施"[3],申请人仅在授权后享有请求支付使用费的权利,故该实施行为不属于专利法禁止的行为。②从立法目的和精神来看,专利其实是更加注重从源头控制专利侵权的,在本案的表现形式即为制造行为。从《专利法》第 70 条可以看出,其对于未经许可制造行为延续下的其他侵权行为是区别对待的,而依据法理上"举重以明轻"的原则,被法律禁止的制造行为延续下的其他侵权行为因主观善意可以得到有条件的允许,不被法律禁止的

---

〔1〕 最高人民法院 (2011) 民提字第 259 号:申请再审人深圳市坑梓自来水有限公司与被申请人深圳市斯瑞曼精细化工有限公司、深圳市康泰蓝水处理设备有限公司侵犯发明专利权纠纷案。

〔2〕 参见 2013 年 20 号指导案例判决。

〔3〕 郎贵梅:"专利临时保护期内制造的专利产品的后续行为不侵犯专利权",载《人民司法》2013 年第 6 期,第 6 页。

制造行为后续的使用的行为，则更加应得到允许，这与《专利法》的立法逻辑及目的是一致的。③后续使用人与专利权人之间没有竞争关系，不会抢占专利权人的市场份额，不会威胁其在专利保护期内的垄断地位，因此，并不违背给予专利权人一定时间上垄断性利益来换取专利权人公开其专利技术的立法原理，不会打击技术所有者申请专利的积极性，也就不会对专利申请制度构成负面影响。④既符合利益平衡原则，也符合社会公益原则。专利法的立足点在于社会公共利益，但也保护专利权人利益，切实维护专利权人利益与社会公共利益之间的利益平衡。从专利权用尽原则的角度考虑，专利权人从被许可者处获得专利许可费后，则无法再对后期购买者收取其他费用，显然法律规定了专利权人可以向在临时保护期内的技术使用者收取以许可费为参考的合理使用费，则以这种"后许可"的方式给予专利权人利益上的弥补，若是再将后续的使用行为定义为侵权，再给予专利权人请求赔偿的权利，显然是不公平的。因而，法官在判决中认定，申请再审人的使用行为不被《专利法》禁止。但若申请人不能在技术使用者处获取合理使用费，申请人的利益是否得到足够的保护，值得深思。

三、发明专利申请临时保护制度之完善

从上述案例可见，在涉及专利临时保护使用费纠纷的案件中，具有代表性的问题是临时保护期内关于保护范围的确定、使用费的确定方法、后续使用人行为性质及责任认定。但法律没有对相关问题进行细化规定，这给司法实践带来诸多不便。《专利侵权司法解释二》的实施在很大程度上解决了上述问题，但仍然存在不足之处。

（一）《专利侵权司法解释二》已经解决的问题

1. 明确专利临时保护制度的范围

依我国《专利法》第33条及《专利法实施细则》第51条的规定，专利权人可以在一段时间内对发明申请案被动或者主动进行修改，但是法律在允许当事人修改时又对此进行了限制，即"对发明和实用新型专利申请文件的修改不得超出原说明书和权利要求书记载的范围"[1]。授权文本中的权利要求需以说

---

[1]《专利法》第33条。

明书支持为前提。说明书一经公开，则受"禁止反悔原则"限制，即限制了最终能够得到授权的权利要求书的边界。在授权之前，申请案中权利要求范围若是小于这个边界，则存在后期修改使保护范围变大的可能。墨盒案[1]中，法院认为："专利申请人根据《专利法实施细则》第 51 条的规定进行主动修改时，只要不超出原说明书和权利要求书记载的范围，在修改原权利要求书时既可以扩大其请求保护的范围，也可以缩小其请求保护的范围。"仅对比授权文件与申请案之间的范围，可以发现，授权文件的范围较之申请案可能变大，也可能变小。若是像宁国市明光机电设备制造有限公司与余某发明专利临时保护期使用费纠纷上诉案件中仅仅以修改后的范围为标准来判定技术使用人使用的技术是否落入技术申请人的权利保障范围，则会出现以下几种结果：①授权文件范围与申请文件一致及②授权文件范围小于申请文件，这两种情况下技术特征落入授权文件必然也就落入申请文件中；③授权文件范围大于申请文件，则可能出现技术使用者的技术特征落入授权文件保护范围，却不完全落入申请文件保护范围内的情况。但是，社会公众最多只是对专利申请人申请案的技术（权利范围）存在一定的注意义务，所以仅以授权文件为准，存在对专利申请人的过度保护而损害社会公众利益之嫌。

《专利侵权司法解释二》第 18 条第 2 款规定："发明专利申请公布时申请人请求保护的范围与发明专利公告授权时的专利权保护范围不一致，被诉技术方案均落入上述两种范围的，人民法院应当认定被告在前款所称期间内实施了该发明；被诉技术方案仅落入其中一种范围的，人民法院应当认定被告在前款所称期间内未实施该发明。"该条对保护范围做出了明确规定：只有同时落入申请案及授权书中的权利要求范围，才能认定实施人使用了相关技术。该司法解释没有简单地规定以授权文件或申请案为准，而是取两者重合的部分，具有合理性。首先，在专利授权之前，公众最多能看到专利公布时的权利要求说明书，公众能尽的最大的义务就是绕过申请案中记载的技术说明。若是授权时申请人的修改行为导致保护范围变大，也仅能要求那些在临时保护期中实施落入申请案权利要求的技术实施者支付合理的使用费，不能以授权文件为标准给予保护，这样更有利于保护社会公众的利益，不会对专利权人过度保护。其次，如果授权文件保护范围小于公告文件，导致这种情况出现的原因可能是：①申请案中

---

[1]　最高人民法院（2010）知行字第 53 号：郑亚俐与精工爱普生株式会社、国家知识产权局专利复审委员会、佛山凯德利办公用品有限公司、深圳市易彩实业发展有限公司专利无效行政诉讼案。

有的权利经过实质审查后发现并不具备实质创造性或者新颖性而无法得到授权，因而被修改舍弃。②专利人或者专利代理人专利书写水平导致的范围过小。前者显然是某些权利要求无法满足授权的条件，本身就不应被保护，后者则是申请人自身的责任，并不能要求大众对其负责。因此，这种做法显然符合社会公益原则。可见，《专利侵权司法解释二》的规定既保证了相关公众只需要对申请公告的文件尽到相应的注意义务，避开他人已公布可能授权的专利技术，同时又不需要对一项处于不稳定状态的专利申请接下来的审查程序负责。这样就很好地实现了申请人和社会大众之间的利益平衡，同时也让司法实践中的可操作性变强。

2. 后续使用人行为性质及责任认定

在《专利侵权司法解释二》出台之前，最高人民法院发布的 20 号指导案例明确了专利实务上两个重要的方面：①对专利临时保护期内专利申请人公布的技术的使用不构成侵犯专利权，专利申请人只能在专利授权之后请求临时保护期内的专利使用人给予合理的使用费；②在制造行为不侵权的前提下，第三人对专利临时保护期内由他人生产的产品的后续的使用、销售、许诺销售并不侵权。

但是，《专利侵权司法解释二》在这个问题上有重大突破。其第 18 条第 3 款规定："发明专利公告授权后，未经专利权人许可，为生产经营目的使用、许诺销售、销售在本条第一款所称期间内已由他人制造、销售、进口的产品，且该他人已支付或者书面承诺支付专利法第十三条规定的适当费用的，对于权利人关于上述使用、许诺销售、销售行为侵犯专利权的主张，人民法院不予支持。"显然，该条规定了对于技术使用人未经许可在临时保护期内生产的侵权产品不再直接认定为不侵权。根据该司法解释，当临时保护期内的技术使用者没有支付或没有许诺支付适当费用时，为生产经营目的使用、许诺销售、销售行为就有可能被认定为侵犯专利权。试想，如果不存在发明专利临时保护制度，在专利授权后未经许可得到的产品的后续使用行为，依据专利法构成侵权，本案认定这种行为不侵权，《专利法》在临时保护期内构建发明专利临时保护制度后，反而免除了原本的后续使用者的侵权责任，这样显得专利临时保护制度不仅没有起到保护作用，反而减少了技术申请人（后面的专利权人）能够得到的救济途径。我们可以做这种假设：当专利获得授权之后，出于某些原因，专利人未能从临时保护期内的技术实施者那里获得合理的使用费，当权利人向后续使用、许诺销售、销售者请求赔偿时，后续使用者、许诺销售、销售者却以使用未经他人许可专利技术获得的产品并不侵权为由来对抗专利权人的请求。这是否存在过度保护公共利益而弱化对专利人利益保护之嫌，值得考虑。

由此，我们可以看出，《专利侵权司法解释二》是对专利临时保护期间产品后续使用行为是否构成侵权的一种利益平衡的结果。一方面，我国《专利法》保护专利权人许可权和利用专利获取收益的权利，但若专利权人能够在制造者（专利侵权的源头）处实现其能够获得的利益，这样就保证了专利权人利益的实现，在这种情况下，若其仍对产品享有一定限制力，显然不利于该产品的正常流通和后续利用，有损于社会公共利益。这样，专利权人从临时保护期内技术使用者处获得了适当的使用费后，专利权人对产品的后续使用、销售、许诺销售行为应不具备控制力。另一方面，若统一认定后续使用者对临时保护期内产品的后续使用不侵权，则可能出现专利权人无法从专利临时保护期间的技术使用人处获得合理的使用费，又无法向后续使用人请求补偿的情况，这样专利权人的应得利益无法得到保障，显然是没有给予专利权人有效的保护，很大程度上损害了专利申请者（后续的专利权人）的利益。为了避免这种情况的出现，《专利侵权司法解释二》第 18 条规定，若第三人在专利申请临时保护期间使用专利权人的专利技术，专利权人若从技术使用者处获得合理的使用费，则不能认定后续的使用、销售、许诺销售的行为侵权，若专利权人不能从技术使用者处获得合理的费用，则专利权人可以从后续行为者处获得补偿。这样就很好地平衡了专利权人、临时保护期间专利技术使用者、后续行为人之间的利益。

《专利侵权司法解释二》第 25 条规定当后续使用人不知道或不应当知道其购买了侵权产品，且能证明产品合法来源并已经支付合理的对价后，就不能要求后续使用者再承担停止使用的责任。显然，专利侵权后续善意使用者是不需要承担侵权责任的，同时也不需要承担停止使用、销售、许诺销售的责任。但是，对于专利临时保护期内生产产品的后续的使用、销售、许诺销售的行为，依据《专利侵权司法解释二》第 18 条规定，若专利权人没有从产品制造者处获得合理使用费，可以将后续的使用、销售、许诺销售行为认定为侵权。但笔者存在一个疑问，即后续行为人若是善意使用者，能否拒绝专利权人的请求？一方面，我们需要维护专利权人的利益，希望专利临时保护期内的专利权人公开的技术不会被大肆盗用，在该技术被使用时能够给予其足够的补偿，从而在源头上对专利侵权进行有效的规制；另一方面，也不能一味强调保护专利权人的利益，而罔顾善意第三人通过正常的商业渠道获得的相关利益，过分压缩善意使用者对相关产品的使用空间，否则会明显妨碍交易秩序，进而损害市场秩序，损害公共利益。如何才能在二者之间达到一种利益平衡？为解决这个问题，需要考虑到近年来专利法对专利权人利益的保护日益加强，专利权的客体随着社会的发展呈现扩张的趋势，但不等于可以无限地扩张。如此，对于《专利侵权司法解释二》第18条中没有获得专利临时保护期间的合理使用费的专利权人，仅在后续使用产品的第三人是非善意第三人时，才能请求法院认定其为侵权。这样既扩充了对专利权人的保护范围，又不至于使保护不当扩张，实现了专利权人与善意的使用者、销售者、许诺销售者之间的利益平衡。这样看来，"善意使用者"应可用作第18条的抗辩理由。

由此可见，《专利侵权司法解释二》在这方面充分考虑到专利权人的正当利益诉求，鼓励发明创造，对相关权利边界作出限制，避免专利权过度扩张，损害后续使用人的正当利益，维持了专利权人与后续使用人之间的利益平衡，坚持了利益平衡原则。

（二）专利临时保护制度仍待解决的问题

1. 临时保护期间是否需要考虑主观意图

专利临时保护制度的构建并非纯客观的问题，需要考虑技术使用者的主观因素。专利临时保护期间的技术使用人的主观状态主要可以分为两种：一是，在明知是他人申请公开技术的情况下，故意实施申请人被公布的专利技术，意图抢占市场，恶意干扰权利人的市场布局；或者利用自身的较强的整体实力孵化他人技术，维护自身市场强势地位，损害市场秩序、他人利益及公共利益的行为。二是，并非恶意，没有尽到必要的注意义务，未经申请人同意实施其技术。应在专利临时保护制度构建中考虑不同主观意图，区别对待。第一种故意的主观态度不仅损害了技术申请人的利益，还搅乱了社会市场秩序，引起不良的风气，若不对其区别对待，将打击社会公众对专利申请的积极性，不利于技术的传播，也就背离了专利法的促进技术公开、科学技术的创新与进步、[1]

---

〔1〕　冯晓青：《知识产权法权利益平衡理论》，中国政法大学出版社2006年版，第122~123页。

社会发展进步的目的。因此，对于故意实施他人在先申请技术，抢占市场的技术使用行为，在确定合理使用费的时候就应该较之于第二种情况进行区别对待。这样才能兼顾对申请人的利益及社会秩序的保护，才能起到制度应有的作用。

2. 专利临时保护期合理使用费的确定

《专利侵权司法解释二》中并未对专利临时保护期合理使用费的确定做出十分具体的规定，仅表明在确定使用费时可以参考专利许可费。显然这也是一种比较概括性的规定。若是存在专利权人对同一主题的实用新型专利进行相关授权的事实，参考相应的许可费来确定临时保护期内的使用费具有一定的可行性。《德国专利法》《日本专利法》对专利临时保护期内合理使用费也是采用参考获得实施该专利的数额来确定。笔者认为，采用这种确定方式一定程度上是认为双方当事人在技术使用人使用技术申请人（后专利权人）的技术之初就存在一种合意，即愿意就该项专利技术达成一种许可合意，类似于美国合理许可使用费的虚拟谈判法（假设侵权之初双方谈判可能会达成许可费）。[1]但是，专利许可费的产生基础是一个达成合意的合同行为，专利权人许可其专利必然是考虑到其市场布局或战略目的，有时专利技术是一种实现企业壮大的战略武器，而这种先实施后许可的模式具有一定的"强迫性"。显然，这种"参考许可费"的做法更多是站在促进技术使用这一角度来考量的，侧重社会公共利益。同时，在一种新的专利技术没有许可先例的情况下，在如何确定许可费的问题上，双方必然又会存在争议。若是出现权利人没有对外许可使用的情况，确定的合理使用费的问题仍然没有得到解决。蒋某诉李某等专利申请公布后、专利权授予前使用费支付和专利侵权案判决中以低于专利侵权赔偿的填平原则，给技术预留一定的利润空间以确定合理使用费的方法有一定的合理性。可以在综合考虑产品的实际成本、销售利润等情况的基础上，参考侵权损害赔偿的计算方式来确定适当的使用费[2]，或者采用参考分析法（以产品的利润为前提，以一定的公式或系数来确定适当的使用费）[3]，抑或以投入的科研经费作为合理使用

---

〔1〕　李明德：《美国知识产权法》，法律出版社 2014 年版，第 81 页。

〔2〕　祝铭山：《专利权纠纷》，中国法制出版社 2004 年版，第 74 页。

〔3〕　张玉敏、杨晓玲："美国专利侵权诉讼中损害赔偿金计算及对我国的借鉴意义"，载《法律适用》2014 年第 8 期，第 117 页。

费判定的基本依据。[1]在此基础上考虑主观因素，确定合理使用费时应对恶意使用者进行区别对待。

3. 临时禁令与有条件的提前实质审查

有的学者认为在临时保护期内，专利申请人对技术使用人的规制力过于薄弱。只有当专利获得授权之后，才得以诉权保障。面临临时保护期内使用行为将给专利技术申请人带来不可弥补的损失时，专利申请人仍然只能等到专利被授权后才能请求停止侵权。对于这种能否在证据充足的条件下给予临时禁令从而加强专利临时保护制度的情况，有的学者认为，现代社会处于互联网科技时代，技术发展迅猛，技术更新换代十分迅速，一方面，技术创新可以帮助小企业迅速占领市场，迅速壮大；另一方面，若技术在专利申请期间被他人使用，而失去发展的契机，无疑是致命的打击。[2]这种情况会在很大程度上打击该领域技术申请人的积极性，不利于我国科学技术领域的发展。专利的临时保护起源于专利的审查制度，在这种考量之下，我们要从源头上解决问题，"允许对发明人专利的申请有条件的进行优先审查"[3]，加快授权速度，使专利权人早日获得完整专利权的保护。

（三）相关完善建议

《专利侵权司法解释二》在一定程度上完善了我国的专利临时保护制度，但该制度并不完整，针对上述问题，不应独立地看，而应该综合起来看。本文将在以下方面提出建议：①在制度构建中应考虑使用人的主观意图，并在合理使用费的判定、后续使用人的行为性质及责任认定中区别对待；②在不存在相关专利许可费的基础上如何确定合理使用费；③应该给予有条件的提前审查，加快授权进度。

1. 充分考虑主观意图

《专利法》禁止抢占他人市场，扰乱社会秩序，损害社会利益的行为。同

---

〔1〕 Parker-Hannifin Corp. v. Champion Labs., No. 1：06-CV-2616, 2008 WL 3166318（N. D. Ohio Aug. 4, 2008）。

〔2〕 如朗科案中，朗科公司在授权期间因技术被他人大规模使用而丧失市场占有率，此后只能通过授权专利费的形式来盈利，因此失去壮大的机会。

〔3〕 袁文彬："发明专利临时保护制度相关问题研究"，华东政法大学 2016 硕士学位论文，第 35 页。

时，《专利侵权司法解释二》规定，对于专利侵权中善意的后续使用、销售，可以免除停止使用的责任。显然《专利法》对第三人后续行为的认定是考虑到主观因素的。在发明专利临时保护期内，虽然专利没有被授权，但是其请求合理使用费是以专利被授权为条件的。这种没有专利权基础的保护在保护强度上会弱于专利侵权情况下对专利权人的保护，但不意味着可以在专利临时保护期制度中不区分主观意图，统一只规定合理使用费，也不对后续善意使用人进行区别对待。"相对于专利侵权区分善意和恶意，临时保护期的专利使用行为也可以被划分为善意使用和恶意使用。"[1]首先，对于侵权产品后续使用、销售、许诺销售者，若其为善意，不管临时保护期内的技术使用人是否支付或许诺支付使用费，都不应认定其侵权，这与《专利侵权司法解释二》第 25 条内在逻辑一致。其次，在合理使用费的确定中，应对恶意使用者与非恶意使用者进行区别对待。

2. 合理使用费的确定

合理使用费的确定是临时保护期制度的核心内容。《专利侵权司法解释二》虽然规定了可以参考许可费来确定合理使用费，在有既成许可费的情况下，可以用既成许可费来换算合理使用费，但是如果权利人没有对外进行许可，该如何确定合理费用则值得深入研究。从我国立法思想与司法实践来看，法律并不希望完全剥夺技术使用者的全部利润，这样看来其实是类比为一种先实施、后许可的行为（在专利方与被许可方洽谈的时候，双方一定会在自己的利润空间上角逐，但被许可方一定会留下合理的利润空间）。仍需考虑行为人在发明专利临时保护期内的行为虽然是不侵权的，但也是非正常许可的这种客观情况。在这种思想指导下，笔者认为可以构建一种合理许可费评估模式，再乘以相关的系数，即可得到相应的许可费。这种合理许可费的评估机制可以参考美国联邦最高法院在 TWM Manufacturing Co. v. Dura Corp 案[2]中确定的分析法。"需要确定技术使用者通过使用该技术给其带来的额外利润，即部分是技术使用者销售该专利技术产品的预期利益，另一部分是销售不使用该专利技术的类似产品而获

---

〔1〕 管荣齐："论专利权保护与侵权中的善意与恶意"，载《知识经济》2009 年第 2 期，第 40 页。

〔2〕 TWM Manufacturing Co. v. Dura Corp. , 789 F. 2d 895（Fed. Cir. 1986）.

得的正常利益，这两部分之间的差额"[1]，再乘以相关系数予以确定。若是碰到正常利润很难计算的情况（如完整产品中的构件），我们也可以将技术使用者所获的整体利润乘以相应系数得到合理使用费。该系数确定的基础应考虑专利产品在整个完整产品中所占的价值比例，综合得出一个公平合理的系数。

专利临时保护期内是非授予专利权的技术，增加"惩罚性赔偿"显然属于过度保护专利申请人的个人利益，在这种情况下，笔者认为，可在上文提及的合理使用费确定系数比例时加以考虑。前文提到，司法实践中都会给予技术实施者一定的利润空间，就是比例系数不会达到技术使用者因使用该技术所增加利润的100%。但是，当技术使用者恶意抢占市场份额，扰乱市场秩序，严重损害社会及权利人利益时，该系数应该比非恶意的技术使用的系数要高，可达到利润的100%。

3. 给予有条件的提前审查加快授权进度

前文已经提到，发明专利申请临时保护制度是从我国实行的专利审查制度中"衍生"出来的。审查周期一般要一年甚至更久。在此期间，第三人若根据公布专利申请中记载的技术信息实施专利，抢占市场，就有悖于保护申请人的利益的初衷，不利于专利申请人的企业规划和市场布局，也可能对申请人利益造成重大损害。在某些情况下，可以将这段时间缩短，在较短的时间内对其进行实质审查，达到要求后直接授权，从而直接进入授权专利保护阶段。正如我国台湾地区"专利法"第40条规定："发明专利申请案公开后，如有非专利申请人为商业上之实施者，专利专责机关得依申请优先审查之。为前项申请者，应检附有关证明文件。"故笔者认为，给予专利申请人请求提前快速实质审查的请求权是有必要的。这正是我国规定的在专利申请公开后，他人实施其发明，对申请人的利益产生重大影响的，可以申请提前审查。前提是该申请已经进入了实质审查阶段。也就是说，在申请公开到实质审查的一年半内（没有申请提前公开），这种技术使用人滥用的情况依然得不到解决。

但是，这种实质审查也应满足一定的条件。在加速审查时应该考虑以下几个方面：①专利使用者举证的充分与否；②技术使用者主观因素；[2]③这种使用会给专利申请人造成难以挽回的伤害；④给予专利申请人提前审查不会对社

---

〔1〕 阮开欣："解读美国专利侵权损害赔偿计算中的合理许可费方法"，载《中国发明与专利》2012第7期，第67页。

〔2〕 实践中经常是在商业行为中有了解、接触或对竞争对手存在技术监控等。

会公共利益造成损害。满足这些条件，才可以给予专利申请人提前审查的机会。这样申请人就不用经过漫长的等待，而可以在较短时间得到专利授权，提起专利侵权诉讼。专利实质延迟审查是有利于整个社会专利申请客观状况的制度，专利申请人只有满足上述条件，才能获得提前被审查的权利。这样才能既照顾专利申请人的权利，又有利于社会公共利益。

结　论

我国实行延迟审查制度，必然会导致专利申请人的利益在专利申请公开期间容易受到侵害。在这种情况下，《专利法》第 13 条规定了发明专利申请临时保护制度。但是，法律上过于原则的规定给司法实践带来了很多的困难。从众多案例中可以发现，现行法律下专利临时保护期使用费纠纷类案件的审判难点有三：一是，如何确定保护范围；二是，如何确定合理的使用费用、考虑使用行为需不需要考虑主观意图；三是，第三人对于专利临时保护期内由他人生产产品的后续的使用、销售、许诺销售等行为如何担责。这些都是司法实践中的难点和争议点。在此背景下，最高人民法院于 2016 年发布了《专利侵权司法解释二》。其进一步规定了如何确定专利临时保护期保护范围的问题，也规定后续使用、销售、允诺销售行为只有从专利权人在技术使用者处获得报酬后，才不被认定为侵权行为。显然，这是对 2013 年其发布的 20 号指导案例中将专利临时保护期间第三人的使用行为认定为不侵权且后续的使用、销售、许诺销售都是合法行为的一种修正，也更加注重对专利申请人利益的保护。

然而，即便如此，关于不存在许可条件时如何确定合理使用费的问题，还是存在着很多的不明确性：在确定使用费时没有考虑使用者的主观意图，对于恶意抢占市场，侵害他人利益者的责任没区别对待；对于已经发现、有相关证据的基础，且会对申请人的利益造成巨大损害的情况，不能加速对已有申请的实质性审查，以争取短时间内给予专利权人授权、达到有效抑制市场侵占行为，保护专利申请人利益的目的。因此，笔者在此基础上，对我国发明专利申请临时保护制度提出几点完善建议：①在发明专利申请临时保护制度的构建中更多地考虑技术使用者的主观意图；②针对不同的情况，设定相关系数，确定临时保护的合理使用费；③建立有条件的加速审查制度。

新技术发展与知识产权保护

电商平台中知识产权侵权避风港规则研究

李红辉

　　电子商务作为新兴产业，将互联网与传统商品或服务贸易相结合，变革了传统商业经营模式、消费习惯，更是当前中国经济发展的新驱动。[1]但电子商务并非"法外空间"。当前，不少抱有侥幸心理的网络卖家利用网店实施侵犯他人知识产权的行为。为避免法律风险，平台服务商一般参照版权法上的避风港规则设立了知识产权权利人的投诉渠道。然而，目前依然存在下列问题：首先，平台服务商难以保持技术服务提供主体的中立地位，在很多电子商务知识产权侵权纠纷中陷入诉讼漩涡，乃至成为连带责任的承担主体。其次，无论是当前《侵权责任法》第36条的规定，还是《电子商务法》关于电子商务平台经营者知识产权问题的规定，[2]抑或是《信息网络传播权保护条例》以及有关司法解释的相关规定，均未结合电商平台的特殊商业模式、营利模式、多为有形商品的特点，未能考量不同类型知识产权的特殊属性、限制规则，构建电子商务领域知识产权侵权的避风港规则。

　　司法审判中的典型案例也表明了当前"生搬硬套"现有避风港规则存在的弊病。在威海嘉易烤生活家电有限公司与永康市金仕德工贸有限公司、浙江天猫网络有限公司侵害发明专利权纠纷[3]一案中，初审法院认为，浙江天猫网络有限公司在接到原告合格、有效的投诉通知的情况下，未及时采取有效的"必

---

　　[1]　"总理再次力挺电子商务等新兴产业"，载中国电子商务协会网站 http://www.ec.org.cn/?info-897.html，最后访问日期：2018年12月4日。

　　[2]　参见《电子商务法》第41~45条。对此本文后面还将述及。

　　[3]　参见浙江省高级人民法院（2015）浙知终字第186号民事判决书。本案入选2015年浙江法院十大知识产权保护案件。

要措施"——转通知，未尽到合理注意义务，责令其与直接侵权人共同承担连带侵权责任。法官创新性地借鉴了著作权领域的避风港规则的审判思路，受到了终审法院的支持。在 2018 年 8 月 31 日《电子商务法》通过前，我国电子商务避风港规则立法方面暴露出以下问题：如何界定平台服务商的合理注意义务，"通知"的内容为何，必要措施包括哪些，如何规制恶意投诉，以及如何解决平台服务商进行发明专利侵权判断的专业技术人员不足等问题。

一段时期以来，我国学术上对避风港规则的研究仍偏重于版权法上的信息网络传播权领域，仅有少部分学者的论文或著作涉及电子商务领域的知识产权保护。从学术著作来看，徐楠轩博士从电子商务领域专利权保护的角度，探讨了当前浙江省电子商务知识产权保护中存在的挑战以及制度的创新，尤其是为应对专利侵权投诉而构建的知识产权局、知识产权维权援助中心以及平台服务商等多方合作机制。[1]这对于电商平台中知识产权侵权避风港规则的确立和完善具有重要借鉴意义。从期刊论文看，华东政法大学王迁教授对信息网络传播权领域的避风港规则与电子商务领域专利保护避风港规则进行了对比，强调了传统避风港规则适用对象的"信息"属性，对有形商品领域避风港规则的发展提出了质疑，同时建议将"通知—删除"规则改为"通知—转通知—处理"规则或增设"反通知—恢复"规则。[2]中国政法大学张今教授认为，电子商务领域的避风港规则和网络环境下版权保护中的避风港规则在适用目的、适用主体、适用规则等方面类似，其支持将避风港规则适用于电子商务。[3]综观现有学术成果，其研究多集中在将避风港规则引入电子商务领域的必要性和正当性、电子商务领域商标保护过程中避风港规则的构建。而从不同知识产权权利属性以及电子商务本质特征出发，构建体系化的、完整的电子商务知识产权保护避风港规则的论著则显得很不够。

本文试图立足于避风港规则的基本概念、理论依据以及中美相关立法的区别，分析将避风港规则引入电子商务知识产权保护领域的必要性和可行性，以

---

〔1〕 徐楠轩：《我国电子商务知识产权保护的挑战与对策研究——以专利侵权责任为视角》，中国政法大学出版社 2016 年版。

〔2〕 王迁："论'通知与移除'规则对专利领域的适用性——兼评《专利法修订草案（送审稿）》第 63 条第 2 款"，载《知识产权》2016 年第 3 期，第 21~32 页。

〔3〕 张今："避风港原则在电子商务商标侵权行为中的应用"，载《电子知识产权》2012 年第 3 期，第 42 页。

电商平台为主要考察对象，探讨电子商务知识产权侵权避风港规则在适用主体、适用对象、适用的权利范围、程式设计、通知规则等方面的特殊性。在此基础上，构建我国电子商务知识产权保护过程中避风港规则适用的一系列配套机制，尤其是在考量电子商务特有的商业目的、盈利模式的基础上确立"通知—转通知—反通知—处理"的程式设计，并辅以"涉诉例外"规则建立知识产权权利人分层管理模式和"黑名单"机制以及构建平台服务商——知识产权权利人合作双赢的机制等，期冀为网络知识产权侵权提供一个完整的、体系化的非诉纠纷解决机制。

在电子商务知识产权保护领域，避风港规则的法律模式和配套设计的科学化、理性化，不仅能够切实达到限制、减轻平台服务商法律责任的制度目的，而且可以实现平台服务商——知识产权权利人合作保护知识产权的愿景，最终实现电子商务服务产业与知识产权产业的共同发展。

一、避风港规则基础理论

"避风港"原意是指船舶为了安全起见用来躲避风浪等危险的港湾。避风港规则源于美国 1998 年《数字千年版权法》（Digital Millennium Copyright Act），是指"针对互联网中第三方利用网络服务提供者提供的技术服务，实施著作权侵权行为，如果网络服务提供者尽到了合理注意义务，则网络服务提供者不承担民事侵权赔偿责任"[1]。纵观避风港规则产生的立法背景，美国法院在历经 Frena 案[2]、Netcom 案[3]以及 Hardenburgh 案[4]等典型案例后，逐步厘清了直接侵权与间接侵权的界限，并于版权法中确立了避风港规则，结束了将网络服务提供者视为"电子出版者"的司法审判实践。美国版权法中的避风港规则的产生对于避免网络服务提供者因用户的直接侵权行为而承担严格责任具有重要意义，为互联网产业高效、高速发展提供了宽松的环境。从性质

---

〔1〕　参见王迁：《网络环境中的著作权保护研究》，法律出版社 2011 年版，第 208 页。

〔2〕　Playboy Enterprises v. George Frena，839 F. Supp. 1522（M. D. Fla. ，1993）．

〔3〕　Religious Technology Center v. Netcom On-Line Communication Services，907 F. Supp. 1361（N. D. Cal. ，1995）．

〔4〕　Playboy Enterprises v. Hardenburgh，982 F. Supp. 503（N. D. Oh. ，1997）．

上看，避风港原则是免责条款，非侵权判定规则或归责条件〔1〕。具体到第三方交易平台服务商，驶入避风港的平台服务商必然不承担赔偿责任，而不满足避风港适用条件与承担侵权责任之间不存在直接因果关系。

传统避风港规则涉及的主体包括：网络服务提供者、用户和知识产权权利人。具体到电子商务领域，主体可以分为：第三方交易平台服务商（以下简称"平台服务商"），即"在网络商品交易活动中为交易双方或者多方提供网页空间、虚拟经营场所、交易规则、交易撮合、信息发布等服务，供交易双方或者多方独立开展交易活动的信息网络系统"〔2〕，不包括百度类专业搜索引擎以及主要供用户分享、交流的门户网站；网络商品经营者（以下简称"网络卖家"），即通过互联网交易平台提供商品的民事主体；知识产权权利人，本文中仅限于依法享有专利权、商标权以及著作权等知识产权的民事主体。

我国立法上确立的避风港规则均是以美国避风港规则为蓝本的。不过，由于大陆法系与英美法系之间立法风格、司法实践的迥异，导致偏重逻辑推理的我国学者对实用主义思维孕育形成的避风港规则的效力存在误解。〔3〕事实上，我国因受大陆法系国家影响，自始认为主观过错是帮助侵权的必要条件，故在民事侵权认定过程中，我国立法上移植的避风港规则并未实质性地起到减轻网络服务提供者责任的作用。不过，在"互联网+"时代背景下，我国避风港规则为网络环境下知识产权保护提供了一种高效、便捷的非诉纠纷解决渠道，不仅协调了网络用户、知识产权权利人和网络服务提供者之间的利益关系，也缓和了知识产权保护政策与信息通信产业发展之间的张力。

（一）避风港规则的理论依据

避风港规则的理论依据主要包括：技术中立原则、利益平衡原则和合理预防原则。这三个原则从不同侧面反映了避风港规则产生的缘由、本质内涵和价

〔1〕　参见陈锦川："关于网络服务中'避风港'性质的探讨"，载《法律适用》2012 年第 9 期，第 27~28 页。

〔2〕　《网络交易管理办法》第 22 条规定："第三方交易平台经营者应当是经工商行政管理部门登记注册并领取营业执照的企业法人。前款所称第三方交易平台，是指在网络商品交易活动中为交易双方或者多方提供网页空间、虚拟经营场所、交易规则、交易撮合、信息发布等服务，供交易双方或者多方独立开展交易活动的信息网络系统。"

〔3〕　参见王迁："《信息网络传播权保护条例》中'避风港'规则的效力"，载《法学》2010 年第 6 期，第 134 页。

值理念，是构建实然法层面避风港规则的基本准则，也是衡量现有实体法中避风港规则立法模式及配套体系的科学性和合理性的标尺。

1. 技术中立原则

技术中立原则的本质在于，技术本身的特征、功能、用途或效果可能被用于从事合法行为，也可能被用于非法途径。随着技术的公开、传播，技术的研发者、提供者无法预料、控制、避免该技术成为第三方民事主体实施不法行为的工具，故立法不应当仅仅因先进技术被第三方民事主体用于非法用途而对技术研发者、提供者苛以严格的法律责任。[1]该原则划清了善意的技术提供方与利用技术实施不法侵权行为的第三方之间的责任界限，对于限制网络服务提供者间接侵权责任，防范权利滥用，保障互联网产业健康、有序地发展意义非同小可。

2. 利益平衡原则

不同于技术中立原则的时代性、后发性和基础性，利益平衡原则是知识产权法乃至于整个法律制度的核心灵魂。在某种程度上，法律制度本身是对利益与负担的强制性分配、协调和平衡机制。知识产权法亦是如此。知识产权法本质上是缓和国家知识产权战略公共政策与增加社会公众福利的社会目标之间的张力、缓解知识产权人的垄断利益与社会公众对知识产品的共享利益之间的利益冲突的法律制度。[2]具体到电子商务领域，在审理电子商务知识产权侵权案件时，法官也应当以该原则为指导，尽量做到"兼顾权利人、电子商务平台经营者、网络卖家、社会公众的利益"[3]。

3. 合理预防原则

合理预防原则是指平台服务商应当承担必要的、合理的知识产权合法性注意义务。能够以更低的成本预防和制止侵权行为的知识产权权利人或电子商务

---

〔1〕　参见张今、郭思伦："商标间接侵权责任中电子商务平台商的过错认定"，载《电子知识产权》2013年第9期，第75页。

〔2〕　参见冯晓青："利益平衡论：知识产权法的理论基础"，载《知识产权》2003年第6期，第16页。

〔3〕　《北京市高级人民法院关于审理电子商务侵害知识产权纠纷案件若干问题的解答》第2条第1款规定："审理电子商务侵害知识产权案件，在依法行使裁量权时，应当兼顾权利人、电子商务平台经营者、网络卖家、社会公众的利益。"

平台服务商应当主动、及时采取必要措施。[1]从经济学角度看，当预防的成本小于事故导致的损害与事故发生的可能性的乘积，而行为人未及时采取预防措施时，应当认定存在过失。[2]结合该原理，首先，发现知识产权侵权事实的成本应当分配给知识产权权利人。将积极检索发现侵权事实、发出投诉通知的成本分配给维权心切的著作权人，以期建立知识产权权利人——网络服务提供者合作机制，实现用最小的成本打击网络著作权侵权类投机行为的立法目的。[3]其次，平台服务商作为电商平台的管理者、监督者，应当制定完整的知识产权保护规则体系并提示入驻的网络卖家；对涉嫌侵权的商品和网络卖家采取恰当的、合理的必要措施。最后，对于涉及发明专利等难以作出侵权判定的投诉，平台服务商仅在其现有专业人员、技术水平等的范围内承担审核、判断以及信息传递的成本，不应当承担超出其专业能力范围的审核成本和法律成本。

（二）避风港规则的立法沿革与发展

法律制度应当在技术中立原则、利益平衡原则和合理预防原则的指导下，提供有节制的、透明的、可预测性的规则，进而为电子商务产业的发展营造一种"确定的、不受妨碍的、简单而稳定、能够促进产业发展的法律环境"。[4]

1. 中美避风港规则的规定与比较

（1）美国《数字千年版权法》的立法规定。该法于第 512 条 C 款确立了避风港规则。该款的规定具体包括以下几个方面：第一，网络服务提供者的事前注意义务。第二，通知的类别与效力。首先，该法规定了有效通知的构成要素和形式要求，即以书面形式提供版权人、被授权人或代理人的签名、作品名称、涉嫌侵权资料的名称、足以辅助网络服务提供者找到上述资料的位置信息、通知

---

〔1〕《北京市高级人民法院关于审理电子商务侵害知识产权纠纷案件若干问题的解答》第 2 条第 2 款规定："电子商务平台经营者应当承担必要的、合理的知识产权合法性注意义务。能够以更低的成本预防和制止侵权行为的权利人或电子商务平台经营者应当主动、及时采取必要措施，否则应当承担不利后果。"

〔2〕参见石必胜："电子商务交易平台知识产权审查义务的标准"，载《法律适用》2013 年第 2 期，第 104 页。

〔3〕United States et al. v. Carroll Towing Co., Inc., et al., 159 F. 2d 169（2d. Cir. 1947）.

〔4〕参见张乃根、符望编著：《全球电子商务的知识产权法》，上海交通大学出版社 2004 年版，第 160 页。

人的通信信息、善意声明与通知信息可靠性保证。[1]其次，依据内容完整程度，区别对待瑕疵通知及其效力。对于包含作品名称、侵权资料名称、位置信息和通知人的通信信息的瑕疵通知，网络服务提供者试图采取必要措施的，适用一般免责条款，否则，这类瑕疵通知将成为事后认定其主观过错的依据。最后，该法对恶意投诉等不正当竞争行为人的赔偿责任作出了规定。第三，网络服务提供者负有对采取必要措施的原委转通知用户的义务，但对于因采取必要措施而造成的损害，网络服务提供者免责。针对反复侵权行为，网络服务提供者还应当采取有效的必要措施。第四，除版权人、被授权人或代理人发起诉讼外，网络服务提供者应当在收到有效反通知的 10 至 14 日内取消所采取的必要措施。

（2）我国避风港规则的立法规定。我国《电子商务法》关于避风港规则的规定具体如：第一，设立了通知规则；第二，对于有效通知，电子商务平台经营者应当及时采取必要措施，并转通知平台内经营者；第三，知识产权权利人对因错误投诉给平台内经营者带来的损失应当承担赔偿责任。

（3）中美避风港规则比较分析。对比《数字千年版权法》第 512 条 C 款与我国《侵权责任法》第 36 条、《电子商务法》第 41~45 条关于避风港规则的规定，不难发现：第一，就网络服务提供者的事前注意义务而言，除标示服务性质、开通投诉渠道外，美国网络服务提供者还需要将有关投诉渠道的信息统一在版权局备案以及采取"行业内的标准技术措施"。因此，美国网络服务提供者的事前注意义务要高于我国。第二，通知书的要素及效力。首先，涉及侵权事实检索、定位的初步证据，《数字千年版权法》的表述是"足以使网络服务提供者定位该资料的信息"[2]；我国则要求版权人提供"网络地址"，即网络链接。[3]具体到电子商务平台中的知识产权保护，权利人可以通过提供网络卖家

---

〔1〕　熊文聪："避风港中的通知与反通知规则——中美比较研究"，载《比较法研究》2014 第 4 期。

〔2〕　参见杜颖、张启晨译：《美国著作权法》，知识产权出版社 2013 年版，第 148 页。

〔3〕　《信息网络传播权保护条例》第 14 条规定："对提供信息存储空间或者提供搜索、链接服务的网络服务提供者，权利人认为其服务所涉及的作品、表演、录音录像制品，侵犯自己的信息网络传播权或者被删除、改变了自己的权利管理电子信息的，可以向该网络服务提供者提交书面通知，要求网络服务提供者删除该作品、表演、录音录像制品，或者断开与该作品、表演、录音录像制品的链接。通知书应当包含下列内容：（一）权利人的姓名（名称）、联系方式和地址；（二）要求删除或者断开链接的侵权作品、表演、录音录像制品的名称和网络地址；（三）构成侵权的初步证明材料。权利人应当对通知书的真实性负责。"

的店铺账号、商品类别和商品名称的方式辅助平台服务商确定侵权商品的位置。其次，关于实践中广泛存在的"瑕疵通知"，《数字千年版权法》采取区分原则，而我国则采取全盘否定的态度。最后，关于恶意投诉，《数字千年版权法》明确以"伪证"的法律责任威慑潜在的恶意通知行为，我国则需要依据《反不正当竞争法》来调整。第三，关于必要措施及其效果，《数字千年版权法》要求达到"有效制止侵权"的效果，而我国立法上则未规定必要措施的效果。第四，针对"反通知—恢复"规则，《数字千年版权法》增加了"涉诉例外"的限制。我国《电子商务法》相关规定，将在下一部分述及。

2. 我国避风港规则的发展

2016 年公布的《北京市高级人民法院关于涉及网络知识产权案件的审理指南》首次将版权领域的避风港规则延伸到互联网商标间接侵权领域，明确了平台服务商对网络卖家的具体信息负有举证证明的责任，并对知识产权权利人的"通知"方式、内容、法律效力以及因"错误通知"导致的法律后果作出了详尽的规定。[1]此外，为了扭转互联网领域知识产权维权"举证难、周期长、成本高、赔偿低、效果差"[2]的局面，立法者尝试将实践中平台服务商广泛应用的"通知—删除"规则上升为立法，为平台服务商责任的确定提供法律依据。如在专利权领域，《专利法修订草案（送审稿）》规定了通知规则，《专利法实施细则》对通知规则的细化也已提上日程，《电子商务法》第 41～45 条则初步构建了避风港规则的程序设计。

（三）　电商平台中知识产权侵权避风港规则的设立

下面笔者将从产业政策、实体法依据、知识产权纠纷解决机制、平台服务商的法律地位等不同角度探讨、论证我国电商平台中知识产权侵权避风港规则设立的必要性和可行性。

1. 必要性

首先，只有为实践中频发的电商知识产权投诉处理机制提供清晰明确的法律依据，才能够避免平台服务商陷入诉讼漩涡，帮助知识产权权利人有效维权，实现电子商务产业与知识产权战略两大公共政策的相互扶持。其次，对于电商平台中的知识产权侵权，只有在现有知识产权"双轨制"纠纷解决机制的背景

---

〔1〕《北京市高级人民法院关于涉及网络知识产权案件的审理指南》第 21～25 条。

〔2〕《专利法修订草案（送审稿）》及修改说明。

下，引入避风港规则才能够更有力地打击网络知识产权侵权行为，实现对假冒伪劣商品的"零容忍"。相对于传统知识产权侵权行为，电子商务领域知识产权侵权凸显出销售金额小，侵权行为分散、隐蔽且难以控制的特点。若以传统"双轨制"解决上述纠纷，不仅事倍功半，而且有限的司法资源和行政资源必然不堪重负[1]，无形中会激励知识产权权利人选择经济实力雄厚、赔偿能力高的侵权网络卖家作为指控对象，进而放纵了屡屡"搭便车"、攫取非法利益的个人网络卖家。长此以往，这种"抓大放小""以儆效尤"的做法必然滋生恶劣的"窃书不为偷"以及假冒伪劣的社会不良风气。故集高效、便捷、成本低等优势于一体的避风港规则必然成为辅助"双轨制"权利救济模式的首选。

2. 可行性

首先，平台服务商的法律地位类似于著作权法上的网络服务提供者。[2]从法律地位而言，平台服务商在网络卖家和买家的交易中仅仅提供网络交易平台、支付平台等技术服务；从技术服务角度看，平台服务商不同于提供网络接入、传输服务的网络服务提供者，而类似于信息网络存储空间服务提供商，能够更便捷地从平台后方审核、修改、监管网络卖家发布的商品或服务信息。其次，《侵权责任法》第36条的规定为避风港规则适用范围的扩张提供了法律支持。最后，实践中，平台服务商参考通知规则制定的自治管理规约，以及浙江省知识产权局与阿里巴巴构建的知识产权保护合作机制，均为避风港规则纳入知识产权相关立法提供了实践经验。

二、电商平台中知识产权侵权避风港规则的特殊性

为了在电商平台中设立知识产权侵权避风港规则，需要在综合考量平台服务商的法律地位、适用的权利类型和权利属性、适用对象的有形性等特殊性的基础上，参考网络版权侵权领域避风港规则的立法设计，总结司法审判实践、平台服务商运营中暴露出的典型问题，分析、探讨电商平台上知识产权侵权

---

〔1〕 参见冀瑜、邢雁发、洪积庆、李建民："电子商务市场知识产权保护的制度缺失及其对策"，载《知识产权》2014年第6期。

〔2〕 参见许琼亮、高慧："是否应为第三方平台提供'避风港'：由淘宝和工商总局纷争引发的思考"，载《电子知识产权》2015年第5期，第42页。

避风港规则构建中的程式设计、平台服务商的注意义务以及通知规则等重点问题。

（一）基本法律问题

1. 平台服务商的性质

电商交易平台可以划分为直营型（即销售者，包括与卖家合作经营的合营方）、平台型（即服务者）。本文重点讨论的是具备避风港规则适用资格的平台型电商交易平台运营方。对于平台服务商的法律属性，有下列几种观点：第一，租赁合同关系中的出租方；第二，居间合同关系中的居间人；第三，网络服务合同关系中的网络服务提供方[1]。对于第一种观点，平台服务商的确为卖家提供了虚拟的网络交易空间，且"网络交易平台的法律属性是具有不动产一般属性的虚拟不动产"[2]，但平台服务商还为便利商品交易提供了通信、技术、物流、支付等一揽子服务。对于第二种观点，网络交易平台的确汇集了全国各地甚至全球的商品，成为连接消费者需求和卖家商品供给的枢纽，但如上所述，平台服务商不仅仅提供了交易机会，还提供了通信、技术、物流、支付等一揽子服务，且平台服务商的营利模式也不同于居间人。故从法律属性来看，鉴于平台服务商提供的一系列服务，我们认为平台型电商交易平台运营方属于网络服务提供者。

但平台型电商交易平台运营方属于一种特殊的网络服务提供者。从技术服务角度看，平台服务商不同于提供网络接入、传输服务的网络服务提供者，而类似于信息网络存储空间服务提供商，能够更便捷地从平台后方审核、修改、监管网络卖家发布的商品或服务信息。从营利方式看，平台服务商更侧重通过广告、佣金、资金流、衍生商品等营利，而提供网络存储、搜索、接入等服务的运营商则更侧重通过流量、增值性服务等营利。从服务对象看，平台服务商以网络卖家为主要服务对象，以促进商业贸易为主要目的，具有浓厚的商业性、营利性色彩；而其他网络服务提供者则以网络用户为主要服务对象，更突出信息资源的共享性、公益性。

---

[1]　参见许谅亮、高慧："是否应为第三方平台提供'避风港'：由淘宝和工商总局纷争引发的思考"，载《电子知识产权》2015 年第 5 期，第 42 页。

[2]　参见杨立新："网络交易平台提供者民法地位之展开"，载《山东大学学报（哲学社会科学版）》2016 年第 1 期，第 27 页。

2. 适用的权利类型

电商平台中知识产权侵权避风港规则适用的权利范围不仅仅限于网络版权领域，还包括专利权、商标权以及信息网络传播权以外的著作权。不过，不同类型的知识产权保护的客体及其特征不同。如专利权的保护具有以下几个特点：第一，专利权保护的核心是具有创造性、实用性和新颖性的技术方案以及设计方案；第二，专利权侵权判断需要结合涉嫌侵权的商品实物，判断其技术特征是否完全落入专利权人的权利要求书所记载的范围。

不同类型的知识产权的专有权范围以及控制的行为方式不同。在电子商务交易过程中，专利权人受到侵犯的一般是许诺销售权和销售权；[1]商标权人受到侵犯的一般是商标的专用权和禁用权；著作权人的权能则均有可能成为侵权客体，具体包括署名权、发表权、保护作品完整权、复制权、发行权、信息网络传播权[2]等人身权和财产权。其中，著作权人享有的专有发行权类似于专利权人独占性实施权中的"许诺销售权""销售权"。[3]

不同类型的知识产权受到的权利限制不同。对于有形商品，电子商务交易过程中网络卖家可以下列知识产权限制制度进行抗辩：著作权领域的权利用尽规则，专利权领域的权利穷竭、在先使用规则，以及商标权领域的正当使用规则（如描述性使用、指示性使用等）、权利用尽规则、先用权规则。

3. 适用对象

电商平台中知识产权侵权避风港规则的适用对象与信息网络传播权侵权避风港规则的适用对象的主要区别在于：知识产权的表现形式不同。在信息网络传播权领域，具有独创性的作品均是以数字化的形式呈现在网络上；而在电子商务领域，在专利权、商标权、著作权类知识产权侵权纠纷中，侵权商品一般

---

〔1〕 参见王迁："论'通知与移除'规则对专利领域的适用性——兼评《专利法修订草案（送审稿）》第63条第2款"，载《知识产权》2016第3期，第23页。

〔2〕《著作权法》第10条规定："著作权包括下列人身权和财产权：（一）发表权，即决定作品是否公之于众的权利；（二）署名权，即表明作者身份，在作品上署名的权利；（三）修改权，即修改或者授权他人修改作品的权利；（四）保护作品完整权，即保护作品不受歪曲、篡改的权利；（五）复制权，即以印刷、复印、拓印、录音、录像、翻录、翻拍等方式将作品制作一份或者多份的权利；（六）发行权，即以出售或者赠与方式向公众提供作品的原件或者复制件的权利……（十七）应当由著作权人享有的其他权利。"

〔3〕 参见王迁："论'通知与移除'规则对专利领域的适用性——兼评《专利法修订草案（送审稿）》第63条第2款"，载《知识产权》2016年第3期，第22~23页。

体现为有物理载体的有形商品。故在第一种情形下，网络服务提供商能够即时地根据知识产权权利人的通知审核用户上传信息的合法性；在第二种情形下，平台服务商在未持有侵权商品实物[1]的条件下，难以仅仅依据网络卖家提供的商品信息和图片判断卖家是否侵权，尤其对于涉及发明专利侵权投诉，平台服务商无法对比、判断涉嫌侵权商品的技术特征与专利权人权利要求书中记载的技术特征是否完全相同或者等同。

（二）程式设计与法定期限

1. 3 种程式设计

现有法律文件中避风港规则的程式设计大致可以归纳为以下几类：首先，《侵权责任法》第 36 条、正在进行第四次修订的《专利法修订草案（送审稿）》第 63 条的程式设计"通知—删除"。其次，《信息网络传播权保护条例》的程式设计增加了"反通知—恢复"程序。再次，《浙江省电子商务领域专利保护工作指导意见》以及阿里巴巴知识产权保护体系，确立了"通知—转通知—反通知—处理"[2]的模式，除非知识产权权利人或利害关系人提供了经人民法院、知识产权行政管理部门或仲裁机构作出的已生效的法律文书。不同于"通知—删除"规则以及"通知—删除—反通知—恢复"规则，针对有效通知，平台服务商应在未对通知中所列明的商品采取任何实质性处理措施的前提下，将专利权人或利害关系人的投诉转送被投诉的商品经营者，并告知其有申辩的权利；被投诉的商品经营者提交了申辩材料的，应将申辩材料转送专利权人或者利害关系人。经过权利主张和抗辩、证据交换，平台服务商可以作出最终处理。最后，《电子商务法》第 42~45 条作了专门规定，以下将予以分析。

---

　　[1]　参见吴汉东："论网络服务提供者的著作权侵权责任"，载《中国法学》2011 年第 2 期，第 38~47 页；王迁："论'通知与移除'规则对专利领域的适用性——兼评《专利法修订草案（送审稿）》第 63 条第 2 款"，载《知识产权》2016 年第 3 期，第 24 页。

　　[2]　参见刘润涛："'通知—移除'规则在网络交易平台商标侵权中的适用"，载《电子知识产权》2015 年第 11 期，第 54 页。王迁："论'通知与移除'规则对专利领域的适用性——兼评《专利法修订草案（送审稿）》第 63 条第 2 款"，载《知识产权》2016 年第 3 期，第 31~32 页。"建议对《专利法修订草案（送审稿）》第 63 条第 2 款进行修改，将'通知与移除'规则改为'通知、转通知与移除'规则，或增加'反通知与恢复'规则。"

与避风港规则程式设计有关的法律条文

相关规范	条文	程式设计	权利范围
《侵权责任法》	第 36 条	通知—删除	民事权益
《专利法修订草案（送审稿）》	第 63 条	通知—删除	专利权
《信息网络传播权保护条例》	第 14~16 条 第 22~24 条	通知—删除—反通知—恢复	信息网络 传播权
《侵权责任法司法解释草案建议稿》	第 60~70 条	通知—删除—反通知—恢复	民事权益
《北京市高级人民法院关于涉及 网络知识产权案件的审理指南》	第 22~25 条	通知—删除—反通知—恢复	商标权
《浙江省电子商务领域专利保护 工作指导意见试行》	第 7~11 条	通知—转通知—反通知—处理	专利权
《电子商务法》	第 42~45 条	通知—转通知—反通知—处理	知识产权

2.3 种程式设计的评析

对上述 3 种程式设计予以分析，不难发现：首先，"通知—删除"规则、"通知—删除—反通知—恢复"规则是当前法律、行政法规等具有全国性效力的立法采取的主流程式设计，实践中为"数字化"视频、音乐作品知识产权权利人信息网络传播权的保护以及网络服务提供商技术中立的地位的保障发挥了不可小觑的作用，同时还构建了版权人和网络服务提供商诚信、高效的合作机制。其次，电商平台浓厚的商业性、营利性色彩以及知识产权的滥用趋势，决定了简单的"通知—删除"规则不适合作为电商平台知识产权投诉机制的程式设计。电商平台的商业性、营利性决定了"通知—删除"规则必将催生权利滥用、恶意投诉等不正当竞争行径，且因恶意投诉衍生的索赔成本和法律风险较高，无法经由外在性内化的渠道将不利后果转嫁给恶意投诉人。[1]最后，法律规则最根本的价值在于公平正义而非仅仅高效这一个单向维度。[2]电商平台中知识产权侵权避风港规则，需要在确立平台服务商的"裁判"地位的基础上，保障知识产

---

〔1〕 参见石必胜："电子商务交易平台知识产权审查义务的标准"，载《法律适用》2013 年第 2 期，第 105 页。

〔2〕 参见何琼、吕璐："'通知—删除'规则在专利领域的适用困境——兼论《侵权责任法》第 36 条的弥补与完善"，载《电子知识产权》2016 年第 5 期，第 12 页。

权权利人的投诉权利和网络卖家的反驳、抗辩权利，建立一个客观、中立、科学的"准司法式"知识产权侵权投诉处理机制和程式设计。故"通知—转通知—反通知—处理"的模式更适合电子商务领域知识产权的保护。这也是《电子商务法》规定类似程序的原因。此外，除《电子商务法》第 43 条第 2 款外，目前法律上规定的通知规则未明确法定期间，审判实践中完全由法官根据平台服务商的自治规定、商业模式、运营方式和技术水平等因素进行自由裁量，无法为平台服务商合理注意义务的履行提供明确的法律指引。

（三）平台服务商的合理注意义务

判断平台服务商是否成立知识产权间接侵权的关键在于其主观是否存在过错。侵权过错包括明知和应知。司法审判实践中，平台服务商"明知"侵权事实存在的情形非常罕见，而争议焦点一般在于其是否"应知"。"'应知'为'推定故意'，注意义务则是认定故意的推定要素。""从侵权责任法的层面看，注意义务是侵权责任法上的一般行为义务，意在将消极的违法性等同于过失，从而实现过失的客观化。"[1]

1. 平台服务商注意义务的客观化

从电子商务领域知识产权保护来看，平台服务商若希冀安全驶入避风港，则应当在侵权事实发生前、事中以及事后均尽到合理的注意义务。《电子商务法》第 41 条即规定：电子商务平台经营者应当建立知识产权保护规则，与知识产权权利人加强合作，依法保护知识产权。从事前来看，平台服务商应当尽到如下注意义务：第一，知识产权条款和投诉渠道。平台服务商应当制定知识产权服务协议或条款作为平台准入必须同意的内容；设置开放、便捷的知识产权投诉渠道。[2] 第二，主体资格审查。[3] 如淘宝网站会审查每个网络卖家的个人身份证件、联系方式等信息。第三，采取行业内常规技术措施预防侵权。第四，平台服务性质的声明。平台服务商应当在网站上明确标示其仅仅为网络卖家和

---

〔1〕　参见李士林："论网络服务提供者注意义务的设定"，载《电子知识产权》2016 年第 5 期，第 21 页。

〔2〕　参见张今："避风港原则在电子商务商标侵权行为中的应用"，载《电子知识产权》2012 年第 3 期，第 42~43 页。

〔3〕　参见刘斌、陶丽琴、洪积庆："电子商务领域知识产权保障机制研究"，载《知识产权》2015 年第 2 期，第 68 页。

消费者提供电子商务交易平台。

　　平台服务商一旦收到知识产权权利人的侵权投诉通知，则应当在合理的时间范围内对通知进行审查。关于平台服务商审查的程度和标准，有以下四种观点：第一，仅负责形式审查。避风港的设立目标即免除网络服务提供商的实体审查义务。[1]第二，低于司法机关的实质审查。杨立新教授认为，平台服务商仅仅在收到"通知"后，进行被动的审查。审查标准类似于英美法系"合理人"的标准以及大陆法系"善良家父"的标准，应当高于形式审查，低于司法机关的实质审查。第三，排除合理怀疑标准。[2]唯有生效法律文书、公证等公文文书方能证明侵权行为。第四，高度盖然性标准。[3]该标准督促平台服务商从形式和实质上审查投诉通知并判断是否达到盖然性优势程度，既实现了激励知识产权权利人搜寻侵权行为、表达权利保护的诉求，也发挥了平台服务商监督、审查知识产权侵权违法行为的便利条件。故高度盖然性标准更合理。

　　对于经审查合格的通知，若平台服务商能够根据知识产权权利人的诉求尽到"通知—删除"义务以及网络卖家个人信息披露义务，则司法审判实践中，法院一般会支持平台服务商驶入避风港。

　　2. 平台服务商注意义务的绝对化

　　当前司法审判过程中对于平台服务商是否尽到注意义务存在以下两个问题：第一，知识产权权利人的通知几乎被视为认定平台服务商主观过错的唯一渠道。[4]第二，履行注意义务的相关措施正在呈现标准化趋势。如对于电商平台中知识产权侵权投诉通知，除个别典型案例[5]外，只要平台服务商在特定时

---

〔1〕　参见张惠："中国避风港规则存在的问题及其解决途径"，载《湖南科技大学学报（社会科学版）》2012 年第 5 期，第 116 页。

〔2〕　参见石必胜："电子商务交易平台知识产权审查义务的标准"，载《法律适用》2013 年第 2 期，第 105~106 页。

〔3〕　参见石必胜："电子商务交易平台知识产权审查义务的标准"，载《法律适用》2013 年第 2 期，第 106 页；何琼、吕璐："'通知—删除'规则在专利领域的适用困境——兼论《侵权责任法》第 36 条的弥补与完善"，载《电子知识产权》2016 年第 5 期，第 14 页。

〔4〕　参见朱冬："网络交易平台商标侵权中避风港规则的适用及其限制"，载《知识产权》2016第 7 期，第 43~44 页。张今、郭斯伦："商标间接侵权责任中电子商务平台商的过错认定"，载《电子知识产权》2013 第 9 期，第 74 页。

〔5〕　衣念（上海）时装贸易有限公司与浙江淘宝网络有限公司、杜国发侵害商标权纠纷上诉案：上海市第一中级人民法院（2011）沪一中民五（知）终字第 40 号民事判决书。本案入选最高人民法院公布的 2011 年中国法院知识产权司法保护十大案件、上海 2011 年知识产权十大案件。

间内或在收到起诉材料后，采取删除等措施，即可驶入避风港。判断平台服务商是否尽到注意义务的措施或外在表现形式固化的司法环境和审判趋势，无法调动平台服务商全程配合知识产权权利人保护知识产权的积极性和主动性，必定成为平台服务商研发、引进先进知识产权保护技术、创新知识产权保护模式的桎梏。

总之，对于平台服务商的注意义务，"既要防止降低网络服务提供者的过错认定标准，使'通知与移除'规则形同虚设；又要防止网络服务提供者对于第三方利用其网络服务侵权消极懈怠，滥用'通知与移除'规则"[1]。

（四）通知规则

通知规则是避风港规则的核心。本质上，通知本身不仅是知识产权权利人的程序性权利，也是判断平台服务商主观过错的主要依据之一。不过，只有以特定形式发出的且符合法定内容要素的通知才属于"有效通知"——具有法律效力。故明确通知的形式要求、内容要素和法律效力，是构建电商平台中知识产权侵权避风港规则亟待解决的问题。

1. 通知的法律属性

通知是指当权利人发现网络用户利用网络服务实施侵权行为时，有权向网络服务提供者发出要求采取必要措施的意思表示。通知本质上是立法授予知识产权权利人的一种程序性权利。[2]具体到电子商务领域，通知是指当知识产权权利人发现网络卖家利用交易平台提供侵权商品或服务时，有权向平台服务商发出要求确认、制止侵权的投诉。

对于知识产权权利人而言，通知不仅是其维护专有权利的意思表示，也是证明平台服务商存在主观过失的主要方式之一。但主观过失的证明是非常困难的。不论罗马法上的善良家父标准，还是英美法上的善良管理人标准，皆意在塑造过失的客观标准，以摆脱对行为人主观心理分析的依赖。[3]从制度设计的

---

[1] 《最高人民法院关于充分发挥知识产权审判职能作用推动社会主义文化大发展大繁荣和促进经济自主协调发展若干问题的意见》第 6 条规定："既要防止降低网络服务提供者的过错认定标准，使'通知与移除'规则形同虚设；又要防止网络服务提供者对于第三方利用其网络服务侵权消极懈怠，滥用'通知与移除'规则。"

[2] 参见杨立新："网络交易平台提供者民法地位之展开"，载《山东大学学报（哲学社会科学版）》2016 年第 1 期，第 31 页。

[3] 参见李士林："论网络服务提供者注意义务的设定"，载《电子知识产权》2016 年第 5 期，第 21 页。

角度看，通知规则是将平台服务商的内在意思表示客观化，进而判别平台服务商主观过错的参考依据之一。如果平台服务商接到足以引发积极作为义务的通知而怠于履行法定义务，那么，平台服务商将因未尽到合理注意义务而构成间接侵权，并因不作为而承担民事责任。因此，知识产权权利人的通知是判别平台服务商主观过错的主要依据之一。

2. 通知的要件与问题

知识产权权利人向平台服务商发出的维权通知类似于当事人向法院提交的起诉状，需要满足特定形式要求和内容要素。鉴于反通知的要件与通知的要件基本类似，故在此仅仅分析、探讨通知的要件。

（1）要件。关于有效通知的要件，学术界多是从侵权责任法的角度探讨和分析的。有学者认为应当包括以下三个方面：主体适格——受害人及其代理人；形式适格——法定书面形式；内容完整——法定内容以及证明侵权的证据。该证据不需要达到司法程序中的证明标准，仅需根据一般法律常识判断可能构成侵权即可以引发网络服务提供者的作为义务。[1]另有学者在课题成果《侵权责任法司法解释草案建议稿》中明确列举了通知的内容要素。[2]从立法层面看，我国《信息网络传播权保护条例》也以网络版权保护为视角列明了通知的内容要素。不过，上述学界观点和立法规定并非专门适用于电子商务领域知识产权，虽具有一定的参考意义，但价值相对有限，故不多赘述。

相较之下，2016年发布的《北京市高级人民法院关于涉及网络知识产权案件的审理指南》更具有针对性和借鉴意义，尽管其并不具有强制性法律效力。其从网络商标权保护的角度，明确界定了有效通知的内涵。首先，明确了通知的形式，即通知应当采取书面形式，包括电子数据的形式，且通知自到达平台服务商控制范围内时生效。其次，细化了通知的内容要素。以商标侵权为例，通知的内容要素包括：商标专用权人作为民事主体的基本信息，如姓名或名称，身份证或营业执照等基本信息；商标专用权人据以发出通知的权利依据、权属

---

〔1〕　参见王利明："论网络侵权中的通知规则"，载《北方法学》2014年第2期，第40页。

〔2〕　《侵权责任法司法解释草案建议稿》第61条规定："被侵权人通知网络服务提供者采取必要措施，应当采取书面通知方式，通知应当包含下列内容：（一）被侵权人的姓名（名称）、联系方式和地址；（二）要求采取必要措施的侵权内容的网络地址或者足以准确定位侵权内容的相关信息；（三）构成侵权的初步证明材料；（四）被侵权人对通知书的真实性负责的承诺。被侵权人发送的通知不满足上述通知要件时，视为未发出有效通知。"

证明等材料，如商标注册证书、独占性许可使用合同等；有关证明侵权事实存在和确定侵权事实发生地或结果地的相关信息；商标专用权人保证通知内容真实的诚信声明。

而于同年实施的《浙江专利条例》为了保护网络、电视等交易平台上的专利权，于第 33、34 条明确规定了专门适用于这类平台服务商的避风港规则。其中第 34 条第 1 款要求，专利权人或利害关系人在发出维权通知时应提供专利权证书等权属证明资料；对于有关实用新型专利或外观设计专利的投诉，平台服务商可以要求投诉主体提供相应的专利权评价报告。此前于 2014 年末经浙江省科学技术厅和浙江省知识产权局联合发布的《浙江省电子商务领域专利保护工作指导意见（试行）》中也包括有关通知的内容要素的条款。该条款除设置了投诉主体的身份证明及相关基本信息、权利依据、侵权商品的具体位置等常规要素外，还专门针对专利权增加了个性要素——"涉嫌侵权商品与专利权保护范围的比对材料"。[1]

（2）通知的类别与困境。根据通知要素的完整程度，可以将通知分为有效通知和瑕疵通知；根据知识产权权利人通知的主观状态，可以将通知分为错误通知和恶意通知。有效通知满足相关法律规定的全部内容和形式要件，包括通知的主体、权利依据、侵权事实及位置、诚信声明；反之为瑕疵通知。错误通知即因知识产权权利人主观对网络卖家是否存在或构成知识产权侵权事实在认知上存在错误而发起的通知；恶意通知则是指知识产权权利人及其代理人以打击竞争对手为目的，以恶意投诉作为不正当竞争的手段，向平台服务商提出的投诉。据阿里巴巴平台治理部统计，2016 年阿里巴巴平台总计发现有恶意投诉行为的知识产权权利人账户 5862 个，近 103 万商家和超 600 万条商品链接遭受恶意投诉，造成卖家损失达 1.07 亿元。目前，恶意投诉总量已占到阿里平台知

---

[1] 《浙江省电子商务领域专利保护工作指导意见（试行）》第 7 条规定："专利权人认为交易平台上销售的商品涉嫌侵犯其专利权的，可以通过交易平台提供者建立的投诉机制提交投诉，请求删除、屏蔽涉嫌侵权的商品。投诉材料应当包含下列内容：①专利权人身份证明（营业执照副本或身份证复印件）、有效联系方式和地址。委托他人投诉的，还应当提供授权委托证明。②专利权证书及其有效性证明；③要求删除、屏蔽的商品名称和具体互联网链接；④涉嫌侵权商品与专利权保护范围的比对材料；⑤其他能够证明存在侵权行为的证据材料。专利权利害关系人投诉的，还需提交专利权人的授权书或专利许可合同等证明。专利权人或者利害关系人应当对投诉材料内容的真实性负责。以虚假材料投诉的，应承担法律责任。"

识产权保护投诉总量的 24%。绝大部分恶意代理公司投诉成立率不足 10%。[1] 此外，恶意投诉时常会衍生出不正当竞争诉讼、平台服务合同纠纷和确认不侵权之诉。[2]

（3）必要措施与及时性。当前，立法上有关必要措施中的配套规则体系存在缺失，如平台服务商是否有义务对未附有具体侵权链接的被投诉商品或商家采取措施，以及是否有义务监管被投诉人的再次侵权行为。此外，何谓"及时"？在互联网时代，信息技术的应用以及商业模式的变革促使信息的传递、处理均处于高速公路上。但实践中因当前法律指引不明确，只能够由法官自由裁量，这导致平台服务商进退维谷、无所适从。如在浙江淘宝网络有限公司与知钱（北京）理财顾问有限责任公司侵犯著作财产权纠纷上诉案[3]中，法院认为，平台服务商浙江淘宝网络有限公司在 2010 年 4 月 23 日收到版权人的有效通知后，难以证明其于合理期限内对被投诉侵权的商品采取了必要措施，因此，应当对版权人由此扩大的损失与网络卖家承担连带责任。

综合上述内容，电子商务知识产权保护领域的通知规则尚存在以下问题：第一，尚缺乏一个权威的、统一的且专门适用于电商平台领域知识产权保护的有关通知要件的法律规则。第二，如何有效降低错误通知的比例，打击恶意投诉，成为亟待解决的问题。第三，立法上对于"必要措施"以及"及时"缺乏明确阐述。目前《电子商务法》对通知规则进行了规定，但仍待进一步细化。

三、电商平台中知识产权侵权避风港规则的构建与完善

如上所述，电商平台中知识产权侵权避风港规则的构建不仅应当借鉴网络版权领域避风港规则的立法模式和配套体系，更需要在分析、探讨适用条件的特殊性的前提下，总结司法审判实践以及电商平台中知识产权保护实践的经验教训。

---

[1]　智慧芽："阿里商家因恶意投诉损失上亿，'网卫'猖行谁的锅？"，载 http://www.jiemian.com/article/1127877.html，最后访问日期：2018 年 11 月 4 日。

[2]　参见何琼、吕璐："'通知—删除'规则在专利领域的适用困境——兼论《侵权责任法》第 36 条的弥补与完善"，载《电子知识产权》2016 年第 5 期，第 12～13 页。

[3]　参见北京市第一中级人民法院（2011）一中民终字第 2223 号民事判决书。

（一）基本法律问题

1. 平台服务商的性质、地位

在网络卖家和买家的交易中，平台服务商既不属于卖方和经营者，也不属于传统市场条件下的柜台出租者、居间者，而仅仅提供网络交易平台、支付平台等技术服务，更类似于"网络服务提供者中的信息网络存储空间服务提供商"。[1]在电子商务领域避风港规则中，面对知识产权权利人的通知，平台服务商是决定网络卖家是否构成知识产权侵权的居中"裁判者"。在司法审判中，需要结合个案判断平台服务商的法律地位。互联网发展是实时变化的，为了满足客户多样化的消费需求，平台服务商正在逐步拓展多层次、针对性的混合经营。对于复杂的经营模式和盈利模式，不能以单一、不变的主体予以认定，而需要根据个案中电商交易平台的运营模式、技术形式、服务的本质属性以及表现形式进行分析。

2. 适用的权利类型

首先，从立法上，可以将通知规则引入到电子商务领域知识产权保护过程中，扩张适用于专利权、商标权以及除信息网络传播权以外的版权保护。其次，根据权利类型和难易程度，将投诉纠纷类型化，确定不同的处理机制。如对于专利侵权投诉，还应当提供"涉嫌侵权商品与专利权保护范围的对比资料"。尤其是对未经过实质性审查的实用新型和外观设计专利，还应当提供专利权评价报告；如果被投诉侵权商品为有形商品，且仅凭网络卖家发布的信息以及知识产权权利人的投诉难以认定是否构成侵权的，平台服务商有权要求知识产权权利人提供涉嫌侵权的商品。[2]最后，根据权利类型，明确知识产权限制制度。这里的知识产权限制制度主要包括权利穷竭、先用权等。具体到商标权领域，还包括商标的正当使用制度，如对他人注册商标的指示性使用、描述性使用等。

---

〔1〕　参见陈明涛：《网络服务提供商版权责任研究》，知识产权出版社 2011 年版，第 111~115 页。

〔2〕　《浙江省电子商务领域专利保护工作指导意见（试行）》第 8 条第 1 款规定："交易平台提供者接到专利权人或者利害关系人的投诉后，原则上在 5 个工作日内审核投诉并决定是否受理。仅凭交易平台上商品信息难以认定是否构成侵权的，可以要求专利权人或者利害关系人提供被投诉侵权商品的实物。"

（二）程式设计与法定期限

电商平台中知识产权侵权避风港规则的程式设计应当充分考量适用对象、适用主体等方面的特殊性。不同于以分享为主旨，以普通用户为服务对象，提供数字化资源且主要利用流量和资源优势盈利的网络服务提供者，电商交易平台是以促进商业交易为主旨，以有形商品为交易对象，以具有鲜明的商业性、营利性的网络卖家为主要服务对象，且更偏重于以广告以及增值性服务盈利的平台服务商。

1. 程式设计

我国《电子商务法》第 42~45 条建立了相关的处理程序。电子商务平台中的知识产权侵权投诉程式设计为：通知—转通知—反通知—处理。具体而言：第一，知识产权权利人有向平台服务商发出投诉通知的权利。其第 42 条第 1 款规定，知识产权权利人认为其知识产权受到侵害的，有权通知电子商务平台经营者采取删除、屏蔽、断开链接，终止交易和服务等必要措施。通知应当包括构成侵权的初步证据。第二，平台服务商有审核以及转送有效通知的义务；对于瑕疵通知，平台服务商在尽到照顾、协助等合理义务的条件下免责。《电子商务法》第 42 条第 2、3 款规定：电子商务平台经营者接到通知后，应当及时采取必要措施，并将该通知转送平台内经营者；未及时采取必要措施的，对损害的扩大部分与平台经营者承担连带责任。因通知错误造成平台内经营者损害的，依法承担民事责任。恶意发出错误通知，造成平台内经营者损失的，加倍承担赔偿责任。第三，网络卖家对于知识产权权利人的侵权投诉有抗辩、反驳的权利。《电子商务法》第 43 条第 1 款规定：平台内经营者接到转送的通知后，可以向电子商务平台经营者提交不存在侵权行为的声明。声明应当包括不存在侵权行为的初步证据。第四，若收到网络卖家主张不侵权的反通知，平台服务商有义务将上述资料转达给知识产权权利人。《电子商务法》第 43 条第 2 款规定：电子商务平台经营者接到声明后，应当将该声明转送发出通知的知识产权权利人，并告知其可以向有关主管部门投诉或者向人民法院起诉。对于一般的知识产权侵权案件，平台服务商可以自行处理。对于涉及群体性侵权、反复侵权且严重扰乱电子商务平台经营管理秩序的、故意侵犯知识产权的纠纷，平台服务商可以移送至知识产权行政主管部门。对于疑难类、社会影响较大、专业性较强〔1〕的知识产权侵权纠纷，建议在平台服务商与知识产权行政管理部门、人民法院、知识产权维权援助中心之间建立投诉、纠纷移送机制和统计分析报送机制。〔2〕

2. 法定期限

结合上述程式设计，考虑到权利属性、运营模式、信息通信技术的即时性等因素，建议参考以下期间：第一，平台服务商对有效通知或反通知的转送限定为 12 小时。在权利依据和证据资料交换阶段，平台服务商仅仅对通知或反通知的有效性进行形式审查，且电子信息的到达具有即时性，故确定转送时限原则上为 12 小时，特殊情形下可以延长为 24 小时。第二，根据不同的权利属性，对反通知限定不同的时限。对于一般知识产权侵权纠纷，限定为 24 小时；对于涉及发明专利等技术性较强、侵权判定难度较大的知识产权侵权纠纷，限定为 48 小时。若网络卖家未及时回应，则自行承担不利后果。

（三）平台服务商的注意义务

电商平台的商业模式、经营方式以及技术水平决定了其在网络卖家经营过程中的参与程度和控制水平，而后者直接决定了电商交易平台在知识产权保护过程中合理注意义务的大小。基于此，笔者建议从立法或政策上明确以下几点：

1. 引入红旗标准

结合电商平台中知识产权保护的背景，红旗标准即当平台服务商对显而易见的知识产权侵权事实视若无睹时，则因其未尽到合理注意义务而推定其存在主观过错。平台服务商主观上是否"应知"，需要综合考量侵权商品的热销程度、具体位置，侵权事实是否明显，平台服务商是否收到过投诉以及处理结果等因素进行判断。建议在下列情形下推定平台服务商"应知"知识产权侵权事实的存在：侵权商品的信息位于电商平台首页显著位置；平台服务商对侵权商

---

〔1〕 广东省高级人民法院判决书（2016）粤民终 1038 号。在深圳摩炫科技有限公司、浙江淘宝网络有限公司与肇庆市衡艺实业有限公司侵害发明专利权纠纷一案中，浙江淘宝网络有限公司主张其作为平台服务商，即使在收到专利权人有效通知和一审法院转送的诉讼材料的条件下，也无法准确判断被诉侵权商品是否落入发明专利的保护范围，已经尽到了合理注意义务；法院则认为，上述资料构成证明网络卖家涉嫌侵犯专利权的初步证据，浙江淘宝网络有限公司应当为其因未及时采取有效措施制止侵权和转送有效通知而导致权利人损失扩大的部分承担连带责任。

〔2〕 参见刘斌、陶丽琴、洪积庆："电子商务领域知识产权保障机制研究"，载《知识产权》2015 年第 2 期，第 68 页。

品相关信息进行了人工编排、推荐；侵权商品的信息中包含"高仿""A货""仿原单货"等关键词；知识产权权利人向平台服务商发出过有效通知。

2. 建立分层管理机制

引导、鼓励平台服务商构建网络卖家分层管理机制。电商平台中知识产权侵权具有传染性、反复性和群体性，虽然平台服务商对知识产权权利人通知的涉嫌的侵权网络卖家和侵权商品采取了必要措施，但是该网络卖家可以利用规则漏洞继续实施知识产权侵权行为。例如，重新发布有关侵权商品的信息，或再次通过申请获取一个新的网络卖家账户。故建议平台服务商根据网络卖家的被投诉记录、投诉成立的比例等因素，构建一个差别化的网络卖家管理机制。对于诚信度较低的网络卖家，如曾经被生效裁判文书认定构成侵权的网络卖家，主动对其进行严格监督、管理，及时发现、制止其知识产权侵权行为。

3. 区别瑕疵通知效力

明确平台对于满足实质性条件的瑕疵通知，应当履行忠实勤勉义务。[1]实质性条件即包含知识产权权利人基本信息、权利依据及归属的初步证明资料，以及足以确定侵权事实存在与位置的信息。所谓忠实勤勉义务，即平台服务商应当及时回复知识产权权利人，以辅助其发出符合法定或约定条件的通知，否则，该瑕疵通知将成为认定平台服务商未尽到合理注意义务的依据之一。因为平台服务商在对网络卖家和用户享有管理权和控制能力的条件下，也应当承担起与"权力"相匹配的责任。

（四）通知规则

当前，在电商平台中知识产权避风港规则的构建中，存在三个焦点问题：第一，如何根据不同知识产权权利类型设计通知的内容要素？第二，错误投诉、恶意投诉几乎达到所有投诉通知的二分之一，如何设计配套规则以提高投诉的准确率、真实性成为不可忽视的难题。第三，必要措施的程度、范围、类型以及及时的考量因素缺乏明确指引。

1. 通知的内容要素

笔者建议立法对知识产权权利人发出的投诉通知的内容要素作出指引。知

---

〔1〕 参见朱冬："网络交易平台商标侵权中避风港规则的适用及其限制"，载《知识产权》2016年第7期，第44页。欧盟法院在2011年的L'Oreal诉eBay一案中主张，对于瑕疵通知，交易平台应当尽到勤勉义务。以勤勉运营商的标准认定交易平台是否应当知道侵权行为的存在。

识产权权利人及其利害关系人的投诉通知应当包括以下内容：①投诉主体的身份证明（营业执照副本或身份证复印件）、有效联系方式和地址。经授权发出投诉通知的，还需要提供委托授权资料。②权利依据和权属证明等资料，即经知识产权行政主管部门颁发的权利证书；利害关系人还需要提供授权书或许可合同。③足以确定侵权事实存在、位置的信息，如网络卖家的店铺名称、账号，商品的类别和名称等。④投诉主体的诚信声明和电子签名，即因错误投诉或恶意投诉导致的损失，由投诉主体承担法律责任。涉及专利的投诉，投诉方应当提供：被控侵权商品的技术特征落入专利权利要求书所划定的保护范围的材料；涉及实用新型专利或者外观设计专利的，还应当提供专利权评价报告。

2. 错误投诉与恶意投诉的规制

针对错误投诉，需要从立法层面明确网络卖家对于因知识产权权利人错误投诉所产生的损失享有损害赔偿请求权，不管知识产权权利人主观上是否存在过错。在反不正当竞争法中，明确恶意投诉的适用条件、惩戒措施。具体而言，若平台服务商已尽到合理注意义务并采取了必要措施，但事后经行政机关、司法机关等主体查明知识产权权利人缺乏权利行使依据[1]、侵权不成立，则构成错误投诉，网络卖家自知道或应当知道上述情形存在之日起 2 年内对知识产权权利人享有损害赔偿请求权。《电子商务法》第 42 条第 3 款前半句对错误投诉中被投诉人的损害赔偿请求权作了规定。

对于恶意投诉，建议采取概括加列举的立法模式。如网络卖家以打击竞争对手为目的，伪造权利证书、个人信息等资料并向平台服务商投诉以及虽存在请求权基础，但整体上仍以直接损害市场竞争为目的的多次或一系列权利警告的行为[2]构成恶意投诉。《电子商务法》第 42 条第 3 款对恶意投诉人的赔偿责任作了规定。规定网络卖家对恶意投诉的知识产权权利人的惩罚性赔偿请求权，可以缓和因恶意警告形成的知识产权保护与竞争法之间的紧张关系，实现私权保护与竞争规制的共存。[3]建议提高实用新型专利与外观设计专利的授权门槛，

---

〔1〕 具体包括自始不享有知识产权，已被宣告无效，版权、专利已进入公有领域或商标未续展等情形。

〔2〕 参见董笃笃："电子商务领域知识产权权利警告的规制"，载《知识产权》2016 年第 4 期，第 74 页。

〔3〕 参见董笃笃："电子商务领域知识产权权利警告的规制"，载《知识产权》2016 年第 4 期，第 77 页。

稳定专利权利状态。针对恶意投诉，建议平台服务商设置下列配套机制：第一，定期利用大数据对知识产权权利人发起的投诉的处理程序、结果进行统计。具体包括通知的有效性、反通知的数量、通知成立的数量、是否涉及事后的诉讼及其处理结果、是否存在伪造权利证明等情形。第二，鼓励、支持平台服务商构建知识产权权利人分层保护模式，并设置不同的处理标准。引导平台服务商充分利用大数据统计知识产权权利人投诉通知的有效性、真实性以及投诉成立的概率，并据此将知识产权权利人划分为优质、普通、劣质和恶意[1]四类，分别设定不同程度的举证责任、审核机制和处理方式。

　　3. 必要措施和及时性

　　（1）必要措施。建议参考《北京市高级人民法院关于涉及网络知识产权案件的审理指南》第 23 条第 2 款[2]以及《侵权责任法司法解释草案建议稿》第 69 条的相关规定[3]，结合技术中立原则、利益平衡原则和合理预防原则，在保持知识产权权利人、网络卖家与平台服务商之间的利益平衡的基础上，从程度、范围、类别三个方面界定"必要性"。

　　从程度上而言，平台服务商应当在考量法律规定、自治规约、技术水平等因素的前提下，"穷尽对可能采取的措施的选择，以尽到有效制止、预防侵权的行为义务而非结果义务"。[4]另外，平台服务商所采取的措施不应当不恰当、不合理地损害网络卖家的合法利益。从范围上而言，应当将平台服务商对存在再次侵权可能性的网络卖家的主动审查范围限制为：曾经多次侵犯他人知识产权的网络卖家；曾经人民法院、知识产权行政主管机关、仲裁机关作出的裁判

---

〔1〕 李顺德："社会各界要共同努力，才能把网购恶意投诉问题解决好"，载中国法学网 http://www.iolaw.org.cn/showNews.aspx? id=56355，最后访问日期：2018 年 11 月 3 日。

〔2〕《北京市高级人民法院涉及网络知识产权案件的审理指南》23 条第 2 款规定："必要措施是否及时、合理、适当，应当根据网络服务的性质、通知的形式和内容、侵害商标权的情节、技术条件等因素综合判断。"

〔3〕《侵权责任法司法解释草案建议稿》第 69 条规定："侵权责任法第三十六条第二款所称的必要措施，应根据服务提供者的服务形式以及阻止侵权后果的适当性进行判断，不以权利人的主张为依据，必要措施的采取不应对合法信息的传播造成阻碍。"

〔4〕 参见冯术杰："网络服务提供者的商标侵权责任认定——兼论《侵权责任法》第 36 条及其适用"，载《知识产权》2015 年第 5 期，第 16 页。朱冬："网络交易平台商标侵权中避风港规则的适用及其限制"，载《知识产权》2016 年第 7 期，第 74 页。"从实际效果出发来判断删除侵权信息是否构成'必要措施'的，即所谓的'必要措施'应当足以制止侵权发生并且能够有效防止侵权的再次发生。"

文书认定构成知识产权侵权的网络卖家。此外，平台服务商"不负有超出通知人书面通知请求列明的网络地址或者检索方式进行搜索、一并删除的义务"[1]。如在衣念（上海）时装贸易有限公司诉浙江淘宝网络有限公司、杜国发侵害商标权纠纷上诉案[2]中，法院之所以判令浙江淘宝网络有限公司承担连带赔偿责任，是因为其在多次收到原告的侵权投诉的情况下，未严格依据平台自治管理规则对网络卖家采取不断升级的限制和惩罚措施。从类别上而言，需要结合平台服务商的商业模式、合同约定、自治管理规则、技术水平以及侵权事实等因素，确定具体的必要措施。如威海嘉易烤生活家电有限公司与永康市金仕德工贸有限公司、浙江天猫网络有限公司[3]一案确立"转通知"为平台服务商的必要措施之一。

（2）及时性。及时是指"平台服务商在接到知识产权人或利害关系人的侵权通知后的合理期限内采取合理的技术措施，以防止侵权行为损害后果的不当扩大"[4]。必要措施的"及时"需要知识产权人和平台服务商的默契协作，根据通知的形式和内容的准确性、权利属性、采取措施的难易程度和现有技术水平、平台服务商的运营模式等因素予以确定。至于具体的时间，立法上可以设置一个浮动时间供平台服务商参考。笔者在此建议：首先，将采取必要措施的期间限定为 1 日至 3 日。对于一般知识产权侵权纠纷，限定为 24 小时；对于发明专利等专业性、技术性较强的难以作出侵权判断的知识产权侵权纠纷，限定为 3 日。上述法定期限不包括知识产权侵权投诉移送至专利维权援助中心或专利行政执法部门等主体处理的时间。其次，对于特定节日，如"38 购物节""双 11 购物节"，平台服务商可以适时开通"加急处理"通道并收取适当的服务费用。

---

[1] 参见杨立新主编：《媒体侵权与媒体权利保护的司法界限研究——〈中国媒体侵权责任案件法律适用指引〉及释义》，人民法院出版社 2015 年版，第 418 页。

[2] 上海市第一中级人民法院（2011）沪一中民五（知）终字第 40 号民事判决书。

[3] 参见浙江省高级人民法院（2015）浙知终字第 186 号民事判决书。

[4] 参见王利明："论网络侵权中的通知规则"，载《北方法学》2014 年第 2 期，第 40~41 页。

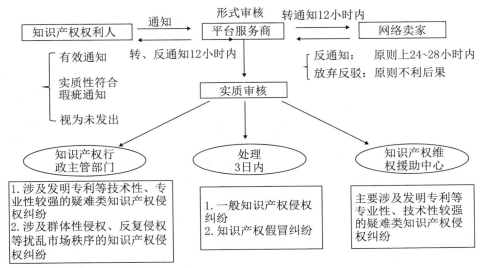

电商平台中知识产权侵权避风港规则程式设计

结　论

电商平台中知识产权侵权避风港规则的完善是当代法学领域不宜忽视的问题。在"互联网+"时代背景下，电子商务这一新兴产业是拉动内需，带动实体经济发展的驱动力。在知识经济背景下，知识产权亦是提高企业、国家竞争力、影响力的有力武器。故电子商务产业的发展和国家知识产权战略的践行不可偏废。

当前电子商务交易平台上知识产权侵权呈现群体化、普遍化以及反复性的态势，这加大了平台服务商与知识产权权利人之间的张力。现有知识产权纠纷解决机制对于打击兼具金额小、传染性、普遍性、匿名性等特征的电商平台知识产权侵权的作用有限，故亟待于应然层面和实然层面构建一个专门适用于电商平台中知识产权侵权的避风港规则体系。我国《电子商务法》已于2019年1月1日起实施，其对知识产权的避风港规则体系的初步构建，无疑是立法的一个及时回应。目前《电子商务法》虽然初步构建了一个适用于电商平台知识产权侵权的避风港规则体系，但具体的制度设计仍待进一步规定。

本文首先立足于目前立法、司法以及实践中相对成熟的网络版权侵权领域避风港规则，在探讨其基本内涵、理论依据、立法沿革与发展的基础上，针对电商平台中的知识产权侵权现象，分析、论证了构建电商平台中知识产权侵权避风港规则的必要性和可行性。其次，本文在与网络版权侵权领域避风港规则的对比中，探讨了电商平台中知识产权侵权避风港规则在适用的主体、适用的权利范围、适用的对象等方面的特殊性，分析现有法律文件中有关避风港规则的三种程式设计的利弊，总结当前司法审判实践以及电商平台运营中通知规则适用的绝对化趋势、错误投诉和恶意投诉猖獗等突出问题。再次，笔者建议在借鉴现有网络版权领域避风港规则的立法模式和配套体系的条件下，根据电商平台中知识产权侵权避风港规则适用环境的特殊性，遵循《电子商务法》规定，选择"通知—转通知—反通知—处理"的程式设计，引入红旗标准，对知识产权权利人和网络卖家实行分层管理等。最终，本文主张构建一个知识产权权利人、平台服务商、知识产权行政主管机关与社会知识产权公益性组织等多方主体参与、合作的非诉知识产权纠纷解决机制，为电子商务领域知识产权保护创造一个有据可依、有法可循的良性互动的生态环境；改变平台服务商在法律规范缺位时的无所适从，激发平台服务商保护知识产权的积极性和主动性；正本清源，扭转当前避风港规则异化为部分经营者打击同业竞争者、攫取不正当商业利益的局面，实现电子商务服务产业和知识产权产业的互利共赢。

信息网络传播行为的认定标准研究

周　贺

本文的写作缘起于北京知识产权法院作出的（2015）京知民终字第 559 号民事判决书。在这份判决书中，北京知识产权法院明确指出，信息网络传播行为的认定应当采纳服务器标准，从而引发了学界的讨论。

信息网络传播行为的认定标准并不是一个新问题。自信息网络传播权引入我国 2001 年修改的《著作权法》以来，涉及信息网络传播行为认定标准的案件并不鲜见。近几年来，随着三网融合的推进及移动互联网的兴起，新的商业模式涌现，涉及链接的侵权案件频发，这些案件涉及的利益更加广泛，法院适用的裁判规则不尽相同。这些与链接有关的著作权侵权案件涉及信息网络传播行为的认定标准问题。

对此，学界存在不同的认定标准。有学者主张服务器标准，提出只有将作品上传到公开服务器，才存在信息网络传播权直接侵权的可能，[1]服务器标准是当前司法实践的主导性认定标准，众多司法界人士认同此标准；[2]有学者主张用户感知标准，认为服务器标准在新的侵权模式面前遭遇挑战，应当从用户感知的角度判断是否实施了信息网络传播行为；[3]有学者主张链接问题可类推适用司法解释针对网页快照问题规定的实质替代标准，认为如果加框链接、聚合等方式能够实现对来源网站的实质替代，则构成信息网络传播

---

〔1〕　参见王迁："网络环境中版权直接侵权的认定"，载《东方法学》2009 年第 2 期，第 12~21 页。

〔2〕　参见"上海市高级人民法院 2016 年知识产权审判系列研讨会回顾（二）"，载 https://mp. weixin. qq. com/s/xDdZ_ VQYqg9VRS7Np76N1g，最后访问日期：2018 年 12 月 1 日。

〔3〕　参见韩志宇："'用户感知标准'的适用原则分析"，载《中国知识产权报》2016 年 5 月 27 日第 10 版。

行为；[1]有学者认为服务器标准是技术标准，技术因素可以作为法律的参考，但终归要回到法律，进而提出认定信息网络传播行为的法律标准；[2]有学者针对加框链接问题提出实质呈现标准，认为当网络服务提供者在自己控制的用户界面上实质呈现了作品时，就构成信息网络传播行为。[3]在美国，Perfect 10 v. Google 案（简称"Perfect 10 案"）[4]判决明确提出服务器标准的概念，并对类似案件的处理产生了深远影响。欧盟法院在一些案件中确立了新公众标准，认为当作品没有向新的公众传播时，就不构成新的向公众传播行为，具体到链接问题上，当被链接网站没有采取限制访问措施时，设链行为不是独立的向公众传播行为。[5]当然，新公众标准也在发展之中，本身也面临着不当适用权利用尽原则的批评。

本文拟结合案例，详尽分析上述认定标准的由来、含义，并对其进行评析。因服务器标准在司法实践中具有主导地位，本文对其探讨较多。实际上，其他认定标准的确立，基本都建立在对服务器标准的批判之上。本文的最终目的是以学者提出的实质呈现标准为基础，完善其内涵，分析其合理性，界定其适用范围，使之成为认定信息网络传播行为的一般标准。

一、信息网络传播行为概述

（一）信息网络传播行为的概念

2001 年《著作权法》修改时，信息网络传播权正式成为著作权的一项权能，但《著作权法》并未出现信息网络传播行为的概念。此后，《信息网络传播权保护条例》及《最高人民法院关于审理侵害信息网络传播权民事纠纷案件适用法律若干问题的规定》（以下简称《信息网络传播权司法解释》）相继出台，其中也未出现信息网络传播行为的概念。

---

[1]　参见张勇："也谈对信息网络传播权司法解释中'实质替代'概念的理解"，载 http://mp. weixin. qq. com/s/AW9RhxQO7GRvdQJ1lY6r0g，最后访问日期：2018 年 12 月 1 日。

[2]　参见孔祥俊："论信息网络传播行为"，载《人民司法》2012 年第 7 期，第 59~69 页。

[3]　参见崔国斌："加框链接的著作权法规制"，载《政治与法律》2014 年第 5 期，第 74~93 页。

[4]　Perfect 10 v. Google，416 F. Supp. 2d 828（C. D. Cal. 2006）.

[5]　Nils Svensson，Sten Sjögren，Madelaine Sahlman and Pia Gadd v. Retriever Sverige AB. Case C-466/12.

信息网络传播行为的概念可以从两个角度进行考察：一方面，从民事权利行使的角度考察，"一切权利行使均属于行为"[1]，故行使信息网络传播权的行为即信息网络传播行为。另一方面，从侵权法的角度考察，"侵权行为就是侵害他人受保护的民事权益，依法应承担侵权责任的行为"[2]，因此，未经权利人许可实施的信息网络传播行为是侵犯他人信息网络传播权、依法应当承担侵权责任的行为。实际上，在司法实践中，对信息网络传播行为的考察多发生于信息网络传播权侵权案件中。

（二）信息网络传播行为的构成要件

有学者指出，信息网络传播行为有三个构成要件：第一，该行为是提供作品的行为，或者说该行为是使公众获得作品的行为；第二，有线或者无线是提供作品的方式；第三，公众获得作品的特点是在其选定的时间和地点。[3]另有学者提出，信息网络传播行为的构成要件是指作品提供行为及其后果。[4]

可见，在信息网络传播行为的构成要件中，公众的概念、选定时间和地点的含义、有线或者无线的具体方式等问题均可成为研究的对象。著作权法本无信息网络传播行为的认定标准之说，本文所称的"信息网络传播行为的认定"，是针对司法实践中所谓的加框链接、内容聚合等突出问题提出来的，并非指信息网络传播行为的所有构成要件。具体而言，本文讨论的问题是信息网络传播行为构成要件中的"提供作品的行为"，即应当采纳何种标准认定是否构成信息网络传播行为。

（三）国际条约及国外立法中的相关规定

《伯尔尼公约》自 1971 年修订后，在日益发展的新技术面前表现出明显的不足，世界知识产权组织便肩负起组织缔结一项新的议定书的任务。1996 年 12 月 20 日，《世界知识产权组织版权条约》（WIPO Copyright Treaty，以下简称

---

〔1〕　梁慧星：《民法总论》，法律出版社 2011 年版，第 264 页。

〔2〕　程啸：《侵权责任法》，法律出版社 2015 年版，第 53 页。

〔3〕　参见陈加胜："信息网络传播权与链接的关系"，载《电子知识产权》2010 年第 2 期，第 72 页。

〔4〕　参见冯晓青、韩婷婷："网络版权纠纷中'服务器标准'的适用与完善探讨"，载《电子知识产权》2016 年第 6 期，第 44 页。

WCT）获得通过。[1]对于作品在数字网络环境下的交互式传播，WCT 第 8 条[2]提供了"伞形解决方案"，即以中立的"提供"概念为基础，允许缔约国自行决定是用国内法既有的专有权还是创设新的专有权来规制交互式传播行为。[3]WCT 是为解决新技术环境下的版权问题而产生的条约，对世界各国影响甚大。WCT 自 2007 年 6 月 9 日起正式对我国生效，在此之前，2001 年《著作权法》修改时增加了信息网络传播权的规定，其表述就直接来源于 WCT 第 8 条。[4]

对于利用信息网络传播作品的行为，《美国版权法》将其纳入既有的复制权、发行权、表演权和展览权体系中。利用信息网络传播作品，与复制权和发行权密切相关，自不待言。按照《美国版权法》的定义，表演包括以广播、电视、卫星等设备对作品进行表演，展览也可以借助于设备或者程序。更值得关注的是，《美国版权法》规定公开（publicly）表演或者展览一部作品可以使用任何设施或者技术（by means of any device or process），将交互式传播的专有权纳入表演权和展览权之中。总而言之，在数字化时代的版权问题未明显突出时，《美国版权法》就已经加入了解释空间较大的条款，为包容新的传播技术留下了一定的余地。至此，《美国版权法》虽然没有向公众传播权、向公众提供权之类的概念，但其利用既有的复制权、发行权、表演权和展览权，加之其源远流长的判例法传统，足以应对信息网络时代的挑战。[5]

2001 年，欧洲议会及欧盟委员会通过了《信息社会版权指令》，其中第 3 条

〔1〕　与 WCT 同时通过的还有《世界知识产权组织表演和录音制品条约》（WIPO Performances and Phonograms Treaty，WPPT），二者关于通过信息网络交互式传播作品或者表演、录音制品专有权的表述相同，本文仅讨论 WCT。

〔2〕　WCT 第 8 条规定："在不损害《伯尔尼公约》第 11 条第（1）款第（ii）目、第 11 条之二第（1）款第（i）和（ii）目、第 11 条之三第（1）款第（ii）目、第 14 条第（1）款第（ii）目和第 14 条之二第（1）款的规定的情况下，文学和艺术作品的作者应享有专有权，以授权将其作品以有线或无线方式向公众传播，包括将其作品向公众提供，使公众中的成员在其个人选定的地点和时间可获得这些作品。"

〔3〕　参见［匈］米哈依·菲彻尔：《版权法与因特网》，郭寿康、万勇、相靖译，中国大百科全书出版社 2009 年版，第 725 页。

〔4〕　参见胡康生主编：《中华人民共和国著作权法释义》，法律出版社 2002 年版，第 56 页。

〔5〕　参见李明德：《美国知识产权法》，法律出版社 2014 年版，第 415~416 页。

第 1 款[1]采纳了 WCT 规定向公众传播权的做法。《信息社会版权指令》中的向公众传播权是个广义的概念，其控制范围包括交互式传播。[2]

二、信息网络传播行为的认定标准

（一）司法实践中的主导性认定标准：服务器标准

1. 由来及其含义

服务器标准的说法来源于美国 Perfect 10 案[3]。在 Perfect 10 案之前，也有类似案件出现，但在判决中明确提出服务器标准并作详细阐述的，Perfect 10 案应属首次。

Perfect 10 公司通过成人杂志 *PERFECT 10* 和网站 perfect10.com 营利，用户付费即可通过 perfect10.com 的会员专区浏览裸体图片，Perfect 10 公司对这些裸体图片均享有版权。一些网站未经 Perfect 10 公司许可，将 Perfect 10 公司经营的图片上传到自己控制的服务器并提供给公众免费浏览。谷歌图片搜索引擎根据用户指令，可将第三方网站上的图片以缩略图（thumbnail）的形式展示，用户根据需要点击缩略图，即可看到来自第三方网站的全尺寸图片，此时谷歌服务器中并未存储相关图片，但网页不发生跳转，用户浏览器上显示的地址依然是谷歌图片搜索引擎地址。此处谷歌在自己的网页上展示第三方网站全尺寸图片（非缩略图），使用的是加框链接技术（framing linking）。在普通链接条件下，点击链接后页面会发生跳转，用户看到的是其他网站地址，而在加框链接条件下，页面不发生跳转，用户在设置加框链接的网站上可以直接获取存储于其他网站的内容。[4]谷歌就是通过加框链接的方式使存储在第三方网站服务器的盗版 Perfect 10 公司的图片显示在自己的网页上。

一审法院明确指出，判断谷歌在自己的页面上显示存储于第三方网站的盗

---

〔1〕《信息社会版权指令》第 3 条第 1 款规定："成员国应规定作者享有授权或禁止任何通过有线或无线的方式向公众传播其作品的专有权，包括将其作品向公众提供，使公众中的成员在其个人选择的地点和时间可获得这些作品。"

〔2〕参见《信息社会版权指令》序言第（23）段。

〔3〕 Perfect 10 v. Google, 416 F. Supp. 2d 828（C. D. Cal. 2006）. Perfect 10 v. Amazon. com, 508 F. 3d 1146（9th Cir. 2007）.

〔4〕 Perfect 10 v. Google, 416 F. Supp. 2d 828（C. D. Cal. 2006）, at 831~834.

版图片是否构成展览（display），应当采纳服务器标准，理由如下：①服务器标准来源于技术层面，从而如实地反映了作品在用户电脑展示之前其是如何通过互联网实际传输的；②采纳服务器标准既没有引诱搜索引擎的版权侵权行为，也没有简单地排除此类版权侵权行为的法律责任，版权人还可以追究此类行为的间接侵权责任；③服务器标准可以很容易地被网络运营商理解，也便于法院适用；④本案的初始直接侵权责任人是盗取了 Perfect 10 公司全尺寸图片并向公众展示的第三方网站；⑤服务器标准艰难地维护了版权法所追求的微妙的利益平衡。在 Perfect 10 公司案中，由于谷歌服务器并不存储 Perfect 10 的全尺寸图片，因此谷歌的行为不构成版权法上的展览。[1]一审法院采纳服务器标准的观点被美国联邦第九巡回上诉法院维持。[2]

根据 Perfect 10 案判决，结合我国《著作权法》的语境，服务器标准可以表述为：信息网络传播行为的认定，要以行为人是否在其服务器上存储相关作品为标准。具体而言，如果行为人在其服务器上存储了相关作品并直接向公众传播，则构成信息网络传播行为，否则不构成信息网络传播行为。

2. 相关案件

信息网络传播权于 2001 年进入我国《著作权法》后不久，相关案件就已经涉及信息网络传播行为的认定标准问题。在这些案件中，虽然法院的判决没有明确提出服务器标准的概念，也未就相关标准进行详细阐述，但部分判决所采纳的观点实际上就是服务器标准。

在十多年的互联网发展进程中，各地出现了众多侵害信息网络传播权纠纷案件。虽然法院适用其他标准的案例偶有出现，但服务器标准逐渐成为主导性认定标准，[3]甚至有法院在判决书中直接提出信息网络传播行为的认定应当采纳服务器标准。

---

〔1〕　Perfect 10 v. Google，416 F. Supp. 2d 828（C. D. Cal. 2006），at 843~844.

〔2〕　Perfect 10 v. Amazon. com，508 F. 3d 1146（9th Cir. 2007）.

〔3〕　采纳服务器标准的典型案例包括正东唱片有限公司诉北京世纪悦博科技有限公司侵犯录音制品制作者权纠纷案［北京市第一中级人民法院（2004）一中民初字第 400 号民事判决书］、浙江泛亚电子商务有限公司诉北京百度网讯科技有限公司侵犯著作权纠纷案［北京市高级人民法院（2007）高民初字第 1201 号民事判决书、最高人民法院（2009）民三终字第 2 号民事判决书］、北京慈文影视制作有限公司与中国网络通信集团公司海南分公司侵犯著作权纠纷案［最高人民法院（2009）民提字第 17 号民事判决书］、北京优朋普乐科技有限公司与肇庆市文化广电新闻出版局、肇庆市图书馆侵犯著作权纠纷案［最高人民法院（2011）民申字第 686 号民事裁定书］。

在湖南快乐阳光互动娱乐传媒有限公司诉同方股份有限公司侵犯信息网络传播权案中，北京知识产权法院在二审判决[1]中从立法渊源和司法惯例两个方面阐述，认为从 WCT 基础提案的说明中可以看出，构成向公众提供作品的行为是提供作品的"初始行为"，而且从司法惯例来看，北京市高级人民法院自始至终均采纳服务器标准，对此最高人民法院在相关案件中也予以认同。北京知识产权法院因此认为，信息网络传播行为的认定应采纳服务器标准。

3. 评析

数年前，一些新型案件尚未出现，服务器标准能够解决当时的纠纷，其适用尚不致引起较大的争议，但随着最近几年互联网产业尤其是视频产业的发展，服务器标准的局限性以及其适用导致的利益失衡现象日益明显。

第一，服务器标准的适用导致了更多利益失衡现象的出现。一些新型互联网产品（比如视频聚合软件）投入很小的成本，通过链接其他网站拥有的正版资源而获得巨大商业利益，并导致被链接网站利益的相应减少，但在服务器标准面前，著作权法出现了缺位，法律鼓励少劳而多得，以保护技术创新的名义对技术含量不高的互联网产品过度纵容。

第二，从立法渊源来看，WCT 的规定不能必然得出服务器标准的结论。支持服务器标准的观点认为，WCT 基础提案针对第 10 条（内容对应最终通过的 WCT 第 8 条）的说明[2]强调提供行为仅指初始提供行为，而这里的初始提供行为，即指将作品上传至服务器并向公众传播的行为。[3]这种观点值得商榷。将"初始提供行为"解释为上传作品至服务器并向公众开放的行为，似乎是合理的。但需要注意的是，在这些表述之前，均有"仅仅"二字作为限定。WCT 第 8 条将仅仅提供服务器等行为排除出向公众提供作品行为的范围，并不意味着加框链接行为也被排除。[4]如今面临的问题在 WCT 制定时尚未出现或者尚未引起缔约者的注意，解决新的问题需要根据相关理论和原则确立新的规则，一

---

[1] 湖南快乐阳光互动娱乐传媒有限公司诉同方股份有限公司侵犯信息网络传播权案，北京知识产权法院（2015）京知民终字第 559 号民事判决书。

[2] "What counts is the initial act of making the work available, not the mere provision of server space, communication connections, or facilities for the carriage and routing of signals." See WIPO, Basic Proposal for the Substantive Provisions of the Treaty on Certain Questions Concerning the Protection of Literary and Artistic Works to be considered by the Diplomatic Conference (1996), para. 10. 10.

[3] 参见北京知识产权法院（2015）京知民终字第 559 号民事判决书。

[4] 参见崔国斌："得形忘意的服务器标准"，载《知识产权》2016 年第 8 期，第 14 页。

味地从立法背景寻找支持也许是徒劳。[1]

第三，从互联网的技术特点来看，不对作品进行存储的网络服务提供者完全可以达到使公众获得相关作品的效果。虽然仅有数十年的发展历史，互联网的商业秩序已经初步形成。一家存储并向公众传播电影作品（尤其是正版电影作品）的网站，不会轻易地将作品删除或者改变，这样，针对电影作品的加框链接也相对稳定，可以满足公众获取作品的需求。向公众传播作品并不要求绝对控制作品的复制件，只要能使作品被公众感知，就有构成信息网络传播行为的可能性。况且，我们在此讨论的是链接有效情况下设链者行为的性质，至于被链者是否删除或者改变相关作品，并不影响链接有效时设链行为性质的认定。[2]

为论述服务器标准的合理性，有学者提出传播源理论，认为任何传播行为必须形成传播源，否则不构成传播。传播源理论指出，加框链接传播的是作品地址，没有形成新的传播源，因此提供加框链接的行为不构成传播行为。[3]传播源理论适用于比信息网络传播权概念更宽泛的传播权领域，但从传播源理论的表述及其对加框链接等特定问题的处理结果来看，在对信息网络传播行为的认定上，传播源理论只是服务器标准的另一种表述，二者实质相同。[4]

本文并不赞同传播源理论。在传播源理论没有对"传播源"的概念作精确界定的情况下，[5]即使传播行为包含着对传播源的要求，针对加框链接行为，也难以得出提供加框链接行为没有形成新传播源的结论。比如，传播源理论的反对者可以主张，设置加框链接的网站通过技术安排使存储于其他网站服务器

---

〔1〕 对 WCT 中 "making available" 更加详尽的分析，见本文第三部分之"实质呈现标准符合《著作权法》和 WCT 的规定"。

〔2〕 参见陈加胜："信息网络传播权与链接的关系"，载《电子知识产权》2010 年第 2 期，第 73 页。

〔3〕 参见王迁："论提供'深层链接'行为的法律定性及其规制"，载《法学》2016 年第 10 期，第 29~35 页。

〔4〕 作为传播源理论的提出者，王迁教授并没有明确论述传播源理论与服务器标准的关系，但其在提出传播源理论之前明确支持服务器标准。可参见王迁："网络环境中版权直接侵权的认定"，载《东方法学》2009 年第 2 期，第 12~21 页。

〔5〕 按照传播源理论，表演者、播放者以及信号传输设备、转播者控制的无线发射装置，都有可能成为传播源，但其作为传播源的共同特征是什么，是否只有实物设施（或人体）才能构成传播源，特定代码形成的技术安排是否符合传播源的要求，不得而知。

的作品呈现在其控制的网站上，设置加框链接的网站本身即构成新的传播源。[1]

（二）其他认定标准

1. 用户感知标准

（1）由来及其含义。用户感知标准也来源于美国 Perfect 10 案。Perfect 10 案没有直接使用"用户感知标准"的概念，使用的是植入标准（incorporation test），用户感知标准是植入标准传入我国时的另外一种称呼，二者含义相同。按照 Perfect 10 案初审法院的说法，用户感知标准从纯粹视觉角度出发，当用户感知到图片被"植入"到某个网站的网页时，不管网站是否存储了相关图片，即可认定网站实施了展览行为。[2]

（2）相关案件。司法实践中，有部分案件突破了服务器标准，但法院直接从用户感知的角度认定信息网络传播行为的案件并不多。在华纳唱片有限公司诉北京世纪悦博科技有限公司侵犯录音制作者权纠纷案中，一审法院认为，虽然被告网站没有存储涉案歌曲，但用户在没有离开被告网站页面的情况下就可获得歌曲，此过程足以使用户认为是被告网站在提供下载服务。[3]可见一审法院采纳的是用户感知标准。在该案二审中，法院虽然维持了原判，但说理部分有所差异，没有出现用户感知标准的相关表述，而是从间接侵权的角度进行分析。[4]

在另外一些案件中，虽然法院没有采纳服务器标准，但从其论述来看，法院采纳的也不是用户感知标准。[5]有学者将此类案件视为用户感知标准的适用案例，并认为司法实践中长期存在服务器标准和用户感知标准之争。[6]此说并

---

〔1〕　比如上海市文化执法总队网络（版权）执法处处长杨勇认为，域名就是信息网络传播源。据此，加框链接形成了新的传播源。参见杨勇："从控制角度看信息网络传播权定义的是与非"，载《知识产权》2017 年第 2 期，第 19~21 页。

〔2〕　Perfect 10 v. Google, 416 F. Supp. 2d 828（C. D. Cal. 2006），at 839.

〔3〕　华纳唱片有限公司诉北京世纪悦博科技有限公司侵犯录音制作者权纠纷，北京市第一中级人民法院（2003）一中民初字第 12189 号民事判决书。

〔4〕　参见北京市高级人民法院（2004）高民终字第 1303 号。

〔5〕　相关裁判文书包括北京市海淀区人民法院（2008）海民初字第 22561 号民事判决书、北京市朝阳区人民法院（2009）朝民初字第 19938~19940 号民事判决书。

〔6〕　参见孔祥俊：《网络著作权保护法律理念与裁判方法》，中国法制出版社 2015 年版，第 291~293 页。

不恰当。服务器标准的对立面不是用户感知标准，不能因为法院没有采纳服务器标准，就认为其采纳了用户感知标准，还需从用户感知标准的原始概念出发进行考察。[1]

（3）评析。用户感知标准和服务器标准出自同一案件，很多观点在论述信息网络传播行为的认定标准时，都会同时提及这两种标准，其中对于用户感知标准又以批评的观点最为多见。比如 Perfect 10 案终审法院认为，防止混淆是商标法的任务，版权法并不是为了防止混淆，因此用户感知标准并不可取。[2]

有观点认为，用户感知标准是主观的标准，难以在司法中适用，因此并不可取。[3]对于这种批评意见，本文持保留态度：第一，诸多法律判断，比如刑法中犯罪故意和过失的认定、商标法中商标混淆的认定，都具有一定的主观性，但法律对于这些含有主观色彩的判断并没有简单地采取排斥态度；第二，主观是客观世界的反映，用户的主观感知来源于网页或者客户端播放界面、网络地址的客观展示，而这些客观感知也需要经由用户感知以文字等形式反映出来，通过一定的法律技术以及司法实践的经验积累，用户感知可以在一定程度上被解析为客观展示，因此不能武断地说用户感知在法律上没有意义。[4]

2. 实质替代标准

（1）由来及其含义。实质替代标准来源于《信息网络传播权司法解释》第 5 条第 1 款[5]，其本身是对《信息网络传播权司法解释》第 3 条的补充，不仅适用于网页快照和缩略图问题，还适用于加框链接问题。

与实质替代标准含义接近的是链接不替代原则。链接不替代原则从经济分析的视角出发，以下载链接为例，认为下载链接的社会成本大于其社会收益，故下载链接应被禁止。该原则进而认为，使公众在设链网站上获得被链网站相关作品的行为会导致作品传播利益的无效率分配。按照这种观点，加框链接、

---

〔1〕　将没有适用服务器标准的案例误认为适用了用户感知标准，此现象也说明了用户感知标准和实质呈现标准之间千丝万缕的联系。

〔2〕　Perfect 10 v. Amazon. com, 508 F. 3d 1146（9th Cir. 2007），at 1161.

〔3〕　参见王迁：《网络环境中的著作权保护研究》，法律出版社 2011 年版，第 333 页。

〔4〕　参见崔国斌："得形忘意的服务器标准"，载《知识产权》2016 年第 8 期，第 7 页。

〔5〕　《信息网络传播权司法解释》第 5 条第 1 款："网络服务提供者以提供网页快照、缩略图等方式实质替代其他网络服务提供者向公众提供相关作品的，人民法院应当认定其构成提供行为。"

搜索链接如果符合上述特征，均应被法律禁止。[1]该原则出现于《信息网络传播权司法解释》颁布之前，当时尚无实质替代标准的概念，但从含义来看，二者并无本质差别。

（2）相关案件。法院直接适用实质替代标准的案件并不多见。[2]有些案件虽然涉及实质替代标准，但法院的出发点是设链者提供的证据不足以证明其仅提供链接服务。在上海幻电信息科技有限公司（简称"幻电公司"）与上海聚力传媒技术有限公司侵害作品信息网络传播权纠纷案中，幻电公司通过其运营的哔哩网向公众提供聚力公司拥有信息网络传播权的作品：一审法院认为，哔哩网提供的服务并非普通信息定位服务，其能够让用户在页面不发生跳转的情况下直接观看相关视频，在作品传播的意义上已经实质替代了被链接网站向公众传播作品，侵害了聚力公司的信息网络传播权。二审法院维持了一审判决，但判决思路有所不同，其是以证据不足为由拒绝采纳幻电公司提供的是链接服务的主张。[3]

（3）评析。如果说服务器标准在法律或者司法解释上寻求支持是一种徒劳的话，那么实质替代标准则可宣称自己拥有司法解释上的依据。

对实质替代标准的批评意见认为，实质替代标准是判断合理使用的标准，而不是认定信息网络传播行为的标准。网页快照将作品存储于自己的服务器，在此前提下才有实质替代标准适用的可能性。加框链接设链者没有将作品存储于自己的服务器，缺乏实质替代标准适用的前提。[4]

如果抛开司法解释具体文本不谈，实质替代标准有其他未能解决的问题。在实质替代标准中，被替代的对象是"其他网络服务提供者"，具体到加框链接情形，则指被链接的网站。在一些情况下，被链接网站与作品的信息网络传播权人利益一致，此时实质替代标准的适用结果不会引发争议。但在另外一些情况下，被链接网站与作品的信息网络传播权人的利益并不一致，被链接网站的

---

〔1〕 参见石必胜："论链接不替代原则——以下载链接的经济分析为进路"，载《科技与法律》2008 年第 5 期，第 62～67 页。

〔2〕 适用实质替代标准的案件可参见北京我爱聊网络科技有限公司与央视国际网络有限公司侵害著作权及不正当竞争纠纷案，北京市第一中级人民法院（2014）一中民终字第 3199 号民事判决书。

〔3〕 上海幻电信息科技有限公司与上海聚力传媒技术有限公司侵害作品信息网络传播权纠纷案，上海知识产权法院（2015）沪知民终字第 454 号民事判决书。

〔4〕 参见俞吟艳："驳实质替代标准在深层链接问题中的适用"，载 http://mp.weixin.qq.com/s/NwmKaPsRdNdMQh9cmojTFw，最后访问日期：2018 年 12 月 2 日。

宽带、流量等损失并不是著作权利益的损失，此时实质替代标准难以成为信息网络传播行为的判断标准，因为其保护的利益已经超出了著作权范畴，可能涉及反不正当竞争法问题。这是实质替代标准难以自圆其说的地方。

3. 法律标准

（1）由来及其含义。法律标准是相对于技术标准而言的。法律标准认为，服务器标准并不能涵盖所有的信息网络传播行为，其本身也可能会因为技术的发展而丧失存在基础，一些提供作品的初始行为可能并不需要将作品上传到服务器。以法律标准认定信息网络传播行为，就是以是否构成对专有权的行使或者直接侵犯为标准。法律标准进而认为，《信息网络传播权司法解释》采纳的就是法律标准。[1]

（2）评析。由于服务器标准在司法实践中的主导性地位，法律标准建立在对服务器标准的批判基础上。就此而言，法律标准抛弃技术分析的思路，主张回归法律，这是其价值之所在。

但在对信息网络传播行为认定标准的确立上，法律标准并未提供多少有价值的建议。法律标准虽然主张抛弃纯技术性的服务器标准，但法律标准本身并未提供一种可以实施的较为明确的标准。法律需要经由解释才能适用于具体案件，法律标准将问题拉回原点，认为需要依照法律认定信息网络传播行为，但依照法律应当如何认定，法律标准并未给出答案。

4. 新公众标准

（1）由来及其含义。新公众标准来源于欧盟法院。2014 年 2 月，欧盟法院在 Nils Svensson Sten Sjögren, Madelaine Sahlman and Pia Gadd v. Retriever Sverige AB. 案（简称"Svensson"案）[2]中适用新公众标准，认为提供可自由访问网站的链接不构成《信息社会版权指令》第 3 条第 1 款规定的向公众传播行为。实际上，新公众标准并非 Svensson 案的首创，早在 2006 年，欧盟法院就曾将新的公众标准用于解决与电视信号相关的向公众传播行为问题。[3]

新公众标准认为，向公众传播行为必须以新的公众为传播对象，所谓新的

---

〔1〕 参见孔祥俊：《网络著作权保护法律理念与裁判方法》，中国法制出版社 2015 年版，第 67～70 页。

〔2〕 Nils Svensson, Sten Sjögren, Madelaine Sahlman and Pia Gadd v. Retriever Sverige AB. Case C－466/12.

〔3〕 Sociedad General de Autores y Editores de Espana（SGAE）v. Rafael Hoteles SL，C－306 /05.

公众，是指版权人授权初始传播时没有考虑在内的公众。在链接问题中，无论是普通链接还是所谓加框链接，只要没有向新的公众提供作品，就不构成向公众传播行为。如果设链网站规避被链接网站的访问限制措施，使被链接网站潜在用户之外的公众也可以访问作品，则设链网站实施了向公众传播行为。

（2）评析。与美国及我国法院不同，欧盟法院在论及向公众传播权时从"公众"这一要件入手，可谓别出心裁。就新公众标准的适用结果而言，Svensson 案判决将设链行为的侵权条件限制在一定范围内，在利益平衡方面被学者称为"坦诚的尝试"（honest attempt）。[1]

对新公众标准最致命的批评来源于菲彻尔博士。菲彻尔博士认为，新公众标准是欧盟法院错误理解相关文件[2]的产物，导致向公众传播权不当地适用了权利用尽原则，与国际条约和《信息社会版权指令》相悖。菲彻尔博士还指出，按照新公众标准，向公众传播权必须针对作品之前没有涉及的新公众，这导致了向公众传播权的用尽，而权利用尽原则是针对发行权而言的，向公众传播权不存在权利的用尽。[3]这个观点在对新公众标准的批评意见中较为流行。[4]国内部分学者在评论新公众标准时，也对菲彻尔博士的观点持赞同态度。[5]

在 Svensson 案之后，欧盟法院在多个案件中坚持了新公众标准。[6]但在新

---

〔1〕　Mihály J. Ficsor，"Svensson：honest attempt at establishing due balance concerning the use of hyperlinks-spoiled by the erroneous 'new public' theory"，载 http：//www. copyrightseesaw. net/archive/？sw_10_item=68，最后访问日期：2017 年 2 月 8 日。

〔2〕　指"Guide to the Berne Convention"，由 WIPO 于 1978 年出版。

〔3〕　Mihály J. Ficsor，"Svensson：honest attempt at establishing due balance concerning the use of hyperlinks-spoiled by the erroneous 'new public' theory"，载 http：//www. copyrightseesaw. net/archive/？sw_10_item=68，最后访问日期：2017 年 2 月 8 日。

〔4〕　Mezei P.，"Enter the matrix：the effects of CJEU case law on linking and streaming technologies"，*Journal of Intellectual Property Law & Practice*，2016，11（10），pp. 778~794；P. Bernt Hugenholtz，Sam C. Van Velze，"Communication to a New Public？Three reasons why EU copyright law can do without a 'new public'"，*International Review of Intellectual Property and Competition Law*，November 2016，47（7），pp. 797~816.

〔5〕　参见陈绍玲："论网络中设链行为的法律定性"，载《知识产权》2015 年第 12 期，第 29~38 页；俞吟艳："驳公开传播行为认定的'新公众'标准"，载《传播与版权》2015 年第 5 期，第 186~188 页。

〔6〕　BestWater International GmbH v. Michael Mebes and Stefan Potsch，C-348/13；C More Entertainment AB v. Linus Sandberg，C-279/13.

近一些涉及向公众传播权的案件中，欧盟法院并没有坚持新公众标准。[1]可以预见，在未来，欧盟对向公众传播权的认定问题还将持续引发讨论。

5. 实质呈现标准

（1）由来及其含义。在讨论加框链接问题时，有学者提出了实质呈现标准，认为加框链接设链者如果通过自己控制的用户界面能够达到实质呈现作品的效果，就构成信息网络传播行为。[2]实质呈现标准最初是为解决加框链接问题而提出的，但其对于信息网络传播行为的认定来说，具有普遍的适用性。

实质呈现标准中的"实质呈现"，指的是通过用户界面将作品实质性地向公众呈现。用户界面通常是结合了作品、广告等信息的丰富的界面，其在本质上是多个数字信息的结合，单纯的浏览器、阅读器、播放器以及电脑、手机等终端设备，均不是用户界面。[3]实质呈现不是临时的、片段的呈现，而是能够让公众获得作品精神功能的呈现，这是"实质性"含义之所在。所谓呈现，不仅指以公众能够感知的方式展示作品，比如在线播放电影，也指向公众提供作品的复制件，比如通过网络向公众提供某个 pdf 格式文档下载服务。

判断实施实质呈现行为的主体，不能仅根据用户界面的表面特征，还应考察用户界面的实际控制者。若 A 网站将自己控制的网页装饰成 B 网站的模样，并播放 C 电影，此时不能仅根据网页表面特征认定播放 C 电影的主体是 B 网站，而应根据域名等能够体现网页实际控制者的特征，认定 A 网站为播放 C 电影的主体。

（2）与其他认定标准辨析。由于服务器标准是目前司法实践中的主导性认定标准，故实质呈现标准的确立，首先应面对服务器标准的挑战。服务器标准认为，信息网络传播行为必须以将作品上传至公开服务器为条件，强调的是行为的技术手段，其他行为均不属于信息网络传播行为。实质呈现标准强调行为的效果，只要作品在自己控制的用户界面上得以实质呈现，便构成信息网络传播行为。由于服务器是客观存在的物，服务器标准看起来似乎比实质呈现标准更加客观。但不能仅仅因此就认为其比实质呈现标准更加合理。从商标法中商

---

〔1〕 相关介绍参见 Mihály J. Ficsor，"GS Media and Soulier—may the hyperlink conundrum be solved and the 'new public'，'specific technical means' and 'restricted access' theories be neutralized through the application of the implied licence doctrine and the innocent infringement defense）?"，载 http://www. copyrightseesaw. net/archive/? sw_ 10_ item = 73，最后访问日期：2017 年 2 月 11 日。

〔2〕 参见崔国斌："加框链接的著作权法规制"，载《政治与法律》2014 年第 5 期，第 91 页。

〔3〕 关于用户界面的详尽分析，见本文第三部分的"实质呈现标准符合信息网络传播行为的本质"。

标近似的认定，到著作权法中合理使用的判断，法律中的主观判断随处可见，从某种程度上说，这也正是法律的魅力所在，因为对完全客观的法律的幻想，无异于乌托邦。即使是对于作品有没有存储在特定服务器中的认定，也因诉讼中各方的对抗、证明标准、证据的认定等因素，需要法官作一定的主观判断。何况，自称客观的服务器标准在解决网页快照问题上也要受合理使用的限制，这就需要一定的主观判断。在认定侵权行为的范围上，实质呈现标准应大于服务器标准。链接服务提供者在自己的页面上未经许可实质呈现他人服务器中的作品，如果链接的是盗版资源而链接服务提供者尽到了注意义务，或者链接的是正版资源，这些服务器标准下难以认定为侵权的行为，将被实质呈现标准认定为直接侵权。

实质呈现标准与用户感知标准有着千丝万缕的联系。司法实践中有些案件实际上采纳的是实质呈现标准，被一些论述误解为用户感知标准适用案例。[1] 甚至有观点认为，二者在本质上是相同的，只是前者侧重于客观效果，后者侧重于用户的主观感受。[2] 最初提出实质呈现标准的学者也认为，实质呈现标准与用户感知标准对大多数案件的处理结果是相同的。不同的是，在用户感知标准下，如果实施加框链接的网站表明了作品的来源，则不构成信息网络传播行为；在实质呈现标准看来，即使表明了作品来源，只要网站在自己控制的界面上实质呈现了作品，依然构成信息网络传播行为。[3] 根据用户感知标准的最初来源，用户感知标准强调作品来源的混淆，这显然不能反映信息网络传播行为的本质。如果对用户感知标准进行一定的改造，将其中"防止混淆"的元素去掉，再将用户感知的对象解释为作品的实质呈现，用户感知标准就与实质呈现标准无异。实际上，实质呈现标准强调作品在客观上的呈现，这种客观上的呈现需要借助用户的感知来判断。当然，这里的用户感知非指公众中具体成员的个人判断，而是指理性人的一般观念。

实质替代标准以对初始传播界面的替代作为认定信息网络传播行为的标准，强调的是被替代网站的利益。在初始传播网站本身传播的作品即为盗版的情况下，以对实施盗版网站的替代为标准判断是否侵权，似乎受到侵害的是实施盗

---

〔1〕　对相关案件的讨论见前文"用户感知标准"的"相关案件"部分。

〔2〕　参见王迁："论提供'深层链接'行为的法律定性及其规制"，载《法学》2016年第10期，第25～26页。

〔3〕　参见崔国斌："加框链接的著作权法规制"，载《政治与法律》2014年第5期，第91页。

版行为的网站,有避重就轻之嫌。是否构成信息网络传播行为,强调的应是对作品的实质呈现,与初始传播网站没有必然联系。当然,在侵权案件中,有时初始传播网站即为信息网络传播权人,此时初始传播网站的著作权利益的确受到侵犯。

法律标准将问题留给法律规定本身,但法律采取的是何种标准,法律标准并未给出答案。实质呈现标准是符合信息网络传播行为本质和法律规定的标准,在这一点上,法律标准就是实质呈现标准,二者并无矛盾。法律标准是针对服务器标准提出来的,旨在突破服务器标准纯技术特征的缺陷,将问题付诸技术之外的法律规定,在认定信息网络传播行为上过于谨慎,实质呈现标准可谓对法律标准的进一步发展。

实质呈现标准与新公众标准的侧重点完全不同,前者强调行为对作品的提供效果,后者强调作为接收端的公众的特征,二者采取的思路迥异。在认定侵权行为的范围上,实质呈现标准应大于新公众标准。在初始传播网站没有采取访问限制措施的情况下,若另一网站未经许可对之实施加框链接行为,按照新公众标准,此网站不构成侵权,但若按照实质呈现标准,则构成侵权。

三、实质呈现标准的确立与完善

(一) 实质呈现标准的合理性分析

1. 实质呈现标准符合信息网络传播行为的本质

(1) 技术的进步与著作权实现方式的扩展。在数字时代,著作权人将作品转化为数字信号存储在服务器中,然后通过用户界面向公众传播。通过用户界面向公众传播作品的主体有时与将作品存储在服务器中的主体一致,有时是其他通过技术手段单独将作品呈现在用户界面的主体。不论呈现作品的主体是谁,也不论通过何种技术手段呈现作品,其本质是相同的:对作品的实质呈现。通过信息网络呈现作品以获得作品经济利益,这是信息网络时代新的作品使用方式,其利益原则上应归作品权利人享有,这是著作权法的本质。[1]在这方面,服务器标准将通过加框链接等方式获得的作品利益首先赋予设链者,然后再通过间接侵权责任将设链者获得的明显不合理的利益归还于作品权利人,可谓本末倒置。

---

〔1〕　参见梅术文:《著作权法上的传播权研究》,法律出版社 2012 年版,第 106 页。

（2）用户界面在信息网络传播行为中的关键作用。作品以数字化形式固定于存储设备，通过用户界面向公众呈现，信息网络传播行为便得以实现。只将作品存储在服务器是无法向公众提供作品的。用户界面是提供作品的平台，也是权利人获得作品经济利益的平台，作品权利人有权控制提供作品的用户界面，当作品在新的用户界面上提供时，新的信息网络传播行为便已发生。

作品在信息网络中的呈现方式与传统传播权对作品的呈现方式存在显著差异。在信息网络环境下，图片、音频、视频、文档等一个个信息元素存储在服务器中，它们相当于无线广播信号中的作品、广告等信息。这些信息元素通常不是向公众传播的最小单元，而是经由用户界面的整合，以更加丰富多彩的形式向公众呈现。[1]整合了多个信息元素的用户界面，与用户的传播目的相关，用户界面通常包含着权利人实现作品利益的方式，比如通过在作品上安排贴片广告获得广告收入，或者通过限制用户访问权限收取会员费等。这里，包含了作品、广告等信息的用户界面相当于无线广播中的广播信号，是信息网络传播行为的最小单元。用户界面是作品、广告等数字信息的集合，其本身在本质上也是数字信息，相当于无线广播中包含作品、广告等信息的无线信号。用户界面对公众中具体成员的最终呈现，还需依赖于电脑、手机等终端设备。在信息网络环境下，用户界面中的图片、视频、文档等信息元素在服务器中有独立的地址，这些地址常常是对公众开放的。[2]这样就形成了一对矛盾：一方面，作品只有经由包含了广告等其他信息元素的用户界面才可向公众呈现；另一方面，用户界面上各种信息元素在存储方式上是独立的，他人可将单个信息元素向公众呈现。这是信息网络的开放特性之所在，也在客观上降低了侵权成本，导致侵权现象频发。

提出实质呈现标准的学者认为，信息网络传播行为由两个步骤完成，一是

---

〔1〕　IT 行业存在前端和后端的说法，二者有明显的分工差别：将作品最终呈现给公众的是前端，仅有后端通常无法将作品呈现给公众。对相关技术知识的常识性介绍，参见贾铮、张涵昇、王大力等："Web 前端和后端工程师的具体职责分别是怎样的？"，载 https://www.zhihu.com/question/19911595，最后访问日期：2017 年 2 月 21 日。

〔2〕　以法大新闻网上的一篇报道"集众智聚合力，积极探索法学精品教材建设之路"（载 http://news.cupl.edu.cn/info/1185/23164.htm）为例，这篇报道正文有一张图片，图片地址是公开的，为 http://news.cupl.edu.cn/__local/F/BF/E2/772BC754841E6416F88517E50F6_ E5AB44FA_ 773ED. jpg，最后访问日期：2018 年 12 月 21 日。

作品提供行为，二是作品展示行为，二者合一才能达到作品传播的目的。[1]本文虽然支持实现呈现标准，但信息网络传播行为中作品提供行为和展示行为的二分法，从技术上讲并不准确。

　　将作品上传到开放服务器与在用户界面上展示作品是同步（而非分步骤）进行的，那种认为将作品上传到开放服务器中便可以使公众获得作品的观点，[2]不符合信息网络传播的技术特点。通常情况下，将作品上传到开放服务器就意味着作品通过用户界面向公众呈现，用户界面是开放服务器与公众的连接点。开放服务器的"开放"，指的是通过用户界面向公众开放，只有开放服务器而没有用户界面便能够向公众提供作品，是不符合技术实际的。[3]将他人用户界面上的作品放到自己的用户界面向公众呈现，不管是通过将作品存储在自己服务器的方式还是通过加框链接等其他技术安排，新的用户界面已经形成，从而构成新的信息网络传播行为。总而言之，只将作品上传到服务器，无法实现向公众传播，对于传播作品来说，将作品上传到自己控制的服务器不是必需的，用户界面才是必需的。理解了这些技术要点，便可以发现服务器标准的荒谬之处，同时也可以看出，实质呈现标准才是符合信息网络传播行为技术本质的标准。

　　有学者从控制角度进行分析，认为存储作品的公开服务器只是相对公开，服务器必须经由域名的控制，通过网页的栏目、推荐、集成等方式，才会存在使公众获得作品的可能性，完整的信息网络传播行为才告完成。该观点进而认为，权利人经由信息网络传播权控制作品的传播，深层链接在自己域名的控制下获得本应由他人域名控制的作品，这种行为落入信息网络传播行为的范围。[4]此说可谓精辟。通过域名控制作品的传播与通过用户界面控制作品的传播，本质

----

　　〔1〕　参见崔国斌："得形忘意的服务器标准"，载《知识产权》2016 年第 8 期，第 4~7 页。

　　〔2〕　提出实质呈现标准的崔国斌副教授认为，"传播者上传作品文件的行为一结束，侵害'信息网络传播权'的'提供行为'就算完成"，理论上，传播者完成网络提供行为（将作品文件置于开放网络中）后，公众就可以去浏览或下载。参见崔国斌："得形忘意的服务器标准"，载《知识产权》2016 年第 8 期，第 4~5 页。

　　〔3〕　有些情况比较特殊，比如通过 FTP 协议传输文件，公众中的成员输入资源地址后可直接下载公开服务器中的资源，不存在一般 HTTP 协议下丰富的展示页面。这种情况下的链接指向的是单纯的资源，不是一般情况下的 HTML 页面，这种链接属于下载链接。关于下载链接，后文有详尽分析。

　　〔4〕　参见杨勇："从控制角度看信息网络传播权定义的是与非"，载《知识产权》2017 年第 2 期，第 11~14 页。

上是相同的。特定的用户界面对应特定的域名,从效果上看,用户界面实现对作品的实质呈现;从技术上看,用户界面受域名控制,权利人寻求侵权法上的救济也需要经由域名确定侵权主体。

（3）美国 Aereo 案的启示:关注行为的实质效果而非技术手段。作品经济利益的获取依赖于特定效果的实现,技术只是实现特定效果的手段,对行为的定性,技术手段可以起到辅助理解的作用,但归根结底,应从行为效果而非实现行为的技术手段考虑。对于这一点,美国联邦最高法院所做的 American Broad-casting Companies, Inc. v. Aereo, Inc. 案（以下简称"Aereo 案"）判决[1]可以给我们带来一些启示。

该案之所以引起争议,是因为在微观技术层面,Aereo 公司应单个用户的请求,一对一地向用户转播电视节目,而非像传统广播公司那样,将电视节目一次性向公众传播。联邦初审和上诉法院依据 Cartoon Network LP, LLLP v. CSC Holdings, Inc. 案[2]所确立的规则,均认为 Aereo 公司应单个用户的请求发送节目信号的行为不构成公开表演,因此 Aereo 公司不构成对广播公司公开表演权的侵犯。[3]

美国联邦最高法院经过再审,推翻了联邦初审和上诉法院的判决。最高法院认为,尽管 Aereo 公司是应单个用户的请求而非持续地向每个用户传输,但 Aereo 公司传播了电视节目,其与传统广播公司的技术差异并无实质意义,与有线电视实质相似（substantially similar）,构成表演行为。在论述 Aereo 公司是否构成公开表演时,最高法院认为,判断是否属于"公开",技术差异并无意义。尽管 Aereo 公司是向其用户一对一传输,但在效果上,Aereo 公司是向多数人传输,这已经构成公开表演。

可以看出,Aereo 案与提出服务器标准的 Perfect 10 案采取的是完全不同的思路,前者关注不同技术手段产生的效果,后者关注技术手段本身。有论述将这两个案件联系起来,认为 Aereo 案将对涉及新技术的版权侵权案件产生指导意义,从而更好地保护创作者的经济利益,维护互联网的知识共享和普遍接入

---

〔1〕　American Broadcasting Companies, Inc. v. Aereo, Inc. , 134 S. Ct. 2498, Supreme Court of the U-nited States, June 25, 2014.

〔2〕　Cartoon Network LP, LLLP v. CSC Holdings, Inc. , 536 F. 3d 121 (2d Cir. 2008).

〔3〕　874 F. Supp. 2d 373, United States District Court, S. D. New York; 712 F. 3d 676 United States Court of Appeals, Second Circuit.

精神。[1]

有观点认为，实质呈现标准强调的是效果而非行为特征，但能够实现相同效果的不同方法或者手段，往往会产生不同的利益影响，著作权法会给予不同的评价，因此实质呈现标准并不合理。[2]这种观点值得商榷。手段是对行为的实施，拳击、枪击对于故意伤害行为来说是手段，将作品置于自己控制的服务器并展现在自己的网页，对于信息网络传播行为来说，也是一种手段。行为可以产生一定的效果（刑法上即为后果），造成他人伤害的程度（轻微伤、轻伤、重伤等）是故意伤害行为的后果，判断一项行为是否为故意伤害行为，当然要对行为的后果进行考察。相应地，要判断某项行为是否为信息网络传播行为，当然要考察某项行为产生的后果。有些行为的法律评价不同，看似是因为手段不同，其实是因为行为所产生的效果不同。在销售音乐 CD 与提供音乐下载的例子[3]中，前者是发行行为，后者是信息网络传播行为，造成二者在著作权法上定性不同的原因，完全可以从其效果上进行解释：后者使不特定多数人可以在其选定的时间、地点获得作品复制件，理论上，获得作品复制件的用户几乎可以零成本地使作品得到病毒式传播，而前者不能实现交互式传播的效果，而且每销售出一份复制件，就要付出与之前单个复制件几乎相同的成本。总而言之，实质呈现标准不是没有考察实施信息网络传播行为的不同手段，而是从不同手段中寻求共性，找到问题的实质之所在。那种认为实质呈现标准强调效果而非行为特征的观点，恰恰过分甚至仅仅强调了行为手段的差别，这些差别本无实际意义。

2. 实质呈现标准符合《著作权法》和 WCT 的规定

（1）实质呈现标准与我国《著作权法》中的提供作品与获得作品。从《著作权法》第 10 条第 1 款第 12 项的文本上看，服务器标准并不是必然结论。从著作权人的角度看，提供作品使作品得到实质化呈现；从公众的角度看，获得作品使公众得到启蒙明智或者怡情愉悦的效果，这是作品作为一项智力成果所

---

[1]　McGovern S. , "Aereo, In-line Linking, and a New approach to Copyright Infringement for Emerging Technologies", *Catholic University Law Review*, 2015, 64（3）, pp. 777~802.

[2]　参见王迁："论提供'深层链接'行为的法律定性及其规制"，载《法学》2016 年第 10 期，第 26~27 页。

[3]　王迁教授认为，销售音乐 CD 与提供音乐下载的效果相差无几，即都能使消费者获得作品复制件，但前者属于发行，适用权利用尽原则，后者属于信息网络传播，不存在权利用尽。参见王迁："论提供'深层链接'行为的法律定性及其规制"，载《法学》2016 年第 10 期，第 26 页。

具有的精神功能[1]，也是作品具有财产价值的根本原因。作品实质呈现的结果是作品精神功能和财产价值的实现，反过来说，在信息网络传播权的语境下，作品精神功能和财产价值的实现只需作品得到实质呈现即可。

（2）实质呈现标准与 WCT 中的"提供"（making available）。在 WCT 中，与信息网络传播权提供作品相对应的概念是第 8 条[2]中的"making available"。"making available"的概念对各国著作权法的发展影响深远，欧盟直接在其《信息社会版权指令》中使用了"making available"的表述[3]，美国虽然用版权法中已有的概念规制交互式传播行为，但"the making available right"仍被视为对相关概念的概括式称呼[4]。因此，对"making available"的正确解释有利于对信息网络传播行为的认定。

"making available"是一个中立的概念，WCT 并没有规定实施"making available"行为的具体技术方案。第 8 条的标题是"向公众传播权"（Right of Communication to the Public），WCT 基础提案的注释表明，向公众传播的含义为采取任何方法或程序（by any means or process）以向公众提供作品（making a work available）。[5]"任何方法或程序"的表述，为当时已知以及有待发展的网络传播技术留下了适用的余地。在互联网发展的初期，向公众提供作品的主体，常常就是将作品上传至网络服务器的主体，随着技术的发展，向公众提供作品

---

〔1〕 参见王坤：《著作权法科学化研究》，中国政法大学出版社 2014 年版，第 25 页。

〔2〕 WCT 第 8 条英文原文："Without prejudice to the provisions of Articles 11（1）（ii），11bis（1）（i）and（ii），11ter（1）（ii），14（1）（ii）and 14bis（1）of the Berne Convention，authors of literary and artistic works shall enjoy the exclusive right of authorizing any communication to the public of their works，by wire or wireless means，including the making available to the public of their works in such a way that members of the public may access these works from a place and at a time individually chosen by them."

〔3〕 《信息社会版权指令》第 3 条第 1 款英文原文："Member States shall provide authors with the exclusive right to authorise or prohibit any communication to the public of their works，by wire or wireless means，including the making available to the public of their works in such a way that members of the public may access them from a place and at a time individually chosen by them."

〔4〕 比如美国版权局于 2016 年 2 月发布的关于网络传播权的报告，名称即为"the making available right in the United States"。参见 the U. S. Copyright Office："the making available right in the United States"，载 https://www. copyright. gov/docs/making_ available/making-available-right. pdf，最后访问日期：2017 年 2 月 14 日。

〔5〕 WIPO，Chairman of the Committees of Experts：Basic Proposal for the Substantive Provisions of the Treaty on Certain Questions Concerning the Protection of Literary and Artistic Works to Be Considered by the Diplomatic Conference，WIPO DOC. CRNR/DC/4，Aug 30，1996，p. 44，para 10. 14.

的主体可能与将作品上传至网络服务器的主体发生分离。此时不能以互联网发展初期的技术特点审视新的传播行为，否则将违背 WCT 模糊技术特征、宽泛规定提供行为之本意。

从"making available"在国际条约中的发展历史，也可以窥探其中立、宽泛的含义。《伯尔尼公约》有多个条款使用了"making available"的表述，[1] 从电影的公映到作品的发表，不论是提供作品的复制件的方式，还是其他使作品公之于众的方式，都在"making available"的覆盖范围内，可见"making available"的含义之广。作为《伯尔尼公约》的专门协定，按照体系解释方法，WCT中的"making available"概念也应与《伯尔尼公约》保持一致，即应根据具体权利的本质，宽泛地进行解释，而不应局限于具体技术手段。

有观点认为，WCT 基础提案关于向公众传播权的注释表明，向公众提供权控制的行为只能是提供作品的初始行为（the initial act of making the work available），这种观点进而认为，初始行为就是指将作品上传至网络服务器的行为。[2] 本文认为，这种理解是片面的。初始行为的表述来源于 WCT 基础提案对向公众传播权的注释，其后半句是"仅仅提供服务器空间、传播的连接、传输设备以及信号的路由，则是无关紧要的"。[3] 在 WCT 外交会议上，的确有代表团建议将上述表述加入向公众传播权的规定中，作为单独的一款，但最终只对向公众传播权规定了一项议定声明，而且议定声明的内容出现了重大变化，将不构成传播的行为仅限于提供实物设施（physical facilities）。[4] 至此，可以清晰地看出，WCT 外交会议拒绝了将初始行为写入 WCT 正文的建议，议定声明中也没有出现相关表述。而且，从基础提案注释中的服务器空间、传播的连接、传输设备以及信号的路由到议定声明最终出现的实物设施，总的趋势是向公众传播行为的排除情形被不断减少。议定声明的最终文本表明，提供实物设施以外的东

---

〔1〕 比如第 7 条第 2 款、第 3 款。

〔2〕 参见北京知识产权法院（2015）京知民终字第 559 号民事判决书；冯刚："涉及深度链接的侵害信息网络传播权纠纷问题研究"，载《知识产权》2016 年第 8 期，第 23 页；王迁："论提供'深层链接'行为的法律定性及其规制"，载《法学》2016 年第 10 期，第 32 页。

〔3〕 WIPO, Chairman of the Committees of Experts: Basic Proposal for the Substantive Provisions of the Treaty on Certain Questions Concerning the Protection of Literary and Artistic Works to Be Considered by the Diplomatic Conference, WIPO DOC. CRNR/DC/4, Aug 30, 1996, p. 44, para10. 10.

〔4〕 WCT 外交会议的相关讨论过程，参见［匈］米哈依·菲彻尔：《版权法与因特网》，郭寿康、万勇、相靖译，中国大百科全书出版社 2009 年版，第 355、360~362 页。

西，比如促成传播的计算机软件，则可能落入向公众传播权的控制范围。〔1〕

3. 实质呈现标准有利于实现利益平衡

从文本上看，著作权法为著作权人设立了一系列权利，但从根本上讲，著作权法是为了公共利益。〔2〕虽然从本质上讲，著作权人的利益和公共利益应当是一致的，但特定司法观点对于具体问题的解决可能在客观上造成利益失衡的后果。

视频聚合平台的侵权问题是当前信息网络传播行为认定中的突出问题。当前普遍适用的服务器标准将导致著作权人利益和公共利益之间巨大的失衡。尽管被链接网站可以采取技术措施防止未经许可的链接，但技术措施本身提高了社会成本，且技术措施的泛滥本身就有损互联网的开放。〔3〕如果服务器可被他人随意链接，那么本应成为私人财产的作品将变为公共财产，法律对著作权人和被链接网站的激励严重不足，从社会整体来看，将会造成社会成本的提高和经济上的内耗。〔4〕

实质呈现标准将能够实质呈现作品的行为认定为信息网络传播行为，有利于激励著作权人。实质呈现标准并不禁止正常的搜索服务。技术是中立的，技术本身不会侵权，侵权的是以技术为基础的行为。在大量涉及视频聚合平台侵权的案件中，视频聚合平台实际上充当了内容提供者的角色。用户点击搜索结果后不跳转播放，相比于跳转播放，只是少了几次点击操作，这本身难以成为公共利益。对于披着技术外衣、实则以侵权为业的商业模式，法律的态度应是合理引导，而非以保护新技术为由采取一味放纵的态度。如果搜索服务提供者仅提供搜索链接而不实质呈现未经许可的作品，其仍可以在市场上找到存在的价值。〔5〕

---

〔1〕 参见［澳］山姆·里基森、［美］简·金斯伯格：《国际版权与邻接权》，郭寿康、刘波林、万勇等译，中国人民大学出版社 2016 年版，第 660 页。

〔2〕 参见冯晓青：《知识产权法利益平衡理论》，中国政法大学出版社 2006 年版，第 315 页。

〔3〕 参见崔国斌："得形忘意的服务器标准"，载《知识产权》2016 年第 8 期，第 13 页。

〔4〕 参见刘名："视频聚合网站内嵌链接行为现有法律规制的不足与改进：以新制度经济学视角为路径"，载《电子知识产权》2015 年第 10 期，第 15~21 页。

〔5〕 实际上，一些视频搜索服务提供者采取的就是跳转播放，只要其提供的搜索结果全面、合理，便能得到市场的认可，并不会因为实质呈现标准的适用而消亡。以爱奇艺影音 APP 为例，其提供全网视频搜索功能，如果搜索结果来源于爱奇艺之外的网站，用户点击后会发生跳转。另外，视频聚合 APP 皮皮影视和快看影视对来源于爱奇艺、优酷等网站的视频均为跳转播放。对以上 APP 的测试日期为 2017 年 2 月 23 日。

（二） 实质呈现标准的适用

1. 加框链接

不同于普通链接，用户通过点击加框链接，可以在设链者自己控制的界面呈现存储在他人服务器中的作品。按照实质呈现标准，如果用户点击加框链接能够在界面上实质呈现他人网页内容，则构成信息网络传播行为。

学界使用的加框链接的概念无法与具体的互联网技术相对应，但从加框链接所实现的效果上出发，用 HTML （超文本标记语言）[1]中的 iframe 标签[2]可以实现通常所说的加框链接功能，故本文将以 iframe 为重点介绍加框链接。[3] iframe 并非新技术，早在互联网普及初期，一些互联网普及读物上就常出现对 iframe 用法的介绍。[4]从技术上讲，加框链接使用 iframe、embed 实现，普通链接使用 a 标签[5]实现，二者的实现过程不同。实际上，在制定 Web 规范的万维网联盟 （W3C） 看来，iframe 的中文名称为 "内联框架"，万维网联盟并没有将其与普通链接联系起来，而是强调 iframe 可以用于实现在网页内显示网页。[6]因此，无论在技术实现方式还是效果上，加框链接都不同于普通链接。那种认为加框链接仅提供作品链接地址的观点，是不符合客观情况的。

2. 下载链接

下载链接不是技术上的概念，而是法律界对某些特殊链接的称呼，这些链接的特征是，通常直接点击链接标识就能下载文件，而不会跳转到被链接网

---

〔1〕 关于 HTML 的基础知识，参见 http://www.w3school.com.cn/tags/tag_ term_ hypertext.asp，最后访问日期：2018 年 12 月 23 日。

〔2〕 关于 iframe 标签的介绍，参见 http://www.w3school.com.cn/html/html_ iframe.asp，最后访问日期：2018 年 12 月 23 日。

〔3〕 HTML 中另一能实现加框链接功能的是 embed，iframe 与 embed 用法相似，所实现的技术效果基本一致，本文认为 embed 所实现的功能也属于我国学者所说的加框链接。

〔4〕 早期对 iframe 用法的介绍，参见阚玉凤："梦幻主页百宝囊之其他篇"，载《电脑爱好者》2001 年第 4 期，第 57~58 页；刘大成："'画中画'效果——谈 IFRAME 标签的使用"，载《黑龙江科技信息》2003 年第 9 期，第 47 页；Shallmun："iframe 标记在网页中的妙用"，载《电脑知识与技术》2003 年第 25 期，第 89~91 页。

〔5〕 关于 a 标签的介绍，参见 http://www.w3school.com.cn/tags/tag_ a.asp，最后访问日期：2018 年 12 月 23 日。

〔6〕 参见万维网联盟对 iframe 的介绍：http://www.w3school.com.cn/html/html_ iframe.asp，最后访问日期：2018 年 12 月 23 日。

站。[1]最初提出实质呈现标准的学者将下载链接排除出加框链接的范围，从而认为实质呈现标准不适用于下载链接。[2]一些观点也以下载链接为例，认为实质呈现标准无法解决下载链接问题，因此不具有普适性。[3]本文认为，实质呈现标准仍然适用于下载链接。

要理解下载链接对被链接作品的实质呈现，需要探讨下载链接与普通链接的区别。以 www.xyz.cn/123.html 与 www.xyz.cn/file.pdf 为例，从形式上看，二者都是指向特定资源的网络链接，似无差异。从二者指向资源类型的角度，便可理解二者的区别。www.xyz.cn/123.html 指向的是普通网页文件，可在网络浏览器中直接呈现，www.xyz.cn/file.pdf 指向的是 pdf 格式的文件，网络浏览器无法直接打开，需借助特定的 pdf 阅读器才能打开。当然，这并不是绝对的，随着浏览器技术的发展，可能会出现一些更复杂的情况，某些原本需要下载到本地磁盘才能呈现的文件，浏览器会启动插件直接打开。以 pdf 格式文件为例，如果用户的浏览器关联了特定的 pdf 阅读器，则点击链接会直接在浏览器上打开 pdf 文件，此时浏览器地址栏显示的即 pdf 文件的网络存储地址。用户点击 www.xyz.cn/file.pdf 后是下载还是直接打开 pdf 文件，取决于用户的浏览器是否关联了 pdf 阅读器，这与设链者无关，因此点击 www.xyz.cn/file.pdf 即可打开 pdf 文件的特殊情况并不能改变其为下载链接的性质。下载链接所指向资源的特殊性，决定了下载链接与普通链接本质上的不同。信息网络传播行为既包括以用户能够感知的方式向公众提供作品，也包括向公众提供作品的复制件。对于下载链接，用户通过点击即可获得作品复制件，因此设置下载链接构成对作品的信息网络传播。

当然，这并不意味着未经许可设置指向他人作品的下载链接会被绝对禁止。基于公共政策的考虑，著作权法上的合理使用、法定许可等制度提供了著作权人和社会公众之间的利益平衡。对于搜索引擎提供下载链接搜索的行为，合理使用制度不无适用的可能性。以百度、搜狗搜索引擎为例，其仅提供 pdf、doc、

〔1〕 对下载链接的概念分析，参见石必胜："论链接不替代原则——以下载链接的经济分析为进路"，载《科技与法律》2008 年第 5 期，第 62 页；罗泳诗："论网络链接的著作权侵权判定标准"，华南理工大学 2015 年硕士学位论文，第 11～12 页。

〔2〕 参见崔国斌："得形忘意的服务器标准"，载《知识产权》2016 年第 8 期，第 6 页。

〔3〕 参见王迁："论提供'深层链接'行为的法律定性及其规制"，载《法学》2016 年第 10 期，第 26～28 页。

xls、ppt、rtf 等五种特定格式文件的搜索。谷歌搜索引擎除提供上述五种格式文件的搜索外，还提供 ps、dwf、kml、kmz、swf 等格式文件的搜索，其中 ps、dwf 是图片或图形文件，kml、kmz 是谷歌地图地理信息文件，swf 是 Flash 动画文件，可在网页中直接播放。[1]可见，几大主流搜索引擎提供的针对特定格式文件的搜索服务一般仅针对市场价值较小的文字、图片作品以及可在网页直接播放的动画，而非市场价值更大的音频、视频等作品，这就为合理使用的适用提供了可能性。

3. 网页快照

在司法实践中，网页快照是否构成信息网络传播行为基本已有定论。按照《信息网络传播权司法解释》第 5 条的规定，网页快照实质替代原网页向公众提供作品的，构成信息网络传播行为，该条同时规定了网页快照构成合理使用的条件。与加框链接问题不同，网页快照提供者在自己的服务器上对原网页进行了存储。按照服务器标准，网页快照构成对原网页所涉及作品的信息网络传播。从网页快照的合理使用条款也可以看出，服务器标准虽为客观标准，也要在个案分析中根据具体情形受到合理使用的限制。

实质呈现标准对网页快照问题的处理结果与实质替代标准基本相同。对具体问题的处理结果相同，并不意味着无区分实质呈现标准与实质替代标准之必要。实质替代标准强调的是不正当竞争关系，在原网页本身实施了侵犯信息网络传播权的行为时，其仅仅是原网页和网页快照服务提供者之间侵权利益的"分肥与竞争"。只有当原网页同时具备作品著作权人的身份时，实质替代标准才涉及著作权关系。[2]相比于实质替代标准，实质呈现标准对于网页快照问题的适用更能体现信息网络传播行为的本质，更能厘清《著作权法》和《反不正当竞争法》的界限。

（三）对立法的完善建议

《著作权法》并没有规定认定信息网络传播行为应采纳服务器标准，实质呈现标准也不会与其产生冲突，因此可以说，在现行《著作权法》中，存在实质呈现标准的适用空间。在信息网络传播权问题上，现行《著作权法》并无立刻

---

〔1〕 对百度、搜狗、谷歌搜索引擎进行测试的日期为 2017 年 2 月 28 日。

〔2〕 参见詹启智："网页快照作品提供行为的合理使用性研究——基于民事案件司法审判实践"，载《法学杂志》2016 年第 10 期，第 83 页。

修改之必要。从长远来看，著作权法可在两个方面作出调整：一是整合传播权；二是设立合理使用的一般条款。

1. 整合传播权

著作权法的发展史与技术的进步有着密切的关系，从放映权、广播权，一直到信息网络传播权，莫不如是。扩张著作权的客体，并以传播技术和方式为标准划分著作财产权，这是著作权法对新技术的回应。这种回应的缺陷是明显的，即著作权法难以及时调整随着新技术的出现而产生的新的利益分配格局，[1]认定信息网络传播行为的服务器标准的产生就是一例。在信息网络发展的早期，由于网络终端设备普及率不高、互联网商业模式不发达等原因，实施信息网络传播行为常常伴随着上传作品到自己控制的服务器这一步骤。这一技术细节渐渐发展成服务器标准，在服务器标准的支持者看来，这是理所当然的。一些人对信息网络传播行为的误解与著作权法对新技术的机械回应不无关系。针对传统著作权体系难以及时回应新技术发展的问题，有学者认为，控制作品的传播以获得经济利益，这是统一作品利用方式的实质标准，应以此为基础，抽象出著作财产权的共同特征，设立具有一般意义的著作财产权。学者进而提出，我国未来的著作权立法应采取"概括式和列举式"相结合的模式，即在总的传播权基础上对已经成熟的传播权类型进行细化规定。[2]另有学者提出类似的"总分式"立法模式，并给出了详细的立法修改方案。[3]对于上述整合传播权的思路，本文持赞同态度。实际上，实质呈现标准关注的正是作品实质上的利用而非技术细节，符合整合传播权的一般思路。整合传播权是一项庞大的工程，由于本文研究目的的限制，这里无法详细探讨具体整合方案的设置。

2. 设立合理使用的一般条款

在对加框链接、下载链接的技术特点进行考察的过程中，笔者深感互联网技术之复杂，此处复杂并非指技术实现过程的复杂，而是指用法律进行类型化分析的复杂。这是由于互联网技术差异化明显且互联网发展日新月异所导致的。随之而来的是新的互联网商业模式对作品利益格局的改变，这对著作权法带来的显著影响是，合理使用情形在立法技术上是无法事先设定的。在此背景下，设立合理使用的一般条款就成为必要。必须说明的是，实质呈现标准需要合理

〔1〕 参见卢海君："传播权的猜想与证明"，载《电子知识产权》2007 年第 1 期，第 13 页。

〔2〕 参见卢海君："传播权的猜想与证明"，载《电子知识产权》2007 年第 1 期，第 13~16 页。

〔3〕 参见梅术文："我国著作权法上的传播权整合"，载《法学》2010 年第 9 期，第 69~78 页。

使用制度加以限制，但这并不意味着其因此而失去合理性。即使是服务器标准，其在解决网页快照问题时，也需要在合理使用的具体情形之外，以司法解释的形式规定网页快照对作品的合理使用情形。支持整合传播权的学者同时提出，我国《著作权法》应当改变具体列举式的合理使用制度，规定合理使用的一般条款，并在合理使用的构成要件上，采纳通行的"三步测试法"。[1]本文赞同这种提议，具体的方案设计有待学者进一步探讨。

结　论

随着互联网技术和商业模式的发展，何为信息网络传播行为成为著作权法上有争议的话题。基于保护互联网自由的目的，服务器标准应运而生，并逐渐成为司法实践中的主导性认定标准，但其难以寻求国内立法和国际条约上的明确支持。更为重要的是，服务器标准过分关注技术手段，没有抓住信息网络传播行为的本质，从而导致个案适用中利益失衡现象的发生。打着维护互联网自由旗号的服务器标准，未必会对互联网发展产生积极影响。用户感知标准、实质替代标准、法律标准以及新公众标准均是对服务器标准的挑战，它们没有拘泥于繁琐的技术细节，这是其积极意义之所在，但它们也没有完全抓住问题的本质。

本文无意攻击其他标准，笔者只是在对各种标准进行分析后，认为实质呈现标准更值得提倡。当特定的法律主体在自己控制的用户界面实质性地对作品进行呈现时，信息网络传播行为就已经发生。用户界面对于实现作品经济价值具有决定性意义，实质呈现标准因此符合信息网络传播权的本质。无论是我国《著作权法》中的"提供"与"获得"，还是 WCT 中的"making available"，均无法为服务器标准提供直接依据，相反，"making available"是一个范围极广的概念，那种将"making available"局限于初始提供行为的观点有一定的片面性。

对于所谓的互联网自由，不能简单以公共利益概括之。有些自由，其实是本应属于作品权利人的利益。进行两次还是四次点击操作，是否跳转播放，这些并不会对公共利益产生实质影响，而适用实质呈现标准，有利于激励作品权

---

[1]　参见卢海君："合理使用一般条款的猜想与证明——合理使用制度立法模式探讨"，载《政法论丛》2007 年第 2 期，第 42~48 页；梅术文：《著作权法上的传播权研究》，法律出版社 2012 年版，第 106 页。

利人，也有利于矫正当前服务器标准的适用所导致的利益失衡。当然，实质呈现标准也存在限制和例外，这与服务器标准适用于网页快照但也必须受合理使用的限制的道理是一样的。

从源头上看，服务器标准的产生及其流行与著作权法发展史上过分依赖于技术手段立法不无关系。从长远来看，对传播权进行整合，模糊技术手段的差异，以权利实现的本质立法，并以合理使用的一般条款平衡著作权人利益和社会公共利益，应是合理且必要的选择。

总而言之，对于信息网络传播行为的认定，应抛弃服务器标准，转而采纳实质呈现标准。希望本文能够对相关讨论有所裨益，也期待更多见解的出现。

网络链接行为著作权侵权研究

谢　腾

链接是互联网最本质的属性。有了链接，才有了互联网。万物互联相通，网络链接成就了这一切。没有网络链接的互联网只能是一个个孤立的局域网，互联网的信息交换与资源共享也就无从谈起。每一个被连入网络的节点，形成了庞大的互联网向外扩张链接的节点。互联网功能与价值的最终体现就在于点与点的连接。网络链接本是信息技术领域的专有术语，但由于涉及链接行为的网络著作权纠纷涌现，针对网络链接在法律层面上的研究就具备一定的现实意义。

在网络著作权环境下，由于网络链接可能涉及侵权作品，因此提供链接服务容易导致著作权人控告侵犯其著作权，尽管其只是为非法上传的作品提供了链接服务。提供链接行为在一定条件下也确实会侵害他人著作权。基于链接承载的促进互联网发展的功能与可能成为侵犯网络著作权的工具，非常有必要对网络链接行为加以深入的探讨。

对于网络著作权领域的侵权责任，我国在此领域的相关研究随着网络信息技术的推广与普及得到逐渐发展。国内学者已有很多对网络链接行为的研究，比如从法律、商业模式、产业发展等诸多角度进行的理论与实务研究。

首先是对信息网络传播行为的判断所产生的法律标准之争，主要包括服务器标准与用户感知标准。近几年，理论与实务界涌现出其他新的判断标准，如实质替代标准，以及欧盟法院新近产生的新公众标准。

其次是在网络链接行为侵权中关于主观过错的认定，在司法实践中认定侵权最重要的步骤也往往是过错。新型的商业模式的诞生与渠道利益的产生，对网络著作权原来的利益格局产生一定影响。加之网络著作权侵权纠纷的技术化与专业化特点，以及该领域侵权主体的多样，整体上呈现出复杂化的态势。

最后，关于网络服务提供者侵权责任的分析。在产生新技术的背景下，是否有必要对规范该领域的法律法规进行相应调整。此外，网络著作权领域判决的新动向与产生的新问题也都广受关注，其中，一些网络链接引发的侵权纠纷备受争议。上述这些焦点问题都有待进一步分析探讨。

本文将综合运用案例分析法与理论研究办法。就案例分析法，笔者收集网络著作权领域中侵犯信息网络传播权纠纷的典型案例，并整理了近年来涉及网络链接行为的司法判例，进行相应的归纳分析，研究总结裁判规律。就理论研究办法，笔者研习了网络著作权方面的学术著作与期刊论文，将网络链接行为细分为搜索链接服务与择取链接行为，并探讨著作权侵权的界定及其在司法实践中的规律。

一、网络链接技术与网络链接分类

链接起源于互联网，而链接的诞生筑就了互联网。互联网的蓬勃发展导致网络著作权领域的纠纷增多。我国法律法规中并没有网络链接的明确定义。因此，在展开网络链接行为著作权侵权研究前，确有必要探讨网络链接的本质特征及其基于技术的分类。

（一）网络链接的技术起源

网络链接在本质上是互联网上的一个承载着数据与信息的节点，节点通过链接连接起来后，海量的数据与信息随之汇入浩如星河的互联网。数据与信息借助链接可以实现传输、复制、交换，在传输、复制、交换过程中产生价值。换言之，互联网功能与价值的最终体现就在于点与点之间的链接。

在我国法律法规中并无对网络链接的明确定义。实际上，链接最初来源于信息技术领域。"网络链接，也称'超链接'（Hyperlink）或超级链接，是指一种网页对应指向目标的连接关系"[1]，所指向的目标可以是互联网领域任何有意义的节点，如指向互联网中的一个文件，或是一首音乐作品，一部影片，或是其他网页，甚至来源于同一网页上的不同位置。[2]当网络用户单击设置链接的网页后，网络链接所指向的目标将显示在网络用户的媒体终端上。由此可见，

---

〔1〕　贺鑫主编：《网页与网站设计》，对外经济贸易大学出版社2009年版，第95页。

〔2〕　段兴利、叶进编：《网络社会学词典》，甘肃人民出版社2010年版，第208页。

网络链接是在互联网领域得到广泛应用的技术工具与手段。

值得注意的是，超链接的技术特征有：第一，文档仅仅由纯文本构成，而不包括其它非文本要素。若要对网络中的任何一个目标要素进行显示，必须包含指向该目标要素的超链接。换言之，普通的网页有可能同时包含有图片、音乐甚至文件的超链接。第二，超链接不等同于链接内容本身，也不会产生链接内容的复制件，而是一串计算机能读懂的字符。第三，浏览器可以解读超链接标志，当用户通过点击超链接建立起对应联系后，就会与目标内容的网络进行连接，用户电脑就可将目标内容转变成可被感知的图像或声音。

网络链接的上述技术特征与互联网信息资源交流共享的特点，导致司法实践中难以通过简单解释传统著作权的理论来解决因链接引起的网络著作权纠纷。

（二）网络链接的产生价值

网络链接可以丰富网络用户的信息涉猎来源，扩大搜集资源的范围。网络中只要存在未被禁链的目标内容，链接就可以按照行为人的意志独立设置完成，而无需被链者的积极配合。在此情形之下，被链者浑然不知归属于其的网络内容是否被设置链接，以及何时被设置链接。这是由链接的技术特征决定的，因此不能把对他人有形财产的侵占与对他人网络无形财产的链接简单等同。若设置链接都须经过被设链内容权利人许可或授权，既不现实，也无必要。

网络链接是信息世界的基础技术，唯有通过链接技术，才能将无数简单的文件连接在一起，最终使万维网成为一个包罗万象、互通共享的网络。网络链接如人体血管的神经末梢般盘根错节，人体内神经信号只有传输才能融会贯通。单个信息源通过链接形成信息链条，每个信息链条再以链接相连形成信息网，每个平面的信息网通过链接形成立体的信息空间。

（三）网络链接的分类

国内学术文章对网络链接的分类纷繁复杂。然而，对各类型网络链接的定义与划定范围的不一致，都将导致建立在此之上的学术探讨失去意义。因此有必要首先对各种类型网络链接的范围按照技术标准进行清晰的梳理。一般来说，按照网络链接对被链网站的影响程度，可分为下列若干链接类型：

1. 普通链接

首先是常规意义上的也是最早出现的链接，即普通链接（Ordinary link），当用户点击带下划线的链接文本，浏览器从当前的页面跳转至链接页面，其效果相当于用户在地址栏键入所要链接页面的网页地址（统一资源定位符，URL），进入该页面的主页，然后即可在主页与子页面浏览相关信息。

基于互联网自由链接的原则，普通链接不会对著作权人所链接作品的权益造成损害，因此普通链接的设链网站一般情况下不构成直接侵权。设链者在某种程度上促进了文化作品的传播，体现了互联网互联共享的精神与本质，兼顾了社会公众的利益，也符合著作权法立法的根本宗旨。

2. 深层链接

根据链接是否跳转至被链网站的首页，可将链接分为深层链接与浅层链接。[1]深层链接（Deep Link），国内将其译作深度链接。根据维基百科的定义，深度链接是指在万维网的背景下，利用网络链接从而链接到一个特定的，可被广泛搜索或索引的存储在某个网站上的网页内容，而不是该网站的主页。大多数网站有组织层级结构，包括在前的主页和深层次的页面，通过主页上的链接到达深层次的页面。网站经营业主通常希望用户从主页进入他们的网站，从而使网络用户浏览广告消息。而第三方可以通过深度链接阻止这种期望，避开主页直接到达网络用户所需的深层次页面。深层链接实现的就是这样一种功能。

由于深度链接直接跳过被链作品的网站主页，致使网络用户无从了解被链网站的信息，如经营者身份、地址信息及经营者预先设置的想要展示给浏览用户的其他关键信息，当然也包括设置于主页的广告。网络用户若需了解这些内容，不得不自行操作跳转回主页，而这并非某些被链网站愿意看到的情景。有观点认为，区分深层链接与普通链接的主要标准是网络用户是否会对内容提供者产生误认。笔者认为这种观点值得商榷。深层链接在外观上固然容易使网络用户误以为被链网站所提供的信息来自于设链网站，但是深层链接与普通链接各自的内在特征是建立在链接技术发展的基础之上的，因此对二者的区分宜遵循客观存在的技术差异，避免主观的判断标准。

设置深层链接是否侵权以及承担何种侵权责任，在理论与实务界存在很大争议，下文再作详述。深层链接包括一般的深层链接与加框链接，其主要区别在于点击链接后网页是否发生跳转，提供链接内容是否停留在设链网站。

---

〔1〕 浅层链接（Surface Link）实质就是上文的普通链接，此处是相对于深层链接而言的。

3. 加框链接

加框链接（Frame Link），也称作视框链接，指的是两个或两个以上独立的页面内容并列存在于同一个页面之中，通常以多个独立区域的视框窗口直接呈现出来，而每个区域的窗口包含一个单独的超文本文件，进而从不同的网站自动获取超链接。加框链接的技术优点在于绕过被链网站主页，径直链接到所需的作品（包括视频、音乐等）并加以呈现，网络用户的浏览器仍然停留在原页面，却能打破页面窗口只能呈现本页面内容的限制，通过分成多个区域或窗口，实现浏览多页面内容的效果。

通过加框链接获取作品直观上"减少"了页面跳转的步骤，增加了不同网页之间获取作品的便捷性，大大改善了网络用户的操作体验。深层链接是相对于加框链接的上位概念，加框链接的链接方式比较特别，由此在理论与实务中引起较大争议。清华大学法学院副院长崔国斌副教授认为："加框链接通过技术手段使得作品的在线播放及其浏览作品的过程始终停留在设链网站内，作品的著作权人在网络环境下失去了对传播主体的控制。"[1]他主张采用实质呈现标准重新定义信息网络传播权，从而涵盖加框链接所引起的作品传播行为。他还主张追究加框链接的设链者直接侵权责任。

4. 内链接

内链接（Inline Link），也称作埋置链接，指的是设链者将其他网站的内容纳入自己设定的框架内，填充网页内容，网络用户无须在界面上做任何操作即可浏览，浏览器也无任何显示该内容由其他网站链接而来的提示。例如通过内链接将一个图像放置在网页上，网络用户以为是目前所浏览网页的一部分。然而，图像文件在设链者建立网页之初就被整合进网页并成为其组成部分，图像文件的实际位置却在其他网站（被链网站）的服务器上。内链接与加框链接虽然分属不同类型链接，但二者在侵权纠纷中的认定存在共通之处，使用内链接同样极易导致侵权诉讼。

二、网络链接行为的法律性质

网络链接行为的著作权侵权研究，建立在对网络链接行为的法律性质的准

---

［1］崔国斌："加框链接的著作权法规制"，载《政治与法律》2014 年第 5 期，第 74 页。

确定义之上。与网络链接行为最为密切的是信息网络传播行为，本部分将首先进行信息网络传播行为的界定，明确信息网络传播行为的权利范围，再着重探讨网络链接行为是否为信息网络传播行为，最后梳理网络链接行为与复制权、发行权、改编权、修改权和保护作品完整权等著作权的关系。

（一）信息网络传播行为之界定

信息网络传播行为与网络链接行为息息相关，而界定信息网络传播行为也是探讨网络链接行为法律性质的重要前提。

我国《著作权法》第 10 条第 1 款第 12 项规定："信息网络传播权，即以有线或者无线方式向公众提供作品，使公众可以在其个人选定的时间和地点获得作品的权利。"《著作权法》虽然仅对信息网络传播权作出明确清晰的定义，没有对信息网络传播行为的相应表述，但可从信息网络传播权推导出信息网络传播行为。所谓权利，即行为人所享有的做出某种行为或不做出某种行为的自由，并得排除他人对该自由的干涉。以此推及，信息网络传播权，就是权利人享有进行信息网络传播行为的自由，并禁止他人对其进行信息网络传播行为的干涉。通过对权利定义的解读，我们不难得出信息网络传播行为的定义。

对该条文进行分析解读，前半句"以有线或者无线方式向公众提供作品"可理解为提供作品行为，后半句"使公众可以在其个人选定的时间和地点获得作品"自然体现了互联网交互式传播的特点。由此，笔者将其关系通过图例简单地归纳如下：

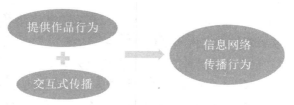

图 1　《著作权法》第 10 条第 1 款第 12 项图解

不难理解交互式传播，司法实践中也不存在难点。关键之处主要在于提供作品行为的界定。我国《著作权法》的规定将提供作品行为作为信息网络传播行为的核心特征，但对何种行为属于提供作品行为并未进行详细规定或列举。《世界知识产权组织版权条约》规定，只要传播行为使公众"能够"获得作品，就应当受到公开传播权的控制。[1]每一个特定的网络用户最终是否在线浏览或下载了作品无关紧要,因为其已经"能够"有机会通过网络欣赏作品。我国在2001 年修订《著作权法》时根据《世界知识产权组织版权条约》第 8 条的措辞规定了信息网络传播权,其中"提供"一词由"making available"翻译而来,意为"使……可获得"。在缔结《世界知识产权组织版权条约》的外交会议记录中,针对上述第 8 条有相关记载,"重要的是提供作品的初始行为,至于服务器空间、传播的链接、传输设备以及信号的路由选择,则是无关紧要的",[2]这也是理论与实务界将初始行为(包括上传作品)认定为提供作品行为的渊源与由来。

在下图中,笔者尝试通过分解一个典型且完整的信息网络传播行为流程,并对网络传播行为流程中的步骤逐个分析,以厘清信息网络传播行为中相关行为的归属,从而在技术流程层面上相对客观地界定提供作品行为的范围。

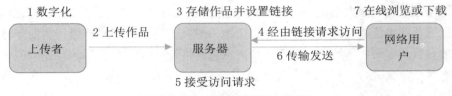

图 2　信息网络传播行为流程图

在信息网络传播行为流程图中,步骤 1 是上传者对作品进行数字化处理,涉及的是复制权问题,为对网络传播作品进行形式上的转变与准备工作,会产生作品的复制件,但并不能使公众获得作品,无关信息网络传播行为的"传播",因此可将该步骤排除在提供作品行为之外。值得注意的是,上传者既可能是普通的网络用户,也可能是管理服务器的网络服务提供商。步骤 2,数字化后的作品通过信息工具上传至其服务器。该步骤是上传者主动并有意识为之,具有使相关公众获取该作品的主观意愿,也是提供作品行为获得实现的关键一步,因此上传作品的行为是整个流程中至关重要的,据此该上传行为属于提供作品行为。步骤 3,服务器接受上传的作品,将其存储于服务器存储模块中,并为其

---

〔1〕《世界知识产权组织版权条约》第 8 条。

〔2〕 WCT 外交会议记录第 204 页,转引自 [匈]米哈伊·费彻尔:《版权法与因特网》,郭寿康、万勇、相靖译,中国大百科全书出版社 2009 年版,第 720 页。

设置链接。步骤4，网络用户通过点击网络链接向服务器提出访问作品的请求。步骤5，服务器根据一定预设条件或自动批准认可并接受访问请求。步骤6，服务器基于对访问请求的认可，向发出请求的网络用户传输发送作品。步骤7，网络用户最终得以在线浏览作品或下载作品的复制件。

分析上述过程可知，在步骤3中，如果服务器并非对所有上传作品开放，而由网络服务提供商自行上传，则网络服务提供商需尽到初步的审慎审查义务。通过该步骤，网络服务提供商将数字化作品纳入其管辖控制范围内的服务器。此后，上传者或网络服务提供商还需要为存储于服务器中的作品设置链接，唯有如此，方能使作品处于公众可接触的状态。至此，作品真正置于开放的信息网络中，网络用户实际具备了获取作品的可能性，提供作品行为才真正完成。信息网络传播行为的本质是交互式传播，即网络用户可以在其个人选定的时间和地点获得作品。如果数字化作品上传至开放的服务器后未进行交互式传播，也不构成完整的信息网络传播行为，例如某些网站提供的网络广播服务。

从以上分析不难看出，步骤4~6组合构成交互式传播行为，其特点在于作品的提供者和使用者之间的互动，而步骤2~3就是提供作品行为，这与上述初始提供行为一致。

（二）网络链接行为是否为信息网络传播行为

在探究设置链接行为的本质之前，有必要了解设置链接行为的过程。若要使位于服务器中的作品被网络用户访问，需要在作品与访问作品的潜在对象之间建立起1-N模式的连接通道。链接地址的生成是由蜘蛛程序根据指令在索引数据库中检索，通过逻辑运算生成的。设置链接行为，相当于供水公司为家家户户安装上特定的输送管道，通过输水管道将水库里的水（作品）源源不断地提供给用户。用户在其个人选定的时间和地点只需打开阀门即可用水，链接实现的正是信息管道的功能。由此可形象地发现，网络链接在网络传播作品过程中发挥信息渠道的作用。

在我国著作权领域的相关法律规范中，链接与服务常以组合词的形式相伴出现，如《信息网络传播权保护条例》第14条与第23条[1]，以及《最高人民法院关于审理侵害信息网络传播权民事纠纷案件适用法律若干问题的规定》

---

[1] 《信息网络传播权保护条例》第14条："对提供信息存储空间或者提供搜索、链接服务的网络服务提供者……"第23条："网络服务提供者为服务对象提供搜索或者链接服务……"

第 4 条（以下简称《信息网络传播权司法解释》）[1]。相关法律规章中对链接服务的范围并无明确的解释。正如笔者在前文对一个简单且典型的信息网络传播行为流程的分析，作品上传于网络服务器当中后，若要使作品处于网络用户可接触的状态，还需为存储于服务器中的作品设置链接。实际上，链接在信息网络传播行为中发挥的作用自始不妨碍链接的服务属性定性。设置链接的行为从属于信息网络传播行为，而其本质实为网络服务。

链接是实施信息网络传播行为中一种不可或缺的技术手段，也是信息网络传播行为中重要的一环。若没有链接这一关键步骤，便无法使服务器中的作品处于可被用户访问的状态，也无法通过信息网络与用户进行交互式传播。设置链接仅为信息网络传播行为的环节之一，因此设置链接行为是信息网络传播行为的必要非充分条件。

若设置链接的是第三方设链网站，第三方设链网站固然可以替代网络服务提供商设置链接，但是将作品置于服务器之中，并且与网络用户进行交互式传播的对象，始终都是原网络服务提供商。

综上可知，无论是网络服务提供商自行设置链接还是第三方（设链网站）设置链接，链接技术在网络传播行为中的作用都决定了其性质，即单纯的网络链接行为并不能构成信息网络传播行为。

（三）网络链接行为与著作权的关系

我国《著作权法》第 10 条第 1 款共规定了 17 项著作权专有权利，除了信息网络传播权，与链接行为密切相关的主要涉及复制权、发行权、改编权、修改权和保护作品完整权等专有权利。

1. 网络链接行为与复制权的关系

"复制权，即以印刷、复印、拓印、录音、录像、翻录、翻拍等方式将作品制作一份或者多份的权利。"[2]在著作权中，复制权是著作权保护的根基，也是权利人最为重要的一项著作权权能。若通过网络链接行为，设链者在其个人电脑存储器中产生了一份或若干份与被链内容一致的作品，则构成对被链者复

---

〔1〕《信息网络传播权司法解释》第 4 条："……网络服务提供者能够证明其仅提供自动接入、自动传输、信息存储空间、搜索、链接、文件分享技术等网络服务，主张其不构成共同侵权行为的，人民法院应予支持。"

〔2〕《著作权法》第 10 条第 1 款第 5 项。

制权的直接侵权。因此，可通过是否产生复制件来判断是否侵犯复制权。在一般情况下，网络链接行为本身并不会对被链内容进行任何操作，在此过程中仅仅由浏览器识别解读链接符号并呈现出被链内容。由此可知，网络链接行为不会构成对复制权的直接侵犯。

2. 网络链接行为与发行权的关系

我国《著作权法》第 10 条第 1 款第 6 项规定了发行权，"即以出售或者赠与方式向公众提供作品的原件或者复制件的权利"。1991 年《著作权法实施条例》第 5 条[1]则对发行行为进行了明确定义。发行行为建立在作品复制件之上，既然网络链接行为不会产生作品复制件，"皮之不存，毛将焉附"，网络链接行为对发行行为的侵犯就无从谈起。

3. 网络链接行为与改编权的关系

改编是指以原有作品为基础，从作品的表现方式或用途等角度对原有作品进行改变，创作出具有独创性的新作品。经过改编产生的新作品称为改编作品。普通链接与一般的深层链接在链接过程跳转至被链网站，并不涉及对链接作品的改编，因此并不会侵犯改编权。在加框链接情形下，有机会对被链内容进行增添或修改，然而看似形成新作品，实则不然，因为并无改编作品的产生。如果下载链接作品加以修改，则另当别论。如在弹幕视频网站中，往往加入了许多弹幕文字评论。若这些弹幕文字评论具备独创性，或进行了艺术性地表达，并形成独立的新作品，则侵犯了改编权。

4. 网络链接行为与修改权和保护作品完整权的关系

作品的修改权和保护作品完整权属于我国《著作权法》中的著作人身权利。"修改权，即修改或者授权他人修改作品的权利"；"保护作品完整权，即保护作品不受歪曲、篡改的权利"。[2]同上述改编权类似，加框链接同样有机会对链接作品进行修改。如在实践中，加框链接设置者为了掩饰作品来源，会通过对作品的来源标志打马赛克进行模糊处理。这显然构成对著作权人修改权的侵犯。至于保护作品完整权是否受到破坏，则应进行综合考量。若设链者对链接作品的改动幅度较大，使得作品主题思想或表达方式与顺序发生改变，则构成侵犯著作权人的保护作品完整权。

----

[1] 1991 年《著作权法实施条例》第 5 条："发行，指为满足公众的合理需求，通过出售、出租等方式向公众提供一定数量的作品复制件。"

[2] 《著作权法》第 10 条第 1 款第 3、4 项。

三、网络著作权侵权的归责原则与构成要件
——界定网络链接行为著作权侵权之理论基础

　　著作权作为一种法定权利，保护的是权利人基于作品所享有的民事权益。根据《侵权责任法》第 2 条的规定，[1]著作权是一种民事权益。因此，著作权的保护理应受到《侵权责任法》的规制。网络著作权是著作权在信息网络领域的扩展与延伸，自然也受到《侵权责任法》约束。由于网络链接行为属于网络环境下为作品传播提供便利的行为，判断链接行为是否侵犯著作权，首先需要了解一般条件下网络著作权侵权的归责原则与构成要件。本部分将对此予以探讨。

（一）网络著作权侵权的归责原则

　　"归责，是指行为人因其行为和物件致使他人损害的事实发生以后，应依据何种根据使其承担责任，此种根据体现了法律的价值判断，即法律应以行为的过错还是应以已发生的损害结果作为价值判断的标准，而使行为人承担侵权责任。"[2]相比于一般侵权纠纷案件，网络著作权侵权纠纷案件纷繁复杂，根据案件性质准确确定归责原则是正确适用法律的基础与前提。由此可见，归责原则的重要性毋庸置疑。《侵权责任法》在第 6 条至第 7 条规定了过错原则、过错推定原则和无过错责任原则，即我国在立法上确立了由过错原则、过错推定原则和无过错责任原则构成的侵权责任归责原则体系。

　　《侵权责任法》第 36 条[3]被称为"互联网专条"，因其对网络侵权责任进行了原则性的概括规定。其中该条第 1 款就是网络侵权责任的一般规则，该规则采用过错责任原则，即网络用户、网络服务提供者利用网络侵害他人民事权

---

　　[1]《侵权责任法》第 2 条："侵害民事权益，应当依照本法承担侵权责任。本法所称民事权益，包括生命权、健康权、姓名权、名誉权、荣誉权、肖像权、隐私权、婚姻自主权、监护权、所有权、用益物权、担保物权、著作权、专利权、商标专用权、发现权、股权、继承权等人身、财产权益。"

　　[2]　王利明：《侵权行为法归责原则研究》，中国政法大学出版社 1992 年版，第 17~18 页。

　　[3]《侵权责任法》第 36 条："网络用户、网络服务提供者利用网络侵害他人民事权益的，应当承担侵权责任。网络用户利用网络服务实施侵权行为的，被侵权人有权通知网络服务提供者采取删除、屏蔽、断开链接等必要措施。网络服务提供者接到通知后未及时采取必要措施的，对损害的扩大部分与该网络用户承担连带责任。网络服务提供者知道网络用户利用其网络服务侵害他人民事权益，未采取必要措施的，与该网络用户承担连带责任。"

益，并具备主观过错的，都将依据该款被认定为侵权，并由此承担侵权责任。在网络环境下适用过错责任原则，实际上意味着无论是网络用户从事作品上传或设链行为，还是网络服务提供者为作品设置链接或提供其他网络服务，承担责任的必要前提均是存在过错。关于过错的认定，则在不同的具体情形下会有不同的判断标准与具体规定。该条第2~3款则规定了与其他网络主体的连带责任，即网络服务提供者在网络用户利用网络实施侵权行为后，在法定情况下与网络用户承担连带责任的网络侵权责任形式。

具体来说，《侵权责任法》第36条第2款规定了"通知—删除"规则，在网络服务提供者对网络用户实施的侵害行为不知情的情况下，但网络用户虽然利用网络服务提供者所提供的服务实施侵权行为，网络服务提供者由于不具备主观过错，无需为此承担责任。法律赋予被侵权人以通知权，若被侵权人行使该权利，则重新推定网络服务提供者处于知情的主观状态。若网络服务提供者未能及时对被侵权人的通知予以反馈或作出相关回应，如采取删除、屏蔽、断开链接等措施来消除涉嫌侵权网络作品的损害结果，则依据规定就著作权（主要是著作权财产）因未及时采取措施而引起损害扩大的部分由网络服务提供者与该网络用户承担连带责任。此规则能有效督促网络服务提供者积极地履行审查义务，在其管理能力所能及的服务范围内配合被侵权人的正当主张。如在李氕与动景公司、优视公司著作权权属、侵权纠纷案中，广州知识产权法院认为："动景公司及优视公司在收到李氕代理人发来的律师函及其中的权利通知后，未及时删除涉案作品，应就损害扩大部分与'优视版主'网络用户承担连带赔偿责任。"[1]

《侵权责任法》第36条第3款规定了在网络服务提供者对网络用户实施侵害行为知情的情况下，网络服务提供者的主观心态为间接故意或者疏忽过失。该款中的"知道"应包括明知与应知两种情形：第一种情形，当网络服务提供者明知网络用户利用其网络服务实施侵害行为而未采取必要措施时，网络服务提供者往往从侵害行为中获取一定经济利益，因其不应获取"不义之财"，其更有法律上的义务预防和制止侵害行为的发生。第二种情形，当网络服务提供者应知网络用户利用其网络服务实施侵害行为而未采取必要措施时，如侵害行为成为社会舆论焦点，或发生在服务商网站帖子置顶等情形，网络服务提供者理

---

[1] 广州知识产权法院（2015）粤知法著民终字第405号民事判决书。

应发觉侵害行为的存在，其主观心态是有意放纵，故在法律上有值得苛责之处，同样应与实施侵害行为的网络用户承担连带责任。如在喜马拉雅公司与东方视角公司、那里汇聚公司侵害作品信息网络传播权纠纷案中，上海知识产权法院认为："喜马拉雅网站为音频服务分享专业网站，应该意识到网络用户上传的作品中可能会存在权属问题，其在设置分类服务的同时，亦应施以足够的注意义务预警提示等。但喜马拉雅网站并未采取合理措施，主观上存在过错，据此应当承担相关侵权责任。"[1]

1. 过错责任原则

民事活动普遍适用过错责任原则，除非有法律特别规定不适用该原则的除外情况。换言之，过错责任原则是调整一般侵权行为最基本的归责原则。判定行为人是否应该承担侵权责任，需以行为人存在主观过错作为归责的根本条件与必然前提。

网络著作权领域的侵权纠纷，在《著作权法》及其实施条例或司法解释没有规定时，都应以过错责任原则作为归责原则。值得注意的是，在网络著作权侵权责任中，具备过错是承担损害赔偿责任的必备条件，即如果不能证明网络服务提供者存在过错，则其无需承担相应的赔偿责任。基于著作权的绝对权属性，只要权利的行使受到任何人的妨碍与侵害，权利人就有权随时要求他人排除妨碍、消除影响、停止侵害等。

2. 过错推定原则

适用过错推定原则，即法律推定一方对于损害后果的发生具有主观过错，若其不能证明其对损害发生没有过错，则须承担举证不力的责任。在网络著作权民事纠纷中，最高人民法院实际上已在司法解释中采取过错推定原则。《信息网络传播权司法解释》第 6 条规定："原告有初步证据证明网络服务提供者提供了相关作品、表演、录音录像制品，但网络服务提供者能够证明其仅提供网络服务，且无过错的，人民法院不应认定为构成侵权。"即权利人无须证明网络服务提供者存在过错，相反地，网络服务提供者应举证证明其提供服务不存在过错，否则可能被认定构成侵权。

3. 无过错责任原则

无过错责任，也称严格责任。在法律明文规定的特定情况下，只要行为人

---

[1] 上海知识产权法院（2015）沪知民终字第 677 号民事判决书。

的违法行为造成了一定的损害后果，并且具备了法律规定的其他归责要件，则行为人无须存在主观过错就应当依法承担侵权责任。由于无过错责任基于法律上的特殊考量而强调对弱势一方的保护，对另一方课以较大的注意义务，故在网络著作权领域适用无过错责任原则应以法律明文规定为限。

（二）网络著作权侵权的构成要件

侵权责任的构成要件是衡量网络著作权纠纷中某一行为构成侵权与否的重要标杆。网络著作权侵权的构成要件与一般侵权的构成要件存在不同之处，故网络著作权直接侵权的构成要件也一直是法律界研究的焦点问题。2010 年的《北京市高级人民法院关于网络著作权纠纷案件若干问题的指导意见（一）（试行）》（以下简称《指导意见》）规定了网络服务提供者的侵权责任构成要件。《指导意见》第 1 条明确了"网络服务提供者构成对信息网络传播权的侵犯、承担侵权的民事责任，应具备违法行为、损害后果、违法行为与损害后果具有因果关系和过错四个要件"。本文加以借鉴，将分别从这四个要件来分析网络著作权侵权。

1. 违法行为

违法行为构成要件在网络著作权侵权领域与一般侵权领域存在共通之处，即包括作为侵权与不作为侵权两种侵权表现形态。作为侵权在网络著作权侵权中比较常见，如《著作权法》第 48 条规定："……（一）未经著作权人许可，复制、发行、表演、放映、广播、汇编、通过信息网络向公众传播其作品的，本法另有规定的除外；……（四）未经录音录像制作者许可，复制、发行、通过信息网络向公众传播其制作的录音录像制品的，本法另有规定的除外；……"当然，不作为侵权同样有所体现，如前文提及的《侵权责任法》第 36 条第 3 款。

侵权行为是对权利背后法益的侵害。推及之，网络著作权侵权行为则侵害了著作权人受著作权法保护的著作人身权益与财产权益。在涉及链接的网络作品信息网络传播权纠纷中，违法行为的界定通常是对行为人是否存在提供作品行为的判断。若存在，则具备了构成信息网络传播权直接侵权的行为要件；若不存在，则审查是否存在帮助、教唆等行为进而构成间接侵权。

著作权是一种专有权利，因此在侵权诉讼中，法官在查明原告为涉案作品的著作权人与网络著作权的合法有效性的基础上，认定行为人是否有侵犯著作权的违法行为存在。《著作权法》第 47 条、第 48 条对侵权行为的具体表现做了列举加概括式的规定。但法官在违法行为判定过程中往往无法明晰界限，为此可通过先行划定权利人依法受到保护的权利范围，进而考察该行为是否落入该范围。

2. 损害后果

无损害即无责任，因此侵权责任成立的关键因素之一就是损害后果真实存在。网络著作权侵权损害后果，是指网络著作权侵权行为对著作权人精神权益与财产权益的伤害与减损，客观表现为权利人精神的痛苦或财产利益的减少。

著作权法上的损害后果实质为一种不法状态的持续存在，即权利人因为该损害的发生而丧失完整的著作权。著作权侵权的损害后果还与侵权赔偿数额的确定息息相关，按照补偿原则，赔偿金额就应与损害后果相匹配。

3. 因果关系

网络著作权侵权中的因果关系，是指网络著作权直接侵权行为与损害后果之间具有因果关系。在诉讼程序中，因果关系的举证责任一般由原告承担。

由于网络著作权侵权纠纷的技术化与专业化，体现在侵权纠纷中的违法行为与损害事实之间的因果关系也呈现出技术化与专业化的特点。因此，"在确定某一行为与损害结果之间是否有因果关系时，要以实施行为时，某一领域一般专业知识水平作为判断标准，认为该行为有引起该结果的可能性，而实际上该行为确实又引起了该结果，则应当认定行为与结果之间存在因果关系"[1]。如果仍无法查明，则可以通过举证责任的分配探明因果关系的存在。

4. 主观过错

在网络著作权侵权中，主观过错的认定至关重要。在网络著作权侵权纠纷中，应综合考虑行为人对损害后果的认知能力与预见后果的可能性对过错进行认定，同时还要考虑网络服务提供者的行业背景与经营范围。在司法实践中认定侵权最重要的步骤往往是过错的判定。为此，《信息网络传播权司法解释》第 8 条就对过错的认定进行了相应规定，如过错包括对于网络用户侵权行为的明知或应知注意义务；不应根据其未对网络用户侵权行为主动审查来认定其具有过错；采取合理有效的技术措施仍未发现侵权行为的，认定其不具有过错等。

---

〔1〕 蒋志培：《入世后我国知识产权法律保护研究》，中国人民大学出版社 2002 年版，第 102 页。

四、网络链接行为的著作权侵权界定

为了便于展开网络链接行为的著作权侵权界定，须首先明确判断信息网络传播行为的法律标准。由于司法实践中存在不同的法律标准，有必要首先对此争议进行回应与分析。此外，根据链接所设置的对象不同，可以进一步将链接行为（服务）细分为搜索链接服务与择取链接行为。搜索链接服务是针对全网的被动搜索，而择取链接行为则是有特定指向并主动设置的链接，二者都是提供链接服务，然而服务商的主体与链接过程的具体情形是截然不同的。若不对链接服务进行进一步区分就笼统地论证网络链接行为的著作权侵权与否，极易导致法律概念与适用过程中的混乱。因此，在网络链接行为的侵权判断之前，有必要根据链接行为（服务）的不同类别和技术分类分别加以探讨。同时，前文探讨的网络著作权侵权的归责原则与构成要件，无疑也是指引本部分研究网络链接行为的著作权侵权界定的理论基础。本章将以第三部分探讨的网络著作权侵权的归责原则与构成要件为指导，针对不同类型的链接行为，以司法实践中的典型案例为考察对象，对网络链接行为的著作权侵权界定进行深入研究。

（一）服务器标准与用户感知标准之争

在信息网络传播权纠纷外，有服务器标准与用户感知标准之争。服务器标准与用户感知标准的区分是基于对信息网络传播行为的判断。其中服务器标准是指在判断某一行为属于提供作品行为还是提供网络服务行为时以作品是否上传存储于网络服务器为标准；用户感知标准是指以一般网络用户的认知来判断网络服务提供者的行为是否属于信息网络传播行为。

不难发现，用户感知标准相对主观，并具有较大的不确定性，由于判断的依据是网络用户的普遍感知，极易在司法实践中被随意适用解释，进而不当扩大网络服务提供者的责任。反观服务器标准，其是相对客观的技术标准，符合著作权法的立法精神与网络著作权产业的发展规律。本文坚持服务器标准，以下将详细阐述。

从立法层面来看，我国于2001年在《著作权法》第一次修订时把信息网络传播权加入其中，以立法形式予以确认。对立法渊源与立法原意的探究，本文在第二部分已有相关表述。

　　《信息网络传播权司法解释》第 3 条第 2 款规定："通过上传到网络服务器、设置共享文件或者利用文件分享软件等方式，将作品、表演、录音录像制品置于信息网络中，使公众能够在个人选定的时间和地点以下载、浏览或者其他方式获得的，人民法院应当认定其实施了前款规定的提供行为。"该条对提供作品行为作了列举加概括式的规定，除了上传至服务器外，还增加了设置共享文件与利用文件分享软件等方式，一定程度上对作品提供行为予以扩大并加以明确。在规定提供作品行为的具体范围时，宜以列举加概括的方式确定，既避免因技术发展导致法律规定的滞后，又能最大限度地维护法律条文的稳定性。

　　在武进金星公司与北京中文在线公司侵害作品信息网络传播权纠纷案中，法院则回应了上述司法解释的变化，认为："信息网络传播行为既包括经过服务器的存储或中转的作品提供行为，又包括不经过服务器的存储或中转而以技术设施提供网络中间性服务的其他信息网络传播行为。"[1]

　　在笔者看来，无论是上传于服务器还是置于信息网络中，不过是在通过信息网络传播之前存放作品的信息中介的具体名称或技术代称，随着网络信息技术更新迭代，又会涌现其他类似服务器的承担存放作品功能的信息中介，诸如云主机（云服务器）等。但实际上，该观点与服务器标准并无差异。

　　从地方法院层面来看，《指导意见》第 2 条第 2 款规定："将作品、表演、录音录像制品上传至或以其他方式置于向公众开放的网络服务器中，使作品、表演、录音录像制品处于公众可以在选定的时间和地点下载、浏览或以其他方式在线获得，即构成信息网络传播行为，无需当事人举证证明实际进行过下载、浏览或以其他方式在线获得的事实。"《指导意见》对司法实践中普遍坚持的服务器标准做了阐述。

　　这一规定在王莘诉北京谷翔公司等著作权纠纷一案中有所体现，法院明确指出：信息网络传播行为的构成系以该主体向对公众开放的网络服务器中存储了相关内容为前提。如网络服务器中并无相关内容，则通常无法认定该主体的行为构成信息网络传播行为。[2]

　　与上述两种观点差异最大的就是"用户感知标准"。顾名思义，该标准着重考虑网络用户的主观感知，强调作品提供行为的外在表现，作品是否存储于服务器则无关紧要。"用户感知标准"缺点明显。用户感知呈现为一种主观感受，

---

〔1〕　江苏省常州市中级人民法院（2014）常知民终字第 10 号民事判决书。
〔2〕　北京市第一中级人民法院（2011）一中民初字第 1321 号民事判决书。

随意性较大，不具有固定的客观标准与很强的预测性。该标准虽然在某些新型案件中能自圆其说，但总体来说，其弊大于利。

与之相反，服务器标准因其界限清晰和实用客观的特性，在司法实践中均得到了广泛适用和承认，这本身就说明了该标准的合理性。纵然不同标准并存，服务器标准仍是最为客观且符合著作权发展规律的标准。在面对诸如深层链接、加框链接的网络著作权侵权纠纷时，服务器标准仍能够回应司法实践的需要。

（二）网络链接行为的著作权侵权界定

依据链接所设置的对象不同，可以进一步将链接行为（服务）细分为搜索链接服务与择取链接行为。"搜索链接服务是行为人提供信息搜索定位服务，依据用户提供的关键词，检索公开网络信息，以搜索结果的方式向网络用户提供链接，指引网络用户访问需要的信息内容。择取链接行为是行为人自主选择网络信息后设置链接，指引网络用户访问被链接内容。"[1]

1. 搜索链接服务的著作权侵权界定

搜索链接服务本质上就是网络领域的 GPS 导航系统，满足网络用户对信息精确定位的需求。每一次搜索链接，都是根据网络用户在搜索框键入的关键词，由程序按照用户的指令进行检索，并将搜索结果以链接的形式呈现反馈。用户经由这些链接，访问目标信息所在网站。其中最为典型的就是搜索引擎服务商，例如根据用户提供的关键词所检索到的搜索链接结果中包括侵权网络作品的链接，由于搜索引擎服务商提供上述搜索链接结果的行为并非提供作品行为，因此也不可能是信息网络传播行为，故不构成直接侵权。如在华纳唱片公司诉百度网讯科技有限公司侵犯信息网络传播权纠纷案中，北京市第一中级人民法院审理认为，在法律上并没有对搜索引擎服务商的商业模式和功能设置施加法定义务，同时原告未能举证证明搜索引擎服务商对侵权行为为明知或应知，则不该让缺乏识别能力的搜索引擎服务商承担侵权责任。[2]

笔者认为，搜索引擎服务商提供搜索链接服务发挥的作用就是用户信息之间的信息中介。由于搜索引擎服务商对所链信息没有控制能力，自然不能对其苛以审查链接的义务，要求其承担较高审查义务既不现实，也无可能。搜索链

---

〔1〕 何怀文：《中国著作权法：判例综述与规范解释》，北京大学出版社 2016 年版，第 513 页。

〔2〕 北京市第一中级人民法院（2005）一中民初字第 8995 号民事判决书。

接服务不应被纳入直接侵权的范畴，这也是出于产业政策与利益平衡的综合考量。在该案中，法院适用的侵权责任归责原则是过错原则，即百度网讯科技有限公司明知或应知存在著作权侵权行为而仍提供教唆帮助的，构成共同侵权。值得注意的是，并非搜索链接服务商提供的所有搜索链接服务都不认定为侵权。如在中搜网络公司与盛世骄阳公司侵害作品信息网络传播权纠纷案中，北京知识产权法院审理认为："搜索链接技术服务商固然不负有审查所有链接内容的义务，但对于自己设置的定向链接应承担较高的注意义务。"[1]

在以往的司法实践中，法院常常根据服务商所提供服务的不同，将其区分为网络技术服务提供商与网络内容提供商，即 ISP 与 ICP。在国内互联网服务商发展演变的早期，通过这种方式能方便快捷地区分服务商的类别，判断其所提供服务的性质，进而在侵权主观过错判断中对其施加不同程度的注意义务。随着互联网企业产业链的扩张与网络技术的发展，网络内容提供商与网络服务提供商的身份与分工变得界限模糊。网络内容提供商常常在提供内容的同时提供全网搜索服务，与此同时，网络服务提供商也涉足内容提供和信息存储服务等。因此，单纯从互联网经营者自称的服务属性来判断其身份已经不合时宜，而应根据"信息网络传播行为的具体性质进行定性与判断，实现从'身份'标准到'行为'标准的转变"。[2]同理，该案中的中搜网络公司本是搜索链接服务商的身份，但是其在具体行为中设置了定向链接，宜通过具体行为对其身份进行个案认定。

2014 年 6 月 6 日，国务院法制办公室公布了《著作权法（修订草案送审稿）》，其第 73 条第 1 款规定："网络服务提供者为网络用户提供存储、搜索或者链接等单纯网络技术服务时，不承担与著作权或者相关权有关的审查义务。"该条款明确了单纯提供技术服务的网络服务提供商免于承担审查义务。该条款引起相关行业版权组织的担忧，其认为免除网络服务提供商事先审查义务不利于对网络作品权益的保护。其实早在《信息网络传播权司法解释》第 8 条第 2 款[3]中，也没有规定网络服务提供商的审查义务。若网络服务商因种种原因未能进行事先审查，将直接被认定为过错，故事先审查义务对于网络服务商而言，显

---

〔1〕　北京知识产权法院（2015）京知民终字第 00478 号民事判决书。

〔2〕　孔祥俊：《网络著作权保护法律理念与裁判方法》，中国法制出版社 2015 年版，第 73 页。

〔3〕　《信息网络传播权司法解释》第 8 条第 2 款："网络服务提供者未对网络用户侵害信息网络传播权的行为主动进行审查，人民法院不应据此认定其具有过错。"

然是过于苛刻的法律义务。

2. 择取链接行为的著作权侵权界定

择取链接行为则不同于搜索链接服务，须根据普通链接和深层链接进行区分，进而界定是否构成信息网络传播行为。普通链接和深层链接在设置链接行为的具体表现形态方面不同。对于普通链接来说，普通链接的设置者并非无须承担注意义务。当作品涉及侵权时，设链者在应知或明知情况下仍设置链接的，则有可能构成帮助侵权。就深层链接而言，当作品上传至服务器后，网络服务提供者为作品设置网络链接。网络用户点击网络服务提供者所设置的链接，即可绕过被链网站主页，而直接链接至存储作品的服务器进行访问。通常情况下，网络服务提供者还会对设置链接进行编辑整理等，如此形成了网络服务提供者"替代"网络服务提供商向公众"提供作品"的外观效果，特别是在加框链接的情形下尤为明显。然而，实际上网络服务提供者为作品设置链接并未改变网络传播的主体。

（1）普通链接的著作权侵权界定。设置普通链接不是直接提供作品，设置普通链接并不会改变被链作品的存储位置，设置链接也不会在设链者的服务器产生作品的复制件。网络用户点击链接后，网页跳转至被链网站，如在线浏览、下载等提供作品行为都在被链网站界面进行。若作品从服务器中删除，所设链接则会失效。有关网络著作权的法律法规或司法解释并未对普通链接设置行为进行特别规定，故对其侵权的判定就适用《侵权责任法》的过错原则。

司法实践中大部分观点认为，普通链接设置人承担著作权侵权责任的前提是存在侵权的主观故意或过失。如在网乐公司与网酷公司侵犯著作财产权纠纷案中，沈阳市中级人民法院审理认为："网酷公司向用户作出版权提示，同时使用被链接网站资源时已对其合法性进行合理审查，进而判定网酷公司不存在侵权的主观故意和过失。"[1]

由此不难看出，法院对普通链接设置人适用过错责任归责原则。同时，普通链接的服务商不负担事前审查的义务。如在网乐公司与肇庆市文化广电新闻出版局等侵犯著作权纠纷上诉案中，广东省高级人民法院审理认为：被告仅提供链接服务，不涉及上传下载服务并且未提供作品，不构成直接侵权。基于互联网互联与开放的特点，要求链接服务提供者对所链接的信息是否存在权利上

---

[1] 沈阳市中级人民法院（2009）沈中民四初字第 126 号民事判决书。

的瑕疵先行作出判断和筛选是不客观的。[1]

从信息网络传播权中对服务商审查义务的判定可推及其他著作权中服务商的审查义务的判定。如在奥飞动漫公司与二三四五网络公司侵害作品信息网络传播权纠纷案中，上海市浦东新区人民法院审理认为网络服务提供商仅提供游戏的链接服务，系游戏使用行为的帮助者，游戏角色是否侵犯他人著作权，网络服务提供商既无法控制也无法预见，因此不可能构成应知或明知，在衡量著作权人权利的保护与技术创新的价值后，认定网络服务提供商不负有审查义务。[2]

上海市第一中级人民法院对此予以维持："被上诉人因此是否构成侵权，还需考量被上诉人对此是否存在过错，即被上诉人是否知道被诉网站上的涉案游戏存在侵权。"[3]二审法院实际上点明了网络服务提供商不具备事先审查的认知能力，进而判定其不存在过错。

当然，如果设置普通链接的服务商在设置链接后对作品主动进行编辑、整理、分类、排版，说明其已经对链接予以相当程度的关注，则应负担更高的注意义务，应该审查被链接内容的合法性。如在北京电信通公司等与湖南快乐阳光公司侵害作品信息网络传播权纠纷系列案中，北京知识产权法院审理认为，网络服务提供商若设置指向有限网站的定向链接，且对被链接内容进行整理编排，则应负有更高的注意义务。法院以影视类作品为例，说明了如何询问了解版权信息以承担相应的注意义务，并从网络服务提供商经济利益和权利人权利角度论述了施加给网络服务商较高注意义务的合理性。[4]

在该案中，法院较好地明确了链接服务提供商的注意义务。倘若不对其施加较高的注意义务，链接服务提供商极有可能怠于履行注意义务，虽然在其设置链接时已了解被链接内容的版权信息，事后却主张其主观上不知情。而在此情形下，被链接作品权利人的权益必然受损，并且这种损害得不到应有的弥补。

注意义务还应根据具体的链接内容知名度予以调整。如链接服务提供商为一部正在院线上映的热门影片的网络视频资源设置链接，其哪怕在设置链接的过程中仅仅了解所链接作品的影片名称，也容易知道该链接内容极有可能涉嫌

---

[1]　广东省高级人民法院（2010）粤高法民三终字第 345 号民事判决书。

[2]　上海市浦东新区人民法院（2013）浦民三（知）初字第 848 号民事判决书。

[3]　上海市第一中级人民法院（2014）沪一中民五（知）终字第 73 号民事判决书。

[4]　北京知识产权法院（2015）京知民终字第 1167 号民事判决书。

侵权，此时链接服务提供商理应承担较高的注意义务。互联网信息固然浩如烟海，但普通链接设置有目的性地选取内容，应该承担较高的注意义务。

（2）深层链接的著作权侵权界定。针对深层链接的著作权侵权界定，笔者分为直接侵权与间接侵权展开探讨。

第一，直接侵权的探讨。深层链接分为一般深层链接与加框链接，但二者在著作权侵权界定上并无多大差别，故对其不再分别论述。在司法实践中，由于加框链接提供作品行为的效果更甚，故下文将重点探讨。目前我国法院对此问题的观点分歧较大。主流观点认为，设置深层链接完全不构成内容提供行为，因此不会直接侵犯信息网络传播权，但仍可能构成帮助传播行为。若也不构成间接侵权，则权利人可通过反不正当竞争法主张相应的权利。

为此，许多司法实务界与网络版权行业人士纷纷呼吁加大对网络服务提供商设置深层链接服务的规制力度，将此类纠纷纳入著作权法的规制范围，并认为采用服务器标准具有局限性，仅通过认定深层链接为帮助传播行为或适用反不正当竞争法无法遏制愈演愈烈的恶意盗链行为，应对提供作品行为作扩大解释，将实质替代了被链网站提供作品的深层链接行为认定为直接侵权。

如在乐视公司与东风通信公司侵害信息网络传播权纠纷案中，法院判决体现了这种观点。原审法院审理认为："加框链接实质上改变了作品的呈现方式，损害了著作权人的利益。从目前我国商业网站的运作模式来看，网站的浏览量与商业利益具有直接的关系，加框链接的行为使得用户在浏览被链接作品的同时，将注意力停留在了设链者的网页上，大大降低了被链接网站的浏览量，甚至架空了著作权人对于作品传播主体范围的控制，从而实质性地损害了著作权人的利益。"[1]原审法院实质替代的观点得到了二审法院的维持。

又如在深圳杰科公司与西安佳韵社公司侵害作品信息网络传播权纠纷案中，深圳市中级人民法院审理认为，深圳杰科公司未经许可通过人工干预方式实质替代被链网站提供涉案作品，实质影响了西安佳韵社公司对涉案作品的正常使用，侵犯了信息网络传播权，应当承担停止侵权、赔偿损失的民事责任。[2]

此外，还有法院通过经济利益的角度进行论述，如在星传影视文化传播公司与江苏睢宁电信局侵犯著作权纠纷案中，江苏省高级人民法院认为，由于被控侵权网站是提供链接服务的网站，负有审查链接内容合法性的注意义务，若

---

[1] 湖北省高级人民法院（2015）鄂民三终字第 00606 号民事判决书。

[2] 深圳市中级人民法院（2015）深中法知民终字第 1492 号民事判决书。

未尽注意义务则须承担侵犯著作权的法律责任。江苏睢宁电信局对被链网站的信息进行整理编辑，直接链接其播放子页，使网络用户在不跳转界面的情况下进入被链网站浏览设链作品。该链接行为从增加设链网站的点击率的过程中获取经济利益，因此侵犯著作权人的信息网络传播权和获得报酬权。[1]

笔者认为，上述三个案例体现了近年来个别法院判决中采纳的观点不同于服务器标准的实质替代标准。事实上，实质替代标准是以结果为导向，从结果的呈现效果反推出作品传播过程的实质替代。在此标准之下，某些链接设置行为将被定义为信息网络传播行为。然而，究其本质，加框链接仅仅是提供链接服务，通过对链接进行再编辑，实现不跳转在线播放他人作品的目的。网络用户或许会产生混淆，把提供播放服务的设链网站误认为真正的权利人。混淆之后的"效果"与设链网站提供作品的直接侵权效果确实相同，但据此将其纳入著作权法的规制范围欠妥当。毕竟，混淆与否该由商标法和反不正当竞争法进行调整规制。

当然，更多法院坚持服务器标准，如在幻电公司、看看牛视公司与华视网聚公司侵害作品信息网络传播权案中，上海知识产权法院对一审实质替代的观点予以纠正，认为："哔哩网提供的是网络链接服务，仅仅通过技术手段将案外网站上的视频文件链接到其网站，并未改变涉案作品的存储位置，故不存在将作品置于网络中的行为，也就不构成作品提供行为，亦不涉及直接侵权责任问题。一审法院认定哔哩网的行为已经在实质上替代了被链网站向公众传播作品，构成作品提供行为的观点，本院不予赞同。"[2]

第二，间接侵权的探讨。设置深层链接的服务商在主观上存在明知或应知链接作品系侵权的情况下，构成间接侵权。同样，在上述案件中，上海知识产权法院认为，哔哩网提供深层链接服务，虽不构成直接侵犯信息网络传播权的行为，但因其客观上对于被链网站内容的传播起到了帮助作用，一定情况下亦可能构成共同侵权，承担间接侵权责任。[3]

同时，法律施加给设置加框链接的行为人以审查链接内容合法性的审查义务，如对被链网站的主体资质进行审查等，未尽审查义务则需要承担共同侵权责任。如在光音网视公司与迅雷公司等侵害作品信息网络传播权纠纷案中，北

---

〔1〕 江苏省高级人民法院（2011）苏知民终字第 0132 号民事判决书。
〔2〕 上海知识产权法院（2015）沪知民终字第 269 号民事判决书。
〔3〕 上海知识产权法院（2015）沪知民终字第 269 号民事判决书。

京市第一中级人民法院审理认为，石油大学未经许可与光音网视公司合作提供在线播放服务，共同侵犯了迅雷公司所享有的信息网络传播权。石油大学作为视频系统的使用方，应审查视频系统的提供者的经营资质，但是石油大学未尽到相关注意义务。[1]

若设置加框链接过程中存在对被链接内容加以整理编排分类等处理行为，并体现了链接设置人的特定的商业构思与意志，则其应尽到较高的审查义务。如在北京慈文影视制作有限公司与中国网络通信集团公司海南分公司（简称"海南网通公司"）侵犯著作权纠纷案中，最高人民法院审理认为，与仅提供指向第三方网站的普通链接不同，海南网通公司有一定程度的审核义务，其至少应对经营者的主体资质进行一定的审核。海南网通公司不知晓该网页经营者的主体资质，亦未尽到最低程度的注意义务，因此应承担连带责任。[2]

《信息网络传播权司法解释》第6条规定："原告有初步证据证明网络服务提供者提供了相关作品、表演、录音录像制品，但网络服务提供者能够证明其仅提供网络服务，且无过错的，人民法院不应认定为构成侵权。"

通过解读可知，该条款对加框链接同样适用，并加大了网络服务提供商的举证责任。原告只要提供证据初步证明网络服务提供商提供作品的表象，网络服务提供商就需要承担其仅提供网络服务且无过错的举证责任，否则面临举证不力的诉讼后果，可被认定直接侵犯信息网络传播权。

通过上述分析，笔者认为，在涉及链接行为的网络著作权侵权纠纷中，在对设置链接的网络服务提供者的提供作品行为进行判断时，应坚持服务器标准。在多变的网络环境下，更应坚持客观的法律标准。事实上，服务器标准能够回应司法实践的需求。纵然存在不同的法律标准与理论观点，但服务器标准仍为当下最切实可行并且符合我国网络著作权发展状况的法律标准。深层链接行为不构成直接提供作品行为，实质替代观点不符合链接服务的本质。可适当地通过对网络服务提供者施加更多注意义务进行间接侵权的主观过错认定等方式予以规制。

在涉及链接行为的网络著作权侵权纠纷法院裁判中，宜先对链接行为加以区分，将其细分为搜索链接服务和择取链接行为。目前，大家在司法实践中对网络技术服务提供商与网络内容提供商的区分形成普遍共识，但如此区分尚不

---

[1]　北京市第一中级人民法院（2014）一中民（知）终字第7460号民事判决书。

[2]　最高人民法院（2009）民提字第17号民事判决书。

够准确；后来有观点提出，根据个案中具体行为来认定相关主体的性质。笔者认为，应更进一步，对搜索链接服务与择取链接行为进行区分。虽都是提供链接服务，但二者在注意义务、审查义务的承担与过错的认定上存在不同，进而影响侵权责任。因此，进行上述区分存在现实意义。

应用程序编程接口（API）著作权保护问题研究

董　奇

使用著作权法对计算机软件进行保护是一种主流，但是软件与传统作品在客观上存在的巨大差异使得这种保护方式颇受质疑。

应用程序编程接口（API）是软件行业在逐步发展中产生的一种软件类型，通过使用 API，程序员大大提高了编程的效率。在 API 著作权保护问题的焦点案例——甲骨文公司诉谷歌公司案中，一、二审法院得出的结论迥异并且均饱受争议，这引发了笔者对 API 著作权保护问题的思索与研究。虽然该案发生在美国，但是相同或类似的案件在我国的发生仅仅是时间问题，十分有必要对这一问题进行研究和分析。

本文从著作权法目的的角度进行研究，不仅能够针对 API 著作权保护问题得出兼具合理性和可接受性的结论，同时还可以为今后计算机软件以及其他非传统类型作品的著作权保护提供借鉴和研究思路。

一、API 基本介绍及著作权保护争议

如今软件已经成为我们生活中不可或缺的部分，而软件行业之所以能够如此繁荣，得益于其对高效性、可靠性以及系统化的追求，API 便是在这样的追求中产生的。

（一）API 的概念及作用

1. API 的概念

API 是 Application Programming Interface 的简称，其是在软件编程过程中使

用的，针对某种功能而预先编写好的一组程序。可以将 API 形象地理解为插口，每一个插口都有其特定的功能，程序员需要什么功能就将插头插入到与该功能对应的插口中。以百度公司提供的 API 为例，开发者只需要直接调取地图 API，便可以在其所开发的软件中使用百度地图的功能，而不需要自行编写代码。

2. API 的作用

对于软件开发人员来说，使用 API 可以提高开发效率，同时还可以在软件中实现更加强大的功能；对于 API 的提供者来说，设置 API 可以在增加用户群体的同时保障代码的安全。具体来讲，API 主要可以起到提高编程效率、保证代码安全、简便系统维护的作用。因此，在如今的软件开发工作中，API 起着不可替代的作用。

（二）API 著作权保护争议

甲骨文公司诉谷歌公司案[1]是直接涉及 API 著作权保护问题的案件，通过该案，我们可以对与 API 有关的著作权问题进行全面了解。

1. 案情介绍

（1）技术背景。Java 是由太阳公司（Sun Microsystem, Inc.）开发的一门编程语言。相比于其他编程语言，Java 最大的特点之一便是其跨平台性，程序员不再需要为不同的操作系统以及运行设备分别编写程序，而是可以"一次编写，随处运行"。为了实现这种跨平台性，太阳公司设计了一种软件模拟的计算机，即 Java 虚拟机（JVM），通过安装这种虚拟机，Java 语言编译程序只需生成在 JVM 上运行的目标代码，就可以在多种平台上不加修改地运行。

为了提高软件开发效率，太阳公司编写了一系列与 JVM 配套的程序，并对这些程序进行了组织和安排。执行具体功能的代码叫做方法（method）；同一类型的方法、变量以及与方法操作有关的其他元素共同构成类（class）；存在关联性或相关性的类共同组成包裹（package），即 API。为了更好地理解上述关系，我们可以将全部包裹的集合理解为一个图书馆，每一个包裹则是图书馆中的一个书架，而每一个类是书架中的一本书，每一个方法是书中解决问题的章节。太阳公司以 Java 软件开发工具包（JDK）的形式将 JVM 和与其配套的 Java API 提供给开发人员使用。

---

[1] Oracle America, Inc. v. Google, Inc., Docket No. 13-1021, - F. 3d - (Fed. Cir. 2014), affirmed, 576 U. S. - (2015).

Android 是由安卓公司（Android, Inc.）使用 Java 语言开发的一款操作系统。在开发 Android 的过程中，由于谷歌公司与太阳公司在 JVM 的兼容性测试问题上无法达成协议，最终谷歌公司决定使用 Java 语言开发自己的虚拟机[1]。

谷歌公司将其自行开发的虚拟机和配套 API 以安卓软件开发工具包（ASDK）的方式提供给开发者。在这个工具包中共有 168 个 API，并且这些 API 中实现功能的具体代码全部是由谷歌公司自行编写的，只是其中有 37 个 API 使用了与 JDK 中 Java API 相同的声明码和组织方式。

（2）诉争焦点。通常，软件作品的著作权问题都是围绕具体代码展开的，而本案的争议焦点不在实现功能的代码方面，而在 ASDK 中 API 使用与 JVM 中 API 相同的声明码以及组织方式是否构成侵权这个问题上，即本案的诉争焦点是 API 的声明码以及结构（Structure）、序列（Sequence）和组织（Organization）（简称 SSO）是否具有著作权。

2. 法院观点

（1）一审法院观点。一审法院认为，甲骨文公司不能对 API 的声明码以及 SSO 主张著作权，谷歌公司的行为不构成侵权。

法院认为声明码不具有著作权的理由有以下两点：第一，由于 API 的名称与其具体功能具有直接关联，某种功能所对应的名称是十分有限甚至是唯一的，此时依据合并原则，任何人都不能对其进行独占，即不能够对其主张著作权；第二，由于 API 的名称属于名字或短语，因而不能够享有著作权。

对于 SSO 而言，虽然 API 中类和方法的组织方式构成了表达，并且 Java API 中采取的特定方式是具备独创性的，但是这种组织方式类似于一种分类系统，即将一定的功能按照某种组织方式进行排列组合，而主体对这种命令结构、操作的方法或系统是不能够享有著作权的。

（2）二审法院观点。二审法院得出的结论与一审法院完全相反。

对于 Java API 的声明码，二审法院认为，甲骨文公司对其享有著作权。首先，API 的声明码是对 API 抽象功能的具体呈现，属于表达。其次，合并原则中判断表达是否有限甚至唯一的时间点应当是在先创作时而不是在后侵权时，甲骨文公司在设计声明码时是从众多的表达中选择了一种，因此不能认为思想与表达发生了合并。最后，虽然 API 的功能与其名称之间存在直接关联，但是

---

〔1〕　该虚拟机的名称为"Dalvik Virtual Machine"。

这种关联并不会导致对功能的表达有限甚至唯一。最后，API 的名称的确类似于名字或短语，然而某一对象属于名字或短语并不必然导致其不具备著作权，创造性才是判断著作权的关键，如果具备创造性，名字和短语同样可以具备著作权。

对于 Java API 的 SSO，二审法院同样肯定了甲骨文公司对其享有著作权。这是因为虽然 SSO 属于一种命令结构、操作的方法或系统，但是 Java API 的 SSO 是以一种具体的形式呈现出来的，这种呈现构成了表达。甲骨文公司对于这种 SSO 的具体呈现方式享有著作权。

同时，法院认为兼容性、用户习惯等因素与著作权没有关联，即不能出于兼容性以及用户习惯方面的考虑而否定著作权。

3. API 著作权问题的分析路径

关于 API 的著作权保护问题，通说认为，著作权的客体是以某种客观存在的具体形式体现出来的创造性的智力创作成果，即文学、艺术和科学作品。[1]根据我国《计算机软件保护条例》的规定，API 属于一种计算机软件作品，因而属于我国《著作权法》第 3 条规定的作品范畴，具体而言属于其中第 8 项"计算机软件"。

在明确 API 是一种软件作品之后，则需要更进一步去分析 API 的著作权边界，即哪些成分可以主张著作权，哪些成分不可以。要解决这一问题，需要借助思想与表达二分法。笔者将在下一部分对思想与表达二分法展开论述，从著作权法目的的角度分析该二分法的合理性，以及思想与表达的界限，并对计算机软件这一特殊的作品类型适用该二分法的合理性与差异性进行分析。

二、API 著作权保护适用的基本原则——思想与表达二分法

各个国家的著作权法以及有关国际条约虽然基本都对可以获得著作权的作品类型进行了列举式规定，但是并没有对作品享有的著作权范围做出明确规定。关于这个问题，著作权理论中公认的标准是区分不被著作权保护的思想和被著作权保护的表达，即思想与表达二分法。[2]思想与表达二分法是为了解决现实

---

〔1〕 冯晓青：《著作权法》，法律出版社 2010 年版，第 43 页。

〔2〕 冯晓青：《知识产权法利益平衡理论》，中国政法大学出版社 2006 年版，第 693 页。

生活中的问题而出现的，由美国最高法院在 Baker v. Selden 案[1]中最早提出，是解决某一对象是否可以受到著作权保护或者多大程度上可以受到著作权保护问题的方法或工具。

本部分拟先对思想与表达二分法的原理进行分析，在此基础上探讨其在软件著作权保护中的适用，从而为认识 API 著作权保护奠定理论基础。

（一）思想与表达二分法的一般原理

1. 思想与表达的基本内涵

由于作品是反映创作者思想感情的知识产品，[2]作品总是蕴含着一定的知识、文化、精神、理论等抽象内容，同时这些抽象内容又必须通过具体的形式呈现出来才能够被人们感知，这使得作品中必然存在着相互依存的思想和表达。

有观点认为，应当通过解释"思想""表达"两个词语的文义来界定其内涵。然而这样的方式是背离思想与表达二分法初衷的，因为在提出思想与表达二分法的 Baker v. Selden 案中，法官实际上是为了明确记账方法是一种想法，即 idea，而对于该方法的描述和说明是表述方式，即 expression，从而划分出 idea 和 expression 这两个概念，并以此论述作品中可以享有著作权与不得享有著作权的部分分别是什么。这两个词语是法官对该具体案件的一种解读，可以普遍适用的是词语中蕴含的抽象含义，而不是具体词语本身。因此，思想与表达二分法中"思想""表达"这两个词语更多是象征意义的。

通过一些法律、法规以及国际条约的具体阐述，我们也可以看出思想与表达二分法中思想的含义不应限于字面。如《美国版权法》第 102 条（b）规定："在任何情况下，对作者独创作品的著作权保护，不得延及思想、过程、创作方法或数学概念本身。"同样，在《与贸易有关的知识产权协议》中也有类似条款。

本文认为，基于思想与表达二分法是解决著作权问题的工具，二分法中思想和表达的内涵不需要扩大到作品之外。思想是蕴含在作品中的知识、文化、精神、理论等抽象内容，表达则是作品中思想的呈现，是使他人能够感知和理解的具体方式。

此外，思想与表达二分法还规定了一些例外情况，即某些对象虽然属于表

〔1〕　Baker v. Selden，101 U. S. 99，101，11 Otto 99，25 L. Ed 841（1879）.

〔2〕　冯晓青：《知识产权法利益平衡理论》，中国政法大学出版社 2006 年版，第 704 页。

达，却不能够受到著作权法的保护，具体包括：不具有独创性的表达，合并原则和场景原则。

2. 思想与表达二分法的合理性

对思想与表达二分法合理性的论述可以从多个方面展开，本文主要从著作权法目的的角度进行论证。

（1）著作权法的目的。基于知识具有天然的延续性，任何人都不应当对它享有独占性的权利，它应当以公有的形式属于人类整体。同时，法律语境下，权利必须是经过法律明确化的。所以，在知识产权法律出现之前，没有人可以对知识享有法律意义上的独占性权利。在法律层面上，知识本是处于公有的状态，只是随着人类社会的发展，作为社会客观需求的知识产权法出现之后，知识才逐步成为私有财产权的客体。

著作权法之所以要将原本全部属于公共利益的知识拿出一部分赋予个人，是基于经济学中"利益理性人"的原理：如果将公共利益中的一部分利益赋予个人，可以激励个人创造出更多资源，并且在最终效果上实现公共利益最大化，则这种公有部分向私有部分转移就是合理正当的。大卫·尼莫尔教授指出："根据著作权法中传统的公共利益原理，代表公共领域的作品成为人类继承物的一部分，并且著作权只是在通向更大利益的道路中报偿作者的一个临时站台。"[1]所以，保护著作权人利益是著作权法的直接目的而非最终目的，其只是一种手段或者中间过程，著作权法的最终目的是公共领域知识的增加。

从实证角度看，从我国《著作权法》关于立法目的的表述也可以看出著作权法存在二元的目的，私人利益的保护是著作权法作为调整社会生活之法律规范的主要目的，通过保护私人利益促进文化和科学的发展与繁荣则是最终目的。

著作权法的最终目的在于知识和文化的繁荣，虽然著作权法所追求的知识繁荣既包括知识本身的发展，也包括呈现方式的多样，但是这两个追求都需要通过数量上的繁荣才能实现。保罗·戈德斯坦教授曾做过一个形象的比喻："科学和技术是向心的，导向一个单一的最佳结果。一个水泵可以优于另一个水泵，而专利法规和商业秘密就是将投资导向这些改进。文学和艺术是离心的，面向各种具有不同品味的观众。……著作权的目的就是将投资导向丰富的而不是有

---

〔1〕　David Nimmer, "The End of Copyright", 48 *Vand. L. Rev.* 1385, 1416（1995）.

效的表达方式。"[1]

通过上文的论述可以看出，著作权法兼具私人利益保护和公共利益扩大两个目的，是通过确认和保护著作权及相关权益来最终实现公共利益增加的，并且公共利益的增加是以作品多样性的形式来体现的。

由于思想与表达二分法是一种确权的工具，同时目的又是一切权利的源泉[2]，因此可以从该二分法是否有助于实现著作权法最终目的的角度来对其合理性进行判断。

（2）思想与表达二分法有助于实现公共利益角度的著作权法目的。思想与表达二分法中保护表达而不保护思想的设置有助于实现公共利益角度的著作权法目的。

1）保护表达有助于实现知识与文化的繁荣。思想与表达的二分法明确了除惯常表达、思想与表达合并等特殊情况之外，只要是具有独创性的表达就能够受到著作权法的保护。这就意味着，任何人通过独立创作而产生的作品，只要具备独创性就可以享有著作权，受到著作权法的保护。这样的设置使著作权的取得变得十分容易，人们对于权利——法律语境下的利益——的追求可以激励人们创作和传播其作品，从而实现知识的创造和传播。

2）不保护思想同样有助于实现知识与文化的繁荣。思想与表达二分法明确思想不能够受到著作权法的保护，即任何人都可以自由使用作品中蕴含的思想。这样的设置实则有助于实现知识与文化的繁荣：在科学作品中，只有对其中蕴含的理论或观点进行大量的交流与探讨，才能充分论证和证明其正确性。同时，从不同的角度对理论或观点进行论述可以使人们更好地理解和掌握。因此，不对理论或者观点予以著作权保护，可以使其全面地被人们利用，这样才能实现知识的繁荣和发展。

在文学艺术作品中，虽然作品的故事、想法、主题以及内涵是作品的灵魂，但是作品的价值却体现在具体的呈现方式上，人们对于该类作品的欣赏需求也更多地落脚在呈现方式上。因此，不对作品中蕴含的思想予以著作权保护，才能实现文化的繁荣和发展。

---

〔1〕　Paul Goldstein, "Infringement of Copyright in Computer Program", 47 *U. Pitt. L. Rev.* 1119, 1123 (1986). 转引自［美］罗伯特·P. 墨杰斯等：《新技术时代的知识产权法》，齐筠等译，中国政法大学出版社 2013 年版，第 722 页。

〔2〕　［美］本杰明·卡多佐：《司法过程的性质》，苏力译，商务印书馆 1997 年版，第 61 页。

（3）思想与表达二分法有助于实现保护私权角度的著作权法目的。思想与表达二分法同样有助于实现保护私权这一著作权法目的。如前所述，保护独创性的表达意味着除了特定情况之外，只要具备独创性的作品就可以受到保护，这使得作者或其他权利人的著作权及相关权益变得明确具体，不论是权利人行使其权利还是事后的救济都较为明确，有助于实现保护作者著作权及其他权益这一著作权法目的。

由于知识具有继承性、连贯性、相容性，一部作品中的内容不可能全部是独创的，而作者自己即使能够区分独创与借鉴，也不可能明确知悉其所借鉴的内容都来源于何处，因此如果对抽象的知识予以著作权保护，著作权制度的实际运行将产生极大的混乱，使得著作权人的权利长期处于不确定的状态中。只有将这种不确定性剥离出去，才能更好地实现保护权利人的目的。

（二）计算机软件中思想与表达二分法的原理

关于通过何种法律手段对计算机软件予以保护，学界经历了长时间的探讨，虽然最终以著作权法来保护计算机软件成为共识，但我们无法忽视计算机软件与传统作品存在巨大差异这一客观现实，这样的差异使得计算机软件是否可以适用思想与表达二分法成了问题。下文笔者将着重分析在计算机软件中适用思想与表达二分法的合理性与差异性。

1. 计算机软件中适用思想与表达二分法的合理性

上文分析的思想与表达二分法理念在软件著作权保护中具有合理性和正当性。原因如下：

第一，计算机软件是通过编程语言编写的，而编程语言的语法规则是人为设定的，与自然语言相比选择空间有限，这就导致计算机软件之间的代码彼此类似或者相同的概率很高。由于独创性这一要求着眼于独立创作，允许通过独立创作而产生的相同或类似表达均具备著作权，因此通过保护独创性的表达这一设置，可使相似软件之间的著作权互不影响。

第二，计算机软件的功能是通过大量的逻辑判断实现的，而其中有一部分逻辑判断的方法是实现所有功能或某一类功能所必备的，通过不保护思想可以使这些至关重要的逻辑判断方法留存在公共领域内；逻辑判断存在效率上的优劣之分，高效的逻辑判断方法得到共享是软件产业健康持续发展的前提。通过不保护思想，可以使高效的逻辑判断不被独占。

基于上述原因，首先应当肯定在计算机软件中适用思想与表达二分法的合理性。通过该方法，可以平衡计算机软件中的公私利益，有助于实现著作权法的目的。但同时也应当认识到，计算机软件与传统作品之间在客观上存在着巨大差异，在具体适用时需要做出调整。

2. 计算机软件中适用思想与表达二分法的差异性

计算机软件与传统领域的任何作品都不相同，这导致了在计算机软件中适用思想与表达二分法必然具有一定的特殊性。

第一，计算机软件是旨在实现一定功能的实用作品，除了文档说明等描述文件之外，其他的部分都是为了实现特定功能而存在的，这点与传统作品不同，不具有传统作品中欣赏和艺术的成分。这样的特殊性使得区分一部计算机软件中的思想与表达时，应当从功能和逻辑的角度进行，即应当重点关注逻辑关系，而不限于具体语句。

第二，判断某一对象属于思想还是表达以及合并原则、场景原则是否适用时，不能无视兼容性和效率因素。这是因为关于计算机软件著作权的任何判断都应当是为了实现软件行业的繁荣而服务的，而兼容性与效率是软件行业繁荣的基础，必须将其纳入考虑。

第三，在计算机软件中，合并原则的适用存在特殊性。

在传统领域中，判断合并原则的时间点应当是创作时，即在创作时，思想的表达并不是有限的，如果作者从众多的表达空间中选出一种具有独创性的表达，那么作者对于这一独创性的表达就应当享有独占的权利，即享有著作权。

然而，在计算机软件领域并非如此。首先，编程语言的语法、程序设计的流程甚至软件实现的方式都是人为规定的，这与文学、艺术领域依据日常生活以及悠久的历史不同，也与科学领域依据客观世界的规律不同。这样的差别会使得计算机软件领域中出现创作时思想与表达合并，但随着后续行业的发展，二者又变得不再合并的情况，例如量子计算机的编程逻辑与当前的编程逻辑完全不同，这将彻底影响计算机软件中思想与表达是否合并的判断。其次，虽然将计算机软件纳入著作权法保护是合理的，但是其所具备的"专利"属性也是不容忽视的。在专利领域，人们更加在意的是哪项技术更优、更适合，而不是技术是否多样。科学和技术是向心的，导向一个单一的最佳结果，计算机软件也是一样，从来都是以淘汰和更迭的方式发展的。这样的特点会使计算机软件领域中出现创作时思想与表达并不合并，但是后续发展导致思想与表达合并的情况，例如，当某个计算机软件获得市场统治地位之后，其所选择的某些表达极易成为事实上的行业标准，后续的创作者出于效率、兼容性甚至用户习惯的考虑，实际操作中可以选择的表达已经是有限甚至唯一的了。

知识从来都不是一成不变的，而是随着人类认知的变化而不断变化的。关于知识产权相关的内容只有依据利益平衡理论进行动态调整，才能得出真正合理的结论。因此，不应当将判断计算机软件是否适用合并原则的时间点局限于作品创作时，这样才符合合并原则所蕴含的精神，有助于实现著作权法目的。

第四，虽然思想与表达二分法是解决著作权保护问题的工具，但是其本身的合理性和正当性都应当以是否有助于实现著作权法目的为判断标准。因此，当出现某一对象属于独创性的表达，但是对其予以著作权保护将会阻碍著作权法目的的实现时，应当以是否有助于实现著作权法目的这一终极判断标准为依据。关于这个问题，笔者在下文 SSO 的著作权保护部分将详细展开论述。

三、API 著作权保护的具体问题

API 既然属于软件作品，其必然涉及相关著作权保护问题。关于 API 著作权保护的问题，学者通常分为三个部分讨论：第一部分是关于 API 说明部分的著作权保护，第二部分是 API 中实现具体功能代码的著作权保护，第三部分是 API 中类和方法之间 SSO 的著作权保护。之所以需要分类，是因为 API 相较于一般计算机软件具有特殊性：首先，API 以既成的状态提供给程序员使用，因此其必须具备一定的说明，以便程序员能够了解其功能以及调用方法；其次，API 是用来实现某种功能的，因此其必然具备实现功能所需的代码；再次，API 作为一种功能的集合，每一个 API 中都包含了多个类，每个类中又包含多个方法，这些类与方法之间肯定会出现 SSO 的问题；最后，声明码、执行码以及SSO 这三个部分所涉及的著作权保护问题相互独立，应当分别进行分析。

本章同样将 API 的著作权保护问题分为上述三个部分展开论述。

（一）声明码的著作权保护

1. 基本概念

所谓声明码，即程序中的"声明"或"头文件"，是以代码形式对功能做出的说明。具体到 API，是对接口的名称含义、功能、调用方法以及数据类型等内容的说明，可以将其理解为接口的说明书。

以 Java API 为例，在名为 java. lang 的 API 中有一个名为 math 的类，在 math 这个类中有一个对比两个数值中较大数值的方法，名叫 max。关于 max 这个方法的声明码为 public static int max（int x，int y），其含义如下：首先，这个方法是一个公共静态函数；其次，这个方法实现的功能是对比两个整数 x、y，并给出其中较大的一个整数。程序员要想调用这个功能，就需要通过阅读这个声明码来了解方法名、数据类型以及函数类型。所以，声明码对于 API 来讲是必不可少的。

2. 声明码的著作权保护分析

依然以上面所举的 Java API 为例，声明码 public static int max（int x，int y）中 max 这个方法所能实现的功能属于思想，该具体代码属于表达，这是较为清晰的。该功能作为一种思想不能被独占，即任何人都可以使用这种功能，这也是不存在太多争议的。但是，这条具体代码作为思想的表达是否可以享有著作权值得进一步探讨。

在上述声明码中，受到编程语言语法规范的限制，只要是使用 Java 语言编写并意图实现相同的功能，除了方法名 max 以及参数 x、y 之外，其他的部分都是固定不变的，而以 x、y 作为函数参数是一种惯常的做法，并不存在创造性，这就导致方法名称 max 成为决定该声明码是否可以主张著作权保护的关键。

显而易见的是，以 max 来表达"选择较大数值"这一功能是十分惯常的一种方式，因此，声明码 public static int max（int x，int y）的全文都属于惯常表达，甲骨文公司不能主张对其享有著作权。

上面所举的例子并非特例，而是声明码的普遍模式。由于声明码只是对特定功能进行较为简单的展示，其语句都较为简单，也不存在复杂的逻辑关系，因此声明码很难满足享有著作权的条件。而且类和方法的命名需要便捷编程人员理解与使用，需要使程序员看到方法名便能够联想到其可能实现的功能，因此功能与类名、方法名之间必然会存在极强的关联，在这样的前提之下，类名和方法名选择惯常的表达方式基本上成了必然。

当然，从理论上来讲，如果采取的是某些极具创造性或完全随机的名称和声明设置，那么是可以对声明码主张著作权保护的，但这种情况极其少见。

从是否能够实现著作权法最终目的的角度可以得到同样的结论。如上文所述，之所以要保护著作权，是为了通过保护权利来刺激作品的创作和传播，并最终实现知识和文化的繁荣。具体到 API，其繁荣应当是更多、更好的 API 被开发出来，这种"更多""更好"应当通过实现功能的代码来体现，而不是通过"java. lang. Math. maximum""java. lang. Arith. larger""java. lang. Math. max""java. lang. Arith. maximum"这种琳琅满目的名称来体现。同时，程序员对类和方法的名称既没有欣赏的需求，也没有多样化的需求。对于程序员来讲，使用上述名称中的哪一个来命名"选择较大数值"这一功能，并不存在太大差别。如果声明码可以主张著作权保护，就将导致类名和方法名不再可以自由使用，最终导致的将是程序员学习成本的增加或市场先入者的垄断。所以，原则上，明确声明码不可以主张著作权保护是符合著作权法最终目的的。

通过上述分析可以看出，关于声明码的著作权保护问题与传统领域中的标题、名称以及短语类似，以不能主张著作权保护为原则，以可以主张著作权保护为例外。

（二）执行码的著作权保护

1. 基本概念

所谓执行码，就是实现接口功能的具体代码。与一般的软件代码相同，执行码涉及源代码和目标代码两部分，其中源代码是程序员通过人类容易读懂的语言编写的代码，而目标代码则是源代码通过编译器转换成的机器语言，是计算机读取的程序代码。由于源代码与目标代码之间具有直接的对应关系，因而执行码的著作权保护问题同时适用于两者。

2. 执行码的著作权保护分析

API 的执行码是一种软件代码，其编写方式与一般的软件代码没有太大差别，而且 API 执行码所涉及的著作权问题相较普通软件作品还要简单一些。这是因为在一般的软件作品中，功能模块之间以及代码之间都存在较为复杂的逻辑结构关系，但是 API 中只有方法存在执行码，并且各个方法之间彼此较为独立，每一个方法都有自己明确的功能和目的。

对于方法而言，其所要实现的功能和目的属于思想，而针对该功能和目的的具体呈现方式则属于表达。不过表达的范围不应仅限于该具体的方式，应当对具体表达进行抽象，逐步试探表达的边界。

将具体的代码初步抽象后，得出的是一种解决某一个问题的逻辑判断过程，这个逻辑判断过程可以通过其他语言的编写实现多样化，但是这样的多样化并不是人们对软件作品的需求，这就如同将使用简体汉字创作的文章，换作繁体汉字重新撰写一遍，虽然最终表现出来的状态不同，但是实际上其中蕴含的内容是完全一样的，这种多样化的呈现方式不是人们对作品的需求，也不是著作权法目的中的知识和文化的繁荣，因此在这个抽象程度上依然属于表达。

接着，将经过初步抽象得到的逻辑判断过程再次抽象，当某一个功能可以通过采取不同的逻辑判断方式实现时，这个抽象层次便进入了思想的范畴，因为这个层次存在多样性的可能，这种多样化的实现方式也恰恰是人们对软件的需求。

以 lang. string. equals 这个方法为例，其功能是判断两个字符串是否相等。甲骨文公司和谷歌公司分别撰写了不同的执行码，两段代码所实现的功能属于思想，两公司对该思想不能享有著作权。两段具体的代码以及将具体代码抽象之后得到的逻辑判断方法属于表达，两公司均可以分别主张著作权保护。

划定了表达的边界之后，需要进行第三步检验，即是否属于合并原则适用的场合。与传统作品不同，在计算机软件中适用合并原则时，需要考虑的是实际是否发生了表达有限甚至唯一的情况，而不应当从理论上的可能性入手，因为计算机软件是通过一系列的逻辑判断实现其功能的，而理论上存在的逻辑判断路径基本是无尽的。

由于 API 执行码部分所涉及的著作权保护问题与一般软件差别不大，因此本文不做过多展开。通常来讲，API 中的执行码要比上面所举的例子复杂得多，一般都会存在多样化的逻辑判断方式，这使得 API 的执行码以具有著作权为常态，不具有著作权为例外。

（三）SSO 的著作权保护

1. 基本概念

API 中包含的类和方法的数量是十分巨大的，以 2008 年版本的 Java 软件开发工具包为例，166 个 API 中包括了 600 个类和 6000 个方法。只有通过某种逻辑关系对 API 中如此大量的类和方法进行组织才能方便程序员使用，这种组织方式包括横向和纵向两个方面，横向指的是各个类之间、各个方法之间的逻辑关系，既要实现功能的广泛覆盖，又要尽量避免出现重叠；纵向指的是每个类中应当包含哪些方法，在逻辑分类合理的同时还要控制方法的数量。这种逻辑上的组织关系就是 SSO。

2. SSO 的著作权保护分析

关于能够对计算机软件的 SSO 主张著作权保护这一问题，Whelan 案[1]、Altai 案[2]、Lotus 案[3]均进行了探讨，但是关于 API 的 SSO 是否可以主张著作权保护，不应当照搬任何一个案例所得出的结论。首先，在某个 API 中设置多少个类，每个类之间具有什么样的关系，每个类中设置多少个方法，各个方法之间又是什么样关系的想法，无疑是一种思想，没有人能够阻止其他人也按照这样的逻辑方式进行分类和组合。但是这种层级分类的想法或者思想是如何具体展现出来，即最终是如何使受众感知和认识的，则是一种表达。Lotus 案的观点明确了分类方法不受保护，但是并没有解决分类方法的具体呈现方式是否受到保护的问题。其次，与一般的文学作品不同，软件的编写是通过一套规范化的流程进行的，模块和功能的划分是一个必经的过程，这就导致了各模块之间的逻辑关系要比一般文学作品中章节、段落或者部分的划分要明细和具体，同时重复性也更高，如果说只有软件最终意图实现的目的才是思想，其他的一切都是表达，无疑就对后续的软件开发造成了极大的阻碍，不利于软件行业的发展。因此，Whelan 案的观点更不具有适用性。对于 API 的 SSO 著作权问题，只有从著作权法目的的角度进行分析才能得出真正合理的结论。

依然以上面讨论过的 Java API 为例。Java lang 是一个关于基础类的 API，它对基础功能进行分类，例如有关数学的类 math，并在每个类中设置具体的方法，例如对比大小的方法 max。首先，将基础功能分为多少个类别，每个类别中设置哪些方法的想法应当属于一种思想，不可以阻止他人采用同样的想法，但是以具体类名和方法名呈现出的逻辑组合关系则属于一种表达。虽然说每一个方法名或类名可能都采取的是惯常的表达方式，但是当大量的名称聚合在一起，独创性表达的条件便是可以满足的。在确定了具体的呈现方式属于表达之后，应当对这种具体的方式进行抽象。经过抽象后，各个方法名变成了功能，类名变成了其中方法的总结，即将 API 的整体功能分为多少个小类，每个小类中分为多少个具体的功能，这个层次则进入了思想的范畴，因为这种抽象的逻辑分类思路如果受到独占，将无法留给公众足够多且好的东西。

---

[1] Whelan Assoc. Inc v. Jaslow Dental laboratory Inc., 797 F. 2d 1222 (3d Cir. 1986).

[2] Computer Associates International v. Altai, Inc., 982 F. 2d 693 (2d Cir. 1992).

[3] Lotus Development Corp. v. Borland International, Inc., 49 F. 3d 807 (1st Cir. 1995).

　　虽然 API 中具体方法和类所呈现出的 SSO 属于表达的范畴，但是并不能因此直接得出可以对其主张著作权的结论。正如前文所述，思想与表达二分法是为实现著作权法目的服务的，表达之所以受到保护，是因为保护表达可以实现著作权法的目的。而对于非常规的判断对象而言，属于思想还是表达并不是最终的判断依据，判断依据应当是对该对象予以著作权保护是不是可以实现著作权法的目的，API 的 SSO 便是这样的非常规情况。

　　我们知道，著作权法的最终目的是知识和文化的繁荣，具体到软件作品，著作权法意欲实现的目的应当是软件行业的繁荣。其具体的实现方式是以保护软件著作权的方式，激励人们创作出更多、更好的软件并进行传播，从而最终使社会受益。而 API 所涉及的是一种特殊的软件，它是为了程序员更好地开发用户软件而存在的一种程序开发软件。毫无疑问，著作权法目的中所指的繁荣既包括用户软件的繁荣，也包括程序开发软件的繁荣，但是这两者之间是目的与手段的关系，即通过保护程序开发软件的著作权，可以产生更多、更好的程序开发软件以供程序员使用，程序员通过使用更好、更适合的开发工具，最终可以开发出更多、更好的用户软件。因此，程序开发软件的繁荣只是用户软件繁荣的手段或前提，如果以保护著作权的方式实现了程序开发软件的繁荣，却损害了用户软件的繁荣，无疑是舍本逐末。

　　如果 API 的 SSO 可以主张著作权，固然会激励 API 的编写者创作出多样化的 SSO，但是多样化的 SSO 是不是程序开发软件繁荣的体现，是不是有助于程序开发软件的繁荣，又是不是有助于实现用户软件繁荣这一最终目的，则值得怀疑。

　　首先，由于 API 的使用者只会是程序员，而程序员对于 API 存在的仅仅存在使用需求，没有欣赏需求，这使得稳定、高效地实现其功能成为 API 最重要的素质。我们可以将 API 想象成一个工具箱，工具箱中存放了大量与其配套的工具，并且每一个工具都有自己特定的摆放位置。应当肯定的是，合理、人性化的工具位设计可以使使用者更快地找到想要的工具，可以使工具的取放更加顺手，但是这种工作效率的提高更多得益于习惯以及熟练程度。对使用者来讲，具体工具的质量才是决定性的。因此，对于 API 来讲，实现功能的执行码质量才是至关重要的部分，程序开发软件不可能通过多样化 SSO 的方式实现繁荣。

　　其次，对于软件开发行业来讲，标准化或统一化的模式是行业发展的实际要求，多种类的 API 逻辑组织形式就意味着多种类的类名以及方法名，[1]这样会增加程序员的学习负担，势必降低编程的效率，不但不能实现用户软件的繁荣，反而会阻碍用户软件的繁荣。不授予 SSO 著作权可以使后续的 API 设计者继续使用程序员已经习惯或掌握的类名、方法名，并将注意力更多放在执行码的编写上，这样才是实现程序开发软件繁荣的根本途径。

基于以上原因，API 中 SSO 的具体呈现方式虽然属于一种表达，但是如果授予这种表达著作权，则是不利于实现著作权法目的的，从而应当否定 API 的 SSO 具有著作权。

四、从 API 著作权保护看软件著作权保护之完善

通过上一部分的分析可知，在 API 的声明码中，由于受到惯常的参数选择、既定的语法规则以及可选词语的限制，其可享有著作权的空间极其有限；对于 API 的执行码而言，表达不限于具体的代码，而应当延伸到代码中蕴含的逻辑判断；至于 API 的 SSO，独占将导致软件开发成本的提高，从而将影响软件行业的繁荣。前述 API 之著作权保护原理可以延伸到一般软件著作权之保护，这样有利于完善我国软件保护制度。

（一）软件作品独创性及思想与表达二分法的适用

为了更好地解决软件作品的著作权保护问题，需要深刻理解既存规则、原则背后蕴含的价值和原理，充分考虑软件的特性，从著作权法目的以及著作权制度价值的角度进行分析和判断。因为这些既存的规则、原则虽然可以在传统领域中普遍适用，但基于软件作品与传统作品在客观上存在的巨大差异，直接套用传统领域中的方法和理论常常会得出不利于软件行业发展的结论。

判断软件作品的独创性，应充分考虑编程语法规则、效率和习惯。在上文探讨的 API 声明码中，创作者能够自主选择的仅为参数名称和方法名称，其中参数名称的选择受限于行业习惯，方法名称的选择受限于其目的功能，这导致对声明码全文均应认定为惯常表达，很难满足独创性条件。一般软件作品的头文件、声明等部分亦属于相同情形，在对其进行独创性的判断时，应首先筛选

---

〔1〕　程序员在调用具体功能时，需要先引入类，然后再调用相应的方法，因此不同的 SSO 就意味着不同的类名和方法名。

可创作空间，在可创作空间内具体分析其独创性。软件作品作为一种功能性作品，效率、习惯以及便于理解成为创作过程中不可忽视的因素，应在考量上述因素的基础上，判断软件作品的独创性。

软件作品的特殊性导致了其适用思想与表达二分法的特殊性。在软件作品中适用思想与表达二分法，应以著作权法目的为最终依据。在软件作品中，具体代码及其蕴含的逻辑判断属于表达，但不可直接得出享有著作权的结论。因为思想与表达二分法是平衡公、私利益的工具，是为实现著作权法目的，即知识和文化繁荣而设置的机制。当意欲分析的作品属于特殊类型时，需要进行调整才能切实发挥其作用。又由于高效、兼容是软件行业的生命线，因此保障高效、兼容是实现软件繁荣的必要条件。因此当独占某一表达会对效率、兼容性造成影响时，该独占便阻碍了软件的繁荣，亦即阻碍了著作权法目的的实现，此时该表达便不能享有著作权。

（二）软件著作权保护完善建议

对软件作品著作权予以保护是为了繁荣软件市场，通过对软件著作权的保护来激励软件开发人员创作和传播软件作品，从而最终使社会受益。因此，在讨论软件的著作权问题时，不应当生硬地谈论著作权问题而不顾及行业发展的客观需求，不能忽视甚至无视效率、兼容性等问题。对于计算机软件所涉及的著作权问题，笔者有以下几点建议：

第一，由于软件开发行业的产业化发展，存在较多标准化的软件编写方式，同时该行业的发展速度又十分迅猛，相关标准的更新换代速度很快，所以应当结合行业现状来判断某种编码实现方式是否属于惯常表达。

第二，开源共享的理念根植于软件行业，特别是在互联网时代，大量开源社区及网站为程序员进行软件开发提供了极大的便利。以 API 为例，程序员普遍会从互联网上搜索并下载 API 以供编程使用，如果没有资源的共享和交流，软件开发工作将变得十分低效，行业的发展也会受到阻碍，适度宽松的著作权保护环境对于软件行业的创新活力具有促进作用。

第三，对于软件作品中合并原则的适用，应当结合产业的实际发展做出判断。与传统的作品不同，软件的开发存在效率、兼容性以及用户习惯等因素的考量，并且这种考量是至关重要的，当在后的创作者受限于这些因素，在事实上已经不可能选择其他的表达方式时，或者选择其他的表达方式需要承担巨大的代价时，便不应当对这种"强势"的表达予以著作权保护，应当认定表达的方式是有限甚至唯一的。根据计算机软件特殊性而得出的这种与传统领域存在差异的判断节点是符合合并原则本质理念的，也是有助于实现著作权法目的的。

第四，对于工具属性较强的开发平台、编程语言以及软件开发工具包等编程软件作品的著作权保护应当强调具体的功能实现代码，对于 SSO 等部分应当适当放宽。这是因为对具体的功能实现代码予以著作权保护，可以开发出不同的代码实现方式，从而使编程人员受益，提高编程的效率；但是对于 SSO 来讲，多样化所导致的结果更多是程序员学习成本的增加。

结　论

计算机软件作品是一种工具属性极强的实用作品，这与传统领域中的作品完全不同。基于这样的特殊性，在解决有关软件的著作权保护问题时不能刻板、生硬地套用传统领域中的规则、原则，而应当去探索这些规则、原则背后所蕴含的价值和理念，从而做出合理、正确的判断。

具体到 API，可以将其所涉及的著作权问题分为声明码、执行码和 SSO 三个部分，分别进行判断。对于 API 的声明码，受限于编程语言、语法规则、编程习惯等因素，其很难满足独创性的要求。因此 API 的声明码与传统领域中的标题、短语类似，通常是无法对其享有著作权的，但是这并不是绝对化地否定了声明码具备著作权的可能，当某种声明码的编写方式满足了独创性的条件，并且不存在合并原则、场景原则适用时，则可以对其主张著作权。API 的执行码与一般的软件代码相似，是通过编排一系列逻辑判断的方式实现某种功能的。通常情况下，执行码的具体代码以及代码所蕴含的逻辑判断编排均属于表达，可以对其享有著作权。

API 的 SSO 涉及的著作权问题十分特殊，如果只是孤立、静止地依照某些既存的判断标准进行判断，所得出的结论可能是不符合软件发展需求的，也可能是不符合著作权法真正意图的，只有从是否有助于实现著作权法目的的角度分析，才能得出合理、可接受的结论。通过分析可以知道，对 API 的 SSO 可以享有著作权这一独占性的权利并不有助于实现著作权法的最终目的，因此 API 的 SSO 不应当享有著作权。

通过分析 API 著作权保护的有关问题，笔者可以为计算机软件可能涉及的著作权保护问题提供一些建议。在讨论计算机软件的著作权保护问题时，应当注意以下几点：第一，效率、行业习惯会影响惯常表达的认定；第二，充分考虑开源共享的理念以及编程产业的客观发展需求；第三，合并原则的判断节点应当不限于作品创作时；第四，对于某些极其特殊的作品，直接套用传统判断方法可能会得出不合理的结论，而应当从著作权法目的的角度进行分析。

聚合类 APP 版权侵权与法律规制研究

许雨田

　　随着移动互联网技术和智能手机的快速普及，现在人们通过手机上网的频率已经远远超过了利用电脑上网的频率。通过移动端上网有其便利之处，但同时也有其缺陷——屏幕小，这就决定了手机 APP 的界面不同于电脑，需要对其进行相应的优化。优化之后的 APP 虽然在界面上更加适合智能手机浏览，但非以浏览器为主的浏览模式，对于用户体验感的提升还是造成了不小的影响。聚合类 APP 正是在改善用户体验的过程中出现的。

　　聚合类 APP 出现伊始，就伴随着各种版权纠纷。早在 2013 年 5 月，国内法院就有针对视频聚合类 APP 侵权案件的判决，案件中搜狐视频起诉芭乐影视通过深层链接窃取其视频内容，从而损害了原告的信息网络传播权。2014 年以今日头条等新闻聚合类 APP 为被告的版权纠纷案件数量更是呈现出快速上涨的趋势。根据中国互联网络信息中心在 2017 年公布的第 39 次《中国互联网络发展状况统计报告》，截至 2016 年 12 月，中国网民规模已达 7.31 亿，其中手机网民数量达 6.95 亿。可以预见的是，未来随着我国手机网民数量不断增多，相关聚合类 APP 侵权案件也只会逐年增长。这引起了学界、司法界的密切关注，但是各方在诸多问题上存在分歧与争议。在这样的背景下，笔者开始思考，并尝试着在我国目前的法律框架内去梳理以下几个问题：聚合类 APP 究竟是采取什么手段进行聚合的？该聚合行为能否落入《著作权法》的调整范围？如果可以的话，现行《著作权法》领域对于聚合行为又是如何进行规制的？这种规制是否存在缺陷与漏洞？如果有的话，又应该如何去弥补这种立法缺陷？带着上述疑问，笔者着手研究并写下此文，以期解决有关上述问题的分歧。

　　在论述聚合类 APP 适用我国《著作权法》时，笔者发现，目前国内文献没有系统地对其进行论证，而只是截取其中的某些要点进行描述，比如在论述客体时，国内文献多仅讨论新闻聚合类 APP 中的新闻是否属于《著作权法》中适用法定许可的时事新闻，而对于视频等内容的定性却没有进行阐述；在论述主体时，文献多集中于判断聚合类 APP 究竟是内容供应商（ICP）还是网络服务商（ISP），或集中于将其与提供搜索服务的网络服务商进行对比，但对于三者之间的关系没有进行说明，同时也忽略了将著作权人和被侵权方加以区分的必要性；在论述内容时，文献多集中于论证聚合类 APP 是否侵犯信息网络传播权，而对于复制权等其他权利的论述比较少。不过，笔者发现，在聚合类 APP 中，关于转码侵权的案例不少见，而要对转码行为进行准确的定性，离不开对复制权尤其是临时复制行为的分析。

在论述聚合类 APP 的侵权责任时，以往的文献多没有按照侵权责任的四个构成要件展开论述，而是多集中在侵权行为与过错的讨论上。诚然，对于聚合类 APP 来说，侵权行为的分析至关重要，这其中主要涉及转码和深层链接两种行为。在归责原则的论述中，笔者发现，之前的文献多集中于论述在法律标准下法院普遍倾向于采用过错推定原则，但没有指出一般情况下的归责原则，比如在仅采用服务器标准的情况下，是否还需要考虑行为人的主观故意或过失等。

本文的研究内容主要围绕着聚合类 APP 展开，首先论证其在互联网时代是否能为我国著作权法律法规所规制，然后对其违法行为进行剖析，按照四要件理论，对其违法行为进行定性，并且明确其在何种条件下构成侵权，在何种条件下可以行使抗辩权，又是在何种条件下仅承担间接责任而非直接责任。

为了对上述内容进行较为全面细致的研究，笔者主要采取了两种研究方法：比较研究法和案例研究法。具体到文中，笔者在讨论国内立法对临时复制权的态度时，就对比了外国国家或组织在临时复制权上的立法实践，通过对比研究可以给我国立法实践以启示。此外，笔者结合我国目前的国情与实践需要，提出了适合我国目前著作权保护水平的立法建议。而案例研究法则散布于全文，从介绍聚合类 APP 开始，到分析其违法行为的模式，再到抗辩事由、立法规制等，每一个环节都能够在司法实践中找到相关的案例。但是限于文章篇幅，本文并未对所选案例一一展开论述，而更多地通过案例中的裁判要点来获得某些研究思路。

以往的文献多为对聚合类 APP 中的某一技术手段侵权与否进行论证，且多集中于介绍聚合行为本身及其侵权认定，本文则在这些基础之上，系统介绍了聚合类 APP 的产生背景，不仅从著作权法学的角度对其行为的侵权认定做了系统论证，还透过其行为本身看到其背后所涉及的利益平衡问题，从而将理论法学与实体法学联合用于分析问题。

从聚合类 APP 的产生到发展，从其首例侵权案件的宣判到类似案件的大量涌现，也只不过短短几年时间。但是，各方利益主体之间的平衡关系被打破后仍未能达成新的平衡。新事物的出现导致社会利益分配失衡时，就需要法律来承担起调解社会关系的职能。本文即在这样一个大背景下，首先试图明确聚合类 APP 处在一个什么样的法律关系中，在其中又是处于什么样的定位，然后分析找出法律关系中的不合理之处，最后从各方利益出发，以期用最小的成本来使各方获得最大的利益，并从法律角度提出相应的规制方案。

一、聚合类 APP 概述

随着技术的进步与因特网的发展，知识的载体也日趋多样，智能手机凭借其轻巧的外形、流畅的网速以及不断升级的软硬件设备，现已发展成为比电脑更为常用的阅读工具。智能手机上的应用软件也就随之受到用户的欢迎，这其中典型的代表就是聚合类 APP，但其产生与发展的路径似乎和其他手机应用软件有所不同。

(一) 聚合类 APP 的起源与发展

1994 年，当时的国家计委利用世界银行贷款的重点学科项目——NCFC (National Computing and Networking Facility of China) 工程的 64K 国际专线开通，使中国实现了与互联网的全功能连接，这被视为我国真正拥有全功能互联网的标志性事件。从此，中国迈开了国际信息化的步伐。1997 年，中国互联网络信息中心在中科院的推动下成立，制定并发布了第 1 次《中国互联网络发展状况统计报告》。

此后的中国互联网行业发展可谓日新月异。1998 年，全球最大的中文门户网站——新浪网成立。门户网站最大的作用就在于其含有的巨量资讯。早期的门户网站由于人力物力有限，不得不采取聚合式的超链接网罗网络中的各类信息，即信息源并不是门户网站自己制作，其工作无非就是把别人的信息链接到自己的网站上面。当然，站在当时的立场上很难去评判此种行为是否侵犯了原作者的著作权，因为直到 2001 年我国对《著作权法》进行修订时，才将信息网络传播权这一新兴的著作权财产性权利列入保护范围，这似乎又从侧面印证了立法总是稍落后于现实社会的发展需要。不可否认的是，门户网站的出现确实极大地丰富了人们的精神世界，使人们获取信息的速度得到空前的提高，而这些在纸媒时代几乎都是不可想象的。

互联网的发展冲击的不仅仅是纸质媒体。时间继续向前推进到 2005 年，土豆网率先上传第一条视频。自此，互联网在线视频行业开始迎来爆发式的发展，乐视、优酷、酷 6、PPTV 和 PPS 等一批视频网站相继成立。视频网站的出现可以看作是互联网功能拓展的又一标志，人们开始将注意力从互联网的信息检索功能向互动娱乐方面转移。根据中国互联网络信息中心公布的数据，截至 2016 年 6 月，中国网络视频用户已经突破 5 亿人，占网民总数的 70% 以上。从技术角度来说，各家视频网站的技术侧重点或者说发展模式是不同的，比如，早期的视频网站有些侧重倚赖用户自己制作并上传的视频，有些侧重运用 P2P 技术获取的视频资源，当时真正购买版权的视频网站少之又少，网站经营者自己制作内容的更是几乎没有。和电视平台相比，国内目前的正版网络视频资源并不是非常丰富，而视频网站数量在行业发展的前几年始终保持着高速增长，在正版资源少而需求量又居高不下的情况下，部分视频网站开始转型变为视频聚合平台，这就使得用户可以在一家网站搜索到所有平台的资源，从而实现有限资源的共享，当然，关于共享的方式是否存在侵犯著作权的可能性，我们将在本文后续部分进行分析。

（二）聚合类 APP 的类型和特征

顾名思义，聚合类 APP 就是将网络中的各种资源进行整合，并呈现在一个 APP 当中的应用软件，类似的软件并非首次出现在移动互联网终端，在更早的电脑端时代就出现了很多类似的网站，只不过随着智能手机的普及，这些聚合类网站将平台转移到了聚合类 APP。

目前市场上流行的 APP 软件可以分为两大流派：一是以新闻聚合为主的新闻聚合类 APP，这类 APP 主要依靠的还是网罗各大传统新闻媒体的讯息，然后在此基础上进行简单的整合，用户可根据自身喜好选择相应的主题来获取不同的讯息，其具备简洁的页面、多样的栏目、实时的更新等，典型的如今日头条。另一类是以视频聚合为主的视频聚合类 APP，其又可分为两个派别：一个是以爱奇艺为代表的传统视频网站阵营，其依托较强的技术和资金支持，迅速完成了原始版权积累，同时也是国内最早一批倡导正版内容播放器的代表；而与之相对应的是一众实力较弱的小型视频聚合类 APP，其储备的视频资源大多未经第三方授权，仅依靠链接技术来获取其他网站的视频资源。无论是新闻聚合类 APP 还是视频聚合类 APP，其技术手段主要还是网络链接技术，只不过为了改善用户体验及获取更多的利益，聚合类 APP 近来较多采用了一种更为隐蔽的链接技术——深层链接，笔者将在后文展开论述。

归纳起来，笔者认为，目前市面上的聚合类 APP 主要具有以下几个特点：

首先，资源获取的依赖性。聚合类 APP 本身不生产内容，它的目的主要在于整合其他内容发布者的资源。同时，由于其不上传或者通过服务器储存第三方资源，仅通过链接来实现对第三方资源的访问，故能否取得成功也严重依赖第三方资源的存续情况。

其次，资源获取的广泛性。聚合类 APP 因其进行跨平台资源整合的特点，其所获取的资源数量巨大，鉴于不同平台的资源会有一定的重复，聚合类 APP 会对所获取的资源进行初步的筛选、分类及排序，而有些聚合平台甚至会提供搜索功能。如果聚合类 APP 提供的是全网搜索功能，则其资源获取的广泛性就将更加明显。

再次，链接方式的隐蔽性。隐蔽性有两个方面：一方面是对被链接对象具有隐蔽性，不像搜索引擎会公开 Robots 协议[1]以供被链者决定是否允许自己的作品被抓取。聚合类 APP 在采用转码和深层链接技术来获取第三方的资源时，如果设链者不履行告知义务，被链者往往很难发现自己的作品已在其他平台上进行展示。另一方面，对于网民而言，其在点击深层链接后，相关页面并不会发生明显的跳转，如果同时设链者又不进行明显的提示，那么用户往往就会认为自己还停留在原来的页面上，同时错误地认为链接所指向的内容是由设链者提供，而非被链接方提供。

最后，功能定位的替代性。有了上述三个特征之后，聚合类 APP 即便不能完全替代，也确实在一定程度上具备了替代被链者网站的能力。虽然受限于资源获取的依赖性，聚合类 APP 不能脱离被链者的内容而独立存在，但是只要被

---

〔1〕 Robots 协议为 Robots Exclusion Protocol 的简称，又称爬虫协议，主要用来告知搜索引擎哪些页面能被抓取，哪些页面不能被抓取。Robots 协议已是目前为止最有效的方式，用自律维持着网站与搜索引擎之间的平衡，让两者之间的利益不致过度倾斜。

链接的资源存续，资源获取的广泛性和链接方式的隐蔽性就会让用户更愿意选择用一个聚合类 APP 而不是同时使用多个独立 APP，聚合类 APP 从而最终夺取被链者的用户，使其沦为提供资源的数据库而已。

二、聚合类 APP 适用《著作权法》的法律依据

从实践中已经产生的案例可知，我国有关聚合类 APP 的纠纷多仅围绕著作权展开。笔者在此基础上，又引入客体与主体因素，即从法律关系的客体、主体、内容三个方面来论述聚合类 APP 适用《著作权法》的合法性。

（一）客体分析

根据《著作权法》第 3 条，我国明确了九大类受著作权法保护的作品。[1]同时，该法第 5 条又明确了时事新闻不适用于著作权保护。但是为了防止其他媒体滥用此项权利，该法第 22 条又对此做出了限制性的规定。[2]

对于上面的规定，笔者认为有两处值得注意：首先，我国立法目前对于时事新闻是采取了限制性保护的策略，也即为了平衡公共利益与内容供应商的利益，仅将时事新闻列入合理使用的保护范围。在笔者看来，此处的时事新闻应该仅限于单纯的事实性消息，如果媒体在报道时事新闻的同时加入了编者自己的评论、理解，并且文字和时事新闻本身融为一体，时事新闻就升格成了新闻作品或者说评论性文章。此时，因为其包含了作者自身的劳动，所以法律为体现利益平衡，就规定上述文章的评论性内容作为受到著作权保护的完全客体而不受合理使用的限制。

其次，虽然现行《著作权法》第 22 条仅明确列举了报纸、期刊、广播电台、电视台这四种媒介，但随着移动通信技术的不断发展和智能移动终端的快速普及，同时考虑到立法的滞后性等问题（立法毕竟只能尽量而不能穷尽所有

---

[1]《著作权法》第 3 条：“……（一）文字作品；（二）口述作品；（三）音乐、戏剧、曲艺、舞蹈、杂技艺术作品；（四）美术、建筑作品；（五）摄影作品；（六）电影作品和以类似摄制电影的方法创作的作品；（七）工程设计图、产品设计图、地图、示意图等图形作品和模型作品；（八）计算机软件；（九）法律、行政法规规定的其他作品。”

[2]《著作权法》第 22 条第 4 项：“报纸、期刊、广播电台、电视台等媒体刊登或者播放其他报纸、期刊、广播电台、电视台等媒体已经发表的关于政治、经济、宗教问题的时事性文章，但作者声明不许刊登、播放的除外。”

可能性），在适用法律时，应结合现实情况，对此做适当的扩大解释。笔者认为，目前移动终端设备普及率已经很高，应将其归入上述主体范畴。事实上，2013 年颁布实施的《最高人民法院关于审理侵害信息网络传播权民事纠纷案件适用法律若干问题的规定》[1]就首次将移动通信网划入信息网络的范畴来进行规范。而 2014 年 6 月公布的《著作权法（修订草案送审稿）》首次在上述四种媒介之外，将网络明确作为一种新的媒介。

由此可以得出结论：对于新闻聚合类 APP 上刊载的大量新闻资讯而言，并非都可以简单地将其归为时事新闻而援引合理使用进行抗辩。相反，现在的新闻资讯大多已不是纯粹的时事新闻消息，新闻传媒行业在竞争激烈的市场中为占据一席之地，往往倾向于发布时事评论性文章。而这些文章往往就是新闻聚合类 APP 的首选资源，于是新闻聚合类 APP 中绝大部分的内容都存在侵犯原著作权人权利的可能性。

对于视频聚合类 APP 中的内容，则可将其定性为电影作品或者以类似摄制电影的方法创作的作品而直接适用《著作权法》。

（二）主体分析

总体来说，在移动互联网络中，深入参与并存在重大利益的各方主体一般由以下四方构成：

1. 著作权所有者

著作权所有者是这个平衡中最主要也是利益诉求最大的一方，作为内容创作者，其作品是整个利益平衡关系的基础。随着文化产业的发展，新闻作品和影视作品层出不穷，面对海量的资源，优秀的作品担心的不是卖不出好价钱，而是找不到好买家。知识产品被创造出来后，如果没有途径去利用或者传播，就会逐渐失去它的现实意义。所以，知识产品还需要众多的展示平台。

2. 授权网络内容供应商（ICP）[2]

网络内容供应商本身就具有一定的聚合性，只不过和聚合类 APP 平台相比，其内容一般都是得到著作权人授权的，展示的作品也是储存在自己的服务器上面，当用户点击的时候再从服务器下载以播放。可以说，网络内容供应商因为需要复制、上传并通过信息网络传播原作品，涉及作品多项权利的利用，

---

〔1〕 此司法解释自 2013 年 1 月 1 日起实施，以下简称为《信息网络传播权司法解释》。

〔2〕 ICP 即 Internet Content Provider 的英文简称。

对其上传的作品的控制力比较大，故其承担的责任也比较大。此外，需要说明的是，少数情况下，网络内容供应商同时也是著作权所有者，正如现在很多大型的视频网站开始制作自制剧，存在很多由传统大型新闻媒体设立的新闻网站等。

3. 网络服务商（ISP）[1]

根据网络服务商具体提供的服务内容，可以将其分为四类，其中既包括提供网络自动接入与传输服务，也包括提供缓存服务、云存储服务及搜索或链接服务等。这在《信息网络传播权保护条例》中也有明确的规定。[2]如何判断聚合类APP属于上述哪一类服务商，关键还要看聚合类APP实质性提供了哪一类服务。

4. 用户

受限于专业背景，大部分用户往往无法辨别其消费的互联网作品是否合法。从理性经济人的角度，我们也很难去苛责用户承担过多的责任，除非其直接构成著作权侵权，比如非法复制、网络传播未经版权人许可的作品等。

聚合类APP作为一个新生事物，加之从本文第一部分可知其本身性质又很复杂，存在很多模棱两可的地方。对于主要的分歧点，笔者认为有以下两处：

（1）聚合类APP究竟是该定位于网络内容供应商还是网络服务商。根据上面的主体分析，其实从技术角度并不难做出判断，网络内容供应商主要是通过提供具有版权的内容来获取用户的点击量，进而赚取广告收入。网络服务商则主要提供信息定位服务，自身并不储存、控制及发布资源。从这个角度来看，聚合类APP应属网络服务商。但是在审判实践中，需要从法律的角度来进行判断，法院不仅需要参考技术解读，还需要参考各方提供的证据及进行利益平衡。比如，在司法实践中，视频聚合类APP虽能够证明自己不存在储存或者发布资源的行为，但无法证明自己仅仅提供链接服务，可能还包括删改视频电子管理信息，对侵权作品进行选择性编辑、修改，对热播影视作品进行推荐等，以至于对原视频APP的流量造成了重大分流，法院往往会依据实质性替代规则，判定该聚合类APP为网络内容供应商而非网络服务商。

（2）聚合类APP承担的服务类型。如前文所述，假设聚合类APP被定性为

---

〔1〕　ISP即Internet Service Provider的简称。

〔2〕　详见《信息网络传播权保护条例》第20~23条的规定。

网络服务商，那么，我们会产生一个疑问：它提供的是搜索服务还是链接服务，还是二者皆有之？之所以会有这样的疑问，是因为随着网页技术的发展，聚合类 APP 开发出了搜索功能，而这就与搜索引擎提供的搜索服务存在竞合的一面。笔者认为，在判断聚合平台究竟是搜索服务商还是链接服务商时，需要考虑以下三个因素：

第一，是否主动公开了 Robots 协议：公开 Robots 协议虽然不是一项强制性的法律规定，但是服务商遵守与否却可以作为其主观恶性的参考。

第二，是否对被链者进行导流：搜索引擎提供的均为完全跳转的链接，用户点击后即进入第三方页面，流量和用户访问量都记入第三方网站。聚合类 APP 采取加框链接技术，虽然使得被链内容的点击量增加，但没有相应地增加页面访问量和独立访问量，导致原网站有效流量流失。对于视频聚合类 APP，还可以看设链者使用的是否是被链者提供的视频播放器。[1]

第三，是提供全网搜索还是定向搜索：搜索引擎提供的都是全网搜索，而聚合类 APP 如果有搜索功能，往往提供的是经过筛选乃至编辑过的内容，这实质上还是属于定向搜索的范畴。

不同类型的网络服务商因其提供的服务不同，比如提供搜索服务和提供链接服务的内容不同，其所承担的注意义务也不尽相同，能够选择的抗辩事由也不同，这就导致实践中很多聚合类 APP 在发生版权纠纷时候，会选择性地改变自己的定位。比如在搜狐诉今日头条侵犯其著作权案中，今日头条就曾试图将自己塑造成搜索服务商，以援引避风港原则来逃避侵权责任。

（三）内容分析

著作权可以细分为两大类共计 17 项权利。[2]其中，聚合类 APP 中的内容，无论是新闻还是视频，其本质都是无线电子数据，即其载体具有虚拟性。而且，安装在智能移动终端的应用软件，可以方便地在不同的终端之间进行复制和传播。这就决定了其与传统作品的著作权相比，在权利的侧重点上有很大的不同，且主要体现在财产权上。

传统作品主要是以实物为载体，诸如书籍、美术作品、摄影作品等，最终呈现出来的都是一种实实在在的物品，法律对传统作品著作权的保护往往侧重

---

〔1〕　使用被链者提供的视频播放器可以保证设链者的用户访问也计入被链者的有效流量。

〔2〕　参见《著作权法》第 10 条第 1 款。

于复制、发行、出租、展览等。而聚合类 APP 的作品多处于网络环境下，《著作权法》对其权利的关注点也有所不同，具体表现在以下两个方面：

首先，从技术层面来说，聚合类 APP 最常采用的聚合手段就是转码和深层链接，而深层链接仅仅是一种闪存，本非新闻数据或者视频数据本身，这与复制权要求的复制品具有一定稳定性、固定性存在不小的差距，也与复制所要求的实质内容性不一样。所以，深层链接并不涉及复制权的问题。对于转码行为是否构成对复制权的侵犯，笔者将在下文具体分析中阐述。发行权则更易于理解，因为它通常建立在复制权的基础之上，对原作品进行数次复制或者连续复制之后，实现原作品的扩散。但是，在聚合类 APP 中，深层链接的作用也仅仅是实现多终端对版权方网页新闻或者视频数据的访问，也即实际上用户访问的还是被链网站的内容，聚合类 APP 并不具备对内容的控制力，故也不会影响著作权人的发行权。此外，深层链接是建立在原作品存续的基础之上的，如果享有著作权的网站对该作品采取技术手段或者删掉了，深层链接将无法定位到该作品，从而用户也就无法通过内置链接实现对原作品的访问，这也进一步证实了其不会影响著作权人的发行权。

其次，聚合类 APP 主要依靠的是移动网络，一旦著作权人的作品被非法上传，就可能在短时间广泛传播，对著作权人造成比传统侵权模式下严重得多的损失。故《著作权法》在网络环境下更注重保护著作权人的信息网络传播权。《著作权法》第 10 条及《信息网络传播权保护条例》第 26 条分别给出了信息网络传播权的明确定义[1]，后者在前者的基础上，还增加了表演和录音录像制品这两类新客体作为保护对象。于是，判定聚合类 APP 是否侵权，关键点就在于如何理解定义中的提供行为，以及如何判断聚合行为构成提供。

三、聚合类 APP 的著作权侵权责任分析

由上文已知，聚合类 APP 适用我国《著作权法》及相关法律法规，但是在

---

〔1〕《著作权法》（2013 年修订）第 10 条："……（十二）信息网络传播权，即以有线或者无线方式向公众提供作品，使公众可以在其个人选定的时间和地点获得作品的权利；……"《信息网络传播权保护条例》（2013 年修订）第 26 条："……信息网络传播权，是指以有线或者无线方式向公众提供作品、表演或者录音录像制品，使公众可以在其个人选定的时间和地点获得作品、表演或者录音录像制品的权利。……"

具体判断聚合类 APP 某一行为是否构成侵权时，则需单独分析违法行为、损害结果、因果关系和过错这四个构成要件。同时，根据聚合类 APP 在侵权行为中所处的地位不一样，还可以区分为直接侵权行为和间接侵权行为。

（一）聚合类 APP 的著作权侵权责任构成要件

《侵权责任法》中讲的侵权行为损害对象涉及整个民事主体的合法权益，但同时在该法第2条列举的18项民事权益中，著作权赫然在列。笔者认为，从法律概念的适用范围来看，一般侵权行为的侵权责任分析显然也可以适用于著作权侵权责任分析。而根据一般侵权行为的理论，可将其分为以下四个构成要件：

1. 违法行为[1]

根据《侵权责任法》第36条的规定，聚合类 APP 作为网络服务商，如果其直接利用网络对他人民事权益进行侵害，需要承担侵权责任。但是，法律对于何种行为可以适用该法并未做出细化规定。但《著作权法》第47条具体列举了11种需要承担民事责任的侵权行为，第48条列举了8种除可能需要承担民事责任外，还要承担行政乃至刑事责任的侵权行为。[2]

要判断聚合类 APP 的行为是否适用上述法条，首先需要了解其聚合的手段都有哪些，在此基础之上，才能进一步判断这些手段是否构成法律中规定的侵权行为。

（1）转码行为的违法性。转码技术旨在解决移动客户端和电脑端的页面显示结构的差异，使电脑网页能够完全匹配移动端的页面结构，从而完整地呈现在移动设备上。具体来说，聚合类 APP 首先会直接抓取并复制网络文字和图片信息［这些信息通常以超文本标记语言（HTML）存在］，然后将这些内容转换为手机能够识别的可扩展标记语言（XML），用户打开聚合类 APP 后，每点击一次链接，程序就会自动完成一次这样的转换过程，并将转换成的 XML 语言写

---

[1] 需注意，行为违法性这一要件是否可以构成认定侵权行为的要素之一，理论上存在争议，并有"三要素"和"四要素"之分。前者主张"违法性"为"过错"所吸收，即采用客观过错标准，典型代表为法国侵权法。后者则采用主观过错标准，典型代表为德国侵权法。有关"三要素"和"四要素"的对比并非本文的讨论重点，笔者仅从讨论聚合类 APP 聚合行为的便利性出发，采用"四要素"理论。

[2] 冯晓青主编：《知识产权法》（第3版），中国政法大学出版社2015年版，第154页。

入手机的 RAM[1]中，最后由聚合类 APP 将 RAM 中的 XML 语言渲染成适于手机浏览的页面。

在这里需要注意到的一点是，上述转码手段涉及复制行为，判断这是否属于著作权法意义上的复制行为至关重要。我国《著作权法》对复制权的定义仍然限于传统的复制手段，[2]对数字网络普及时代出现的一些电子数据的复制行为并没有从法律层面做出明确的规定。但是，考虑到立法的滞后性，这并不妨碍司法实践通过对相关立法的扩大解释来进行法律适用，事实也确实如此。

还需要再注意，转码过程中的复制行为可以分为临时复制和永久复制，二者的区别即在于存储的介质及存储时间的长短。以永久复制为例，典型的即新闻聚合类 APP 将抓取的标记性语言长时间地存储在自己的服务器上面，这种行为即目前《著作权法》中所说的复制行为。但如果聚合类 APP 仅仅是对标记性语言进行短暂的临时性复制，[3]该行为能否纳入复制权的保护范围在实践及理论中尚存争议，审判实践中往往依靠法官进行自由裁量。笔者认为，作为成文法国家，虽然系统化的司法判例对实践有一定的指导性意义，但问题的最终解决还是要落到成文的法律条文中，对于相关立法建议，笔者将在最后一部分展开论述。

（2）深层链接行为的违法性。网络链接的本质是信息定位技术，其根据统一资源定位符（URL），运用 HTML 语言，将网页之间、系统之内或系统之间的超文本和超媒体进行链接。可以说，如果只有信息的上传和储存，而没有链接技术，互联网功能就会受到极大的限制。深层链接又可看作是浅层链接（又称普通链接）的升级版，虽然都被称为链接，但二者的区别还是不容忽视的。

电脑端时代用户接触的大部分是浅层链接，早期的网页导航网站如 hao123、2345 导航广泛采用此种链接技术，因为点击浅层链接后将完全跳转至第三方页

---

〔1〕 RAM（Random Access Memory）即随机存储器，是与 CPU 直接交换数据的内部存储器，也叫主存（内存）。它可以随时读写，而且速度很快，通常作为操作系统或其他正在运行中的程序的临时数据存储媒介。RAM 区别于 ROM（Read Only Memory），后者又称只读内存，是一种只能读出事先所存数据的固态半导体存储器。

〔2〕《著作权法》关于复制权的定义为"以印刷、复印、拓印、录音、录像、翻录、翻拍等方式将作品制作一份或者多份的权利"。

〔3〕 临时复制又称暂时复制（Temporary Copy），是指一项作品从计算机外部首先进入该计算机随机存储器 RAM，并停留于此，最终因为计算机关机、重启、后续信息挤兑等消失于随机存储器 RAM 的过程。

面，网页导航网站给众多第三方网站带去的是实实在在的点击量和流量，网页导航网站通过提供链接服务，也可以从中赚取一定的展示费或者广告费，从而在网络内容供应商与网络服务商之间形成共赢的局面。搜索引擎诞生后，凭借Robots 协议，其搜索范围（即可链接范围）扩大至整个互联网（只要被抓取的网站接受 Robots 协议的内容）。但不变的是，其仍然采用浅层链接技术。从法律层面来看，无论是网页导航网站还是搜索引擎，均可援引《信息网络传播权保护条例》第 23 条规定的避风港原则来免除自己可能的侵权责任。

深层链接则不同，它通过在设链方网站内部页面上插入链接，使其能够与任何第三方网站的内部页面相链接，具体又可以分为加框链接和嵌入式链接这两种类型。用户点击深层链接时并不会觉察到网页有明显的跳转现象，虽然内容实质上来源于第三方网站，但用户往往会认为其依然停留在原页面上。

深层链接技术在电脑端网页中就已经出现，但直到智能手机普及之后，才引起公众的关注。比如，智能手机虽自带浏览器，但用户浏览新闻或观看视频时更愿意打开独立的 APP，原因即在于受手机屏幕尺寸的限制，自带浏览器不可能和电脑端浏览器一样功能全面，页面切换变得烦琐，从而为主题更为鲜明、界面优化更为出色的各类 APP 提供了发展空间。但一款 APP 提供的内容总是有限的，大型网络内容供应商往往还会买下某些资源的独家版权，用户出于需求不得不同时打开多个 APP，但 APP 之间的频繁切换显然又会降低用户体验。于是深层链接作为解决的技术手段开始广泛应用。如果说浅层链接中涉及的各方主体都能够从中受益，是一个利益平衡的局面，那么聚合类 APP 普遍采用的深层链接技术，则在不经意间将这种平衡打破。

前文已述及判断聚合类 APP 是否侵犯著作权的关键，即在于对提供行为的解释。笔者认为，目前对聚合类 APP 深层链接行为的定性，主要存在以下四种认定标准：

第一，服务器标准。该原则起源于 2003 年联邦德国最高法院审理的 Paperboy 案。2004 年美国第九巡回法院在审理 Perfect 10 v. Amazon 案中也采用了这一标准。服务器标准以主体是否将侵权内容直接上传至自己的服务器作为判定侵权与否的标准，即将提供行为定义为复制并上传侵权内容的行为。

第二，用户感知标准。此标准以网络用户在浏览侵权内容时是否能够明显感觉到页面跳转作为判定侵权与否的标准。提供行为完全取决于用户的个人感受。

第三，实质替代标准。此标准主要就是看侵权者的行为是否从形式上和功能上对权利人造成取代性效应。比如对于视频聚合类 APP 来说，虽然其没有将有关视频上传至服务器中，但是其通过深层链接，可以在不发生页面跳转的前提下，将第三方的视频资源嵌入自己的页面中进行播放，这样做的效果和将视频复制并上传以播放并没有实质性的区别，对第三方内容提供商所造成的经济损失也不会有实质性的差异。

上述三种标准各有自己的优缺点，如服务器标准虽然是目前应用范围最广、认可度最高的侵权认定标准，但其存在过度拘泥于技术的缺陷，在面对深层链接等新出现的侵权模式时，如果严格按照服务器标准来判断，则会因为深层链接不涉及侵权作品的复制上传及储存行为而无法适用。同样地，用户感知标准完全依赖用户感受的依据也显得过于主观，因其缺乏客观性而被不少专家学者诟病。不同背景的用户在判断能力上存在显著差异，如果仅采用当事人自身的感受，这样的结论往往缺乏说服力，造成裁判结果的不确定性。实质替代标准也同样不是从行为性质本身来判断侵权与否，而是先对主体从所实施行为中获取的利益和造成的损害进行认定，但这两个因素仅为实施侵权行为后可能导致的损害结果，于是实质替代原则就存在颠倒前"因"后"果"的逻辑推理矛盾。因此后两种判定标准一般不单独作为裁判依据，仅在证据充足的情况下作为对事实认定的一种辅助参考。

我国司法实践目前仍多采用服务器标准。但不得不说，随着深层链接技术的应用，网络服务商与网络内容供应商之间的利益平衡被打破，严格遵守服务器标准似乎对调整新形势下的利益冲突捉襟见肘。于是，最高人民法院通过司法解释的形式，创造性地提出了我国独有的第四种标准——法律标准。最高人民法院《信息网络传播权司法解释》首次突破了原来仅采用服务器标准的规定，对原标准进行了适度的修正，对信息网络传播权中的提供行为进行了扩展性的解释，补充增加了其他信息网络传播行为，主要涵盖了一些提供中间性服务的行为。

2. 损害结果

无论是网络服务商还是网络内容供应商，其最主要的收入来源还是广告费。对大型聚合类 APP 来说，除了广告费之外，还可以通过运营赚取不少的会员费和点播费，但对小型聚合类 APP 来说，广告费则几乎是唯一来源。广告商愿意投多少广告费，主要就看网站的人气指数，具体有三个衡量指标——VV（video view）、UV（unique visitor）和 PV（page view）。VV 意指一个视频或一条新闻的点击量或播放量，其值越高代表这个内容的关注人数越多，但其仅统计内容点击量而不考虑其他因素，故可能通过人为的非以阅览为目的的点击来快速地提高 VV 值。UV 指每日首次进入该网站的独立 IP 数，其仅统计首次访问的数据，故一个 IP 在一天内多次登录也仅算一次访问，这样就挤掉了一些"水分"。PV 统计的则是网站内页面的浏览次数，用户每打开一个页面就算作一次访问，多次打开同一页面则累计计算。为了防止网站经营方故意刷 VV 或者 PV，广告商一般要求 VV 和 UV、PV 相匹配，如果 VV 值畸高，则这样的数据可能会因被认定为无效流量而不被广告商认可。

深层链接对被链接网站（此处先不考虑其作为未经授权的第三方网站的可能性）的损害，即在于其改变以上三个指数的匹配性，减损了原网站的访问量，从而使得被链接网站的广告收益下降，造成经济损失。

3. 违法行为与损害结果之间的因果关系

违法行为和损害结果之间是否具有因果关系，是判断设链者是否承担侵权责任的重要因素之一。在设立和维护 APP 的过程中需要投入大量的资源，包括网站的运营费用、维护费用、储存资源的服务器租用费、宽带资源使用费，以及越来越昂贵的正版资源的版权费等。聚合类 APP 在通过深层链接减损权利人的有效流量的同时，还采取了诸如屏蔽被链方的网址、广告的行为，仅保留视频来源和水印等信息，这些都使传统网络内容供应商出现被边缘化的迹象，有些甚至沦为设链者的免费资源存储地和宽带提供者。可见行为与损害事实之间存在着明显的因果关系。

4. 过错

过错属于归责原则的一种形式，而归责原则是指在行为人采取的某种行为给相对方造成严重损害后，应该以什么样的标准来判断侵权人承担民事责任。《民法通则》仅规定了两种归责原则——过错责任原则和无过错责任原则。后者仅在法律有明确规定的情况下才可以适用，而《侵权责任法》中规定的几种情形可视为法律有明确规定的情形，但其中并不包括侵犯著作权的行为。故理论界一般认为侵犯著作权的行为适用过错责任原则。[1]

但问题在于，如果在聚合类 APP 侵权案件中严格遵照过错责任原则进行举

---

〔1〕 冯晓青主编：《知识产权法》（第 3 版），中国政法大学出版社 2015 年版，第 21 页。

证，则主张权利的一方需要证明设链方存在设置深层链接侵犯其信息网络传播权的故意或过失，而在最高人民法院出台《信息网络传播权司法解释》之前，证明设置深层链接的行为直接侵犯信息网络传播权都是困难的，要证明行为的主观过错就更加困难。

事实上，认定行为人具有过错与否，不应该仅仅停留在对其主观意图的猜测上，笔者认为，还可以从其行为来进行认定，现代侵权法理论中经常提到的客观过错标准即是如此。客观过错标准和传统的过错归责原则的不一样之处在于，其完全不考虑行为人的主观过错，而看重侵权人的行为违法性，违法性成立，则推定其主观具有过错。[1]

综上，笔者认为，在最高人民法院出台《信息网络传播权司法解释》并对信息网络传播权中的提供行为进行扩大解释后，司法实践中已经具备了将深层链接这一行为定性为侵犯信息网络传播权的可能性，也即深层链接具有违法可能性。同时基于上述的客观过错标准，违法即为有过错，正如《信息网络传播权司法解释》第8条至第14条就规定了几种行为，用来认定行为人的行为具有过错。但是从其第4条、第5条第2款、第6条和第8条第3款又可以看出，该司法解释并非采取严格的过错责任原则，而是通过变通的方式，采取了较为合理的过错推定原则，通过举证责任分配的设计，让拥有技术优势的设链方承担更多的举证责任，同时又赋予其进行抗辩的权利，可以说是在权衡了设链者与著作权人利益后的最佳选择。

（二）聚合类 APP 著作权侵权责任的主要形态

侵权法理论按照形态的不同，将侵权主体实施的侵权行为分为直接侵权和间接侵权，《侵权责任法》虽然没有明确给出二者的定义，但是从相关法条中我们可以找到类似的说明。比如有关直接侵权的规定常见于《侵权责任法》第36条第1款，间接侵权的规定常见于《侵权责任法》第36条第2、3款，又称为帮助侵权行为。同样地，虽然《著作权法》也未明确区分直接侵权和间接侵权，但是从相关法条中我们仍然可以得出类似的解读。上述两种侵权形态能否适用于聚合类 APP，如果可以，又是如何适用的，这需要具体问题具体分析。

---

[1] 冯晓青主编：《知识产权法》（第3版），中国政法大学出版社2015年版，第21页。

1. 直接侵权责任的适用及其缺陷

按照服务器标准来界定聚合类 APP 构成直接侵权是困难的，原因主要有以下几点：首先，由前文可知，严格的服务器标准需要侵权人完成将作品复制并上传至服务器这两个行为才能算作侵犯信息网络传播权，设链者很容易通过证明自己仅仅提供的是链接服务且无上传、储存行为而不构成直接侵权。这个时候如果法院仍然需要判定设链者构成直接侵权，只能援引实质替代标准来进行判定，但由上文已知实质替代标准本身就有争议，所以出于裁判谨慎性的要求，法院一般会选择通过举证责任分配来加重设链者的举证责任，如果设链者不能够证明自己所链接的作品来自第三方，则需要承担直接侵权责任。可见，以直接侵权责任归责本身在法律上就缺乏有力支撑，仅仅是通过变通做法来进行利益的平衡。

2. 间接侵权责任的适用及其缺陷

从《侵权责任法》第 36 条可知，构成间接侵权需要有三方主体存在，即直接侵权方、间接侵权方和著作权人。但即便是存在三方主体，也仅仅是有侵权的可能性，因为按照《信息网络传播权司法解释》第 6 条的规定，如果链接设置者能够证明自己提供的仅仅是一种网络服务，且主观上并不存在过错，可以不被认定为侵权。

如若聚合类 APP 链接的资源仅来自于正版资源内容提供商，因此时仅存在两方当事人，不再有直接侵权人和间接侵权人之分，理论上也就无法适用间接侵权责任。

区分聚合类 APP 的直接侵权行为和间接侵权行为的意义在于，只有在间接侵权的情况下，聚合类 APP 才能以主要提供信息定位服务为由援引避风港原则进行抗辩。[1]但是可以作为抗辩理由的却不仅仅只有避风港原则，笔者将在下一节中进行论述。

（三）聚合类 APP 著作权侵权责任的抗辩事由

1. 避风港原则

避风港原则源自美国的司法判例，而在 1998 年美国制定的《数字千年版权法》第 512 条中有所体现。网络服务商在提供相关服务的时候，因其收集的信

---

[1]　崔国斌："著作权法下移动网络内容聚合服务的重新定性"，载《电子知识产权》2014 年第 8 期，第 22 页。

息源数量巨大，不可能全部进行事前审查，此时为防止遭遇滥诉，避风港原则特别规定，著作权人有权通知网络服务商其所提供的作品侵犯了自己的著作权利，而后由网络服务商采取删除链接等补救措施，使设链者免于承担额外的责任。[1]

需要注意的是，避风港原则设立的宗旨在于促进信息网络技术的发展，避免网络服务商提供诸如搜索、链接等第三方中立服务时因搜索或者被链接的内容侵权而承担侵权责任。可以看出，该原则旨在平衡著作权人与网络服务商之间的利益，既避免网络服务商因提供网络服务而遭受过多的侵权风险以致阻碍技术的进步，同时又赋予著作权人及时行使告知等自力救济的权利。

从中笔者总结了适用避风港原则需要同时满足以下三个条件：

首先，主体必须是网络服务商。判断聚合类 APP 究竟是网络服务商还是网络内容供应商，这在本文第二部分中已进行详细论述，此处不再赘述。

其次，主观无过错。基于网络服务商的全网搜索性质，不能苛求网络服务商对其设置的每一条链接都进行审查，因而对于链接到第三方侵权作品的行为，就不能认定聚合类 APP 未尽到注意义务和具有主观过错。直接侵权的主观恶意较大，若适用避风港原则，就与其宗旨相悖。

最后，采取有效措施以进一步阻止损失加重。这个条件概括起来就是"通知—删除"规则。如果设链者在接到著作权人告知后仍然不予处理，则可推定其此时开始具有主观过错，也就不得再适用避风港原则。

2. 新闻聚合类 APP 适用著作权法定许可事项[2]

首先，需要注意《著作权法》第 33 条第 2 项的适用范围。虽然《著作权法》对于其他报刊是否可以为电子媒体未做明确的规定，但从《著作权法实施条例》第 30 条中可以得出确定答案，该规定中仅限制报纸、期刊这两种传统媒体可以直接适用法定许可。显然，作为实质意义上的手机软件的聚合类 APP，不属于上述两种媒介，从而将其作为抗辩事由也就没有法律依据。

其次，随着网络著作权纠纷的日益严重，现在主流新闻媒体一般都会在其网站上发布的新闻页面末端提示版权所有，而这些提示性说明，基本上就

---

〔1〕　我国在《侵权责任法》第 36 条、《信息网络传播权保护条例》第 23 条、《信息网络传播权司法解释》第 6 条中也有类似的规定。

〔2〕　《著作权法》第 33 条第 2 款规定："作品刊登后，除著作权人声明不得转载、摘编的外，其他报刊可以转载或者作为文摘、资料刊登，但应当按照规定向著作权人支付报酬。"

是对《著作权法》第 33 条第 2 款的具体细化，如出于证据保存的需要，大部分网站都明确转载方需要取得原新闻作品发布网站的书面授权文件。在这样的趋势下，新闻聚合类 APP 从原网页抓取的新闻信息大部分都是基于 Robots 协议（而有些新闻聚合类 APP 甚至不公开 Robots 协议进行秘密获取），并没有获得所谓的书面授权文件，那么此时即便不考虑上述第一种理由，也将构成非法转载。

最后，在同样不考虑上述第一种理由的前提下，法律明确规定了转载者有义务给予被转载者一定的经济报酬，以此作为对被转载者劳动成果的肯定，而目前的聚合类 APP 却大多以中立渠道商的身份自居，将自己放在类似搜索引擎的位置上，以技术中立和避风港原则的名义，大量获取其他媒体的讯息，却不支付任何的报酬。从这个角度来看，新闻聚合类 APP 想要适用法定许可转载的规定也是于法无据的。

四、聚合类 APP 法律制度完善

通过上面的分析可知，目前国内著作权法领域的立法相对来说还不能够完全满足社会经济发展的需要，因此，笔者试着就这些"不足"之处展开论述，以期既能使聚合类 APP 为广大的网络用户提供链接服务，又能使其更好地规避法律风险，从而实现多方利益的均衡。

（一）著作权法领域的规制及建议

1. 建立新型著作权许可制度

深层链接作为聚合类 APP 的聚合手段虽然已打破了网络服务商和网络内容供应商之间的平衡，但如果通过法律过度限制其发展，未必能收到好的效果，比如，2013 年修订的《德国著作权与邻接权法》明确要求谷歌等第三方搜索引擎不论使用哪家新闻出版商的出版内容，都需要支付费用。西班牙于 2014 年通过的修订后的《西班牙著作权法》更是要求谷歌等网络服务商不得使用任何享有著作权的新闻报道（哪怕只是新闻标题），最终导致谷歌不得不关停其在西班牙的谷歌新闻服务。[1] 新技术的产生往往伴随着用户体验的改善，而一味限制

---

〔1〕 张庆玲："新闻聚合类应用程序的版权问题研究——以'今日头条'为例"，载《中国广播》2015 年第 8 期，第 39~42 页。

不仅阻碍了技术的进步和传播，最终承担这些后果的还是广大的用户群体。因此笔者认为，不如进行合理的疏导，比如建立著作权许可制度。从合理性角度来说，这样主要是出于以下几方面的考虑：

首先，目前对于深层链接给权利人造成的损失，法律仅能进行事后救济，而无力从源头上改变这种权利失衡的状态。

其次，不公布 Robots 协议使得被链者完全无法对聚合类 APP 采取反制措施，有必要对此进行调整以保证市场经济各方主体开展公平有序的竞争。

最后，目前大部分聚合类 APP 都非如搜索引擎般无序排列搜索结果，相反，获取的大量信息会被细致地分类、编目，甚至聚合类 APP 会推出根据各用户的兴趣来进行精确推送的服务，这些都说明聚合类 APP 并非完全对收录的作品没有审查能力，从而对聚合类 APP 适用批量授权制度是完全有可能的。

具体而言，新型著作权许可制度可以采取以下两种模式：

第一，对于大型的网络内容供应商，聚合类 APP 应主动寻求授权合作，几家大型的网络内容供应商可以联合成立一个新闻或者视频版权库，这样就方便聚合类 APP 直接与其进行协商并签署"一揽子协议"，协议除了约定授权费及使用期限等事项外，对于转码、加框链接、广告屏蔽、流量回流等敏感问题也可以进行约定。

第二，对于一些小型的网络内容供应商，其与聚合类 APP 合作的意向将更加强烈，但是在许可的内容上有很大的不同，其更重视聚合类 APP 对其流量增长的贡献值而非版权许可费。

2. 对临时复制行为是否纳入复制权进行明确化规定

有关临时复制行为的法律性质，国际公约对此的规定显得颇为保守，比如，《伯尔尼公约》就未对临时复制行为进行规定，其第 9 条甚至对复制权是否适用于现今的互联网电子数据也没有明确说明。而其他国际公约[1]虽然对《伯尔尼公约》第 9 条的缺陷进行了弥补，明确地将复制权扩大适用到互联网电子数据，但关于电子数据的临时复制是否适用复制权的有关规定，公约没有做出进一步的说明。[2]

---

〔1〕 此处主要指的是《世界知识产权组织版权条约》和《世界知识产权组织表演和录音制品条约》。

〔2〕 冯晓青、付继存："著作权法中的复制权研究"，载《法学家》2011 年第 3 期，第 99~112、178 页。

　　具体到各国的立法，国际上对此的普遍观点可以明显分为两个阵营，发达国家往往主张将临时复制行为整体纳入到复制权中，同时又规定了将几种临时复制行为作为合理使用的情形。例如欧盟《计算机程序法律保护指令》第 4 条，[1]《信息化与社会著作权与邻接权指令》第 2 条、第 5 条，[2]美国《数字千年版权法》，[3]《澳大利亚版权法》[4]等法律，都在明确将临时复制行为列入复制权保护范围的同时规定了一些例外情形来平衡版权方和用户之间的利益。

　　目前国内有关著作权的立法尚落后于实践发展的需要，如尚未从法律层面就复制权是否适用于电子数据做出明确规定，更未明确临时复制行为是否纳入复制权的保护范围。其实，这也是大部分发展中国家的立法倾向。将临时复制行为纳入著作权法的保护范围，虽可使著作权人的利益得到最大程度的保护，但无疑会使网络服务商和广大用户承担更大的侵权风险。我国在信息网络技术起步之初没有对这块内容进行详细规范，但是如今借助全球化下国际交流和人才流动的便利条件，我国与国外的网络技术差距已极大缩小。但近年来我国司法实践中也出现了越来越多的网络著作权侵权案件，其中就含有聚合类 APP 侵权等典型案件。

　　当初我国在讨论《信息网络传播权保护条例》草案时，就有专家建议将临时复制行为纳入复制权的保护范围，但最终未被《信息网络传播权保护条例》采纳，其仅于第 21 条列举了一种临时复制行为的免责条款。官方对此的解释是，将临时复制行为纳入复制权进行保护，相当于是对终端用户非营利性使用作品的行为进行禁止，不具有可行性，同时，《信息网络传播权保护条例》作为授权立法，不宜对《著作权法》未授权的临时复制行为做出规定。[5]立法问题

---

　　〔1〕　《计算机程序法律保护指令》第 4 条明确规定，临时复制需要经过权利人的许可，但该条同时也对合法所有人的合理情形做出例外规定。

　　〔2〕　《信息化社会著作权与邻接权指令》第 2 条对临时复制问题进行了确认，第 5 条又进一步对临时复制进行规定，主要是将那些技术上不可避免且不具有独立经济价值的临时复制排除在复制权之外。

　　〔3〕　美国《数字千年版权法》第二章规定了网络服务者不必为 4 种临时性的数字化网络传播行为承担侵权责任。

　　〔4〕　《澳大利亚版权法》（数字议程修正案）在原有第 21 条的基础上加入了一条规定："著作经转化为数字化或其他凭借。"

　　〔5〕　张建华主编：《信息网络传播权保护条例释义》，中国法制出版社 2006 年版，第 33 页。

的关键于是又聚焦到《著作权法》的修订上。笔者认为，目前正在进行的《著作权法》第三次修订可以对此进行明确，因为随着信息网络技术的发展，临时复制行为也开始广泛出现在各种终端设备中，虽然这种复制具有临时性和非固定性的特征，但是也并不排除不法人员利用技术手段对其进行固定而形成稳定的复制件。综上，笔者认为，从使用目的的角度将临时复制行为纳入复制权保护范围实有必要，但是，和国外又同时规定几种合理使用的例外情况不同。考虑到我国目前的著作权保护水平尚无法达到发达国家的层次，对于合理使用的范围不宜规定过细，但可反向规定几种非法的临时复制行为，而将除此之外的临时复制行为纳入合理使用范畴，以免用户和网络服务商承担过重的侵权责任。如果《著作权法》出于维护法律的稳定性不宜对临时复制行为做出过于细致的规范，则可以授权以行政法规的形式来进行规范。

3. 完善《著作权法》侵权赔偿数额的规定

根据《著作权法》的相关规定，法院在确定侵权人的赔偿责任时，有一个优先级顺序，即先后按照被链者的实际损失、侵权人的违法所得和法院在50万元以下进行自由裁量来判罚。赔偿数额优先采用的是损失弥补、填平原则，但有时难以达到这种目的，更别说对侵权人发挥警戒作用了。

就新闻聚合类APP侵权案件来看，目前法院在新闻著作权纠纷案件中对于赔偿标准的把握，主要还是参照侵权内容对应的稿费标准。2014年颁布的《使用文字作品支付报酬办法》第13、14条从侧面规定了网络环境下使用他人作品的基本稿酬标准为100元/千字。大量案例显示，法院目前普遍采用此标准，并在此基础上综合考虑涉案作品的类型、发表时间、侵权行为的性质、后果等情节确定最终的赔偿金额。问题是虽然聚合类APP转载通常采用的是全篇转载，但是法院在最后认定侵权内容的时候，不会将其全部纳入侵权内容范畴，而是将其区分为时事新闻和时事评论两个部分，且往往后者比重很低。而另一方面，在网络环境下被侵权方的取证异常烦琐，公证环节价格也颇为昂贵，导致整个流程下来，版权方的维权成本居高不下，而最终获得法院支持的赔偿金额及公证费、律师费等合理支出可能还不够填补其单次维权的费用，更不必说追究侵权方对其流量和品牌的潜在损害。

对视频网站经营方来说，侵权赔偿问题就显得更加突出。近年来，诸如电视剧、综艺节目等的版权费逐年递增。以电视剧为例，2007年前后的电视剧单集版权费还稳定在万元以下，但是到了2014年就猛涨到了150万元左右，2015

年更是突破了 300 万元。[1]一旦发生视频著作权纠纷，在实际损失或违法所得都很难举证的情况下，法院往往会根据情节自由裁量，但最高 50 万元的赔偿限额相比动辄上亿元的版权费用，对于著作权人的保护过于捉襟见肘。显然目前《著作权法》规定的赔偿上限已经不能够适应当下经济社会的发展。

笔者建议，为适应社会经济发展实际，最好不要设定赔偿上限，改由法官依据当时经济社会发展水平进行自由裁量。同时，在补偿性的条款之外，笔者认为还应增加一些惩罚性赔偿条款，以使《著作权法》发挥更大的威慑作用，但是对于惩罚性赔偿条款的适用前提应进行明确的规定，以防止该条款的滥用。

（二）跨部门法领域的规制及建议

我们可以看到，无论是用直接侵权理论还是间接侵权理论，在规制聚合类 APP 利用深层链接侵权案件中，都存在自身无法克服的缺陷，甚至在一些情况下可能出现困境，比如在仅存在设链方和版权方的情况下，如果设链方同时能够成功证明自己仅提供链接服务，在著作权及相关法律法规方面，这种深层链接行为将出现不受法律规制的情况。故笔者认为，规范一个领域行为的法律法规不应仅限于一个部门法之内。著作权本质上兼具私人利益和社会利益的特质，著作权客体需要进入经济社会，使其社会价值得以体现，而一旦进入公有领域，就自然应受到相关领域部门法的调整。横向对比后不难发现，《反不正当竞争法》对于《著作权法》中难以规制的一些新型侵权行为，或许可以提供兜底性的保护。《反不正当竞争法》中与知识产权保护有关的条款集中在第 2 条、第 6 条和第 9 条，其中第 6 条列举了 4 种受规制的不正当竞争行为，但是客体多与著作权无关。实践中，法院在依据当事人的请求适用《反不正当竞争法》时，主要采用的是第 2 条规定，但是在适用这条规定的时候，需要注意以下几点：

首先，适用《反不正当竞争法》第 2 条时有一个前提条件，即一般要求竞争存在于同业竞争者之间。虽然现有观点认为随着经济社会的发展，许多不同类型的经营形态开始出现，但如果仍然将竞争者圈定在从事同一商品或者服务的范围中，则难以实现《反不正当竞争法》的立法目的。审判实践中也确已出现将同业范围扩大化解释的趋势，即只要在最终利益方面存在纠纷就适用之。

其次，《反不正当竞争法》第 2 条本身能否构成一般性的条款存在理论争

---

[1] 数据参考《2015 腾讯娱乐白皮书》。

议，该条第 2 款要求"违反本法规定"，而除了列举的知识产权领域不正当竞争外，找不到其他的兜底性条款，这就需要其做出进一步的阐明。

最后，以《反不正当竞争法》为依据提起诉讼时，首先要由适格的主体来提出。笔者认为，在聚合类 APP 侵权案件中，适格的主体无非就只有两类：著作权人和被链接的网站方。如果被链者和著作权人相互独立且著作权人并未实际从事经营活动，则著作权人如要维护自身权益，只能依据《著作权法》等法律法规提起诉讼，可见《反不正当竞争法》对著作权人的保护依然存在不完善的地方。

结　论

在传统互联网发展中，著作权人、链接发布者及用户之间存在着较为稳定的利益平衡，而到了移动互联网时代，聚合类 APP 的出现却将这种平衡打破。聚合类 APP 的产生在某种程度上，可以看作是技术进步带来的必然产物，但是技术本身并不能调整相关主体之间的法律关系，故还是需要从法律角度出发来寻求解决之道。

要寻求解决之道，首先还得对事物的法律关系本身做一个梳理，得出准确的定性。聚合类 APP 所引起的众多纠纷本质上还是属于著作权的范畴。因此，首先就需要用著作权法律关系中的三要素来对其进行剖析。聚合类 APP 本应作为信息网络中的传播者，去促进网络中相关信息的传播，优化用户的浏览体验，但是如果其错误地将自己定位为互联网信息发布者，则其上面链接的各种著作权客体资源将会侵犯著作权人的复制权、信息网络传播权等。

既然聚合类 APP 可以为《著作权法》所规制，且具有侵犯著作权的可能性，其发生侵权纠纷时就可以运用侵权行为理论来进行分析。按照违法行为、损害结果、因果关系及过错等四个要素就可以判断聚合类 APP 的聚合行为是否构成侵权行为。同时，因其作为网络服务商的特殊定位，在进行直接侵权归责和间接侵权归责上都存在很大的局限性，甚至还可以援引避风港原则等事由进行免责。

按照提出问题、分析问题的思路，笔者在文章最后一部分对相关问题的解决提出了建议，比如，笔者建议将临时复制权进行明确化。同时，笔者也提出了一些新的思路以完善对聚合类 APP 的法律规制，比如建立新型的著作权许可制度、提高著作权侵权赔偿数额、运用《反不正当竞争法》进行规制等。

　　新事物的产生未必会带来新的法律关系，也许只是对旧有法律关系的调整与补充，关键还是要从基础层面去寻找并理清其中各方主体的定位。明确法律关系后，就需要对该法律关系的运行进行分析，并通过对比类似的传统法律关系，找出其中的异同点，从而就可以发现这种新的法律关系背后的优点与缺陷，为最后从利益平衡的角度来进行立法、行政、司法途径的规制开辟道路。

网盘著作权侵权认定及规制研究

张 蕊

笔者从第一次接触网盘，就对这种新的网络科技产品产生了好奇心，在过去的6年里，笔者使用过十余种国内外网盘产品，也经历过网盘运营商为争夺市场和用户展开的营销大战，对网盘产品和不同网盘运营商提供的服务也颇有兴趣。根据笔者观察，近些年，随着国家对知识产权越来越重视，从2013年起，网盘市场也经历了从抢占市场的混乱局面到昔日占据主流市场的网盘运营商宣布关闭个人存储服务的转型时期。对于关闭服务、退出市场的原因，网盘运营商给出的答案是根据国家的监管，制止淫秽物品的传播和知识产权的侵权行为。

在如今这个互联网迅速发展的时代，网络已经成为人们生活中必不可少的东西，学习、工作、生活的方方面面都需要网络支持。网络给我们的生活带来便利的同时，也会孕育出一些损害他人利益，甚至损害公共利益的侵权行为。特别是对知识产权这种无形财产的侵害，有时很难捕捉到侵权人的踪迹，难以将侵权人一个一个找出，让其单独承担相应的侵犯知识产权的责任。在网络著作权领域，借助网盘侵犯著作权的现象尤为突出，为了规制这种侵权现象，国家在"剑网2015""剑网2016"行动中针对网络著作权进行整治，重点打击了网络服务商的侵权行为。国家版权局于2015年发布了《关于规范网盘服务版权秩序的通知》，这一行政指令也在一定程度上填补了我国立法规定不够具体的地方。但是这个通知的法律位阶过低，不能够成为司法实践中法院裁判的依据。在此背景下，笔者基于完善我国网盘著作权保护的动机，以及对法律的兴趣，选择网盘著作权侵权作为研究主题。

目前，针对网盘著作权的立法规制主要集中在美国，美国的立法对网络著作权的规定是最早的并且是最为完善的。我国的网络著作权相关立法并没有跟随大数据时代的发展做出相应的更为具体的规定。我国对网盘著作权侵权的规定只有行政层面的通知，缺少具体的立法规定。因此，在立法层面需要借鉴美国网络著作权的具体规定，完善网络著作权、网盘著作权方面的立法。在司法实践中，美国网盘著作权侵权形式多为引诱、教唆侵权，而我国司法实践中均判定为帮助侵权，这是由于两国的网盘运营模式的不同造成的。将我国的网盘著作权侵权形式进行总结归纳，同时比较美国网络著作权的引诱侵权，结合两国的不同规定可以完善我国司法实践的不足之处。

学术界针对网盘著作权间接侵权的研究已有较多成果，司晓、刘政操的《网络云盘版权侵权问题及规制对策》[1]一文分析了当前网盘著作权侵权规制的困境，并且从立法和执法方面提出了建议。田宪策、唐素琴的《云盘服务商的著作权侵权认定规则研究》[2]一文划定网盘著作权侵权为直接侵权和间接侵权，针对间接侵权行为中的教唆引诱行为作出了法律阐述，但是缺少对帮助行为的认定和学理推理。对于网盘著作权的侵权行为，多数学者从法律层面进行了分析，但对司法实践中的法院裁判缺少具体深入的研究。这就为本文提供了一个研究的切入点。学术界对避风港规则的研究已经非常透彻，比如徐众群的《我国信息存储空间服务"避风港"规则研究》[3]一文从避风港规则的产生背景和主要内容进行概述，总结避风港规则在我国的立法现状，同时分析这一规则的适用，对信息存储空间服务的主观过错、标示义务、"通知—移除"规则的适用进行重点分析，但对避风港规则在网盘著作权中的立法和适用缺少具体的论证分析。本文试图通过分析网盘著作权的特点和形式，对避风港规则的适用和适用的例外进行合理解释和论证。

本文在已有的文献、著作权法的基础上，主要有以下四点创新：一是在深入了解网盘著作权的基础上，分析网盘侵权的概念和形式，对实践中存在较大争议的问题——认定网盘服务提供者的侵权行为的性质，提出自己的看法，将

---

〔1〕　参见司晓、刘政操："网络云盘版权侵权问题及规制对策"，载《中国版权》2015 年第 6 期，第 27~28 页。

〔2〕　参见田宪策、唐素琴："云盘服务商的著作权侵权认定规则研究"，载《电子知识产权》2014 年第 7 期，第 46~47 页。

〔3〕　参见徐众群："我国信息存储空间服务'避风港'规则研究"，安徽大学 2013 年硕士学位论文，第 14~15 页。

其侵权方式分为直接侵权和间接侵权两种，间接侵权行为包含我国司法实践中认定较多的帮助侵权行为和美国司法裁判中较为突出的教唆、引诱侵权行为。二是对网盘著作权适用避风港规则的条件进行证成，分析网盘运营商责任的限制。司法实践中被诉侵权的主体常常引用避风港规则进行免责答辩，本文从我国法院对这个规则的通知和删除程序的具体操作规则进行概括。三是笔者对中美两国的网盘著作权的法律和案例进行系统的梳理，全面了解网盘著作权的侵权内容和侵权行为，发现我国立法需要借鉴美国立法的具体条文。四是结合我国网盘著作权侵权的实际情况，从利益平衡角度，为该侵权现状的改变提出建议，着重强调网络用户、作品著作权人、网盘服务商三者的利益平衡。

在此背景下，本文采用实证研究的方法，在中国裁判文书网、无讼案例以"网盘"为关键词进行搜索，共搜索到近五年来涉及网盘著作权侵权的判决书十余份，剔除相似案例，归纳总结各地法院对网盘著作权侵犯的认定理由和方法，分析网盘著作权在法律适用过程中的不足之处。由于公开的裁判文书有限，案例选取方面可能存在不足之处。希望本文的总结和论述能为立法和司法实践提供一些启示和参考。

一、网盘著作权概述

概念的界定是研究的基础，对于法学研究而言更是如此。网盘著作权侵权是本文的研究对象，厘清网盘的内涵是本文的应有之义。本文在此基础上，对网盘侵权现象加以概括。

（一）网盘的定义

网盘，又称云盘、微盘，是互联网公司提供的一种网络存储工具，用户可通过它实现文件资源的本地资源存储、同步备份、多人共享等资源管理服务。网盘具有免费性和容量大且无须携带、传输速度快等特点，网络用户因此乐意将音乐、图书、视频等资源存储于网络服务商提供的服务器上，即存储在网盘上，并供其他用户分享、下载。网盘因其所具有的特点而在一定程度上取代了移动硬盘。国内目前占据网盘市场的重点厂商主要有百度网盘（2016 年 10 月 11 日之前名为"百度云"）、115 网盘、腾讯微云等，国外比较著名的有 Box、Drop-box、Google Drive、Sky Drive、iCloud 等。自国家版权局颁布《关于规范网盘服务版权秩序的通知》起的一年多时间里，多家提供信息存储业务的互联网公司以"配合国家整改"等为理由，先后对外宣布关闭个人或部分免费的网盘服务。截止到 2017 年 1 月，个人网盘市场只剩下百度网盘、115 网盘、腾讯微云等寥寥可数的几家网盘服务公司。

目前我国的网盘大部分都是免费的，其不但提供存储、上传服务，还具有分类浏览、数据共享功能。只要能够连接互联网，网络用户就可以随时上传和免费下载网盘内的文件，甚至分享给他人。互联网公司在免费的基础上增加了收取会员费的盈利模式，用户可以通过付费购买会员，增加网盘的容量，提升网盘的上传、下载传输速度，以及购买针对特定人群的增值服务。

网盘的存在使得文件、视频等资源在手机、电脑之间同步备份，网盘的出现意味着网络作品传播速度更快、范围更广泛，在很大程度上是网络著作权侵权发生的主要缘由，因此对这类问题的法律监管和规制也加大了难度。

（二）网盘著作权侵权概述

互联网技术的发展推动着网络传播时代的到来，影响着作品的传播和复制等与著作权相关的各个方面，由此也形成了网络著作权的概念。网络著作权是指著作权人创作的文学、艺术和科学作品，在网络环境下也受到著作权法的保护。[1]基于网络环境下的信息传播快、信息量大的特点，和传统的著作权相比较而言，网络著作权的著作权地域性模糊，著作权的表现形式多种多样，著作权人难以控制他人对其作品的不合理使用。

以美国 Netflix 视频网站一次性播出的《纸牌屋》第三季为例，当时搜狐视频购买了该剧该季在我国的独家信息网络传播权，但是在 2015 年 2 月 27 日当天，搜狐视频网站并没有同时上线，而在该剧在美国播出的短短两个月的时间里，搜狐公司掌握的监控数据显示，该剧的网盘分享侵权链接已累计近 400条。无独有偶，腾讯公司享有著作权的《权利的游戏》第五季，自 2015 年 4 月13 日在腾讯视频播放的一个月时间里，总计查处到的网盘侵权链接有 826条。[2]

侵犯网盘著作权，本质上可以认定为网络著作权侵权问题。网盘著作权侵

---

〔1〕　杨小兰：《网络著作权研究》，知识产权出版社 2012 年版，第 3 页。

〔2〕　数据来源于"网盘成打击盗版下一风口，版权局界定明知应知规则"，载和讯网 http://finance. sina. com. cn/china/20151028/051623601527. shtml，最后访问日期：2018 年 9 月 12 日。

权的行为主体无非是用户以及网络服务商。网络用户擅自上传、分享著作权人的作品，这种没有权利人许可的行为构成网络著作权侵权行为，如果网络用户未经授权通过网盘上传并分享受著作权保护的作品，则其行为是侵犯网络著作权的形式之一。因网盘具有存储、搜索、分享等功能，故可以将其服务商划分为两类：一类是网络内容提供者，该类服务商自行采集和上传提供作品；另一类是网络服务提供者，这类服务商并未直接提供著作权人的作品，但为侵犯著作权的直接侵权行为提供条件，或者并未提供条件，因其自身具有的优势地位，负有对侵权行为的制止义务，却没有及时履行义务，从而对著作权造成侵害。

网盘著作权侵权不只是传统的侵犯著作权的行为，而且是通过网盘这种新兴的网络工具进行侵权的，因此这种侵权兼有网络和著作权两种特点。在现实生活中，网络用户将网盘中的侵权内容分享、上传至网络公开空间的行为可能因此会侵犯信息网络传播权等著作权。网络服务商因其提供的服务的不同也会构成侵犯信息网络传播权等侵犯著作权的侵权行为。接下来本文将对这两种侵权主体的不同侵权行为进行分析。

二、网盘著作权侵权的法律实践

美国的网络著作权立法方面的规定早于其他国家，网盘产品的出现时间也早于我国，我国的网盘运营模式也多借鉴美国的网盘运营形式。在司法实践中涉及的网盘著作权侵权诉讼，美国也早有先例。因此有必要通过对比中美两国的网盘著作权侵权的立法规定和司法实践，完善我国法律规制在网盘著作权侵权方面的不足。

（一）美国网盘著作权侵权的法律实践

1. 美国网盘著作权侵权的立法规定

美国是世界上最早制定网络环境下著作权法律制度的国家。回溯历史可以看到，1976 年制定的《美国版权法》是美国为网络著作权的适用提供法律依据的立法开端。从那时起，到 1995 年《知识产权与国家信息基础设施》出台，再到 1998 年《数字千年版权法》的颁布施行，美国的著作权法律制度如今已经非常完备，对网盘著作权侵权纠纷的处理也有了详细的法律依据。这其中被其他各国纷纷借鉴的是 1998 年的《数字千年版权法》第 512 条，这一条最早规定了避风港规则，如今这一规定被大多数国家借鉴。自此，美国形成了较为完善的、系统的关于网盘著作权侵权的法律体系。

表1 美国网盘著作权侵权法律规定[1]

法律名称	颁布时间	内容特点
《美国版权法》	1976年颁布，目前已有60多个修订法案	网络著作权法律依据
《在线版权责任限制法》	1997年	对网络服务提供者责任进行立法限制
《澄清数字化版权与技术教育法》	1997年	必须以著作权人发出"通知"为根据，认定网络服务提供者"知道"侵权行为的发生
《数字千年版权法》	1998年	加强著作权人的权利保护，限制著作权人的责任和义务
《著作权法诱导侵权法》	2004年	建立"引诱侵权"的网络著作权审查制度，规制软件开发商和数字网络运营商的行为，并追责
《禁止网络盗版法》	2011年	规定网站所有者对其网站内容负责，负有制止盗版和防止侵权内容传播的责任

2. 美国网盘著作权侵权的司法实践

中美两国的网盘运营商的盈利模式存在明显的不同，这是两国互联网技术及网络用户使用习惯的不同导致的。美国的网盘运营商主要依靠在网盘页面植入广告而盈利，典型的有美国的 Megaupload 网盘；另一种网盘盈利模式是收取空间使用费和广告费两种费用，这种模式的网盘主要集中在我国，如百度公司的百度网盘、一一五公司的115网盘、360公司的360云盘等，这类网盘依靠收取会员费提供大容量使用空间、提高上传下载传输速度的方式获取用户。

Megaupload 的运作程序是，在网盘用户上传作品到网盘内后，服务器会自动生成该文件的分享链接以及提取该文件所需的密码，文件上传者将链接和密码发送给他人后，其他用户可以输入相应的提取码获取文件。我国各种网盘也

---

[1] 参见李晶晶：《数字环境下中美版权法律制度比较研究》，人民日报出版社2016年版，第47~48页。

存在这种分享链接加提取码的共享文件方式，但因为涉及侵犯著作权和传播淫秽物品犯罪而有所规制。Megaupload 网盘运营商为了吸引更多用户共享资源，制定了多种奖励机制，如分享资源积累账户积分，提升账户等级，或者累计分享次数获取金钱奖励。Megaupload 主要依靠用户下载和共享资源的次数获得数据流量盈利，并不是我国网盘运营商主要提供的信息存储服务空间盈利模式。[1] Megaupload 的盈利模式使得网盘用户为了获取更高的等级而分享、下载原本不需要的资源，或者为了获取金钱奖励而多次大范围地发送分享链接，并且推荐他人点击自己的分享链接。Megaupload 这种运营模式极易引起著作权侵权，网盘运营商在美国司法实践中屡遭败诉，网盘最终因此遭到了关闭。[2] 它的这种运营方式属于《最高人民法院关于审理侵害信息网络传播权民事纠纷案件适用法律若干问题的规定》（以下简称《信息网络传播权司法解释》）中所指的教唆侵权。

（二）我国网盘著作权侵权的法律实践

1. 我国网盘著作权侵权的立法规定

目前，我国网盘著作权侵权方面的立法比较粗糙，这就导致了其在相关司法实践当中缺乏指导意义。同时，针对大数据时代带来的巨大技术变革，我国立法也积极进行了回应，陆续出台了一系列法律制度，其中包括《信息网络传播权保护条例》。严格从狭义法律层面来讲，我国的著作权立法只有《著作权法》；而从广义的法律层面来看，无论是法律、部门规章、司法解释还是国际条约，都是法理学上规定的法律渊源。因此，可以说我国国内法中关于网盘著作权侵权的法律制度不仅仅有《民法总则》《民法通则》《侵权责任法》《著作权法》，还有《信息网络传播权保护条例》、最高人民法院颁布的司法解释和国家版权局下发的通知。具体来说，涉及侵犯著作权的法律规定主要有：《著作权法》第 10 条第 1 款第 12 项、第 38 条第 1 款第 6 项、第 42 条、第 48 条第 1 项；《民法通则》第 106 条第 2 款、第 130 条；《侵权责任法》第 6 条、第 36 条；《信息网络传播权司法解释》中几乎所有的条款；《信息网络传播权保护条例》

---

〔1〕 参见王妙娅："基于网盘的网络资源共享模式特点及问题"，载《图书馆学研究》2013 年第 3 期，第 33 页。

〔2〕 何鹏："云计算环境下存储服务商的直接侵权责任——基于 Megaupload 和 Hotfile 案的比较评析"，载《电子知识产权》2012 年第 12 期，第 42 页。

第 2 条、第 20 条、第 21 条、第 22 条、第 23 条；《最高人民法院关于贯彻执行〈中华人民共和国民法通则〉若干问题的意见（试行）》（以下简称《民通意见》）第 148 条。

此外，国家版权局于 2015 年 10 月印发了《关于规范网盘服务著作权秩序的通知》。该通知规定了网盘服务商为防止著作权侵权应该采取的措施，不仅包括及时制止可能涉及侵犯著作权的作品的传播，还包括网盘服务商在面对网盘用户实施侵犯著作权人的作品的侵权行为时应该有的作为。这些是在行政管理层面上的依据，只能在一定程度上约束网盘服务商的行为，并不具有法律约束力，不具有国家强制力，不能运用到司法裁判中。面对越来越多的网盘著作权侵权现象的发生，我国目前急需对于网盘服务商或者用户的明确的立法规定。

2. 我国网盘著作权侵权的司法实践

近年来，由于我国立法中长期缺乏针对网盘著作权侵权的明确规定，在裁判实践中关于网盘著作权侵权的案例也并不多见。笔者通过对 2013 年到 2017 年的司法裁判中的判决书进行检索，共检索出了 20 起类似案例。本文针对其中 10 起典型案例进行汇总，并总结其具体裁判要点，如下表所示。

表 2　网盘著作权侵权司法案例

序号	当事人情况	裁判要点	审理法院
1	原告：深圳市迅雷网络技术有限公司（以下简称"迅雷公司"） 被告：广东一一五科技有限公司（以下简称"一一五公司"）	一一五公司属于提供存储空间的网络服务提供者，在收到迅雷公司的侵权通知后，应当采取包括但不限于删除、屏蔽、断开链接的处理措施，而且有能力进行处理，但是一一五公司并没有履行这种义务，法院认定一一五公司侵害了迅雷公司享有的信息网络传播权。[1]	东莞市第一人民法院

---

〔1〕 参见东莞市第一人民法院（2014）东一法知民初字第 303 号民事判决书，东莞市第一人民法院（2014）东一法知民初字第 304 号民事判决书，东莞市第一人民法院（2014）东一法知民初字第 305 号民事判决书，东莞市第一人民法院（2014）东一法知民初字第 306 号民事判决书。

序号	当事人情况	裁判要点	审理法院
2	原告：芭乐互动（北京）文化传媒有限公司 被告：北京百度网讯科技有限公司（以下简称"百度公司"）	百度公司提供信息存储空间，不构成直接侵权。百度公司的行为也符合"通知—删除"程序。〔1〕	北京市海淀区人民法院
3	原告：乐视网（天津）信息技术有限公司（以下简称"乐视天津公司"） 被告：百度公司	百度云网页版、手机客户端、iPad 版的播放行为在客观上帮助了网络用户传播侵权作品，主观上也具有明显的过错，应当承担侵权责任。〔2〕	北京市海淀区人民法院
4	原告：浙江横店影视制作有限公司 被告：华为软件技术有限公司	被告履行"通知—删除"义务，主观上不具有过错，符合法律规定的避风港免责条件。〔3〕	南京市雨花台区人民法院
5	原告：北京新东方讯程网络科技有限公司 被告：北京皖林枫电子商务有限公司（以下简称"皖林枫公司"） 被告：浙江天猫网络有限公司（以下简称"天猫公司"）	皖林枫公司未经授权上传作品至百度云的行为，构成侵权。天猫公司履行"通知—删除"义务，不构成侵权。〔4〕	杭州市余杭区人民法院
6	原告：中文在线公司 被告：上海金灏网络科技有限公司	被告系网络服务提供者，其提供的服务是信息存储空间，其擅自存储著作权人的作品，供用户下载浏览，不适用避风港规则，构成帮助侵权。〔5〕	上海市浦东新区人民法院
7	原告：中文在线公司 被告：华为软件技术有限公司	用户未经著作权人的许可擅自上传作品系直接侵权行为人。被告系提供信息存储空间的网络服务提供者，其履行"通知—删除"义务，主观上不具有过错，符合法律规定的免责条件。〔6〕	南京市雨花台人民法院

〔1〕　参见北京市海淀区人民法院（2014）海民（知）初字第 17614 号民事判决书。

〔2〕　参见北京市海淀区人民法院（2015）海民（知）初字第 8413 号民事判决书。

〔3〕　参见南京市雨花台区人民法院（2013）雨知民初字第 40 号民事判决书。

〔4〕　参见杭州市余杭区人民法院（2016）浙 0110 民初 468 号民事判决书。

〔5〕　参见上海市浦东新区人民法院（2015）浦民三（知）初字第 1682 号民事判决书。

〔6〕　参见南京市雨花台人民法院（2014）雨知民初字第 2 号。二审上诉人北京中文在线数字出版股份有限公司撤回起诉，参见南京市中级人民法院（2014）宁知民终字第 18 号民事裁定书。

续表

序号	当事人情况	裁判要点	审理法院
8	上诉人（原审原告）：北京爱奇艺科技有限公司 被上诉人（原审被告）：华数数字电视传媒集团有限公司（以下简称"华数公司"）	被上诉人未经权利人许可，未支付报酬，在华数云盘上提供在线播放服务，侵犯了上诉人享有的信息网络传播权，依法应当承担侵权的民事责任。[1]	杭州市中级人民法院
9	原告：北京市东大正保科技有限公司 被告：高碑店市惠康大药房	被告未经原告许可，亦未支付报酬，在其开设的淘宝网店铺中，复制原告公司的作品，通过发送网盘链接和提取密码的方式销售、传播作品，非法获利，侵犯了原告享有的著作权，应承担相应的侵权责任。[2]	北京市海淀区人民法院
10	原告：姜雪梅 被告：赵燕 被告：浙江淘宝网络有限公司	赵燕的淘宝店铺未经姜雪梅的许可通过网盘向用户销售姜雪梅的作品，侵犯了姜雪梅作为著作权人享有的信息网络传播权，故被告赵燕应赔偿原告的经济损失。姜雪梅放弃对浙江淘宝网络有限公司的诉请，其责任不予评判。[3]	杭州市余杭区人民法院

　　从上表可以看出我国网盘著作权侵权的司法判决书并不多见，案件集中于北京、南京、杭州、上海、东莞等城市。这些城市经济较为发达，对知识产权的认识程度和维权意识也较高。从上表还可以看出被诉侵权主体除了个别为网络用户外，多集中为网络服务商，并且多为网络服务提供者，即网盘运营商，说明著作权人对网盘著作权侵权的被诉对象具有倾向性，更多的时候愿意选择网盘运营商进行诉讼。从法院认定的事实来看，侵权行为方式分为直接侵权与间接侵权（多为帮助侵权）两种方式。接下来，本文将针对判决书中法院的裁

---

〔1〕 参见杭州市中级人民法院（2016）浙 01 民终 3519 号民事判决书，杭州市中级人民法院（2016）浙 01 民终 3520 号民事判决书，杭州市中级人民法院（2016）浙 01 民终 3521 号民事判决书。

〔2〕 参见北京市海淀区人民法院（2016）京 0108 民初 32240 号民事判决书。

〔3〕 参见杭州市余杭区人民法院（2016）浙 0110 民初 8383 号民事判决书。类似判决书参见（2016）浙 0110 民初 9722 号民事判决书，（2016）浙 0110 民初 7816 号民事判决书，（2016）浙 0110 民初 8387 号民事判决书，（2016）浙 0110 民初 3962 号民事判决书。

判主旨进行重点分析。

三、网盘著作权侵权责任认定

（一）网络服务商概述

网络服务商所提供的服务不同，其中直接向网络用户提供作品服务的是网络内容提供者（Internet Content Provider，ICP），而只提供网络传输技术支持，即为网络用户和网络内容提供者上传、下载、分享作品提供便利传输技术服务的是网络服务提供者（Internet Service Provider，ISP）。[1]网络内容提供者负有审查义务，需要对自身上传的作品内容进行审查，这种审查是要确定上传行为经过权利人的许可。网络服务提供者在通常情况下并没有主动审查他人侵权行为的义务，而负有一定的注意义务。这种注意义务包含的内容是审查网络用户是否侵犯著作人的网络著作权。网络服务提供者也不直接上传著作权人的作品，如果构成侵权，那么可能构成帮助侵权或者是引诱侵权。

依据我国《信息网络传播权保护条例》第 20 条到第 23 条规定的内容以及根据向网络用户提供的服务内容可以获知，网络服务提供者提供的服务可以分为四类：第一类，网络自动接入服务，依据网络用户的指令提供互联网接入、传输服务，只是提供设备，不会对网络用户接入互联网后的行为进行改变；第二类，网络内容服务，网络服务提供者自动存储其他网络服务提供者的作品内容，在网络用户需要时根据用户指示提供传输服务；第三类，信息存储空间服务，为网络用户提供存储空间，允许其上传文件，方便网络用户获取文件内容，本文的研究对象网盘就可以归入这一类；第四类，搜索或链接服务，根据网络用户的输入定位关键词和关键内容，或者提供包含特定内容的定向链接，如百度、搜狗等搜索引擎。

（二）网络服务商侵权内容

根据我国《著作权法》的规定，以网盘为代表的信息存储服务侵权行为多涉及信息网络传播权。笔者针对本文搜集到的 10 个案例进行整体分析，可以看出各地法院在认定网络服务商侵犯著作权时，无一例外均将其作为《著作权法》

---

[1]　参见祝建军：《数字时代著作权裁判逻辑》，法律出版社 2014 年版，第 68 页。

中规定的信息网络传播权进行裁判。信息网络传播权，即“以有线或者无线方式向公众提供作品，使公众可以在其个人选定的时间和地点获得作品的权利”[1]。何为“信息网络”，《著作权法》并未作出规定，最高人民法院的司法解释填补了这一法律空白——“本规定所称信息网络，包括以计算机、电视机、固定电话机、移动电话机等电子设备为终端的计算机互联网、广播电视网、固定通信网、移动通信网等信息网络，以及向公众开放的局域网络”[2]。

侵害信息网络传播权要求侵权者实施信息网络传播行为。信息网络传播权使得著作权人能够阻止网络用户、网络服务提供者未经许可将作品、表演、录音录像制品置于信息网络（即互联网）之中，使之处于公众可自由获取的状态。依据前述最高人民法院的司法解释，一项行为要构成侵害信息网络传播权行为，需要满足其概念中的每个要件。

我国法律对于网络服务提供者的行为是否构成信息网络传播行为，采用的是服务器标准，即作品在网络服务器中公开是否是网络内容提供者的行为造成的。[3]该标准强调的是将作品置于可访问的状态，构成信息网络传播行为与公众是否实际浏览、下载没有必然联系。[4]网盘运营商属于网络服务提供者的类型之一。由此可推知，我国司法实践对行为人侵犯权利人网盘著作权的性质的认定较为一致，各地法院均认定其为侵犯信息网络传播权的行为。

（三）网络服务商侵权形式

1. 概述

与传统民法理论中的侵权责任不同，我国知识产权理论界将著作权侵权形式划分为直接侵权与间接侵权。[5]我国法律上并没有直接侵权与间接侵权法律

---

[1]　参见《著作权法》第 10 条第 1 款第 12 项。

[2]　《信息网络传播权司法解释》第 2 条。

[3]　参见《北京市高级人民法院关于审理涉及网络环境下著作权纠纷案件若干问题的指导意见（一）（试行）》第 4 条第 1 款。

[4]　参见《北京市高级人民法院关于审理涉及网络环境下著作权纠纷案件若干问题的指导意见（一）（试行）》第 2 条第 2 款：“将作品、表演、录音录像制品上传至或以其他方式置于向公众开放的网络服务器中，使作品、表演、录音录像制品处于公众可以在选定的时间和地点下载、浏览或以其他方式在线获得，即构成信息网络传播行为，无需当事人举证证明实际进行过下载、浏览或以其他方式在线获得的事实。”

[5]　参见崔国斌：《著作权法：原理与案例》，北京大学出版社 2014 年版，第 651 页。

术语，但是在法院裁判审理过程中常常使用直接侵权与间接侵权的说法，并且将帮助行为、教唆行为纳入间接侵权行为之中。本文即采用这种观点，将网络服务商侵权形式划分为两种，具体而言包括直接侵权和间接侵权，且间接侵权的行为类型包括帮助行为、教唆引诱行为。

互联网的发展飞速迅猛，这使得通过网络侵犯著作权轻而易举。网络著作权的直接侵权人通常情况下较难被追诉的主要原因在于网络环境具有非现实性、隐蔽性等特征，同时又由于大多直接侵权人的经济赔偿能力有限，即便其被法院认定为侵犯著作权，法院判令其承担侵权损害赔偿责任，其也难以提供足额的赔偿。但是，著作人的作品受到侵权，利益受到损失却不能通过司法途径获得救济，这种结果将有害于我国著作权制度的发展。是故，为了平衡权利人的合法作品的著作权、网络用户获取资源的权利以及网络服务提供者的商业利益三者之间的利益，法律规定了网络服务提供者的著作权间接侵权责任。

2. 直接侵权

直接侵权，主要是指行为人未经许可，直接实施了著作权法所禁止的使用作品的行为。典型的直接侵权行为有未经著作权人许可，复制、发行、演绎、表演、广播、通过网络传播作品的行为等。又如华东政法大学教授王迁所言，所谓直接侵权，"是指行为人未经著作权人许可，并且不存在'合理使用'或'法定许可'等抗辩或免责理由，而擅自实施受著作权人专有权利所控制的复制、发行、表演和改编作品等行为"〔1〕。比如，在网络著作权环境下，网盘用户直接上传、下载或分享侵犯著作权的作品的行为。

（1）直接侵权的法律依据。我国关于直接侵犯他人网盘著作权的法律规定主要有：《著作权法》第10条第1款第12项、第38条第1款第6项、第42条、第48条第1项；《民法通则》第106条第2款；《侵权责任法》第6条、第36条第1款；《信息网络传播权司法解释》第3条，《信息网络传播权保护条例》第2条。

（2）直接侵权的司法实践。在前文统计的涉及网盘著作权侵权的10个案例中，法院均将用户未经著作权人许可上传作品定性为直接侵权，其中涉及单个网络使用者的有7例，涉及网络内容提供者的有3例。对这些案件的法院认定事实进行归纳可以明确，只要网络用户或者网络内容提供者未经作者或者其他

---

〔1〕　王迁："论版权'间接侵权'及其规则的法定化"，载《法学》2005年第12期，第66页。

享有著作权的人同意，又无法律上的依据，擅自将作品上传或以其他方式置于向公众开放的网络服务器上，使得他人可以下载或者浏览，这种行为即构成对信息网络传播权的直接侵权。

其中 7 个涉及网络用户直接侵权的案件中，原告并非针对网络用户进行诉讼，而是被告在进行答辩时，明确指出是特定网络用户未经许可上传作品，并且提供证据进行抗辩，在这种事实与证据相互印证的情况下，法院认定网络用户利用网盘上传、分享著作权人作品的行为是直接侵权行为。

在网络内容提供者涉及直接侵权的 3 个案件中，法院认定被告为网络内容提供者，其未经许可，利用网盘擅自实施侵犯著作权人的信息网络传播权的行为，且其行为不符合法定许可的抗辩或免责条件，因此应该承担侵权责任。笔者在表 2 中分析的案例 5、案例 8、案例 9 均为网络内容提供者涉及直接侵权的案件，具体分析如下：在前述三个案件中，其中华数公司是网盘运营商，其作为网络内容提供者构成直接侵权。而在另外两个案例中，作为被告的皖林枫公司和高碑店市惠康大药房均只提供网盘链接及密码，使买家能够随时随地免费下载获取资料，因而法院认定其构成直接侵权。

综上所述，我国司法实践中，如果网络服务商认为自己没有上传行为，只是提供了链接或者供用户上传的网络平台，应当举证证明，否则法院可以认定其实施了上传行为，据此认定为直接侵权。在这些案件中，网络内容提供者的主观过错并非认定侵权行为的必要条件，但是在认定损害赔偿责任时会考虑这一因素。

（3）直接侵权的构成要件与归责原则。在案例 10 中，杭州市余杭区人民法院认为，赵燕未经姜雪梅许可通过淘宝店铺销售姜雪梅享有著作权的涉案作品的视频文件，将涉案视频上传至 360 云盘并使得公众可以在其个人选定的时间下载并观看作品，侵犯了姜雪梅对涉案作品所享有的信息网络传播权，不应免除赔偿损失责任。[1] 在此案中，被告赵燕属于网络用户，其在涉诉案件中实施的行为属于典型的直接侵犯信息网络传播权的行为。笔者结合此案以及前述 3 个案件，通过分析网络用户以及网络内容提供者侵犯信息网络传播权的行为，抽象概括出网盘著作权侵权中直接侵犯信息网络传播权需要承担侵权责任的构成要件：①侵权行为。行为人通过网盘，未经许可将他人作品、表演、录音录像制

---

〔1〕 参见杭州市余杭区人民法院（2016）浙 0110 民初 8383 号民事判决书。

品通过信息网络向公众传播。②侵权主体。侵权主体可以是网络用户，也可能是网络内容提供者，即网盘运营商。③无法定抗辩、免责理由。需要强调的是，在认定成立直接侵权责任时，并不需要行为人主观状态有过错，即不管是故意还是过失，而是对直接侵权实行无过错责任原则。

但是，如果著作权人要求行为人承担损害赔偿责任，其就应进一步提出证据证明：行为人主观上存在过错（故意或过失）以及行为人的行为给著作权人造成了损失。

3. 间接侵权

间接侵权，相对于直接侵权而言，是指那些本身没有复制和发行作品，但为复制或发行人提供复印设备、用于拷贝的作品原件等复制帮助；行为人自己没有在网络空间复制或传播侵权作品，但是向网络用户提供网络服务，积极促成该用户直接复制或传播作品的行为。作为第三方的网盘运营商如果仅仅是为网络用户上传作品提供信息存储空间，即其只是作为网络服务提供者，并未直接实施上述受著作权人专有权利控制的四种侵权行为，则其行为并不落入直接侵权的范围。

（1）间接侵权的法律依据。我国现行法律体系中涉及网络服务提供者承担间接侵权责任的法律规定主要有：《民法通则》第130条，《侵权责任法》第36条第2款、第3款，《民通意见》第148条第1款，《信息网络传播权保护条例》第20~23条，《信息网络传播权司法解释》中涵盖的所有的条款。

根据《信息网络传播权保护条例》的规定，可以将网络服务提供者提供的服务分为四类：网络自动接入服务，网络内容服务，信息存储服务，搜索或链接服务[1]。其第20~23条并非归责条款，而是针对四种网络服务提供者的免责条款。学术理论中，适用法律的逻辑顺序是，首先依据法定的侵权原则来判断网络服务提供者的行为是否构成侵犯著作权的行为。如果构成侵权，再看行为人的行为是否符合相应的免责条款。这为网络服务提供者在作为被告时提供一种应诉思路，即被告可以在原告举证证明其行为依据一般的侵权原则构成侵权时，再援引不承担赔偿责任的免责条款；也可以直接证明自己的行为符合第20~23条的例外规定，这样就可以避开是否依据一般的侵权原则构成侵权这一事实认定，而直接证明自己不承担侵权责任。

---

〔1〕参见《信息网络传播权保护条例》第20~23条。

2012 年出台的《信息网络传播权司法解释》的前身是 2006 年的《最高人民法院关于审理涉及计算机网络著作权纠纷案件适用法律若干问题的解释》。从最新的司法解释的规定中可以得出，所谓间接侵权是相对于直接侵权而言的，是指网络内容提供者并没有直接侵害著作权，而是为网络用户或者网络内容提供者的直接侵权行为提供帮助或引诱的行为。接下来，本文将根据司法实践中的具体案例对网盘著作权间接侵权的行为类型进行剖析。

（2）间接侵权的司法实践。如前文所述，直接侵权的主体是网络用户或者网络内容提供者，对于同样属于网络服务商的网络服务提供者而言，其在提供网络服务时，如果侵犯著作权，只能构成间接侵权。间接侵权行为侵害的多为著作权人的信息网络传播权。帮助行为，是指在明知或者应知网络用户实施直接侵权行为的情况下，对其侵权行为没有及时制止，放任其继续实施的行为，或者依然提供帮助的行为，或者在收到著作权人的侵权通知后，不及时断开链接、删除侵权内容的行为。最高人民法院的司法解释对此也有相应的表述。[1]除帮助侵权外，引诱教唆侵权也属于间接侵权的一种，《信息网络传播权司法解释》对引诱教唆行为也有相应的规定。[2]在本文选取的案例中，法院在认定网络服务提供者侵犯网盘著作权的行为类型时，均认定其为帮助侵权。故本文在此不再对引诱教唆侵权进行详细解释，下文所述的间接侵权均指帮助侵权。

在案例 1 中，法院认定一一五公司属于提供存储空间的网络服务提供者，其在收到迅雷公司的侵权通知后，应当采取措施删除、屏蔽、断开链接，而且有能力进行处理，但是一一五公司并没有履行这种义务，法院认定一一五公司侵害了迅雷公司享有的信息网络传播权。[3]

在案例 3 中，法院认定网友"bdpan1"是侵犯乐视天津公司信息网络传播权的直接侵权人。百度云网页版、手机客户端、iPad 版的播放行为在客观上帮助了网络用户传播侵权作品，主观上也具有明显的过错，应当承担侵权责任。[4]

在案例 6 中，原告中文在线公司主张被告提供的是内容服务，但未能举证证明。被告辩称其仅提供网络空间供用户使用，并提出证据加以证明。法院对双方的观点和证据加以辨析，最终采纳了被告的答辩理由，认定其为网络服务

---

〔1〕　具体见《信息网络传播权司法解释》第 7 条第 3 款。
〔2〕　具体见《信息网络传播权司法解释》第 7 条第 2 款。
〔3〕　参见东莞市第一人民法院（2014）东一法知民初字第 303 号民事判决书。
〔4〕　参见北京市海淀区人民法院（2015）海民（知）初字第 8413 号民事判决书。

提供者，提供信息存储空间服务。同时法院认为，被告作为专业的网络公司，对网络用户存储并分享资源的侵权行为负有较高的审查和注意义务，但其怠于审查，致使上传者通过其网站向公众分享传播涉案作品，并且其在接到原告的侵权通知后，没有及时履行删除义务，因而构成侵权行为，应当承担停止侵害、赔偿损失等民事责任。[1]

对于以上三则案例，法院的认定结果均为网络服务提供者承担间接侵权责任，并且都属于为网络用户的直接侵权行为提供帮助行为。同时可以在判决书中看到，法院在认定网络服务提供者是否可以免责时，依据的法律条文是《信息网络传播权保护条例》第22条。

绝大多数情况下，对于服务对象上传的内容，网络服务提供者是不会进行改变的，所以网络服务提供者想要免除责任，必须同时满足其他四个条件。目前，结合案例中网盘运营商（115网盘、百度云、华数网盘）的运营模式可知，网盘使用者获取网盘运营商提供的信息存储服务的必要前提是进行注册，即通过邮箱或者手机号码进行注册。而其他网络用户下载、分享自己或者他人网盘内容时，是知道该内容是网盘服务对象而非网盘运营商提供的，因此网盘运营商符合《信息网络传播权保护条例》第22条的免责条件。

综上所述，在这类案件中，被诉侵权主体（网盘运营商）通常会辩称自己是提供信息存储服务的网络服务提供者，不是网络内容提供者，不存在侵权行为，而侵犯原告信息网络传播权的主体是网络用户。对于网络服务商，法院会根据其经营模式及网站的权利声明认定其是网络内容提供者还是提供信息存储服务的网络服务提供者。同时，法院会根据被告提出的证据认定网络用户是否未经许可，通过网盘上传、分享侵犯信息网络传播权的作品。通常情况下，因为被告网盘运营商的举证证明，法院会认定网络用户未经许可上传作品到网盘并分享给公众的行为构成直接侵权。接下来，法院根据网络用户的侵权行为以及被侵权作品的热播、热卖程度认定被告的注意义务。红旗标准为网盘运营商设定了两种不同的注意义务。如果被告网盘运营商负有较高的注意、审查义务，而其怠于或者未完全履行注意义务，那么法院会认定被告作为网络服务提供者构成帮助侵权；如果被告负有一般的注意义务，在接到著作权人的侵权通知后，未能及时断开链接或者删除侵权内容，法院也会认为被告作为网络服务提供者构

---

[1] 参见上海市浦东新区人民法院（2015）浦民三（知）初字第1682号民事判决书。

成帮助侵权，此为被告没有履行"通知—删除"程序，未能驶入免责的避风港，故而应承担责任。

（3）间接侵权的构成要件及归责原则。根据《信息网络传播权司法解释》第7条的规定，网络服务提供者提供网络服务时具有帮助、教唆用户的行为的，应当承担侵犯信息网络传播权的侵权责任。网盘运营商在用户上传影视作品、学习资料等热门资源时，应当知道这些热门资源的著作权人是不可能将著作权许可给个别网络用户的，网盘用户的上传行为明显构成侵权，而网盘运营商却为这些侵权行为提供免费的大容量储存空间，甚至提供共享资源功能以供其他用户下载。基于以上分析可以认定，网盘运营商的帮助行为符合网络服务提供者的间接侵权的相关描述。

结合我国法律的规定和法院在司法实践中的裁判规则可知，在网盘服务中，网盘运营商间接侵权的构成要件是：①存在直接侵权行为。网盘用户未经许可上传侵犯信息网络传播权的作品的行为是网盘运营商帮助侵权行为的前提。②帮助侵权行为。③网盘运营商主观上具有过错。这种主观过错包括未尽到合理的注意义务以及在知道侵权行为后未及时采取必要措施。[1]

提供帮助行为的间接侵权与侵权法中的共同侵权行为是不同的。共同侵权行为以侵权行为人具有意思联络、主观上具有共同的过错为前提。就间接侵权而言，网盘用户与网盘运营商之间并不存在事前的意思联络，主观上也并没有共同的过错。与之不同的是，在间接侵权中，网盘运营商主观上存在侵权的故意或者过失，是因其作为提供网络服务存储服务的网络服务提供者没有尽到一定的注意义务，导致在客观上构成了帮助侵犯信息网络传播权的行为。

随着网络时代的飞速发展，大数据的浪潮汹涌而来，著作权的侵权行为屡禁不止。在保护网盘著作权中，如果较为广泛地引进间接侵权责任，在一定程度上可以扩大对著作权保护的范围，进一步增强网络服务提供者的网络著作权保护意识，使其更多地将著作权人的利益纳入考虑范围内，特别是当前各大网络服务商在运用互联网技术创新商业模式。与此同时，司法实践对间接侵权责任的适用必须限制有度。因为，如果过于广泛地适用间接侵权责任，或者降低其适用门槛，会使网络服务提供者在创新商业模式时心存忌惮，不利于互联网行业的创新和发展。网络服务提供者毕竟不是侵权行为的始作俑者，让其承担

---

〔1〕 参见王迁："视频分享网站著作权侵权问题研究"，载《法商研究》2008年第4期，第43~44页。

责任是必要的，但又必然是有限度的。

四、网盘著作权侵权认定中的避风港规则

（一）避风港规则概述

20世纪90年代，美国通过了《数字千年版权法》，正式确立了避风港规则。该规则具体规定在第512条，该条规定了四种免责条件：①并不实际知悉储存于系统或网站上的内容或使用该内容的行为侵权；②在缺乏上述实际知悉的情况下，没有从侵权活动中意识到侵权的事实或者情况是明显的；③实际知悉或意识到（材料的侵权性质）之后，迅速删除或者断开链接侵权内容。[1]

除了美国的《数字千年版权法》外，德国、欧盟等国家和组织的立法也对此有详细的规定。如德国《电信业务使用法》有如下规定："电信服务人就互联网服务提供商提供的资料内容，在明知或技术上足以制止该资料上载的范围内承担法律责任；对将第三人提供的资料内容转向他人的连接使用如含使用人要求自动及暂时持有该资料等情况，均不承担法律责任。"[2]

避风港规则可以在一定条件下使网络服务提供者免于承担网络著作权间接侵权责任。该规则主要是指，提供信息存储空间的网络服务提供者在不知道或者没有合理理由知道网络用户的直接侵权行为发生时，或者在知道用户侵权行为发生后，能够及时采取处理措施制止，将损害结果的发生降低到最小的程度，即驶入了避风港之中。这个规则也被称为"通知—删除"规则，由通知和删除两个行为组成，著作权人发出通知，网络服务提供者进行删除。

美国的法院在对网盘著作权侵权案件进行审判时，通常都会引用避风港规则进行裁判，对网络服务商的行为进行定性，由此判定其是否适用这一规则，是否可以因此免于承担责任。

（二）避风港规则在我国的司法实践

1. 避风港规则的法律规定

我国的避风港规则规定在2006年7月1日起施行的《信息网络传播权保护

---

〔1〕 转引自边琳琳："'避风港'规则研究"，西南政法大学2010年硕士学位论文，第3页。

〔2〕 转引自边琳琳："'避风港'规则研究"，西南政法大学2010年硕士学位论文，第3页。

条例》第 20~23 条，这四条规定分别对应网络服务提供者的四种类型，并且规定了免除承担侵权损害赔偿责任的条件。该法充分借鉴了《数字千年版权法》第 512 条的相关内容，并且充分结合了我国实际情况。本文研究的网盘运营商属于《信息网络传播权保护条例》第 22 条中的提供网络存储空间的网络服务提供者，该条文是对此类网络服务提供者的责任限制。

我国于 2010 年开始施行的《侵权责任法》第 36 条也明确了网络服务提供者的责任限制。《侵权责任法》适用的范围包括权利人的人身权和财产权，这意味着避风港规则也同样适用于这些领域涵盖的权利，这可以视为对避风港规则的适用范围的扩大和补充，适应了社会发展，紧跟时代发展，对法治和经济建设都有积极意义。

从上文分析的结果可知，网盘著作权侵权行为侵犯的权利多为信息网络传播权，并且网盘运营商的行为也可以涵盖在法律规定的范围内，因而可以认定避风港规则适用于网盘著作权。我国对于该规则的立法规定，实现了从无到有的变化。目前，在网盘著作权规制方面，我国仍存在规定不够明确具体的不足之处。下文中，笔者将会对此提出自己的建议。

2. 避风港规则的司法实践

在案例 2、案例 4、案例 7 中，法院皆认定网盘运营商系提供信息存储空间的网络服务提供者，其履行"通知—删除"义务，并且不具有过错，符合法律规定的免责条件，因而不承担侵权责任。根据法理学和司法实践中法官的裁判逻辑，本文从前述内容中得出结论，即在判断网盘运营商是否构成间接侵权时，首先依据法定的侵权原则来判断网络服务提供者的行为是否构成侵犯著作权的行为。如果构成侵权，再看行为人的行为是否符合相应的免责条款。这为网络服务提供者作为被告时提供一种应诉思路，即被告可以在原告举证证明其行为依据一般的侵权原则构成侵权时，再援引不承担赔偿责任的免责条款，也可以直接证明自己的行为符合《信息网络传播权保护条例》第 20~23 条的例外规定，这样就避开是否依据一般的侵权原则构成侵权这一事实认定，而直接证明自己不承担侵权责任。结合法律，本文将对判决书中的法院认定事实进行阐释。

对于通知应该具有的形式，我国《信息网络传播权保护条例》第 14 条规定了权利人认为网络服务提供者的服务侵犯了自己享有的信息网络传播权时，可以向其发送符合法定条件的书面通知，要求网络服务提供者删除侵权内容或者断开链接。第 14 条也规定了通知书应该具有的形式和内容。

《信息网络传播权保护条例》第 15 条是对网络服务提供者接到权利人发出的侵权通知后，处理侵权内容的时间的规定。该条规定，在接到权利人的通知书后，网络服务提供者应当第一时间着手对侵权链接进行处理，如删除、断开。同时，《信息网络传播权司法解释》也有同样规定。该解释第 14 条规定，确定网络服务提供者采取必要处理措施是否及时，应当根据权利人的通知形式、通知的准确程度、采取措施的难易程度、网络服务的性质及作品类型、知名度、数量等因素综合判断。以上是避风港规则如何具体操作的法律适用，同时也可以作为对"通知—删除"规则的具体规定。可以看出，法律对于通知的形式和通知书的内容，以及网络服务提供者应该采取的必要措施的规定是非常详细的。网盘运营商可以根据法律的规定做出相应行为，驶入避风港之中，免于承担侵权责任。司法实践中，法院依据法律作出的典型案例如下。

通知书不符合法律规定不视为有效通知的典型案例：在案例 2 中，法院认为，原告公司提交的律师函中仅包含权利人的名称、联系方式和联系地址，不包含完整的作品权属证明，也没有在律师函中指明涉案作品的侵权链接以及构成侵权的初步证明材料。百度公司无法根据该律师函核查被侵权作品的权属，也无法定位被侵权作品的链接，故该律师函不应视为有效的通知，百度公司无法根据律师函删除涉案作品。而百度公司在接到本案诉状后及时删除了涉案作品，履行了相应的义务，故百度公司免于承担责任。[1]

被告未及时履行删除义务而承担间接侵权责任的典型案例：在案例 1 中，被告一一五公司辩称从未收到迅雷公司的侵权通知，但法院根据特快专递的妥投信息认定迅雷公司的通知形式、内容符合法律规定，进而认定一一五公司收到了迅雷公司的侵权通知，应当且完全有能力对涉案侵权内容进行核实和采取删除、屏蔽、断开链接的措施，但是被告未及时采取相关的补救措施，未履行"通知—删除"的义务，构成侵权。

综上所述，著作权人在发现自己的信息网络传播权受到直接侵权后，应当按照法律规定的形式和内容向网盘运营商发送侵权通知书，网盘运营商在接到通知后，应当及时作出处理，即断开侵权链接或者屏蔽侵权内容。如不能及时采取措施制止侵权行为，可能会遭受败诉的损失，承担帮助侵权的法律后果。

---

[1]　参见北京市海淀区人民法院（2014）海民（知）字第 17614 号民事判决书。

（三）避风港规则适用的例外

《信息网络传播权保护条例》第 22 条中的"不知道也没有合理的理由应当知道"是对避风港规则的适用的限制，根据该条可以断定网盘运营商主观上是否存在过错。这个判断标准就是来自于《数字千年版权法》的红旗标准，该标准主要指当网络中存在侵犯著作权行为时，这种侵权行为像红旗一样显而易见，并且网络服务提供者能够注意到，却不采取措施，那么就不会享有责任限制的资格，也就不会符合避风港规则而免除责任承担，因而可以认定其至少"应当知道"侵权行为的存在。[1]《数字千年版权法》为网络服务提供者规定了有限而具体的注意义务，在过错认定方面采用了红旗标准。

我国学术界倾向于认为《信息网络传播权司法解释》第 8 条和第 9 条是我国立法者对于红旗标准的引入，是为了限制网络服务提供者"应知"的范围。第 9 条规定了法院在认定网络服务提供者是否构成侵权时应当根据网络用户侵害信息网络传播权的具体事实是否明显，并且结合具体的因素综合考虑认定。在司法实践中，如在案例 3 中，法院据此法条认定百度公司主观上存在"应知"的过错，客观上帮助了网络用户传播涉案侵权作品，故而应当承担帮助侵权责任。[2]

红旗标准不只是避风港规则的适用的限制，即适用的例外，也在法律层面上规定了网盘运营商的注意义务。红旗标准要求网盘运营商尽到合理的注意义务，要求其对明显存在的侵权行为进行一定的处理。有人认为："这是以一种客观标准（相同情况下合理的人都能意识到侵权行为的存在）来推断服务商的主观心理状态（不可能不知道侵权行为）。"[3]根据本文搜集到的涉及间接侵权的案例的司法裁判文书，对于网盘运营商是否尽到了一般的合理注意义务，应当从以下几方面进行分析与判断：第一，内容角度，即从网络用户上传至网盘的内容上判断网盘运营商是否尽到了合理注意义务。对于电影等制作成本高昂的作品和热门、热播的影视、影音作品而言，著作权人通常情况下不可能许可网

---

[1]　解晨曦："网盘服务提供商的版权侵权责任研究"，载《镇江高专学报》2016 年第 3 期，第 82 页。

[2]　北京市海淀区人民法院（2015）海民（知）初字第 8413 号民事判决书。

[3]　刘硕："云盘服务商著作权间接侵权认定规则探讨"，载《法制与经济》2016 年第 4 期，第 75 页。

络用户个体上传分享其作品到互联网上，从这一方面而言，网盘运营者作为网络服务提供者应当对此类内容具有较高的注意义务。第二，审查制度，即从网盘运营商是否建立完善的著作权侵权的审查制度方面判断其是否尽到了合理注意义务。这意味着只要有证据证明网盘运营商有合理理由知道或者应当知道侵权事实，即使权利人没有给网盘运营商发送过符合法定条件的侵权通知书，网盘运营商也应承担间接侵权责任。这提高了网盘运营商的合理注意义务，在直接侵权行为像鲜红的红旗似的飘扬在网盘运营商面前时，网盘运营商必须提高警惕，制止侵权行为。

五、完善网盘著作权侵权规制的建议

网盘著作权涉及网络用户、网络服务商和著作权人的各方利益，网络的虚拟性和侵权行为的分散性、隐蔽性使得侵权人无法被找到，即便是被找到，也很可能因为没有足够的经济条件而难以给予足够的损害赔偿。在司法实践中网盘运营商很有可能通过引用避风港规则得以免责。这给著作权人的维权提出了很大的难题。本文将从网络用户、著作权人、网盘运营商三方的利益进行分析并提出建议。

（一）重构法律制度

至今我国并没有出台专门的网盘著作权侵权法律规定，这从前文对网盘著作权的法律规定的梳理中可以获知。在司法实践中，法院常常引用《信息网络传播权司法解释》《信息网络传播权保护条例》以及《侵权责任法》进行裁判。而对于网盘运营商的业务规定方面，最新的规范性文件是 2015 年的《关于规范网盘服务版权秩序的通知》。虽然该文件对网盘运营商的业务进行进一步细化规范，但它在法律位阶上属于行政文件，并不能起到法律的惩罚和威慑作用，不具有法律强制力。为了更好地保护著作权，明确网盘运营商的义务和责任，亟待进一步提高网盘规范的法律位阶。如将网络著作权、网盘著作权的规制制定成司法解释以弥补立法空白，法律的制定应当从利益平衡的角度出发，维护网络用户、著作权人、网盘运营商三者的利益，要求司法机关在司法实践中做到公正司法，保护著作权人的人身权、财产权，让侵权的网络用户承担必要的侵权责任，也让网盘运营商的服务获得应有的价值回报。

除了立法进行规制外，在执法过程中，行政机关在查出侵犯著作权的行为时要加大打击力度，提高侵权成本。在网络著作权侵权中，侵权成本往往是非常低的，但是著作权人维权的成本是非常高的。一旦进行诉讼，漫长的诉讼过程不但使得侵权行为难以得到遏制，也使得著作权人维权成本随之增加，所以，在打击网络侵权行为时，加大执法力度必不可少。

（二）建立网盘服务新机制

网络著作权涉及的不只是著作权人的利益，还有网络内容提供者和社会公众的利益。要减少网盘著作权侵权现象，严厉打击侵权者利用网盘侵犯著作权的行为，网盘运营商必须有所作为。这就要求网盘运营商要严格遵守法律法规的规定，履行合理的注意义务，不为直接侵犯信息网络传播权的网络用户提供帮助侵权行为，同时也应该从自身的技术层面进行创新提升，比如，更新自己的应用程序和数据编程方式，使得网盘系统可以更加快速、敏锐地定位、鉴别出侵权的内容，并自动断开链接和进行屏蔽。网盘运营商还可以呼吁网络用户积极举报侵权内容，给予举报者一定的空间容量奖励。如今使用网盘均需要用户进行注册，但是注册只需要用户提供电话号码或者邮箱，这两者并不能准确定位到具体的使用者，因此网盘运营商还可以实行用户实名制，这样有利于及时查到具体的侵权人信息，提高网络用户的侵权成本，使其不能肆无忌惮地侵权，在一定程度上减少直接侵犯信息网络传播权的行为。综上所述，网盘运营商一定要加强自我监管和自我监督的技术建设，在网络信息分享的过程中及时阻止侵权范围的扩大。

（三）加强著作权保护意识

网络用户要积极学习著作权相关的法律法规，树立法律保护意识，避免做出违法行为。增加普法力度，加大法制宣传，使更多的人认识到知识产权保护的重要性。在著作权受到侵害后，要善于用法律武器保护自己的合法权益，有意识地保护自己的著作权，特别是信息网络传播权。网络用户在使用网盘进行分享时，正确认识侵权行为，并且做到不分享可能涉及侵犯著作权的作品，对于他人的侵权行为要及时向网盘运营商反映，保护著作权人的合法权益。

网盘运营商可以在网盘登录、接入界面显示"反盗版、反侵权，你我携手，共同努力"的版权保护意识标语，也可以在网盘用户分享文件时弹出"注意保护著作权，切勿分享侵权作品"的呼吁、警示内容，加强网络用户的著作权保护意识。

著作权人在许可他人使用其作品时，也应该强调保护作品的信息网络传播权。可以设置侵权举报邮箱，一旦发现有人侵权，可以立即将侵权的网络地址和相关信息发送到权利人公示的邮箱中，方便权利人尽快获取侵权证据，运用法律武器保护自己的权益。

著作权保护的加强，不只需要网络用户从自身出发做出努力，还需要网盘运营商结合自己的商业模式从运营到程序设置等多方面多角度进行规制，各方需要共同努力，为著作权的保护作出贡献。

（四）建立网络著作权交易平台

网盘著作权侵权的客体大多是影视、音乐、文字作品，这也反映了网络用户对这类作品的巨大需求。过去，我们常常购买光盘欣赏电影，如今，我们通过网站在线观看电影；过去，我们购买纸质书阅读，如今，我们通过手机、电脑阅读电子书。互联网的发展，科技的迭代，让获取资源变得省时省力。但是出于保护著作权人的利益，网络资源的数字化并没有满足日益增长的民众需求。国外上映的电影、电视剧如果想要在国内合法上映，不只需要网络平台与著作权人协商购买著作权，也需要通过国家相关部门的审查，才能合法引进、上映。这使得网络用户的耐心在漫长等待中被逐渐耗尽，所以网络用户甘愿侵犯著作权上传、分享他人储存在网盘中的资源以满足自己的好奇心。正是由于这种侵权成本很低，网络用户侵犯网络著作权的行为才屡禁不止。针对我国资源引进慢，缺少网络资源交易平台的现实状况，可以建立网络著作权交易平台，具体操作办法是网络服务商提供合法资源，网盘运营商和政府监管部门进行合作，对著作权交易的每个流程和作品的使用进行全方位的法律监督。[1]这样可以极大地防止网盘著作权侵权行为的出现。

著作权法的目的中包含着公益性，法律保护知识产权的目的，并非单纯地保护智力成果的创造者的利益，它的最终目的是促进经济、文化、科学技术等领域的进步，而这就需要通过知识产权的配置激励人们创作，激发人们的创新

---

〔1〕　袁玫："浅析网络环境下网盘内容使用的版权保护"，载《法治与社会》2015年第5期，第254页。

能力。受利益驱使，著作权人、社会公众各方都希望自身能够获取更多的利益。这就使得著作权法等知识产权法的立法者陷入两难的境地。而法律的根本目的能够最终实现，必须要将利益平衡机制带入，才能更好地驱动创新、创造活力。有人曾说，"利益平衡实质上反映了法律上的权利和义务的公平和适当的分配。立法者在创制法律和分配法律责任时，必然要对各种利益做出取舍和协调，对各种冲突的利益进行整合，才能实现社会资源的合理配置"[1]。

结 论

网盘产品的推出改变了著作权的传播形式，网盘著作权侵权这一法律现象也是不断更新的，不论是侵权形式、侵权责任的认定、责任的承担还是责任承担的限制，都随着网盘产品和服务的更新改变。但是利益平衡理论一直贯穿著作权保护理论和实践。在大众创业，万众创新的政策扶持下，网络技术迭代更新，网盘运营商、著作权人和社会大众的利益迫切需要法律来平衡。网盘服务要发展，网盘技术要创新，网络用户获取知识要便利，著作权人的网络著作权要保护。

在网盘著作权侵权中，通常侵犯的是著作权人的信息网络传播权。侵权主体有网络用户和网络服务商。基于提供的服务不同，网络服务商分为网络内容提供者和网络服务提供者两种。网络用户如果侵权，则其构成直接侵权。对于网络内容提供者而言，未经著作权人许可上传作品至网络供公众在个人选定的时间、地点获得作品，那么网络内容提供者也构成直接侵权。网络服务提供者以本文研究的网盘运营商为代表，因为这类网络服务商是提供信息存储服务的，侵犯著作权的行为是提供帮助行为或者引诱、教唆行为，构成的是间接侵权。网络服务提供者可以利用避风港规则作为抗辩，免于承担侵权责任。司法实践在认定网络服务提供者是否履行了"通知—删除"义务时，需要明确权利人通知的形式、内容是否合法，网盘运营商在接到侵权通知时是否及时断开侵权链接、屏蔽侵权内容。法院无论在认定网盘运营商是否"应知或明知"网络用户侵权行为时，还是在认定网盘运营商进行侵权行为审查是否尽到一定的注意义务时，都需要依照《信息网络传播权司法解释》《侵权责任法》等相关法律规

---

〔1〕 郭丹主编：《网络知识产权法律保护》，哈尔滨工业大学出版社 2008 年版，第 145 页。

定的具体内容进行。本文通过对我国法律规定和司法实践中的案例进行分析，对网盘著作权涉及的三类（即网络用户、著作权人、网盘运营商）主体的权利义务、在网盘著作权侵权中可能承担的不同侵权责任及侵权形式进行讨论，以期能引起进一步的深入研究。

网盘服务提供者的间接侵权责任研究

余达星

一、网盘服务与网盘服务提供者

网盘服务具有独特的服务内容与特征，这使得网盘服务区别于其他的网络服务。其特征对网盘服务提供者行为的定性，以及进一步对网盘服务提供者著作权侵权间接责任的认定产生了一定影响。因此，笔者对上述问题进行梳理与探讨。

（一）网盘服务的内容与特征

1. 网盘服务的内容

网盘是为用户提供上传空间和技术的信息存储空间服务平台，通过云服务为用户提供数据存储、分享以及包括视频播放服务在内的在线浏览服务。网盘服务的内容大体上可以分为三个方面：存储服务、分享服务以及在线浏览服务。

（1）存储服务。网盘最主要的功能即向用户提供网络存储空间服务，其他服务基于存储服务展开。用户首先通过注册并签订网盘服务协议，获得一个私人的云端存储空间。庞大的存储空间可以满足用户储存海量的不同形式的文件的需求，但同时也为传播侵权作品提供了有利的条件。

根据存储文件的来源不同，存储服务的类型分为两种：一种为上传存储。用户通过网盘的上传功能，将本地计算机或其他电子设备中存储的图片、音乐、视频等文件上传至其私人网盘空间。另一种为分享存储。在这种存储方式下，用户并非从本地设备中上传文件，而是通过网盘服务中的保存功能，将其他用户已经上传并进行分享的文件，保存到自己的网盘空间中。

（2）分享服务。分享服务是网盘服务中基于存储服务所衍生的一项服务。用户对于已经保存在私人网盘空间的文件可以通过分享服务，生成分享链接，并通过微信、邮箱或置于网页的方式与他人共享。无论是否为网盘用户，在获得这一分享链接后，都可以下载特定的分享文件至本地设备。对于网盘用户而言，在获得他人文件的分享链接后，可以通过网盘的存储服务，实现对文件的存储。

按照分享的对象不同，可以将分享服务分为两类：第一种为特定分享，用户将个人在网盘中存储的文件通过非公开方式进行分享，使得特定对象获得该分享文件。第二种为公开分享，即用户将文件分享给不特定的第三人，使得不特定对象能够获取这一文件，如通过淘宝店铺出售分享链接，或者将分享链接发布在微博上，使得不特定第三人能够获得所分享的文件。

（3）在线浏览服务。除存储、分享服务之外，网盘服务还包括对文件的在线浏览服务。对于上传至云端服务器的文件，或通过分享存储功能而获得的文件而言，用户可以在未将文件保存至本地的情况下，通过网盘的在线浏览服务，对文本进行预览，对音乐、视频进行在线播放，从而接触作品。

2. 网盘服务的特征

（1）私密性。根据我国的《信息网络传播权保护条例》及司法解释，网络服务分为自动接入服务、自动传输服务、信息存储空间服务、搜索服务、链接服务等。[1]以网盘服务最为核心的服务内容而言，该服务属于信息存储空间服务。网盘服务作为信息存储空间服务，具有私密性的特征，区别于其他网络服务以及其他信息存储空间服务。如在搜索服务中，公众通过搜索引擎进行检索后所得到的结果本身即具有公开性，任何用户通过在搜索框中输入关键词，可搜索到相关结果。对于与网盘服务同为信息储存空间服务的 P2P 服务而言，公众对 P2P 服务器中储存的作品可以通过浏览、搜索等方式进行获取。网盘服务与上述服务则存在重要的区别：用户在网盘中存储的文件被"锁"在个人的网盘空间中，除非用户主动进行分享，否则他人，包括网盘服务提供者，无法直接通过在网盘中搜索、浏览获取信息。具体而言，网盘服务的私密性体现在三个方

---

〔1〕《信息网络传播权保护条例》第 20 条、第 22 条、第 23 条。

面：存储私密性、内容私密性以及分享私密性。

首先，网盘属于个人存储信息空间，具有存储私密性。通常而言，其他用户在未经授权的情况下无法登录他人的网盘空间，也无法查看他人网盘中未经分享的文件。根据各大网盘的服务协议，网盘服务提供者在通常情况下同样不得查看或公开用户在网盘中上传的内容。

其次，网盘中存储文件的内容具有私密性。网盘服务的目的之一在于为用户提供存储备份的网络空间。网盘中存储的文件有很大一部分为个人照片、个人文档等不具有共享性的文件，网盘服务具有内容上的私密性。同为网络存储服务的 P2P 系统则不同，原因在于用户在 P2P 服务中上传文件的目的主要在于共享与传播。

最后，网盘分享文件的过程同样具有一定程度的私密性。与搜索服务不同，公众较难通过搜索方式获取他人网盘空间中存储的信息。对于用户已分享的文件，在未取得分享链接的前提下，他人无法通过公开途径获取。

不仅如此，网盘服务的私密性还使得网盘服务提供者相较于其他网络服务提供者，对其用户的行为，以及网盘中存储的文件的知悉程度降低。当用户在网盘中上传侵权作品，不进行分享，或仅进行特定用户分享时，网盘服务提供者对上述行为进行审查则具有一定难度。

（2）技术中立性。网盘服务属于中立技术，其宗旨是为用户提供云端存储服务，而非专门为他人实施侵权行为而开发的工具。网盘同时拥有侵权与非侵权用途，合理使用网盘的用户通过网盘对个人文件进行备份。同时，也存在用户未经许可通过网盘对他人作品进行复制或传播的情况。

在网络服务诞生之前，技术设备提供者的设备经出售之后被用于著作权侵权，而权利人往往不会向生产商追究间接侵权责任。当技术设备同时具有侵权和非侵权用途时，买方购买这一设备后，设备提供者通常难以得知买方会使用这一设备从事何种行为，也难以得知这一设备会被买方用于侵权用途。此时，若著作权人告知设备提供者有买方利用其出售的设备进行侵权，设备提供者不对此进行处理，一般而言也不构成间接侵权，"因为设备提供者向买方提供设备一旦交付完成便不再与买方有任何实质性接触，即使设备提供者事后得知买方利用设备进行侵权使用，这时也不构成对直接侵权行为的实质性帮助"[1]。但

---

[1]　刘家瑞："论版权间接责任中的帮助侵权"，载《知识产权》2008 年第 6 期，第 39 页。

是与一次性售出的技术设备不同，网盘服务的提供是一个长期、持续的过程。网盘服务提供者在向用户提供服务的整个过程中，起着运营、维护的作用，因此其与用户之间的接触是一种持续性接触。这种持续性接触使得当著作权人发现有网盘用户在使用网盘服务的过程中进行著作权侵权而通知网盘服务提供者时，网盘服务提供者需要对这一情况采取合理的措施。

（二）网盘服务提供者

如前所述，网盘服务的核心内容为存储服务，即网络服务的类型之一，因此网盘服务提供者属于网络服务提供者，网盘服务提供者的责任认定问题可以适用著作权法与侵权责任法中关于网络服务提供者间接侵权责任认定的条款，在此不再赘述。但是，由于网盘服务具有上述与其他网络服务不同的服务内容，以及私密性等特殊性质，导致对间接责任的认定产生了一定的影响。因此在下文，笔者尝试结合网盘服务的特征、相关法律规定以及司法案例，对网盘服务提供者间接侵权责任的认定问题进行探讨。

二、网盘服务提供者的间接侵权责任认定

网盘服务提供者的侵权责任可分两种：直接责任与间接责任。二者的主要区别在于：网盘服务提供者是构成直接侵权，还是帮助或教唆用户进行著作权侵权。若为前者，则其应承担直接责任；若为后者，则其应承担间接责任。本章主要尝试讨论的是网盘服务提供者间接责任的认定问题。[1]

根据著作权法与侵权责任法体系，认定网盘服务提供者的间接责任应当考虑三个方面：①存在用户直接侵权的行为；②网盘服务提供者明知或应知的主观状态；③网盘服务提供者对直接侵权提供帮助或进行教唆。

（一）存在网盘用户的直接侵权

根据著作权法的目的与宗旨，间接责任制度的设置目的在于规制直接侵权

---

〔1〕　本文所指的间接责任，指的是网盘服务提供者的间接侵权责任。在我国的著作权法体系中，如《最高人民法院关于审理涉及计算机网络著作权纠纷案件适用法律若干问题的解释》，网络服务提供者帮助或教唆他人实施侵犯著作权行为的，应当承担的责任为共同侵权责任。笔者认为，间接责任的这一概念更多为学理上的用法，为网络服务提供者在帮助或教唆用户直接侵权行为时所应承担的责任。在我国的法律实践过程中，上述行为应适用关于共同侵权责任的相关规定。

用户的行为。[1]间接侵权的存在必须以存在直接侵权作为前提要件，即存在用户利用网盘服务进行著作权侵权行为。若不存在直接侵权，或用户可能导致侵权的行为实际上落入了合理使用的范畴，则网盘服务提供者将不会基于上述行为而需要承担著作权间接侵权的责任。根据我国《著作权法》的规定，[2]网盘用户的行为构成直接侵权应当满足以下条件：

首先，侵权的客体享有著作权，为著作权法意义上的作品。用户在网盘中上传的文件可能包括个人照片、通讯录、文档等。上述文件若不属于具有独创性的智力成果，则不构成作品。用户在未经许可上传、分享他人的上述文件时，并不会构成著作权侵权行为。当用户将他人的作品上传至网盘或将网盘储存的他人的作品进行分享时，则有可能构成直接侵权。

其次，侵权人在未取得授权的情况下行使著作权人专有的权能，如传播他人享有著作权的作品。用户使用网盘的存储服务、分享服务或在线浏览服务时如传播他人作品，可构成直接侵权。

最后，不构成合理使用。在判断前述网盘用户的行为是否构成著作权侵权时，还应当讨论第三个问题，即是否构成合理使用。若属于合理使用的情形，则用户不构成直接侵权。若用户的直接侵权不存在，网盘服务提供者便无须承担由此衍生的间接责任。

笔者尝试从著作权法的角度，对用户使用网盘服务的主要内容，即存储服务、分享服务与在线浏览服务的行为，进行分析与讨论。

1. 用户使用存储服务行为的认定

用户在使用网盘的存储服务时，存在以下三种情况：

第一种情况，当用户使用网盘的上传存储功能时，用户将本地硬盘中存储的他人的作品上传至网盘，使得作品通过网络数据传输从本地保存至云端服务器，此时作品数量由一生二，完成了作品的复制行为。

第二种情况，用户使用网盘的分享服务，通过他人提供的分享链接，将他人网盘中分享的侵权作品保存至自己的网盘，但尚未进行下载。此时作品虽然显示保存于用户的网盘中，但实际上这一作品仍然为储存于云端服务器中的同

---

〔1〕 Guy Pessac ih, "An International-Comparative Perspective on Peer-to-Peer File-Sharing and Third Party Liability in Copyright Law: Framing the Past, Present, and Next Generations' Questions", 40 *Vand. J. Transnat'l L.* 87, 105 (2007).

〔2〕 《著作权法》第 48 条第 1 款第 1 项。

一作品，用户通过分享服务进行的存储行为仅保存了特定路径，使其能够接触到云端服务器中的作品，此时尚不构成复制行为。

第三种情况，用户在使用分享功能保存他人的作品之后，将上述作品下载至本地硬盘。与上传行为相对应，上述下载行为将云端服务器中的他人作品通过数据传输保存至用户本地硬盘，此时同样构成复制行为。

在网盘服务中，用户通过存储功能，仅将作品保存至其网盘空间，根据前述网盘的私密性特征，公众并不能因此在"个人选定的时间和地点获得作品"〔1〕，因此这一行为尚未构成信息网络传播。但使用网盘的存储服务，或将网盘中存储的作品下载至本地硬盘的行为，将构成复制行为。至于上述复制行为是否构成复制权侵权，则还需要探讨上述行为是否落入合理使用的范畴。

首先，设置合理使用制度的目的之一在于允许一部分不影响作品的正常使用，也不会不合理地损害作者的合法权益的复制行为，〔2〕从而更好地促进文化的传播与交流。数字时代的复制行为的最大特征在于，对作品的复制并不会影响他人对作品的正常使用。网盘用户对他人作品的复制行为并不会影响著作权人或其他授权使用人对作品的正常使用，因此网盘用户的复制行为在网络环境下极为便捷与迅速，不需要占用著作权人或其他权利主体拥有的复制件。关于是否会不合理地损害作者的合法利益这一问题，笔者认为，在网盘的存储服务下，用户的复制行为对作者合法利益的损害较为有限。其原因在于，网盘用户在具有极高的私密性的个人网盘空间中的复制行为，在没有进一步对他人作品进行分享的前提下，仅是个人的、单独的对作品的接触，不会使作品在未经许可的情况下进一步由他人接触；并且由于用户在复制他人作品之前，事实上已接触这一作品，作者的权益不会因为网盘用户的复制行为再一次遭受贬损（在用户不对其作品进行分享的情况下）。因此用户利用网盘的存储服务而构成复制行为并不会对作者的合法利益造成不合理的损害。

其次，根据合理使用的规则，网盘用户的复制行为构成合理使用。如我国《著作权法》第22条第1款对合理使用制度的规定，其中，为个人欣赏而使用他人作品的，属于合理使用。针对网盘用户在其个人网盘空间中的复制行为而

---

〔1〕　《著作权法》第10条第1款第12项、《信息网络传播权保护条例》第26条第1款。

〔2〕　Article 9 of Berne Convention for the Protection of Literary and Artistic Works amended on September 28, 1979.

言，通常而言，其目的在于"保存"以便个人欣赏。当用户上传存储文件时，其上传的终端是用户个人的、他人无法接触的网盘空间，用户可以保存这一文件，以便日后的欣赏，下载亦是如此。从比较法的角度看，在法国，用户的复制行为也落入合理使用的范畴。2005 年，法国音乐协会因个人用户 Anthony G 的电脑中储存了大量他人的影音作品而向法院起诉，但法院判决：个人用户上传或下载他人的作品，落入法国著作权法中"私人复制"的范畴，属于合理使用，因此不构成著作权侵权。[1]2005 年 12 月，法国通过一项著作权法修正案，其中规定：当著作权法意义上的作品由个人使用而未构成商业使用时，著作权人不得限制用户再复制所下载的作品。[2]依据法国著作权法的这一规则，网盘用户通过存储服务进行的复制行为构成合理使用。

基于上述理由，笔者认为，用户使用网盘的存储服务时构成的复制行为，落入合理使用的范畴，不构成对复制权的侵犯。著作权人不能以用户使用网盘存储服务的行为侵犯其复制权为由主张网盘服务提供者的间接侵权责任。

2. 用户使用分享服务行为的认定

笔者认为，用户使用网盘存储服务的行为并不构成信息网络传播行为或复制权侵权行为。分享服务则不同，它是网盘服务当中较容易滋生侵权行为的功能。部分网盘服务提供者为了防止侵权行为的发生，甚至关停了分享服务。

用户使用网盘分享服务创建作品分享链接，并在未授权的情况下，将他人的作品分享给公众的行为，将构成信息网络传播权侵权。信息网络传播权指的是通过网络，使公众可以在其个人选定的时间和地点获得作品的权利。如我国《信息网络传播权保护条例》第 26 条第 1 款对信息网络传播行权作出了界定："信息网络传播权，是指以有线或者无线方式向公众提供作品、表演或者录音录像制品，使公众可以在其个人选定的时间和地点获得作品、表演或者录音录像制品的权利。"具体到用户对网盘分享服务的使用是否构成信息网络传播这个问题，依据《最高人民法院关于审理侵害信息网络传播权民事纠纷案件适用法律

〔1〕　沈木珠："P2P 共享的合法性——从巴黎法院裁定的一案谈起"，载《电子知识产权》2007 年第 6 期。转引自谭冰："P2P 著作权问题研究"，载冯晓青主编：《知识产权法前沿问题研究》（第 2 卷），中国大百科全书出版社 2009 年版，第 196 页。

〔2〕　沈木珠："P2P 共享的合法性——从巴黎法院裁定的一案谈起"，载《电子知识产权》2007 年第 6 期。转引自谭冰："P2P 著作权问题研究"，载冯晓青主编：《知识产权法前沿问题研究》（第 2 卷），中国大百科全书出版社 2009 年版，第 196 页。

若干问题的规定》（以下简称《信息网络传播权司法解释》），将作品置于网络中，"使公众能够在个人选定的时间和地点以下载、浏览或者其他方式获得的"[1]，属于信息网络传播。据此，网盘用户利用网盘的分享服务分享作品，落入信息网络传播的范畴的关键在于：公众能够在个人选定的时间和地点获得作品。

如前所述，以分享的对象进行划分，用户使用网盘分享服务的行为存在两种不同情况：特定分享与公开分享。

在第一种情况中，用户将文件分享链接发送给特定对象。通常而言，用户只能通过获取他人分享的链接接触作品，而无法通过搜索或其他方法获取上述作品。此时，在特定分享行为中，分享的对象是特定的、有限的，除该特定对象之外，公众无法获取这一文件。[2]因此，笔者认为，用户将文件分享给特定对象的行为并不属于信息网络传播行为。

第二种情况，公开分享，即用户创建文件分享链接之后，公开发布上述链接，如置于微博、论坛等网站。第二种情况将他人的作品置于不特定公众可以接触的空间中，使得公众可获取该分享链接，从而在个人选定的时间和地点获取侵权作品，落入信息网络传播行为的范畴。换句话说，用户利用网盘分享服务进行公开分享的行为构成信息网络传播行为。

当用户利用网盘分享服务，将个人网盘中的文件向不特定对象分享时，其网盘原有的私密性不复存在，构成信息网络传播行为。并且，以个人欣赏为目的对他人作品进行使用并不会涉及将他人作品在网络上进行传播的行为，该行为减损了著作权人通过信息网络传播权获益的可能性，因此网盘用户公开分享的行为并不构成合理使用。从《信息网络传播权保护条例》第6条关于合理使用制度的规定也可以看出，我国立法并不认同为个人欣赏而进行信息网络传播的行为。因此，笔者认为，用户通过分享服务进行公开分享的行为，不属于合理使用的范畴，将构成信息网络传播权侵权。

3. 用户使用在线浏览服务行为的认定

除存储、分享服务之外，网盘服务还包括对文件的在线浏览服务。对于通

---

〔1〕《信息网络传播权司法解释》第3条第2款。

〔2〕当接受特定分享的用户将所接触的作品向不特定对象分享时，笔者认为该接受特定分享的用户构成信息网络传播权的直接侵权，而非进行特定分享的主体构成信息网络传播权的直接侵权，后者可能构成帮助侵权。

过分享、存储功能而获得的文件而言，用户仅是保存了该文件的链接，而尚未实现著作权法意义上的复制。但是对于上述文件，用户可通过网盘的在线浏览服务，对音乐、视频进行在线播放，从而接触作品。

　　用户在使用在线浏览服务时，将构成临时复制行为，即所浏览的他人作品将临时地、自动地以临时文件的形式存入电脑中。对于临时复制行为，我国《著作权法》尚未明确予以界定。在欧盟，临时复制行为一般不被认作侵权行为，如《信息社会版权指令》允许短暂的或偶然的复制，此种复制不应有独立的经济价值，该除外规定应涵盖用户的浏览行为。[1]美国《数字千年版权法》中的临时复制行为也被归入责任限制的范畴之中。[2]

　　笔者认为，用户在网盘中的在线浏览行为，虽构成临时复制行为，但该行为由于其偶然性与短暂性，且不具有独立的经济价值，属于复制权专有权限制的例外，不构成复制权侵权。

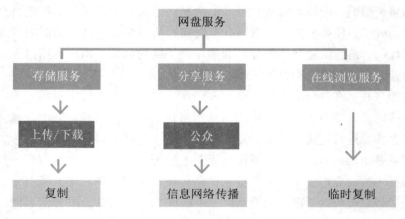

图1　用户使用网盘服务的行为认定

（二）网盘服务提供者在主观上存在过错

　　从主观状态而言，认定网盘服务提供者承担间接责任所应考量的因素之一

---

　　〔1〕　Directive 2001/29/EC of the European Parliment and of the Council of 22 May 2001 on the harmoni-sation of Certain a spects of copyright and related rights in the information society.

　　〔2〕　See 17 U. S. C. A. § 512 (b).

为网盘服务提供者对于用户的直接侵权存在过错。网盘服务提供者"能够证明其仅提供网络服务，且无过错的，人民法院不应认定为构成侵权"[1]。与客观事实不同，对于行为人的主观状态尤其是应知的状态难以直接进行考证，需要通过客观事实进行推断。以下将结合实践与相关判例对网盘服务提供者的过错认定进行讨论。

1. 明知与侵权通知

对于明知这一状态而言，界限相对清晰，如当网盘服务提供者收到著作权人发出的律师函，被明确告知其侵权链接以及权利基础时，则可以认定其明知的主观状态，若网盘服务提供者不对侵权链接进行处理，将不再受到避风港原则的保护。最高人民法院颁布的《信息网络传播权司法解释》第 13 条也对此作出了规定："网络服务提供者接到权利人以书信、传真、电子邮件等方式提交的通知，未及时采取删除、屏蔽、断开链接等必要措施的，人民法院应当认定其明知相关侵害信息网络传播权行为。"该通知应当包含权利人信息、明确的侵权链接、构成侵权的初步证明材料。[2]上述规定中的"通知—删除"规则是我国著作权法体系中的重要规则，即当网络服务提供者接到权利人所发出的通知时，若及时采取删除、屏蔽等必要措施，可不与直接侵权用户承担连带责任。

但是，当通知中缺乏上述内容之一时，网盘服务提供者收到这种"缺陷通知"，是否构成明知的主观状态？笔者认为，此时网盘服务提供者不构成明知，因而无须对未按照上述通知的要求处理侵权的行为承担间接责任。美国《数字千年版权法》对这种情况作出了规定：权利人发出的通知中若①未指明侵权作品，②未指明侵权文件或不能使网络服务提供者定位侵权文件，或③未提供权利人的联系信息，则该通知不得视作证明网络服务提供者明知的证据。[3]在美国探讨音乐网盘服务提供者间接责任的 Capitol Records Inc. v. MP3tunes，LLC 案中，法院也指出：若权利人发出的通知只指出某位特定的艺术家的"所有歌曲"或者作出模糊的描述，则该通知是不充分的，因为这样的通知不能使服务提供者定位权利人所宣称侵权的作品。[4]我国法律未明确规定权利人发出侵权通知

---

〔1〕《信息网络传播权司法解释》第 6 条。

〔2〕《信息网络传播权保护条例》第 14 条。

〔3〕17 U. S. C. A. § 512（c）（3）.

〔4〕Capitol Records, Inc. v. MP3tunes, LLC, 821 F. Supp. 2d 627（S. D. N. Y. 2011），on reconsideration in part, No. 07 CIV. 9931 WHP, 2013 WL 1987225（S. D. N. Y. May 14, 2013）.

不符合通知要件时，对其主观状态的认定问题。但在司法实践中，当通知中未提供侵权链接时，网盘服务提供者不构成明知，无须承担间接责任。如在北京市海淀区人民法院作出判决的中国电影股份有限公司北京电影营销策划分公司与北京百度网讯科技有限公司侵犯著作权纠纷案中，权利人主张百度搜索引擎可以搜索到《狼图腾》的影片下载链接，其向百度发出侵权通知书，并且向法院主张由于被告在收到侵权通知书后未删除侵权作品，应承担间接责任。然而，法院判定，由于原告的通知函中没有列明侵权链接，其律师函无效，被告无须承担侵权赔偿责任。[1]

这里应当进一步明确的是，即使网盘服务提供者接到权利人发出的符合法定要件的通知，也不能直接一概而论地认定网盘服务提供者明知侵权行为的存在。由于侵权行为认定的复杂性，当权利人指明的某项行为是否构成著作权侵权行为具有争议时，网盘服务提供者无法直接判断是否属于侵权作品，因而不对争议作品进行处理，此时不能直接认定其应当承担间接责任。由于网盘服务提供者仅属于提供储存技术的服务商，相对于司法机关而言，其判断争议作品是否构成侵权的能力较低。当某项行为是否构成侵权具有较大争议，且网盘服务提供者难以辨别时，恰恰需要极高的司法判断水平。此时若将这种过高的判断能力的要求强加于网盘服务提供者，则并不合理。正如美国第九巡回法院在 Perfect 10, Inc. v. CCBill LLC 案中对此作出的确认：服务提供者不具有判断是否侵权的义务。[2]我国法律虽然未对这种情况作出界定，并且司法实践中涉及认定网盘服务提供者间接责任的案例中尚未遇到这一情况，但有法院在商标权侵权案件中认定，当网络服务提供者无法判断争议作品是否构成侵权，因而未对侵权链接进行处理时，无须承担赔偿责任。如在腾讯诉奇虎 360 等商标权侵权纠纷案中，奇虎 360 在其手机应用平台中提供被告的手机游戏。腾讯向奇虎 360 发出通知声称该款游戏侵犯其商标权，要求奇虎 360 下架游戏。奇虎 360 宣称其享有在先使用权，据此未对该款游戏进行下架。法院认定，奇虎 360 作为网盘服务提供者仅提供技术服务，无法对权利冲突作出专业判断，不应对未将涉案侵权游戏下架的行为承担侵权责任。[3]国家版权局发布的《互联网著作权行政保护办法》这一部门规章的规定，也可对此加以佐证："互联网信息服务提供者

---

〔1〕 北京市海淀区人民法院（2014）海民（知）初字第 14489 号。

〔2〕 Perfect 10, Inc. v. CCBill LLC, 488 F. 3d 1102, 1114 (9th Cir. 2007).

〔3〕 北京市朝阳区人民法院（2015）朝民（知）初字第 55738 号。

根据著作权人的通知移除相关内容的，互联网内容提供者可以向互联网信息服务提供者和著作权人一并发出说明被移除内容不侵犯著作权的反通知。反通知发出后，互联网信息服务提供者即可恢复被移除的内容，且对该恢复行为不承担行政法律责任。"[1]

当通知满足法定要件，并且直接侵权行为不存在争议时，若网盘服务提供者收到这一通知，则在主观上构成明知的状态，若不对侵权行为进行处理，则不再受避风港条款的保护。正如 Capitol Records，Inc. v. MP3tunes，LLC 案判决所述：服务提供者有义务制止重复侵权人使用其服务，尤其是未经授权允许他人接触或复制作品的侵权人。[2]若网络服务提供者知悉利用其服务进行的侵权行为，其应当尽其可能采取合理的措施以预防重复的侵权行为，这是适用避风港条款的前提。[3]

2. 应知的认定

对明知和应知的区分并非在于具体知晓或抽象认知的划分，而是在于主观和客观标准的差异。换言之，判断是否明知在于是否能够判断网盘服务提供者在主观上知道特定侵权行为，而应知的认定在于对于理性人而言，该侵权行为是否客观上而言是显而易见的。[4]若对于理性人而言，网盘用户的直接侵权是显而易见的，则可以认定网盘服务提供者有违其应当具有的注意义务，因而具有应知的主观过错。何种事实可以推断出网盘用户的直接侵权行为对于服务提供者而言属于应知，是本部分主要讨论的问题。

（1）众多用户利用网盘实施著作权侵权行为。网盘中存储的作品由于其潜在的价值、数字化的特征，可能有遭受侵权的风险。用户利用网盘进行直接侵权的行为不在少数，此类侵权行为最直接的表现形式为用户利用网盘服务在未经著作权人许可的情况下对他人作品进行传播的直接侵权行为。

当有证据证明网盘中存储、分享的众多文件属于侵权作品，且网盘服务提供者知悉这一事实时，是否能以此认定网盘服务提供者应知侵权行为的存在，

---

〔1〕《互联网著作权行政保护办法》第 7 条。

〔2〕 Capitol Records, Inc. v. MP3tunes, LLC, 821 F. Supp. 2d 627（S. D. N. Y. 2011），on reconsideration in part, No. 07 CIV. 9931 WHP, 2013 WL 1987225（S. D. N. Y. May 14, 2013）.

〔3〕 In re Aimster Copyright Litig. , 334 F. 3d 643, 655（7th Cir. 2003），see also Columbia Pictures Indus. , Inc. v. Fung, No. 06 Civ. 5578, 2009 WL 6355911, at ∗18（C. D. Cal. Dec. 21, 2009）.

〔4〕 Viacom Int'l, Inc. v. YouTube, Inc. , 676 F. 3d 19（2d Cir. 2012）.

从而不再适用避风港规则？笔者认为答案是否定的。明知或应知的对象应当为特定的侵权行为。存在笼统的侵权环境并不能推断网盘服务提供者应知侵权行为的存在。

在 Viacom Int'l v. YouTube，Inc. 案中，美国第二巡回法院指出，有调查证据证明在 YouTube 上有 75%～80%的内容属于著作权法意义上的作品，而仅有 10%的内容是经过授权的，这说明服务提供者意识到在提供者的站点中有大量侵权文件。然而这一事实不足以用来直接证明服务提供者明知或应知某一特定侵权行为存在，因而不应凭借这一事实排除适用避风港规则。[1]2016 年的 Capitol Records，LLC v. Vimeo，LLC 案中，美国第二巡回法院也重申了这一观点。[2]

从法律的文义解释来看，判断应知的主观状态同样应当根据是否知道某一特定的侵权行为，而不应根据存在笼统的侵权环境即认定网盘服务提供者存在主观过错。如我国《信息网络传播权保护条例》第 22 条，[3]根据这一条款，仅知道或应当知道用户传播的作品侵权并不排除网盘服务提供者适用避风港条款。若网盘服务提供者收到著作权人的通知后，及时删除通知指明的特定侵权作品，则仍可适用避风港条款，从而不承担间接责任。移除义务的本质印证了知道或应知的对象是特定的侵权作品，因为只有在网盘服务提供者明确知道或应知某一特定文件构成侵权的前提下，其才能够立即进行移除。

我国现有的认定网盘侵权的案例也印证了这一观点。如北京市海淀区人民法院作出判决的乐视网诉百度公司案中，乐视网认为用户通过百度公司提供的百度云服务分享、在线播放涉案影片《金陵十三钗》，应由百度公司承担侵权责任。法院在认定百度公司是否具有应知状态时着重考虑百度公司是否意识到

---

〔1〕　See European Commission, Green Paper Copyright & Related Rights in the Information Society［COM (95)］382 final；19 July 1995 accessed on August, 23, 2004 at http://europa. eu. int/smartapi/cgi/sga_ doc? smartapi! celexplus! prod! DocNumber&type_ doc = COMfinal&an_ doc = 1995&nu_ doc = 0382&lg = EN ("Green Paper").

〔2〕　Capitol Records, LLC v. Vimeo, LLC, 826 F. 3d 78 (2d Cir. 2016).

〔3〕　网络服务提供者为服务对象提供信息存储空间，供服务对象通过信息网络向公众提供作品、表演、录音录像制品，并具备下列条件的，不承担赔偿责任：①明确标示该信息存储空间是为服务对象所提供，并公开网络服务提供者的名称、联系人、网络地址；②未改变服务对象所提供的作品、表演、录音录像制品；③不知道也没有合理的理由应当知道服务对象提供的作品、表演、录音录像制品侵权；④未从服务对象提供作品、表演、录音录像制品中直接获得经济利益；⑤在接到权利人的通知书后，根据《信息网络传播权保护条例》规定删除权利人认为侵权的作品、表演、录音录像制品。

涉案影片在其空间内传播并且未经权利人许可的问题。[1]同样，在芭乐互动诉百度公司案[2]中，法院认为在百度云中存在巨大数据的情况下，百度公司既不知道也不应当知道涉案作品的存在，故不应对百度公司苛以过高的注意义务。

由此可知，即使网盘服务提供者笼统地知晓存在大量用户通过网盘服务进行著作权侵权，也不能直接基于这一事实认定其对特定的侵权行为存在应知的主观过错。

（2）未进行主动审查。2015底，国家版权局发布通知，要求网盘服务提供者充分运用技术措施，对侵权作品进行主动的处理，防止用户的违法上传与存储。[3]这一通知要求网盘服务提供者在收到著作权人对其发出的通知之前，对大量的享有著作权的侵权影视或音乐作品进行审查，并进行主动屏蔽和移除。这里笔者试图探求的问题是，若网盘服务提供者未主动审查用户违法存储或进行分享的侵权作品，是否能够以此认定其违反注意义务，从而具有应知的主观过错？

从法律规定而言，主动的审查义务不是网盘服务提供者所应承担的义务。根据我国《信息网络传播权司法解释》规定，法院不应基于网络服务提供者未主动审查用户信息网络传播权侵权行为而认定前者具有过错。[4]也就是说，仅凭借网盘服务提供者未对利用网盘进行的侵权行为实施审查的这一事实，不能够认定其具有过错。美国《数字千年版权法》也规定，网络服务提供者的避风港条款的适用并不以其进行审查、积极查找侵权行为作为前提。[5]欧盟《电子商务法令》前言部分第47条、法令部分第15条规定了欧盟各成员国不得对网络服务提供者施加审查义务，网络服务提供者不具有审查其储存文件的义务，也不具有主动寻找侵权事实的义务。[6]欧盟《电子商务法令》报告中指出了上述规定的理由：监管成千上万的网站与网页是不切实际的，并且将导致其在向

〔1〕　北京市海淀区人民法院（2015）海民（知）初字第8413号。

〔2〕　北京市海淀区人民法院（2014）海民（知）初字第17614号。

〔3〕　国家版权局《关于规范网盘服务版权秩序的通知》第2条。

〔4〕　《信息网络传播权司法解释》第8条第2款。

〔5〕　17 U. S. C. A. § 512（m）（1）.

〔6〕　Directive 2003/31/EC of the European Parliament and of the Council of 8 June 2000 on certain legal aspects of information society services, in particular electronic commerce, in the Internal Market（Directive on e-lectronic commerce）.

用户提供服务时负有过重的负担和成本[1]。这一理由放在网盘服务的语境下也是成立的，对于网盘服务提供者而言，由于每个网盘用户所拥有的网盘容量之大、存储文件之多，主动审查网盘服务中千万级别的文件几乎是不切实际的，这样的要求将使得网盘服务提供者负担不合理的成本与风险。

正如北京市第二中级人民法院在刘京胜诉搜狐公司侵犯著作权纠纷案[2]中对提供链接服务的网络服务提供者搜狐公司的责任认定中所言："因网站之间的互联性、开放性，网上的各类信息内容庞杂，数量巨大，要求网络服务商对所链接的全部信息和内容是否存在权利上的瑕疵先行作出判断和筛选是不客观的，网上的信息内容有权利上的瑕疵时，信息提供者或传播者应对此承担法律责任，仅提供网络技术或设施的服务商，一般不应承担赔偿责任。"在芭乐互动诉百度公司案以及浙江横店影视制作有限公司与华为软件技术有限公司知识产权权属、侵权纠纷案[3]中，法院在认定网盘服务提供者的应知状态时，均认为在网盘中存在巨大数据的情况下，网盘服务提供者无从得知侵权作品的存在。上述案例同样确认了网盘服务提供者并不具有主动审查的义务。

但是，上述审查义务的要求可能受到网盘服务提供者是否从侵权行为中获取经济利益的影响。如美国在 Perfect 10 Inc v. CCBill LLC[4]案中确立的裁判规则以及我国《信息网络传播权司法解释》确立的规则，这里所指的经济利益，并非收取网盘存储服务费或在网盘服务软件中投放广告等一般性的获取经济利益的行为，而是指与侵权行为有更进一步联系的行为。如在德国的 Gema v. Rapidshare 案中，网盘服务提供者 Rapidshare 通过出售会员服务，使用户在存储文件时能够获得匿名的资格，法院认为这一营利行为主要吸引的对象是大量的非法传播侵权作品的用户，因此 Rapidshare 应当尽到更大的注意义务与审查义务，通过所有可能的资源，如搜索引擎或 Facebook 平台，对网盘中存储的侵权文件进行审查，[5]否则对用户的直接侵权构成过错。也就是说，当网盘服务提供者提供的收费服务所服务的对象几乎可以确定为侵权用户时，其应当对此

---

[1] Study on the liability of internet intermediaries, ULYS consortium, November 2007.

[2] 北京市第二中级人民法院（2000）二中知初字第 128 号。

[3] 南京市雨花台区人民法院（2013）雨知民初字第 40 号。

[4] See Perfect 10, Inc. v. CCBill LLC, 488 F. 3d 1102, 1109–1110 (9th Cir. 2007).

[5] File hosting service Rapidshare must scan for copyright infringing files, German federal court rules, Leok Essers, IDG News Service, 2013. 09. 04, http://www. pcworld. com/article/2048101/file-hosting-service-rapidshare-must-scan-for-copyright-infringing-files-german-federal-court-rules. html.

负有更高的注意义务与审查义务。

（3）主动编辑或推荐。我国《信息网络传播权司法解释》规定，当网络服务提供者主动对作品进行了选择、编辑、修改、推荐等行为时，法院可据此认定网络服务提供者构成应知。[1]如在中国电影股份有限公司北京电影营销策划分公司诉杭州幻电科技有限公司侵害作品信息网络传播权纠纷案[2]中，被告为提供视频服务的网络服务提供者。法院认为，在由幻电公司提供的哔哩网站中，原告享有著作权的电影居于"热门"电影第二位，被告应当注意到视频内容侵权，却仍通过被告平台为视频传播提供服务，属于帮助侵权。在这里，法院认为将侵权作品在网站中加上"热门"标签，构成对侵权作品的推荐，因此推定网络服务提供者的应知状态。

但是，对于网盘服务提供者而言，由于网盘存储文件的私密性，服务提供者一般不会直接对用户所存储的作品进行修改或推荐。网盘服务提供者可能对用户账号进行主动推荐，而这些被推荐的账号的网盘中存储了大量的未经著作权人授权而上传分享的侵权作品，此时根据网盘服务提供者对账户而非侵权作品进行主动推荐的行为是否可以推定其构成应知的状态？笔者认为答案是肯定的。当用户将作品公开分享时，任何人在关注其账号后，都可以接触其公开分享的文件。网盘服务提供者在主动对提供侵权作品的账号进行推荐时，按照理性人标准，其应当已对推荐账号中公开分享的内容进行查看，因此应认识到该网盘中的侵权作品的存在。因此当网盘服务提供者对侵权账号进行推荐、编辑或修改时，同样可以凭借这一事实推定其应知的主观状态。如乐视网诉百度公司案，百度公司为网盘服务提供者，在其网盘服务的主页中推荐侵权人的账号，而公众可在被推荐的侵权人的分享内容中接触侵权作品，法院由此认定百度作为网盘服务提供者，对其用户的直接侵权构成应知的主观状态。

（三）网盘服务提供者存在帮助、教唆行为

在间接侵权中，网盘服务提供者并未直接复制或传播他人的作品，而仅是作为提供服务的主体，帮助或教唆网盘用户进行传播他人作品等直接侵权行为。

根据我国《侵权责任法》，网络服务提供者在知悉用户通过其所提供的网络服务进行侵权行为时，教唆或帮助网络用户的侵权行为的，应与该网络用户承

---

〔1〕《信息网络传播权司法解释》第9条。

〔2〕 上海市浦东新区人民法院（2013）浦民三（知）初字第1017号。

担连带责任。[1]《信息网络传播权司法解释》在此基础之上进一步对信息网络传播权侵权行为进行了规定:"网络服务提供者在提供网络服务时教唆或者帮助网络用户实施侵害信息网络传播权行为的,法院应当判令其承担侵权责任。"[2]美国同样在判例中确立,"在明知侵权行为存在的前提下,教唆、导致或对直接侵权人提供实质性的帮助,则构成间接侵权"[3]。据此,笔者认为教唆或帮助直接侵权行为是网盘服务提供者的间接责任认定的要件之一。

1. 网盘服务提供者的帮助行为

在 Capitol Records, Inc. v. MP3tunes, LLC 案中,法院提到:在认定存在帮助、教唆行为时,间接侵权人对于主要侵权行为作出的帮助应当是实质的帮助。[4]实质帮助指的是为侵权行为提供场所和便利,在网盘服务的语境下,即当网盘服务提供者接到侵权通知之后,仍向明知的侵权行为提供网盘服务,则构成为侵权行为提供场所与便利,属于实质性帮助。如在 Religious Tech Center v. Netcom On-Line Communication Services 案以及前述中国电影股份有限公司北京电影营销策划分公司诉杭州幻电科技有限公司侵害作品信息网络传播权纠纷案中,法院认为,由于网络服务提供者未及时删除侵权信息,未能阻止侵权作品的传播,为侵权行为提供了场所与便利,构成实质帮助。

帮助侵权可进一步分为两种:消极帮助侵权以及积极帮助侵权。在网盘服务过程中,面对用户所传播的侵权作品,若网盘服务提供者明知或应当知道上述侵权行为,未及时地删除侵权文件,此时使得侵权用户能够继续使用网盘服务分享侵权作品,则构成通过不作为的方式为主要侵权行为提供场所与便利,从而构成消极的帮助侵权。我国《信息网络传播权司法解释》第 7 条第 3 款也以列举的方式规定了这一种类型的帮助侵权。[5]另一种则属于积极帮助侵权,即通过作为使得直接侵权人能够更加便利地实施侵权,如干预著作权人发送侵

---

〔1〕《侵权责任法》第 9 条、第 36 条。

〔2〕《信息网络传播权司法解释》第 7 条第 1 款。

〔3〕 Perfect 10, Inc. v. Cybernet Ventures, Inc. , 213 F. Supp. 2d 1146 (C. D. Cal. 2002).

〔4〕 Capitol Records, Inc. v. MP3tunes, LLC, 821 F. Supp. 2d 627 (S. D. N. Y. 2011), on reconsideration in part, No. 07 CIV. 9931 WHP, 2013 WL 1987225 (S. D. N. Y. May 14, 2013).

〔5〕 网络服务提供者明知或者应知网络用户利用网络服务侵害信息网络传播权,未采取删除、屏蔽、断开链接等必要措施的,或者提供技术支持等帮助行为的,人民法院应当认定其构成帮助侵权行为。

权通知，或者刻意地加密用户信息，使得追踪侵权用户几乎成为不可能。[1]

2. 网盘服务提供者的教唆行为

教唆他人进行侵权者，需要对他人直接侵权所造成的损害后果承担责任。[2]对于网盘服务提供者而言，其何种行为可能构成教唆行为是本部分讨论的内容。提供网盘服务使得侵权用户得以传播侵权作品是否构成教唆？

网盘服务具有技术中立性，对于具有实质非侵权用途的技术服务，若网盘服务提供者未意识到，也不可能意识到特定侵权行为的存在，则提供网盘服务的这一行为并不构成教唆。原因在于，提供网盘服务的行为与利用网盘服务进行的直接侵权行为，二者之间的因果链条是微弱的。网盘用户的侵权行为不是由服务提供者提供的网盘服务的引诱而导致的，正如战争并不是由武器商出售的武器所引诱而导致一样。

如我国华夏视联控股有限公司诉深圳市快播科技有限公司（简称"快播公司"）等电影网站传播侵权纠纷案中，法院认为快播公司提供视频播放技术服务的行为并不构成教唆行为。法院认为："快播公司研发、经营软件的主要服务，是帮助点播网站建立成熟的流媒体点播系统，并使网络用户能免费利用QVOD客户端软件快速下载和高清观看点播网站上传的影视作品。快播软件作为一种网络传播工具，既可能被用于合法目的，也可能被用作侵犯著作权的工具。因此，快播公司研发的QVOD软件具有实质性非侵权用途，不能因为该软件被用于侵权而认定被告快播公司存在引诱侵权。"[3]这与美国索尼案确立的规则相同。美国最高法院认为，索尼作为家用录像设备的生产商并未引诱用户侵权，也不能因此承担用户使用录像设备从事直接著作权侵权行为的间接责任。[4]同样，在现有的有关网盘服务提供者间接责任的判例中，法院也未曾依据服务提供者提供了网盘服务，即认定其构成教唆行为。

---

〔1〕　See In re Aimster Copyright Litig. , 252 F. Supp. 2d 634, 659 (N. D. Ill. 2002).

〔2〕　［德］克雷斯蒂安·冯·巴尔：《欧洲比较侵权行为法》，张新宝、焦美华译，法律出版社2003年版，第81页。

〔3〕　祝建军、魏巍："华夏视联控股有限公司诉深圳市快播科技有限公司等电影网站传播侵权纠纷案——网络服务提供者引诱侵权的司法认定"，载 http://sztqb. sznews. com/html/2011-04/26/content_1541743. htm，最后访问日期：2018 年 12 月 31 日。

〔4〕　Sony Corp. of Am. v. Universal City Studios, Inc. , 464 U. S. 417, 104 S. Ct. 774, 78 L. Ed. 2d 574 (1984).

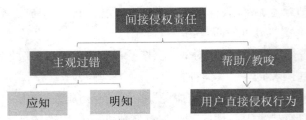

图 2　网盘服务提供者的间接侵权责任

三、网盘服务提供者规范制度之完善

（一）网盘服务提供者与著作权人关系之审视

法律对于网盘服务提供者间接责任的设置目的在于对网盘服务提供者的行为加以规制，从而实现对著作权人利益的保护。适当的间接责任的设置，可以在保护著作权人利益的同时，不阻碍网盘服务技术的发展，推动公共领域文化的传播。在前文中，笔者主要基于实践层面对网盘服务提供者间接责任的认定进行讨论。在本部分，笔者试图从不同角度审视网盘服务提供者与著作权人的关系，并尝试对网盘服务提供者间接责任制度的完善提出建议。

1. 网盘服务提供者与著作权人之间的利益冲突

网盘服务提供者的利益与著作权人的利益之间存在冲突，即一方面，网盘服务提供者需要扩大网盘服务的使用范围、提高网盘服务的便捷程度以实现盈利；另一方面，著作权人需要保护自己的权利以使得作品在未授权的情况下不在网盘中进行传播。这一冲突关系也正是设置网盘服务提供者间接责任的基础。正如讨论网络服务提供者间接责任的 Metro-Goldwyn-Mayer Studios Inc. v. Grokster, Ltd 案中法院的观点：由于每日使用软件进行侵权性下载的数量之大，在网络服务提供者之上设置间接责任的限制是必要的，若广泛使用的服务被用来从事侵权活动，权利人制止直接侵权人而有效地保护享有著作权的作品几乎是难以实现的，唯一实际可行的替代办法是根据帮助侵权或替代侵权责任理论以追究发布软件者的间接责任。[1]

网盘服务提供者与著作权人之间存在着利益冲突关系所带来的结果是设置

---

〔1〕　Metro-Goldwyn-Mayer Studios Inc. v. Grokster, Ltd. , 545 U. S. 913, 125 S. Ct. 2764, 162 L. Ed. 2d 781 （2005）.

网盘服务提供者的间接责任。但是，对网盘服务提供者的责任设置无疑会增加其成本，过分严苛的责任设置还有可能导致技术发展的滞缓。因此，笔者在下文中尝试对网盘服务提供者与著作权人的关系进一步进行讨论，通过进一步探讨二者的关系，尝试为网盘服务提供者间接责任的正当设置提供理论依据。

2. 网盘服务提供者与著作权人关系的再讨论

刘家瑞教授在其著作中提到，在著作权法的历史中，大多数信息技术的变革都可能导致著作权人受到侵权的风险，但同时也为公众以及著作权人提供了创作或使用作品的新方式；因此有权主体在面临新技术的挑战时，不应简单地扩大或牺牲对著作权人的保护，而应当尽可能地维护著作权法一直以来在保障著作权人正当权益与促进信息在公共领域传播之间形成的有效平衡。[1]当决策者为解决技术变迁带来的问题制定新政策时，他们必须保证同时也为进步和创新留下足够的动力和空间。[2]

网盘技术与过去的索尼录像机以及其他在技术领域的新突破相同，在一定程度上增加了著作权人遭受损害的风险。网盘用户渴望利用新兴的网盘服务实现信息的流通与文化的传播，面对信息流通程度待提高的国内影视市场，零成本却便捷的网盘存储与分享服务成为用户实现文化体验的途径之一。基于讨论著作权人与网盘服务提供者关系之目的，笔者在下文尝试对在网盘环境下，著作权人的利益因网盘服务遭受损害的问题进行进一步探讨。

美国学者劳伦斯·莱斯格在其著作中提出了利用 P2P 技术共享文件的四种类型：①用户借助网络共享方式取代了原本的消费；②用户在购买唱片之前对歌曲的下载试听；③用户通过网络共享方式获取受著作权保护的作品，但这些作品已经绝版或者购买的费用过于高昂；④借助网络共享方式接触不享有或已放弃著作权的文件。[3]用户通过网盘服务进行分享的文件也可按照以上的标准，划分为四种类型：

第一种类型，冲抵需求的作品。网盘用户原有的对作品的购买和消费需求直接通过网盘服务中传播的侵权作品获得满足。虽然中国前 20 年相对无拘束的互联网环境培养了国内网络用户对免费网络环境的习惯，很多用户即使未接触网盘中传播的作品，也不会通过付费购买作品，但不可否认的是，的确存在着

---

〔1〕　刘家瑞："论版权间接责任中的帮助侵权"，载《知识产权》2008 年第 6 期，第 39 页。

〔2〕　［美］劳伦斯·莱斯格：《免费文化》，王师译，中信出版社 2009 年版，第 103 页。

〔3〕　［美］劳伦斯·莱斯格：《免费文化》，王师译，中信出版社 2009 年版，第 47~48 页。

一部分用户，他们原本具有购买作品的需求，但是接触了网盘中传播的作品之后，直接满足了自己的需求，因而不再进行购买和消费。

第二种类型，试听试看的作品。笔者认为，用户在观看影片、购买书籍或者专辑之前的试看或试听，不会实质性地影响著作权人的利益，甚至可在一定程度上促进用户的消费。在这种情形之下，通过网盘服务的作品传播，虽未经授权，但使得更大范围的公众通过试看的方式对作品进行了解，从而促进其对作品的消费，并且对于著作权人而言，上述行为对其利益可能并未造成实质性损害。

第三种类型，难以接触的作品。用户通过网盘服务接触已经不再出版或者获得成本过于高昂的作品。对于这类作品，由于不再出版或者其他类似原因，用户无法通过正常的渠道接触。如不再出版的图书，用户无法在实体书店或者网上书店进行购买，因而用户以符合著作权法规定的途径接触此类作品几乎成为不可能。笔者认为，用户通过网盘中流通的"侵权作品"，能够便捷地接触到上述原本难以接触的作品，从而使作品得以在公共领域流通，并且对著作权人的利益造成的损害较小。

第四种类型，非作品或放弃著作权的作品。用户通过网盘服务，获得不享有或放弃著作权的文件。这一类信息，如用户同步存储的照片或通讯录，由于不符合著作权法对作品的独创性要求而不具有著作权。用户通过网盘上传或分享这一文件将不会对著作权造成侵犯。同样，当著作权人放弃对其作品的著作权时，用户上传此类作品并不会构成著作权侵权。

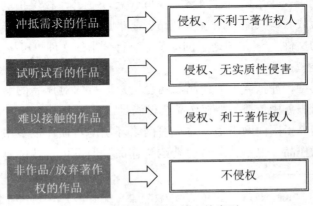

图 3　网盘服务分享的文件类型

　　笔者认为，在通过网盘分享文件的四种情形当中，除第一种情形之外，其余的三种情形对作品或信息在公众领域的传播所带来的利益将大于对著作权人的权益带来的实质性损害。对于第二、三种情形，按照现行的法律规定，通过网盘对上述作品进行传播将构成著作权侵权，但这样的传播并不会对著作权人的利益造成实际损害，甚至在一部分情况下促进了著作权人更好地获益。然而，如果法律或理论并未考虑到这一关系，而对上述四种不同的情况一概而论，并且过于严苛地对网盘服务提供者设置间接责任，将不利于网盘技术的发展，阻碍作品的流通与传播，与此同时著作权人的利益也无法实现最大化。

　　通常而言，作者所创作的作品只有被社会公众所知晓、阅读、欣赏，其知识创造成果应有的价值才能最大化地体现出来。[1]网盘服务提供者与其他信息技术提供者一样，为这样的价值实现提供了平台与机会。无论是对于著作权人还是对于公众而言，网盘服务在不同程度上均为二者带来了好处。从这个角度来看，著作权人与网盘服务提供者的关系可以是同向的、相辅相成的。立法者与执法者在设置网盘服务提供者的间接责任时可以从这一角度出发，避免设置过于严格的间接责任，避免基于保护著作权人利益的初衷，却导致公众的利益甚至著作权人的利益受到损害。

（二）网盘服务提供者法律制度之完善

　　我国《著作权法》以及相关法律法规对于涉及网盘服务提供者间接责任的规定尚有亟待完善之处。涉及网盘服务提供者间接责任制度，具有法定效力的主要有以下四个方面：①法律，即 2010 年修正的《著作权法》与 2010 年实施的《侵权责任法》对网络服务提供者的一般性的侵权责任进行规范。②行政法规，即国务院于 2013 年修订的《信息网络传播权保护条例》，其主要对网络服务提供者的避风港条款作出了规定，局限性在于仅对信息网络传播权侵权行为进行了规制。③司法解释，即 2013 年 1 月 1 日实施的《信息网络传播权司法解释》。最高人民法院以司法解释的形式对直接或间接侵害信息网络传播权的网络服务提供者帮助、教唆行为的认定、主观过错状态的认定问题给出了判定标准。《信息网络传播权司法解释》对《信息网络传播权保护条例》进行了补充与完善，但这一司法解释的不足之处与《信息网络传播权保护条例》相同，即仅规制了

---

　　〔1〕　郑成思：《知识产权论》（第 3 版），法律出版社 2003 年版，第 215～217 页。

信息网络传播权侵权问题，对于网盘服务提供者以及其他网络服务提供者间接责任的认定问题，虽有参考借鉴意义，但仍留下了法律层面的空白领域。④部门规范性文件，即 2015 年国家版权局为了规制网盘侵权行为而颁布的《关于规范网盘服务版权秩序的通知》。这一文件针对网盘服务提供者，要求其主动采取有效的技术措施，防止用户上传存储特定作品。该文件存在的问题是，其为部门规范性文件，法律效力层级较低，法院在处理网盘服务提供者间接责任问题时仅能参照适用这一规定。并且，这一文件中所规定的要求网盘服务提供者制止用户存储或分享热点作品，在一定程度上具有模糊性，存在要求网盘服务提供者更加主动进行审查的严格要求，与上位法的规定存在一定分歧。

针对上述问题，笔者认为，立法者可以通过及时对法律进行修订加以解决。法律的生命力在于由立法者进行实时更新，以顺应社会发展的需要。笔者认为，立法者在制定新规的过程中，应当注重以下方面：

1. 网络环境下的私人复制行为的规定

针对网盘涉及的存储服务中复制的行为是否落入合理使用的范畴、在线浏览服务中的临时复制行为是否构成著作权侵权，网盘服务提供者是否应该审查或预防用户从事上述行为，目前尚在学术探讨的过程中，而没有可依据的法律规定。由于我国属于成文法国家，司法判例并非我国具有效力的法律渊源，而网盘服务提供者对于网盘服务功能的发展以及对于自身行为的规范往往需要依赖于明确的法律规定。

笔者认为，对于数字时代的私人复制，包括临时复制问题，由于法律没有明确的规定，无论是著作权人还是网盘服务提供者都无法依据法律明确对使用网盘服务过程中涉及的复制行为进行定性。因此，笔者建议尽快在《著作权法》中对上述问题加以规定，以为网盘服务提供者提供服务的行为、著作权人进行权力主张以及公众以合乎法律规定的方式使用网盘服务提供明确的指引。

2. 制定具有普遍适用性的间接责任规则

如前所述，虽然国务院为了适应网络技术的发展，修订了《信息网络传播权保护条例》，最高人民法院也颁布了相关司法解释，对网盘服务提供者间接责任中的明知、应知的认定标准及教唆与帮助的认定问题进行了规范，但是，上述规范仅针对信息网络传播权侵权问题，对于网盘服务提供者基于其他用户侵权行为而需要承担的间接责任的认定问题仅有参考价值。

鉴于包括网盘服务提供者在内的网络服务提供者在著作权领域已经占有相

当重要的位置，笔者认为，不妨在《著作权法》中专章规定网络服务提供者的间接责任，并且在配套的司法解释或其他法律文件中，结合网盘服务等网络技术发展过程中遇到的新问题与新情况，对主观过错的认定、教唆或帮助行为的认定进行细化的规定，以提供具有普遍适用性的间接责任规则。

结　论

网盘服务提供者与著作权人之间存在冲突的关系：一方面，网盘服务提供者需要扩大网盘服务的使用范围、提高网盘服务的便捷程度以实现盈利；另一方面，著作权人需要保护自己的权利以使得作品在未授权的情况下不在网盘中进行传播。笔者认为，网盘服务提供者的间接侵权责任，正是基于此等冲突关系设置的。著作权人的作品在网盘中的传播，使公众能够获得的利益大于著作权人可能遭受损害的程度。在一些情况下，著作权人的利益与网盘服务提供者的利益可以是同向的、相辅相成的。立法者与执法者在规制网盘服务提供者的间接责任时，可以基于上述角度对间接责任进行更为适当的设置。

网盘服务作为云计算技术中不可或缺的一部分，仅是大数据时代的一个缩影。随着信息社会的不断变革与发展，法律实践中将会出现更多待探索与待解决的问题。笔者期待着立法者进行法律完善与创新，以更好地实现网络服务提供者、著作权人以及公众之间的利益平衡。

IPTV 视频内容著作权侵权问题研究

孟雪飞

　　IPTV 近年来接连为全球各国的运营商所青睐并进行大量部署，在我国也得到了长足的发展。聚集了电信网、广电网、互联网三个方面优势的 IPTV，被视为当前三网融合的最实际的业务合作模式。今后的三网融合将不只是流连于单纯网络方面的融合，更主要的是在新业务应用、终端产品方面的融合。正因为 IPTV 的先进技术和优质的体验模式，现在越来越多的家庭开始选择使用 IPTV 观看视频内容，在"内容为王"的互联网时期，IPTV 的内容也将成为吸引和留住广大用户的关键筹码。很多 IPTV 运营商为了吸引用户，将当下热播的视频或电视节目尽可能多地放到运营平台中，使用户可以观看到更多的视频内容。用户在 IPTV 平台中找到他们想观看的内容时，便会提高对 IPTV 的使用满意度，进而继续选择该服务，甚至会将 IPTV 推荐给其他家庭使用，从而使得 IPTV 运营商留住老用户，吸纳新用户，达到 IPTV 经营的盈利效果。相反，如果用户在使用 IPTV 服务时，无法观看尽可能多的视频内容，会导致该用户对 IPTV 评价的降低，当 IPTV 服务合同到期后，便不再继续使用该服务，最终导致 IPTV 运营商盈利降低。可见，IPTV 视频内容丰富与否，对其发展前景的好坏影响颇大。IPTV 运营商会尽可能丰富其提供的可观看视频内容，但在 IPTV 提供的海量视频内容中，常会出现视频内容未经作品著作权人许可而在 IPTV 平台进行播放的现象，而且，随着科学技术的进步和发展，IPTV 直播、回看等功能的著作权侵权内容存在分歧，司法审判实践中没有统一的审判标准，学术界对 IPTV 视频内容侵权性质的认定亦存在不同的观点。除此之外，IPTV 侵权主体在 IPTV 内容供应商和网络接入方之间尚存在分歧，司法实践中，原告起诉的主体各异，法院判决最终承担侵权责任的主体也存在不同。科技发展产生新技术带来的著作权上的侵权问题，始终要回到法律层面加以解决。IPTV 视频内容引发的著作权侵权值得深入研究，司法审判实务和学术界对 IPTV 视频播放的直播、点播、回放模式的著作权性质存在不同的见解。人们在 IPTV 著作权侵权的主体问题上存在分歧。基于上述分歧，本文选取司法实践中法院对 IPTV 视频内容著作权侵权的不同判决进行研究，以期对该问题进行分析和整理，提出自己的应对建议和措施。

一、IPTV 发展趋势及引发的相关著作权侵权问题

三网融合技术已经上升到国家战略的高度，该技术融合了电信网、广电网、互联网三网的功能和优势，将电话、电视与电脑三者的功能集结为一体，融合为一种既可以看电视，又能打电话，还能上网的产物，极大地方便了生活、工作和学习。IPTV 是三网融合技术的重要产物，它提供视频直播、点播、回看、购物、在线教育、音乐、可视网络电话、游戏等信息服务和应用服务的免费业务和增值业务。IPTV 强大的功能吸引了广大家庭用户纷纷购买该服务。IPTV 强大的技术性能加上政府的大力支持，使其发展速度逐年加快。近年来，有关 IPTV 播放视频内容的著作权侵权案件屡见不鲜，侵权问题是阻挡在 IPTV 技术发展道路上的一块顽石，若要保障 IPTV 健康发展，势必需要法律护航。

（一）IPTV 发展现状及趋势

1. IPTV 的含义及其视频内容的传播形态

从 IPTV 的字面含义来看，它是与 IP（Internet Protocol）有关的 TV（Television），涉及电视及网络业务内容。国际电信联盟 IPTV 焦点工作组（ITU-T FG IPTV）将 IPTV 定义为：利用 IP 网络，输送电子数据、文本字符、图形图片、视频音频、电视广播等内容，提供 QoE/QoS（用户体验质量/服务质量）、交互性、可靠性和安全性的能够管理的多媒体类型的业务。通俗来说，IPTV 利用宽带网将互联网、电子通讯、多媒体、信息化技术等集合于一体，从而向广大 IPTV 使用者提供多种全新的以交互式模式传播的电视节目观看体验，它的优势在于能够充分利用海量的网络资源，迅速适应网络时代的极速发展趋势。[1]

---

〔1〕 麦向阳："基于 IP 网络 IPTV 技术的应用研究"，载《电子世界》2016 年第 12 期，第 136 页。

IPTV 中各网络间的相互关系，见图 1。

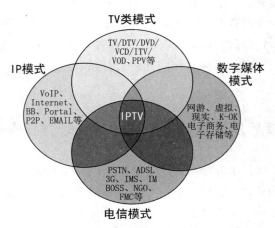

图 1　IPTV 网络融合模式图[1]

　　IPTV 有三种视频传播形态：电视直播、回看、点播。IPTV 直播是以一种非交互式的方式，为用户提供与传统电视频道播放功能相同的观看模式。因用户不能依照自己的时间安排和观看意愿来选择所有接收的节目信号，电视直播常被公众称作实时电视。IPTV 回看是对已播出的电视直播节目的回放。IPTV 回看是一种时移业务，通过在 IPTV 平台建立一个缓冲区作为多媒体数字硬盘，使用数字技术对直播过的视频进行自动录制，将录制的内容暂存在缓冲硬盘中，在相应的时限内用户可以对该视频进行回看。录制的实现不需要用户的参与，用户可以选择快放、慢放、暂停等功能，按照自己的需求安排电视节目的观看，从而改变了过去观看电视节目的被动情况。因观看电视节目突破了时间和地域的束缚，使观众产生一种交互的感觉，而这恰恰属于交互视频服务，符合信息网络传播权的特征。[2]IPTV 点播是一种交互式传播形式，用户能够主动把控播放视频节目的时间，其与公众熟悉的利用互联网连接因特网从而可在其方便的时段或地域获得作品的情形类似。

---

〔1〕　引自刘南杰："IPTV 的商业模式、运营模式与赢利模式探讨"，载 http://blog. sina. com. cn/s/blog_ 662c444d0100n916. html，最后访问日期：2018 年 12 月 20 日。

〔2〕　刘晓庆、万柯："电视回放，是合理使用还是构成侵权？"，载《中国知识产权报》2014 年 7 月 4 日第 9 版。

2. IPTV 的发展趋势及著作权侵权研究意义

2004 年我国开始了最早的 IPTV 业务，该业务以两方合作的方式开展，合作方包括黑龙江省联通部门（原网通）和上海文广百视通，业务推广地点首先是哈尔滨，并逐渐扩展到其他省市。IPTV 发展至今已有十余年，加上政策方面的推进，截至 2016 年 8 月，全国范围内的 IPTV 家庭用户已达 7227 万。[1]越来越多的内容提供商、内容集成商和增值服务提供商因为 IPTV 得到政府大力扶持、推广和普及，积极加入这个前景甚好的市场。

不管是消费市场中的网络电视、手机视频、视频聚合平台等业务，还是本文所述的 IPTV 业务，能够吸引用户消费的最大原因就是内容的质量及丰富程度，决定 IPTV 产业能否健康持续繁荣的关键便是内容。北京蓝汛通信技术有限责任公司做过一些调研，在调研影响视频平台用户数量的因素时，发现大多数用户以平台所能提供的内容为选择依据，比例高达 57.4%。并且这些以内容为首要选择标准的用户，在选中某播放平台后，如果在这里没有发现其所期待的视频，便会立即更换平台，存在此情形的用户所占比例高达 82%，可见优质的内容才是吸引并留住用户的法宝。[2]在"内容为王"的时代，IPTV 视频内容的质量及热度成为用户选择 IPTV 的重要原因，也正因如此，IPTV 提供的海量视频，因未经作品权利人授权而导致著作权侵权问题的发生。著作权侵权问题无疑是 IPTV 高速发展的羁绊。与此同时，因为 IPTV 用户的不断增长，作品侵权造成的权利人损失必将扩大。本文对 IPTV 视频内容传播过程中产生的著作权侵权问题进行研究，有利于引导该问题的解决。

（二）IPTV 存在的著作权侵权分歧

IPTV 视频内容方面的著作权侵权多见于其不同视频播放模式中，根据上文对其传播形态的描述，可知 IPTV 视频传播有三种形态：直播、回看、点播。该三种形态在著作权侵权中出现的问题不尽相同，既有司法界普遍达成共识的情形，也有在司法审判界以及学术界存在不同见解的情形。

---

〔1〕 "2016 年 8 月份通信业经济运行情况"，载 http://www.miit.gov.cn，最后访问日期：2018 年 12 月 20 日。

〔2〕 孙凯："2016 互联网＋时代视频媒体融合趋势与发展"，载《现代电视技术》2016 年第 7 期，第 28 页。

1. IPTV 直播是广播行为还是信息网络传播行为

IPTV 直播是向用户提供电视节目的在线播放，但是该播放要对应计划好的时间表来播放，网络是该类型服务的传播途径。关于 IPTV 直播模式在著作权法中属于何种模式，有三种观点：第一种观点认为，IPTV 直播中的定点播放是一种信息网络传播行为。[1]就电视剧的定点播放来讲，虽然用户在其选择的某个时间不可以获得电视剧的全集或任意一集的内容，但可以观看正在播放的那一集的内容，[2]而且 IPTV 直播采用的是网络平台，并非具有电视或广播组织性质的主体，因此 IPTV 的直播形式不是广播，形成对信息网络传播权的侵犯。第二种观点认为，IPTV 直播类似于有线电视直播功能，且在规定的时间定时播放收看，是非交互式视频，并非信息网络传播行为，应为广播行为。[3]第三种观点认为，IPTV 直播不满足信息网络传播权行为的交互式特征，应适用我国《著作权法》第 10 条第 1 款第 17 项 "其他权利" 进行维权。[4]

2. IPTV 回放是著作权侵权还是合理使用

学者对 IPTV 回放模式中涉及的著作权侵权案件的分歧在于回放是属于著作权法中规定的侵权行为还是一种合理使用行为。假若未经著作权人同意，回放他人作品是一种著作权侵权行为，那么该侵权行为是广播权控制的行为还是信息网络传播权控制的行为？

一种意见认为回放系合理使用行为，如 1984 年美国索尼公司案[5]。该案涉及索尼公司生产的一种录像机，由于常会出现用户错过按时播放的电视节目的情形，故用户通过他们购买的录像机，将无法及时观看的电视节目进行录制拷贝，等到有空闲时间时再通过该录像机欣赏节目。该录像机与 IPTV 的回看功能有些相似，它们均具备暂停、快放、慢放的功能，使得用户可以在错过电视直播节目后，有机会再次观赏电视节目。美国环球电影制片公司和迪士尼制片公司作为本案的原告，认为索尼公司生产的录像机起到了帮助用户对其播放的视频进行复制的作用，侵犯了其著作权。因此两原告以索尼公司为被告起诉至

---

[1]　北京市海淀区人民法院（2008）海民初字第 4015 号。

[2]　苏志甫："网络著作权保护法律适用问题研究——以法院相关判例为切入点"，载《知识产权》2015 年第 6 期，第 42 页。

[3]　北京市第一中级人民法院（2013）一中民终字第 3142 号。

[4]　北京市高级人民法院（2009）高民终字第 3034 号。

[5]　See Universal City Studios, Inc., v. Sony Corporation of America, 480 F. Supp. 429, 435～436（CD Cal. 1977）.

美国最高法院，请求判令索尼公司负担帮助型侵权责任。最终，美国最高法院以5:4的多数对本案作出了判决，大多数法官认为这种可以让用户因各种原因错过节目后仍然有机会在自己选定的时间内再次观赏的时移模式，不仅能够扩大该视频节目的影响力，还能变相提高被录制下来用来回看的节目之收视率，对电视节目起到了推广、宣传的作用，这对作品的权利人、广播台、电视台和广告商都非常有益。因此，判决认为，用户用录像机录制电视节目的行为，可以改变观看直播类节目的固定时间，且该行为对各方均有益处，是对拥有著作权的电视节目的一种合理使用方式。本案中，索尼公司出售的涉案录像机，存在实质性的不侵权的其他功能用途，索尼公司并没有形成帮助型侵权。

另一种意见认为，回看不构成合理使用，司法实践中存在含该种观点的案例判决，通过该类判决可以看出，这些法院并不认同回看构成合理使用的观点。[1]在认为回看不构成合理使用的情形下，又存在侵权性质的分歧：一种意见认为，回看模式是一种广播行为，应由《著作权法》中规定的广播权来调整；[2]另一种意见认为，回看服务可以使用户在其选定的时间对电视节目随时点播观看，该行为落入信息网络传播行为范畴，故侵犯信息网络传播权。[3]

3. 直接侵权与间接侵权的分歧

通过研究与 IPTV 有关的著作权侵权案例，我们可以看出，案例中的被告及侵权责任承担者存在以下几种情形：一种是以 IPTV 牌照经营方为被告，并承担直接侵权责任；一种是以网络接入者，即电信方为被告，或承担直接侵权责任，或不承担侵权责任；[4]还有一种是将 IPTV 牌照经营方以及电信均列为被告，二者承担共同直接侵权责任。[5]

---

〔1〕 广东省广州市中级人民法院（2008）穗中法民三初字第352号：央视国际网络有限公司诉世纪龙信息网络有限责任公司案侵犯著作权纠纷案；河南省郑州市中级人民法院（2012）郑民三初字第284号：湖南快乐阳光互动传媒有限公司诉中国联合网络通信有限公司广西壮族自治区分公司等侵害作品信息网络传播权纠纷案；广东省深圳市福田区人民法院（2013）深福法知民初字第1249号：乐视网信息技术（北京）股份有限公司诉深圳市天威视讯股份有限公司侵害作品信息网络传播权纠纷案。

〔2〕 广东省广州市中级人民法院（2013）穗中法知民终字第1173号。

〔3〕 广东省深圳市福田区人民法院（2013）深福法知民初字第1249号。

〔4〕 重庆市高级人民法院（2014）渝高法民终字第00026号。

〔5〕 河南省郑州市中级人民法院（2012）郑民三初字第284号。

二、IPTV 视频内容著作权侵权的认定

IPTV 服务在为用户带来新的视频观看体验模式的同时，也产生了较多与著作权有关的侵权现象。由于 IPTV 拥有庞大的用户群，观众可以方便流畅地观看海量的视频内容，越来越多的家庭选择购买 IPTV 服务，IPTV 运营商从中可以获得丰厚的经济利益。这势必会对视频作品权利人的经济利益造成影响，作品权利人因其作品在该种模式下的广泛传播，有权与 IPTV 获利者分一杯羹。在运用相关法律解决 IPTV 著作权侵权的问题时，存在两个方面的分歧：分歧一是对 IPTV 不同传播模式的著作权侵权定性；分歧二是 IPTV 著作权侵权中侵权主体的认定规则。

（一）IPTV 视频内容不同传播形态的著作权侵权定性

1. 对 IPTV 直播既不适用广播权，也不适用信息网络传播权

（1）IPTV 直播不属于广播权范畴。我国《著作权法》对广播权的规定[1]来自《伯尔尼公约》对"广播和相关权"的规定。[2]通过剖析《伯尔尼公约》的上述规定，我们可以看出，广播权中存在两种广播行为：一是无线广播和传播；二是有线的传播和转播。无线广播是指将音频、图片、字符等构成作品的要素，转变成一种电磁波，通过一种带有无线信号的装置进行发射，将转换后的电磁波输送到远端的用来接收信号的装置，使其还原为音频、图片、字符等得以播看。通过卫星传播信号以及利用广播电台、电视台采用无线传输方法播放作品节目的，均是法条中所述的无线广播行为。以无线或有线方法转播是指通过无线电波或有线电缆等途径将收到的各种无线广播信号加以同步传播，从而使得原本无法接收无线广播信号的用户也能欣赏到被广播的作品。

---

〔1〕《著作权法》第 10 条第 1 款第 11 项规定："广播权，即以无线方式公开广播或者传播作品，以有线传播或者转播的方式向公众传播广播的作品，以及通过扩音器或者其他传送符号、声音、图像的类似工具向公众传播广播的作品的权利。"

〔2〕《伯尔尼公约》第 11 条之二第 1 款规定："文学艺术作品的作者享有下列专有权利：①授权广播其作品或以任何其他无线传送符号、声音或图像的方法向公众传播其作品；②授权由原广播机构以外的另一机构通过有线传播或转播的方式向公众传播广播的作品；③授权通过扩音器或其他任何传送符号、声音或图像的类似工具向公众传播广播的作品。"

　　IPTV 直播实际上是有线传播作品的概念，它是通过互联网对载有作品的广播信号进行传播，是对电视节目的有线广播，而非有线转播。有线广播是否属于我国《著作权法》中广播权的范畴？从广播权的定义来看，广播权调控无线广播行为，但不调控有线广播行为。这样说是因为广播权定义中的第二种行为是指以有线传播或转播的方法传播作品，换句话说，只有对已经被广播的作品进行有线系统的再传播，才符合定义中对受广播权调控行为的规定，但是直接通过有线系统播放作品则并不是法律规定的该种行为。[1]可见，IPTV 直播并不适用于用《著作权法》中的广播权来调控。

　　（2）IPTV 直播不属于信息网络传播权范畴。根据我国《著作权法》中有关信息网络传播权的定义，该权利的特点在于其交互式传播方式，使受众可以在其选定的时间和地点对视频节目进行观看。很显然，IPTV 直播是定时播放，不能满足用户在自己选定的时间和地点观看的效果，它是非交互式传播，因此，IPTV 直播不属于信息网络传播权的调控范畴。

　　（3）IPTV 直播著作权侵权可用兜底条款规制。经过上述分析可知，IPTV 直播既不属于广播权控制范畴，也不属于信息网络传播权范畴，但这并不代表 IPTV 直播这种有线传播行为就无须经过著作权人的许可和支付报酬。那么，该情形应该适用何种法律规定？由于此种播放行为存在影响著作权人利益的状况，应当在法律中找到能够约束该行为的依据，查找法律中对著作权人是否存在兜底权利的规定。我国《著作权法》在第 10 条第 1 款第 17 项对著作权人权利作出兜底规定。在现行《著作权法》尚未对有关信息网络传播权和广播权的约束行为之规定进行修改，又找不到其他符合 IPTV 有关直播形态著作权侵权的法条时，应考虑适用兜底条款来保护著作权人的权益，这同时也达到了《世界知识产权组织版权条约》（以下简称 WCT）第 8 条中的相关要求。

　　2. 对 IPTV 的回看模式应适用信息网络传播权

　　（1）回看不构成合理使用。《伯尔尼公约》《与贸易有关的知识产权协议》（以下简称"TRIPS 协议"）和 WCT 虽然均允许成员国对著作权规定限制和例外，但对合理使用适用情形的规定，均需满足三个前提条件：一是适用该规则之情形是出现了特殊情况；二是适用该原则的前提是不妨碍作品的正常利用；三是该原则的使用不会对权利人利益造成不合理侵害。[2]这些前提条件常被称

---

〔1〕　王迁：《著作权法》，中国人民大学出版社 2015 年版，第 191 页。

〔2〕　参见《伯尔尼公约》第 9 条第 2 款，TRIPS 协议第 13 条，WCT 第 10 条。

为"三步检验法"，该标准也是我国法院在实务操作中所要遵守的重要检验标准。该检验标准的第三步是最为重要的一步。

"三步检验法"也可以用来检验 IPTV 回看是否成立对电视节目的合理使用。首先，回看是由 IPTV 服务商在技术层面上的录制，不同于索尼公司案中用户自主进行录制的情形。从视频作品本身的价值和潜在的市场影响来看，IPTV 回看中的录制是为用户提供的增值业务之一，也是吸引用户购买该服务的一种筹码，显然已经不同于私人的非商业性使用情形。原本电视节目是在计划好的时间内才能收看，错过观看时间后，只能再通过购买其他服务的方式进行观赏。IPTV 回看录制了近几天内已经播出的电视节目的全部内容，用户通过回看可以打破原来的观看时间限制，这已经改变了电视节目作品原来正常使用的形式，与电视节目原定的固定时间播放相冲突。其次，IPTV 服务商利用其特有的回看功能，成功地吸引了大量用户，并从中获得收益，而该收益源自对已播出电视节目的全部录制，在三天内或两天内用户可以对电视节目进行回看。进一步值得思考的是，IPTV 服务商在获利的同时，是否影响了电视台、版权人的利益？在电视节目回看中，用户可以使用快放、慢放等功能键控制观看电视节目的进度和内容，比如遇到广告环节就会按快放键跳过广告，对于此种情形，广告商投放的广告便是无效广告。当然也存在用户为了节省观看时间而直接选择使用回看功能观赏电视节目，从而略过广告时间的情形。而电视台、版权人的广告费收入的多少与电视节目直播时统计的收视率有关，广告商就是根据收视率支付费用的，假如越来越多的观众通过 IPTV 回看观看电视节目，则广告商便不会乐意再付费插播广告，电视台、版权人的广告费收入会受到电视节目收视率的影响，随收视率的下降而减少。[1]这就明显损害了权利人的合法收益的利益，显然，IPTV 回看不能满足合理使用"三步检验法"，不能构成合理使用。

（2）回看不属于广播权范畴。回看与点播的区别在于，其有观看时间限制。有观点认为，观看时间限制不符合信息网络传播权中的用户可以在自己选定的时间和地点欣赏电视内容的规定。虽然存在观看时间段，但该时间段就如同电视直播在某个时间段播出一样，回看应受广播权约束。需要明确的是，尽管如此，在限定的两天或三天时间内，用户在该时间区间内依然享有自主选择权，

---

〔1〕　王文敏："IPTV 回看模式能否构成合理使用?"，载《中国知识产权报》2014 年 5 月 9 日第 10 版。

这符合交互式传播的特点，显然与广播权中线性传播的特点不同，因此 IPTV 回看并不属于广播权的调整范畴。

但是在相关判例中，对于 IPTV 的一段时间内的回看模式，有法院认为应受广播权调整，如乐视网诉珠江数码公司案[1]。该案的焦点是 IPTV 的回看是广播行为还是信息网络传播行为，从而判断被告侵害原告何种权利。若该法院在判决中阐明回看系信息网络传播行为，相当于支持原告的诉讼请求，则判令本案被告成立侵权。本案法院依照法律中对广播权的有关规定，首先认为被告是具有实施广播权的特殊身份的主体，由于考虑到被告的主体背景，[2]且被告与案外第三人浙江广播电视集团存在合法有效协同合作的节目传输合同，便认定被告是特殊的广播主体，认定其具有广播电台、电视台性质。其次，本案法院考虑被告具有播放浙江卫视节目的资质，该资质是受政府授权批准所得，在本案中被告涉及的直播模式所使用的硬件设备为被告自身所有，被告利用自己的设备转发其他有资质播放电视台所属的视频信号，属于法律中定义的广播行为中的有线转播行为，而被告在其经营的 IPTV 业务中，回看服务是对其有权直播节目的再利用，这种行为在性质上与电视台的"广播行为"类似，因此被告并未侵犯其信息网络传播权。[3]在学界，也不乏认为 IPTV 回看是广播行为的观点。但经过分析可知法院的判决值得商榷。本案法院认定 IPTV 回看是对电视台广播信号的转播利用，实质是对该信号的再使用。这里要明确法律对转播的规定。我国法律对转播含义的界定借鉴于《伯尔尼公约》。在《伯尔尼公约》中，转播明确的是播送他人广播要与他人同步进行，但是 IPTV 回放他人的广播内容时，并非与他人一起播放，而是先对他人广播进行录制，然后储存在 IPTV 视频库中，并非同步播送他人的广播行为。《保护表演者、音像制品制作者和广播组织罗马公约》（以下简称《罗马公约》）将转播释义为"一个广播组织的广播被另一个广播组织同步广播"，此处强调的依然是同步行为。[4]其次，本案法院认为，某个主体对其获得电视台授权的作品进行再利用的行为，类似于电视台自行使用广播的行为。这就好比说广播组织对广播作品的传播和利用等行为

---

〔1〕　广东省广州市中级人民法院（2013）穗中法知民终字第 1173 号。

〔2〕　珠江数码公司前身是广州市有线电视网络工程有限公司，经过广州市委、市政府正式批准授权，作为广州市有线电视网络经营商。

〔3〕　广东省广州市中级人民法院（2013）穗中法知民终字第 1173 号。

〔4〕　《罗马公约》第 3 条第（G）款。

均属于广播行为，显然在逻辑上存在问题。"广播行为的实施者是广播组织，但并不能说凡是广播组织对作品的利用行为都是广播行为。"[1]因为行为的特征决定了行为的性质，而非实施行为的人拥有何种身份。若传播行为不符合广播权的定义，即使其具备特定的主体资格，此行为也不是广播行为。

（3）回看属于信息网络传播权范畴。根据我国《著作权法》第 10 条第 1 款第 12 项对信息网络传播权的定义、《信息网络传播权保护条例》第 26 条第 1 款以及《最高人民法院关于审理侵害信息网络传播权民事纠纷案件适用法律若干问题的规定》（以下简称《信息网络传播权司法解释》）第 2 条，因三网融合产生的信息网络传播权侵权同样适用上述法律法规。同理，IPTV 作为三网融合技术的主要产物，照样适用上述规定。IPTV 视频传播模式符合信息网络传播行为的，应当适用信息网络传播权来规制。对信息网络传播权的含义可以理解为以下三点：一是它只控制交互式传播行为；二是它控制的是让社会公众能够获取作品的一种可能性；三是不能将在个人选定的时间和地点理解为任意时间和地点。[2]

对在个人选定的时间和地点应该如何理解，成为 IPTV 回看著作权内容范畴的关键判断因素。信息网络传播权的实质在于控制交互式传播行为，"使公众可在其个人选定的时间和地点获取作品"的表述仅是对交互式传播的一种特征描述，并非指交互式传播都绝对表示用户获得作品可以在其选定的任何时间或者任何地点。[3]如果绝对地理解在个人选定的时间和地点，就会出现未取得权利人授权的作品，只要某视频网站在上传时通过技术手段将作品的可观看范围限定在除冰岛以外的世界各国家和地区，或者每天关闭服务器一小时，则该网站由于不能满足在上述这一绝对的条件下获得作品，从而导致该行为不受此权利调控，该网站就可以称自己没有侵害作品权利人的信息网络传播权，这样的结论显然是荒谬的。因此，不能将"个人选定的时间和地点"理解为任意的时间和地点。同理，在 IPTV 回看中，限时回看虽与点播是两种观看视频模式，但其传播形态与点播相同，均是交互式传播，在 IPTV 传播者限定的时间和地域范围内，只要 IPTV 用户可以通过回看功能在其自行选择的时间和地点去点播，这一观看和获取节目的方式仍然是交互式传播，是法律规定的信息网络传播权调整

---

〔1〕 王迁："IPTV 限时回看服务性质研究"，载《中国版权》2015 年第 1 期，第 11 页。

〔2〕 王迁：《著作权法》，中国人民大学出版社 2015 年版，第 196 页。

〔3〕 王迁："IPTV 限时回看服务性质研究"，载《中国版权》2015 年第 1 期，第 13 页。

的传播模式。

（二）IPTV 视频内容著作权侵权责任分配

1. IPTV 产业链及主要经营模式

"IPTV 产业链是一条电信运营商与广电部门合作的产业链，主要包括内容提供商、内容运营商、网络运营商、终端厂商和最终用户。"[1]"以基础设备供应商、应用软件供货商和电信运营商构成的技术平台产业链，他们之间进行技术上的支持而且互相为彼此提供资源，比较基础常见的互联网平台则负责承载和传送大流量的多媒体类型的数据。位于终端产业链上的终端供应商在获得应用软件方面的支持后同电信经营商达成一致进行合作，其他技术供货商为终端的供应商提供其需要的技术。"[2]在最关键的 IPTV 服务产业链上，电信经营商利用其先进的技术支撑通信系统和丰富的网络数据资源，来整理聚合该行业的内部资源，从而为广大用户供应丰富的 IPTV 服务，IPTV 内容运营商则负责电视频道或节目的内容集合、技术包装和策略营销。在 IPTV 的产业链中，主导地位由广电部门和电信经营商共同占据，出现了 IPTV 产业链双重核心模式。IPTV 产业链中最关键的关系是广电内容提供商和电信经营商之间的关系，两者做到互取优势、携创收益、合作共赢、共同前进是 IPTV 产业健康发展的关键。用户的消费需求是 IPTV 发展的最根本动力，在视频节目市场"内容为王"的时期，电信经营商利用先进的网络通信系统，再加上广电内容提供商丰富的视频资源优势，来充实 IPTV 业务的视频作品，方能吸纳越来越多的 IPTV 用户。

IPTV 主要以"广电内容+电信固网"的模式展开经营。其中，广电负责播控 IPTV 中的内容，电信则负责提供网络方面的接入技术并对 IPTV 服务项目进行传输，双方通过分工协作以做到互取所长，如"百视通和中国电信"的合作、"中国网络电视台（CNTV）+地方电视台+中国联通"的合作等。[3]

---

〔1〕　马凌、马晨晔："广电与电信在 IPTV 产业链中的进化博弈"，载《通信企业管理》2011 年第 11 期，第 84 页。

〔2〕　华鸣等编著：《三网融合理论与实践》，清华大学出版社 2015 年版，第 162 页。

〔3〕　金雪涛、程静微：《三网融合与我国有线电视网络发展战略研究》，首都经济贸易大学出版社 2015 年版，第 198 页。

2. 共同经营主体须对 IPTV 侵权行为承担共同侵权责任

通过前文对 IPTV 产业链和运营模式的介绍，我们可以看出，IPTV 业务中的作品提供商（广电部门）和网络接入方（电信经营商）在整个运行链中占据双核心位置，二者相互合作，相互配合，优势互补，方能使 IPTV 节目最终呈现给用户。当 IPTV 经营者未经许可播放他人享有版权的视频内容时，共同经营者应承担共同侵权的法律责任。

（1）内容提供商和网络接入方合作共同经营 IPTV 业务，二者之间的利益是不可分割的。根据《信息网络传播权司法解释》第 4 条，可总结以下几点：

第一，本条适用的前提条件是两个以上的网络主体涉嫌共同侵犯他人作品的信息网络传播权。如在有关 IPTV 著作权侵权的案件中，原告在提起相关侵权诉讼时，会对电信经营商、广电部门或者 IPTV 机顶盒供货商中的两者或三者提起诉讼。

第二，明确主体之间的关系，如通过事实和证据能够证明他们之间存在合作的经营关系。从 IPTV 的经营模式不难得出，广电部门与电信部门分别作为内容提供商和网络接入方，共同经营 IPTV 业务，当然二者之间彼此分工明确，仅是广电部门在其服务器中存储了著作权人的作品，而电信部门仅提供传播著作权人作品的相关技术支持，但是这并不能改变二者在整个 IPTV 运营模式中共同获利的事实。

第三，判断是否成立共同侵权。由于 IPTV 中的电信经营商与广电部门是通过分工协作，共同实现对著作权人作品的信息网络传播行为，共同侵犯了他人的版权，应承担共同侵权的民事责任，但 IPTV 机顶盒供货商并未在 IPTV 经营模式中获利，不承担侵权责任。[1]

（2）IPTV 是三网融合的重要产物，同时它也是具有政策性色彩的推进产物，IPTV 内容提供商需要取得 IPTV 经营牌照。有种观点这样认为，作品提供商作为内容提供商是版权侵权的主体，这一事实无可厚非，但是电信经营商提供的仅是连接与传送运输服务，该行为不可能构成直接侵犯信息网络传播权，如果成立侵权，也只可能是帮助侵权，且作品提供商均合法取得了 IPTV 经营牌照。但该牌照仅为一种准入资格，并非可以说明内容来源合法且无分歧，不应该

---

[1] 祝建军：“IPTV 的共同经营主体需对侵权行为承担共同侵权责任”，载《人民司法》2014 年第 24 期，第 54 页。

将帮助侵权与此处的共同侵权混为一谈。[1]因此，该牌照并不能作为法院或行政机关在侵权认定中降低电信经营商注意义务的理由。结合 IPTV 产业链，内容提供商和网络接入商构成 IPTV 著作权侵权的共同侵权主体，二者需要对侵权行为承担连带责任。司法实践中，该类纠纷比较典型的案例之一是《男人帮》电视剧侵权案[2]，深圳两级法院一审、二审均认定被告与第三人构成共同侵权。可见，上述涉案法院也认同 IPTV 共同运营主体应对视频内容著作权侵权承担共同侵权责任，这为其他类似案件的判决提供了审判思路和参考意见。

三、应对 IPTV 视频内容著作权侵权的建议和对策

随着三网融合技术的发展和成熟，以及国家相关政策的推进，IPTV 试点业务的脚步已迈入各大城市。做到让 IPTV 服务拥有更多的富有吸引力的电视节目，同时兼顾视频版权的保护，对于 IPTV 服务产业健康有序发展，尽量减少 IPTV 产业链相关参与者可能遇到的著作权侵权和产生的损失具有关键作用。正所谓推行三网融合技术，需要法律先行。我们在讨论 IPTV 著作权侵权问题时，首先要在法律上明确各权利概念的界限。其次，在 IPTV 内容提供商和网络接入方的合作过程中事先约定侵权责任。最后，构建 IPTV 可持续发展的模式，综合利益平衡原则，通过作品集体管理组织达到对作品便捷高效的使用许可。

（一）立法层面上的建议和对策

1. 立法完善的原则

（1）利益平衡原则。知识产权法律保护的客体是无形的信息，权利人拥有的知识产权表现为一种观念上的占有，这不同于物权中的实际控制。信息具有

---

〔1〕　祝建军："IPTV 的共同经营主体需对侵权行为承担共同侵权责任"，载《人民司法》2014年第 24 期，第 54 页。

〔2〕　深圳市中级人民法院（2014）深中法知民终字第 328 号。乐视网信息技术（北京）股份有限公司享有电视剧《男人帮》在大陆地区的独占信息网络传播权，原审被告中国电信股份有限公司深圳分公司和第三人上海百视通电视传媒有限公司合作经营的 IPTV 业务，未经许可即上传该剧供用户观赏，深圳两级法院一审、二审均认定被告与第三人构成共同侵权。

可复制性，尤其是在数字网络时代，信息的复制更是不受时间、地点、方式的限制，不同的主体对他们可以在相同或不同的时间和地点利用相同或不同的知识信息，这使得在充分合理保障知识产权权利人的利益时，为其他主体和社会公众同时分享信息创造了客观上可能的条件。在满足知识产权权利人合理利益的前提下，通过科学与合理平衡权利人、第三人和社会公众三者之间的利益关系，发挥一项知识产权的最大效用成为可能。[1]应对三网融合背景下新技术给著作权保护带来的新问题，同样需要遵守利益平衡原则，平衡 IPTV 运营商、作品权利人、社会公众之间的利益，发挥知识产权在 IPTV 中的最大效用。让知识产权相关法律成为 IPTV 产业健康发展的安全卫士，在避免作品权利人利益遭受不合理侵害时，也要考虑 IPTV 新技术的发展和推广，不能让过于严苛的法律保护成为阻碍新技术发展的障碍。因此，在解决 IPTV 著作权侵权问题时，要根据利益平衡原则，考量整个 IPTV 产业链中各方主体间的利益，既要做到保护作品权利人的利益，鼓励优质作品的创作，又要结合技术的背景与应用，推动科技的发展与创新。在该原则的指导下，对 IPTV 著作权侵权进行立法上的完善。

（2）立法前瞻性与技术发展相结合原则。[2]稳定性是法律制定的基本原则之一，比如法律的稳定性使得它对现实生活中真实社会关系的约束同样适用于网络世界的虚拟社会关系。但是科学技术发展日新月异，新的技术会带来新的关系，在法律的运用和规范上也会遇到新的问题和挑战。不论是稳定性还是与其对应的变动性，都是为了维护法律的权威。稳定性要求立法者在制定法律时要具有立法上的前瞻性，考虑到技术可能带来的新变化，在立法时将未来的新技术环境考虑入内；变动性要求立法者对过时的法律或新出现的需要法律统一规范的社会关系作出法律上的变动，以适应新技术发展带来的新变化。在科学技术迅猛发展的时代，将技术的发展趋势考虑到立法中，当出现新技术带来的侵权问题时，可以做到在审判中对此类问题有法可循，司法实务中运用统一的标准作出判决，既维持了立法的稳定性原则，又合法解决了新技术形态带来的新的法律问题。因此，在完善有关 IPTV 著作权侵权问题时，需要遵循立法前瞻性与技术发展相结合的原则。

---

〔1〕　任寰："论知识产权法的利益平衡原则"，载《知识产权》2005 年第 3 期，第 15 页。

〔2〕　周贺微："我国著作权法中广播组织权及其完善研究——兼评我国《著作权法》第三次修改"，载《邵阳学院学报（社会科学版）》2014 年第 2 期，第 29 页。

2. 广播权、信息网络传播权的著作权法立法完善

我国《著作权法》对广播权进行了相关规定，[1]对无线广播、无线传播、有线传播、有线转播的形式进行了法定描述，定义上述行为属于广播权的约束范畴，但是对有线广播这一行为无法做出判断。《著作权法》对信息网络传播权进行的规定，[2]是以交互式传播方式来判断某种行为是否受该权利约束。对该权利的规定存在两个问题：一是公众在其选定的时间和地点获得作品时，此处选定的时间和地点是否指绝对的任何时间和地点，在给定的时间和地点范围内的相对选定是否依然构成信息网络传播行为；二是该权利约束的是网络上作品的传播行为，对于网络上的定时播放、网络直播等行为应该用什么权利来规范。在司法实践中，人们对 IPTV 著作权侵权案件涉及的回看、直播的法律性质存在不同意见，分歧主要集中于二播放模式应由广播权还是信息网络传播权控制。

《著作权法（修订草案送审稿）》对广播权和信息网络传播权这两种权利的修改内容表现在三个方面：第一，对权利的名称进行修改，广播权改为播放权。第二，对权利范畴重新进行界定。扩充广播权的范畴，一改之前的传输介质区分模式，采用传输方式进行划分，将以各种非交互式方式传播作品的形式划为播放行为，播放权即为调控该种行为的权利，将有线广播吸纳到广播权控制的范畴；将信息网络传播权定义为控制以交互式方式传播作品形式的权利，与之前该权利适用的网络传播介质的规定不同，增加对其他传输介质的交互式传播作品方式的控制。[3]第三，为今后技术发展适用留有余地。引入"通过技术设备向公众传播"的概念，以防今后出现新技术带来的新的作品使用和传播形式无法适用法律的情形，造成司法实践中的判定分歧。

按照《著作权法（修订草案送审稿）》中对广播权内容和信息网络传播权规定的修改，IPTV 直播系一种有线广播行为，该行为由广播权控制，修改权利名称为播放权，即 IPTV 直播由权利人的播放权控制。IPTV 回看模式是一种交互式传播作品的方式，应由信息网络传播权调控。如若《著作权法》按照上述

---

〔1〕《著作权法》第 10 条第 1 款第 11 项规定："广播权，即以无线方式公开广播或者传播作品，以有线传播或者转播的方式向公众传播广播的作品，以及通过扩音器或者其他传送符号、声音、图像的类似工具向公众传播广播的作品的权利。"

〔2〕《著作权法》第 10 条第 1 款第 12 项规定："信息网络传播权，即以有线或者无线的方式向公众提供作品，使公众可以在其个人选定的时间和地点获得作品的权利。"

〔3〕 裴文玲："论著作权法中的'广播权'与'信息网络传播权'——以著作权法第三次修改为背景"，载《知识经济》2014 年第 3 期，第 22 页。

修改草案中的意见进行修改，IPTV 著作权侵权中的分歧会得到消除，对于今后无法预见的新的技术产物对著作权的挑战，具有一定的适用性，可以根据新引入的"技术设备"概念寻找适用的法律依据。但是，修订草案对"技术设备"的规定过于模糊，该概念同时出现在修订草案三稿对表演权、播放权、信息网络传播权的规定中。此三处提到的"技术设备"的含义是否相同或有所区别，应该在法律中作出明确解释，否则会造成误解。在《著作权法》修改之前，对于 IPTV 著作权侵权中的法律适用，在无法确定视频传播模式的行为性质时，可以采用现行《著作权法》中的兜底条款[1]进行调整。

（二）对三网融合中各主体的建议和对策

1. IPTV 内容提供商和网络接入方提高合作中的注意义务

实践中有关 IPTV 著作权侵权的案例屡见不鲜，并呈现增长趋势，该侵权问题不但在侵权责任的认定上存在分歧，而且合作双方分担责任的大小同样是司法审判中的难题。为避免侵权发生后，出现内容提供商和网络接入方之间责任分配大小的分歧，最好的方法是防患于未然，即在合作之初就侵权责任分担问题作出约定。但需要注意的是，这种约定仅适用于承担侵权责任时内容提供者和网络接入者二者的内部侵权责任的分担，其对作品权利人主张侵权责任的承担不构成约束，对于作品权利人来说，内容提供者和网络接入者仍要承担连带赔偿责任。

2. 作品权利人运用技术辅助著作权保护

因技术问题带来的新的侵权问题，除了依靠出台新的法律规制外，还可以通过新的技术来解决。由于 IPTV 传输的数字类型的内容非常容易被复制、篡改、删除，所以针对数字类型内容的著作权保护愈显重要。当前数字内容的供应商多采用一种数字版权保护技术（DRM），目的是通过技术手段对数字类型产品的分离分配、传达输送和使用等不同环节达到控制的目标，使数字类型的产品只能够让被授权使用的主体按照约定授权的形式在授权规定的时间和范围内使用。[2] 运用技术辅助版权保护，作品权利人对其作品的使用和许可得到较大

---

〔1〕 《著作权法》第 10 条 1 款第 17 项规定："著作权包括下列人身权和财产权：……（十七）应当由著作权人享有的其他权利。"

〔2〕 王梦琳："三网融合背景下中国 IPTV 版权保护及发展建议"，载《今传媒》2013 年第 8 期，第 33 页。

程度的掌控，防止作品使用的时间和方式超出原定范围，在一定程度上可以减少 IPTV 著作权侵权情形的发生，短期来看有利于促进 IPTV 的产业化。但从另一方面考虑，该技术保护措施不利于作品的广泛利用和传播，不仅加重了 IPTV 运营商的运行负担，同时也不利于权利人对作品的广泛宣传，使三网融合技术带来的新的观看模式体验受限，造成技术资源和作品资源的浪费，不利于推动三网融合技术的进一步发展。因此，若依靠技术辅助 IPTV 版权保护，需要为 IPTV 量身打造具有统一标准的 DRM 技术方案，使得 IPTV 运营商可以通过合法途径获得授权，在专门的技术辅助下，共同促进三网融合发展的规模化。

（三）IPTV 中各方利益平衡模式的建立

1. 著作权集体管理组织制度

所谓平衡 IPTV 业务各方利益，主要是指平衡作品权利人与 IPTV 产业链中最核心的内容提供商和网络接入方以及广大 IPTV 用户之间的利益。既做到保护版权人应有的著作权权利，维护权利人的财产利益，又要做到对著作权的保护不至于阻碍 IPTV 产业的持续长远发展，使 IPTV 内容提供商可以较便捷地获得播放优质作品的许可，从而使 IPTV 最终用户可以观赏到丰富的视频内容，带动 IPTV 行业的规模发展。IPTV 内容提供商应与作品权利人建立联盟合作机制，通过某个集中管理作品使用的组织向知识产权权利人支付一定的报酬，合法使用作品并提供给 IPTV 用户，实现作品权利人、IPTV 运营商、用户之间的三赢。

作品著作权集体管理组织制度是能够做到三赢的一种管理模式，该制度是指作品权利人授权该组织去监视其作品的利用、与 IPTV 经营组织协商、在按照收费标准的合理使用报酬及合理条件下给予利用人授权、收取报酬并按约定分配给作品权利人。作为中间桥梁的著作权集体管理组织，它的责任在于促进著作权的充分利用和合理开发，其最主要的任务是居于作品权利人和 IPTV 内容提供商之间，代表二者事先充分地协商沟通使用报酬率及分配方案，省去了 IPTV 内容提供商就繁多的视频作品同众多作品权利人一一协商沟通后获得使用许可的步骤，极大地提高了 IPTV 中视频作品的许可使用效率，通过集体管理组织实现视频内容使用的一次洽谈购入、多次开发利用，降低了购入作品源的谈判开支，避免播放内容著作权侵权，实现 IPTV 技术和作品价值的最大化。

2. 著作权补偿金制度

利益平衡原则贯穿于著作权法律制度的始终，著作权补偿金制度便是该原则考量下的产物。在如今的三网融合环境中，随着各种媒体产品发展和媒体技术的出现，产生了便于侵权行为发生并让其泛化的趋势。面对这种趋势，与其花大量精力和财力事后规制大面积的盗版侵权行为，而且效果不佳，不如考虑在事情发生前采取规制措施，采用该制度，对 IPTV 媒介产品和媒体技术预征著作权补偿金。这样既保护了著作权人应享有的合法利益，又让使用者的使用不受额外的限制。[1]

随着网络数字时代的发展，私人侵犯版权人的复制权更方便、快捷、容易，学者多次讨论是否要将著作权补偿金制度引入我国著作权保护中。该制度起到了保护版权人利益的作用，同时也不会影响 IPTV 运营商和用户的使用，有利于作品的文明传播，平衡了作品权利人、IPTV 运营商、用户、社会公众之间的利益，实现了权利人和使用人的双赢，是减少 IPTV 著作权侵权现象的一种办法。因此，我国在著作权相关法律中可以适时引入该制度，在具体规则设计上要谨慎为之，以期达到利益平衡的立法目标。[2]

结　论

在信息爆炸时代，三网融合迅速发展的产物 IPTV（交互式电视）因其提供的视频内容丰富、功能强大（直播、回放、点播、购物、通信、其他增值服务）、政府强力推动等，对用户形成了强大的吸引力，但三网融合的技术背景使其不同于常见的互联网上的版权侵权。新技术的诞生，使得新的作品输出传播方式随之诞生，司法实践中常会遇到作品权利人主张 IPTV 侵犯其著作权的案例。本文结合 IPTV 的技术背景，根据 IPTV 在视频传播中的不同功能形态，分析 IPTV 著作权侵权存在的分歧问题，明确 IPTV 直播侵权不适用广播权、信息网络传播权，在新法颁布之前，应适用其他权利来约束这一行为；明确 IPTV 回看构成信息网络传播行为，而非广播行为。同时探讨 IPTV 业务的产业链和运营

---

〔1〕 朱鸿军：“三网融合中版权法律制度的不适应及完善”，载《新闻记者》2015 年第 12 期，第 84 页。

〔2〕 王晨安：“网络时代的版权补偿金制度及其对我国的启示”，载《中国版权》2013 年第 6 期，第 55 页。

模式，提出 IPTV 著作权侵权为内容提供商和网络接入方的共同侵权行为，二者应对 IPTV 著作权侵权承担连带侵权责任。最后，笔者通过对 IPTV 著作权侵权的分歧进行分析以及定性描述，提出应对该类问题的司法建议以及实务中的实际操作建议和构建著作权集体管理组织的建议，希望可以为今后的司法统一审判提供借鉴。

司法保护

知识产权停止侵害限制研究

邓舸洋

　　在这个信息经济飞速发展的时代，无形资产作为生产要素的重要性越来越明显，而知识产权作为财产权化的无形资产，开始逐渐被社会重视。社会经济的繁荣也使得知识产权创造更加活跃。但如今手段多样的剽窃、侵权也是对知识产权制度的重大考验，如何有效地使用知识产权、加大知识产权保护力度成为重中之重。我国法律为保护知识产权，为权利人提供了停止侵害救济，这种救济方式以知识产权的权利属性为基础。在知识产权侵权纠纷案件中，权利人一般都会主张停止侵害，而法院为了维护知识产权，一旦认定构成侵权，基本都会支持权利人的这一诉求，要求侵权人停止侵害行为，来保护权利人的合法权益。

　　但在司法实践中，基于保护合法权益的知识产权停止侵害请求权，出现了某些适用困境——在权利人的利益与公共利益势必相互影响的情况下，适用停止侵害似乎与我国知识产权法促进科技进步、经济社会发展的立法宗旨并不相符。在我国的司法实践中，有零星案例在类似困境中选择了适用法律原则，不判令停止侵害而判令支付费用，但这种做法在我国之前的法律规范中并没有明确的法律依据。直到2016年，针对专利权侵权案件中法律适用问题的《最高人民法院关于审理侵犯专利权纠纷案件应用法律若干问题的解释（二）》（以下简称《专利侵权司法解释二》）第26条明确，对于构成侵犯专利权的行为，如果判令停止侵害会损害国家利益或公共利益，法院可以不判决停止使用，而要求侵权人支付相应的合理费用。

　　本文通过梳理停止侵害和限制停止侵害的正当性基础，重新阐释限制停止侵害的条件和特征，分析现有的有关限制知识产权的制度与限制停止侵害的交叉和衔接，逐一提出各领域适用停止侵害的具体建议。本文主要采用了以下三种研究方法。第一是比较研究法：在对比国内外的立法现状、司法实践情况和学术理论观点的基础上进行比较性的研究。第二是实证分析方法：一方面，本文对我国多年来知识产权诉讼中停止侵害的使用状况以及已经发生的几起不适用停止侵害责任的典型案件进行简要分析；另一方面，在我国已有的法律规定中讨论通过解释限制适用停止侵害的空间。第三是逻辑分析方法：本文从法理学、法经济学和法律制度等多个角度来分析停止侵害和限制停止侵害的正当性基础，在从语义上对相关法律规则进行分析的过程中均使用了逻辑分析。

　　本文在借鉴现有的文献资料基础上，对停止侵害救济限制适用研究中一些应当思考但暂时尚无深入探索的问题进行一定的分析。本文提出，限制停止侵权是在个案的特定情况中为促使法官达成公平的结果而赋予法官的工具。因此这一手段应当具有灵活性、事后性、个案认定等特点，不适宜建立统一的适用标准，更不适合以成文法的形式建立限制停止侵害适用的制度。

一、停止侵害救济概论

（一）知识产权侵权责任中的停止侵害

1. 我国法中作为侵权责任承担方式的停止侵害

　　我国《侵权责任法》第 15 条第 1 款规定了停止侵害、排除妨碍、消除危险等八种承担侵权责任的方式，但并未就每一类责任承担方式如何适用作更具体的规定。一般认为，停止侵害是指被侵权人要求侵权人停止正在进行或有即将发生之虞的侵权行为。如果没有正在进行或有即将发生之虞的侵权行为，就不应该适用停止侵害。[1]

　　对于一般侵权责任的构成要件，我国《侵权责任法》在第二章"责任构成和责任方式"中明确：因为过错而侵犯他人的民事权益的人需要承担侵权责任。[2]由此可见，我国法上一般侵权行为的构成要件包括损害、因果关系

---

〔1〕 程啸：《侵权责任法》（第 2 版），法律出版社 2015 年版，第 656 页。

〔2〕《侵权责任法》第 6 条第 1 款规定："行为人因过错侵害他人民事权益，应当承担侵权责任。"

和过错。[1]

2. 适用停止侵害的正当性

（1）侵权责任的作用。停止侵害责任作为一种重要的侵权责任，从侵权责任法的视角来说，其最大的意义是能够使得侵权行为及时停止，并避免侵害的损害后果进一步扩大或蔓延，这也是侵权责任最直接的目标。适用停止侵害，体现的是法律对被诉侵权行为的否定性评价，且停止无权实施的行为对被诉侵权人本身并无损害。侵权行为若发生损害，首先考虑的是要防止损害的扩大，否则对权利人的保护就无从谈起。因此在侵权纠纷中适用停止侵害往往是首先被予以考虑的措施。[2]

（2）知识产权的专有性。早在 20 世纪，郑成思教授就曾提出知识产权的本质特征包括无形性和专有性。[3]后来，知识产权权利客体的非物质性和知识产权的专有性都属于知识产权的本质属性这一观点，逐渐演变成知识产权法学界的通说。停止侵害作为知识产权侵权的一种救济手段，最早是基于知识产权与物权支配权相似的专有性（即排他性或绝对性）。李扬教授、王迁教授及贾小龙等学者均在各自的论著中提及，知识产权是一种限制他人自由的权利。[4]由此，停止侵害的正当性就显而易见了。

吴汉东教授在《知识产权制度基础理论研究》中提出停止侵害作为一种防卫性的救济手段，其目的在于恢复权利的绝对性效力。所以当非权利人无正当理由侵害权利人的权利时，法律应当根据权利人的请求责令行为人停止继续侵害行为的实施。

（3）法经济学中的财产规则。在经济学对法律的分析中，效率总是放在第一位的，力争社会价值的最大化。对于在一套怎样的法律规则控制之下权利的

---

〔1〕 关于一般侵权责任的构成要件，学界存在一定争论。有的学者认为还应包括违法性要件，参见张新宝：《侵权责任法原理》，中国人民大学出版社 2005 年版，第 50 页；杨立新：《侵权法论》（第 2 版），人民法院出版社 2004 年版，第 140 页。但亦有不少学者认为违法性已经被过错的概念所吸收而不应加以区分，参见王利明：《侵权行为法研究》（上卷），中国人民大学出版社 2004 年版，第 348 页；孔祥俊、杨丽："侵权责任要件研究（上）"，载《政法论坛》1993 年第 1 期。

〔2〕 唐义虎：《知识产权侵权责任研究》，北京大学出版社 2015 年版，第 253 页。

〔3〕 郑成思：《知识产权论》，法律出版社 1998 年版，第 75~91 页。

〔4〕 李扬：《知识产权法基本原理（I）——基础理论》（修订版），中国社会科学出版社 2013 年版，第 16~17 页；王迁：《知识产权法教程》（第 4 版），中国人民大学出版社 2014 年版，第 9 页；贾小龙：《知识产权侵权与停止侵害》，知识产权出版社 2014 年版，第 40~42 页。

运行效率最高这一问题，基于交易费用、科斯定理等理论的法经济学提出了自己的一套判断标准。美国学者卡拉布雷西在此基础上进一步提出了财产规则和责任规则的权利保护方式。财产规则，有时候也被称为绝对许可规则，一般是指享有一定财产权的权利人可以通过自由市场的交易，在不需要公权力参与的情况下与希望取得其财产权的人达成权利移转；停止侵害的救济方式在这种规则下财产权受到侵犯时得到肯定。而责任规则是指希望取得一定财产权的人不经过谈判交易，直接向权利人支付相应的合理对价，就可以获得其财产权。此时财产权若受到侵害，通常无须适用停止侵害制度。财产规则或责任规则两种模式的选择与市场交易费用有关。财产规则更适用于市场交易费用较低的情况，而责任规则在市场交易费用较高时更有效率。[1]具体到知识产权法，一般情况下，侵权人和权利人之间就侵权行为进行沟通谈判的费用（交易成本）较低，停止侵害请求权给了侵权人和权利人一个更清晰的谈判条件，对权利人的保护就应赋予排他权，适用更有效率的财产规则。

（二）知识产权侵权停止侵害适用的比较法考察

1. 英美法系：永久禁令制度

在融合了英美法系发展优秀成果的美国法中，知识产权禁令是指法院责令侵权人在知识产权有效期内停止一切侵权（包括直接侵权、诱导侵权和辅助侵权等）行为的命令。[2]《美国版权法》《兰哈姆法案》等就都规定了包括禁令在内的不同救济手段。

这一禁令制度源于美国的衡平法。美国的衡平法救济具有补充性，当普通法的损害赔偿不足以弥补侵权行为带来的损害时，法院就会给侵权人发出禁令。因此，自禁令制度确立以来，被侵权的权利人通常都会主张禁令，以至于在美国几乎出现了"逢侵权必禁令"的司法裁判现象。禁令救济反映出知识产权的排他性，若不能禁止侵权，知识产权的排他性便不复存在。然而，随着社会发展，知识产权侵权案件激增，大量发布禁令的弊端日益明显。美国《侵权法重

---

〔1〕 ［美］罗伯特·考特、托马斯·尤伦：《法和经济学》（第 6 版），史晋川等译，上海人民出版社 2012 年版，第 91 页。

〔2〕 美国的禁令包括临时禁令和永久禁令。由于我国的停止侵害救济相当于英美法中的永久禁令，因此本文只涉及永久禁令制度。为便于行文，如无特别说明，下文所述禁令均指永久禁令。

述（第二版）》就列出了确定是否发布禁令时应考虑的因素；[1]而美国联邦最高法院曾于 2006 年 5 月在提审争议较大的 eBay 诉 Merc Exchange 案[2]时认为并非在任何侵权案件中发布永久禁令都是合理的，并在公开的判决意见中重新构建了判断发布永久禁令的标准，也被称为四要素检验法。[3]

2. 大陆法系：请求权制度

大陆法系国家或地区的立法为被侵权的权利人提供了"停止侵害请求权"。采用这种立法模式的典型如德国、日本和我国台湾地区等。

《德国民法典》规定了两种类型的所有权请求权，即妨害排除请求权和妨害防止请求权，分别在两种不同侵权危险下适用。[4]除此之外，德国相关法律规定的商标权、商号权、特许权以及著作权等权利亦允许这两种请求权的参照适用。而不作为请求权主要是依据《德国著作权与邻接权法》《德国专利法》《德国商标法》等的规范，权利人享有对知识产权侵权行为的请求权。不作为请求权可以分为停止侵权请求权和预防性不作为请求权：前者适用于已经发生的侵权行为且该侵权有再次发生的可能；而后者的适用只需要有可能发生侵权行为便可，侵权行为实际上已经发生不是必要前提。"停止侵害请求权旨在阻止将来发生的侵害行为，因而它以重复危险为要件。"[5]

日本在保留传统大陆法系有关请求权基础理论的同时有所发展，以立法的形式确立了差止请求权。《日本专利法》《日本商标法》等都对差止请求权做出了规定。[6]有学者就曾提出，我国民法上的停止侵害请求权与日本的差止请求权基本等同。[7]差止请求权一般是指有被侵权可能或正在被侵权的权利人，有

---

[1]　See American Law Institute, Restatement of The Law of Torts 2d（1979），§ 936.

[2]　eBay Inc. v. Merc Exchange, L. L. C.，265. Ct. 1837（2006）.

[3]　要件一，若无禁令，权利人会受到无法弥补的损害；要件二，损害赔偿等其他救济方式无法充分覆盖权利人的损害；要件三，发布该禁令满足公共利益的特定要求，也不会影响公共利益；要件四，该禁令对权利人和侵权人带来的损失程度应适当合理，给权利人带来的收益不应不成比例地小于给侵权人造成的损害。

[4]　参见《德国民法典》1004 条第 1 款。

[5]　杨涛："比较法视野下知识产权停止侵害救济方式的完善路径——兼评《最高人民法院关于审理侵犯专利权纠纷案件应用法律若干问题（二）》第 26 条"，载《知识产权》2016 年第 4 期，第 46 页。

[6]　《日本专利法》第 100 条、《日本实用新型专利法》第 27 条、《日本外观专利保护法》第 37条、《日本商标法》第 36 条、《日本著作权法》第 112 条、《日本种苗法》第 33 条、《日本集成电路布图设计保护法》第 22 条等。

[7]　梁慧星："中国侵权责任法解说"，载《北方法学》2011 年第 1 期，第 14 页。

权主张侵权人停止侵害，或要求停止使用侵权所用工具。差止请求权是一种物权性请求权，只要存在客观上的侵权行为和事实，无论侵权人是否有过错，权利人都可以直接主张这一救济手段。

二、知识产权限制停止侵害的正当性研究

（一）限制停止侵害的正当性

1. 法理分析

（1）知识产权非绝对的专有性。一般认为，知识产权具有专有性、地域性、时间性、可复制性、客体非物质性等特点，而客体非物质性是其首要也是最重要的特点。[1]这一特点也是知识产权与其他有形财产及有形财产上的权利的重要分别，并导致知识产权保护、侵权认定、研究等诸多领域都出现了很多较为复杂的情况。[2]

知识产权的专有性来自于其与物权支配权类似的特征，但同时因为客体的非物质性，与有形物相比，知识产权没有公示占有的功能，因此需要借助外部强制性力量，使其具有这种外部特征而具有公信力，从而使其财产化。因此，知识产权的排他性占有具有法律拟制的特征。[3]

知识产权与物权不同：对有形财产的侵权表现为侵占、妨害或者毁损，而对知识产权的侵权表现为未经许可对知识产权的利用。知识产权被侵害的，权利人无法主张返还原物或恢复原状。知识产权的排他性不是绝对的，知识产权的价值需要通过实施来实现；在知识产权被侵害的同时，权利人也可以同时利用该知识产权，只是利用的效果受到影响。[4]

（2）限制权利滥用与保护公共利益。权利滥用在一定情况下可以成为不适用停止使用的依据，从而为限制停止侵害的适用提供正当性。[5]

对权利的滥用违背了权利的内在限制和创设宗旨，因此禁止权利滥用足以

---

〔1〕 郑成思：《知识产权论》，法律出版社 1998 年版，第 75~91 页。

〔2〕 郑成思：《知识产权法》（第 2 版），法律出版社 2003 年版，第 9~12 页。

〔3〕 李扬：《知识产权法基本原理（I）——基础理论》（修订版），中国社会科学出版社 2013 年版，第 16~17 页。

〔4〕 唐义虎：《知识产权侵权责任研究》，北京大学出版社 2015 年版，第 21 页。

〔5〕 李扬：《知识产权法基本原理》，中国社会科学出版社 2010 年版，第 127~129 页。

成为知识产权侵权诉讼中不适用停止侵害责任的理论基础之一。知识产权制度旨在促进公共福祉改善的精神所决定的知识产权的相对性，是评判权利人是否构成权利滥用并对其滥用进行限制的理论根源。在知识产权行使构成权利滥用时，权利人不应获得滥用所带来的期待利益；如果行使法定权利的行为不合于权利创制的精神，该行为就应当得到限制。[1]

当权利人利益与社会公共利益平衡之结果倾向于后者时，法院不应判令被告承担停止侵害的民事责任，但其他责任不能免除，毕竟保护权利人利益本身体现了某种公共利益。[2]

2. 法经济学分析

上文已提到知识产权领域一般适用财产规则，可适用停止侵害救济，但前提是财产权的权利范围是明确的。由于知识产权客体的非物质性，其作为一种财产权，很多时候权利范围并不明确，至少确定权利范围就增加了一项费用，这直接导致了交易成本的提高，因此有必要借鉴责任规则，对停止侵害救济进行适当限制，从而实现经济的效率性。

从另一方面来说，财产规则的效率性是总体的效率性，但就个案而言，财产规则未必是最有效率的选择。以知识产权侵权为例：一方面是允许不经授权地利用一项法授权利，一方面是避免他人利用一项法授权利而受损害。这一组合要使得侵权成本和避免侵权行为的成本总和最小。在我国现行法律体系下，这项法授权利被授予了权利人，即权利人可以无条件地制止侵权行为。在这一体系下，侵权人会尽力避免可能的侵权行为，权利人会积极维护自身权益，但这并不意味着最有经济效率。怎样达成帕累托最优，即最有经济效率的解决方案，与初始资源和权利的分配密切相关。在任何一种初始分配下，帕累托最优都是这一初始分配中的最优解，但是不同的初始分配意味着各自帕累托最优的资源与权利配置。

举一个最简单的例子，某个使用了侵权专利的机械装置已经在某地的自来水厂中投入运行。如果适用财产规则，专利权人在与该自来水厂谈判时可以漫天要价，并威胁要依据法授权利主张停止侵害——要么自来水厂停止运转，要么自来水厂运营成本骤增，这些成本最终都会转移到这一地区的所有居民身上。此时交易费用急剧上升，适用停止侵害的成本远高于保护专利权的成本，因此，

---

〔1〕 贾小龙：《知识产权侵权与停止侵害》，知识产权出版社2014年出版，第126~130页。

〔2〕 张广良：《知识产权侵权民事救济》，法律出版社2003版，第105~111页。

此时应当借鉴责任规则。

发生这一变化的原因很简单：公共利益。在公共利益足够大的情况下，只要有侵权，就有理由通过适当补偿合理地占有财产。在类似情况下，就是用责任规则来保护财产权利：用一个客观甚至较固定的价值标准来替代市场并以此来实现财产权从权利人向侵权人的转移。从效率的视角来说，寄希望于通过谈判来确定一项财产权的价值，其耗费的时间和资源往往非常大，甚至即使这一财产权的转移有益于所有关系人，这种转移也很难发生。反之，如果有一个价值确定、明码标价的权利可以利用，对权利相关人有益的转移会很快达成。

3. 制度分析

一般而言，对于法律赋予权利人的专有性权利，只有经过权利人许可的人才能实施这些权利控制和限制的行为，否则就将构成对这些专有性权利的直接侵犯。但为了平衡权利人的利益和公共利益，出于社会政策的考量，在赋予权利人专有性权利的同时，也要满足社会公众对知识和信息的需求，这样才符合知识产权法的目的。我国现有法律体系已经设置了不少为了平衡利益而对知识产权专有性进行限制的制度。

著作权领域中，《著作权法》和《信息网络传播权保护条例》的相关条文规定了合理使用及数种法定许可；专利权领域中，《专利法》第 69 条规定了不视为侵犯专利权的 5 种情形以及强制许可制度；而商标权领域则略微有些复杂，除了《商标法》第 59 条第 3 款规定的先用权，第 59 条还规定了数种"注册商标专用权人无权禁止他人正当使用"的行为，但其中的描述性使用和说明商品或服务用途的使用并不会造成混淆，不构成商标性使用，原本就不是侵权行为，因此不属于限制商标权的专有性的情况。除此之外，"商标权一次用尽"也属于对商标专用权的限制，虽然我国没有法律条文明确规定，但是有不少司法判例支持了这一原则。

上文列出的现有的限制知识产权专有性的制度均将原本属于侵权的行为通过法律拟制为不侵权，在事前设定对专有性权利的限制以平衡知识产权的保护和利用，但都有其各自的限制，不宜扩大适用，否则无法对知识产权的创造者产生足够的激励作用。这一类制度大多采取列举的方式，也进一步限制了它们的适用范围。专利法领域的强制许可制度的立法目的是促进专利权更加有效的利用，但是由于其在实际操作中条件严格、程序复杂，无法有效应对瞬息万变的市场经济，因此我国司法实践中竟无一例专利权成功申请强制许可的案例。为了弥补这种事前限制的不足，有必要在事后限制停止侵害的适用。

（二）限制停止侵害的条件及特征

1. 限制停止侵害的条件

有不少学者专门对专利侵权案件中的停止侵害使用问题有过研究。贾小龙在论著中认为："在专利侵权案件中有两种情况应限制适用停止侵权，一类是基于公共利益考虑，一类是基于当事人之间的利益平衡，这种情况下可以引入限制物权请求权的添附理论来实现对停止侵权的限制。"[1]张玲认为："重点在于权衡利害关系，如果涉诉专利在侵权产品中价值较小且不可分离，停止侵权会带来巨大损失，就限制其适用"[2]，但"也要注意保护权利人利益，防止形成效率侵权的惯例"[3]。

李扬教授在论著中提出了三个大体的判断标准："①侵权人主观上没有过错，或主观过错较小且权利人也有过错；②判令停止侵害会造成重大损失；③不判令停止侵害不会对权利人造成损失或损失较小。"[4]但对这三个标准的理解不能过于死板，"原则上仍应以结果公正为判断标准，没有必要为限制停止侵权设立统一的标准，而将这一限制的标准视为政策杠杆，根据不同领域不同个案的诉求灵活调整严格度……如限制适用停止侵权则应判处替代性的经济补偿金"[5]。

张广良教授在论著中认为："当权利人利益与社会公共利益平衡之结果倾向于社会公共利益时应限制停止侵权，而对于未经允许使用专利权和著作权的侵权行为，只要侵权人进行了充分赔偿，因为继续使用的行为不会损害相关权利人利益，应视为已经取得了权利人的'默示许可'。"[6]

对于侵权行为已经停止、没有正在进行或即将发生的侵害等适用停止侵害客观履行不能的情况，大部分学者也同意此时当然地不应适用停止侵害。

---

[1] 贾小龙：《知识产权侵权与停止侵害》，知识产权出版社 2014 年版，第 150~152 页。

[2] 张玲："论专利侵权诉讼中的停止侵权民事责任及其完善"，载《法学家》2011 年第 4 期，第 115 页。

[3] 张玲、金松："美国专利侵权永久禁令制度及其启示"，载《知识产权》2012 年第 11 期，第 93 页。

[4] 李扬：《知识产权法基本原理》，中国社会科学出版社 2010 年版，第 123 页。

[5] 李扬、许清："知识产权人停止侵害请求权的限制"，载《法学家》2012 年第 6 期，第 88 页。

[6] 张广良：《知识产权侵权民事救济》，法律出版社 2003 版，第 109 页。

2. 限制停止侵害的特征

建议将停止侵害救济的限制作为限制知识产权专有权滥用的司法裁量手段，与合理使用、强制许可等限制知识产权的制度不同，它并不是对知识产权专有权的直接限制，而是对权利人基于知识产权专有权主张的责任承担方式进行调整。限制适用不代表完全不适用，可以不适用，也可以部分适用。从逻辑上来说，限制停止侵害的适用是适用停止侵害的一种特殊例外，也就是说首先要满足适用停止侵害的一般条件，然后才考虑是否存在需要限制其适用的情形。所以被诉侵权行为的性质并没有改变，法律仍对其作否定性评价。

限制停止侵害只是在个案的特定情况中为促使法官达成公平的结果而赋予法官的一种工具，因此这一手段应当具有灵活性、事后性、个案认定等特点，赋予法官在一定框架内的自由裁量权，而不适宜建立具体的统一适用标准，更不适合以成文法的形式建立限制停止侵害适用的制度。

三、知识产权限制停止侵害的实证研究

最高人民法院曾在报告中指出："30 年来，人民法院严格依法判令侵权人承担侵权责任，努力降低维权成本，加大侵权成本；在认定侵权成立的情况下，一般都会判令侵权人立即停止侵害，同时确保权利人获得足够的损害赔偿。"[1]由于请求停止侵害对侵权行为具有天然的正当性，且停止侵害救济是最快速地制止侵权行为的直接的司法救济，因此，我国司法实践中，只要权利人要求停止侵害，法院在认定侵权行为的同时一般也都会判令停止侵害；且除了 2016 年 3 月发布的《专利侵权司法解释二》，此前最高人民法院也从未就知识产权领域停止侵害的适用问题作出任何司法解释。以北京知识产权法院为例，根据中国裁判文书网的公开信息，该院 2016 年 1 月 1 日至 2016 年 6 月 30 日公布的以"知识产权权属、侵权纠纷"为案由的裁判文书共计 154 份，除去调解结案和判令不构成侵权的案件而认定侵权成立的案件中只有侵权行为已经停止的案件因为判令停止侵害实际无法实行，余下的存在侵权行为且侵权行为仍在持续的案件都无一例外地被判处停止侵害相关知识产权。事实上，停止侵害几乎已经成为知识产权侵权案件的固定救济手段。

---

〔1〕 中华人民共和国最高人民法院："中国法院知识产权司法保护状况（2009）"，载《人民法院报》2010 年 4 月 21 日。

但是，在一些侵权案件中，法院确认了侵权行为但并未判令停止侵害。本文选取了几个典型案例以作分析。

（一）典型专利权案例

1. 烟气脱硫专利案

在烟气脱硫专利案[1]中，因华阳电业使用富士化水公司仿制的烟气脱硫专利设施，专利人晶源公司于2001年将上述公司诉至法院，主张上述公司侵犯其专利权。福建省高级人民法院经审理认定了侵权行为的成立。但鉴于高污染的火电站安装涉案侵权设备符合环保国策，具有良好社会效果，且发电厂对周边地区的经济和民生影响较大，福建省高级人民法院没有在判决书中要求被告华阳电业等停止使用涉案专利，而要求其支付相应的专利使用费用。本案最终由最高人民法院再审维持二审判决[2]，并选入了2009年中国法院知识产权司法保护十大案例。

在判决书中，法院给出了两个不判决停止侵害的理由：环境保护国策和地方经济民生。虽然安装脱硫设施符合环保的要求，但安装类似设施并不必然会侵犯他人专利权，判令停止侵害也并不意味着需要电厂在无环保设施的状态下运行，法院如此论述反而有为华阳电业开脱之嫌；对于判令停止使用会影响地方经济民生的理由，法院也未作详述，只是简单一笔带过，而忽略了对选择责任承担方式时需要考虑的几个关键性问题的论述，如判令停止使用是否必然会使得电厂停产、该电厂一旦停产对周边影响的范围有多大、对停产可能造成的损害事后是否有补救措施等。如此一来，法院对不判令停止使用的论理显得相对薄弱。但本案带来了更重要的宣示性意义，即判决停止使用不再是知识产权侵权案件的必然选择。

2. 广州白云机场案

晶艺公司对"一种幕墙活动连接装置"享有实用新型专利权，而广州白云机场航站楼未经许可在玻璃幕墙使用了其专利产品，被晶艺公司起诉。法院确

---

[1] 参见晶源环境工程有限公司诉日本富士化水工业株式会社、华阳电业有限公司侵犯发明专利权纠纷案，福建省高级人民法院（2001）闽知初字第4号民事判决书。各方主体简称为晶源公司、富士化水公司、华阳电业。

[2] 参见晶源环境工程有限公司诉日本富士化水工业株式会社、华阳电业有限公司侵犯发明专利权纠纷上诉案，最高人民法院（2008）民三终字第8号民事判决书。

认了机场幕墙所采用的活动连接装置侵犯晶艺公司的实用新型专利，但广东省高级人民法院在判决书中强调：考虑到机场的特殊性，判令停止使用被控侵权产品不符合社会公共利益，因此被告可继续使用被控侵权产品，但应当适当支付使用费。[1]

与烟气脱硫专利案类似，本案中法院同样没有详细阐明何谓"机场的特殊性"以及影响了何种"社会公共利益"。但根据相关案情及判决书，可以比较清晰地梳理出，机场作为公共交通的重要基础设施，其侵权幕墙的停用很可能会损害其公共运输的功能，甚至会影响设施内的公共安全。因为涉及直接而明确的公共安全，法院即使没有详细说理，其限制适用停止侵害也较为合理。

（二）典型著作权案例

关于著作权侵权，我国司法系统对是否应限制适用停止侵害的认知有一个变化的过程。

在 21 世纪初，我国法院曾经在中国音乐著作权协会诉西安长安影视制作有限责任公司等著作权侵权案[2]、刘放诉舒莺等著作权侵权纠纷案[3]等案件中认为，已经公开出版发行的书籍、电影等体现了一种满足人民群众精神生活需求的公共利益，并以此限制停止侵害的适用。

但这种认定有滥用社会公共利益之嫌，因此之后有的法院将类似情形认定为停止侵害履行费用过高会造成利益失衡而不适用停止侵害，并在《陈永贵》案[4]等案件中有所体现。在常征诉当当网等侵犯著作权纠纷案中，法院更是结合市场规律和社会实际，创造性地提出了对停止侵害的部分限制适用——"本院判令中国纺织出版社在对《冰鉴全鉴》一书相关内容进行重写、修改或删除

---

〔1〕 参见珠海市晶艺玻璃工程有限公司诉广州白云国际机场股份有限公司等专利侵权纠纷案，广州市中级人民法院（2004）穗中法民三知初字第 581 号民事判决书；广东省高级人民法院（2006）粤高法民三终字第 391 号民事判决书。各方主体简称为晶艺公司、广州白云机场。

〔2〕 参见北京市第一中级人民法院（2003）京一中民初字第 2336 号民事判决书。但在该案二审中，二审法院认为"以体现社会公共利益作为可以销售侵权复制品的理由没有法律依据"，被告仍应承担责任，但也没有直接否定这种公共利益。

〔3〕 参见重庆市第五中级人民法院（2007）渝五中民初字第 413 号民事判决书。

〔4〕 即侯向东诉中国广播音像出版社等侵犯著作权纠纷案，北京市海淀区人民法院（2007）海民初字第 7882 号民事判决书。

之前，不得重印、再版"[1]，相对来说更加合理。

（三）典型商标权案例

在商标权侵权纠纷中，极少出现法院认定侵权成立而未适用停止侵害的案件。而这一类型的典型案例就是星河湾商标侵权案。

星河湾公司在第 36 类商品房销售服务上注册了"星河湾"字样的商标，而宏兴公司在自己开发的楼盘"星河湾花苑"小区的进口大门处，用比较明显的字体突出了该小区"星河湾"的名字。最高人民法院经审理认为，"宏兴公司将与星河湾公司享有商标专用权的'星河湾'商标相近似的'星河湾花苑'标识作为楼盘名称使用，容易使相关公众造成混淆误认，构成对星河湾公司、宏富公司相关商标权的侵害"[2]；"如果判令停止使用该小区名称，会导致商标权人与公共利益及小区居民利益的失衡"[3]，因此法院未判令已使用"星河湾"这一名称的小区停止侵害，但要求"宏兴公司在其尚未出售的楼盘和将来拟开发的楼盘上不得使用相关名称作为其楼盘名称"[4]。

这一判决同样也属于对停止侵害的限制性适用，但论理部分让人充满疑问：为何小区名称成了一种"公共利益"？小区更名又为何会造成商标权人、公共利益和小区居民的利益失衡？对于公共利益和商标权人、小区居民的利益失衡，法院都没有进行很好的阐明，这也从一定程度上反映了我国司法实务界和学术界对类似问题的研究有待深入。

四、知识产权限制停止侵害的制度完善

（一）现行制度分析

作为上位法的《民法总则》和《侵权责任法》[5]均列举了数种民事责任承

---

[1] 参见北京市朝阳区人民法院（2012）朝民初字第 20196 号民事判决书。
[2] 参见最高人民法院（2013）民提字第 3 号民事判决书。
[3] 参见最高人民法院（2013）民提字第 3 号民事判决书。
[4] 最高人民法院（2013）民提字第 3 号民事判决书。
[5] 《民法总则》第 179 条列出了 11 种民事责任承担方式，《侵权责任法》第 15 条列出了 8 种侵权责任承担方式。

担方式，且都规定了这些责任承担方式可以合并或单独适用，并未提及侵犯知识产权必然适用停止侵害。

知识产权专门法律基本只规定了相关行政管理部门的处理方式。例如，《专利法》第 60 条〔1〕规定了侵权人应承担的侵权责任，虽然条文规定可以向法院起诉或请求专利管理部门处理，但并没有明确法院具体应该怎样处理，只是规定由专利工作管理部门进行处理时，如果认定构成了侵权行为，就"可以"要求侵权人立即停止侵权行为。从字面分析可以认为，在某些情况下即使构成了侵害，也可以不要求侵权人停止侵害。当然，新发布的《专利侵权司法解释二》第 26 条也直接规定了可以不适用停止侵害的情形。

又如《著作权法》第 47、48 条具体列举了两类侵犯著作权的侵权行为，且都使用了同样的句式结构，即"有下列侵权行为的，应当根据情况，承担停止侵害、消除影响、赔礼道歉、赔偿损失等民事责任"。侵权行为的存在"应当根据情况"来判断责任承担方式，而不是当然地直接导向停止侵害这一民事责任。除此之外，《计算机软件保护条例》第 30 条〔2〕也基本上肯定了在特别情形下用合理的费用偿付来代替停止侵害的承担，直接提供了对知识产权停止侵害救济进行限制的法律依据。只不过由于这一条例的效力层级较低，适用范围也仅限于软件著作权的侵权纠纷，无法适用于更多类型的著作权纠纷。

现行《商标法》虽然在其第 60 条规定"工商行政管理部门处理时，认定侵权行为成立的，责令立即停止侵权行为"，但只是规定了行政处罚，并不是民事侵权责任。同时也要注意到，2011 年《商标法（修订草案征求意见稿）》第 64 条其实试图修改这一条文，将"工商行政管理部门处理时，认定侵权行为成立的，责令立即停止侵权行为"修改成"工商行政管理部门处理时，认定侵权行为成立的，可以责令立即停止侵权行为"〔3〕。虽然字面上来看只是增加了"可

---

〔1〕《专利法》第 60 条规定，不愿协商或协商不成的，可以向法院起诉或请求管理专利工作的部门处理，管理专利工作的部门处理时，认定侵权行为成立的，可以责令侵权人立即停止侵权行为。

〔2〕《计算机软件保护条例》第 30 条规定，软件的复制品持有人不知道也没有合理理由应当知道该软件是侵权复制品的，不承担赔偿责任；但是，应当停止使用、销毁该侵权复制品。如果停止使用并销毁该侵权复制品将给复制品使用人造成重大损失的，复制品使用人可以在向软件著作权人支付合理费用后继续使用。

〔3〕 参见"国务院法制办公室关于《中华人民共和国商标法（修订草案征求意见稿）》公开征求意见通知"，载 http://www.gov.cn/gzdt/2011-09/02/content_ 193901（3）htm，最后访问日期：2018 年 12 月 10 日。

以"两个字，但这种文字上的修订也许在一定程度上反映了立法者认为应该对停止侵害救济有所限制的态度。

综上所述，我国现行法律其实并没有强制规定侵犯知识产权就应适用停止侵害，实际上大多都规定了这一适用应视情况而定，更有甚者还明确规定了在某些情形下以支付合理费用来代替停止侵害救济。

（二）限制停止侵害适用具体情形的类型化分析

1. 事实不能履行的情形

判令侵权人停止使用并不必然合理合法。在某些情形下，侵权人无法控制知识产权侵害行为的产生和发展。如对于基因漂移所致的基因专利侵权，[1]很可能会造成即使没有任何过错，传统作物的种植人的"行为"还是符合专利侵权的构成要件。[2]但是，法律如果强制性地要求其采取防范措施来停止侵权，客观上也几乎无法履行。因为，传统作物的种植人既无法阻止自然环境的空气流动导致的花粉传播，也没有权利去控制他人土地上耕种的转基因作物。所以，对于基因漂移导致的基因专利侵权，法院不应判令停止侵害。

2. 有违重大公共利益的情形

上文提到的烟气脱硫专利案和广州白云机场案的共同特点在于，侵权装置已经安置妥当并投入实际使用运营，当侵权人使用单个侵权装置时，对权利人而言，其利益受损程度相对有限；而发电厂和机场都属于关系重大的基础公共设施，如果移走侵权设备，将无法维持其他设备的正常运转，会对当地的生产生活造成严重困扰，有损重大社会利益。而且因为损害赔偿已经足够弥补权利人的损失，所以法院没有支持停止侵害的请求。

但是，公共利益也不能必然地阻却停止侵害的请求。比如说，将没有得到许可的音乐作品用于影视剧的拍摄并制作成 DVD 进行销售，这种行为一定构成侵权。所以北京市高级人民法院在有关案件判决书中提出："以体现社会公共利

〔1〕 何怀文、陈如文："我国知识产权停止侵害请求权限制的法律原则"，载《浙江大学学报（人文社会科学版）》2015 年第 2 期，第 145 页。

〔2〕 Organic Seed Growers & Trade Association et al. v. Monsanto，718 F. 3d 1350（Fed. Cir. 2013）. 原告代表 60 家个体农民、种子公司和农业组织起诉孟山都公司，要求确认不侵权。其诉由之一是，个体农民种植作物可能遭孟山都基因专利作物污染而被指控侵权。联邦巡回上诉法院基于程序原因，即原被告之间没有真实纠纷，驳回起诉。但是，孟山都公司公开承诺，对意外表现其专利基因特征的作物的种植人，它不会提起侵权之诉。

益作为可以销售侵权复制品的理由没有法律依据。"[1]

保护公共利益是维护整体社会健康发展所必需的，但是对公共利益有明确判断是基于公共利益的考虑而要求权利人对个人合法权利进行合理让渡的必要前提。如果所谓的公共利益仅仅在侵权人因为实施侵权行为而投入了更多的成本或取得了更高的收益时得到体现，那么将这种情况认定为基于行为人的侵权行为而创造了更高价值公共利益显然有失偏颇，甚至会造成鼓励"效率侵权"的后果；相反，这种情况本来就应该受到法律更严格的约束和更严厉的打击，因为能够获得更丰厚的利益回报本来就是促使行为人以非法手段侵犯他人合法权益的动力。

其实，知识产权制度虽然是在权利人的合法利益和公众获取文化产品的需求之间寻求平衡，但对权利人的保护本身就体现了促进和保护创新成果，从而刺激社会创造力的公共利益，所以知识产权制度实质上是要在两种公共利益之间取得平衡。任何智力创造成果以免费的形式提供给公众最符合公众期待，但长远来看也必然会损害文化产业创造和资本流入的积极性，不利于创造性行业的长期发展，也与知识产权制度的宗旨背道而驰。如此一来，更不能以附随公共利益为由而不判处停止侵害。

3. 造成利益失衡的情形

在某些情况下，判令侵权人停止侵害可能会引起利益失衡。例如，侵权人能够实施的具体停止措施可能会损害第三人的合法权利，这是比较典型的一种情形，此时便不宜使用停止侵害。

因为"停止已经发生的侵害"和"排除未来可能发生的侵害"都落入了停止侵害的范围，所以从这个角度来说，停止侵害救济有可能会被滥用从而不合理地限制他人的合法权利，导致利益失衡。比如说，欧盟法院曾认定，欧盟法院不能颁布禁令来要求网络服务提供商设置监控程序，以避免用户在信息网络中传播侵权作品，因为网络服务提供商享有《欧盟电子商务法案》等的保护，无需承担监控著作权侵权活动的法律义务。这也意味着，就算可以证明用户将来有通过一定的网络信息服务来传播侵权作品的可能，法院也不能强制性地要求网络服务提供商通过一般性的事前监控来预防类似的侵权行为。

在侵权人履行停止侵害责任的费用过高而导致利益失衡的情形下，也不宜

---

[1]　参见西安长安影视制作有限责任公司等与中国音乐著作权协会侵犯著作权纠纷上诉案，北京市高级人民法院 (2004) 高民终字第 627 号民事判决书。

要求侵权人停止侵权行为。如在"云锦霞裳"案[1]中,被告在自己承接的楼盘装修工程中使用了市场上购买的未经许可印制有"云锦霞裳"美术作品的侵权墙纸,销售贴有这些侵权墙纸的地产就会侵犯"云锦霞裳"美术作品的发行权。法院认为,涉案侵权房产已经公开发售,判处被告停止侵害需要进行大规模改造,会造成社会资源的浪费,而且判处损害赔偿可以覆盖权利人被损害的权益。所以,法院驳回了权利人要求停止侵害其美术作品著作权的诉讼请求。

停止侵害的履行费用过高是我国法院不判处停止侵害的常见原因。但是因为履行费用过高并不属于客观概念,为了防止滥用,应该参考权利人因侵权人继续侵权行为而可能遭受损害的利益来进行认定。除非停止侵害会损害重大公共利益,一般来说,虽然侵权人能够初步证明履行停止侵害的费用比较高,但如果权利人能证明因侵权行为继续而将遭受无法挽回的损失,就依然应判处停止侵害。[2]一般而言,无法挽回的损失通常是指损害赔偿或采取其他补救措施都不能弥补其失去的利益,如商誉被污、失去客户等。

(三) 各领域限制停止侵害适用的类型化分析

上述三种情形基本上包括了需要限制使用停止侵害责任的所有情形,但是我国的法律和相关司法解释已经规定了大量不视为侵权行为的情形,而这两类有可能相互交叉。由于停止侵害的前提是有侵权行为的存在,所以分析限制停止侵害的适用问题时首先应排除不视为侵权行为的情形;考虑到不同领域知识产权的法律规定差别较大,下面笔者就专利权、商标权和著作权这三个知识产权的主要领域中限制停止侵害的问题分别进行研究。

1. 专利权

由于专利在工业生产中被广泛应用,涉嫌专利侵权而被判令承担侵权责任影响甚广;而且侵权产品很可能只是机器中的构件之一,这也给侵权人意识到自己的侵权带来了难度。因此专利权也是最早研究限制适用停止侵害责任的领域。《专利侵权司法解释二》也是知识产权领域中第一个明确规定了可以不适用停止侵害责任具体规则的司法解释。

上文阐述的事实不能履行、有违重大公共利益和造成利益失衡这三种情

---

[1] 参见奥雅公司诉长城公司著作权侵权纠纷案,深圳市中级人民法院(2013)深中法知民终字第 290 号民事判决书。

[2] Apple Inc. v. Samsung Electronics Co. , 695 F. 3d 1370 (Fed. Cir. 2012).

形，均可适用于专利权领域对停止侵害责任的限制。而《专利法》第 69 条规定的不视为侵犯专利权的行为都是在特殊条件下对专利或专利产品的正当使用，原本就不是典型的侵权行为，与本文讨论的需要限制停止侵害适用的对象不同。

《专利法》第 11 条规定了发明专利和实用新型专利的内容，为生产经营而使用专利产品也是侵权行为。但是也应注意到，使用行为与制造、销售、许诺销售等其他侵权行为不同，其对专利权人的损害仅限于侵权人一方本应支付的专利使用费，不会影响专利产品市场，也不会减损专利权人自己实施或许可他人实施专利而创造的经济价值。所以限制停止侵害专利应主要考虑未经许可为生产经营目的使用专利产品的侵权行为。烟气脱硫装置案就是典型的使用侵权，由于发电厂是地区基础设施，关涉重大公共利益；而广州白云机场案涉及重大公共利益，而且侵权装置只是整个建筑的一个小构件，判令停止侵害会引起利益失衡。因此这两个案件都应当限制停止侵害的适用。

限制停止侵害与专利法上的强制许可也不一样。强制许可是在涉及重大公共利益的情况下通过行政手段使使用专利的行为合法化，没有侵权行为。《专利法》第六章用一整章共 11 个条文的篇幅构建了一个相对比较完善的专利强制许可制度。然而，到目前为止，我国尚无一例专利强制许可的适用。

上文已经论述了限制权利滥用可以成为限制适用停止侵害的法理基础，而限制专利权救济的滥用则会与反垄断的法律规制有所交叉，尤其是对于可以影响整个行业市场的标准必要专利。虽然《反垄断法》没有明文规定对滥用停止侵害救济的限制，但是其第 17 条是一兜底条款，即国务院反垄断执法机构认定的其他滥用市场支配地位的行为。2015 年底发布的《关于滥用知识产权的反垄断指南（征求意见稿）》（以下简称《反垄断指南》）进一步明确，《反垄断法》第 17 条禁止滥用市场支配地位的行为，对在相关市场具有支配地位的经营者行使知识产权是否构成滥用行为，需要考虑知识产权的特点和对竞争的影响，结合个案进行具体分析。[1]同时还提出，专利权人主张禁令或停止侵害救济是其依法享有的维护其正当权益的合法救济手段。但是，"拥有市场支配地位的标准必要专利权人利用禁令救济申请迫使被许可人接受其提出的不公平的高价许

---

〔1〕 参见国家发改委："国务院反垄断委员会关于滥用知识产权的反垄断指南（征求意见稿）"，载 http://www.gov.cn/xinwen/2015-12/31/content_ 5029970. htm，最后访问日期：2018 年 12 月 10 日。

可费或其他不合理的许可条件"〔1〕，可能排除、限制竞争，也落入了反垄断法的规制范围。

《反垄断指南》提出了在分析和认定标准必要专利经营者申请禁令救济是否排除、限制竞争时需要考虑的四个因素。〔2〕然而，由于我国的反垄断执法属于行政执法，司法机关审理案件时也无法适用《反垄断指南》，而现有的《反垄断法》及相关司法解释只有原则性的规定。因此如果出现了标准必要专利权人主张停止侵害专利权的情形，司法机关没有一个比较明确的标准来认定是否构成垄断，从而不适用停止侵害。随着社会经济日益繁荣，围绕标准必要专利产生的纠纷必日益增多，有必要在《反垄断法》或相关司法解释中规定司法机关运用限制停止侵害的手段来规制专利垄断行为。

2. 著作权

著作权作为一种比较特殊的知识产权，包含身份权和财产权，在某些情况下其精神属性甚至可能会强于财产属性。身份权毫无疑问是一种绝对权，侵犯身份权的行为不能限制停止侵害的适用。

由于独创性作为作品构成要件本身并不明确，由此带来的权利不确定性会使得著作权侵权行为的边界难以确定；再加上著作权"自动保护"原则的非公示性，当行为人即使善意行事也很有可能构成侵权时，如果依然严格适用停止侵害责任，对行为人而言实不合理。

为了保障公众获取信息知识的正当权利，我国《著作权法》已经规定了比较详细的合理使用和法定许可制度，基本上可以实现公共利益和著作权人利益的平衡。但这两者都是在某些特殊情况下允许不经作者许可而使用作品，而对于建筑作品、影视作品、计算机软件作品等特殊作品，即使涉嫌侵权的行为未落入合理使用和法定许可的范围，仍应慎重考虑是否应适用停止侵害。

例如，如果建筑作品涉嫌侵权，无论是侵权人未经许可使用了他人作品作为其装饰性元素，还是建筑外观的抄袭，要停止侵害就意味着要进行拆除。但拆除这一元素可能成本极高，抑或有碍建筑功能的正常运转，将会造成比较严重的利益失衡，此时法院便不宜直接判令停止侵害。此时严格适用停止侵害责

---

〔1〕 参见国家发改委："国务院反垄断委员会关于滥用知识产权的反垄断指南（征求意见稿）"，载 http://www.gov.cn/xinwen/2015-12/31/content_ 5029970.htm，最后访问日期：2018 年 3 月 10 日。

〔2〕 参见国家发改委："国务院反垄断委员会关于滥用知识产权的反垄断指南（征求意见稿）"，载 http://www.gov.cn/xinwen/2015-12/31/content_ 5029970.htm，最后访问日期：2018 年 3 月 10 日。

任势必会造成社会资源的严重浪费。与侵权人停止侵害的高额移除成本相对，大多数情况下，设计本身对建筑物的价值并不起决定性的作用，且其成本也有限。有资料指出，一般建筑设计的费用仅占工程总造价的 3%~4%。[1]

不仅仅是建筑作品，随着技术手段的不断提高，作为著作权对象的作品的成分也越来越复杂，普通的著作权侵权案件中也出现了大量侵权部分只占作品很小一部分的情形。对于类似案件，法院需要慎重考虑适用停止侵害是否会造成较严重的利益失衡。但要注意的是，利益失衡的关键在于失衡，具体表现在侵权作品中侵犯他人合法权益的部分只占作品整体的一部分且不可分割，若判令停止侵害，会不恰当阻碍整体作品的使用，对侵权人造成极大损失；相反，即便不判处停止侵害，权利人的损失也不会进一步扩大，只要侵权人付出足够的经济补偿，也足以填补权利人已经遭受的损害，同时促进了作品的利用。严格适用停止侵害势必造成社会资源的严重浪费，而通过研究作品在市场中的流通环节，合理地部分限制或有条件地限制停止侵害的适用也不失为平衡各方利益的好方法。

同时，在著作权侵权案件中，考虑是否适用停止侵害责任时还应考虑是否存在持续的侵权行为。《著作权法》第 10 条以列举的方式明确了著作权的内容，如复制权、发行权、信息网络传播权等，与专利权的保护不同，对作品的使用如果未侵犯相应权利，则不应被认定为侵权行为。这一点在计算机软件作品中表现尤为明显。使用计算机软件作品的侵权行为绝大多数都是未经著作权人许可复制其软件作品，侵犯的是复制权，复制之后的使用行为本身很难被认定为侵权。在这种情况下，由于复制行为已经停止且并没有持续，后续的使用行为也没有造成持续损害，适用停止侵害救济便有欠妥当。

3. 商标权

商标权与其他作为"智慧成果"的知识产权不同，它保护的不是作为创造成果的标志本身，而是在市场环境下与该标志紧密联系的商誉。对于商标权的内容，《商标法》只规定了商标权人有权在核定使用的商品上使用核准注册的商标，但是并非只有在相同商品上使用相同商标才是直接侵权[2]，所以侵犯商标专用权的行为有时候也比较难界定。根据学界和司法界公认的混淆理论，可能

---

〔1〕 王果："建筑作品著作权纠纷中不停止侵权的适用——以私人利益衡量为视角"，载《中国版权》2015 年第 5 期，第 18 页。

〔2〕 参见《商标法》第 57 条。

导致消费者对商品或服务来源产生混淆是构成商标侵权的必要条件，而没导致混淆的行为不会对商标专用权人造成商标法意义上的损害，不会构成侵权。[1]所以侵犯商标权的行为必然导致混淆，使得消费者产生误认，影响商品或服务的竞争力，也损害了市场秩序和公共利益，而且由于商标最根本的作用就在于标明商品或服务的来源并证明其品质，因此对侵犯商标权的行为应严格适用停止侵害责任，不宜轻言限制。

目前我国在商标权领域也出现过上文讨论过的商标权侵权案件因涉及公共利益或利益失衡而被直接认定为不侵权，没有讨论停止侵害的适用问题。如武汉市中级人民法院就在湖北广电"如果爱"栏目名称商标侵权纠纷案[2]的判决中指出："课以电视台等媒体过高的注意义务，并不利于文化产业的发展繁荣。综合考虑，可以认定被告湖北广电在电视栏目中使用如果爱文字是正当的、合理的。"但该类案件极为少见，而在近年来影响较大的同类型案件金某诉江苏广播电视总台案（即"非诚勿扰"商标纠纷案）中，深圳市中级人民法院作出了不同的认定："由于金某已在交友服务、婚姻介绍所服务上注册了'非诚勿扰'文字商标，江苏电视台制作和播放知名电视节目《非诚勿扰》属于在相同服务上使用相同注册商标，因此侵犯了金某的注册商标专用权，应当立即停止使用非诚勿扰栏目名称。"[3]

对于绝大多数涉及公共利益或利益失衡的疑难案件，法院也都因为不会造成混淆，从而运用混淆理论认定不构成侵权。但值得注意的是，对于怠于行使商标权的行为，最高人民法院有关司法政策曾规定[4]，在注册商标民事侵权活动中，应当支持连续三年未使用其注册商标的商标权人停止侵害其注册商标的

---

〔1〕 王迁：《知识产权法教程》（第4版），中国人民大学出版社2014年版，第472页。

〔2〕 参见湖北省武汉市中级人民法院（2015）鄂武汉中知初字第00254号民事判决书。

〔3〕 参见广东省深圳市中级人民法院（2015）深中法知民终字第927号民事判决书。2016年12月底广东省高级人民法院再审撤销了改判的二审判决，维持一审判决。

〔4〕 《最高人民法院关于当前经济形势下知识产权审判服务大局若干问题的意见》第7点意见规定："妥善处理注册商标实际使用与民事责任承担的关系，使民事责任的承担有利于鼓励商标使用，激活商标资源，防止利用注册商标不正当地投机取巧。请求保护的注册商标未实际投入商业使用的，确定民事责任时可将责令停止侵权行为作为主要方式，在确定赔偿责任时可以酌情考虑未实际使用的事实，除为维权而支出的合理费用外，如果确无实际损失及其他损害，一般不根据被控侵权人的获利确定赔偿；注册人或者受让人并无实际使用意图，仅将注册商标作为索赔工具的，可以不予赔偿；注册商标已构成商标法规定的连续三年停止使用情形的，可以不支持其损害赔偿请求。"

主张，但不支持其损害赔偿的主张。这一规定的初衷也许是为了避免商标权人只将注册商标作为索赔工具而不实际使用，但其实商标权人一样可以以停止侵害要挟商标使用人以便私下进行高价索赔；而且这种规定与商标法通过授予和保护商标权促进产业发展的宗旨背道而驰。[1]

除了侵犯商标专用权，商标权领域还有另一类很重要的侵权行为，即商标权侵犯了他人的在先权利。这一类侵权行为大多都是构成商标的文字或图案元素侵犯了他人权利，如前所述，由于商标本身具有的识别作用和质量保障作用，要求停止使用侵权商标很可能会对商标权人的生产经营造成难以估量的损失，此时就应慎重考虑是否应适用停止侵害责任。方正公司诉宝洁公司等著作权侵权上诉案[2]其实就存在这样的问题。宝洁公司的商标使用了方正公司设计的字体，但一审法院认为单个汉字设计没有著作权，二审法院认为方正公司没有事先对字体的商业性使用作出合理且明确的限制，两审法院实际上都直接认定宝洁公司的商标未侵权而避开了若侵权是否应适用停止侵害的问题。

早在 1996 年发生的武松打虎案中就有学者认为："商标权人客观上已经经过十几年的经营，使得其商标在一定市场内获得了一定的知名度，如果因诉讼停止涉案侵权商标的使用，而著作权人再许可他人将涉案图片用作酒类商标，客观上又会使后一商标权人获得原商标权利人损失的财产利益。"[3]也就是说，著作权人有可能滥用在先权利，来获取本与其无关的因"在后权利"而产生的利益。

因此，对于商标侵犯他人在先权利的行为，应考虑涉嫌侵权商标本身的使用状况。对于长期使用、在一定范围内已经与特定商品或服务产生特定联系的侵权商标，应尊重商标权人的经营成果，认定构成侵权但不适用停止侵害责任。

（四） 限制停止侵害下的损害赔偿

当法院在案件审理中认定了不应判决停止使用时，由于侵权行为依然成立，侵权人仍需承担由侵权之债产生的损害赔偿责任。目前我国的《专利法》第 65 条、《商标法》第 63 条、《著作权法》第 49 条规定了损害赔偿的几种计算方式，

〔1〕 李扬："论商标权的边界"，载《知识产权》2016 年第 6 期，第 24 页。

〔2〕 参见北京市第一中级人民法院（2011）一中民终字第 5969 号民事判决书。

〔3〕 刘春田："'在先权利'与工业产权——《武松打虎》案引起的法律思考"，载《中华商标》1997 年第 4 期，第 12~13 页。

但都不够完善。在市场经济瞬息万变的今天，侵权判决作出后知识产权许可费用仍可能剧烈波动，且我国相关司法解释中计算所失利益的因果关系链条短，不能真正反映专利权人的所失利润；而对于"持续型"的侵权行为造成的未来侵害，根据侵权所得利益也很难确定具体金额；如果先前没有已确定的许可费，也无法按许可费合理倍数的方法计算赔偿金。对于以上我国损害赔偿计算的问题已有不少学者作过专门论述，本文不再赘言详述。而从实际情况来看，多数较疑难的侵权损害赔偿的计算方法都滑向了由法官自由裁量的方法。由于限制停止侵害后权利人的主要诉求变成了请求损害赔偿，因此进一步完善侵权损害赔偿制度就显得尤为重要。

结 论

停止侵害是我国知识产权侵权救济中一种重要的责任承担方式，它来自于大陆法系物权请求权中的停止侵害请求权，并且和美国的永久禁令也有类似之处。适用停止侵害的正当性来自知识产权的专有性和法经济学提出的财产规则，且从侵权行为的要件来说，客观上不停止损害的扩大无法保护权利人的权利。

近年来，随着停止侵害逐渐成为知识产权侵权救济中的普遍手段，司法实践中出现了一些为了公共利益未适用停止侵害责任而判令补偿费用的侵权案件。在美国，类似的典型案件已经提炼出了四要素检验法来确定是否适用禁令；日本则形成了差止请求权体系。

对于行为构成侵权但不适用停止使用的正当性，从法理学来说，是因为知识产权客体的非物质性限制了其专有性，不能完全类比物权来适用停止侵害；而滥用知识产权也违背了知识产权法的立法本意和公共利益的要求。从法经济学来说，知识产权中财产权内容的不确定性易导致交易成本升高，应借鉴责任规则；财产规则的效率性是总体的效率性，对个案来说，财产规则未必是最有效率的；且适用停止侵害的成本可能远高于不适用停止侵害的成本。从制度层面来说，并非所有侵权都符合停止侵害构成要件：已经停止的侵权行为；加害行为未停止但没有损害或不会继续造成损害，且对已造成的损害可以充分赔偿；而且现有限制知识产权专有性的制度不够完善。

从性质来说，限制停止侵害的适用只能是行为被认定为侵权后在个案的特定情况中为促使法官达成公平的结果而赋予法官的司法裁量手段。它与合理使用、强制许可等限制知识产权的制度不同，因为侵权行为的性质并没有改变，法律仍对其作否定性评价。因此这一手段应当具有灵活性、事后性、个案认定等特点，不适宜建立统一的适用标准，更不适合以成文法的形式建立限制停止侵害适用的制度。

从现有案例和文献中，我们可以大致归纳出三种限制停止侵害适用的具体情形：客观无法履行、有违公共利益和重大利益失衡。但是在专利权、著作权和商标权等不同领域中，由于各自的权利特征不同，设置的其他限制知识产权的制度不同，法律规定通过解释来限制停止侵害适用的空间也不同，因此也要对能否限制和如何限制停止侵害适用的问题分别进行分析。

在专利权领域，除了上述三种情形均可限制停止侵害的适用，对于滥用停止侵害请求权还可以适用反垄断法的规制，因此应完善反垄断法的相关规定；而强制许可和限制停止侵害的目的和方法都不尽相同，不可混同；著作权领域合理使用制度已经比较完备，但对于建筑作品、影视作品、计算机软件作品等特殊作品应审慎适用停止侵害；在商标权领域，由于商标本身的特殊性，对侵犯商标权的行为一般应严格适用停止侵害，但对商标权侵犯在先权利等行为应综合考虑商标的使用情况来确定是否适用停止侵害。

知识产权的保护和利用就像一对相互矛盾的双生子，既相互促进，也相互制约。如何在这两者之间守住一个平衡点是学术界和实务界需要共同努力解决的问题。合理地限制停止侵害救济，代之以支付使用费或赔偿损害，能够在一些疑难案件中发挥重大作用，也将有助于知识产权系统运转得更加顺畅。

专利侵权诉讼不判决停止使用问题研究

——以双方当事人的利益平衡为视角

李瑛莉

我国《专利法》以及其他的法律法规对停止侵权的适用只是做出了一些原则性的规定，而对于在什么条件适用停止侵权，在适用时需要考虑哪些条件，相关的法律法规却规定甚少，已有的规定也缺乏可操作性。从目前我国法院作出的有关专利侵权的判决来看，如果现有证据能够证明被告实施了侵权行为并且专利权人请求法院判令被告停止侵权，法院在大多数情况下会当然地适用停止侵权。但是，这里存在的一个问题是，专利侵权行为成立是否意味着必须判决侵权人停止使用涉案专利。在司法实践中，有一些案例基于公共利益的考量不判令侵权人停止使用，值得研究。2016 年 4 月 1 日起实施的《最高人民法院关于审理侵犯专利权纠纷案件应用法律若干问题的解释（二）》（以下简称《专利侵权司法解释二》）对这一问题作出了回应。其第 26 条规定，因公共利益或国家利益可以不判令停止使用，但是要支付合理的费用。该条款仅从公共利益、国家利益的角度进行了考量，而没有考虑如何平衡当事人之间的利益。随着 NPE、专利丛林等现象的出现，专利权人往往会利用停止侵权对侵权人进行商业劫持，或者由于专利的不可替代性，一旦判令专利侵权人停止使用涉案专利，其将会失去现有的市场或者面临破产，从而在专利权人与专利侵权人之间造成巨大的利益失衡。

在这方面欧美的经验值得我们借鉴，如美国通过 eBay 案确定的四要素检验标准。在微软案等一些著名的案例中，法院在决定是否颁发禁令前都会考量禁令的颁发是否会造成当事人之间巨大的利益失衡。欧盟在对标准必要专利颁发禁令时亦会考虑该因素。

一、不判令停止使用的理论基础

（一）禁止权利滥用原则

禁止权利滥用原则起源于罗马法，在近现代的法律实践中该原则得到了广泛的确认与应用。对于何为权利滥用，学者提出了不同的观点。史尚宽先生认为："权利之行使，应于权利者个人之利益与社会全体之利益调和之状态为之，或权利人因权利之行使所得之利益极小，而于他人损害莫大，不能相比者，皆为权利滥用。"[1]

由于专利权客体的无形性，其无法被人们用感官和物理仪器测量到，这导致的直接后果就是专利权范围的难以限制性以及极强的法定排他性。[2]专利权的这种特点使得专利权极易被滥用，而一旦滥用不仅会损害国家利益、公共利益，也会造成当事人之间的利益失衡，不利于创新。

专利法对专利权人的权利给予排他性保护的条件是专利权人正当、合理地行使其权利。如果专利权人滥用其权利，则法律就不应给予其如此力度的保护。专利制度是一种激励机制，它以禁止他人实施专利权人的专利为代价来保护专利权人的利益，目的是产生改善社会整体福祉的成果。如果专利权人在行使权利时违背社会公共利益或者其权利的行使造成当事人间利益明显失衡，就明显违背了专利法的立法宗旨，构成了权利滥用，不应得到法律的支持。

（二）利益平衡原则

利益平衡原则是专利法的基本原则，它意味着专利法既应该全面保护专利权人的利益，进而激发人们的创新精神，又应合理地限制专利权的强排他性，不损害公共利益以及潜在的专利使用人的利益。专利权人的利益与国家利益、公共利益的平衡构成了利益平衡的核心内容。但是，专利侵权一般会涉及三方主体：专利权人、专利侵权人以及社会公众。人们在讨论利益平衡时，一般都会将焦点集中在专利权人的利益与国家利益、公共利益上，而往往忽略了专利侵权中的另一主体——专利侵权人。

---

[1] 史尚宽：《民法总论》，中国政法大学出版社 2000 年版，第 713~714 页。

[2] 参见谢婉婷："专利权限制研究"，中国政法大学 2008 年硕士学位论文，第 21 页。

当然，无论是从专利权的劳动理论还是经济学理论等视角看，专利权这种私权的授予和保护都具有充分的正当性。维护专利权人的合法权利，对专利侵权行为进行制裁，也是专利法的立法目的之一。但是，所谓的平衡其实是一个动态的、不断变化的过程。随着环境和条件的变化，以及各种新现象的出现，在专利侵权诉讼中，专利权人不再一味地处于受害者的角色。近些年来，随着NPE、专利丛林等现象的出现，停止侵权这一制裁方式成了专利权人对专利侵权人进行商业劫持的工具。在这样的情况下，如果法院一味地判令专利侵权人停止使用涉案专利，不仅会在专利权人与专利侵权人之间造成利益失衡，长久下去更会损害社会的整体福利。这就需要法院在适用停止侵权时适应时代的发展，不仅要平衡专利权人与社会公众的利益，也要合理地平衡专利权人与专利侵权人之间的利益。

（三）法经济学的考量

不判令停止使用的法经济学的出发点是科斯定理。在科斯看来，交易成本是不为零的，在财产权分配以及其交换规则确定中应当注意交易成本的问题。卡拉布雷西首先将交易成本理论运用到应当如何保护权利的问题上，提出了权利保护的财产规则与责任规则。所谓财产规则也可以称为绝对许可规则，指未经权利人许可，不得使用其财产。责任规则允许他人在未经所有人许可的情况下使用该财产，只要事后给予权利人充分的补偿即可。目前法律界的通说为财产规则在低交易成本时是有效率的，而责任规则在交易成本较高的情况下是有效的。

专利法通过赋予专利权人停止侵权救济的权利，以阻止他人未经许可实施其专利，鼓励权利人和潜在的使用者基于共同商定的价格实现权利的转让。可以说，专利权主要是通过财产规则而受到保护的。但是，随着社会与科技的发展，实施专利的成本越来越高，在这样的情况下对专利权适用责任规则是十分必要的。首先，由于专利权范围的不确定性，潜在的使用者在确定是否构成侵权时需要付出大量的搜索成本。其次，现在一件产品不仅仅使用一件专利，而是包含多个专利。在这样的情况下，一旦判令侵权人停止使用，由于专利的难以替代性，专利侵权人需要投入大量成本进行重新研发。而且，有时候构成专利侵权的专利可能在最终产品中只发挥非常小的作用。如果适用财产规则，侵权人即应承担停止侵权的责任，侵权人很可能仅仅因为这一小部分专利而失去整个市场，甚至会导致企业的破产。再次，随着NPE的出现，专利权对专利权人而言不仅仅是一种权利，更多地成为一种商业劫持的筹码，如果适用财产规则，NPE 会通过"拒绝同意行为"来阻碍交易的进行，降低谈判的效率，而责任规则则可以克服这一障碍。

二、我国专利停止侵权的适用现状

（一）我国专利停止侵权适用的立法状况

《民法通则》《侵权责任法》《专利法》《专利侵权司法解释二》等法律以及《最高人民法院关于当前经济形势下知识产权审判服务大局若干问题的意见》（以下简称《意见》）都对停止侵权进行了相关的规定。我国对停止侵权的规定经历了从原则性的适用到具体的限制，而这其中也经历了漫长的时间。

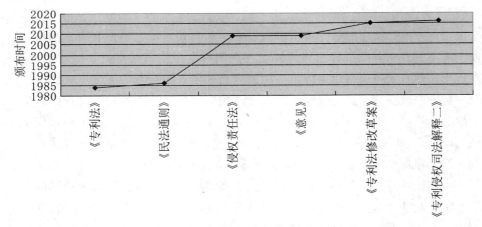

图1 规定停止侵权的相关法律

由上图可知，1986 年至 2009 年这 13 年间，几乎没有关于适用停止侵权的法律规定出台。直到 2009 年以后，我国才逐步出台了一些有关停止侵权的规定，这说明我国对如何适用停止侵权越来越重视。

《民法通则》第 118 条最早对停止侵权做出了规定，2009 年颁布的《侵权责任法》第 15 条规定的侵权救济方式即包括停止侵权，《专利法》第 60 条对专利停止侵权也作出了规定。虽然我国《专利法》自颁布以来历经了三次修正，但这三次修正都没有涉及停止侵权。这些法律对停止侵权的规定过于原则化，其很难指导法官适用停止侵权。《专利法》第60条规定了适用停止侵权的标准，但是针对的仅是专利管理部门。[1]

2009年4月21日，最高人民法院印发《意见》[2]，第一次从社会公共利益、双方当事人间的利益的角度出发，规定在适用停止使用时应该仔细、全面地衡量专利权人与专利侵权人分别因停止使用涉案专利而可能遭受的损失，以及停止使用涉案专利是否会造成二者之间巨大的利益失衡。如果金钱赔偿可以补偿对专利权人造成的损害，则可以考虑不判决停止使用。

2016年4月1日起施行的《专利侵权司法解释二》虽然对专利停止使用作出了限制，但也仅仅是从国家利益、公共利益的角度去衡量，并没有考虑专利权人与专利侵权人之间的利益平衡问题。[3]

可见，对停止侵权的限制是从2009年最高人民法院印发的《意见》开始的，其对适用停止使用进行了具体的限制，并且考虑了多方面的因素，而这其中不仅包括公共利益方面的考量，也包括对专利权人与专利侵权人之间的利益考量。这些因素充分借鉴以往的相关案例并且充分考虑我国当前的专利发展状况，对未来有关停止使用的立法具有十分重要的指导意义。

《专利侵权司法解释二》从平衡专利权人利益与公共利益的角度出发，对停止使用进行限制。如果适用停止使用可能损害社会公共利益，法院可以不判令被告停止使用涉案专利，而判令其支付一定的专利使用费，以此弥补其对专利权人造成的损害。这也是对长久以来法律界人士呼吁的一次回应。但是该条文只考虑了专利权人与国家利益、公共利益之间的平衡问题，并没有考虑《意见》中专利权人与专利侵权人之间的利益平衡这一因素，这使得该条文难免有些不

---

　　[1]　何怀文、陈如文："我国知识产权停止侵害请求权限制的法律原则"，载《浙江大学学报（人文社会科学）》2015年第2期，第137页。

　　[2]　《意见》第15条规定："充分发挥停止侵害的救济作用，妥善适用停止侵害责任，有效遏制侵权行为。……如果停止有关行为会造成当事人之间的重大利益失衡，或者有悖社会公共利益，或者实际上无法执行，可以根据案件具体情况进行利益衡量，不判决停止行为，而采取更充分的赔偿或者经济补偿等替代性措施了断纠纷。权利人长期放任侵权、怠于维权，在其请求停止侵害时，倘若责令停止有关行为会在当事人之间造成较大的利益不平衡，可以审慎地考虑不再责令停止行为，但不影响依法给予合理的赔偿。"

　　[3]　《专利侵权司法解释二》第26条："被告构成对专利权的侵犯，权利人请求判令其停止侵权行为的，人民法院应予支持，但基于国家利益、公共利益的考量，人民法院可以不判令被告停止被诉行为，而判令其支付相应的合理费用。"

够全面。

（二）我国专利侵权案件停止使用的司法实践

目前我国法院在处理专利侵权案件时仍采用类物权化的处理模式。对于仍在保护期限内的专利，如果现有证据能够证明侵权行为成立，且专利权人请求法院判决停止侵权，法院通常会支持原告的诉讼请求。笔者在北大法宝网站上，随机抽取各地人民法院 2007 年至 2015 年的 40 份判决书，具体的调查情况见图 2。在所调查的案件中，原告均请求法院判决被告停止实施侵犯其专利权的行为。在已确定被告实施了专利侵权行为的情况下，其中有 32 份判决书判决被告停止使用涉案专利；有 5 份判决部分支持了原告停止使用的诉讼请求，不支持的理由为原告未能提供证据证明被告存在制造（销售）被控侵权产品的行为或者被告的经营范围不包括制造（销售）侵权产品；有 3 份判决没有支持原告的诉讼请求，理由均是被告的企业已经注销。

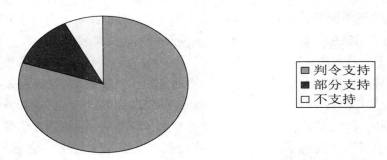

图例：
- 判令支持
- 部分支持
- 不支持

图 2　2007 年至 2015 年我国法院判决停止侵权的情况

（三）存在的问题

通过以上调查分析，笔者认为，我国目前专利停止使用的适用存在的主要问题即缺乏对当事人间利益平衡的考虑。

《专利侵权司法解释二》从国家利益、公共利益的角度对停止使用进行了限制。其实早在《专利侵权司法解释二》颁布之前我国法院就有类似的案例。下面笔者就两个非常有影响力的案件进行分析。其一是广州白云机场案。在该案中，法院考虑了机场所承担的公共职能。一旦判令机场停止使用涉案专利将会影响机场的正常运行，从而损害社会公共利益，故法院判令被告可以继续使用涉案专利，但应当支付一定的使用费。[1]其二是晶源公司诉华阳公司案。在该案中，法院经过审理认为，被告使用原告的专利有利于环境的保护，具有重要的社会效益，如果判令被告停止使用涉案专利将会对当地人民的生活造成十分恶劣的影响，也不利于当地经济的发展。故法院判决被告可以不停止使用涉案专利，但是被告应当给予原告合理使用费，来弥补原告遭受的损失。[2]

司法实践中，尤其是在《专利侵权司法解释二》颁布以后，法官在适用停止使用时对专利权人利益与公共利益、国家利益的平衡有了法律支持。但是，在适用停止侵权时，如何平衡专利权人与专利侵权人之间的利益没有法律及相关的判例作为指导。面对新挑战、新问题，在适用停止使用时平衡双方当事人的利益具有重要的意义，故笔者将在下文对具体的理由以及对策进行论述。

三、专利侵权诉讼中不判决停止使用的必要性

（一）强制许可制度的局限性

我国《专利法》第48~58条专门规定了专利强制许可制度。有学者认为，我国的强制许可制度已经对专利权滥用进行了限制，如果专利侵权人认为停止使用涉案专利会造成自己与专利权人之间巨大的利益失衡，且金钱赔偿足以弥补对专利权人造成的损害，可以申请强制许可，而不需要再从专利权人与专利侵权人的角度出发判决其不停止使用涉案专利。

但是根据法律的规定，要想申请强制许可，需要符合诸多的条件，且在具体的申请过程中，无论是从实体方面还是从程序方面，申请人都难以达到申请强制许可的标准。第一，按照现有的法律规定，申请专利强制许可需要满足诸多条件，一般情况下很难满足这些条件。欲申请强制许可必须满足专利权人在规定期间内无正当理由怠于行使其专利权、专利权人行使专利权的行为构成垄断行为以及从属专利的条件。而且，有关强制许可的条件没有兜底性条款，不能解决新的技术背景下出现的利益失衡问题。第二，申请强制许可在程序上有较高的要求，相关规定模糊，缺乏可操作性，且从申请到最终得到许可需要花费大量的时间，致使强制许可不能发挥其应有的作用。第三，如果专利强制许

---

〔1〕　参见广东省广州市中级人民法院（2004）穗中法民三知初字第581号民事判决书。

〔2〕　参见福建省高级人民法院（2001）闽知初字第4号民事判决书。

可的申请被准许，任何符合条件的人均可以请求实施被强制许可的技术，[1]且强制许可申请人支付给专利权人的使用费的数额非常少。这远远不如判决不停止使用更能保护专利权人的利益。因为，该判决仅仅说明该案的当事人可以继续使用涉案专利，而其他人是无权使用涉案专利的，这样可以大大减少对专利权人造成的损害。可见，由于我国强制许可制度的规定过于简单、缺乏可操作性，即使判令侵权人停止侵权也会导致利益严重失衡，侵权人也很少会选择去申请强制许可来维护自己的利益。

（二） NPE 滥用停止使用

随着时代的发展，专利权已不仅是一种财产权，它更多地成为企业之间进行商业竞争的一个战略武器，而将这一武器运用到“极致”的就是 NPE。所谓 NPE，即非专利实施实体，是指那些自己不生产产品，但是通过自己申请专利或从其他专利权人手中购买专利，进而利用自己拥有的大量专利来控告其他公司侵犯其专利权进而向专利侵权人索要巨额赔偿金的市场主体。在这样的背景下，停止使用即美国的永久禁令无疑是 NPE 对付专利侵权人的撒手锏。

以美国的黑莓案为例。黑莓案的审理长达 5 年，该案中，原告 NTP 公司是一家著名的 NPE。2001 年，其向法院起诉 RIM 公司的黑莓设备侵犯其专利权，并请求法院签发禁令。法院经审理认为，现有证据证明 RIM 公司实施了侵犯原告专利权的行为，其须向原告支付 231 万美元的赔偿金，并签发了永久禁令。

在永久禁令的巨大压力之下，为了不使黑莓系统永远退出市场，经过艰苦的谈判，RIM 公司被迫向 NTP 公司支付了 6.125 亿美元的赔偿金。该费用也刷新了美国专利许可使用费的新高度。其实，在该案中，涉案专利在 RIM 公司最终的产品中仅起到了非常小的作用，231 万美元的损害赔偿金是完全能够弥补 NTP 公司的损失的，NTP 公司就是充分利用了永久禁令对 RIM 公司的巨大威胁，而从中获取巨额利润的。

在 NPE 与企业的较量中，企业最怕的并不是金钱损害赔偿，而是被法院判令停止侵权，因为前者失去的是一定数量的金钱，而后者可能失去的是整个市场甚至整个企业。正是因为停止侵权所带来的严重后果，NPE 才能够对企业予取予求，使企业被迫支付不合理的使用费。因此，停止侵权对 NPE 而言是一大

---

〔1〕 参见李玉香、孙浩源：“专利侵权诉讼不判决停止侵权的法律探讨”，载《湖南大学学报（社会科学版）》2014 年第 2 期，第 152 页。

利器，它会大幅度提升 NPE 的谈判能力，成为 NPE 对专利侵权人进行商业勒索的工具。NPE 作为原告，其不仅诉讼成本与财务风险小，而且由于其自身并不从事生产经营活动，专利侵权人无法对其形成反向的制衡，其也并不担心耗时耗力的诉讼会使其失去市场或使企业面临破产。而正是因此，法院一旦判决停止使用涉案专利，就会造成被告企业与 NPE 之间巨大的利益失衡。

（三）专利丛林引发无辜侵权

专利丛林是指一项新技术想要商业化就必须避开该技术现有领域内的所有有效专利，这些专利十分密集，且相互交织在一起，专利的实施者即使花费极大的人力、物力、财力也有可能侵犯他人的专利权。可以说专利丛林会极大地增加无辜侵权发生的可能性。

随着科技的不断发展，一些产品需要涉及电子、机械、材料、物理、化学、生物等诸多领域，从而构成了一张复杂的技术网，当一项技术转化为最终的产品必须实施多个专利权人的专利时，便产生了专利丛林问题[1]。早期专利权人仅仅使用自己的专利就可以将一项技术转化为最终的产品。但是，随着技术的发展及消费者要求的不断提高，企业要想最终制造出一件产品，往往需要实施多个专利，需要取得多个专利权人的授权，加之这些专利又十分密集，极大地增加了其侵权的概率。而且，当侵犯了他人的专利权时，法院判决专利侵权人停止侵权采用的是无过错责任原则，从而使得成立停止侵权变得越发简单。在这样的背景下，任意一个专利的专利权人都能够利用停止侵权来阻止一项技术的转化，如果一项专利被判令停止侵权，则其他技术方案也要做相应的重大修改，这会极大地增加企业的生产成本与社会成本。而且，在产品更新换代如此之快的今天，等到企业研发出了可替代的专利时，该产品很可能已经没有了市场。

而与此同时，在我国专利转化率如此之低的情况下，相关的专利权人很可能由于资金设备等问题而不可能自己实施该专利，在判令侵权人停止侵权后，该专利反而被束之高阁，对技术进步与公共福祉起不到任何作用，也不会给专利权人带来任何利益。

---

〔1〕 参见马大明、杜晓君、宋宝全、罗猷韬："专利丛林问题研究——产生与发展、经济影响及度量"，载《产业经济评论》2012年第1期，第20页。

四、专利停止侵权诉讼不判决停止使用的域外经验

（一）美国经验

1. eBay 案——四要素检验标准

在 eBay 案中，原告 Merc Exchange 公司是一项商业方法专利的专利权人，可是其本身并不实施该方法专利。Merc Exchange 公司以 eBay 侵犯其上述专利为由将 eBay 诉至法院，并请求法院颁发禁令。法院经审理认为，根据现有证据可以认定，被告实施了侵犯原告专利权的行为，故判决被告向原告支付 3500 万美元。但法官没有向被告下达永久禁令。原告因此而提起上诉，二审法院则遵循着以往的惯例，当然地颁发了永久禁令。随后，eBay 上诉到联邦最高法院。由于适用一般规则在专利权人以及专利侵权人之间造成了巨大的利益失衡，以及由此而引发了一系列社会问题，联邦最高法院在最终判决中推翻了上诉法院的判决，将案件发回重审，要求地区法院摒弃所谓的一般规则，依据传统的四要素检验标准来决定是否应该颁发永久禁令。

通过 eBay 案，最高法院重新确立了四要素检验标准。所谓的四要素检验标准即法院如果颁发永久禁令，必须考虑以下因素：①权利人已经遭受了不可挽回的损失；②损害赔偿不能够补偿因专利侵权而对专利权人造成的损害。③永久禁令的颁发不会造成专利权人与专利侵权人之间巨大的利益失衡。④公众的利益不会因为禁令的实施而受到影响。可见，法院在下达永久禁令时，专利权人与专利侵权人之间的利益平衡也是其考虑的因素之一。在 eBay 案之后，虽然仍有很多案件颁发了永久禁令，但是，法院在适用永久禁令时变得更加慎重，不仅要平衡专利权人利益与公共利益，还要平衡专利权人与专利侵权人之间的利益。

2. 微软公司案

在微软公司案中，原告 Z4 Technologies 公司以微软公司侵犯其拥有的一项"软件活化技术专利"为由，将微软公司诉至法院，同时向法院申请了永久禁令。法院经审理认为，微软公司实施了专利侵权行为，但是，专利权人没有证据证明，如果被告继续实施侵权行为其将会遭受无法弥补的损害，同时也没有证据表明潜在的消费者和被许可人会因为该项专利技术出现在微软公司的软件中而不再购买专利权人的技术或者终止与专利权人的许可交易。微软公司继续在其软件中使用被控侵权专利不会阻碍专利权人继续销售、许可其专利产品。

而且，被告微软公司因被禁止销售包含涉案侵权专利的软件产品所遭受的损失或者将侵权专利从其软件产品中移除所遭受的损失都将大于原告因得不到永久禁令支持而蒙受的损失。涉案侵权专利在微软的软件产品中并不是起主要作用，如果原告得到永久禁令的救济，微软公司必须重新设计新的软件产品来代替侵权专利，而这将会给微软公司带来巨大的损失，同时也会造成盗版市场的泛滥，因此在金钱损害赔偿已经足够弥补被告未来继续侵权给原告造成的损害时，就不应该再给予原告禁令救济，即使他有这样的权利。[1]

在该案中，虽然微软公司侵犯了 Z4 Technologies 公司的专利权，但是法官并没有遵循以往的一般原则对微软公司签发永久禁令，而是从利益平衡的角度出发判令微软公司支付一定数量的损害赔偿金，但是可以继续在其产品中使用侵权专利。法官在决定是否颁发禁令时不仅考虑了社会公共利益，同时更加关注专利权人与专利侵权人之间的利益平衡问题。在当事人之间的利益平衡方面法院主要考虑了如下因素：①被告继续使用涉案侵权专利不会给原告带来不可弥补的损失，也不会减少原告的交易机会；②被告停止使用涉案侵权专利将遭受巨大损失，且要大于原告因得不到永久禁令救济而遭受的损失；③涉案侵权专利在原告的软件产品中不起主要作用；④金钱损害赔偿能够补偿因专利侵权而对专利权人造成的损害。

3. TOYOTA MOTOR 案

在 TOYOTA MOTOR 案中，PAICE 公司以 TOYOTA MOTOR 公司侵犯其一项"混合动力车辆传动系统"专利为由将 TOYOTA MOTOR 公司诉至法院，同时 PAICE 公司也向法院申请了永久禁令，地区法院根据陪审团的裁决认定 TOYOTA MOTOR 公司对原告的一项专利构成等同侵权，但是法院根据最高法院在 eBay 案中提出的四要素检验标准认为，由于原告不生产任何产品，因此不给予其永久禁令的救济，不会使原告在消费者中丧失知名度，或者使原告丧失市场份额。基于原告在审判后向被告提出过专利许可的邀约，在综合比较原告车辆的价值后，法院认为，被告支付每辆车 25 美元的使用费已经足以弥补被告的损失，而判决永久禁令将会使 TOYOTA MOTOR 公司的供应商与销售商遭受损害，甚至使整个汽车市场遭受损害，同时也会损害 TOYOTA MOTOR 公司的声誉，而一家企业的声誉对一家企业来说具有巨大的价值。因此，法院基于利益

---

〔1〕 Z4 Technologies Inc. v. Microsoft Corp. 434 F. Supp. 2d 437（E. D. Tex. 2006）.

平衡的角度，规定 TOYOTA MOTOR 公司可以使用涉案专利，但必须向 PAICE 公司支付一定数额的使用费。[1]

在该案中，法院用四要素检验标准综合考虑了双方当事人的利益，最终没有向 TOYOTA MOTOR 公司签发永久禁令。法院在衡量双方当事人的利益方面主要考虑了以下因素：①原告不进行任何产品的生产，且原告在案件审判后主动向被告提出过专利许可的邀约，被告继续使用涉案侵权专利不会使原告丧失市场份额或者使原告在相关消费者中丧失知名度。②向被告判决永久禁令不仅会使被告的声誉受到损害，还会损害被告相关的供应商和销售商的利益，甚至会使整个汽车市场遭受损失。③金钱损害赔偿能够补偿因专利侵权而对专利权人造成的损害。

(二) 欧盟经验——标准必要专利的禁令救济

1. 橙皮书案

在橙皮书案中，原告飞利浦公司拥有一项标准必要专利，被告想要获得该项专利的许可使用权。双方在进行专利许可谈判的过程中，未就专利许可使用费达成一致，之后，飞利浦公司以被告未经其许可即使用其相关专利技术为由向法院提起了专利侵权诉讼，请求法院签发永久禁令。被告则认为，飞利浦公司作为标准必要专利权人，其行为已构成滥用市场支配地位，并据此进行强制许可抗辩。

该案最终上诉到德国联邦最高法院，法院认为，由于标准必要专利是相关产品进入相关市场不可缺少的要件，如果标准必要专利权人拒绝许可的理由缺乏合理性，则专利侵权人可以适用强制许可抗辩。同时，联邦最高法院也对专利侵权人的强制许可抗辩作出了一定的限制：①专利侵权人已经向专利权人提出了许可的要约，且该要约必须包含以下内容：进行许可的标准必要专利、被许可人实施该专利的范围、许可使用费以及其他双方认为必要的条件。同时，专利侵权人提出的专利许可费的价格必须高到如果专利权人再要求更高的许可费就将违反反垄断法的程度。如果双方不能就许可使用费达成一致，则可以请求法院进行最终的裁决。②专利侵权人须按预期履行相关义务。该义务包括其应当向专利权人提供其财务报表，以便专利权人能够查证其通过使用该专利而

---

[1]　PAICE LLC v. TOYOTA. MOTOR Corp. 2007 WL 3024994 (Fed. Cir. 2007).

获得的收益。专利侵权人事先应对其所应当支付的许可费用作出合理的判断，并且应当在合理的期限内将该许可使用费存放到专门账户中，以保证许可的顺利进行。[1]

在橙皮书案中，飞利浦公司并没有向标准组织承诺其会根据 FRAND 原则将其专利许可给第三方。但是，该案对之后的一系列有关标准必要专利禁令救济问题，包括标准必要专利权人向标准组织做出过 FRAND 承诺的禁令救济问题，具有十分重要的指导意义。从橙皮书案我们可以看出，针对专利侵权人提出的强制许可邀约，法院从邀约的内容、许可费的数额以及预期履行的方式等方面进行了严格的限制。在这样的限制下，专利侵权人针对禁令所提出的强制许可抗辩很难得到法院的支持。不过该案也体现了法院对标准必要专利权人的禁令请求进行限制的思路，即考虑到标准必要专利权人对他人进入相关市场所具有的控制力，防止标准必要专利权人利用其专利对潜在的专利实施者进行"专利劫持"，当标准必要专利权人拒绝许可的理由缺乏合理性和公正性时，应当对其禁令救济进行合理限制，但是法律对这一限制的规定过于宽泛，在具体的实施中缺乏可操作性。

2. 摩托罗拉公司与苹果公司标准专利禁令救济案

摩托罗拉公司是 CUDAK GPRS 标准必要专利的专利权人，并且其向 ETSI 承诺，其会依据 FRAND 原则将该标准必要专利许可给潜在的使用者。苹果公司的产品 iPhone 即使用了该标准必要专利。2011 年 4 月，摩托罗拉公司以苹果公司侵犯其上述标准必要专利为由向德国法院提出了向苹果公司颁发永久禁令的请求。

在双方的专利许可过程中，苹果公司向摩托罗拉公司提出了 6 条许可要约，而这些要约就是依据橙皮书案所确定的标准提出的。在第 2 条要约中，苹果公司明确同意摩托罗拉公司可以在 FRAND 原则的基础上确定许可费。而摩托罗拉公司拒绝了苹果公司的要约，仍然向法院申请了禁令救济。2011 年 12 月，德国基层法院给予摩托罗拉公司禁令救济，2012 年 2 月，苹果公司针对该禁令向欧盟委员会提起了诉讼。

欧盟委员会在其初步裁定和异议声明中认为，标准必要专利权人在以下几种情况下可以通过禁令救济来对抗潜在的被许可人，以维护他们的利益：①潜

---

〔1〕　参见赵启杉："竞争法与专利法的交错：德国涉及标准必要专利侵权案件禁令救济规则演变研究"，载《竞争政策研究》2015 年第 2 期。

在的被许可人的财产被扣押，不能支付其专利许可费；②潜在的被许可人的财产所在地的管辖法院所确定的损害赔偿额不能够弥补专利权人的损失；③潜在的被许可人不愿意根据 FRAND 原则同标准必要专利权人达成专利许可协议。但是，苹果公司的第 2 条要约已经明确地表明其愿意根据 FRAND 原则同摩托罗拉公司达成许可协议并支付专利使用费。因此，在这样的情况下，就没有必要再给予摩托罗拉公司禁令救济。如果在此情况下继续给予摩托罗拉公司禁令救济，将会对苹果公司造成不利，也会影响标准的制定。[1]

在该案中，欧盟委员会规定了标准必要专利权人获得禁令救济的条件，对标准必要专利权人的禁令救济进行了比橙皮书案更加严厉、具体的限制，目的就是避免在专利权人与专利侵权人之间造成巨大的利益失衡。但是，该案法院并没有对潜在的专利使用者提出限制性要求。法院仅仅因为苹果公司愿意同摩托罗拉公司达成许可协议就拒绝向摩托罗拉公司颁发禁令，而没有考虑苹果公司的许可使用费是否足以弥补其因使用该项标准必要专利而给摩托罗拉公司造成的损害。

3. 华为中兴案

在该案中，华为拥有一项欧洲专利，该专利被标准组织列为标准必要专利，这就意味着任何使用该标准的技术都会不可避免地使用该专利，同时华为向标准组织承诺会以 FRAND 原则向使用该专利的第三方进行许可。2010 年 10 月至 2011 年 3 月，华为与中兴就该专利的许可进行过谈判，华为提出了其认为合理的使用费，而中兴则希望双方可以达成交叉许可。

2011 年 4 月 28 日，华为以中兴侵犯专利权为由向德国杜塞尔多夫地区法院提起诉讼，并要求获得禁令救济，以阻止中兴的相关侵权产品继续生产、销售。中兴则认为，在中兴愿意同华为进行许可谈判的情况下，华为请求禁令救济的行为构成滥用市场支配地位，同时中兴针对该专利向欧洲专利办公室提出了无效请求，欧洲专利办公室裁定该专利有效。

最终，德国杜塞尔多夫地区法院认为，虽然中兴使用华为的专利是不合法的，但是，如果华为寻求禁令救济的行为属于滥用市场支配地位，从而造成双

---

[1] EU: Decision 39.985 European Union Information and Notices Summary of Commission Decision of 29 April 2014 relating to a proceeding under Article 102 of the Treaty on the Functioning of the European Union and Article 54 of the EEA Agreement (Case AT. 39985-Motorola-Enforcement of GPRS standard essential patents).

方当事人之间利益失衡，那么根据相关的规定，华为的禁令请求应该被驳回。鉴于橙皮书案与摩托罗拉案所体现出的不同判决思路，2013 年 3 月 21 日，地区法院暂缓了对该案的判决，同时请求欧洲法院就相关问题进行答复。基于以上请求，欧洲法院的法官认为，满足以下几种情况时，做出过 FRAND 承诺的标准必要专利权人可以获得禁令救济：①在申请禁令之前，标准必要专利权人要通知专利侵权人其提起专利侵权诉讼的事实以及专利侵权人具体的侵权方式；②如果专利侵权人愿意依据 FRAND 原则同标准必要专利权人达成许可协议，标准必要专利权人要向专利侵权人提供一份详细的符合 FRAND 原则的书面邀约，邀约中要包括具体的许可使用费以及该费用的计算方法；③被控侵权人没有对标准必要专利权人的要约立即作出符合相关领域商业惯例以及诚实信用原则的回应，而是采取拖延的策略，继续实施侵权行为。

　　欧洲法院不仅对标准必要专利权人进行了限制，同时也对潜在的标准必要专利侵权人作出了一定的要求：①对于标准必要专利权人提出的要约，专利侵权人必须积极作出回应，专利侵权人的回应要符合其领域内的商业管理以及诚实信用原则，不能采取拖延战略。②如果专利侵权人对标准必要专利权人提出的要约不能接受，需要立即依据 FRAND 原则向标准必要专利权人提出反要约。③如果确定专利侵权人在专利许可协议达成之前就已经使用了标准必要专利权人的专利，那么当专利侵权人提出的反要约被标准必要专利权人拒绝之后，要向标准必要专利权人提供适当的担保，该担保要符合相关领域的商业惯例，例如提供银行担保或者提供必要的保证金。同时，专利侵权人必须向标准必要专利权人提供一份详细的其使用该标准必要专利的报告。④由于标准组织在标准化的过程中不会检查专利的有效性和该专利对于其标准的必要性，因此，专利侵权人在专利许可谈判中可以挑战该专利的有效性、必要性以及其侵权的事实。[1]

　　该案中，法院从要约的方式、内容以及所应遵循的原则等多个方面对标准必要专利权人以及专利侵权人作出了限制，目的就是从各个方面来平衡双方的利益，避免在双方之间造成巨大的利益失衡。可见，在适用禁令时，充分考量专利权人与专利侵权人之间的利益平衡是一件十分必要的事情。

---

　　〔1〕　EU：Case C-170/13Celex No. 613CJ0170European Union Cases Court of Justice Judgment of the Court（Fifth Chamber）of 16 July 2015. Huawei Technologies Co. Ltd v. ZTE Corp. Case C-170/13.

五、完善我国专利侵权诉讼不判决停止使用建议

（一）考虑双方当事人的利益平衡

1. 专利权人自己不实施专利

大多数不判决停止使用的案件都存在专利权人自己不实施专利的情况。专利权人自己不实施专利分为两种情况，一种是上文提到的 NPE，一种则是以高校、科研人员等为代表的不具备实施专利条件的专利权人。上文已经分析了 NPE 对创新以及经济发展带来的威胁。因此，为了避免 NPE 将停止使用作为其商业勒索的筹码，进而在专利权人与专利侵权人之间造成巨大的利益失衡，对停止使用的适用加以限制是十分必要的。

在上文提到的 TOYOTA MOTOR 案中，法院即考虑了该因素，认为原告不进行任何产品的生产，且原告在案件审判后主动向被告提出过专利许可的要约。被告继续使用涉案侵权专利不会使原告丧失市场份额或者使原告在相关消费者中失去知名度。因此，针对 NPE 提起的专利侵权诉讼，可以不判决专利侵权人停止使用涉案专利，而是判决其向专利权人支付合理的使用费。

针对不具备专利实施条件的善意的专利权人，虽然许可权作为专利权的一项重要权能，专利权人有权决定是否将自己的专利进行许可以及许可给谁，但是，专利的价值在于使用，一项闲置的专利不会给公众以及专利权人带来任何益处。而且，专利转化率低一直是我国专利制度的一大弊病。因此，针对该类专利，要充分听取专利权人的意见，如果专利权人提出合理的抗辩，比如已经或将要将专利权许可给他人使用等，则应判令侵权人停止使用，如果专利权人没有合理的理由，可以责令侵权人向专利权人支付合理的使用费来代替停止使用。

2. 侵权专利在产品中不起主要作用

专利丛林的出现使得企业要想制造出一件产品，往往需要使用多个专利，而这些专利未必都起到同样重要的作用，有一些专利在其中只起到了一些轻微的辅助作用。如果因为一个不重要的专利而导致一件产品的搁置，将会给专利侵权人带来巨大的损失，也不利于技术的进步。

在微软案中，法院即考虑了该因素，认为涉案侵权专利在原告的软件产品中不起主要作用，若对微软公司颁布禁令，将会给其带来巨大的损失。因此在这样的情况下，判令侵权人向专利权人支付一定的使用费来代替停止使用更具

合理性。

3. 金钱损害赔偿足以弥补对专利权人造成的损害

在微软公司案以及 TOYOTA MOTOR 案中，对于拒绝颁发禁令的理由，法院均提到了金钱损害赔偿能够补偿对专利权人造成的损害。其实，停止侵权本来就是损害赔偿的一种补偿救济手段，当专利权人因侵权而遭受的损害较小时，该损害完全可以通过经济赔偿得到弥补，不判决专利侵权人停止使用涉案专利，而是向专利权人支付一定的使用费，不仅可以实现专利权人与专利侵权人的双赢，也有利于技术的进步。

（二）　确定替代性补偿措施

有关如何确定许可使用费，笔者参考了微软公司诉摩托罗拉公司案以及华为诉 IDC 公司案，虽然这两个案件针对的是标准必要专利，但是其中蕴含的确定许可使用费的思路以及考虑的相关因素具有借鉴意义。

1. 微软公司诉摩托罗拉公司案

在微软公司诉摩托罗拉公司案中，摩托罗拉公司拥有两个标准必要专利包，并且其向标准组织作出承诺，其会依据 FRAND 原则将该标准必要专利许可给潜在的专利使用人。当摩托罗拉公司得知微软公司未经其许可使用其上述专利时，其分别针对上述两个标准必要专利向微软公司发出了专利许可要约，在许可要约中，摩托罗拉公司要求以最终产品价格的 2.25% 作为许可使用费。但是微软公司并不同意该许可使用费，随后，其以摩托罗拉公司的许可使用费违反 FRAND 承诺为由将摩托罗拉公司诉至法院，同时要求摩托罗拉公司以符合 FRAND 原则的条件对其进行许可。

法院认为，在确定合理的专利许可费时，应该避免专利劫持与许可费堆叠，同时为了激励人们创造出有价值的标准，还应该确保标准必要专利权人得到与其专利技术相匹配的许可使用费。针对该情况，法院创造了假设性谈判法。法院认为，在确定许可使用费时，假设性谈判中的当事人要根据该标准必要专利对标准的重要性，以及该标准必要专利、相关标准对最终产品的重要性来确定。法院对与摩托罗拉公司的标准必要专利相对应的标准进行了充分的了解，并检测了摩托罗拉公司的两个标准必要专利包，对专利包中的各个专利进行了详细的分析，根据专利包中各个专利对相应标准以及微软公司最终产品的贡献，从而决定了各个标准必要专利包对其相应的标准以及对微软公司最终产品的贡献的大小。[1]

可见，在该案中法院采取的确定专利许可使用费的方法——假设性谈判法，主要是考虑标准必要专利对相应的标准以及最终产品的贡献，在涉及非标准必要专利时即应该考虑该专利对使用该专利产品的贡献，根据其贡献的大小来决定最终的许可使用费。这样的做法不仅可以避免专利权人利用专利向侵权人漫口开价，从而引发专利劫持现象，同时也可以激励人们创造出更有价值的技术。但是，该方法需要结合最终的产品对涉案专利进行专业、细致的分析，尤其是在专利丛林的情况下，一件产品由多个专利构成，这个工作量就显得更加庞大，这种情况还可以借鉴华为诉 IDC 公司案中法院确定专利许可使用费的思路。

2. 华为诉 IDC 公司案

IDC 公司在通信技术领域拥有大量的标准必要专利，并且其也向标准组织承诺会依据 FRAND 原则将其拥有的标准必要专利许可给其他的标准实施者。华为作为一家通信设备及终端生产商，其生产的产品及使用的技术必须要使用 IDC 公司的标准必要专利。早在 2008 年，华为公司与 IDC 公司就开始针对标准必要专利的许可进行谈判，但双方一直未就专利许可使用费达成一致。2011 年 7 月，IDC 公司以华为侵犯其标准必要专利为由，向美国爱德华州法院提起诉讼，同时要求法院对华为颁发禁令，以阻止华为继续实施侵权行为。为了应对 IDC 公司的威胁，华为以滥用市场支配地位为由将 IDC 公司诉至深圳市中级人民法院。同时，华为请求深圳市中级人民法院依据 FRAND 原则，针对涉案的标准必要专利来确定合理的许可使用费。

深圳市中级人民法院在裁定该标准必要专利的许可使用费时认为，合理的许可使用费应符合以下两个条件：其一，许可使用费本身不应该超出合理的范畴；其二，与专利权人许可给其他公司的许可使用费相比，二者不应该有太大的差别。同时法院认为，许可使用费的确定应当考虑该专利最终为企业创造了多少利润，对企业最终产品的贡献率有多大。因为，一件产品能够获得的利润是由这件产品的质量、性能、营销、宣传等共同决定的，专利所创造的利润只能是产品利润中的一部分，而不是全部。[2]法院根据 IDC 的财务报告、年报、STRATEGY ANALYTICS 对手机市场的分析报告、IDC 公司与三星公司签订的许

---

[1] MotorolaMobility, Inc., et al., Plaintiffs, v. Microsoft Corporation, Defendant. No. C10-1823JLR. April 25, 2013.

[2] 参见（2013）粤高法民三终字第 305 号。

可协议以及相关的媒体报道等证据认为，与 IDC 公司许可其他公司的费用相比，IDC 公司向华为收取的许可使用费明显过高，违反了无歧视原则。尽管在市场经济的条件下，专利许可使用费肯定会存在差别，但是，当交易条件基本相同时，就应当遵循公平原则、无歧视原则，许可使用费不应存在太大区别。

深圳市中级人民法院在确定许可使用费时也考虑了上文提到的微软公司诉摩托罗拉公司案中法院所考虑的因素，即双方都考虑了专利对最终产品的贡献，对最终利润的贡献。但是深圳市中级人民法院也意识到，如果仿造微软公司诉摩托罗拉公司案的判决思路，根据涉案专利对最终产品的贡献大小来确定许可使用费，不仅需要花费大量的精力，而且确定专利对最终产品的贡献又没有具体的参考标准。因此，深圳市中级人民法院在确定许可使用费时主要参考了 IDC 公司与苹果公司、三星公司针对通信领域标准必要专利达成的许可使用费，与三星公司的许可使用费不同，苹果公司的许可使用费完全是在自愿、平等的基础上达成的。因此苹果公司的许可使用费更具有参照价值。

业界对深圳市中级人民法院的这一做法评价不一。有人认为，法院在参考 IDC 公司与苹果公司、三星公司的专利许可使用费时，所依据的"交易条件大致相同"过于原则化，司法实践中没有相关的法律或判例对何为"交易条件大致相同"做出过具体的解释。尽管这种"比较法"较之微软公司诉摩托罗拉公司案中的"贡献法"不够严谨，但是在"贡献法"实施难度较大、花费时间较长的情况下，"比较法"不失为一种可以借鉴的方法。通过比较企业之间的销售额、市场占有率等因素，可以判断两者的交易条件是否大致相同。

商标反向混淆法律问题研究

——以司法实践为主要考察对象

卢　萍

　　反向混淆来源于美国，其真正进入我国司法实践是从冰点案[1]开始的。反向混淆理论起初发展比较缓慢，法院在适用反向混淆时一般也比较谨慎。但近年来随着市场化程度的加深，不同市场主体之间的竞争越发激烈，企业的管理者越来越深刻地意识到知识产权对于企业的重要性，尤其是一些小企业的维权意识逐渐增强。我国司法实践中关于反向混淆的案件越来越多，反向混淆成为商标侵权案件的一个重要类型，尤其是 2016 年的非诚勿扰案[2]和新百伦案[3]，引起了社会广泛关注。

　　在非诚勿扰案中，一审原告金阿欢在先注册了"非诚勿扰"商标，并且核定使用在第 45 类"交友服务、婚姻介绍服务"上。一审被告江苏卫视推出的"非诚勿扰"是一档大型的相亲节目，并且拥有较高的收视率。金阿欢认为，江苏卫视使用"非诚勿扰"商标，会使消费者误认为金阿欢的"非诚勿扰"服务与江苏卫视存在关联。一审深圳市南山区人民法院认定江苏卫视不构成侵权，二审改判，认定构成反向混淆，再审广东省高级人民法院重新认定不构成侵权。在新百伦案中，新百伦公司在明知周乐伦拥有"新百伦"商标的商标权的情况下仍然进行大范围使用，并且进行了大量的广告宣传，给消费者造成了混淆。一审法院判决构成反向混淆，新百伦公司赔偿 9800 万元，二审广东省高级人民法院维持侵权定性，但将赔偿数额改为 500 万元。

---

[1]　重庆市第一中级人民法院（2002）民初字第 533 号民事判决。

[2]　广东省高级人民法院（2016）粤民再 447 号民事判决。

[3]　广东省高级人民法院（2015）粤高法民三终字第 444 号民事判决。

从近年来发生的反向混淆案件可以看出，反向混淆案件上诉率高、改判率高，并且赔偿数额比较大。这主要是由于我国司法实践对这类案件没有一个统一的认定标准，在认定是否构成反向混淆时，各个法院考虑的因素不同，在赔偿数额方面，沿用正向混淆的相关规定。我国近年来虽然不乏对反向混淆的研究，但是大部分都停留在理论研究层面，很难应用到司法实践中。本文搜集整理了大量的反向混淆案件，从司法实践角度出发，抽象出法院在处理反向混淆案件时的一些普适性的认定标准和考量因素，并对其进行逐一分析。在实证分析基础上，本文指出目前司法实践针对反向混淆案件存在反向混淆认定标准不统一、赔偿数额认定标准不统一、裁判方式单一化等问题。借鉴美国的司法实践，本文提出将反向混淆认定标准纳入司法解释、加大调解结案的力度等司法建议。同时，由于反向混淆规则本身存在一定的弊端，会引发投机性的诉讼行为，[1]所以要严格限制反向混淆的适用。在认定是否构成反向混淆时，既要考虑普适性的标准，也要结合个案进行灵活处理，同时，要强化诉讼时效制度。[2]本文希望通过对司法实践中商标反向混淆问题的探讨，为我国构建和适用商标反向混淆制度贡献绵薄之力。

一、反向混淆制度概述

（一）反向混淆的由来

反向混淆来源于美国，美国法官霍尔姆斯在 1918 年随案发表的意见中指出了反向混淆的表现以及危害，虽然没有明确使用"反向混淆"一词，但承认了这种特殊商标侵权类型。而在 1968 年的野马案中，知名的商标在后使用人在明知"野马"商标已经获得注册的情况下仍然强行使用，但美国联邦第七巡回法庭以原告不存在强势商标为由认定不构成商标侵权。[3]这起判决引起了很多人的不满，批评者认为这无疑是放纵大公司运用其经济优势侵害小公司的商标权，

---

〔1〕　张体锐：《商标法上混淆可能性研究》，知识产权出版社 2014 年版，第 49 页。

〔2〕　罗斌："论商标的反向混淆理论——以 iPad 案为视角探讨反向混淆的规则"，载《河北学刊》2012 年第 6 期，第 171 页。

〔3〕　See Westward Coach Mfg. Co. v. Ford Motor Co. 388 F. 2d 627（7th Cir. 1968）.

鼓励弱肉强食。[1]

第一次在判决中明确使用"反向混淆"一词是 1977 年的轮胎分销商案。[2]此案中，被告在明知原告先于被告使用"Big Foot"商标的情况下仍然继续使用该商标。与以往的案件不同，在本案中，被告并没有攀附原告商誉的目的，也没有使消费者误认为被告的商标来源于原告的意图，但是此种情形的确也会给原告造成潜移默化的危害，阻碍原告的产品进入市场。地方法院判决原告胜诉，此案上诉到美国联邦第十巡回法院，第十巡回法院维持了地方法院的判决。这一案件确立了反向混淆在美国司法实践中的应用。

（二）反向混淆的概念

我国《商标法》并没有关于反向混淆的相关规定，理论与实务界对反向混淆也没有统一的或是权威的定义。黄晖博士认为："商标反向混淆是指一些大公司故意使用小公司的商标，通过对市场的狂轰滥炸，这些小公司不可能再使用其商标。"[3]但是，传统商标侵权适用无过错责任，反向混淆侵权也应该适用无过错责任，所以这个定义不能完全概括"反向混淆"这一定义。笔者认为该定义过于狭窄，因为在很多情况下，消费者并不是误认为在先商标权人的商品或服务与在后使用者之间有来源关系，而是误以为两者存在赞助、许可或母子公司关系。冯晓青教授认为："所谓反向混淆，按照有的学者的解释，是指一些知名度大的公司使用小公司的商标，通过广告营销对市场进行狂轰滥炸，消费者通常不会将大公司商标与小公司商标相混淆，但却可能认为小公司是大公司的子公司，小公司因而不能再自主使用自己的商标。"[4]笔者认为这个定义也不够全面。在反向混淆案件中，消费者除了可能认为小公司是大公司的子公司之外，还有可能认为大公司与小公司之间存在赞助或者许可关系。孔祥俊教授对反向混淆做出了通俗易懂的解释："倘若知道知名的在后使用者的人，初次接触不太知名的在先商标之后，因商标的近似而错误地将两者混同或者认为其具有

---

[1]　参见 Joel R. Feldman，"Reverse Confusion in Trademarks：Balancing the Interests of the Public，the Trademark Owner，and the Infringer"，8 *J. Tech. L. &Poly* 163. 转引自彭学龙："商标反向混淆探微——以'蓝色风暴'商标侵权案为切入点"，载《法商研究》2007 年第 5 期。

[2]　Big O Tire Dealers，Inc. v. Goodyear Tire & Rubber Co.，561 F. 2d 1365（10th Cir. 1977）.

[3]　黄晖："商标权利范围的比较研究"，中国社会科学院 2000 年博士学位论文，第 45 页。

[4]　冯晓青："商标法第三次修改若干问题"，载《中华商标》2007 年第 4 期。

特定联系，就会构成反向混淆。"〔1〕笔者认为这个定义比较全面地解释了反向混淆。

（三）商标反向混淆的危害

在传统的正向混淆中，在后商标使用人为了获取更大的利润而使用与商标权人相同或者近似的商标，意图使消费者误认为在后使用人的商标来源于商标权人，造成消费者混淆。它的危害也是显而易见的：消费者会因为混淆或者误认而购买在后使用人的商品或者服务，使在先商标权人的利润下降，消费者的搜索成本提高。然而，与传统的正向混淆不同，在反向混淆案件中，在先商标权人一般没有经济上的损失，甚至可能获利。但是，长远来看，它不利于小企业建立自己的品牌和商誉，甚至会阻碍小企业进入市场。对于消费者来说，其也会由于混淆而买不到自己想要的商品。总之，与传统正向混淆相比，反向混淆的危害更加隐蔽、更加持久。

1. 对在先商标权人的损害

（1）减弱了商标权人对商标及商誉的控制权。商誉作为消费者对于企业及其经营产品的一种正面情感，〔2〕理应与企业的产品服务质量等挂钩。但在反向混淆中，商标在后使用者的经营行为将会对商标和其中凝结的商誉产生重大影响，商标权人无法自主控制商誉。

一方面，由于在后使用人是知名度高、市场影响力大的大公司，其通过大量的宣传和广告使消费者误认为在后使用者才是真正的商标权人，如果消费者买到了在先商标权人的商品，就会以为在先商标权人仿冒在后使用人的商标，从而对真正拥有商标权的公司产生抵触心理，影响在先商标权人的信誉。"'蓝色风暴'案中，浙江省丽水市质量技术监督局误认为蓝野酒业仿冒了百事可乐的商标，而将蓝野酒业的商品查封、扣押"〔3〕就是一个很好的例子。

另一方面，如果在后使用人在经营过程中出现问题，就会对系争商标产生负面的影响，同时，这种影响会涉及真正的商标权人，使得商标权人的商品销量下降，商标的价值折损。这对于无辜的商标权人来说是非常不公平的。在先商标权人丧失了对商品及其商标的控制权，商标权因此而处于一种非常不稳定

---

〔1〕　孔祥俊：《商标与不正当竞争法：原理与判例》，法律出版社 2009 年版，第 274 页。

〔2〕　游楠："对商标反向混淆的探讨"，中国政法大学 2012 年硕士学位论文，第 28 页。

〔3〕　参见浙江省高级人民法院（2007）浙民三终字第 74 号民事判决。

的状态。

（2）阻碍了商标权人进入新市场的道路。商标权人作为一个独立的市场主体，有公平竞争的权利，虽然经济实力比较弱小，但是其也可以凭借努力经营获取一定的市场地位。在反向混淆情况下，在后商标使用人凭借自己的经济优势，进行大量的宣传和推广，使消费者误认为商标权人的商标属于在后使用者，并且不断强化系争商标与在后使用者的商品之间的联系，从而垄断市场。这样，商标权人的商品要想再进入市场就会变得很难。

反向混淆不仅侵犯了在先商标权人的注册商标专用权，造成预期经济利益的损失，长此以往，还会伤害小企业生产和经营的积极性，甚至使他们丧失在市场上的独立地位，不利于市场的平衡发展。

2. 对消费者的损害

《商标法》第1条指明了立法宗旨，其中首先提到的就是保护消费者的利益。商标为消费者购买到自己想要的商品提供了指示功能。如果相同的商标用在相同或者类似的商品上，消费者需要花更多的时间来区分不同的商品，那么，商标不但起不到指示商品或者服务来源、简化搜索成本的功能，还会给消费者增加负担。

"商标法之所以将保护消费者利益作为其重要的目的，是因为商标与消费者具有特别密切的联系，通过确保消费者免于被混淆、欺骗，才谈得上商标法的其他一切价值目标。"[1]在反向混淆案件中，在后使用者的生产和销售规模比较大，并且有更大的市场知名度。而在先商标权人规模比较小，资金有限，与商标在后使用人的产品相比，无论在质量还是售后服务上都有一定的差距。很多想购买在后使用者商品的消费者会由于混淆而买到在先商标权人的商品，从而影响消费者的体验，打击消费者购买的积极性。此外，消费者在以后购买的过程中，需要付出更大的搜索成本。

二、司法实践中对反向混淆的认定

（一）反向混淆案例整理

近年来，反向混淆案件已经成为商标侵权案件中非常重要的一个类型，笔

---

[1] 冯晓青：《知识产权法利益平衡理论》，中国政法大学出版社2006年版，第132页。

者整理了近些年来发生的比较有代表性的反向混淆案例。下文将以案例为载体对司法实践中认定反向混淆的标准等问题展开分析。相关案例如下表：

表 1 反向混淆典型案例[1]

案件名称	审结时间	商标权人	在后使用人	审理法院	判决结果	裁判依据
非诚勿扰案[2]	2016 年 12 月	金阿欢	江苏卫视	广东省高级人民法院（再审）	不构成反向混淆，可以使用该商标[3]	《商标法》（2013 年修订）第 57 条，《商标司法解释》第 9、10、11、12 条[4]
奥普案[5]	2016 年 6 月	新能源公司	奥普卫厨公司	最高人民法院（再审）	不构成反向混淆	《商标法》（2001 年修订）第 52、56 条
新百伦案[6]	2016 年 6 月	周乐伦	新百伦公司	广东省高级人民法院（二审）	构成反向混淆，赔偿 500 万元	《商标法》（2001 年修订）第 52、56 条，《商标法实施条例》第 3 条，《商标司法解释》第 9、10、13、17 条

---

〔1〕 参见王珊珊："论我国商标反向混淆解决机制的构建"，首都经济贸易大学 2015 年硕士学位论文，第 10 页。笔者借鉴王珊珊同学的表格，并将近期发生的案例总结其中。

〔2〕 参见广东省高级人民法院（2016）粤民再 447 号民事判决。

〔3〕 表中只对与本文论述内容相关的裁判结果进行了说明。

〔4〕 为了论述的方便，本表将《中华人民共和国商标法》简称为《商标法》，将《最高人民法院关于审理商标民事纠纷案件适用法律若干问题的解释》简称为《商标司法解释》，将《中华人民共和国商标法实施条例》简称为《商标法实施条例》。

〔5〕 参见最高人民法院（2016）最高法民再 216 号民事判决。

〔6〕 参见广东省高级人民法院（2015）粤高法民三终字第 444 号民事判决。

续表

案件名称	审结时间	商标权人	在后使用人	审理法院	判决结果	裁判依据
泸州老窖案〔1〕	2016 年 2 月	田晓明	泸州老窖公司	河南省郑州市中级人民法院（一审）	构成反向混淆，判决赔偿 8 万元	《商标法》（2013 年修订）第 56、57、64 条
功夫熊猫案〔2〕	2014 年 11 月	陕西茂志娱乐有限公司	梦工场动画影片公司	最高人民法院（再审）	不构成反向混淆	《商标法》（2001 年修订）第 52 条
iPad 案〔3〕	2012 年	苹果公司	唯冠科技（深圳）有限公司	广东省高级人民法院（二审）	调解结案	苹果受让取得争讼商标
皇马案〔4〕	2014 年 5 月	杨汉卿	恒大足球学校	广东省清远市中级人民法院（二审 广东省高级人民法院维持判决）	不构成反向混淆	《商标法》（2001 年修订）第 52 条，《商标司法解释》第 1 条
大自然案〔5〕	2014 年 2 月	佛山市顺德区瑞俪装饰材料有限公司	杭州比纳实业有限公司	浙江省杭州市中级人民法院（二审）	构成反向混淆（在后使用人继续使用商标）	《商标法》（2001 年修订）第 52、56 条，《商标司法解释》第 17 条
优比速案〔6〕	2010 年	广东省深圳市优比速快递有限公司	优比速包裹运送（广东）有限公司	广东省高级人民法院（二审）	构成反向混淆，禁止使用该商标	《商标司法解释》第 1 条

〔1〕 参见河南省郑州市中级人民法院（2015）郑知民初字第 1327 号民事判决。

〔2〕 参见最高人民法院（2014）民申字第 1033 号民事裁定。

〔3〕 参见《最高人民法院公报》2013 年第 8 期（总第 202 期）。

〔4〕 参见广东省高级人民法院（2013）粤高法民三终字第 630 号民事判决。

〔5〕 参见浙江省杭州市中级人民法院第（2011）浙杭知终字第 56 号民事判决。

〔6〕 参见广东省高级人民法院（2010）粤高法民三终字第 511 号

案件名称	审结时间	商标权人	在后使用人	审理法院	判决结果	裁判依据
金狮麟案[1]	2009年	安随周	郑州鑫狮麟王餐饮服务有限公司	河南省高级人民法院（二审）	构成反向混淆，禁止使用该商标	《商标司法解释》第9条
"蓝色风暴"案[2]	2007年5月	蓝野酒业	百事可乐	浙江省高级人民法院（二审）	构成反向混淆，禁止使用该商标，赔偿300万元	《商标法》（2001年修订）第52、56条，《商标法实施条例》（2002年修订）第3条
冰点案[3]	2003年3月	重庆必扬冰点水有限公司	青岛青啤朝日饮品有限公司	重庆市中级人民法院（一审）	构成反向混淆，禁止使用该商标，赔偿36万元	《商标法》（2001年修订）第52、56条

从上表可以看出，我国反向混淆案件存在上诉率高、赔偿数额大等问题，这主要是因为司法实践中对反向混淆的认定没有统一的标准，加之混淆是从相关公众的心理角度出发进行认定的，法官的自由裁量权很大。笔者结合以上案例，抽象出法院在认定反向混淆时的一些共同考量因素，以期为以后的司法实践提供借鉴。

（二）认定反向混淆考虑的因素

1. 在先商标权人主张权利的基础

（1）商标权人的权利是否合法。我国《商标法》保护的是合法的商标权，商标权人主张权利的基础是权利不存在瑕疵。《商标法》第15条第2款规定了对恶意注册的行为予以禁止，第32条规定了不得进行恶意抢注。法院在认定是

---

[1] 参见河南省高级人民法院（2009）豫法民三终字第109号民事判决。
[2] 参见浙江省高级人民法院（2007）浙民三终字第74号民事判决。
[3] 参见重庆市第一中级人民法院（2002）民初字第533号民事判决。

否构成反向混淆时，必须首先对在先商标权人注册商标的合法性进行审查，对于恶意抢注他人商标的行为，法律不予保护。

在新百伦案中，广东省高级人民法院对周乐伦"新百伦"商标的合法性进行了认定。"首先，周乐伦不具有在先企业名称字号权、未注册商标权、知名商品特有名称权等在先权利；其次，周乐伦注册的'新百伦'商标与'百伦'商标仅有一字之差，具有一定的延续性；再次，'新百伦'不是新百伦公司的英文商标'NEWBALANCE'的直接音译或者意译，所以周乐伦注册'新百伦'商标具有合理性，不构成恶意抢注。"[1]

（2）商标权人是否实际使用商标。由于我国商标法实行注册制，权利的取得比较容易，法院在认定其是否有权利基础时要更加严格，不能只因为具有了合法的商标专用权就认为存在主张权利的基础。"商标法既要充分保护商标权人的利益，也要防止商标权人使用商标构成不公平的垄断。"[2]法院在处理反向混淆案件时，要对商标的使用情况进行考察。对商标的保护范围和强度应当与商标的显著性和知名度相适应，应当与商标权人对商标做出的贡献大小相一致。如果在先商标权人注册了商标，而没有进行使用，消费者就不会将商标与特定的商品或者生产者联系起来，就不会造成混淆。

在奥普案中，涉案商标在原告申请日之前，就通过被告的使用获得了较高的知名度，并且被认定为驰名商标，而原告并未通过正当的使用行为使涉案商标足以产生受法律保护的显著性和知名度，"奥普"文字的显著性和知名度实际上来自于被告及其关联公司的使用行为。对原告商标权的保护应当与其对商标的显著性和知名度做出的贡献一致，所以本案再审中最高人民法院认定商标在后使用人也即奥普卫厨公司不构成反向混淆，推翻了一审和二审判决。

在新百伦案中，周乐伦提供了证据证明其在获得"百伦"商标后，先后在杭州、大连等全国多地多家商场开设专柜销售"百伦"鞋类商品，如在浙江银泰百货有限公司、大连新玛特购物休闲广场、浙江金华第一百货等开设专卖店或者专柜进行销售，《今日早报》《钱江晚报》《每日商报》等媒体作了相应的报道。[3]这些证据证明周乐伦对"百伦"商标进行了实际的使用。

---

[1] 参见广东省高级人民法院（2015）粤高法民三终字第 444 号民事判决。

[2] 冯晓青：《知识产权法利益平衡理论》，中国政法大学出版社 2006 年版，第 144 页。

[3] 参见广东省高级人民法院（2015）粤高法民三终字第 444 号民事判决。

2. 在后使用人的使用行为是否构成商标性使用

商标的作用是作为识别商品或者服务来源的标志。《商标司法解释》第 1 条规定了给他人注册商标专用权造成损害的行为。无论通过何种方式使用商标，判断被诉侵权标识是否属于商标性使用，关键在于相关标识的使用是否是为了指示相关商品或者服务的来源，起到使相关公众区分不同商品或者服务的提供者的作用。

同时，从复杂的商业实践活动观察，对商标使用的界定也不能依据形式的不同进行一刀切。在现实生活中，商品生产者或者服务提供者以及其他营销主体通常根据市场需求、目标群体、产品定位、消费者心理等方面的不同确定不同的营销策略或商业模式。商标法应当为灵活的营销策略提供保护，而不应当要求一种模式，否则会限制市场营销的创新积极性与活力，也可能会保护他人的不诚信行为，妨碍正当的竞争秩序。例如，为了商品或服务的市场推广，在上市之前连续进行广告、以展示商标与商品或服务的内在联系为目的进行公益性活动等，都可以使社会公众将其识别为商标，因而应当将这类行为认定为商标使用。"在总体上，判断在先商标是否已经使用应当结合使用目的与使用方式进行综合判断、个案衡量，充分识别已经在消费者当中积累起来的稳定联系，合法保护在先使用者的利益。"〔1〕"商标权限制与商标权保护范围具有对应关系，商标权保护范围限于禁止他人将商标用于标识商品来源的作用上，但不能禁止非商标意义上的使用。"〔2〕在商标反向混淆案件中，系争商标可能与其他标志配合使用，或者用作节目的名称、电影的名称，此时在认定是否构成商标使用时，要综合考虑商标使用的方式、显著性，来判断是否起到区分商品或者服务来源的作用。

非诚勿扰案中，"非诚勿扰"原是江苏卫视为了区分多个电视栏目而命名的节目名称，但江苏卫视对被诉"非诚勿扰"标识的使用，并非仅仅为概括具体电视节目内容而进行的描述性使用，而是反复多次、大量地在其电视、官网、招商广告、现场宣传等商业活动中单独使用或突出使用，超出了对节目或者作品内容进行描述性使用所必需的范围和通常认知，具备了区分商品/服务的功能。江苏卫视在播出被诉节目的同时标注"江苏卫视"台标的行为，客观上并

---

〔1〕 郑胜利："论现行《商标法》第三十二条后半句的适用"，载中国知识产权司法保护网 http://www.chinaiprlaw.cn/index.php?id=4666，最后访问日期：2018 年 12 月 9 日。

〔2〕 冯晓青：《知识产权法利益平衡理论》，中国政法大学出版社 2006 年版，第 669 页。

未改变"非诚勿扰"标识指示来源的作用和功能，反而促使相关公众更加紧密地将"非诚勿扰"标识与江苏卫视联系在一起。随着该节目持续热播及广告宣传，被诉"非诚勿扰"标识已具有较强显著性，相关公众将"非诚勿扰"与江苏卫视的大型婚恋节目联系在一起，该商标起到了区分商品或者服务来源的作用。

皇马案中，商标权人杨汉卿认为恒大足球学校使用"皇马"文字侵害了自己的注册商标专用权，向法院提起诉讼，一、二审法院均主张："恒大足球学校将'皇马'作为学校名称的组成部分使用，并未将'皇马'二字突出使用，所以恒大足球学校对于'皇马'二字的使用不构成商标性使用。"[1]因此，恒大足球学校对"恒大皇马足球学校"的使用，不会构成对"皇马"享有注册商标专用权者的侵害。

功夫熊猫案中，梦工场动画影片公司在新闻报道、海报等宣传材料中将"功夫熊猫"作为电影名称对电影进行了持续宣传。陕西茂志娱乐有限公司认为，梦工场动画影片公司使用"功夫熊猫"进行宣传，侵害了自己的注册商标专用权。最高人民法院认为："'功夫熊猫'作为该部电影作品的组成部分，有概括电影主题以及表达内容的作用，本身具有叙述性，而不具有区分电影来源即制作主体的作用。相关公众一般从电影制片公司的角度识别电影的来源，而不是通过电影名称，所以，电影名称不能起到商标所具有的区分服务来源的功能。"[2]

3. 商标是否相同或者近似

商标相同很容易判断，但商标近似不容易判断。《商标司法解释》第 10 条规定了判断商标相同或者近似的方法。其中，考察相关公众的一般注意力要注意几个方面：首先，应当确定相关商品的消费群体，不同消费群体的注意力是不同的。其次，根据商品的质量、价钱、性质，确定对商标注意力的高低程度，一般注意力通常与商品或服务的种类、价格等密切相关，对于不同种类和价格的商品或服务，一般注意力的标准是不同的。一般情况下，相关消费者在购买价格昂贵、使用寿命长、更换频率小的商品时，对商标的注意力较高；消费者在购买价钱低、使用寿命短、更换频率大的商品时，注意力较低。金狮麟案中，原告提供的餐饮服务与被告提供的餐饮服务都属于价钱较低，面向一般消费群体的服务，相关消费者在选择就餐时，不会对商标施以较大的注意力。并且被

---

〔1〕 参见广东省高级人民法院（2013）粤高法民三终字第 630 号民事判决。
〔2〕 参见最高人民法院（2014）民申字第 1033 号民事裁定。

告鑫狮麟王公司使用的服务标识与原告所持有的注册商标在整体视觉效果上给人的感觉近似，消费者很难将两者的服务区分开来。再次，要用一般理性人的标注来衡量，既不能过于粗心大意，也不能过于小心细致。

另外，商标的显著性和知名度也会影响消费者对于商标相同或者近似的判断。在金狮麟案中，法院在认定商标是否构成近似时充分考虑了商标的显著性和知名度。在显著性方面，河南省高级人民法院认为："'金狮麟'商标具备明显的特征，能够将其餐饮服务与其他餐饮服务相区别，其显著性毋庸置疑。在知名度方面，原告安随周提交证据证明其在安阳、郑州、北京等地经营及授权经营金狮麟餐饮服务多年，在郑州的消费者中具有一定的知名度，且原告和被告之间在 2005 年存在合作经营关系，被告对原告的该注册商标也应知晓。"[1]

根据《商标司法解释》第 9 条的规定，认定商标是否相同或者近似的最终落脚点在于其是否会造成相关消费者对商品或者服务来源的混淆。商标的文字、外形相似，但是不会造成消费者混淆的，也不应认定为商标相同或者近似。这是法院判决的关键点。

4. 商品或者服务是否相同或者近似

在认定商品或者服务是否相同或者近似时，应当根据商标在商业流通中发挥识别作用的本质，根据相关服务的目的、内容、方式、对象等方面的情况并结合相关公众的一般认识，进行综合考量。

非诚勿扰案中，广东省高级人民法院在认定江苏卫视的"非诚勿扰"节目与金阿欢的"非诚勿扰"婚姻介绍服务是否构成相同或者近似商品时，考虑了以下几个方面：在服务的目的上，江苏卫视作为一档大型的婚恋节目，意在为社会公众提供消遣和娱乐，同时凭借收视率赚取广告费，而金阿欢的"非诚勿扰"商标核定使用的第 45 类"交友服务、婚姻介绍服务"目的是促进双方形成婚姻，以此获取经济收入；在服务的内容和方式上，江苏卫视的"非诚勿扰"在于通过电视广播这一特定渠道和大众传媒方式向社会提供和传播文娱节目，而第 45 类"交友服务、婚姻介绍服务"通常包括管理相关需求人员信息、提供咨询建议、传递意向信息等中介服务；在服务对象方面，江苏卫视"非诚勿扰"的服务对象是广大不特定的电视公众，而第 45 类"交友服务、婚姻介绍服务"的服务对象为特定的有婚恋需求的未婚男女，故两者具有较大的区别。以一般

---

〔1〕 参见河南省高级人民法院（2009）豫法民三终字第 109 号民事判决。

理性人的认知标准，不会将提供相亲服务的电视娱乐节目与婚姻介绍所混淆。

5. 是否会造成相关公众混淆

混淆理论既包括实际的混淆，也包括混淆的可能性。认定是否构成反向混淆，需要考虑多方面的因素，比如商品的销售地点、商标使用的方式、商品的性质。奥普案中，最高人民法院在认定是否会造成混淆时，充分考虑了被诉侵权产品的销售地点、在后使用人对系争商标的使用方式等。被诉侵权产品的销售地点为奥普卫厨公司的正规销售门店，该门店突出标注了奥普卫厨公司的字号及注册商标。被诉侵权产品的外包装和产品本身均清晰标注了奥普卫厨公司企业名称的全称及杭州奥普电器有限公司在第 6 类商品上拥有的 "1+N 浴顶" 等其他注册商标，据此，一般消费者凭借奥普卫厨公司在销售场所和被诉侵权商品上标注的上述信息，已足以实现对商品来源的清晰区分，不会导致误认被诉侵权产品来源于新能源公司的结果，亦不会产生攀附新能源公司对涉案商标享有的商业信誉的损害后果。[1]

值得注意的是，在反向混淆案件中，如果能够提供造成实际混淆的证据，对反向混淆的认定会有重要的作用。比如：优比速案中，原告方举证证明了被告方的行为已导致原告方的客户将应支付给原告方的业务款打进了被告方的账号；[2]"蓝色风暴" 案中，浙江省丽水市质量技术监督局误认为蓝野酒业的 "蓝色风暴" 商标是仿冒百事可乐的商标，而对蓝野酒业的产品进行了查封、扣押；[3]新百伦案中，商标权人周乐伦的产品被天猫等线上销售商拒绝进入网上平台销售，原因是会造成消费者混淆。[4]这些都是造成实际混淆的证据。

三、司法实践中认定反向混淆存在的问题

（一）是否构成混淆的认定标准不统一

是否构成混淆是对消费者心理的一种判断，需要考虑的因素较多，我国法律也没有明确的规定，在司法实践中，法官的自由裁量权比较大，因而造成反向混淆的案件标准不统一、改判率高的现象。

---

〔1〕　参见最高人民法院（2016）最高法民再 216 号民事判决。

〔2〕　参见广东省高级人民法院（2010）粤高法民三终字第 511 号民事判决。

〔3〕　参见浙江省高级人民法院（2007）浙民三终字第 74 号民事判决。

〔4〕　参见广东省高级人民法院（2015）粤高法民三终字第 444 号民事判决。

有的法院认为，商标只有经过实际使用才能发挥识别商品或者服务来源的作用。在奥普案中，原告并未通过正当的使用行为，使涉案商标产生足以受到法律保护的显著性和知名度，"奥普"文字的显著性和知名度实际上来自于被告及其关联公司的使用行为。对原告商标权的保护应当与其对商标的显著性和知名度做出的贡献一致，所以本案再审中最高人民法院判决商标在后使用人也即奥普卫厨公司不构成反向混淆，推翻了一审和二审判决。[1]此案中商标是否进行了实际使用对案件结果起到了至关重要的作用。而在蓝色风暴案中，蓝野酒业并未在可乐上实际使用"蓝色风暴"商标，但浙江省高级人民法院认为："经我国商标局核准注册的商标为注册商标，商标注册人享有商标专用权，受法律保护，蓝野酒业是否在核准使用的可乐产品中实际使用了'蓝色风暴'商标，并不影响其商标专用权的行使。"[2]最终浙江省高级人民法院判决百事可乐构成商标侵权。

（二）赔偿数额的认定标准不统一

在我国司法实践中，对赔偿数额的认定一般都依照《商标法》第63条的规定，但是《商标法》第63条明确规定了赔偿顺位。对于反向混淆来说，被侵权人的经济损失一般很难确定，权利人会按照侵权人的获利索要赔偿费用，但是侵权人的获利不单单是系争商标的贡献，还包括在后使用人自己商标的商誉、企业的知名度等，如果仅按照侵权获利计算赔偿费用，对在后商标使用人来说是不公平的，也会出现为了索取巨额赔偿进行商标囤积或者恶意诉讼的现象。目前我国法院有的将侵权人的获利作为计算赔偿数额的标准，有的适用法定赔偿方式，在最高额以下酌情确定赔偿数额，这样的方式具有很大的随意性，也不利于保护商标权人的合法权益。

（三）裁判方式单一化

笔者总结近年来反向混淆的案例后发现，法院的处理方式比较单一。若认定在后使用者构成反向混淆，一般都会判决停止使用涉案商标。

在反向混淆案件中，在后使用的企业往往已经进行了大量的宣传并且投入了巨额资金，如果一刀切地禁止其使用在先权利人的商标，往往会造成社会资

---

〔1〕 参见最高人民法院（2016）最高法民再216号民事判决。

〔2〕 参见浙江省高级人民法院（2007）浙民三终字第74号民事判决。

源的浪费。并且如果相关消费者已经完全将涉案商标与在后使用的企业联系在一起，在先商标权人已经没有进入相关市场的可能性，即使禁止在后使用者使用商标，在先商标权人也无法发挥商标的价值，而且会破坏公众的稳定认知，增加搜索成本，不管是对在后使用人还是对社会公众都是不利的。

四、对司法实践中反向混淆的规制

（一）纳入司法解释

通过对反向混淆案例的归纳，笔者发现，法院审理反向混淆案件的依据一般是《商标法》第 57 条第 2 项，《商标司法解释》第 10、11、12 条。笔者认为，在我国《商标法》对商标侵权的规定中，商标混淆的理论既适合传统的正向混淆，也适合反向混淆，不同的是，反向混淆需要考察的要素更多，认定标准更加复杂。笔者认为，可以将法院在认定反向混淆时都适用的一些考量因素通过司法解释的方式规定下来，这样一方面可以缩小法官的自由裁量权，另一方面也可以降低此类案件的改判率，更好地保护公众的利益。但是，值得注意的是，不同的要素在不同案件中的重要性是不同的，而且针对不同的个案也有一些特殊的考量因素，法院应当在坚持原则的基础上，进行灵活裁判。

在反向混淆案件中，对于赔偿数额的认定，法院一般依据《商标法》第 63 条第 1 款和第 3 款，对商标侵权案件的赔偿数额的认定按照权利人的损失、侵权人的侵权获利、商标许可使用费的合理倍数、法定赔偿这样的顺位进行。笔者认为，在反向混淆案件中，权利人在短期内一般没有经济上的损失，长期预期利益的损失很难确定；而在后使用人的获利不仅包括系争商标的贡献，还包括在后使用人的知名度、商誉等各种因素的作用，很难从在后使用人的获利中抽象出与侵权行为具有直接因果关系的那部分利益。因此，为了维护法律的稳定性，也避免造成不合理的巨额赔偿现象，笔者认为，针对反向混淆案件，可以直接适用商标许可使用费的倍数合理确定赔偿数额。

（二）解决方式多元化

1. 需要酌情考量的因素

笔者认为，法院在处理反向混淆的案件时，除了有些必须考量的因素以外，还有一些需要酌情考量的因素，这些因素可能与认定是否构成反向混淆无关，但却关系到商标权人、在后商标使用人、消费者三方的利益平衡，法院可以在认定反向混淆的前提下，综合考虑以上因素，对案件做出不同的处理，从而兼顾公平与效率。笔者概括了近几年发生的反向混淆案件，并对相关因素作了分析整理。如下表：

表2 典型反向混淆案件中的相关因素分析[1]

争讼商标	在先商标权人	在先商标使用情况	在后使用者	经营状况	在后使用者的广告宣传投入	诉讼时止在后使用者使用商标的时间	最终商标归属及使用方
非诚勿扰	金阿欢	小范围使用	江苏卫视	节目收视率高、影响大		4年	江苏卫视
新百伦	周乐伦	许可给广州百伦鞋业公司使用	新百伦公司	良好	7000万元左右[2]	8年	周乐伦
蓝色风暴	蓝野酒业	良好	百事可乐	良好	1亿元左右[3]	半年	蓝野酒业
礼享	田晓明	小范围使用	泸州老窖公司	良好		5年	田晓明
iPad	唯冠科技（深圳）有限公司	面临破产	苹果公司	良好	2亿美元左右[4]	2年	苹果公司

综上分析，笔者认为需要酌情考量的因素有三个：在后使用者的使用时间、

---

〔1〕 彭斌慧："商标反向混淆认定中的司法解决模式研究"，华东政法大学2016年硕士学位论文，第35页。笔者借鉴彭斌慧同学的表格，并将近期发生的案例总结其中。

〔2〕 参见"揭秘新百伦流行背后的营销秘密？找准五个发力点"，载 http://info.cloth.hc360.com/2014/12/021459806813.shtml，最后访问日期：2016年3月5日。

〔3〕 参见"判决履行期限已到百事尚未赔偿蓝野"，载 http://finance.sina.com.cn/consume/20070610/22543677632.shtml? qq-pf-to=pcqq.c2c，最后访问日期：2018年12月5日。

〔4〕 参见"苹果：iphone与ipad投入广告费用过10亿美金"，载 http://roll.sohu.com/20120804/n349841052.shtml，最后访问日期：2018年12月5日。

在后使用者的广告宣传投入、商标权人的经营状况。以下笔者逐一对其进行分析。

（1）在后使用者的使用时间。在后使用者的使用时间越长，商标与在后使用人的联系越密切，消费者由此建立起来的认知越稳定，要想打破这样的认知需要花费的成本就越高。同时，在商标反向混淆的案件中，非常容易发生商标权人为了获取巨额的赔偿金而故意放纵在后使用人使用商标的情况，等到在后使用人的知名度越来越高，获利越来越多，商标权人再提起诉讼。这样一方面助长了商标权人"放水养鱼"的心态，使商标权人获取巨额非法利益，另一方面使得系争商标在后使用人的广告和宣传投入付诸东流，对社会资源也是一种巨大的浪费。

新百伦案中，系争商标的在后使用人新百伦公司使用商标长达8年之久，知名度非常高，[1]周乐伦作为相关行业的人员，不可能不知道新百伦公司，但却在新百伦公司对系争商标"新百伦"使用8年之后才提起诉讼，有"放水养鱼"的嫌疑。

（2）在后使用者的广告宣传投入。在商标反向混淆案件中，系争商标在后使用人往往对系争商标进行了大量的宣传，并且投入了巨额的费用，使消费者产生了系争商标来源于在后使用人的错误认知。此时，如果一律禁止在后使用人使用商标，会造成资源的极大浪费。

在iPad案中，苹果公司对"iPad"商标的广告宣传投入有两亿美元左右，并且苹果公司的"iPad"商品已经占领了市场。[2]此时如果禁止苹果公司使用"iPad"商标，会造成资源的极大浪费。并且"iPad"商标的知名度离不开苹果公司的大量宣传和使用，而深圳唯冠科技公司并没有对"iPad"商标进行大规模的使用，根据保护与贡献相适应的原则，如果一味禁止苹果公司使用"iPad"商标，对苹果公司来说是不公平的。

（3）商标权人的经营状况。商标权人经营状况的好坏，决定着商标权人能否很好地使用商标，从而发挥商标的价值。如果将商标交给一个即将破产的公司，不仅不能发挥商标的作用，还会造成资源的极大浪费，对商标权人、商标在后使用者、消费者各方来说都是不利的，起不到平衡社会各方利益的作用。

"iPad"商标案中，即使禁止苹果公司使用"iPad"商标，唯冠科技（深圳）

---

〔1〕　参见广东省高级人民法院（2015）粤高法民三终字第444号民事判决。

〔2〕　参见《最高人民法院公报》2013年第8期（总第202期）。

有限公司也不能很好地使用"iPad"商标，会造成社会资源的巨大浪费。[1]而此案中，法院采用协商解决的方式处理，既让唯冠科技（深圳）有限公司得到了经济上的补偿，又让"iPad"商标在苹果公司的经营下发挥最大的价值，对商标权人、系争商标在后使用人、消费者三方来说都是有利的。

总而言之，法院在处理反向混淆案件时，要灵活处理、综合分析，争取能够实现各方利益的最大化。在后使用者的使用时间、在后使用者的广告宣传投入、商标权人的经营状况这三个因素也不是孤立存在的，要结合起来进行考量，比如在在后使用人广告宣传投入比较大，同时商标权人又没有实际经营能力的情况下，可以考虑通过调解的方式，将商标权人的商标转让给在后使用人，这样既能平衡各方的利益，又能使商标发挥最大的价值。

2. 加大调解结案的力度

根据科斯定理，如果双方的交易对资源的重新配置能够满足双方的需求，只要交易成本不超出合理的预期，双方都会理性地追求利益的最大化。所以，当发生了反向混淆时，理性的在先商标权人与商标在后使用人都会积极地寻求解决之道，而最有效率的解决办法就是相互协商。法官在处理反向混淆案件时，也要优先适用调解的方式解决，以实现双方利益的最大化，节省诉讼时间，并达成使用实施许可，实现当事人的共赢，更利于社会资源的利用。

3. 判决附加区别标志[2]

商标反向混淆牵扯到商标权人、商标在后使用人、消费者三方的利益，在商标在后使用人主观上不存在恶意的情况下，一味禁止在后使用人使用商标，不仅会损毁在后使用人已经建立起来的商誉，而且对消费者而言，也会破坏其已经建立起来的稳定认知。所以为了使三方利益达到最大化，要寻求最佳解决途径，商标共存就是解决这一问题的较好方法。"认定商标近似还应根据两者的实际使用状况、使用历史、相关公众的认知状态、使用者的主观状态等因素综合判定，注意尊重已经客观形成的市场格局，实现经营者之间的包容性增长。"[3]很多情况下，在后使用者使用商标并不存在恶意。如果善意的在后使用者已经对商标投入了较大的成本，并且进行了长时间的使用，在后使用者使用商标不

---

〔1〕 参见《最高人民法院公报》2013 年第 8 期（总第 202 期）。

〔2〕 彭斌慧："商标反向混淆认定中的司法解决模式研究"，华东政法大学 2016 年硕士学位论文，第 42 页。

〔3〕 孔祥俊：《商标法适用的基本问题》，中国法制出版社 2012 年版，第 129 页。

会对商标权人造成较大的损害，此时可以考虑通过附加区别标志的方法实现商标的共存。

我国《商标法》第 59 条第 3 款规定了在先商标的使用可以采用附加适当区别标志的方法。早在 2007 年，时任最高人民法院副院长曹建明在官方文件中也提到了对知名商品的名称、包装、装潢的善意使用可以采用附加区别性标识的方法。[1]

我国司法实践中也早有附加区别标志的先例，如在"福记"商标侵权及不正当竞争案中，江苏省高级人民法院认为：为了维护市场正常的竞争秩序，同时防止消费者混淆，原被告双方应当维持现有的商标使用情况，即保持区别标志的使用。[2]在非诚勿扰案中，二审法院判决江苏卫视停止使用"非诚勿扰"，判决之后江苏卫视拒不执行判决，二审法院发出强制执行通知书，江苏卫视采取了附加区别标志的做法。[3]这也为我国在司法实践中适用判决附加区别标志提供了借鉴。

（三）严格限制反向混淆的适用

虽然反向混淆原则的设立有利于保护商标权人的利益，尤其是拥有商标权的中小企业的利益，但对该规则的使用应该采取更加谨慎的态度，而不能简单地一概而论，因为反向混淆规则本身存在一定的弊端。[4]首先，从公平的角度来看，商标在后使用人往往对商标进行了大范围的使用，而商标权人对商标的使用程度较低，甚至只是注册了商标，并没有使用，商标的知名度主要来自于在后使用人的贡献。根据保护与贡献相一致的原则，如果一味禁止在后使用人使用商标，对在后使用人来说是不公平的。其次，从效率的角度来看，如果在后使用人对商标的使用时间较长，相关消费者已经将商标与在后使用者密切地联系在一起，禁止在后使用者使用商标将会打破消费者已经建立起来的稳定认知，使消费者花费更多的时间和成本才能购买到自己想要的商品。

---

〔1〕 曹建明："全面加强知识产权审判工作为建设创新型国家和构建和谐社会提供强有力的司法保障"，载《科技与法律》2007 年第 2 期，第 7 页。

〔2〕 参见徐美芬："两个餐饮企业的'福记'之争"，载 http://www.v4.cc/News-597938.html，最后访问日期：2018 年 12 月 5 日。

〔3〕 参见广东省高级人民法院（2016）粤民再 447 号民事判决书。注意，广东省高级人民法院判决撤销该二审判决，因此不再存在附加区别性标志的义务。

〔4〕 张体锐：《商标法上混淆可能性研究》，知识产权出版社 2014 年版，第 48 页。

1. 综合考量多种因素

结合前文中的案例，法院在认定是否构成反向混淆时，必须进行综合考量，在兼顾统一要素的基础上，也要结合每个案件的不同情况，考虑个案中的要素。其中，统一适用的原则包括：商标的使用方式、使用区域、产品销售地点、相关消费者的注意程度、商标的显著性等。需要指出的是，在不同的案件中，每种因素的重要性大小是不同的。再者，我国《商标法》也规定了一些特殊的制度。比如《商标法》第 59 条第 3 款规定了在先使用商标的保护；《商标法》第 64 条第 1 款规定了三年不使用赔偿责任的免除。这些在传统正向混淆中使用的原则在反向混淆下同样适用。例如，在佛山市顺德区瑞俪装饰材料有限公司诉杭州比纳实业有限公司案件中，浙江省杭州市中级人民法院认为，在先商标权人未能证明他的商标在核定使用的商品上进行了使用，商标在后使用人使用商标不会挤占商标权人的市场份额，所以商标权人并没有实际损失，商标在后使用人免于赔偿责任。[1]另一方面也要结合商标权人的经营状况以及其对商标的使用时间、投入资本来确定对涉案商标保护的强度和范围。

2. 强化诉讼时效制度

《商标司法解释》规定了商标侵权的诉讼时效为两年，笔者认为，这一规定在反向混淆中同样适用，但是由于反向混淆与正向混淆侵权性质的不同，法院在反向混淆案件中更应当重视对诉讼时效的认定。在正向混淆中，原告一般是知名度较高的大企业，而被告是规模比较小的企业，被告为了攀附原告的商誉使用商标，也就是所谓的"搭便车"行为。在这种情况下，由于被告知名度低、规模较小，原告不容易发现被告的侵权行为，而且原告通常为了防止在后使用人规模的扩大而积极地提起诉讼，所以一般原告的起诉都不会超过诉讼时效。反向混淆则不同，被告往往是知名度较大的企业，并且对商标进行了大规模的宣传，所以商标权人很容易知道在后企业使用商标的事实。但是，由于在后使用者的获利大，在先商标权人往往能从中获取一笔巨额的赔偿，尤其是经济状况不佳的企业，难免会产生"放水养鱼"的想法，即拖延起诉时间，等在后使用者使用了较长时间之后再进行起诉，以期获得更多的赔偿。因此，在反向混淆中要严格限制这种拖延诉讼的行为，法院在审判时也要加强对诉讼时效的认定。非诚勿扰案中，江苏卫视使用"非诚勿扰"商标长达 4 年，新百伦案中，

---

〔1〕　参见浙江省杭州市中级人民法院（2011）浙杭知终字第 56 号民事判决。

新百伦公司使用商标长达 8 年,以一个理性人的认知来看,原告不可能不知道在后使用人的使用情况,但法院没有对诉讼时效问题进行着重考量,似乎有些不妥。

　　笔者通过分析整理近些年典型的商标反向混淆案件,归纳出法院在认定是否构成反向混淆时考虑的一些共性的因素,包括在先商标权人有无主张权利的基础,在后使用人的使用行为是否构成商标性使用,商标是否相同或者近似,是否会造成相关公众混淆。在此基础上,笔者针对我国司法实践对反向混淆认定标准不统一、赔偿数额认定不合理、裁判方式单一化的问题,提出了完善的建议:首先,应当将反向混淆的认定标准纳入司法解释,缩小法官的自由裁量权。其次,应当酌情考虑商标在后使用者对商标的使用时间、广告宣传投入及在先商标权人的经营状况作出灵活的处理,杜绝一味禁止商标在后使用者使用商标的行为,加大调解结案的力度,同时也可以通过判决附加区别标志,实现商标共存。再次,对于赔偿数额的认定,建议以许可使用费的合理倍数为依据,综合考虑商标在后使用者的主观心态、商标权人的损失等因素。最后,要严格限制反向混淆的适用,一方面,要进行综合考量,特别是考虑我国商标法中关于恶意抢注的相关规定在反向混淆中同样适用;另一方面,强化诉讼时效制度,防止商标权人故意拖延诉讼。

商业秘密侵权纠纷案件的审理思路与侵权认定探析

——以（2017）京 73 民终 110 号民事判决为研究对象

冯晓青

一、问题的提出

（2017）京 73 民终 110 号民事判决，是关于青岛某铁道技术有限公司（下称"青岛某公司"或"原告"）诉北京某铁道技术有限公司（下称"北京某公司"或"被告"）等商业秘密侵权纠纷的二审判决。该案原告主张的涉案商业秘密基于《合作协议》而应由被告享有，但一、二审法院均在未对商业秘密权属问题进行全面查实和深入论证的基础上，仅根据一审司法鉴定中两个技术点与被告涉案专利技术具有同一性而认定被告构成侵害商业秘密，并且在原告对于损害赔偿额未提供任何证据的情况下直接参照《专利法》规定的法定最高赔偿额计算。

本案反映了法院在商业秘密侵权纠纷案件审理思路和实体问题认定上的重大瑕疵，亟待总结，以规范商业秘密侵权纠纷案件的审理，公平地维护双方当事人的合法权益。商业秘密侵权纠纷与其他侵害知识产权案件相比还有一个比较特殊之处，就是一旦法院判决赔偿 50 万元以上，被告将面临刑事指控。本案即如此。在二审判决之前两个月，原告就急切地向北京市某公安分局以侵犯商业秘密罪为由进行了刑事举报，尽管当时原告还拿不出被告构成刑事犯罪的证据，[1] 但当天就被该局受理。二审判决后不到两个月，该公安分局即进行了刑

---

[1]　一审判决认定被告商业秘密侵权成立并判决被告赔偿原告 50 万元。由于被告上诉，该判决当时并不发生法律效力。

事立案。在法院认定侵权可以构成刑事责任的情况下，理应更加慎重地认定被告是否构成商业秘密侵权以及构成侵权前提下的赔偿金额的认定。然而，令人不解的是，二审法院对于一审法院判决中完全不考虑权属问题和涉案商业秘密适格性问题未予重视，并且对二审中上诉人北京某公司提交的足以改变一审判决定性的新的关键证据不予认定，不通过开庭审理就径直判决维持原判，驳回上诉。因此，本案判决为研究如何正确地审理商业秘密侵权纠纷案件提供了很多值得探讨之处。本文不揣疏浅，拟以该案判决作为考察对象，探讨商业秘密侵权纠纷案件的审理思路和侵权认定，以求教于同仁。

二、基本案情[1]

2008 年 5 月 4 日，齐某、颜某等人发起成立青岛某公司，公司法人代表为颜某。2010 年 2 月 5 日，青岛某环保科技有限公司（齐某为实际控制人[2]）申请"纵向轨枕和减振轨道系统"实用新型专利和发明专利，专利申请号分别是 ZL201020116820.4、201010111952.2，后实用新型专利和发明专利申请均被授权，并被无偿转让给青岛某公司。2011 年 1 月 25 日，青岛某环保科技有限公司通过 PCT 就"纵向轨枕和减振轨道系统"申请国际专利，公布号为 WO2011/095090A1。该专利未对青岛某公司以外的公司许可使用。2011 年 3 月 4 日，青岛某公司全资子公司北京某公司成立，公司地址为北京市朝阳区某大街 18 号 15 层 1516B，法定代表人为颜某，注册资本 500 万元。"纵向轨枕和减振轨道系统"主要科研资源落户于青岛某公司。

2011 年 4 月 25 日、9 月 6 日、11 月 23 日，青岛某公司先后向无锡某公司提供《纵向轨枕式尺寸图》《端模孔位置图》《纵向轨枕模具要求参考图》等技术资料，并委托其加工生产相关模具，双方约定模具图纸的知识产权归青岛某公司所有。青岛某公司委托无锡某公司做模具拖欠 110 万元款项后由北京某公司支付。

2011 年 12 月 24 日，齐某、尹某、北京振华三方签订《合作协议》，一致同

---

[1] 根据一、二审认定的事实、当事人提交的《合作协议》等证据概括。包括《合作协议》在内的更加具体的本案事实，将在案例分析部分继续介绍与说明。

[2] 《公司法》第 216 条第 3 项规定："实际控制人，是指虽不是公司的股东，但通过投资关系、协议或者其他安排，能够实际支配公司行为的人。"

意将北京某公司作为新平台用于相关资源整合，并约定三方股份分别为 33%、33%、34%。协议签订后，三方按照协议约定对北京某公司法定代表人、股东结构、注册资本等进行了变更。关于《合作协议》，一审北京市海淀区人民法院还查明与认定如下事实：

该协议载明：三方同意将甲方拥有的"纵向轨枕和减振轨道系统"技术及与之相关的所有技术资源和项目资源统一整合到一个新的企业平台上进行市场开发和运作，用较快的速度将技术成果转化为经济价值和企业利润。甲方投入到新企业平台的资源为现有的、但不限于纵向轨枕技术专利和 PTC 的所有权、商标、科研资质、试验段业绩、在履行合同（统称"技术项目"），这些资源经估价后按本协议的约定享受权利。对甲方公司的库存及纵向轨枕技术生产经营中发生的应收账款、应付账款等处置依协议三方的合意执行。三方一致确定，将北京某公司作为新企业平台（简称"目标公司"），法定代表人变更为商某，公司注册地变更为北京市海淀区某路 17 号某国际港 906 室。目标公司的注册资本为 1000 万元。目标公司的经营业务为纵向轨枕技术专利及相关技术的后续改进，轨道交通相关新技术的研发及其推广应用。本协议签订后甲方转让的技术项目等各项权属均变更至目标公司名下，为目标公司所有。诉讼中，齐某与北京某公司均认可上述协议中的目标公司系北京某公司。齐某称纵向轨枕技术发明人系齐某，依据上述协议，该专利技术及相关项目均已经移交给北京某公司。[1]

2012 年 2 月 23 日，青岛某公司按照《合作协议》约定，将其所拥有的"纵向轨枕和减振轨道系统"的实用新型专利 ZL201020116820.4、发明专利 201010111952.2 转让给北京某公司。

2011 年 12 月 22 日至 2013 年 7 月 12 日期间，北京振华依据三方协议先后向齐某、北京某公司、青岛某公司等人转账 829 万元用于支付合同约定的技术转让费。

2012 年 2 月，青岛某公司退出北京某公司。

2012 年 3 月后，郭某入职北京某公司。

2013 年 4 月 26 日，北京某公司向国家知识产权局申请名称为"一种用于模制纵向轨枕的模具"的实用新型专利，申请号为 201320220263.4，并于 2013 年 10 月 9 日获得授权。北京市海淀区人民法院对该专利进一步的认定情况如下：

---

〔1〕 参见北京市海淀区人民法院（2014）海民初字第 7239 号民事判决。

专利说明书摘要显示：一种用于模制纵向轨枕的模具，包括底模、内侧模、端模和连接在底模两侧的外侧模，所述端模分别与底模、外侧模连接，且与相邻的内侧模组相配合，所述内侧模设置在底模、端模和外侧面形成的空腔内，包括多个拼接在一起的内侧模组；所述底模上还设置有模制纵向轨枕安放扣件的凸台的模区，且所述模区的位置设置为三维可调节。本实用新型采用活动式的连接方式，利用不同类型但构造相似的纵向轨枕的突出部及连接件与突台三维可调来提供根据本实用新型的模型，从而可以使用根据本实用新型的纵向轨枕的模型来模制至少两种不同尺寸型号的纵向轨枕，改进了模型的通用性。[1]

2013 年，青岛某公司认为，郭某在其不知情的情况下入职北京某公司，并同北京某公司等人共同作为发明人申请涉案专利，违反保密协议等，侵害了其商业秘密；北京某公司明知涉案技术秘密为郭某违法获得，与郭某共同披露了其技术秘密，侵害了其技术秘密；被告的行为给其造成了重大经济损失。故原告将郭某、北京某公司等诉至北京市海淀区人民法院。

在一审中，被告向法院提交了破坏原告提出的涉案商业秘密技术秘密点"非公知性"（秘密性）的在先专利文献和专业杂志等资料。同时，一审法院组织了专业司法鉴定机构进行司法鉴定。该鉴定结论指出：原告归纳的涉案商业秘密五个技术秘密点，与被告涉案专利相应的技术特征相比，其中第 1、3、5 不具有同一性，2、4 具有同一性。期间，被告申请就涉案商业秘密的非公知性进行司法鉴定，但未被法院同意。

2016 年 4 月 30 日，北京市海淀区人民法院做出（2014）海民初字第 7239 号民事判决。该判决认为：青岛某公司委托无锡某公司加工涉案模具制作的图纸（简称"涉案图纸"）为青岛某公司的技术秘密；郭某在到北京某公司任职后的两年内对青岛某公司的技术秘密负有保密义务；北京某公司涉案专利与青岛某公司涉案技术秘密构成部分同一性，北京某公司的行为构成侵权。北京某公司应当停止侵权并承担侵权责任，商某、郭某、徐某、岳某作为涉案专利发明人，与北京某公司承担连带责任。一审法院判决北京某公司赔偿原告经济损失 100 万元，商某、郭某、徐某、岳某承担连带责任。

北京某公司不服一审判决，向北京知识产权法院提起上诉，请求撤销原判，

---

[1]　参见北京市海淀区人民法院（2014）海民初字第 7239 号民事判决。

改判上诉人不构成侵害商业秘密。其主张的事实与理由主要有：第一，依据上诉人与被上诉人之间的合同约定，被上诉人所拥有的全部技术已转让至上诉人，被上诉人无权再以其拥有的相关技术对抗上诉人。第二，原审被告之一郭某实际一直在上诉人北京某公司工作，并不存在违背保密和竞业禁止义务跳槽到上诉人的事实，原审判决对此认定错误。第三，被上诉人没有证据证明其主张的技术秘密不为公众知悉，原审判决对被上诉人的技术秘密的认定存在事实和法律错误。第四，被上诉人没有证据证明原审被告郭某接触过被上诉人主张构成技术秘密的轨枕模具图纸，原审法院对此事实认定错误。第五，被上诉人主张的商业秘密仅有两个技术点与上诉人申请的专利具有同一性，且该两个技术点均为在先专利所公开，已构成公知领域的技术，不能作为技术秘密受到保护。原审法院关于上诉人的技术构成侵犯被上诉人的技术秘密的认定错误。第六，原审法院关于100万元人民币损害赔偿额的认定缺乏事实依据。[1]

原审被告郭某主张：青岛某公司与无锡某公司之间签署的模具委托加工合同已转让至上诉人北京某公司，北京某公司是向无锡某公司支付110万元款项而非"垫付"。本案一审被告郭某并未接触青岛某公司主张商业秘密的模具图纸，所接触的均为轨枕产品图纸。本案郭某不存在跳槽行为。本案中被上诉人所主张的技术秘密按双方协议约定已转让至上诉人，被上诉人对其不具有权属，被上诉人青岛某公司主张的商业秘密已被在先文献公开，不具有秘密性，被上诉人青岛某公司主张的商业秘密已不具有保密性，被上诉人主张的商业秘密与上诉人的专利不具有同一性，上诉人申请并公开的涉案专利不构成对商业秘密侵权，原审法院认定的100万元赔偿额缺乏法律依据，应依法予以纠正。原审法院在未进行公知性鉴定的前提下直接进行同一性鉴定，违反了司法鉴定的一般准则，本案原审中鉴定人未出庭接受质证，其鉴定结论不应作为本案认定事实的依据。综上，原审判决认定事实不清，适用法律错误，请求法院撤销原审判决，改判驳回青岛某公司的诉讼请求。[2]

青岛某公司则辩称：根据《合作协议》及《专利转让合同》的相关约定，被上诉人转让给上诉人的技术仅为纵向轨枕和减震轨道系统技术，不包含模制纵向轨枕的模具技术。模具技术为被上诉人的商业秘密，应当予以保护，模具技术符合商业秘密构成要件中的不为公众所知悉，并采取了保密措施。郭某违

---

〔1〕 参见北京知识产权法院（2017）京73民终110号民事判决。

〔2〕 参见北京知识产权法院（2017）京73民终110号民事判决。

背保密义务。北京某公司、郭某、商某、徐某、岳某侵犯我司商业秘密构成事实。上诉人的侵权行为给被上诉人带来了巨大经济损失。综上，原审判决认定事实清楚，适用法律正确，请求依法驳回上诉人的全部上诉请求，维持原审判决。[1]

二审期间，上诉人北京某公司先后向法院提交了公开审理申请书和采用技术调查官申请书，但均未获得法院同意。鉴于一审中司法鉴定并未就同一性与非公知性（秘密性）的关系进行阐明与认定，上诉人认为同一性不等于秘密性，需要先就一审中原告归纳的涉案技术秘密点是否具有非公知性进行查实与认定，于是在提供破坏涉案商业秘密技术秘密点的在先专利文献和相关专业文献的基础之上，上诉人北京某公司申请北京某知识产权司法鉴定中心就一审中司法鉴定关于涉案专利技术与商业秘密第 2、4 技术秘密点具有的同一性从是否具有非公知性角度进行司法鉴定。该司法鉴定中心做出的司法鉴定结论部分指出：技术秘密点中的技术信息 2、4，能够由模具图纸得出的技术特征在 2013 年 4 月 26 之前已为公众所知悉。二审期间，上诉人还向法院提出了新的抗辩理由，具体体现于上诉人委托代理律师多次提交的律师代理词和补充代理词中。

二审期间，法院先后组织了由上诉人代理律师和被上诉人代理人参加的法庭谈话两次。被上诉人青岛某公司委托代理人王某虽主张系被上诉人员工，但由于未提交足以证明其取得公民代理资格的证明材料，在法庭谈话中被提示需要补充材料提交给法院。但王某一直未能提交完整的适格的材料，最终在二审中被认定其诉讼主体资格不适格。但是，其在两次谈话和以委托代理人提交的书面材料中提出的核心观点均在二审判决中被采纳，包括按照《合作协议》规定被上诉人转让给上诉人的技术并不包括涉案商业秘密，被上诉人不是《合作协议》当事人，因为其没有在该协议上盖章。

2017 年 5 月 22 日，北京知识产权法院未经正式开庭即做出二审判决：驳回上诉，维持原判。

---

〔1〕　参见北京知识产权法院（2017）京 73 民终 110 号民事判决。

三、关于本案的分析与思考

（一）总体情况和评价

本案涉及合同法、反不正当竞争法、专利法和民事诉讼法等诸多法域，但根本的问题还是被告是否构成商业秘密侵权。由于在现实中，很多涉案商业秘密是基于原被告的合作关系（通常双方签订了相关合同）产生的，还有很多涉及职务成果与非职务成果的界限以及员工离职带走商业秘密与其正当的劳动就业权的界限等问题。解决商业秘密侵权纠纷的首要问题应当是在个案中先明确涉案商业秘密的权属，通过事实和证据认定原告是否享有涉案商业秘密，即先解决"权利归谁所有"的问题。如果法院认定涉案商业秘密根本不属于原告所有，则可以直接认定原告不享有诉权，从而驳回起诉。法院只有在确信原告主张权利的商业秘密属于其所有的前提下，才有必要根据法律和司法解释规定，进一步查实涉案商业秘密是否符合法定要件。如果根据案件事实和证据，能够认定涉案商业秘密不具有非公知性或保密性，或者缺乏商业价值等，则也可以直接得出原告主张的商业秘密不受法律保护、被告不构成侵权的结论。简单地说，就是法院只有在认定原告对涉案商业秘密享有权利、涉案商业秘密符合法定构成要件的前提之下，才能最终认定被告构成侵害商业秘密。若被告明确承认原告对涉案商业秘密享有权利以及该商业秘密符合法定构成要件，则可以直接进入第三阶段查明被告涉案技术与原告商业秘密的相似性及被告接触商业秘密的可能性，进而做出侵权与否的结论。[1]笔者认为，这应当是人民法院审理商业秘密侵权纠纷案件的"金标准"。

然而，非常遗憾的是，本案一审法院尽管在事实认定部分简要介绍了对涉案商业秘密权属关系具有决定性的《合作协议》最基本的内容，但在本院认为部分对如此重要的事实和证据竟"只字不提"，对于涉案商业秘密属于原告的合理性没有做任何论证和说明，在被告一再主张根据《合作协议》的规定、结合该协议的实际履行应当认定涉案商业秘密归属于被告的前提下，法院仍毫无疑义地直接认定涉案商业秘密属于原告所有，属于典型的认定事实不清。不仅如此，一审法院对原告主张的涉案商业秘密受法律保护的适格性也没有做全面、

---

〔1〕 这就是通常所说的"实质性相似+接触"标准。

充分的说明，而只是认定被上诉人与员工郭某签订了保密协议和劳动合同，采取了足够的保密措施，进而直接得出结论"因此该图纸应为青岛某公司的技术秘密"。[1]该判决对商业秘密的概念和侵权认定没有引用任何法律规定和司法解释，也回避了一审中被告一再提出的涉案商业秘密不具有秘密性和商业价值的主张。由于保密性只是商业秘密的法定构成要件之一，[2]一审法院对商业秘密适格性的认定仅以保密性替代全部构成要件，以此认定涉案商业秘密受到法律保护，显然不符合《反不正当竞争法》第 10 条第 3 款[3]（2017 年修订前）和《最高人民法院关于审理不正当竞争民事案件应用法律若干问题的解释》（下称《审理不正当竞争案件司法解释》）第 14 条[4]关于受法律保护的商业秘密的基本要求，法院对原告主张的涉案商业秘密是否符合法定要件、是否应当受法律保护也缺乏全面的事实认定和论证，亦属于认定事实不清。

最后，在被告涉案专利技术是否构成侵害商业秘密方面，一审法院直接以一审中司法鉴定结论即原告主张的 5 个技术秘密点中的第 2、4 点与被告专利具有同一性，认定"被告某公司的模具专利与青岛某公司的技术秘密已构成部分同一性"，以"北京某公司并未提交证据证明相关技术由其独立研发或全部技术已被案外人公开，故应视为全部技术内容来源于青岛某公司的技术秘密"[5]，直接认定被告侵害原告商业秘密成立。该认定存在的一个重大瑕疵是直接以同一性替代秘密性。事实上，同一性不能替代秘密性，因为原告归纳的 5 个技术秘密点仅是其自身对涉案技术商业秘密的认知，其是否真正具有非公知性或者说秘密性，尚需进一步查明。特别是在被告明确提出司法鉴定中具有同一性的两个技术秘密点已被在先的专利文献和专业期刊发表的成果破坏的前提下，更

---

[1] 北京市海淀区人民法院（2014）海民初字第 7239 号民事判决，第 9 页。

[2] 本案中，法院认定的采取保密措施只是泛泛的措施，即针对郭某工作职责的一般要求，并非针对涉案商业秘密采取保密措施。也就是说，原告对于涉案商业秘密是否采取保密措施，并没有进行全面认定。因此，以泛泛的要求代替具体的商业秘密采取保密措施是不够充分的。

[3] 其规定："本条所称的商业秘密，是指不为公众所知悉、能为权利人带来经济利益、具有实用性并经权利人采取保密措施的技术信息和经营信息。"

[4] 其规定："当事人指称他人侵犯其商业秘密的，应当对其拥有的商业秘密符合法定条件、对方当事人的信息与其商业秘密相同或者实质相同以及对方当事人采取不正当手段的事实负举证责任。其中，商业秘密符合法定条件的证据，包括商业秘密的载体、具体内容、商业价值和对该项商业秘密所采取的具体保密措施等。"

[5] 北京市海淀区人民法院（2014）海民初字第 7239 号民事判决，第 7 页。

应就具有同一性的两个技术秘密点究竟是否具备秘密性进行进一步的查明和认定。然而，一审法院完全回避了这一重大问题，直接以被告未能提交证据证明相关技术由其独立研发或全部技术方案已被案外人公开为由认定专利技术内容来源于涉案商业秘密。[1] 上述认定中始终回避了两个具有同一性的技术点是否具有秘密性的问题，直接以同一性替代法律要求的秘密性。而且，还存在认定事实重大错误的问题，因为一审中被告确实提交了涉案商业秘密两个具有同一性的技术秘密点已经被案外人公开的事实和证据，但法院未对此予以认定。因此，一审法院在认定事实不清和错误的前提下做出的侵害商业秘密的结论自然不能成立。

二审判决本应对一审中存在的上述错误和问题予以纠正，然而，该院同样未对涉案商业秘密权属问题进行仔细的分析和认定，而只是在未进行任何细致分析的情况下直接认定被上诉人青岛某公司主张权利的商业秘密与上诉人北京某公司提交的合同约定给上诉人的技术两者并不完全相同，同时针对上诉人提交的大量事实和证据及提供的法律依据主张被上诉人是《合作协议》实际当事人而应当履行该协议规定的义务，也未进行任何介绍和评判，而是直接认定该协议当事人并不包括被上诉人青岛某公司。此外，二审判决同样未对涉案商业秘密法律适格性进行任何评判，而是直接维持一审判决中将部分同一性等同于秘密性的错误做法。不仅如此，对于二审期间上诉人北京某公司申请并由具有国家合法司法鉴定资质的北京某知识产权司法鉴定中心做出的关于一审司法鉴定中两个具有同一性的技术秘密点是否具有非公知性的司法鉴定，二审判决主文第一部分以"北京某公司要求二审期间再次鉴定的主张没有法律和事实依据"为由，予以回避、未做出任何评价，更遑论采纳。二审期间，上诉人北京某公司进一步提出证据和事实，否认侵害商业秘密存在。同时上诉人基于被上诉人没有实际损失的证据，主张即使构成侵害商业秘密，按照《专利法》法定赔偿最高额100万元判决确定赔偿额也缺乏事实和法律依据。该主张也没有被采纳，二审法院直接维持原判。

二审未经过开庭审理就径行判决，不符合《民事诉讼法》第169条第1款关于二审应当予以开庭审理的情形的规定，导致案件认定事实不清或错误，以

---

〔1〕 该认定存在的另一个问题是，将举证责任不适当地转嫁给被告，而不是原告。因为根据《审理不正当竞争案件司法解释》第14条的规定，原告负有举证义务，而不是被告负有举证其涉案专利技术合法来源的义务。

及适用法律错误。此外，本案还存在诸多涉及程序不当的情形。

总的来说，本案一审和二审既未就涉案商业秘密权属进行全面查实和认定，也未就涉案商业秘密的法律适格性进行全面考察与认定，并且遗漏了对关键事实和证据[1]的全面认定，加之程序失当，尤其是在上诉人于二审期间提交了足以推翻一审判决的新证据的情况下，法院仍然不予以开庭审理，从而最终导致认定事实不清和适用法律错误的后果，令人遗憾。

（二）关于事实认定与适用法律的具体问题分析

根据本案的事实，笔者认为，本案无论在程序上还是在实体问题上均存在诸多值得检讨的问题。

1. 本案一、二审程序方面瑕疵

（1）本案二审属于依据《民事诉讼法》规定应予以开庭审理的情形，但二审未予以开庭审理，属于重大程序违法。

《民事诉讼法》第 169 条第 1 款规定：“第二审人民法院对上诉案件，应当组成合议庭，开庭审理。经过阅卷、调查和询问当事人，对没有提出新的事实、证据或者理由，合议庭认为不需要开庭审理的，可以不开庭审理。”

根据上述规定，在一般情况下，二审应进行开庭审理，例外情况只限于二审法院经过阅卷、调查和询问当事人，在当事人“没有提出新的事实、证据或者理由”的情况下，“合议庭认为不需要开庭审理的”。对照本案二审，在二审判决前，法院合议庭袁伟法官两次组织上诉人和被上诉人到庭谈话，没有进行开庭审理就直接下判。在二审期间，鉴于一审判决将原告主张的涉案商业秘密中两个技术秘密点与被告专利技术具有同一性直接等同于非公知性（秘密性），上诉人北京某公司主张申请进一步的司法鉴定，以明确具有同一性的两个技术秘密点是否真的具有秘密性。上诉人在二审期间提交了北京某知识产权司法鉴定中心按照合法程序做出的司法鉴定意见书。该意见书否认了上述两个技术秘密点的非公知性，因此显然属于对本案定性具有关键影响的新证据。不仅如此，本案对于上诉人而言利害关系重大，因为一旦维持原判，上诉人面临进一步受到刑事责任追究的风险。上诉人在二审期间还提出了新的抗辩理由和事实证据。因此，本案二审期间上诉人提出了新的证据、事实与理由，尤其是新的足以影

---

[1]　尤其是《合作协议》和二审期间提交的司法鉴定意见。

响本案定性的司法鉴定，根据《民事诉讼法》上述规定，本案应进行开庭审理。但是，本案并未进行开庭审理，侵害了上诉人的诉权，直接违反了《民事诉讼法》的上述规定，属于重大程序性违法。

（2）本案二审期间被上诉人代理人和上诉人及其代理人参与两次谈话，被上诉人代理人向法院提交了书面材料。在二审判决书中，被上诉人代理人资格被认定为不合法，[1] 但二审判决全盘接受了该不适格代理人的法庭谈话及其向法院提交的书面材料中主张的核心观点，包括根据《合作协议》规定，涉案商业秘密并没有转让给上诉人北京某公司，被上诉人青岛某公司不是该协议当事人，以及同一性就是秘密性等观点。由于被上诉人代理资格不合法，二审期间法院用两次法庭谈话取代开庭审理的做法具有不适当性。

（3）二审法院对上诉人北京某公司在二审中提出就涉案商业秘密非公知性问题进行鉴定的申请未予认可，就上诉人提交的关键证据，包括具有合法国家司法鉴定资质的司法鉴定机构就一审司法鉴定机构做出的部分具有同一性的涉案技术秘密点是否具有非公知性所做的进一步的司法鉴定意见和相关破坏涉案技术秘密点的证据，未予介绍、评判和认定，属于主要事实认定不清以及遗漏重大事实证据的重大瑕疵。

本案二审判决书在判决主文中指出：本案中，经各方当事人确认，原审法院已经对北京某公司的模具专利与青岛某公司的技术秘密是否具有同一性进行了鉴定，在北京某公司及郭某在原审程序中鉴定前已经就鉴定内容、方式、鉴定机构等内容予以认可，且各方当事人并未举证证明该鉴定程序和结论存在重大错误的前提下，本院对该鉴定结论予以认可。此外，关于涉案技术秘密是否已经在先公开无法直接交由鉴定机构进行鉴定，而是应当在当事人主张的前提下由当事人提交已经在先公开的技术文件，由鉴定机构对该在先公开的技术文件和涉案技术秘密是否构成同一性进行鉴定，从而得出涉案技术秘密是否已经在先公开的结论。上诉人在原审法院 2015 年 3 月 13 日确定鉴定内容前并未主张涉案技术秘密已经在先公开，且上诉人既主张涉案商业秘密已经在先公开，又主张涉案技术秘密已经通过有偿方式转让给上诉人，该情形与常理不符。综上，本院认定北京某公司要求在本案二审期间再次鉴定的主张没有事实和法律依据，本院不予支持。

---

〔1〕 参见北京知识产权法院（2017）京 73 民终 110 号民事判决，第 9~10 页。

本案中，依据原审被告郭某与被上诉人签订的保密合同等证据，可以认定郭某自 2010 年始在被上诉人公司任职并接触到了涉案技术秘密。在上诉人认可郭某案发时在其公司任职，且在上诉人使用的商业秘密与被上诉人主张的商业秘密部分具有同一性的前提下，原审法院关于上诉人的专利技术内容来源于青岛某公司的技术秘密，进而北京某公司及郭某等人侵犯青岛某公司商业秘密的结论并无不当，本院予以支持。北京某公司及郭某的主张没有事实和法律依据，本院不予支持。

对此，笔者认为，从程序正当和基本事实认定的角度看，上述判决存在以下错误：

首先，上述判决存在认定事实错误的情形。上述判决认定，北京某公司在"2015 年 3 月 13 日确定鉴定内容前未主张涉案技术秘密已经在先公开"。实际情况并非如此。事实是，北京某公司在 2014 年 3 月 26 日之前，向一审法院提交了证据 2（申请日为 2010 年 2 月 5 日的 ZL201020116820. 4 号专利，实用新型专利名称为"纵向轨枕和减振轨道系统"）、证据 3（纵向轨枕产品暴露于地面一组照片）和证据 4（2012 年 11 月 13 日申请的 201210452434. 6 号专利，发明专利名称为"预制板拼装时浮置道床"），在 2014 年 3 月 26 日又提交补充证据〔名称为相关文献，证明内容为承轨台倒角（弧度）、承轨台模具采用装配式进行组合、端模可移动，不构成原告技术秘密点〕，旨在证明原告主张的商业秘密技术秘密点已经被在先文献公开。事实上，一审中被告一直主张进行非公知性鉴定，包括在法院委托司法鉴定机构进行同一性鉴定时，也主张进行非公知性鉴定。此外，退一步说，即使在 2015 年 3 月 13 日确定鉴定内容前被告北京某公司未主张涉案技术秘密已经在先公开，也不影响被告在后续法律程序中根据其所收集到的证据随时主张涉案技术秘密已经在先公开，因为通过事实证据证明自己的主张是被告当然也是原告应当享有的权利，这一权利的行使不因一审法院确定司法鉴定内容时是否提出而受到影响。

其次，该判决书主张："上诉人在原审法院 2015 年 3 月 13 日确定鉴定内容前并未主张涉案技术秘密已经在先公开，且上诉人既主张涉案商业秘密已经在先公开，又主张涉案技术秘密已经通过有偿方式转让给上诉人，该情形与常理不符。"该段认定事实和逻辑推理存在错误。除了前述"上诉人在原审法院 2015 年 3 月 13 日确定鉴定内容前并未主张涉案技术秘密已经在先公开"属于认定事实错误外，"主张涉案技术秘密已经通过有偿方式转让给上诉人"的阐述也属于表述错误，因为被告北京某公司并未主张涉案技术秘密是通过有偿方式转让给上诉人的。理由是，北京某公司主张的是青岛某公司在2011年与无锡某公司签订模具委托加工合同，此后根据《合作协议》的规定，所有已履行合同和在履行合同均转移到北京某公司名下，为其所有，包括无锡某公司设计的模具图纸（涉案商业秘密）在内的技术资源和项目资源应全部转移到北京某公司名下，而绝不仅仅是涉案技术秘密通过有偿方式转让给上诉人。被告提交的支付给无锡某公司110万元模具款的证据，也并不是仅针对涉案模具图纸的商业秘密的受让，而是根据《合作协议》规定的精神，全部承接青岛某公司与第三方发生的业务关系，由北京某公司取代青岛某公司而已。[1]

最后，二审判决上述主文认定北京某公司要求在本案二审期间再次鉴定的主张没有事实和法律依据，缺乏事实和法律依据，缺乏正当性和合理性，系认定错误。这一错误直接导致二审判决对上诉人北京某公司委托具有国家司法鉴定合法资质的机构根据合法程序做出的关于非公知性鉴定的司法鉴定意见未做任何介绍和评价，更遑论采纳。如下所述，由于刻意回避这一关键事实证据，二审判决存在遗漏足以改变本案一审定性的重大事实证据的缺陷，从而导致判决缺乏事实依据。

笔者认为：北京某公司要求在本案二审期间再次鉴定的主张有充分的事实和法律依据。二审法院完全否认北京某公司在二审期间要求再次进行司法鉴定的合理性，继续错误地将同一性等同于秘密性，维持一审判决。这也是二审程序中的一个重大瑕疵。具体事实与理由如下：

其一，如前所述，一审法院委托司法鉴定机构进行鉴定时，只转交了原告提交的申请鉴定的资料，包括鉴定申请及司法鉴定内容的说明以及青岛某公司技术图纸和被告涉案专利文献封皮及其专利文献，并不包括被告向法院提交的可能破坏涉案商业秘密非公知性的在先专利文献和其他文献，尽管被告在一审中多次指出要进行非公知性鉴定。该司法鉴定意见书首页记载的内容是：鉴定内容是需要对原告提供的技术图纸与被告相关专利资料进行同一性对比和鉴定，并出具司法鉴定意见。

同一性对比和鉴定固然是十分必要的，因为只有查明被告涉案专利技术与原告主张的技术秘密存在哪些相同技术特征，才能判定被告涉案技术是否来源

---

[1] 证据来源：二审中上诉人北京某公司提交证据，第42页；北京银行客户名单，其载有的是采购款无锡模具款。

于涉案商业秘密。但是，毕竟原告主张的商业秘密首先必须符合法定条件，其中"不为公众所知悉"（此即非公知性或者说秘密性）是首要条件。一个缺乏秘密性的所谓商业秘密是不可能受到法律保护的。《反不正当竞争法》第 10 条第 3 款（2017 年修订前）规定："本条所称的商业秘密，是指不为公众所知悉、能为权利人带来经济利益、具有实用性并经权利人采取保密措施的技术信息和经营信息。"如下面将继续分析的，秘密性是商业秘密的基本构成要件和必要条件。只有具备秘密性要件才谈得上受法律保护。然而，现实中侵害商业秘密纠纷中原告主张的商业秘密的技术秘密点不一定真的具有秘密性或者说非公知性，还有必要进一步结合与公知性相关的证据加以查实、判明，因为原告在一审中基于鉴定需要归纳的涉案商业秘密的 5 个技术秘密点系其自身认识，其归纳不一定正确。根据前述《审理不正当竞争案件司法解释》第 14 条规定，原告主张他人侵害其商业秘密，应当对涉案商业秘密具有非公知性负举证责任。但是，一、二审法院并没有要求原告就其主张的商业秘密具有非公知性进行举证。相反，被告在一审和二审中均提出涉案所谓商业秘密不具有非公知性的事实证据和要求。一审司法鉴定如果孤立地进行同一性鉴定，法院在委托该司法鉴定机构鉴定时，不向司法鉴定机构提交被告提供的可能破坏涉案商业秘密非公知性的在先专利文献和其他文献，则就解决本案被告是否侵害涉案商业秘密来说，该案就成了无本之木、无源之水，因为确认涉案商业秘密具有非公知性是确认同一性问题的前提和基础，原告主张的商业秘密如果没有秘密性，就没有资格获得法律保护，否则即使鉴定结论认为被告涉案专利技术与原告涉案商业秘密具有部分同一性，也不能得出被告侵害涉案商业秘密的结论。

如上所述，本案中一审法院委托司法鉴定机构进行鉴定，根据司法鉴定意见书的记载，鉴定中心只接受了原告提交的申请、涉案商业秘密图纸以及被告专利技术文献资料，没有被告此前向法院提交的可能破坏涉案商业秘密的秘密性的在先专利文献和其他证据资料。司法鉴定机构也明确只进行同一性鉴定。这样的做法，必然使得即使鉴定出来的结论认为存在部分同一性，涉案商业秘密究竟是否具有秘密性仍是一个悬而未决的问题。如不解决这个问题，将无法公正地确认涉案商业秘密究竟是否应受法律保护。

在一审法院完全刻意回避涉案商业秘密是否具有秘密性、涉案商业秘密的秘密性问题始终没有得到明确认定的情况下，一审被告当然有权主张在二审中通过进一步司法鉴定的形式确认具有同一性的两个技术特征究竟是否具有非公知性。这也就有了在二审期间，上诉人北京某公司就涉案商业秘密两个具有同一性的技术秘密点申请再次司法鉴定的问题，也就有北京某知识产权司法鉴定中心根据北京某公司委托依法对原告主张的技术秘密点根据在先的专利文献等事实证据做出关于非公知性问题的司法鉴定意见。相反，如果二审继续回避涉案商业秘密是否具有秘密性问题，本案的解决将是空中楼阁，因为没有秘密性何谈受法律保护，何谈他人侵害其商业秘密？但遗憾的是，二审也仍然回避这一关键性问题，对一审中涉案商业秘密的秘密性缺乏认定不做任何纠正和弥补，而仍然是直接认可"上诉人使用的商业秘密与被上诉人主张的商业秘密部分具有同一性的前提下，原审法院关于上诉人的专利技术内容来源于青岛某公司的技术秘密，进而北京某公司及郭某等人侵犯青岛某公司商业秘密的结论并无不当，本院予以支持"。该判决对一审中将同一性等同于秘密性的错误做法未做任何纠正，反而明确肯定，违背了有错必纠的法制原则。

其二，原告一审中主张了涉案商业秘密的 5 个技术秘密点，但系自身归纳，其是否具有秘密性，应当接受事实证据的检验。从实际情况看，个人基于信息和专业学识的局限性等原因，在归纳技术秘密点时难免将公知技术纳入其中。更何况，即使是专有性程度较高的专利技术，也可能存在将现有技术纳入权利要求保护范围的情形。《专利法》2008 年修订时增加的现有技术抗辩制度，就是针对现实中存在的上述情况而做出的规定。这样，在审理商业秘密侵权纠纷案件时，法院不能单方面地接受原告主张其商业秘密具有非公知性的观点，而需要根据本案的事实，包括审查被告提供的破坏涉案商业秘密非公知性的事实证据，最终做出认定。在本案中，被告在一审和二审期间均提出了破坏涉案商业秘密两个技术秘密点的在先专利文献和其他文献，如授权公告号 CN202000222 号实用新型专利及赵秀丽《CRTS II 型轨道板预制生产关键技术》（载《铁道建筑》2011 年第 7 期）、蔡亚林等《地铁短轨枕的预制模板技术》（载《铁道标准设计》2008 年第 7 期）等文献。但是，在本案一审中，法院始终回避对具有同一性的两个技术秘密点是否具有非公知性的正面认定，只是简单地指出被告涉案专利技术与原告涉案商业秘密部分具有同一性，因此认定被告的涉案专利技术来源于原告的商业秘密，从而构成侵害其商业秘密。

由于本案一审回避了涉案商业秘密中原告主张的几个秘密点是否具有非公知性的认定，其委托司法鉴定机构作出的司法鉴定也只是就同一性问题进行认定，同样没有考量原告归纳的技术秘密点究竟是否具备非公知性，而此问题如果在二审中不能得到解决，就无法真正、彻底解决被告涉案专利技术究竟是否侵害原告涉案商业秘密的问题。正是基于此，被告在二审期间继续要求对具有部分同一性的技术秘密点进行非公知性鉴定。该申请自然具有正当、合理的事实基础和法律依据。其实，上述判决主文不是没有认识到同一性鉴定中应当先包含对非公知性问题的解决："关于涉案技术秘密是否已经在先公开无法直接交由鉴定机构进行鉴定，而是应当在当事人主张的前提下由当事人提交已经在先公开的技术文件，由鉴定机构对该在先公开的技术文件和涉案技术秘密是否构成同一性进行鉴定，从而得出涉案技术秘密是否已经在先公开的结论。"然而，二审判决并未仔细研究一审司法鉴定中的同一性鉴定没有体现被告提出的破坏涉案商业秘密非公知性的在先专利文献和其他文献，而只有原告提交的几份材料，致使一审司法鉴定对同一性的鉴定没有包含对非公知性的鉴定。在这种情况下，被告在二审中为何不能再次提出司法鉴定，以查明部分具有同一性的技术秘密点究竟是否真的具有非公知性呢？

由于二审法院错误地认为被告在二审中再次提出司法鉴定不具有事实基础和法律依据，二审判决对北京某知识产权司法鉴定中心出具的《司法鉴定意见书》，除了在判决书第 11 页中提及外，在主文中对该司法鉴定意见的结论和效力、是否正当合法等问题未做任何介绍和评价，自然谈不上采纳其鉴定结论。然而，该司法鉴定结论认为，原告主张的涉案技术秘密中被一审司法鉴定认定具有同一性的两个技术秘密点不具有非公知性。该结论足以否认被告侵害商业秘密行为的存在。二审法院以被告在二审中提出再次司法鉴定不具有事实基础和法律依据为由，刻意回避了对该司法鉴定意见的介绍和评价，属于对重大事实证据的遗漏，这直接导致本案认定事实不清从而适用法律错误的后果。

（4）一审中被告对司法鉴定书有异议而明确提出要求鉴定人出庭作证，但一审法院未予以批准，一审判决仍以该鉴定意见作为认定事实的基本依据，违背了《民事诉讼法》的有关规定。

《民事诉讼法》第 78 条规定："当事人对鉴定意见有异议或者人民法院认为鉴定人有必要出庭的，鉴定人应当出庭作证。经人民法院通知，鉴定人拒不出庭作证的，鉴定意见不得作为认定事实的根据；支付鉴定费用的当事人可以要求返还鉴定费用。"

本案一审中被告提出了对司法鉴定意见的不同意见，并要求鉴定人在庭审中出庭质证。但是，在一审中，法院并未通知鉴定人出庭质证，而判决书仍然采纳了该司法鉴定的结论，并将该结论中的同一性直接等同于秘密性。显然，该做法与上述规定相悖，亦属于程序错误。

（5）本案一审法院委托司法鉴定中心进行司法鉴定，只向鉴定中心转交了原告青岛某公司提交的鉴定申请材料（2015年4月15日一审法院向鉴定机构提交[1]，2015年6月16日向该中心转交补充鉴定材料[2]），未向该鉴定中心转交被告在一审中提交的可能破坏涉案商业秘密几个秘密点的证据2（申请日为2010年2月5日的ZL201020116820.4号专利，实用新型专利名称为"纵向枕轨和减振轨道系统"）、证据3（纵向枕轨产品暴露于地面一组照片）和证据4（2012年11月13日申请的201210452434.6号专利，发明专利名称为"预制板拼装时浮置道床"）以及在2014年3月26日提交的补充证据［名称为相关文献，证明内容为承轨台倒角（弧度）、承轨台模具采用装配式进行组合、端模可移动，不构成原告技术秘密点］，从而导致程序本身客观上偏袒原告一方，造成程序不公，以致该司法鉴定中心未能就原告归纳的5个技术秘密点是否具有非公知性进行鉴定。

一审司法鉴定某科技司鉴中心［2015］知鉴字第020号开头部分陈述为：北京某科技知识产权司法鉴定中心受北京市海淀区人民法院委托，就原告与被告涉案技术秘密，需要就原告提供的技术图纸与被告相关专利资料进行同一性对比，并做出司法鉴定意见。该鉴定意见书第一部分"鉴定工作概述"载明：委托方为北京市海淀区人民法院。但是，在第2页委托方提交给司法鉴定中心的鉴定材料中，清一色是原告提供的上述几份材料，没有一份被告提供给法院的上述证据材料。笔者认为，由于法院是司法鉴定的组织者，并且法院强制要求被告也承担鉴定费用（等于是让被告接受本鉴定对其也有效），在关系被告是否构成侵害原告商业秘密的问题上，法院理应同时提交被告已提交给法院的上述证据。只有这样，才能真正查明涉案商业秘密的状况，即原告主张的涉案商业秘密是否具有非公知性。只有解决非公知性问题，同一性问题的判断才具有法律意义，因为如果原告对其主张的商业秘密中的几个技术秘密点归纳有误、属于公知技术，那么即使被告专利技术与原告归纳的技术秘密点有部分具有同

────────────────────

〔1〕《司法鉴定申请及司法鉴定内容说明》《青岛某公司技术图纸（A4）》以及涉案专利"一种用于模制纵向枕轨的模具"封皮。

〔2〕《司法鉴定申请及司法鉴定内容说明》《青岛某公司技术图纸（A3）》以及涉案专利"一种用于模制纵向枕轨的模具"专利文献。

一性，也不可能构成侵害其商业秘密——属于公知技术的内容不受法律保护。但是，一审法院在委托司法鉴定中心进行鉴定时，对被告向其提交的上述与公知性有关的证据不一并提交，这样就无法查明同一性部分是否具有非公知性，除非司法鉴定机构主动地检索和查询在先文献（本案并非如此，司法鉴定意见书在开头部分讲明的也只是进行同一性鉴定）。因此，在程序上，一审委托司法鉴定机构仅进行同一性鉴定，且后来的判决书仅以部分具有同一性直接认定被告构成侵害商业秘密，无论是从商业秘密保护的法理，还是商业秘密保护法律规范和司法解释的角度看，这都是错误的。对此，本文在后面的实体问题分析部分还将着重探讨。

2. 本案未先着重就涉案商业秘密权属问题进行查实和认定，特别是对彻底改变青岛某公司和北京某公司包括涉案商业秘密在内的相关技术资源和项目资源权属关系的《合作协议》与本案商业秘密的关系，未做全面查实与认定，这直接导致权属关系不明，从而导致适用法律错误。

从商业秘密侵权纠纷案件审理之一般程序来讲，首先应当解决涉案商业秘密权属问题。不解决权属问题，商业秘密侵权认定就将是空中楼阁。在商业秘密侵权纠纷案件中，原告自然会主张涉案商业秘密属于其所有。但是，如前所述，在很多这类纠纷中，原被告之间存在合作关系、委托关系、职务关系或非职务关系等，这使得涉案商业秘密权属呈现出一定的复杂性。就本案而言，其独特之处就是原告的实际控制人与案外人尹某以及北京振华签署《合作协议》成立北京某公司。该协议的很多条款从多方面规定了北京某公司享有自协议生效后的各项技术权益和项目资源，其中当然地包括涉案商业秘密。

然而，在本案一审中，一审判决书尽管在事实认定部分简要介绍了该协议的主要内容，但非常令人不解的是，判决主文在论述本案商业秘密归属时，只是强调"原告通过与无锡某公司签订委托加工合同形式委托无锡某公司加工涉案模具并制作图纸，对该图纸无锡某公司明确认可权利归属于原告所有"，而没有结合该协议进一步认定该协议生效后，所有在履行合同与已履行合同均转移到被告北京某公司名下，北京某公司取代青岛某公司成为在履行合同当事人，从而使得原先合同约定的权属发生变化，青岛某公司的合同权利义务均由北京某公司继受。在本案二审中，虽然判决主文认定被上诉人青岛某公司通过该协议转让给上诉人相关技术，但认为转让的技术和原告主张的相关商业秘密并不完全相同，而且青岛某公司并未被包含在《合作协议》当事人之列，从而否定涉案商业秘密已经依照合同转让给了被上诉人北京某公司。

对此，笔者认为：一审判决主文对在事实认定部分介绍的《合作协议》不做任何评价，而是直接认定原告根据青岛某公司与无锡某公司的委托合同而直接取得了上述商业秘密所有权，此属于认定事实不清导致认定结论错误的情况。本案二审法院判决认为：关于上诉人主张的涉案的模制纵向轨枕的模具技术是否已经依照合同转让给了上诉人的抗辩理由不成立。

本案中，被上诉人主张权利的相关商业秘密是模制纵向轨枕的模具技术，为相关轨枕的制造模具技术，但上诉人提交的合同中约定的转让给上诉人的技术为"纵向轨枕和减振轨道系统"技术，为相关轨枕和减振轨道的运行技术，二者并不完全相同。加之，上诉人主张的涉案技术协议的签署人为齐某、尹某、北京振华，该协议的当事人并不包括被上诉人，在被上诉人依法享有涉案的模制纵向轨枕的模具技术的合法权益的情况下，上诉人关于涉案技术秘密依照合作协议已经转让给了上诉人的主张不能成立，法院未予支持。

上述二审判决存在的错误有以下两点：其一是曲解了《合作协议》约定的内容，将依据该协议规定被告北京某公司应当获得的技术权益范围大大缩小，与协议约定的实际情况严重不符；其二是否认了原告青岛某公司《合作协议》当事人的法律地位，缺乏事实和法律依据。由于权属问题是解决本案侵权纠纷的前提，下文将紧密结合《合作协议》的规定及青岛某公司、北京某公司认可和实际履行该协议的情况，对该案二审判决关于权属认定存在的问题做进一步的研究。

如前所述，2011年12月24日，齐某（甲方，原告青岛某公司实际控制人）、尹某（乙方，案外人）、北京振华（丙方，实际签署的是其法人代表、本案被告之一商某）签订涉案《合作协议》。笔者认为，本案原告青岛某公司取得了《合作协议》当事人法律地位，应当受到该协议约束，协议约定的关于青岛某公司相关技术资源和项目资源全部转移到被告北京某公司的约定对青岛某公司生效。主要事实与理由如下：

首先，《合作协议》中齐某是原告青岛某公司实际控制人，代表原告与乙方和丙方一起签署该协议，虽然原告在该协议中并未盖章，但齐某的行为是代表原告行使职务的行为，是代表公司的签约行为，对原告产生约束力。这可以从以下几点加以理解：

其一，《合作协议》中所谓甲方，虽然名义上在协议的最前端、最后签署页以及每页下面，签署的是自然人齐某，但齐某不是一般的自然人，而是原告的实际控制人，而且协议中诸多条款所指的甲方就是原告青岛某公司，而不是指自然人齐某。换言之，齐某不过是代表原告、以原告名义和乙方及丙方签署上述协议而已。例如：

协议第1.1条规定：三方同意将甲方拥有的"纵向轨枕和减振轨道系统"技术（下称"纵向轨枕技术"）及与之相关的所有技术资源和项目资源统一整合到一个新的企业平台（北京某公司）上……

第1.2条规定：甲方投入到新企业平台的资源为现有的、但不限于纵向轨枕技术专利和PCT的所有权、商标、科研资质、试验段业绩、在履行合同。

这里的"纵向轨枕和减振轨道系统"技术，是针对原告青岛某公司受让的两项专利（ZL201020116820.4、201010111952.2）及其相关技术（不限于"纵向轨枕和减振轨道系统"）。在上述条款中，甲方是指青岛某公司，而不是齐某。原因是，"纵向轨枕和减振轨道系统"技术所有权属于青岛某公司，而不是齐某个人。

第4.4条规定：甲方保证所转让的技术和项目资源具有完全的所有权，并且没有与第三方有任何争议。

这里的甲方，仍然是指原告青岛某公司，而不是齐某。该协议签署后，青岛某公司依照约定将涉案相关专利技术按照国家法律规定转让给了北京某公司，可以作为证据。

第5.1条规定：本协议签订后甲方转让的技术项目等各项权属均变更至目标公司名下，为目标公司所有。

这里的甲方，依然是指青岛某公司，因为技术转让项目的所有权均属于青岛某公司，而不是齐某。

尤其是该协议第8.2条规定：甲方青岛某公司由于其全部技术和业务已转归目标公司，因此它的去留以有利于目标公司利益最大化为前提而由三方共同商议决定。该款更加清楚地表明，协议中所指的甲方就是青岛某公司，而不是自然人齐某，齐某只不过是代表青岛某公司签订该协议而已。

其二，协议中甲方齐某代表青岛某公司与案外人乙方以及振华公司（其法定代表人商某实际签署）签署该协议，就是为了成立一个新的平台，即本案被告北京某公司将齐某实际控制的原告青岛某公司所拥有的纵向轨枕技术及与之相关的所有技术资源及项目资源统一整合到北京某公司进行市场开发和运作。

可以认为，该协议是原告青岛某公司实际控制人齐某代表公司与案外人及北京振华就成立北京某公司这一新的目标公司的真实意思表示。从该协议诸多条款规定可以看出，协议中"纵向轨枕和减振轨道系统"技术及与之相关的所有技术资源和项目资源的权属关系、权属变动，均是基于青岛某公司的实际控制人齐某对青岛某公司的代表行为。公司实际控制人虽然不是公司股东，但股东通过投资关系、协议或者其他安排，能够实际支配公司行为，实际控制人与协议其他各方的签约行为，应当对被实际控制人控制的公司产生法律上的约束力。上述协议的签订系齐某代表青岛某公司的行为、对青岛某公司产生法律上的约束力，还可以从以下几点加以理解：

纵向轨枕技术有关的资源由青岛某公司所有，协议方对此明知。作为一个正常的交易者，《合作协议》其他签署方的真实意思是与作为技术所有人的青岛某公司达成技术转让的合意，而不仅是齐某。因此《合作协议》中与纵向轨枕技术及其相关技术资源和项目资源有关的甲方，指的是青岛某公司，而非齐某。

齐某以青岛某公司的实际控制人身份参与《合作协议》，且向协议方出示了青岛某公司的营业执照，足以引起其他协议方的合理信赖。因此对于《合作协议》有关青岛某公司权利义务的部分，齐某是作为青岛某公司的实际控制人、代表青岛某公司签署的，是青岛某公司真实意思表示的体现。

参照最高人民法院的判决，即使缺少公司的印章，实际控制人的签字也对公司生效。最高人民法院在（2013）民申字第1561号再审裁定书中指出：虽然书证上未加盖威德公司印章，但基于之前双方已经形成的对账记录和殷洪时任法定代表人的身份，应当认定殷洪系代表威德公司履行职务。虽然《合作协议》签署之际齐某还不是原告青岛某公司的法定代表人，[1]但其是实际控制人，根据前述《公司法》第216条的规定，其能够"实际支配公司行为"，齐某的签字行为亦属于代表青岛某公司行使职务的行为，因此青岛某公司是《合作协议》的实际当事人，受《合作协议》的约束。

其次，不仅原告青岛某公司实际控制人代表公司与他人签署了《合作协议》，而且青岛某公司以与被告北京某公司联合签署《业务转移函》的形式确认了该协议的效力，以根据协议签订专利权转让合同的形式及其他方式履行了协议，并且享受了合同利益，这些事实进一步证明原告取得了《合作协议》当事

---

[1] 齐某后来成为该公司法定代表人。

人的法律地位，是该协议的实际当事人，应当受到协议的约束。《合同法》第
60 条第 1 款规定："当事人应当按照约定全面履行自己的义务。"就原告青岛某
公司而言，其主要义务之一就是全面转移合同约定的技术资源和项目资源到申
请人北京某公司名下，包括涉案所谓商业秘密在内。即使否认原告实际控制人
齐某签约行为代表原告的合法性，原告由于以明示及实际履行合同和享受合同
利益的方式接受了该协议约定的权利和义务，仍然应视为取得了《合作协议》
当事人法律地位。对此，下面将结合《合作协议》的约定加以详细分析。

其一，原告和被告北京某公司联合签署《纵向轨枕业务转移说明函》，很好
地说明了原被告对《合作协议》的接受和认可，以及对《合作协议》效力进行
追认。

《纵向轨枕业务转移说明函》[1]指出：

"于 2011 年底，以江苏振华工业集团（简称：振华集团）为主的项目开发
股东会与原纵向轨枕的所有权公司——青岛某铁道技术有限公司（简称青岛某
公司）签署了合作协议，以振华集团旗下的子公司北京振华环控科技开发有限
公司为主入股青岛某公司子公司北京某铁道技术有限公司（简称北京某公司），
对其改组并相对控股经营，法人总经理变更为商某。同时得到了纵向轨枕技术
发明人齐某博士和青岛某公司的授权，同意将纵向轨枕系统技术的专利（实用
新型专利号：ZL201020116820.4，发明专利申请号：201010111952.2，国际专利
PCT）所有权由今后将以新技术研发研究为主的青岛某公司全部转入北京某公
司。同时将关联的青岛某公司已在经营的纵向轨枕项目和纵向轨枕研究开发示
范项目也一并转入北京某公司……"

该说明函有以下几点值得注意：一是说明函落款处有双方公司的盖章和双
方法人代表的签名（分别是齐某和商某），因此其合法性应得到认可。二是该说
明函中明白无误地指出，2011 年底签署的《合作协议》是被告与原告青岛某公
司共同签署的，因此其可以佐证前述青岛某公司是《合作协议》涉及当事人的
观点和主张。三是该说明函虽然没有更明确地说就是前述《合作协议》，但从其
涉及的主要转移标的（ZL201020116820.4 号实用新型专利，201010111952.2 号
发明专利）、交易目的（将青岛某公司的全部资源投入北京某公司）、公司登记
变更（北京某公司的"法人总经理变更为商某"）和交易时间（"2011 年

----

〔1〕 证据来源：一审北京某公司提供的证据，第 17~18 页。

底"）等的说明可知，其与《合作协议》完全一致，没有事实和理由证明说明函指的是其他的合作协议。因此，上述说明函足以证明青岛某公司和北京某公司对《合作协议》的效力予以充分认可。

其二，原告青岛某公司实际履行了该协议，表明其接受和认可了该协议的效力，取得了《合作协议》当事人的法律地位，受协议约束。

《最高人民法院关于适用〈中华人民共和国合同法〉若干问题的解释（二）》第12条规定："无权代理人以被代理人的名义订立合同，被代理人已经开始履行合同义务的，视为对合同的追认。"本案中，即使如二审判决一样否认青岛某公司是《合作协议》当事人，[1]但因为青岛某公司已经开始履行《合作协议》的义务而应视为其对该协议的追认。何况，如前所述，二审判决否定青岛某公司是《合作协议》当事人本身是错误的。这方面的主要事实与理由如下：

变更北京某公司的公司登记。

《合作协议》2.1（成立目标公司）：三方一致确定，将原北京某公司作为新企业平台。

2.2 企业变更登记。

2.2.1 法定代表人变更为商某。

2.2.2 公司注册地变更为北京市海淀区某路17号某国际港906室。

2.2.3 目标公司的注册资本为1000万元。

2.2.4 股份比例分别为甲方（齐某）33%，乙方（尹某）33%，丙方（北京振华，法定代表人：商某）34%。乙方的股份由乙方指定的代表人李某受让……

北京某公司本来是青岛某公司的全资子公司，成立于2011年3月4日，法定代表人颜某。《合作协议》第2.1条规定，2012年1月13日，北京某公司的股东由"青岛某公司"变为"齐某、李某、商某"，且三者股权比例为33%、33%和34%。

---

〔1〕　对此，二审判决未明确论证为何青岛某公司不是《合作协议》当事人，但可以认为是基于青岛某公司没有在《合作协议》上盖章。不过，仅以此排除青岛某公司协议当事人地位是不公正的，因为二审判决书主文对于公司实际控制人代表公司签署协议并已经被公司履行的事实只字不提，而正确认定青岛某公司在《合作协议》中的法律地位是解决本案的关键所在。

北京某公司的董事成员（法定代表人）由颜某变为商某。[1]

将青岛某公司享有的纵向轨枕有关专利权转让给北京某公司。

《合作协议》第五部分规定了专利权等权属变更问题：

5.1 本协议签订后甲方转让的技术项目等各项权属均变更至目标公司名下，为目标公司所有。

5.2 甲方转让的权利不再另行签订权利转让协议，技术项目权利转让后为甲、乙、丙三方按股份比例享有其权利。

5.3 变更手续和交接时间。

甲方承诺专利（包括实用新型、发明申请和 PCT 等）及相关资源权利转移和手续交接在协议生效后立即启动，在 30~60 天内完成。

2012 年 3 月 28 日，北京某公司从青岛某公司处受让"纵向轨枕和减振轨道系统 201010111952.2"发明的专利申请权、专利权。2012 年 4 月 4 日，北京某公司从青岛某公司处受让"纵向轨枕和减振轨道系统 ZL201020116820.4"实用新型的专利申请权、专利权。上述转让涉案专利申请权和专利权的事实，正是上述《合作协议》第五部分约定的内容。因此，毫无疑问，青岛某公司依照《合作协议》第五部分约定，履行了其转让相关专利申请权和专利权的义务。[2]

青岛某公司、北京某公司与相关业务单位联合签署协议确认了原先由青岛某公司依据协议享有的权利和承担的义务由北京某公司承接，是对《合作协议》第七部分约定的"原业务与目标公司的衔接"规定的具体履行，因为根据《合作协议》第 7.1 条规定，未签和已签合同应全部转到目标公司名下。

具体而言，2012 年 4 月 24 日，青岛某公司（甲方）、北京某公司（乙方）与北京某水泥制品有限公司联合签订《协议书》："各方协议如下：从该协议签订之日起，乙方将取代甲方成为既有合同的需方。因此各方同意，乙方将获得既有合同下原来甲方拥有的各种权利的利益以及承担既有合同下原来甲方承担的各自义务和责任。"[3]

2012 年 6 月 30 日，青岛某公司、北京某公司与中铁某集团有限公司上海轨

---

　　[1]　证据来源：北京某公司《企业变更（改制）登记（备案）申请书》，查询时间为 2013 年 7 月 23 日。

　　[2]　证据来源：中华人民共和国国家知识产权局网站，专利检索数据库。

　　[3]　证据来源：2012 年 4 月 24 日的《协议书》（一审北京某公司提供的证据，第 31 页）。

道交通土建 15-1 标轨道工程项目经理部签订《协议书》:"各方协议如下:从该协议签订之日起,丙方(北京某公司)将取代乙方(青岛某公司)成为既有合同的供方。因此各方同意,丙方将获得既有合同下原来乙方拥有的各种权利的利益以及承担既有合同下原来乙方承担的各自义务和责任。"[1]

2012 年 6 月 30 日,青岛某公司(甲方)、北京某公司(乙方)与中铁某轨道交通工程有限公司上海轨道交通 11 号线南段土建工程 11 标段项目经理部签订《协议书》:"各方协议如下:从该协议签订之日起,乙方将取代甲方成为既有合同的需方。因此各方同意,乙方将获得既有合同下原来甲方拥有的各种权利的利益以及承担既有合同下原来甲方承担的各自义务和责任。"[2]

从上述事实看,齐某代表青岛某公司与他人签订《合作协议》后,青岛某公司即在该协议签订不到一年的时间内主动履行了变更公司登记信息、转让协议约定的相关技术和按照协议"未签和已签合同应全部转到目标公司名下"约定转移相关业务的合同义务。青岛某公司以实际履行《合作协议》义务的形式接受和认可了《合作协议》的效力,这一事实是不可否认的。青岛某公司没有在《合作协议》上盖章,也不能否认其是《合作协议》的当事人,从而取得《合作协议》当事人法律地位。还应指出的是,青岛某公司履行义务的对象、履约时间、内容和条件全部与《合作协议》规定相符合。因此,青岛某公司因履行了《合作协议》而实际取得了该协议当事人地位、成为实际当事人,这不容怀疑。

原告青岛某公司实际接收了《合作协议》中的利益,以接收合同利益的形式实现了对《合作协议》的认可。

从一般的合同法原理看,在无权代理人与他人签订的合同中,如果被代理人主动接收了合同利益,也应视为对合同效力的认可。这方面已有相关案例体现。例如,在刘春雨诉林国琳等实用新型专利实施许可合同纠纷案[3]中,最高人民法院认为:"追认是被代理人对无权代理行为事后予以承认的一种单方意思表示,通常应当以明示的方式作出。但从维护交易秩序的稳定和保护合同相对人的利益考虑,本人如果接受相对人履行义务或接受无权代理人转移合同利益,应视为追认。"在曾莲英与张思坚、张琪、京山金孔雀俱乐部有限责任公司企业

---

[1]　证据来源:2012 年 6 月 30 日《协议书》(一审北京某公司提供的证据,第 22 页)。

[2]　证据来源:2012 年 6 月 30 日《协议书》(一审北京某公司提供的证据,第 23 页)。

[3]　最高人民法院(2014)民申字第 694 号。

出售合同纠纷案[1]中，最高人民法院也认为："张思坚的上述行为充分表明，张琪以张思坚的名义与曾莲英签订了《整体出让合同》，在该合同履行过程中，张思坚以收取转让款、发出通知、提起诉讼等方式，对张琪代其转让资产的行为进行了追认，张思坚应当对张琪的民事行为承担法律责任。二审判决认定张思坚对张琪的行为没有进行追认不符合本案事实，亦无法律依据，本院予以纠正。"

本案中，即使认为齐某不能作为青岛某公司合法代理人签署《合作协议》，也因青岛某公司实际享受了《合作协议》的利益而应视为对该协议的追认。《合作协议》第 6.1 条规定："本协议签订前由丙方（北京振华）借资 300 万元给甲方，此款在《三方合作框架协议》签订后转为甲方收到丙方交纳的技术转让费（协议中丙方应交纳的费用）中的定金。"2012 年 2 月 3 日，江苏振华密封工业有限公司向青岛某公司支付 300 万元。[2]青岛某公司接受了《合作协议》利益，应视为对《合作协议》效力的认可。

上述阐述表明，青岛某公司取得《合作协议》当事人法律地位，是该协议实际当事人，这是不可否认的事实。二审判决简单地将其排除出《合作协议》当事人之列，属于认定事实和适用法律错误。在认定青岛某公司属于《合作协议》当事人的前提下，应根据我国《合同法》规定，确认该公司应当履行的全部义务，尤其是将涉案相关技术资源和项目资源全部转移到目标公司即北京某公司，并由北京某公司享有。

从《合作协议》签订目的和主要条款的规定看，涉案商业秘密即使构成受法律保护的商业秘密，也已被转移到北京某公司名下，为北京某公司所有，青岛某公司对涉案商业秘密不再享有任何权利。主要事实与理由如下：

其一，从《合作协议》签订的目的和转移的技术资源和项目资源的规定看，涉案商业秘密已经转移到北京某公司名下。

《合作协议》第一部分"合作基本方式和内容"规定：

1.1 三方同意将甲方拥有的"纵向轨枕和减振轨道"技术及与之相关的所有技术资源和项目资源统一整合到一个新的企业平台上进行市场开发和运作。

1.2 甲方投入到新企业平台的资源为现有的、但不限于纵向轨枕技术专利和

---

[1] 最高人民法院（2011）民提字第 243 号。

[2] 证据来源：2012 年 2 月 3 日的《中国银行网上银行电子回单》；江苏振华密封工业有限公司的《情况说明》。

PCT 的所有权、商标、科研资质、试验段业绩、在履行合同。

上述规定中的"新的企业平台"指的就是北京某公司。这在该协议其他条款中得到阐释[1]，在一审判决书中也得到了明确认可。从上述规定看，《合作协议》签订的目的是要整合青岛某公司享有的"纵向轨枕和减振轨道系统"及相关的技术资源和项目资源，通过设立新的企业平台即北京某公司进行市场化开发和经营，青岛某公司则以专利技术和相关技术资源与项目资源的全部转移为代价，换取新股东北京振华（控制人商某）的现金投入并由商某获得股份，在本质上属于公司组织构建、股权变动行为。结合《合作协议》其他条款规定，如该协议不允许北京某公司以外的其他单位（包括青岛某公司）从事有关纵向轨枕技术经营活动，青岛某公司已签和未签合同均转移到目标公司即北京某公司名下，可以进一步理解本协议涉及的技术资源和项目资源的转让是一个打包式的一揽子规定。《合作协议》第1.1条使用的也是"甲方拥有的'纵向轨枕和减振轨道'技术及与之相关的所有技术资源和项目资源"这一表述。这一规定应当认为是包括了青岛某公司主张的涉案商业秘密。因为涉案商业秘密模制纵向轨枕的模具作为相关轨枕的制造模具技术，也属于与纵向轨枕和减振轨道技术"相关的所有技术资源和项目资源"范畴。从合同的文义解释看，这里使用的语言是"所有"，没有理由将涉案商业秘密解释在《合作协议》限定的转移的技术资源和项目资源范围之外。更何况，《合作协议》还有很多条款清楚地规定了包括涉案商业秘密在内的技术资源和项目资源均转移到北京某公司名下，对此后文还将进行阐述。

但非常遗憾地看到的是，二审判决只是简单地认定被上诉人青岛某公司主张权利的商业秘密是模制纵向轨枕的模具技术与上诉人北京某公司提交合同约定转让给上诉人的"纵向轨枕和减振轨道系统"技术，为相关轨枕和减振轨道的运行技术，"两者并不完全相同"。该认定没有进一步明确究竟哪些相同、哪些不相同。实际上，从判断北京某公司是否侵害青岛某公司涉案商业秘密的角度来说，并非要求两者完全相同，所要求的只是涉案商业秘密被司法鉴定出的具有同一性之处，而且该具有同一性之处还要满足具有非公知性特点。二审判决的上述认定也只是抽取了一、二审中北京某公司抗辩的关于《合作协议》规定中，为何涉案商业秘密（假定商业秘密成立的话）应当归属于北京某公司的

---

〔1〕《合作协议》第2.1条规定：三方一致确定，将原北京某公司作为新企业平台。

一个事实和理由，对于其他的诸多事实和理由均未作任何分析与认定（后文对此将予以阐明）。按照二审判决的理解，青岛某公司还保留涉案商业秘密，则会造成北京某公司生产经营纵向轨枕产品目的落空。因此，二审判决没有考虑《合作协议》中约定的青岛某公司转让和转移给北京某公司技术资源和项目是一个整体性质的转移，从而在认定事实方面发生了错误。

其二，按照《合作协议》的规定，青岛某公司与无锡某公司在本协议签订前签署并正在履行的委托模具设计合同，在《合作协议》签订后北京某公司即取代了委托模具设计合同中青岛某公司委托人地位，由北京某公司享有该合同中的权利并承担相应的义务。因此，青岛某公司在《合作协议》签订并实施后，无权再根据委托模具设计合同取得涉案模具图纸的所谓商业秘密所有权。

对此，需要结合《合作协议》的相关规定加以阐明。

《合作协议》（"合作基本方式和内容"）第 1.2 条规定：甲方投入到新企业平台的资源为现有的、但不限于纵向轨枕技术专利和 PCT 的所有权、商标、科研资质、试验段业绩、在履行合同。

第 7.1 条（"原业务与目标公司的衔接"）规定：未签和已签合同应全部转到目标公司名下。

在本案中，2011 年 4 月 25 日、9 月 6 日、11 月 23 日，青岛某公司先后委托无锡某公司加工模具，无锡某公司根据青岛某公司提供的《纵向轨枕型式尺寸图》等技术资料绘制成模具图纸并完成加工生产，其生产的产品及绘制的图纸均须经青岛某公司认可。《合作协议》则签署于 2011 年 12 月 24 日，是在最后一次委托之日后一个月多一天。在《合作协议》签署生效前，关于青岛某公司所主张权利的涉案技术是否已经存在，无非存在以下两种情况：一是已经存在，即无锡某公司已经绘制成图纸，涉案技术秘密依附于该图纸存在；二是尚未完成，性质上属于"在履行合同"。如果是前者，则根据《合作协议》第 1.2 条规定，青岛某公司主张的技术秘密属于原先由其享有的技术资源，但应当转移到目标公司及北京某公司名下；再根据上述第 7.1 条规定，该合同属于已签合同，也应全部转到目标公司即北京某公司名下。如果是后者，则仍根据上述第 1.2 条规定，青岛某公司主张的技术秘密属于"在履行合同"需要开发出来的技术成果，其同样属于应当转移到目标公司及北京某公司名下的技术成果；再根据上述第 7.1 条规定，由于也属于已签合同，其也应转移到北京某公司名下，为北京某公司所有。[1]可见，无论属于何种情况，涉案商业秘密均属于北京某公司所有，而不再属于青岛某公司所有。

此外，关于青岛某公司与无锡某公司签订模具设计合同，约定模具图纸所有权归属于青岛某公司，在《合作协议》签订并实施后涉案图纸商业秘密归属于北京某公司，还可以从北京某公司支付模具加工款110万元得到进一步佐证：

2013年3月15日，无锡市滨湖区人民法院签发（2013）锡滨商初字第0027号民事调解书，就青岛某公司与无锡某公司的定作合同纠纷案确认青岛某公司应向无锡某公司履行以下义务：支付加工费110万元，其中2013年3月18日前支付75万元，4月15日前支付剩余35万元；4月30日前开具增值税发票110万元；4月15日前支付诉讼费12 386元。[2]

2013年3月21日，北京某公司向无锡某公司支付模具采购款75万元。

2013年4月24日，北京某公司向无锡某公司支付模具采购款35万元。

2013年4月26日、5月21日，北京某公司在开给无锡某公司的一系列增值税专用发票中，均写明了货物名称是"纵向轨枕模具"。[3]

上述事实说明，北京某公司之所以支付110万元模具加工款，是因为其履行《合作协议》，取代青岛某公司在模具设计合同中的当事人地位，相应地成为合同中享有权利和承担义务的主体：取得合同标的模具图纸商业秘密权等权利，同时须承担支付模具制作费用等义务。否则，将无法解释北京某公司为何要向无锡某公司支付110万元模具款。北京某公司付款及开票行为与上述（2013）锡滨商初字第0027号民事调解书所确定的履行顺序完全对应。但令人不解的是，一审法院在未对任何事实证据进行说明的前提下直接认定北京某公司只是"垫付"110万模具款的行为，而不是"支付"行为。对此笔者认为，这属于认定事实错误。如果是垫付，那么青岛某公司应当在此后偿还北京某公司垫付的这110万元。但并没有任何证据证明青岛某公司偿还了这笔模具款。事实上，

[1] 参见北京某公司与青岛某公司关于模具图纸商业秘密侵权纠纷案《专家法律意见书》。该法律意见书是根据2016年9月4日在北京召开的本案专家研讨会上的观点总结而成。专家意见一致认为，北京某公司根本不构成对青岛某公司商业秘密的侵害。参加本次专家研讨会的均是国内知识产权法领域一流专家，包括刘春田教授、吴汉东教授、李顺德教授、李明德教授、郑胜利教授、陶鑫良教授、李扬教授、黄武双教授和蒋志培博士。

[2] 证据来源：无锡市滨湖区人民法院（2013）锡滨商初字第0027号民事调解书。

[3] 证据来源：北京银行客户回单、江苏增值税专用发票、认证结果通知（北京市海淀区国家税务局第三税务所）。

由于北京某公司已经取代青岛某公司在模具合同中的委托方当事人地位，青岛某公司已无义务再偿还北京某公司 110 万元模具款。同样地，青岛某公司也无权再主张涉案模具图纸商业秘密的所有权。否则，无论是从客观事实来看，还是从权利义务一致的法理来看，均是不成立的。

其三，从《合作协议》第五部分关于权属变更条款的规定看，涉案商业秘密也转移到了北京某公司名下，为北京某公司所有。

《合作协议》第五部分标题为"专利权等权属的变更"，具体规定如下：

5.1 本协议签订后甲方转让的技术项目等各项权属均变更至目标公司名下，为目标公司所有。

5.2 甲方转让的权利不再另行签订权利转让协议，技术项目权利转让后为甲、乙、丙三方按股权比例享有其权利。

5.3 变更手续和交接时间。

甲方承诺专利（包括实用新型、发明申请和 PCT 等）及相关资源权利转移和手续交接时间在协议生效后立即启动，在 30~60 天内完成。

《合同法》第 8 条规定："依法成立的合同，对当事人具有法律约束力。当事人应当按照约定履行自己的义务。"本案中，《合作协议》依法有效，一、二审法院及各方当事人均未否认该协议的效力。如前所述，虽然二审法院否定了青岛某公司作为《合作协议》当事人的资格，但协议的内容及其履行表明，青岛某公司是该协议当事人，这是不容否认、不容置疑的事实。基于此，青岛某公司自应当按照该协议约定履行自己的义务。事实上，如前所述，青岛某公司根据上述第 5.1 条规定，事实上已经履行了转让专利权的义务，北京某公司已成为相关专利的所有人。对于专利权一样的权利转让，由于我国《专利法》明确规定必须要签订书面的转让合同，所以就有了青岛某公司与北京某公司另外签订专利权转让合同的情况。但是，又根据该协议第 5.2 条规定，"甲方转让的权利不再另行签订权利转让协议，技术项目权利转让后为甲、乙、丙三方按股权比例享有其权利"。至于专利技术以外的技术等权益，北京某公司不必通过与青岛某公司签订合同，就能够当然地获得本应由青岛某公司享有的相关技术权益。这是因为，如前所述，《合作协议》是要将本由青岛某公司享有的技术权益通过打包式规定一揽子转移到新的企业平台北京某公司，青岛某公司不再保留技术资源和项目资源。这样一来，除了专利技术转让必须另外签订书面协议外，青岛某公司享有的相关技术权益和合同权益（当然包括通过其与第三方签订合同取得的技术和其他权益，如涉案商业秘密）不必另外通过签订协议的形式实现，而是直接依照第 5.2 条规定转移到北京某公司名下，为北京某公司所有，甲方利益的实现则通过获得股权收益等形式予以保障。加之青岛某公司享有的技术权益被整体转移到北京某公司，《合作协议》也没有必要另外规定哪些技术资源属于青岛某公司而需要通过签订转让合同的形式实现权属的变更。换言之，《合作协议》上述条款规定表明，青岛某公司的全部资源都将转移至北京某公司（即青岛某公司的原有资源将毫无保留），因此没必要另行签订转让协议。正因如此，从《合作协议》第五部分规定可以明确地推论涉案所谓商业秘密已经转移到北京某公司，而不用另外签订任何协议。

然而，令人困惑的是，青岛某公司本应履行《合作协议》第五部分规定，尤其是"甲方承诺专利（包括实用新型、发明申请和 PCT 等）及相关资源权利转移和手续交接时间在协议生效后立即启动，在 30～60 天内完成"，其却违背协议规定，单方面就涉案商业秘密主张权利，指控北京某公司侵害其商业秘密。这一主张缺乏事实和法律依据，不应得到支持。

其四，从《合作协议》第七部分"原业务与目标公司的衔接"的规定看，青岛某公司与求实公司签订的模具合同应当转到目标公司即北京某公司名下，青岛某公司无权再根据模具合同主张对涉案模具图纸商业秘密的所有权。

《合作协议》第 7.1 条规定："未签和已签合同应全部转到目标公司名下。"根据该规定，青岛某公司与求实公司在该协议签订前签订的模具合同属于"已签合同"，应当转到目标公司名下。事实上，北京某公司支付无锡某公司 110 万元模具款的行为，已经表示该合同转入到了目标公司名下，由目标公司承担义务和享有相应的合同权益，当然应包括涉案模具图纸商业秘密。只是由于青岛某公司违背《合作协议》上述规定，仍然依据其原来与无锡某公司签订的模具合同而向北京某公司主张商业秘密权益。

其五，从《合作协议》第八部分"目标公司与甲方原公司的关系"的规定看，青岛某公司就是《合作协议》的"甲方"，并且其全部技术和业务已转归目标公司北京某公司，青岛某公司无权再根据与无锡某公司签订的模具合同主张模具图纸商业秘密。

《合作协议》第八部分（"目标公司与甲方原公司的关系"）规定：

8.1 本协议签订后，除目标公司外任何一方不得从事有关"纵向轨枕技术"经营活动。

8.2 甲方青岛某公司由于其全部技术和业务已转归目标公司，因此它的去留以有利于目标公司利益最大化为前提而由三方共同商议决定。

该规定第 1 款表明，青岛某公司及其他公司不再享有"纵向轨枕技术"经营权，该经营权由北京某公司独占。之所以如此规定，是为了整合全部资源，打造北京某公司这一新企业平台，在"纵向轨枕及减振轨道系统"技术相关领域取得国内竞争优势。

该规定第 2 款则清楚地说明了以下事实：一是，如前所述，《合作协议》中的"甲方"，一般指的是青岛某公司，而不是其实际控制人齐某，尽管齐某作为公司代表在《合作协议》上签了字，而青岛某公司并没有在协议上盖章；二是确认了青岛某公司的全部技术和业务已转至目标公司北京某公司。第 2 款的规定表明，包括青岛某公司主张的涉案技术秘密在内的原先由其享有的纵向轨枕技术专利和相关技术资源全部转移到了目标公司北京某公司，没有理由认为青岛某公司主张的涉案商业秘密仍然保留在青岛某公司手中。由于其全部业务已转移到目标公司北京某公司，青岛某公司在《合作协议》签订前与无锡某公司签订的模具合同也整体转移到了目标公司。这与《合作协议》上述第 7.1 条规定也完全协调。基于此，青岛某公司主张涉案商业秘密属于其所有缺乏事实和法律依据，不应得到法院支持。

其六，从《合作协议》第九部分关于协议生效后职务发明及其归属的规定看，青岛某公司主张的涉案商业秘密属于纵向轨枕后续技术的改进范畴，权利也应属于目标公司北京某公司。

《合作协议》第 9.2 条规定：所有纵向轨枕后续技术的改进或专利的取得均属职务发明（含外观设计、实用新型和发明），权利归目标公司所有。

本案中，《合作协议》签订前青岛某公司委托无锡某公司制作设计涉案图纸，属于纵向轨枕后续技术的改进。根据上述条款规定，在该协议签字生效后，应按照职务发明处理，其权利归目标公司北京某公司所有。因此，青岛某公司主张涉案商业秘密归其所有缺乏事实和法律基础。

总的来说，总结前述事实认定与法律适用，可以明确地肯定青岛某公司虽然没有在《合作协议》上盖章，但其实际控制人齐某作为能够控制青岛某公司行为的人与其他两方签订的《合作协议》，是其代表青岛某公司签订合同的行为，应当视为履行青岛某公司职务的行为，该行为产生的法律后果应当由青岛某公司承担，即《合作协议》对青岛某公司具有约束力。不仅如此，《合作协议》本身诸多条款中的"甲方"并非指齐某，而直接指的是青岛某公司。尤其重要的是，青岛某公司以自己的行为认可、接受和履行了《合作协议》，并且享受了合同利益。本案一审法院虽然在事实认定部分简单介绍了该协议，但在判决主文部分刻意回避了对其进行任何介绍和评价，尤其是是否对涉案商业秘密权属产生影响，从而造成认定事实不清、遗漏重大事实证据的后果。二审判决虽然部分提到了北京某公司根据《合作协议》受让了相关"纵向轨枕和减振轨道系统"技术，但大大限缩了青岛某公司转移给北京某公司的技术资源的范围，尤其否认了青岛某公司作为《合作协议》当事人的法律地位，因此缺乏事实依据和法律基础。事实上，无论是从《合作协议》的签约目的，还是从其规定的签约后青岛某公司享有的技术项目权属变更、已签和未签合同的去向、签约后目标公司与青岛某公司的关系，以及协议生效后职务发明及其归属看，青岛某公司主张的涉案技术秘密在 2011 年 12 月 24 日《合作协议》生效后，其权属已经变更到北京某公司名下，青岛某公司无权再对涉案所谓商业秘密主张权利。

3. 本案一、二审法院均未对原告主张受到法律保护的商业秘密究竟是否具备法定要件进行全面考察、核查和认定，而只是简单地认定了原告对其主张的商业秘密采取了保密措施，仅以保密性替代秘密性、商业价值性和保密性完整要件，同时直接以没有进行过秘密性鉴定的司法鉴定机构关于部分同一性鉴定的结果替代秘密性，且对于被告二审中申请并已做出的关于具有同一性的两个技术特征是否具有非公知性的司法鉴定及其结论不予理睬，显属认定事实不清以及遗漏重大事实证据，从而造成适用法律错误。

对此，以下将具体结合本案事实证据和相关规定加以分析。

（1）本案一、二审法院判决关于原告主张的商业秘密是否符合法定的构成要件，没有进行全面审查和认定，仅以认定不够全面的保密性替代完整的法定构成要件：秘密性（非公知性）、商业价值性和保密性。

关于商业秘密的概念和内涵，《反不正当竞争法》第 10 条第 3 款（2017 年修订前）规定："本条所称的商业秘密，是指不为公众所知悉、能为权利人带来经济利益、具有实用性并经权利人采取保密措施的技术信息和经营信息。"《审理不正当竞争案件司法解释》第 14 条则规定："当事人指称他人侵犯其商业秘密的，应当对其拥有的商业秘密符合法定条件、对方当事人的信息与其商业秘密相同或者实质相同以及对方当事人采取不正当手段的事实负举证责任。其中，商业秘密符合法定条件的证据，包括商业秘密的载体、具体内容、商业价值和对该项商业秘密所采取的具体保密措施等。"

根据上述规定，原告青岛某公司应当就其主张的涉案商业秘密是否符合上述法定条件举证证明，并且当被告提供反证证明涉案商业秘密不符合法定要件时，应提供相反证据予以排除。但是，在本案中，原告并没有提供证据证明其主张的商业秘密完全符合秘密性、商业价值性和保密性三个缺一不可的条件，而只是提供了其与被告郭某签订的劳动合同、保密协议和竞业禁止协议，法院也只是据此认定原告"已采取了足够的保密措施。因此该图纸应为青岛某公司的技术秘密"。[1]

进而言之，一审法院并没有按照上述法律和司法解释的规定要求原告就其主张的商业秘密究竟是否具有秘密性、商业价值性和保密性负举证责任。在商业价值性方面，一审法院仅凭原告青岛某公司委托无锡某公司加工涉案模具并制作图纸的行为，就直接认定原告"获得了市场竞争优势"。笔者认为，这种认定缺乏事实依据，因为加工涉案模具并制作图纸并不能当然地获得市场竞争优势，原告也没有提供任何证据证明其获得了市场竞争优势。倒是根据前述《合作协议》的规定，原告的所有技术和项目均转移到了目标公司北京某公司，并且除目标公司外，包括青岛某公司在内的任何其他公司均无权进行纵向轨枕相关技术的经营活动。即使认为原告据此获得了市场竞争优势，那也并非涉案模具图纸与被告北京某公司专利两个技术特征具有同一性的技术秘密点所必然带来的，因为具有市场竞争优势应当是独特技术特征对相关产品和技术占领市场具有独特的作用。

尤其值得注意的是，对于一审法院关于涉案商业秘密究竟是否真的具备非公知性的结论，笔者找遍判决书全文都没有发现任何事实认定和论证，而对于被告在一审中提交的主张涉案商业秘密不具有非公知性的证据，法院在一审事实认定和判决主文中也是刻意回避、只字不提，更遑论采纳该关键事实证据。一审法院实际上是以原告采取了保密措施替代和视同涉案商业秘密符合前述法定构成要件。实际上，如前所述，即使采取了所谓保密措施，原告提供及法院认定的也只是泛泛的签订一般性的保密协议和劳动合同及竞业禁止协议，并非针对涉案模具图纸采取了何种保密措施。从后面的阐述可以看出，即使是保密性这一要件，原告也是不完全符合的。

---

〔1〕　北京市海淀区人民法院〔2014〕海民初字第 7239 号民事判决书，第 7 页。

遗憾的是，对于上述一审判决忽视和回避涉案商业秘密适格性的做法，二审本应予以纠正，就涉案商业秘密究竟是否符合秘密性、商业价值性和保密性条件进行全面查实，但二审判决同样未对涉案商业秘密是否具备法定条件进行查明和认定，而是简单地直接肯定了一审判决的做法。对于一审判决中法院没有对被告提出证据证明涉案商业秘密缺乏非公知性的主张进行认定和评判，二审法院在被告继续提出同样主张的情况下，仍然刻意回避，这必然导致认定事实不清以及遗漏重大事实证据，从而导致适用法律错误的后果。

（2）本案一、二审法院将未进行非公知性鉴定或认定的部分同一性等同于秘密性，回避了涉案商业秘密是否具有秘密性的问题，属于认定事实不清。一审法院组织的同一性鉴定缺乏对非公知性事实证据的采纳和认定，使得仅凭具有部分同一性的鉴定结论不能当然地认定涉案商业秘密符合受法律保护的条件。

一审法院判决主文之二指出："经鉴定，北京某公司模具专利与青岛某公司的技术秘密已构成部分同一性，对此北京某公司并未提交证据证明相关技术由其独立研发或者全部技术已被外人公开，故应视为专利技术来源于青岛某公司的技术秘密，北京某公司的行为构成侵权。"必须要指出的是，该判决的上述认定存在一个事实认定错误，即北京某公司未能提交证据证明全部技术已经被外人公开。事实是，北京某公司在一审中提交了多份证据证明涉案所谓商业秘密已经被在先的专利技术文献及相关文献公开，只是法院并未对这些关键性证据进行查实和认定，判决书也不知是出于何种原因未做任何介绍和评判。由于漏审了重要事实证据，北京某公司构成侵权的结论就缺乏事实和法律基础。

特别值得指出的是，如前所述，一审法院在组织司法鉴定时，根据司法鉴定的记载，只接受了原告青岛某公司提交的申请材料，被告在一审中法院组织司法鉴定前已经向法院提交的破坏涉案商业秘密的事实证据，在该司法鉴定中没有任何体现，该司法鉴定也没有主动就原告主张的涉案商业秘密5个技术秘密点究竟是否具备非公知性的问题进行查实。在未进行非公知性鉴定或者认定的前提下，司法鉴定机构做出的部分同一性鉴定结论，自然不能当然地作为被告侵害涉案商业秘密的依据和理由。原因很简单：同一性不等于秘密性，它解决的只是被告涉案专利技术特征与原告归纳的涉案商业秘密技术有哪几个相同的技术秘密点，如本案中第2、4技术秘密点的相同。但是，在未进行非公知性鉴定或者认定的前提下，具有同一性的技术秘密点完全可能来自于公知技术，而如果来自公知技术就不能受到法律保护。本案即是如此，因为一审中法院没有审查涉案商业秘密非公知性问题，对于被告提交的破坏涉案商业秘密非公知性的证据也没有进行认定，在判决书中涉及查明事实部分也未进行任何介绍和说明。

（3）本案大量事实证据证明，涉案商业秘密根本不具有受法律保护的商业秘密法定构成要件，不应当受到法律保护，被告相应地不构成侵权。对此，可以从以下几方面加以认识和理解：

首先，原告主张的所谓商业秘密不具有非公知性。

1）二审期间，北京某公司申请并已经做出的司法鉴定意见书在鉴定结论部分明确指出："技术秘密点说明文件中的技术信息 2、4 能够由模具图纸得出的技术特征在 2013 年 4 月 26 日之前已为公众所知悉。"该司法鉴定意见是由具有国家合法司法鉴定资质的司法鉴定中心于二审期间由具有合法司法鉴定员资质的专家按照合法程序做出的。根据该鉴定意见的结论，涉案所谓商业秘密不具有非公知性，不符合受法律保护的商业秘密的法定要件，因而不应受到法律保护，被告相应地不能被认定为侵害原告商业秘密。

二审没有理由不采纳上述司法鉴定意见。但是，二审判决主文第一段以大篇幅论证"上诉人北京某公司在二审期间再次鉴定的主张没有事实和法律依据"的观点，而不是论证涉案商业秘密的权利归属究竟如何、涉案商业秘密究竟是否符合法定条件。如前所述，上述观点缺乏事实基础和法律依据，二审判决以该观点为挡箭牌，刻意回避对司法鉴定中心依法做出的司法鉴定意见的介绍、评价和认定，笔者认为这对被告是不公平的。进一步的理由如下：

根据我国民事诉讼法的精神，二审主要是对上诉人针对一审判决不服的主张，对一审判决事实认定是否正确，包括是否存在认定事实不清、认定事实错误、认定事实不全面、遗漏重要事实等情况，以及适用法律是否正确、程序是否正当等进行审理。本案中，既然上诉人北京某公司提出了一审中存在的一个致命的错误，即将法院组织的司法鉴定认定的同一性直接等同于非公知性，无论是司法鉴定还是法院一审程序，均未对具有同一性的两个技术秘密点究竟是否具有非公知性进行查实与最后认定，二审法院就不能再次回避同一性与非公知性的关系，而应当采取一定方式进行查实与认定。上诉人在二审就具有同一性的两个技术秘密点是否具有非公知性，向法院提出再次进行司法鉴定，无论是从法理、逻辑还是解决侵权纠纷实际需要的角度来说，均存在充分的事实和法律依据。对此，前面已经做了一定说明。然而，令人遗憾的是，二审法院不仅拒绝上诉人申请再次司法鉴定的请求，而且对于在其不组织司法鉴定的情况下上诉人北京某公司申请具有国家合法鉴定资质的知识产权司法鉴定机构做出的司法鉴定意见，在以"谈话"代替开庭程序的二审期间以及二审判决中，对该司法鉴定意见未做任何仔细查实、认定和评论。由于非公知性是商业秘密受到法律保护的根本性要件，二审判决将未进行非公知性审查的两个具有同一性的技术"秘密"点直接视为符合商业秘密法律保护要件，显然属于认定事实不清的情形。法院对二审中上诉人申请并由合法司法鉴定机构做出的司法鉴定意见不予任何评论和认定，则属于遗漏重大事实证据的情形。二审法院采取否定上诉人在二审程序中申请再次鉴定合法性的做法属于刻意回避该关键事实证据，对上诉人显然是不公平的。

2）涉案模具图纸与被告北京某公司涉案专利技术具有同一性的两个技术秘密点，属于《审理不正当竞争案件司法解释》第9条规定的"所属领域的相关人员普遍知悉和容易获得"，不具有非公知性。

最高人民法院《审理不正当竞争案件司法解释》第9条规定："有关信息不为其所属领域的相关人员普遍知悉和容易获得，应当认定为反不正当竞争法第十条第三款规定的'不为公众所知悉'。具有下列情形之一的，可以认定有关信息不构成不为公众所知悉：（一）该信息为其所属技术或者经济领域的人的一般常识或者行业惯例；（二）该信息仅涉及产品的尺寸、结构、材料、部件的简单组合等内容，进入市场后相关公众通过观察产品即可直接获得；（三）该信息已经在公开出版物或者其他媒体上公开披露；（四）该信息已通过公开的报告会、展览等方式公开；（五）该信息从其他公开渠道可以获得；（六）该信息无需付出一定的代价而容易获得。"

涉案专利与所谓商业秘密具有同一性的两个技术点如下：

技术点2，一种用模制纵向轨枕的模具，其特征是其模具轨枕台为，在底膜上设置有用于装配轨枕台的模区；轨枕台与底膜采用装配式；根据轨枕台在模具上所处的不同空间位置，调解模区的三维位置；采用不同尺寸的轨枕台，实现一模多用。

技术点4，一种用模制纵向轨枕的模具，其特征是：其模具纵向/横向对称，其模具及其各个组成部分关于中心轴线（包括横向中心轴线和纵向中心轴线）对称。

本案中，涉案模具图纸满足《审理不正当竞争案件司法解释》第9条第2

款第 1、2、3、6 项：[1]

　　本案中技术点 2 描述的是模具的模区位置跟随承轨台在模具上的位置不同而改变三维位置；技术点 4 描述的是为了便于中心轴线的校对和调整，确保模具性能，模具及各组成部分要和横向和纵向中心轴线对称。纵向轨枕作为新型的减振轨道产品，和任何一种普通轨枕一样，需要通过轨枕自身的承轨台和轨枕扣件连接（卡住）钢轨，下部连接道床，为了适应不同类型的扣件，其凸台尺寸必然会有所不同，而为了满足扣件安装要求，其承轨台需要可调整以满足模具的适应性。任何一个枕轨产品也均是对称的（除非是道岔轨枕等特殊地段轨枕有所特殊要求，但这不是本案涉及的技术范围）。因此，上述所谓技术秘密点实际上是轨枕技术领域的行业常识，而且是肉眼即能观察到的属于尺寸、结构概念方面的内容，其落入"一般常识或者行业惯例"，属于"该信息为其所属技术或者经济领域的人的一般常识或者行业惯例"。联系原告青岛某公司与案外人无锡某公司签订的《模具委托加工合同》，原告青岛某公司未要求加工人研发新的模具或要求模具具有特殊功能，模具加工方亦根据行业惯例来制作模具，其可进一步佐证上述论证。

　　上述技术点仅涉及模具简单的外在结构、部件的简单组合和外在形状，由于涉案模具图纸是轨枕技术的一般性模具图纸，而该轨枕一旦在市场上公开使用，其外部结构和相应的模具结构均可被他人轻易得知，故涉案模具图纸两个技术点属于《审理不正当竞争案件司法解释》第 9 条规定的"该信息仅涉及产品的尺寸、结构、材料、部件的简单组合等内容，进入市场后相关公众通过观察产品即可直接获得"。应当说，这是涉案模具图纸制作的模具产品在实践中缺乏保密性所致，因为其投入市场后上述两个技术点会在公众面前暴露无遗。

　　北京某公司申请涉案专利前，涉案二技术要点在《CRTS Ⅱ 型轨道板预制生产关键技术》《地铁短轨枕的预制模板技术》《高速铁路承轨台零件冲压模具开发》等文献中已有相关描述。再依据鉴定报告和相关在先技术文献，涉案模型的所谓技术点已被"二维可调承转槽模具"（申请号 200910215461. X）于 2010 年 6 月 23 日公开。可以认为，二技术信息"已经在公开出版物或者其他媒体上公开披露"。

　　此外，案涉所谓商业秘密两个技术点系依据轨枕结构直接制作而来，缺乏

---

[1]　参见北京某公司与青岛某公司关于模具图图示商业秘密侵权纠纷案《专家法律意见书》。

创造性劳动，也无须支付一定代价，属于"该信息无需付出一定的代价而容易获得"。对此，可以结合既判案件和相关法理加以理解：

上述司法解释表明：一个技术信息受到法律保护应以付出一定代价为条件。如果一个信息无需付出一定代价而容易获得，则不符合商业秘密受法律保护的条件。原因在于：与以公开换取垄断的专利权相比，商业秘密由于没有向社会公开而依然获得了法律保护，相对于专利权来说其应获得的是一种弱保护，而不是强保护。这样就对受到法律保护的商业秘密应设置较严格的保护条件，其中在"不为公众所知悉"条件中应当包含"并非容易获得"这一条件，这样才能符合知识产权保护的利益平衡原则和权利义务一致性原理，也才能使得商业秘密所有人主张权利具有正当性和合理性。

涉及商业秘密侵权纠纷的相关既判案例无不体现了上述观点和司法解释的精神。例如，在上海某环保科技有限公司、彭某、佟某侵犯商业秘密纠纷案中，[1]法院指出：根据我国《反不正当竞争法》的相关规定，在商业秘密构成要件中，"不为公众所知悉"是指有关信息不为其所属领域的相关人员普遍知悉和容易获得，也即"不为公众所知悉"应当同时具备"不为普遍知悉"和"并非容易获得"两个具体条件。在北京湛庐文化传播有限公司与赵艳琳等侵害商业秘密纠纷上诉案[2]中，法院认为：秘密性是指"不为公众所知悉"，即有关信息不为其所属领域的相关人员普遍知悉和容易获得，也就是商业秘密应与众所周知的信息有最低限度的区别或应具有新意，相关人员要付出一定的创造性劳动或代价才能获得。由此可见，"不为公众所知悉"意味着商业秘密的主张人须证明其付出了"一定的创造性劳动或代价"。但在本案中，纵使模具与轨枕产品不具有唯一对应性，涉案模型图纸两个技术秘密点的形成也不需要付出创造性劳动或者支付一定代价。在整个案件的一审和二审中，原告既未提出任何证据主张其对涉案商业秘密的获取符合上述要件，法院也根本没有对原告主张的商业秘密是否符合上述"不为公众所知悉"的法定要件进行事实查明和认定，而是先入为主地当然地认可原告主张商业秘密的适格性。

涉案所谓商业秘密缺乏保密性。最高人民法院《审理不正当竞争案件司法解释》第 11 条规定，权利人为防止信息泄漏所采取的与其商业价值等具体情况

---

〔1〕 上海市第二中级人民法院（2011）沪二中民五（知）终字第 7 号。

〔2〕 北京市第三中级人民法院（2014）三中民（知）终字第 13058 号。

相适应的合理保护措施，应当认定为《反不正当竞争法》第 10 条第 3 款规定的"保密措施"。人民法院应当根据所涉信息载体的特性、权利人保密的意愿、保密措施的可识别程度、他人通过正当方式获得的难易程度等因素，认定权利人是否采取了保密措施。具有下列情形之一，在正常情况下足以防止涉密信息泄漏的，应当认定权利人采取了保密措施：①限定涉密信息的知悉范围，只对必须知悉的相关人员告知其内容；②对于涉密信息载体采取加锁等防范措施；③在涉密信息的载体上标有保密标志；④对于涉密信息采用密码或者代码等；⑤签订保密协议；⑥对于涉密的机器、厂房、车间等场所限制来访者或者提出保密要求；⑦确保信息秘密的其他合理措施。

纵观本案，原告并没有拿出证据证明其采取了符合上述法律要件的合理的保密措施。一审法院判决只是提到原告在与案外人无锡某公司签订的《模具委托加工合同》中约定，"无锡某公司不得将制作的模具产品以及图纸提供给第三方，并且对甲方提供的技术资料以及相关信息承担保密义务，无锡某公司不得将制作的模具产品以及图纸提供给第三方"，以及强调原告与被告郭某签订了劳动合同和保密协议。从实际情况来看，青岛某公司对委托无锡某公司设计加工模具的图纸，并未标注保密标志，相关沟通邮件中亦无保密要求，关于该项目的工作会议纪要也从未提及保密要求，且此种模具及产品极容易暴露于众，因此可以认为青岛某公司对该技术信息缺乏商业秘密所需要的保密性要件。

涉案商业秘密缺乏实用性。最高人民法院《审理不正当竞争案件司法解释》第 10 条规定，有关信息具有现实的或者潜在的商业价值，能为权利人带来竞争优势的，应当认定为《反不正当竞争法》第 10 条第 3 款规定的"能为权利人带来经济利益、具有实用性"的信息。但是，本案中原告青岛某公司始终没有提供证据证明其主张的涉案商业秘密具有实用性。一审法院在判决主文中认定"青岛某公司委托无锡某公司加工涉案模具并制作图纸，获得了市场竞争优势"。笔者认为，该认定并非指的是涉案模具图纸具有市场竞争优势，而是就整个加工涉案模具并制作图纸行为而言的。至于模具图纸与涉案专利具有同一性的两个技术秘密点是否具有市场竞争优势，并不能根据该认定得出结论。更何况，一审法院判决的上述认定本身就缺乏事实证据的支持，只是一审法院单方面的推论和理解而已。再者，前述涉案商业秘密 2、4 技术要点为公众所熟知，根本不可能为原告带来竞争优势。原告青岛某公司也没有提供任何证据证明涉案技术秘密具有经济价值、竞争优势。不仅如此，根据原告实际控制人齐某与其他相关方签订的前述《合作协议》的规定，包括原告在内的任何其他第三方不得从事纵向枕轨经营活动，被告北京某公司享有独占经营权；未签和已签合同全部转到目标公司北京某公司名下。基于此，根本不存在原告对涉案商业秘密利用获得市场竞争优势的问题。

综上所述，原告青岛某公司主张的涉案所谓商业秘密，不符合法律和司法解释规定的法定要件，缺乏非公知性、商业价值性（实用性）和保密性。[1]因此，其不是受到法律保护的商业秘密，不应当在本案中受到保护，否则不仅将对被告造成极大的不公平，而且会破坏正当的商业秘密法律保护秩序。

4. 关于本案被告北京某公司、郭某等是否构成侵害涉案所谓商业秘密

行文至此，结论已经非常明确，就是北京某公司、郭某及其他被告根本不构成对原告主张的涉案商业秘密的侵害。即使假定原告主张的涉案模具图纸符合商业秘密的法定构成要件，那也只能认定原告青岛某公司侵害了被告的涉案商业秘密，而不是相反。

原因很清楚，根据原告实际履行并认可和接受了的、实际控制人齐某与相关主体签订的《合作协议》的规定，涉案所谓商业秘密已经转移到被告北京某公司，为其所有。对此前面已经做了充分论述。核心要点是：虽然原告青岛某公司没有在《合作协议》上加盖公章，但其实际控制人代表原告青岛某公司签署了该协议，属于代表公司行为的签约行为，应当受到该协议约束。而且，协议尽管是以原告实际控制人齐某作为"甲方"身份签订的，但其条款中"甲方"基本上指的是原告青岛某公司，而不是齐某。更重要的是，原告以实际行为认可和接受该协议并享受了该协议利益。因此，其取得了本协议合同当事人法律地位，受本协议约束。而根据本协议第5.1、7.1、8.2条规定，"本协议签订后甲方转让的技术项目等各项权属变更至目标公司名下，为目标公司所有"；"未签和已签合同应全部转到目标公司名下"；"甲方青岛某公司……其全部技术和业务已转归目标公司"。根据该协议规定，原告青岛某公司主张在《合作协议》签订一个月前与无锡某公司关于模具委托加工合同涉及的模具图纸商业秘密归属于其的观点缺乏事实和法律依据。

同时，从涉案商业秘密本身看，原告主张与被告涉案专利技术具有同一性的两个技术秘密点由于不符合法定要件，本身不能受到法律保护。因此，仅从

---

〔1〕 上述三个要件，缺乏其中任何一个即不构成受法律保护的商业秘密。

此点也可以认定被告不存在对原告商业秘密侵害的问题。尤其是二审中被告提交的具有国家合法鉴定资质的司法鉴定机构做出的司法鉴定，否定了涉案两个具有同一性的技术秘密点的非公知性，从而可以直接认定其不能受到法律保护。

同时，鉴于本案一审原告是将郭某作为其员工跳槽到被告北京某公司，带走了其涉案商业秘密并申请专利进而获得专利权作为郭某及北京某公司等被告侵害其商业秘密的理由，因此可以进一步探讨郭某行为的事实真相，以增强前述观点的说服力。不过先需要明确的是，对于郭某涉及模具和模具图纸的行为，无论是认定其在原告处还是被告处工作，始终是履行公司职务的行为。前述 2011 年 12 月 24 日签署并生效的《合作协议》第 9.2 条规定，所有纵向轨枕后续技术的改进或专利的取得均属于职务发明，权利归目标公司所有。又根据一审判决事实认定部分对郭某的说明："郭某于 2010 年 9 月 1 日入职青岛某公司，在研发技术部担任技术工程师职务，服务期限至 2013 年 8 月 31 日。2010 年 9 月至 2012 年 1 月，由青岛某公司为郭某发工资，并委托北京外企人力资源服务有限公司自 2011 年 7 月至 2012 年 1 月为郭某代缴社会保险以及代缴公积金。2012 年 3 月之后，郭某与北京某公司签署劳动合同，其社保由北京某公司缴纳。"显然，原告主张的涉案模制纵向轨枕的模具技术属于纵向轨枕后续技术改进，按照上述规定应当属于目标公司北京某公司。即使不依据《合作协议》相关规定，从本案事实看，郭某的行为也不构成跳槽并带走原告主张的商业秘密，进而泄露给被告北京某公司并申请专利，也就相应地不构成侵害原告涉案商业秘密行为。具体事实与理由如下：[1]

（1）郭某没有接触涉案技术信息，并未接触青岛某公司主张商业秘密的模具图纸，其接触的均为轨枕产品图纸。

《反不正当竞争法》规定，商业秘密侵权是指，以不正当手段获得、披露、使用、许可他人使用商业秘密或者明知或应知是他人以不正当手段获得的商业秘密而获取、披露或使用。商业秘密侵权的形式具体有：①以盗窃、利诱、胁迫或者其他不正当手段获取权利人的商业秘密；②披露、使用或者允许他人使用以前项手段获取的权利人的商业秘密；③违反约定或者违反权利人有关保守商业秘密的要求，披露、使用或者允许他人使用其所掌握的商业秘密；④第三

---

[1]　参见北京某公司与青岛某公司关于模具图纸商业秘密侵权纠纷案《专家法律意见书》。

人明知或者应知上述三种违法行为，获取、使用或者披露他人的商业秘密，视为侵犯商业秘密。商业秘密的所有人主张他人侵权需要证明存在上述侵权行为之一。就本案而言，一审原告指控被告郭某侵害其商业秘密，关键是要查明与认定郭某是否接触到了涉案商业秘密，只有接触到涉案商业秘密，才会存在非法披露、使用或者许可他人使用的可能。

本案作为证据送交一审司法鉴定的《纵向轨枕尺寸图》《端模孔位置图》《纵向轨枕模具要求参考图》图纸均是青岛某公司在诉讼过程中提供的，其根本没有提供被告郭某有知悉这些模具图纸的证据。在一审和二审中，原告始终没有提供郭某接触了其主张的涉案模具图纸的证据。但是，本案二审和一审判决都在缺乏事实证据的基础上草率地认定郭某接触了涉案商业秘密，属于认定事实重大错误。具体说明和分析如下：

从二审判决看，其主文认定"本案中，依据原审被告郭某与被上诉人签订的保密合同等证据，可以认定郭某自2010年始在被上诉人公司任职并接触到了涉案技术秘密"。[1] 笔者认为，该认定依据的事实和证据不足，仅凭郭某与原告青岛某公司签订保密合同，根本不足以认定郭某在原告处任职期间就接触到了涉案技术秘密。因为这里签署的保密协议乃至劳动合同和竞业禁止协议，均是针对原告对郭某工作上的保守本公司商业秘密的一般性要求。有这样的要求，与郭某是否接触涉案商业秘密完全是两回事。郭某是否接触涉案商业秘密是一个客观事实，这个客观事实只能通过郭某接触涉案商业秘密的证据体现出来。进一步说，郭某与公司签订的保密协议等，并非是专门针对涉案商业秘密而言的。二审判决的上述认定将对郭某一般性工作职责和保密要求直接等同于对特定的涉案商业秘密，对郭某接触原告涉案商业秘密的认定缺乏事实依据。由于"实质性相似加接触"是认定商业秘密侵权的基本路径，二审判决本应着重查明和仔细判明郭某究竟是否接触到了涉案商业秘密，因为本案原告没有提供证据证明郭某通过其他形式获取了涉案商业秘密，只有接触才存在侵害涉案商业秘密的可能。但很遗憾的是，对如此重要的待查明的重要事实，二审判决仅以上述一句话就肯定郭某接触到了涉案技术秘密，无法令人信服。

从一审判决来看，关于郭某是否接触到涉案商业秘密，法院存在认定事实错误以及混淆接触模具图纸与接触模具产品的问题。法院在一审判决"经审理

---

〔1〕 北京知识产权法院（2017）京73民终110号民事判决书，第10页。

查明"部分第二点"图纸"中认定：2011 年 10 月 13 日郭某曾与青岛某公司工程师杨某关于模具生产、模具图纸修改进行邮件沟通（一审判决书第 5 页第一段）。[1]但该认定与事实不符，因为郭某并没有就模具图纸修改与杨某进行邮件沟通。实际情况是，郭某与杨某讨论的内容为"台形支架纵向轨枕型式尺寸图-模具用 2011. 10. 12"，仍然是"纵向轨枕尺寸图"，而非模具图；第 32 页和 34 页为双方邮件的附件，图纸上的名称仍然是"台形支架纵向轨枕型式尺寸图"。可见，郭某与杨某 2011 年 10 月 13 日邮件沟通的内容仍然是轨枕产品图纸，而非模具图纸。[2]原告青岛某公司并未提供任何证据证明一审被告郭某接触了其主张构成商业秘密的模具图纸，一审判决对此认定错误。

如前所述，原告青岛某公司分别于 2011 年 4 月 25 日、9 月 6 日、11 月 23 日委托无锡某公司制作涉案模具，郭某作为工作人员参与部分工作沟通。但是，郭某并未从事过任何模具图纸相关的工作，其仅仅只是参与了关于轨枕产品图纸的设计。青岛某公司提供的证据 1.6 "有郭某签字的模具用轨枕图纸"显示，郭某只在轨枕产品上签署了名字。虽然郭某参与的轨枕产品图纸是为模具生产服务，但是模具与产品毕竟是两种不同的客体，同一个产品可以通过多种不同的模具生产出来，两者并不能画等号。因此，青岛某公司并没有任何郭某接触过模具图纸的证据，自然也就没有证据能证明郭某接触了其主张的商业秘密。

此外，还有一个重要事实可以更好地佐证郭某没有接触涉案模具图纸，即在一审法院组织的司法鉴定中，司法鉴定使用的表示涉案技术的图纸署名并没有郭某。该司法鉴定中用于鉴定的涉案图纸与青岛某公司提供的证据中带有郭某签名的附图完全不同。如果郭某接触了涉案模具图纸，参与了模具图纸设计，则应当在相关图纸中留有其签名。一审法院在缺乏足够证据支持的情况下，直接认定郭某参与了模具图纸修改方面的联系，并在判决书中暗示郭某接触到了涉案商业秘密。[3]由于法院对郭某是否接触涉案商业秘密没有结合原告提供的

---

〔1〕 基于一审原告提交的证据 1-6（第 30~34 页部分）。

〔2〕 一审判决在关于郭某的事实查明部分提到的 2012 年 1 月到 4 月原告与郭某就项目问题进行过邮件沟通，但未涉及模具的事情属实。这一事实可以补强证明郭某在与原告有关人员以邮件等形式沟通时并未涉及模具图纸。

〔3〕 该判决书主文并没有像二审判决书一样，明确认定郭某接触到了涉案技术秘密，而只是在事实认定部分简单地提及郭某参与模具图纸修改方面的联系。虽然二审认定同样缺乏事实依据，在应当认定"接触"这一点上，二审判决似乎略胜一筹。

证据充分地予以查明和论证，使得郭某侵害涉案商业秘密的主张缺乏事实基础。

（2）郭某不存在跳槽行为。本案中，一审原告起诉郭某侵权的原因是其跳槽，带走了在原告工作期间接触到的商业秘密。[1]实际上，郭某并不存在跳槽的行为，只是因为原被告股权关系发生变更才发生郭某身份关系发生变化的情况。郭某入职之初的工作单位为青岛某公司（北京办事处），2011年3月4日，青岛某公司在其北京办事处的基础上成立了全资子公司北京某公司，郭某的实际工作单位即变动为北京某公司。2012年初北京某公司的股权结构变动、青岛某公司退出后，其作为北京某公司股东的身份不存在了，郭某才因此变更劳动合同关系，与北京某公司签署劳动合同。此时，郭某作为北京某公司员工并没有什么过错。3月份郭某再次与北京某公司签订劳动合同，仍然是这一关系的延续。因此，郭某任职身份的变化是基于公司间股权变化，与现实生活中一些员工跳槽带走原单位拥有的商业秘密的情况根本不同。

此外，郭某在原告青岛某公司及被告北京某公司的相关工资关系、公积金和社保等情况也能间接证明郭某并不存在跳槽、带走商业秘密的行为。青岛某公司一审中提供的工资及公积金凭证显示郭某的款项入账的支行为北京的支行，北京某公司一审提供的证据显示在2012年3月之前，郭某的社保由北京外企人力资源服务有限公司缴纳，在2012年3月之后，社保由北京某公司缴纳。这说明，郭某一直在北京某公司工作，只不过在2012年3月前，其任职身份经历了青岛某公司（北京办事处）和在其之上成立的北京某公司。从现实情况看，企业员工与其母公司签署劳动合同、母公司指派员工到实际工作的子公司工作的情况非常普遍。就本案而言，郭某先是与青岛某公司签署了劳动合同等，青岛某公司派郭某在其子公司北京某公司工作，只是后来股权变化导致青岛某公司脱离北京某公司，郭某才因而重新办理了社保等手续。

本案北京某公司一审提供的证据5-2进一步证明，在上述股权关系变更后，原告青岛某公司并不反对郭某继续在北京某公司工作。因为在2012年1月和4月，时任青岛某公司股东的齐某还曾与在北京某公司工作的郭某就项目问题（并非涉及模具图纸）进行多次邮件沟通，并未出现齐某反对郭某继续留在北京某公司工作的情况。

（3）郭某未违反竞业禁止义务。商业秘密保护之竞业禁止义务要求在职职

---

[1] 原告在一审起诉状中指控郭某：2012年初，郭某未通知青岛某公司、在青岛某公司不知情且未办理离职手续的情况下，入职北京某公司。

工以及离职员工不得从事与原单位相竞争的业务，以避免损害原单位的合法权益。如果原单位根本不具备从事相关业务的资格，则不能认定离职员工存在违反竞业禁止义务的行为。本案正是如此。《合作协议》第 8.1 条规定："本协议签订后，除目标公司外，任何一方不得从事有关'纵向轨枕'经营活动。"其第8.2 条规定，青岛某公司全部技术和项目已转归目标公司北京某公司，其去向以有利于目标公司利益最大化为前提而由三方共同协商决定。2011 年 12 月 24 日该协议签署并实施后，青岛某公司不再享有涉及纵向轨枕相关经营活动权。涉案商业秘密属于纵向轨枕相关技术范畴，青岛某公司不再享有经营权。郭某因而并不再负担对原告的竞业禁止义务，而只对被告北京某公司负有这一义务。

由此可见，仅从郭某是否接触涉案技术信息，是否存在跳槽和带走原单位商业秘密等方面看，现有证据不足以证明郭某接触到了涉案商业秘密。原告也没有其他证据证明存在郭某通过窃取、利诱、胁迫或其他不正当手段获取青岛某公司的商业秘密，以及非法许可他人使用涉案商业秘密的情况。由于缺乏有效的证据证明郭某存在侵害青岛某公司涉案商业秘密的情况，也就不能相应地证明其他被告存在侵害涉案商业秘密的情况。

5. 原告未对被告侵害涉案商业秘密造成的实际损失或被告侵权非法所得提供任何证据，一、二审判决却参照法定赔偿之最高额度 100 万元判赔，导致本案被告有被追究刑事责任的风险，严重缺乏事实和法律依据，对诸被告造成极大不公。

《反不正当竞争法》第 20 条第 1 款（2017 年修订前）规定："经营者违反本法规定，给被侵害的经营者造成损害的，应当承担损害赔偿责任，被侵害的经营者的损失难以计算的，赔偿额为侵权人在侵权期间因侵权所获得的利润；并应当承担被侵害的经营者因调查该经营者侵害其合法权益的不正当竞争行为所支付的合理费用。"《审理不正当竞争案件司法解释》第 17 条第 1 款则规定："确定反不正当竞争法第十条规定的侵犯商业秘密行为的损害赔偿额，可以参照确定侵犯专利权的损害赔偿额的方法进行……"而侵犯专利权的损害赔偿有以下几种计算方法：被侵权人的实际损失、侵权人违法所得、许可费合理倍数以及 1 万元以上 100 万元以下的法定赔偿。可见，对于侵犯商业秘密行为的损害赔偿额，应首先以被侵害方的损失为标准计算；难以计算被侵害方损失的，应以侵权方因侵权所获利润计算；通过以上标准均难以计算的，应参照《专利法》规定的 1 万元以上、100 万元人民以下酌定判赔。同时，还值得指出，《最高人民法院关于全国部分法院知识产权审判工作座谈会纪要》是人民法院审理知识产权案件的指导性文件，其指出：侵犯商业秘密行为的损害赔偿额可参照对于已查明被告构成侵权并造成原告损害，但原告损失额与被告获利额等均不能确认的案件，可以采用定额赔偿的办法来确定损害赔偿额。定额赔偿的幅度，可掌握在5000元至30万元之间，具体数额，由人民法院根据被侵害的知识产权的类型、评估价值、侵权持续的时间、权利人因侵权所受到的商誉损害等因素在定额赔偿幅度内确定。根据这些规定和政策精神，在原告不能对商业秘密侵权造成实际损失和被告因商业秘密侵权获得非法收益进行举证证明的情况下，本案一审法院直接参照《专利法》法定赔偿的最高额度100万元判决，缺乏事实和法律依据，对被告人极不公平。

如前所述，本案被告不构成侵害商业秘密，因此并不存在侵害商业秘密损害赔偿问题。但是，鉴于一审法院在原告未提供任何证据证明其因为涉案商业秘密受到侵害而造成实际损害或者被告因侵害商业秘密而获得非法收益的前提下，仍然直接参照《专利法》中的法定赔偿规定，取其最高额100万元予以赔偿，缺乏事实和法律依据，而二审未做任何合理解释予以维持，缺乏正当性，笔者也有必要在假设被告构成侵害商业秘密的前提下界定本案侵权损害赔偿。

关于本案原告受到的实际损失的计算，值得注意的一个重要事实是，根据2011年12月24日《合作协议》的约定，原告自该协议生效后不得再从事与纵向轨枕相关的营业活动。涉案商业秘密是基于此前一个月原告与无锡某公司签订委托加工模具合同产生的，由于原告在纵向轨枕相关技术领域丧失经营权，甚至根据《合作协议》第8.2条规定其全部技术和业务已转向目标公司北京某公司，原告根本不可能因为涉案商业秘密受到实际损害。这也是本案原告不能提出证据证明其受到的实际损失的真正原因。

但是，本案一审法院在未进行任何说理，尤其是未对为何参照《专利法》规定的法定赔偿的最高额判赔进行任何说明的情况下直接判决顶格赔偿100万元，笔者认为这属于滥用司法自由裁量权，严重损害了被告合法权益。原因是，法院不可能不知道，在商业秘密侵权纠纷案件中，一旦判决侵权成立且赔偿额超过50万元，被告即面临刑事指控的法律风险。基于此，尤其是在原告不能举证证明其受到的实际损失或者被告因侵权获得的非法利益的情况下，法院不能轻率地判赔50万元或者以上的赔偿，而是应当格外谨慎，综合考虑侵害行为表现、商业秘密本身的构成、商业秘密市场价值、侵权主观状况、原告利用涉案商业秘密的市场能力和实际情况等因素。无论如何，一审法院在原告未能提供其实际损失或被告非法所得的证据的前提下，未做任何说明即将判赔金额确定为《专利法》中规定的法定赔偿最高额，远超过商业秘密犯罪刑事责任量刑起点 50 万元实际损失，不仅是滥用司法自由裁量权，还有强加刑事责任的嫌疑。令人遗憾的是，二审法院对一审草率做出的判赔 100 万元的错误判决，不但未给予任何纠正，反而轻描淡写地以"原审法院依法酌定赔偿数额并无不当"作为维持的说辞，从而维持了一审判赔 100 万元的错误判决。

根据民事侵权责任一般原理和规定，商业秘密侵权损害赔偿也应实行过错责任原则，从不法行为、损害结果、不法行为与损害结果具有因果关系以及侵权人具有过错等四个方面进行判断和认定。但很遗憾的是，本案一审对此未进行任何分析就径直判决前述《专利法》规定的法定赔偿的顶格赔偿。不过，虽然判决赔偿金额大大高于追究刑事责任的起点 50 万元，但如后文进一步探讨的，笔者认为本案被告不足以被追究刑事责任。

6. 其他相关问题的说明与分析

在本案中，原告青岛某公司申请司法鉴定时归纳和提炼的五个技术要点与其主张商业秘密保护的模具图纸不同。原告没有提供证据证明其申请司法鉴定的五个技术要点与其主张商业秘密的模具图纸具有完全对应关系。在一审中，被告也没有在原告主张的包含上述五个技术要点的申请文件中签字，也就是说被告并没有认可原告归纳的五个技术要点，没有认可上述五个技术要点与主张受商业秘密保护的模具图纸具有对应性。尤其是，被告在一审中提出了证据否定原告主张的商业秘密的非公知性，但一审法院组织的一审司法鉴定仍然只是单方面采信原告方的主张和提出的材料。因此，可以认为一审中做出的司法鉴定并非是对青岛某公司主张的商业秘密与被诉侵权的专利是否同一的鉴定。但是，一审法院仍然直接采信该司法鉴定的结论并直接以同一性取代非公知性、商业价值性，二审判决未加任何说理即全然维持一审判决上述观点。因此，必然会造成认定事实和适用法律错误的后果。

（三）小结

本案本身是一起商业秘密侵权纠纷案件，但由于其涉及改变原被告技术权属关系的《合作协议》、判赔 100 万元存在进一步追究被告刑事责任的问题以及一、二审法院审理思路、程序和判决方面存在一系列的问题，因而值得作为典型的个案予以研究。

在人民法院商业秘密侵权纠纷案件审理思路方面，笔者主张遵循先界定权属问题，再查明涉案商业秘密法律适格性问题，最后进行相似性对比及被告接触可能性认定这一思路和程序。原因很清楚，商业秘密侵权纠纷很可能是基于合作、劳动关系、职务关系或者委托关系等产生的，在有些情况下，主张权利的原告并不享有涉案商业秘密。如果针对原告的指控，法院先入为主地认定其就是商业秘密所有人，就难免造成权属不明或者进一步引发权属纠纷问题，而且法院最终也不可能公正地处理该案。就本案而言，原告的实际控制人代表原告与其他主体签订了《合作协议》，该协议全面改变了原告和被告之间的涉及原告技术和项目的权利归属。虽然原告未在该协议上盖章，但由于协议是实际控制原告行为的实际控制人齐某代表原告签署的，不仅协议中的甲方直接指的就是原告，而且在该协议签订后原告和被告北京某公司通过变更公司登记、签署专利技术转让合同、实行业务转移、由被告北京某公司支付无锡某公司模具款等多种形式认可、接受该协议，因此原告应取得《合作协议》当事人法律地位，应受到本协议约束。本案一审法院虽然在事实认定部分简要介绍了该协议的内容，但在判决主文部分对足以影响原被告涉案商业秘密权属关系的该协议只字不提，也就是说完全没有考虑《合作协议》的签署和履行对涉案商业秘密权属的作用。二审判决虽然注意到了被告主张通过合同转让专利技术问题，但认定涉案商业秘密与其并不完全相同，尤其是原告青岛某公司不是上述协议当事人，进而在事实上否认了被告对涉案商业秘密享有权利的可能。由于两级法院均没有重视涉案商业秘密权属问题，而是当然地认定原告主张的商业秘密属于其所有，这样就必然造成权属不明和认定事实依据的证据不足的情况出现。

解决商业秘密侵权纠纷案件权属问题后，还不能直接进入涉案商业秘密与被控侵权对象对比及被告接触可能性阶段，因为原告主张的商业秘密究竟是否真的符合受法律保护的要件，还必须接受法律标准的检验，法院断不能当然地认定原告主张的商业秘密符合法定要件。在我国很多商业秘密侵权纠纷案件中，原告主张的商业秘密不被法院认可的情形并非少见。进而言之，权属问题解决后，接着应根据《反不正当竞争法》和最高人民法院《审理不正当竞争案件司法解释》规定，认真查明涉案商业秘密是否具备非公知性（不为公众所知悉）、商业价值性（实用性）及保密性。对此，举证责任在于原告，而不是被告。当然，被告也可以提供反证，证明涉案所谓商业秘密不符合法定要件，从而摆脱侵权困境。就人民法院而言，主要是就原被告双方提供的证据进行查明和认定，对上述三个方面的条件一一查实。

法律和司法解释要求受保护的商业秘密符合上述要件，体现了法律的公平原则和利益平衡理念。众所周知，商业秘密与专利保护完全不同，它是以不公开换取法律的有效保护，专利权则是以公开换取独占权。由于公开具有更大的社会价值，法律对商业秘密的保护相对于专利权强保护而言具有某种弱保护的性质，如它并不排除他人通过独立研究、反向工程等形式合法获取商业秘密，而且不同人可以独自享有来源合法的商业秘密。同时，法律要求获得保护的商业秘密应当具备上述要件，缺一不可。正是基于此，司法实践中，人民法院应当在解决了权属问题后，着重对涉案商业秘密的法律适格性进行充分的查证和科学的认定，而决不能当然地认为原告主张的商业秘密适格。然而，在本案中，整个一、二审判决找不到对上述法律规范和司法解释的直接援引，找不到对涉案商业秘密究竟是否符合三个要件的全面查证和认定，而只是发现法院强调了原告与被告北京某公司的员工郭某签署了劳动合同和保密协议，尤其回避了涉案商业秘密是否具有非公知性问题，并且将未进行非公知性鉴定的司法鉴定意见关于部分具有同一性直接视为符合商业秘密法定要件，即以同一性替代非公知性。法院对被告多次以证据证明涉案模具图纸与涉案专利具有同一性的两个技术点不具有非公知性的观点不予理睬，对二审中被告提交的关联性司法鉴定意见也不做出任何介绍和评论。由于两审法院始终回避涉案商业秘密的非公知性和商业价值性，未依据双方提交的证据进行认定，而是直接以认可的保密性替代三个法定要件，将同一性等同于非公知性，这样就必然造成本案认定事实不清、遗漏重大事实进而导致适用法律错误的后果。

在解决了涉案商业秘密法律适格性问题后，则应进行相似性（同一性）对比，并明确被告有接触涉案商业秘密的合理机会。从相似性对比看，由于技术秘密的专业性和复杂性，在相当多的情况下会涉及利用专业鉴定机构的鉴定作为依据。本案也是如此，一审中法院组织了独立的司法鉴定机构专门就同一性问题进行司法鉴定。但是，如前所述，其存在的问题在于未能从程序上公平地保障被告方的合法权益，因为该司法鉴定只记载了原告提出的申请和材料，被告提交的足以破坏原告涉案商业秘密的秘密性的在先专利文献和其他文献，并未在司法鉴定中被提及和采纳，加之法院一直回避对涉案商业秘密非公知性问题的审查和认定，一审和二审法院均直接以两个技术点具有同一性为依据，认定被告专利技术来源于原告商业秘密。由此可见，这种同一性（相似性）之对比，不能合理地得出被告侵害涉案商业秘密的结论，因为具有同一性的部分究竟是否具备非公知性，仍然不得而知。此外，被告接触可能性也是非常重要的待查明的事实，因为商业秘密保护具有相对性，并不排除他人独立研发的情况。但在本案中，一审判决仅凭原告和被告郭某签订了一般性质的劳动合同和保密协议就暗示被告郭某接触到了涉案商业秘密，二审判决则在主文中对此明确肯定。由于本案中原告并没有提供合理的证据证明郭某接触了涉案商业秘密，法院自不能在缺乏证据支持的情况下直接认定郭某接触到了涉案商业秘密。

本案还给我们留下了其他一些值得思考的问题，如：本案二审中被告提出了新的事实、证据与理由，但二审未开庭审理就径行判决是否严重违背法定程序？本案一审和二审均存在对被告提交的重要事实证据的漏审，是否合法？本案判决被告赔偿原告 100 万元损失，其为何不能进一步受到刑事追诉？总的来说，本案为人民法院总结商业秘密纠纷案件司法经验，提高审判水平，为研究商业秘密侵权纠纷案件的审理和认识商业秘密法律保护实质等问题，均提供了值得深入检讨和令人深思的素材。

四、关于本案再审裁定的评析与思考

本案二审后，鉴于一、二审法院根本没有就涉案所谓商业秘密的权属关系进行查明和认定，特别是没有就原告主张的涉案标的是否具有非公知性进行查明与认定，而是直接根据司法鉴定机构出具的、在未进行非公知性鉴定前提下的部分具有"同一性"的鉴定，视涉案标的具有非公知性以及程序违法等重大瑕疵，被告北京某公司及郭某向北京市高级人民法院提起申诉，要求撤销一、二审判决，改判再审申请人不构成侵害商业秘密。其主要事实与理由是：[1]第一，二审法院仅询问当事人（且被申请人代理人资格被二审法院否定），未开庭审理，程序违法；第二，涉案技术秘密是北京市科学技术委员会课题成果，青岛某公司依照研发协议无权享有；第三，青岛某公司对本专利明知、认可；第四，《合作协议》中的"纵向轨枕及与之相关的所有技术"包括模具技术，模具技术已经转让给北京某公司；第五，北京某公司合法占有、使用模具，通过

---

〔1〕 摘自北京市高级人民法院（2017）京民申 4798 号民事裁定书。

观察模具获得技术信息；第六，青岛某公司对涉案模具技术未采取保密措施，涉案模具技术不构成商业秘密；第七，一、二审法院均未准许北京某公司提出的公知性鉴定申请，二审法院将公知性举证责任转移给被告，适用法律错误；第八，二审法院认定五个技术点中仅有两个具有同一性，其中"对称性"被鉴定机构认定为公知常识，"二维调解"也被鉴定机构认定为公知常识；第九，轨枕专利已经转让，模具图纸对于青岛某公司已经无意义。此外，即使构成侵权，一、二审法院判决赔偿也过高，没有依据。

再审法院也在未提审和开庭的前提下直接作出了驳回再审申请的裁定书。笔者经过进一步仔细研究该裁定书，发现前述本案之两个关键性问题，即商业秘密权属关系及涉案商业秘密非公知性鉴定问题，仍然没有得到解决，且再审裁定书阐述的理由非常牵强。再审申请及裁定书涉及的问题还有是否程序违法等，但限于篇幅，笔者以下仅就上述两个关键性问题，结合再审申请人在再审程序中提出的新的事实证据和理由以及再审裁定书的认定加以评述与说明：

（一）关于涉案商业秘密权属问题

对此，前面已经做了重点分析，即《合作协议》签订及履行奠定了涉案商业秘密权属关系，即根据该协议，所谓商业秘密应归属于被告，而不是原告。需要特别指出的是，在再审程序中，再审申请人除了再次重申根据《合作协议》约定及其履行情况涉案所谓商业秘密应当归属于再审申请人北京某公司，而不是被申请人青岛某公司，还提供了新证据证明再审申请人专利技术具有合法来源，因而不构成侵权。以下先简要从理论上对此进行分析，然后结合再审申请中申请人提供的证据和事实予以评析。

在商业秘密侵权纠纷案件中，如果被告能够提供证据证明其被指控侵害原告商业秘密的技术具有合法来源，就可以排除侵权的嫌疑。这是因为，商业秘密尽管已被我国《民法总则》第123条第2款明确地规定为一种知识产权的客体，但与一般知识产权不同，其具有相对性，并能排斥他人独立开发或者通过其他合法途径获得的同样的技术受到法律保护。

再审申请书明确记载：[1]

---

[1] 摘自本案再审申请书。

再审申请人模具专利来源于北京市科学技术委员会的科研课题，是该课题申报的科研成果之一，该课题的知识产权"归北京市科委和课题研究方共同所有"，再审申请人是该课题的承担单位，属于课题研究方，再审被申请人是该课题的参与单位，对以再审申请人名义申报模具专利明知、认可，不存在侵权问题。二审判决作出之后，原告自北京市科学技术委员会（以下称"北京市科委"）调取了《北京市科技计划课题实施方案》《北京市科技计划课题任务书》以及北京市科技计划项目管理统一平台中的课题信息，并找到了北京市科委于2012年1月31日向再审申请人拨付课题经费126 500元的《预算拨款凭证（收款通知）》以及《轨道交通纵向轨枕关键技术研究与工程示范-技术报告》。前述证据证明：北京某水泥制品有限公司、青岛某公司（再审被申请人）以及北京某交通建设管理有限公司共同编制了《北京市科技计划课题实施方案》，课题名称为轨道交通纵向轨枕关键技术研究与工程示范，课题的起止年限是2011年11月至2013年9月（见该方案首页），再审被申请人的单位负责人、单位科技管理部门负责人及总经理均是齐某（见该方案第3页及第26页）。此后，北京市科委正式委托北京某水泥制品有限公司、北京某公司以及北京市某建设管理有限公司进行该课题，签署了《北京市科技计划课题任务书》（见该任务书首页），课题的预期成果形式为提交课题综合研究报告、研究成功4块纵向轨枕产品以及完成纵向轨枕制造、施工验收技术标准，知识产权归属于北京市科委和课题研究方共同所有（见该任务书第17页），课题的参加单位包括再审被申请人（见该任务书第19页），课题研究人员包括再审被申请人的总经理齐某、副总经理武某以及其他5名再审被申请人的工作人员（见该任务书第20~24页），齐某本人签字（见该任务书第28页），加盖了颜某的人名章（见该任务书第32页）。颜某在2011年10月至2013年10月之间担任再审被申请人的法定代表人，并持有再审被申请人70%的股权。北京市科技计划项目管理统一平台网站信息显示，该课题的课题成果包括1份4.2万字的研究报告以及申请了3项实用新型专利。这三项专利是一项专利号为2013101449584.4的发明专利"一种自动找平的水泥材料及用该材料制造垫层的施工方法"、一项专利号为201320220263.4的实用新型专利"一种用于模制纵向轨枕的模具"（即本案涉案模具专利）以及一项专利号为2013202312527.9的实用新型专利"一种减振降噪纵向轨枕"（即再审被申请人转让给再审申请人的专利）。证据证明，再审申请人的模具专利技术内容来源于北京市科委的科研课题，再审申请人是该课题的承担单位（原为再审被申请人〔1〕），该课题的知识产权"归北京市科委和课题研究方共同所有"，再审被申请人也是该课题的参与单位，再审被申请人的负责人及多名工作人员参与该课题的研究，对前述事项知情、认可。因此，再审申请人申报涉案模具专利并非侵权行为。

以上关系着涉案被控专利权的合法来源问题，其本质上与一、二审中被告提出证据并主张的商业秘密属于被告而不是原告，就被告是否侵权而言，具有"殊途同归"的效果，即只要确认两者之一，便可以断定原告指控缺乏事实和法律依据。再审裁定书一方面确认了再审申请书中述及的上述基本事实，尤其是"该课题的知识产权归北京市科委和课题研究方共同所有"，课题成果中的一项成果即专利号为 201320220263.4 的实用新型专利"一种用于模制纵向轨枕的模具"是本案涉案模具专利，以及技术报告记载"课题承担单位在课题启动后一个月就变更为北京某公司"，但另一方面则认定"根据课题进展，当时课题尚未出成果"，"从常理推断，涉案技术秘密并非北京市科学技术委员会的课题成果"。〔2〕笔者认为，该推断及认定结论无论在逻辑上还是在事实、商业秘密保护法理以及最高人民法院司法解释规定上，均存在极大错误。具体分析如下：

1. 逻辑上的错误和混乱。裁定书基于课题启动一个月后课题研究单位就变更为北京某公司，直接认定"根据课题进展，当时课题尚未出成果"。这个前后推理毫无逻辑性可言，也就当然毫无说服力，因为本案中上述科委课题研究的完成与承担单位变更没有直接关系，承担单位变更只是为了解决未来课题成果归属和相关权利义务的变化问题。事实上，这正好佐证了前述《合作协议》被北京某公司和青岛某公司同时履行，〔3〕变更承担单位是基于双方履行《合作协议》的要求。从技术研发实践看，很多技术成果产生具有阶段性，即在研究进程中不断产生大大小小的发明创造。从企业知识产权战略角度看，权利人为及时获得专利权，通常不会等到整个研究开发或者课题全部研究完成才去申请专

---

〔1〕 之所以有这种变更，是因为根据前述《合作协议》约定，青岛某公司须将在履行合同全部权利义务转移到北京某公司（笔者注）。

〔2〕 参见北京市高级人民法院（2017）京民申 4798 号再审裁定书，第 5 页。裁定书部分原文如下："该课题鉴定验收材料——技术报告记载，课题组申请了三项专利，其中包括本案被控专利。鉴于课题承担单位在课题启动后一个月就变更为北京某公司，根据课题进展，当时课题尚未出成果。从常理推断，涉案技术秘密并非是北京市科学技术委员会的课题成果。"

〔3〕 如前所述，关于双方实际履行了《合作协议》的事实和证据，远不止这一点。

利，而是在阶段性成果取得后便及时申请专利，以抢占技术市场。[1] 笔者认为，裁定书简单地直接认定"根据课题进展，当时课题尚未出成果"，不仅与下面还要分析的事实、证据不符，而且本身没有任何事实依据和证据支持，是毫无逻辑性的一个主观推断。

笔者还注意到裁定书存在逻辑上的混乱。就本案关键问题而言，由于再审中再审申请人已经提出新的证据，即涉案专利技术具有合法来源，再审法院理应结合申请人提交的北京市科委课题研究相关证据认真、审慎地探究涉案专利技术是否真正具有合法来源。换言之，不应当讨论和认定"涉案技术秘密并非北京市科学技术委员会的课题成果"是否成立。原因很简单，再审被申请人主张的涉案技术秘密是否来自北京市科委的课题成果，与被控侵犯再审被申请人涉案商业秘密的专利技术具有合法来源，是两个不同性质的问题，不容混淆。再审法院关键是要查明：再审申请人主张不构成侵害再审被申请人涉案商业秘密是否成立？在再审申请人明确提出了合法来源抗辩且再审裁定书确认了申请人被控侵害涉案商业秘密的专利技术具有合法来源的科委证据材料的情况下，逻辑上应当直接得出不侵权的结论，而不应当是"从常理推断，涉案技术秘密并非北京市科学技术委员会的课题成果"。

尤其令人困惑的是，裁定书为了强化"涉案技术秘密并非北京市科学技术委员会的课题成果"的合理性，还特别指出："此外，青岛某公司早在课题产生之前的2011年4月就委托无锡某特征模具有限公司加工模具，该公司根据青岛某公司提供的《纵向轨枕型式尺寸图》《端模孔位置图》《纵向轨枕模具要求参考图》等技术资料绘制模具图纸并完成加工生产，亦可佐证涉案技术秘密并非北京市科学技术委员会的课题成果。"[2] 笔者认为，该认定进一步将逻辑推理引向了裁定书试图证明再审申请人提交的关于完成北京市科委课题的"新证据"，也不能证明涉案技术秘密是来自于北京市科委的课题成果。其实，再审申请人证明这一点固然对于洗清侵权之名有利，[3] 但其根本没有必要证明这一点，

---

〔1〕 毫无疑问，这也是基于专利法实行的申请在先原则的要求。这也同时体现了企业专利战略思维。参见冯晓青：《企业知识产权战略》（第4版），知识产权出版社2015年版，企业专利申请战略部分；冯晓青：《企业技术创新与知识产权战略》，知识产权出版社2015年版，企业专利申请战略部分。

〔2〕 北京市高级人民法院（2017）京民申4798号再审裁定书，第5页。

〔3〕 因为科委课题成果在权属关系上已经明确再审被申请人不再是成果的所有人。

因为被控侵权的专利技术拥有合法来源足以排除具有相对性的商业秘密侵权指控。由此可见，裁定书在没有否认科委课题证据客观性、真实性和合法性的前提下，没有进一步明确认定被控侵权的专利技术拥有合法来源，着实令人不解。

2. 从事实和证据看。本案被再审裁定书确认的事实非常清楚地证明：再审申请人的专利来自于科委课题成果，即"课题成果中的一项成果即专利号为 201320220263.4 的实用新型专利'一种用于模制纵向轨枕的模具'就是涉案模具专利"。仅此一点，就足以证明被告对被指控的商业秘密拥有合法来源。既然有合法来源，也就不存在侵害再审被申请人涉案商业秘密问题；既然再审裁定书确认了科委"课题鉴定验收材料——技术报告记载，课题组申请了三项专利，其中包括本案被控专利"，也就不容怀疑再审申请人申请涉案专利的合法性，至少不存在侵害青岛某公司涉案商业秘密问题。但是，再审裁定书在明确认同、没有任何否定包括技术报告在内的科委课题证据的前提下，没有正面认定涉案专利技术具有合法来源。不仅如此，再审裁定书的结果是驳回再审申请、维持原判，也就是确认了申请人侵害商业秘密成立，这等于是将其认定涉案专利技术具有合法来源予以全盘否定，因为具有合法来源的技术不可能侵害涉案商业秘密。因此，笔者认为只能归结于再审裁定书仍然存在认定事实不清和认定事实错误的重大瑕疵。

3. 从法理看。商业秘密不同于专利技术，后者需要以向社会公开技术方案为代价获取法律赋予的独占权，前者则不需要公开技术方案，否则反而得不到法律的保护。由于这一特性，商业秘密保护在知识产权的"专有性"方面远不如专利权等知识产权，甚至有学者主张商业秘密不存在事实上的专有性，因为完全不排除他人独立开发和通过其他合法形式获得与涉案商业秘密一样的技术信息或者经营信息。正是基于此，商业秘密保护法理上，从被控侵权被告的角度来说，不构成侵害原告商业秘密的抗辩和理由不限于原告主张的商业秘密不符合法定条件、被告涉案信息与原告不具有同一性、原告主张的商业秘密属于被告或者其他人等，还特别包括被告独立开发或者通过其他合法形式获得。本案中，再审裁定书虽然肯定了科委技术报告等课题证据的效力，但并没有专门就被指控侵权的再审申请人涉案专利技术是否具有合法来源这个重大问题进行阐述和认定，而是避重就轻，"浓墨重彩"地阐述和认定涉案技术秘密并非来自于上述课题，没有抓住再审解决是否侵权问题的实质所在。

4. 从最高人民法院司法解释规定看。商业秘密保护具有相对性，不排除他人合法独立研发与通过反向工程取得的未公开信息获得同样的保护。根据《审理不正当竞争案件司法解释》第 12 条规定，通过自行开发研制或者反向工程等方式获得的商业秘密，不认定为反不正当竞争法规定的以盗窃、利诱、胁迫或者其他不正当手段获取权利人的商业秘密，以及披露、使用或者允许他人使用以前项手段获取的权利人的商业秘密的侵害商业秘密的行为。毫无疑问，再审裁定书在确认、并不否认科委关于技术报告记载等涉及涉案专利具有合法来源的前提下，仍然最终认定再审申请人侵害涉案商业秘密成立，违反了最高人民法院上述司法解释的规定。[1]因此，再审裁定既缺乏事实依据，也不符合法律规定。

总的来说，在再审程序中再审申请人提交了用于证明申请人涉案专利技术具有合法来源的新的事实证据且被再审法院认可的情况下，再审法院不但回避正面认定涉案专利技术具有合法来源，而且仍然认定再审申请人构成侵害被申请人涉案商业秘密，无论是在逻辑上、客观事实上、商业秘密保护的基本法理上还是最高人民法院有关司法解释规定上，都存在错误。这是不解和令人遗憾的。

（二）关于涉案商业秘密非公知性问题

再审裁定书在第九部分"关于公知性鉴定及其举证责任"做了如下认定：

《民事诉讼法》第 64 条第 1 款规定，当事人对自己提出的主张，有责任提供证据。在侵害商业秘密纠纷中，如原告主张涉案信息不属于公知信息，该主张属于消极事实，原告事实上无法举证。如被告主张涉案信息属于公知信息，该项主张属于积极事实，应由被告提交对比文件作为证据。因此，二审法院认定北京某公司对此负有举证责任，适用法律并无不当。北京某公司如欲主张涉案信息属于公知信息，应在举证期限内积极提交对比文件并据此申请鉴定。北京某公司等虽然提出了公知性鉴定申请，但未及时提交对比文件作为证据，一审法院未予准许并无不当。虽然北京某公司等在收到一审司法鉴定报告后提交

---

〔1〕 细心的读者可能看得出，上述科委课题研究，再审被申请人是派员参与了的。但必须指出，由于原先的课题承担单位由再审被申请人被变更为再审申请人，在具有法律意义的权属关系上，基于职务技术成果的性质，再审被申请人派员参与并不影响课题成果由再审申请人享有。至于约定由科委与再审申请人共有，虽然涉及两者关系，但与再审被申请人仍然无关。这是应当注意的。

了对比文件并要求进行公知性鉴定，但司法鉴定耗时较长，往往造成诉讼拖延，鉴定程序不宜轻易重复启动，一审、二审法院对此未予准许亦无不当。[1]

笔者经仔细研究，发现上述认定存在以下错误：

1. 滥用举证责任倒置，缺乏法律依据。关于举证责任倒置，我国相关法律有明确规定，不能滥用，否则将因缺乏法律依据而不具备合法性和正当性。裁定书一方面引用了我国《民事诉讼法》第 64 条第 1 款规定，即"谁主张、谁举证"原则，另一方面又着力主张原告不能对消极事实举证，而被告应对积极事实举证。这一观点并非本案再审法院一家所主张，如本书梁子钦文章所揭示的，部分法院在审理商业秘密纠纷案件中，对于举证责任倒置有一种错误的导向，而这是缺乏法律依据的。著名知识产权法官、江苏省高级人民法院宋健女士也撰文指出了这一错误。笔者颇为赞同，因为原告对于消极事实难以举证不等于让其放弃举证，并且转而直接将举证责任转嫁到被告，如果被告不能举证则由其承担败诉的结果。如前所述，《审理不正当竞争案件司法解释》第 14 条明确规定："当事人指称他人侵犯其商业秘密的，应当对其拥有的商业秘密符合法定条件、对方当事人的信息与其商业秘密相同或者实质相同以及对方当事人采取不正当手段的事实负举证责任。其中，商业秘密符合法定条件的证据，包括商业秘密的载体、具体内容、商业价值和对该项商业秘密所采取的具体保密措施等。"由此可见，法律和司法解释明确规定了原告对被告侵权主张应当举证，而不是转嫁到被告头上。本案三级法院均不根据法律和司法解释规定要求原告举证，却单方面将举证责任推到被告头上，显然具有不当性。关于本案涉及举证责任相关问题的探讨，本书后面文章还将予以阐述，在此不赘述。

2. 认定基本事实错误。如上所述，裁定书认定"北京某公司如欲主张涉案信息属于公知信息，应在举证期限内积极提交对比文件并据此申请鉴定。北京某公司等虽然提出了公知性鉴定申请，但未及时提交对比文件作为证据，一审法院未予准许并无不当"。笔者经和再审申请人联系，以及查阅本案一、二审材料，发现上述裁定存在认定事实错误。主要错误在于：在一审程序中，北京某公司在提出公知性鉴定的同时，就提交了破坏非公知性的证据材料。用再审申请人副总赵航先生的话来说："一审时我们要求法院进行公知性鉴定，并提交了

---

[1]　北京市高级人民法院（2017）京民申 4798 号再审裁定书，第 7 页。

相关材料，即'破坏秘密性'的材料，说明技术早已公开，不是秘密。"一审代理律师则指出："这些要求公知性鉴定相关部分技术材料是我和郭某在国家图书馆花了一整天查找出来的，海淀法院李东涛法官开始同意进行公知（性）鉴定，要求我提交申请，但最后……拒绝，认定他自己可以看出来，不需要进行鉴定。"[1] 如前面笔者阐述的，在一审程序中，被告确实提供了破坏非公知性的证据材料，但一审法院在委托司法鉴定机构进行鉴定时，并未转交被告提交的材料，而只有原告提交的关于五个秘密点以及被告专利情况的信息。一审法院在被告提出公知性证据并要求进行非公知性鉴定的情况下，不要求司法鉴定机构除了同一性鉴定外再进行非公知性鉴定，显属不当。因为如前所述，非公知性是任何主张商业秘密保护的案件的"命脉"，这个问题如果不解决，直接以同一性等同于秘密性，就会使大量的根本不具备非公知性的所谓商业秘密不正当地受到法律保护，从而使被告不正当地受到侵权制裁。很遗憾，再审裁定并未查明事实真相，以致得出的结论缺乏事实依据支持。

3. 回避涉案商业秘密是否具有非公知性这一关键性问题，导致涉案标的究竟是否具有非公知性至今仍然不清楚。勿庸赘述，构成商业秘密的法定条件中，非公知性或者说秘密性是关键和根本。令人遗憾的是，本案从一审到再审，自始至终未明确秘密性这一法定要件是否成立，甚至都未引用法律条文关于什么是商业秘密的法定定义：一审法院直接以司法鉴定机构在未进行非公知性鉴定前提下得出的同一性等同于秘密性，二审法院居然认定北京某公司就涉案标的秘密性问题申请进行司法鉴定的主张缺乏事实和法律依据，而再审法院竟然基于重新鉴定"耗时较长，往往造成诉讼拖延，鉴定程序不宜轻易重复启动"[2]等驳回再审申请，涉案"商业秘密"是否成立至今仍是一个谜。

稍微具有一点知识产权保护常识的人都会知道，是否具有秘密性，是商业秘密案件解决的关键，是商业秘密民刑案件的突破口。因此，毫无疑问，查明和认定涉案标的是否具备秘密性，是任何商业秘密侵权乃至刑事案件必须首先解决的根本性问题。对原告而言，提供商业秘密符合秘密性等法定条件的事实和证据是其义务和责任；相应地，对被告而言，提供破坏秘密性要件的证据和

---

〔1〕 本案再审申请人副总赵航先生转发一审代理律师提供的证据。

〔2〕 再审裁定书的这一认定还具有证据学上的法律意义：再审法院确认了一、二审法院确实没有就涉案标的的非公知性问题委托司法鉴定机构进行鉴定。再审裁定驳回再审申请，等于是承认了一审原告主张的商业秘密符合商业秘密法定要件。

鉴定主张是其权利，该权利不容被剥夺。但令人不解的是，三级法院均未要求原告承担最高人民法院司法解释规定的法定举证责任，甚至均未引述法律和司法解释规定的商业秘密的基本定义和法定要件，却在不同审级中对被告就秘密性问题进行鉴定的主张和要求不予认可，更没有对被告提出的破坏涉案标的秘密性的客观证据进行评判和认定。基于此，笔者不能不对该案未明确涉案标的秘密性的情况下认定被告侵害商业秘密的裁判结果感到十分困惑，并表示强烈异议。

4. 剥夺再审申请人请求通过司法鉴定机构查明涉案标的是否具有非公知性的权利和机会。

明确涉案标的有秘密性，并不是被告的义务和责任，而是原告的义务和责任；否认标的的秘密性并就此提出主张和证据以及申请司法鉴定，则是被告不可剥夺的权利。原因如下：原告指控被告侵权，被告不仅要停止侵权，而且可能要承担巨额的损失赔偿，如果是刑事案件，法律后果更严重。因此，对于被告来讲，其应有权提供破坏秘密性的这种证据、资料、事实，也有权就非公知性问题申请鉴定或者重新鉴定[1]。

根据当事人诉讼地位平等原则，在诉讼中法院应当平等地保障原被告的权利。在商业秘密侵权诉讼中，就被告而言，其在一审中没有提出破坏涉案标的非公知性的主张或证据，有可能是当时没有意识到，也可能是因为条件的限制当时没有找出来而未能提出证据，但在二审期间发现或找出来了。在这种情况下，能否因为在一审中未能提出或者提供破坏秘密性的证据、材料，在二审或进一步后续程序中就不能再主张或提交？毫无疑问，即使在一审中没有提出，在二审中也可以提出。即使在一、二审中都没有提出，在再审程序中也可以提出，因为：被告提出破坏秘密性的证据以及就原告标的是否具有秘密性申请重新鉴定，是维护其合法权益的必要措施，就人民法院来说也是查明事实真相的必要程序和保障，否则秘密性要件是否具备，仍然不得而知，在秘密性不能确认前提下判决被告侵害商业秘密成立就会酿成错案。这样才能体现法律的平等和公平，并公平、合理地解决商业秘密保护的实质争议。以本案为例，被告拥

---

〔1〕　重新鉴定通常出现于已经有了一个鉴定，但该鉴定要么没有对秘密性问题进行处理，要么是原有证据、材料不够完整等。司法部发布的《司法鉴定程序通则》第 14 条即规定：鉴定材料不完整、不充分的，不能满足鉴定需要的，司法鉴定机构可以要求委托人补充；经补充后能够保障鉴定需要的，应当受理。

有一项专利，原告认为该专利侵害了其商业秘密。原告提供了被告专利的基本信息，如专利证书、权利要求书和说明书。原告还列举了其商业秘密的秘密点，但这些秘密点在客观上是否具有非公知性，原告并没有提供证据证明。法院在委托的司法鉴定中也没有针对秘密性的材料。从被告的权利来看，其具有就涉案标的是否具有秘密性申请司法鉴定的权利，也有权提出破坏原告主张的商业秘密的秘密性的证据和材料。

进而言之，为查明案件事实，再审申请人在诉讼程序中申请对非公知性问题进行鉴定的权利不可剥夺。本案中，由于涉案标的秘密性始终没有得到认定和明确，被告不得已不遗余力地主张，要求就非公知性问题申请重新鉴定。但是，二审法院判决书在"本院认为"这一部分不仅不去论述原告主张的涉案商业秘密内涵、法定构成要件以及原告的举证责任，反而着力论证上诉人提出重新进行司法鉴定的请求缺乏法律和事实依据。这个判决认定实际上是否认了，或者说得严重一点，是剥夺了被告在诉讼程序中就涉案标的不具备秘密性申请重新进行司法鉴定的权利和机会。笔者认为，在该案二审和再审中，被告进一步提出要就秘密性进行重新鉴定的主张，是具有事实和法律依据的，是合理合法的，不应被法院驳回，否则会造成事实认定不清。

笔者在2018年底曾应邀参加北京某个知识产权学术机构举办的一次关于商业秘密司法鉴定问题专家研讨会，会上有来自知识产权司法鉴定机构的从业20多年的资深专家，还有从事知识产权理论及实务的专家。其中，一位资深知识产权司法鉴定专家指出：检索查新是商业秘密所有人的义务，同时也是被告的权利。现实中经常出现权利人的义务没有履行，被告的权利被剥夺的情况。在刑事案件中，公安机关单方面委托了，剥夺被告提供证据（查新检索）的权利。

2016年修订的司法部《司法鉴定程序通则》第12条规定，鉴定材料应当真实、合法，还应完整、充分。诉讼当事人对鉴定材料有异议的，应向委托人提出。本案中，一审赖以支持原告和法院判决观点的司法鉴定意见不包含被告提交的破坏涉案商业秘密的秘密性的检索查新资料和证据，而只有法院转交原告的材料。[1]这显然不符合司法部《司法鉴定程序通则》第12条的规定。也正是因为鉴定材料并不包括被告提出、提交的破坏涉案商业秘密的秘密性的材

---

[1] 参见该司法鉴定书鉴定意见，第1页。

料和证据，司法鉴定机构只做出了关于同一性的鉴定。至于同一性是否具备秘密性，则始终是个谜。为此，需要根据该规定，在补充、提交涉及公知性的材料和证据后，就涉案标的是否具备非公知性问题进行补充鉴定，以弥补前一司法鉴定未能就非公知性问题进行鉴定的缺陷。仅从这点考虑，二审法院认定上诉人北京某公司在二审程序中提起重新就非公知性问题进行鉴定的主张缺乏事实依据和法律依据。

5. 再审裁定书不接受再审申请人申请公知性鉴定违背有错必纠的法治原则以及商业秘密保护法定要求。

中国特色社会主义法治思想和法治原则非常的重要一点是有错必纠，同时强调"以事实为根据，以法律为准绳"。如果一个商业秘密侵权纠纷案件对于涉案标的的秘密性问题没有解决、没有通过事实认定或者司法鉴定形式加以明确，就直接认定原告主张的标的作为商业秘密受法律保护，被告构成侵权，甚至构成刑事犯罪，显然属于错案，应予以纠正。如果被告申请司法鉴定机构进行重新鉴定，能否因为重新鉴定"可能时间长""造成拖延诉讼""程序不宜轻易重复启动"而予拒绝？笔者认为，如果这样，就会剥夺被告在法律程序包括再审程序中就涉案标的的秘密性问题进行司法鉴定的权利，而这一权利是不应被剥夺的；如果这样，也将无法落实有错必纠的法治原则，因为涉案标的的秘密性有无问题没有得到解决，就不可接受原告侵害商业秘密成立的主张。如前所述，在商业秘密侵权案件中，原告主张的商业秘密只有具有秘密性，才谈得上受法律保护。就原告来讲，举证其主张的标的符合法定构成要件是其义务；但就被告来讲，就不具备秘密性提出新的证据，包括检索查新、提出重新进行司法鉴定，则是其权利。因为秘密性有无问题不予解决，何谈受保护的商业秘密？何谈被告侵权？为了弄清事实真相，为何不能够让时间延长一点？虽然程序比较复杂，但只有查明事实，才能公平地维护原被告的合法权益。

在商业秘密中的技术秘密侵权纠纷案件中，涉案标的法定性要求，尤其是非公知性问题，基于案件的技术性，通常需要独立的司法鉴定机构就非公知性问题进行鉴定。为了保障鉴定意见的客观性、中立性和公正性，上述《司法鉴定程序通则》要求，处理委托人提交材料除应当真实、合法以外，还必须充分、完整。其第 30 条、第 31 条还特别强调，如果出现材料不完整等情况，委托机关可以要求申请重新鉴定。在商业秘密案件中，除了原告（或刑事案件受害人）提交的鉴定材料、证据外，还必须保障被告提供相应证据、检索查新的权利，除非被告怠于行使这一权利。应特别注意防止实践中存在的，委托鉴定机构仅提交原告的证据和材料，而不转交被告提交的破坏秘密性的证据、材料的情况，因为这样会在客观上造成偏袒原告的法律后果。同时，也要防止无故剥夺被告申请重新鉴定的权利。例如，在一审中，被告由于收集、查询材料困难或其他原因而没有在鉴定程序中提交相应破坏秘密性的材料，但在二审上诉过程中意识到或者找到了相应材料、证据，则根据《司法鉴定程序通则》第30条、第31条规定，司法机关应当申请重新鉴定，以明确前一个鉴定中没有明确的事实。在本案中，鉴于一审中法院委托的司法鉴定机构受理的鉴定材料不包括被告提交的用于破坏涉案标的的材料，属于《司法鉴定程序通则》规定的材料不充分、完整的情况，为了使鉴定意见能够对涉案标的秘密性有无问题查实清楚，通过补充材料、就非公知性问题进行重新鉴定就当然地具有合法性、正当性和合理性。也正是因为一审中司法鉴定机构没有收到法院转来的被告提供的破坏秘密性的材料和证据，鉴定意见回避了对非公知性问题的认定，而仅就同一性问题做出结论。令人遗憾的是，在涉案标的非公知性问题没有解决的前提下，一审法院将部分同一性直接等同于秘密性或者说非公知性，而且这一错误认定在后续的二审和再审程序中一直未能得到纠正。

五、如何看待本案引发的刑事案件

本文是关于北京某公司被控侵害商业秘密的民事纠纷案的研究，但由于该案还引发了商业秘密侵权刑事案件，对北京某公司的打击将更大，[1]因此不能不予以关注。笔者认为，本案引发的刑事案件可以从以下几方面认识与评价：

（一）商业秘密民事侵权案件认定的事实能否当然地作为商业秘密刑事案件的犯罪事实？

笔者认为，答案显然是否定的，原因就在于这两类案件在证据认定的标准和高度上不同。对此，2018年5月20日在北京举行的关于本案引发的刑事案件

---

〔1〕 至本书出版之际，本案中郭某已被刑事羁押一年多，商业秘密侵权纠纷民事案件已经演化为刑事案件。由于笔者根据本案的事实和适用的法律认为，本案被告连民事侵权都够不上，更遑论刑事犯罪，而认定刑事犯罪对被告的打击会更大，因此不得不在此附带略作探讨。

的专家论证会上，来自国内刑法界、知识产权法界以及刑事诉讼法界和民事诉讼法界的部分著名专家也得出了同样的结论。例如，根据该专家论证会观点所撰写的专家意见书指出："商业秘密民事侵权案件认定的事实不能当然作为商业秘密犯罪案的事实。这是因为，商业秘密犯罪案件与民事侵权案件不同，前者涉及刑事诉讼，实行确实、充分的证据标准（要求证据确凿），而民事诉讼实行高度盖然性的证据标准。基于此，刑事案件的证明标准高于民事案件，民事案件认定的事实，刑事案件并不必然采纳。不仅如此，本案的民事判决存在重大错误——最根本的错误在于始终回避司法鉴定结论中被告专利技术与原告主张的商业秘密五个技术秘密点中有一个相同，该相同之处是否具有秘密性，而是直接以'部分同一性'等同于法律要求的秘密性（即非公知性），属于典型的认定事实不清。因此，有必要对涉案技术信息是否属于商业秘密进行重新鉴定，对北京某公司、郭某等是否具有侵犯商业秘密的行为重新查明事实。专家组认为：有必要从商业秘密罪的犯罪构成，查明并论证涉案技术信息是否构成商业秘密犯罪的对象。"〔1〕

在商业秘密民事案件引发刑事案件的情况下，相关机关直接将民事案件认定的事实作为认定犯罪的事实，就会不适当地助长滥用刑事手段打击竞争对手，损害被告人合法权益。尤其是本案引发的刑事案件中，必须先解决犯罪对象是否成立的问题。前面大量篇幅介绍和研究表明，本案中涉案标的是否具有非公知性一直没有证据证明，倒是被告提交了破坏非公知性的证据，在二审法院不接受就非公知性问题进行司法鉴定申请的前提下单独委托合法司法鉴定机构进行了非公知性鉴定，且认定涉案标的不具备公知性。但很遗憾的是，这些证据三级法院均未予理睬。因此，该案引发的刑事案件中更应注意弥补民事案件中认定证据的不足，而不是直接认可犯罪对象成立。

（二）商业秘密刑事案件证据确凿的标准如何把握？

在商业秘密刑事犯罪案件中，犯罪对象在刑法意义上成不成立，必须根据

---

〔1〕　参见《北京某公司、郭某等不构成侵犯商业秘密罪专家意见书》，第 10 页，2018 年 5 月 20 日。参加本次专家论证会的著名刑法、知识产权法和诉讼法专家有：陈光中（中国政法大学教授）、赵秉志（北京师范大学教授）、张明楷（清华大学教授）、阮齐林（中国政法大学教授）、刘春田（中国人民大学教授）、吴汉东（中南财经政法大学教授）、蒋志培（最高人民法院知识产权庭原庭长）、郑胜利（北京大学知识产权学院教授）、李扬（中山大学知识产权学院教授）、肖建国（中国人民大学教授）等。

《刑事诉讼法》的规定，按照证据确凿的标准予以认定。如前所述，由于技术信息类商业秘密纠纷案件的复杂性，通常需要委托专业的司法鉴定机构进行鉴定才能查收。但迄今为止，我国对于商业秘密案件，无论是民事案件还是刑事案件，在司法鉴定方面存在的缺陷和不足很多，值得予以总结和改进。例如，一位资深专家指出：在刑事案件中，通常情况可能是，商业秘密所有人向公安局报案，公安局就带着这个所谓受害人找了一个司法鉴定机构，这个鉴定机构进行司法鉴定。但是，公安机关是单方面的，它没有通知被告，也没有提醒其是不是有破坏商业秘密的秘密性之类的证据，或者查询检测的这些材料可以提供，就单方面委托司法鉴定。公安机关委托鉴定时，鉴定机构依据的材料应当是双方当事人的，而不仅仅是商业秘密持有人的，即应当是证据齐全的情况下，公安机关委托鉴定才具有正当性。该专家强调，实践中最大的问题是：公安机关仅凭当事人一方（商业秘密持有人）的证据申请鉴定，鉴定机构仅依此做出鉴定。一旦走错往前，很难往回走。如果犯罪对象是否成立、是否具备秘密性问题都不事先解决，那很可能酿成冤假错案。该专家最后强调指出：在鉴定秘密性问题时，证据是否齐全，应当全面收集证据。一位曾在某中级人民法院知识产权审判庭工作过近20年的专家则指出，商业秘密刑事案件中，存在的问题在于：公安机关对于追诉标准把握不严，对于是否构成商业秘密没有进行特别鉴定，也没有对被告是否构成商业秘密罪（符合同一性）进行客观认定或鉴定。[1]

在商业秘密刑事案件中，上述意见体现了如何才能做到证据确凿。对此，前述专家意见书也以该案引发的刑事案件为例，进行了深刻的阐述："应当明确商业秘密民事侵权与商业秘密犯罪在证据认定、证明标准上的差别，后者比前者有更高的要求。我国民事诉讼采取高度盖然性标准。刑事诉讼的证明标准则是'案件事实清楚，证据确实充分'。[2]《刑事诉讼法》第48条还规定'证据必须经过查证属实，才能作为定案的根据'。根据这一标准，需要排除合理怀

〔1〕　2018年11月北京某知识产权学术机构组织的一次关于商业秘密刑事案件司法鉴定问题研讨会上，专家观点摘引。

〔2〕　《刑事诉讼法》（2012年修正）第195条规定："在被告人最后陈述后，审判长宣布休庭，合议庭进行评议。根据已经查明的事实、证据和有关的法律规定，分别作出以下判决：（一）案件事实清楚，证据确实、充分，依据法律认定被告人有罪的，应当作出有罪判决；（二）依据法律认定被告人无罪的，应当作出无罪判决；（三）证据不足，不能认定被告人有罪的，应当作出证据不足、指控的犯罪不能成立的无罪判决。"

疑。民事判决确定的事实只能作为确定侵犯商业秘密罪的线索，不能成为免证事实。在商业秘密犯罪案中，要求据以定案的每一个证据都是已经查证属实的。但是在本案中，涉案原告主张的所谓商业秘密究竟是否真正符合商业秘密的法定要件（秘密性等），从一审、二审到再审，始终没有明确一审法院组织的司法鉴定的结论中'部分同一性'（原告归纳的秘密点2）究竟是否具有秘密性，也就是并未查实原告主张的商业秘密是否符合法定要件。根据《刑事诉讼法》上述规定，在本案刑事案件中，公安和司法机关显然不能将本案民事案件判决认定原告主张的商业秘密符合法定构成要件视为当然地符合犯罪对象要件，因为一直到再审，司法机关也没有查明原告主张的商业秘密是否符合秘密性要件。在本案公安机关指控被告构成商业秘密犯罪的基本事实（犯罪对象等）没有查明的前提下，当然就不能作为刑事犯罪定案的依据。"[1]由此可见，本案引发的刑事案件如果不重新就涉案标的（犯罪对象）是否符合法定构成要件，尤其是非公知性进行鉴定，最终仍然判决商业秘密罪成立，就根本无法做到证据确凿。

(三)"疑罪从无"与"排除合理怀疑"原则的适用

在刑事诉讼中，"疑罪从无"与"排除合理怀疑"原则的适用，对于保障被告不受错误追究、维护其合法权益具有重要意义。在本案引发的刑事案件中，郭某提交了具有合法资质的司法鉴定机构做出的关于涉案标的不具备非公知性的司法鉴定意见书，并提交了前述北京市科委课题研究相关证据材料，该证据材料明确了涉案专利系科委课题成果之一，相对于民事案件原告青岛某公司，其具有合法来源，即涉案专利与本案犯罪对象无关。因此，笔者认为，仅仅基于"疑罪从无"与"排除合理怀疑"原则，也不能认定郭某构成侵犯商业秘密罪。

对此，北京理工大学法学院徐昕教授认为，企业竞争往往是非常残酷的，涉及商业秘密的纠纷往往上升到生死存亡的层面。以本案为例，商业秘密刑事案件和民事案件不同，其强调证据确凿和疑罪从无。尤其是根据疑罪从无原则，在该案中仅被告提供了由具有合法资质的司法鉴定机构按照合法程序作出的原告主张的商业秘密不具备秘密性的司法鉴定作为证据，即可以否认被告构成商业秘密犯罪。他还认为，商业秘密侵权案件法院判决被告赔偿金额，并不能直

---

[1] 参见《北京某公司、郭某等不构成侵犯商业秘密罪专家意见书》，第24页，2018年5月20日。

接作为被告构成商业秘密犯罪的依据。根据司法解释的规定，直接经济损失必须达到 50 万以上才可以追究刑事责任。而在此案一审、二审中，没有证据证明原告有损失或者被告获利，法官运用自由裁量权判决 100 万经济损失是存有疑议的。仅从证据确凿这点来看，刑事案件的定性就不能成立。历史经验告诉我们，刑法对民事权利的过度干预，会造成民事与刑事的双重、过度救济，也会引诱民事权利人利用刑事手段恶意打击竞争对手、不当干预市场竞争。[1] 笔者对此予以赞同。在商业秘密纠纷案中，确实需要注意防止与警惕滥用刑事手段打压竞争对手的现象。

（四）技术研发中如何把握合法与非法界限以及如何保护企业家合法权益？

现实中，很多技术信息类商业秘密纠纷案件系由合作开发、委托开发等形式产生的。这类研究开发活动，自然也涉及创新发展问题。如果结合保护创新、保护企业家合法权益等重要问题，可以发现商业秘密刑事案件的处理尤其要慎重，应当严格把握合法与非法的界限，以及防止将滥用商业秘密刑事保护作为恶意打击竞争对手的工具和策略。在本案中，北京市高级人民法院再审裁定书确认了被告涉案专利来自于科委课题，在技术报告中对此也明确予以记载。仅此一点，即足以认定涉案专利具有合法来源，北京某公司据此申请专利具有合法性。相反，如果将正常技术研发中产生的成果申请专利视为侵害商业秘密，就可能会严重损害企业及企业家利益，危及正常的技术创新活动。

实际上，近几年，党和国家高度重视为企业家创新营造良好的公平竞争环境，保护企业家合法权益，防止滥用刑事手段打压企业管理者、关键岗位人员和科技人员。例如，2017 年 9 月，中共中央、国务院下发《关于营造企业家健康成长环境弘扬优秀企业家精神 更好发挥企业家作用的意见》；2018 年 1 月，最高人民法院下发《关于充分发挥审判职能作用为企业家创新创业营造良好法治环境的通知》，提出人民法院作为审判机关，在依法平等保护企业家合法权益、营造企业家创新创业良好法治环境方面负有重要责任，坚决防止利用刑事手段干预经济纠纷，依法保护企业家人身财产权利，要求各级人民法院加大对虚假诉讼和恶意诉讼的审查力度。在十二届全国人大常委会第二十四次会议上，时任最高人民检察院检察长曹建明则提出："要坚持宽严相济，慎重逮捕涉嫌犯

---

[1] 引自 2018 年关于郭某被控商业秘密犯罪案学术研讨会上，徐昕教授的发言摘要。

罪的企业管理者、关键岗位人员和科技人员，防止'案件办了、企业垮了'，防止因执法办案不当加剧企业生产经营困难，不轻易查封企业账册，不轻易扣押企业财物。"

结　论

商业秘密是指"不为公众所知悉、具有商业价值并经权利人采取相应保密措施的技术信息和经营信息"，而侵犯商业秘密必须具备非公知性（秘密性）、商业价值性和保密性三个要件，缺一不可。无论是商业秘密民事案件还是刑事案件，秘密性问题得不到解决，用法律语言来讲，就是认定事实不清。认定事实不清造成的法律后果非常严重，例如当事人可以据此提起上诉，或者再审申请，或者抗诉。原因是"以事实为根据、以法律为准绳"是我国根本的法治原则，如果一个商业秘密案件连最起码的基本事实即是否具备秘密性都没有查证和明确认定，当然就属于典型的认定事实不清。对于认定事实不清的判决、裁定，应当给予当事人进一步申请救济的权利。

综观本案，可以得出如下结论：

第一，如果商业秘密侵权纠纷中存在权属纠纷，应当首先解决权属问题，并理清权属问题对于侵权问题认定的影响。权属问题之所以重要，是因为不解决这个问题，究竟是谁侵犯谁的权利将不得而知，也就不能彻底解决这个纠纷。如果存在权属纠纷，特别是有这方面的证据，发生了商业秘密侵权纠纷案件以后，法院应首先就权属方面的证据进行事实认定和和适用法律。进而言之，如果被告存在权属主张，一定要先把这个问题解决。否则，即使将商业秘密侵权纠纷解决了，被告仍然可能会提出权属纠纷诉讼，主张涉案商业秘密属于其所有。如果不理会或者不认真审理商业秘密侵权案件中被告提出的权属争议，就不符合法院高效、及时、公正解决民事纠纷的要求。

第二，应当明确和确认原告主张的标的符合商业秘密的法定构成要件，包括秘密性、商业价值性和采取合理保密措施。尤其是秘密性要件最为关键，但绝不能以被控侵权技术与商业秘密具有同一性替代秘密性，绝不能在未对秘密性有无问题进行认定的前提下仅凭存在同一性而主张商业秘密侵权。正确的做法应当是在确认涉案标的符合商业秘密法定条件的前提下，比对被控侵权的技术与涉案商业秘密，找出两者之间的一致之处。商业秘密纠纷案件有一个比较特殊的地方，即秘密性是否具备一般需要通过司法鉴定加以认定。首先应鉴定的是秘密性问题，因为只有解决了秘密性问题才谈得上受保护的资格。现实中，存在司法鉴定机构鉴定涉案商业秘密不解决秘密性问题，而是直接根据原告归纳的技术"秘密点"去鉴定被告涉案技术是否与原告雷同。如果法院仅以此鉴定意见直接认定被告侵害商业秘密成立，则该案由于对于涉案标的是否具有秘密性没有查清而应当认定为事实不清。

　　进而言之，秘密性要件通常需要委托专门的具有商业秘密方面鉴定资质和能力的司法机构进行鉴定。因为原告主张商业秘密，比如说其中的哪个技术秘密点究竟有没有被公开，即秘密性或者非公知性，并不是说法官说了算，也不是律师说了算，当然也不是当事人说了算，因为它可能是一个技术问题，甚至是个比较复杂的技术问题。这样就引出了下一个问题，就是商业秘密侵权纠纷案件的鉴定究竟鉴定什么？怎么鉴定？基于什么鉴定？基于什么证据和材料进行鉴定？

　　解决了秘密性问题后，需要进一步鉴定被告的技术是否与原告商业秘密保护的秘密点具有同一性，即被告涉案的技术和原告主张的商业利益保护的那个秘密点是否一样，技术特征是否一样。

　　根据《审理不正当竞争案件司法解释》第14条规定，原告负有举证责任。相对于被控的被告来讲，被告提供破坏秘密性的证据，要求查询和申请鉴定，应当是其不可剥夺的权利，而不是其应当履行的义务。基于此，不能基于被告在一定时段内没有提出反证，就直接认可原告主张的商业秘密符合法定要件。在本案中，被告提出了破坏非公知性的反证，只是在三级法院裁判文书中均未予明确记载、查实和认定，而有的只是一再否认被告提出反证的正当理由。

　　实践中，应注意防止一些错误做法。例如：在原告未能举证的前提下，直接认可原告主张的商业秘密成立，直接将司法鉴定机构认定的某些技术要点具有同一性等同于秘密性，而对商业秘密的秘密性等法定要件是否具备不予以认定，包括不通过司法鉴定机构进行鉴定。尤其是对于秘密性要件，既不要求原告举证，也不通过司法鉴定机构进行鉴定，是商业秘密司法实践存在的一个错误做法。如果原告未能就非公知性等法定要件进行举证，司法鉴定机构的鉴定也未能就非公知性即秘密性问题进行鉴定，而是默认原告主张的商业秘密成立并径行就同一性问题进行鉴定，将同一性等同于秘密性，将其作为认定被告侵害商业秘密的直接依据，就会造成事实认定不清的危险。如果是以此进一步作为刑事案件的依据，就会造成冤假错案。换言之，任何商业秘密侵权纠纷案件，司法机关处理时，必须着力于解决是否符合秘密性等商业秘密法定构成要件，如果当然地认可原告主张的商业秘密成立，直接将司法鉴定机构在未进行秘密性鉴定前提下的同一性鉴定当成商业秘密的秘密性，就会造成一些根本不具备秘密性法定要件的所谓商业秘密不正当地受到法律保护的状况，侵害被告合法权益和社会公共利益。

第三，在认定被告是否侵害商业秘密时，还要注意被告主张其被控侵权的技术具有合法来源时，不应认定其侵害原告商业秘密。根据商业秘密保护法理，商业秘密本身不具有其他知识产权那样的专有性，在客观上完全可能同时存在不同地域不同主体享有同样的商业秘密的情况，只要其中任何一个主体不予以公开，就各自获得商业秘密保护。因此，当某个商业秘密拥有者指控他人侵害其商业秘密时，如果被控侵权人能够提供合法来源，就不能认定被控侵害商业秘密行为成立。本案即是如此，因为在再审中再审申请人提出了其涉案专利权的合法来源。遗憾的是，再审法院一方面对此做了间接的肯定，[1]另一方面却仍然认定再审申请人商业秘密侵权成立，实际上是自相矛盾。

第四，妥善处理商业秘密民事保护与刑事保护的关系，严防商业秘密拥有人滥用刑事保护手段，不正当地损害他人的合法权益。在商业秘密保护实践中，存在着一种不良的现象，即商业秘密所有人热衷于以刑事手段打击竞争对手。由于商业秘密民事和刑事案件诉讼管辖级别不一致，甚至出现了同一当事人在刑事案件中被认定为商业秘密罪成立但在层级更高的法院民事侵权案件中被认定为商业秘密侵权不成立的怪现象。还有一种现象是商业秘密民事侵权案件作出判决后，如果侵权赔偿超过 50 万元，商业秘密所有人即直接以民事判决作为依据要求追究侵权人刑事责任，受理刑事案件的有关机关直接以民事判决作为依据，而不对刑事案件中犯罪对象是否成立、证据是否确凿等进行查实，结果导致本不构成商业秘密罪的行为被认定为刑事犯罪，严重侵害了被告的合法权益。当然，笔者并非不主张商业秘密刑事保护。相反，若确有证据证明被告行为在构成商业秘密侵权的同时也触犯了刑律、具有社会危害性，就应当追究刑

---

〔1〕　之所以说是间接的肯定，是因为再审裁定书中明确认定了科委课题成果的几件专利中，包括被控侵害商业秘密的涉案专利，但裁定书未进一步明白地指出这表明被控侵害商业秘密的涉案专利具有合法来源，而只是突然跳跃到认定涉案商业秘密并非来自科委课题成果。如前所述，涉案商业秘密是否来自科委课题成果，与再审申请人主张被控侵权的专利具有合法来源完全是两码事。

事责任，而不能姑息。

就本案而言，各级法院均在未对涉案商业秘密的秘密性问题委托司法鉴定机构进行补充鉴定或者根据被告提交的证据和材料进行认定的情况下，直接认可和认定原告主张的商业秘密成立。三级法院的前面两个判决和一个裁定书，对于被告提交的破坏秘密性的证据材料，比如说在先专利证书、杂志在先发表的论文，均没有任何正面阐述和评价，尤其是针对秘密性问题的评价，而是直接认可和认定原告主张商业秘密成立。换句话说，就是默认了原告主张的商业秘密符合法定构成要件。这将造成不具备法定要件的所谓商业秘密不正当地受到法律保护，将实质性地侵害公众的利益和社会公共利益，事实上也是不公平的。

总的来说，知识产权法律制度是一种权利保护和权利限制的平衡机制，其保护的知识产权具有合法的权利边界，在合法的边界范围内应予以充分有效的保护；但是，超越权利边界范围主张权利，会构成权利滥用，直至损害他人合法权益和社会公共利益。以商业秘密侵权纠纷乃至刑事案件为例，如果司法机关在未查实和认定原告（或者刑事案件受害人）所主张的商业秘密具有秘密性的前提下直接判决被告侵害商业秘密成立，就无疑属于典型的认定事实不清，而在认定事实不清的前提下根本无法确立商业秘密保护的合法边界。因此，为了保护企业和企业家合法权益以及确立公平竞争的创新环境，对于认定事实不清的商业秘密案件应当给予被告公正的法律救济。同时，商业秘密保护的相对性决定了其保护受到更多的限制，如商业秘密保护不能排除他人独立研发或合作研发、通过反向工程等形式予以获得。如果像本案一样的商业秘密侵权纠纷案件，主张权利的涉案标的的非公知性始终没有得到查明，而被告在一、二审及再审程序中一再提出非公知性鉴定的请求被驳回并被认定为"缺乏事实和法律依据"，法院直接以仅做同一性鉴定而未做非公知性鉴定的司法鉴定意见认定被告侵害商业秘密成立，就将造成大批商业秘密侵权冤假错案的发生。同时，如果像本案一样的商业秘密案件，被告在主张其涉案技术具有合法来源且该事实被法院认定的情况下，法院依然认定侵害商业秘密成立，也同样将打击企业的创新精神，造成商业秘密的过度保护，同样不利于营造公平的市场竞争环境。

本案给人留下了很多值得检讨和深思的地方，希望引起理论界和实务界的关注，以避免在未认定涉案标的具有非公知性以及认定被告技术具有合法来源的条件下仍判决被告侵害商业秘密行为成立的极不公正和极端错误的做法，"努力让人民群众在每一个司法案件中感受到公平正义"。[1]

---

[1] 到本书出版之际，本案一审被告仍在提起抗诉。目前抗诉程序正在进行之中。限于篇幅，本文对抗诉相关问题不再展开讨论。但需要指出的是，如果抗诉程序最后结果仍然是驳回申请人申请，就不仅意味着所有法律程序已经走完，更意味着一个涉案标的非公知性未予查明的案件被多级司法机构认定为受法律保护，以及一个具有合法来源的商业秘密侵权纠纷案件被不适当地认定为侵害商业秘密。目前，该案引发的刑事案件一审已经做出判决，判决结果是：认定被告北京某公司侵害商业秘密罪成立，并判处 10 万元罚金，但郭某因情节轻微而给予免于起诉。笔者进一步研究该判决书发现，刑事案件对于证据的认定本应更加严格，在"证据确凿"的前提下才能认定侵害商业秘密罪成立。就该刑事案件而言，所谓证据确凿，关键点以及基本事实当然是犯罪对象必须成立，否则认定被告是否构成商业秘密罪已经没有任何意义。但是，该刑事判决书依然未对涉案标的（"犯罪对象"）是否成立，尤其是是否具有非公知性问题进行重新鉴定或者专门认定，而是依然直接认可民事判决的结论即当然地认可涉案标的具有非公知性。该判决也没有贯彻"疑罪从无"原则，因为被告北京某公司早在民事纠纷案件二审中就提交了由具有合法资质的知识产权司法鉴定机构的合法鉴定人员通过合法程序做出的认定涉案标的不具有非公知性的鉴定意见。可以设想，在连民事侵权都不构成的商业秘密案件中作为刑事案件定罪判刑的法律后果会有多严重。限于篇幅，该案引发的刑事案件，也不再赘述，但希望引起读者关注和研究。

商业秘密侵权诉讼案件审理程序问题研究

——以（2017）京 73 民终 110 号民事判决为研究对象

梁子钦

　　为了发现案件事实，诉讼需要按照法律预先设定的程序进行。商业秘密作为知识产权客体的一种，其诉讼程序通常适用民事诉讼法的相关规定，但基于商业秘密享有的权利的特殊性以及相关法律规则的缺失，商业秘密案件审理中经常出现程序性违法问题。如是否构成商业秘密侵权应由原告举证，而部分法院在审理中却采举证责任倒置的做法。法院审理中，技术鉴定适用存在错误、涉案技术信息的公知性和同一性均属技术鉴定的范畴等。程序性违法是指"程序参与主体违反某一法定诉讼程序的行为。民事诉讼程序参与主体既包括纠纷当事人、第三人及其代理人，也包括程序的主持者——法官"。[1]本文主要探究法官在商业秘密侵权诉讼中易出现的程序性错误。本文以青岛某公司诉北京某公司商业秘密侵权案为例，试图理清商业秘密侵权诉讼案中法院审理的程序问题。

一、举证责任的分配

　　由于商业秘密的特殊性及法律规定的缺失，在商业秘密侵权案件审判中，原被告双方的证明责任分配等证据问题一直制约着商业秘密侵权案件的审理。我国举证责任制度采用"谁主张，谁举证"的基本原则，只有当负举证责任的一方举证确实存在一定困难时，才可能发生举证责任倒置。在商业秘密案件中，

---

　　[1]　赵旭光、侯黄燕："论法官程序性违法的救济——以民事诉讼程序为视角"，载《江苏科技大学学报（社会科学版）》2017 年第 3 期，第 46 页。

原告证明构成商业秘密侵权和被告实施侵权行为确有一定难度，但该难度是否达到举证责任倒置标准存在疑问。因此，在司法实践中，商业秘密侵权诉讼中是否能够适用举证责任倒置，何时适用举证责任倒置一直较为混乱。证据的提出直接关系到当事人的主张是否能得到法院的支持，负有举证责任的一方举证不能，将承担于己不利的诉讼风险。分配举证责任无疑是民事程序法所要解决的问题，但又直接关系到实体法的立法目的能否在诉讼中得到实现。[1]因此，合理分配举证责任对实现司法公正有着重要意义。

在北京某公司商业秘密侵权诉讼案中，是否存在违背民事诉讼审理中程序分配一般规则，忽视法律、司法解释的相关规定，在法律规则已经对举证责任进行了分配的基础上，另行分配当事人之间的举证责任值得研究。本案中，原告青岛某公司作为权利人，并未对其主张的技术信息满足商业秘密中的非公知性要件进行举证，一审法院仅根据原告的主张，在未进行公知性鉴定的前提下，认定北京某公司辩称的公知技术证据不足，而支持了原告享有商业秘密的主张。二审法院同样认为，关于涉案技术秘密是否已经在先公开，应当在当事人主张的前提下由当事人提交已经在先公开的技术文件，由鉴定机构对该在先公开的技术文件和涉案技术秘密是否构成同一性进行鉴定，从而得出涉案技术秘密是否已经在先公开的结论。此属举证责任倒置，即被告需要对技术信息不构成商业秘密提出相反证据，否则该技术信息构成商业秘密。

我国民事诉讼程序中，举证责任分配遵循“谁主张，谁举证”的基本原则，商业秘密侵权诉讼可被归为民事诉讼中的肯定的确认之诉和给付之诉两部分，如北京某公司案包含涉案技术信息构成原告的商业秘密这一确认之诉，又包含被告实施侵权行为后需对原告给付赔偿这一给付之诉。在确认之诉和给付之诉中，原告主张一定的权利和法律关系存在，因此原告要对产生权利或法律关系要件事实提供证据加以证明。[2]即本案中，青岛某公司应当就其主张技术信息满足商业秘密三要件进行举证，并对北京某公司实施了侵权行为以及损害范围进行举证。然而在一审和二审审理程序中，法院均认为涉案商业秘密不具备非公知性由被告承担举证责任，被告未提出相关证据或举证不能时，则意味着涉案技术信息的非公知性成立，构成商业秘密。只有在法律、司法解释未对举证责任作出预先规定，双方当事人也没有约定的情况下，法院才可依照职权进行

---

[1] 李浩：“民事举证责任分配的法哲学思考”，载《政法论坛》1996 年第 1 期，第 36 页。

[2] 黄进才：“对我国民事举证责任分担规则的再认识”，载《法学》1997 年第 11 期，第 38 页。

分配。违背法律原则、司法解释的规定，利用法院职权分配举证责任不仅超越了法院自由裁量权的范畴，也严重侵害了司法秩序。

《最高人民法院关于审理不正当竞争民事案件应用法律若干问题的解释》（以下简称《审理不正当竞争案件司法解释》）第 14 条规定："当事人指称他人侵犯其商业秘密的，应当对其拥有的商业秘密符合法定条件、对方当事人的信息与其商业秘密相同或者实质相同以及对方当事人采取不正当手段的事实负举证责任。其中，商业秘密符合法定条件的证据，包括商业秘密的载体、具体内容、商业价值和对该项商业秘密所采取的具体保密措施等。"在司法实践中，部分法院认为，"商业价值性"及"保密性"都可以归为积极事实，权利人容易通过客观存在的证据予以证明，而"秘密性"属于消极事实，证明难度大，[1]被告举证证明涉案信息为公众所知悉更为容易，因此由原告主张相关信息不为公众所知悉在举证上较为困难，如果被告以原告主张保护的信息不具有秘密性进行抗辩，应当由被告承担相关信息已经为公众所知悉的证明责任。[2]在本案中，一审、二审法院即持此观点。笔者认为，该观点存在一定的合理性，但并不具备合法性。虽然商业秘密的非公知性难以证明，但权利人仅需指出技术载体和技术内容即可证明非公知性成立未免不太合理。权利人指出技术载体和内容仅能证明技术信息存在，并不等于证明商业秘密成立。权利人可通过提交研发阶段相关证据或进行司法鉴定等手段对涉案技术信息具有非公知性进行举证。权利人对非公知性进行举证仍然具有可能性，在未有法律规则明确规定举证责任倒置的情形下，仍应由权利人对此承担举证责任。

在商业秘密侵权诉讼中，原告举证确实存在一定的难度，但其难度并没有影响到权利人的基本证明责任的承担，"证明责任倒置存在合法性的障碍，就不能按照证明责任倒置来分配商业秘密侵权案中的证明责任"。[3]在诉讼中，商业秘密权利人需提供以下证据：商业秘密存在的相关证据，包括相关技术、经营信息具有秘密性、具有经济价值并经采取了相应的保密措施；被控侵权人故意或过失实施侵权行为的证据；原告因被告的侵权行为所遭受的损害后果的证

---

　〔1〕　邓恒："商业秘密司法鉴定之实践检讨"，载《知识产权》2015 年第 5 期，第 35 页。

　〔2〕　北京市第一中级人民法院知识产权庭编著：《知识产权审判分类案件综述》，知识产权出版社 2008 年版，第 180 页。

　〔3〕　魏玮："知识产权侵权诉讼中证明责任的分配——兼论商业秘密侵权诉讼中证明责任的分配规则"，载《西南民族大学学报（人文社科版）》2008 年第 9 期，第 214 页。

据。除了被控侵权人实施侵权行为，即违法获取、披露、使用或者允许他人使用该商业秘密的行为举证外，其他需要查明的事实由于能够被权利人控制，其举证更方便。本案中，无论在《合作协议》签订前还是签订后，均由青岛某公司进行纵向轨枕技术的研发，有关涉案技术信息的沟通邮件、会议记录以及保密记录均在其掌握范围内，北京某公司在未侵犯其商业秘密的情形下无从知晓以上具体信息。技术信息被权利人掌握，并采取一定保密措施，被控侵权人在原告未证明商业秘密存在，不知晓商业秘密技术点的前提下，几乎不可能提出相反证据予以反驳。举证责任倒置的立法基础是只有能够获得证据的人才有提供证据的可能性，让不可能获得证据的一方举证将造成当事人之间的利益失衡。因此，在商业秘密侵权诉讼中，涉案技术信息满足商业秘密三要件，仍应由权利人进行举证，可适当降低其证明标准，但不可将该举证责任倒置。

"证明责任倒置会产生程序与实体的双重后果，特别是将败诉风险直接转移给被动进行诉讼的人。由此，一般理论认为，证明责任倒置以法律明文规定为准，法律无明文规定时不得适用。"[1]从现有的法律规定来看，知识产权侵权诉讼中除产品制造方法专利侵权这一法律明文规定的特例外，仍以"谁主张、谁举证"为证明责任分配的一般规则。[2]最高人民法院在成都佳灵电气制造有限公司与成都希望电子研究所等侵犯商业秘密纠纷案中特别指出："权利人指控他人侵犯其商业秘密，必须对商业秘密的三个构成要件成立的事实负担举证责任，举证不能的，被控侵权人不构成商业秘密侵权。"[3]该案否定了商业秘密侵权案件中实行举证责任倒置的做法。[4]但商业秘密侵权诉讼中，举证责任倒置的适用仍存在混乱问题。商业秘密侵权诉讼中如采取举证责任倒置，"在原告未提供证据证明其商业秘密成立的情况下，要求被告必须证明原告商业秘密不成立方能免责，不仅对被告人显失公平，也与通行的证明责任理论相冲突"。[5]

---

〔1〕　魏玮："知识产权侵权诉讼中证明责任的分配——兼论商业秘密侵权诉讼中证明责任的分配规则"，载《西南民族大学报（人文社科版）》2008 年第 9 期，第 211 页。

〔2〕　魏玮："知识产权侵权诉讼中证明责任的分配——兼论商业秘密侵权诉讼中证明责任的分配规则"，载《西南民族大学报（人文社科版）》2008 年第 9 期，第 211 页。

〔3〕　最高人民法院（2001）民三终字第 11 号。

〔4〕　最高人民法院民事审判第三庭编：《知识产权审判指导与参考》（第 7 卷），法律出版社 2004 年版。

〔5〕　宋健、顾韬："商业秘密知识产权案件若干问题研究"，载《法律适用》2010 年第 2、3 期，第 159 页。

因此，在北京某公司案中，法院应当按照一般举证原则和相关司法解释的规定采"谁主张，谁举证"的做法，由青岛某公司对其享有的技术信息构成商业秘密进行举证，而不应当由北京某公司承担非公知性的举证责任，一审、二审法院存在举证责任分配不当的程序性违法行为，有违司法公正。

二、鉴定问题

（一）鉴定范围的争论

在商业秘密侵权诉讼中，当双方争议的技术问题难以通过其他途径解决时，以法律知识见长的法官通常需要借助司法鉴定手段予以明晰。[1]然而，在商业秘密司法实践中，法院对技术鉴定的范围认定不一。如前所述，在司法实践中，商业秘密侵权诉讼举证责任分配存在混乱的问题，部分法院在认定非公知性时采举证责任倒置的做法，使被告负担该技术信息为公众所知悉的证明责任。[2]非公知性证明的举证责任倒置后，也给技术鉴定带来一定影响。如果被告对已公知负举证责任，则应由被告提出证据、申请鉴定等，被告未提出有力证据时，非公知性将不在鉴定范围内。这与商业秘密诉讼中的鉴定规则相冲突。

在北京某公司案中，法院举证责任分配不公造成了对鉴定范围判断不准确，未对非公知性进行鉴定，而仅就同一性进行鉴定的后果。一审法院在未进行公知性鉴定或认定的前提下，认定北京某公司辩称的公知技术证据不足，支持了原告享有商业秘密的主张。二审法院同样认为，关于涉案技术秘密是否已经在先公开，应当在当事人主张的前提下由当事人提交已经在先公开的技术文件，由鉴定机构对该在先公开的技术文件和涉案技术秘密是否具有同一性进行鉴定，从而得出涉案技术秘密是否已经在先公开的结论。如此一来，本案中商业秘密司法鉴定的范围仅包括同一性。然而，未证明涉案技术信息满足商业秘密三要件时，难以说明青岛某公司存在合法权利基础。因此，权利人的权利将成为无源之水，无本之木。即便证明同一性，也并不能说明行为人侵权。

根据《最高人民法院关于审理不正当竞争民事纠纷案件适用法律若干问题

---

〔1〕　刘红："浅析知识产权技术鉴定程序"，载《电子知识产权》2004 年第 11 期，第 44 页。

〔2〕　参见宋健、顾韬："商业秘密知识产权案件若干问题研究"，载《法律适用》2010 年第 2、3 期，第 160 页。

的解释（征求意见稿）》第 38 规定，人民法院在审理侵犯商业秘密案件时，可以就所涉信息是否为公众所知悉，被告获得、披露、使用的信息与原告持有的信息是否相同或者实质相同等专业技术问题委托鉴定。这包含两点内容：其一，商业秘密侵权诉讼中，司法鉴定的范围仅包括原告主张技术信息是否具有非公知性以及被告使用的技术与原告技术信息是否具有同一性。商业秘密构成三要件中的经济价值和采取保密措施属于一般事实问题，可以通过证据审查和法律推理得出，并不需要进行技术鉴定。其二，"鉴定范围应当是当事人确有争议且对案件裁判有影响力的专门性事实问题，不能是专门法律问题"。[1]有关商业秘密构成和是否侵权的认定，应当由人民法院依法审判作出，[2]技术鉴定仅能就技术信息是否具有非公知性和同一性作出鉴定，不能得出构成商业秘密或侵权成立的结论。最高人民法院的该观点在学界也得到认同，但司法适用较为混乱。

　　然而，北京某公司案并非个例，部分法院在审理商业秘密案件时，均对技术鉴定的适用存在认识误区。本案中，二审法院认为，关于涉案技术秘密是否已经在先公开，应当在当事人主张的前提下由当事人提交已经在先公开的技术文件，由鉴定机构对该在先公开的技术文件和涉案技术秘密是否构成同一性进行鉴定，从而得出涉案技术秘密是否已经在先公开的结论。首先，其认为非公知性是不需要主动鉴定的。其次，进行非公知性鉴定的前提是被告提出有力的反驳证据，法院对该证据进行审查。该证据不足使得对非公知性产生疑问时，不对非公知性进行鉴定。持此观点的学者认为，《审理不正当竞争案件司法解释》第 9 条、第 10 条、第 11 条分别对实用性、保密性、秘密性做出了具体规定，因而商业秘密的秘密性、商业价值性和保密措施属于法律问题而不是事实问题，不属于鉴定范围。根据第 9 条规定的有关信息不构成不为公众所知悉的六种情形，这六种情形构成与否属于事实问题而非法律问题，但没有鉴定的必要性和可行性。原因在于，"该抗辩属于法官不能主动援引的抗辩，因此，如果被告没有主动主张，法官不能主动审理此主张是否成立，更不能将这种抗辩成立交由鉴定机构来判断。即使被告提出了其中一项或多项抗辩主张，由于该抗辩主张是否成立属于事实问题，因此需要依据证据规则来判断。需要强调的是，这种抗辩主张是否成立并不涉及专门性问题，法官依据常理和经验完全可以作

---

〔1〕 石必胜："知识产权诉讼中的鉴定范围"，载《人民司法》2013 年第 11 期，第 43 页。

〔2〕 《最高人民法院关于审理不正当竞争纠纷案件适用法律若干问题的解释（征求意见稿）》。

出判断",[1]没有鉴定的必要。在司法实践中一些法院均采取此做法，北京某公司案便是如此。必须指出，该观点存在重大法律错误。首先，此属举证责任倒置，默认原告主张的技术秘密具有非公知性，将举证责任强加给被告；其次，该观点违背了《审理不正当竞争案件司法解释》的规定，忽视了商业秘密中的技术性，法官不是所属技术领域的人员，对公知性的判断应以所属技术领域人员是否知悉为标准，得出技术信息是否为"所属领域的相关公众普遍知悉"的结论，不是"所属领域相关公众"之外的其他专家有能力评判的，更不能通过法律推理或者审判经验的确信解决，[2]法官依据常理和经验难以作出准确判断。最后，技术信息具有非公知性的总体原则是不为公众所知悉，该要件的认定总体上应以《审理不正当竞争案件司法解释》第9条中"有关信息不为其所属领域的相关人员普遍知悉和容易获得"为审查标准。"如果能证明出现六种情形之一，应当认定该技术信息丧失秘密性而不构成商业秘密"[3]，但并不意味着不属于这六种情形就具有非公知性。法院以被告是否能举出六种情形之一来判断原告技术信息是否构成商业秘密，这在很大程度上放松了对非公知性条件的要求，扩大了对原告的保护范围。

综上，在司法实践中，举证责任混乱导致商业秘密鉴定范围难以界定，不少法院忽视相关司法解释的规定，将商业秘密非公知性排除在鉴定范围之外。商业秘密侵权诉讼中借助司法鉴定就是为了解决技术问题，而技术信息是否不为该领域技术人员知悉和诉讼双方使用的技术是否具有同一性是技术问题，法官依靠知识和经验难以做出准确判断。故应当将非公知性和同一性归入商业秘密司法鉴定范围内。北京某公司案中法院违背举证责任原则，进而将非公知性排除在技术鉴定范围之外，此属强加给被告证明义务，刻意降低原告享有商业秘密的标准，扩大其保护范围，有违司法公正。

（二）鉴定程序的启动

司法鉴定程序启动的合法性是程序正义的首要问题。在北京某公司案中，

---

〔1〕 石必胜："知识产权诉讼中的鉴定范围"，载《人民司法》2013年第11期，第43页。

〔2〕 张炳生："论商业秘密的司法鉴定"，载《宁波大学学报（人文科学版）》2012年第6期，第3页。

〔3〕 张炳生："论商业秘密的司法鉴定"，载《宁波大学学报（人文版学版）》2012年第6期，第7页。

共出现了三份鉴定意见，结果却大相径庭。《最高人民法院关于民事诉讼证据的若干规定》对如何启动司法鉴定做出了规定。不同鉴定机构人员资质、设备、依据的材料不同，常常导致鉴定意见不尽相同。因此，委托鉴定机构、鉴定机构的选取、鉴定材料的筛选都影响着鉴定的最终结果。

在北京某公司案中，一审法院仅进行了同一性鉴定，认定涉案技术和被上诉人主张的商业秘密具有同一性。被上诉人在一审判决后，单独委托北京某知识产权司法鉴定中心进行非公知性鉴定，结论为"涉案商业秘密具有新颖性"，该技术信息在 2013 年 10 月 8 日之前不是为公众所知悉的技术信息。商业秘密非公知性鉴定采用新颖性标准并不恰当，但因可行性的问题而在商业秘密鉴定中被广泛采用，具备新颖性一定具备非公知性，本文在此不做深入讨论。虽然北京某知识产权司法鉴定中心作出具有非公知性的鉴定意见，但其结论真实性有待考证。而上诉人认为一审鉴定中存在大量错误，也单独委托新的司法鉴定机构再次鉴定，得出与之相反的结论：由一审中鉴定机构归纳的技术信息仅能部分地从模具图纸中得出，且部分技术信息不构成不为公众所知悉的情形。两份鉴定意见相去甚远，可见各方当事人自主委托的鉴定通常出现结论不一的情况。"鉴定人所做的工作是为当事人的利益服务，在选取有关鉴定材料和作出鉴定结论时，鉴定人难免会自觉或不自觉地带有一定的倾向性"，[1]难以保障鉴定人的中立性。因此，一方当事人在法庭之外单独进行的技术鉴定的证明力的判定成为问题，需进一步查明。

在传统的司法实践中，公认的诉讼鉴定合法委托只有两种：法院依职权指定和诉讼当事人协议委托。[2]如本案一审诉讼中，在法院主持下进行的同一性鉴定。根据《最高人民法院关于民事诉讼证据的若干规定》，当事人申请鉴定，应当在举证期限内提出。当事人申请鉴定经人民法院同意后，由双方当事人协商确定有鉴定资格的鉴定机构、鉴定人员，协商不成的由人民法院指定。然而，《最高人民法院关于民事诉讼证据的若干规定》第 28 条"变相"确立了当事人自主委托鉴定的处理方式：[3]"一方当事人自行委托有关部门作出的鉴定结论，另一

---

〔1〕　谌宏伟："论民事诉讼中司法鉴定程序的启动——以《关于民事诉讼证据的若干规定》第 28 条为主要分析对象"，载《中国司法鉴定》2006 年第 4 期，第 52 页。

〔2〕　参见孟勤国："司法鉴定规则应重在规范法官行为——最高法院（2011）民一终字第 41 号判决书研读"，载《法学评论》2013 年第 1 期，第 87 页。

〔3〕　谌宏伟："论民事诉讼中司法鉴定程序的启动——以《关于民事诉讼证据的若干规定》第 28 条为主要分析对象"，载《中国司法鉴定》2006 年第 4 期，第 52 页。

方当事人有证据足以反驳并申请重新鉴定的，人民法院应予准许。"该规定造成了诉讼当事人之间的利益失衡，如本案中青岛某公司一审后先进行了非公知性的技术鉴定，是否意味着北京某公司只有在提出证据足以反驳的基础上，才能申请法院重新鉴定，这加大了被告的举证难度。如果单方委托的技术鉴定具有偏向性，就不利于法官发现案件真实，也违背当事人诉讼地位平等原则，甚至使法院委托鉴定反而可能被"闲置"，这显然违背立法者的初衷。可见在法庭之外单独委托鉴定，不仅涉及证明力难以判定的问题，还涉及双方当事人地位平等问题。

笔者认为，上述第28条自主委托鉴定的规定并不合理，该规定未考虑到自主委托现实情况中鉴定人的偏向性。当事人可以进行自主鉴定，但应平等地赋予双方当事人此权利，没有先后之分。本案中，双方当事人提交的两份自主委托的鉴定意见均应进行质证，也应由法院平等对待，经过审查、质证等程序。对于同一技术问题出现的不同鉴定意见，法官应予以审查，当该技术问题确有鉴定必要且存在争议时，法院应组织重新鉴定。鉴定应当在双方当事人的共同参与下进行。公平确定鉴定机构，送检材料也应经过质证再送交鉴定机构。

（三）鉴定意见的质证与重新鉴定

2012年修改后的《民事诉讼法》将原本的"鉴定结论"转而称为"鉴定意见"，这表明司法鉴定的结果已不再是不可动摇或不可被质疑的。在北京某公司案中，法院并未对鉴定意见的真实性、合法性进行质证，在该鉴定意见被被告严重质疑的情况下，仍对该鉴定意见的结论全盘接受。可见，法官由于技术知识和经验的不足，对商业秘密技术的把握不足，"一份错误的鉴定结论足以对法官产生误导"。[1]因此，必须建立一套切实可行的证据规则和监督机制，确保和规范法官对鉴定结论的审查、评断和采信，并从制度上保障专家鉴定在法庭上由当事人双方进行实质性的质疑和质证。只有如此，才能够保证鉴定结论的客观性和公正性，从而有利于商业秘密纠纷的解决。[2]

本案中，法院未对专业鉴定的结论进行严密论证，盲目依赖鉴定结论。鉴

---

〔1〕 刘军："'司法鉴定结论'对判决结果的影响"，载《法制与社会》2012年第8期，第114页。

〔2〕 朱玉玲："对知识产权诉讼中司法鉴定问题的思考"，载《前沿》2007年第7期，第137页。

定机构在对青岛某公司的模具图纸的五个部分与北京某公司的上述专利资料进行同一性对比后得出鉴定结论：关于模具的承轨台技术信息、模具的纵向/横向对称的技术信息具有同一性；关于模具的总体结构和位置连接关系技术信息、模具的端模技术信息、模具模制不同尺寸轨枕的技术信息不具有同一性。然而，其中具有同一性的两部分，并不能完全由图纸归纳得出，且其鉴定可能存在明显错误。二审中，上诉人提出的公开文件证明涉案专利被诉侵权技术点已属公知技术。且原审被告郭某指出原鉴定存在明显错误不足以被采信，但法院均对此置之不理。

　　商业秘密鉴定是案件最核心的部分，直接引导着法官认定当事人之间是否存在侵权行为，鉴定结果往往直接决定案件的裁判。[1] 由于鉴定结论在诉讼中具有较高的地位和作用，鉴定结论的形成及其运用必须贯彻客观公正、科学权威的原则。法院不仅需要审查鉴定意见，而且需要对鉴定的依据、检材、样本、鉴定方法、鉴定过程以及鉴定结果进行全方位的审查和评定。[2] 在北京某公司案一审程序中，两被告认为鉴定方法以及鉴定内容均存在错误。青岛某公司归纳的文字技术信息不能替代其图纸而成为技术秘密。技术秘密的载体由图纸转化为文字缺乏法律依据，青岛某公司从图纸中归纳的技术信息不能成为其"技术秘密"。即使能够应用文字描述来代替图纸，原告所述五点技术信息也不能完全由图纸得出。且鉴定机构归纳的五点技术信息存在明显的技术描述错误。在对鉴定意见的质证上，相关法律明确规定了当事人对鉴定意见有异议或者法院认为鉴定人有必要出庭的，应当出庭作证，经法院通知，鉴定人不出庭作证的，鉴定意见不得作为认定事实的根据。因此，法院应当通知鉴定人出庭作证。但在本案中，法院并未通知，鉴定人也并未出庭作证。这一行为违背了《民事诉讼法》第 78 条之规定，构成程序违法，鉴定意见不得作为认定事实的根据。

　　经过质证，法院应当根据当事人提出异议的情况，对鉴定结论的正确性及其能否解决案件所争议的技术问题作出判断，如当事人的异议不能成立，法院经审查没有不当之处，则应当作为证据；如当事人异议成立，则应决定是否重新鉴定，如鉴定机构或者鉴定人员不具备相关的鉴定资格的、鉴定程序严重违

---

　　[1]　葛少帅："民诉法修改背景下对知识产权诉讼鉴定制度的三个反思"，载《中国司法鉴定》2013 年第 1 期，第 109 页。

　　[2]　葛少帅："民诉法修改背景下对知识产权诉讼鉴定制度的三个反思"，载《中国司法鉴定》2013 年第 1 期，第 109 页。

法的、鉴定结论明显依据不足的、经过质证认定不能作为证据使用的其他情形。对于有缺陷的鉴定结论,可以通过补充鉴定、重新质证或者补充质证等方法解决的,不予重新鉴定。[1]在北京某公司案一审鉴定中,首先,其鉴定方法和鉴定内容均存在错误,结论明显依据不足,北京某公司出具的新鉴定意见足以证明原鉴定存在错误,应当重新鉴定。其次,该鉴定仅进行了以下两方面的鉴定:五点技术信息是否能从模具图纸中得出;五点技术信息是否与涉案专利具有同一性,鉴定机构并未对涉案技术信息的非公知性进行鉴定,其属于应当补充鉴定的情形。因此,在北京某公司案中,一审鉴定存在错误,属于应当重新鉴定的情形,且其鉴定范围过小,还应当补充鉴定。

二审法院认为,原审法院已经对北京某公司的模具专利与青岛某公司的技术秘密是否构成同一性进行了鉴定,在北京某公司及郭某在原审程序中鉴定前已经就鉴定内容、方式、鉴定机构等内容予以认可,且各方当事人并未举证证明该鉴定程序和结论存在重大错误的前提下,本院对该鉴定结论予以认可。而一审鉴定意见中对于技术描述出现明显错误、前后说法矛盾的情况等,二审法院皆视而不见。此外,二审判决错误地认定上诉人在原审法院 2015 年 3 月 13 日确定鉴定内容前并未主张涉案技术秘密已经在先公开(实际上上诉人早就主张了),遂拒绝其非公知性鉴定申请。根据《最高人民法院关于民事诉讼证据的若干规定》,二审程序中的新证据包括:一审庭审结束后新发现的证据;当事人在一审举证期限届满前申请人民法院调查取证未获准许,二审法院经审查认为应当准许并依当事人申请调取的证据。本案中,新鉴定意见既属于一审结束后新发现的证据,也属于申请原审法院调查取证未获准但应当调取的证据。根据原审被告郭某的主张,一审鉴定中出现的错误显而易见,该技术信息中部分技术属于该领域技术人员公知、显而易见的,而法院认为一审鉴定意见并不存在重大错误,是对"不为该领域技术人员所知悉"的不了解,归根结底,是法院对技术事实认定不清。

综上所述,举证责任的分配不清,法院对非公知性认识不足等造成我国现阶段司法实践中商业秘密侵权诉讼技术鉴定范围不一,北京某公司案中,法院甚至采用不对非公知性进行鉴定的错误做法。法院也应在谨慎、公正的基础上对鉴定意见进行质证,而不能盲目采纳。此外,本案中出现的三份鉴定结果相

---

〔1〕　参见宋才发:"TRIPS 协定与中国知识产权的法律保护",载《河北法学》2003 年第 5 期,第 38 页;任海伦:"商业秘密侵权行为研究",郑州大学 2006 年硕士学位论文。

去甚远。同样，在经典案例"沪科案"中，控辩双方各提交了一份司法鉴定意见书，两份鉴定意见书的结论却大相径庭，反映了我国尚缺乏知识产权司法鉴定的统一法律，从而导致了鉴定机构多头，鉴定效力不确定，鉴定责任不明确等一系列问题。商业秘密司法鉴定机构亟待专业分类。[1]

三、其他程序问题

(一) 二审应当开庭审理

北京某公司案不仅存在上述商业秘密诉讼中特殊的程序性问题，还存在其他程序性违法问题。在北京知识产权法院二审中，法院并未进行开庭审理，而是仅进行了两次谈话，便做出最终判决。根据我国《民事诉讼法》的相关规定，二审原则上采取开庭审理的方式，只有经过阅卷和调查，询问当事人，当事人没有提出新的事实、证据或者理由，合议庭认为不需要开庭的，可以径行判决、裁定。本条所指不开庭审理的情形包括：不服不予受理、管辖权异议、驳回起诉裁定。北京某公司案不属于以上可以不开庭审理的情形。除此之外，双方均提交了新证据，且本案中焦点问题技术信息是否构成商业秘密存在争议，不属可不经开庭径行判决的情形。北京某公司向二审法院提交了专家法律意见书、司法鉴定意见书及相关期刊复印件、相关合同复印件、新闻媒体报道复印件、相关裁判文书复印件等证据。青岛某公司则亦提交了司法鉴定意见书，然而，二者结论相去甚远。二审法院仅通知上诉人和被上诉人进行过两次谈话，未经正式开庭，没有经过法庭调查或法庭辩论即做出判决，更剥夺了当事人辩论权利，没有适用适当的法律审判程序，属于《最高人民法院关于适用〈中华人民共和国民事诉讼法〉的解释》第 325 条规定的严重违反法定程序的情形，为当事人有权提出再审的法定情形。

(二) 代理人不适格时审理程序问题

此外，二审中，被上诉人的代理人王某参加诉讼活动没有合法授权。《民事诉讼法》第 58 条规定，当事人可以委托其工作人员担任诉讼代理人，应提交

---

〔1〕 黄淘："从'沪科案'看商业秘密保护中雇主与离职雇员间的利益平衡"，载《电子知识产权》2005 年第 9 期，第 47 页。

"合法劳动人事关系"证明材料，可以是劳动合同、工资表、社会保险资料等。二审法院在判决书中称，在审理过程中，青岛某公司提交了委托王某为其二审诉讼代理人的委托书，但其并未提交社保证明或工资发放记录等足以证明其为青岛某公司工作人员的相关证据，故而对王某作为本案诉讼代理人的资质不予认可，对于青岛某公司在本案的主张以其提交的书面意见为准。二审法院否定被上诉人代理人资格，应当拒绝其参加庭前的两次对话，通知被上诉人参与，询问被上诉人意见。二审在被上诉人未参与庭前讨论，也未接受询问的基础上未经开庭做出判决，导致本案有关事实查明和认定不清，严重违反了法定程序。然而，即便如此，二审法院对被上诉人的代理人的主张也全部认可，如此作出的判决是否公正引人深思。

结　语

在商业秘密侵权诉讼中，存在着因商业秘密特殊性而带来的程序问题，也存在一般民事诉讼常见的程序问题。无论是哪一种，皆应立足于司法公正和程序正义，遵照相关法律的规定进行。北京某公司案中存在若干程序性违法问题，直接导致最终判决不公。程序问题和实体问题并不是各自独立、互不相干的，其往往相互联系，在商业秘密侵权诉讼程序问题中，举证责任的分配和技术鉴定程序问题较为突出，举证责任分配又关系着技术鉴定的范围等程序问题。在商业秘密侵权诉讼中，法院应当严格恪守程序公正，依照法律分配举证责任，在双方平等参与的基础上进行司法鉴定，平等对待诉讼当事人，只有在程序合法的前提下，结果才可能是正义的。

商业秘密民事侵权案件与刑事案件的协调

陈秋凡

作为企业的无形资产，商业秘密对企业在市场竞争中占据优势地位具有重要作用。因此，保护商业秘密所有人的合法权利，对维护市场良好的竞争秩序具有重要意义。但在现实市场环境下，同样存在着主张商业秘密的人滥用诉权，不正当地打击竞争对手甚至不惜通过刑事手段打压竞争对手的现象。因此，协调商业秘密民事侵权与刑事案件的关系，显得尤为重要。

商业秘密，在《与贸易有关的知识产权协议》（以下简称"TRIPS 协议"）中又被称为"未披露的信息"。根据该协议第 39 条第 2 款的规定，自然人和法人应有权利防止其合法控制的信息在未经其同意的情况下以违反诚实商业行为的方式向他人披露，或被他人取得或使用，只要此类信息满足以下条件：①属于秘密，即作为一个整体或就其各部分的精确排列和组合而言，该信息尚不为通常处理所涉信息范围内的人所普遍知道，或不易被他们获得；②因属于秘密而具有商业价值；③并且由该信息的合法控制人，在此种情况下采取合理的步骤以保持其保密性。商业秘密写入 TRIPS 协议并不是一蹴而就的，随着人类社会商品经济的发展，国际贸易交流的愈发频繁，商业秘密作为一个企业无形资产的重要组成部分，乃至使企业在市场中具备核心竞争力，商业秘密的价值愈发体现出来，被国际社会普遍认可并予以保护。TRIPS 协议旨在维护诚实的商业行为，对诸如违反合同、泄密和违约诱导，并且包括第三方取得未披露的信息，而该第三方知道或因严重疏忽未能知道未披露信息的取得涉及此类"违反诚实商业行为的方式"的做法加以制裁。[1]本文拟结合商业秘密保护和刑事法

---

[1]　参见刘影、郝琳琳编：《全国经济专业技术资格考试指南（中级基础部分）》，中国建材工业出版社 2001 年版，第 405 页。

律原理，结合典型个案，探讨商业秘密民事侵权案件与刑事案件的协调。

一、商业秘密在我国民事领域的保护

商业秘密是知识产权的一个分支，侵犯商业秘密被公认为属于不正当竞争的行为而为我国《反不正当竞争法》所规制。

侵权行为，是指行为人侵害他人的财产或者人身利益，依法应当承担民事责任的行为，以及依照法律特别规定应当承担民事责任的其他致人损害的行为。[1]《反不正当竞争法》规定了四类典型的商业秘密侵权行为：以盗窃、利诱、胁迫或者其他不正当手段获取权利人的商业秘密；披露、使用或者允许他人使用以前项手段获取的权利人的商业秘密；违反约定或者违反权利人有关保守商业秘密的要求，披露、使用或者允许他人使用其所掌握的商业秘密；第三人明知或者应知前款所列违法行为，获取、使用或者披露他人的商业秘密，视为侵犯商业秘密。作为市场上的社会人，追求个人利益的最大化是他们从事市场行为的驱动力。不正当利用他人的商业秘密，在给行为人带来丰厚利益的同时，也损害了商业秘密所有人的合法权利。有侵害，就应当有救济。《反不正当竞争法》第17条规定，经营者违反本法规定，给他人造成损害的，应当承担民事责任。经营者的合法权益受到不正当竞争行为损害的，可以向人民法院提起诉讼。《反不正当竞争法》确立了先赔偿被侵害的经营者受到的损害，不能确定损失的，再以侵权人在侵权期间因侵权所获得的利润赔偿被侵权人损失的救济模式，同时为制止侵犯商业秘密的行为所支付的合理费用也在赔偿范围之内。

2007年2月1日生效的《最高人民法院关于审理不正当竞争民事案件应用法律若干问题的解释》第17条规定，确定《反不正当竞争法》规定的侵犯商业秘密行为的损害赔偿额，可以参照确定侵犯专利权的损害赔偿额的方法进行。对于专利侵权，2008年我国修改后的《专利法》第65规定，侵犯专利权的赔偿数额按照权利人因被侵权所受到的实际损失确定；实际损失难以确定的，可以按照侵权人因侵权所获得的利益确定。权利人的损失或者侵权人获得的利益难以确定的，参照该专利许可使用费的倍数合理确定。赔偿数额还应当包括权利人为制止侵权行为所支付的合理开支。权利人的损失、侵权人获得的利益和专

---

〔1〕 王利明主编：《民法》，中国人民大学出版社2010年版，第565页。

利许可使用费均难以确定的，人民法院可以根据专利权的类型、侵权行为的性质和情节等因素，确定给予 1 万元以上 100 万元以下的赔偿。也就是说，商业秘密侵权损害赔偿额可以按照权利人的损失、侵权人获得的利益、参照该专利许可使用费的倍数、法定赔偿这一顺序确定。这里值得注意的是，2008 年《专利法》将 2001 年《最高人民法院关于审理专利纠纷案件适用法律问题的若干规定》中关于法定赔偿的规定，"一般在人民币 5000 元以上 30 万元以下确定赔偿数额，最多不得超过人民币 50 万元"，修改为下限是 1 万元，上限是 100 万元。专利侵权法定赔偿数额的提高，与社会经济的发展、专利的自身价值的提高、货币购买力的下降等因素分不开，商业秘密也是同样如此。

二、商业秘密在我国刑事领域的保护

侵犯商业秘密的行为，由民事法律以保护公民、法人财产权进行保护，我国《专利法》和《反不正当竞争法》规定对专利和商业秘密的民事侵权赔偿以填平权利人损失为原则，并无惩罚性的赔偿机制。在刑法中，罪犯是一个理性计算者。罪犯的犯罪模型是：由于他对犯罪的预期收益超过其预期的成本，所以某人才实施犯罪。[1]利用成本—收益这一经济学工具分析，侵犯商业秘密的行为人侵犯商业秘密所得到的收益远远高于实施该行为的成本。利益的驱动，使得只有私法保护，不能更好地保护商业秘密的所有人和经商业秘密所有人许可的商业秘密使用人的权利。为打击知识产权类犯罪，维护社会主义市场经济秩序，我国于 1997 年修订《刑法》时增设了侵犯商业秘密罪这一罪名，对于行为人实施侵犯商业秘密的行为不再比照类似罪名进行定罪量刑，而是以侵犯商业秘密罪论处。

现行《刑法》第 219 条将《反不正当竞争法》规定的四类典型的商业秘密侵权造成权利人重大损失的行为定性为侵犯商业秘密罪，处 3 年以下有期徒刑或者拘役，并处或者单处罚金；造成特别严重后果的，处 3 年以上 7 年以下有期徒刑，并处罚金。这里应当注意的是，第 2 款"明知或者应知前款所列行为，获取、使用或者披露他人的商业秘密的，以侵犯商业秘密论"，其中的"应知"，即疏忽大意的过失，我国将过失侵犯商业秘密亦归属于刑法评价。

---

〔1〕　钱弘道：《经济分析法学》，法律出版社 2003 年版，第 362 页。

这里需要注意的是，侵犯商业秘密罪的构成要件之一是给商业秘密的权利人造成重大损失。对于权利人的"重大损失"，应如何认定？根据 2001 年《最高人民检察院、公安部关于经济犯罪案件追诉标准的规定》（下称《追诉规定》），侵犯商业秘密案，涉嫌下列情形之一的，应予追诉：①给商业秘密权利人造成直接经济损失数额在 50 万元以上的；②致使权利人破产或者造成其他严重后果的。《追诉规定》确立了以数额划定界限的标准，但这里的损失还仅仅局限于权利人的直接经济损失。2004 年《最高人民法院、最高人民检察院关于办理侵犯知识产权刑事案件具体应用法律若干问题的解释》规定，实施《刑法》第 219 条规定的行为之一，给商业秘密的权利人造成损失数额在 50 万元以上的，属于"给商业秘密的权利人造成重大损失"。

三、判决商业秘密侵权损害赔偿 50 万元及以上数额并不必然应科以刑罚

在认定"重大损失"时，通常将民事案件的损害赔偿标准引入刑事案件审判中关于"重大损失"的认定方法上，似乎将民事审判领域的认定标准广泛适用于刑事审判领域具有天然的正义性。但在任何情况下，以民事侵权的赔偿数额超过 50 万元来决定是否适用侵犯商业秘密罪的刑法条款，是否合法，值得研究。笔者认为，如果在商业秘密民事侵权案件中，法院是在原告不能提供证据的前提下判决赔偿 50 万元或者以上的，则不能适用刑事处罚。理由如下：

（一）刑事证据所要求的"排除合理怀疑"标准

世界各国对民事诉讼普遍实行不同于刑事诉讼的证明要求，也就是说民事诉讼证据与刑事诉讼证据的证明力要求是不同的。在我国的民事诉讼中，当事人对自己的事实主张承担举证责任即"谁主张谁举证"已成为一项基本的诉讼原则。《最高人民法院关于民事诉讼证据的若干规定》第 73 条规定了"高度盖然性"证明标准，即"双方当事人对同一事实分别举出相反的证据，但都没有足够的依据否定对方证据的，人民法院应当结合案件情况，判断一方提供证据的证明力是否明显大于另一方提供证据的证明力，并对证明力较大的证据予以确认。因证据的证明力无法判断导致争议事实难以认定的，人民法院应当依据举证责任分配的规则作出裁判"。根据该条规定，在民事诉讼中，在双方当事人

对同一事实举出相反证据且都无法否定对方证据的情况下，一方当事人的证明力较大的证据支持的事实具有高度盖然性，人民法院应当依据这一证据作出判决。相比较而言，刑事案件有着比民事案件更为严格的证据证明标准。我国《刑事诉讼法》（2012 年修正）第 48 条规定"证据必须经过查证属实，才能作为定案的根据"。第 195 条规定："在被告人最后陈述后，审判长宣布休庭，合议庭进行评议，根据已经查明的事实、证据和有关的法律规定，分别作出以下判决：（一）案件事实清楚，证据确实、充分，依据法律认定被告人有罪的，应当作出有罪判决；（二）依据法律认定被告人无罪的，应当作出无罪判决；（三）证据不足，不能认定被告人有罪的，应当作出证据不足、指控的犯罪不能成立的无罪判决。"上述两条规定，就是确定我国刑事诉讼证据证明标准的法律规定，其证明标准的实质内涵是事实清楚，证据确实、充分。

刑事案件中刑事诉讼证据须满足排除合理怀疑的证明标准。其中，"事实清楚"中的"事实"，是诉讼中通过庭审程序对证据的采信而认定的事实，是"法律事实"，而不是理论表述中的"客观真实"。"证据确实、充分"，是对证据质的要求。[1]它要求据以定案的每一个证据都是已经查证属实的，证据之间能相互印证，形成证据链。在侵犯商业秘密案件中，权利人的损失是难以精确计算的，往往借助其他计算方式来弥补权利人的损失。商业秘密侵权损害赔偿数额的计算方式不可避免地都带有"推定"的色彩。这些方式在民事侵权领域填补权利人损失方面起着重要作用，但是，通过"推定"权利人损失来判定是否定罪，与刑法的"疑罪从无"原则是相冲突的。我们不能为了使商业秘密的侵权人受到刑罚而凑"权利人损失的数额"。使用推定的"权利人损失数额"作为定罪量刑的基点，不符合刑事诉讼法领域对证据确实、充分的要求，不能做到排除合理怀疑。

现阶段，在商业秘密侵权损害赔偿数额计算方面，法院大量地采用法定赔偿的方式。法定赔偿方式是前三种方式均无法计算时才适用的。侵犯商业秘密罪是结果犯，是以造成权利人重大损失为构成要件的。当不能认定权利人的损失时，应当坚持无罪推定的原则，"证据不足，不能认定被告人有罪的，应当作出证据不足、指控的犯罪不能成立的无罪判决"。

---

[1]　参见刘义明："刑事证明标准研究"，中国政法大学 2010 年硕士学位论文；陈阵："论我国刑事定罪证明标准的问题与完善"，中国政法大学 2017 年硕士学位论文。

（二）实证研究：以青岛某铁道技术公司诉北京某铁道技术公司侵犯商业秘密案为例〔详见（2017）京 73 民终 110 号民事判决〕

本案的基本案情是：青岛某铁道技术公司的实际控制人齐某（甲）、尹某（乙）、北京某科技开发公司（丙）签订三方协议，三方同意将甲方拥有的"纵向轨枕和减震轨道系统"技术及与之相关的所有技术资源和项目资源统一整合到一个新的平台上进行市场开发和运作，用较快的速度将技术成果转化为经济价值和企业利润。并且三方一致确定，将北京某铁道技术公司作为该新企业平台。在这个协议中，甲方保证对"纵向轨枕技术"等技术项目具有完全的所有权，并且三方协议签订后，甲方转让的技术项目等各项权属均变更至目标公司北京某铁道技术公司名下。看似简单明晰的技术转让，却因公司实际控制人对外签订合同效力、协议中转让的标的技术究竟是"模制纵向轨枕模具"技术还是"模制纵向轨枕系统"技术等法律和事实上的原因，青岛某铁道技术公司以北京某铁道技术公司等为被告在北京市海淀区人民法院拉开了该侵犯商业秘密案的序幕。北京市海淀区人民法院（2014）海民初字第 7239 号民事判决书，在各方当事人并未提交充分证据证明原告损失或被告获利的前提下，以被告败诉并酌定被告承担 100 万元的赔偿责任宣告了一审的结束。北京某铁道技术公司不服，上诉至北京知识产权法院，二审法院在未作出任何合理解释的情形下维持被告承担 100 万元的赔偿责任的判决。

本案中，上诉人北京某公司是否侵犯青岛某公司的商业秘密存在很大的争议，二审判决书中有很多引发争议的地方。但限于篇幅和本文研究主旨，这里笔者假定被告成立商业秘密侵权（不等于作者赞同法院判决的观点），所要探讨的是：法院在原审未提供任何证据证明原告实际损失或者原审被告获利的情况下却径直作出顶格 100 万元赔偿判决，是否合理有据，以及此时被告是否须承担刑事责任？笔者认为，法官无论是否有商业秘密侵权案件审判经验，理应知道一旦侵权判决达到 50 万元及以上数额，商业秘密的侵权人就会面临刑事指控的法律风险。因此，现实中，法官对于在认定侵权的前提下判决 50 万元或者以上应非常谨慎。法官在权利人未提供确实充分相关证据，适用法定赔偿标准行使自由裁量权时，要考虑到以加大侵权人刑事指控风险的成本来维护商业秘密所有人合法权益是否值得？本案二审法院在判决书主文中指出："在各方当事人并未提交充分的证据证明被上诉人损失或上诉人获利的前提下，原审法院依法酌定本案赔偿数额并无不当，本院予以维持。"二审法院在没有充分论证的情况下，如此轻描淡写的一句，就有可能将上诉人送到刑事审判席。此做法是否失之轻率，令人生疑。二审法院在审理上诉案件时，应秉持全面审查的原则，对一审法院自由裁量的部分亦应审查，从而对如赔偿数额等法官容易滥用自由裁量权的地方加以限制。

在适用专利侵权法定赔偿判处商业秘密的侵权人 100 万元赔偿的情形下，若权利人此时向公安机关报案，对被控侵权人可谓是雪上加霜。我国《刑事诉讼法》第 108 条第 2 款规定，"被害人对侵犯其人身、财产权利的犯罪事实或者犯罪嫌疑人，有权向公安机关、人民检察院或者人民法院报案或控告"，公安机关此时若简单地依据现行司法解释侵犯商业秘密罪 50 万元立案标准，则侵权人可能会被立案侦查。权利人作为被害人进行指认，侵权人又面临被拘留的风险。在此种情形下，法院作为维护公平正义的最后一道防线，在审查侦查机关收集的证据，认定是否构成侵犯商业秘密罪时，应严格坚持疑罪从无、罪刑法定原则，在证据认定时秉持排除合理怀疑原则，认定权利人是否确有"重大损失"。此时法院侧重的不再是商业秘密所有人权利的保护，而应侧重防止无罪的人被刑事追诉，防止刑罚权的滥用。就本案而言，在无证据认定被害人实际损失或侵权人获利的情形下，即使民事案件基于弥补权利人损失的情形判处 50 万元以上的赔偿数额，也不能认定侵权人应承担刑事责任。

（三）商业秘密的侵权人承担刑事责任的条件

成立侵犯商业秘密罪，首先要求行为人主观上要有明知或应知侵犯他人商业秘密的主观状态，客观上实施了侵犯他人商业秘密的行为，最终造成了权利人 50 万元及以上的重大损失，这三个条件缺一不可。在罪与非罪的判定上，重大损失的认定显得尤为重要。

在选择适用权利人损失，即"损失说"这一标准时，应以权利人因侵权人的侵权造成产品销售量的减少乘以权利人正常销售每件产品得到的合理利润。但是，权利人证明自己销量的减少与侵权人的侵权有直接的因果关系，则充满着种种困难。在一些情况下，比如产品稀缺等情形下，即使被侵权，权利人的产品的销量仍有可能增加，利润也有可能增多，这时计算损失更为困难。在不能证明权利人受到的损失和侵权人的侵权之间有直接因果关系，公诉人提供的证据不足以排除合理怀疑时，其中的"权利人损失"不能成为认定"重大损失"的依据。这种方法主要运用在市场行情相对稳定，权利人生产、经营处于连续状态，生产、经营的记载数量资料齐备，企业没有处于破产或者倒闭等状态的情形。[1]

在选择适用侵权人获得的利益，即"获利说"这一标准时，应以侵权人因非法获取商业秘密而制造的产品的销售量乘以侵权人售出每件产品得到的合理利润。如果侵权人是以侵权为业，应以销售额为标准，而不是再以销售利润为基准。如果其数额达到现行定罪标准的50万元，造成"重大损失"时，应以侵犯商业秘密罪论处。

在以许可使用费的倍数确定损害赔偿的数额时，1至3倍的区间决定了该种方法自身所带的惩罚性，在以许可使用费作为权利人损失时，不能扩展倍数，在侵权人实施侵权以前，应以权利人许可被许可人的费用确定权利人的损失，若达不到"重大损失"限度，则不能以此为由，以侵犯商业秘密罪论处。

以商业秘密的价值为标准考虑损害赔偿的数额时，其中的难点和重点是对商业秘密价值的评估。当然，商业秘密的价值并不等于个案中侵害人给被侵权人造成的实际损失额。不过，对商业秘密价值的讨论仍然有一定意义。一般来说，可采用成本法、成本收益法、收益现值法。其中成本收益法的基本计算方法是在各项成本的基础上，再加上一定期限内的预期收益作为该商业秘密的评估价值。收益现值法是未来特定时期内企业商业秘密预期收益折算成当前价值的总金额。[2]但我们应注意到企业秘密的开发成本和企业秘密的价值之间的弱对应性。有时一项商业秘密的开发成本巨大，但所得的收益极少，而成本法仍有一定的适用性，它主要作为财务处理上成本摊销的补偿。在企业商业秘密还处于发展阶段而不太成熟时，该商业秘密获取收益的能力还不够高，但开发该商业秘密的成本却相当高昂，在此情况下，适用成本收益法较为合适。在企业商业秘密的获益条件已经成熟完备时，宜使用收益现值法，预期收益的时间一般不少于5年。[3]针对商业秘密的不同阶段采取相应的商业秘密评估的，可以得到比较合适的商业秘密价值。

最值得注意的是，当适用法定赔偿作为标准确定损害赔偿的数额时，应避免主观臆断，刻意提升损害赔偿的额度，防止国家刑罚权的滥用。控诉嫌疑人的证据，应达到极高排除合理怀疑的标准，具有客观真实性，其相对于商业秘

---

[1] 参见黄旭："侵犯商业秘密罪中重大损失的认定"，载《人民法院报》2015年3月18日第6版。

[2] 冯晓青：《企业知识产权战略》（第4版），知识产权出版社2015年版，第360~361页。

[3] 冯晓青：《企业知识产权战略》（第4版），知识产权出版社2015年版，第361页。

密侵权法定赔偿所综合的证据而言，更为严格。利用法定赔偿标准得到的损害赔偿额不能当然地作为"重大损失"的认定依据，因为法定赔偿是在权利人损失、侵权人获得的利益难以计算，没有许可使用费参考的情形下，为弥补权利人的损失，不得已采取的方式，当然地认定权利人真正损失不具备天然的正当性，在民事推定侵权赔偿数额时直接为刑法侵犯商业秘密罪中"重大损失"标准所吸收，则与"疑罪从无"的刑法原则相冲突。[1]笔者认为，在我国现阶段侵犯商业秘密罪起刑点过低，法定赔偿适用中法官自由裁量权过高的情形下，不宜采用法定赔偿数额作为侵犯商业秘密罪的认定依据。

结　论

在全面保护商业秘密等知识产权人合法权利，维护市场竞争秩序的同时，要公平维护侵权人的合法利益，防止侵权人被任意追诉，判以刑罚，即在商业秘密的权利人和侵权人之间达到一种利益的平衡。从经济的角度来看，法律的救济功能在于对违法者征收成本，与此同时，刑罚是社会对罪行的评价。刑罚量的设定，既不能不足，也不能过量，而必须是绝对必要和公正适度。刑罚轻缓和严厉，既影响公正，又影响刑罚效率。绝对必要、公正适度的刑法才能保证刑罚的投入达到充分、必要的投入最佳临界点，实现刑罚的最低投入、最高产出，使刑罚资源配置最优化，实现刑罚效率最大化。[2]对于如今社会条件下，侵犯商业秘密罪 50 万元的起刑标准，刑罚的评价是不是有些严厉？如果适用过重的刑罚，过量投入刑罚资源，虽然会在一定程度上、一定阶段产生刑罚的威慑效应，但可能同时驱使罪犯产生对抗性的行为反应，增加罪犯及其亲朋与国家的离心力，模糊社会公正的标准，过度地消耗国家刑事司法力量。其结果，浪费资源，导致刑罚效率下降。[3]最后，借用切萨雷·贝卡利亚的一句话结尾："为了不使刑罚成为某些人对其他公民施加的暴行，从本质上来说，刑罚应当是公开的、及时的、必需的、在既定条件下尽量轻微的、同犯罪相对称的并由法律规定的。"[4]

---

〔1〕　前述案件从"疑罪从无"的原则看，不宜轻易定罪，因为商业秘密民事纠纷案件中，被告在二审委托司法鉴定机构作出的司法鉴定意见否认了涉案商业秘密的非公知性。

〔2〕　钱弘道：《经济分析法学》，法律出版社 2003 年版，第 375~376 页。

〔3〕　钱弘道：《经济分析法学》，法律出版社 2003 年版，第 376 页。

〔4〕　［意］切萨雷·贝卡利亚：《论犯罪与刑罚》，黄风译，中国法制出版社 2002 年版，第 125 页。

商业秘密中民事保护与刑事保护的协调研究

——以（2017）京73民终110号民事判决为研究对象

王海雄

　　商业秘密在市场竞争中发挥着举足轻重的作用，往往能决定一个企业的成败，因而侵犯商业秘密的行为层出不穷。除此之外，一些市场竞争者恶意诉讼，其自身商业秘密本未遭受侵犯，却以侵犯商业秘密为由提起民事诉讼，消耗竞争对手的时间和金钱，甚至向公安局进行不实举报，利用刑事诉讼的不当介入彻底打垮竞争对手。在青岛某铁道技术有限公司诉北京某铁道技术有限公司侵犯其商业秘密案中，二审法院在（2017）京73民终110号民事判决中未对商业秘密权属问题进行研究就认定商业秘密属于原告，并在原告对损害赔偿额未提供任何证据的前提下直接参照专利法规定的法定最高赔偿额计算，最终判定北京某铁道技术有限公司赔偿青岛某铁道技术有限公司100万元。同时，本案原告在二审结束之后就向北京某公安分局举报被告犯有侵犯商业秘密罪，试图追究被告的刑事责任，北京某公安分局已经立案受理，现案件已进入司法程序中。笔者研究该案发现，存在商业秘密保护中如何协调民事保护与刑事保护的问题。

　　商业秘密是指不为公众所知悉的具有商业价值并经权利人采取保密措施的技术信息和经营信息。实际上，知识产权类案件本身就比传统刑法上的人身类和财产类犯罪更难以区分侵权还是犯罪[1]，商业秘密类案件更是如此。商业秘密案件中，先提起民事赔偿后举报构成商业秘密罪的情况很多。侵犯商业秘密案件往往民刑交织，商业秘密的侵犯往往具有不可逆转性，商业秘密一旦泄露，对于其权利人而言往往是灭顶之灾，因而刑事手段以剥夺人身自由的威慑性介

---

[1] 赵秉志主编：《中国知识产权的刑事法保护及对欧盟经验的借鉴》，法律出版社2006年版，第317页。

入有其必要性。但是，刑法具有谦抑性，刑事手段过分介入财产权利纠纷将影响正常的市场竞争，也容易造成"刑法抬头，民法不张"的司法实践局面。因此，在商业秘密案件中如何协调运用民事和刑事手段保护商业秘密成为值得研究和关注的问题。

本文重点分析侵犯商业秘密行为承担刑事责任的条件，以及如何协调运用民事和刑事手段来达到合理保护商业秘密的目的，以期在保护商业秘密的同时不致损害正常的市场竞争。

一、商业秘密的民事保护概述

（一）商业秘密民事保护的方式

商业秘密的民事保护方式有财产权保护、合同法保护、侵权法保护和反不正当竞争法保护等。这些保护方式各有千秋，也有各自的局限性。

英美法系国家早期运用财产权保护商业秘密。1868 年，美国一个法官在 Peabody v. Norfolk 一案中肯定了可以将权利人采取保密措施的生产工艺看作财产。[1]现在，美国对商业秘密的保护与有形财产的保护方式大抵相似：商业秘密可以转让、设立担保和信托。然而，大陆法系国家由于长期将物的概念限于有体物，并没有将商业秘密视为财产。1994 年的《与贸易有关的知识产权协议》（以下简称"TRIPS 协议"）将商业秘密纳入知识产权，将商业秘密作为无形财产权进行保护才得到广泛承认。商业秘密之所以可以作为财产保护，是因为其具有价值性和稀缺性，符合经济学上资源的要素。将商业秘密作为财产权保护，可以突出商业秘密的经济价值属性，促进商业秘密的占有、使用、收益和处分。

合同法保护是对商业秘密最早的保护方式。早在中世纪，手工业作坊主就在雇佣合同中加入了保密条款。保护商业秘密的合同大致有保密协议、竞业禁止协议和许可使用协议等。美国发展出"默示合同"理论，即在满足一定条件的情况下，即使当事人双方没有签订明示的保护商业秘密的合同，也可以推定双方之间存在默示保护商业秘密的合同。例如，专利代理人有对专利申请人的技术的默示保密义务。通过合同法对商业秘密进行保护明确、清楚、方便，保护成本低，可以由双方当事人自由灵活约定保护的信息范围、时间和地域等。

---

〔1〕 Peabody v. Norfolk, 98 Mass 452 (1868).

但是，合同法保护有一个明显的缺陷，就是由于合同的相对性，合同只能约束合同当事人，不能约束当事人以外的人。如果非合同当事人侵犯了商业秘密，合同法保护就无能为力了。

鉴于合同法保护商业秘密的不足，美国法官发展出了侵权法理论保护商业秘密，将商业秘密视为一种绝对权进行保护。判断一项商业秘密是否侵权主要看行为人是否出于商业目的并采取了不正当手段。不正当手段包括盗窃、贿赂、威胁、窃听等。侵权法保护较合同法保护更为灵活，其不以合同的存在为前提，可以约束任何侵权人，而不限于合同当事人。但是侵权法保护也有明显的缺陷。首先，侵权法保护是事后救济，必须在商业秘密已经受到侵害的情况下才可以适用，潜在与预期的损害都不能成为提起侵权之诉的理由，而商业秘密属于一旦侵权就永久丧失的权利，事后救济往往于事无补；其次，侵权法保护的证明事项要多于合同法保护，在合同法保护模式下，原告只需要证明对合同义务有违反即可，但在侵权法保护模式下，原告需证明存在主观恶意、不正当侵权行为、损害和行为与损害之间存在因果关系四个方面。原告往往由于证明责任的不能履行而败诉。

反不正当竞争法也是对商业秘密保护的一种广泛适用的方式。对商业秘密的侵犯是对诚实信用原则、商业道德乃至商业秩序的违反。大陆法系国家之前一直不承认商业秘密的财产属性，因此如德国、瑞士、日本等主要通过反不正当竞争法保护商业秘密。我国对商业秘密的民事保护就是建立在反不正当竞争法保护的基础之上的。但是，反不正当竞争法的保护并没有承认商业秘密的财产权属性，只能适用于具有竞争关系的经营者之间，对于偶然获取商业秘密的第三人或者善意第三人的权利义务关系，反不正当竞争法难以给出解决的办法[1]。

（二）商业秘密民事案件的审理

商业秘密民事案件中，法院应首先通过非公知技术鉴定和同一性鉴定确定原告主张的商业秘密符合商业秘密构成的秘密性、商业价值性和保密性，然后确定商业秘密的归属问题，有无合同将商业秘密转让或者授权他人使用，最后再通过专业机构评估侵犯商业秘密所造成的损失。对于是否存在侵犯商业秘密

---

[1] 张博："论我国商业秘密民事法律保护制度"，中国政法大学 2011 年硕士学位论文。

的行为，原告负有举证责任，但其证明需达到"相似并有接触"的标准。具体而言，原告应当证明：①被告占有、披露或使用的信息与原告的商业秘密信息相同或近似。有关该方面的证据，原告可自行委托或申请法院委托有关机构进行鉴定。②被告有接触商业秘密的可能或能力。

商业秘密与其他知识产权最重要的区别特征之一就在于其秘密性，不为公众所知。一旦商业秘密被公开，无论采取什么措施都难以恢复权利原状。但是除了民事诉讼之外，也不是没有任何其他的方式来对被破坏的商业秘密进行弥补，例如，当发现商业秘密遭到侵害时，可以考虑通过申请专利等方式进行保护，也即"转地下保护为地上保护"，这也不失为另一种民事保护方法。

二、侵犯商业秘密承担刑事责任的条件

（一）犯罪构成要件

我国《刑法》第 219 条〔1〕对侵犯商业秘密罪进行了详细规定。从我国刑法的规定来看，侵犯商业秘密罪的构成要件如下：①存在商业秘密。根据我国刑法规定，商业秘密权是商业秘密的权利人对自己在特定的生产或经营过程中所形成、创造、整理和使用的特殊知识和信息享有的使用权。②客观上侵犯商业秘密权利人的商业秘密，对其造成重大损失的行为。《刑法》规定的侵犯商业秘密的行为有四种。③主观上表现为故意和疏忽大意的过失，即明知或应知自己的行为会造成商业秘密权利人的重大损失。④侵权行为给商业秘密的权利人造成重大损失。

（二）过失能否构成侵犯商业秘密罪

侵犯商业秘密罪在我国涵盖范围十分广泛，其客观的行为表现包括四种情

〔1〕《刑法》第 219 条规定："有下列侵犯商业秘密行为之一，给商业秘密的权利人造成重大损失的，处三年以下有期徒刑或者拘役，并处或者单处罚金；造成特别严重后果的，处三年以上七年以下有期徒刑，并处罚金：（一）以盗窃、利诱、胁迫或者其他不正当手段获取权利人的商业秘密的；（二）披露、使用或者允许他人使用以前项手段获取的权利人的商业秘密的；（三）违反约定或者违反权利人有关保守商业秘密的要求，披露、使用或者允许他人使用其所掌握的商业秘密的。明知或者应知前款所列行为，获取、使用或者披露他人的商业秘密的，以侵犯商业秘密论。本条所称商业秘密，是指不为公众所知悉，能为权利人带来经济利益，具有实用性并经权利人采取保密措施的技术信息和经营信息。本条所称权利人，是指商业秘密的所有人和经商业秘密所有人许可的商业秘密使用人。"

形。《刑法》第219条更是通过"应知"的表述将过失侵犯商业秘密的行为纳入侵犯商业秘密罪。虽然刑法将过失侵犯商业秘密的行为列为犯罪的主观构成要件之一，但在司法实践中，过失侵犯商业秘密的行为能否构成侵犯商业秘密罪仍存在争议。

从世界各国的立法情况来看，过失侵犯商业秘密的行为一般并不构成犯罪。我国刑法也奉行以处罚故意犯罪为原则，以处罚过失犯罪为例外的宗旨。就我国《刑法》规定的所有经济犯罪而言，只有两种过失犯罪，即国有公司、企业、事业单位人员失职罪和出具证明文件重大失实罪，其余均为故意犯罪。而且，过失销售假冒注册商标的商品的行为、过失销售侵权复制品的行为等其他过失侵犯其他知识产权的行为均没有被规定为犯罪。

现实生活中，侵犯商业秘密案件大都是因为员工在不同企业之间的流动引起的，将过失侵犯商业秘密的行为纳入刑法范畴，将给自由择业的员工带来顾虑与担忧。特别是对于掌握核心技术的人才，其本应尽其所能，为企业发展和科技进步发挥重要作用，但是若其更换工作的行为动辄就要受到刑事处罚，将对人才市场的流动与市场的自由竞争产生不利影响。

（三）权利人主体的认定问题

《刑法》第219条将商业秘密的权利人扩大至商业秘密的所有人和经商业秘密所有人许可的商业秘密使用人。相较于世界上多数国家只保护商业秘密的所有人而言，我国刑法不但保护商业秘密的所有人，而且保护商业秘密的许可使用人。这无疑扩大了保护范围，降低了侵犯商业秘密罪的入罪门槛，同时也给计算权利人的损失带来了问题。假如商业秘密权所有人为甲，商业秘密许可使用人为乙、丙、丁，戊侵犯商业秘密的行为分别给甲、乙、丙、丁造成损失各20万元，此时是否符合商业秘密罪的"重大损失"要件？

还有，计算一个商业秘密的所有权人遭受的损失已经有技术难度，加上多个商业秘密使用人就使得损失的计算变得更加不确定。刑法中的假冒注册商标罪、假冒专利罪和侵犯著作权罪保护的权利主体只有一个，即知识产权的所有人。商业秘密具有相对新颖性，在一定的地区和领域保持新颖性就可以，但是否必须将保护主体扩大至商业秘密的许可使用人就值得商榷了，因为这造成了在著作权、商标权、专利权、商业秘密等知识产权保护中，商业秘密的保护权利人主体范围最大，导致了刑法对商业秘密的倾斜保护和过度介入。

（四）如何认定"重大损失"

给商业秘密的权利人造成"重大损失"是决定是否构成侵犯商业秘密罪的关键且存在重大争议的问题。在前述的（2017）京 73 民终 110 号民事判决书中，二审法院直接判定被告北京某铁道技术有限公司赔偿原告青岛某铁道技术有限公司 100 万元，且在判决书中并没有给出顶格判处赔偿的理由，原告根据二审民事判决向北京某公安分局举报被告构成侵犯商业秘密罪，而且北京某公安分局已经立案受理。民事判决书中判决的法定赔偿额能否作为认定侵犯商业秘密罪"重大损失"数额的依据？是不是只要民事判决书中确定的侵犯商业秘密赔偿额超过 50 万元就一定符合刑事定罪"重大损失"的标准？关于此，笔者分析如下。

1. 民事确定侵权赔偿的方式

我国《刑法》及司法解释并没有给出计算侵犯商业秘密损失的具体方式，司法实践中，很多案件参照民事方式确定刑事损失数额。先来分析一下民事确定侵权赔偿的方式。

根据《反不正当竞争法》和《专利法》的相关规定，民事案件中计算侵犯商业秘密损失的方法大致有以下四种：原告损失可以计算的以原告损失为准；无法计算的以被告获益为准；两者均无法确定的，参照商业秘密的许可使用费的合理倍数确定；前三者都无法确定的，法院可以参照法定赔偿确定。

（1）原告损失。原告损失为因侵权造成产品销售量减少的总数乘以每件产品的合理利润所得之积。另外，如果商业秘密未完全被公开，原告损失应考虑侵权所致的商业秘密价值的降低；如果商业秘密完全被公开，原告损失应考虑商业秘密的无形评估价值的全部。

（2）被告获益。被告因侵犯商业秘密的行为所获得的利润。

（3）商业秘密许可使用费的合理倍数。

（4）法定赔偿。从我国立法来看，过去商业秘密的侵权赔偿并不存在法定赔偿。但是，其他知识产权均有法定赔偿，而且 TRIPS 协议也要求成员设立商业秘密的法定赔偿方式。因此，关于商业秘密侵权的法定赔偿，《反不正当竞争法》的司法解释建议参照专利侵权的法定赔偿标准，确定给予 1 万元以上 100 万元以下的赔偿。特别是，2017 年修订后的现行《反不正当竞争法》第 17 条第 4 款规定了最高赔偿金额为 300 万元的法定赔偿。

2. 刑事认定损失的方式

前面具体阐述了民事案件计算侵犯商业秘密行为造成损失的计算方法，那么刑事案件如何确定给商业秘密权利人造成重大损失的50万元标准？刑事与民事计算标准是否应当一致？对此，我国相关刑事司法解释的规定存在矛盾之处。对于侵犯商业秘密罪的"重大损失"，司法解释笼统而且不统一，如根据2004年12月22日起施行的《最高人民法院、最高人民检察院关于办理侵犯知识产权刑事案件具体应用法律若干问题的解释》第7条[1]，该司法解释仅将给权利人造成损失50万元以上作为定罪的标准，但是对于如何确定损失数额并没有给出具体的方法。

2010年5月7日《最高人民检察院、公安部关于公安机关管辖的刑事案件立案追诉标准的规定（二）》第73条[2]确定的追诉标准与先前的司法解释确定的给权利人造成50万元损失的定罪标准出现了矛盾。此规定将违法所得数额在50万元以上的和致使权利人破产等情形纳入定罪标准之中，无疑扩大了侵犯商业秘密罪的适用范围。究竟如何确定侵犯商业秘密罪的50万元损失？笔者认为，我国《刑法》第219条"有下列侵犯商业秘密行为之一，给商业秘密的权利人造成重大损失的"，其立法本义就是仅指将给权利人造成重大损失作为定罪的标准。根据文义解释，侵犯商业秘密罪中重大损失的确定并不同于民事确定损害赔偿数额。司法实践中直接将民事判决书中的损害赔偿数额作为刑事案件确定是否构成侵犯商业秘密罪的重大损失要件，即商业秘密案件只要民事赔偿额达到50万元以上，就直接判定达到商业秘密罪的定罪标准，这是不正确的。

民事赔偿奉行填平原则，故在考虑赔偿标准时除了权利人的损失外还要考

---

〔1〕《最高人民法院、最高人民检察院关于办理侵犯知识产权刑事案件具体应用法律若干问题的解释》第7条规定："实施刑法第二百一十九条规定的行为之一，给商业秘密的权利人造成损失数额在五十万元以上的，属于'给商业秘密的权利人造成重大损失'，应当以侵犯商业秘密罪判处三年以下有期徒刑或者拘役，并处或者单处罚金。给商业秘密的权利人造成损失数额在二百五十万元以上的，属于刑法第二百一十九条规定的'造成特别严重后果'，应当以侵犯商业秘密罪判处三年以上七年以下有期徒刑，并处罚金。"

〔2〕《最高人民检察院、公安部关于公安机关管辖的刑事案件立案追诉标准的规定（二）》第73条规定："侵犯商业秘密，涉嫌下列情形之一的，应予立案追诉：（一）给商业秘密权利人造成损失数额在五十万元以上的；（二）因侵犯商业秘密违法所得数额在五十万元以上的；（三）致使商业秘密权利人破产的；（四）其他给商业秘密权利人造成重大损失的情形。"

虑被告的获益，以打击侵犯商业秘密的行为，让不当得利得以返还给权利人。但是，刑法是以剥夺人身自由作为惩治侵犯商业秘密行为的手段的，在确定何为重大损失时应更加严格，保持刑法的谦抑性，只有在民法和行政法等手段失灵，无法控制侵犯商业秘密行为时，才需动用刑事手段干预市场竞争。刑法条文明确了定罪标准是"给权利人造成重大损失"，虽然后来的两个司法解释出现了矛盾，也应首先以刑法条文的文义解释为准，不得随意作出扩大解释甚至类推解释，将民事赔偿额直接作为刑事案件中的"重大损失"，否则会造成刑法手段对民事权利的过度干预，一方面导致民事与刑事的双重过度救济，另一方面将刺激权利人利用刑事手段干预市场竞争，达到打击竞争对手的不良目的。

因此，在侵犯商业秘密刑事案件中，对权利人损失数额的确定应首先根据《刑法》第 219 条的文义解释，将权利人自身遭受的损失认定为损失数额。

其次，现实生活中，虽然权利人的商业秘密被侵犯了，但权利人并不一定遭受损失，甚至在侵权期间获得了利润。这就需要考虑将犯罪嫌疑人在侵权期间所获利润作为认定损失的考虑因素。能否采用民事的计算标准，即直接将犯罪嫌疑人因侵犯商业秘密所获得的利润认定为权利人的损失？实际上，犯罪嫌疑人因侵犯商业秘密所获得的利润并不一定就是权利人丧失的可得利益。因为如果犯罪嫌疑人没有侵犯商业秘密的行为，权利人也不一定能在侵权期间获得这么多的利润。故有人提出，应将犯罪嫌疑人所获利润的二分之一作为权利人的损失数额。总之，在无法确定权利人直接损失的前提下，将犯罪嫌疑人的侵权所得利润认定为权利人损失时应慎重，其本身属于对刑法条文的扩大解释。

最后，在认定权利人损失时，应当避免两个误区：一是直接将商业秘密的市场价值认定为商业秘密权利人的损失。商业秘密的市场价值往往很高，但是商业秘密侵犯者侵犯商业秘密之后由于及时发现或者尚未公开，权利人并无任何损失，此时并不满足"重大损失"的定罪标准。依靠民事和刑事手段就能很好地保护商业秘密权利人的利益，无须剥夺侵权人的自由。只有在犯罪嫌疑人将商业秘密公开导致商业秘密价值减少或者完全丧失的情况下，才能考虑将减少或者丧失的市场价值作为认定权利人损失的因素。二是直接将商业秘密民事判决中参照专利权判定的法定赔偿额作为认定权利人损失的依据。参照专利权确定法定赔偿额的立法依据是《反不正当竞争法》的司法解释，但是法定赔偿数额的确定赋予了法官很大的自由裁量权，在民事高度盖然性的证明标准下，法定赔偿额适用是可以的，但是在刑事领域不能将民事判决书中的法定赔偿额作为犯罪嫌疑人造成的权利人损失。因为在民事判决中，法官往往没有给出确定法定赔偿额的具体理由，比如（2017）京73民终110号民事判决书中对于100万元顶格的法定赔偿额就未阐述理由，司法中也没有统一的判决标准，根据罪责刑相适应的标准，不能将体现法官主观色彩的法定赔偿额作为认定犯罪嫌疑人罪与非罪的标准。

（五）量刑问题

《刑法》第219条规定的前三种侵犯商业秘密的行为[1]属于直接侵权，而第219条第2款规定的情形[2]属于间接侵权，包含故意的间接侵权和疏忽大意的过失间接侵权两种。故意的直接侵权和过失的间接侵权两者主观方面和社会危害程度明显不同，但是刑法在量刑方面并没有做出区分，而是一概以权利人损失的大小作为定罪量刑的依据，这并没有很好地贯彻罪责刑相适应原则。

三、协调商业秘密案件中的民事和刑事保护

我国对商业秘密的保护并没有单独的立法，对商业秘密的保护主要是通过《反不正当竞争法》的一个条款和《刑法》中侵犯商业秘密罪的罪名进行保护的。但是《反不正当竞争法》第9条[3]和《刑法》第219条规定，判定不正当竞争行为和构成侵犯商业秘密罪的行为表现一致，都是表现为"获取""披露""使用""违约"等行为方式。这就造成了商业秘密案件中，侵权与犯罪界

---

〔1〕　指《刑法》第219条规定的以下三种情形：①以盗窃、利诱、胁迫或者其他不正当手段获取权利人的商业秘密的；②披露、使用或者允许他人使用以前项手段获取的权利人的商业秘密的；③违反约定或者违反权利人有关保守商业秘密的要求，披露、使用或者允许他人使用其所掌握的商业秘密的。

〔2〕　《刑法》第219条第2款规定："明知或者应知前款所列行为，获取、使用或者披露他人的商业秘密的，以侵犯商业秘密论。"

〔3〕　《反不正当竞争法》第9条规定："经营者不得实施下列侵犯商业秘密的行为：（一）以盗窃、贿赂、欺诈、胁迫或者其他不正当手段获取权利人的商业秘密；（二）披露、使用或者允许他人使用以前项手段获取的权利人的商业秘密；（三）违反约定或者违反权利人有关保守商业秘密的要求，披露、使用或者允许他人使用其所掌握的商业秘密。第三人明知或者应知商业秘密权利人的员工、前员工或者其他单位、个人实施前款所列违法行为，仍获取、披露、使用或者允许他人使用该商业秘密的，视为侵犯商业秘密。本法所称的商业秘密，是指不为公众所知悉、具有商业价值并经权利人采取相应保密措施的技术信息和经营信息。"

限模糊。而且将"重大损失"作为判定是否侵犯商业秘密罪的唯一标准不太准确，而造成 50 万元损失的标准本来就没有一个准确的确定方式，这就更加剧了侵犯商业秘密罪与非罪之间的界限模糊。能否将造成 50 万元损失作为判定侵犯商业秘密罪的唯一标准？能否直接根据民事判决书中的赔偿标准判定是否构成侵犯商业秘密罪？笔者认为，不能将造成 50 万元损失作为判定侵犯商业秘密罪的唯一标准，也不能直接将民事判决书中的赔偿损失数额作为认定刑事案件中是否构成"重大损失"的免证事实。笔者认为应当保持刑法的谦抑性，以民事保护手段为主，综合运用刑事保护方式，同时在认定侵犯商业秘密罪时要对现有刑事立法进行完善，对不同的客观行为进行区别对待，综合认定是否构成侵犯商业秘密罪。

（一）严守刑法的谦抑性

刑法具有谦抑性，"刑法最后保障法的地位以及最严厉的制裁措施，使得只有当其他法律不足以抑制违法行为时，才能动用刑法，所以必须适当控制刑法的处罚范围"[1]。刑事法律将犯罪人置于社会的对立面，采取剥夺人身自由的方式威慑人们不去实行一定行为，确实能打击侵犯商业秘密犯罪。但是，对于商业秘密这一私人财产权的保护而言，刑法的介入是一把双刃剑。因为"法律的最终目的始终是确保每一个人最大限度的自由发展而不是束缚人们的想象力和创造性"[2]。避免刑法过度介入商业秘密案件的具体理由如下：

1. 不符合商业秘密的私权属性

奉行对商业秘密优先进行刑事保护的观念容易造成个别公安机关出于保护本地企业或者私人利益，使得一些不良市场竞争者凭借向公安机关的不实举报，利用刑事手段干预市场正常竞争，刑事追诉手段沦为不正当竞争的手段，造成司法不公和枉法裁判。

2. 优先利用刑事手段将影响人才市场的正常流动

根据研究统计，"我国商业秘密刑事案件中，60% 与人才跳槽有关"[3]，"而在商业秘密侵权的民事案件中，90% 与人才流动有关。同时，跟人才跳槽有

---

〔1〕 王骏："论商业秘密刑事保护中的谦抑原则"，载《商场现代化》2007 年第 36 期，第 268 页。

〔2〕 冯亚东：《刑法的哲学与伦理学》，天地出版社 1996 年版，第 42 页。

〔3〕 李立："中国商业秘密刑事保护亟待解惑"，载《法制日报》2006 年 10 月 23 日。转引自魏玮："商业秘密刑事保护优先论的思考"，载《百家言》2007 年第 6 期，第 58 页。

关的商业秘密案件从民事案件转化成刑事案件的以每年 100% 的速度在上升[1]"。在竞业禁止与保密协议下,员工跳槽所引起的商业秘密纠纷构成了侵犯商业秘密纠纷案件的主要部分,过度利用刑事手段介入商业秘密纠纷案件将对人才自由流动产生不利影响。企业将利用侵犯商业秘密的刑事威慑力达到控制员工不跳槽的目的。员工跳槽与商业秘密的刑事保护体现了人才自由流动和鼓励技术与经营创新之间的矛盾,应当平衡商业秘密权利人利益与员工利益,将刑事保护商业秘密的手段控制在合理范围之内。

3. 世界通行做法主要以民法保护商业秘密

商业秘密作为一种知识产权,判定是否构成商业秘密以及判定权利人的损失都具有很强的技术性和主观性,侵犯商业秘密的行为往往存在罪与非罪界限模糊的情况,民事、行政与刑事手段交织适用。所以在实践中对于认定侵犯商业秘密罪更应当贯彻刑法的谦抑性原则,这也符合世界各国的通行做法,即虽将侵犯商业秘密行为纳入到刑法保护范围,但却很少适用刑罚手段保护商业秘密[2]。

根据刑法的谦抑性,可以在侵犯商业秘密的案件中侧重适用财产刑。因为涉及侵犯商业秘密刑事案件的犯罪人多为商事主体和技术人员,过多地适用剥夺人身自由的方式并不有利于企业的发展和技术人员才能的发挥。侵犯商业秘密的行为本因对金钱的狂热导致,侧重财产刑就能很好地打击侵犯商业秘密的行为,让侵犯商业秘密的人没有任何利益可赚,同时罚金的适用也足以让其背上沉重的负担,另外,适用罚金刑也会为技术人员和商事主体保有继续参与市场竞争的足够余地,为推动经济发展继续做贡献。

(二) 民事与刑事的证明标准不同

司法实践中,侵犯商业秘密案件往往先民后刑或者先刑后民,民刑交织。

司法实践中存在的直接将民事判决中认定的侵犯商业秘密的事实作为认定侵犯商业秘密罪的事实是不正确的。侵犯商业秘密民事诉讼中的"相似加接触"原则在刑事诉讼中是不能被采用的,因为"相似加接触"原则只能满足民事诉讼中的高度盖然性标准,而我国刑事诉讼的证明标准是"犯罪事实清楚,证据

---

〔1〕 高晓莹:"论商业秘密保护中的刑民分野与协调",载《北京交通大学学报(社会科学版)》2010 年第 4 期,第 110 页。

〔2〕 赵秉志主编:《侵犯知识产权罪疑难问题司法对策》,吉林人民出版社 2000 年版,第 368 页。

确实充分"，要求能够排除合理怀疑。所以民事判决确定的事实只能作为确定侵犯商业秘密罪的线索，不能成为免证事实，在刑事诉讼中要针对证据进行充分的质证，民事判决和刑事判决可以出现不一样的判决结果，而不是说在民事判决中确定构成商业秘密侵权行为并判赔 50 万元以上就一定能得出满足侵犯商业秘密罪的构成要件的结论。

除此之外，侵犯商业秘密的民事证明标准即"接触+相似性标准"也不适用于刑事案件的证明标准。在侵犯商业秘密的刑事案件当中，被告并不负有任何证明自己无罪的证明责任，证明被告有罪的所有责任均由检察官承担，而且刑事案件的证明标准是要达到排除合理怀疑的程度。而"接触+相似性标准"只能满足民事高度盖然性标准的证明责任，并没有达到排除合理怀疑的程度。总之，侵犯商业秘密刑事案件的证明标准高于民事案件，而且刑事案件中检察官的举证责任也明显重于民事案件中原告一方的举证责任。

（三）完善民事保护措施，以民事的综合保护为主

在侵犯商业秘密的案件中，应当先民后刑，以民事手段保护为主，刑事手段保护为辅，综合运用财产权、合同法、侵权法与反不正当竞争法对商业秘密进行保护，达到对商业秘密民事保护的无缝衔接。

我国虽然在《合同法》《反不正当竞争法》中均有对商业秘密的保护规定，但是在司法实践中往往先刑后民，侧重通过刑事手段的迅速与快捷解决侵犯商业秘密的案件。我国对商业秘密的民事保护可以增设诉前禁令和惩罚性赔偿。根据 2012 年《民事诉讼法》第 100 条第 1 款的规定[1]，如果侵犯商业秘密的案件符合诉前禁令的要求，笔者以为可以采取诉前禁令进行保护，以避免商业秘密损失的扩大，而且对于著作权、专利权及商标权等均规定了通过诉前禁令进行保护。虽然对商业秘密采取诉前禁令在司法实践中并不多见，但是由于商业秘密一旦侵犯就永远丧失的特性，采取诉前禁令显得非常必要。

另外，从权利人的角度看，权利人被侵犯商业秘密之后，其往往更看重自己能获得多大的经济损失赔偿，至于侵权人受到多严重的刑事处罚，实际上并

---

[1]　我国2012年《民事诉讼法》第100条第1款规定："人民法院对于可能因当事人一方的行为或者其他原因，使判决难以执行或者造成当事人其他损害的案件，根据对方当事人的申请，可以裁定对其财产进行保全、责令其作出一定行为或者禁止其作出一定行为；当事人没有提出申请的，人民法院在必要时也可以裁定采取保全措施。"

不能为权利人带来任何的经济利益。从侵权人的角度看，侵权人大多以牟利为目的侵犯商业秘密。为更充分地补偿权利人的损失，遏制侵权人的侵权行为，使其侵权行为无利可图，可以参照商标法中已经存在的惩罚性赔偿制度，对侵犯商业秘密的严重行为，如多次故意侵权，进行高于实际损失的惩罚性赔偿，以达到在补偿之外制止侵权的震慑目的。

（四）综合认定侵犯商业秘密罪

对于商业秘密罪，不能简单地以造成损失 50 万元作为罪与非罪的唯一标准。虽然根据法条，罪与非罪的判定主要考虑是否造成 50 万元以上损失，但是在司法实践当中也应当考虑侵权主体、侵权行为的恶劣程度等因素来综合判断。若一味以造成 50 万元以上损失为唯一判定标准，加之损失判定的不确定性，很容易造成罪责刑不统一，同案不同判的现象。

我国刑法规定的侵犯商业秘密罪涵盖范围十分之广，不但规定了"明知"的情形，而且"应知"也可能构成侵犯商业秘密罪，而"应知"指的是重大过失。将过失的情形纳入到侵犯商业秘密罪中，一是不符合罪刑相适应的原则，因为刑法一般并不处罚经济犯罪中的过失犯，二是会影响人才的自由流动，使员工跳槽顾虑重重。还有，刑法将"获取"商业秘密的行为与"披露""使用""违约"等行为并列，司法实践当中存在员工盗窃图纸后几天之内被追回，并没有造成任何损失的情形，但还是依据图纸超过 50 万元的价值直接依照侵犯商业秘密罪定罪量刑。可以说，"获取"商业秘密的行为本身并不会对商业秘密造成太大损害，"获取"行为不能与"披露""使用""违约"等行为适用同一个定罪量刑的标准。

另外，有一些商业间谍行为如窃听、窃取重要经济情报，严重影响市场正常竞争，甚至可能影响经济安全，对这种行为恶劣，潜在危害很大的行为，也不应当以没有造成经济损失 50 万元就置之不理。如《美国经济间谍法》设立了经济间谍罪，用以惩治那些意图或者明知其行为有利于任何外国政府、外国机构或者代理人，而故意实施窃取商业秘密的犯罪行为；设立了盗窃商业秘密罪用以制裁那些为了商业秘密权利人以外人的利益，损害商业秘密合法所有人利益的行为[1]。

---

〔1〕 魏玮："商业秘密刑事保护优先论的思考"，载《知识产权》2007 年第 6 期，第 63 页。

因此，对于危害严重的商业间谍行为，不能因为造成的损失不够 50 万元就完全不能定罪；对于过失侵犯商业秘密或者单纯获取商业秘密的行为也不应简单地因为商业秘密本身的价值超过 50 万元就肯定以侵犯商业秘密罪定罪量刑。总之，为贯彻罪责刑相适应原则与保持刑法谦抑性，并不能将造成 50 万元以上损失作为判定罪与非罪的唯一标准，应当在考虑主体身份、行为恶劣程度、潜在危害等的基础上综合进行定罪量刑。同时，建议将《刑法》第 219 条过失构成商业秘密罪的情形删除，即删除"应知"的情形。

（五）重视司法鉴定

判断是否存在侵犯商业秘密的行为首先要确定商业秘密的存在，这个问题是至关重要的，倘若纠纷引起的商业秘密本身不具有秘密性、商业价值性和保密性，法律本身就没有必要对其进行保护，更不用计算民事赔偿和确定刑事罪名了。而商业秘密往往涉及专业的技术，具有知识产权鉴定的必要性。不同的专业人员在进行鉴定时，也很容易出现不同的鉴定结果，这就更需要重视司法鉴定问题，将不具备商业秘密的信息或者根本没有多少价值，达不到刑事立案标准的商业秘密排除在外。

具体而言，公安机关对侵犯商业秘密立案的前提应是委托专业机构做完非公知信息鉴定、同一性鉴定和受害人损失超过 50 万元的评估鉴定。公安机关应尽量避免在未完成三份鉴定时就进行立案和采取羁押措施。首先，非公知信息鉴定可以确定被害人主张的商业秘密符合秘密性的构成要件，若被害人主张的商业秘密已经被公开，就根本不可能存在侵犯商业秘密的行为，也就不符合立案有犯罪事实的条件了。其次，同一性鉴定可以判断被害人主张的商业秘密与犯罪嫌疑人的商业秘密是否相同或者相似，倘若犯罪嫌疑人的商业秘密根本和被害人主张的商业秘密不同，犯罪嫌疑人就根本没有对被害人的商业秘密的任何侵犯行为。这也不符合刑事诉讼中有犯罪事实和有犯罪嫌疑人需要追究刑事责任的立案条件。最后，受害人损失评估鉴定是判断受害人因侵犯商业秘密的行为遭受的损失是否达到侵犯商业秘密罪的 50 万元标准。如果经损失评估鉴定，确定被害人损失数额没有达到 50 万元，就不构成犯罪的"重大损失"要件，犯罪嫌疑人就根本没有构成犯罪，也就根本没有刑事立案的必要了。

因此，公安机关在侵犯商业秘密案件中，不能只要有人举报，不经任何审查就立案和对犯罪嫌疑人实行羁押。采取羁押措施一方面是对人身自由的剥夺，另一方面也不利于被举报人搜集证据证明自己无罪。如果确需对犯罪嫌疑人进行控制，可以采取取保候审的方式。

（六）实行"三审合一"

根据我国相关司法解释，知识产权类民事案件除由最高人民法院批准的基层法院管辖外，绝大多数都由中级人民法院管辖。[1] 根据《刑法》第 219 条的规定，侵犯商业秘密罪的法定刑都在 7 年以下，侵犯商业秘密的刑事案件没有达到中级人民法院管辖的可能判处无期徒刑与死刑的条件，[2] 那么所有的侵犯商业秘密的刑事案件都由基层人民法院管辖。侵犯商业秘密的民事案件绝大多数由中级人民法院管辖，而侵犯商业秘密的刑事案件却全部由基层人民法院管辖，这就造成了侵犯商业秘密类案件中，民事与刑事审判级别上的不统一。因为中级人民法院较基层人民法院往往具有更丰富的审判经验与更高的专业素质，对相同案件很容易有不同的看法与判决结果。这就容易造成侵犯商业秘密类民事刑事案件的判决结果不一致，如可能刑事判决认定构成侵犯商业秘密罪，而民事判决认定损失小于 50 万元；也可能民事判决认定损失超过 50 万元，刑事

---

〔1〕 相关司法解释如《最高人民法院关于审理不正当竞争民事案件应用法律若干问题的解释》第 18 条："反不正当竞争法第五条、第九条、第十条、第十四条规定的不正当竞争民事第一审案件，一般由中级人民法院管辖，各高级人民法院根据本辖区的实际情况，经最高人民法院的批准，可以确定若干基层人民法院受理不正当竞争民事第一审案件，已经批准可以审理知识产权民事案件的基层人民法院，可以继续受理。"《最高人民法院关于审理著作权民事纠纷案件适用法律若干问题的解释》第 2 条："著作权民事纠纷案件，由中级以上人民法院管辖。各高级人民法院根据本辖区的实际情况，可以确定若干基层人民法院管辖第一审著作权民事纠纷案件。"《最高人民法院关于审理专利纠纷案件适用法律问题的若干规定》第 2 条："专利纠纷第一审案件，由各省、自治区、直辖市人民政府所在地的中级人民法院和最高人民法院指定的中级人民法院管辖。"《最高人民法院关于审理商标案件有关管辖和法律适用范围问题的解释》第 2 条第 2、3 款："商标民事纠纷第一审案件，由中级以上人民法院管辖。各高级人民法院根据本辖区的实际情况，经最高人民法院批准，可以在较大的城市确定 1—2 个基层人民法院受理第一审商标民事纠纷案件。"

〔2〕 我国《刑事诉讼法》第 20 条："基层人民法院管辖第一审普通刑事案件，但是依照本法由上级人民法院管辖的除外。"

第 21 条："中级人民法院管辖下列第一审刑事案件：（一）危害国家安全、恐怖活动案件；（二）可能判处无期徒刑、死刑的案件。"

第 22 条："高级人民法院管辖的第一审刑事案件，是全省（自治区、直辖市）性的重大刑事案件。"

第 23 条："最高人民法院管辖的第一审刑事案件，是全国性的重大刑事案件。"

判决认定不构成侵犯商业秘密罪。

为协调侵犯商业秘密类案件民事审判与刑事审判的管辖不统一问题，避免民事和刑事案件判决结果的不统一，应当贯彻知识产权类案件民事、行政、刑事"三审合一"的审判方式，对于侵犯商业秘密类案件，无论属于民事还是刑事，统一主要由中级人民法院管辖。这也将提高审判效率，使侵犯商业秘密类案件的民事、行政和刑事审判得到更好的衔接。

结　论

我国对商业秘密的保护主要有民事和刑事两种手段，而且两种保护手段的适用前提基本一致，这使得侵犯商业秘密类案件常常难以区分侵权与犯罪的界限。根据刑法的谦抑性和商业秘密的私权属性，应当以民事方式保护商业秘密为主，以刑事手段保护商业秘密为辅，不应动辄以刑事手段首先介入商业秘密案件当中，避免公权力的过度介入成为个别经营者打压竞争者的工具，避免市场正常的人才流动和自由竞争受到刑事手段的过分干预。

在侵犯商业秘密案件中，不能单纯地以造成 50 万元以上损失作为罪与非罪的唯一分界点。应在慎重认定刑事案件中造成损失数额的基础上，综合考虑主体身份、侵权行为恶劣程度及潜在危害后果等因素，对涉及侵犯商业秘密罪的刑事案件进行定罪量刑。

在商业秘密案件中，协调民事保护和刑事保护两种手段，应严守刑法的谦抑性，重视民事审判与刑事审判的证明标准和举证责任的分配的不同，完善民事保护方式，综合认定侵犯商业秘密罪，同时在审判程序当中重视司法鉴定和实行"三审合一"，实现民事和刑事这两种商业秘密保护方式的恰当衔接。

专题聚焦

标准必要专利许可制度研究

吴世雄

随着科学技术水平的提高和经济全球化程度的加深，全球经济、技术和文化交流日益紧密，制定一个普遍遵守的标准对于各种产业尤其是通信产业的全球推广来说至关重要。为了保持标准的生命力以及先进性，当前越来越多的专利技术被纳入了标准，专利技术的独占性与标准的开放性产生了激烈的冲突。标准必要专利权人为了获得更多的利益，很可能会利用其拥有的专利的标准化带来的在许可谈判中的优势地位，谋取高额的利益，这与标准的价值取向产生了极大的冲突。

为了平衡专利权人与标准实施者之间的利益冲突，促进产业的健康发展，各标准制定组织以及多国政府纷纷出台了标准必要专利许可政策，最为广泛采用的便是 FRAND/RAND 原则。实践中，专利权人与行业内标准实施者之间的纠纷越来越多，最近几年在国内外出现了很多具有参考价值的案例。同时，为了解决层出不穷的纠纷，各国相关机构也相继发布了各种指导性文件。这些案例与文件为司法机关、行政机关以及标准化组织等解决标准必要专利相关纠纷提供了宝贵的借鉴。

标准的价值在于实施，通过对外授权许可专利收取专利许可使用费是专利权人获益的重要方式。而专利权人与标准实施者之间存在着直接的利益冲突，随着标准与专利联系的日益紧密，可以预见，将来会出现越来越多与标准必要专利有关的纠纷，尤其是有关标准必要专利许可的纠纷。解决这些纠纷的关键主要集中在如何解释 FRAND 原则，如何理解 FRAND 承诺对专利权人的意义，如何更好地平衡专利权人与标准实施者的利益，如何确定符合 FRAND 原则的许可费以及何种条件下标准必要专利才适用禁令救济等。这些问题需要有关机构在解决出现的标准必要专利许可纠纷时做出解答，本文的主要内容也正是围绕上述问题，力求通过分析论述，最终为有关机关处理上述问题提出一些建设性的建议与对策，以促进我国标准必要专利许可制度的完善。

本文较为细致地探讨了在处理标准必要专利许可纠纷时可能面对的主要争议焦点，从对 FRAND 的解释到标准必要专利许可纠纷的案由，再到如何确定符合FRAND 原则的专利许可使用费以及适用禁令救济的条件。同时，在对每个问题的讨论中，笔者首先介绍了相关问题在一般专利纠纷中如何处理以及演变，然后着重讨论了相关问题在标准必要专利中的特殊性，对这些问题都提出了自己的见解，并加以论述，希望为我国以后的司法及行政实践处理相关案件提供一些思路与建议。

一、标准必要专利许可概论

（一）标准与专利概念体系

1. 标准的概念、作用及分类

（1）标准的概念。从秦始皇规定"车同轨，书同文，统一度量衡"时起，人们就已经认识到采用统一、普遍适用的规则对于整个社会交流和维持国家统一的重要性。这种统一的规定就是最早出现的、国家制定的标准。我国标准化组织发布的文件中规定："标准是通过标准化活动，按照规定的程序经协商一致制定，为各种活动或其结果提供规则、指南或特性，供共同使用和重复使用的文件。"[1]

标准化是标准形成过程的总称，学者[2]与各标准化组织[3]对标准化给出

---

[1] 王益谊、朱翔华等：《标准涉及专利的处置规则——〈国家标准涉及专利的管理规定（暂行）〉和相关标准实施指南》，中国标准出版社 2014 年版，第 1 页

[2] 英国专家桑德斯定义为："标准化是为了所有有关方面的利益，特别是为了促进最佳的经济，并适当考虑产品的使用条件与安全要求，在所有有关方面的协作下，进行有秩序的特定活动所制定并实施各项规定的过程。标准化以科学技术与实践的综合成果为依据，它不仅奠定了当前的基础，而且还决定了将来的发展，它始终与发展的步伐保持一致。"参见 ［英］T. R. B. 桑德斯主编：《标准化的目的与原理》，科学技术文献出版社 1974 年版，第 14 页。

[3] ISO 与 IEC 在 ISO/IEC 第 2 号指南《标准化与相关活动的基本术语及其定义》（1991 年第 6版）中明确了"标准化"是"对实际与潜在问题作出统一规定，供共同和重复使用，以在相关领域内获取最佳秩序的效益活动"。标准化活动包含制定、发布和实施标准三个过程。参见张平、马骁：《标准化与知识产权战略》（第 2 版），知识产权出版社 2005 年版，第 19 页。

了自己的定义。中国将标准化定义为："标准化是为了在既定范围内获得最佳秩序，促进共同效益，对现实问题或潜在问题确立共同使用和重复使用的条款以及编制、发布和应用文件的活动。"[1]

以前的标准多是关于产品的质量或者各种指标的规定，但随着技术的发展，标准中也逐渐纳入了各种问题的解决技术方案，由此出现了"技术标准"这一称谓。技术标准的范围比标准要小，"多指的是涉及信息技术等高新技术领域且标准的内容包含有一定量的技术解决方案这一类标准"[2]。

（2）标准的作用。标准通过在互补的产品之间设立可以通行的规范，以实现不同厂商产品之间的相互兼容，达到提高资源配置效率和产量的目的。实现相互兼容的标准能够为许多重要的技术创新投入市场铺平道路，尤其是复杂的通信网络和现代标志性的移动通信设备。实际上，无论是机械、电子、计算机相关还是通信相关的标准都集合了重要的技术进步，这些技术进步是消费者使用的许多产品实现互联互通、相互兼容的基础。

（3）标准的分类。可以从不同的角度对各种标准进行分类。按照法律的约束性，可以分为强制性标准和推荐性标准；按照涉及的内容分类，可以分为产品标准、接口标准和信息技术标准等；按照标准的层级，可以分为国际标准、国家标准和行业标准等。[3]当前讨论较多的分类方式为按照标准的产生过程，分为法定标准和事实标准。[4]

2. 专利的概念及作用

专利（Patent）一词来自于拉丁语 Letters Patent，是中世纪欧洲国王对人们授予某种特权的文书，其内容是公开的。[5]根据世界知识产权组织的定义，专利是"对发明授予的一种专有权利；发明是指提供新的做事方式或对某一问题提出新的技术解决方案的产品或方法。要取得专利，必须向公众公开发明的技术信息"[6]。可以看出，专利中包含的内容为新的技术方案，该技术方案可以是某种产品，也可以是某种产品的生产方法等，发明人通过公开该技术方案的

---

〔1〕　GB/T 20000.1—2014《标准化和相关活动的通用术语》。

〔2〕　张平、马骁：《标准化与知识产权战略》（第2版），知识产权出版社2005年版，第18页。

〔3〕　参见杨帆："技术标准中的专利问题研究"，中国政法大学2006年博士学位论文，第3页。

〔4〕　参见张平、马骁：《标准化与知识产权战略》（第2版），知识产权出版社2005年版，第24页。

〔5〕　冯晓青、刘友华：《专利法》，法律出版社2010年版，第1页。

〔6〕　参见 http://www.wipo.int/patents/zh/index.html，最后日期时间：2018年12月28日。

内容，以换取在一定时期内独占实施该技术的排他性权利。被授予了专利权，并且仍在有效期内的技术被称为"专利技术"。

专利制度通过为发明人将他们的知识成果投入应用、投资到技术研究提供激励，而提升整个社会的创新和经济增长。通过了解公开的专利技术，其他人能够在已公开的技术成果的基础上进行二次创新。通过传播技术成果、提供最新的、最有价值的技术以及更低的价格，提高了产品的质量并增加了消费者可选择的范围，这样反过来能够使整个社会受益。因此，为了达到这样的效果，对发明人做出的技术成果进行保护显得格外重要，专利制度正是提供了这样的保护制度。

技术具有价值性，技术成为商品是专利制度源起、发展的动因。技术自人类能够创造和使用工具时就有了，但技术要发展成为专利，首先需要有思想上的认识和现实中的需要。传统社会中，资金、劳动力、原材料等占据生产资料的主要部分。进入现代社会，特别是工业革命之后，技术在多种生产要素中的地位越来越重要，技术所能带来的高额价值使得发明人意识到保护技术价值的重要性。

笔者认为，专利的本质可以概括为技术属性和财产属性两个方面：技术属性是专利权的基点，是研究专利权权利边界的逻辑起点；财产属性是专利权不断扩张的动因，同时也为限缩权利边界提供了理由。

（二）标准必要专利

1. 标准必要专利的产生

技术标准与专利的结合，源于标准化和专利权本身，更源于专利与标准化对现代高新技术产品的不断提升的市场影响力。

标准要想保持较长的生命力，就需要将行业内的先进技术纳入标准，但行业内的先进技术早已专利化，而发明专利的保护期正好处于该专利技术最具使用价值和市场竞争力的时期。标准是行业内对某些事项的统一规定，行业内的成员或者想要进入行业内的企业，都需要遵循行业标准。对外授权许可是专利权人通过专利权获得收益的重要方式之一，若专利权人想要获得更多的收益，其必然希望能够扩大专利技术的使用范围，进而选择将其专利技术纳入行业标准之中。

因此，专利与标准的结合是经济发展、科技进步必然导致的结果，将专利技术纳入技术标准之中有助于增强标准的适用性与生命力。那些被纳入技术标准中的专利技术，就成了标准实施者在实施标准过程中必须使用的不可或缺的专利技术，这样的专利被称为"标准必要专利"。

2. 标准必要专利许可过程中出现的争议

鉴于标准必要专利是技术标准中不可或缺的技术，其对外许可会对标准的实施与推广产生较大的影响。此外，专利技术被纳入标准之后，专利权人与潜在被许可人的利益存在明显的冲突，在标准必要专利许可过程中可能产生许多争议，这些争议主要集中在以下三方面：

第一，对标准制定组织专利许可政策的解释。标准制定组织大多规定了其标准必要专利许可政策，但这些政策较为模糊，也并未进一步细化，造成了专利权人与被许可人因对许可政策理解的不同而产生纠纷。

第二，对标准必要专利许可费的争议。专利许可费条款是专利许可协议中的主要条款，其具体数额直接关系到许可双方能获得的利益。标准必要专利许可费的高低、是否超过标准实施者的承受范围，将影响到标准的推广程度、标准实施者的生产成本，进而影响到消费者的利益。何种数额的专利许可费率能够鼓励创新并且不会超过标准实施者的承受范围，实现两者的利益平衡，许可双方由于立场不同，对此存在较大的争议。

第三，标准必要专利禁令救济的适用。禁令作为一种专利侵权救济制度，一旦颁发，将会禁止他人使用该专利技术，而这与标准的开放性相冲突。标准必要专利是否应当得到禁令救济，在何种条件下能够得到禁令救济，这些问题在标准必要专利权人与标准实施者之间也产生了较大的争议。

本文正是围绕以上三方面来分析涉及标准必要专利许可纠纷的解决途径。

二、标准必要专利许可理论分析

（一）我国与标准化组织的专利许可政策

目前，由于标准必要专利的大量存在，我国与主要的标准化组织都规定了自己针对标准必要专利的许可政策。

我国于2014年实施的《国家标准涉及专利的管理规定（暂行）》当中规定了标准必要专利许可的三种方式，专利权人如果选择第三种许可方式，实际上是不同意将其专利纳入标准，如果专利权人选择前两种方式，代表其愿意遵循

"公平、合理、无歧视（Fair, Reasonable and Non-discrimination, FRAND）"原则，将其拥有的专利免费或者收费许可给其他人。[1]可见前两种许可方式的基础是 FRAND 原则，专利权人必须遵循该原则，而是否收费则是专利权人根据实际情况作出的选择。

经过实证调研，大多数标准制定组织在其标准必要专利许可政策中都规定了 FRAND 原则或 RAND 原则，或者要求专利权人事先公开声明其专利被纳入标准之后将按照 FRAND 原则许可标准实施者使用其专利。[2]

虽然标准制定组织在其许可政策中规定了 FRAND 原则，但这些组织并未对该原则作更进一步的界定，并且不允许在标准制定过程中讨论具体的 FRAND 条款，也不对具体的专利许可合同是否符合 FRAND 原则作判断。虽然各标准制定组织并未对 FRAND 原则作更为细致的规定，但专利权人负有的有一定弹性的 FRAND 义务对标准的运行仍然有着不可或缺的作用。通过规定该原则，标准必要专利权人与标准实施者可以根据自己的实际情况、优势和掌握的谈判资源达成最终的许可协议，这样能够让尽可能多的企业参与标准化，使标准纳入更多先进的专利技术，利于标准的推广使用，同时也使专利权人在对外许可专利时受到一定原则上的约束，能够在一定程度上避免"专利劫持"行为的发生。

（二）FRAND 原则的解释

虽然当前多数国家和标准化组织都选择 FRAND 原则或 RAND 原则作为其标准必要专利许可政策，但并未形成对 FRAND 原则较为权威的解释，也并未详细规定如何适用 FRAND 原则。

我国法院在华为诉 IDC 案中对 FRAND 原则的内涵作出了解释，但并未对其中一些概念作进一步的界定。[3]由于某些国家或标准化组织对何为公平存在不

---

〔1〕《国家标准涉及专利的管理规定（暂行）》第三章第 9 条。

〔2〕 Lemley 教授在对 43 家标准化组织的许可政策的调研中，发现 36 家组织有书面的知识产权政策，其中 29 家组织要求成员按"合理、无歧视"原则许可其标准必要专利。See Mark A. Lemley, "Intellectual Property Rights and Standard-Setting Organizations", *California Law Review*, Vol. 90, 2002. 转引自马海生："标准化组织的 FRAND 许可政策实证分析"，载《电子知识产权》2009 年第 2 期，第 35 页。

〔3〕 在该案中，FRAND 原则被解释为："对于愿意支付合理使用费的善意的标准使用者，标准必要专利权人不得径直拒绝许可，既要保证专利权人能够从技术创新中获得足够的回报，同时也避免标准必要专利权利人借助标准所形成的强势地位索取高额许可费或附加不合理条件。"参见广东省高级人民法院（2013）粤高法民三终字第 305 号民事判决书。

同的认识，认为"公平"与否多源于人们的主观感受，难以用方法进行量化，因此，这些国家或标准化组织采用的是 RAND 原则。可以看出对 FRAND 原则的解释主要集中在对"合理"以及"无歧视"的解释两方面。

1. 对"合理"的理解

FRAND 原则中的"合理"主要是针对专利许可费是否合理，即标准必要专利权人是否获得了与其专利技术实际贡献相符的回报。当专利技术被纳入标准，成为标准必要专利之后，就意味着其与一般专利技术产生了区别。虽然从该专利技术本身来说，该专利技术并未因为被纳入标准而发生变化，但由于结合了标准的普遍适用性，行业内的其他标准实施者必须实施该专利技术，标准必要专利与一般专利技术相比具有不可替代性，扩大了专利技术的强制适用范围，无形中出现了价值增值。但标准必要专利技术产生的价值增值并不是由该专利技术本身，而是由于行业内将该专利技术纳入标准带来的，如果允许标准必要专利权人因专利技术被纳入标准而获得超额的回报，势必会使专利权人获得超过专利技术实际价值的回报。

有一种担心认为这种对标准必要专利许可费率的限定忽视了对标准必要专利权人的保护，对专利权人施加了不合理的限制，导致专利权人怠于参与标准的制定。但事实上恰恰相反，专利权人的专利技术被纳入行业标准意味着行业内的所有成员都需要实施该专利，使该标准必要专利排除了行业内的其他可竞争的技术，其许可规模扩展到了整个行业，即使该专利技术的许可费率低于其纳入标准之前的许可费率，这种绝对的优势地位也足以弥补专利权人前期的研发投入，标准必要专利权人仍然能够获得远超一般专利技术的回报，专利标准化对行业内成员来说仍然非常有吸引力。

此外，"合理"的专利许可费还应当包括标准内所有标准必要专利许可费的总额的"合理性"，即标准内所有专利许可费的累加总额不应当超出标准实施者的承受范围。即使就单个专利所达成的许可使用费看起来，标准比较"合理"，但是标准中包含有许多专利，单个"合理的"专利许可费累加起来也很可能会超过标准实施者的承受范围。若所有标准必要专利的许可费总额超过了标准实施者的承受范围，同样会损害标准实施者的积极性，阻碍潜在的标准实施者进入行业，影响标准的推广使用，进而损害消费者的利益。

2. 对"无歧视"原则的理解

"无歧视"原则最基本的要求在于若潜在的标准实施者提出了一个合理的专

利许可协议的要约，标准必要专利权人不得径直拒绝许可或拒绝就许可协议进行许可谈判。获得标准必要专利权人的授权许可并遵守标准是潜在标准实施者进入行业内的先决条件，专利权人拒绝善意的潜在标准实施者的行为是对潜在标准实施者的典型的歧视行为，使潜在标准实施者无法进入行业内，将会严重阻碍行业的准入和自由竞争，这严重违背了标准的开放性。

从字面上理解，"无歧视"原则意味着专利权人与专利实施者达成的专利许可合同的价格条款、许可规模条款等都不存在任何歧视，被许可人需要支付同样的专利许可费。事实上，即使被许可人处于相同的行业，并具有竞争关系，被许可人之间的自身实力以及实施专利的规模依然存在差异，这些因素都是专利权人在确定专利许可费率时需要考虑的。因此，专利权人与被许可人之间的专利许可费率可以在合理范围内存在差异，而不应当严格受"无歧视"原则字面上的局限。

综上，标准必要专利 FRAND 原则的最基本内涵为：①专利权人不得径直拒绝许可；②许可费率不得高于该专利标准化前存在替代技术时的许可费率；③合理许可费率应当在总额上有一个上限，在确定单个标准必要专利许可费率时应当考虑标准实施者对标准中所有专利许可费的累加负担；④根据实际情况，专利权人与不同被许可人之间的许可费率可以存在差异，但该差异应当在合理范围之内。[1]

（三）FRAND 承诺的意义

1. 标准必要专利权人做出 FRAND 承诺的意义

标准必要专利权人作出 FRAND 承诺之后，其与行业内的潜在专利实施者形成何种法律关系，双方是否成立专利实施许可合同，FRAND 承诺是否当然构成专利实施许可合同的条款，学者对这些问题持有不同的意见。

一种观点认为，FRAND 许可政策是标准化组织对相关专利权人发出的要约，专利权人做出 FRAND 承诺即意味着同意将其拥有的专利纳入标准并以

---

〔1〕 罗娇博士认为 FRAND 可以被解释为：①标准必要专利权人不得拒绝许可；②标准必要专利权人执行的许可费率不得高于该专利被纳入标准之前有替代技术与之相竞争时的许可费率；③对没有竞争关系的产品，可以适用不同的许可费率，但应受到②的限制。本文在上述结论的基础下对 FRAND 原则内涵做了一些不同的分析。参见罗娇："论标准必要专利诉讼的'公平、合理、无歧视'许可——内涵、费率与适用"，载《法学家》2015 年第 3 期，第 89 页。

FRAND 原则对外许可。同时该 FRAND 承诺构成了专利权人对标准实施者发出的要约，一旦标准实施者明确表示准备采用该标准而实施其专利，或直接实施了该标准，即作出了承诺，专利权人与专利实施者之间即形成了事实上的专利实施许可合同，FRAND 原则构成该合同的一项条款。至于专利实施许可合同中的其他条款，则是合同履行中协商一致的问题，对合同条款不能达成一致的，应根据《合同法》的规定，由双方协商补充、按照有关合同条款或者行业内的交易习惯确定。[1]

另一种观点认为，专利权人做出 FRAND 承诺，不代表专利许可合同在专利权人与潜在被许可人之间成立，而仅表明专利权人愿意在 FRAND 原则下与潜在标准实施者就专利许可合同进行协商谈判。专利实施许可合同本身需要考虑的因素很多，其中的具体合同条款非常多，对许可的具体条件要求尽量详细，需要许可双方协商一致才能达成最终的许可合同，但 FRAND 原则本身过于模糊，并未明确规定双方的权利义务，难以保障合同双方的利益实现。因此，FRAND 许可承诺只是专利权人对外表达的一种订立合同的意愿，而专利许可合同并未成立。[2]

对此，笔者认为，专利权人作出 FRAND 承诺的行为与专利许可合同的最终成立相差甚远，FRAND 许可承诺并不包含专利许可合同的实质性内容，不符合要约的构成要件，不满足专利许可合同的成立要件。

此外，美国法院认为，标准制定组织的 FRAND 许可政策条款与专利权人的 FRAND 许可承诺应当被理解为专利权人与标准制定组织之间达成了可执行的合同，该合同规定标准实施者作为第三方收益者（third party beneficiary）执行该合同。[3]我国《合同法》虽然承认了"向第三人履行的合同"，[4]但违约责任

---

〔1〕　华为诉 IDC 案中原告的观点，参见叶若思、祝建军、陈文全、叶艳："关于标准必要专利中反垄断及 FRAND 原则司法适用的调研"，载黄武双主编：《知识产权法研究》（第 11 卷），知识产权出版社 2014 年版，第 21 页。

〔2〕　史少华："标准必要专利诉讼引发的思考——FRAND 原则与禁令"，载《电子知识产权》2014 年第 1 期，第 77 页。

〔3〕　微软诉摩托罗拉案［Microsoft Corp. v. Motorola Inc., Case No. C10-1823JLR 1, 1-38（W. D. Wash. Aug. 11. 2013），LEXIS 60233］中地区法院的观点。参见"如何估值标准必要专利：深度解读美国微软诉摩托罗拉案"，载 http://www. iprchn. com/Index_ NewsContent. aspx? newsId = 88223，最后访问日期：2017 年 3 月 6 日。

〔4〕　向第三人履行的合同，指当事人为第三人设定了合同权利，由第三人取得利益的合同。参见韩世远：《合同法总论》（第 3 版），法律出版社 2011 年版，第 69 页。

需要由债务人向债权人而不是第三人承担。依我国法律规定，若专利权人不履行 FRAND 义务，则其需要向标准制定组织承担违约责任，这与实践中标准制定组织避免参与专利权人与标准实施者之间专利许可协议的做法不符。因此，根据我国《合同法》的规定，专利权人向标准制定组织作出的 FRAND 承诺无法被认定为以潜在专利实施者为受益人的向第三人履行的合同。

还有一种观点认为，专利权人做出的 FRAND 许可承诺可以被理解为一种单方法律行为，基于专利权人一方意思表示即可成立。[1]专利权人通过书面做出 FRAND 承诺或通过加入标准制定组织并同意标准制定组织的 FRAND 专利许可政策而默示做出 FRAND 承诺，为自己设立了一种义务，该义务的主要内容为在其拥有的专利技术被纳入标准之后，专利权人将会依照 FRAND 条件许可需要实施该标准的标准实施者使用该专利技术，该义务"与供水、供电、供气等垄断企业所担负的强制缔约[2]义务相似"[3]。专利权人通过作出 FRAND 承诺，为自己设立类似强制缔约义务的 FRAND 义务，以换取标准制定组织将其专利技术纳入标准之中，进而扩大专利技术的适用范围，以收取更多的专利许可费。

相比于如供水、供电、供气合同等传统强制缔约义务，专利权人的 FRAND 义务具有自己的特点。对于传统典型的强制缔约合同中的内容，有国家或行业标准的，依照标准确定，无标准的，如水价、电价等，由物价部门规定或核准的指导价格，可能是固定价格，也可能是价格区间，但总体来说价格固定，缔约义务人无法任意要价，契约自由受到严格限制。对于专利权人负担的 FRAND 义务，并不意味着专利权人需要对标准实施者的要约一概做出承诺；相反，专利权人具有自主判断该要约是否符合 FRAND 原则的权利，若该要约不符合 FRAND 原则，专利权人可以发出反要约。同时，若是专利权人主动发出要约，并不要求专利权人一开始发出的要约就是符合 FRAND 原则的，而仅需要双方最终达成的专利许可协议符合 FRAND 原则。因此，标准必要专利权人因作出

---

〔1〕 参见杨君琳、袁晓东："标准必要专利 FRAND 原则的解释与适用"，载《科技管理研究》2016 年第 2 期，第 159 页。

〔2〕 狭义的强制缔约，即个人或企业负有应相对人之请求，与其订立合同的义务，即对相对人之要约，非有正当理由不得拒绝承诺。参见王泽鉴：《民法债编总论》（第 1 册），台北三民书局 1996 年版，第 73 页。转引自易军、宁红丽："强制缔约制度研究——兼论近代民法的嬗变与革新"，载《法学家》2003 年第 3 期，第 73 页。

〔3〕 叶若思、祝建军、陈文全、叶艳："关于标准必要专利中反垄断及 FRAND 原则司法适用的调研"，载黄武双主编：《知识产权法研究》（第 11 卷），知识产权出版社 2014 年版，第 21~22 页。

FRAND 许可承诺而负有的 FRAND 义务虽然包含了需要以 FRAND 条件对外许可专利技术的内容，但相比于传统的强制缔约义务，其具有更多的自主决定权，为双方保留了更多自由协商的空间。

专利权人因其专利技术标准化而获得了市场力量，在专利许可谈判中处于优势地位，为了防止其滥用这种优势地位，实施"专利劫持"行为，标准化组织要求专利权人做出 FRAND 许可承诺，承担 FRAND 义务。虽然 FRAND 原则较为抽象，FRAND 许可条件并不确定，但专利权人负有的 FRAND 义务是确定的，专利权人担负着将其专利依照 FRAND 条件对外许可的义务，该义务是对标准必要专利权人行使权利的必要限制，而判定专利权人是否违反这一义务，则需要在个案中进行审查。对于专利权人违反 FRAND 义务是否具有可诉性以及是否承担责任，笔者将在后文讨论。

2. FRAND 承诺对标准必要专利受让人的效力

在专利技术被纳入标准之前，专利权人作出 FRAND 许可承诺，当专利技术标准化之后，标准必要专利权人需要受到之前作出的 FRAND 许可承诺的约束，学者对此并无较大争议，但对于标准必要专利受让人是否需要受到转让人作出的 FRAND 许可承诺的约束这一点，学者存在一些争议，本文将从两方面来论述这一问题：

第一，FRAND 许可承诺能否撤销。对于该问题，有的标准制定组织做了明确的规定，有的组织没有这方面的规定。[1]专利技术被纳入标准之后就会产生"锁定效应（Lock-in Effect）"，另外寻找替代技术纳入标准甚至重新制定标准都将耗费巨大的人力物力，想要实施该标准的标准实施者都需要使用该专利技术，专利权人通过专利标准化而获得了市场力量，FRAND 许可承诺正是为了限制标准必要专利权人滥用这种市场力量。若允许作出了 FRAND 许可承诺的专利权人肆意撤销该承诺，专利权人可以先作出许可，待专利技术被纳入标准之后又撤销该许可承诺，这种投机行为将会使规定 FRAND 许可政策的初衷落空，标准必要专利权人的权利得不到应有的限制。虽然有许多标准制定组织并未明确规定 FRAND 许可承诺不可撤销，同时 FRAND 义务的具体内容较为模糊，但该义务对于限制标准必要专利权人的权利并防止专利权人做出"专利劫持"的行为是非常必要的，因此，笔者认为 FRAND 许可承诺不能撤销。

---

[1] 参见马海生："标准化组织的 FRAND 许可政策实证分析"，载《电子知识产权》2009 年第 2 期，第 37 页。

第二，FRAND 许可承诺是对标准必要专利本身行使的限制。标准必要专利权人因作出 FRAND 许可承诺而担负 FRAND 义务，该义务的主要内容是专利权人将以 FRAND 条件对外许可其标准必要专利，该义务的主要载体为专利权人拥有的专利技术，专利权人需要通过标准必要专利来履行该义务。因此，也可以将标准必要专利权人承担的 FRAND 义务理解为专利权人在专利权上设定的义务，是对标准必要专利本身的限制，只要该专利技术仍然在标准之内，该专利的行使就需要得到一定的限制，并且这种限制不随专利权的转让或转移而消灭。

综上，标准必要专利权人作出 FRAND 许可承诺而承担的 FRAND 义务是与标准必要专利为一体的，标准必要专利受让人同样需要遵守 FRAND 许可承诺，承担 FRAND 义务，这一观点在美国联邦贸易委员会的 N-data 案[1] 以及我国的相关规定[2] 中均得到了体现。至于标准必要专利转让人是否因对受让人隐瞒其作出的 FRAND 许可承诺而违反了专利转让合同的约定或具有缔约过失行为，则需要通过其他途径解决。

三、标准必要专利许可纠纷实证研究

（一）标准必要专利权人违反 FRAND 义务的可诉性

如前所述，专利权人做出 FRAND 承诺之后，即负有与标准实施者或潜在实施者协商签订符合 FRAND 条件的专利许可合同的义务，专利权人与潜在被许可人应当在 FRAND 原则下进行磋商，并最终达成专利许可合同。但需要明确的是，专利权人做出 FRAND 许可承诺并不表示其与潜在被许可人进行磋商之后一定能达成专利许可合同，专利许可合同的成立还受其他多种因素的影响。

当专利被锁定在标准中，潜在被许可人与专利权人谈判时，防止专利权人过高要价或增加其他不合理条款的主要方式即源于专利权人作出 FRAND 许可承诺而担负的 FRAND 义务。如果潜在被许可人认为专利权人在磋商过程中并未遵守 FRAND 义务，潜在被许可人为取得合法授权而需要与专利权人达成标准必要

---

[1] 参见张平主编：《冲突与共赢：技术标准中的私权保护》，北京大学出版社 2011 年版，第 307~320 页。

[2] 《国家标准涉及专利的管理规定（暂行）》第 13 条："对于已经向全国专业标准化技术委员会或者归口单位提交实施许可声明的专利，专利权人或者专利申请人转让或者转移该专利时，应当事先告知受让人该专利实施许可声明的内容，并保证受让人同意受该专利实施许可声明的约束。"

专利的许可协议，其自然有权向法院起诉，请求法院确认专利权人违反了FRAND 义务。在《合同法》中，法院只能因一方当事人负有强制缔约的义务，才能违背合同一方的意思而径直确定专利许可费，在双方当事人之间强制订立专利许可协议。[1]如前文所讨论的，标准必要专利权人负有的 FRAND 义务类似于强制缔约义务，专利权人有义务以 FRAND 条件对外许可其拥有的专利技术，若其违反该义务，则潜在被许可人有权向法院提起诉讼，请求法院裁定符合 FRAND 原则的标准必要专利许可费率，进而订立符合 FRAND 原则的标准必要专利许可协议。虽然在华为诉 IDC 案中，法院将该案定性为"标准必要专利使用费纠纷"，并在判决中判定了最终的专利许可费率，[2]但一、二审法院在论述标准必要专利许可费可诉性以及法院确定符合 FRAND 原则的许可费率的权力来源时略显不足，并未深入解释标准必要专利权人担负的 FRAND 义务的来源以及该义务应当包含的内容，也并未将该义务与强制缔约义务作类比而得出FRAND 义务中包含有类似强制缔约内容的结论。[3]

（二）法院确定标准必要专利许可费的演变

1. 国外法院的发展

（1）美国法院确定合理专利许可费的一般原则及方法。美国专利法规定，专利权人有权获得用于补偿他人因使用其专利而带来损害的"合理的专利许可费"[4]，如何确定"合理的"专利许可费，在很大程度上取决于对事实的判断。美国法院做出的对确定合理的专利许可使用费非常重要的判决莫过于 1971年的佐治亚-太平洋公司诉美国胶合板公司一案。[5]该案中，法官提出了 15 个因素[6]用以确定专利权人的实际损失，这些因素也被法院用来计算合理的专利许可费，并根据实际需要，在个案中对上述因素进行取舍，综合考量符合案件

〔1〕　参见马海生："标准必要专利许可费司法定价之惑"，载《知识产权》2016 年第 12 期，第15 页。

〔2〕　参见广东省高级人民法院（2013）粤高法民三终字第 305 号。

〔3〕　参见马海生："标准必要专利许可费司法定价之惑"，载《知识产权》2016 年第 12 期，第15 页。

〔4〕　See 35 U. S. C. § 284 (2012).

〔5〕　See Georgia-Pacific Corp. v. U. S. Plywood-Champion Papers Inc. , 446 F. 2d 295 (2nd Cir. 1971).

〔6〕　参见马海生：《专利许可的原则——公平、合理、无歧视许可研究》，法律出版社 2010 年版，第 52 页。

事实的因素并确定合理的专利许可使用费。

在计算合理的专利许可费时，还需要合理地确定专利许可费的计算基准，即是应当基于零部件还是应当基于整个终端产品？零部件的价值显然远小于终端产品整体的价格，专利权人更希望以价格更高的终端产品整体作为确定专利许可费率的基准，通常会选择起诉出售终端产品的生产商，而非生产零部件的供应商。但是，终端产品与零部件产品差别较大，并且终端产品的价值并非仅仅是由使用了专利权的零部件带来的，而是将其他零件共同装配在一起形成的，此外还可能涉及终端产品生产商的营销策略等，如果以终端产品整体作为计算专利许可费率的基准，可能会使专利权人获得非侵权零部件产生的利益。为了避免专利权人获得专利权所作技术贡献以外的利益，当专利涉及较小的零部件时，需要将被控侵权产品分割到使用该专利技术最小的独立单元，以此作为计算专利许可费率的基准，这就是计算专利许可费率的"最小分割单元"标准。但该标准不是绝对的，美国法院认为，涉及专利许可费率的案件原则上需要适用分割原则，只有在例外场合才适用终端产品的整体市场价值原则。[1]

（2）标准必要专利许可费的计算。在微软诉摩托罗拉公司一案（简称"微软案"[2]）中，美国法院首次判决裁定了符合 FRAND 原则的专利许可费。相比于以往涉及确定合理的专利使用费的案件，詹姆斯·罗巴特法官在该案中考虑了专利劫持与专利费的累积问题，指出符合 FRAND 原则的标准必要专利使用费应当防止专利劫持和许可费累积，即在标准被行业内广泛遵守之后，需要避免专利权人实施专利劫持的行为，同时还需要防止专利许可费累积问题。[3]如果发生专利劫持，标准实施者将处于不利的地位，实施标准的成本将大大增加，使标准难以进一步推行，危及标准的生命力。标准中包含的专利许可费的累积将为标准实施者带来巨大的负担，甚至超过其承受范围。

在该案判决中，詹姆斯·罗巴特法官原则上适用了假设性双边谈判的方法来确定 FRAND 的许可条件，其认为，假设性谈判方法为现实中的许可谈判支持，并且以前的法官采用该方法做出过判决。但由于标准必要专利的

---

〔1〕　杨东勤："确定 FRAND 承诺下标准必要专利许可费费率的原则和方法——基于美国法院的几个经典案例"，载《知识产权》2016 年第 2 期，第 105 页。

〔2〕　See Microsoft Corp. v. Motorola Inc., No. C10-1823JLR 1, 21（W. D. Wash. Aug. 11, 2013）.

〔3〕　参见李扬、刘影："FRAND 标准必要专利许可使用费的计算——以中美相关案件比较为视角"，载《科技与法律》2014 年第 5 期，第 869 页。

特殊性，他没有全盘照搬"Georgia-Pacific"因素，而是对其进行了一定的修正。

在具体计算符合 FRAND 原则的标准必要专利许可使用费时，该案判决详细论述了对双方提出的参考许可费率的取舍以及如何确定标准必要专利许可费率。该案判决选取了三个参考费率，分别为专利池中专利的许可使用费率，第三方公司支付的标准必要专利许可使用费率以及独立评价机构为摩托罗拉公司的标准必要专利开发出的一种专利许可评价模式，并将三个参考费率的平均值作为许可使用费率。

2. 我国法院的变化

（1）早期"明显低于正常许可使用费"。2008 年，辽宁省高级人民法院就某公司实施基于建设部颁发的行业标准是否构成侵权的问题向最高人民法院发出了请示函，最高人民法院就该请示发出了复函。[1]

该复函是最高人民法院首次就如何确定标准必要专利许可使用费做出的表态，但对标准必要专利做了过度的限制，主要体现在两个方面：第一方面，该复函过多限制了专利权人的权利，过于简单地拟制了专利权人的专利许可行为；第二方面，在确定专利许可使用费时，该复函强调专利权人要求对方支付的使用费只能"明显低于正常许可使用费"。这种确定专利使用费的方法过于简单，并且缺乏科学性和实践意义，同时对专利权人的权利干涉过多。

（2）张晶廷诉衡水子牙河建筑工程有限公司案。[2]该案中，原告参与了标准的制定，标准的前言中载明："本规程所涉及的专利技术为 XX 建筑体系有限公司所有，使用授权许可，应与之联系。"2009 年，张晶廷主张被告没有取得原告的授权而实施了原告拥有的专利，请求法院判令被告停止侵权并赔偿损失。被告辩称，其使用涉案专利是实施标准的行为，不属于侵权行为。

一审法院支持了原告的主张，认定被告的行为构成侵权行为，但二审法院援引上述复函，认为原告张某参与了标准制定，应当视为其许可他人实施标准的同时使用涉案专利，被告公司的使用行为不属于专利侵权，其仅需支付明显低于正常使用费的一定专利使用费。原告不服，向最高人民法院提起了再审申

---

[1]《最高人民法院关于朝阳兴诺公司按照建设部颁发的行业标准〈复合载体夯扩桩设计规程〉设计、施工而实施标准中专利的行为是否构成侵犯专利权问题的函》（最高人民法院［2008］民三他字第 4 号）。

[2] 参见最高人民法院（2012）民提字第 125 号。

请，最高人民法院认为该复函是针对个案的答复，不应当直接作为裁判依据而引用，本案标准的前言中载明了标准内含有他人的专利技术，并且应当取得他人的许可，并不能推出专利权人有向公众免费开放的意愿。同时，实施该标准应当取得专利权人的许可并支付许可使用费，本案中，专利权人的权利不应当受到限制。因此，最高人民法院推翻了二审判决，支持了原告的主张。

最高人民法院于 2014 年对该案做出的判决，在一定程度上缓解了前述复函带来的负面影响。首先，本案判决明确否定了前述复函的普适性，确认其仅适用于个案。其次，本判决确认专利权人参与标准的制定并不意味着标准实施者就得到了专利权人的当然许可，标准实施者若想实施标准，依然需要得到专利权人的授权，否则其使用标准中专利的行为依然为专利侵权行为，专利权人寻求救济的权利应当得到保护。最后，本案中，法院认为标准必要专利的许可应当遵循 FRAND 原则，虽然并未细化如何确定符合 FRAND 原则的许可费，但该判决表明了法院对标准必要专利态度的转变。

（3）向 FRAND 原则的转变。2013 年的华为诉 IDC 案无疑是我国司法机关作出的对确定标准必要专利许可使用费最具参考价值的案件。该案中，法院并未因为我国法律当时还没有相关具体规定以及还没有相似的先例而拒绝受理，而是充分发挥了司法的能动性，主动解决了双方的纠纷。同时，作为我国确定标准必要专利许可费率的司法实践，该案判决做了许多开创性阐述。

该案判决详细地阐述了 FRAND 原则的内涵，并指出，当事人双方都是相关标准化组织的成员，因此，尽管被告没有直接参与中国标准的制定，但其依然负有根据 FRAND 原则对华为公司授权的义务。FRAND 原则的判定是为了平衡相关当事人之间的利益，既要保证专利权人获得足够的回报，也要防止其实施"专利劫持"的行为。该案判决还论述了确定合理的许可费应当考虑的因素，[1]并裁定了符合 FRAND 原则的专利许可费。法院选择了 IDC 与苹果公司达成的专利许可费率作为参照，认为 IDC 给予华为的专利许可费率应当与上述费率相当，并确定了最终的标准必要专利符合 FRAND 原则的许可费率。

此外，我国最高人民法院在 2016 年还以司法解释[2]的形式规定了处理标准必要专利纠纷的原则，明确规定了按照 FRAND 原则确定专利许可条件。该解

〔1〕 参见深圳市中级人民法院（2011）深中法知民初字第 857 号民事判决书。

〔2〕《最高人民法院关于审理侵犯专利权纠纷案件应用法律若干问题的解释（二）》（简称《专利侵权司法解释二》）。

释第 24 条规定了对于被控侵权人未经标准必要专利权人许可而实施该专利的，原则上不应当排除在侵犯专利权的行为之外。同时还规定，标准必要专利许可协议原则上由当事人双方协商达成，在当事人双方无法达成时，可以请求法院确定符合 FRAND 原则的具体的许可条件。该司法解释纠正了〔2008〕民三他字第 4 号中的观点，规定了确定标准必要专利许可费应当考虑的因素，为当事人请求司法机关解决标准必要专利许可费用纠纷提供了依据。

（三）标准必要专利适用禁令救济的条件

禁令制度是英美法系中常用的专利权救济措施，指的是"法庭要求实施某种行为或禁止实施某种行为的命令"〔1〕，专利侵权诉讼中的禁令有三种：临时限制令、初步禁令、永久禁令。〔2〕我国《专利法》第 66 条是对专利侵权诉讼诉前临时措施的规定，可以理解为我国关于专利侵权临时禁令的规定，对于我国《专利法》第 60 条中规定的专利行政部门责令停止侵权以及我国《侵权责任法》第 15 条中规定的"停止侵害"侵权责任，可以理解为是我国关于永久禁令的规定。为了方便讨论，本文将上述两种不同的禁令统称为禁令。

1. 一般专利禁令救济适用条件的发展

在禁令制度出现后的相当长的时间内，法院认为，如果专利侵权行为成立，只要专利权人提出了禁令请求，对侵权人颁发禁令是理所当然的。例如，美国在过去很长时间内对专利侵权纠纷案采取了有利于专利权人的做法，即在涉案专利处于有效状态并且专利侵权行为成立的情况下，只要专利权人提出颁发禁令的请求，法院一般都会颁发禁令。〔3〕

但美国最高法院于 2006 年在 eBay Inc. v. MercExchange Inc. 案〔4〕中重新强调了作为颁发禁令条件的"四要素判断法"〔5〕，释明了如何适用该方法，并在判决中纠正了一审和二审法院的错误观点。该案判决中指出：①禁令是《美国

---

〔1〕　See Bryan A. Garner, *Black's Law Dictionary*, 9th ed. , 2009, injunction. Database：Westlaw International. 转引自张玲、金松："美国专利侵权永久禁令制度及其启示"，载《知识产权》2012 年第 11 期，第 87 页。

〔2〕　张玲、金松："美国专利侵权永久禁令制度及其启示"，载《知识产权》2012 年第 11 期，第 87 页。

〔3〕　参见尹新天：《中国专利法详解（缩编版）》，知识产权出版社 2012 年版，第 505 页。

〔4〕　eBay Inc. v. MercExchange, L. L. C, 126 S. Ct. 1837（2006）.

〔5〕　参见尹新天：《中国专利法详解（缩编版）》，知识产权出版社 2012 年版，第 504 页。

专利法》规定的一种"衡平救济"[1]，需要法院采用"四要素判断法"分析才能决定是否颁发，并不是有专利侵权行为就必然颁发禁令；②并不是一审法院认为的"专利权人无法实施专利"以及"曾经寻求对外许可专利权"就能否定禁令的适用。

eBay Inc. v. MercExchange Inc. 案之后，美国法院开始重新重视"四要素判断法"，将其作为颁发禁令的条件，并采取了更为审慎的态度，这种转变对于解决当今出现的"专利流氓"等问题起到了非常重要的作用。

在中国的司法实践中，也出现过为了维持专利权人利益与侵权人利益之间的平衡而在侵权行为成立之后并未判令停止侵权的案例。[2]2016 年颁布的《专利侵权司法解释二》规定了在侵权诉讼中，基于国家利益、公共利益的考量，法院可以判令被告支付合理使用费以代替停止侵权责任。最高人民法院做出的上述规定对颁发禁令采取了一种务实的态度，以司法解释的形式宣布在专利侵权诉讼中，颁发永久禁令不再是绝对的，而是主张从实际出发，具体分析案件情况再决定是否颁发永久禁令。最高人民法院做出的这一解释能够更妥善地解决当前的一些纠纷，实现专利权人与侵权人之间的利益平衡。

2. 标准必要专利禁令救济的适用条件

关于标准必要专利能否适用禁令的观点，主要有以下三种：

第一，完全禁止禁令救济。持该种态度的人主要是担心标准必要专利权人利用其优势地位来实施"专利劫持"行为，获取高额的许可费。[3]这些人主张，专利权人做出的 FRAND 承诺，意味着其放弃寻求禁令救济，即使发生纠纷，也应当通过法院或仲裁机构解决，权利人只能寻求侵权赔偿。

第二，完全不限制禁令救济。持该种态度的人主要是担心标准实施者的"FRAND 劫持"。其认为，若专利权人无法得到禁令救济，将鼓励标准实施者怠于参与专利许可协商，或压低使用费。同时，禁令救济是专利法中规定的保护专利权的手段，即使专利权人做出了 FRAND 承诺，专利权人仍然有权寻求禁令

---

〔1〕《美国专利法》第 283 条："依照本法对纠纷案件有管辖权的若干法院可以根据衡平原则，以该法院认为合理的条件颁发禁令，以防止专利的任何侵害。"

〔2〕 上海市第一中级人民法院（2006）沪一中民五（知）初字第 12 号民事判决书。参见李澜："专利侵权诉讼中的永久禁令——以新的视野审视'停止侵害'的民事责任"，载《电子知识产权》2008 年第 7 期，第 49 页。

〔3〕 参见史少华："标准必要专利诉讼引发的思考——FRAND 原则与禁令"，载《电子知识产权》2014 年第 1 期，第 78 页。

救济。

第三，有条件禁止禁令救济。一些人认识到上述两种观点都过于绝对，不利于各方利益的平衡，其主张：禁令救济是专利权人保护自己专利权的合法手段，但为防止标准必要专利权人滥用禁令以排除、限制竞争，专利权人的禁令救济应当受到合理限制。[1]

笔者认为，为了平衡标准必要专利权人与标准实施者以及权利人与社会公众之间的利益，第三种态度较为合理，即不绝对禁止标准必要专利的禁令救济，但要对其禁令救济适用条件加以严格限制，以避免反垄断风险，这也是司法实践中的主流观点。

但是，对于在何种条件下才对标准必要专利颁发禁令救济这一问题，理论及实务界存在着不同认识。

（1）欧盟态度的变化。欧盟由于其内部司法及行政体制的多重性与复杂性，在标准必要专利的禁令适用问题上的态度发生了较大的变化。

在橘皮书标准案中，德国联邦最高法院承认了标准实施者可以向专利权人的停止侵权请求权提出反垄断抗辩，并明确了提出反垄断抗辩成立的两个条件。[2]可以看出，德国联邦最高法院提出的两个条件为专利实施者避免禁令的适用施加了过多的义务，而减少了专利权人承担的义务。首先，专利实施者需要证明自己进入了许可谈判并发出了合理的要约；其次，专利实施者还需要证明自己在实施专利之前就提前履行了要约中的义务。该案中，法院确定的标准虽然明确提出了反垄断抗辩的适用条件，但该条件过于苛刻，明显偏向于专利权人，造成在实践中反垄断抗辩很少成立。

欧盟委员会在摩托罗拉公司诉苹果公司反垄断审查以及三星公司诉苹果公司反垄断审查两案中确立了新的禁令适用标准。欧盟委员会通过上述案例为愿意在 FRAND 原则下寻求标准必要专利许可的标准实施者提供了一个"避风港"[3]，任何标准实施者只要表现出"协商意愿"，例如愿意在发生争议后，将争议交由

---

〔1〕 王先林："涉及专利的标准制定和实施中的反垄断问题"，载《法学家》2015 年第 4 期，第 70 页。

〔2〕 参见魏立舟："标准必要专利情形下禁令救济的反垄断法规制——从'橘皮书标准'到'华为诉中兴'"，载《环球法律评论》2015 年第 6 期，第 94 页。

〔3〕 参见魏立舟："标准必要专利情形下禁令救济的反垄断法规制——从'橘皮书标准'到'华为诉中兴'"，载《环球法律评论》2015 年第 6 期，第 95 页。

法院或仲裁机构处理，则专利权人就不能向法院寻求禁令救济。可以看出，相对于德国联邦最高法院，欧盟委员会更加倾向于保护标准实施者，只要标准实施者表现了"协商意愿"，专利权人请求禁令的行为就构成了"滥用市场支配地位"。

由于德国联邦最高法院与欧盟委员会持有截然不同的态度，德国杜塞尔多夫法院在审理华为诉中兴案时，就禁令适用相关问题向欧盟法院提出了释疑请求。

就德国杜塞尔多夫法院提出的释疑请求，欧盟法院在 2015 年 7 月 16 日作出了先行裁决。[1]该裁决明确了标准必要专利权人的禁令救济适用条件，为德国反垄断抗辩重新阐明了成立要件。法院在该裁决中提出了"'五步骤'和'三保留'标准"[2]作为标准必要专利权人与标准实施者之间的谈判步骤，并通过考察双方是否违反上述标准来决定是否适用禁令救济。该裁决细化了专利许可双方的谈判步骤，具有较强的可操作性，在对标准必要专利权人与标准实施者进行救济时寻求了一条"中间道路"。

（2）我国现有规定。我国目前还未出现关于标准必要专利禁令救济较有影响的案件，对禁令救济的适用条件也只是停留在理论研究和司法解释阶段。

我国 2016 年颁布的《专利侵权司法解释二》规定了标准必要专利侵权纠纷中判令停止侵权的条件。[3]该规定采取了有利于专利权人的做法，只有在专利权人违反 FRAND 原则，标准实施者无过错这一种情况下，法院才会拒绝专利权人的禁令救济，而在其他情形下，专利权人都未丧失得到禁令救济的权利。法院采取这种做法，可能是因为我国当前对知识产权的司法保护力度依然较小，法院想要对专利采取一种强保护。但该条并未对诸如何种情况下专利权人的行为才构成违反 FRAND 原则，对被诉侵权人的过错如何作出判断，"过错"到何种程度才能被认为是"明显"等问题做细化规定，这些有待未来在司法实践中由法院探索。此外，该条中并未规定对于并未作出 FRAND 许可承诺的专利权人

---

[1] Judgment in Huawei v. ZTE, Case C-170/13, EU；C；2015；477.

[2] 参见魏立舟："标准必要专利情形下禁令救济的反垄断法规制——从'橘皮书标准'到'华为诉中兴'"，载《环球法律评论》2015 年第 6 期，第 97 页。

[3] 《专利侵权司法解释二》第 24 条第 2 款："推荐性国家、行业或者地方标准明示所涉及必要专利的信息，专利权人、被诉侵权人协商该专利的实施许可条件时，专利权人故意违反其在标准制定中承诺的公平、合理、无歧视的许可义务，导致无法达成专利实施许可合同，且被诉侵权人在协商中无明显过错的，对于权利人请求停止标准实施行为的主张，人民法院一般予以支持。"

提起的标准必要专利侵权中的禁令救济如何适用。按照该司法解释的规定，对这类专利权人的禁令请求只能按照禁令适用的一般规则来处理，即以颁发禁令为原则，不颁发禁令为例外。[1]

四、完善我国标准必要专利许可制度的建议

（一）处理标准必要专利许可纠纷的原则

1. 应当有利于行业发展

行业内各成员共同制定出标准的一大目的是为了规范行业秩序，避免行业内的恶性竞争以及不必要的资源浪费，实现行业的健康发展。标准为行业内的各成员提供了普适的准则，各成员有了可以普遍遵守的规范，这样就不必担心自己的产品无法适应行业内的需求，同时标准技术也为各成员提供了创新的基础。在对纳入标准的专利技术实施对外许可时需要考虑行业的健康发展，如果就标准必要专利向被许可人索要过多专利费，势必会增加被许可人的负担，减弱其竞争力，并最终阻碍行业的发展。

此外，由于禁令适用具有绝对排除标准实施的效力，标准必要专利禁令救济的适用与否直接关系到标准的实施范围与推广的难度，与行业的健康发展息息相关。因此，在判定是否适用禁令救济时有必要慎重考虑其对行业的影响，防止标准必要专利权人利用禁令救济的威胁排除竞争，向标准实施者索要不合理的高价或在专利许可协议中加入不平等的条款。

2. 应当达到鼓励创新的效果

专利技术被纳入标准之后，专利权人增加了与被许可人谈判的筹码，使专利权人处于专利许可谈判中的优势地位，甚至获取不正当的垄断利益。为了限制标准必要专利权人的这种优势地位，绝大多数标准化组织要求专利权人在其专利被纳入标准时做出 FRAND 承诺，承诺愿意以 FRAND 条件与被许可人达成专利许可协议。

但事实上，因为专利权人的这种谈判中的优势地位，一旦双方无法达成许

---

〔1〕《专利侵权司法解释二》第 26 条："被告构成对专利权的侵犯，权利人请求判令其停止侵权行为的，人民法院应予支持，但基于国家利益、公共利益的考量，人民法院可以不判令被告停止被诉行为，而判令其支付相应的合理费用。"

可协议，往往会认为是因为专利权人不正当利用其优势地位谋取更多利益。因此，在发生纠纷时法院会偏向于被许可人，而这种做法很可能会伤害专利权人应得的利益，使标准必要专利权人遭受"FRAND 劫持"。若不能保障专利权人的利益，其可能不愿意将自己拥有的专利纳入标准，这样将会阻碍标准采用行业内的先进技术，影响标准的推广以及生命周期。此外，若专利权人的专利被纳入标准而得不到足够的回报，将会使行业内各成员不愿意投入大量经费进行技术的研发，反而以较低代价使用其他成员的知识成果。如果这种现象一直持续下去，势必会影响行业内技术创新的速度。因此，为了鼓励行业内成员作出创新成果，在处理标准必要专利许可纠纷时，保障专利权人应当获得的利益也是很重要的。

3. 当事人意思自治优先

标准必要专利同样也是专利，应当以专利权人与被许可人双方实际达成的专利许可协议优先。因为只有当事人双方自己才最了解自己的实际条件、行业内的通行做法、市场前景等情况，只有综合考虑各方面的因素，才能达成令双方都能接受的专利许可协议。

实践中，绝大多数标准必要专利许可纠纷都是当事人双方经过协商自行解决的，通过法院判决结案的较少。[1]即使当事人双方因是否违反 FRAND 原则或者通过协商难以达成专利许可协议而起诉至法院的，在诉讼过程中往往也会继续谈判过程，以避免通过法院判决确定专利许可费，毕竟当事人双方无法将自己手中的全部材料作为证据提交至法院，也无法确定对方将向法院提交何种证据。在实践中，由于专利许可协议的达成需要考虑的因素较多，当事人双方均无法预判法院将如何取舍证据，综合考虑各种因素而判定的专利许可费是否能够达到自己的预期，当事人双方更愿意选择将谈判过程掌握在自己手中，这样达成的专利许可协议的结果更为可控。因此，在处理标准必要专利许可纠纷的整个过程中，应当充分尊重双方当事人的意思自治，整个纠纷解决程序的目的是尽量给予双方充分自由协商的机会与时间，促使双方达成更广范围的相关许可协议，从根本上解决双方层出不穷的纠纷。

---

〔1〕 司法实践表明，只有 1% 的专利诉讼会进入庭审程序，在 1% 中仅有 17% 的专利诉讼会进入审判程序。参见倪朱亮、申楠、胡毅："标准必要专利实施许可条件的裁判思路"，载《知识产权》2016 年第 12 期，第 28 页。

（二）对我国确定标准必要专利许可费的建议

1. 借鉴 Lemley-Shapiro 仲裁机制

Lemley-Shapiro 仲裁机制是一种用来解决标准必要专利许可费纠纷的方法，该机制要求每一个参与标准制定的专利权人在专利纳入标准之前承诺，专利技术被标准采用之后，愿意向任何善意的潜在标准实施者提供一个符合 FRAND 原则的出价，并且若其与潜在的标准实施者无法就该出价达成一致，将接受通过仲裁程序确定的最终出价。[1]

在该仲裁机制中，首先由标准化组织事前组成一个独立的仲裁处，其由行业内熟悉技术、行业状况以及相关法律法规的专业人士组成。当作出了承诺的专利权人与标准实施者就专利许可费产生纠纷时，双方将该纠纷提交仲裁处处理，并分别提出符合 FRAND 原则的许可费率，最后由仲裁处选取一个作为该专利最终的 FRAND 许可费率。

司法机关在处理标准必要专利纠纷时，也可以参照该仲裁机制，在诉讼中要求双方提供自认为符合 FRAND 原则的报价，并向双方释明将会采用其中一方提出的报价，这样许可双方就不得不综合考量自身以及对方的因素，提出一个合理的报价，使双方报价之间的差距尽量缩小。同时，与其让法官选择一个报价，双方还不如通过充分协商谈判及妥协而自行达成专利许可协议，该方法在一定程度上还能起到督促双方进行许可谈判的效果。

2. 兼顾反专利劫持与反 FRAND 劫持

专利劫持，是专利权人利用其在谈判中的优势地位，不正当地向标准实施者索取过高的专利使用费或附加不合理的条件。FRAND 劫持，是指标准实施者因专利权人做出了 FRAND 承诺，无法拒绝许可，而不正当地避免谈判、消极谈判，提出过低的许可费，致使无法达成专利许可协议。

合理的标准必要专利许可费，首先应当有利于行业的发展以及标准的推广，避免出现专利劫持、许可费堆积等问题。专利权人获得的利益应当以其专利技术对产品的贡献为基础，而不应当获取因专利标准化而带来的额外利益。同时

---

〔1〕 See Lemley, M. A., Shapiro, C., "A Simple Approach to Setting Reasonable Royalties for Standard-Essential Patents", *Berkeley Technology Law Journal*, 2013, 28 (2), pp. 1135～1166. 转引自林平：" 标准必要专利 FRAND 许可的经济分析与反垄断启示"，载《财经问题研究》2015 年第 6 期，第 10～11 页。

需要明确的是，发生标准必要专利许可费用纠纷并不一定意味着专利权人存在滥用其在谈判中的优势地位而索取过高价格的行为，法院应当以客观公正的角度看待双方的争议，尽量避免过多干预双方的意思自治。在确定合理的专利许可费时，应当保障专利权人能够因其专利技术做出的贡献而得到足够的收益，对于贡献大的专利技术，有必要确定更高的费率。

（三）对我国标准必要专利禁令救济的建议

1. 实体方面

标准的价值在于使用、推广，而标准必要专利禁令救济的适用毫无疑问将阻碍标准价值的实现，因此应当慎重适用禁令救济，在判断是否适用禁令时需要考虑一些实体问题。

首先应当考虑的是专利权人与标准实施者是否遵循 FRAND 原则。

从最近有关标准必要专利的案件可以看出，标准必要专利纠纷往往与垄断问题密切联系在一起。在相关案件中，当事人往往都会提出确认垄断或确认不垄断的请求，法院首先需要考察的就是专利权人是否实施了垄断行为。标准必要专利权人的垄断行为主要集中在是否滥用市场支配地位，对是否滥用市场支配地位的审查，主要需考虑专利权人是否利用在谈判中的优势地位向被许可人索要不正当的高价，实施"专利劫持"行为，或在许可协议中写入不合理的条款等。

可以看出，审查标准必要专利权人反垄断问题的关键在于考察其在专利许可谈判中是否遵循了 FRAND 原则。同时，笔者认为，FRAND 义务是双向的，标准实施者在谈判中同样需要遵守该义务，同意在 FRAND 原则下与专利权人进行专利许可谈判。因此，在决定是否适用禁令时，需要同时考察双方是否遵循FRAND 原则进行谈判，即双方是否善意地推进谈判过程。判定双方是否遵循FRAND 原则，可以借鉴欧盟法院确立的"五步骤"标准，该标准为专利权人和潜在被许可人两者设立了谈判中应遵循的义务。

在判定了双方是否违反 FRAND 原则之后，还应当考察的是禁令救济的适用对当事人双方利益平衡的影响，尤其是在专利权人遵循了 FRAND 原则，而标准实施者没有过错，以及专利权人与标准实施者都有过错的情形下。

在双方都有过错或双方都是善意的情况下，还需要考虑标准实施者的履约能力，如果标准实施者具有履行专利许可协议的能力，能够支付给专利权人足够的专利使用费，此时就应当采用经济补偿而不是禁令救济。即使在标准实施者具有一定过错的情况下，如果能通过适当提高专利使用费，或者适用惩罚性赔偿来惩罚其过错行为并对专利权人予以补偿，也可以选择不适用禁令。若标准实施者拒绝支付或没有能力支付金钱救济，标准必要专利权人无法得到经济补偿，此时标准实施者具有较大的主观过错，毫无疑问可以适用禁令救济。

对于并未作出 FRAND 许可承诺的善意标准必要专利权人所拥有专利的禁令适用问题，如前所述，应当遵循一般专利的禁令适用条件。《专利侵权司法解释二》规定了基于国家利益以及公共利益的考量可以排除一般专利的禁令救济，但该条规定的禁令适用例外条件太过苛刻，仅规定了国家利益以及公共利益两种情形。对于不受 FRAND 许可承诺约束的标准必要专利来说，虽然其如何行使以及保护程度直接与标准的推广、行业的发展息息相关，但这种影响能否被解释为"国家利益"和"公共利益"尚待商榷。若为解决不受 FRAND 承诺约束的标准必要专利禁令救济问题而频繁引用该规定，将会造成对"国家利益"和"公共利益"解释的扩大化。因此，应当适当扩大一般专利禁令救济的例外条件，回归个案审查来判定是否适用禁令救济，采用更加务实的态度，综合考虑对专利权人的救济、专利权人的需求、专利价值的实现以及是否有利于技术推广等因素，兼顾个人利益与公共利益来判定是否适用禁令救济。

2. 程序方面

在禁令适用程序上，有学者提出可以适用禁令生效前许可谈判模式。[1]在该模式中，法院在认定侵权成立后，判令对标准实施者适用附生效期限的禁令，在禁令生效之前，法院要求当事人双方就专利许可进行谈判。若双方达成专利许可协议，则原告撤回起诉，禁令自然不再生效。双方若在期限内无法达成专利许可协议，则法院审查标准实施者在谈判中提出的要约是否符合 FRAND 原则，如果符合，法院要求专利权人做最后的选择。专利权人如果拒绝，则禁令不能生效；若专利权人接受，则禁令被撤回。如果标准实施者的要约不符合FRAND 原则，则时间到之后禁令就生效。美国司法部与专利商标局发布的声明中也作了类似的规定，该声明建议美国国际贸易委员会（the U. S. International

---

〔1〕　See Contreras, Jorge L., Rethinking RAND: SDO-Based Approaches to Patent Licensing Commitments（October 10, 2012）. ITU Patent Roundabe, Geneva, Oct. 10, 2012. 转引自叶高芬、张洁："也谈标准必要专利的禁令救济规则——以利益平衡为核心"，载《竞争政策研究》2016 年第 5 期，第 60 页。

Trade Commission，USITC）在适用排除令时可以延迟该排除令的生效时间，以使双方有机会达成标准必要专利的 FRAND 许可协议。[1]

该模式通过程序设定，将当事人双方拉回了谈判桌，督促双方进行专利许可谈判，能够防止专利权人不正当寻求禁令。同时，由于存在附生效时间的禁令，标准实施者也需要积极参与许可谈判，并提出合理的要约。标准的价值在于实施，该方法鼓励双方自主进行专利许可谈判，有助于最终的专利许可协议的达成，实现专利权人与被许可人之间的利益平衡。

结 论

标准必要专利兼具专利的专有性与标准的公共属性，其对行业有着巨大的影响力。专利权人基于逐利性，很可能滥用这种因专利标准化带来的影响力，谋取不正当利益。无论是从利益平衡角度还是知识产权对公共利益保护的目的，抑或是为保障相关产业的健康发展，有必要对标准必要专利的行使作一定限制。

为了平衡标准必要专利许可双方的利益，当前许多国家或标准化组织选择 FRAND 或 RAND 原则作为标准必要专利许可政策，但并未对其做相应的细化规定，因此需要在实践中探索 FRAND 原则的内涵、意义及如何确定许可费率等问题。虽然各标准制定组织并未对 FRAND 原则作更为细致的规定，但该原则对标准的运行仍然有着不可或缺的作用。该原则使专利权人在对外许可专利时受到一定原则的约束，能够在一定程度上避免"专利劫持"行为的发生。此外，专利权人做出的 FRAND 许可承诺并非毫无意义，相反，其可以被解释为专利权人的单方法律行为，专利权人做出 FRAND 许可承诺之后即负有类似于强制缔约义务的 FRAND 义务，该义务的主要内容为标准必要专利权人将按照 FRAND 条件对外许可其掌握的标准必要专利。专利权人通过为自己设立 FRAND 义务，换取标准制定组织将其专利技术纳入标准之中。同时 FRAND 义务还与标准必要专利附着在一起，不应当因标准必要专利被转移而消失。

---

〔1〕 "Alternatively，it may be appropriate for the USITC，as it has done for other reasons in the past，to delay the effective date of an exclusion order for a limited period of time to provide parties the opportunity to conclude a F/RAND license." Policy Statement on Remedies for Standards-Essential Patents Subject to Voluntary F/Rand Commitments，https://www.uspto.gov/about/offices/ogc/Final_ DOJ-PTO_ Policy_ Statement_ on_ FRAND_ SEPs_ 1-8-13.pdf，最后访问日期：2018 年 12 月 27 日。

　　标准必要专利权人由于做出 FRAND 许可承诺而负有的 FRAND 义务要求专利权人以 FRAND 条件对外许可专利，虽然 FRAND 条件并不明确，应当在个案中确定 FRAND 条件，但并不影响专利权人承担订立标准必要专利许可协议的义务，法院有权根据该义务确定许可费率。此外，有关标准必要专利许可的纠纷中往往会涉及是否违反 FRAND 原则甚至是否存在垄断行为的判断，为了维护司法的谦抑性和尊重许可协议双方的意思自治，不宜直接请求法院确定合理的许可费率而提起诉讼，而应当以违反 FRAND 原则或实施垄断行为为由提起诉讼并请求法院确定合理的许可费率。为了维护标准的开放性以及不妨碍标准的推广，应当对标准必要专利权人的禁令救济作严格的限制，以拒绝禁令救济为原则、适用禁令救济为例外，只有当标准实施者无法给予标准必要专利权人足够的、合理的金钱补偿时，才应当适用禁令救济。

　　此外，对于并未作出 FRAND 许可承诺的善意标准必要专利权人，其并未负有以 FRAND 原则对外许可其专利的义务，由于专利"锁定效应"的存在，标准实施者实施标准时必然会使用其专利，构成专利侵权行为。在确定此类专利的侵权赔偿时，有必要参考符合 FRAND 原则的许可费率，这样才能通过司法平衡各方的利益，不妨碍标准的实施及推广。法院在判令停止侵权时，同样需要考虑停止侵权对标准推广的影响，只是此时对于上述专利停止侵权的适用条件比对做出了 FRAND 许可承诺的标准必要专利更为宽松的适用条件。

　　随着全球经济与技术水平的发展，全球化分工生产模式也日益普遍，标准必要专利不仅存在于通信领域当中，很多产业都有标准必要专利存在的必要性。可以预见，将来标准必要专利在各行业中的影响力会越来越广，将会出现大量的标准必要专利许可行为，同时也将产生更多关于标准必要专利许可的纠纷。因此，学界及实务界需要做好准备，深入研究讨论相关问题，通过一个个案例来明确对标准必要专利许可中重要问题的理解，进而指导许可活动，实现标准必要专利的价值，最终创造一个合理、有序的市场环境，促进经济与社会的发展。

外观设计专利功能性设计特征的认定标准研究

曾　月

　　最高人民法院发布的 2015 年度十大知识产权案件中的手持淋浴喷头外观设计专利侵权案[1]（以下简称"手持淋浴喷头案"）明确了在外观设计专利侵权案件中功能性设计特征的裁判标准，2013 年最高人民法院的公报案例中的张迪军与国家知识产权局专利复审委员会、慈溪市鑫隆电子有限公司外观设计专利无效行政案[2]（以下简称"张迪军案"）也曾对功能性设计特征认定进行了阐述。从最高人民法院近几年两度将功能性设计特征认定的相关案例作为典型案例公布，可以看出功能性设计特征在司法实践中的认定还有相当的争议。

　　尽管在司法实践中已经出现了不少功能性设计特征相关的案例，但除了最高人民法院公布的这两个典型案例外，法律法规并没有对认定标准的明确规定。实际上，功能性设计特征的认定在世界范围内也存在着分歧。比如欧盟的外观设计保护体系虽然已经比较完善，但其在此问题上也表现出摇摆不定的态度。在英国的 AMP 案中，法院认为设计者进行产品设计仅仅是为了实现功能时，该设计才属于功能性设计。[3]但这种认定标准强调设计者的主观意图，之后法院试图对功能性设计特征作出客观的判断，开始采取不可选择性标准，例如欧盟的《外观设计保护条例》第 7 条第 2 款和第 3 款指出，在外观设计为了实现产品的功能而不具选择性时，不应被授予外观专利；在外观设计实现产品功能的同时，有其他外观设计可以替代的，可以被授予外观专利。然而，在 2007 年的

---

〔1〕　最高人民法院（2015）民提字第 23 号。

〔2〕　最高人民法院（2012）行提字第 14 号。

〔3〕　AMP Inc. v. Ultilux Pty. Ltd. , 1971 F. S. R. 572.

林德纳诉弗朗森案[1]中，欧盟内部市场协调局（OHIM）又认为不可选择性标准存在瑕疵而使用了设计者主观意图的标准，并认为只有设计者的主观意图才能最真实地对功能性设计特征进行认定。由此来看，在欧盟成熟的外观设计保护体系中，功能性设计特征的认定依然存在争议。

最高人民法院在上述两个典型案例中，又在这两种标准之外创造出法律标准（或者称本质标准），这一标准在2013年由最高人民法院民三庭审判员朱理撰文详细阐述。[2]但在此之后，实践中依然存在与该标准不符的判决。最高人民法院在手持淋浴喷头案中再次重申该标准。由此看来，在我国司法实践中，功能性设计特征的认定标准也存在分歧。

从宏观来看，外观设计中的功能性设计部分不由外观设计专利来保护。外观设计专利的保护不及于功能性设计特征，本质上是避免外观设计专利权人通过外观专利造成对技术的垄断。如果将功能性设计特征纳入外观设计专利的保护范围，由于功能性设计特征是产品外观设计无法绕开的一部分，在其他人想要设计具备相同功能的产品时，就不可避免地要侵犯外观设计专利权。因此，明确功能性设计特征的认定标准有利于确定外观设计专利的保护范围。从具体个案来看，认定一项设计特征是否属于功能性设计特征，对于最终认定产品总体外观设计与其他产品外观设计是否近似具有重要作用。因此，明确功能性设计特征的认定标准也能为外观设计侵权的认定提供帮助，有利于司法实践中法官面对争议案件时作出正确合理的判决，从而更好地保护外观设计专利。

为了解决功能性设计特征认定标准的争议，本文从实践出发，采用案例类型化的研究方法，对我国司法实践中的75份与功能性设计特征相关的判决书进行整理、分析和归纳，按照认定情况和认定理由对这些案例分类整理之后，在对比归纳之中寻找我国司法实践中对功能性设计特征的认定存在的具体问题。在实践研究的基础上，笔者将展开对功能性设计特征的理论分析，从其概念、内涵、与装饰性设计特征的对比到认定的主体和判断的方法。在实践研究和理论研究之后，笔者依靠实践研究发现的问题和理论研究发现的功能性设计特征的本质，尝试构建能够结合已存在的认定标准各自优点的新的认定标准。

---

[1] Lindner Recyclingtech GmbH v. Franssons Verkst derAB（Case R690/2007-3）.
[2] 朱理："功能性设计特征的司法认定及其意义"，载《人民司法》2013年第24期。

一、功能性设计特征的内涵

（一）功能性设计特征的概念

功能性设计特征，又被称为功能性外观、功能性设计或者功能性特征。功能性设计特征从字面意义来讲，就是指为了实现某项功能而做出的设计特征，是由产品的功能来决定的设计特征。功能是事物或方法发挥的有利作用，产品因对生产、生活发挥有利作用而存在，故产品首先应具有功能。[1]而产品的功能决定了产品的基本形状和构造，也就是说产品的功能在很大程度上影响着产品的外观设计，功能性设计特征是为了实现某项功能而做出的设计特征。相对应地，为了增强产品外在的美观所做出的设计特征则是装饰性设计特征，是由美学因素来决定、来主导的设计特征。一项产品的外观设计是由若干设计特征构成的，每一项设计特征都对产品的外观存在影响。目前关于功能性设计特征的概念，有如下主要观点：

有观点认为，功能性设计特征是满足产品功能需求的设计特征。[2]在手持淋浴喷头案[3]中，二审法院浙江省高级人民法院也持类似观点，在判决书中认为功能性设计特征是"基于功能性的设计"。《最高人民法院关于审理侵犯专利权纠纷案件应用法律若干问题的解释》第 11 条[4]（以下简称《专利侵权司法解释一》）所做叙述为"主要由技术功能决定的设计特征"，也可认为是相同观点。

也有观点认为，功能性设计特征是指那些在该外观设计产品的一般消费者看来，由所要实现的特定功能唯一决定而并不考虑美学因素的设计特征。[5]同

---

〔1〕　王鹏、谢冬慧、马越飞："功能性外观应排除在外观设计专利保护范围之外"，载《人民司法》2009 年第 16 期，第 99 页。

〔2〕　谢冠斌："浅析外观设计专利中的功能性特征"，载《2010 年中华全国专利代理人学会年会首届知识产权论坛论文选编集》。

〔3〕　最高人民法院（2015）民提字第 23 号。

〔4〕　人民法院认定外观设计是否相同或者近似时，应当根据授权外观设计、被诉侵权设计的设计特征，以外观设计的整体视觉效果进行综合判断；对于主要由技术功能决定的设计特征以及对整体视觉效果不产生影响的产品的材料、内部结构等特征，应当不予考虑。

〔5〕　朱理："功能性设计特征的司法认定及其意义"，载《人民司法（案例）》2013 年第 24 期，第 7 页。

时 2015 年度十大知识产权案件中的手持淋浴喷头案与 2013 年最高人民法院公报案例中的张迪军案中，最高人民法院在再审中均持有相同的观点。

对功能性设计特征相关问题进行研究的基础和前提是厘清功能性设计特征的含义，《专利侵权司法解释一》的叙述为"主要由技术功能决定的设计特征"，这也是大多数人直观的理解。但最高人民法院在张迪军案中，对功能性设计特征进行了更详尽的界定，同时也对功能性设计特征的范围进行了限缩。对功能性设计特征的含义是否应当进行像上文第二种解释一样的限缩，应当回归到认定功能性设计特征的出发点，对于外观设计中的功能性设计部分，不由外观设计专利来保护，如果外观设计中的功能设计部分符合发明专利或者实用新型专利的授权条件，则可以申请发明专利或者实用新型专利。外观专利保护的是产品具有美感或者独特个性的外表，不保护设计中包含的技术，否则会造成外观设计专利权人对技术的垄断。因此，当一项外观设计特征中不仅仅是功能因素时，只要设计特征中存在美学因素，就不应当简单地认定为功能性设计特征而将其排除在外观设计近似比较的考量因素之外，而是应当排除功能性因素，对其中的美学因素加以考量。因此，前文最高人民法院在判例中对功能性设计特征的范围所做的限缩是合理的。

（二）功能性设计特征与装饰性设计特征的区分

产品的外观设计在实现产品的功能的同时，还要尽可能地追求美观，任何产品的外观设计都包含功能性要素和装饰性要素，也就是说产品的外观设计是功能和美学、工业与艺术的结合体。根据外观设计特征包含功能要素和美学要素这两种因素的情况即可对外观设计特征进行分类，但在分类上具有绝对区分和相对区分两类观点。相对区分的观点认为，外观设计特征应当分为三种，即在功能性设计特征和装饰性设计特征之间还存在功能性与装饰性都具备的设计特征；绝对区分的观点认为，应当绝对地区分功能性设计特征和装饰性设计特征。

1. 功能性设计特征与装饰性设计特征的相对区分

相对区分的观点认为，外观设计特征不能绝对地分为功能性设计特征和装饰性设计特征，在功能性设计和装饰性设计之间存在着功能性与装饰性都具备的设计特征。在张迪军案中，最高人民法院持该观点。在外观设计的比较中，应当不考虑功能性设计特征；在外观设计的比较中，应当考虑装饰性设计特征；对于功能性和装饰性都具备的设计特征，则需要考虑其装饰性和功能性各自所占的比重，该设计特征的功能性越强，其在外观设计的比较中所需考虑的比重越小，反之，装饰性越强的设计特征在外观设计的比较中所需考虑的比重越大。

2. 功能性设计特征与装饰性设计特征的绝对区分

绝对区分的观点认为，应当绝对地区分功能性设计特征和装饰性设计特征，在这之间不存在中间状态，两者之间是非此即彼的关系。张迪军案中专利复审委员会即主张绝对区分。在通过两类特征比较外观设计的作用方面，在外观设计的比较中，应当不考虑功能性设计特征，而应当考虑装饰性设计特征。

3. 设计因素与设计特征

上文中专利复审委员会和最高人民法院的意见出现了分歧，而之所以出现这样的分歧，主要原因是没有明晰设计特征的含义。

设计特征之间的区分决定于设计特征所包含的因素，即功能性因素和装饰性因素（美学因素）。所谓设计特征，是指设计所包含的这些设计因素的外在表现。设计因素和设计特征其实是两面一体，一个包含在内，一个表现在外。

设计因素按照其作用可以分为功能性因素和装饰性因素。对于设计因素的分类，专利复审委员会和最高人民法院的意见是一致的，不认为除了功能性设计因素和装饰性设计因素之外，还存在一种介于两者之间的设计因素。作为一个产品的内在设计因素其实是一个仅存在于人类思想中的概念，并不是现实世界客观存在的物体（设计因素在现实世界的具象化就是设计特征），功能性设计因素和装饰性设计因素都是依赖于人类对其的界定而存在，因此，设计因素可以依照人类的需要而做到彻底、明确的区分。

那么设计特征是否也能够像设计因素一样做到彻底、明确的区分呢？这就要看设计特征和设计因素的对应关系。最高人民法院的观点是，一个设计特征当中包含数个设计因素，而这数个设计因素，全部都是功能性因素或者全部都是装饰性设计因素的情况很少，因此，存在同时包含功能性设计因素和装饰性设计因素的设计特征，这就是其主张的主要理由。但是，包含数个设计因素的设计特征，其本身则由一些更细小的设计特征融合在一起，可以拆分。由此可以看出，外在的设计特征其实可以拆分成和设计因素一一对应的设计特征，因此，设计特征也能够像设计因素一样做到功能性设计特征和装饰性设计特征的彻底、明确的区分。

（三）认定功能性设计特征的意义

1. 有利于确定外观设计专利保护的范围

从宏观来看，外观设计中的功能性设计部分不由外观设计专利来保护，正如《与贸易有关的知识产权协议》第 25 条第 1 款所述："成员可以规定外观设计专利的保护不得扩展到本质上取决于技术或功能因素的外观设计。"[1]外观设计专利的保护不及于功能性设计特征，本质上是避免外观设计专利权人通过外观专利造成对技术的垄断，如果将功能性设计特征纳入外观设计专利的保护范围，由于功能性设计特征是产品外观设计无法绕开的一部分，在其他人想要设计具备相同功能的产品时，就不可避免地会侵犯外观设计专利权。因此，认定功能性设计特征有利于明确外观设计专利的保护范围。

2. 为外观设计专利侵权的认定提供帮助

从具体个案来看，认定一项设计特征是否属于功能性设计特征，对于最终认定产品总体外观设计与其他产品外观设计是否近似具有重要作用。当一项设计特征被认定为功能性设计特征时，则在外观设计侵权案件中不应当对其予以考虑，如果该设计特征是涉诉的外观设计与已取得专利的外观设计之间的唯一区别，就应当认定涉诉的外观设计侵权；如果该设计特征是涉诉的外观设计与已取得专利的外观设计的主要相同之处，就应当认定涉诉的外观设计并不侵权。因此，认定功能性设计特征也能为外观设计侵权的认定提供帮助。

二、功能性设计特征在司法实践中的认定情况

（一）法院对功能性设计特征认定与否的情况

1. 同一案件在不同审级对功能性设计特征的认定存在不一致的情况

同一案件在不同审级之间对功能性设计特征的认定不一致的情况表现在：

（1）对功能性设计特征的认定仅存于某一审级之中，其他审级没有对其认定，有的在原审中将某个设计特征认定为功能性设计特征，在后续的审判当中却没有提及，有的在原审中没有任何功能性设计特征的相关论述、认定，而在

---

〔1〕　Members may provide that such protection shall not extend to designs dictated essentially by technical or functional considerations.

后续审理当中增加了对某个设计特征的功能性设计特征的认定。例如在 DYSON LIMITED 与永康市汇天、胡晓存外观设计专利纠纷案中，原被告双方争议的是风扇的外观设计，原审法院并没有对双方设计的区别之处是否属于功能性设计特征进行认定。二审法院在对比双方的设计时，却认为"上部圆形扇头有阶梯设计，下部有带状镂空设计"是为了实现风扇出风口的功能，同时"波浪过渡线下面有突出的圆形按钮"[1]是为了实现风扇的控制功能，因此认定被控侵权产品的出风口和按钮设计属于功能性设计特征。

（2）对于功能性设计特征，各审级都进行了认定，认定结果却不一致。例如在广东雅洁与嘉兴市美登、甄水菊外观设计专利纠纷案中，原被告双方争议的是门锁面板及把手的设计。在本案中，双方外观设计的共同点为"均由面板和把手两部分组成；面板整体近似矩形，面板正面中间部位高于两侧部位、上端略长于下部，面板中间上端有圆滑倒角，面板中下部有锁孔；把手整体呈 L 形"[2]。原审法院认定"门锁把手的 L 形设计属于功能性设计"，在对比双方的设计时不应进行考虑。二审法院则认为"虽然较多门锁的把手整体呈 L 形，但具体形状仍有大量的表现形式"[3]，因此不属于功能性设计，在对比双方设计的相似程度时，仍应当加以考虑。

2. 类似设计特征在不同案件中存在认定不一致的情况

司法实践中存在着类似的设计特征认定却不一致的情况。例如在江苏贝尔与丹阳市博源外观设计专利纠纷案[4]与浙江晶日与江苏华城外观设计专利权纠纷案[5]中，争议的设计均为路灯的设计，两份判决中对于类似的设计特征是否是功能性设计特征的认定却不一致。在前一案例中，江苏省镇江市中级人民法院认为，一般消费者并非仅仅是指专门从事路灯制造、销售、购买、安装及维修的人员，对于设计的区别只会认为是基于功能的需要，因此被控侵权设计与涉案专利设计的区别均为功能性设计特征。而在后一案例中，同样被控侵权设计与涉案专利设计的区别主要在灯具的发光源排布和散热装置的设置上，法院

---

〔1〕 Members may provide that such protection shall not extend to designs dictated essentially by technical or functional considerations.

〔2〕 浙江省高级人民法院（2012）浙知终字第 111 号。

〔3〕 浙江省高级人民法院（2012）浙知终字第 111 号。

〔4〕 江苏省镇江市中级人民法院（2014）镇知民初字第 0008 号。

〔5〕 江苏省镇江市中级人民法院（2013）镇知民初字第 266 号。

则认为，"LED 发光区、背部棱条散热装置为 LED 灯具虽承载了一定的功能，但一般路灯的发光区域的形状以及棱条的排布方式、组合在外观设计上有相对足够的设计空间，足以彰显设计个性，以区别其他同类路灯"[1]，进而认为双方设计之间的区别特征并不属于功能性设计特征。

这两个案例同样对路灯发光源排布和散热装置的设计特征是否应当认定为功能性设计特征，得出了截然相反的结论。

（二）法院对功能性设计特征的认定理由的情况

1. 未说明理由的情况

在司法实践中，法院在认定某个设计特征是否是功能性设计特征时，存在不说明理由的情况，而且这种情况相当普遍，在判断两个设计是否相似时，法院往往对各个设计特征是功能性设计特征还是装饰性设计特征一语带过，其关注的重点是两个设计之间的整体对比，对细节上的设计特征的认定并不重视。例如在 GeorgeMichaelYui 与宁波澳成外观设计专利纠纷案[2]中，原被告双方争议的是饮水机的设计，在整体对比判断两个设计是否相似时，浙江省宁波市中级人民法院认为这些具有差异的设计特征既属功能性设计，又不是一般消费者在正常使用产品时容易直接观察到的部位，从而对产品整体的外观不会产生视觉效果上的明显差异。该法院对这些设计特征的认定就到此为止，并没有进一步说明其认定这些差异特征是功能性设计特征的理由。判决书对功能性设计特征认定说理不充分的现象，表现出法院对细节上的设计特征是否是功能性设计特征的认定并不很重视。

2. 功能性设计特征是实现该功能的唯一选择

在司法实践中，有相当一部分法院将设计特征的功能性与设计特征的不可选择性画等号，认为功能性设计特征的认定标准是该设计特征是否是唯一的选择。例如，在福建省南平铝业有限公司与陈教听、福建省南平市长城铝材有限公司外观专利纠纷案中，原被告争议的是应用于推拉窗纱料的型材的外观设计。被告认为，"被控侵权产品与涉案专利相同的纱料轮口、隔音棉、纱布的槽口等，都是功能性的特征"[3]。法院认为该功能并不是仅能以这样一种外形来实

---

[1] 江苏省镇江市中级人民法院（2013）镇知民初字第 266 号。
[2] 浙江省宁波市中级人民法院（2012）浙甬知初字第 620 号。
[3] 浙江省温州市中级人民法院（2011）浙温知初字第 279 号。

现，故认为被告抗辩理由不能成立，上述设计特征不是功能性设计特征。

3. 功能性设计特征主要是为了实现一定技术功能而产生的设计特征

在司法实践中，有的判决认为，一项设计特征只要主要是为实现一定技术功能而产生的设计特征，就是功能性设计特征，而并不需要这项设计特征是完全为了功能而做的设计。例如，在卡布公司与安吉瑞丰海绵制品有限公司侵害外观设计专利权纠纷案[1]中，双方争议的设计是旅行枕头的设计，其中被诉侵权设计与授权专利设计之间主要的共同点是 U 形主体和中部凹陷的设计和枕头后侧底部均有一条平直拉链设计，原告认为双方设计构成相似设计，而被告则主张这两项相同的设计特征属于功能性设计特征，在认定双方设计是否构成相似设计时不应当对其予以考虑。法院在判决中认为，基于旅行枕头的实际功能和用途，对于上述两点双方在各自产品上出现的相同设计，均应认为是主要为了实现一定功能而产生的设计特征，因此属于功能性设计特征。

4. 功能性设计特征是完全由功能决定的设计特征

与前一理由相对应，在司法实践中，有的法院认为一项设计特征需要完全为了功能设计才能被认定为功能性设计特征。也就是说，一项设计特征只要包含了一些装饰性的元素，即使该装饰性的要素并不是这项设计特征如此设计的主要目的，这项设计特征也不可以被认定为功能性设计特征。例如，在梁志成与广州翠亮光电照明有限公司侵害外观设计专利权纠纷案[2]中，原被告双方争议的是路灯的设计，双方设计的主要的共同点是路灯的灯罩，双方灯罩均设计为罩体呈圆锥状，锥面呈弧形，在锥面上有多排竖向排列的圆孔，锥面底部呈齿状，在靠近锥顶的部位有一对圆形散热孔。被告认为，灯罩属于功能性设计，不应考虑，而广东省广州市中级人民法院则认为，灯罩的设计特征"虽然主要是由其功能决定，但除其本身功能以外，还起到使整个灯产生美感的作用"，因此，该案中争议的灯罩的设计特征不是完全由功能决定的设计特征，该设计特征不属于功能性设计特征。

5. 在一般消费者看来，功能性设计特征仅仅由特定功能唯一决定

在张迪军案中，最高人民法院对外观设计专利中功能性设计特征的区分标准及其作用首次表明态度，提出在"一般消费者看来，该设计特征是否仅仅由

〔1〕 浙江省高级人民法院（2015）浙知终字第 280 号。

〔2〕 广东省广州市中级人民法院（2014）穗中法知民初字第 428 号。

特定功能所决定，从而不需要考虑该设计特征是否具有美感"[1]。最高人民法院在该案中对外观设计专利中功能性设计特征的区分标准及其作用开创性地作出了指导。与前述四种理由相比，最高人民法院的观点的特点有：①确立了主体标准，与外观设计整体对比的"一般消费者"标准保持一致；②明确设计特征的功能性并不等同于设计特征的可选择性；③功能性设计特征由特定功能唯一决定，而不需要考虑美感。

最高人民法院的公报案例公布之后，在中山市蓝晨光电科技有限公司与杜姬芳、中山市鸿宝电业有限公司侵害外观设计专利权纠纷案[2]和丹阳市盛美照明器材有限公司与童先平侵害外观设计专利权纠纷案[3]中，法院都和最高人民法院的认定标准保持了一致。在手持淋浴喷头案中，最高人民法院重申了这一观点。

（三）法院认定功能性设计特征存在的问题

1. 法院对功能性设计特征的认定不大重视

从功能性设计特征在司法实践中的认定情况可以看出，有相当一部分法院在作出认定时并不说明理由。法院往往在判断两个设计是否相似时，对设计的各个设计特征是功能性设计特征还是装饰性设计特征一语带过，其关注的重点是两个设计之间的整体对比，对细节上的设计特征的认定并不重视。同时，还有一些二审法院对于初审认定过的功能性设计特征采取了忽视的态度，认为原审法院认定的功能性设计特征对于外观设计的影响可以忽略，这也可以反映法院对功能性设计特征的认定不重视。

一个产品的设计首先满足的一定是产品需要实现的功能，一个产品的功能决定了其基本的构造和外观，同时设计还要满足美感，对功能决定的基础的外观进行修饰，对于主要由技术功能决定的设计特征，在对比争议的设计时，应当将其剔除。因此，功能性设计特征是每个外观设计都不可缺少的设计特征，同时在外观设计中占有重要的地位，而且认定功能性设计特征对于解决外观设计专利纠纷案件也有帮助。由此来看，法院应当重视对功能性设计特征的认定。从最高人民法院在 2013 年、2016 年两次着重提出相关的案例，试图对司法实践

---

[1] 最高人民法院（2012）行提字第 14 号。

[2] 广东省高级人民法院（2015）粤高法民三终字第 263 号。

[3] 最高人民法院（2015）民申字第 633 号。

作出指导，也可以看出最高人民法院希望各地法院在审理外观设计专利纠纷案件时，重视对功能性设计特征的认定。

2. 法院对于功能性设计特征的认定标准不一致

前文从判决书中总结出的国内司法实践认定功能性设计特征的标准至少有四个，足以看出法院对功能性设计特征的认定标准不一致。在张迪军案发布之前，很多法院将外观设计特征的功能性等同于不可选择性，例如在 2011 年的福建省南平铝业有限公司与陈教听、福建省南平市长城铝材有限公司外观专利纠纷案和 2012 年的广东雅洁与嘉兴市美登、甄水菊外观设计专利纠纷案中，法院均持此观点。上述公报案例的发布，起到了一定的指导作用，给了各地法院一个认定标准的参考，但是仍然有法院有不一样的意见，例如在 2015 年的卡布公司与安吉瑞丰海绵制品有限公司侵害外观设计专利权纠纷案中，法院认为，旅行枕头的设计特征虽然有装饰性的美观追求，并不是完全由功能决定，但基于旅行枕头的实际功能和用途，该设计特征应认为系主要为了实现一定技术功能而产生的设计特征，因此属于功能性设计特征。这就与最高人民法院所认为的应该由功能唯一决定的观点不一致。

三、功能性设计特征的判断标准

（一）功能性设计特征判断标准的不同观点

从上文对判例的总结来看，功能性设计特征的认定标准存在着很大的争议，笔者归纳筛选后，大致将其分为三类认定标准：技术标准、可选择性标准和法律标准。

1. 技术标准

技术标准是指在认定功能性设计特征时，应当以该特征是否是为了产品的功能而设计为标准，也就是说，在认定功能性设计特征时，并不考虑主观认知的差异，而仅考虑在客观事实上该设计特征是否是为了满足功能方面的需要。实际上为消除销售者、消费者、法官或者律师等社会角色的主观认知差异，而要求对功能性设计特征的判断实事求是、完全客观，其实就是将判断功能性设计特征的主体限定为产品的实际设计人员，因为只有产品的实际设计人员才最了解产品各部分设计的真正作用究竟是为了实现功能还是追求美观。当然，由于产品的实际设计人员一般就是双方的当事人或与双方当事人关系紧密，因此不可能要求设计人员自己来认定，而是将认定功能性设计特征的主体的知识水平和专业能力要求到与产品实际设计人员一致。

2. 可选择性标准

可选择性标准是指在认定功能性设计特征时，应当以该设计特征是否因产品的功能限制而不可选择为标准，也就是说，在认定功能性设计特征时，如果为了实现相同的功能，有其他替代的设计方案，该设计特征就不属于功能性设计特征，仅仅为了实现产品的某项功能，该设计特征被唯一限定，没有选择的余地时，才能认定为功能性设计特征。实际上，可选择性标准是将对功能性设计特征的认定做了一个转换。因为直接认定一项设计特征时，如果采用技术标准，就会对认定主体的能力有很高的要求，这种方式对一些常见的简单设计或许还能顺利作出判断，但对一些复杂的设计，法官和专利复审委员会的工作人员无论在知识水平、专业能力还是设计经验上，都难以达到技术标准的要求。采用不可选择性标准就将对功能性设计特征的直接认定转换为争议的设计特征是否能被其他设计取代的问题，而后者的难度显然比起前者要降低了许多。

3. 法律标准

法律标准把功能性设计特征界定为：在该外观设计产品的一般消费者看来，由所要实现的特定功能唯一决定而并不考虑美学因素的设计特征。功能性特征的本质在于，在一般消费者来看，一种设计特征是否仅仅由特定功能唯一决定，而不需要考虑美感。[1] "在一般消费者来看"的含义就是将判断的主体限定为一般消费者，这对判断主体的知识水平和专业能力的要求不是很高，但同时也并不是没有任何要求。"特定功能唯一决定"就是从功能性设计特征本身的含义出发，从本质上来判断，与不可选择性标准的区别就在于"功能唯一决定设计"和"功能决定唯一设计"。在张迪军案和手持淋浴喷头案中，最高人民法院均以法律标准对功能性设计特征进行了认定。由于此观点是最高人民法院所持并且一再强调的观点，因此称之为法律标准。法律标准与前两种标准都存在差异：首先，法律标准将判断主体限定为一般消费者，而非产品的实际设计人员；其次，法律标准将判断聚焦于功能性设计的本质，而非功能性设计特征所表现出的不可选择性的表象。

通过整理上面三种观点，可以发现分歧其实主要是两方面：判断主体应该

---

〔1〕 朱理："功能性设计特征的司法认定及其意义"，载《人民司法》2013 年第 24 期，第 7 页。

是外观设计产品实际设计人员还是一般消费者；判断的方法是依据不可选择性标准的"功能决定唯一设计"还是依据法律标准的"功能唯一决定设计"。

（二）功能性设计特征的判断主体

要明白法院在判定一项设计特征是否属于功能性设计特征时采用什么样的主体立场才比较合适，需要考虑所采用的主体立场是否可行以及是否合理。

首先分析判断主体的可行性。外观设计产品实际设计人员和一般消费者之间的主要区别在于对相关专业知识的了解和对具体产品的设计理念的认识。实际上，法官在进行审判时，不可能有充足的时间和精力去学习相关的专业知识来达到产品设计人员的水平。同时，法官也很难与产品实际设计人员一样对后者设计的产品具备同等的认识水平。也就是说，法官在认定功能性设计特征时，是不可能采用外观设计产品实际设计人员的立场的，即便能够采取这样的立场，花费的时间精力也太大。一般消费者的立场则是法律拟制的立场，法官对一般消费者的专业知识的储备和设计产品的熟悉程度要求都不高，法官采用此立场具有可行性。

进言之，采用一般消费者的立场来对功能性设计特征进行判断是否合理？产品的实际设计人员对相关的产品非常熟悉，其对某项设计特征是否属于功能性设计特征能够作出最准确的认定，而一般消费者只能从一个大概的认知水平去判断。但是对于外观设计与发明专利这两种知识产权立法保护的内容是不同的，对于发明专利，立法保护的是其技术内涵，而对于外观设计，立法保护的是其视觉印象。外观设计所展现出的视觉印象，需要消费者从观察的角度而不是专业的研究角度来形成认知。正是外观设计的这一特点，决定了判断主体采取消费者的立场更加合理。同时认定设计特征的功能性，最终还是为了比较两项争议设计是否是相同或近似设计而服务的，在外观设计专利侵权的认定中，司法实践采取的也是一般消费者的立场，比如《专利审查指南》（2017 年修正本）对外观设计专利侵权的认定采取的即是一般消费者的立场。认定功能性设计特征的立场与认定外观设计专利侵权的立场保持一致，在判决中才能前后协调，不容易出现前后矛盾的情形。因此，采用一般消费者的立场对功能性设计特征进行判断是合理的。

（三）功能性设计特征的判断方法

功能性设计特征的判断方法是依据不可选择性标准的"功能决定唯一设计"

还是依据法律标准的"功能唯一决定设计"，首先要明确两种判断方法的本质以及两者的关系。所谓"功能决定唯一设计"，就是由产品的功能所决定的设计特征是唯一的、不可选择的；所谓"功能唯一决定设计"，就是产品的设计特征是由功能唯一决定的，与对美观的追求没有关系。当产品的功能决定的设计特征是唯一的，说明仅仅有该项设计特征就能够实现产品所追求的功能要求，由于艺术、美学不存在定式，即使是表达相同的主题，产品的外形也能设计成无数的形状，因此在设计特征不可选择时，该设计特征一定没有装饰的因素在其中，也就是说，该设计特征是由功能性唯一决定的。由此，笔者推论出"功能决定的唯一设计"一定是"功能唯一决定的设计"。反过来能不能由"功能唯一决定的设计"推论出"功能决定的唯一设计"？也就是说，为了在产品上实现一个功能，是否仅有一种特定的设计满足要求？答案显然是否定的。正如一道数学题往往有数种不同的解法，实现一项功能所做出的设计也可以不同，这些设计虽然不同，但是都是为了产品的功能所设计，因此都属于功能性设计特征。由于"功能决定唯一设计"是"功能唯一决定设计"的充分不必要条件，因此，不可选择性标准和法律标准所认定的功能性设计特征的范围关系如下图，不可选择性标准所认定的功能性设计特征的范围被法律标准所包含。

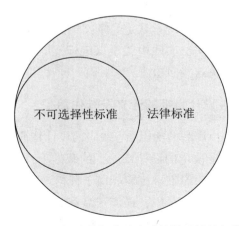

不可选择性标准和法律标准认定功能性设计特征的关系

实际上，可以说法律标准关注的是功能性设计特征的本质，不可选择性标准关注的则是功能性设计特征的表象，而且不可选择性标准所展现的表象并不是功能性设计特征所对应的现象的全部，除了不可选择的设计特征外，有限选择的设计特征也属于功能性设计特征。因此不可选择性标准实际上只能得出片面的结论。法律标准从本质出发，就不会产生遗漏，从而能得出正确全面的结论。

由于法律是实践性学科，脱离实践空谈理论就像无本之木一般缺乏灵魂。虽然在理论上法律标准的判断方法完美完备，但在司法实践中，仍有很多法官运用不可选择性标准来认定功能性设计特征。出现这种现象的原因是，不可选择性标准在认定功能性设计特征时比起法律标准要简单许多，而且在设计特征满足不可选择性标准时，将其认定为功能性设计特征的判断也确实是正确的，只有在设计特征不满足不可选择性标准时，将其认定为非功能性设计特征才是错误的。虽然可选择性标准在司法实践中有如此强的诱惑力，但正如上文所言，依据现象探寻本质终究只能得到片面的结论，运用可选择性标准对功能性设计特征进行认定无法保证认定结果的正确性。

四、功能性设计特征认定标准的构建

本文旨在构建一套新的认定标准，以期对司法实践有所帮助。功能性设计特征的认定对外观设计侵权的判定具有重要作用，因此需要一项合理且可行的标准来帮助法官在司法实践中进行认定。本文通过对司法实践中的判例进行总结、归纳和分析，发现了司法实践中关于认定标准的一些问题，又从理论高度对其进行分析，尝试解决这些问题。

（一）明确功能性设计特征的含义及其作用

功能性设计特征是由产品的功能唯一决定的设计特征。《专利侵权司法解释一》在"主要由技术功能决定的设计特征"的基础上，将功能性设计特征的范围缩小，仅限于由产品的功能唯一决定。由于任何产品存在的意义就是在生产生活中发挥本身的功能，也就是说，任何产品都具备一定的功能，产品的功能不可避免地对产品的外观产生影响，因此，可以说任何产品都存在功能性设计特征，并且功能性设计特征对产品外观的影响很大。如果按照《专利侵权司法解释一》的表述来解释功能性设计特征的含义的话，会将功能性设计特征的范围扩大。由于功能性设计特征本身在产品的外观中就占据较大的比重，再将功能性设计特征的范围扩大，就会不利于保护外观设计。相反，由产品的功能唯一限定的表述，则能够做到明晰精确，司法实践对此产生分歧的可能也就更小。因此，应当明确功能性设计特征是由产品的功能唯一决定的设计特征。

（二）确定功能性设计特征与装饰性设计特征的绝对区分

任何产品的外观设计都包含功能要素和美学要素。所谓的设计特征，就是设计所包含的这些设计因素的外在表现，设计因素和设计特征其实是一体两面，一个包含在内，一个表现在外。一个产品的内在设计因素是仅存在于人类思想中的概念，并不是现实世界客观存在的物体，功能性设计因素和装饰性设计因素都是依赖人类对其的界定而存在，因此，设计因素可以依照人类的需要而做到彻底、明确的区分。同时，外在的设计特征其实可以拆分成和设计因素一一对应的设计特征，因此，设计特征也能够像设计因素一样做到功能性设计特征和装饰性设计特征的彻底、明确的区分。

确定功能性设计特征和装饰性设计特征的绝对区分，同样有利于在司法实践的认定中做到明晰精确，减少分歧。如果采取相对区分的观点，功能性与装饰性都具备的设计特征就是存在的，而这种设计特征在外观专利侵权案件中并不能给外观设计侵权的判断带来帮助，因为既不能因该特征是功能性设计特征而不予考察，也不能因该特征是装饰性设计特征而确认其受到保护，仍然需要在外观设计的整体层面来考虑这些设计特征。因此，采取绝对区分的观点，不仅在理论上更具合理性，在司法实践中也更具可操作性。

（三）以具有合理认知水平的消费者作为判断主体

在明确了功能性设计特征的含义及其与装饰性设计特征之间的区分之后，就能够在一个可靠的范围内对其进行讨论。同样，明确判断主体的范围和判断主体的认知能力，也是进行判断的重要前提。

认定功能性设计特征时应当以具有合理认知水平的消费者作为判断主体。判断主体是在进行认定时拟制出的主体，并非是寻找争议外观设计产品的真正消费者，以问卷调查的方法统计其观点，而是在进行判断时，处于消费者的立场，而非产品实际设计人员或者产品的最终使用者等立场。若采用产品实际设计人员的立场，首先就对法官的知识水平和专业能力有很高的要求。苛求一位法官对种类繁多的产品的功能设计都了如指掌显然是不可能的，同时采用实际设计人员的立场其实就是探寻产品的设计意图，而以产品的设计意图作为判断的依据就有可能导致肆意裁判，因为探寻设计意图而非以客观的事实进行论证就显得太过于主观。外观设计专利权给予外观设计专利权人一定程度的垄断权利，从而保障外观设计权利人在市场竞争中取得优势地位，可以说专利权的目的就在于保护权利人的市场利益，而与权利人市场利益直接相关的就是购买产品的消费者。因此，以消费者作为判断主体，而不是产品的最后使用者或者以该产品作为元件生产出的最终产品的消费者，能够更好地保护外观设计专利权人的市场利益。

作为判断主体的消费者应当具备合理的认知水平。一方面，消费者对产品设计的认知水平要高于一般公众，应当了解该产品的主要功能以及常见常用的功能性设计，具备该产品相关的常识；另一方面，消费者无法像产品的实际设计人员一样能够关注到产品之间细小的差异，也不具备过于深入的专业知识，无法对产品的所有与功能有关的设计都熟悉。一名消费者具有的合理认知水平，相当于专业知识的入门水平，应当是在较短时间内就能够掌握的程度，既非一无所知，也不是精通深入。

将功能性设计特征的判断主体确定为具有合理认知水平的消费者，也与外观设计侵权认定的主体范围相一致。《专利审查指南》（2017 年修正本）也采取一般消费者的立场，并且规定主体的认知水平为具备合理的认知水平。认定设计特征的功能性最终还是为比较两项争议设计是否是相同或近似设计而服务的，因此两者之间的判断主体保持一致，也有利于同一案件的前后一致，从而避免出现矛盾。

（四）以"两步判断"作为判断方法

判断方法是构建功能性设计特征认定标准的核心部分，一个合格的判断方法首先应当是能够得出正确、全面结论的方法，在保证结论正确且全面的同时，还应当尽量降低认定的难度，增强司法实践的可操作性。法律标准从功能性设计特征的本质出发，采用功能唯一决定的判断方法，尽管可以得出正确的结论，但依据此方法进行判断时存在一定的难度，从而存在对同一事实出现不同判断的可能性。在司法实践中应用较广的不可选择性标准，虽然从现象出发探求本质，可能得出片面的结论，但相比于本质上的判断需要将涉诉的外观设计特征与法律标准相对应以判断该特征能否被法律标准所涵盖，现象上的判断只需考虑涉诉的外观设计特征在事实上是否不可选择即可，这能够有效降低认定功能性设计特征的难度，增强司法实践的可操作性。两种判断方法各有优劣，虽然最高人民法院在手持淋浴喷头案中因为法律标准的正确性而采纳该标准，但笔者认为这两种判断方法的优点仍然存在结合的可能性，由此，笔者尝试提出一种新的判断方法——渐进的"两步判断"的判断方法：

第一步：判断争议设计特征的可选择性，如果该设计特征是不可选择的，该特征就属于功能性设计特征；如果该设计特征是可选择的，则进入"两步判断"的第二步。

第二步：依据法律标准的"功能唯一决定"的判断方法来判断，如果该设计特征是由产品的功能唯一决定的，该设计特征就属于功能性设计特征；如果该设计特征不是由产品的功能唯一决定的，该设计特征就不属于功能性设计特征。

"两步判断"和"功能唯一决定"这两种判断方法的区别就在于当争议的外观设计特征具备不可选择性时，"两步判断"可以直接按照不可选择性标准来进行判断，从而在一定程度上降低认定的难度。虽然"两步判断"多了一步预先的判断，看似将判断的过程复杂化，但由于相当多的功能性设计特征确实呈现出不可选择性的特点，同时使用不可选择性标准判断起来方便快捷，以至于不可选择性标准在司法实践中应用很广，而通过"两步判断"将这部分筛选而出，采用不可选择性标准来判断，实际上能够降低判断难度，提高司法实践中的可操作性。同时，"两步判断"的第二步，能够有效地弥补不可选择性标准的缺点，使得结果不再片面。

因此，"两步判断"的判断方法结合了不可选择性标准和法律标准的优点，能够起到在保证结论正确且全面的同时，尽可能降低认定的难度，增强司法实践的可操作性的效果。

作品名称及其著作权保护研究

程可涵

一部成功的作品不仅具有较高的文学价值、艺术价值或科学价值，也具有一定的商业价值，而作品名称作为作品的重要组成部分之一，简短且具个性，因而更便于传播、记忆。作品名称本身可以为作者带来巨大的商业利益。近年来，作品名称被他人进行商业化利用的现象愈演愈烈，本归属于作者的商业机会和优势地位相应受损。尽管反不正当竞争法、商标法可以分别保护部分作者名称被他人利用的情形，但保护的范围尚不全面。著作权法作为专门保护作者权利的法律，对作品名称的法律保护程度便尤为重要。故本文立足于我国著作权立法、司法保护现状，就作品名称是否应予以著作权保护、其可著作权性和著作权法应如何对作品名称进行保护等问题展开论述。

目前，国内学者对于作品名称的著作权法保护的问题观点有所不同。李明德、王迁等学者均认为作品名称不为著作权客体。杨远斌、朱雪忠教授 2000 年发表了《论作品名称的法律保护》，并提出了著作权法给予作品名称保护是合理的。张耕教授 2004 年发表了关于作品名称法律保护的文章，支持著作权法保护作品名称。2016 年李洋的《作品标题法律保护模式的再审视》对著作权保护作品名称的问题提出了质疑并相应论证。

我国立法就作品名称的著作权保护问题尚无明确规定，司法实践将作品名称视为作品予以著作权保护的情形也并不多见。从相关案例和立法看，作品名称成为著作权客体具有很大的立法、司法保护空间。

一、作品名称及其著作权保护的必要性

（一）作品名称的定义

作品名称，即作品标题，是为代表整部作品的内容而精炼出的文字、短语或短句的组合，如文章标题、书名、影视片名、摄影标题、歌曲名称、节目名称、杂志期刊名称等。[1]西班牙版权专家德利娅·利普希克教授曾指出："标题是其所指作品的一个重要组成部分。它使作品具有个性特色，并能追忆或提示作品内容，同时还有一种鉴别能力，它可避免同其他作品混淆，还可在作品和作品已获得的成功及作者之间建立联系。"[2]作品名称是作品组成部分之一，它可以放大作品的特点，映射作品的内容，并且在作品获得一定关注后，在作品名称与作品本身及作者之间产生联系，从而可以识别作品。

作品名称通常具有如下特点：第一，作品名称通常短小、精悍；第二，作品名称本身可以在作品发表前即进行传播，故公众可以更早知悉作品名称而非作品本身，其可能较作品更知名；第三，作品名称可以体现作者的品味和思想或作品的价值与内涵；第四，作品名称是作品的一部分，可以与作品一起享有著作权。

（二）作品名称的功能

1. 作品名称可以指代作品

作品名称可以指代作品。作品名称，可能为作品核心内容的概括和浓缩，或整部作品中心或主要思想内涵的简短概括，或作品中最具代表性部分内容的名称，或仅以特殊的艺术手法来表达作品的思想和作者的个性。

2. 作品名称可以传播作品

著作权法鼓励作品的传播，作品传播可以通过已发表作品本身进行传播，广义的作品传播可以通过作品名称进行传播。作品名称相对于作品本身的篇幅

---

〔1〕　有学者认为，严格意义上的作品标题不包括报纸期刊的名称。参见韦之：《著作权法原理》，北京大学出版社1998年版，第23页。

〔2〕　参见［西］德利娅·利普希克：《著作权与邻接权》，联合国教科文组织译，中国对外翻译出版公司2000年版，第86页。转引自张今：《著作权法》，北京大学出版社2015年版，第23页。

来说，短小精悍，便于作品受众记忆和表达。作品名称可以实现更为便捷、高效、广泛的传播。作品名称还可以在作品发表前即进行传播，如在某影视剧播出前，该剧的制作方、演员和电视台等相关方对该部作品进行预告性的传播。

3. 作品名称可以区分作品

作品名称可以表现作者的个性和作品的思想，以帮助区分不同的作品，公众可以根据作品名称进行甄别、选择作品。

（三）保护作品名称的必要性

1. 劳动财产权理论视野下作品名称保护的正当性

劳动财产权的观点认为：财产的获得来源于劳动。对于知识产权中的劳动是否可以作为取得财产权的原因这一问题，有学者指出智力劳动和体力劳动均为劳动，智力劳动为知识产权取得的根本依据。对于智力劳动的定义，布拉德·谢尔曼和莱昂内尔·本特利解释道："尽管有关智力劳动的本质特征的确切细节尚有争议，但获得人们广泛同意的是，智力劳动——它源于头脑的智慧劳动和天赋与思想的发挥——从根本上区别于体力劳动——它纯粹是人体力气的发挥和身体的运用。智力劳动和体力劳动，或者在此后为人所知的创造性劳动和非创造性劳动的区分，是基于一系列内容范围广泛的因素做出的……"[1]作者创作作品名称，通常需要付出一定智力劳动高度概括和浓缩作品。因此，作品名称获得知识产权保护具有正当性。

2. 利益平衡的需要

冯晓青教授认为："知识产权法本身是为平衡知识产权人的垄断利益与社会公共利益而作出的制度设计，旨在激励知识创造和对知识产品需求的社会利益之间实现理想的平衡。在知识产权法的整个历史发展过程中，利益平衡始终是知识产权法发展的主旋律。"[2]近年来，通过他人作品名称的知名度谋取商业利益的情况愈演愈烈，好的作品被他人为谋求高利而搭便车，致使作者的权益

---

〔1〕　参见［澳］布拉德·谢尔曼、［英］莱昂内尔·本特利：《现代知识产权法的演进：英国的历程（1760—1911）》，金海军译，北京大学出版社 2006 年版，第 16~17 页。转引自向波："知识产权正当性之批判解读——以利益冲突为基本视角"，载《法学杂志》2015 年第 8 期，第 94 页。

〔2〕　冯晓青："利益平衡论：知识产权法的理论基础"，载《知识产权》2003 年第 6 期，第 16 页。

受到损害。如果法律不对前述行为进行评价，就意味着法律对这种有违诚信的搭便车行为予以放任甚至鼓励，而对优秀作品的发展起到相反的作用。法律应对作品名称的保护进行规制，调整利益平衡。

二、作品名称是否应受著作权保护

（一）各国立法例之检视

关于作品名称是否受著作权保护的问题，各国立法均不相同，有的给予保护，有的不给予保护，给予保护的国家对作品名称保护的程度不同。

就作品名称可以成为著作权客体情形，如法国，其 1958 年《文学和艺术产权法》第 5 条规定"智力作品的标题，只要具有独创性，同作品一样受本法保护"，并规定"任何人不得在可能引起混淆的情况下，以个人名义在同类作品上使用该标题"。[1] 1992 年 7 月 1 日，法国汇编了《知识产权法典》，在此后的 6 年间，虽又先后 20 次对该法典进行了修改和增补，但至今仍在法典立法部分第一卷第一编第二章第 4 条保留了《文学和艺术产权法》第 5 条的规定。[2]

明确作品名称不能成为著作权客体的国家如美国，早在 1976 年之前，其版权办公室便发布了规定特定材料不具备可版权性的一些规则，其中包括"单词和诸如名字、标题与口号的短语"。[3] 其后，美国法院通过司法判例不断地说明作品名称非为著作权保护对象。2011 年 Vincent PETERS 诉 Kanye WEST，Roc-A-Fella Records，LLC. 和 UMG Recordings，Inc. 关于歌曲 *Stronger* 著作权纠纷案[4]中，美国伊利诺伊州地方法院再次重申歌曲的名称不受版权保护。作品名称在著作权法中地位并非完全被忽略，其也强调在主张作品抄袭时，如作品名称相同，则作品名称也应成为判断是否构成抄袭的考虑因素。[5]

---

〔1〕 陈海霞："论国外作品名称的法律保护及其对我国的启示"，载《四川理工学院学报（社会科学版）》2007 年第 3 期，第 39 页。

〔2〕 陈海霞："论国外作品名称的法律保护及其对我国的启示"，载《四川理工学院学报（社会科学版）》2007 年第 3 期，第 39 页。

〔3〕 参见卢海君：《版权客体论》（第 2 版），知识产权出版社 2014 年版，第 350~351 页。

〔4〕 Vincent PETERS v. Kanye WEST，Roc-A-Fella Records，LLC，and UMG Recordings，Inc. 97 U. S. P. Q. 2d 2019.

〔5〕 Wihtol v. Wells，231 F. 2d 550，553（7th Cir. 1956）；Sweet v. City of Chi.，953 F. Supp. 225（N. D. Ill. 1996）.

《日本著作权法》第 20 条规定："作者有权保护其作品与标题的统一性，有权禁止他人作违反这种统一性的修饰、删节或其他改动。"日本将作品名称纳入同一性保持权的对象，作品名称和作品可以一起得到保护。[1]日本的"同一性保持权"与我国《著作权法》的保护作品完整权类似。

（二）法学界之见解

法学界对于作品名称是否应被赋予著作权保护的独立地位，即是否可以成为作品，存在两种观点：一种观点认为作品名称不应纳入著作权保护对象；另一种观点认为，作品名称可以纳入著作权保护对象，但须满足一定条件。

1. 作品名称不是著作权客体

持此种观点的学者大多有下述论点：

第一，作品名称不是作品，不能作为独立作品受著作权法保护，作品名称作为作品之不可分割的组成部分才可以和作品整体受到著作权法保护。[2]

第二，有学者认为将作品名称应用于商业领域的行为不属著作权权利内容，故不应对其进行著作权保护。[3]

第三，将作品名称纳入著作权保护范围，将对文化传播造成不利影响，可能会损害社会公共利益。持该种观点的学者们多担忧作品名称的著作权保护会阻碍文化传播和发展。

第四，作品名称因其自身长度短小很难满足独创性的要求，认定作品名称具有独创性较困难，在实践中难以适用。李明德教授即认为，作品名称比较短小，而独创性要求作品有一定容量，这与作品名称的宗旨不相符。[4]王迁教授认为："根据著作权法有关作品应当符合独创性的基本原理和国外立法与司法实践，短标题是不能作为作品受到著作权法保护的。"[5]

---

〔1〕 ［日］半田正夫、纹谷畅男：《著作权法 50 讲》，魏启学译，法律出版社 1990 年版，第 158、58、59 页。转引自杨远斌、朱雪忠："论作品名称的法律保护"，载《知识产权》2000 年第 6 期，第 43 页。

〔2〕 参见田胜利主编：《中国著作权疑难问题精析》，华中理工大学出版社 1998 年版，第 55~56 页。转引自高富平、张进德："作品标题的法律保护"，载《法学》2003 年第 3 期，第 121 页。

〔3〕 参见叶优子："作品标题之法律保护问题探究"，载《法制博览》2015 年第 2（下）期，第 78 页。

〔4〕 参见李明德、许超：《著作权法》，法律出版社 2009 年版，第 29 页。

〔5〕 王迁：《知识产权法教程》（第 4 版），中国人民大学出版社 2014 年版，第 40 页。

2. 作品名称可以成为著作权客体

持此种观点的学者多认为作品名称可以获得著作权法保护，条件为作品名称是否可以满足独创性等条件。符合条件的作品名称获得著作权保护的合法地位，不满足要求的作品名称则无法获得著作权法保护。主要论点如下：

第一，任自力和曹文泽教授主张："具有独创性的作品名称往往需要作者付出更多的创造性智力劳动，故应属于著作权法保护的对象。"[1]

第二，在满足作品条件的情况下，应给予著作权法的保护，促进具有更高文学价值、艺术价值、科学价值的作品的发展。

第三，依据《伯尔尼公约》，"文学艺术作品"一词包括科学和文学艺术领域内的一切作品，不论其表现方式或形式如何。[2]

3. 笔者观点

笔者赞同"作品名称可以成为著作权客体"的观点。

第一，持反对观点学者主张作品名称不能独立于作品受著作权法保护的原因之一，是默认作品名称不存在满足作品条件的可能性，就如同他们认为因满足独创性要求较困难而不应将作品名称纳入著作权保护一样，陷入了循环命题，在逻辑上难以自圆其说。

第二，持反对观点学者主张将作品名称应用于商业领域的行为不属著作权权利内容，笔者对此持不同意见：

其一，著作权的内容分为财产性权利和人身权利。就财产性权利来说，商业领域应用作品名称所产生的收益是作者智力劳动带来的，因此，作者应具有获得相应收益的权利；就人身权利来说，同类作品或商品上使用同一作品名称很容易引起公众误解，误认冒用作品或商品即为原作品，此与保护作品完整权或修改权的精神相同。

其二，在作品名称满足作品全部条件时应将作品名称视为作品予以保护。正因为作品名称满足全部作品条件存在一定困难，满足作品条件的作品名称极少，故不会对文化的传播与发展造成阻碍，反而可以促进更高价值的作品得以发展。

其三，可以通过制度的构建，对满足不同条件的作品名称给予不同程度的

---

〔1〕 参见任自力、曹文泽编著：《著作权法：原理·规则·案例》，清华大学出版社2006年版，第52页。

〔2〕《伯尔尼公约》第2条。

保护，设定合理的条件和范围。此外，著作权法本身存在的权利限制亦会阻止权利过大，不会对公共利益造成不利影响。

其四，我国现有法律对作品名称的保护不够完善。尽管反不正当竞争法可以保护有一定影响的商品的特有名称，但被保护对象还需为经营者且要求存在竞争关系，体现反不正当竞争法所保护的法益涉及的社会正当的经济秩序，故保护的范围较窄。虽然《最高人民法院关于审理商标授权确权行政案件若干问题的规定》（以下简称《授权确权规定》）出台后，商标法保护知名作品名称的在先权利，但其所保护的范围也限于利用知名作品名称抢注商标等相关行为，保护范围比较单一。根据笔者的理解，《反不正当竞争法》和《商标法》所保护的作品名称为知名的作品名称，更多保护的是知名作品名称的商业价值，而不论作品名称是否满足独创性的要求或作品各项条件。当面对非知名的且满足作品条件的作品名称进行上述利用时，或对知名且满足作品条件的作品名称进行其他商业利用的情况发生时，上述制度便无能为力。故笔者认为完善著作权法保护作品名称的情形尚存在很大空间。

第三，作品名称商业利用可以通过不同权利予以保护，各部门法各司其职，划分界限，给予不同程度的保护。商品化权可以保护知名作品名称，著作权法保护符合作品条件的作品名称，反不正当竞争法保护市场经济秩序下经营者拥有的有一定影响的商品的特有名称。

当然，笔者也赞同作品名称著作权的保护应为有条件的，而非全面的，否则过度的著作权保护会引起对文字及其组合的过分独占和垄断，阻碍创作和文化发展，背离著作权法鼓励创作的宗旨。

三、作品名称的可著作权性的要件

若可以对作品名称进行著作权保护，作品名称须满足著作权法的各项条件。著作权法中的作品需满足独创性、具有一定的客观表达形式、可复制性的条件要求。[1]

---

〔1〕《著作权法实施条例》第 2 条规定："著作权法所称作品，是指文学、艺术和科学领域内具有独创性并能以某种有形形式复制的智力成果。"

（一）独创性

独创性为作品构成要件之一，世界各国的独创性标准有所不同，我国尚未对独创性的含义作出明确定义。吴汉东教授认为："独创性是指作品是独立构思而成的，作品不是或基本不是与他人已发表的作品相同，即作品不是抄袭、剽窃或篡改他人的作品。"[1]作为作品名称的劳动成果一方面需符合"独立创作"的要求，另一方面需"具有最低限度创造性"。[2]冯晓青教授等认为："独创性首先意味着'独立创作'，同时还意味着具有某种'创造性'，并体现了作者的个性特征。"[3]由此可知，虽然理论界对独创性的界定不一，但均围绕独创性的两方面内容：一是指作者独立完成作品，即作者应该独立地完成智力劳动活动的全部过程；二是指需符合创造性方面的要求，学者们的不同观点主要表现在对创造高度的认定持有不同见解。

独创性中的"独立完成"要求作者进行智力创造活动的过程是独立的过程，不可以抄袭或剽窃他人的作品。

对于"创造性"的问题，"最低限度创造性"来源于英美法系著作权法。英美法系的版权体系奉行著作权"个人财产论"，认为著作权主要在于其商业价值，是一种个人财产，作者创作的文学、艺术和科学作品与有形的财产在实质上没有区别，著作权保护旨在激励人们对文化产品的生产进行投资，达到促进新作品产生和传播的目的。故英美法系著作权法对创造性程度要求较低。1991年 Feist Publications, Inc. 诉 Rural Telephone Service Co. 案[4]推翻了"额头上的汗水"的判断标准，提高了创造性程度的要求，明确了仅以劳动的投入评判构成独创性是不合理的。该案是美国著作权法上的一个重要转折，缩小了其与大陆法系独创性判断标准的区别。相较于英美法系的创造性判断标准，大陆法系对创造性的程度要求较高。"作者的个性特征"的创造性标准来源于大陆法系。大陆法系更强调作者人格与作品的联系，强调作者精神权利的重要地位。创造性的标准是著作权法立法精神的表现，著作权提倡并鼓励创造性劳动，鼓

---

〔1〕　吴汉东主编：《知识产权法》，法律出版社 2009 年，第 47 页。

〔2〕　参见王迁：《知识产权法教程》，中国人民大学出版社 2007 年版，第 46 页。

〔3〕　冯晓青、冯晔："试论著作权法中作品独创性的界定"，载《华东政法学院学报》1999 年第 5 期，第 36 页。

〔4〕　Feist Publications, Inc. v. Rural Telephone Service Co. , Inc. 113 L. Ed. 2d 358.

励智力创造活动，设定一定的创造性标准符合著作权法的精神，有助于文化的发展。

综上所述，"独立创作""最低限度的创造性""表现作者个性和思想"均为判断作品独创性的重要因素。判断作品名称是否满足独创性要求，文字或词语组合产生的创造性效果和作品名称表现的作者个性和思想应为主要的考量因素。若作品名称为作者独立创作，且满足一定的创作高度，则其符合独创性的要求，作品名称应为著作权保护的范围。当然，过度保护作品名称容易引起个人侵占通用的语言用法和表达方式，故判定作品名称的独创性应采用更加严格的要求和严谨的态度。具体言之，应考虑以下因素：

1. 作品名称长度的影响

判断作品名称是否满足独创性的要求，主要需判断作品名称是否满足了创作性的要求。在俞华诉北京古桥电器公司侵犯著作权纠纷案[1]中，俞华就广告词"横跨冬夏、直抵春秋"的著作权起诉至法院，最终得到了北京市第一中级人民法院的支持。该案的结果说明尽管文字字数少，但也可能符合独创性的要求，受著作权法保护。

不可否认的是，表达量的多少与能否满足独创性是密切相关的。表达量越多，其满足创作性的可能性便越大，短短两三个字几乎不可能满足独创性的要求。单独的字、词均属于通用词语等公有领域的元素，故两三个字的简单组合很难满足具有独创性的表达。另一方面，表达量小的作品名称说明其表达的信息也非常有限，很难表达作者思想。例如，歌曲《我和你》的作品名称"我和你"，属于日常常用语言，即使作词者可能在创作作品名称时绞尽脑汁思考，该名称也无法满足最低限度的创作性要求，不应予以著作权保护。

2. 与公有领域的关系

公有领域有广义和狭义两种解释，狭义的公有领域是指，著作权所保护的作品超过著作权保护期限后进入公有领域；广义的公有领域是指公有领域基本上指不受知识产权保护或者知识产权效力所不及的材料方面。[2]在我国，公有领域通常指广义的解释。该种解释实际划分了公有领域的智慧成果与知识产权保护的智慧成果。具体说来，公有领域包括文字、公式、通用数表、历法、已

---

〔1〕　俞华诉北京古桥电器公司侵犯著作权纠纷案，北京市第一中级人民法院（1996）一中知终字第 114 号民事判决书。

〔2〕　参见胡开忠："知识产权法中公有领域的保护"，载《法学》2008 年第 8 期，第 64 页。

超越著作权保护期限的作品等。古代人物、古代文学作品及相关人物亦为公有领域的范畴。我国立法尚无公有领域的界定，但司法实践早已采用"公有领域"排除认定著作权保护的问题。如 2013 年最高人民法院发布的指导案例张晓燕诉雷献和、赵琪、山东爱书人音像图书有限公司著作权侵权纠纷案，最高人民法院明确指出："创意、素材或公有领域的信息、创作形式、必要场景或表达唯一或有限则被排除在著作权法的保护范围之外。"[1]

冯晓青教授指出："在独创性作品中，一般而言，包含了作者直接或间接从公有领域吸收的素材，也或多或少地包含了作者本人充分发挥自己的灵感和聪明才智而产生的'真正'的原创成果。"[2]具有独创性的作品中包含来自于公有领域的元素，亦包含作者的智力创造成果。故明确地划分作品和公有领域的界限需要凭借独创性的判断，公有领域中的智慧成果与作品实为一对相对的概念。

因作品名称短小的特点，其通常由公有领域的元素文字的组合与作者的智慧凝结而成，作品名称与公有领域的划分便成为一个重要的考虑因素。将公有领域的元素进行简单增、删或组合很难符合作品独创性的要求，如前文提及的"我和你"。

已进入公有领域的文言、诗词不能构成著作权保护的作品。例如，在孙明会与山东省邹城市人民政府著作权权属、侵权纠纷案[3]中，歌词"东方君子国、邹鲁圣贤乡"是否具有独创性即为该案的争议焦点。《说文解字》《尔雅·释鸟》《堪隐斋随笔》均记载了上述表述。孙明会仅将前人作品的句子进行了简单删减和组合，而得到"东方君子国、邹鲁圣贤乡"。最高人民法院认为，古代文学作品中的表达，均属于著作权法意义上的公有领域的组成部分，可以作为创作的素材或基础，不能被任何人独占。

在马明博、肖瑶诉光明日报出版社、北京凤凰联动文化传媒有限公司、中央电视台著作权权属、侵权纠纷案中，法院最终以"舌尖上的中国"不符合作

---

〔1〕　张晓燕诉雷献和、赵琪、山东爱书人音像图书有限公司著作权侵权纠纷案，最高人民法院（2013）民申字第 1049 号民事判决书。

〔2〕　冯晓青："著作权法中的独创性原则及其与公有领域的关系"，载 http://www.fengxiaoqingip.com/lunwen/20121112/8958.html，最后访问日期：2018 年 12 月 30 日。

〔3〕　孙明会与山东省邹城市人民政府著作权权属、侵权纠纷申诉、申请民事裁定书，最高人民法院（2016）最高法民申 1672 号民事裁定书。

品的构成要件为由驳回了原告的诉讼请求。法院认为，"舌尖上的中国"系两个通用名词的简单组合，且长度较短，不符合独创性的要求，亦不能表达作者的思想内涵和研究成果，不是作者思想的独特表现。[1]

3. 非为公众惯常用法

若对采用公众惯常手法表达的作品名称给予著作权保护，无疑会扩张著作权保护范围，阻碍公共文化的传播。公众惯常用法指表达方式已为公众习惯使用，故已不存在创新性。作品名称本身长度较短，若公众惯常的表达方式亦被认定为具有独创性，会导致作品范围不合理地扩张。在叶宗轼与浙江冠素堂食品有限公司著作权纠纷案中，在作者创作《观音饼来历》前，已经普遍存在"观音土""观音粉""观音糕""观音卷""观音酥""观音茶"等表达方式，故其不应受著作权保护。

在作品名称长度达到一定标准，且不与公有领域重合、非为公众惯常用法的前提下，再判断其是否有符合独创性的可能。作品名称须符合一定的创造高度，再根据其表达形式及是否可以独立于作品表达思想进行划分，给予作品名称不同程度的著作权保护。

（二）表达

著作权保护的作品须具有一定的表达方式且能表达作者的思想。著作权公认的理论之一是，著作权保护作者思想的表达，而不是思想本身。有关国际公约也作出了相关规定，如《与贸易有关的知识产权协议》第 9 条第 2 款规定："版权的保护应及于表达，而不及于构思、程序、操作方法或者数学概念本身。"我国现行《著作权法》及相关法律虽然没有对此进行规定，但 2014 年 6 月《著作权法（修订草案送审稿）》第 9 条规定："著作权保护延及表达，不延及思想、过程、原理、数学概念、操作方法等。"相同的思想可以有多种不同的表达形式，不同的表达形式均可以成为著作权保护的范围。另外，只停留在创作阶段的思想，没有载体向外表达便使其失去了作品的价值，无法被他人传播、利用、分享，不能受著作权法保护。

如笔者在上文中提到的，表达量的多少可以影响其是否满足作品独创性要求，亦会影响其是否可以表达作者思想的要求。在傲胜国际诉商标评审委员会

---

〔1〕 马明博、肖瑶诉光明日报出版社、北京凤凰联动文化传媒有限公司、中央电视台著作权权属、侵权纠纷案，北京市东城区人民法院（2012）东民初字第 09636 号民事判决书。

商标异议复审行政纠纷案[1]中，被异议商标为 OSIM 字母组合，异议理由之一为侵犯在先权利，北京市第一中级人民法院以其既不表达何种思想，也缺乏独创性，认定其不存在在先权利，不构成著作权保护的作品。

如前文中所提及的，作品名称所表达的思想无法脱离作品本身，作品名称的创作亦围绕着作品本身的内容和思想。作品名称必须从属于作品，才能得到保护。笔者看来，前者的观点过于武断，不同情况下作品名称和作品的关联性的紧密程度也有所不同。举例来说，金庸的小说作品《天龙八部》内容并不涉及天龙八部，作品名称与人物、情节、主要地点均无直接联系，作品主要任务亦非为八个人，其仅凭借"天龙八部"形容小说中人物形形色色，各具特色。依据百度百科的解释，"天龙八部"都是"非人"，包括八种神道怪物，因为"天众"及"龙众"最为重要，所以称为'天龙八部'"。[2]"天龙八部"作为作品名称更多的是因为作者选择的象征手法，而非来源于作品本身，故"天龙八部"单独使用时也可以脱离作品本身表达词语本身的含义。若"天龙八部"一词是作者独创，则其已经可以单独表达思想和含义，可以成为著作权的客体。但由于"天龙八部"一词出自佛经，属于公有领域元素，故不能对其主张独创性。

笔者认为，作品名称与作品本身的关系并不是完全不可分离，亦不是完全依赖的关系。在作品名称脱离作品可以完整表达其内涵与思想时，其获得著作权保护是合理的。

尽管作品名称符合独创性要求，但其只有依赖于作品本身才能表达思想和内涵时，不将其作为独立作品予以保护，而通过作品本身、对其进行相对的保护，完善立法，禁止他人在同类作品上使用该作品名称。保护具有独创性的作品名称与著作权法中保护作品完整权的理念相同。

（三）可复制性

作品应能够以一定的客观形式表现出来为他人感知，并且可以通过有形形式复制，方能得到传播，从而实现其自己的价值。作品的可复制性使得作品可以通过载体得到更多途径和高效的传播，使得作品的功能实现，促进文化的发

---

[1]　傲胜国际诉商标评审委员会商标异议复审行政纠纷案，北京市第一中级人民法院（2012）一中知行初字第 1261 号民事判决书。

[2]　周宗廉、周宗新、李华玲：《中国民间的神》，湖南文艺出版社 1992 年版，第 310 页。

展，并且可以鼓励好的作品的流通。

作品名称为文字智力成果，可以通过有形形式进行复制，符合可复制性的要求，故对此暂不赘述。

四、作品名称的著作权保护的现状

（一）立法

我国《著作权法》尚未明确规定作品名称是否可以获得著作权法保护。国家版权局办公室于 1996 年对某地方版权局关于作品名称是否受著作权保护作出了答复："我国著作权法没有明确规定，标题可否作为单独的作品受到著作权法的保护。鉴于国外的实践经验，如果只对具有独创性的标题给予著作权保护，在司法审判中就必须划定是否具有独创性的界限，这无疑会给司法审判工作带来很大困难。因此，我们认为，作品的标题宜由反不正当竞争法保护，而不宜由著作权法保护。这样，不管标题是否具有独创性，只要被他人用于商业目的，都有可能寻求法律援助。"[1]该文件表达的内容未体现强制性，行文中多采用建议口吻的词语如"认为""宜"，且为国家版权局内部的交流文件，具有特定的答复对象，故该答复不具有法律上的强制力。

《授权确权规定》第 19 条规定："当事人主张诉争商标损害其在先著作权的，人民法院应当依照著作权法等相关规定，对所主张的客体是否构成作品、当事人是否为著作权人或者其他有权主张著作权的利害关系人以及诉争商标是否构成对著作权的侵害等进行审查。商标标志构成受著作权法保护的作品的，当事人提供的涉及商标标志的设计底稿、原件、取得权利的合同、诉争商标申请日之前的著作权登记证书等，均可以作为证明著作权归属的初步证据。商标公告、商标注册证等可以作为确定商标申请人为有权主张商标标志著作权的利害关系人的初步证据。"该司法解释肯定了诉争商标损害在先著作权的可能，即肯定了长度较短的文字组合构成作品的可能性，为著作权法保护作品名称提供了一定的空间。

---

[1]　《国家版权局办公室关于作品标题是否受著作权保护的答复》（权办〔1996〕59 号）。

（二）司法实践中可以获得著作权法保护的情形

著作权法保护对象为作品，作品名称是作品的组成部分。作品著作权被侵害时，作品名称可以和作品一起获得著作权法保护，作品名称作为作品的一部分而共同享有著作权。例如作品名称被篡改时可以获得修改权或保护作品完整权的保护。

1. 未经许可更改作品名称

未经许可更改作品名称在著作权法中主要涉及保护作品完整权。修改权和保护作品完整权通常相伴而生，权利人主张其保护作品完整权被侵害的同时亦会主张修改权被侵害。在实践中，法院通常认为修改权的权能还包含禁止他人未经许可修改作品，可见保护作品完整权与修改权两项权利界限并非十分清晰。我国学理通说认为，修改权与保持作品完整权是一个权利的两个方面，修改权肯定了作者自己修改作品的权利，保持作品完整权则从反面禁止他人非法修改作品。[1]

实践中尚未严格区分保护作品完整权与修改权两项权利。在 2009 年青林海与洪福远侵犯著作权纠纷案中，二审法院认为未经允许修改作品名称不属于侵犯修改权的行为。[2]在 2005 年青岛澳柯玛影视有限公司诉青岛阳光海岸影视城有限公司等著作权侵权纠纷案中，作品名称"现代诱惑"被更换为"红蜘蛛Ⅲ-现代诱惑"，山东省青岛市中级人民法院认为，被告构成侵犯保护作品完整权。[3]司法实践中，法院关于未经作者许可更改作品名称是否侵犯修改权或保护作品完整权的认定暂未达成统一意见。但大多数案例表明，不论侵权人是否擅自修改作品内容，只要未经许可对作品名称进行了更改，即可认定侵犯了作者的著作权。

修改权和保护作品完整权均为著作权中的人身权，在我国不受期限限制。[4]

---

〔1〕　参见韦之：《著作权法原理》，北京大学出版社 1998 年版，第 61 页。

〔2〕　青林海与洪福远侵犯著作权纠纷案，北京市第二中级人民法院（2009）二中民终字第 3774 号民事判决书。

〔3〕　青岛澳柯玛影视有限公司诉青岛阳光海岸影视城有限公司等著作权侵权纠纷案，山东省青岛市中级人民法院（2005）青民三初字第 975 号民事判决书。相似案例可参照最高人民法院公报案例 2012 年中国科学院海洋研究所、郑守仪诉刘俊谦、莱州市万利达石业有限公司、烟台环境艺术管理办公室侵犯著作权纠纷案。

〔4〕　《著作权法》第 20 条规定："作者的署名权、修改权、保护作品完整权的保护期不受限制。"

作者的人身权即精神权利获得的保护力度大于作者的财产权利。笔者认为，作品名称作为作品的重要部分，更能表达作者的个性和人格，保护作品名称在作品中不受任意更改是对作者人格和思想的尊重，理应较著作财产权得到更大力度的法律支持。

2. 其他保护作品名称的情形

根据我国著作权法，他人在使用著作权人作品时，应注明作品名称。[1] 司法实践中，与此相关的正当的诉讼请求可以获得法院的支持。作品名称作为作品的一部分，在作品整体受到侵害时，也可以因作品本身间接得到著作权保护。作品名称作为作品的一部分因作品的著作权获得著作权保护是一种更为广义的对著作权保护作品名称的理解。

（三） 司法实践中尚未获得著作权法保护的情形

目前中国的司法实践中，作品名称单独被利用而损害作者利益的情形中，暂无成功以作品名称单独获得著作权保护的案例。综合已发生的案例可知，著作权法尚未对单独利用作品名称的情形给予完全的否定，且存在对其进行保护的空间。笔者将对下述几种典型的情形进行探讨。

1. 在同类作品上盗用作品名称

擅自使用作者的作品名称时，可能会引起公众的误解，即认为盗用者的作品为原作品，作品的知名度越高，误解发生的概率越大。单独利用作品名称的行为其实未对作品内容本身进行修改，而是通过冒用的行为让人产生了误解，较难适用保护作品完整权或修改权予以保护。

在叶宗轼与浙江冠素堂食品有限公司的著作权纠纷案中，争议焦点之一为叶宗轼是否对涉案作品及作品名称中的"观音饼"享有著作权。值得注意的是，一审法院认为作者不能享有两个著作权，其对作品名称单独获著作权保护持完全否定的态度。二审法院则主要从"观音饼"是否满足著作权法上的独创性论述叶宗轼对"观音饼"是否享有著作权。二审法院对作品名称获得著作权保护持非完全否认的态度。

在满足一定条件的情况下，有一定影响作品的特有名称可以通过反不正当竞争法获得法律保护。例如，四川广播电视台与北京万合天宜影视文化有限公司

---

〔1〕《著作权法实施条例》第 19 条规定："使用他人作品的，应当指明作者姓名、作品名称；但是，当事人另有约定或者由于作品使用方式的特性无法指明的除外。"

等不正当竞争纠纷上诉案中，网络剧名称"万万没想到"被用为节目名称，原告最终获得了法院支持。[1] 尽管作品名称被他人盗用于同类作品的情形可以获得反不正当竞争法的保护，但该种保护须满足一定条件。首先，反不正当竞争法所保护的法益为公正的市场交易秩序及经营者的合法权益，故当事人双方须为经营者；其次，作品名称须为有一定影响商品的名称，商品的销售时间、销售区域、销售额和销售对象，进行宣传的持续时间、程度和地域范围，作为有一定影响商品受保护的情况等因素，综合判断其是否为知名商品；[2] 再次，作品名称须为有一定影响商品的特有名称；最后，侵权人擅自利用作品名称，造成了混淆和消费者的误认。[3]

根据上述案件，反不正当竞争法中对其所保护的特有名称的显著性要求并不等同于著作权法中对其所保护的作品的独创性要求，特有名称的显著性判断无须达到著作权法中的独创性标准。反不正当竞争法所保护的范围与著作权法可以保护的范围为交叉关系，而作品的权利人大多数情况不属于经营者范围，故仅凭反不正当竞争法保护盗用作品名称的行为，将必然导致无法覆盖大部分情形。反不正当竞争法调节实质上违反诚实信用原则，损人利己、搭便车等具有可责性的行为。作品名称通过著作权法给予更为明确和精准的保护才为最优的选择。反不正当竞争法仅应对知识产权发挥兜底保护的作用。

2. 将作品名称恶意抢注商标

商标的主要功能在于标识商品或服务的来源，作者可以将作品名称注册为商标获得市场优势地位和交易机会。商标本身可以降低商业标志的混淆误认，但他人将作品名称恶意抢注商标便会造成混淆，抢占作者本应享有的优势资源和机会。近年来，热门作品名称抢注注册商标的情形越来越多，"花千骨""权力的游戏"等知名剧作名称纷纷遭遇抢注商标的问题。在审查注册商标的过程中，只有注册商标损害他人现有的在先权利时[4]，才会阻止恶意的抢注行为，这便又回到了作品名称是否受著作权保护或其他权利保护的问题。

赵继康诉曲靖卷烟厂著作权侵权、不正当竞争纠纷案即为利用知名作品的

---

〔1〕 四川广播电视台与北京万合天宜影视文化有限公司等不正当竞争纠纷上诉案，北京知识产权法院（2015）京知民终字第 2004 号民事判决书。

〔2〕 参见《最高人民法院关于审理不正当竞争民事案件应用法律若干问题的解释》第 1 条。

〔3〕 2017 年《反不正当竞争法》修订前，适用的标准是"知名商品的特有名称"。

〔4〕 参见《商标法》第 32 条。

作品名称抢注商标的搭便车的情形。涉案注册商标为电影文学剧本名称"五朵金花"，云南省高级人民法院最终未支持原告的诉求，其认为基于同一部作品，相同的作者不能享有两个或两个以上的著作权，不能适用著作权法调整，否则将会妨碍社会公共利益。[1]另外，本案能反映前文述及的反不正当竞争法保护作品名称的局限性。本案原告非为市场经营主体，其与被告非为经营者之间的竞争关系，因此无法获得反不正当竞争法的保护。相似的案例还有 2007 年"美在花城"案[2]。该案中，广东省高级人民法院认为作品名称不能作为一个独立的作品来主张著作权。

在 2015 年梦工厂动画影片公司（以下简称"梦工厂公司"）等诉中华人民共和国国家工商行政管理总局商标评审委员会公司因商标异议复审行政纠纷案中，梦工厂公司认为被异议商标"功夫熊猫 KUNGFUPANDA"侵犯其"功夫熊猫 KUNGFUPANDA"电影相关的在先商品化权，在商标异议及异议复审程序中均被驳回，最终获得北京市高级人民法院的支持，撤销相关异议复审裁定。

本案在司法实践中为承认商品化权保护作品名称的首例，在该案审理过程中，我国尚不存在商品化权的立法规定。法院在审理过程中考虑了诸多因素：首先，"功夫熊猫 KUNGFUPANDA"作为梦工场公司知名影片及其中人物形象的名称已为相关公众所了解，具有较高知名度；其次，原告的智力劳动成果创造了该成功的作品，并获得了商业机会；最后，电影的成功使电影相关公众将其对于作品的认知与情感投射于电影名称或电影人物名称之上，并对与其结合的商品或服务产生移情作用，使权利人据此获得电影发行以外的商业价值与交易机会。[3]

《授权确权规定》第 22 条规定，当事人主张诉争商标损害角色形象著作权的，人民法院按照本规定第 19 条进行审查。对于著作权保护期限内的作品，如果作品名称、作品中的角色名称等具有较高知名度，将其作为商标使用在相关商品上容易导致相关公众误认为其经过权利人的许可或者与权利人存在特定联

---

[1]　赵继康诉曲靖卷烟厂著作权侵权、不正当竞争纠纷案，云南省高级人民法院（2003）云高民三终字第 16 号民事判决书。

[2]　华佛尘与广州市电视台著作权权属纠纷上诉案，广东省高级人民法院（2007）粤高法民三终字第 76 号民事判决书。

[3]　梦工厂动画影片公司等诉中华人民共和国国家工商行政管理总局商标评审委员会公司因商标异议复审行政纠纷案，北京市高级人民法院（2015）高行（知）终字第 1973 号民事判决书。

系，当事人以此主张构成在先权益的，人民法院予以支持。其第19条则规定，当事人主张诉争商标损害其在先著作权的，人民法院应当依照著作权法等相关规定，对所主张的客体是否构成作品、当事人是否为著作权人或者其他有权主张著作权的利害关系人以及诉争商标是否构成对著作权的侵害等进行审查。商标标志构成受著作权法保护的作品的，当事人提供的涉及商标标志的设计底稿、原件、取得权利的合同、诉争商标申请日之前的著作权登记证书等，均可以作为证明著作权归属的初步证据。商标公告、商标注册证等可以作为确定商标申请人为有权主张商标标志著作权的利害关系人的初步证据。

《授权确权规定》第22条规定的具有较高知名度的作品名称或角色名称的在先权利实质为商品化权制度首次确立，较高知名度的标准为商品化权保护对象的特征描述而非著作权保护对象的特征描述。其次，其第19条及第22条第1款的规定使作品名称及作品中的角色作为受著作权保护的作品成为可能。笔者理解，自该司法解释实施之日起，作品名称在满足作品各项条件时，在司法实践中援引在先权利对其进行保护更成为可能。

商品化权保护模式看重作品名称的知名度，而不论其独创性，故具有独创性而暂时不具有知名度的作品名称很难得到保护，且作品传播和成功可能会在其抢注商标后实现，作品名称获得了知名度，却已无法通过商品化权获得保护。即使作者可以通过申请注册防御商标的方式维权，也会存在因未实际使用商标而被迫丧失相关权利的风险。

3. 其他对作品名称的商业化利用

在其他对作品名称进行商业化利用的情形中，如将作品名称印制在其他商品的外包装等情形，均尚无著作权保护的司法案例。

综上所述，反不正当竞争法、商标法等保护作品名称均存在一定的局限性，且保护范围不能全面覆盖满足条件的作品名称。如同作品中的角色、人物，作品名称极易进行商业化利用，作品名称较作品其他组成部分来说具有更大的潜在开发价值。著作权法鼓励智力创作，且保护智慧结晶的智力劳动者获取相关受益的权利，作品名称被他人进行商业化利用从而损害作者本应享有的利益时，著作权法对此不予以表达任何立场或干预会与著作权法的精神背道而驰。

五、作品名称著作权保护重构

（一）著作权保护作品名称的不同方式

1. 作品名称作为作品的组成部分受著作权保护

鉴于司法实践中法院并未将修改权及保护作品完整权作出区分，且最新《著作权法（修订草案送审稿）》已将修改权删除，将"允许他人修改作品"的权利内容合并到保护作品完整权，故本文也不对此进行区分。实践中，是否构成侵犯保护作品完整权存在两种判断方式：其一，存在未经许可修改作品的行为即可构成侵犯保护作品完整权；其二，未经许可的修改行为须损害了作者的名誉方可构成侵犯保护作品完整权。笔者赞同按照第一种标准保护作品名称。[1]保护作品完整权是作者的人身权利，应以作者的主观标准进行判断，在未经作者许可修改作品名称时，作者想通过作品名称传达的内涵与思想已被破坏，作品名称承载的较强的传播功能也因此丧失了意义。

此外，作品名称因作品的著作权而间接受到著作权法保护的其他情形，在著作权的各项权利内容中均有所表现。

2. 作品名称作为作品受著作权保护

该种方式是指作品名称符合著作权法规定的作品的各项构成要件时，可以作为作品获得著作权法保护。如上文所述，作品名称虽简短，但存在满足作品各项条件的可能性。作品名称与作品并非是完全不能分离的。就文学作品来说，作品名称与其他作品的组成部分（如任何句子、段落）存在很大的不同，作品名称在脱离作品使用和传播时，可以独立表达名称的含义及作者通过作品名称希望表达的思想。作品名称满足各项条件的困难之处使得确立作品名称受著作权独立保护是合理的、可操作的，因而可以使其受著作权法的调整。

---

[1] 李扬、许清："侵害保护作品完整权的判断标准——兼评我国《著作权法（修订草案送审稿）》第 13 条第 2 款第 3 项"，载《法律科学（西北政法大学学报）》2015 年第 1 期，第 128 ~ 129 页。

（二）完善作品名称著作权保护的建议

1. 完善并明确保护作品完整权的保护范围

在我国，未经权利人许可擅自更改作品名称的行为尚未在立法和司法中得到明确。笔者认为，将作品名称通过保护作品完整权进行保护与我国现行法律框架相吻合。确立该制度可以通过立法机关的立法和司法机关的指导案例两种途径实现，在现行的著作权法体系中，通过司法解释立法或指导案例的司法形式确立该制度更为恰当。一方面，出台新的司法解释较修订法律来说花费的时间成本更少，有助于法律的稳定性；另一方面，保护作品完整权已在法律体系中有了明确的规定，而司法者也已经习惯采取保护作品完整权调整擅自更改作品名称的行为。

当作品名称具有独创性，而脱离作品本身作品名称无法单独表达作者思想时，或者作者在创作作品名称时完全围绕作品内容创作，作品名称的文字含义脱离作品无法明确表达其内涵时，作品名称并不能独立地作为著作权法中的作品获得保护。但因作品名称符合独创性的要求，很容易为公众留下深刻印象，这时如果他人擅自使用作品名称进行再次创作，很容易使公众认为再次创作的作品为原作者的新作或原作品本身，从而产生混淆，原作品的影响力和关注度便分散给了他人的新作品，并且存在误导公众认为该新作品即为原作的可能性。笔者认为，在前述情况下对作品名称的保护符合著作权法中保护作品完整权的立法意图，可以通过建立标准及条件将其纳入保护作品完整权的范畴。

2. 确立作品名称的著作权客体地位

当作品名称可以脱离作品本身独立表达思想和内涵，且符合独创性要求时，作品名称成为著作权客体并不存在障碍。一方面，我国著作权法对符合作品条件的简短语句已进行著作权的保护，若对作品名称采取完全排除的态度，将难以在逻辑上自圆其说。笔者认为作品本身的著作权并不会对作品名称成为另一件作品造成障碍。首先，作品和作品名称的权利人为同一著作权人，在实践中不会引起交叉保护权利的矛盾；其次，为保护原作品的传播，作品名称的著作权法保护应设定具体的权利内容，即以列举示方式主要排除作品名称被他人进行商业化利用，而非具有著作权法下全部的权能。

有学者主张作品名称为著作权客体的依据为著作权法规定的"法律、行政法规规定的其他作品"[1]，笔者赞同此观点。若将作品名称纳入文字作品的范畴，则其各项规则将适用文字作品的规范及制度，会产生一定的矛盾。作品名称的形式载体使其与原作品产生了特殊的关系。将作品名称解释为其他作品，便可以方便解释其具体的权利内容及各项限制条件。因作品名称的特殊性，笔者认为仅通过指导案例的指引作用，保护作品名称著作权并不能明确各项条件和限制，而以法律条文的形式更有助于划定作品名称的著作权保护界限。

具体来说，作为作品获得著作权保护的作品名称应满足下述条件：

第一，作品名称的创作应为作者独立完成，不存在抄袭或剽窃。

第二，作品名称须达到一定的创造性高度，在文字、词语组合的基础上结合着作者的智慧，具有较高的区分性和一定长度，并排除下述情况：作品名称非为公有领域的智慧成果或公有领域元素的简单组合；作品名称非为公众惯常用法的表达方式。

第三，作品名称可以单独表达作者个性和思想，可以分离于作品表达其思想与内涵。

3. 确立保护作品名称的限制

对保护作品名称进行适当的限制，有利于实现公共利益与作者之间的利益平衡。赋予作者权利的同时意味着同时要求公众承担不侵犯作者该部分权利的义务。过度的著作权保护会引起对文字及其组合的过分独占和垄断，造成作者权利与公共利益的不平衡。对保护作品名称进行适当的限制，符合著作权法的立法宗旨。著作权法鼓励创作及其传播和发展。除作品名称需满足作品各项硬性标准外，立法中需明确不受著作权保护的范围，列举作品名称具体的合理使用范围、具体权利权能。

结　论

作品名称的著作权保护在我国仍处于发展阶段，立法和司法对于作品名称是否可以成为著作权客体尚未形成定论。本文对作品名称著作权保护现状的梳理和分析，对作品名称的可著作权性进行分析，对著作权保护作品名称的合理性和必要性进行了论述，并得出如下结论：

---

[1] 参见《著作权法》第 3 条。

第一，作品是著作权的客体，当作品本身受到不法侵害时，作品名称作为其组成部分可以获得著作权法的保护。如篡改作品名称的情形，权利人在司法实践中可以获得保护作品完整权的保护，将其纳入司法解释或指导案例更利于立法、司法统一。

第二，作品名称的特征和功能决定了其商业利用的价值，该等财产权利应属于作者。作品名称单独被侵害时，若作品名称符合作品的各项条件，则其可以获得著作权客体的地位。若作品名称符合独创性要求，但无法脱离作品独立表达内涵和思想，盗用作品名称的情形发生时，可以通过扩大解释保护作品完整权对作者进行保护。

第三，应设定更高的创造性标准判断作品名称独创性。法律应以列举方式规定作品名称的权利内容及其受保护的范围，设定合理使用制度等。

笔者相信，随着我国著作权法体系的不断健全和司法上的支持，作品名称会获得更公正和全面的权利保护。

建筑作品复制权保护研究

王玉倩

　　建筑的发展有着十分漫长的历史，最开始建筑的出现是为了满足人们生活、居住的基本要求。但随着经济的发展和人类文明的进步，人们开始追求建筑的审美价值，世界各地也陆续出现了经典的建筑作品。在这种趋势的推动下，建筑设计师们纷纷发挥艺术造诣，以期能创造出风格独特的建筑作品。然而，随之也出现了不少抄袭建筑作品的现象，如比照已建成的建筑建造外观相同的建筑物，"山寨白宫""山寨天安门"等就是这种情况。也有侵权人未经著作权人同意，直接按照其设计图纸建造建筑物。因此，建筑作品复制权的保护引起了人们的重视。从世界范围来看，建筑作品的著作权保护经历了较长的历史发展过程。20 世纪时，人们开始将法律作为保护建筑作品的手段。1908 年，《伯尔尼公约》首次将建筑作品作为著作权客体予以保护。意大利和英国针对建筑作品著作权的保护较早建立了比较完备的法律制度。美国的法律对建筑作品的保护与《伯尔尼公约》的规定十分贴近，并且符合其国内建筑行业的发展要求，其立法对别国有十分重要的借鉴价值。德国将建筑作品列为单独保护的一类客体，日本也采用了类似做法。我国经济发展起步较晚，对建筑作品著作权的保护也较滞后，因此《著作权法》针对建筑作品著作权保护的立法规定十分有限。且《著作权法》中的一般规定也不足以指导司法实践中建筑作品复制权侵权的案例审判。建筑作品在《著作权法》中是一类较特殊的作品，它不仅具有审美价值，也兼具实用性。因此与对其他客体的保护相比，对建筑作品的保护较为复杂，在立法、司法中存在的争议也较多。比如对建筑作品的范围的界定在世界各国就有不同的规定，学术界也没有统一定论。有些学者认为，建筑作品包括建筑物（构筑物）、建筑设计图、建筑模型；有些学者认为，建筑作品应限定为建筑物（构筑物），《伯尔尼公约》也反复对建筑作品的定义进行修改。又如学者对于未经著作权人同意比照其建筑设计图建造建筑物是否构成复制权侵权，也没有统一观点。这些问题对于保护建筑作品著作权人的复制权都至关重要，然而立法中的规定并不完善。本文针对建筑作品的范围界定、建筑作品复制权侵权判定标准、侵权方式等几点对建筑作品复制权保护十分重要但《著作权法》规定尚有不足的问题展开讨论，以期对立法、司法层面的完善提出一些建议。

我国《著作权法》对建筑作品复制权保护的规定十分有限，不足以指导司法实践，本文通过详细论证对立法以及司法层面的完善提出了建议。本文通过比较研究法列举各国对建筑作品的定义范围，并提出对我国《著作权法》中定义范围的修正。本文通过实证分析法分析我国现存在的典型案例，指出建筑作品复制权保护中存在的问题，并在最后给出了笔者的几点建议。

一、建筑作品复制权保护概论

（一）建筑作品的概念与特征

1. 建筑作品的概念

学术界对于建筑作品的定义一直存在不同表述。有学者认为，建筑作品是指由梁柱、门窗等结构组成的具有欣赏价值的用于日常生活、居住的空间。《中国大百科全书·建筑园林城市规划卷》给出的建筑作品的概念如下：以建筑物的建造为最终目的，经专业人员运用专业知识进行设计装饰，最终形成的具有审美意义的三维作品。[1]《中国美术大辞典》将建筑作品定义为："一种既具有实用性又体现艺术价值的物质产品，是设计师运用专业知识和艺术素养将建筑物的外观和整体布局与周边地理因素、文化因素协调起来设计出的产物。"[2]

笔者认为，从字面来看，可将建筑作品分为"建筑"和"作品"两部分来理解。"建筑"指建筑物和构筑物，是以居住为目的，运用当下的生产技术和审美理念而建造的场所。[3]而"作品"是因作者的智力创造而形成的具有文学、

---

〔1〕 王建贵："对《著作权法》中增设'建筑作品'著作权的理解"，载《中华建筑报》2008年3月4日第6版。

〔2〕 刘春田主编：《知识产权法》，中国人民大学出版社2000年版，第43页。

〔3〕 蒋拯："违法建筑处理制度研究"，西南政法大学2012年博士学位论文，第19~23页。

艺术或科学性质的用某种载体展现的一切智力成果。[1]再将两部分结合起来可知，建筑作品是指建筑物或者构筑物化的具有文学、艺术或科学性质的一切智力成果。从我国目前的法律规定来看，建筑作品的范围要窄很多。《著作权法实施条例》第 4 条第 9 项明文规定："建筑作品，是指以建筑物或者构筑物形式表现的有审美意义的作品。"根据字面理解的建筑作品的含义和《著作权法》中的定义看似一致，其实有很大不同。根据拆分得出的定义，建筑作品是指建筑物背后的抽象的智力成果，而《著作权法》中的建筑作品则只包括建筑物（构筑物）。由此我们可以得知《著作权法》对建筑作品定义的要点：建筑作品是满足一定审美要求的建筑物或构筑物实体本身，不包含与建筑物（构筑物）相关的如建筑设计图和建筑模型等作品。

2. 建筑作品的特征

建筑最早在原始社会以洞穴的形式出现，经过了漫长的历史发展，其有以下几点特征：

一是独创性。我国《著作权法实施条例》第 2 条规定："著作权法所称作品，是指文学、艺术和科学领域内具有独创性并能以某种有形形式复制的智力成果。"法律保护的作品必须具有独创性，这是世界各国对著作权保护的共识，建筑作品也不例外。

二是实用性。不管是原始社会的洞穴，还是现代社会中造型别致，富有美感的各式楼宇亭阁，建筑在其发展的各个阶段，都是以适合人们居住、工作、休息为前提而存在的。因此，建筑虽说是一种艺术，但是必须受实用性的限制，设计师需充分考虑建筑作品的功能性要求，而不是完全凭借自己的创作灵感随意发挥。

三是艺术性。随着人类文明的发展，人们对建筑不再满足于实用性，而是越来越多地赋予其艺术美感。于是，建筑设计师们开始发挥其丰富的想象力和创作灵感，世界各地也留下了许多经典的建筑，带给了人们艺术的享受。

四是科学性。不同于普通的艺术作品，建筑作品具有较高的科学性。建筑设计师在设计时不仅追求建筑的美感，也要满足建筑的结构要求，因此必须掌握足够的科学知识，比如对建筑外观和整体布局的把握、对建筑各构件的受力情况的计算、对地理环境的分析等。

---

[1]　杨延超："作品精神权利论"，西南政法大学 2006 年博士学位论文，第 66 页。

（二）建筑作品与相关概念的关系

1. 建筑作品与建筑物的本质区别

建筑是人们生活、居住的地方，随处可见，但不是所有建筑都受《著作权法》保护。《著作权法实施条例》第 4 条第 9 项对建筑作品的定义是："以建筑物或者构筑物形式表现的有审美意义的作品。"该定义里的"审美意义"是指其外观风格独特，具有较高的艺术美感和欣赏价值，在满足居住的同时带给人们美的享受。因此，建筑作品与其他普通建筑物的区别在于其具有艺术价值，那些千篇一律的火柴盒式的建筑不能被视为建筑作品。同时，《著作权法》只保护具有独创性的表达，而作品中应用的专业技术、行业标准、技术规范等均不是著作权保护的对象。若作品同时包含技术规范和具有审美价值的成分，则只有在两者能够分开的情况下，具有审美价值的成分才有被著作权保护的可能。

2. 建筑作品与美术作品辨析

美术作品是指绘画、书法、雕塑等以线条、色彩或者其他方式构成的有审美意义的平面或者立体的造型艺术作品。在我国早期立法中，建筑作品是作为美术作品被保护的，后来建筑作品的保护地位被提升，立法者将它从美术作品中抽出来，与美术作品并列规定在《著作权法》第 3 条第 4 款。之所以把建筑作品归入美术作品，是因为其与美术作品有相似性，都具有艺术的美感，有较高的欣赏价值。然而，建筑作品与美术作品有本质区别。建筑作品除需要体现艺术价值外，还需要满足供人们居住、生活的实用性要求。因此建筑具有美术作品不具有的科学性、规范性强、设计严谨的特点，必须严格遵守技术规范，是一门限制较多的艺术。

（三）建筑作品的范围

关于建筑作品的范围，学术界一直存在争议。一些学者认为，建筑作品只包含建筑物（构筑物），建筑设计图和建筑模型应归入其他类别的作品，因为只有建筑物（构筑物）才能直接反映建筑外观，而另外两者是建筑设计中不同的形态，不应一同保护。另一些学者认为，建筑设计图和建筑模型也应作为建筑作品，因为它们虽然形态不同，但都是智力成果的表现形式。世界各国的立法实践对于该问题也有不同的认识。世界知识产权组织做的专门解释中将建筑物本身、相关设计图及其他立体作品归入到了建筑作品的范围。[1]美国对建筑作品范围的定义经历了两个阶段，开始认为只包含立体结构，后来进一步将该范围扩大到建筑物、建筑方案和设计图。[2]加拿大相关法律规定建筑作品只包含建筑物和建筑模型。[3]我国对建筑作品的保护也经历了不同的发展阶段。在我国 1990 年的《著作权法》中，建筑作品是作为美术作品被保护的，直到 2001年，建筑作品才被分离出来单独作为一类作品，但是修改后的法律对建筑作品的范围并没有做出修正，仍仅限于建筑物（构筑物）本身。法律对与建筑物相关的设计图和模型虽然也有保护，但是将其归入了其他类别。人们对建筑作品的含义一直存在争论是因为对建筑作品的本质认识不清。《著作权法》保护的是智力成果，而作品载体是智力成果的表现形式。建筑作品之所以作为《著作权法》保护的客体，究其实质在于建筑作品是建筑设计师的智力成果的表现形式。也就是说《著作权法》所保护的实质是作者的建筑设计思想的表述，是智力成果，从这个意义上来说，建筑设计图、建筑模型与建筑物一样，都是同一智力成果的载体，只是外在表现形式不同而已。作者想表达的设计构思，不仅呈现在建筑物（构筑物）上，也呈现在建筑模型和建筑设计图上。我国《著作权法》将三种载体归入三种不同的作品类别，忽略了建筑模型和建筑设计图的本质，否认了两种建筑作品的性质，不利于对建筑作品著作权人的保护。另外，从复制权概念的角度分析，也应将建筑设计图和建筑模型归入建筑作品的范畴中。在我国现行法律中，建筑设计图、建筑模型与建筑物（构筑物）不在同一类别，按照这个分类进行分析，根据设计图和模型建造建筑物的过程就是形成新作品的过程，不能被认定为复制。然而，建筑设计图、建筑模型与建筑物（构筑物）三者受《著作权法》保护的本质都是建筑设计思想的表述，只是载体不同而已。根据设计图和模型建造建筑物就是对建筑设计思想的复制，且这一过程并未像作品演绎一样体现出任何创新，由不同的人建造出来的建筑物的外观不会有所不同，因此，这一过程无疑应被认定为复制。但这一结论与我国《著作权法》对建筑作品的限定范围是矛盾的。如果将建筑设计图和建筑模型都归入建筑作品的范围，则承认了它们是表达建筑设计思想的不同形式，与建筑

---

〔1〕 石亚西："建筑作品版权保护及其对我国建筑设计的影响"，载《工程建设与设计》2003 年第 10 期，第 25 页。

〔2〕 郑成思：《知识产权法》，法律出版社 2004 年版，第 335 页。

〔3〕 胡超："建筑作品定义之重构"，载《池州学院学报》2013 年第 4 期，第 47 页。

物间的相互转化成立复制，上述矛盾也就得到了解决。且将三者统一作为建筑作品保护也与《伯尔尼公约》的规定相一致。由以上分析可知：建筑作品的范围应包括建筑物（或构筑物）、建筑设计图和建筑模型。而我国在《著作权法》第三次修改草案中将建筑作品的范围修改为建筑物（构筑物）、建筑设计图、建筑模型，这一修改是对建筑作品保护的一大进步。本文的讨论也是基于这一观点。

（四）建筑作品著作权的保护

1. 建筑作品著作权保护的特征：以复制权为核心

作品的著作权包含多项权利，而复制权是其中十分重要的一项。我国《著作权法》第 10 条第 1 款第 5 项规定复制权是"以印刷、复印、录音、录像、翻录、翻拍等方式将作品制作成一份或多份的权利"。著作权自产生后，历经多次变革，但其每一次重大改变都与复制技术的进步息息相关，可以说著作权发展的历史很大程度上体现为复制权的发展历史。著作权制度最初随着可以制作复制件的印刷术、造纸术的发明和广泛使用而产生。早期人们传播和使用作品的常用途径是复制，因此，早期著作权保护制度设置的主要目的就是对复制权的保护。著作权法的英文翻译"copyright law"中"copy"一词的选用也说明了这点。随着著作权的发展，复制权始终处于核心地位，因为作品都具有可复制性，这一特点使最新的智力成果可以在公众中传播，也使作者利用作品获得了最大的利益。一般来说，若能最大限度地规范复制行为，就能有效地保障作者的经济利益。因此，有必要加强对著作权中复制权的保护。建筑作品作为《著作权法》保护的一类作品，对其复制权的保护也应给予足够的重视。复制权是建筑作品著作权人最常行使、也是最基本的财产权利，其存在使建筑设计能够在公众中广泛传播和使用。因此，在建筑作品著作权人的诸多权利中，其复制权最常被侵犯。建筑作品兼具实用性和艺术性，且通过建筑物（构筑物）、建筑模型和建筑设计图三种载体表现出来，前两者可以直接展示建筑外观，建筑设计图则间接表达了建筑设计构思。因此建筑作品的复制问题比较复杂。

2. 建筑作品复制权保护的意义

在建筑水平飞速提升的今天，世界各地的设计师们不断设计出具有美感的建筑。为了推动建筑行业继续向前发展，立法应加强对建筑作品著作权的保护。而复制权作为著作权的主要内容，对它的保护有非常积极的意义：

第一，对建筑作品复制权的完善保护可以激发建筑设计师的创作热情，推进建筑业的发展。一个国家对建筑作品著作权保护的重视程度以及相关立法是否完善直接关系到这个国家建筑行业的发展水平。如果法律建立了科学完善的建筑作品著作权保护制度，各种"山寨建筑"就会大大减少，并且建筑设计师对其设计的建筑享有的权利被明确设定，其就有足够的动力设计出优秀的作品。

第二，保护建筑作品复制权可以避免城市面貌趋同，从而形成鲜明的城市风格。建筑是展现地方特色的一种重要形式，融合了当地的风土人情，如北京四合院。但是，长期以来，各地在规划设计时不重视地方特色，建筑外观的抄袭现象经常出现，使建筑不再有地方的独特风格，每个城市的风格也越来越相似。加强建筑作品著作权的保护，能有效减少山寨建筑的出现，促使设计师设计出独特的符合地方个性的建筑，更好地满足人们对美的追求。

第三，保护建筑作品复制权可以充分保障业主和开发商的利益。风格独特的建筑是设计师精心设计的成果，若不能有效规范建筑作品的复制行为，则会出现大量抄袭现象。如果开发商投入大量金钱开发了具有特色的楼盘，却被侵权人抄袭并销售，会严重损害开发商和业主的利益。

二、建筑作品复制权侵权实证分析

《著作权法》赋予了建筑作品著作权人复制权，权利人有以印刷、复印、录音、录像、翻录、翻拍等方式将建筑作品制作成一份或多份的权利。现实生活中常出现著作权人的建筑作品被他人非法抄袭的情况，这导致权利人的应得利益受到损失。尤其是近年来一些经典建筑被越来越多的不法分子抄袭，出现了"山寨天安门""山寨白宫""山寨水立方"等"山寨建筑"，促使人们思考复制建筑作品对建筑行业及城市发展的危害以及对建筑作品著作权人复制权保护的必要性。然而，《著作权法》对建筑作品复制权的保护制度存在一些不足，这使得权利人的复制权还不能被完善地保护。笔者认为主要问题在于：

第一，我国立法对建筑作品的定义范围过窄。《著作权法》将建筑作品限定为建筑物（构筑物），然而很多国家都将建筑作品定义为建筑物（构筑物）、建筑设计图和建筑模型。我国对建筑作品的定义破坏了建筑作品三种载体的统一性，忽略了建筑作品的本质，不利于对建筑作品权利人的保护。

第二，未规定对建筑作品复制权的侵权形式。经后文讨论可知，在司法实践中，对建筑作品的复制侵权行为有从平面到平面、从平面到立体、从立体到平面、从立体到立体几种形式。如果将这几种侵权方式明确列入法条中，有利于建筑作品著作权人维权。

第三，人们对建筑作品复制权的保护不够重视。我们经常会在新闻中看到某地出现"山寨天安门""山寨水立方"等类似的报道，却很少见到有建筑设计师为自己的设计作品维权。这种对建筑作品复制权保护意识的淡薄，导致了建筑作品抄袭的现象越来越严重，设计师的创作热情也慢慢消退。

本章将具体分析几个建筑作品复制权的侵权案例，进一步讨论立法及司法实践中的不足。

（一）建筑物（构筑物）的复制权侵权现状

建筑物（构筑物）位于公共场合，公众很容易接触到，所以其相较于建筑设计图和建筑模型更容易被抄袭，故针对建筑物（构筑物）的侵权案件较多，常见的有：模仿原建筑物的外观建造相同或实质性相似的建筑物，如"山寨白宫""山寨天安门"等，下文中的保时捷公司诉泰赫雅特公司一案就是一个典型案例；以建筑物（构筑物）外观为原型制作商品出售，这种侵权行为更为常见，下文的"盛放鸟巢"烟花案就是这种情况。

在保时捷公司诉泰赫雅特公司案中，保时捷公司对赛普茨德公司的建筑设计享有著作权。然而，被告泰赫雅特公司在2005年末建造的"精装保时捷4s中心"与原告享有著作权的保时捷建筑外观十分相近。原告称泰赫雅特公司抄袭保时捷中心建筑外观的行为侵犯了其著作权，故诉至法院。被告泰赫雅特公司则辩称：保时捷中心的外观设计不具有独创性，其弧形外观、入口和上部的玻璃等都只是功能性设计，不能体现建筑设计的独特性。而办公区域外观为条状，是由压型钢板自身特点决定的。故原告建筑不是《著作权法》所保护的建筑作品。法院查明：1999年保时捷公司通过与荷兰赛普茨德公司签订合同取得其设计的建筑作品的著作权的所有财产权益。2006年11月20日，保时捷公司取得著作权登记证书，其证明了保时捷公司对赛普茨德公司的建筑作品享有著作权。登记材料记载了保时捷中心建筑外观设计的特点。

分析案情可知，双方争议焦点在于原告建筑是否有独创性以及被告是否抄袭了原告作品的独创性部分。泰赫雅特公司认为，保时捷中心的建筑外形的相关特征是为满足建筑的基本功能设计的，不具有独创性。同时其办公区域外部的带状设计也是由其建筑材料的自身性质决定的，不具有独创性。笔者认为，北京保时捷中心建筑外观呈圆弧形并由块状建筑材料和玻璃材质拼接而成，入口处和上部的玻璃又把建筑物分割为左右两部分，这些设计都体现了设计者的艺术造诣，具有独创性，应受到《著作权法》的保护。而泰赫雅特中心的外观设计包含北京保时捷中心建筑的主要特征，无疑与原告作品独创性部分实质性相似。此外，保时捷公司取得建筑作品著作权后及时去行政部门登记，对其著作权确权起到积极作用，这种做法值得提倡。

在"盛放鸟巢"烟花案中，熊猫公司模仿"鸟巢"的外观制作烟花产品获利。"鸟巢"的著作权人国家体育场有限责任公司将熊猫公司等单位告上法庭。原告认为，"盛放鸟巢"烟花模仿了"鸟巢"的艺术特征，剽窃了原告的创作智慧。被告辩称，"盛放鸟巢"烟花的制作是对"鸟巢"建筑的合理使用，不构成侵权。法院经调查认定：外观上，"盛放鸟巢"烟花包装纸的图案为类似鸟巢外观的线条组成的图案，横截面呈椭圆形，底部造型为环形跑道。

分析案情后可知，本案争议焦点在于"鸟巢"建筑是否是我国《著作权法》保护的对象以及被告的行为是否成立合理使用。建筑作品被《著作权法》保护应满足以下两点要求：第一，《著作权法》只保护建筑物的外观，其内部设计或是窗户、门等标准设计元素不受法律保护。某一建筑如果与原建筑外观相同或近似，即使内部设计或建筑材料等不同，也构成侵权。第二，该建筑物应当体现作者的独创性。《著作权法》保护的作品必须具有独创性，建筑作品也不例外。"鸟巢"建筑以钢架材料搭建成独特的造型，体现了设计师别具一格的创意，其外观当然具有独创性，应当受到《著作权法》保护。本案中被告的行为是否应被认定为合理使用可以通过推敲立法者立法意图加以分析。《著作权法》第 22 条第 1 款第 10 项规定，对设置或者陈列在室外公共场所的艺术作品进行临摹、绘画、摄影、录像属于合理使用。该条款的功能在于对著作权人权利进行合理限制，防止其对作品的完全垄断，使公众有机会使用最新的智力成果，平衡作者权益与社会公共利益。但是该条款并没有明确指出在合理使用制度中临摹、绘画、摄影、录像是否是为了营利。根据《伯尔尼公约》及《与贸易有关的知识产权协议》的规定，合理使用的构成要件为：第一，行为人的行为不影响权利人对作品的正常利用。第二，没有给权利人的合法权利造成损害。[1]由此可知，公众可以使用著作权人的作品，但前提是不能损害权利人的利益。如果行

---

〔1〕　张芳："论公共场所艺术作品合理使用标准"，载《惠州学院学报》2013 年第 5 期，第107~110 页。

为人以营利为目的使用权利人的作品，且不付给报酬，则会导致原作者失去因许可他人复制而获得的利益，不合理地侵害作者的合法权利，不符合对合理使用的限定条件，不应定性为合理使用，而应属于侵权行为。本案中，熊猫公司未经国家体育场有限责任公司许可，模仿"鸟巢"建筑外观制作烟花，使原告损失了本可因许可其使用而获得的利益，其辩称自己的行为成立合理使用的理由不成立。由本案可知，在司法实践中，对原建筑作品的独创性的判断标准十分关键，这是判断作品是否受保护的前提，然而立法中并没有明确标准。另外，被告在辩护时常会辩称自己的行为成立合理使用，因此法官对合理使用的认定也十分重要。

（二）建筑设计图复制权侵权现状

建筑设计图是否作为建筑作品保护，学术界有不同的观点，各国立法也各有不同。

有些国家立法将建筑设计图归入建筑作品的范围，如美国、保加利亚；有些国家将建筑设计图排除在建筑作品的范围之外，如英国、日本。我国在不同阶段对建筑作品的保护有不同规定。我国 1990 年《著作权法》没有对建筑作品予以保护，但其后的《著作权法实施条例》第 4 条对建筑的保护做出了规定，并将其列入美术作品的范畴，该条文中的建筑仅指建筑物（构筑物）。在 2001 年《著作权法》中，建筑作品被从美术作品中分离出来，与美术作品并列规定在同一款，建筑作品范围被限定为建筑物（构筑物），表明了我国对建筑作品重视程度的提高，是《著作权法》的一项进步。这部《著作权法》对建筑设计图和建筑模型也予以了保护，但这两者分别被归入了图形作品和模型作品。有些学者赞同这种定义方式，他们认为建筑物和建筑设计图必然是著作权法保护的客体，但是建筑物并不都是著作权法意义上的作品。[1]笔者认为，从建筑师设计图纸到按照图纸建造建筑物是一个完整的流程，将建筑设计图抽出来单独判断其性质得出的结论是片面的。建造建筑物总体来说分为两步：设计整体方案和绘制施工图。

在设计整体方案时，设计者对建筑的外观、整体布局、细节装饰等进行设计，并绘制施工基础计划图、建筑效果图、建筑整体图和结构图，所有这些图

---

〔1〕 李明德、许超：《著作权法》，法律出版社 2009 年版，第 39 页。

纸统称为建筑设计图。设计师在满足建筑实用性的基础上充分发挥艺术才能，赋予其审美价值。而建筑设计图通过设计师的绘画技能展示了建筑富有美感的外观设计，其线条、色彩的搭配组合在视觉上与美术作品十分相似，因此有观点认为可将建筑作品归入美术作品的范畴。笔者认为，应将建筑设计图归入建筑作品进行保护，原因有以下三点：第一，从绘制目的角度分析，绘制建筑设计图是为了从整体上展示建筑物的外观布局，给下一步的建造建筑物工作提供依据。虽然建筑设计图的视觉效果与美术作品类似，都是通过线条和色彩的组合展现出艺术美感，但其最终目的不是通过二维平面图纸给人们提供审美价值，而是建造具有实用性的建筑物。第二，从侵权角度分析，侵权人对美术作品著作权的侵权方式一般为未经许可以自己的名义发表作品。而针对建筑作品的侵权方式一般为未经许可将原作品中具有独创性的部分应用到自己的设计中或者直接按照他人的建筑设计图建造建筑物。第三，正如前文所述，《著作权法》保护的是建筑作品的本质，即建筑设计思想的表达，而建筑物（构筑物）、建筑设计图都是其表现形式，作者想表达的设计构思，不仅通过建筑物（构筑物）呈现，也呈现在建筑设计图上，因此，应将建筑设计图也归入建筑作品的类别。从以上三点分析可知，立法认定建筑设计图的性质时，应充分考虑到其与建筑物的关系以及建筑设计图的本质，把建筑设计图作为建筑作品进行保护，而不是只注重其表现出的视觉效果。

建筑施工图是设计师利用专业知识详细计算各项数据后为展示建筑物各部分具体结构而绘制的平面图、立面图等。建筑施工图的绘制具有很强的专业性，而且其绘制至关重要，因为施工人员只有根据该图纸才能把设计师的设计构思变为立体的建筑物，而仅有上文所说的单纯展示建筑外观和整体布局的设计图是不够的。侵权人若想抄袭著作权人的建筑作品，只需在读懂建筑施工图的标识和数据后建造建筑物，因此，建筑施工图也经常成为被抄袭的对象。虽然施工图与建筑物相比视觉差异较大，但是二者都是设计师设计构思的集中体现，只不过表现形式不同罢了。建筑施工图中受《著作权法》保护的部分为可以把建筑设计的独创性部分外化的图示，而不是专业技术。因此，若将建筑结构图归入图形作品则忽略了其本质，不利于对著作权人的保护，故应将其纳入建筑作品的范畴。

从以上分析可知，建筑设计图应被归入建筑作品的范围。在司法实践中有不少建筑设计图被抄袭的情况。建筑设计图与建筑物（构筑物）不同，通常只有内部人员可以看到，所以侵权人为了能得到设计图会采取不法手段。常见的方式有建设单位向社会招标公开征集设计方案，投标方将设计图纸交给其评估，建设单位收到图纸后选择其需要的方案或者将若干投标者的方案综合起来，然后告知投标者其设计方案未被选中，并私自使用该方案。

Carlos Ott（卡洛斯·奥特）等诉浙江省建筑设计研究院、锦绣天地公司著作权纠纷案就是上述情况。2001 年 8 月，被告锦绣天地公司为建造俱乐部进行招标，原告参与投标，经评估后，被告告知原告其设计未被选中。但在两年后，原告发现锦绣天地公司建造的"锦绣天地"建筑的外观与原告投标的设计相同，其设计方案署名是浙江省建筑设计研究院。原告认为，被告未经许可抄袭其建筑设计方案，侵犯了其建筑作品著作权。浙江省建筑设计研究院辩称，其从未接触过原告所说的投标时提供的设计方案，不存在侵权的过错责任，原告设计中的蝴蝶样式的外观不具有独创性，而是在建筑设计中普遍应用的一种设计。其辩称浙江省建筑设计研究院的设计方案与原告提供的图纸中记载的方案有本质区别。法院查明，原告的建筑设计外观整体看来是一只朝向西湖、张开翅膀的蝴蝶；在该设计中，蝴蝶的一对翅膀向南北方向打开，躯体面对西湖，朝东西方向延伸。浙江省建筑设计研究院虽然也进行了投标，但当时的投标方案并非"蝴蝶型设计"。

分析案件可知，本案的争议焦点在于，原告的建筑设计图是否具有独创性，被告是否接触了原告的作品，以及被告建筑是否与原告作品实质性相似。法院查明，原告将建筑设计为张开翅膀的蝴蝶，体现了设计者独特的创意，具有独创性。原告将图纸设计好后提交给被告，后锦绣天地公司通知原告未中标，可知，该公司接触过作品。浙江省建筑设计研究院提交的作品中的蝴蝶造型与原告作品相同，且蝴蝶朝向相同，二者如出一辙。局部细节虽有些不同，但主要属于功能性的改动。因此浙江省建筑设计研究院提交的设计图与原告的设计图有着实质性的相似。本案中，原告虽然被告知未能中标，但被告使用了原告未能中标的设计方案，由于双方未签订著作权转让合同，这种未经许可复制他人建筑设计图的行为构成侵权。

另一种常见的侵权方式为，建设单位与设计单位签订委托设计合同并得到图纸后，建设单位借故解除合同并私自使用设计方案。在深圳市建筑设计研究总院诉中辰公司、湖北省建科建筑设计研究院案中，原告与中辰公司就尚品金恺城一期施工项目设计签订了一份委托设计合同，并交付了建筑设计图。后中辰公司以原告违约为由解除合同，另行委托湖北省建科建筑设计研究院设计图纸并通过审核。原告后发现湖北省建科建筑设计研究院的图纸与自己之前提交的图纸整体相同。经比对，被告湖北省建科建筑设计研究院设计的尚品金恺城一期建筑单体设计方案中的建筑单体方案效果图、外立面设计、剖面设计、总图设计、道路设计、设计说明等处均与原告涉案建筑单体方案设计完全一致。原告认为，原告对涉案两项设计成果依法享有著作权，两被告未经原告同意，复制使用涉案作品，共同抄袭原告涉案设计作品，构成共同侵权。被告中辰公司辩称，原告建筑设计图不具有独创性，湖北省建科建筑设计研究院还称，其设计图纸未与原告图纸构成实质性相似，且未接触过原告图纸。法院经审理认定，原告设计图纸有一定审美价值，具有独创性。被告湖北省建科建筑设计研究院完成的图纸（单体建筑方案设计和建筑施工设计）是与原告完成的图纸实质性相似度极高的设计。原告提交法庭的证据也显示两被告确实接触了涉案两项设计作品。由此可知，本案中原告的建筑设计图具有独创性，是应受到保护的建筑作品，被告中辰公司签订合同后得到建筑作品，后又解除合同，但仍继续使用其图纸，与湖北省建科建筑设计研究院共同构成对原作品的复制权侵权。

由以上案例可知，司法实践中利用各种手段抄袭他人建筑设计图的情况已经比较常见，我们需要从立法上重视对建筑设计图著作权保护的规范，因此，应把建筑设计图纳入建筑作品的保护范围。

（三）建筑模型复制权侵权现状

笔者在各案例检索系统中进行了搜索，未发现对建筑模型著作权侵权的相关案件，《著作权法》也没有针对建筑模型设置保护制度，但是抄袭建筑模型的现象时有发生。如有些不法分子比照原建筑模型的设计制作相同或相似的模型，或是比照原建筑模型的外观利用专业知识建成建筑物。对建筑模型的抄袭一直以来都是一种容易被忽视的侵权行为，如房地产开发商在开盘后通常会向客户展出建筑模型以便更直观地介绍建筑外观和布局，而侵权人根据该模型建造了与其楼盘极其相似的建筑。在立法中，我国《著作权法》将建筑模型归入了模型作品予以保护，而学者对建筑模型是否属于建筑作品则意见不一。

建筑模型是用于展现建筑外观的三维立体模式，其有以下作用：一是可以帮助设计师完善设计方案；二是便于开发商向客户直观展示建筑外观；三是为了施工单位更准确地理解设计师的设计构思，以弥补二维图纸表达的局限性。

制作建筑模型通常是为了将其转变为建筑物，是二维图纸和三维结构间的一种形式。建造建筑物是一个从平面到立体的转变过程，建筑模型的制作是其中一环，它既可以使设计师的创作构想一目了然地展示出来，以弥补平面设计图在表达上的局限，也可以帮助设计师完善设计方案。由此可见，建筑模型与建筑物有不可分割的关系。《著作权法》保护的是建筑作品的本质，即建筑设计思想，而建筑物（构筑物）、建筑模型都是其表现形式，作者想表达的设计构思不仅通过建筑物（构筑物）呈现，也呈现在建筑模型上，因此两者应作为一个整体一同被归入建筑作品。我国《著作权法》将建筑模型归入模型类作品，不能反映其本质，也割裂了建筑模型与建筑物的关系，不利于对建筑作品著作权人的保护。

三、建筑作品复制权侵权认定

由上述案例可知，建筑作品复制权作为建筑作品权利人的核心权利，其被侵害的现象在司法实践中时有发生，构建关于建筑作品复制权的侵权制度有着现实的需要。但是《著作权法》并未对建筑作品的复制权侵权制度作出具体规定，法官判断某一行为是否构成侵权行为时缺乏明确的法律依据，不利于保护著作权人的权利。本部分总结了建筑作品复制权的侵权认定标准以及司法实践中存在的各种侵权形式，以期对立法的完善提出建议。

（一）建筑作品复制权侵权认定标准

通过上文的实证分析可知，如果想对建筑作品权利人进行有效救济，首先需判定被诉行为是否构成对其复制权的侵犯，因此对侵权认定标准的确定十分重要，建筑作品复制权的侵权认定标准可总结为以下三点：其一，建筑作品被复制的部分是其具有独创性的部分，而不是其不具独创性的部分或技术规范部分；其二，侵权作品和原建筑作品实质性相似，这一要件的判定最为关键，也最有难度；其三，侵权人接触过原建筑作品。

1. 建筑作品被复制的部分是其具有独创性的部分

世界各国普遍认为，一部作品受到著作权法保护的前提条件是其具有独创性，我国在《最高人民法院关于审理著作权民事纠纷案件适用法律若干问题的解释》第15条中规定了独创性标准："由不同作者就同一题材创作的作品，作者的表达系独立完成并且有创造性的，应当认定作者各自享有独立著作权。"

建筑作品作为一种特殊类型的作品，其独创性标准稍有不同。其不仅要体现美感，还需满足居住的实用性要求。具体来说，建筑作品应满足下列要求：首先，建筑作品应满足人类居住的要求；其次，建筑作品的风格应符合地方文化背景；最后，建筑作品通过建筑设计图、建筑模型、建筑物三种载体展现，但不管是哪种载体都应为最后的建设目标服务。设计师在创作建筑作品时不能预见施工时的情况，如果受施工条件的限制而不能将原建筑作品的设计全部表现出来，则不得不对该独创性部分作出修改或者将其去除。由于以上限制，在认定建筑作品独创性时应采用较为宽松的标准，即建筑作品为作者独立完成并且有适量创新性。"独立完成"要求设计者凭借自己的能力完成作品，而非抄袭已有作品；"适量创新性"要求作者在作品中融入自己适量的判断和选择，两者缺一不可。在司法实践中，被诉作品只有抄袭的是原作品中体现独创性的部分，才会被认定为侵权；如果抄袭的是纯技术部分或不具独创性的部分，则不构成侵权，或者被诉建筑只是和原建筑材料相同，但造型不同，也不构成侵权。

2. 侵权作品和原建筑作品实质性相似

识别被诉作品与原作品是否有实质性的相似是判定著作权侵权行为的十分重要的步骤。如果被诉作品与原作品的独创性部分实质性相似，则有侵权可能，若没有任何相似，则不构成侵权。当被诉作品与原作品完全相同，没有任何创新之处时，当然应该认定为实质性相似。当被诉作品与原作品部分相似时，则分情况讨论：如果相似部分为原作品的独创性部分，则有可能侵权；如果是不具有独创性的部分或纯技术性的部分，则侵权不成立。在认定被诉作品与原作品是否构成实质性相似时，通常采用整体观感法和分解分析法。

整体观感法是不做任何筛选地将整个作品（包括独立的不受著作权法保护的部分）与其他建筑作品相比较，以决定该建筑作品是否与其他作品存在实质性相似。[1] 该方法比较简便，法官只需从宏观上比较作品，而不需对作品做细致的分解后再比较，操作简便，节省时间。如果经比较后被诉作品与原作品确有相似，再考虑侵权人是否独立完成作品，若是独立完成，则不构成侵权。但是这种方法也有缺陷，由于法官无须分解作品，原作品整体都被用来比较，其中包含有独创性的部分，也包含没有独创性的部分，因此被诉作品若是与无独

---

〔1〕　黄艺、汪霄："建筑作品独创性条件的判定"，载《新建筑》2007 年第 1 期，第 122 页。

创性部分相似，也会被认定为侵权，这样便会形成对原作品的过度保护，对被告往往不利。

另一种方法是分解分析法，其要求法官对作品进行细致分析，分解为需受保护的部分和不受保护的部分，将不受保护的部分排除，留下受保护的部分以供比较。具体来说，应采用三步法来判断：抽象—过滤—比较。第一步，分离出原作品和被诉作品中有关建筑作品的风格、主题等不受保护的思想部分。第二步，过滤掉作品中诸如门梁结构、墙体设计等技术规范的部分，这一部分属于公共领域，不受法律保护。第三步即比较，将作品抽象并过滤后剩余的部分进行比较，是否构成实质性相似。

分解分析法的优点是法官在比较作品时对作品进行细致分析，将作品分解为受保护的部分和不受保护的部分，比较结果更精确，更符合著作权法保护初衷，因此其在司法实践中的应用也很广泛。但分解分析法也有不足，即作品中有时会有作者对不受保护的要素进行个性化的选择或编排而构成的应受保护的对象，这些受保护的对象不易被识别，往往会被法官一并排除。同时，在分解作品中对不受保护的思想及需要过滤的技术部分的判断，也需要法官慎重把握。

3. 侵权人接触过原建筑作品

用整体观感法或分解分析法对比发现被诉作品与原作品构成实质性相似后，要想判定被诉作品侵权，还应证实侵权人接触过原作品。"接触"是指作品已向社会公开或因与著作权人有特殊关系而有机会得到该作品。[1]当被诉建筑作品的载体不同时，原告所承担的举证责任也有区别。当原作品为建筑设计图或建筑模型时，由于这类作品通常只有作者及其他特定人员可以接触，所以原告方应举证证明被告接触过作品。当原作品为建筑物或构筑物时，由于建筑物或构筑物均位于公开场所，任何人都可以接触到，此时原告不需要再为被告接触过作品承担举证责任。

（二）建筑作品复制权侵权方式认定

笔者在前一节中讨论了认定建筑作品复制权侵权时应满足的三个条件，但仅根据该认定标准仍不能完全解决司法实践中建筑作品复制的问题。我国《著

---

〔1〕　朱理："建筑作品著作权的侵权判定"，载《法律适用》2010年第7期，第77~78页。

作权法》对"复制"的定义是"以印刷、复印、拓印、录音、录像、翻录、翻拍等方式将作品制作一份或者多份"的行为，这一定义有一定的局限性。根据该定义，将建筑设计图复制一份或多份当然应被认定为复制行为。但是司法实践中对建筑作品的抄袭不只存在这一种形式，比如未经著作权人允许按照其建筑设计图建造建筑物，仿照他人已经建好的建筑物的外观建造相同或相似的建筑物，或是将他人已经建好的建筑物拍摄成摄影作品用于牟利等行为显然也侵害了建筑著作权人的权利。根据《著作权法》对"复制"的定义，这些行为不能被定性为复制，这是不合理的，笔者认为应针对建筑作品对"复制"的方式作出补充。本节将针对各种复制行为进行具体分析。

1. 从平面到平面的复制

平面到平面的侵权复制是针对建筑设计图的复制，通常指侵权人未经作者同意通过模仿、复印等方法非法复制原建筑设计图并获取利益的行为。这种复制方法出现的时间已久，各国都在立法上明确予以了保护，不需要过多研究。需要引起我们重视的是，计算机时代下的利用不断成熟的计算机技术对建筑作品进行的侵权复制行为，如通过互联网复制传播建筑设计图，将电子版的设计图打印为纸质版的设计图等侵权行为。这种复制是否构成复制权侵权，我国法律未作规定。笔者认为，利用计算机网络对电子版设计图的传播复制同样应认定为侵权。因为将电子版设计图在网络间传播或将电子版复制为纸质版只是建筑作品表现形式的变换，并未在原作品上增加创新性成分，应构成侵权。况且，现在设计师普遍通过计算机软件绘制图纸，计算机网络传播设计图已经成为复制的主要方式，如果不认定为侵权，则十分不利于对权利人的保护。

2. 从平面到立体的复制

平面到立体的复制是指根据建筑设计图建造建筑物（构筑物）。著作权法理论将作品分为不受著作权保护的思想和受著作权保护的表达。[1]思想是抽象的，表达是有形的，但有形不仅指载体的有形，而且包含内容的有形，如音乐家即兴演奏一段乐曲，虽然乐谱还未被记录下来，但是旋律已经成为受《著作权法》保护的表达，这里的旋律没有体现在有形的载体上，但是其内容是有形的。又如在庄羽诉郭敬明《梦里花落知多少》著作权侵权案中，法官认为，被诉作品

---

［1］《与贸易有关的知识产权协议》第 9 条第 2 款规定："版权保护应延及表达，而不延及相关观念、程序、工艺、系统、操作方法、概念、原则和发现。不论它们在该作品中是以何形式被描述、解释、说明或体现的。"

虽然未逐字逐句抄袭原作品，但是相似的情节过多，仍然构成侵权。由此可知受保护的表达不仅包括符号化的表达，如小说中的语言，还应包括基本的表达，即思想的提炼、具体化到一定程度构成的表达，如小说中被提炼出来的故事情节。前者是保护的对象，后者是保护的实质。[1]在建筑作品中，受《著作权法》保护的实质应当是具有独创性的建筑设计，也就是基本的表达，而作为载体的建筑设计图、建筑模型、建筑物则为符号化的表达，这两者都是被保护的对象。

了解建筑作品保护实质后，便可进一步讨论将平面建筑设计图转化为建筑物是否应认定为复制，关键在于复制行为与演绎行为的区分。演绎作品是以另一作品为基础创作的作品，但不是精确的逐字的复制，其在保留原作品的基本表达的基础上增加了独创性的成分。以翻译作品为例，将文学作品翻译成外国文字，翻译者保留了基本的表达，即非直观的、具体的、经概括提炼的故事内容，并且在转换语言的过程中增加了独创性的部分，也就是直观的表达，即上文所说的符号化的表达。翻译作品与原作品构成了实质性的相似，但又有所创新，是原作品的演绎作品。而对建筑作品而言，将平面设计图转化为建筑物的过程也保留了设计图中基本的表达，但没有创造性劳动，不构成演绎，只是复制。

具体来说，可将建筑设计图分为两类，一类是可以直接体现建筑设计的设计图，另一类是不能直接展现建筑设计的建筑图纸。

第一类设计图是为了描绘建筑整体样式，直接体现了建筑外观，有建筑草图、建筑表现图、总平面图、平面图、立体图、剖面图等。其中被保护的对象既有符号化的表达，也有建筑作品被保护的实质，即具有独创性的建筑设计。在将该类图纸转化为建筑物的过程中，虽然需要投入许多人力、物力、财力，但不能增加独创性，因此按此类图纸建造建筑物构成复制。

第二类设计图有建筑施工图、内部结构图等。这类图纸有较强的技术性，不能直接反映出建筑物的外观。在此类设计图中，具有独创性的建筑设计是基本的表达，相当于小说中被提炼出来的故事情节，而构成施工图的数字、标记、说明、绘图等是符号化的表达，相当于小说中的语言，两者都是著作权法的保护对象。在将这种施工图转化为建筑物的过程中，再现了基本的表达。虽然建

---

[1] 卢海君："美国的建筑作品版权制度及对我国的启示"，载《北方法学》2010年第2期，第59页。

筑物与施工图相比视觉差异较大，即符号化的表达有所变化，但建造的过程只是运用建筑技术的过程，只要按照施工图施工，任何人建造出来的建筑物都是一样的，不含任何独创性，因此按照施工图建造建筑物也是一种复制行为。

3. 从立体到平面的复制

这种复制行为是指将立体形式的建筑物转变为平面形式，如对建筑物的绘画、摄影、录像、拍照等。这种行为是否构成复制权侵权，需分两种情况讨论：

第一，不以营利为目的的复制行为。这种复制行为被视为合理使用，不属于侵权行为。我国《著作权法》第 22 条第 1 款第 10 项规定，对设置或者陈列在室外公共场所的艺术作品进行临摹、绘画、摄影、录像，可以不经著作权人许可，不向其支付报酬。

第二，以营利为目的的复制行为，一般是指对富有欣赏价值的建筑物（构筑物）进行绘画、摄影制作成广告或是做成画册、拼图产品等出版发行。对于这种复制行为是否属于合理使用，学术界有不同看法。有的国家认为应认定为合理使用，如俄罗斯，[1]《日本著作权法》第 46 条也做了类似规定。[2]另一些国家认为，不管是否以营利为目的，都应当认定为合理使用，《美国版权法》就是采用这种观点。[3]我国立法未对"合理使用"是否以营利为目的做明确规定。根据《伯尔尼公约》及《与贸易有关的知识产权协议》，"合理使用制度是指针对已成型作品的使用不能影响作者正常使用其作品，更不能不合理地侵害作者的合法权利"。[4]笔者认为，这种未经许可利用他人作品营利的行为导致原作者损失了一部分因许可他人复制可获得的利益，不合理地侵害了作者的合法权利，不应定性为合理使用，应属于侵权行为。

4. 从立体到立体的侵权复制

从立体到立体的复制方式一般是指根据已有的富有艺术美感的建筑物的外

---

〔1〕 吴汉东：《著作权合理使用制度研究》（第 3 版），中国人民大学出版社 2013 年版，第 264 页。

〔2〕 《日本著作权法》第 46 条规定："……永久置于户外场所美术著作物的原作或建筑著作物，除以下情况外，可通过任何方式使用：（一）增加雕刻物；（二）通过建筑手段复制建筑著作物；（三）根据前条第二款规定为永久置于户外场所而进行的复制；（四）专门为销售美术著作物的复制品而进行的复制。"

〔3〕 《美国版权法》第 120 条（a）项规定："已建成的建筑作品的版权不包括禁止制作、发行或公开展出该作品的图画、油画、照片或其他表现形式，假如体现该作品的建筑物位于公共场所或位于通常从公共场所可看到的地点。"

〔4〕 吴汉东：《著作权合理使用制度研究》（修订版），中国政法大学出版社 2005 年版，第 259 页。

观建造出外形相同或相似的建筑物。关于这种行为是否构成复制权侵权，各国的立法不同。我国法律未做明确规定。日本立法规定这种方式不构成侵权，英国以及一些英联邦国家对这种方式是否构成侵权做了明确且比较严格的规定，其判定此种行为构成侵权基于两个方面，一是见过建筑物，另一为实施了复制行为，至于侵权者是否接触过该建筑物的建筑设计图，则不在其考量范围内。[1]笔者认为，从立体到立体的复制方式一般分为两步，即先运用专业技术将建筑物实物转化为建筑设计图，再根据建筑设计图建造建筑物。把这两步分开来看，其也成立复制权侵权，故这种复制方式应成立复制权侵权。在司法实践中，另一种从立体到立体的复制方式是指根据建筑物实物制造外观相似的玩具或模型，这种方式也构成复制权侵权。

经分析可知，以上四种形式的转换均可构成复制权侵权。我国《著作权法》对建筑作品复制权的侵权方式的界定过窄，应当适当放宽，才能更全面地保护著作权人的权利。

四、加强我国建筑作品复制权保护的对策

（一）修正建筑作品的范围

我国《著作权法》早期对建筑作品的保护不够重视，将其作为美术作品进行保护，后来尽管对建筑作品进行了独立的保护，把它从美术作品中抽出来与美术作品并列列在第 3 条第 4 款，但是由于法律对两作品的定义差别并不明显，并且两作品仍然被列在同一款，所以人们对两者的认识仍易混淆。笔者认为，为了与美术作品区分，可以将建筑作品与美术作品的同条同款改为单列一款。另外，我国立法对建筑作品的定义过窄，仅仅限定于建筑物（构筑物），与国际上包含建筑设计图、建筑模型的惯例不符。且经前文分析可知，复制建筑设计图、建筑模型的侵权行为在司法实践中时有发生，所以从更好地保护著作权人的利益的角度考量，应将建筑设计图、建筑模型归入建筑作品的范围。如前文所述，这点在《著作权法》第三次修改草案中予以了改正。《著作权法》第三次修改草案第 3 条第 2 款第 10 项规定："建筑作品，是指以建筑物或者构筑物

---

〔1〕　谢乒："论从平面到立体的转换属于著作权法上的复制"，载《河北工程大学学报（社会科学版）》2009 年第 3 期，第 67 页。

形式表现的有审美意义的作品，包括作为其施工基础的平面图、设计图、草图和模型。"不过就笔者看来，此定义仍有不足：该定义将平面图、设计图、草图和模型限定为作为施工的基础，也就是说如果作者不是为了建造实体建筑物而绘制设计图、制作模型，或绘制设计图或制作模型后未能成功建造建筑物，则作品不受保护。但这显然是不合理的，建筑设计图和建筑模型的本质是具有独创性的建筑设计，只要建筑设计值得被保护，则设计图和模型就应被保护，而与建筑物是否建成无关。因此笔者认为应将"作为其施工基础"删掉。

（二）明确建筑作品复制权侵权方式

我国《著作权法》第 10 条第 1 款第 5 项规定："复制权，即以印刷、复印、拓印、录音、录像、翻录、翻拍等方式将作品制作一份或者多份的权利。"该法条表明，我国立法保护的作品复制权只限于从二维作品复制到二维作品。这一对复制权的定义或许适合于文字作品、摄影作品这一类作品，但是建筑作品有其特殊性。正如前文所分析的，建筑作品受保护的范围应包括建筑物（构筑物）、建筑设计图、建筑模型。建筑作品复制权侵权的方式除了从平面到平面外，还包括从平面到立体、从立体到平面、从立体到立体。因此，《著作权法》对复制权的定义对建筑作品来说本就过于狭窄，不利于保障著作权人的利益，应将以上几种复制方式都涵盖在内。

（三）推进著作权登记制度

在保障著作权人权利的措施中，作品自愿登记制度是十分有效的方法，我国在 1994 年的《作品自愿登记试行办法》中详细规定了这一制度，《著作权法》第三次修改草案也做了明确规定。[1] 著作权登记制度在司法实践中有十分积极的意义，由前文案例分析可知，被告经常会对原告对作品是否有著作权提出质疑，如果原告在版权局进行了著作权登记，在举证过程中就很容易证明自己对作品的著作权，从而更好地保护自身权益。如果被告没有相反证据证明著作权登记有问题，那么作品的著作权就属于原告。因此，建筑设计师应增强著作权登记的意识，以便在诉讼中为自己提供有利证据。然而，该制度在实施中仍然

---

〔1〕《著作权法》第三次修改草案第 6 条规定："著作权人和相关权利人可以向国务院著作权行政管理部门设立的专门登记机构进行著作权或者相关权利登记。登记文书是登记事项属实的初步证明。"

存在问题。第一，建筑作品作者对著作权登记的重视程度不够，仍然有一部分作者认识不到登记的必要性或认为登记手续烦琐而不愿意花费时间精力为自己的权利提供保障。第二，著作权行政管理部门对已登记著作权的作品信息公开不够，且与建筑主管部门的信息共享程度不高，以至于即使有侵犯已登记作品著作权的侵权行为，也不能及时发现，这样不利于发挥著作权应有的作用。因此针对这些问题应做相应的改善。首先，为了激发建筑作品作者登记著作权的积极性，登记部门可以检视自身不足的地方，提高工作效率，简化登记流程，缩短著作权人登记的时间，也要定期宣传著作权登记对著作权人的益处。其次，著作权登记部门应将成功登记的建筑作品信息及时公开，并与建筑主管部门积极共享，以便其在审核时及时制止侵权行为，也使当事人在司法过程中需要著作权信息作为证据时能够及时获取。

（四）限制合理使用制度的使用范围

尽管我国《著作权法》对合理使用制度做了规定，但是对该制度的适用条件规定并不全面，没有对复制目的作出限制。根据前文讨论，合理使用应将不以营利为目的作为前提。如果行为人未经权利人许可复制其建筑作品并用于营利，就会使权利人损失因许可行为人使用可能获得的利益，也就不成立合理使用。而第 22 条对此未做限制，不利于保护著作权人的利益。因此，我们可以在原有规定的基础上，对合理使用制度进行一定限制，规定复制品不得用于营利。[1]

（五）设置建筑作品专家委员会

由上文案例可知，在司法实践中，判断原建筑作品是否有独创性是十分关键的问题。笔者认为，在判断独创性时，可以引进专家论证程序。

我国《著作权法》只是笼统规定了作品独创性需要作者独立完成并且具有创造性，并未对独创性标准做具体的规定。在司法实践中，往往需要法官依靠自由裁量对作品独创性作出判断，因此各案件判断标准经常出现不一致的情况。笔者认为，为了更好地保护著作权人的利益，应把建筑作品的独创性判断标准具体化，使其更加具有可操作性。根据本文第三章第一节的分析，建筑作品的

---

〔1〕 于玉、纪晓昕："我国著作权合理使用判断标准的反思与重构"，载《法学论坛》2007 年第 3 期，第 94~95 页。

独创性标准可以采用与其他种类作品相比较低的独创性标准，即作者独立完成且具备适量的创新性。然而，即使《著作权法》针对建筑作品的独创性判断标准做出进一步规定，法官在司法实践中仍需结合案件情况对作品创新性做出具体分析，进行自由裁量。但是由于法官的专业限制，其建筑学知识不足，对建筑的理解也受到限制，在判断建筑作品独创性时只能从业外人士的角度评价，难免有失客观公正。因此，笔者认为，不妨借鉴"医疗事故鉴定委员会"的制度，设置"建筑作品专家委员会"。在遇到法官难以把握的案件时，由委员会从专业角度评定建筑作品的独创性，并将评定意见提交法庭作为证据。这样可以弥补法官因专业限制对作品认识的不足，有利于维护著作权人的利益，促进司法公正。

结　论

随着"山寨建筑"的不断出现，对建筑作品著作权的保护越来越引起人们的重视。而复制权是建筑作品著作权的核心权利，因此，加强建筑作品复制权的保护至关重要。在讨论建筑作品复制权保护制度的完善之前，首先要明确建筑作品的范围。关于建筑作品的范围，学术界有不同看法，各国立法也各有不同。笔者认为，建筑作品应包含建筑物（构筑物）、建筑设计图、建筑模型，因为三者的本质都是建筑设计思想的表达，只是表现形式不同，不宜归入不同类别，且这种定义方式与复制权概念相符。界定清楚建筑作品的范围之后，便可以着手讨论如何有效保护建筑作品的复制权。随着建筑行业的发展，我国司法实践中出现了越来越多的抄袭建筑作品的案件，这些案件反映了我国在保护建筑作品复制权中存在的问题，如《著作权法》中建筑作品的范围过于狭窄，独创性标准不明确，公民著作权登记意识不强等。为了在司法实践中准确认定复制权侵权行为，可以在立法中明确其认定标准：首先，建筑作品被复制的部分是具有独创性的部分；其次，侵权作品和原建筑作品实质性相似；最后，侵权人接触过原建筑作品。另外，对建筑作品复制权侵权方式的明确也十分有必要，主要有从平面到平面、从平面到立体、从立体到立体、从立体到平面四种方式。就我国目前对建筑作品复制权的保护现状而言，仍存在一定不足，笔者认为可以从立法、司法层面加以改进：如修正建筑作品的范围，将建筑作品的范围扩大至建筑物（构筑物）、建筑设计图、建筑模型；明确建筑作品复制权的侵权包括前述四种方式；推进著作权登记制度，加强公民的登记意识，使著作权人在诉讼中更易提供证据证明其权利；限制合理使用制度的使用范围，在立法中明确规定合理使用不应以营利为目的；在司法审判中引入专家论证程序，帮助法官从专业视角判断建筑作品的独创性。建筑作品是《著作权法》保护的一类特殊的客体，其兼具实用性和艺术性的特点，随着建筑业的发展和经济水平的提高，人们对建筑的要求不再只停留在满足居住要求的层面，而是有了更高的审美要求，所以设计师也设计出了越来越多的具有审美价值的建筑。但随着建筑艺术价值的提高，抄袭建筑作品的现象也逐渐增多。我国虽然提高了对建筑作品的保护的重视程度，但是相应的法律制度并不完善，导致法官在裁判案件时法律依据不充分，不利于保护著作权人的权益，不利于司法公正。因此我们应当努力完善建筑作品著作权理论体系，并参照世界各国的立法经验，结合国内建筑行业的情况，针对建筑作品复制权的保护设立一套操作性强的法律制度。只有在著作权人的权利得到充分保障，并营造了良好的创作氛围时，才能使建筑设计师充分发挥艺术才能，设计出更多给人视觉享受的建筑，也能够促进城市面貌多样化，形成各具特色的建筑风格。

侵权演绎作品的著作权保护研究

——以案例类型化研究为视角

肖霞娟

　　著作权法制度在各国设立之初主要着眼于原始作品著作权的保护。科学技术的进步推动文化生活的纵深发展，对原有作品的再创作空前普遍，随之而来的侵权演绎作品纠纷日渐增多。一方面，网络技术的迅速普及、个人传播能力的提升，为作品的广泛传播奠定了技术基础；另一方面，随着由小说摄制而成的电影、电视剧急剧走红，票房收益可观，改编小说已成为影视行业的发展趋势，如创下近年收视率、网络点播量新高的《琅琊榜》《三生三世十里桃花》。在巨大的经济利益驱动下，侵权演绎作品的纠纷还会持续增长。

　　针对侵权演绎作品的法律地位，立法处于原则性规定阶段，对其保护流于规范，指导性不强。目前学界对侵权演绎作品应居何种法律地位多以各国立法例为基础论述。演绎作品的概念是基础理论研究，构成演绎作品研究的基石；演绎作品的保护是演绎作品研究的出发点和落脚点；侵权演绎作品的保护则是时代对立法、司法和学界提出的命题。侵权演绎作品的保护系著作权法领域一个极具争议的问题，实践中案件频发，因其凝结了原著作权人、侵权演绎人和社会公众等多方主体之利益，处理起来更加棘手，须慎之又慎。

　　本文首先采用例证分析法归纳我国司法实践中的一般做法，即在检索案例的基础上，提炼核心差异，以法院之间的差异化判决为切入点，以判决书中的论证说理为研究对象，分析司法实践的得失。其次，辅以规范分析法，一方面归纳司法实践中的法条适用情况，另一方面从现行法律规范出发，检视法院对同一法条的理解。最后，采用比较分析法，将国际立法与我国立法作对比，以期进一步指导完善我国关于侵权演绎作品的立法。

一、侵权演绎作品概述

从实践中侵权演绎纠纷频发的现状来看，侵权演绎作品的著作权保护问题是时代对立法、司法和学界提出的命题。在实证分析侵权演绎作品的著作权保护现状继而提出相应完善建议之前，有必要对演绎作品的概念这一基础理论问题展开研究，继而合理界定侵权演绎作品，再分析国内外立法、理论就侵权演绎作品保护已经取得的成就和表现出的不足，最终落脚到本文提出的保护模式。

（一）演绎作品的内涵与外延

我国在《著作权法（修订草案送审稿）》之前，立法文件中并未出现演绎作品，2010 年《著作权法》第 12 条"被普遍认为是规定演绎作品的含义以及著作权归属与行使的一般规则"。[1]尽管演绎作品频繁见诸各地司法判决，但总体来说，演绎作品在我国属于学理概念。《著作权法（修订草案送审稿）》则有了突破性进展。其中第 16 条第 1 款[2]对演绎作品进行定义，以明文列举的方式将改编作品、翻译作品、注释作品、整理作品归入"演绎作品"这一上位概念之下，并将"利用已有作品而产生的新作品"概括为演绎作品。第 18 条对汇编作品亦设定了取得双重许可的使用规则，第 19 条规定根据小说摄制视听作品，须取得著作权人的同意，实质上将汇编作品和视听作品划入演绎作品的范畴。至此，我国关于演绎作品的内涵和外延均已明朗。但从学术研究的角度出发，国内外立法和理论关于演绎作品的界定仍有研究价值。

1. 演绎作品的内涵

（1）从词源的角度看，《元照英美法词典》将"derivative work"解释为"演绎作品"："在版权法中，它指根据原有作品而产生的作品，例如以翻译、编曲、改编等形式创作而成的作品。只有版权人或经其许可者才能对作品进行演

---

〔1〕 张艳冰："演绎作品著作权及其归属制度完善研究——以《著作权法》（修订稿）为视角"，载《邵阳学院学报（社会科学版）》2014 年第 4 期，第 33 页。

〔2〕《著作权法（修订草案送审稿）》第 16 条规定："以改编、翻译、注释、整理等方式利用已有作品而产生的新作品为演绎作品，其著作权由演绎者享有。使用演绎作品应当取得演绎作品的著作权人和原作品的著作权人许可。"

绎，否则构成侵权。"[1]

从国际条约的角度看，在与著作权保护相关的国际公约中，《伯尔尼公约》第 2 条规定改动作品应受与原作品同等的保护。与《伯尔尼公约》一致的相关规定则出现在《世界知识产权组织版权条约》以及《与贸易有关的知识产权协议》（以下简称"TRIPS 协议"）中。[2]

从各国立法例的角度看，《美国版权法》规定演绎作品是基于已有作品再创作形成的作品。[3] 1988 年英国《版权、外观设计与专利法案》将改编作品界定为四类作品的可复制转变形式。[4]

从学者观点的角度看，国外关于演绎作品的定义如下：德国雷炳德教授将演绎作品定义为"使用现存作品所改编出来的作品"[5]；美国威廉·M. 兰德斯与理查德·A. 波斯纳教授认为"演绎作品是对不同语言的一种翻译，或者对不同载体的一种转换或者改编（广义上的翻译）"[6]。国内关于演绎作品的定义主要有四种。李明德教授和许超先生于其合著的《著作权法》中论述道：

---

〔1〕 薛波主编：《元照英美法词典》，法律出版社 2003 年版，第 405 页。

〔2〕《伯尔尼公约》第 2 条第 3 款规定："译文、改编、音乐编排以及文学或者艺术作品的其他改动，都应受到与原作品同等的保护，但原作品的著作权并不受影响。"《世界知识产权组织版权条约》第 1 条第 4 项规定："缔约各方应遵守《伯尔尼公约》第 1 条至第 21 条和附件的规定。"TRIPS 协议第 9 条第 1 款规定："各成员应遵守《伯尔尼公约》（1971 年）第 1 条至第 21 条，和该公约的附录。但是就该公约第 6 条之 2 ［《伯尔尼公约》（1971 年）第 6 条之 2 规定作者对其作品享有精神权利。］授予的权利或由该条得来的权利而言，各成员按照本协议不享有权利，也不负担义务。"

〔3〕《美国版权法》第 101 条规定："演绎作品是指基于一个或者多个已有作品创作形成的作品，比如翻译，音乐编排，改编为小说、戏剧、电影，制作录音制品，艺术品复制、压缩、节录，或者是将作品进行改写、转换或改编的其他任何形式。由编辑修订、注释或以其他的方式重新进行创作、改造或者改编一部作品。含有编辑性的修改、阐述、注释或者是其他变化的作品，如果其在整体上形成了一部原创性作品，也是演绎作品。"

〔4〕 1988 年英国《版权、外观设计与专利法案》第 21 条第 3 款规定："改编作品，针对计算机程序或者数据库之外的文学作品和戏剧作品，是指①作品的译文；②由戏剧作品转变成的非戏剧作品，或者由非戏剧作品转变成的戏剧作品；③将作品全部或主要以图片形式表达其中的故事或情节而形成的作品版本，以适于在书籍、报纸、杂志或类似期刊中复制；针对计算机程序，是指对程序的编排、变更版本或者进行的翻译；针对数据库，是指对数据库的编排、变更版本或者进行的翻译；针对音乐作品，是指对作品的编排或者改编。"

〔5〕［德］雷炳德：《著作权法》，张恩民译，法律出版社 2014 年版，第 159 页。

〔6〕［美］威廉·M. 兰德斯、理查德·A. 波斯纳：《知识产权法的经济结构》（中译本第 2 版），金海军译，北京大学出版社 2016 年版，第 137 页。

"演绎作品就是以已有的作品作为基础，以重新创作或改编的形式创造新的作品。"[1]吴汉东教授的《西方诸国著作权制度研究》一书将演绎作品定义为"是指以一件或多件原作为基础将之进行改编或加工创作出的作品，如译文、乐曲改编、改编成的小说、电影剧本等"[2]。韦之教授认为："演绎作品即对已有的作品或者其他材料进行演绎、加工所产生的作品。"[3]费安玲教授认为："演绎作品是指作者对既存的作品进行再创作而产生的作品……通过改编、翻译、注释、整理、编辑、汇编等方式产生的作品均属于演绎作品……"[4]

　　总结来看，无论从词源、国际条约、各国立法例抑或学者观点出发，对演绎作品的词义解释是采取"概括""列举"还是"概括+列举"的方式，其共通之处在于演绎作品源于原作品而异于原作品，也即在原作品的基础上产生，亦有二次创作的智力成果。

　　（2）从构成要件上说，演绎作品源于原作品而异于原作品。"源于"或者说"托生于"指向其利用性，而"异于"则对应其独创性。

　　针对其利用性方面，根据著作权法秉承的"思想—表达二分法"原则，演绎作品必须利用了原作品的表达。毕竟著作权法不保护思想，也即纯粹借鉴、利用已有作品思想而产生的作品，而保护著作权法上迥异于原作品的全新作品。关于思想和表达的区分，需要特别指出的是中国政法大学郭斯伦在其博士学位论文中提出的替换可能性分析法，也即"如果某对象表示的意思可以用多种不同方式展现，它即为表达，反之，如果仅能以一种或少数几种差别极小的方式展现，它即为思想"[5]。这一观点也在北京市高级人民法院审理琼瑶案时得到了应用，也即关于"特定情境、有限表达及公知素材的关系"被归为表达某一思想的经典表达，已经可以划为思想范畴，司法实践中在做情节比对时应将其刨除，而不应作为演绎作品利用原作品的部分，以此防止原著作权人对思想的垄断。[6]

　　针对其独创性方面，演绎作品凝聚了演绎人的创造性劳动，不同于简单复

〔1〕　李明德、许超：《著作权法》，法律出版社 2009 年版，第 40 页。

〔2〕　吴汉东等：《西方诸国著作权制度研究》，中国政法大学出版社 1998 年版，第 51 页。

〔3〕　韦之：《著作权法原理》，北京大学出版社 1998 年版，第 40 页。

〔4〕　费安玲：《著作权法教程》，知识产权出版社 2003 年版，第 62 页。

〔5〕　郭斯伦："演绎作品构成研究"，中国政法大学 2008 年博士学位论文，第 3 页。

〔6〕　北京市高级人民法院（2015）高民（知）终字第 1039 号。

制，具有一定的独创性。至于对演绎作品的独创性要求是否应当高于原创作品，郑成思教授在承认版权保护一般不过问创作的水平的前提下，特别强调对于演绎作品必须衡量其创造性，以此区别于抄袭。[1]

2. 演绎作品的外延

我国以 1990 年《著作权法》为起点，历经两次修改直至 2010 年《著作权法》，均在第 12 条沿用了同一规定，即改编、翻译、注释、整理人享有改编、翻译、注释、整理已有作品而产生的新作品的著作权，但行使著作权时不得侵犯原作品的著作权。[2]一般说来，学界普遍根据该条认同演绎作品包括改编作品、翻译作品、汇编作品。

如前所述，《著作权法（修订草案送审稿）》将改编作品、翻译作品、注释作品、整理作品、汇编作品以及视听作品划入演绎作品的范畴，至此我国演绎作品的外延得以确定。

（二）　与侵权演绎作品相关的概念辨析

正如学者所言："演绎作品包含在演绎创作过程中存在侵权因素的演绎结果，这在本质上与著作权制度中不将非法智力成果排除在作品范畴之外的基本原理是吻合的。"[3]

1. 非法演绎作品

关于非法演绎作品，有学者在论文中提出："非法演绎作品是指未经著作权人许可进行演绎所获得的作品"[4]；"非法演绎作品主要指未经版权人的许可对其版权作品进行演绎而创作的作品"[5]。按照这两种观点，非法演绎作品基于两个层面的考量：一是该作品首先构成演绎作品，利用性与独创性兼备；二是该作品在创作时未得到原作者的许可，或者使用该作品并不需要得到许可，

---

[1]　参见郑成思：《知识产权法》（第 2 版），法律出版社 2003 年版，第 337 页。

[2]　《著作权法》第 12 条规定："改编、翻译、注释、整理已有作品而产生的作品，其著作权由改编、翻译、注释、整理人享有，但行使著作权时不得侵犯原作品的著作权。"

[3]　李明江："侵权演绎作品的著作权问题研究"，北京化工大学 2012 年硕士学位论文，第 20 页。

[4]　黄汇："非法演绎作品保护模式论考"，载《法学论坛》2008 年第 1 期，第 130 页。

[5]　卢海君："从美国的演绎作品版权保护看我国《著作权法》相关内容的修订"，载《政治与法律》2009 年第 12 期，第 135 页。

或者虽然经过许可，但仍对原作品的著作权造成了损害。[1]

对非法演绎作品这一名称的质疑主要集中在两个方面：一是侵权演绎作品创作完成之后、进入公共领域之前，并无违反法律的情形，此时演绎作品因创作行为的完成而当然享有著作权，符合自动保护之原则；[2]二是不能将未经原著作权人许可产生的演绎作品与各国著作权法普遍规定的法律禁止传播的非法作品进行混淆。

2. 未经许可演绎作品

邱宁认为，未经许可创作的演绎作品因其特殊性而游走于合法与非法之间。相对于原作品而言，未发表的未经许可创作的演绎作品仅是演绎人的个人使用行为，从法律规范的角度而言，《著作权法》第22条规定的"合理使用"已经豁免了该种行为；从实质认定的角度而言，未发表的未经许可创作的演绎作品无关原作品的潜在市场，亦不伤及原著作权人的利益，因而是合法作品。公开使用的未经许可创作的演绎作品既无授权又非合理使用，构成侵权演绎作品。[3]

笔者对未经许可演绎作品这一名称的质疑主要为：未发表的未经授权演绎作品尚未为公众所知晓，也不存在引发纠纷的可能性，因此无专门讨论的实际价值，而公开使用的未经许可演绎作品又必然侵权。因而笔者认为未经许可演绎作品虽然定义严谨，但不符合实践需要。

因此，本文在综合考虑上述两种定义的前提下，采侵权演绎作品的说法。

第一，未经许可即行演绎产生的作品侵犯了原著作权人的演绎权。这一著作权能包括两个方面：一是自行或者授权他人根据自己作品制作演绎作品；二是禁止他人未经许可擅自演绎其作品的权利。

第二，若过度篡改原作内容、歪曲原作者意图，则有可能损害原作的声誉，即使事先获得原作者的许可，也可能违背原作者的意愿，侵犯原作者保护作品完整权。[4]

---

〔1〕 参见姜丽媛："论'非法演绎作品'的保护"，载《齐齐哈尔大学学报（哲学社会科学版）》2004年第1期，第51页。

〔2〕《著作权法实施条例》第6条规定："著作权自作品创作完成之日产生。"

〔3〕 邱宁："在合法与非法之间——未经许可创作的演绎作品之著作权辨析"，载《法学杂志》2012年第4期。

〔4〕 黄鑫："演绎作品保护研究"，西南交通大学2015年硕士学位论文，第19页。

（三）对侵权演绎作品保护的理论及立法考察

1. 关于五种既有理论述评

（1）侵权作品论。该理论的基本观点为第三人未经原作者的许可，即行演绎原作品之实，夹杂于侵权行为而衍生出的作品不受法律保护。[1]

以侵权作品论为指导思想的有《美国版权法》[2]《法国知识产权法典》[3]以及我国台湾地区的"著作权法"。[4]侵权作品论的法理基础是"不洁之手"学说。与"不洁之手"有相同考量的是大陆法系民法部门中的重要原则——"侵权行为本身并不能产生合法之利益"，[5]该原则与"诚实信用"原则一致。根据这一原则，非基于诚信行为而形成的"权利"不能获得法律的肯定性评价。具体到侵权演绎作品，侵权演绎人只要利用了原作品，在此基础上，无论其创造性程度为何，演绎人对侵权演绎作品都不能享有权利，包括著作权法上的权利以及其他民法上的权利。

该观点不符合主要国际公约以及我国《著作权法》的立法宗旨，也不符合2010 年《著作权法》第 4 条修订反映出来的价值取向和立法目的。具有独创性的作品中含有侵权内容，并不影响其著作权的构成。因此，对于具有独创性的侵权作品，创作人依然享有著作权，这一点毫无疑问。各主要国家和地区的著作权法立法例以及主要国际公约都没有将"合法"作为作品的一项构成要件。

（2）著作权保护论。该理论的基本观点是侵权演绎作品具备独创性，符合

---

[1] 黄汇："非法演绎作品保护模式论考"，载《法学论坛》2008 年第 1 期，第 130 页。

[2] 《美国版权法》第 103 条规定："版权保护的客体包括汇编和演绎作品，但如果一作品使用了受版权保护的原有作品，对其保护延及原有作品被非法使用的部分。"据此，如果未经许可创作的演绎作品完全是以他人作品为基础的，则该侵权演绎作品不能受到版权保护。See Eric. J. Schwartan，David Nimmer, *International Copyright Law and Practice Scope*, United States2［3］［a］, Matthew Bender & Company, Inc., 2006. 转引自王迁：《知识产权教程》（第 3 版），中国人民大学出版社 2011 年版，第173 页。

[3] 《法国知识产权法典》L . 122 —3 条："未经作者或其权利所有人或权利继受人之同意，通过任何技术和手段的翻译、改编、改动、整理或复制均属非法。"

[4] 我国台湾地区"著作权法"第 17 条："（著作人之权利）著作人享有禁止他人以歪曲、割裂、窜改或其他方法改变其著作之内容、形式或名目致损害其名誉之权利。"载月旦知识库 http://www. lawdata01. com. cn/anglekmc/lawkm? @12%5E401234731%5E107%5E%5E%5E2%5E8@@206624747 0，最后访问日期：2018 年 12 月 15 日。

[5] 黄汇："非法演绎作品保护模式论考"，载《法学论坛》2008 年第 1 期，第 130 页。

著作权客体的基本特征，理应给予积极保护。

该理论指导的立法有《瑞士版权法》和英国法院版权案件的相关判例。[1]一方面，著作权保护论的基础是侵权演绎作品从本质上区别于剽窃作品的"白拿"，侵权演绎人的成果符合著作权法保护的客体要求，因其投入了智力创造。第三人擅自使用侵权演绎作品时，侵权演绎人可以抵御该第三人。另一方面，各国著作权法一般规定的"本法不适用"和"不受本法保护"的作品，多指"反动言论的作品、违反社会公共利益、侵犯社会公序良俗的作品"。侵权演绎作品显然不在此列。[2]

对著作权保护论的质疑在于：忽略侵权演绎者的侵权性而对其权利给予"禁"和"行"的周延保护，有利于侵权演绎作品一时的传播，但会滋生鼓励演绎而懒于原创的社会风气，从而在根本上侵蚀原创土壤，动摇著作权这座大厦的根基。

（3）著作权消极保护论。该理论的基本观点是折中保护，也即既不同于侵权作品论的全面否定评价，又不同于著作权保护论的全面肯定评价。

以著作权消极保护论为指导思想的立法有《德国著作权与邻接权法》。[3]一方面，德国著名的版权法专家雷炳德认为"演绎作品著作权的产生并不依赖于原作品作者的准许"；[4]另一方面，侵权演绎人的著作权又是相对消极的，相较于著作权具有"禁"和"行"两方面权利来看，德国法上侵权演绎人只有"禁"的权利，而无"行"的权利，[5]即如果演绎人想要对演绎作品加以后续利用，则必须受到原作品作者的约束。

著作权消极保护论存在三点不足：一是无法平衡先后两个侵权演绎者之间的利益；二是如果赋予侵权演绎人制止第三人使用侵权演绎作品的消极著作权，在与第三人的诉讼中，围绕是否允许侵权演绎人与第三人达成和解将产生矛盾；

〔1〕 参见郑成思：《知识产权法》（第2版），法律出版社2003年版，第336页。

〔2〕 黄汇："非法演绎作品保护模式论考"，载《法学论坛》2008年第1期，第131页。

〔3〕《德国著作权与邻接权法》第3条规定："对于构成了演绎者的个人智力创作成果的某部作品的翻译和其他演绎，在不损害被演绎作品的著作权的情况下，作为独立的作品予以保护。"第23条规定："只有取得被演绎作品或被改编作品作者的同意，才可以将演绎后的或者是改编后的作品予以发表或利用。在涉及电影改编、按照美术作品的图纸与草图进行施工、对建筑作品的仿造、数据库作品的演绎与改编的情况下，从演绎物或改编物制作之时起就须得到作者的同意。"

〔4〕［德］雷炳德：《著作权法》，张恩民译，法律出版社2005年版，第162页。

〔5〕 李明江："侵权演绎作品的著作权问题研究"，北京化工大学2012年硕士学位论文，第26页。

三是从司法实践来看，原著作权人几乎均诉请法院判令停止侵权，寄希望于原著作权人许可侵权演绎作品的后续使用不具有现实意义。[1]

（4）不当得利保护论。该理论的基本观点为赋予侵权演绎人以支配性质的著作权，不符合法理。以不当得利作为侵权演绎人的请求权基础既肯定了侵权演绎人付出的卓有成效的劳动，又能避免矛盾。一方面，不当得利请求权仅表现为被动求偿之权利，相应地可以规避先后侵权演绎人的差别待遇；另一方面，不当得利的报酬给付以不当利益为基础，避免了实践中在判定赔偿数额时需量化侵权演绎人创作部分大小的症结，便于操作。[2]

根据不当得利制度的构成要件，[3]肯定侵权演绎作品享有权利是前提，否则，侵权演绎人没有损失，不当得利无适用的空间。

以不当得利保护论为指导思想的立法暂未出现。

（5）添附规则保护论。我国少数学者认为"知识产权本质上是一种准物权，具有物权的特性，适用于物权的添附制度也同样可以适用于知识产权"。[4]谢在全先生曾高度评价融合物权法与债权法的添附规则。[5]

侵权演绎作品实际上是侵权演绎人在利用原作品的基础上，注入自己的独创性劳动，一方面，侵权演绎作品脱胎于原作品，以高度的独创性为本质特征；另一方面，侵权演绎作品来源于原作品，与原作品密不可分。它符合添附的事实特征，可以比照添附规则来解决：先由侵权演绎人和原著作权人协商演绎作品之归属，无法达成一致时，由法官权衡二者的创造性大小，行使自由裁量权。

以添附规则保护论为指导思想的立法暂未出现。

---

〔1〕　就笔者检索到的 25 个案件，停止侵权这一诉请可细分为停止生产销售、销毁库存与收回销毁。

〔2〕　参见黄汇："非法演绎作品保护模式论考"，载《法学论坛》2008 年第 1 期，第 131 页。

〔3〕　《民法通则》第 92 条规定："没有合法根据，取得不当利益，造成他人损失的，应当将取得的不当利益返还受损失的人。"

〔4〕　冯晓青主编：《知识产权法前沿问题研究》，中国人民公安大学出版社 2004 年版，第 190 页。

〔5〕　"'民法'关于添附之规定，具有下列共同特质，此等特质具有利用物权之归属规定以实现公共政策之目的（鼓励创造或回复经济价值），再用债权上之补偿方法以实现当事人间对等正义之功能，此可谓是物权法与债权法之绝妙配合。"谢在全：《民法物权论》（上），中国政法大学出版社 1999 年版，第 254 页。

2. 一种新理论

从司法实践来看，著作权积极保护模式对侵权演绎人的周延保护不免有助长投机取巧之虞，而消极保护模式对原著作权人利益的完全保护又让人心生罔顾社会公众利益的怅惋。

2013 年，李俊从著作权法通过保护创新进而达到鼓励创新的立法本意出发，提出侵权演绎人有权禁止他人对整个侵权演绎作品的使用，因为侵权演绎作品中含有原作品著作权；同理，侵权演绎人对可与原作品相分离的新增独创性表达享有当然的著作权。2015 年，李娜在五种保护模式之外提出了另一种保护模式：以消极保护模式为主线，改由原著作权人决定是否允许侵权演绎作品发表为法官自由裁量。[1]具体而言，设定侵权演绎作品的市场占有率、内容创新以及对文化知识进步的影响等标准，判断出对公共利益的影响。如果对公共利益的影响小，则可以支持原著作权人禁止侵权演绎作品发表的诉请，反之可以驳回。[2]

（1）新理论的介绍。笔者认为对于侵权演绎作品应当采取的态度如下：一是就可与原作品相分离的侵权演绎创作部分，侵权演绎人享有完整的著作权；二是就整部侵权演绎作品而言，原作者与侵权演绎人均有禁止他人利用侵权演绎作品的权利。实践中对于是否停止侵权这一关涉侵权演绎作品根本命运走向的问题，应当引入利益平衡机制进行个案分析。同时应当结合实践，不断细化利益均衡机制的适用步骤与具体考量要素，以达到司法判决的相对统一。

（2）新理论的法理基础——利益平衡机制。冯晓青教授在论述利益平衡机制时指出："知识产权法的利益平衡机制，是国家平衡知识产权人的垄断利益和社会公众接近知识和信息的公众利益以及在此基础之上更广泛的促进科技、文化和经济发展的社会公共利益关系的制度安排。"[3]也即"围绕知识产权的专有性和社会公众对知识产品需求这对基本矛盾，利益平衡机制的引入具有正当性和合理性"[4]。将利益平衡应用于侵权演绎作品保护的司法实践中是一种可

---

〔1〕　参见李娜："浅论对侵权演绎作品的保护问题"，载《法制与社会》2015 年第 18 期，第 67 页。

〔2〕　参见李娜："浅论对侵权演绎作品的保护问题"，载《法制与社会》2015 年第 18 期，第 67 页。

〔3〕　冯晓青："知识产权法的价值构造：知识产权法利益平衡机制研究"，载《中国法学》2007 年第 1 期，第 72 页。

〔4〕　吴汉东："知识产权法的平衡精神与平衡理论——冯晓青教授《知识产权法利益平衡理论》评析"，载《法商研究》2007 年第 5 期，第 157 页。

取之道，利益平衡的三个层次分别是原著作权人的利益、公众接近侵权演绎作品的社会公众利益以及促进整个社会的经济、政治、文化发展的公共利益。

尽管把握不同利益主体的保护问题是平衡各方的肯綮所在，但关于应对上述三个层次利益如何排序、给予何种程度的加权，目前尚无定论，法官针对个案的具体分析值得考量，这也是本文的研究重点所在。

二、侵权演绎作品著作权问题实证分析

由于我国《著作权法》尚未明确侵权演绎作品的法律地位，理论界对于是否应对其进行保护以及进行何种程度的保护也存在颇多争议。笔者通过对 50 件该类案件的梳理发现，实务中对侵权演绎作品的保护尚未形成统一认识，导致法院对同类案件作出的判决结果、论证说理不尽相同。下文笔者以检索到的判决书为基础，比对诉请及相应支持情况，以获得侵权演绎作品的司法保护概况，并着重分析导致差异判决的裁判说理过程。

（一）50 个案例概览

现实生活中，未经许可即对原作品进行演绎的案例屡见不鲜。笔者在北大法宝以及中国裁判文书网上检索到 50 例被法院认定为侵权演绎作品的案件。[1]

从时间维度考量，案例的起止时间（以审结日期为准）为 1996 年 12 月 25 日至 2016 年 12 月 29 日，时间跨度为 20 年。

从省市分布来看，案例共分布在 10 个省、直辖市，分别是浙江省 14 件、

---

〔1〕 对于北大法宝中国法律检索系统，检索路径为"北大法宝">司法案例，检索方法为关键词结合具体内容筛选。首先输入"演绎作品"检索，以全文含有"演绎作品"获取相关案例，对所获得的 202 条记录进行阅读分析，进一步确定侵权演绎作品的判决书，最后检索时间为 2017 年 2 月 19 日。对于中国裁判文书网，检索路径为"中国裁判文书网">民事案件，检索方法为关键词结合具体内容筛选。首先输入"演绎作品"检索，以全文含有"演绎作品"获取相关案例，对所获得的 141 条记录进行阅读分析，进一步确定侵权演绎作品的判决书，最后检索时间为 2017 年 2 月 19 日。实践中涉及侵权演绎作品保护的案例还有另外两类：一类是以《一个馒头引发的血案》为代表的案例，该案未进入司法程序，也即在纠纷出现时当事人自行解决；另一类是以《鬼吹灯》的著作权人上海玄霆娱乐信息技术有限公司与上海游趣网络科技有限公司之间的侵犯著作财产权纠纷案为代表的案例，在案件审理阶段，因原告以达成和解为由向法院申请撤诉，法院裁定准许撤诉［参见上海市黄浦区人民法院（2009）黄民三（知）初字第 235 号民事裁定书］。

北京市 11 件、上海市 11 件、广东省 6 件、福建省 2 件、湖北省 2 件、山东省 1 件、江苏省 1 件、河南省 1 件、河北省 1 件。

从纠纷主体来看，可以分为三类，分别是侵权演绎人与原著作权人、侵权演绎人与第三人以及原著作权人与第三人之间的纠纷。其中侵权演绎人与原著作权人之间的纠纷有 25 件，占 50%；侵权演绎人与第三人之间的纠纷有 15 件，占 30%；原著作权人与第三人之间的纠纷有 10 件，占 20%。

（二）50 个案例的判决考察

为进行类型化研究，笔者按纠纷主体之划分并结合《著作权法》第 47 条关于侵权责任的规定，具体研究三类纠纷中原告对被告提出的民事责任[1]诉请以及法院的支持情况。需要说明两点：一是本文将停止侵害细分为类似停止销售、销毁库存行为以及类似产品召回制度的收回销毁；二是本文将原告诉请的公开赔礼道歉界定为消除影响与赔礼道歉，而当面或书面赔礼道歉则为《著作权法》第 47 条所规定的赔礼道歉。[2]

1. 原著作权人与侵权演绎人之纠纷考察

侵权演绎人与原著作权人的纠纷案件共有 25 件。原告具体诉请的提出与法院支持情况如下。

关于停止侵权，22 个案例中原告的第一项诉请均为停止侵权，仅有 3 例除外。[3]关于停止侵权、销毁库存的诉请，法院仅在 7 个案例中未予支持，具体理由分别是：4 例已经停止侵权，2 例考虑被告方的主观过错、支付对价、社会公益，[4]1 例因摄制行为已经完成不存在持续侵权。其中 4 例在停止销售、销

---

〔1〕《著作权法》第 47 条规定："有下列侵权行为的，应当根据情况，承担停止侵害、消除影响、赔礼道歉、赔偿损失等民事责任：……"

〔2〕张晓都总结，基于名誉的主、客观性的二分法，个人的名誉分为两个方面：客观名誉是社会评价，而主观名誉是自我评价，亦谓之"名誉感"。名誉受到侵害，前者通过消除影响来恢复，后者则是依托赔礼道歉的方式。司法实践中公开赔礼道歉能同时起到消除影响的作用。参见张晓都："知识产权侵权民事责任中消除影响与赔礼道歉责任方式的确定"，载《中国专利与商标》2004 年第 4 期。

〔3〕北京市海淀区人民法院（2007）海民初字第 25509 号、浙江省高级人民法院（2014）浙知终字第 100 号、福建省莆田市中级人民法院（2015）莆民初字第 740 号。

〔4〕山东省高级人民法院（2012）鲁民三终字第 33 号、浙江省杭州市中级人民法院（2015）浙杭知终字第 356 号。

毁库存的基础上更要求收回已售出的被控侵权作品以便销毁，对于收回销毁的诉请，法院无一例外地均予以驳回，其中一个法院论证道：停止销售已能达到制止侵害的目的，收回则损害善意第三人的利益以及造成资源的浪费。[1]

关于消除影响、赔礼道歉。25 个案例中有 19 例原告诉请公开赔礼道歉，1 例诉请发表公开说明以消除影响。关于公开赔礼道歉的诉请，法院在 9 个案例中未予支持；在 3 个案例中根据影响的范围判令缩小公开赔礼道歉的范围，7 个案例中支持。论及不予支持的理由，分别如下：3 例认为原告未证明对其声誉造成不利影响，2 例认为赔礼道歉适用于侵犯人身权，改编权是财产性权利，余下尚未达到歪曲、篡改的程度；[2]只是超范围使用，停止生产销售已具有合理性，只涉及财产性权利且未歪曲丑化以及不明确各 1 例。

关于赔偿损失。25 个案例中 23 例原告均诉请赔偿损失，另外 2 例原告仅要求赔偿合理费用支出。[3]关于该项诉请，法院均予支持。损失的具体计量方法均由法院根据《著作权法》第 49 条第 2 款酌定。[4]

关于精神损害赔偿。有 3 例原告要求精神损害赔偿，2 例法院认为缺乏事实和法律依据，[5]1 例认为未侵害名誉权和荣誉权。

2. 侵权演绎人与利用侵权演绎作品的第三人之纠纷考察

实践中，第三人侵犯侵权演绎作品的情况也时有发生，笔者共计检索到 15 则案例。第三人均以侵权演绎人侵犯原著作权人的合法权益为由抗辩，法院对此态度不一。具体而言：3 个案件中法院持著作权消极保护论，也即侵权演绎人不可主动行使权利，但权利受侵犯时应获保护；2 个案件中法院认为侵权演绎人本身是否侵权与侵权演绎人对第三人提起诉讼不是同一法律关系，不属于本案审理范围，从其随后适用著作权法判定被告侵犯原告相关著作人身权及著作财产权来看，认可侵权演绎人有抵御第三人的权利；6 个案件中法院结合上述两种

---

〔1〕　北京市第二中级人民法院（2009）二中民终字第 3775 号。

〔2〕　北京市高级人民法院（2003）高民再终字第 823 号。

〔3〕　广东省中山市中级人民法院（2015）中中法知民终字第 218 号、上海市第一中级人民法院（2014）沪一中民五（知）终字第 43 号。

〔4〕　《著作权法》第 49 条规定："侵犯著作权或者与著作权有关的权利的，侵权人应当按照权利人的实际损失给予赔偿；实际损失难以计算的，可以按照侵权人的违法所得给予赔偿。赔偿数额还应当包括权利人为制止侵权行为所支付的合理开支。权利人的实际损失或者侵权人的违法所得不能确定的，由人民法院根据侵权行为的情节，判决给予五十万元以下的赔偿。"

〔5〕　上海市第一中级人民法院（2003）沪一中民五（知）初字第 119 号。

观点，既表明不是同一法律关系，又说明侵权演绎人被侵权时可向第三人主张权利；2 例法院以无法律依据为由从反面驳回第三人主张的"侵权演绎作品不受法律保护"；1 例法院明确表示侵权演绎作品仍应以其创造性劳动受保护，只是度的问题；1 例法院认为侵权演绎人不得侵犯他人的著作权，但可以禁止他人使用，并无获利依据，只能主张合理支出。

总结来看，在 13 例案件中，法院最终指向侵权演绎人享有著作权，可以抵御第三人侵权；仅在 1 例中，法院似乎持不当得利保护的观点；1 例中，法院认为侵权演绎人不享有著作权，因此无获利依据。个案中原告具体诉请的提出与法院支持情况如下。

关于停止侵权。15 例原告均诉请判令被告停止侵权，其中 6 则案例中，原告因案件审理期间，被告作为网络服务的提供者已经删除链接而撤回该项诉请，1 则案例中法院考虑被抄袭的侵权演绎作品已经被汇编入书，且其篇幅占成书比重较小，基于利益衡量的考量，驳回了该项诉请，剩余 8 例均予以支持。总结而言，法院均认同第三人应当停止侵权，仅有一例因涉及公共利益而规定了例外。

关于消除影响、赔礼道歉。有 5 例原告诉请公开赔礼道歉，其中 1 例因利用侵权演绎作品的第三人之方式为抄袭而支持在全国性报纸上赔礼道歉、消除影响，1 例缩小范围，变全省范围内公开赔礼道歉为在被告网站上刊登致歉声明，1 例变在全国性媒体上公开道歉为书面道歉，2 例法院以赔礼道歉适用于侵犯人身权而予以驳回。

关于赔偿损失。15 例原告均要求赔偿损失。对于该项诉请，法院在 14 例案件中予以支持，仅 1 例以侵权演绎作品不具备独立对外许可使用的权利且无经济损失而不予支持。其余 14 例中，有 13 例法院按照《著作权法》的相关规定酌定合理数额，1 例法院按照不当得利返还的规定酌定数额。

3. 原著作权人与利用侵权演绎作品的第三人之纠纷考察

笔者检索到 10 则原著作权人与利用侵权演绎作品的第三人的纠纷案，可以分为两类：第一类是均为同一原告（岑锐洪）对 5 名不同被告[1]就同一类作品提起的著作权侵权之诉，共有 6 例。其中 5 例均由浙江省义乌市人民法院受

---

〔1〕　原告岑锐洪对其中一名被告即义乌市泽熙日用百货商行，分别因侵犯原告作品《吉宝娃娃系列》与《安吉拉系列》提起两起诉讼，见浙江省义乌市人民法院（2015）金义知民初字第 389 号、浙江省义乌市人民法院（2015）金义知民初字第 390 号。

理，另 1 例是由浙江省慈溪市人民法院受理。第二类是华强方特（深圳）动漫有限公司（以下简称"华强方特"）与杭州红易图网络科技有限公司（以下简称"杭州红易图"）因网络服务提供者为侵权演绎人提供网络空间传播侵权演绎作品从而侵犯原著作权人的信息网络传播权案（以下简称"华强方特案"），被告杭州红易图构成帮助侵权，共有 4 例，均由杭州市西湖区人民法院审结。

关于侵犯的权利类型，第一类案件中法院针对商行被告均笼统归为著作权，而针对自然人被告，法院均在说理后认定为侵犯改编权；第二类案件中，均认定为侵犯信息网络传播权。

关于停止侵权，10 个案例中原告的第一项诉请均为停止侵权。第一类案件中，原告还在一个案件中诉请停止生产，法院以无证据证明被告系被控侵权产品的生产者而予以驳回。除"华强方特案"中，被告杭州红易图在诉讼中删除了侵权链接，已经停止侵权外，另 6 起案件中，法院均援引《著作权法》第 48 条第 1 项的规定，判令被告停止侵权，也即法院均支持原告关于停止侵权的诉请。

关于赔偿损失，10 个案例中法院均援引《著作权法》第 49 条、《最高人民法院关于审理著作权民事纠纷案件适用法律若干问题的解释》第 25 条酌定赔偿数额。

关于消除影响、赔礼道歉以及精神损害赔偿，10 个案例中，原告均未提出相关诉请。

通过上述归纳可以看出，三个法院面对同类案件，均采取了相同的裁判立场及说理。以浙江省义乌市人民法院为例，审理这 5 起案件时，法院在认定被控侵权产品构成侵权演绎作品的基础上，认为被告未经许可销售侵权演绎作品，构成了对原告相关著作权的侵犯，进而应承担停止侵权及赔偿损失的责任。慈溪市人民法院与杭州市西湖区人民法院亦然。

在该类侵权纠纷项下，值得注意的是浙江省义乌市人民法院在判决书中论证被告侵犯改编权的同时，明确表示"侵权演绎人享有消极意义上的著作权，即制止他人未经许可使用其改编作品的权利，而不享有积极意义上的著作权，即不得自行或许可他人使用其改编作品"〔1〕。

---

〔1〕　浙江省义乌市人民法院（2015）金义知民初字第 632 号、浙江省义乌市人民法院（2015）金义知民初字第 640 号。

4. 关于三类判决的总结

在原著作权人与利用侵权演绎作品的第三人之纠纷中,法院立场一致,均支持停止侵权、赔偿损失。原著作权人享有完整的著作权,法院的判决有明确的法律依据,且从笔者检索的 10 则案例来看,均未涉及公共利益,因此下文不再单独展开分析。

在原著作权人与侵权演绎人的纠纷这一子类中,差异化判决主要集中于原著作权人要求侵权演绎人停止侵权、赔礼道歉能否得到法院的支持以及法院的论证说理。关于是否消除影响、赔礼道歉也存在同案不同判的情况,具体争议如:赔礼道歉是否仅适用于著作人身权受侵犯;侵犯著作财产权是否当然侵犯人身权,如暗含署名权;侵犯人身权是否需要达到歪曲、篡改的程度。笔者认为,消除影响、赔礼道歉固然是著作权侵权的重要责任方式,但并不专属于侵权演绎作品的著作权保护,而是整个著作权侵权领域的普遍性问题,因此不在本文中展开研究。下文主要针对是否停止侵权进行分析。

在侵权演绎人与利用侵权演绎作品的第三人之纠纷中,在两个案例中,法院就侵权演绎人是否应当受到法律保护、是否应受著作权法保护、是否拥有"禁"和"行"两方面的权利与其他案例存在分歧。

(三) 差异化判决结果的实证分析

本部分承接上文,分析原著作权人与侵权演绎人以及侵权演绎人与第三人纠纷中法院的差异化判决理由。

1. 原著作权人与侵权演绎人之纠纷

法院认定停止侵权是著作权侵权责任承担的基本方式,但是法院在个案中也在平衡各方利益的基础上作出了以修改增名、赔偿损失的方式替代停止侵权的判决。

同为侵权演绎的艺术作品,在薛华克诉燕娅娅、北京瀚海拍卖有限公司侵害著作权纠纷案中,燕娅娅未经薛华克许可,将薛华克的摄影作品《次仁卓玛》演绎为油画作品《阿妈与达娃》,法院以侵犯薛华克的改编权为由,判令燕娅娅停止侵权。在中国科学院海洋研究所、郑守仪诉刘俊谦、莱州市万利达石业有限公司、烟台环境艺术管理办公室侵犯著作权纠纷案中(以下简称"郑守仪案"),法院考虑被控侵权演绎作品购买方的主观过错有无,支付相应对价与否,以及拆除具有社会公益价值的侵权雕塑是浪费资源,故判令购买方为原著作权人增名以消除影响和金钱赔偿以填平损失，以此替代拆除雕塑这一责任承担方式。[1]

同为侵权演绎的电视作品，2015 年杭州大头儿子文化发展有限公司（以下简称"杭州大头儿子"）诉央视动画有限公司（以下简称"央视动画"）著作权侵权纠纷案（以下简称"大头儿子案"）中，法院综合以下四点驳回原告停止侵权的诉请：一是央视动画主观上并无过错；二是"杭州大头儿子"长时间内怠于行使权利；三是平衡原作者、侵权演绎人以及社会公众的利益，如判令被告停止侵权，将会浪费一部优秀的作品；四是兼顾公平原则，保护该剧其他创作人员的智力劳动。[2]而在 2015 年琼瑶案中，法院结合原被告双方的实际情况判令被告停止侵权：一方面，从琼瑶方出发，以被控侵权作品作为影视作品是对著作权人身权、财产权影响最大的利用方式，进而再将原著作权人的利益与创新动力直接联系起来，拔高到维护公共利益的维度。另一方面，从于正等侵权方出发，一是认为被控侵权作品的继续播映会导致琼瑶再行演绎的可能性微乎其微；二是认为在被告已经就侵权演绎作品取得发行收益的情况下判令其停止侵权，可以平衡各方利益。[3]

2. 侵权演绎人与利用侵权演绎作品的第三人之纠纷

在侵权演绎人与利用侵权演绎作品的第三人之纠纷中，法院一致认为尽管侵权演绎作品存在权利瑕疵，但其侵权性只影响到原告后续利用该侵权演绎作品。法院无论是认定侵权演绎人与原著作权人之间的关系属于另一个法律关系，还是直接表态为侵权演绎作品具有消极意义上的著作权，最终都指向侵权演绎作品享有抵御第三人侵犯的权利。纵观法院判决说理部分，可以总结法院正面说明赋予消极著作权的理由以及反面回应对消极著作权保护的质疑。

关于为何赋予侵权演绎作品以著作权保护，法院的判决理由有以下四点：

一是从正反两个角度解释侵权演绎作品应受著作权法保护：从肯定解释的角度而言，具有独创性且能复制的智力成果就构成著作权法意义上的作品；[4]从反对解释的角度而言，《著作权法》不予保护的作品是内容上违反法律，宣扬

---

[1]　山东省高级人民法院（2012）鲁民三终字第 33 号。

[2]　浙江省杭州市中级人民法院（2015）浙杭知终字第 356 号。

[3]　北京市高级人民法院（2015）高民（知）终字第 1039 号。

[4]　《著作权法实施条例》第 2 条规定："著作权法所称作品，是指文学、艺术和科学领域内具有独创性并能以某种有形形式复制的智力成果。"

色情、暴力、封建迷信等被禁止出版、传播的作品，而私法层面涉嫌侵权的侵权演绎作品则不在禁止之列。[1]

二是从本质上看，著作权是一种私权，遵循的是私法自治原则。原作者有权向侵权演绎人主张侵权，也有权放弃，第三人无权代为主张，且法律只规定了演绎作品作者在利用作品时不得侵犯原作者的著作权，并未明文禁止演绎人在第三人侵权时向其主张权利。

三是对侵权演绎作品加以保护符合著作权鼓励创作的立法精神，也是数字技术发展的大势所趋。一方面，法院认为因为资源有限，著作权法应当鼓励演绎行为；另一方面，如果每一次演绎之前都征询原著作权人同意，只会增加创作成本、削弱创作热情。

四是演绎作品与原作品相比具有新的创造成分，演绎作品在创造独立价值的同时，也实际增加了原作品权利人的利益，[2]故应该认定演绎人对演绎作品中的新创作成分享有著作权。

关于如何回应对消极著作权保护的质疑。浙江省高级人民法院对侵权演绎作品的细致划分以及相应的权利安排也可以回应著作权消极保护论的质疑。

质疑一：消极著作权无法平衡先后两个侵权演绎者之间的利益。回应是：改编自侵权演绎作品的次侵权演绎作品，当然包含已有作品著作权、侵权演绎作品著作权和次侵权演绎作品著作权。具体而言，原著作权人就原作品的独创性表达享有著作权，可以自由控制；侵权演绎人就侵权演绎作品中刨去非独创性表达以及原作品的独创性表达的部分，也即侵权演绎创作的部分享有完整著作权；次侵权演绎人就次侵权演绎作品中刨去非独创性表达、原作品的独创性表达以及侵权演绎创作的部分，也即次侵权演绎创作的部分享有完整著作权，而不论是侵权演绎人还是次侵权演绎人，其对整部侵权演绎作品享有消极著作权，依此类推。

质疑二：如果赋予侵权演绎人制止第三人使用侵权演绎作品的消极著作权，与和解与否是否产生矛盾？[3]回应是：一方面，既然侵权演绎人就侵权演绎创

---

〔1〕《著作权法》第4条规定："著作权人行使著作权，不得违反宪法和法律，不得损害公共利益。国家对作品的出版、传播依法进行监督管理。"

〔2〕 至于这种利益具体为何，法院在判决中并未阐明。详见龚凯杰诉浙江泛亚电子商务有限公司、王蓓案（2007）浦民三（知）初字第120号民事判决书作出法院——上海市浦东新区人民法院法官的评析。

〔3〕 为了行文便利，在此仅论述侵权演绎人与第三人，次侵权演绎人以此类推。

作部分享有积极著作权，允许其就侵权演绎创作部分与第三人达成和解当然符合民事诉讼中的处分原则。另一方面，侵权演绎人就完整的侵权演绎作品享有消极著作权，也即对侵权演绎作品中属于原著作权部分的内容，从理论上来说，一来侵权演绎人并无处分权，因为一旦为处分行为即违反"行使著作权时不得侵犯原作品的著作权"的明文规定；[1]二来，第三人以侵权演绎作品具有侵权属性抗辩，再根据《著作权法》第 35 条规定的第三人须取得原著作权人和演绎人的双重同意并支付双份报酬，[2]理当不会与侵权演绎人就原著作权部分达成和解。

质疑三是：从司法实践来看，寄希望于原著作权人许可侵权演绎作品的后续使用，不具有现实意义。[3]是否支持原著作权人判令停止侵权、是否支持侵权演绎人判令第三人停止侵权涉及利益衡量相关问题，笔者在下一部分将着重分析，在此不述。

笔者赞成法院普遍认同著作权法应当保护侵权演绎作品的理由，在该子类纠纷项下仍有两例未采这一观点：一是（2007）海民初字第 22050 号判决中法院转而援引不当得利，笔者认为，原因在于 2007 年我国适用的仍是 2001 年《著作权法》，而该法第 4 条将"依法禁止出版、传播的作品"排除在著作权法保护范畴之外。二是（2010）朝民初字第 13155 号判决中，北京市朝阳区人民法院只肯定侵权演绎人有禁止第三人利用侵权演绎作品的权利，并未对侵权演绎创作部分单独给予肯定评价，并以侵权演绎人无权单独许可侵权演绎作品使用因而无利益损失为由，笼统驳回侵权演绎人要求赔偿损失的诉请，笔者认为有失妥当。

三、侵权演绎作品著作权保护的评析

笔者对司法判决的法律依据进行梳理后发现，法院多援引《著作权法》第

---

　　[1]《著作权法》第 12 条规定："改编、翻译、注释、整理已有作品而产生的作品，其著作权由改编、翻译、注释、整理人享有，但行使著作权时不得侵犯原作品的著作权。"

　　[2]《著作权法》第 35 条规定："出版改编、翻译、注释、整理、汇编已有作品而产生的作品，应当取得改编、翻译、注释、整理、汇编作品的著作权人和原作品的著作权人许可，并支付报酬。"

　　[3] 就笔者检索到的 25 个案件，停止侵权这一诉请可细分为停止生产销售、销毁库存与收回销毁。

12 条的规定，该条尚处于原则性规定阶段，并未明文规定演绎作品，更未涉及侵权演绎作品，因此指导性不强。司法实践中各地法院对该条理解不一，导致做法各异，审判尚无统一尺度，差异化判决屡见不鲜，因此值得深入探讨。

（一）我国著作权法关于侵权演绎作品著作权保护框架及其局限

1. 保护框架

关于演绎作品。我国《著作权法》及相关实施条例并未明文规定演绎作品，更无侵权演绎作品之说。通常意义上，现行《著作权法》第 12 条被广泛视为演绎作品的内涵及行使规则。纵观我国三部《著作权法》关于保护客体的规定，[1] 1990 年《著作权法》局限于合法作品，2001 年《著作权法》承袭此观点，2010 年《著作权法》删除了此要求，有学者立足于这一立法沿革，质疑立法是否有意保护侵权演绎作品，或者至少是通过模糊处理，为法官的自由裁量开辟空间。[2] 但这一立法变革的导向意味不甚明朗，更无法作为法官裁判的援引依据。

在规范文件层次，北京市高级人民法院 1995 年以解答的形式，首先明确侵权演绎作品来源于创造性活动，应受著作权法保护；其次说明侵权演绎人有权禁止第三人使用；最后针对其侵权行为所致的权利瑕疵，规定使用时应取得原著作权人的许可。[3] 但该解答的适用一来局限于北京市，并无普遍指导意义；二来关于应受著作权法保护的规定仍然模糊，比如侵权演绎人是仅享有禁止他人非法使用的制止权，还是允许其在一定范围内享有著作财产权，也即在制止第三人非法使用的同时，能否要求赔偿损失？如北京市朝阳区人民法院在审理赵彩凤诉中国电影出版社侵犯著作权纠纷案时，[4] 以侵权演绎人不能单独许可使用，因此无法获得经济利益为由，驳回了侵权演绎人关于赔偿损失的诉请。

---

〔1〕 1990 年《著作权法》第 4 条规定："依法禁止出版、传播的作品，不受本法保护。著作权人行使著作权，不得违反宪法和法律，不得损害公共利益。"2001 年《著作权法》第 4 条规定："依法禁止出版、传播的作品，不受本法保护。著作权人行使著作权，不得违反宪法和法律，不得损害公共利益。"2010 年《著作权法》第 4 条规定："著作权人行使著作权，不得违反宪法和法律，不得损害公共利益。国家对作品的出版、传播依法进行监督管理。"

〔2〕 参见李俊："演绎作品若干问题研究"，华东政法大学 2013 年硕士学位论文。

〔3〕 参见《北京市高级人民法院关于审理著作权纠纷案件若干问题的解答》，载法律教育网 http://www.chinalawedu.com/news/1200/23079/23083/2006/3/lu407313525191360022945-0.htm，最后访问日期：2017 年 3 月 15 日。

〔4〕 北京市朝阳区人民法院（2010）朝民初字第 13155 号。

这与笔者所理解的侵权演绎作品应基于演绎创作部分享有完整著作权，以及实践中法院多支持侵权演绎人要求利用被控侵权作品的第三人赔偿损失的情形均有不同。

如前所述，《著作权法（修订草案送审稿）》首次明文定义了演绎作品，并对其内涵、外延以及利用方式加以规范，相较于此前立法文件的只字未提，有了突破性进展。然而纵观全稿，其只正面规定使用演绎作品应取得原著作权人和演绎人的双重许可，对于侵权演绎作品是否应当保护、应当给予何种程度的保护并未明确表态。

2. 保护的局限

从上述分析可以看出，侵权演绎作品的行权规则仍处于立法空白状态，从法院判决引用的法律条文来看，集中在《著作权法》第 12 条。从法解释学的角度分析，现行《著作权法》第 12 条明确要求著作权人行使著作权，不得侵犯原作品的著作权，未经原著作权人许可，即为改编等演绎行为，侵犯了原著作权人的改编权，违反《著作权法》关于未经著作权人许可不得使用其作品的规定。从法律规范的结构来看，现行《著作权法》第 12 条为不完全性规范，其并未规定法律后果，即未规定侵犯了原作品著作权的侵权演绎作品，在著作权保护上究竟受到何种具体的限制，因而该条被归入倡导性规范，无法对司法实践提供具体的指引。

从法院判决结果来看，如上文所述，同为引用《著作权法》第 12 条，却有不同理解，进而作出不同判决：如有法院认为侵权演绎作品本身的权利瑕疵无损其抵御侵权第三人之权利，故而支持原告停止侵权、赔偿损失的诉求，此种判决实际上将侵权演绎作品置于合法演绎的地位给予同等保护；也有法院认为侵权演绎人只拥有禁止他人非法使用被控侵权作品的权利，而缺乏正面获利的根据，因此仅判令第三人侵权，驳回侵权演绎人关于赔偿损失的诉请。

因此，从立法和实践两个层面考量，探讨侵权演绎作品的法律地位问题仍有现实意义。

（二）司法实践关于侵权演绎作品的保护进路

实践中，法官对这一不完全性规范的理解、适用存在一定分歧，但主流观点较为明显：一是就原著作权人与利用侵权演绎作品第三人之间的纠纷，法院的判决达成共识，根据原著作权人对原作品享有完整的著作权，第三人须承担《著作权法》第47条规定的著作权侵权责任。二是就侵权演绎人与利用侵权演绎作品第三人之间的纠纷，笔者在总结法院判决的基础上，论证了侵权演绎人就整个侵权演绎作品仅享有制止第三人非法使用的权利，对侵权演绎作品中的独创性表达则享有完整著作权，如此细致划分，也基本回应了关于著作权消极保护的质疑。因此，笔者下文将着重分析法官处理原著作权人与侵权演绎人、侵权演绎人与第三人之间关于停止侵权这一责任承担方式的思路。

在笔者检索到的案例中，最引人注目的当属大头儿子案和琼瑶案中，法院同为适用利益平衡，但作出了截然相反的判决。大头儿子案中，法院以央视动画制作的《新大头儿子》有广泛的社会基础为由，若判令停止播放，则是浪费业已形成的社会资源，即着眼于社会公共利益。而在琼瑶案中，法院将损害著作权权益的行为定位为将在本质上损害作品创新的原动力，从而立足于著作权法的立法目的，肯定在个案中保护著作权人的著作权实质上是保护创新，进而从长远来看是符合社会公共利益的。可见在该案中，法院认为保护著作权人的利益实质上就是保护公众利益。

细致分析两家法院的判决说理部分，两家法院从不同的着眼点和落脚点对利益平衡做出了符合自己预期的解读，也验证了社会公共利益及公共利益的分野，只是在具体表述上互有交叉。值得肯定的是，两个法院立足手头案件，选取适合自己的视角，作出的判决均有合理性。但是同为适用利益平衡处理侵权演绎作品是否停止侵权，法院似乎各说各理，综合来看，两家法院的说服力都有欠缺。

笔者在结合两起案件判决说理的基础上，梳理出适用利益衡量的一般模式，也即建立位次关系，以提高司法裁判的可预期性以及说服力。

1. 原著作权人的利益与公共利益的平衡

著作权法通过赋予创作者一定期限内的控制权，以报偿创作者前一阶段为创作作品而付出的时间和精力，是对其脑力劳动的肯定，同时鼓励该作者继续创作，也激发其他人的创作热情，从而使文艺工作领域得以持续迸发创造力，促进整个社会的精神文化产品的生产，实现公共利益。不判令停止侵权的做法需要考虑以下三点：第一，是否会继续扩大对原著作权人垄断利益的损害，削弱其创作积极性。第二，是否削弱其他文艺工作者的创造力：一是文艺工作者是否担忧自己的人身权和财产权益无法得到周延保障；二是文艺工作者是否会在评估原创与演绎的投入产出基础上，放弃原创而径直演绎；三是在侵权演绎作品的基础上有更多的创作素材。第三，保留了社会公众接触该侵权演绎作品的机会，能在一定程度上满足普通大众的文化需求，促进个体的全面发展、提高国民整体的文化修养、转化为日后的文化再生产力。因此判令停止侵权是著作权侵权的基本责任方式。

判令停止侵权的做法周延保护了原著作权人的利益，但是有以下三点弊端：第一，既有投入资源的浪费；第二，其他文艺创作者失去侵权演绎作品这一素材；第三，切断了普通民众接近侵权演绎作品的进路。

通过上述对比可以看出，若不判令停止侵权，可以对原著作权人的利益给予相对周延的保护，如判令被告对侵权演绎作品进行增名以保护其著作人身权，判令被告进行充分的经济赔偿以保护其著作财产权。行文至此，笔者认为，判令停止侵权与否的关键在于判断侵权演绎作品对于社会公众利益的价值，也即判令停止侵权在多大程度上损害社会公众利益，是否罔顾社会公众利益。社会公众利益与公共利益是一种递进关系，而不是截然对立的。因此平衡原著作权人与社会公众利益是对简单平衡原著作权人利益与公共利益的修正。

2. 原著作权人利益与社会公众利益的平衡

著作权毕竟不同于专利，后者能直接推动技术的革新、社会生产力的解放与生活水平的提高，而前者并无立竿见影的效果，因为对文学艺术的理解应当是一个不断熏陶和升华的过程。这也就对侵权演绎作品提出了挑战：教育意义的大小、愉悦感的多少、可替代性的强弱。应赋予更多权重的是可替代性的强弱，因为在同类作品完全可以满足教育、娱乐的需求，进而实现社会公益的情况下，则可以判令侵权演绎作品停止侵权；相反，如果可替代性弱，则可以考虑以其他责任方式替代停止侵权。

具体到琼瑶案中，相比于原作品《梅花烙》，《宫锁连城》作为清宫戏，除了弘扬自身刚正不阿、与人交往诚实善良、对待爱情忠贞不渝以及抨击心术不正、不择手段的基本价值观而言，其教育意义有限，观众观看人物设置、故事主线、时空环境基本一致的《宫锁连城》能获得的身心愉悦感有限。并且同类作品中，每年又会上映多部清宫戏、古装戏以及仙侠戏，《宫锁连城》的可替代性强。

具体到"大头儿子案"中，尽管笔者检索到的社会评价褒贬不一，[1]但从视角上来说，新版延续了旧版的经典模式——透过剧中日常生活启发家长孩子思考。从内容上说，相比于旧版取材于20世纪90年代的日常生活，新版立足于21世纪初的生活、学习场景，讲述了"80后"父母养育孩子并与孩子一起成长的故事，更符合现今儿童的认知以及理解，进而也有教育启发意义。从旧版"大头儿子"到新版"大头儿子"，不少父母都与孩子一起观看，对比自己幼年时的观看记忆，勾起一代人对往事的追忆。再结合国产动漫市场的发展现状，在优秀的国产动漫屈指可数的情况下，新版"大头儿子"无疑具有重要地位，其可替代性较弱。

关于是否需要平衡原著作权人与侵权演绎人、投资第三人、其他相关人员之间的利益，法院判决多有提及。郑守仪案中，法院以购买侵权演绎作品的烟台环境艺术管理办公室主观上无过错、已经支付对价，并且拆除侵权演绎作品会损害公共利益为由，判令以消除影响、支付合理费用的方式替代"停止侵权"；大头儿子案中，法院将判令停止侵权会导致音乐创作、制作人员的劳动付诸流水而有违公平原则作为理由之一，驳回原著作权人停止侵权的诉请；琼瑶案中，法院也提及《宫锁连城》开播已久，侵权演绎人及投资方已获得充分回报，此时判令停止侵权并不会导致利益失衡。

但是笔者认为，侵权演绎人明知未经许可却花费时间、精力演绎作品属于自陷风险，况且法律已经给予侵权演绎创作部分完整著作权保护。侵权演绎作品的购买者、投资者事先可以通过约定侵权法律责任的分担方式规避风险；事后可以通过追责、求偿的方式挽回损失。既然私法可以充分维护其权益，就不应将其纳入法院利益平衡的考量范畴。而且通过对侵权演绎人、投资第三人等人员课以重责，可以督促其主动承担较高的注意义务，倒逼侵权演绎人慎之又慎。

四、对我国侵权演绎作品著作权保护的建议

综合侵权演绎作品的价值及其私法上的权利瑕疵尚未背离著作权法的保护

---

〔1〕　比如有观点认为，相比于旧版"大头儿子"，新版"大头儿子"从价值观上展现了新一代父母与孩子的集体淘气，从具体细节上来说，有很多异于常识的生活情景。"如何评价《新大头儿子和小头爸爸》"，载 https://www.zhihu.com/question/23974193，最后访问日期：2018年12月15日。

要领来看，侵权演绎作品仍处于著作权立法的框架之内，对其加以保护不仅不会导致著作权法体系内部的矛盾，而且可以指导司法裁判有效应对实践中的纠纷，通过法律的切实运行从根本上维护法律的权威。在肯定侵权演绎作品应当得到著作权法保护时，随之而来的即为如何设计切实可行的保护进路。本部分在上文实证分析和相应评价方面试从立法、司法以及配套制度的基础上提出完善建议。

（一）完善法律规定

本文结合多数法院在处理侵权演绎人与利用侵权演绎作品之第三人纠纷时的判决说理，认为侵权演绎作品应受著作权法保护，理由如下：第一，侵权演绎作品自身具有著作权法所保护的独创性表达，符合创设著作权制度的立法本意；第二，从我国《著作权法》关于客体的正向肯定抑或反向排除的规定出发，侵权演绎作品理应在著作权法上占据一席之地；第三，至于侵权演绎作品因固有的权利瑕疵而与原著作权人之间天然存在纠纷这一点，一来属于私法自治的范畴，二来原著作权人有自己的维权通道，保护侵权演绎作品不会必然导致利益失衡。相反，若不对侵权演绎作品加以保护，可能使得既有侵权演绎作品处于权利真空状态，被第三人非法利用而无力抵御，这不符合著作权法理，亦不符合《著作权法》关于保护可复制的独创性表达的规定。

从上述正反两方面来看，对侵权演绎作品加以适度保护有利于整个法律体系的逻辑自洽。因此笔者倾向于认为《著作权法》第 12 条属于立法之有意留白，而不可简单归于法律漏洞。对于如何完善侵权演绎作品的法律规定，笔者有三点建议：

第一，对于可以提炼成文字的部分应当予以明确。一方面，经过司法实践的总结，侵权演绎人对整部侵权演绎作品有消极抵御的权利，即面对第三人的侵权，侵权演绎人虽无"行"的权利，但可要求其承担著作权侵权责任；另一方面，侵权演绎人对自身"添附"至原作品之上的独创性表达也即侵权演绎创作部分，享有完整的著作权。

第二，关于是否判令侵权演绎作品停止侵权，著作权法应当继续留白。由于停止侵权与否关系到整部侵权演绎作品的后续走向，也承载着原著作权人、侵权演绎人、社会公众等多方利益，明令一刀切的处理模式固然简便易行，裁判结果亦可整齐划一，但是不利于个案正义。因此关于是否判令停止侵权，立法应以保持沉默为宜。

第三，针对是否判令侵权演绎作品停止侵权这一问题，须交由法官个案裁量。作为制度设计的重要环节，司法裁判应充分发挥主观能动性，尤其是承担如何具体适用法律职责的最高人民法院，[1]应适时将审理侵权演绎作品纠纷要点纳入司法解释，以规范司法实践。

（二）强化利益平衡原则的适用

如上文所述，利益平衡理论贯穿著作权立法、司法之始终，在法律未明文规定或有意保持沉默时，将其适用于个案的具体裁量具有合理性。若法院均立足于手头案件，只选取适合自己的视角，而不就利益平衡机制作周延论述，似乎难逃司法恣意之嫌。

在深入分析大头儿子案和琼瑶案裁判说理的基础上，笔者试就"利益平衡"的衡量步骤提出三点看法：

第一步，法院应肯定周延保护原著作权人利益的重要意义，其为原著作权人垄断权益——原著作权人的创造力——全社会的创造力——公共利益之链条的起点。因此判令停止侵权是承担著作权侵权责任的基本方式。

第二步，法院应考量原著作权人利益与社会公众利益之间的利益平衡，并以此修正此前关于周延保护原著作权人垄断利益的绝对化倾向。关于社会公众利益，可以将大头儿子案与琼瑶案作出对比，分析动漫作品与宫廷剧目等影视作品的考量要点，比如设置教育意义的大小、愉悦感的多少、可替代性的强弱等标准，综合考量保留侵权演绎作品的必要性。

第三步，一方面，判令侵权演绎人在被控侵权作品上为原著作权人增名，以及以消除影响、赔礼道歉的责任方式保障原著作权人就原作品享有的著作人身权；另一方面，结合侵权演绎人的违法所得、主观过错和原著作权人的损失，酌定合理的赔偿金额，以保障原著作权人的著作财产权。

虽然可以运用案例公报的方式引导适用利益平衡机制解决侵权演绎纠纷，推动其审判趋向合理、统一，但是着眼于原著作权人利益保护这一著作权法的

---

〔1〕《人民法院组织法》（2006 年修正）第 32 条规定："最高人民法院对于在审判过程中如何具体应用法律、法令的问题，进行解释。"

基石，[1]笔者认为，法院在侵权演绎作品产生之后对多方利益进行统筹、平衡，提高论证的说服力，实为无奈之举。健全演绎作品的基础配套制度，从制度上规范其产生程序，从根本上杜绝侵权演绎作品更加符合法治国家的要求。

（三）健全基础配套制度

侵权演绎作品产生的根本原因是侵权演绎人未取得原著作权人的许可而进行了演绎行为，并最终创作、发行了侵权演绎作品。因此杜绝侵权演绎作品应当着眼于许可环节的简化与发行环节的监督审查。

第一，针对获得原著作权人的演绎许可。一般说来，侵权演绎人未取得原著作权人许可的原因可归结为两点：无法与原作者联系；联系到作者却未能就许可事宜达成协议。此时，发挥著作权集体管理组织的作用对促进作品许可演绎事项有积极意义。著作权集体管理组织的作用有两种：根据原著作权人授权统一行使许可权限；作为媒介为原著作权人和演绎人牵线搭桥。在前者中，统一行权基本上能规避侵权演绎作品的产生。后者可以有效降低双方的协商成本，调动演绎人寻求原著作权人许可的积极性；即使协商不成，演绎人积极洽谈许可演绎的工作痕迹可以作为日后考量其主观过错的依据。

第二，针对发行环节的监督审查。在我国，无论是图书出版还是影视作品的发行，原国家新闻出版广电总局均设有审查环节，任何报批作品必须取得相应的出版发行证号才能最终进入市场。因此严把发行审查关卡即可在一定程度上防止侵权演绎作品流向市场。具体而言，可以在相关单位申请立项、发行的报批材料中增加"原著作权人的签名授权文件并附有效联系方式"以备抽查，督促演绎人争取原著作权人的许可。

此外，还应当发挥行业协会的作用，比如对违规从业者出席行业活动的权限进行限制；建立违规从业者逐出机制，让违规从业者无立足之地，从根本上杜绝侵权演绎。

---

　　〔1〕　有学者认为：《著作权法》第 12 条在有关原作与演绎作品作者之间利益平衡的问题上，重点突出演绎作品著作权行使的前提是不得侵犯原作品的著作权。详见肖月："'侵权演绎作品'能否受到著作权法保护？——龚某某与浙江泛亚电子商务有限公司等著作财产权纠纷案评析"，载王迁主编：《捍卫与分享：上海经典版权案例评析》，上海人民出版社 2015 年版，第 8 页。

结　论

　　演绎作品有别于一般作品，具有双重著作权。判断是否构成演绎作品固然是司法实践的难点，然而由于法律规定不明确，如何保护业已完成的侵权演绎作品更是司法实践的焦点问题。

　　本文在综合学者观点的基础上，进一步论证"侵权演绎人就其独立演绎创作部分享有完整著作权，针对整部侵权演绎作品享有消极著作权，就是否判令侵权演绎作品停止侵权赋予法官自由裁量权"更符合著作权利益平衡的基本观点、现行法保护框架，也更具有实践指导价值。

　　关于赋予法官判令是否停止侵权的自由裁量权问题。从利益平衡的基本理论出发，纵览法院判决说理过程，笔者认为，法院在适用利益平衡理论裁判停止侵权的诉请时，第一步，应肯定周延保护原著作权人利益的重要意义；第二步，在此基础上，加强对社会公众利益的考量；第三步，通过对原著作权人进行有效的精神抚慰、金钱赔偿，弥补其著作权益损失，从根本上维护公共利益，

　　最终在确定我国的侵权演绎作品保护方式这一问题上，笔者认为，在原则性规范的基础上，应在该问题项下抽象出应当予以平衡的利益以及这些利益相互之间的位次关系，并通过案例指导制度总结社会公众利益的具体考量标准。徒法不足以自行，发挥著作权集体管理组织的作用以及发挥行业协会的协同监督作用都是必要的。

　　保护原著作权人或者侵权演绎人的最终目的都是保护创作热情，使普通大众能够最大限度地享受知识创造的成果，笔者在此借鉴美国前总统林肯评价专利制度的经典表述作为结尾：合理保护侵权演绎作品，让著作权的利益之油永远得有天才之火可以浇淋。

电视节目服务商标侵权行为研究

张丹枫

当前，我国经济正处在转变发展方式、调整经济结构的转型关键时期。"生产服务在第二产业的比重开始呈现逐年下降的趋势，而在以服务业为主的第三产业中，生产服务所占比例则不断提升，并呈现出持续增长的迅猛态势。"[1] 其中，电视媒体行业作为第三产业的有机组成部分，对于兴盛我国文化建设事业、提高国民基本素质均发挥着不可替代的重要作用。

商标作为一种重要的无形资产，因其可以为权利人创造极高的商业价值，在近年来逐渐受到更多关注，电视台及电视节目制作公司和相应互联网合作平台也投注了更多精力于商标战略规划和对其权利的保护中。

对电视节目来说，节目名称既可以用于申请商品商标，也可以用于申请服务商标。当其作为商品商标使用时，因其在使用方式上与可于市场中流通的普通商品商标区别不大，因而在实践中鲜少引发争议，而当电视节目名称作为服务商标被注册并使用时，由于节目内容多元、形式多样，从而在播放和开展相应宣传活动时经常与其他服务行业存在表面上的交叉现象。因此，电视节目服务商标侵权问题成为近些年来出现的司法实践新问题。

笔者拟结合当前我国关于电视节目服务商标保护和侵权纠纷的实际问题，探讨立法及司法实践中的改进和完善方法，从商标价值的角度出发，构建判断电视节目服务商标侵权行为成立的思路。在司法实践方面，笔者提出增加判断电视节目服务商标侵权行为成立的考量因素，使该类侵权纠纷的判断方式更为全面，以期通过法律法规的完善尽可能降低此类案件纠纷发生的概率，节省司

---

〔1〕 王佃凯、何雨格："生产性服务业的发展趋势和增长绩效分析"，载《经济纵横》2013 年第 2 期，第 76 页。

法成本。

　　为获得以上研究成果，笔者采用将电视节目服务商标侵权典型案例分析和商标侵权基本理论相结合的研究方法，在对我国当前电视产业和电视节目服务商标的使用情况的背景进行充分阐述后，将具体电视节目服务商标侵权纠纷案例引入文中，对该类案件的焦点进行分析和归纳，通过具有逻辑性的推理和总结，力求探讨出电视节目服务商标侵权行为判定的合理思路和对策，并对我国当前服务商标制度的改进提出可行性较强的建议，以期对进一步研究该领域的侵权问题有所启示。

一、电视节目服务商标概述

　　第三产业的兴起带动了从属于该产业的诸多行业的蓬勃兴盛。其中，电视产业作为传媒领域的重要构成部门，随着第三产业的勃兴得到了充分的发展。电视产业具有的商业和经济价值使作为重要无形资产的电视节目商标引起了广泛关注，电视台及相关电视节目制作主体对该类商标的使用行为也引发了司法实践中诸多颇具探讨价值的问题。

（一）电视产业的兴起

　　1. 第三产业的勃兴

　　第三产业是一国在工业化进程中解决第一产业及第二产业劳动力人口就业的部门，是协调当前农业及工业现代化发展过快带来的过剩劳动力再就业的一个关键产业。一国的第三产业是否呈现出较快且持续增长趋势是该国社会经济发达与否的重要判断标准。1970 年以来，生产服务业在经济发达国家的构成比重发生显著转变，生产服务业占比已经跃居第三产业各生产部门前列。"第三产业生产服务业已然成为确保第三产业稳步发展的重要基石。"[1]

　　2. 电视媒体在第三产业中的地位

　　我国作为发展中国家，第三产业发展整体起步较晚，电视的产业性质也是在 20 世纪 90 年代才逐渐获得了普遍关注和认可。广播电视行业是整个传媒产业中的一个领域，主要填补了无须为基本生存需求困扰后当今社会公众在思想

---

〔1〕 王佃凯、何雨格："生产性服务业的发展趋势和增长绩效分析"，载《经济纵横》2013 年第2 期，第 76 页。

和精神领域的空白。"电视媒体领域的成熟对于加强我国人民身体素质、提升精神文化素养和道德水平都是不可或缺的，对于物质文明和精神文明的极大丰富也起着十分重要的作用。"〔1〕

3. 电视产业在社会中的角色及影响力

目前，我国电视产业经过转型探索期已逐渐成为媒体领域的主流，各类电视节目在带给观众放松和娱乐休闲的同时，还对收看观众产生了潜移默化的意识形态上的影响，对社会公众转变思维模式和提升审美期待均有不同程度的积极作用。

（二）电视节目服务商标的发展

1. 服务商标发展及现状

在商标出现的早期，其几乎仅被应用于商品贸易，出现此种情况的原因首先在于商品和服务在性质上具有根本区别，大部分商品能够兼具可运输性和一定程度上的永久性，而服务则两者均不具备。"永久性商品能够长久留存于终端消费者手中，其质量可以始终由其生产者或经销商保证，然而服务则发生于服务提供者和消费者之间，截止于服务结束之时，如运输、咨询、图书编辑、音乐会等服务均无法以商品商标的方式进行标记。"〔2〕除上述原因之外，过去的传统服务行业中，提供各类服务的商业主体往往较为固定，且由于交通和物流等领域仍不够发达，人口和服务的迁移较难实现，从而导致各类为消费者提供的服务均具有极强的地域性，与相关公众往来的密切性很强，在此种情况下，商标区分服务来源的作用很大程度上无法得到体现。因此，服务商标并没有在商标出现的早期即得到大规模的应用和重视。后期，各国的产业结构随着社会进步均发生了不同程度的演变，生产服务在社会中占据的领域也因此逐渐得到拓宽，许多传统服务行业所特有的地域性因素逐渐开始被削弱甚至彻底消失，服务商标由此才开始慢慢兴起并得到发展。

美国率先在本国认可服务商标，将对其的保护明文规定于法律条文之中。〔3〕

---

〔1〕 马元飞、王开玉主编：《现代化社会驱动力——第三产业发展研究》，安徽人民出版社 1993 年版，第 69 页。

〔2〕 K. Spoendlin, "The Problem of the Service Mark", *Journal of the Patent Office Society*, Vol. 37, 6（1955），p. 418.

〔3〕 1946 年《兰哈姆法》规定："服务商标可以进行注册并取得商标权。"

《保护工业产权巴黎公约》也于 1958 年明确了保护服务商标的义务。相对于世界保护服务商标的时间，我国正式在法律中明确保护服务商标的时间为 1993 年第一次修改《商标法》。[1]"目前，服务在外国已经成为生产的主要形式。"[2]对我国来说，总体而言，自 2001 年我国成为世界贸易组织成员以后，本国服务所占贸易比重稳步增加，相关法律法规对服务商标的保护也随之开始得到逐步完善。

2. 电视节目商标的发展及现状

在服务内容上，电视节目的制作内容越来越能体现百姓生活，电视观众可以通过收看节目，在工作之余得到放松和娱乐，同时还可以解决实际生活中遇到的困惑，由节目内容获得启发。"在收入格局上，广播电视行业已经由主要依靠财政拨款转变为以经营创收为主、财政资金为辅的盈利模式。"[3]由于当前我国的电视媒体已经实现产业化发展，运营模式也变得愈发多元，产业收入已然成为广播电视行业最主要的收入来源之一，而作为无形资产的电视节目商标，是相关公众区分其他行业与电视行业相关的商品或服务的重要标识，也因此具有了越来越高的商业价值，逐渐获得了更多的重视。电视行业的相关权利人为充分保障自己的合法权益，往往将电视节目名称同时申请为商品商标和服务商标，以期达到对其重要或系列商标形成全方位保护的目的。

3. 保护电视节目服务商标的困境

当前，电视节目商标的保护面临着诸多困境，首先就是上文中提到的商标抢注现象泛滥。由于我国广播电视媒体行业正在发生革新，大多数的电视节目制作、发行公司及电视台并未意识到因商标被抢注而导致的资产流失、信誉毁损等一系列严重后果，对恶意抢注电视节目商标的行为未能给予及时关注和制止。

其次，服务商标与商品商标不同，因电视节目在内容上与传统服务存在表面交叉，从而电视台在使用电视节目服务商标时，经常被其他服务商标权利人认为侵犯了其在其他服务类别上既有的注册商标权利，进而导致一系列颇具争议的由电视节目服务商标使用行为引起的侵权纷争。

---

〔1〕《商标法》（1993 年修订）中规定了民事主体享有向商标局提出服务商标注册申请的权利，且同时规定了《商标法》所有关于商品商标的规定同样适用于服务商标。

〔2〕黄晖：《商标法》（第 2 版），法律出版社 2016 年版，第 29 页。

〔3〕徐来见："广播产业发展的瓶颈及对策"，载《中国广播电视学刊》2006 年第 6 期，第 3 页。

4. 维护电视节目服务商标的重要意义

电视传媒行业是我国文化产业的重要组成部分，因而相较于其他服务领域，对该领域的商标权利保护就显得尤为重要。一方面，需要防止社会公众因对电视节目服务商标的混淆误认而承受诸多的损失，维持稳定的市场秩序，促进良性竞争；另一方面，电视节目服务商标作为极易卷入侵权纠纷的商标，应对其进行合理有效的保护，这在一定程度上有助于遏制商标抢注行为，降低侵权纠纷发生的概率，为普通消费者树立贯彻商标法的典范。此外，电视节目服务商标承载着电视台和相关电视节目制作者的声誉，电视节目的内容对我国民众的意识形态也有着潜移默化的影响。因此，维护易于被相关公众混淆误认的电视节目服务商标，对我国文化产业的兴盛具有重要的促进意义。

二、电视节目服务商标侵权实证分析

我国目前的电视节目形式多种多样，在诸多类型的电视节目中，竞技类节目和综艺类节目形态多样，部分节目的电视观众还可以参与到节目中转变为表演者，与场下和电视机前的观众进行互动。正是基于此类电视节目的上述特点，近年来卷入电视节目服务商标侵权纠纷的节目类型多为综艺及竞技类节目。本部分拟以近几年发生在我国的三个典型的电视节目服务商标侵权纠纷为例，对案情和争议焦点进行简要概括，为全面探讨电视节目服务商标侵权行为认定制度提供一手的实证与材料借鉴。

（一）"非诚勿扰"案

1. 基本案情

本案的基本案情为：原告自然人金某向法院提起诉讼，称作为该案被告之一的江苏电视台使用"非诚勿扰"商标的行为侵犯了其注册商标专用权，而被告则主张其相关使用行为并不构成侵权。金某和江苏电视台分别在第 45 类和第 41 类服务上注册了"非诚勿扰"商标标识。金某的商标被核定使用在"交友服务、婚姻介绍所"等服务上，而江苏电视台则享有在"电视节目"服务项目上对"非诚勿扰"商标的专用权。原告和被告的商标均在法律规定的有效期内。

2. 争议焦点

综合来看，该案主要包含以下几个争议焦点：

第一个焦点：被告江苏电视台对"非诚勿扰"标识的使用是否属于商标性使用。一审法院认为：判断被告使用"非诚勿扰"商标的行为是否构成商标性使用，应结合当前电视节目商标注册现状综合剖析。法院多层次考量江苏电视台使用商标的行为方式后认为，其不仅将商标用于电视节目播放，还在开展的诸多营利性质的商业活动中使用该商标，这些行为足以证明被告使用该标识的主观意图明显，即有意向相关公众表明服务提供者的身份，因而被告对"非诚勿扰"商标的使用行为属于商标性使用。二审法院及原被告均未对此提出不同意见。

广东省高级人民法院经过再审，得出了与一审法院相同的结论。其做出判断的考量因素虽与一审法院基本一致，但仍有所不同，再审法院还分别从被告江苏电视台对"非诚勿扰"标识不同于普通电视节目服务商标的使用行为和该标识自身整体上的独特性分析，判定被告江苏电视台对"非诚勿扰"标识的使用行为属于商标法意义上的使用。

第二个焦点：原告商标所在的服务类别与被告提供的服务是否构成相同或类似服务。对此问题，二审法院持与一审法院截然不同的观点。一审法院有针对性地分析了被告提供服务的多种特点，认为社会公众往往对播放电视节目的主体有明确认知，继而对相应节目标识的使用主体和该标识所代表的含义有稳定认知，仅因为《非诚勿扰》电视节目的播放内容与原告金某在其他类别提供的婚恋、交友服务有一定联系，就认定被告的使用行为会导致混淆未免过于草率。

二审法院推翻了一审法院的结论，认为通过考量电视节目服务的特殊性，从江苏电视台播放节目的内容和方式以及主流媒体对该节目的评价的角度分析被告对"非诚勿扰"标识的使用行为，可以认定江苏电视台的《非诚勿扰》节目与金某核定使用的服务实质上没有任何差别。再审法院经过分析，得出与二审法院相反的结论，认为原告与被告提供的服务存在多方面的显著差异，提出："被诉节目与第45类中的'交友服务、婚姻介绍服务'是否在本质上相同或类似，应重视商标在商业流通中发挥识别作用的本质，结合相关服务功能、具体涉及内容、开展形式、受众等方面情况并综合相关公众的一般认识，进行综合考量。"[1]

---

〔1〕　广东省高级人民法院（2016）粤民再447号民事判决书。

第三个焦点：被告使用"非诚勿扰"标识的行为是否会造成相关公众的混淆误认。针对该问题，前两审法院持相反观点：一审法院认为，两者的服务不构成相同服务，也不会导致相关公众的混淆误认。二审法院则在判断此问题时适用了反向混淆理论，以原被告提供的服务属于相同服务，使用商标构成近似为前提，直接推导出了被告对商标的使用会导致相关公众混淆误认的结论。而广东省高级人民法院经再审认为，被告提供的服务与原告享有商标权利的相应服务内容构成类似的情况，并不能直接推论出该种对节目名称的使用行为会造成相关公众对服务来源的混淆误认。"确定造成相关公众混淆误认的概率大小，应该首先考量该注册商标是否具有足够的显著性和较高的知名度，进而划定针对该商标的保护范围，确定对其的保护强度。"〔1〕

（二）"如果爱"案

1. 基本案情

本案基本案情为，原告赵某为汉字"如果爱"商标在第 41 类服务上的商标权利人，该服务包含演出、文娱活动、电视文娱节目等服务项目类型。电视节目《如果爱》是被告湖北电视台与某团队共同打造、以明星恋爱为主要播放内容的电视真人秀节目。原告诉称，被告在播放电视节目、进行广告招商等相关商业活动过程中使用"如果爱"标识的行为侵犯了其在电视文娱节目等服务项目上的注册商标专用权。被告辩称，其对"如果爱"名称的使用不构成对原告注册商标专用权的侵犯。

2. 争议焦点

该案的主要争议焦点主要集中于以下几个方面：

第一个焦点：湖北电视台使用"如果爱"电视节目名称的行为是否属于商标性使用。一审法院认为，湖北电视台对"如果爱"标识的使用行为，从其具体使用方式上看，应被定性为叙述性合理使用，此种使用行为属于正当使用，因而不构成商标侵权；二审法院则提出，在判断电视台对"如果爱"电视节目标识的使用行为是否属于正当使用时，应分别从其对该标识的使用意图、实际使用方式和最终使用效果三方面综合进行分析。

第二个焦点：在何种情况下可以判定电视台使用诉争商标的行为属于叙述

---

〔1〕 广东省高级人民法院（2016）粤民再 447 号民事判决书。

性合理使用行为。一审法院分别从三个方面对该问题进行了阐释：第一方面是对电视台使用该标识目的的判断，即电视台的使用行为是以直接表示商品或服务特点为目的的；第二方面是对电视台使用该标识的主观态度上的判断，即电视台的使用行为是否有恶意；第三方面则从是否会造成商标的指示功能受损的角度判断，即电视台的此种行为是否在本质上造成了原告商标指示功能的残缺。最终，一审法院经过分析，认定被告湖北电视台对"如果爱"标识的使用行为属于叙述性合理使用行为。二审法院并未将湖北电视台使用"如果爱"标识的行为定性为叙述性合理使用行为。

第三个焦点：在认定电视节目服务商标是否构成侵权时，应赋予广播电视台何种程度的注意义务。一审法院在判决书中针对此问题的阐述是："在当前商标恶意抢注非常普遍的情况下，即使电视台等媒体已经尽到最高的谨慎注意义务，也不可能避免确定节目或栏目名称无词可用的尴尬状态。课以电视台等媒体过高的注意义务，并不利于文化产业的发展繁荣。"[1]二审法院则从另一个角度表达了对此问题的态度，即"以国人使用语言的惯常方式为视角，认为'如果爱'三个字可以精确表达湖北电视台这档婚恋节目的内容特点，且符合百姓日常用语习惯，符合对节目名称简洁性的要求，因此原告应给予被告对该词语的使用空间"[2]。

（三）"非常了得"案

1. 基本案情

本案的基本案情为，原告同舟公司在无线电文娱节目等服务项目上注册了"非常了得"文字商标。第38类服务上的"非常了得"组合商标的专用权人为本案被告之一长江龙公司，该商标被核定使用在电视播放等服务项目上。原告和被告的两个商标均在法律规定的有效期内。本案另一被告为江苏电视台，其于2011年6月8日开始在江苏卫视播放由长江龙公司授权的电视节目《非常了得》，该节目的主要内容为参加者对节目嘉宾的表述进行真假判断，判断正确即可获奖。原告诉称，江苏电视台及长江龙公司对"非常了得"标识的使用已经侵犯了其商标专用权，请求法院判令二被告停止侵权并赔偿损失。

---

〔1〕 湖北省武汉市中级人民法院（2015）鄂武汉中知初字第00254号民事判决书。

〔2〕 湖北省高级人民法院（2016）鄂民终109号民事判决书。

2. 争议焦点

本案中的原被告并未对电视台使用商标的行为构成商标性使用有任何争议，两审法院也均认同被告的使用行为属于商标性使用。一审法院认为：江苏电视台在播放节目的过程中，"非常了得"标识所起到的作用是提示节目内容，方便观众进行选择，此种使用可以区分服务提供主体。二审法院并未对此问题做进一步探讨。

二审法院总结的争议焦点在于：江苏电视台对该节目名称的使用行为，是否会使相关公众对两者的服务商标产生混淆误认。一审法院的观点为，原告和被告的商标因存在整体外观上的显著差异而不近似。在两者提供的服务是否会造成相关公众混淆误认的问题上，一审法院的基本观点是，电视观众在收看电视台播放的文艺娱乐节目时，电视节目名称仅仅是其辨别相应服务来源的一种途径，除此之外，电视节目还能提供许多其他信息供相关公众进行区分，如主持该档节目的主持人和嘉宾，节目播放的不同形式以及具体的节目内容等。而判断相关公众是否会对原告和被告提供的服务产生混淆误认，则应该考量原告能否举出证明力充分的证据，证明江苏电视台在"非常了得"注册商标核定使用的无线电文娱节目服务上具有使用行为。若原告的证据不够充分，则可以认定被告对该档节目的使用行为不足以使相关公众产生误认，相关公众不会认为原告与被告提供的服务来源于同一主体，或者误认为两种服务之间存在一定程度上的关联。因此，被告对"非常了得"标识的使用行为不足以使相关公众产生混淆误认。

二审法院在认同一审法院结论的基础之上，对于两者的服务是否会导致相关公众产生混淆的问题，从证据角度进行了更进一步的阐释，提出基于上诉人提供的证据，其所宣称的实际使用过涉案商标，实则仅是其曾开展过一次以"非常了得"为主题的有奖才艺展活动，这个活动无论在内容上还是开办方式上抑或参与群众的广度上，均和被诉侵权的电视节目存在极为显著的区别，不具有造成相关公众混淆误认的可能性。而且，《非常了得》电视节目自开办至今，收视率较高，观众群体广泛，该节目对全国范围的电视观众均产生了不可忽视的影响。"该节目独特的形式、具体活动规则、主持人极具魅力的主持风格等因素，均与江苏电视台所使用的'非常了得'标识形成了一个相得益彰的整体，使该电视节目标识具有极高的显著性，不会造成相关公众的混淆误认。"[1]

（四）典型案例焦点问题解析

1. 电视台对服务商标的使用行为是否构成商标性使用

对于江苏电视台使用"非诚勿扰"标识的行为是否构成商标法意义上的使用，在该案再审判决下达之前，虽然当事人及两审法院一致持肯定态度，但学界对此问题仍然有诸多热议。有学者提出："节目名称的可注册性，推不出节目名称的商标属性。"[2]也就是说，电视节目的名称可能具有商标属性，但这并不完全等同于电视台使用电视节目名称的行为就属于商标性使用。再审法院针对此问题的阐述为："电视节目的相关标识具有节目名称的属性并不能当然排斥该标识作为商标的可能性。"[3]再审法院的说理与第一种观点从两个角度分别阐释了电视台使用电视节目名称的行为与将电视节目名称作为商标使用的行为之间的关系，即无论是电视节目名称具有商标属性还是电视节目商标具有电视节目名称属性，均不能当然地得出电视台的使用行为属于商标性使用的结论。

在"非常了得"案中，笔者认为，两审法院均未对被告使用"非常了得"标识的行为性质进行说理，这是有缺陷的。江苏电视台和长江龙公司对商标的使用方式是明显不同的，长江龙公司是《非常了得》电视节目的出品方，其对"非常了得"商标标识的使用行为意在表明其为该节目的制作者，而电视台播放节目时对该节目标识的使用明显与长江龙公司在使用形式和使用目的上有显著差异，法院应在分别针对两被告的身份和使用商标的行为方式进行分析论证后得出结论。笔者认为，电视台是否对电视节目服务商标进行了商标性使用是判断其是否侵权的前提，即只有在确认电视台使用电视节目标识的方式满足商标法对商标使用行为的定义后才有必要对是否构成侵权做进一步探讨。

2. 电视台提供的服务与其他服务是否构成相同或类似服务

有关电视台使用电视节目服务商标行为的定性问题，不同案例有其共通之处，即均需要解决电视节目服务的内容与其他服务领域的服务内容是否构成相同或类似的问题。

在服务相同或类似的问题上，有学者提出：商品或服务的分类以及判断服

---

[1] 江苏省南京市中级人民法院（2014）宁知民终字第 2 号民事判决书。

[2] 李琛："对'非诚勿扰'商标案的几点思考"，载《知识产权》2016 年第 1 期，第 4 页。

[3] 广东省高级人民法院（2016）粤民再 447 号民事判决书。

务是否相同是主观性很弱的问题,最高人民法院目前仍未出台任何司法解释对认定方式作出明确规定。[1]这表明,从商标申请注册开始直到商标因使用行为发生争议卷入侵权纠纷为止,对商品或服务是否相同进行判断应始终采用以分类表为依据的客观标准,而判断不同服务之间是否类似,则除了应考量商品或服务客观上存在的本质特征,还应该对可能影响到相关公众认知的各种因素进行分析,综合对比后再得出结论。

笔者认为,在判断电视节目服务商标与其他服务是否构成相同或类似服务时,应遵循上述判断的原则或标准,具体到电视节目服务行业,应认清电视节目服务与其他服务行业的本质区别,只有牢牢抓住这种服务的特点和实质,才能更准确地判断电视节目服务与其他领域服务是否构成相同或类似的问题。

3. 使用电视节目标识是否构成叙述性合理使用

我国《商标法》将商标的叙述性使用行为规定在第 59 条,根据该条文的表述可知,其主要针对的是商品商标,并未对服务商标做出进一步规定,因而在司法实践中就存在认定对电视节目服务商标的使用是否构成合理使用的争议,本文将在后续章节进一步探讨此类问题。

4. 广播电视台应承担何种程度的注意义务

在"非诚勿扰"案中,再审法院也提到:"广播电视行业负有宣传正确的价值观、寓教于乐的公众文化服务职责,在判断电视节目服务商标的使用行为侵权与否时,应在维护保障商标权人的正当权益和维护广电行业的繁荣和发展之间取得最佳平衡。"[2]在"如果爱"案中,一审法院和二审法院均认为湖北电视台不应承担过审慎的注意义务,且"如果爱"三个字应用在相应电视节目中无可替代,从而判定湖北电视台的使用行为没有任何过错。

笔者赞同"非诚勿扰"案中再审法院的观点,在判定电视节目服务商标侵权的过程中应考量广播电视产业的特殊性,同时兼顾商标权人的合法权益。但笔者并不认同"如果爱"案一审法院和二审法院认为涉案商标属于合理使用行为的观点。作为建设文化产业的关键部门,电视媒体行业确实对文化产业的蓬勃兴盛有着重要的影响,但即便如此,促进文化产业发展的途径也应符合我国

---

[1] 王迁:"论'相同或类似商品(服务)'的认定——兼评'非诚勿扰'案",载《知识产权》2016 年第 1 期,第 26 页。

[2] 广东省高级人民法院(2016)粤民再 447 号民事判决书。

相关法律法规的规定，"如果爱"案中，原告并非通过抢注获得商标，此类婚恋交友的综艺节目名称也并非真的已经达到一审法院所述的"无词可用"的状态。电视台在播放一档电视节目前，对其即将作为商标使用的电视节目名称提前进行检索，对已注册的商标进行合理避让是商标法的必然要求，任何公众在使用商标时均应在不侵犯他人商标权利的基础上进行，电视台也应对此规则予以遵守，而不是以"无词可用"为理由进行抗辩，此种程度的谨慎注意义务对于电视台来说并不具有履行上的难度。因此，以该理由作为认定被告行为构成合理使用的原因之一未免有失偏颇。

5. 电视节目服务商标使用行为是否易造成混淆误认

在"非诚勿扰"案中，再审法院提出，在服务构成类似的基础上，仍然不能当然地推断出被诉行为会导致相关公众对服务来源产生混淆的结论。应该在"判断时考虑涉案注册商标的显著性和知名度，在确定保护范围与强度的基础上考虑相关公众对此产生混淆误认的可能性"[1]。笔者赞同再审法院的结论。服务商标的相同或近似以及其所指定服务的相同或类似，仅可作为可能导致混淆误认的前提条件，而不能直接以此得出必然的定论。在分析该使用行为的影响时，不仅应将涉案商标的显著程度和美誉度纳入考量范围，还应结合具体服务行业的综合特点进行分析。电视服务行业与普通服务行业差异较大，人们接受电视节目服务的方式与传统服务明显不同，因此在判断电视节目服务商标的使用是否易使相关公众产生混淆误认时，应该将构成混淆误认的标准与传统商标的使用行为区分开，甚至适度提高标准。

"如果爱"案中，二审法院认为，湖北电视台使用"如果爱"标识的行为不会造成相关公众的混淆误认的原因包含三方面：首先是原被告提供服务的消费群体不同；其次是原告的商标在电视娱乐节目服务上不具有足够的市场影响力和声誉；最后是消费者不会误认为原告与被告之间存在一定关联。基于上述三个原因，认定被告对涉案标识的使用行为不会造成相关公众的混淆误认。笔者认为，二审法院提出的第三个原因值得商榷。判断商标是否会造成混淆误认需要从相关公众的视角出发，在原被告的商标近似且两者提供的服务实质内容没有差别的情形下，消费者是有一定可能产生混淆误认的。当前电视台主要依靠自主经营创收，仅依靠提供电视节目播放服务，其收益非常有限。因此，电

---

〔1〕 广东省高级人民法院（2016）粤民再447号民事判决书。

视台普遍会与其他商业主体展开合作，这就导致提供电视节目播放的相关主体难免涉猎其他服务领域，而收看节目的观众在生活中见到相同服务上的相同商标时，并非完全不会产生服务提供者与相应电视台有一定关联的想法。因此，仅凭原告不具备播放电视节目的法定资格就断定相关公众没有可能发生混淆误认未免过于绝对。

"非常了得"案中，在探讨被告使用标识的行为是否会造成相关公众的混淆误认的问题时，法院将被告的主观态度纳入了考量因素。笔者对此并不认同，判断相关公众的混淆误认宜采用客观判断的标准，江苏电视台的使用行为是否有主观过错并不会对相关公众识别商品或服务来源产生影响，行为人的主观态度仅在判断其注册商标的行为是否具有商标抢注的恶意时才应被纳入考虑范围。

6. 反向混淆理论是否适用于电视节目服务商标侵权判定

"非诚勿扰"案中，二审法院认为电视台对"非诚勿扰"商标的使用行为构成反向混淆。有学者提出："在判断是否构成反向混淆时，应关注在后使用者的主观目的，即其是否以成功进入市场并使在先使用者受到排挤为最终目标。最终导致的后果通常是在先使用者的商标价值、进入新市场的机会等都将逐渐减少甚至完全丧失。"[1]笔者认为，当前我国对电视节目的制作和播放有着严格的法规和政策进行规制，如果原被告双方均为有资格制作、播放电视节目的民事主体，则反向混淆理论有其适用的可能性和合理性；如果原告为普通民事主体，那么其在通常情况下无法获得制作和播放电视节目的资格，因而电视台播放电视节目的行为不会对原告进入其他市场领域造成不良影响。此外，由于反向混淆理论起源于美国，我国现行《商标法》并未明确规定对该理论的适用，因此，笔者认为，法官在审理案件的过程中应对适用反向混淆理论采用尽可能严格和谨慎的态度，而非轻易认定被诉行为会导致反向混淆。

三、电视节目服务商标侵权认定制度的完善

本部分立足于电视节目服务的特殊性，对电视节目服务商标保护存在的问

---

[1] Ameritech, Inc. v. American Information Technologies Corp., 811 F. 2d 960, 1 U. S. P. Q. 2d 1861 (6th Cir. 1987)；Imperial Toy Corp. v. Ty, Inc., 48 U. S. P. Q. 2d 1299, 1998 WL 601875 (N. D. Ill. 1998). 参见 Long & Marks, "Reverse Confusion: Fundamentals and Limits", 84 Trademark Rep. 1, 28-29 （1994）. 转引自黄武双："反向混淆理论与规则视角下的'非诚勿扰案'"，载《知识产权》2016 年第 1 期，第 30 页。

题予以分析，在借鉴国外关于服务商标的先进制度的基础上，为如何更为清晰地判定电视节目服务商标侵权以及进一步健全我国电视节目服务商标保护制度提出相应的对策和建议。

（一）电视节目服务的特殊性

1. 受众群体范围广

传统服务受地域性因素影响很大，广播电视服务与之不同之处在于，其接受对象通常是收看节目的广大观众，而这些观众分布在全国各地，选择收看何种电视节目往往不会受其所在地区的限制。此外，当今时代网络发展快速便捷，大部分年轻群体选择通过互联网收看由电视媒体制作的节目进行消遣，这使得电视节目的受众不再仅局限于电视观众，众多网民和智能手机的用户也被涵盖进来，因而使电视节目的观众较以往更为广泛。但值得注意的是，不同级别的电视台的观众群体的数量必然存在一定差异。中央电视台的节目受众数量与省级电视台必然有所区别，每个省市的电视台也都有一些频道仅为省内观众提供，此类频道的服务对象就仅局限于当地的某些地区，地域色彩相较于其他频道更为浓重。

2. 服务内容多样性强

传统服务的内容经常囿于场地、人员及地域性而仅局限在某个或某几个领域之内，电视节目服务则与之不同，其内容随着我国电视产业的发展呈现出日渐丰富的多样化趋势。"我国早期的节目注重思想教育和政治宣传，新闻节目和文艺性节目居多，90 年代后期，娱乐节目受到大众的喜爱，崛起迅速。"[1]当前，广受大众喜爱的综艺节目由于其自身的娱乐性和生活化等特点方兴未艾。由此可见，电视节目服务内容的多样性是大部分传统服务行业远不能比拟的。

3. 与其他服务业的竞争性弱

由于电视节目的播放需要法定资质，普通民事主体通常不具备播放电视节目的资格，而电视台的主要业务内容即电视节目的编辑、制作和播放，由于由电视台或电视节目制作公司提供的服务的模式具有一定的单一性，因此电视节目服务与其他传统服务行业很难产生实质上的服务交叉，即使有所重叠，一般也仅仅局限于播放的电视节目内容上的表面重叠，几乎不存在行业内部实质性

---

[1]　陈国钦、夏光富：《电视节目形态论》，中国传媒大学出版社 2006 年版，第 26 页。

的竞争关系。

4. 造成相关公众混淆误认的可能性低

正是由于上文提到的电视节目服务所具有的诸多不同于传统服务的特性，收看电视节目的观众对提供电视节目服务的主体通常有着极为清晰的认知，不会轻易将提供电视节目服务的主体与在某些服务内容上与电视节目内容存在交叉的传统服务提供主体相混淆。此外，传统服务行业往往开展于线下，即使主要依靠线上提供服务的主体，也往往不具备制作和播放电视节目服务的资格。因此，传统服务的主要受众群体会将该服务提供者与电视节目服务提供主体混淆误认的情况也是极为少见的。当然，如果提供电视节目播放的主体将相应电视节目服务商标用于其他与之相关的服务领域，则还是有可能会使相关公众产生混淆误认。

5. 显著性和知名度高、累积时间短

普通的商品或服务想要为广大消费者所熟知，建立起一定的知名度和美誉度，往往需要大力度的宣传和较长时间的累积，而电视节目服务则往往因其宣传渠道为广播电视和互联网而获得了先天的优势。另一方面，当前大部分的电视节目都会选择栏目化的方式播放，即固定该节目的播放主题和时长，相隔确定的时间播放，此种播放方式也更容易培养出接受该电视节目服务的稳定群体，也就是准时收看电视节目的观众，这些观众对其节目所特有的服务会有更深的印象和一一对应的稳定认知，从而使电视节目服务商标本身更易获得较高的知名度。

（二）电视节目服务商标保护存在的问题

1. 电视节目服务与传统服务未作明确区分

如前文所述，电视节目服务不同于传统服务，其在节目播放内容的多元性、涉及领域的广泛性以及提供服务的特殊性等方面均与普通服务有很大差别。普通服务提供服务的模式单一、内容固定，其知名度的获得通常与提供服务的时间、质量以及地域等因素密切相关。因此，电视节目服务与普通服务相比，本质差异明显，而当前法律法规对电视节目服务商标的使用和侵权判定，却并未针对此种差别，给出更为具体的判断依据和准则。

2. 电视节目服务内容易与传统服务领域产生交叉

当前的法律法规并未能给出具有极高适用性和针对性的有关电视节目商标

使用行为是否构成侵权的判定条款，从而导致了当下司法实践中，法官对电视节目服务商标的使用行为是否构成侵权没有更为具体的法律法规依据可以援引，最终导致了裁判尺度严重不统一，裁判结果千差万别等一系列问题。

（三）影响电视节目服务商标侵权行为成立的关键因素

1. 电视节目标识使用行为的性质

本文第二部分选取的三个典型案例均涉及电视台使用电视节目标识的行为是否属于商标性使用的判断。之所以在电视节目服务商标侵权纠纷中，商标性使用问题容易引起争议，是电视节目服务的特殊性导致的。对于通过电视收看电视节目的观众而言，电视节目的名称是其挑选电视节目的依据，该名称是其了解节目内容本身的一个渠道，并非是其识别由哪家电视台提供该节目的参考。

因此，仅仅在电视上播放节目并在节目中标注节目名称的行为并不能使相关公众识别该服务的来源。真正起到识别电视节目服务来源作用的，是电视屏幕左上角的台标。当电视节目投放于网络平台后，相关视频网站均会在简介中注明首播电视台的名称，相关公众也是通过该名称来分辨提供电视节目服务的主体。因此，上述两种对电视节目标识的使用行为均不属于商标性使用。

对于电视节目服务商标而言，何种使用行为属于商标性使用值得深入探讨。笔者认为，识别是商标的核心功能，而只有在商品流通于市场后，其识别作用才能充分体现。商标性使用，应当以实现商标核心功能为目的。"电视节目名称的使用可以分为第一含义的使用和第二含义的使用。"[1] 这里所说的第一含义的使用，是指电视节目名称在某种程度上起到描述节目内容的作用，电视台对该电视节目名称的该种使用行为仅以区分相同频道的不同节目内容为目的，此时能够将该种对电视节目名称的使用行为定义为叙述性使用行为，而非商标性使用；第二含义的使用则是指电视节目经过周期性的播出和宣传，已经累积了较高的声誉，从而使电视节目名称具有了标示服务来源的作用，此时电视台对该电视节目名称的使用行为，才真正契合商标法对商标性使用行为的定义。

综上，在判断对电视节目标识的使用行为是否属于商标性使用时，应结合具体情况判断电视台及相关主体对该商标的使用行为是第一含义的使用还是第二含义的使用，如果电视台对该服务商标的使用目的是作为代表电视台的作品，则

---

〔1〕　李琛："对'非诚勿扰'商标案的几点思考"，载《知识产权》2016年第1期，第4页。

这种使用行为应为商标法意义上的使用行为，反之则不构成商标法意义上的使用。

2. 服务类别相同或类似的认定

对于如何认定相同商品或服务，最高人民法院的司法解释并未做出非常明确的规定，在理解时，可以参照颁布于 2011 年的相关司法解释中关于相同商品的阐述。[1]当前我国对商品的分类结合了我国商标申请和使用的基本情况，并充分参照了《商标注册用商品和服务国际分类》。在申请时，若申请者指定的商品或服务从属于表中不同类别，就不认定为相同。"最高人民法院在相关司法解释中没有对'相同商品（服务）'的认定作出规定，这意味着无论在商标注册还是在侵权纠纷中，认定'相同商品（服务）'采用的都是客观标准，即以分类表作为参考依据。"[2]

在认定类似商品或服务的问题上，《最高人民法院关于审理商标民事纠纷案件适用法律若干问题的解释》第 12 条进行了细化规定。对于如何认定类似服务，该解释的第 11 条第 2 款也进行了更为具体的阐释。由上述条文可以看出，在认定类似服务的时候不能仅以分类表作为绝对的判断依据，而应结合服务的多方面因素综合考虑，在参考客观标准的基础上具体情况具体分析。美国与我国不同，在针对服务是否构成类似的判别上，其不采用类似商品或者类似服务项目区分表，而是以实际情况作为判定依据。法院在审理案件过程中考虑的主要因素是相关服务是否针对同一种消费者或者通过同一个媒体进行传播，这样的判定方式可以有效防止审判的僵化，有助于更有针对性地灵活处理各种服务商标侵权案件。

对于电视节目服务而言，在判断其是否与其他类别的服务属相同类别时，应将《类似商品和服务区分表》作为严格遵循的准则，不应仅因电视节目的内容涉及其他服务行业，具有表面交叉性，就简单认定两者的本质完全相同。

当电视节目服务商标的使用方式被用于播放电视节目，判断该行为是否与其他服务构成类似服务时应明确，接受电视节目服务的观众收看电视节目的目的是获取相关信息，放松和娱乐休闲，并非期望实际获得电视节目所展示和涉及的具体服务，这与传统服务行业的消费者接受服务的目的有着本质区别。电

---

[1]　《最高人民法院、最高人民检察院、公安部关于办理侵犯知识产权刑事案件适用法律若干问题的意见》规定："名称相同的商品以及名称不同但指同一事物的商品，可以认定为'同一种商品'。"

[2]　王迁："论'相同或类似商品（服务）'的认定——兼评'非诚勿扰'案"，载《知识产权》2016 年第 1 期，第 23 页。

视节目播放渠道均为电视或网络，此种服务形式使其与传统服务行业差别显著，且其服务的对象多数为全国各地的观众，传统服务的地域性特点体现得并不明显，因而此种对电视节目服务商标的使用行为不构成与传统服务的类似。当然，如果将该电视节目服务商标用于提供其他服务，假设江苏电视台使用"非诚勿扰"商标于其开设的线上交友网站，此种服务的目的就不再是为观众提供观看电视节目的服务，而是以纯粹促成男女恋爱或结婚为目的的婚恋交友服务，这种服务方式就与婚姻介绍服务没有本质上的差别。

3. 商标相同或近似

在商标相同的判断上，可以参照商标局颁布的《商标审查标准》并结合实际标样进行针对性分析。对电视节目服务商标来说，在认定其是否与其他商标相同的时候，与其他类型的商标没有明显的区别，采用的判断原理一致，故在此不再赘述。

对于如何判断商标的近似，则需要综合考量多方面的因素，采用隔离观察、整体对比的方法。结合相关司法解释[1]，笔者认为，显著性并非一个完全绝对的概念，而是相对的，是原告商标与被告商标进行综合对比后的结果。电视节目通过电视或网络传播的渠道相较于其他传统服务有一定的天然优势，其往往在首播后的较短的时间内可以获得社会广泛的关注，知名度通常较高。从这个角度来说，在判断是否构成侵权时，除了考量请求保护注册商标本身的显著程度和声誉之外，还应注意到电视节目服务的特殊性质对其显著程度和声誉的影响，综合进行分析判断。

4. 电视节目服务商标的使用行为造成混淆的可能性

上文在谈到电视节目服务的特殊性时提及播放给大众的电视节目内容包罗万象，贴近百姓生活，观众进行观看的目的往往是获取相关资讯和信息，得到放松和娱乐，而作为服务提供者，电视台如果仅将该商标用于与电视节目播放相关的活动，是不会导致观众的混淆误认的，因为此时电视节目服务商标的使用仅仅是为观众提供电视节目，而当电视节目服务商标的权利人将此商标用于开展其他商业活动的宣传时，将有可能使曾经观看节目的电视观众产生混淆，并很难判断使用该电视节目服务商标的服务提供主体是否与播放电视节目的主体相同。

---

〔1〕《最高人民法院关于审理商标民事纠纷案件适用法律若干问题的解释》第10条第3项规定："判断商标是否近似，应当考虑请求保护注册商标的显著性和知名度。"

总的来说，由于当前我国对电视节目播放主体的资格有着严格的限制，普通民事主体一般不具备提供电视节目播放服务的资格，这样的规定大大降低了造成社会公众混淆的概率，而当电视台将该电视节目服务商标用于其他脱离了电视或网络视频播放等渠道的商业活动时，此种使用商标的行为将有极高的概率造成相关公众混淆误认服务来源。

（四）判定电视节目服务商标侵权行为成立的逻辑关系

判断一种行为是否构成侵权，需要一个逻辑清晰的推断过程，鉴于电视节目具有一定的复杂性，更需要在得出结论前厘清影响该侵权行为成立的各因素之间的逻辑关系，从而在推理的过程中能够清晰明了地做出正确判断，保障商标权利人和社会公众的合法权益。

1. 商标性使用是构成侵权的基础

我国《商标法》第 48 条明确了商标使用行为的性质，即该行为的最终作用是识别商品或服务来源，如果不具有此种功能，均不属于商标性使用。也就是说，若能成立商标侵权行为，必须以行为人使用了"商标"为前提，且该商标需要与其他权利人在相同或类似商品上的注册商标相同或近似。反推之，如果行为人使用的不是"商标"，则其使用行为并非商标法意义上的使用行为，该行为就不会侵犯权利人的注册商标专用权。因此，"商标性使用是构成商标侵权的基础，是探讨商标侵权行为的前提条件"[1]。就电视节目服务商标而言，由于电视节目形式多样，其商标的使用方式也极有可能具有多样性，不同的使用方式造成相关公众混淆误认的概率也不尽相同。因此，在认定电视节目服务商标的使用构成侵权前，应首先厘清不同电视节目服务的开展特点，进而判断相关主体对电视节目服务商标的使用是否构成商标性使用。

2. 判断商标相同或近似及服务相同或类似

"认定混淆可能性是商标保护的主旨问题，是合理划定商标权利边界的基础。"[2]在确定该电视节目服务商标是否通过商标性使用行为被用于相关领域后才可以进一步探讨混淆可能性问题。《商标法》第 57 条第 2 项将混淆要件引

---

〔1〕 冯晓青："商标法修正案（草案）评述与修改建议"，载《知识产权》2013 年第 2 期，第 11 页。

〔2〕 周巧慧："商标侵权判定法律适用问题探析——以'混淆可能性'为视角"，载《法制与经济（下旬刊）》2012 年第 6 期，第 54~55 页。

入了我国法律当中。从其内容上看，商品或服务类似及商标相同或近似是判断该使用行为是否容易造成混淆的前提，也就是说，如果商品或服务不类似，商标不相同且不近似，可直接推定该使用行为造成混淆的概率极低。

因此，在确定电视节目服务商标的使用属于商标法意义上的使用后，应首先对电视台提供的服务行为是否与其他服务相同或类似，两个商标之间是否构成相同或近似进行判断。如果不能同时满足上述两个条件，则无须再进一步分析混淆可能性的大小。虽然相关公众的混淆误认才是商标保护制度的核心，但根据我国法律的规定，这种判断应以商标近似为前提。正如王太平教授所言："以相似性作为我国商标侵权判断标准的前提条件，有助于简化判断商标侵权的过程，而且有助于维持我国商标立法和实践的稳定性和持续性。"[1]

由于服务与商品具有较大的属性差别，如服务的无形性和地域性的特点就对商标侵权行为的判断有着很大的影响，而电视节目服务又与传统服务存在着较大的差别，因此在认定电视节目服务商标侵权的过程中，更应当严格遵循当前商标法的认定规则，按顺序对上述因素逐一进行考量，最终结合具体案情综合判断。

3. 适度考虑公共利益的特殊保护

电视节目作为电视产业的重要组成，其对文化产业的发展有着至关重要的影响，对建设社会主义市场经济体系有着巨大的推动作用。法律裁判应以维护公众合法权益和公平市场秩序为指导原则。

在判断电视节目服务商标的侵权行为时有必要将公共利益的保护纳入考量范围，在判断是否构成商标侵权的过程中，除了应严格依照商标法的规定对电视节目服务商标的使用行为进行定性，考察该电视节目服务商标是否为商标性使用等侵权构成要件外，还应着重考虑电视节目服务商标的特殊性及其是否具有不同于普通服务商标的知名度和显著性。对于播放时间长、开播后观众反响热烈、节目内容能够深刻反映我国历史积淀和社会精神风貌的电视节目，其名称无论是作为商标还是普通节目标识被使用，都应对其给社会公众带来的深刻影响和较为持久的价值导向给予充分肯定，故应将对此类电视节目服务商标的使用行为是否会对社会公众产生不良影响作为判定商标侵权是否成立的重要参考因素。

---

〔1〕 王太平："商标侵权的判断标准：相似性与混淆可能性之关系"，载《法学研究》2014 年第6 期，第 177 页。

4. 叙述性合理使用行为的排除

在前述"如果爱"案中，一审法院认为，江苏电视台对"如果爱"三字的使用属于正当的叙述性使用行为。笔者认为，该论点有待商榷。当前，大部分的电视节目名称在节目播放初期的作用是高度概括节目的主要内容，使观众可以通过名称快速做出选择，如中央电视台的《等着我》节目，湖南电视台的《黄金单身汉》等，观众仅通过这类电视节目名称就可以推断出该节目的主要内容，此时这些名称仅起到概括节目内容，提示观众准确选择收看的作用。然而，当该类电视节目名称被注册为相应类别的商标并用于商业活动中时，其使用意图就不再仅仅是描述节目内容，而已经变为提示相关公众商品或服务的来源。除此以外，还存在其他类别的电视节目名称，该类名称本身并不能反映节目内容，观众需要在收看电视节目后才能对该节目内容有所了解，如湖南电视台的《天天向上》和江苏电视台的《非常了得》等节目，此类电视节目名称本身并不具有描述电视节目内容的作用，因而即使被注册为商标，也不可能涉及判断商标权利人对其的使用行为是否构成叙述性合理使用的情况。

因此，界定对电视节目服务商标的使用行为是否属于叙述性的合理使用行为，应仅针对上文中的第一类电视节目服务商标进行。判断具有描述节目内容作用的电视节目服务商标的使用行为是否属于叙述性合理使用的关键在于分析权利主体对该类服务商标的使用方式。电视节目服务商标可以用于电视节目的制作、出版、发行、播放的各个阶段，如果电视台将该电视节目服务商标用于告知观众节目内容的使用范围，如电视节目的预告、播放等，此种使用行为并不具有区分服务来源的作用，因而若该使用方式正当，则可被判定为叙述性合理使用。如果电视台将该电视节目进行制作、出版、发行，或者利用该电视节目服务商标从事脱离了电视台或网络视频播放的其他商业活动，虽然该商标也具有使相关公众了解节目内容的作用，但此时其起到的更大作用是标示服务来源，这个时候如果依然将该服务商标的使用行为定性为仅属于叙述性合理使用行为就过于牵强，因为此时面对该电视节目服务商标的主体已不再仅仅是收看电视节目的观众，还包括市场中的其他消费群体，该电视节目服务商标代表不同电视台或制作方等提供服务主体的商标标识被使用，此种使用行为就不应再被判定为叙述性使用，应被排除在商标法规定的合理使用行为之外。

（五）电视节目服务商标保护制度完善思路

"商标法真正要保护的是商标的价值。"[1]商标的价值是指商标作为无形资产，在被使用和推广时创造的积极影响。其形成的基础是商标所指示的商品或服务。诸多因素均影响着商标价值的大小。对于电视节目服务商标来说，其商标价值与传统服务商标价值有着本质不同。当前，无论是商标的混淆理论还是淡化理论，均属于判断商标价值有无受到损害的外在表现，因此，对电视节目服务商标的保护就可以从其商标价值出发，探讨如何对立法制度和司法制度进行完善。

1. 在判断电视节目服务商标侵权时重视商标的价值

首先，电视节目服务商标具有高于普通服务商标的文化价值。一档电视节目的播出，不仅为人们在日常休闲时间提供了消遣和娱乐，更多的是实现了一种意识形态和文化的传播。当前，中国在文化上的开放和包容度日渐提升，这使得很多优秀的电视节目作品不仅能够在本国播出，国外电视台也对这些知名的电视节目进行了引进。因此，电视节目的文化输出是另一重要价值。

其次，电视节目服务商标具有远高于普通服务商标的导向价值，且影响力非常持久。当前，电视节目内容多元，且呈现愈发平民化和深度化的发展趋势，无论是新闻节目、社会科学类节目还是当前较受观众欢迎的综艺、竞技类节目，都或多或少地在节目中传递了一定的价值观念、立场和态度。因此，几乎所有的电视节目都具有一定程度的价值导向性。

基于服务本身所具有的复杂性，法院在判断电视节目服务商标是否构成侵权的过程中，应当高度重视电视节目服务商标价值或其他服务商标的价值。如果服务商标的权利人主张电视节目服务商标的使用行为侵害了其合法的服务商标权利，法院在判断时可以结合该服务商标所具有的价值，进而分析其价值是否因电视节目服务商标的使用而受到侵害。进言之，若需要考量电视节目服务商标权利是否受到损害，可以从电视节目的文化价值和导向价值两方面出发，分析其他服务商标是否存在损害电视节目服务商标价值的行为。如果造成损害，则可结合商标侵权判断的一般规定，判断相应使用行为是否构成侵权，这样做有助于尽可能简化商标侵权分析思维过程，切实保护相关权利人的合法权益。

---

[1] 冯晓青主编：《商标侵权专题判解与学理研究》，中国大百科全书出版社 2010 年版，第 6 页。

2. 完善电视节目服务商标的申请备案制度

在美国，电视台及相关主体可以将无线电广播或电视节目标题作为服务商标进行申请注册。美国对服务商标申请的要求也更为具体："申请者须在填报服务项目时明确具体，如零售业的服务不能仅填写零售业，而必须具体到零售商品的名称，如申请者以零售宝石为主营业务，则必须填写'零售宝石'服务，如果申请者为综合性的百货公司，仍需将主营项目写明，并加注'经营多种百货'，从而使对服务商标的保护范围更加精确。"[1]

我国可以借鉴美国的相关制度，将申请服务商标时申请人需要填报的服务项目分类进一步具体化，这样做有助于使与电视节目服务一样易与其他服务行业发生交集的服务提供者能够更好地行使和保护自身的权利，节省司法成本。

除服务商标申请流程初期规定的完善，我国在制度上还可以借鉴日本关于服务商标备案的相关规定。日本的服务商标审查制度同样不允许完全参照商品商标的判定方式，而是注重服务本身的特性从而采取个案审查方式。"专利厅在准备服务商标之前，会动员各服务行业的协会，将服务各行业的一些通用标志报专利厅备案。如生命保险、养老保险等广泛使用的行业词语。"[2]我国可尝试推进电视节目服务商标的备案制度，鼓励电视节目商标的权利人在申请商标后，积极将电视节目服务商标的实际使用情况、使用方式以及预计推广情况进行备案登记，从而减少日后发生侵权纠纷的频率，也有助于遏制商标抢注现象。

3. 增加判断电视节目服务商标侵权纠纷的考量因素

由于电视节目服务不同于传统服务的诸多性质，在判断电视节目服务与传统服务是否构成侵权时，司法机关不应仅仅局限于传统商标是否构成侵权的考量因素，还应重点考虑涉案商标与电视节目服务商标各自的知名度和显著性。在认定是否构成驰名商标时，对电视节目商标的驰名性认定，应适当放宽某些标准。如基于电视节目的易于传播性，及其相较于传统服务累积一定的知名度和美誉度并不需要足够长时间的特点，在判断电视节目服务商标是否构成驰名时，使用时间长度的要求可予以适度减少。又如电视节目服务的受众群体覆盖范围极为广泛，在考虑服务地域性问题对商标驰名程度的影响时，应注意到电视节目服务商标受地域因素的影响较少。

---

　　[1]　国家工商行政管理总局外事司编：《借鉴——国家工商行政管理总局出国（境）考察培训报告辑录（1991—2002）》，中国工商出版社 2004 年版，第 337 页。

　　[2]　吴珍菊："日本服务商标制度"，载《工商行政管理》1994 年第 8 期，第 35 页。

结　论

随着我国第三产业发展进程的加快，电视传媒行业在国民经济中占据的比重不断增加，这对我国进一步开展精神文明建设工作起着不可替代的作用。当前，观看电视节目成为社会公众了解社会百态，获取资讯信息及娱乐消遣的重要途径，然而随之而来的是电视节目服务商标侵权纠纷的频发。如何更好地认定电视节目服务商标侵权行为，并完善相关法规和制度，成为一个亟待解决的重要课题。

本文立足于现实，结合近年来发生的几个典型电视节目服务商标侵权案例，充分运用商标侵权的基础理论，对电视节目服务商标侵权问题予以深入分析，提出判断电视节目服务商标侵权行为成立的逻辑思路及考量因素，以及立法和制度上的完善方法，力求理论联系实际，从而澄清立法和司法实践中对此问题的模糊认识。立法机关应针对服务商标及与电视节目服务商标类似的具有不同于传统服务商标特点的商标建立更为健全的申请及保护制度；司法机关应对电视节目服务商标侵权案件具体情况具体分析，既要注重保护服务商标权人的合法权益，同时也应将电视节目对我国文化产业的繁荣和发展的关键影响作为重要考量因素。

对于电视节目服务商标的权利人而言，其应增强商标法律意识，及时进行商标战略规划和管理，保护并合理行使自己合法的商标权利，尽量避免此类侵权纠纷的发生。只有在理论上正确认识电视节目服务商标侵权问题，在法律和相关规定中不断对相关制度进行完善，才能减小电视节目服务商标侵权纠纷发生的概率，进而更好地处理与其相关的各类法律问题，为进一步繁荣我国文化产业，维护社会主体的基本权益保驾护航。